Das große
Lexikon der
Lebensmittel

Das große Lexikon der Lebensmittel

Gesund essen —
bewusst genießen

EIN ADAC BUCH

Aktualisierte Sonderausgabe für die ADAC Verlag GmbH, München, 2001

Umwelthinweis:
Dieses Buch und der Einband wurden auf chlorfrei gebleichtem Papier
gedruckt.
Die Einschrumpffolie – zum Schutz vor Verschmutzung –
ist aus umweltverträglichem und recyclingfähigem PE-Material.

© 2001 Econ Ullstein List Verlag GmbH & Co. KG, München
Nachdruck – auch auszugsweise – nur mit Genehmigung des Verlags.
Die Originalausgabe erschien 1996 unter dem Titel
»The visual food encyclopedia«
im Verlag Les Editions Québec/Amérique, Montréal (Québec), Kanada
© Copyright Editions Québec/Amérique Inc., 1996. All Rights Reserved.
Übersetzung aus dem Englischen:
Natascha Affanassjew, Barbara Holle, Sibylle Möhring, Elfriede Peschel
Projektleitung: Christine Pfützner
Redaktionsleitung: Dr. Reinhard Pietsch
DTP/Satz: A&O Satzwerkstatt, München
Titelgestaltung: CYCLUS Visuelle Kommunikation
Printed in Germany

Vorwort

Wissen Sie, was Quinoa ist und was sich daraus zubereiten lässt? Haben Sie schon einmal eine Jackfrucht oder eine Tomatillo probiert? Kennen Sie Loquat oder Mangostane? Wussten Sie schon, wie Käse oder Sojasauce hergestellt werden, was eine Pampelmuse von einer Grapefruit unterscheidet oder warum Spirulina so gesund ist? Ob Gemüse, Obst, Getreide, Fisch, Fleisch oder Milchprodukte – nie zuvor standen uns so viele Nahrungsmittel aus allen Teilen der Welt zur Verfügung wie heute. Aber auch noch nie war die Verunsicherung bezüglich der Qualität unserer Lebensmittel so groß wie heute. Aufgrund immer wieder neuer Lebensmittelskandale stellt sich für viele Verbraucher zu Recht die Frage, wie sie sich tatsächlich noch gesund ernähren können.

Dieses Buch möchte Ihnen helfen, sich in kürzester Zeit gezielt über einzelne Lebensmittel zu informieren, neue kennen zu lernen oder interessante Wege zur Verwendung bereits vertrauter Nahrungsmittel zu entdecken. Auch wenn es eine Reihe bewährter Rezepte enthält – von den »Klassikern« bis zu internationalen Spezialitäten –, ist »Das große Lexikon der Lebensmittel« in erster Linie ein Kompendium, in dem alles Wissenswerte über die jeweiligen Nahrungsmittel zusammengetragen ist. Es enthält Informationen über die Herkunft und ihr Aussehen, Tipps zum Einkauf und zur Vor- und Zubereitung, Verwendungsmöglichkeiten und Serviervorschläge, Hinweise zur richtigen Aufbewahrung sowie Angaben zu den Nährwerten und wichtigen Inhaltsstoffen.

Detailgenaue Illustrationen sind ein weiterer wesentlicher Bestandteil dieses Buches. Sie ergänzen die Beschreibungen und ermöglichen Ihnen, Produkte auf einen Blick zu erkennen.

»Das große Lexikon der Lebensmittel« enthält Beiträge zu mehr als 1000 verschiedenen Lebensmitteln sowie über 1200 Illustrationen und mehr als 100 Rezepte. Es ist in übersichtliche Kapitel und Unterkapitel unterteilt und enthält neben dem ausführlichen Sachregister sowie einem Rezeptregister ein Glossar mit häufigen Fachbegriffen, die Ihnen weitere wertvolle Informationen an die Hand geben.

Durch die umfassenden Informationen wird dieses Nachschlagewerk zu einem unschätzbaren Leitfaden, der Ihnen hilft, Ihre Wahl gut informiert zu treffen und sich in der schier unüberschaubaren Fülle von Informationen zurecht zu finden, die uns heute im Hinblick auf Nahrungsmittel und richtige Ernährung zur Verfügung steht.

Ob Sie sich über Anbau und Verarbeitung eines bestimmten Nahrungsmittels informieren oder etwas über seinen Nährwert und die verschiedenen Zubereitungsmöglichkeiten erfahren möchten, ob Sie neue Rezepte ausprobieren oder sich einfach nur an der erstaunlichen Vielfalt der beschriebenen Lebensmittel erfreuen wollen – es wird immer wieder Spaß machen, dieses Buch aufzuschlagen.

Die Herausgeber

Auf einen Blick

Jedes Lebensmittel ist in übersichtliche Abschnitte unterteilt, damit alles Wissenswerte – vom Einkauf bis zur Aufbewahrung – auf einen Blick zu finden ist.

Farbige Illustrationen zeigen auch kleinste Details und helfen bei der Unterscheidung ähnlicher Lebensmittel.

Der Einführungsteil gibt Auskunft über Ursprung und Aussehen, Pflanz- und Erntezeit bzw. Herstellungsweise des jeweiligen Lebensmittels.

Die Serviervorschläge zeigen, wie das Lebensmittel verwendet werden kann – einschließlich der weniger bekannten Spezialitäten aus anderen Ländern.

Der Einkaufstipp hilft, auf erstklassige Qualität beim Einkauf zu achten.

Unterschiedliche Symbole erleichtern das Auffinden der gewünschten Rubrik.

Spargel
Asparagus officinalis, Liliaceae

grüner Spargel

Spargel ist eine winterfeste Pflanze, die ursprünglich aus dem östlichen Mittelmeerraum stammt. Überreste wilder Spargelsorten wurden aber auch in Nord- und Südafrika gefunden, und möglicherweise wurde er sogar schon im alten Ägypten angebaut.

Spargel wurde bei uns anfangs vor allem als Heilpflanze geschätzt, geriet jedoch im Mittelalter etwas in Vergessenheit und wurde erst im 18. Jahrhundert wirklich populär. Seither sind zahlreiche neue Sorten gezüchtet worden, und heute wird er in ganz Europa und den Vereinigten Staaten wie auch in Mexiko und Taiwan angebaut.

Die aromatischen Spargelstangen sind die Triebe eines unterirdischen Wurzelstocks (Rhizom), der sich 15 bis 20 Jahre weitervermehren kann. Sie werden in der Regel von März bis Ende Juni geerntet, wenn sie eine Länge von 15 bis 20 cm erreicht haben, zart und fleischig sind und kleine, feste Köpfe haben. Sobald die Stangen reif werden, verholzen sie, und aus den Köpfen sprießen farnartige Blätter, die ebenfalls ungenießbar sind. Die mehr als 300 Spargelsorten, von denen jedoch nur 20 essbar sind, werden in drei Hauptgruppen unterteilt:

- Weißer Spargel wächst völlig im Dunkeln und wird extra mit Erde bedeckt, damit er nicht grün werden kann. Die Stangen werden geerntet (»gestochen«), sobald sie die Erdoberfläche durchstoßen. Er ist zwar zarter als grüner Spargel, dafür aber meist auch weniger intensiv im Geschmack und zudem teurer, da der Anbau mit mehr Arbeit verbunden ist.
- Grüner Spargel ist nach dem weißen Spargel die gängigste Spargelsorte. Die grünen Spargelstangen werden geerntet, wenn sie eine Länge von 20 cm erreicht haben.
- Violetter Spargel hat einen fruchtigen Geschmack und wird bei einer Länge von 5 bis 7,5 cm geerntet.

Stängelgemüse

106

Einkaufstipp
Die Spargelstangen sollten fest und knackig sein und feste, schön gefärbte Köpfe haben, die keine braunen Flecken aufweisen. Außerdem sollten sie möglichst gleich groß sein, damit sie gleichmäßig garen. Nicht empfehlenswert sind dagegen weiche oder gelbliche Stangen, die bereits zu blühen beginnen.

Serviervorschläge
Spargel wird meistens gekocht oder gedämpft. Man kann ihn warm mit reichlich zerlassener Butter oder einer Sauce hollandaise servieren, oder kalt mit einem Dressing, Mayonnaise oder einer Senfsauce reichen. Pürierter Spargel schmeckt gut in Suppen, Soufflés oder Saucen. Im Ganzen oder in Stücke geschnitten eignet er sich außerdem gut als Beilage oder zum Garnieren von Omelettes, Geflügel, Quiches, Salaten oder Nudelgerichten; auch Gemüsepfannen verleiht er einen interessanten Geschmack.

weißer Spargel

VI

Auf einen Blick

Tipps für die Vorbereitung garantieren sicheres Gelingen bei der Zubereitung.

Genaue Schritt-für-Schritt-Anleitungen erklären besondere Vor- und Zubereitungstechniken.

*Wenn nicht anders angegeben, beziehen sich die Angaben auf den essbaren Anteil des unverarbeiteten Lebensmittels. Wenn keine Werte zu einem Nährstoff vorliegen, ist dies durch * gekennzeichnet.*

Spargel

Vorbereitung

Zuerst werden die holzigen Enden abgeschnitten, die gekocht und püriert eine delikate Suppe ergeben. Dann schält man die Spargelstangen mit einem Sparschäler von oben nach unten. Sehr zarter Spargel muss nicht geschält werden.

1 Die Enden der Spargelstangen mit einem scharfen Messer abschneiden.

2 Beim Schälen mit dem Messer vom Kopf zu den Enden entlangfahren.

3 Die Stangen zu Bündeln zusammenbinden.

4 Den gebündelten Spargel nach dem Kochen herausheben.

Nährwerte

Kalorien	18
Ballaststoffe	1,3 g
Kohlenhydrate	2,0 g
Fett	0,2 g
Eiweiß	1,9 g
Wasser	93 %
	je 100 g

Spargel enthält reichlich Folsäure sowie viel Vitamin A, Vitamin B_1, B_2 und B_6, Vitamin C, Kupfer, Kalium, Eisen, Phosphor und Zink. Ein im Spargel enthaltener schwefelhaltiger Stoff bewirkt, dass der Urin einen besonderen Geruch annimmt. Außerdem enthält Spargel Asparaginsäure, die ihm seinen typischen Geschmack verleiht und harntreibend wirkt. Darüber hinaus wirkt er abführend und krampflösend und gleicht den Mineralstoffhaushalt aus.

Spargel ist der junge, essbare Trieb eines unterirdischen Wurzelstocks, der sich 15 bis 20 Jahre weitervermehren kann.

Zubereitung

Spargel sollte nicht zu lange gegart werden, da er sonst an Geschmack, Farbe und Nährstoffen einbüßt. Vor dem Kochen empfiehlt es sich, die Stangen zusammenzubinden, damit sie sich anschließend leichter aus dem Topf nehmen lassen. Kochen bzw. Dämpfen ist die beste Garmethode, wofür es besondere hohe, schmale Töpfe gibt, in denen der Spargel senkrecht in einem Korbeinsatz steht. Dabei werden die faserigen Enden im kochenden Wasser weich gegart, während die zarten Spitzen lediglich gedämpft werden. Die Stangen sind gar, wenn sie weich, aber noch bissfest sind. Sollen sie kalt gegessen werden, taucht man sie anschließend sofort in kaltes Wasser, um den Garvorgang zu unterbrechen. Spargel kann auch in der Mikrowelle gegart werden.

Spargel sollte nicht in Eisentöpfen gegart werden, da er Tannine enthält, die auf Eisen in der Weise reagieren, dass die Stangen sich verfärben.

Aufbewahrung

Spargel bleibt nicht lange frisch. Er kann in ein feuchtes Tuch gewickelt und in einen perforierten Kunststoffbeutel verpackt höchstens 3 Tage im Kühlschrank aufbewahrt werden. Blanchiert und danach eingefroren hält er sich bis zu 9 Monate.

Spargel auf polnische Art

FÜR 4 PORTIONEN

1 kg frischer Spargel	125 g Butter
2 hart gekochte Eier	3 EL frische Semmelbrösel
3 EL gehackte Petersilie	

1. Die holzigen Spargelenden abschneiden. Die Stangen mit dem Sparschäler schälen und mit Küchengarn zu 4 gleich großen Bündeln zusammenbinden.

2. Die Spargelbündel in einen großen Topf mit kochendem Salzwasser geben und etwa 10 Minuten kochen, bis sich die Stangen mit der Messerspitze leicht einstechen lassen. Die Bündel herausnehmen, gut abtropfen lassen und die Fäden entfernen.

3. Inzwischen die Eier schälen und halbieren. Die Eigelbe herauslösen und in einer Schüssel mit einer Gabel zerdrücken. Die Petersilie zufügen und untermengen.

4. Die Butter in einer kleinen Pfanne zerlassen und die Brotkrumen darin unter Rühren goldgelb rösten. Den Spargel mit der Eier-Petersilie-Mischung bestreuen, die Butterbrösel darüber verteilen und den Spargel sofort servieren.

Ergänzende Illustrationen unterstreichen besondere historische oder botanische Aspekte.

Dieser Abschnitt zeigt, auf welche Weise das jeweilige Lebensmittel zubereitet werden kann.

Farbige Griffmarken erleichtern das Auffinden des gesuchten Lebensmittels.

Tipps zur richtigen Aufbewahrung tragen dazu bei, dass Lebensmittel länger frisch bleiben.

Von einfach bis raffiniert – die besten Rezepte zum Ausprobieren! Dabei sind die »Klassiker« ebenso vertreten wie Unbekanntes aus fernen Ländern.

Inhalt

Unsere Lebensmittel 11

Gemüse 17
Einführung

Zwiebelgemüse 30
  Schnittlauch, Frühlingszwiebel, Lauch, Knoblauch, Zwiebel, Schalotte, Wasserkastanie

Wurzelgemüse 42
  Rübe, Weiße Rübe, Pastinake, Möhre, Knollensellerie, Winterrettich, Rettich, Daikon-Rettich, Kohlrübe, Tannia, Schwarzwurzel, Japanische Klettenwurzel

Fruchtgemüse 55
  Okra, Aubergine, Avocado, Gemüsepaprika, Olive, Gurke, Tomate, Tomatillo, Wachskürbis, Bittergurke, Kürbis, Kürbiskerne, Spaghettikürbis, Chayote

Blattgemüse 81
  Spinat, Ampfer, Brennnessel, Löwenzahn, Portulak, Feldsalat, Rauke, Kresse, Radicchio, Endiviensalate, Chicorée, Salat, Veilchen, Kapuzinerkresse, Kohl, Meerkohl, Schwarzkohl, Grünkohl, Zierkohl, Rosenkohl, Chinakohl

Stängelgemüse 106
  Spargel, Bambussprosse, Karde, Mangold, Gemüsefenchel, Farn, Kohlrabi, Stangensellerie

Knollengemüse 116
  Maniok, Kartoffel, Taro, Yam-Wurzel, Yamsbohne, Süßkartoffel, Topinambur, Knollenziest

Blütenstandsgemüse 130
  Blumenkohl, Brokkoli, Stängelkohl, Artischocke

Hülsenfrüchte 137
Einführung
  Bohne, Limabohne, Mungbohne, Urdbohne, Adzukibohne, Feuerbohne, Lupine, Linse, Helmbohne, Dicke Bohne, Erbse, Kichererbse, Erdnuss, Alfalfa, Sojabohne, Sojamilch, Tofu, Okara, Tempeh, Texturiertes Eiweiß

Obst, Früchte und Beeren 173
Einführung
Getrocknete Früchte, kandierte Früchte, Rhabarber

Beeren 182
  Heidelbeere, Brombeere, Rosine/Korinthe, Weintraube, Erdbeere, Himbeere, Preiselbeere, Physalis

Steinobst 196
  Pflaume, Backpflaume, Nektarine, Pfirsich, Kirsche, Dattel, Aprikose

Kernobst 207
  Apfel, Birne, Quitte, Loquat

Zitrusfrüchte 218
  Pampelmuse, Grapefruit, Orange, Mandarine, Zitrone, Kumquat, Limette, Zitronatzitrone, Bergamotte

Tropische Früchte 229
  Kochbanane, Banane, Ananas, Jaboticaba, Karambole, Cherimoya, Durian, Jackfrucht, Baumtomate, Rambutan, Kaki, Litchi, Longane, Papaya, Pepino, Feijoa, Jujube, Kiwi, Granatapfel, Passionsfrucht, Guave, Feige, Kaktusfeige, Mangostane, Mango, Kiwano, Nashi, Sapodilla

Melonen 263
  Wassermelone, Zuckermelonen

Inhalt

Nüsse und Samen 267
Einführung
Walnuss, Pekannuss, Cashew, Colanuss, Kokosnuss, Macadamianuss, Paranuss, Pinienkerne, Gingkosamen, Esskastanie, Buchecker, Haselnuss, Sesamsamen, Mandel, Sonnenblumenkerne, Pistazie

Algengemüse 293
Einführung
Arame, Wakame, Kombu, Hijiki, Kelp, Meersalat, Agar-Agar, Dulse, Carrageen, Nori, Glaskraut, Spirulina

Pilze 305
Einführung
Champignon, Samtfußrübling, Morchel, Austernpilz, Shiitakepilz, Steinpilz, Trüffel, Mu-Err-Pilz, Pfifferling

Getreide und Getreideerzeugnisse 317
Einführung
Weizen, Seitan, Buchweizen, Hafer, Gerste, Hirse, Reis, Wildreis, Quinoa, Mais, Puffmais (Popcorn), Amarant, Roggen, Triticale, Brot, Mehl, Nudeln, Asiatische Nudeln

Kräuter und Gewürze 369
Einführung
Dill, Anis, Lorbeer, Majoran/Oregano, Estragon, Basilikum, Salbei, Thymian, Minze, Petersilie, Kerbel, Rosmarin, Wacholderbeere, Gewürznelke, Piment, Muskatnuss, Kardamom, Kapern, Kümmel, Safran, Koriander, Kreuzkümmel, Zitronenmelisse, Zitronengras, Bohnenkraut, Curry, Kurkuma, Borretsch, Zimt, Engelwurz, Bockshornklee, Senf, Ingwer, Pfeffer, Gewürzpaprika, Meerrettich, Mohn, Tamarinde, Vanille, Miso, Sojasauce, Essig, Salz

Fisch 427
Einführung
Kamaboko

Süßwasserfische 440
Aal, Forellenbarsch, Hecht, Karpfen, Zander, Flussbarsch, Forelle

Seefische 448
Blaubarsch, Alse, Meeräsche, Seeteufel, Wolfsbarsch, Stör, Kaviar, Sardine, Anchovis (Sardelle), Hering, Makrele, Sackbrasse, Meeraal, Schwertfisch, Knurrhahn, Neunauge, Felsenfisch, Barbe, Lachs, Petersfisch, Kabeljau, Stint, Thunfisch, Rochen, Hai

Plattfische 480
Scholle, Steinbutt, Heilbutt, Seezunge

Krustentiere 483
Einführung
Garnele, Hummer, Krebs/Krabbe, Scampi, Flusskrebs, Languste

Inhalt

Weichtiere 499
Einführung
Abalone, Herzmuschel, Jakobsmuschel, Venusmuschel, Miesmuschel, Auster, Kalmar, Krake, Tintenfisch, Wellhornschnecke, Strandschnecke, Weinbergschnecke, Grüner Seeigel

Fleisch 523
Einführung
Rind, Kalb, Schwein, Lamm, Wildbret, Kaninchen, Hackfleisch

Innereien 549
Einführung
Herz, Leber, Zunge, Bries, Hirn, Niere, Kutteln

Fleischerzeugnisse 557
Einführung
Schinken, Frühstücksspeck, Wurst, Andouille, Rilletten, Gänseleberpastete, Blutwurst

Geflügel 569
Einführung
Truthahn, Gans, Huhn, Suppenhuhn, Poularde/Kapaun, Perlhuhn, Taube, Wachtel, Fasan, Ente, Ei

Milch und Milcherzeugnisse 591
Milch, Ziegenmilch, Buttermilch, Sauerrahm, Butter, Sahne, Joghurt/Quark, Speiseeis, Käse

Zucker, Honig, Sirup und Kakao 623
Zucker, Süßstoffe, Honig, Ahornsirup, Karob, Kakao

Fette und Öle 645
Margarine, Fette, Öle

Koch- und Backhilfen 657
Pfeilwurzelmehl, Backpulver, Weinstein, Natron, Hefe

Kaffee und Tee 663
Tee, Kräutertee, Kaffee

Glossar 675

Register 680

Rezeptregister 685

Unsere Lebensmittel

Um wachsen zu können und um gesund und leistungsfähig zu bleiben, benötigt der Organismus bestimmte Nährstoffe, die wir über die Nahrung zu uns nehmen. Damit dies geschieht, ist er mit einem einzigartigen Signal ausgestattet – dem Hungergefühl. Es sorgt dafür, dass der Körper regelmäßig mit allen notwendigen Stoffen versorgt wird, denn wenn er nicht genug Nahrung erhält, äußert sich dieser Mangel in verschiedenen Beschwerden wie Müdigkeit, Konzentrationsschwäche oder Kopfschmerzen und kann zu Krankheiten oder sogar zum Tod führen. Was immer der Körper auch tut – schlafen, essen, sich bewegen, frieren –, ist stets vom reibungslosen Funktionieren der Abermillionen Zellen abhängig, die dafür mit bestimmten Mindestmengen an verschiedenen Nährstoffen versorgt werden müssen. Dabei spielen drei Arten von Nährstoffen eine besondere Rolle:

- Bausteine ermöglichen den Zellen, zu wachsen und sich zu vermehren. Zu ihnen zählen die Eiweiße und bestimmte Mineralstoffe.

- Energiespender spielen eine wichtige Rolle bei der Zellbildung und der Verdauung und halten bestimmte Funktionen, zum Beispiel die Regulierung der Körpertemperatur, aufrecht. Zu ihnen zählen die Kohlenhydrate und die Fette.

- Regulatoren sorgen dafür, dass die Zellen die Bausteine und die Energiespender richtig umsetzen. Zu ihnen gehören Wasser und Vitamine sowie Mineralstoffe und Spurenelemente.

Eiweiße

Die Eiweiße, wissenschaftlich Proteine genannt, leiten sich ab von dem griechischen Wort *protos,* was so viel wie »erster« oder »elementar« bedeutet. Sie sind die Grundbausteine für den Aufbau und die Regeneration der Zellen, beschleunigen außerdem verschiedene biochemische Reaktionen, fungieren als Hormonboten und Neurotransmitter und sind Bestandteil des Immunsystems. Wird der Körper nicht ausreichend mit Kohlenhydraten und Fett versorgt, können auch die Eiweiße als Energiespender fungieren: 1 Gramm Eiweiß enthält 4 Kalorien.

Von den insgesamt 20 eiweißbildenden Aminosäuren gelten 8 als »essenziell«, da der menschliche Körper sie nicht selbst herstellen kann. Eiweiße werden, je nachdem, in welchen relativen Anteilen sie Aminosäuren enthalten, als »vollständig« oder »unvollständig« bezeichnet. Tierische Eiweiße gelten als vollständig, während pflanzliche Eiweiße »unvollständig« sind. Strenge Vegetarier müssen deshalb viele verschiedene pflanzliche Eiweiße zu sich nehmen, damit der Körper mit allen essenziellen Aminosäuren ausreichend versorgt wird. Die in einem Eiweiß relativ am geringsten vertretene essenzielle Aminosäure wird als »begrenzender Faktor« bezeichnet, weil der Körper nur entsprechend geringe Mengen der übrigen essenziellen Aminosäuren dieses

Unsere Lebensmittel

Proteins aufnehmen kann. Wird jedoch ein Eiweiß, dem eine bestimmte essenzielle Aminosäure fehlt, mit einem Protein kombiniert, das diese fehlende Aminosäure enthält, spricht man von Komplementäreiweißen (sich ergänzende Eiweiße). Der Nährwert dieser Eiweißkombination ist relativ hoch (siehe *Komplementäreiweiße*). Fleisch, Geflügel, Eier und Milchprodukte sind die Hauptlieferanten von tierischem Eiweiß, während pflanzliche Eiweiße vor allem in Hülsenfrüchten, Nüssen und Getreide enthalten sind. Letztere zählen zu den hochwertigsten Eiweißlieferanten, da sie zudem fettarm und reich an Ballaststoffen sind.

Kohlenhydrate

Wie der Name schon sagt, handelt es sich bei den Kohlenhydraten um organische Verbindungen aus Kohlenstoff, Wasserstoff und Wasser. Kohlenhydrate liefern die notwendige Energie für alle Stoffwechselprozesse und für die Arbeit von Gehirn und Nervensystem. Kohlenhydrate gehören außerdem zu den Bestandteilen der Zellwände. Da sie relativ schnell verdaut werden, wird ihre Energie rascher freigesetzt als die in Eiweiß und Fett enthaltene Energie. 1 Gramm Kohlenhydrate liefert wie Eiweiß 4 Kalorien. Man unterscheidet drei Haupttypen von Kohlenhydraten:

- Einfache Kohlenhydrate – zum Beispiel Traubenzucker, Fruchtzucker, Saccharose und Milchzucker – bestehen aus ein oder zwei Zuckerbausteinen und werden direkt vom Körper aufgenommen, ohne verdaut zu werden. Man findet sie etwa in Früchten, Gemüse, Honig, Haushaltszucker, braunem Zucker oder Ahornsirup.

- Komplexe Kohlenhydrate – zum Beispiel Stärke, Glykogen und Zellulose – setzen sich aus drei und mehr Zuckerbausteinen zusammen, die zunächst durch den Verdauungsprozess in einfache Kohlenhydrate aufgespalten werden müssen, damit sie vom Organismus verwertet werden können. Sie sind vor allem in Getreide, Hülsenfrüchten, Nüssen und Samen, aber auch in bestimmten stärkehaltigen Gemüsesorten wie Kartoffeln, Erbsen, Mais und Süßkartoffeln enthalten.

- Ballaststoffe bestehen aus Kohlenhydraten und unverdaulichen Pflanzenteilen und sind hart und faserig (unlösliche Ballaststoffe) oder gallertartig und schleimig (lösliche Ballaststoffe). Da sie nicht verdaut werden, liefern Ballaststoffe so gut wie keine Energie, regen aber die Darmtätigkeit an und dienen daher zur Vorbeugung und Behandlung von Verstopfung. Ballaststoffe sind in unterschiedlichen Anteilen in Getreide (vor allem Vollkorngetreide), Hülsenfrüchten, Gemüse, Obst, Nüssen und Samen enthalten.

Eine Ernährung, die reich an komplexen Kohlenhydraten und Ballaststoffen ist, gilt als gesund, da sie eine wichtige Rolle bei der Vorbeugung von Krankheiten wie Darmkrebs und Bluthochdruck spielen. Nahrungsmittel, die viele einfache Kohlenhydrate enthalten, sollte man dagegen nur in Maßen zu sich nehmen, da diese nicht nur Karies verursachen, sondern auch kaum Nährstoffe liefern und deshalb als »leere Kalorien« bezeichnet werden.

Fette

Das Wort »Fett« leitet sich ab vom mittelhochdeutschen Verb *veizen,* das »mästen« bedeutet. 1 Gramm Fett liefert 9 Kalorien, das heißt mehr als doppelt so viel wie Kohlenhydrate und Eiweiß.

Trotz ihres schlechten Rufs tragen Fette entscheidend zur Aufrechterhaltung der Gesundheit bei. Sie spielen nicht nur eine wichtige Rolle bei der Bildung der Zellwände und bei der Hormonproduktion, sondern verstärken auch den Eigengeschmack der Lebensmittel und sorgen dafür, dass ein Sättigungsgefühl eintritt. Darüber hinaus erleichtern Fette die Blutzirkulation sowie die Aufnahme der fettlöslichen Vitamine A, D, E und K, und sie liefern die beiden essenziellen Fettsäuren Linolsäure und Alpha-Linolsäure, die über die Nahrung aufgenommen werden müssen, weil sie der Körper nicht selbst herstellen kann, und die für den Stoffwechsel der Körperzellen sorgen. Diese essenziellen Fettsäuren sind vor allem in Vollkorngetreide, Ölen, Nüssen und Samen enthalten.

Cholesterin ist ein im Blut zirkulierendes Fett, das bei der Bildung von Sexualhormonen, Gallensäure, Vitamin A und der Zellwände eine wichtige Rolle spielt. Es ist nur in tierischen Nahrungsmitteln enthalten, nicht aber in Gemüse und Obst. Anders als bei den ungesättigten Fettsäuren wird das meiste Cholesterin (70%) im Körper erzeugt, während der Rest über die Nahrung aufgenommen wird. Eine cholesterinfreie Ernährung führt jedoch nicht zu einem Cholesterinmangel, da die Fettsäuren in der Nahrung weit größeren Einfluss auf den Blutcholesterinspiegel haben als das in den Nahrungsmitteln enthaltene Cholesterin.

In der Nahrung kommt Fett meist in Form von Triglyzeriden vor, die sich aus Fettsäuren zusammensetzen. Diese Fettsäuren gibt es in einfach oder mehrfach ungesättigter Form sowie als gesättigte Fettsäuren, je nachdem, ob zwischen den Kohlenstoffatomen, aus denen sie gebildet werden, Doppelbindungen bestehen oder nicht. Man findet sie in unterschiedlichen Anteilen in Ölen und anderen Fetten. Tierische Nahrungsmittel sind in der Regel reicher an gesättigten Fettsäuren als pflanzliche. Ausnahmen bilden Palm- und Kokosöl, die vorwiegend gesättigte Fettsäuren enthalten, sowie Fisch und Meeresfrüchte, die große Mengen an mehrfach ungesättigten Fettsäuren aufweisen. Mehrfach ungesättigte Fettsäuren sind hauptsächlich in Pflanzenölen wie Sonnenblumen- oder Distelöl zu finden, einfach ungesättigte hingegen in Oliven- und Haselnussöl sowie in Avocados und Mandeln.

Gesättigte Fettsäuren können den Blutcholesterinspiegel erhöhen, vor allem bei Menschen, die sie im Übermaß zu sich nehmen und dafür besonders anfällig sind, während einfach und mehrfach ungesättigte Fettsäuren den Blutcholesterinspiegel dagegen eher senken. Es ist allgemein bekannt, dass ein enger Zusammenhang zwischen fettreicher Ernährung und Herzkrankheiten besteht. Klinische Studien haben jedoch gezeigt, dass es dabei eher auf die Art und Qualität der Fette ankommt – genauer gesagt, dass eine Reduzierung der gesättigten Fettsäuren und eine gleichzeitige Erhöhung der einfach und mehrfach ungesättigten Fettsäuren das Risiko einer Herzerkrankung beträchtlich senken kann.

Vitamine

Das Wort »Vitamin« leitet sich ab vom lateinischen Wort *vita,* das »Leben« bedeutet. Vitamine sind organische Stoffe, die für die Aufrechterhaltung der Gesundheit unerlässlich sind – 13 Vitamine gelten als lebenswichtig – und die wir über die Nahrung zu uns nehmen müssen. Vitamine sind zwar keine direkten Energielieferanten, spielen aber eine entscheidende Rolle bei der Umwandlung von Fetten und Kohlenhydraten in eine Form von Energie, die der Organismus verwerten kann. Außerdem fördern sie das Wachstum, unterstützen die Regeneration der Zellen und sorgen für die Aufrechterhaltung der Körperfunktionen. Jedes Vitamin spielt dabei eine ganz bestimmte Rolle und ist auch nicht durch ein anderes ersetzbar, da Vitamine sehr unterschiedliche Strukturen haben. Man unterscheidet zwischen wasser- und fettlöslichen Vitaminen.

Zu den wasserlöslichen Vitaminen zählen Vitamin C und die Vitamine der B-Gruppe: Vitamin B1 (Thiamin), Vitamin B2 (Riboflavin), Nikotinsäure (Vitamin B3), auch Niacin genannt, Pantothensäure (Vitamin B5), Vitamin B6 (Pyridoxin), Vitamin-B12-Cyano-Komplex (Cobalamine), Biotin und Folsäure. Da sie aufgrund ihrer Wasserlöslichkeit mit Urin und Schweiß ausgeschieden werden, werden diese Vitamine nicht im Körper gespeichert und müssen deshalb ständig neu aufgenommen werden. Vitamin C ist vorwiegend in Obst, insbesondere Zitrusfrüchten, und Gemüse enthalten, während die B-Vitamine hauptsächlich in Vollkorngetreide, Fleisch und Milchprodukten zu finden sind.

Die wasserlöslichen Vitamine sind an zahlreichen biochemischen Reaktionen beteiligt, zum Beispiel bei der Regeneration der Haut, des Blutes und der Nervenzellen. Vitamin C, auch als Askorbinsäure bekannt, hilft bei der Aufnahme des in der Nahrung enthaltenen Mineralstoffs Eisen und ist an der Bildung von Kollagen beteiligt, ein Stoff, der die Widerstandsfähigkeit von Haut, Sehnen, Knochen, Zähnen und Blutgefäßen erhöht. Die B-Vitamine wirken stets zusammen. Fehlt eines von ihnen, können auch die anderen nicht nutzbringend eingesetzt werden. Sie spielen eine Schlüsselrolle bei der Umwandlung von Eiweiß, Kohlenhydraten und Fett in Energie. Außerdem sind sie an der Bildung von Antikörpern und roten Blutkörperchen beteiligt und gewährleisten, dass das Nervensystem und der Verdauungsapparat reibungslos funktionieren.

Zu den fettlöslichen Vitaminen zählen die Vitamine A, D, E und K. Sie werden im Körperfett und in der Leber gespeichert und nur sehr langsam über die Galle ausgeschieden. Im Übermaß genossen, vor allem in Form von Vitamin A- oder Vitamin D-haltigen Zusatzpräparaten, können sie gesundheitsschädlich sein.

Vitamin A ist vorwiegend in Milchprodukten, Leber und Eigelb enthalten. Es spielt eine wichtige Rolle bei der Nachtsehfähigkeit und schützt sowohl das Zellgewebe innerer Organe als auch Haare, Haut und Nägel. Als Vorstufe von Vitamin A ist auch das Provitamin A wichtig, das vor allem in gelben, grünen und orangefarbenem Obst und Gemüse enthalten ist.

Vitamin D wird häufig auch als »Sonnenvitamin« bezeichnet, da die Haut ein Provitamin enthält, das unter dem Einfluss von ultravioletten Sonnenstrahlen oder UV-Licht in Vitamin D umgewandelt wird. Vitamin D fördert die Aufnahme von Kalzium und Phosphor, die für den Aufbau der Knochen und Zähne wichtig sind; während der Wachstumsphase kann Vitamin-D-Mangel deshalb zu Rachitis führen. Vitamin D ist vor allem in Milch, Eiern, Leber und fettem Fisch enthalten.

Vitamin E ist ein Antioxydans, das die Entstehung freier Radikale verhindert – Substanzen, die das Wachstum potentieller Krebszellen anregen. Vitamin E ist hauptsächlich in Pflanzenölen und -fetten, Weizenkeimen, Nüssen, Eiern und Fischprodukten enthalten.

Vitamin K ist wichtig für die Blutgerinnung und fördert die Aufnahme von Mineralstoffen in Knochen und Zähne. Der größte Teil des benötigten Vitamin K wird von Darmbakterien produziert, der Rest wird über Spinat, Kohl, Zwiebeln und Geflügel aufgenommen.

Mineralstoffe und Spurenelemente

Mineralstoffe und Spurenelemente sind anorganische Substanzen, die bei der Knochenbildung und der Umsetzung von Fett, Eiweiß und Kohlenhydraten eine wichtige Rolle spielen. Außerdem sorgen sie dafür, dass die Muskeln und das Nervensystem funktionieren; sie sind jedoch wie Vitamine keine direkten Energielieferanten. Die 22 lebenswichtigen Substanzen dieser Gruppe werden in Mineralstoffe und Spurenelemente unterteilt – letztere sind Mineralstoffe, die der Organismus nur in Spuren benötigt.

Zu den Mineralstoffen zählen Kalzium, Phosphor, Magnesium, Natrium, Chlor und Kalium, zu den Spurenelementen gehören Eisen, Zink, Kupfer, Jod, Fluor und Selen. Die meisten Nahrungsmittel enthalten zwar nur geringfügige Mengen an Mineralstoffen, diese sind in der Regel aber ausreichend. Eine Ausnahme bilden lediglich Eisen und Kalzium, von denen der Körper relativ viel benötigt, häufig aber nicht in ausreichender Menge erhält. Zu den besonders eisenhaltigen Nahrungsmitteln zählen Fleisch, Leber, Hülsenfrüchte, Getreide und dunkelgrünes Gemüse. Kalzium ist vorwiegend in Milchprodukten, aber auch in Weich- und Krustentieren, Hülsenfrüchten, grünem Gemüse, Nüssen und Samen enthalten.

Wasser

Quantitativ gesehen ist Wasser der wichtigste Bestandteil des menschlichen Organismus – der Körper eines Erwachsenen besteht zu 55 % aus Wasser. Wasser ist so lebenswichtig, dass Flüssigkeitsverluste binnen 2 oder 3 Tagen ausgeglichen werden müssen, damit es nicht zu lebensbedrohlichen Folgen kommen kann. Wasser spielt eine wichtige Rolle bei der Regulierung der Körpertemperatur, der Funktion der Gelenke und der Schallübertragung im Ohr; außerdem fungiert es als »Stoßdämpfer« des Nervensystems. Tatsächlich sind alle Körperfunktionen vom Wasser abhängig: Es ist wichtig für die Verdauung, die Blutzirkulation, die Ausscheidung von Schlacken, die Verteilung der Nährstoffe und die Regeneration des Gewebes.

Die Versorgung des Körpers mit Wasser wird durch den Durst gesteuert. Da der Wasserhaushalt täglich neu »aufgefüllt« werden muss, sollte man pro Tag mindestens 1,5 bis 2 Liter Flüssigkeit zu sich nehmen. Auch Obst und Gemüse sind wichtige Flüssigkeitslieferanten, da sie zu 60 bis 90 % aus Wasser bestehen.

Empfehlungen für eine gesunde Ernährung

Die in vielen Industrienationen herausgegebenen Ernährungsempfehlungen – bei uns sind es die Richtlinien der Deutschen Gesellschaft für Ernährung (DGE) – wollen durch Information bewirken, dass wir uns gesund ernähren und der Grundbedarf an allen lebensnotwendigen Nährstoffen gedeckt ist. Dabei geht es jedoch weniger um die Bekämpfung von Mangelkrankheiten als vielmehr um die Vorbeugung von Krankheiten aufgrund von falscher Ernährung und Übergewicht in Verbindung mit mangelnder Bewegung. Zu diesen »Zivilisationskrankheiten« zählen vor allem Diabetes, Magen- und Darmkrebs, Herzkrankheiten, Erkrankungen der Hirngefäße, Brustkrebs, Leber- und Galleerkrankungen sowie Karies.

Zahlreiche Studien belegen eindeutig, dass zwischen falscher Ernährung und Krankheit ein enger Zusammenhang besteht. Eine ausgewogene Ernährung sollte deshalb

- die empfohlenen Mengen an lebenswichtigen Vitaminen und Mineralstoffen enthalten,
- zu höchstens 25 % aus Fett bestehen – einschließlich versteckter Fette –, das wiederum nicht mehr als 10 % gesättigte Fettsäuren enthält,
- zu 60 % aus Kohlenhydraten und Ballaststoffen sowie
- zu 15 % aus Eiweiß bestehen, vorzugsweise aus pflanzlichen Quellen.

Gemüse

inhalt

Zwiebelgemüse 30

Wurzelgemüse 42

Fruchtgemüse 55

Blattgemüse 81

Stängelgemüse 106

Knollengemüse 116

Blütenstandsgemüse 130

Einführung

Gemüse ist der Sammelbegriff für die vielen Gartenpflanzen, die unserer Ernährung dienen. Wenn sich auch seine Bedeutung im Laufe der Zeit und den jeweiligen Kulturen entsprechend gewandelt hat, zählt es neben Reis immer noch zu den menschlichen Hauptnahrungsmitteln. Die exakte wissenschaftliche Erklärung für die Entwicklung der zahllosen Gemüsesorten, die heute Bestandteil unseres Speiseplans sind, ist recht schwierig, bezüglich der Anfänge des Gemüseanbaus gibt es jedoch eine Reihe von Hypothesen.

Bevor die Menschen vor etwa 12 000 Jahren Landwirtschaft zu treiben begannen, lebten sie als Nomaden und ernährten sich mehr als 2 Millionen Jahre lang von der Jagd, dem Fischfang und wild wachsenden Früchten. Mit zunehmender Sesshaftigkeit begannen sie, Tiere zu halten und Pflanzen anzubauen. Obwohl nicht exakt belegt ist, auf welche Weise sie den Gemüseanbau erlernten, scheinen sie sich dabei zweier Methoden bedient zu haben: zum einen durch Aussaat von Samen, zum anderen, indem sie aus Trieben und Wurzeln neue Pflanzen zogen. Infolge der Völkerwanderung entstanden durch Kreuzung neue Pflanzenarten, die nach und nach in der Lage waren, sich den wechselnden Umweltbedingungen anzupassen.

Durch die Forschungsarbeit, die Darwin und Mendel im ausgehenden 19. und Anfang des 20. Jahrhunderts auf dem Gebiet der Genetik leisteten, konnten vor noch nicht allzu langer Zeit bei einer Reihe von Gemüsepflanzen erhebliche Verbesserungen erzielt werden. Ihre Forschungsergebnisse führten zur Züchtung neuer Sorten, die höhere Erträge erbrachten und sich unter anderem durch einen besseren Geschmack und schönere Farben auszeichneten.

Während Gemüse heute in weiten Teilen der westlichen Welt vorwiegend als Beilage zu Fleisch und anderen Nahrungsmitteln gegessen wird, gehört es in Asien und im Mittleren Osten noch immer zu den Grundnahrungsmitteln. Allerdings lässt sich in Europa wie auch in Nordamerika seit Mitte der 70er-Jahre ein kontinuierlich steigender Gemüseverbrauch verzeichnen, der vor allem auf die wachsende Erkenntnis zurückzuführen ist, wie wichtig Gemüse für eine gesunde Ernährung ist. Nicht nur die Empfehlungen von Ernährungsexperten, dass sich bestimmte Krankheiten durch regelmäßigen Obst- und Gemüseverzehr vermeiden lassen, haben dazu beigetragen, dass sich viele Menschen der gesundheitlichen Vorteile von Gemüse bewusster geworden sind, sondern auch die wachsende Vielfalt und das größere Angebot auf den Märkten haben den Gemüseverbrauch stetig ansteigen lassen.

Am einfachsten lassen sich die verschiedenen Gemüsesorten danach klassifizieren, welche Pflanzenteile der Ernährung dienen:

- *Zwiebelgemüse.* Dazu zählen zum Beispiel Knoblauch, Frühlingszwiebel, Schnittlauch, Schalotte, Zwiebel und Lauch.

- *Blattgemüse.* Dazu zählen etwa Chicorée, Kohl, Brunnenkresse, Spinat, Blattsalate, Brennnessel, Sauerampfer, Löwenzahn und Radicchio.

- *Blütenstandsgemüse.* Dazu zählen beispielsweise Artischocke, Brokkoli und Blumenkohl.

- *Fruchtgemüse.* Dazu zählen etwa Aubergine, Avocado, Chayote, Gurke, Kürbis, Okra, Olive und Paprikaschote.

- *Wurzelgemüse.* Dazu zählen vor allem Rote Bete, Japanische Klettenwurzel, Möhre, Knollensellerie, Malanga, weiße Rübe, Pastinake, Rettich, Kohlrübe sowie Hafer- und Schwarzwurzel.

- *Stängelgemüse.* Dazu zählen unter anderem Spargel, Bambussprossen, Mangold, Karde, Stangen- oder Bleichsellerie, Kohlrabi und Fenchel.

- *Knollengemüse.* Dazu zählen Knollenziest, Yamsbohne, Maniok, Süßkartoffel, Kartoffel, Taro und Topinambur.

Einführung

Einkaufstipp

Qualitativ gutes Gemüse sollte möglichst fest und makellos sein, eine schöne Farbe haben, frei von Schimmel und Druckstellen sein und keine Anzeichen von Frostschäden aufweisen. Nicht empfehlenswert ist bereits geschältes und welkes oder schrumpliges Gemüse.

Vorbereitung

Die Zubereitung und Haltbarmachung von Gemüse wirken sich sowohl auf seinen Geschmack und Nährstoffgehalt aus als auch auf seine Konsistenz und sein Aussehen. Wie Obst reagiert auch Gemüse auf Luft und Wärme. Lässt man es bei Raumtemperatur liegen, verdirbt es zweimal schneller als im Kühlschrank, da Wärme den Reifungsprozess erheblich beschleunigt. Um Nährstoffe und Geschmack von frischem Gemüse zu bewahren, sollte man bei der Zubereitung außerdem folgende Regeln beachten:

• Da Gemüse meistens chemischem Dünger und Pestiziden ausgesetzt war, muss es vor der Zubereitung gründlich unter fließendem Wasser gewaschen werden. Dabei sollte es sich jedoch nicht mit Flüssigkeit voll saugen, damit die wasserlöslichen Vitamine, zu denen auch Vitamin C und die Vitamine der B-Gruppe gehören, erhalten bleiben. Einige Gemüsesorten, insbesondere Kohl, Brokkoli und Blumenkohl, können trotz Pestizidbehandlung von Schädlingen befallen sein, weshalb man sie vor der Zubereitung etwa 30 Minuten in kaltes Salzwasser legen sollte.

• Gemüse zum Rohverzehr sollte möglichst erst unmittelbar vor dem Servieren mit rostfreien Küchengeräten zubereitet werden. Damit möglichst wenig Vitamine – insbesondere Vitamin C – verloren gehen, beträufelt man klein geschnittenes Gemüse am besten mit etwas Zitronensaft und stellt es bis zum Auftragen in den Kühlschrank.

• Gemüse zum Garen sollte in möglichst gleich große Stücke zerteilt werden, damit es gleichmäßig gart. Je feiner es geschnitten wird, desto mehr Vitamine – vor allem Vitamin B und C – und Mineralstoffe gehen verloren und desto mehr Geschmack büßt es ein.

Serviervorschläge

Die meisten Gemüsesorten können auch roh verzehrt werden. Da gekochtes Gemüse einen Teil seiner Nährstoffe verliert, ist es ratsam, auch rohes Gemüse in den täglichen Speiseplan aufzunehmen. Allerdings ist rohes Gemüse bei zu langer oder falscher Lagerung nicht unbedingt gesünder als tiefgefrorenes, eingemachtes oder richtig gegartes Gemüse, dessen Nährwert wiederum sehr stark von der jeweiligen Garmethode abhängt. Gemüse ist sehr vielseitig und wird von der Vorspeise bis zum Dessert und sogar bei der Weinerzeugung verwendet.

Aufbewahrung

Gemüse wird im Kühlschrank oder in einem kühlen Raum gelagert, aber auch eingefroren, eingekocht, getrocknet oder mariniert. Je makelloser und fester das Gemüse ist, desto länger bleibt es frisch. Während Gemüsesorten wie Winterkürbis, Knoblauch, Kartoffeln und Taro auch bei Zimmertemperatur längere Zeit haltbar sind, müssen leicht verderbliche Gemüsesorten nach dem Einkauf im Kühlschrank aufbewahrt werden, wobei das Gemüsefach am besten geeignet ist, da es dort wärmer und feuchter ist als in den darüber liegenden Ebenen, wo die Luft trockener ist und das Gemüse schnell austrocknet. Das ist auch der Grund, weshalb Gemüse außerhalb des Gemüsefachs stets in Zeitungspapier eingewickelt werden sollte.

Bei vielen Gemüsesorten unterscheidet man zwischen Sommer- und Winterlagerung. Im Winter können beispielsweise Möhren, Kohl, weiße Rüben, Pastinaken und Rote Bete über längere Zeit in einem kühlen Raum gelagert werden, indem man sie ungewaschen in Sand, Torf oder Sägemehl eingräbt, während man sie im Sommer im Kühlschrank aufbewahren sollte.

Ungeeignet ist das Aufbewahren von Gemüse in kaltem Wasser, da es sich schnell voll saugt und so einen Teil seiner Nährstoffe verliert. Welkes Gemüse wird dagegen wieder frisch und knackig, wenn man es in feuchtes Küchenpapier eingewickelt aufbewahrt, mit Wasser besprüht oder für einige Minuten in Eiswasser taucht.

Bestrahlung

Die Bestrahlung ist ein weiteres Verfahren, um die Haltbarkeit und damit die Gesamtqualität von Gemüse zu verbessern. Dabei wird das Gemüse Kobalt-60- oder Cäsium-137-Strahlen ausgesetzt, die unmittelbar auf die Moleküle einwirken, ohne es radioaktiv zu belasten. Sie hemmen die Keimbildung, indem sie Bakterien und Insekten abtöten, sodass das Gemüse nach der Ernte nicht mehr so häufig mit Pestiziden behandelt werden muss. (Erst vor kurzem hat die US-amerikanische Regierung der Bestrahlung von Blumen, Kräutern, Früchten und Gemüse zugestimmt. Eine Verordnung sieht vor, dass bestrahlte Nahrungsmittel gut sichtbar mit einem Symbol gekennzeichnet sein müssen, das auf die Strahlenbehandlung hinweist.) Bislang hat die Forschung allerdings noch keine Hinweise darauf erbracht, ob der Verzehr bestrahlter Lebensmittel gesundheitliche Risiken mit sich bringt.

Einfrieren

Das Einfrieren ist eine Möglichkeit der Haltbarmachung, die gerne bei Gemüse angewandt wird. Die Vorzüge dieses Verfahrens bestehen darin, dass man auf diese Weise das ganze Jahr über und unabhängig von der Jahreszeit die verschiedensten Gemüsesorten genießen kann, und dass – sofern man es richtig macht – Farbe, Beschaffenheit, Geschmack und Nährstoffe weitgehend erhalten bleiben.

Um bestmögliche Ergebnisse zu erzielen, sollte man nur frisches und makelloses Gemüse verwenden, das seine volle Reife erst kurz nach der Ernte oder dem Kauf erlangt; unreifes Gemüse sollte man vor dem Einfrieren im Kühlschrank reifen lassen. Wenn auch das Einfrieren Gemüse nicht vor dem Verderben schützt, verlangsamt es dennoch diesen Prozess und verhindert überdies die Entstehung von Mikroorganismen (ohne sie allerdings zu zerstören). Darüber hinaus wird der Einfluss von Enzymen verzögert, die für schlechte Geruchsbildung und den Verlust von Farbe und Nährstoffen verantwortlich sind. Diese Enzyme lassen sich neutralisieren, indem man das Gemüse vor dem Einfrieren blanchiert. Wird das Gemüse richtig blanchiert und eingefroren, hat es nahezu den gleichen Nährwert wie frisches Gemüse. Lediglich Gemüsesorten mit hohem Säuregehalt müssen vor dem Einfrieren nicht blanchiert werden. Da auch tiefgefrorenes Gemüse austrocknen kann, wenn es der trockenen Luft der Gefriertruhe ausgesetzt ist, sollte man es unbedingt in luftdicht verschlossenen Behältern und Gefrierbeuteln lagern.

Einführung

Beim Blanchieren wird das rohe Gemüse für eine bestimmte Zeit (sie richtet sich nach Art und Größe des Gemüses) in kochendes Wasser gelegt, dann abgeschreckt und abgetrocknet. Dabei ist wichtig, dass man die Zeit genau einhält und das Gemüse anschließend sofort abschreckt. Gemüse, das nicht richtig blanchiert wurde, verdirbt schnell. Blanchiert man hingegen zu lange, ist das Gemüse fast gar und wird darüber hinaus noch sämtlichen Nachteilen des Kochens ausgesetzt.

- Eine ausreichende Menge Wasser (ca. 4 Liter pro 500 g Gemüse oder ca. 8 Liter pro 500 g Blattgemüse) in einem großen Topf zum Kochen bringen.

- Das vorbereitete Gemüse in einen Metallkorb oder einen Gazebeutel legen, um es rasch wieder aus dem Wasser nehmen zu können.

- Das Gemüse in das kochende Wasser geben, den Topf schließen und das Gemüse in der entsprechenden Zeit garen lassen (das Wasser sollte rasch wieder zum Kochen kommen).

- Das Gemüse herausheben und sofort abschrecken, indem man es so lange in 10 °C kaltes Wasser taucht, bis es vollständig abgekühlt ist (aber darauf achten, dass es sich dabei nicht vollsaugt).

- Das Gemüse abtropfen lassen, abtrocknen und dann in einen Gefrierbeutel füllen. Dabei darauf achten, dass die gesamte Luft aus dem Beutel entweicht. Die einzelnen Beutel mit Etiketten kennzeichnen, auf denen die Gemüsesorte, die Menge und das Einfrierdatum vermerkt werden.

Wegen seines hohen Wassergehalts sollte man Gemüse unbedingt möglichst rasch einfrieren, damit sich keine großen Eiskristalle bilden, die die Zellen schädigen, wobei das Gemüse matschig wird und Flüssigkeit und Nährstoffe verliert.

Aus dem gleichen Grund sollte man auch keine großen Mengen auf einmal einfrieren. Man bereitet immer nur so viel Gefriergut vor, dass es in 24 Stunden durchgefroren ist (zwischen 1 und 1,5 kg pro 25 Liter Gefrierraum).

Für optimale Haltbarkeit und Qualität ist es wichtig, dass die Temperatur konstant bei −18 °C oder darunter liegt. Dann bleibt Gemüse im Durchschnitt 1 Jahr haltbar.

Die meisten Gemüsesorten müssen vor dem Garen nicht aufgetaut werden. Es ist im Gegenteil vielfach sogar besser, es vorher nicht vollständig aufzutauen, um Geschmacks- und Nährstoffverluste zu vermeiden. Einige Gemüsesorten müssen dagegen vor dem Garen vollständig aufgetaut oder zumindest angetaut werden. Dies geschieht am besten in der luftdicht verschlossenen Packung im Kühlschrank oder bei Raumtemperatur. Im ersten Fall sollte man dann eine längere Auftauzeit einkalkulieren.

Zum Garen gibt man das gefrorene Gemüse in kochendes Wasser, schließt den Topf, wartet, bis das Wasser wieder kocht, und verringert dann die Wärmezufuhr. Da das Gemüse durch das Blanchieren bereits vorgegart ist, hat gefrorenes Gemüse eine geringere Garzeit als frisches.

Einkochen

Das Einkochen als Verfahren zur Haltbarmachung von Gemüse hat eine weitaus längere Tradition als das Einfrieren. Der Nährstoffgehalt von eingekochtem Gemüse ist in der Regel genauso groß oder etwas geringer als der von frischem oder tiefgekühltem Gemüse. Da man die Kochflüssigkeit jedoch häufig wegschüttet, gehen doch mehr Vitamine und Mineralstoffe verloren.

Einführung

In Konservenfabriken werden dem Gemüse häufig Lebensmittelzusätze (Kalziumglukonat, verschiedene Kalziumsalze, Zitronensäure) beigegeben, um Farbe, Beschaffenheit, Geschmack und Haltbarkeit zu verbessern. Nie verbeulte Konservendosen kaufen, da der Inhalt verdorben und damit gesundheitsschädlich sein könnte. Konservendosen, deren Inhalt beim Öffnen herausquillt, sollte man stets wegwerfen. Konserven, auf denen sich Schaum oder Blasen bilden oder die faulig oder schwefelig riechen, sollte man ebenfalls nicht verwenden. Wenn man sich nicht sicher ist, ist es ratsam, die Dose wegzuwerfen, ohne den Inhalt zu probieren.

Wenn man Gemüse selbst einkocht, muss man es unter Dampfdruck sterilisieren, denn es kann wie alle schwach alkalischen Lebensmittel (Fleisch, Meeresfrüchte etc.) hochgiftig werden, wenn es lediglich in kochendem Wasser sterilisiert wird. Dieses Gift wird bei Temperaturen um 138 °C zerstört, die nur mit einem Dampfdrucktopf erreicht werden. Nur die Tomate hat einen ausreichend hohen Säuregehalt, sodass bei ihr das Sterilisieren in kochendem Wasser ausreicht. Alle anderen Gemüsesorten müssen unter Dampfdruck sterilisiert werden.

Nährwerte

Auch wenn der Nährstoffgehalt von Gemüse je nach Sorte variiert, haben dennoch alle gewisse Eigenschaften gemeinsam:

- Gemüse hat einen hohen Wassergehalt (80 bis 95 % seines Gesamtvolumens).

- Es enthält lösliche und unlösliche Zellstoffe.

- Es hat, mit Ausnahme der Avocado und der Olive, wenig Fett.

- Es ist in der Regel arm an Eiweiß.

- Die meisten Gemüsesorten haben nur wenig Kalorien und enthalten aufgrund ihres pflanzlichen Ursprungs kein Cholesterin.

Verschiedene Faktoren wie die Jahreszeit und die Beschaffenheit des Bodens beeinflussen Geschmack und Nährstoffgehalt des Gemüses vor, während und nach der Ernte. Auf einige dieser Faktoren wie beispielsweise das Klima hat der Mensch keinen Einfluss, andere dagegen kann er bestimmen, zum Beispiel durch die Art des Anbaus und den Einsatz von Pestiziden.

Der vermehrte Einsatz von Pestiziden im 20. Jahrhundert hängt zusammen mit der Entwicklung industrieller Anbaumethoden, der steigenden Nachfrage und den Anforderungen, die der Verbraucher an das Aussehen von Gemüse stellt, da die meisten Käufer Gemüse, das in Farbe oder Form nicht perfekt ist, liegen lassen, obwohl es den gleichen Nährwert hat. Die meisten Gemüsepflanzen kommen mit Chemikalien in Berührung, wobei diese Substanzen teilweise als Rückstände in den Pflanzen zurückbleiben. Ein Teil dringt in die Pflanze ein (Organkontaminierung), der Rest verbleibt an der Oberfläche (lokale Kontaminierung). Wie sich viele dieser Chemikalien mittel- und langfristig auf unsere Gesundheit auswirken, ist ungewiss. In den letzten Jahren haben die landwirtschaftlichen Erzeuger den Einsatz von Pestiziden eingeschränkt, um die Menge an Giftstoffen, die in unsere Nahrung gelangen, zu verringern.

Um die Schadstoffbelastung beim Verzehr möglichst niedrig zu halten, sollte man Gemüse gründlich unter fließendem Wasser säubern oder schälen, auch wenn dadurch Nähr- und Ballaststoffe, die in der Schale enthalten sind, verloren gehen. Während beim Schälen ein Großteil der Gifte beseitigt wird, die sich an der Oberfläche abgelagert haben, wird beim Kochen der größte Teil der Gifte abgetötet, die in das Gemüse eingedrungen sind. Eine andere Möglichkeit ist, nur Gemüse aus ökologischem Anbau zu verwenden. Das ist allerdings noch immer eine kostspielige Alternative, da diese Erzeugnisse in der Regel sehr teuer sind.

Einführung

Zubereitung

Einige besonders stärkehaltige Gemüsesorten wie zum Beispiel die Kartoffel sind roh kaum genießbar und müssen gekocht werden, damit die Stärke so umgewandelt wird, dass der Körper sie umsetzen kann. Durch das Kochen verwandelt sich die Stärke in Zucker, die Zellulose wird weicher, die Substanzen in den Fasern werden freigesetzt und das im Gemüse enthaltene Pektin wird gelöst. Andere Gemüsesorten wie Malanga und Taro enthalten reizende oder schädliche Substanzen, die beim Garen neutralisiert werden.

Gemüse sollte möglichst nur kurz gekocht werden; zu langes Kochen laugt es aus. Es wird matschig und verliert einen Teil seiner Vitamine und Mineralstoffe. Der Verlust an Vitamin B und C lässt sich geringer halten, wenn man es kurze Zeit bei hoher Temperatur (beispielsweise in einem Dampfkochtopf) gart.

Welche Garmethode für welches Gemüse am besten geeignet ist, hängt vielfach davon ab, ob es sich um grünes, gelbes, rotes oder weißes Gemüse handelt.

Grünes Gemüse neigt dazu, beim Kochen schnell seine Farbe zu verlieren. Das liegt daran, dass durch die Hitze die im Gemüse enthaltenen Säuren freigesetzt werden, die zum Verlust von einem Teil des Chlorophylls – der Farbstoff, der für die grüne Färbung verantwortlich ist – führen. Das heißt, das Gemüse büßt seine kräftige grüne Farbe ein und verfärbt sich bräunlich grün.

Gelbes und *oranges Gemüse* ist reich an Karotin, einem Provitamin, das der Körper in Vitamin A umwandelt. Vitamin A ist nicht gut wasserlöslich, dafür aber hitzebeständig und verändert sich auch durch Zugabe von Säure nicht.

Rotes und *violett-bläuliches Gemüse* bekommt seine Farbe durch den Farbstoff Anthocyan, der beim Kochen geringfügig verloren geht, vor allem, wenn das Gemüse zuvor klein geschnitten wurde. Das liegt daran, dass die im Gemüse enthaltene Säure zusammen mit dem Wasser verdunstet. Gibt man während des Kochens etwas Säure hinzu, wird die rote oder violette Färbung des Gemüses dagegen kräftiger.

Weißes Gemüse enthält den Farbstoff Anthoxanthin, der durch Zugabe von Säure im Kochwasser intensiviert wird. Zu langes Kochen oder die Zugabe eines alkalischen Stoffs lässt es dagegen gelb oder braun werden. Es reagiert auch bei Berührung mit Eisen oder Aluminium und verfärbt sich dann bräunlich, grünlich oder gelblich. Bei der Zubereitung sollten deshalb Küchengeräte aus rostfreiem Stahl oder Glas verwendet werden.

Manche Gemüsesorten wie Knollensellerie, Pastinake, Artischockenherzen, Schwarzwurzel und Topinambur oxidieren und verfärben sich braun, sobald sie geschält werden. Um eine solche Verfärbung zu vermeiden, sollte man das Gemüse nach dem Schälen sofort in eine saure Lösung (Zitronensaft, Essigwasser oder eine Vinaigrette) legen und es bis zur Zubereitung kalt stellen. Wird das Gemüse mit der Schale gekocht, bleiben die Vitamine und Mineralstoffe besser erhalten.

Kochen

Bei diesem Verfahren wird das Gemüse einfach in kochendem Wasser gegart. Dabei büßt es allerdings erheblich an Geschmack und Nährstoffen ein, vor allem, wenn es zu lange gekocht und die Kochflüssigkeit anschließend weggeschüttet wird. Kochen ist zwar die gängigste Garmethode, doch hier werden auch die meisten Fehler gemacht.

Man sollte stets nur wenig Wasser nehmen und die Kochflüssigkeit, die viele der Vitamine und Mineralstoffe enthält, die das Gemüse während des Kochens abgegeben hat, für die Zubereitung von Suppen oder Saucen verwenden. Damit das Gemüse gleichmäßig gart, sollte man einen ausreichend großen Topf verwenden und gelegentlich überprüfen, ob noch genug Wasser vorhanden ist, damit das Gemüse nicht am Boden anhaftet.

Einführung

Das Gemüse gibt man erst in den Topf, wenn das Wasser sprudelnd kocht. Man verringert die Wärmezufuhr, sobald das Wasser wieder zu kochen beginnt, und lässt das Gemüse dann bei schwacher Hitze gar köcheln. Dadurch verkürzt sich die Kochzeit geringfügig, und Farbe und Geschmack bleiben besser erhalten.

Mit Ausnahme der grünen Sorten sollte Gemüse stets im geschlossenen Topf gegart werden. Dadurch verkürzt sich die Kochzeit, die flüchtigen Bestandteile verdunsten nicht so leicht und das Gemüse büßt weniger an Geschmack, Farbe und Nährstoffen ein. Bei grünem Gemüse ist es empfehlenswert, den Deckel abzunehmen, um eine Konzentration der Säuren zu vermeiden, die das Chlorophyll zerstören und zu einer Verfärbung führen.

Kochtemperatur: Wenn man das Gemüse erst ins Wasser gibt, nachdem es sprudelnd kocht, werden dadurch die Enzyme neutralisiert, die seine Vitamine angreifen. Nachdem man das Gemüse in das kochende Wasser gegeben hat, wartet man, bis das Wasser wieder zu kochen beginnt, und verringert dann die Wärmezufuhr. Gemüse wird nicht schneller gar, wenn es sprudelnd kocht, und auch beim Köcheln beträgt die Temperatur 100 °C.

Die Zugabe alkalischer Stoffe: Manchmal wird bei grünem Gemüse dem Kochwasser eine alkalische Substanz wie kohlensaures Natron beigegeben, damit seine Farbe erhalten bleibt. Bei gelbem Gemüse ist dies nicht erforderlich, und bei rotem Gemüse sollte man ganz darauf verzichten, da es sich sonst violett, blau oder grün verfärbt. Bei weißem Gemüse führt es bei zu langem Kochen zu einer Gelbfärbung, und auch bei grünem Gemüse hat diese Methode Nachteile, da das Natron die Zellen des Gemüses angreift, sodass es matschig wird. Darüber hinaus verändert sich der Geschmack, der Thiamingehalt verringert sich und der Verlust an Vitamin C wird beschleunigt. Aus diesem Grund ist es besser, die Kochzeit zu verkürzen oder auf eine andere Garmethode zurückzugreifen, um ein Verfärben des Gemüses zu vermeiden.

Die Zugabe von Säure: Durch Zugabe einer Säure wie Essig, Zitronensaft, trockenem Wein oder Cidre zur Kochflüssigkeit behält rotes oder weißes Gemüse seine Festigkeit und Farbe. Bei rotem Gemüse (vor allem bei Roter Bete) kann dadurch bisweilen die Farbe sogar wiederhergestellt oder intensiviert werden. Bei grünem Gemüse ist diese Methode allerdings nicht zu empfehlen, da sie die Chlorophyllmoleküle beeinflusst und das Gemüse eine unappetitliche bräunliche Farbe bekommt.

Bei gelbem Gemüse, das nicht zu Verfärbung neigt, ist die Zugabe einer Säure überflüssig. Bei Gemüse wie Artischocken oder Schwarzwurzeln, das sich geschnitten oder geschält schnell verfärbt, verrührt man 1 Esslöffel Mehl mit 3 Esslöffeln Wasser und dem Saft von ½ Zitrone und gibt diese Mischung in 1 Liter kochendes Salzwasser, um eine Verfärbung zu vermeiden.

Die Beigabe von Salz: Salz macht Gemüse matschig, da es ihm durch Absorption oder Osmose Wasser entzieht. Wird es bereits zu Beginn des Kochvorgangs beigegeben, entzieht es dem Gemüse bestimmte Säfte, und das Gemüse verliert an Nährwert. Bei zu langem Kochen erhöht sich überdies der Salzgehalt im Gemüse. Beim Garen von sehr wasserhaltigem Gemüse (Pilze, Gurken, Tomaten) sollte man kein Salz verwenden, ebenso bei einigen anderen Gemüsesorten wie Rotkohl oder Paprikaschoten, da sie dadurch Geschmack und Festigkeit verlieren.

Kochzeit: Gemüse sollte möglichst nur kurz gekocht werden. Es schmeckt besser und ist nahrhafter, wenn es nach dem Kochen noch knackig ist. Sobald das Gemüse gar ist, gießt man es ab und hebt die Kochflüssigkeit für ein anderes Gericht auf. Man verkürzt die Kochzeit, wenn das Gemüse noch einmal aufgewärmt oder kalt serviert werden soll, da es weiter gart, solange es heiß ist. Der Garprozess lässt sich auch unterbrechen, indem man das Gemüse kurz unter kaltes Wasser hält. Allerdings büßt es dabei etwas an Vitaminen und Mineralstoffen ein.

Einführung

Dämpfen

Bei diesem Verfahren gart das Gemüse in heißem Dampf, der durch wenig kochendes Wasser erzeugt wird. Dadurch bleiben Nährstoffe und Geschmack besser erhalten als beim Kochen. Es kann bei allen Gemüsearten angewendet werden, ist aber besonders geeignet bei sehr zarten Gemüsesorten wie Blumenkohl, Brokkoli und Spargel.

Beim Dämpfen wird das Gemüse nebeneinander (damit es gleichmäßig gart) auf den Boden eines Dampfeinsatzes gelegt, der sich wenige Zentimeter über der Kochflüssigkeit befindet. Am besten eignet sich dazu ein Dampfkochtopf mit fest schließendem Deckel.

Das Gemüse wird erst in den Topf gegeben, wenn das Wasser zu kochen beginnt. Sobald sich der Deckel zu heben beginnt oder Dampf entweicht, verringert man die Wärmezufuhr, sodass das Wasser nur noch köchelt. Den Deckel sollte man nicht unnötig öffnen, da sich dadurch die Garzeit verlängert und die Nährstoffe entweichen. Schließt der Deckel nicht fest genug oder ist die Wärmezufuhr zu hoch, kann es erforderlich sein, Wasser nachzugießen. Beim Dämpfen ist die Garzeit geringfügig länger als beim Kochen.

Dampfdruckgaren

Dieses Garverfahren arbeitet ebenfalls mit Dampf, unterscheidet sich vom Dämpfen jedoch dadurch, dass hier der Dampf in dem hermetisch verschlossenen Kochtopf nicht entweichen kann. Dadurch wird ein Druck erzeugt, der die Temperatur über den Siedepunkt ansteigen lässt, und das Gemüse wird sehr schnell gar. Diese Methode ist zwar zeit- und energiesparend, doch sollte man die Garzeit unbedingt genau einhalten.

Einführung

Dünsten

Das Dünsten ähnelt dem Dämpfen, nur dass das Gemüse hierbei zunächst kurz in etwas Butter oder Öl angeschwitzt und dann zugedeckt im eigenen Dampf gegart wird. Nach Belieben kann man zu Beginn des Garvorgangs noch etwas Flüssigkeit (Wasser, Wein, Tomatensauce) zugeben; danach lässt man das Gemüse bei schwacher Hitze einfach fertig garen (in der Regel ist am Ende der Garzeit nur noch wenig Flüssigkeit übrig). Diese Methode eignet sich hervorragend zur Zubereitung von Kürbis, Pilzen, Tomaten, Zwiebeln und Schalotten. Auf ähnliche Weise lassen sich auch Fischfilets und Kartoffeln garen, indem man sie in Kochbeutel oder Alufolie verpackt und dann im eigenen Saft weich dünstet.

Schmoren

Das Schmoren eignet sich besonders gut zum Garen härterer Gemüsesorten wie Fenchel, Artischocke, Kohl und Knollensellerie. Man lässt dafür das Gemüse im Ganzen oder in Stücke geschnitten in etwas Fett leicht anbräunen und danach zugedeckt bei schwacher Hitze in wenig Flüssigkeit langsam garen. Das Gemüse kann allein oder auch zusammen mit Fleisch geschmort werden; ein köstliches Schmorgemüse ist beispielsweise die *Ratatouille*. Wie bei allen anderen Garverfahren sollte man das Gemüse auch hier in gleich große Stücke zerteilen, damit es gleichmäßig gart.

Grillen

Bei diesem Verfahren wird die trockene Hitze des Backofens oder Grills zum Garen genutzt. Das Gemüse wird dabei zart, saftig und schmackhaft. Die Beigabe von Säure oder eines alkalischen Stoffs ist nicht erforderlich. Im Ofen kann das Gemüse im Ganzen, mit der Schale oder in Stücke zerteilt gegart werden. Ungeschältes Gemüse verliert weniger Nährstoffe, weil ein geringerer Teil seiner Oberfläche der Luft ausgesetzt wird. Manche Sorten wie Kartoffeln oder Auberginen können aufplatzen, wenn man sie im Ganzen grillt. Um das zu vermeiden und um ein gleichmäßiges Garen zu gewährleisten, sollte man das Gemüse vorher mit einer Gabel einstechen oder die Schale einritzen.

Garen im Wok

Der Wok ist eine Art Pfanne, die vor allem in der asiatischen Küche Verwendung findet und in der das Gemüse unter Rühren kurz gebraten und/oder gedünstet wird. Das heißt, man brät es bei starker Hitze in heißem Öl an und lässt es dann kurz garen. Dadurch werden die Nährstoffe eingeschlossen, und Farbe, Beschaffenheit und Geschmack bleiben erhalten. Um ein gleichmäßiges Garen zu gewährleisten, sollte man das Gemüse vorher in gleich große Stücke zerteilen. Diese Methode eignet sich für eine Reihe von Gemüsesorten, vor allem aber für Blumenkohl, Brokkoli und Möhren.

Wichtig ist, dass man das gesamte Gemüse vorher putzt und es sich, bevor man mit dem Kochen beginnt, in der Reihenfolge des Garens zurechtlegt, damit der Kochvorgang nicht unterbrochen wird. Wenn das Gemüse vorbereitet ist, erhitzt man eine ausreichende Menge Öl zusammen mit den gewünschten Zutaten (Ingwer, Knoblauch etc.) im Wok. Sobald das Öl heiß ist, gibt man das Gemüse hinein (immer zuerst dasjenige mit der längsten Garzeit) und rührt dabei ständig um.

Hat das Gemüse das Öl angenommen, reduziert man die Wärmezufuhr etwas und gießt nach Belieben etwas Flüssigkeit an – Wasser, Tamarisauce oder Brühe (wenn man die Flüssigkeit vorher mit etwas Stärkemehl andickt, bekommt man eine schöne Sauce). Danach brät man das Gemüse unter ständigem Rühren weiter oder deckt den Wok für einige Minuten zu, bis das Gemüse weich genug ist.

Frittieren

Bei diesem Verfahren werden Lebensmittel in siedendem Öl gegart. Das Öl muss dabei hohe Temperaturen erreichen; Erdnuss-, Distel- und Sojaöl (siehe *Öl*) sind besonders gut geeignet. Mit Hilfe eines Kochthermometers kann man überwachen, ob die Temperatur, die zwischen 175 und 215 °C liegen sollte, nicht überschritten wird (sie sollte auf keinen Fall 245 °C übersteigen, da sich das Öl sonst selbst entzünden könnte).

Das Gemüse muss vor dem Frittieren gründlich abgetrocknet oder mit einer Panade aus Mehl, verquirltem Eigelb und Paniermehl oder auch einem Frittierteig überzogen werden, da sonst das Wasser, sobald es mit dem heißen Öl in Berührung kommt, verdampft und spritzt. Eine Panadehülle hat außerdem den Vorteil, dass sie die Gemüsesäfte einschließt und das Gemüse so vor dem Austrocknen schützt. Gemüse mit langer Garzeit (Brokkoli, Blumenkohl) kann man vor dem Frittieren kurz in kochendem Wasser blanchieren.

Sobald das Gemüse gar ist, schwimmt es an die Oberfläche, und man kann es mit einem Schaumlöffel herausheben und auf Küchenkrepp abtropfen lassen. Wenn man verschiedene Gemüsesorten zusammen frittiert, beginnt man mit denjenigen, die die längste Garzeit haben.

Beim Frittieren erhöht sich der Fettgehalt des Gemüses beträchtlich, ohne dass sich dadurch sein Nährwert erhöht. 100 g Pommes frites haben beispielsweise dreimal mehr Kalorien als im Ofen gebackene Kartoffeln. Da sich ein übermäßiger Fettkonsum jedoch nachteilig auf die Gesundheit auswirken kann, sollte man den Genuss frittierter Speisen deshalb möglichst einschränken.

Garen in der Mikrowelle

Die Mikrowelle ist zum Garen von Gemüse hervorragend geeignet, da Farbe und Geschmack hier besser erhalten bleiben als bei jedem anderen Garverfahren. Die Mikrowellen wirken auf die Fett-, Zucker- und Wassermoleküle der Nahrungsmittel ein, und da Gemüse einen hohen Wassergehalt hat, wird es im Mikrowellenherd sehr schnell gar. Auch nach dem Ausschalten des Ofens oder der Wärmequelle schwingen die Moleküle noch eine Weile weiter.

Einführung

Zum Garen in der Mikrowelle benötigt man ein spezielles Kochgeschirr. Glas- oder Porzellangeschirr darf nur verwendet werden, wenn es nicht mit Metallteilen versehen ist. Von Plastikgeschirr, das nicht als mikrowellengeeignet gekennzeichnet ist, ist abzuraten, weil es möglicherweise schmilzt und so Teile seiner Giftstoffe an die Nahrungsmittel abgegeben werden können, sobald die Moleküle von den Mikrowellen aktiviert werden. Das Gleiche gilt auch für Keramikgeschirr.

Garzeit: Die Garzeiten variieren je nach Größe und Leistung des Ofens. Ein leistungsstarker 800-Watt-Herd gart die Speisen beispielsweise schneller als ein 400-Watt-Ofen. Man sollte deshalb unbedingt das Handbuch des Herstellers lesen, denn die verschiedenen Mikrowellenherde unterscheiden sich in der Wattleistung erheblich. Die Garzeit ist aber auch abhängig von der Menge und Größe der zu garenden Speisen, ihrem Wasser-, Zucker- und Fettgehalt, der zugegebenen Flüssigkeitsmenge, ihrer Temperatur und der Art, wie sie im Ofen angeordnet werden. Die Größe des Mikrowellengerätes hat ebenfalls Einfluss auf die Garzeit: Je kleiner der Herd, desto kürzer die Garzeit.

Wird die Menge der im Rezept angegebenen Zutaten erhöht oder verringert, sollte man die Garzeit entsprechend anpassen. Eine größere Menge erfordert eine längere Garzeit als angegeben.

- Gemüse mit hohem Wasser-, Fett- oder Zuckergehalt gart schneller, manchmal aber auch ungleichmäßiger.

- Je mehr Flüssigkeit im Kochgeschirr ist, desto länger ist die Garzeit.

- Lebensmittel, die Raumtemperatur haben, garen schneller als solche, die aus dem Kühlschrank oder der Gefriertruhe kommen.

- Die Speisen garen schneller und gleichmäßiger, wenn man sie in die Mitte des Ofens stellt. Neuere Mikrowellengeräte sind mit einem Wärmeverteiler, einem Gebläse oder einem Fühler ausgestattet, der die Mikrowellen gleichmäßig verteilt. Die meisten Geräte verfügen zudem über eine Drehscheibe, die ein gleichmäßigeres Garen ermöglicht.

- Das Gemüse, das eine längere Garzeit hat (oder größere Portionen), in die äußeren Ecken des Kochgeschirrs und Gemüse mit geringerer Garzeit in die Mitte legen. Kleinere Stücke garen schneller und gleichmäßiger, wenn sie die gleiche Größe haben. Will man verschiedene Gemüsesorten mit unterschiedlicher Garzeit zusammen zubereiten, ermittelt man die erforderliche Garzeit, indem man die Garzeiten der einzelnen Gemüse addiert und die Gesamtzeit dann etwas verkürzt. Um zu langes Kochen zu vermeiden, prüft man, ob das Gemüse bereits gar ist und lässt es gegebenenfalls noch weiterkochen.

Auch beim Garen in der Mikrowelle sollte man daran denken, dass die Speisen noch nachgaren, wenn sie aus dem Ofen genommen wurden. Soll das Gemüse anschließend nicht sofort gegessen werden, unterbricht man den Garvorgang, solange es noch relativ fest ist. Obwohl die Nahrungsmittel in der Mikrowelle schneller gar werden als in einem herkömmlichen Ofen, können große Portionen in der Mikrowelle genauso viel Zeit beanspruchen.

Gemüse mit fester oder dicker Schale (Aubergine, Maniok, Kartoffel, Kürbis, Tomate) sollte man, wenn es im Ganzen gegart werden soll, zuvor mehrfach mit einer Gabel oder einem Messer einstechen, damit der Dampf entweichen kann und das Gemüse nicht aufplatzt.

Da Gemüse in der Mikrowelle nicht in Alufolie verpackt werden darf, legt man große Stücke am besten auf Küchenkrepp.

Einführung

Wenn man geschältes oder klein geschnittenes Gemüse gart, sollte man das Kochgeschirr unbedingt verschließen, damit es nicht austrocknet. Man verwendet den dazugehörigen Deckel oder deckt es mit mikrowellenfester Plastikfolie ab. Die Folie zuvor zwei- oder dreimal mit einer Gabel oder einem Messer einstechen oder an einer Ecke etwas offen lassen, damit der Dampf entweichen kann.

Salz und andere Gewürze sollten erst nach dem Garen zugefügt werden, da das Gemüse durch das Salz dunkle Flecken bekommen kann und andere Gewürze seinen Geschmack abschwächen oder intensivieren können. Bei faserigen Gemüsesorten sollte man nur wenig Flüssigkeit zugeben, bei frischem und tiefgefrorenem Gemüse ist eine Flüssigkeitszugabe in der Regel nicht erforderlich. Nimmt man zu viel Wasser, verlängert sich die Garzeit, und das Gemüse verliert an Nährstoffen.

Im Mikrowellenherd kann man auch Gemüse blanchieren, das später eingefroren werden soll, vorausgesetzt, die Stücke haben die gleiche Größe und die Menge ist nicht zu groß. Dafür gibt man pro 500 g Gemüse etwa 80 ml Wasser zu, verschließt das Kochgeschirr und gart das Gemüse nach der Bedienungsanleitung. Danach nimmt man es aus dem Ofen, schreckt es in Eiswasser ab, lässt es abtropfen und tupft es trocken. Zum Schluss verpackt man das Gemüse in einen Gefrierbeutel oder Behälter und versieht ihn vor dem Einfrieren mit einem Etikett.

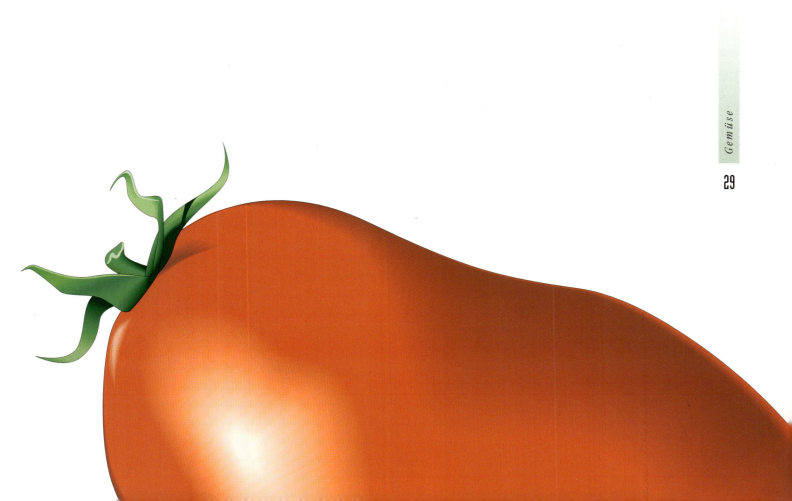

Schnittlauch

Allium schoenoprasum und *Allium tuberosum*, Liliaceae

Schnittlauch

Der milde Schnittlauch wie auch der etwas aromatischere Chinesische Schnittlauch sind beide in Asien beheimatet und gehören zur selben Familie wie Knoblauch, Zwiebel und Lauch.

Der **Schnittlauch** *(Allium schoenoprasum)*, der das kleinste Mitglied aus der Familie der Zwiebeln ist und erst im Mittelalter weite Verbreitung fand, lässt sich leicht kultivieren und wächst vielfach auch wild. Heute ist er sowohl in Europa und Asien als auch in Nordamerika häufig anzutreffen. Die langen, dünnen, grasartigen Stängel werden in der Regel etwa 15 cm lang und sprießen aus winzigen weißen Zwiebeln, die in Gruppen knapp über der Erde wachsen. Lässt man die Stängel stehen, bilden sie rosafarbene, weiße oder hellviolette Blüten aus. Der Schnittlauch mit seinem milden, angenehmen Geschmack wird geerntet, indem man die Stängel unmittelbar über dem Boden abschneidet. Auf diese Weise wachsen sie immer wieder nach.

Der **Chinesische Schnittlauch** *(Allium tuberosum)* wird seit mehr als 2000 Jahren in China angebaut und ist ein wichtiger Bestandteil in der asiatischen Küche. Er ist intensiver im Geschmack als der gewöhnliche Schnittlauch und wächst wie dieser in Gruppen. Die Wurzelstöcke der Pflanzen haben nur schwach ausgeprägte Triebe, aus den Zwiebeln sprießen jeweils vier bis fünf schmale, abgeflachte dunkelgrüne Stängel. Sie werden geerntet, wenn sie eine Länge von 35 bis 45 cm und einen Durchmesser von etwa 0,5 cm erreicht haben. Gegen Ende des Sommers werden sie häufig blanchiert und zugedeckt gelagert, um die gelbliche Farbe zu erhalten.

Der Schnittlauch ist der kleinste Vertreter der Familie der Zwiebeln. Schneidet man ihn ab, wachsen die dünnen, spitz zulaufenden, hohlen Stängel immer wieder nach.

Zwiebelgemüse

Einkaufstipp

Die Schnittlauchstängel sollten knackig frisch und gleichmäßig grün sein und keine gelblichen Verfärbungen oder Anzeichen von Austrocknung zeigen.

Vorbereitung

Schnittlauch wird nach dem Waschen am besten mit einer Schere in kleine Röllchen geschnitten.

Nährwerte

	Schnittlauch	*Chin. Schnittl.*
Kalorien	27	15
Ballaststoffe	6,0 g	3,8 g
Kohlenhydrate	1,6 g	0,1 g
Fett	0,7 g	0,6 g
Eiweiß	3,6 g	2,8 g
Wasser	83 %	92 %
		je 100 g

Schnittlauchsaft wird auch als Wurmmittel verwendet.

Serviervorschläge

Schnittlauch wird zum Verfeinern und Garnieren vieler warmer und kalter Gerichte wie Salate, Mayonnaisen, Dips, Gemüse, Suppen, Saucen, Käse, Omelettes, Nudeln, Tofu, Fisch, Meeresfrüchte, Fleisch und Geflügel verwendet.

Schnittlauch sollte gegarten Gerichten erst kurz vor dem Servieren zugefügt werden, damit sein Aroma erhalten bleibt.

Aufbewahrung

Schnittlauch und Chinesischer Schnittlauch sind im Gemüsefach des Kühlschranks einige Tage haltbar und können unblanchiert auch sehr gut eingefroren werden.

Chinesischer Schnittlauch

Frühlingszwiebel

Allium fistulosum, **Liliaceae**

Die Frühlingszwiebel, auch als Schnittzwiebel bekannt, war ursprünglich im Südwesten Sibiriens beheimatet. Sie wird bereits seit mehr als 2000 Jahren in China angebaut, gelangte jedoch erst im 16. Jahrhundert nach Europa.

Obwohl die Wurzeln der Frühlingszwiebel geringfügig bauchig gewölbt sind, bildet sie keine richtige Zwiebel aus. Ihr weißer Schaft, der von den Wurzeln bis zu den Blättern reicht, ist länger und fleischiger als der des Schnittlauchs, und die langen grünen Blätter sind schmal und hohl. Sie können bis zu 1,50 m lang werden, erreichen in der Regel aber nur eine Länge von 30 bis 60 cm. Beim Anbau wird die Frühlingszwiebel, von der es verschiedene Unterarten gibt, häufig zu einem Teil mit Erde bedeckt, wodurch die weißen Schafte länger werden. Sie ist im Geschmack etwas schärfer als der Schnittlauch, jedoch milder als die Zwiebel.

Die Frühlingszwiebel hat lange, hohle Blätter. Im Geschmack ist sie etwas schärfer als der Schnittlauch, aber milder als die Zwiebel.

Einkaufstipp

Frische Frühlingszwiebeln sollten knackige, gleichmäßig grüne Blätter haben, die angenehm riechen.

Vorbereitung

Nach dem Entfernen des Wurzelansatzes lässt sich die Frühlingszwiebel am besten mit einer Schere in kleine Stücke schneiden.

Serviervorschläge

Die grünen Teile der Pflanze werden häufig wie Schnittlauch zum Verfeinern und Garnieren von warmen und kalten Gerichten wie Mayonnaise, Salat, Dips, Gemüse, Suppen, Saucen, Käse, Omelettes, Nudeln, Tofu, Fisch, Meeresfrüchte, Fleisch und Geflügel verwendet. Damit sie ihr Aroma voll entfalten können, sollte man sie erst am Ende des Kochvorgangs zufügen. Der weiße Schaft der Frühlingszwiebel wird wie die herkömmliche Zwiebel verwendet.

Nährwerte

Kalorien	23
Ballaststoffe	1,5 g
Kohlenhydrate	3,0 g
Fett	0,5 g
Eiweiß	2,0 g
Wasser	90,5 %
	je 100 g

Die Frühlingszwiebel enthält sehr viel Vitamin C und Kalium sowie viel Vitamin A, Eisen, Folsäure, Zink und Phosphor. Der Saft hilft bei Magen-Darm-Beschwerden.

Aufbewahrung

Die Frühlingszwiebel bleibt im Gemüsefach des Kühlschranks einige Tage frisch. Außerdem kann man sie unblanchiert einfrieren, wohingegen sie sich weniger gut zum Trocknen eignet.

Zwiebelgemüse

Lauch

Allium porrum, Liliaceae

Als zweijähriges Gartengemüse, das vermutlich aus Zentralasien stammt, ist der Lauch bereits seit der Antike bekannt und wird sogar mehrfach in der Bibel erwähnt. Wahrscheinlich brachten die Römer die Gemüsepflanze, die man schon im alten Ägypten anbaute, nach Großbritannien. Sie gilt auch noch heute als das »Nationalgemüse« der Waliser.

Der Lauch hat ein feines, angenehmes Aroma und ist milder und süßer als die Zwiebel. Der weiße Schaft, der unter der Erde wächst und in schwertförmigen, zylindrischen grünen Blättern ausläuft, ist der zartere Teil des Gemüses und wird am meisten geschätzt. Die grünen Blattenden schneidet man in der Regel am Schaftansatz ab und nimmt sie vorwiegend zum Verfeinern von Brühen, Suppen und Eintopfgerichten. Der zwischen 45 bis 90 cm hohe Lauch wird geerntet, wenn der Schaft einen Durchmesser von mindestens 2,5 cm hat.

Einkaufstipp

Lauchstangen sollten gerade, fest und makellos sein. Die Blätter sollten ein kräftiges Grün haben und keine bräunlichen Flecken aufweisen. Schlaffe Stangen, aufgeplatzte oder aufgeblähte Zwiebeln oder vertrocknete und verfärbte Blätter zeigen an, dass der Lauch nicht mehr frisch ist.

Serviervorschläge

Lauch wird sowohl roh als auch gekocht gegessen. Fein gehackt wird er oft in Salate gegeben. Man kann ihn auch zusammen mit Zwiebeln oder als Zwiebelersatz verwenden. Er schmeckt hervorragend mit einer Vinaigrette oder einer Sahnesauce und wird meist mit Kartoffeln kombiniert, wie in der beliebten *Vichyssoise*, einer köstlichen Suppe aus pürierten Kartoffeln und Lauch, die gewöhnlich kalt serviert wird. In Gratins kann er auch anstelle von Chicorée verwendet werden. Die grünen Teile nimmt man gerne zum Verfeinern von Brühen oder Eintöpfen, sie können aber auch anstelle von Schalotten oder Schnittlauch verwendet werden. Lauch eignet sich ausgezeichnet als Beilage zu Kalbfleisch, Schinken und Käse und harmoniert sehr gut mit Zitrone, Basilikum, Salbei, Thymian und Senf. Die weißen Teile können fein gehackt oder in Ringe oder Streifen geschnitten werden und dienen häufig zur Abrundung von Fleisch- oder Gemüsebrühen.

Vorbereitung

Lauch muss sehr gründlich gewaschen werden, da sich meist viel Erde und Sand zwischen den Blättern festgesetzt hat. Dazu schneidet man die Wurzelfasern und die grünen Enden ab und entfernt die welken äußeren Blätter. Dann schneidet man den Schaft etwa 2 cm oberhalb der Wurzel einige Male der Länge nach ein und zieht die einzelnen Blattlagen auseinander. Anschließend werden die Stangen unter fließendem Wasser mehrmals gewaschen, trockengetupft und je nach Rezept in Ringe geschnitten oder fein gehackt.

1 *Welke äußere Blätter entfernen und grüne Enden abschneiden.*

2 *Die Wurzelfasern mit dem Messer abschneiden.*

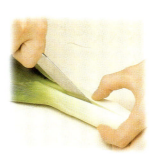

3 *Den Schaft 1 cm über der Wurzel mehrmals der Länge nach einschneiden.*

4 *Die Blattlagen auseinander ziehen und den Lauch unter fließendem Wasser waschen.*

Lauch

Zubereitung

Lauch sollte nur kurz gegart werden, da er sonst leicht matschig wird. Um ein gleichmäßiges Garen zu gewährleisten, sollte man möglichst gleich große Stangen verwenden. Im Ganzen oder in Stücke geschnitten benötigt er eine Garzeit von 15 Minuten. Wenn man ihn schmort oder überbäckt, braucht er 25 bis 35 Minuten. Fein gehackt kann er 3 bis 5 Minuten angebraten und dann 5 bis 10 Minuten geköchelt oder in Butter weich gedünstet werden.

Vichyssoise

FÜR 8 PORTIONEN

- 5 Stangen Lauch (nur die weißen Teile)
- 4 mittelgroße Kartoffeln
- 1 Stange Sellerie
- 60 g Butter
- 1 l Hühnerbrühe
- ½ EL Salz
- ¾ l Milch
- 500 g Sahne
- 2 EL fein gehackter Schnittlauch

1. Den Lauch gründlich waschen und in Ringe schneiden. Die Kartoffeln schälen, waschen und würfeln. Den Sellerie putzen, waschen und in dünne Scheiben schneiden.

2. Die Butter in einem Topf zerlassen und den Lauch darin zugedeckt 5 Minuten bzw. so lange garen, bis er gerade weich ist, aber noch keine Farbe angenommen hat. Die Kartoffeln, den Sellerie und die Brühe zugeben und mit Salz abschmecken. Die Suppe zum Kochen bringen und bei mäßiger Hitze 35 Minuten köcheln lassen.

3. Die Suppe im Mixer oder mit dem Pürierstab pürieren. Das Püree wieder in den Topf geben und die Milch und die Hälfte der Sahne unterrühren. Die Suppe unter Rühren kurz aufkochen lassen und vom Herd nehmen.

4. Die Suppe abkühlen lassen und in eine Terrine füllen. Die restliche Sahne unterrühren und die Vichyssoise für 1 Stunde in den Kühlschrank stellen. Die Sauce mit Schnittlauch garniert kalt servieren.

Nährwerte

Kalorien	24
Ballaststoffe	2,3 g
Kohlenhydrate	3,2 g
Fett	0,3 g
Eiweiß	2,2 g
Wasser	89 %
	je 100 g

Roher Lauch liefert sehr viel Folsäure und ist reich an Eisen und Kalium. Darüber hinaus enthält er Vitamin C, Vitamin B_6, Magnesium, Kalzium und Kupfer. Er wirkt abführend, darmreinigend, antiseptisch, harntreibend und kräftigend und wird auch zur Behandlung von Arthrosen eingesetzt.

Aufbewahrung

Roher Lauch hält sich in einem perforierten Kunststoffbeutel im Kühlschrank etwa 2 Wochen. Ungewaschen und an einem kühlen, feuchten Ort (90 bis 95 % Luftfeuchtigkeit) gelagert hält er sich 1 bis 2 Monate. Gegart ist Lauch im Kühlschrank nur ungefähr 2 Tage haltbar.

Lauch lässt sich auch einfrieren, allerdings verändern sich beim Auftauen Beschaffenheit und Geschmack, weshalb er am besten tiefgekühlt verarbeitet wird. Er sollte vor dem Einfrieren in Streifen geschnitten oder im Ganzen kurz blanchiert werden. Tiefgefroren ist er etwa 3 Monate haltbar.

Knoblauch

Allium sativum, Liliaceae

weißer Knoblauch

Bei den Ägyptern galt der Knoblauch als eine göttliche Gabe. Er ist auf den Wandmalereien vieler Gräber abgebildet. Darüber hinaus wurde er als Zahlungsmittel genutzt.

Knoblauch ist eine einjährige Zwiebelpflanze, die in Zentralasien beheimatet ist und seit mehr als 5000 Jahren kultiviert wird. Beim Bau der ägyptischen Pyramiden erhielten die Sklaven eine tägliche Ration Knoblauch, um ihre Kraft und Ausdauer zu stärken. In Griechenland diente er den Athleten vor den Wettkämpfen als Stärkungsmittel, und den Soldaten wurde er gegeben, bevor sie in die Schlacht zogen. Durch die Kreuzzüge fand der Knoblauch in ganz Europa Verbreitung, wo man ihn nicht nur als Würzmittel verwendete, sondern auch als Medizin bei einer Reihe von Erkrankungen einsetzte, unter anderem auch als Vorbeugemittel gegen die Pest. Haupterzeugerländer sind heute China, Südkorea, Indien, Spanien und die Vereinigten Staaten. Der Knoblauch ist bekannt für sein kräftiges Aroma, das nicht nur einen nachhaltigen Mundgeruch verursacht, sondern auch über die Haut ausgeschieden wird.

Die Knoblauchknolle enthält 12 bis 16 Zehen und ist wie die Zehen von einem hellen, pergamentartigen Häutchen überzogen. Die Knollen werden geerntet, sobald die bis zu 30 cm langen, abgeflachten grünen Blätter zu welken beginnen. Anschließend lässt man sie einige Tage in der Sonne trocknen.

Von den mehr als 30 Knoblauchsorten sind der weiße, der rosafarbene und der violette Knoblauch am bekanntesten. Der Riesenknoblauch *(Allium scorodoprasum)*, auch spanischer Knoblauch genannt, gehört einer ähnlichen Art an, ist aber etwas milder im Geschmack.

Einkaufstipp

Qualitativ gute Knollen sind unversehrt, prall und fest und weisen keine Triebe oder Flecken auf. Knoblauch wird auch gehackt und in Form von Flocken, Pulver oder Paste angeboten. Obwohl diese Fertigprodukte recht praktisch sind, ist frischer Knoblauch geschmacklich am intensivsten.

Vorbereitung

Um Knoblauch leichter schälen zu können, zerdrückt man die Knoblauchzehe ganz leicht mit einer Messerklinge, wodurch sich das Häutchen fast von selbst ablöst. Außerdem empfiehlt es sich, den grünen Keim in der Mitte mancher Zehen zu entfernen, da dieser schwer verdaulich ist und den gefürchteten Mundgeruch verursacht.

Serviervorschläge

Knoblauch dient vor allem zur Verfeinerung von Salatsaucen, Suppen, Gemüse, Tofu, Fleisch, Eintopfgerichten, kaltem Braten und Marinaden. Gehackt oder zerdrückt würzt er außerdem Saucen, Mayonnaisen, *Tapenade, Pistou, Pesto* und Butter. Fleischgerichte wie Lammkeule werden aromatisiert, indem man das Fleisch mit dem Messer etwas einritzt und einige geschälte Knoblauchscheibchen in die Schlitze steckt.

Um Gerichten nur einen Hauch von Knoblauch zu verleihen, werden Salatschüsseln oder Fonduetöpfe mit einer geschälten und halbierten Knoblauchzehe ausgerieben. Auch Öl bekommt durch Beigabe einiger Knoblauchzehen mehr Aroma. Die grünen Stängel der Knoblauchpflanze kann man anstelle von Schalotten oder Schnittlauch verwenden. Damit der Atem nach dem Genuss von Knoblauch nicht unangenehm riecht, ist es ratsam, einige frische Petersilie- oder Minzeblätter zu essen oder ein paar Kaffeebohnen zu zerkauen.

rosa Knoblauch

Knoblauch

Zubereitung

Knoblauch entfaltet sein Aroma erst, nachdem er geschält und klein geschnitten, zerdrückt oder gehackt wurde.

Damit das Aroma erhalten bleibt, sollte Knoblauch erst am Ende des Kochvorgangs zugegeben werden, da er durch zu langes Kochen an Geschmack verliert. Soll der Knoblauchgeschmack nicht so intensiv sein und auch keine »Knoblauchfahne« verursachen, gart man den Knoblauch einfach ungeschält im Ganzen. Beim Anbraten sollte er nicht braun werden, da er sonst sein Aroma verliert und bitter wird.

Aufbewahrung

Knoblauch braucht nicht im Kühlschrank gelagert zu werden, zumal sein Geruch rasch auf die anderen Lebensmittel übergehen würde. An einem kühlen, relativ trockenen und gut durchlüfteten Platz hält er sich etwa 6 Monate (ideal ist eine Temperatur von etwa 0 °C und eine Luftfeuchtigkeit von 60%). Wird er Wärme oder Feuchtigkeit ausgesetzt, beginnt er zu keimen und wird muffig. Geschälter roher Knoblauch kann etwa 2 Monate eingefroren werden.

Knoblauchsauce

FÜR 6 PORTIONEN

6 Knoblauchzehen
2 Eigelb
250 ml Olivenöl
Salz und frisch gemahlener Pfeffer
2 EL Zitronensaft

Alle Zutaten sollten Raumtemperatur haben.

1. Die Knoblauchzehen abziehen, halbieren und gegebenenfalls die grünen Keime entfernen.

2. Den Knoblauch mit den Eigelben und 60 ml Öl in der Küchenmaschine oder mit dem Mixer in einer Schüssel verquirlen und mit Salz und Pfeffer abschmecken.

3. Das restliche Öl unter ständigem Rühren in einem feinen Strahl zugeben, bis eine dicke Mayonnaise entsteht. Zum Schluss den Zitronensaft zufügen.

Diese Knoblauchsauce schmeckt zu Eiern, gedünstetem Gemüse, pochiertem Fisch oder kaltem Braten. Traditionell bereitet man sie in einem Mörser zu, doch mit der Küchenmaschine oder dem Mixer geht es leichter und schneller.

Nährwerte

Kalorien	13
Kohlenhydrate	0,3 g
Ballaststoffe	0,4 g
Fett	*
Eiweiß	0,6 g
Wasser	64 %
3 Zehen (9 g)	

In großen Mengen genossen ist Knoblauch ein ausgezeichneter Selenlieferant. Für manche Menschen ist er allerdings schlecht verdaulich, bei anderen ruft er allergische Reaktionen hervor, die sich meist in Form von Hautausschlägen oder -reizungen äußern.

Knoblauch ist berühmt für seine Heilkraft und galt lange Zeit als Allheilmittel. Er wirkt abführend, kräftigend, entkrampfend, antiseptisch und reinigend und hilft bei Magenbeschwerden, Arthrose, Koliken, Bronchitis, Gicht, Bluthochdruck und Verdauungsbeschwerden. Durch seinen Wirkstoff Allylsulfid wurde er während des Ersten Weltkriegs vielfach auch als Antibiotikum verwendet.

Darüber hinaus enthält Knoblauch den Wirkstoff Allicin, der sich in konzentrierter Form, das heißt bei einem täglichen Verzehr von 7 bis 28 frischen Knoblauchzehen, positiv auf das Herz-Kreislauf-System und insbesondere auf den Cholesterinspiegel auswirkt. Allicin ist als Extrakt auch in Tablettenform erhältlich. Allerdings ist bislang nicht erwiesen, ob diese die gleiche Wirkung wie frische Knoblauchzehen haben. Außerdem hält die Wirkung des Allicins nur 24 Stunden an, sodass sich heute noch nicht mit Sicherheit sagen lässt, ob Knoblauch – sei es in frischer oder in Tablettenform – den Cholesterinspiegel tatsächlich dauerhaft senkt.

Viele Studien haben jedoch ergeben, dass in Südeuropa und anderen Ländern, in denen viel und regelmäßig Knoblauch und Olivenöl beim Kochen verwendet werden, seltener Herz-Kreislauf-Erkrankungen auftreten als in Mittel- und Nordeuropa.

Die Knoblauchzwiebel oder -knolle besteht aus 12 bis 16 Zehen. Knolle und Zehen sind mit einem hellen, pergamentartigen Häutchen überzogen.

Zwiebelgemüse

Knoblauchzehen

Zwiebel

Allium cepa, Liliaceae

Die Zwiebel wurde von den Ägyptern hoch geschätzt, und sie brachten sie ihren Göttern als Opfergabe dar. Reste von Zwiebeln wurden auch im Grab des ägyptischen Königs Tut-ench-Amun gefunden.

Als Gartenpflanze, die ursprünglich in Zentralasien und Palästina beheimatet war, erfreut sich die Zwiebel nicht nur als Gemüse, sondern auch als Gewürz und Heilmittel großer Beliebtheit. Die Zwiebel, die bereits seit mehr als 5000 Jahren angebaut wird, wurde von den Ägyptern hoch geschätzt. Sie brachten sie ihren Göttern als Opfergabe dar und verwendeten sie als eine Art Zahlungsmittel, mit dem sie die Sklaven beim Bau der Pyramiden entlohnten. Darüber hinaus diente sie als Grabbeigabe für das Leben im Jenseits. Auch im Grab des ägyptischen Königs Tut-ench-Amun fanden sich Reste von Zwiebeln. Der Glaube, man könne mit Hilfe der Zwiebel das Wetter vorhersagen, geht auf die Gallier zurück. Sie waren nämlich davon überzeugt, dass Früchte mit vielen Schalen auf einen harten Winter hindeuteten. Seit dem Mittelalter schätzt man die Zwiebel als Gewürz und Gemüse. Sie ist eines der vielseitigsten Gewürze und wird deshalb in vielen Ländern angebaut, darunter auch China, Indien, die USA, Russland und die Türkei.

Die Zwiebel ist eine zweijährige Gemüsepflanze, wird jedoch meistens einjährig angebaut. Sie besteht aus vielen konzentrischen Schichten heller, saftiger Blätter, die von mehreren hauchdünnen Häutchen umhüllt sind. Wird die Zwiebel trocken, färbt sie sich je nach Sorte weiß, violett, gelb, braun oder rot. Die verschiedenen Zwiebelsorten, die sowohl frisch als auch halbtrocken oder trocken angeboten werden, unterscheiden sich in Form, Größe und Geschmack. Klima und Sorte bestimmen auch, wie scharf oder mild die Zwiebel ist, wobei die Schärfe von dem ätherischen Öl verursacht wird, das reich an Allylsulfid ist. Die spanische Gemüsezwiebel wie auch andere weiße Zwiebeln und vor allem die rote Zwiebel zählen zu den mildesten Sorten. Sie werden geerntet, wenn die Knolle völlig ausgereift ist und die äußeren Blätter gelb und welk werden.

Lauch- oder Frühlingszwiebeln *(Allium cepa)* werden meist frisch als Bund angeboten. Sie werden bereits geerntet, wenn die Knolle noch grün und sehr klein ist. Manche Menschen können rohe Zwiebeln nur schlecht verdauen. Darüber hinaus verursachen sie einen unangenehmen Mundgeruch, was sich jedoch durch Kauen von einigen Petersilie- oder Minzeblättern oder ein paar Kaffeebohnen vermeiden lässt.

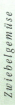

spanische Gemüsezwiebel

rote Zwiebel

weiße Zwiebel

Zwiebel

Serviervorschläge

Zwiebeln lassen sich auf unterschiedlichste Weise zubereiten. Außer in Desserts sind sie in vielerlei Speisen unerlässlich. Man verwendet sie sowohl roh (besonders die milden Sorten) als auch gegart. Um roher geschnittener Zwiebel die Schärfe zu nehmen, kann man sie einige Minuten blanchieren und anschließend unter kaltem Wasser abschrecken oder sie in kaltes Wasser oder Essig legen. Die Zwiebel ist Hauptzutat in zahlreichen Gerichten wie Zwiebelkuchen, Pizza, Zwiebelsuppe, Zwiebelpüree und Salaten. Zwiebeln werden vielfach auch als Gratin oder mit einer Sahnesauce zubereitet, gebraten oder gefüllt. Mit Nelken gespickte Zwiebeln werden häufig zum Würzen von Eintopfgerichten und Brühen verwendet.

Kleine Zwiebeln werden häufig glaciert oder in Essig eingelegt, oder man gibt sie im Ganzen zu Eintopf- und Schmorgerichten.

Zwiebelquiche

FÜR 4 BIS 6 PORTIONEN

400 g Mürbeteig
750 g Zwiebeln
30 g Butter
1 EL Öl
2 Eier
125 ml Milch
125 g süße Sahne
2 EL Mehl
Salz und frisch gemahlener weißer Pfeffer
1 Msp. Muskatnuss
Außerdem:
Fett für die Form
Mehl zum Ausrollen

1. Den Backofen auf 190 °C (Umluft 170 °C, Gas Stufe 3) vorheizen.

2. Eine Kuchenform von 24 cm Durchmesser einfetten und mit Mehl bestäuben. Den Teig auf einer leicht bemehlten Arbeitsfläche ausrollen und die Form damit auslegen. Den Teigboden mit einer Gabel einstechen und 5 Minuten vorbacken.

3. Die Zwiebeln schälen und in dünne Scheiben schneiden. Die Butter und das Öl in einer Pfanne erhitzen und die Zwiebeln darin bei schwacher Hitze 5 bis 7 Minuten unter ständigem Rühren weich dünsten.

4. Die Eier in einer Schüssel verquirlen. Milch, Sahne und Mehl hinzufügen, mit Salz, Pfeffer und Muskatnuss würzen und alles gut verrühren.

5. Die Zwiebeln auf dem Teig verteilen und die Eiermasse darüber gießen. Die Quiche 30 Minuten im Ofen backen, bis sie goldgelb ist.

Einkaufstipp

Zwiebeln sollten fest, trocken, glatt und knackig sein. Der Schaft sollte klein sein und die Zwiebeln dürfen keine Triebe oder Schimmel aufweisen.

Zwiebeln werden auch in getrockneter Form – als Röstzwiebeln, Pulver oder Salz – angeboten. Zwiebelsalz ist allerdings weniger empfehlenswert, da es häufig mehr Salz als Zwiebelextrakt enthält.

Nährwerte

Kalorien	30
Ballaststoffe	3,1 g
Kohlenhydrate	5,8 g
Fett	0,3 g
Eiweiß	1,3 g
Wasser	89,7 %
	je 100 g

Zwiebeln enthalten Kalium, Vitamin C, Folsäure und Vitamin B_6. Gegart haben sie nahezu den gleichen Vitamin- und Mineralstoffgehalt wie in rohem Zustand. Der Zwiebel werden so viele Heilkräfte zugeschrieben, dass man sie fast als Allheilmittel bezeichnen könnte. Sie wirkt harntreibend, antibiotisch, anregend und schleimlösend und wird zur Behandlung von Erkältungen, Darmparasiten, Gallensteinen, Durchfall und Rheuma eingesetzt.

Zwiebelgemüse

Lauchzwiebel

Zwiebel

Manche Zwiebeln werden vor der Reife geerntet, wenn die Knolle noch grün und sehr klein ist. Andere erntet man erst dann, wenn die völlig ausgereifte Knolle bereits trocken ist und die äußeren Blätter gelb und welk werden.

Vorbereitung

Die Tatsache, dass das Zwiebelschneiden bei den meisten Menschen tränende Augen bewirkt, wird dadurch verursacht, dass die Zellen der Zwiebel beim Schneiden aufgebrochen und ihre schwefelhaltigen Inhaltsstoffe freigesetzt werden, die sich bei Luftkontakt zu einem neuen Molekül, dem Allylsulfat verbinden, das wiederum die Augenschleimhaut reizt. Dem lässt sich mit einigen einfachen Tricks entgegenwirken:

- Die Zwiebel vor dem Schneiden 1 Stunde in den Kühlschrank oder 15 Minuten in die Gefriertruhe legen. Auf diese Weise können die die Reizung verursachenden Enzyme ihre Wirkung nicht vollständig entfalten.

- Zum Schneiden ein sehr scharfes Messer verwenden und die Zwiebel möglichst im Stehen schneiden, sodass die Augen von der Zwiebel relativ weit entfernt sind. Am einfachsten lässt sie sich schälen, wenn man zuerst die Wurzelfasern abschneidet.

- Die Augen mit einer Brille schützen, sodass sie nicht in unmittelbaren Kontakt mit den Reizstoffen kommen.

- Die Zwiebeln unter fließendem kalten Wasser schneiden, da sich dadurch die Moleküle abschwächen, die für die Augenreizung verantwortlich sind.

Zwiebeln sollten nicht zu lange im Voraus geschnitten werden, da der beim Schneiden entstehende Saft sich sonst schnell verflüchtigt.

Außerdem sollte man sie möglichst nicht in der Küchenmaschine zerkleinern, da sie dabei leicht zu Brei werden. Fein gehackte Zwiebel wird zwar schneller gar, schmeckt dafür aber auch weniger intensiv.

Um die Hände von Zwiebelgeruch zu befreien, reibt man sie mit etwas Zitronensaft oder Essig ab.

Zubereitung

Zwiebeln schmecken gegart süßer und milder als roh, da dabei auch die schwefelhaltigen Enzyme zerstört werden. Am besten entfalten sie ihren Geschmack, wenn man sie in etwas Fett andünstet, ohne dass sie dabei Farbe annehmen.

Aufbewahrung

Die meisten trockenhäutigen Zwiebeln legen nach der Ernte eine Ruhephase ein, sodass man sie in der Regel mehrere Wochen lagern kann, ohne dass sie zu keimen beginnen. Die Haltbarkeit hängt von der jeweiligen Sorte ab, wobei sich generell sagen lässt: Je schärfer die Zwiebel ist, umso länger ist sie haltbar. Das liegt daran, dass der Inhaltsstoff, der für die Schärfe verantwortlich ist, die Zwiebel auch vor raschem Verderben schützt. Feste Zwiebelsorten wie die gelbe Zwiebel enthalten weniger Wasser und sind deshalb länger haltbar als weiße Zwiebeln. Gelbe Zwiebeln bleiben – am besten in einem Korb aufgehängt – an einem gut durchlüfteten, kühlen, trockenen Ort 2 bis 3 Monate frisch, während sich rote Zwiebeln nur 2 bis 4 Wochen halten. Zwiebeln sollten nicht im Kühlschrank gelagert werden, da ihr Geruch sich schnell auf andere Lebensmittel überträgt. Außerdem sollten sie nie in der Nähe von Kartoffeln liegen, da sie deren Feuchtigkeit aufsaugen und dann rasch faulen oder zu keimen beginnen. Angeschnittene Zwiebeln sollten möglichst rasch verbraucht werden, da sie schnell ihre Vitamine verlieren und oxidieren. Lauchzwiebeln sind im Kühlschrank 1 Woche haltbar.

Zwiebeln können zwar geschält und klein gehackt auch eingefroren werden, doch werden sie dadurch weich und büßen an Geschmack ein, sodass man zum Würzen von Speisen größere Mengen benötigt. Blanchieren ist nicht erforderlich.

Zwiebeln können dagegen sehr gut getrocknet werden, indem man sie schält und in Scheiben geschnitten auf einem Kuchenblech ausbreitet und dieses 2 bis 3 Tage in die Sonne stellt. Anschließend lässt man die Zwiebeln 10 Minuten in dem auf 85 °C (Gas Stufe 1) vorgeheizten Backofen nachtrocknen.

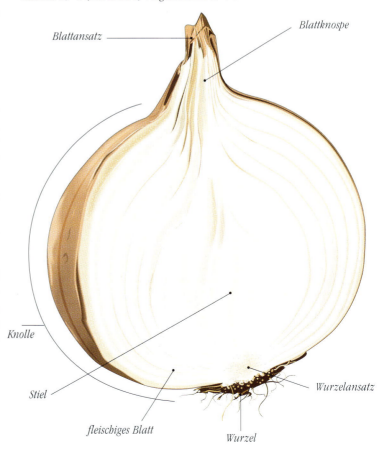

Blattansatz — *Blattknospe* — *Knolle* — *Stiel* — *fleischiges Blatt* — *Wurzel* — *Wurzelansatz*

Schalotte

Allium ascalonicum, Alliaceae

Graue Schalotte

Diese Zwiebelpflanze stammt wahrscheinlich aus dem Nahen Osten, worauf zumindest ihr fachsprachlicher Name hindeutet, der von einem früheren palästinensischen Hafen abgeleitet wurde. In der Antike erfreute sich die Schalotte bei Griechen und Römern großer Beliebtheit, die sie nicht nur als Nahrungsmittel, sondern auch als Aphrodisiakum ansahen. Man nimmt an, dass sie im 17. Jahrhundert nach Europa gelangte, wo sie sich bald überall verbreitete.

Die Schalotte ist eine robuste mehrjährige Pflanze, die jedoch einjährig angebaut wird. Sie schmeckt aromatischer und feiner als die Zwiebel und ist weniger scharf als der Knoblauch; im Unterschied zu diesen verursacht sie auch keinen unangenehmen Mundgeruch. Die Schalotte hat die Größe einer Knoblauchknolle und besteht aus zwei bis drei Zehen. Von den verschiedenen Arten sind die kleine, schmale, feste **Graue Schalotte** mit grauer Schale und violetter Knolle, die eher pikant schmeckt, die **Rosa Schalotte**, deren kurze, runde Knolle von einer rosafarbenen Schale bedeckt ist und deren Fruchtfleisch saftig und mild schmeckt, sowie die längliche **Cuisse de poulet,** deren kupferfarbene Schale der der Zwiebel ähnelt, am bekanntesten.

Einkaufstipp

Schalotten sollten fest sein und eine trockene Schale haben. Nicht empfehlenswert sind keimende, weiche oder fleckige Exemplare.

Serviervorschläge

Schalotten werden sowohl roh als auch gegart verwendet. Man nutzt sie vor allem als Gewürz, das vielen Gerichten eine besondere Note gibt. Sie dienen zum Verfeinern von Salaten, Suppen und Saucen oder als Beilage zu Gemüse-, Fisch- und Fleischgerichten. Gegart sind sie besser verdaulich als gegarte Zwiebeln. Die grünen Stiele sind sehr schmackhaft und werden wie Schnittlauch verwendet. Mit ganzen Zehen kann man Essig und Öl aromatisieren.

Aufbewahrung

 An einem dunklen, kühlen, trockenen und gut durchlüfteten Ort halten sich Schalotten etwa 1 Monat. Im Kühlschrank bleiben sie dagegen nur etwa 2 Wochen frisch.

Angeschnittene Schalotten sollten in Folie verpackt oder mit Olivenöl bedeckt in einem luftdicht verschlossenen Behälter aufbewahrt werden. Das auf diese Weise aromatisierte Öl kann man später sehr gut zum Kochen verwenden.

Zubereitung

Werden Schalotten in Fett angebräunt, schmecken sie leicht bitter. Aus diesem Grund ist es ratsam, sie langsam bei schwacher Hitze weich zu dünsten.

Nährwerte

Kalorien	23
Ballaststoffe	1,5 g
Kohlenhydrate	3,0 g
Fett	0,5 g
Eiweiß	2,0 g
Wasser	92 %
	je 100 g

Schalotten sind reich an Mineralstoffen und wirken appetitanregend und tonisierend. Außerdem gelten sie in der Volksmedizin als Heilmittel bei Verbrennungen und Insektenstichen.

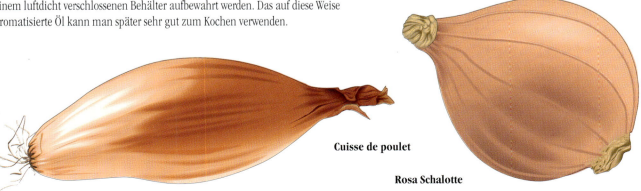

Cuisse de poulet

Rosa Schalotte

Wasserkastanie

Eleocharis dulcis und *Trapa spp.*, **Cyperaceae**

Als essbare Knolle einer Wasserpflanze, die ursprünglich wahrscheinlich in Südchina beheimatet war, ist die Wasserkastanie schon seit der Antike bekannt und spielt auch heute noch eine wichtige Rolle in der chinesischen, japanischen und vietnamesischen Küche. Von China aus, wo man sie ursprünglich vor allem wegen ihrer Heilkraft schätzte, gelangte die Wasserkastanie zunächst nach Indien und später auch nach Madagaskar. Die Wasserkastanie, auch **Chinesische Wassernuss** genannt, wird vor allem in China angebaut, in geringerem Umfang aber auch in Europa kultiviert. In Nordamerika ist die *Eleocharis dulcis*-Wasserkastanie am bekanntesten, die als Konserve aus China importiert wird und meist in Delikatessengeschäften erhältlich ist. Die **Schwimmende Wassernuss** *(Trapa natans)*, die in Teilen Asiens und Europas angebaut wird, zählt man häufig ebenfalls zur *Eleocharis dulcis*-Sorte, sie gehört aber zur Familie der Wassernussgewächse.

Die Wasserkastanie *Eleocharis dulcis* gedeiht im seichten Wasser von Seen, Flüssen und Sümpfen und benötigt wie Reis viel Wasser zum Wachsen. In Asien wird sie deshalb vielfach auch in Reisfeldern angebaut, wo man sie im Frühjahr pflanzt und im Herbst erntet, wenn die Felder trockengelegt sind. Die rundliche Wasserkastanie ähnelt der gewöhnlichen Kastanie und kann einen Durchmesser von 2,5 bis 4,5 cm erreichen. Der obere Teil, aus dem bei reifen Früchten kleine Blätterbüschel sprießen, ist etwas abgeflacht. Die Knolle wird von einer dunkelbraunen Schale umschlossen, das knackige weiße Fleisch ist saftig, süß und wohlriechend und wird von einem dünnen hellbraunen Häutchen umhüllt. Der Geschmack gekochter Wasserkastanien erinnert an Getreide.

Bei der Schwimmenden Wassernuss unterscheidet man zwischen der zweizipfeligen *Trapa bicornis* und der vierzipfeligen *Trapa natans*, deren Schalen häufig zu Rosenkränzen verarbeitet werden. In Europa, wo sie sich früher großer Beliebtheit erfreuten, sind sie inzwischen fast völlig in Vergessenheit geraten. Da Wassernüsse giftige Substanzen enthalten, die erst beim Kochen neutralisiert werden, dürfen sie nicht roh verzehrt werden.

Nährwerte

	roh	*Konserve*
Kalorien	64	50
Ballaststoffe	3,6 g	3,6 g
Kohlenhydrate	14 g	12 g
Fett	0,3 g	0,1 g
Eiweiß	1,4 g	1,1 g
Wasser	80 %	86 %

je 100 g

Rohe Wasserkastanien sind ausgezeichnete Kaliumlieferanten und enthalten Vitamin B_2, Magnesium, Vitamin C und Phosphor. Konservierte Kastanien enthalten Kalium und Eisen. Wasserkastanien gelten außerdem als tonisierend.

Serviervorschläge

Wasserkastanien können roh (allerdings nur die Sorte *Eleocharis dulcis*) oder gekocht gegessen werden. Roh isst man sie als Vorspeise oder als kleine Zwischenmahlzeit aus der Hand. Gekocht schmecken sie »pur« oder mit etwas Butter sehr gut. Einer Reihe von Gerichten wie Suppen, gemischten Salaten, Nudeln, Quiches, Fleisch, Geflügel und Meeresfrüchten verleihen sie eine eigentümliche und frische Note. Man kann sie auch mit Tofu oder Gemüse anbraten oder als Gratin mit Reis und Spinat zubereiten.

Pürierte Wasserkastanien schmecken besonders gut in einer Hühnerbrühe mit Zwiebeln, Äpfeln und Crème fraîche, passen aber auch gut zu Kartoffeln, Süßkartoffeln oder Winterkürbis.

Wasserkastanie

Vorbereitung

Nach dem Aussortieren beschädigter oder angegorener Wasserkastanien müssen die Früchte gründlich gewaschen und weiche und braune Stellen entfernt werden. Wasserkastanien können entweder vor oder nach dem Kochen geschält werden. Zwar geht weniger Fruchtfleisch verloren, wenn man sie erst nach dem Kochen schält, doch verfärbt sich das Fleisch dann wie die Haut hellbraun. Rohe Wasserkastanien lassen sich leichter schälen, wenn man dafür ein möglichst scharfes Messer verwendet. Damit sie sich anschließend nicht verfärben, legt man sie am besten in Zitronenwasser. Gekochte Wasserkastanien können leichter geschält werden, indem man die flache Seite der Kastanie kreuzförmig einschneidet und sie 4 bis 5 Minuten in kochendes Wasser legt. Beim Schälen entfernt man auch das dünne braune Häutchen.

Zubereitung

Das Fruchtfleisch, das durch Kochen etwas süßer wird, verliert auch gegart nicht seine feste Konsistenz. Um eine Braunfärbung zu vermeiden, gibt man etwas Zitronensaft in das Kochwasser. Sehr gut schmecken Wasserkastanien, wenn man sie in Brühe oder in einer Mischung aus Wasser und Milch zu gleichen Teilen gart. Man kann sie aber auch braten, sollte sie dann jedoch zuvor 5 Minuten kochen oder 7 bis 8 Minuten dämpfen. Wasserkastanien werden im Ganzen, halbiert, in Scheiben, Würfel oder Streifen geschnitten oder aber püriert verarbeitet.

Wasserkastanien im Schinkenmantel

FÜR ETWA 16 STÜCK

1 Dose Wasserkastanien (250 g)
125 ml Sojasauce
1 TL Ingwerpulver
8 Scheiben roher Schinken
125 g Zucker

1. Die Wasserkastanien waschen und trockentupfen. Die Sojasauce und den Ingwer in einer Schüssel vermischen. Die Wasserkastanien zufügen und 1 Stunde bei Raumtemperatur ziehen lassen, dabei gelegentlich umrühren.

2. Den Backofen auf 200 °C (Umluft 180 °C, Gas Stufe 3–4) vorheizen. Die Schinkenscheiben halbieren. Die Wasserkastanien aus der Marinade nehmen und trockentupfen.

3. Den Zucker in eine Schüssel geben und die Kastanien darin wälzen. Die Kastanien mit jeweils einer Schinkenscheibe umwickeln und mit einem Zahnstocher fixieren. Die Kastanien auf ein Backblech legen, im Ofen etwa 15 Minuten backen und als Aperitif reichen.

Einkaufstipp

Frische Wasserkastanien sollten sehr fest sein und keine Druckstellen aufweisen.

Aufbewahrung

Da Wasserkastanien relativ schnell verderben, sollte man sie mit der Schale aufbewahren. Mit Wasser bedeckt halten sie sich im Kühlschrank bis zu 2 Wochen. Sie verlieren dabei zwar etwas an Aroma, bleiben aber frisch und knackig. Frische Wasserkastanien können aber auch ungewaschen in einer Papiertüte im Kühlschrank aufbewahrt werden und bleiben dann ebenfalls etwa 2 Wochen frisch. Dabei sollte man jedoch von Zeit zu Zeit überprüfen, ob sie auszutrocknen oder zu gären beginnen. Geschälte frische Wasserkastanien sind 2 oder 3 Tage im Kühlschrank haltbar. Gegarte Kastanien sollten ebenfalls mit Wasser bedeckt im Kühlschrank aufbewahrt werden, wobei das Wasser täglich gewechselt werden muss.

Wasserkastanien können roh oder gekocht und geschält oder ungeschält eingefroren werden. Roh und ungeschält halten sie sich etwa 6 Monate, gekocht und geschält oder püriert etwa 1 Jahr. Eingefrorenes Püree kann nach dem Auftauen zerfallen. Das lässt sich vermeiden, indem man vor dem Einfrieren 1 Esslöffel Butter oder Honig unterrührt.

Rübe

Beta vulgaris, Chenopodiaceae

Das Fruchtfleisch der verschiedenen Rüben ist dunkelrot oder weiß.

Rote Bete

Die Rübe ist die fleischige Wurzelknolle einer Pflanze, die vermutlich in Nordafrika beheimatet ist. Sowohl die rote als auch die weiße Rübe erfreuten sich bei den Römern großer Beliebtheit, die im Gegensatz zu anderen Völkern, die nur die Blätter verzehrten, auch die Wurzeln verwendeten. Ab dem 16. Jahrhundert wurde die Gartenrübe in England und Deutschland als Gemüse zubereitet, während die Futterrübe lediglich als Viehfutter verwendet wurde. Die erste Zuckerrübenfabrik wurde Anfang des 19. Jahrhunderts in Polen errichtet, und etwa zur selben Zeit begann man auch in den Vereinigten Staaten mit dem Rübenanbau.

Die mehr oder weniger fleischige Rübe hat eine dünne, glatte Schale. Die gekräuselten Blätter haben eine kräftige Farbe und werden nicht selten bis zu 35 cm lang und 25 cm breit. Neben der roten Rübe, die bei uns vor allem als Rote Bete bekannt ist, gibt es weitere Rübensorten, darunter auch die Futterrübe, die als Viehfutter dient, die Gartenrübe, die als Gemüse verwendet wird, sowie die Zuckerrübe, die zu Zucker und Alkohol verarbeitet wird.

Die **Rote Bete** verdankt ihre charakteristische Farbe dem wasserlöslichen Betacyan, einem Farbstoff aus der Gruppe der Anthocyane. Schon der kleinste Druck genügt, damit die Beten beim Garen »ausbluten«, das heißt, dass ihr dunkelroter Saft an die Kochflüssigkeit abgegeben wird. Verfärbungen an den Händen (mit Handschuhen lässt sich dieses Problem vermeiden) kann man mit Zitronensaft entfernen.

Einkaufstipp

Rüben sollten möglichst fest sein und eine glatte tiefrote Schale haben, die keine Flecken oder Druckstellen aufweist. Damit sie gleichmäßig garen, sollte man möglichst gleich große Rüben auswählen. Weniger empfehlenswert sind sehr dicke oder längliche Rüben, da sie häufig faserig sind. Die Blätter sollten zart sein und eine schöne grüne Farbe haben.

Serviervorschläge

Rüben kann man roh, gekocht, als Konserve oder in Essig eingelegt genießen. Will man sie roh essen, werden sie geschält, in Scheiben geschnitten oder gerieben und nach Belieben gewürzt. Gekocht kann man sie kalt oder warm verzehren. Vielfach werden sie mit einer Vinaigrette serviert und zu Salaten verarbeitet. Die Blätter schmecken köstlich, wenn man sie gart und wie Spinat oder Mangold zubereitet – eine Eigenschaft, die man sich beim *Borschtsch,* einer kräftig roten Suppe aus Osteuropa zunutze macht, die aus fein geschnittener Roter Bete zubereitet und traditionell mit saurer Sahne serviert wird.

Rüben lassen sich auch zu Kaffeesurrogat verarbeiten. Dazu schneidet man sie in dünne Scheiben, die getrocknet und geröstet und anschließend gemahlen werden. Das Pulver kann man pur verwenden oder mit anderen Zutaten, zum Beispiel mit Zichorie, vermischen.

Rübe

Aufbewahrung

Frische Rüben, die noch Wurzeln, Blätter oder Stiele haben, halten sich 2 bis 4 Wochen im Kühlschrank oder an einem kühlen und feuchten Ort (0 °C bei 90 bis 95% Luftfeuchtigkeit). Im Keller gelagert oder in der Erde eingegraben sind sie zwar länger haltbar, neigen aber bei langer Lagerzeit dazu, hart zu werden. Ungewaschen und in eine mit Löchern versehene Plastiktüte verpackt bleiben die Blätter im Kühlschrank 3 bis 5 Tage frisch.

Rohe Rüben sind nicht zum Einfrieren geeignet, da sie beim Auftauen weich werden. Gekocht lassen sie sich hingegen problemlos tiefgefrieren.

Borschtsch

FÜR 6 PORTIONEN

4 mittelgroße Rote Bete
300 g Grünkohl
1 Möhre
1 Stange Sellerie
1 Zwiebel
1 Knoblauchzehe
½ Bund glatte Petersilie
2 EL Öl
Salz und frisch gemahlener Pfeffer
2 EL Tomatenmark
1 EL Zitronensaft
150 g saure Sahne

1. Die Rüben schälen und in kleine Würfel schneiden. Den Grünkohl putzen, waschen und in feine Streifen schneiden. Die Möhre putzen und in Scheiben schneiden. Den Sellerie waschen, die Fäden entfernen und in Scheiben schneiden. Die Zwiebel und den Knoblauch schälen und hacken. Die Petersilie waschen, trockenschleudern und ebenfalls hacken.

2. Das Öl in einem Topf erhitzen und die Zwiebel darin glasig dünsten. Rote Bete, Möhre und Sellerie zufügen und mit Salz und Pfeffer würzen. 2 l Wasser zugießen, aufkochen lassen und die Suppe zugedeckt bei mittlerer Hitze 45 Minuten garen.

3. Grünkohl, Knoblauch und Tomatenmark zufügen und alles zugedeckt weitere 30 Minuten köcheln lassen. Den Zitronensaft und die Petersilie hinzufügen und alles nochmals mit Salz und Pfeffer abschmecken. Die Suppe auf Teller verteilen und jeweils mit 1 Esslöffel saurer Sahne garniert servieren.

Zubereitung

Rote Bete werden unter fließendem Wasser gewaschen, wobei sie möglichst keine Druckstellen bekommen sollten. Danach werden sie im Ganzen mit den Wurzeln und der Schale gekocht. Sofern vorhanden, ist es ratsam, 2,5 bis 5 cm des Stiels stehen zu lassen, da die Bete so am wenigsten »ausbluten«. Die Rüben behalten außerdem ihre Farbe am besten, wenn man der Kochflüssigkeit etwas Säure, zum Beispiel Zitronensaft oder Essig, zufügt, während sie sich durch die Beigabe von Salz blass verfärben. Außerdem sollte man Rote Bete während des Kochens nicht mit einer Gabel oder einem Messer einstechen, da sie sonst »ausbluten« und Farbe verlieren.

Rüben benötigen je nach Größe eine Garzeit von 30 bis 60 Minuten. Am besten werden sie im Backofen gegart, da bei dieser Methode nicht nur der Geschmack besonders gut erhalten bleibt, sondern auch die Farbe noch kräftiger wird. Um die Garprobe zu machen, empfiehlt es sich, kaltes Wasser in einem feinen Strahl über die Rüben laufen zu lassen. Sind sie gar, löst sich die Schale fast von allein ab.

Nährwerte

	roh	Konserve
Kalorien	41	24
Ballaststoffe	2,5 g	2,3 g
Kohlenhydrate	8,6 g	4,6 g
Fett	0,1 g	0,1 g
Eiweiß	1,5 g	1,1 g
Wasser	86 %	90 %
	je 100 g	

Rüben sind reich an Kalium und Vitamin A und enthalten viel Vitamin C, Magnesium und Vitamin B_2 sowie Eisen, Kupfer, Kalzium, Vitamin B_6, Folsäure, Zink und Nikotinsäure.

Die Blätter sind ebenfalls reich an Kalium und enthalten viel Folsäure und Magnesium sowie Vitamin C und Eisen.

Rüben wirken appetitanregend und sind leicht verdaulich. Sie werden außerdem bei Kopfschmerzen, Erkältungen und Anämie eingesetzt. Durch den Genuss von Roter Bete können sich Urin und Stuhl verfärben.

Orange Bete

Weiße Rübe

Brassica rapa, Cruciferae

Die weiße Rübe gehört zur großen Familie, der auch Kohl, Rauke und Rettich angehören. Wurzeln und Blätter der wild wachsenden weißen Rübe wurden vermutlich schon lange vor der Entwicklung der Landwirtschaft verwendet. Vor etwa 4000 Jahren wurde sie erstmals im Nahen Osten angebaut. Auch bei den Griechen und Römern, die verschiedene weiße Rübensorten züchteten, erfreute sie sich großer Beliebtheit. Im Mittelalter war die weiße Rübe in Europa weit verbreitet, wurde aber im 18. Jahrhundert weitgehend von der Kartoffel verdrängt.

Die weiße, fleischige Wurzel der weißen Rübe wird von einer dünnen blassgelben oder weißen Schale umschlossen, die am oberen Teil dunkelrot gefärbt ist. Die essbaren Blätter sind leicht behaart. Die weiße Rübe wird häufig mit einer verwandten Art mit gelbem oder weißem Fruchtfleisch, der Kohl- oder Steckrübe, verwechselt. Die Sorten lassen sich nur dadurch unterscheiden, dass die Blätter der weißen Rübe unmittelbar an der Wurzel ansetzen, während die Kohlrübe einen Stielansatz hat.

Einkaufstipp

Weiße Rüben sollten makellos, fest, schwer und glatt sein. Bei besonders großen Exemplaren besteht die Gefahr, dass sie holzig und bitter sind. Sofern das Grün noch vorhanden ist, sollte es knackig sein und eine kräftige grüne Farbe haben.

Nährwerte

Kalorien	25
Ballaststoffe	3,5 g
Kohlenhydrate	4,7 g
Fett	0,2 g
Eiweiß	1,0 g
Wasser	90 %
	je 100 g

Die weiße Rübe ist reich an Vitamin C und Kalium und enthält außerdem Folsäure. Der in den Rüben enthaltene Schwefel kann – vor allem wenn sie sehr groß oder hohl sind oder zu lange gekocht wurden – Blähungen verursachen. Die Blätter der weißen Rübe sind reich an Vitamin A, B und C sowie an Kalium und Magnesium.

Die weiße Rübe wirkt belebend, harntreibend und entkrampfend, beugt Vitaminmangel vor und verschafft Linderung bei Erkrankungen der Atemwege.

Vorbereitung

Kleine frische Rüben können ungeschält verarbeitet und müssen lediglich abgeschrubbt werden. Größere Exemplare sollte man möglichst erst unmittelbar vor dem Garen schälen, damit sie sich nicht dunkel verfärben. Wenn man sie vor der Zubereitung 10 Minuten blanchiert, werden sie besser verdaulich, verlieren weniger Nährstoffe und schmecken etwas milder.

Serviervorschläge

Die weiße Rübe wird roh oder gekocht verzehrt und kann wie die Möhre zubereitet werden. Sie eignet sich hervorragend für Suppen und Eintopfgerichte, kann aber auch püriert, gefüllt oder geschmort werden. Zarte, junge Rüben werden häufig mit geriebenem Käse überbacken oder mit einer Sahne- oder Béchamelsauce serviert. Man kann sie aber auch für Salate aus rohem oder gekochtem Gemüse verwenden. Aus den Blättern, die ähnlich wie Spinat zubereitet werden, lassen sich ebenfalls schmackhafte Gerichte zubereiten.

Zubereitung

Weiße Rüben haben eine etwas längere Garzeit als Möhren. Die Kochzeit beträgt je nach Größe 10 bis 15 Minuten. Beim Dämpfen verlängert sich die Garzeit etwas. Da weiße Rüben sehr schnell Fett aufsaugen, sind sie in gebratenem Zustand sehr kalorienreich.

Aufbewahrung

Ungewaschen und in einen perforierten Kunststoffbeutel verpackt sind weiße Rüben im Kühlschrank 1 bis 3 Wochen haltbar. Die Blätter sollten vorher entfernt und ebenfalls in einen perforierten Kunststoffbeutel verpackt im Kühlschrank aufbewahrt werden, wo sie sich 4 bis 5 Tage halten. Weiße Rüben lassen sich auch gut einfrieren, sollten jedoch zuvor einige Minuten blanchiert, püriert oder gekocht werden.

Pastinake

Pastinaca sativa, Umbelliferae

Bereits in der Antike war dieses im Mittelmeerraum beheimatete Wurzelgemüse bei Griechen und Römern sehr beliebt. In ihrer heutigen Form ist die Pastinake allerdings erst seit dem Mittelalter bekannt und erfreute sich in Europa bis zur Zeit der Renaissance ebenso großer Beliebtheit wie heute die Kartoffel. Im frühen 16. Jahrhundert gelangte sie auch nach Nordamerika, wo sie sich allerdings bis heute nie richtig durchsetzen konnte.

Die Pastinake ist eine 17 bis 30 cm lange und 2 bis 8 cm dicke Wurzel. Ihr Fruchtfleisch ähnelt dem der weißen Rübe, und ihre Blätter haben Ähnlichkeit mit denen des Selleries. Der Geschmack des fruchtigen gelblichen Fleisches erinnert an die Haselnuss. Pastinaken werden süßer, wenn sie vor der Ernte etwas Frost abbekommen, da Kälte die in den Wurzeln enthaltene Stärke in Zucker umwandelt.

Vorbereitung

Pastinaken muss man vor dem Kochen nicht schälen, sondern wie Möhren nur waschen und putzen. Die dünne Schale lässt sich nach dem Garen leicht entfernen, vor allem wenn die Pastinaken im Ganzen gekocht werden oder wenn die Wurzeln schon älter sind. Da sich das Fruchtfleisch an der Luft dunkel verfärbt, sollten angeschnittene Pastinaken bis zum Garen in Essig- oder Zitronenwasser gelegt werden. Bei älteren oder sehr großen Exemplaren sollte man das Innere herausschneiden, da es häufig hart und holzig ist.

Serviervorschläge

Die Pastinake wird ähnlich zubereitet wie die Möhre, die Schwarzwurzel oder die weiße Rübe, die sie in vielen Gerichten auch ersetzen kann. Pastinaken schmecken köstlich, wenn man sie püriert, wie Pommes frites zubereitet, wie Möhren glaciert, kalt mit einer Vinaigrette oder einfach nur als Gemüsebeilage serviert. Sie sind auch roh sehr gut und verleihen Suppen und Eintopfgerichten einen besonderen Geschmack. Der Geschmack bleibt am besten erhalten, wenn man sie im Ganzen nur kurz gart. Sie benötigen in etwa dieselbe Garzeit wie Möhren.

Aufbewahrung

In Küchenkrepp gewickelt und in einen perforierten Kunststoffbeutel verpackt halten sich Pastinaken im Kühlschrank etwa 4 Wochen.

Im Ganzen oder in Stücke geschnitten sind sie sehr gut zum Einfrieren geeignet. Ganze Wurzeln sollten jedoch zuvor 5 Minuten blanchiert werden, bei geschnittenen Wurzeln genügen 3 Minuten.

Einkaufstipp

Pastinaken sollten möglichst fest und glatt sein und keine Druckstellen aufweisen. Kleinere Wurzeln sind zarter als große.

Nährwerte

Kalorien	59
Ballaststoffe	2,1 g
Kohlenhydrate	12,0 g
Fett	0,4 g
Eiweiß	1,3 g
Wasser	78,6 %
	je 100 g

Die Pastinake enthält reichlich Kohlenhydrate und ist deshalb süßer als die Möhre.

Sie ist reich an Kalium und Folsäure und enthält etwas Vitamin C, Magnesium, Pantothensäure, Kupfer, Phosphor und Vitamin B_6.

Sie wirkt entkrampfend, reinigend, harntreibend und antirheumatisch.

Wurzelgemüse

Möhre

Daucus carota var. *sativa*, **Umbelliferae**

Die Möhre ist ein Wurzelgemüse, das ursprünglich im Mittleren Osten und in Zentralasien beheimatet war und dort schon seit vielen tausend Jahren angepflanzt wird. Die ersten Möhren waren dunkelviolett bis fast schwarz, und man vermutet, dass die heutigen Farben das Ergebnis einer Mutation sind. Griechen und Römer schätzten die violette wie die gelbe Variante vor allem wegen ihrer Heilkraft. Bis zur Renaissance fand die Möhre in der Küche dagegen nur selten Verwendung, da die damaligen Sorten holzig und hart waren. In der Folgezeit gelang es, ihre Beschaffenheit weiter zu verbessern. Mitte des 19. Jahrhunderts züchteten französische Landwirte die ersten orangefarbenen Möhren.

Heute gibt es von der zweijährigen Pflanze, die aber als einjährige angebaut wird, mehr als 100 verschiedene Sorten, die in der Länge zwischen 5 und 90 cm und im Durchmesser zwischen 1 und 7 cm variieren. Ihre Farbpalette reicht von orange, weiß oder gelb bis zu rot, violett oder schwarz. Haupterzeugerländer sind China, die Vereinigten Staaten, Polen, Japan, Frankreich und England.

Ihre orangegelbe Farbe hat die Möhre erst seit dem 19. Jahrhundert. Die ersten Möhren waren dunkelviolett bis fast schwarz.

Nährwerte

	roh	gegart
Kalorien	28	18
Ballaststoffe	3,4 g	2,5 g
Kohlenhydrate	5,2 g	3,1 g
Fett	0,2 g	*
Eiweiß	1,1 g	0,8 g
Wasser	86,2 %	91 %
		je 100 g

Rohe Möhren sind reich an Vitamin A und Kalium. Außerdem enthalten sie Vitamin C, Vitamin B_1 und B_6, Folsäure und Magnesium. Gekochte Möhren sind ausgezeichnete Vitamin-A- und gute Kaliumlieferanten und enthalten Vitamin B_6, Kupfer, Folsäure und Magnesium.

Der Möhre wird eine Reihe von Heilkräften zugeschrieben. So soll sie darmreinigend, harntreibend und entkrampfend wirken, den Mineralstoffhaushalt ausgleichen, bei Durchfall und Anämie helfen und die Sehkraft erhalten. Kompressen mit rohen geriebenen Möhren können bei Verbrennungen Linderung verschaffen. Möhrensaft hat eine besonders kräftigende Wirkung und ist sehr gut für die Leber. In großen Mengen genossen, kann sich die Haut durch das in den Möhren enthaltene Karotin gelblich verfärben, was jedoch völlig harmlos ist.

Für einen Aufguss, der harntreibend und appetitanregend wirkt und bei Koliken und Menstruationsbeschwerden hilft, gibt man 1 Teelöffel Möhrensamen in 1 Tasse Wasser, kocht diese kurz darin auf und lässt die Samen einige Minuten ziehen.

Einkaufstipp

Möhren sollten fest sein und eine schöne Farbe haben. Sie werden meistens ohne Grün angeboten, das bei der Ernte entfernt wird, damit die Möhren möglichst wenig Flüssigkeit verlieren. Ist es noch vorhanden, sollte es saftig sein und eine kräftig grüne Farbe haben. Nicht empfehlenswert sind Möhren, die schlaff sind, bereits austreiben oder faulige Stellen aufweisen.

Serviervorschläge

Möhren lassen sich auf unterschiedlichste Art von der Vorspeise bis zum Dessert zubereiten und werden sogar bei der Weinerzeugung verwendet. Roh isst man sie einfach aus der Hand oder serviert sie als Vorspeise zu einem Dipp oder im Salat. Gegart ergeben sie allein oder zusammen mit anderen Gemüsen eine vorzügliche Beilage. Meist werden sie mit einer Sahnesauce, glaciert oder einfach nur in Butter geschwenkt serviert. Sie schmecken auch köstlich, wenn man sie zusammen mit Kartoffeln püriert. Außerdem sind sie unerlässlich in vielen Gerichten wie Suppen, Eintöpfen, Quiches, Soufflés und Omelettes, und man kann sie in Essig einlegen oder in Kuchen und Gebäck verarbeiten. Mit dem Möhrenkraut, das reich an Mineralstoffen ist, lassen sich Suppen, Salate und Saucen verfeinern.

Aufbewahrung

In einen perforierten Kunststoffbeutel verpackt oder in Küchenkrepp gewickelt bleiben Möhren im Kühlschrank 1 bis 3 Wochen frisch (junge Möhren 2 Wochen). Man kann sie aber auch an einem dunklen, kühlen, feuchten und gut durchlüfteten Ort aufbewahren; ideal sind 0 °C und 93 bis 98 % Luftfeuchtigkeit. Möhren sollten jedoch nicht in der Nähe von Obst oder Gemüse gelagert werden, das sehr viel Äthylen produziert, wie zum Beispiel Birnen, Äpfel und Kartoffeln, da sie durch das Äthylen schneller alt und bitter werden. Ungewaschen und mit Sand bedeckt halten sich Möhren im Keller bis zu 6 Monaten. Gut eingegraben und mit Mulch bedeckt kann man sie aber auch im Garten überwintern lassen, sofern die Temperaturen nicht zu tief sinken. Möhren eignen sich gut zum Einfrieren, sollten jedoch zuvor in kochendem Wasser blanchiert werden (ganze Möhren 5 Minuten, klein geschnittene Möhren 3 Minuten). Bei −18 °C sind sie etwa 1 Jahr haltbar.

Vorbereitung

Möhren brauchen lediglich gewaschen oder vorsichtig geschabt zu werden. Nach dem Entfernen der bitteren grünen Stielansätze kann man sie im Ganzen belassen oder in Scheiben, Streifen oder Würfel schneiden, raspeln oder reiben.

Zubereitung

Möhren werden gedämpft, gekocht oder sautiert. Damit Geschmack und Nährstoffe möglichst weitgehend erhalten bleiben, sollte man sie so kurz wie möglich garen.

Knollensellerie

Apium graveolens var. *rapaceum*, **Umbelliferae**

Knollensellerie, der auch Wurzelsellerie genannt wird und im Mittelmeerraum beheimatet ist, gilt seit langem als geschätztes Gemüse. In der Antike wurde er von Griechen und Römern vor allem wegen seiner blutreinigenden Wirkung kultiviert. Heute wird er vorwiegend in Deutschland, Frankreich und einigen anderen europäischen Ländern sowie in geringerem Umfang auch in Asien und Nordamerika angebaut. In Lateinamerika und Australien ist er dagegen so gut wie unbekannt.

Der unregelmäßig geformte und mit Wurzelfaserbüscheln besetzte Knollensellerie erreicht meist einen Durchmesser von 10 bis 15 cm und wiegt zwischen 500 g und 1 kg. Unter der dicken, rauen bräunlichen Schale verbirgt sich sein cremeweißes knackiges Fruchtfleisch, das im Vergleich zu Stangensellerie etwas etwas pikanter schmeckt. Der anspruchslose Knollensellerie eignet sich hervorragend als Wintergemüse.

Einkaufstipp

Die Knollen sollten möglichst schwer, fest und unbeschädigt sein und keine Druckstellen aufweisen. Nicht empfehlenswert sind Knollen, die hohl klingen, wenn man daran klopft, sowie sehr große Knollen, da sie häufig holzig sind.

Vorbereitung

Knollensellerie wird in der Regel vor dem Garen geschält und dann in Scheiben Stücke oder Stifte geschnitten, gerieben oder geraspelt. Da roher geschälter Sellerie rasch oxidiert, kann man ihn mit etwas Zitronensaft beträufeln, um eine Braunfärbung zu verhindern.

Serviervorschläge

Knollensellerie wird sowohl roh als auch gegart verwendet. Gerieben oder in Scheiben oder Würfel geschnitten schmeckt roher Sellerie sehr gut als Salat. Gekocht ergibt er in Begleitung einer Béchamelsauce eine köstliche Gemüsebeilage und gehört als aromatischer Bestandteil des Suppengrüns in viele Suppen und Eintopfgerichte. Man kann ihn auch sehr gut schmoren, mit einer Käse-Sahne-Sauce überbacken oder in einen Teigmantel gehüllt frittieren.

Nährwerte

	roh	*gegart*
Kalorien	18	20
Ballaststoffe	4,2	4,0
Kohlenhydrate	2,3 g	2,8 g
Fett	0,3 g	0,3 g
Eiweiß	1,5 g	1,4 g
Wasser	88,6 %	90 %
		je 100 g

Knollensellerie enthält viel Kalium und Phosphor, Magnesium und Eisen sowie Vitamin C und Vitamin B_6.

Knollensellerie wirkt blut- und darmreinigend, harntreibend, appetitanregend, magenstärkend, entkrampfend und gleicht den Mineralstoffhaushalt aus.

Knollensellerie

Zubereitung

Bei geschältem und in Stifte geschnittenem Knollensellerie beträgt die Garzeit 10 bis 15 Minuten, wenn er gekocht wird, und 12 bis 18 Minuten, wenn er gedämpft wird. Damit er sich nicht braun verfärbt, kann man dem Kochwasser etwas Zitronensaft zufügen.

Aufbewahrung

In einen perforierten Kunststoffbeutel verpackt ist Knollensellerie im Gemüsefach des Kühlschranks einige Wochen haltbar, wobei eventuell noch vorhandene Blätter vorher entfernt werden sollten. Im Winter kann man ihn außerdem an einem kühlen (nicht unter 0 °C), dunklen Ort lagern. Wie Stangensellerie ist auch Knollensellerie nicht gut zum Einfrieren geeignet, da er aufgetaut matschig wird.

Winterrettich

Raphanus sativus var. *niger,* **Cruciferae**

Als Wurzelpflanze, die vermutlich aus dem östlichen Mittelmeerraum stammt, erfreut sich der Winterrettich vor allem in Osteuropa großer Beliebtheit.

Die Knollen erreichen einen Durchmesser von 5 bis 9 cm und können mit Wurzel bis zu 15 cm lang und über 500 g schwer werden. Das feste weiße Fruchtfleisch, das von einer rauen schwarzbraunen Schale umschlossen wird, ist fast ebenso scharf wie das des eng verwandten Meerrettichs.

Einkaufstipp

Winterrettich sollte fest sein und eine makellose Schale haben.

Vorbereitung

Winterrettich wird geschält und – sofern er roh verwendet wird – wegen seiner Schärfe meistens entwässert. Dafür schneidet man ihn in dünne Scheiben oder Stifte und bestreut diese mit Salz, mischt sie gut durch und lässt sie etwa 1 Stunde Wasser ziehen.

Zubereitung

Winterrettich wird häufig zusammen mit anderem Gemüse geschmort, wobei die Garzeit je nach Frische 10 bis 25 Minuten beträgt.

Serviervorschläge

Roher entwässerter Winterrettich wird meist zusammen mit Schalotten und Sauerrahm als Salat zubereitet oder in einen gemischten Salat gegeben. Gut schmeckt er auch mit einer Remouladensauce. Gegart ähnelt er im Geschmack der gelben Kohlrübe und wird häufig in Suppen oder Eintopfgerichte gegeben. Er passt auch gut zu Omeletts und Tofu.

Aufbewahrung

Ungewaschen in einem perforierten Kunststoffbeutel verpackt hält sich Winterrettich im Kühlschrank mehrere Wochen, wobei er allerdings mit zunehmendem Alter meist etwas von seiner Festigkeit einbüßt. Waschen Sie ihn erst unmittelbar vor der Zubereitung. Sofern vorhanden, sollten Sie das Grün entfernen, bevor Sie den Winterrettich einlagern, sonst trocknet er schneller aus.

Nährwerte

Die tägliche Einnahme von 30 bis 60 ml frischem Winterrettichsaft gilt als Vorbeugemittel gegen die Vitamin-C-Mangelkrankheit Skorbut und soll bei Allergien helfen. Winterrettich wirkt außerdem beruhigend und wird bei Lebererkrankungen, Verdauungsstörungen, Gallenkoliken, Nierensteinen, Atemwegserkrankungen (Husten, chronische Bronchitis, Asthma, Keuchhusten), Rheuma, Arthritis, Gicht und Ekzemen eingesetzt.

Rettich

Raphanus sativus, **Cruciferae**

Die einjährige Rettichwurzel stammt vermutlich aus dem Nahen Osten und gehört zu ältesten Kulturpflanzen. Archäologische Funde belegen, dass er bereits vor mehr als 4000 Jahren von Ägyptern und Babyloniern angebaut wurde, die ihn vor allem als Heilpflanze schätzten. Um 500 v.Chr. gelangte der Rettich nach China, wo man neue Sorten mit dickeren und längeren Wurzeln züchtete, die sehr viel milder schmeckten als etwa das heutige Radieschen. Der lateinische Name leitet sich ab vom griechischen *raphanos,* was »das leicht Wachsende« bedeutet und darauf anspielt, dass der anspruchslose Rettich auch auf kargem Boden gedeiht.

Zu den vielen verschiedenen Rettichsorten gehört neben dem Winterrettich und dem Daikon-Rettich auch das **Radieschen**. Es ist rund oder länglich, hat einen Durchmesser von etwa 1 cm, und sein knackiges, saftiges Fleisch, das weiß oder cremefarben, bisweilen auch rötlich sein kann, ist weniger scharf als das des Winterrettichs.

Die jungen, zarten Blätter des Rettichs sind ebenfalls essbar und werden wie Spinat zubereitet.

Einkaufstipp

Rettiche sollten fest sein und eine makellose, glatte Schale haben. Große Exemplare sind häufig holzig und auch schärfer im Geschmack. Die Blätter sollten leuchtend grün sein.

Serviervorschläge

Rettich wird bei uns meistens roh als Rohkost oder im Salat verwendet, während man ihn in den östlichen Ländern oft gegart in Suppen, Eintopfgerichten und zu Omeletts oder auch eingelegt serviert. Gegart schmeckt er weniger scharf und erinnert im Geschmack an junge weiße Rüben.

Die jungen, zarten Blätter werden wie Spinat zubereitet und verleihen Suppen oder Kartoffelpüree eine frische Note.

Die Rettichsamen werden gekeimt und erinnern mit ihrem pikanten Geschmack an Brunnenkresse. Man verwendet sie in Suppen, auf belegtem Brot und Omeletts sowie zum Würzen von Fisch und Tofu. In warmen Gerichten sollten sie jedoch immer erst am Ende des Garprozesses zugefügt werden, damit sie knackig und aromatisch bleiben.

Aufbewahrung

Ungewaschen und in einen mit Löchern versehenen Kunststoffbeutel verpackt bleibt Rettich im Kühlschrank etwa 1 Woche frisch. Vorher sollten jedoch die Blätter entfernt werden, da er sonst schneller austrocknet.

Nährwerte

Kalorien	14
Ballaststoffe	1,6 g
Kohlenhydrate	2,0 g
Fett	0,1 g
Eiweiß	1,1 g
Wasser	94,4 %
	je 100 g

Rettich enthält viel Vitamin C und Kalium sowie etwas Folsäure. Seine Schärfe verdankt der Rettich dem ätherischen Öl, das sich unmittelbar unter der Schale befindet.

Rettich wirkt appetitanregend, verdauungsfördernd, antirheumatisch und antiseptisch. Er wird zur Behandlung von Asthma und Bronchitis sowie bei Leber- und Gallenbeschwerden empfohlen. Für manche Menschen ist er allerdings schwer verdaulich.

Vorbereitung

Nach dem Entfernen der dünnen Wurzelenden und der Blätter wird der Rettich gründlich gewaschen und trocken getupft. Anschließend wird er im Ganzen belassen oder in Scheiben oder Würfel geschnitten, geraspelt oder gerieben.

Wurzelgemüse

Daikon-Rettich

Raphanus sativus var. *longipinnatus*, Cruciferae

Daikon-Rettich

Der Daikon-Rettich stammt vermutlich aus dem östlichen Mittelmeerraum und gelangte um 500 v. Chr. nach China. Der Daikon-Rettich ist heute vor allem in Asien beliebt, wo man ihn auf die unterschiedlichste Weise zubereitet und auch seine Blätter und die Keimlinge verwendet.

Daikon ist ein Winterrettich mit weißem Fleisch. Seine dünne, glatte Schale ist in der Regel weiß, kann aber auch schwarz, rosa oder grün sein. Er hat ein festes, knackiges und relativ mildes Fleisch, das manchmal sogar süßlich schmeckt. Die im Westen bekannteste Sorte hat die Form einer Möhre und ist gewöhnlich 30 cm lang, kann aber auch zwischen 10 und 60 cm lang werden, und erreicht einen Durchmesser von 2 bis 10 cm.

Einkaufstipp

Daikon-Rettich sollte makellos und fest sein, leicht glänzen und keine Flecken oder Druckstellen aufweisen. Sehr große Rettiche sind nicht empfehlenswert, da sie meist weniger Aroma haben und ihr Fleisch holzig oder schwammartig ist. Die Blätter – sofern vorhanden – sollten eine schöne grüne Farbe haben.

Nährwerte

Kalorien	8
Ballaststoffe	1,5 g
Kohlenhydrate	1,8 g
Eiweiß	0,3 g
Wasser	94,5 %
	je 45 g

Roher Daikon-Rettich ist reich an Vitamin C. Er regt den Appetit an, fördert die Verdauung, wirkt antiseptisch, harntreibend und entkrampfend. Man setzt ihn vor allem als fiebersenkendes Mittel ein sowie bei Husten und Blutungen und zur Behandlung von Leber- und Gallebeschwerden.

Vorbereitung

Der Daikon-Rettich wird geschabt oder dünn abgeschält und anschließend gerieben oder in Würfel, feine Streifen oder dünne Scheiben geschnitten. Gekocht lässt er sich auch zu Püree verarbeiten. Er sollte jedoch nicht zu lange gegart werden, da er sonst weich wird und an Geschmack verliert.

Serviervorschläge

Der Daikon-Rettich wird roh oder gekocht verwendet. Roh ergibt er eine erfrischende Vorspeise und wird häufig mit einem Dip, im Salat und auf Brot serviert. Gerieben und mit einer Vinaigrette oder einfach nur mit Essig oder Zitronensaft angemacht kann man ihn als Beilage zu Gemüse, Geflügel, Fisch oder Meeresfrüchten reichen. In Japan wird geriebener Daikon-Rettich meist zu *Sashimi* und *Tempura* serviert.

In Asien wird er häufig in Salzlake eingelegt oder gekocht, da er dadurch milder schmeckt. Er wird oft in Suppen und Eintopfgerichte gegeben oder zusammen mit anderem Gemüse kurz angebraten. Die Blätter können wie Spinat zubereitet werden. Vor allem junge, zarte Blätter schmecken gut im Salat oder in Suppen.

Die Keimlinge haben einen scharfen Geschmack, der etwas an Brunnenkresse erinnert. Man gibt sie häufig in Suppen, auf Brote und Omelettes oder verwendet sie zum Würzen von Tofu und Fisch. Sie sollten jedoch erst ganz zum Schluss zugefügt werden, damit sie knackig und aromatisch bleiben.

Aufbewahrung

Daikon-Rettich wird schnell schlaff und trocknet aus. Am besten bewahrt man ihn in einem perforierten Kunststoffbeutel im Kühlschrank auf, und zwar möglichst ohne Blätter, da sie das Austrocknen beschleunigen. Rohen Daikon-Rettich sollte man spätestens nach 3 oder 4 Tagen verwenden. Soll er gekocht werden, kann er etwa 1 Woche lagern.

roter Winterrettich

grüner Winterrettich

Kohlrübe

Brassica napus var. *napobrassica,* **Cruciferae**

Die Kohlrübe entstand im Mittelalter in Skandinavien als Kreuzung aus Kohlrabi und weißer Rübe. Sie ist auch unter dem Namen »Steckrübe« bekannt und wurde während der entbehrungsreichen Zeit des Zweiten Weltkriegs zum Hauptnahrungsmittel, weshalb ihr auch heute noch häufig das Image eines Essens für Notzeiten anhaftet. Einige Sorten werden als Viehfutter verwendet.

Die Kohlrübe, die häufig mit der weißen Rübe verwechselt wird, ist länger und runder als diese und hat größere, fleischigere Blätter. Sowohl Schale als auch Fleisch sind gelblich, es gibt aber auch eine Sorte mit weißem Fleisch. Im Geschmack ist die Kohlrübe schärfer als die weiße Rübe. Die beiden Pflanzen lassen sich auch dadurch voneinander unterscheiden, dass bei der Kohlrübe die Wurzelspitze mit dem Blattansatz nach oben ragt.

Einkaufstipp

Kohlrüben sollten möglichst fest und makellos sein und schwer in der Hand liegen. Sehr große Exemplare sind meist hart und holzig. Die Kohlrübe wird in der Regel ohne Blätter angeboten, damit sie nicht austrocknet.

Vorbereitung

Kohlrüben werden in der Regel geschält, in Stücke geschnitten und bräunliche Stellen entfernt (die Verfärbung entsteht, wenn im Boden nicht genug Bor enthalten ist). Um der Kohlrübe etwas von der Schärfe zu nehmen, kann man sie vor dem Garen etwa 5 Minuten in kochendem Wasser blanchieren.

Serviervorschläge

Kohlrüben werden roh oder gekocht verwendet, und man gibt sie häufig in Suppen und Eintopfgerichte. Besonders gut schmecken sie, wenn man sie allein oder zusammen mit Kartoffeln und Möhren zu Püree verarbeitet. Außerdem kann man aus ihnen ein wohlschmeckendes Soufflé zubereiten oder sie mit einer Sauce oder mit Sahne servieren.

Zubereitung

Die Kohlrübe hat eine längere Garzeit als die weiße Rübe. Gekocht benötigt sie etwa 15 Minuten, gedämpft etwas mehr.

Nährwerte

	roh	*gegart*
Kalorien	35	34
Ballaststoffe	2,7 g	2,1 g
Kohlenhydrate	7,0 g	7,7 g
Fett	0,2 g	0,2 g
Eiweiß	1,1 g	1,1 g
Wasser	87 %	90 %
	je 100 g	

Die Kohlrübe ist reich an Kalium, liefert viel Vitamin C und enthält Magnesium, Folsäure und Phosphor. Sie soll harntreibend wirken und gleicht den Mineralstoffhaushalt aus.

Aufbewahrung

Ungewaschen und in einem perforierten Kunststoffbeutel halten sich Kohlrüben im Kühlschrank etwa 3 Wochen frisch. Wie die Möhre (siehe *Möhre*) kann man sie aber auch in Sand vergraben. Außerdem eignet sie sich gut zum Einfrieren. Man sollte sie jedoch zuvor 2 Minuten blanchieren oder kochen und pürieren.

Tannia

Xanthosoma sagittifolium, **Araceae**

Die Tannia ist die Knolle einer Pflanze, die in Südamerika und in der Karibik beheimatet ist und vorwiegend in tropischem und subtropischem Klima gedeiht. Auf den Karibikinseln und in allen spanischsprachigen tropischen Ländern ist sie ein Hauptnahrungsmittel. In Kuba trägt sie den Namen *malanga*, in Puerto Rico wird sie *yautia* genannt.

Die Tannia gehört zu einer Gattung von Zierpflanzen, zu der auch der Philodendron und die Dieffenbachie zählen. Man kennt fast 40 verschiedene Tannia-Sorten, von denen einige, wie zum Beispiel die gelbe Tannia, häufig mit dem Taro, einer verwandten Sorte, verwechselt werden. Die Tanniapflanze kann bis zu 1,80 m hoch werden, und ihre breiten, üppigen Blätter sind nicht selten über 90 cm lang. Obwohl sie ebenfalls essbar sind, werden sie auf westlichen Märkten nur selten angeboten. Die unregelmäßig geformte Knolle wird 17 bis 25 cm lang und wiegt in der Regel zwischen 250 g und 1 kg. Ihre dünne bräunliche Schale kann je nach Sorte glatt, behaart oder mit kleinen Wurzelfasern besetzt sein. Sie umschließt zum Teil das feste, knackige und etwas klebrige Fruchtfleisch, das weißlich, gelb, orange, rosa oder rötlich ist. Die Tannia hat ein kräftiges Aroma, das an Haselnüsse erinnert, und einen leicht erdigen Beigeschmack. Manche Sorten haben Ähnlichkeit mit der Süßkartoffel, andere mit dem Taro. Wie die Kartoffel ist auch die Tannia ein sehr stärkehaltiges Gemüse.

Einkaufstipp

Möglichst feste Tannias auswählen, die frei von Erdresten oder Druckstellen sind. Am besten sollte man die Knolle halbieren, um sich ein Bild von der Qualität ihres Fleisches machen zu können, beim Einkauf reicht es aber schon aus, wenn man sie mit dem Fingernagel etwas einritzt, um zu sehen, wie saftig sie ist.

Vorbereitung

Soll die Tannia nicht sofort weiterverarbeitet werden, legt man sie nach dem Schälen am besten sofort in kaltes Wasser.

Nährwerte

Kalorien	132
Kohlenhydrate	31 g
Fett	0,3 g
Eiweiß	1,7 g
Wasser	66 %
	je 100 g

Tannia enthält Vitamin B_1, Vitamin C, Eisen und Phosphor, manche Sorten außerdem bittere Reizstoffe, die beim Kochen jedoch zerstört werden.

Serviervorschläge

Durch Kochen wird die in der Tannia enthaltene Stärke leichter verdaulich; außerdem werden dadurch die ebenfalls enthaltenen Kalziumoxalatkristalle zerstört, die den Verdauungsapparat reizen können. Man kann die Tannia reiben, um sie anschließend zu Reibekuchen zu verarbeiten. In der Karibik wird geriebene Tannia mit Fisch oder Gemüse vermengt oder zu Klößen verarbeitet, die mit Kräutern abgeschmeckt oder aber frittiert und mit einer Sauce serviert werden. Man sollte die Tannia allerdings nur sparsam verwenden, da ihr starkes Aroma leicht den Geschmack der anderen Zutaten überdeckt. Aus der Tanniaknolle wird außerdem Stärke gewonnen, die bei der Alkoholherstellung eine Rolle spielt. Die Blätter der Tannia werden wie Spinat zubereitet. Man kann sie aber auch füllen und anschließend ausbacken. Die Blätter enthalten ebenfalls Kalziumoxalate. Beim Kochen werden die Reizstoffe und der bittere Geschmack, den sie verursachen, allerdings neutralisiert.

Zubereitung

Bevor man Tannia in eine Suppe oder in ein Eintopfgericht gibt, wird sie am besten gekocht oder gedämpft. Auch sollte sie erst ganz zum Schluss zugegeben werden, da sie leicht zerkocht. Als Gemüsebeilage wird sie 20 Minuten gegart und dann im Ganzen oder als Püree serviert.

Aufbewahrung

Die Tannia verdirbt schnell und wird dann weich und schrumpelig; außerdem verliert sie ihr typisches Haselnussaroma. In einen perforierten Kunststoffbeutel verpackt bleiben Frucht und Blätter bei Raumtemperatur oder im Kühlschrank nur einige Tage frisch.

Schwarzwurzel

Tragopogon porrifolius und *Scorzonera hispanica*, Compositae

Schwarz- und Haferwurzel, die ursprünglich im Mittelmeerraum beheimatet waren, sind zwei eng verwandte Wurzelgemüse. Sie ähneln sich nicht nur in der Form, sondern haben auch beide einen feinen, süßlichen Geschmack. Manche behaupten, der Geschmack der Wurzeln erinnere etwas an Spargel oder Artischocke, andere wiederum beschreiben ihn als Kokosnussnote. Das Fleisch der Hafer- wie der Schwarzwurzel wird noch süßer, wenn die Pflanze vor der Ernte leichtem Frost ausgesetzt ist, da sich die in der Wurzel enthaltene Stärke durch Kälte in Zucker umwandelt. Eines der Haupterzeugerländer der Schwarzwurzel ist Belgien. Obwohl die Haferwurzel in Südeuropa bereits seit mehr als 2000 Jahren bekannt ist, begann man erst im 17. Jahrhundert mit ihrem Anbau. In Nordamerika ist sie auch heute noch relativ unbekannt.

Die Schwarzwurzel ist lang und dünn und hat Ähnlichkeit mit einer langen Möhre, ist jedoch schwärzlich braun und hat cremefarbenes Fleisch. Sie ist leichter zu schälen als die Haferwurzel, weniger faserig und intensiver im Geschmack als diese.

Die **Haferwurzel**, die auch Weiße Schwarzwurzel genannt wird, ist ebenfalls länglich und ähnelt der weißen Rübe. Das helle Fleisch ist von einer dünnen hellbraunen Schale umschlossen, die mit kleinen Wurzelfasern besetzt ist. Die Haferwurzel kann bis zu 30 cm lang und 5 cm dick werden. Die langen, schmalen Blätter, vor allem aber die jungen Triebe der Haferwurzel sind ebenfalls essbar. Ihr feiner Geschmack erinnert an Chicorée.

Schwarz- und Haferwurzel haben Ähnlichkeit mit der Möhre und der weißen Rübe. Im Unterschied zur Schwarzwurzel hat die Haferwurzel eine hellbraune Schale.

Einkaufstipp

Die Wurzeln sollten möglichst fest sein (sie sind allerdings nicht so fest wie Möhren) und keine matschigen Stellen aufweisen. Mittelgroße Wurzeln sind weniger holzig als die größeren.

Vorbereitung

Anders als die Möhre verfärben sich Schwarz- und Haferwurzel sofort dunkel, wenn sie beim Schälen oder Schneiden mit Luft in Berührung kommen. Das lässt sich vermeiden, indem man sie in Essig- oder Zitronenwasser legt oder vor dem Schälen 15 Minuten kocht. Nach dem Schälen können dunkle Flecken auf den Händen zurückbleiben.

Serviervorschläge

Schwarz- und Haferwurzeln schmecken sehr gut in Suppen, Eintöpfen, als Gratin oder mit einer Béchamel- oder Käsesauce. Man kann sie auch kalt mit einer Vinaigrette servieren. Sie lassen sich außerdem hervorragend mit Kartoffel, Lauch, Sellerie, Zwiebel und Spinat kombinieren. Köstlich schmecken sie auch, wenn man sie schmort und zu Kalbfleisch, Geflügel oder Fisch reicht oder sie wie Möhren glaciert.

Zubereitung

Schwarz- und Haferwurzeln sollten nicht zu lange gegart werden, da sie sonst zu einem unappetitlichen Brei zerfallen. Am besten werden sie 10 bis 15 Minuten gedämpft bzw. 8 bis 12 Minuten gekocht.

Nährwerte

	rob	gegart
Kalorien	16	17
Ballaststoffe	17 g	14 g
Kohlenhydrate	1,6 g	2,0 g
Fett	0,4 g	0,4 g
Eiweiß	1,4 g	1,3 g
Wasser	78,6 %	82,1 %
		je 100 g

Die Wurzeln sind reich an Kalium und enthalten Vitamin B_6, Vitamin C, Folsäure, Magnesium und Phosphor. Darüber hinaus enthalten sie das Kohlenhydrat Inulin, das auch Diabetiker vertragen, da es den Blutzuckerspiegel nicht erhöht. Bei manchen Menschen kann es allerdings Blähungen verursachen. Den Wurzeln wird eine blutreinigende Wirkung zugeschrieben. Sie sollen auch Leber- und Nierenleiden lindern.

Aufbewahrung

Ungewaschen und in einen perforierten Kunststoffbeutel verpackt sind die Wurzeln im Kühlschrank einige Tage haltbar. Am besten schmecken sie allerdings ganz frisch.

Japanische Klettenwurzel

Arctium lappa, **Compositae**

Die essbaren Wurzeln werden ausgegraben, bevor der Stiel mit der Blüte erscheint; im Geschmack erinnern sie an Schwarz- und Haferwurzeln.

Diese große krautartige, zweijährige Pflanze stammt vermutlich aus Sibirien und dem Kaukasus. Man kennt vor allem ihre stachligen Klettenfrüchte, die an der Kleidung oder an den Fellen von Tieren hängen bleiben. In den gemäßigten Klimazonen Asiens, Europas und Nordamerikas wächst sie wild am Straßenrand oder auf unbebauten Grundstücken, in Japan wird sie als Kulturpflanze angebaut. Essbar sind neben den 30 bis 60 cm langen Wurzeln auch die jungen Triebe und die großen, ovalen hellgrünen Blätter. Das helle, faserige Fruchtfleisch der Wurzeln hat eine schwammartige Beschaffenheit und wird von einer dünnen bräunlichen Schale umschlossen, die bei jungen Exemplaren ebenfalls essbar ist. Die Wurzeln werden geerntet, bevor die Stiele erscheinen. Im Geschmack erinnern sie an Schwarz- und Haferwurzeln und werden auch wie diese oder wie Spargel zubereitet.

Einkaufstipp

Am zartesten und schmackhaftesten sind feste Wurzeln, die nicht dicker als 2 cm und nicht länger als 40 cm sind.

Nährwerte

	gegarte Wurzeln
Kalorien	88
Kohlenhydrate	1 g
Fett	0,2 g
Eiweiß	2,1 g
Wasser	76 %
	je 100 g

Die Wurzeln enthalten reichlich Kalium, viel Magnesium sowie Phosphor, Eisen und Kalzium. Seit der Antike gilt die Japanische Klettenwurzel überdies als Heilpflanze. Sie wirkt reinigend, schweiß- und harntreibend und regt die Gallenfunktion an. Durch ihre blutreinigenden Eigenschaften eignet sie sich bei Hautproblemen gut für Umschläge. Chinesische Ärzte wenden sie bei Infektionen des Rachenraums, Erkältungen, Grippe, Lungenentzündung und Vergiftungen an. Alle Teile der Pflanze sollen auch bei Krebserkrankungen helfen.

Für einen Tee nimmt man pro Tasse 1 Teelöffel Blüten und Blätter, übergießt diese mit kochendem Wasser und lässt den Tee 10 Minuten ziehen. Für einen Wurzelaufguss nimmt man pro Tasse 2 Teelöffel Wurzeln und lässt sie 10 Minuten kochen.

Vorbereitung

Vor allem dünne Klettenwurzeln können mit der Schale zubereitet werden. Man sollte sie jedoch gründlich waschen, um sie von sämtlichen Erdresten zu befreien. Da das Fruchtfleisch nach dem Anschneiden sehr schnell oxidiert, wird es am besten gleich gegart oder für einige Minuten in kaltes Essig- oder Zitronenwasser gelegt. Um dem Gemüse seinen bitteren Beigeschmack zu nehmen, lässt man es vor dem Kochen außerdem für 5 bis 10 Minuten in Salzwasser ziehen.

Die Klettenwurzeln werden meist gerieben, da ihr Fleisch auch nach dem Garen noch etwas faserig bleibt. Man kann sie aber auch in dünne Scheiben oder in Würfel schneiden.

Serviervorschläge

Die Klettenwurzeln mit ihrem leicht erdigen Geschmack werden als Gemüse und zum Würzen verwendet. Sie sind eine häufige Zutat in Suppen, Eintöpfen oder Marinaden. Die Blätter werden ebenfalls in Suppen gegeben, geschmort oder wie Blattgemüse zubereitet, etwa wie Chinakohl oder Spinat.

Aufbewahrung

In feuchtes Küchenpapier gewickelt und in einen perforierten Kunststoffbeutel verpackt bleiben Klettenwurzeln im Kühlschrank einige Tage frisch.

Okra

Hibiscus esculentus und *Abelmoschus esculentus*, **Malvaceae**

Okra ist die Frucht einer prächtigen Gemüsepflanze und gehört derselben Familie an wie Malve, Hibiskus und Baumwolle. Ursprünglich wahrscheinlich in Afrika beheimatet, gedeiht sie in tropischen und warmen gemäßigten Klimazonen. In Afrika, Indien, dem Mittleren Osten, auf den Westindischen Inseln und in Südamerika ist sie ein beliebtes Nahrungsmittel. Vermutlich gelangte sie im 8. Jahrhundert beim Einfall der Mauren von Afrika nach Spanien, und afrikanische Sklaven brachten sie später auch nach Amerika. Die Okra galt lange Zeit als Armeleuteessen, weshalb sie lange Zeit weitgehend unbekannt blieb.

Die dünne, essbare Schale ist je nach Sorte glatt oder mit einem Flaum bedeckt. Die Frucht besteht aus mehreren Schoten, die zahllose grüne oder bräunliche Samenkörner enthalten, die ebenfalls mitgegessen werden können. Beim Aufschneiden sondert die Schote eine schleimige Substanz ab, die sich gut zum Binden von Suppen und Eintopfgerichten eignet. Die Okra hat eine recht ungewöhnliche Beschaffenheit; ihr feiner Geschmack ist dem der Aubergine vergleichbar, die sie auch ersetzen kann. Die Früchte werden gepflückt, bevor sie voll ausgereift sind, da sie in reifem Zustand hart und holzig werden. Am besten schmecken die jungen, zarten 5 bis 10 cm langen Schoten, bei denen die kleinen Samenkörner noch nicht vollständig ausgebildet sind.

Die Okrafrucht besteht aus mehreren Schoten, die mit zahllosen essbaren Samen gefüllt sind. Sie sondern eine schleimige Substanz ab, mit der sich Suppen und Eintöpfe binden lassen.

Einkaufstipp

Okras sollten unversehrt und zart, aber nicht weich sein und eine schöne Farbe haben. Außerdem sollten sie nicht länger als 10 cm sein und keine Druckstellen aufweisen. Überreife Okras sind sehr klebrig.

Vorbereitung

Die behaarten Sorten werden vorsichtig mit einer weichen Bürste oder mit Küchenkrepp abgerieben, gewaschen und trockengetupft. Wenn die Okra im Ganzen gegart werden soll, schneidet man nur das obere und untere Ende ab und schneidet sie nach dem Garen in dünne Scheiben.

Serviervorschläge

Okra kann roh oder gekocht verwendet werden. Sie wird wie Spargel oder Auberginen zubereitet und kann diese in vielen Rezepten auch ersetzen. Okra passt gut zu Tomaten, Zwiebeln, Paprikaschoten und Auberginen sowie zu Curry, Koriander, Oregano, Zitrone und Essig.

Sie eignet sich zum Binden von Suppen und Eintopfgerichten und sollte etwa 10 Minuten vor Ende der Garzeit beigegeben werden. Auch kalt schmeckt sie sehr gut, wenn man sie mit einer Vinaigrette anmacht oder blanchiert im Salat verwendet. Okra ist eine beliebte Zutat in der kreolischen Küche, gehört in das berühmte *Gumbo* und wird in Amerika häufig als Beilage zu Hühnchen gereicht. Man kann sie auch trocknen und zu Pulver zermahlen; aus den Samenkörnern lässt sich ein Speiseöl pressen. Früher wurden die gerösteten und getrockneten Samen auch als Kaffeeersatz verwendet.

Nährwerte

Kalorien	19
Ballaststoffe	4,9 g
Kohlenhydrate	2,2 g
Fett	0,2 g
Eiweiß	2,1 g
Wasser	86,7 %
je 100 g	

Roh oder gegart ist die Okra reich an Kalium. Außerdem liefert sie Magnesium und Folsäure und enthält Vitamin C, Vitamin B_1 und B_6, Zink, Vitamin A, Kalzium, Phosphor und Nikotinsäure. Die Okra ist gut verdaulich und hat eine leicht abführende und entkrampfende Wirkung.

Aufbewahrung

Okra verdirbt rasch. Mit Küchenpapier umwickelt und in einen perforierten Kunststoffbeutel verpackt hält sie sich im Kühlschrank 2 bis 3 Tage. Sie kann auch eingefroren werden, sollte aber zuvor 2 Minuten im Ganzen blanchiert werden.

Zubereitung

Okra kann man schmoren, kochen, dünsten, in Paniermehl wenden und frittieren, sautieren oder einlegen. Pürieren sollte man sie allerdings nicht. Bei der Zubereitung sollte man möglichst kein Eisen- oder Kupfergeschirr verwenden, da sich die Okra dadurch zwar nicht im Geschmack, aber in der Farbe verändert. Kocht man sie zu lange, wird sie klebrig.

Aubergine

Solanum melongena, Solanaceae

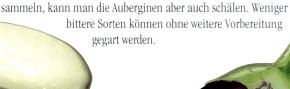
Aubergine

Die Aubergine, die in Indien beheimatet ist, ist eigentlich eine Beere. In Asien kennt man sie seit mehr als 2500 Jahren, und seit etwa 500 v. Chr. wird sie in China angebaut. Araber und Perser brachten sie vermutlich vor Beginn des Mittelalters nach Afrika, von wo aus sie im 14. Jahrhundert nach Italien gelangte. Da die ersten Auberginen sehr bitter waren, betrachtete man sie anfangs lediglich als Dekoration. Überdies glaubte man, sie würden Geisteskrankheiten hervorrufen. Erst nach vielen Kreuzungen gelang es schließlich, den Geschmack der Aubergine so zu verbessern, dass sie auch als Gemüsepflanze genutzt wurde. Heute wird sie vorwiegend in China, der Türkei, Japan, Ägypten und Italien angebaut.

Die vielen verschiedenen Auberginensorten unterscheiden sich vor allem darin, dass die meisten ein warmes Klima bevorzugen, während andere Sorten inzwischen auch in gemäßigten Zonen gedeihen. Die sowohl in Europa als auch in Nordamerika bekannteste Sorte ist die ovale dunkelviolette Aubergine, deren Form an eine große Birne erinnert. Sie ist die Frucht einer 90 cm hohen Pflanze, die wunderschöne blauviolette Blüten trägt. Mittlerweile sind bei uns aber auch verschiedene andere Sorten erhältlich, die vielfach als asiatische Varianten bezeichnet werden. Manche sind so klein wie Eier, andere sind länglich und schmal, und wieder andere sehen aus wie Weintrauben. Die Farbe der dünnen, glatten und glänzenden Schale variiert von dunkel- und hellviolett über beige, weiß und grün bis zu orange. Bei einigen Sorten kann man die Schale mitessen, bei anderen schmeckt sie jedoch bitter. Das gelbliche Fruchtfleisch hat eine schwammartige Beschaffenheit und enthält kleine bräunliche Samenkörner, die ebenfalls essbar sind. Im Vergleich zu älteren Früchten enthalten junge Auberginen weniger Kerne und ihre Schale ist zarter und weniger bitter.

Einkaufstipp

Auberginen sollten fest und schwer sein und eine glatte, gleichmäßig gefärbte Schale haben. Früchte mit verschrumpelter oder fleckiger Schale sind nicht zu empfehlen, da sie wahrscheinlich alt sind und bitter schmecken. Um zu prüfen, ob die Aubergine reif ist, drückt man die Schale leicht mit den Fingern – bleibt eine Delle zurück, ist die Frucht reif.

Vorbereitung

Da sich das Fruchtfleisch der Aubergine bei Luftkontakt sehr schnell verfärbt, ist es ratsam, sie sofort nach dem Anschneiden mit Zitronensaft zu beträufeln. Bei großen Früchten werden die einzelnen Scheiben oder Stücke mit Salz bestreut und 1 oder 2 Stunden stehen gelassen, damit sie Wasser ziehen und sie etwas von ihrer Bitterkeit verlieren. Eine andere Möglichkeit ist, die Auberginen etwa 15 Minuten in kaltes Wasser zu legen, wodurch ihnen die Bitterstoffe ebenfalls etwas entzogen werden. Da diese sich direkt unter der Schale sammeln, kann man die Auberginen aber auch schälen. Weniger bittere Sorten können ohne weitere Vorbereitung gegart werden.

asiatische Aubergine

weiße Aubergine

thailändische Aubergine

runde Aubergine

Aubergine

Serviervorschläge

Die Aubergine schmeckt heiß wie kalt und lässt sich auf unterschiedlichste Weise zubereiten. Sie eignet sich ausgezeichnet zum Füllen, Braten, Gratinieren, Pürieren und Schmoren oder für Spieße. Eine wichtige Rolle spielt sie in Asien und im Mittelmeerraum, wo man sie meist mit Tomaten, Knoblauch und Olivenöl, als *Ratatouille*, Püree oder *Moussaka* zubereitet. Einige asiatische Sorten können auch roh in Salaten verwendet werden.

Ratatouille Niçoise
FÜR 6 PORTIONEN

1 kg Tomaten
4 Knoblauchzehen
3 Zwiebeln
500 g Auberginen
1 kg Zucchini
500 g grüne Paprikaschoten
80 ml Olivenöl
Salz und frisch gemahlener Pfeffer
1 Lorbeerblatt
1 Kräutersträußchen
2 EL frische gehackte Basilikumblätter
1 EL frische gehackte Petersilie

1. Die Tomaten mit kochendem Wasser überbrühen und häuten. Die Kerne entfernen und die Tomaten vierteln. Den Knoblauch und die Zwiebeln abziehen und hacken. Die Auberginen und die Zucchini waschen und mit der Schale in Scheiben schneiden. Die Paprikaschoten waschen, halbieren, die Stielansätze, Kerne und weißen Häutchen entfernen und das Fruchtfleisch in Streifen schneiden.

2. 2 Esslöffel Öl in einem Topf erhitzen. Die Auberginenscheiben darin anbraten, herausnehmen und beiseite stellen. Das restliche Öl erhitzen und darin nacheinander Zucchini, Paprikastreifen, Zwiebeln, Tomaten und Knoblauch anbraten, dabei gelegentlich umrühren. Alles mit Salz und Pfeffer würzen und bissfest garen.

3. Die Auberginen, das Lorbeerblatt und das Kräutersträußchen zufügen und nochmals mit Salz und Pfeffer abschmecken. Das Gemüse bei großer Hitze unter Rühren kurz braten, die Hitze verringern und alles zugedeckt etwa 1 Stunde oder so lange köcheln lassen, bis das Gemüse weich und die Kochflüssigkeit vollständig verkocht ist.

4. Das Gemüse in eine vorgewärmte Schüssel füllen und mit Petersilie und Basilikum bestreut servieren.

Nährwerte

Kalorien	17
Ballaststoffe	2,8 g
Kohlenhydrate	2,5 g
Fett	0,2 g
Eiweiß	1,2 g
Wasser	92,6 %
	je 100 g

Die Aubergine ist ein guter Kaliumlieferant und enthält Folsäure, Kupfer, Vitamin B_6 und Magnesium. Sie wirkt harntreibend, abführend und beruhigend.

Zubereitung

Da Auberginenscheiben das beim Garen verwendete Öl wie ein Schwamm aufsaugen, ist es ratsam, sie vor dem Frittieren oder Braten in einer Panade aus Mehl, verquirltem Ei und Semmelbröseln zu wenden, sodass sie weniger Öl aufnehmen können. Werden ganze ungeschälte Auberginen im Ofen gegart, sollte man sie zuvor mehrmals einstechen, damit der Dampf entweichen kann. Bei 180 °C (Umluft 160 °C, Gas Stufe 2–3) beträgt die Garzeit je nach Größe 15 bis 25 Minuten. Bei halbierten Auberginen wird das Fruchtfleisch mehrmals eingeritzt, damit es gleichmäßig gart. Je nachdem, ob die Hälften gefüllt sind oder nicht, beträgt die Garzeit bei gleicher Temperatur 35 bis 60 Minuten. In Scheiben oder Würfel geschnittene Auberginen benötigen 15 bis 20 Minuten. Mehr Geschmack bekommen sie, wenn man sie mit etwas Olivenöl bestreicht und mit Gewürzen bestreut. Sie können auch gekocht, gedämpft, geschmort oder in der Mikrowelle gegart werden; bei letzterer Methode sollte man sie vorher allerdings einige Minuten in kochendem Wasser blanchieren. Auberginen salzt man am besten erst am Ende des Garprozesses.

Aufbewahrung

Auberginen bekommen leicht Druckstellen und sollten deshalb vorsichtig behandelt werden. Außerdem reagieren sie empfindlich auf Temperaturschwankungen. In einem perforierten Kunststoffbeutel bleiben sie im Kühlschrank etwa 1 Woche frisch. Tiefgefroren sind sie 6 bis 8 Monate haltbar; man sollte sie vorher allerdings blanchieren oder dämpfen.

Es gibt viele verschiedene Auberginensorten von unterschiedlicher Größe, deren Farbe von violett über creme, weiß und grün bis zu orange reicht.

Fruchtgemüse

Avocado

Persea americana, **Lauraceae**

Hass-Avocado

Mit Ausnahme der Cocktail-Avocado haben alle Avocadosorten einen großen Kern in der Mitte.

Die birnenförmige Avocado ist in Mittel- und Südamerika beheimatet und dort seit uralter Zeit bekannt, gelangte jedoch erst relativ spät nach Europa und Nordamerika. Der Name »Avocado« leitet sich ab von dem aztekischen Wort *ahuacatl*, das im Spanischen zuerst zu *ahuacate*, dann zu dem heute gebräuchlichen *agucate* und bei uns schließlich zu *avocado* wurde. Gelegentlich wird sie auch »Alligatorbirne« genannt. Nach Überlieferungen früher spanischer Forscher erstreckte sich der Avocadoanbau einst von Mexiko bis nach Peru. Heute sind Mexiko, die Vereinigten Staaten, die Dominikanische Republik, Brasilien und Kolumbien die Haupterzeugerländer.

Der Avocadobaum mit seinen ovalen, wachsartigen immergrünen Blättern wächst in tropischen und subtropischen Klimazonen und erreicht eine Höhe von knapp 20 m. Von den etwa ein Dutzend verschiedenen Sorten tragen die meisten zweimal jährlich kleine, stark duftende weißliche oder grünlich gelbe Blüten, jedoch nur relativ wenige Früchte, die je nach Sorte unterschiedliche Formen, Farben und Größen aufweisen. Die bekannteste ist die ovale Hass-Avocado mit ihrer narbigen, glänzenden Schale, die ausgereift schwarz oder dunkelbraun ist. Die Schale anderer Sorten wie die Fuerte-, Zutano- und Bacon-Avocados, die ebenfalls oval geformt sind, ist dagegen auch nach der Reifung grün. Die kleinste Avocadosorte ist die Cocktail-Avocado.

Avocados erreichen ein Gewicht von etwa 250 g bis über 1 kg und haben ein fettes, butterähnliches, gelblich grünes Fruchtfleisch, das leicht nussartig schmeckt. Die Schale ist dagegen nicht genießbar. Mit Ausnahme der Cocktail-Avocado haben alle Sorten einen großen Kern in der Mitte, der sich leicht vom Fruchtfleisch lösen lässt. Der Kern ist mit einer milchigen Substanz überzogen, die sich bei Luftkontakt rötlich verfärbt und Flecken auf der Kleidung hinterlässt.

Einkaufstipp

Die Avocado sollte möglichst schwer in der Hand liegen, nicht zu hart sein und keine dunklen Flecken oder Druckstellen haben. Sind die Früchte sehr weich, sind sie überreif. Da sich die verschiedenen Sorten in der Farbe ihrer Schale unterscheiden, liefert diese keinen Hinweis auf den Reifegrad. Die Avocado ist zum Verzehr geeignet, wenn sie auf Druck nachgibt.

Vorbereitung

In der Regel halbiert man die Avocado mit einem Messer aus rostfreiem Stahl. Bleibt das Fleisch am Kern haften, dreht man die beiden Hälften vorsichtig gegeneinander, bis sie sich voneinander lösen, und entfernt den Kern mit einem Messer oder einem Löffel. Damit sich das Fruchtfleisch beim Anschneiden nicht dunkel verfärbt, wird es mit etwas Zitronensaft oder Essig beträufelt.

Avocado

Serviervorschläge

Die Avocado wird meist roh verwendet. Sie kann zwar auch gegart werden, darf jedoch nicht zu lange kochen, da sie sonst ihr Aroma verliert, und sollte deshalb immer erst am Ende des Kochvorgangs zugegeben werden. Meist serviert man sie halbiert mit einer Vinaigrette, Mayonnaise oder mit Zitronensaft und schmeckt sie mit Salz und Pfeffer ab.

Avocados eignen sich ebenfalls gut als Brotaufstrich oder für Salate und können auch Suppen, Kaltschalen, Eiscremes, Mousses und Obstsalaten beigegeben werden. Köstlich schmecken sie auch gefüllt mit Meeresfrüchten oder Hühnerfleisch. *Guacamole*, eines der beliebtesten mexikanischen Gerichte, wird aus pürierten Avocados, Chili, Zwiebeln, verschiedenen Gewürzen und Limonensaft zubereitet und zu Tortillas serviert.

Guacamole
FÜR 4 PORTIONEN

- 2 sehr reife Avocados
- Saft von 2 Limonen
- 2 EL kalt gepresstes Olivenöl
- 1 Tomate
- 2 EL Chiliblätter
- 1 kleine grüne Paprikaschote
- 1 kleine Zwiebel
- Salz und frisch gemahlener Pfeffer
- 4 Spritzer Tabasco

1. Die Avocados halbieren und die Kerne entfernen. Das Fruchtfleisch herauskratzen und mit dem Limonensaft und dem Olivenöl pürieren.

2. Die Tomate kurz mit kochendem Wasser überbrühen, häuten und würfeln. Die Chiliblätter fein hacken. Die Paprikaschote waschen, klein schneiden und den Stielansatz, die weißen Häutchen und die Kerne entfernen. Die Zwiebel schälen und fein hacken.

3. Sämtliche Zutaten gut durchmischen, mit Salz, Pfeffer und Tabasco würzen und zugedeckt bis zum Servieren in den Kühlschrank stellen. Die Guacamole als Vorspeise zu rohem Gemüse und Tortillas reichen.

Aufbewahrung

Avocados reifen bei Raumtemperatur nach. Um den Reifungsprozess zu beschleunigen, werden die Früchte in eine Papiertüte verpackt, sodass das Äthylen, das für die Reifung verantwortlich ist, nicht entweichen kann. Avocados reifen jedoch nicht mehr weiter, sobald man sie einmal in den Kühlschrank gelegt hat. Ganze reife Avocados bleiben 2 bis 3 Tage im Kühlschrank frisch, halbiert sind sie 1 bis 2 Tage haltbar, wobei man die Schnittflächen mit etwas Zitronensaft beträufeln sollte, damit sie sich nicht verfärben. Zum Tiefgefrieren werden Avocados am besten püriert und mit Zitronensaft beträufelt. Auf diese Weise halten sie sich etwa 1 Jahr.

Nährwerte

Kalorien	221
Ballaststoffe	6,3 g
Kohlenhydrate	0,4 g
Fett	23,5 g
Eiweiß	1,9 g
Wasser	66 %
je 100 g	

Die Avocado liefert reichlich Kalium und Folsäure sowie viel Vitamin B_6. Außerdem enthält sie Pantothensäure, Vitamin A und C, Magnesium, Kupfer, Nikotinsäure, Eisen und Zink. Die sehr nahrhafte Avocado ist ein guter Energiespender. Trotz ihres hohen Fettgehalts ist sie leicht verdaulich, da sie zahlreiche Enzyme enthält, die den Fettabbau beschleunigen.

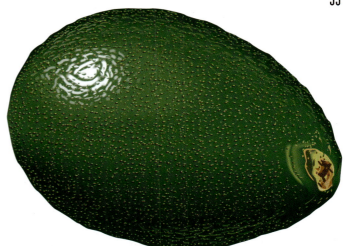

Bacon-Avocado

Gemüsepaprika

Capsicum annuum, Solanaceae

grüner Paprika

Der Gemüsepaprika ist die Frucht einer Pflanze, die in Lateinamerika beheimatet ist. Sie gehört der großen Familie an, zu der auch Aubergine, Kartoffel, Tomate, Lampionblume (Alkekengi) und Baumtomate (Tamarillo) zählen, und ist eine der ersten Pflanzen, die in Südamerika kultiviert wurden. Unser heutiger Gemüsepaprika entstammt vermutlich einer wilden Paprikasorte, die bereits um 5000 v. Chr. bekannt war. Die Ausweitung des Paprikaanbaus wird vor allem spanischen und portugiesischen Forschern zugeschrieben, ist aber auch auf seine Anpassungsfähigkeit zurückzuführen. In tropischen Gebieten wird er als zweijährige, in gemäßigten Zonen als einjährige Pflanze angebaut. Haupterzeugerländer sind die Türkei, Spanien, Rumänien, Mexiko und Ungarn.

Der Gemüsepaprika, von dem es Dutzende von Sorten gibt, die sich in Größe, Form, Farbe und Geschmack unterscheiden, ist, botanisch betrachtet, eine hohle Beere mit fleischiger Wand. In ihrem Innerem befinden sich zahlreiche weiße Samenkörner. Der Busch, an dem die Paprikaschote heranwächst, kann bis zu 90 cm hoch werden. Der flache, runde Gemüsepaprika hat ein zartes, etwas süßliches Fruchtfleisch und ist 6 bis 15 cm lang und 5 bis 11 cm dick. In Nordamerika ist vor allem der leicht quadratische Süßpaprika beliebt, der vier Fruchtkammern besitzt. Andere Sorten haben dagegen nur drei Fruchtkammern, während wieder andere nach unten spitz zulaufen und überhaupt keine Fruchtkammern besitzen.

Der grüne Gemüsepaprika wird geerntet, bevor er voll ausgereift ist. Andernfalls würde er je nach Reifegrad zunächst gelb und dann rot werden. Umgekehrt wird violetter, brauner und schwarzer Paprika grün, wenn man ihn an der Pflanze reifen lässt. Voll ausgereifter Gemüsepaprika ist süßer und aromatischer als nicht ganz reif geernteter. Am süßesten schmecken der rote und der orangefarbene Paprika.

Einkaufstipp

Paprikaschoten sollten makellos, fest und glänzend sein und keine weichen Stellen aufweisen. Das Fruchtfleisch sollte eine intensive Farbe haben und auf leichten Druck nachgeben.

Vorbereitung

Nach dem Entfernen des Stiels und des Kerngehäuses mit den Samen wird das Fruchtfleisch in Streifen geschnitten oder gewürfelt. Für gefüllte Paprikaschoten schneidet man den Stielansatz rundherum aus, kratzt die Samen, das Kerngehäuse und die weißlichen Häutchen sorgfältig heraus, gibt die Füllung hinein und setzt den Stielansatz als Deckel wieder darauf. Um die Garzeit bei gefüllten Paprikaschoten zu verkürzen, kann man sie vor dem Füllen kurz in kochendem Wasser blanchieren. Damit sich die Schale leichter entfernen lässt, werden die Paprikaschoten im Backofen von allen Seiten 10 bis 12 Minuten oder so lange geröstet, bis die Haut schwarz wird und Blasen wirft. Danach gibt man die Schoten in ein feuchtes Tuch gewickelt in einen Gefrierbeutel und lässt sie auskühlen. Anschließend lässt sich die Haut mit einem Messer leicht abziehen.

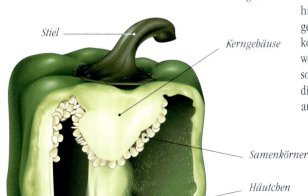

Stiel — *Kerngehäuse* — *Samenkörner* — *Häutchen*

Gemüsepaprika

Serviervorschläge

Gemüsepaprika wird roh oder gegart verwendet. Roh isst man ihn mit einem Dip, als Vorspeise oder als Salat. Gegart wird er häufig in Suppen, Omelettes, Tofugerichten, Eintöpfen und Spießen sowie zu Reis und Nudeln oder auf der Pizza serviert. Er eignet sich gut als Beilage zu Huhn, Kaninchen, Schinken, Thunfisch und Eiern. Man kann ihn sehr gut einlegen oder füllen, und er ist unverzichtbarer Bestandteil in Gerichten wie *Gazpacho*, *Piperade* und *Ratatouille*. Auch in der italienischen, portugiesischen und mexikanischen Küche werden die Paprikaschoten reichlich verwendet.

Eingelegter Gemüsepaprika

FÜR 4 PORTIONEN

2 grüne, 1 rote und 1 gelbe Paprikaschote	4 Stängel glatte Petersilie
2 Knoblauchzehen	Salz
	180 ml Olivenöl

1. Den Backofen auf 220 °C (Umluft 200 °C, Gas Stufe 4–5) vorheizen. Die Paprikaschoten darin von allen Seiten 10 Minuten rösten, bis die Schale bräunt und Blasen wirft.

2. Inzwischen die Knoblauchzehen abziehen und zerdrücken. Die Petersilie waschen, trockentupfen und fein wiegen.

3. Die Paprikaschoten herausnehmen und in ein Tuch gewickelt in einem Gefrierbeutel 15 Minuten abkühlen lassen.

4. Die Schalen mit einem Messer abziehen. Die Schoten halbieren, die Samen und die weißen Häutchen entfernen und das Innere gut trockenreiben. Die Schoten in Streifen schneiden und nach Farben getrennt in eine Glasschüssel schichten.

5. Die Paprikastreifen mit dem Knoblauch und der Petersilie bestreuen und mit Salz würzen. Das Olivenöl darüber gießen und das Gemüse mindestens 1 Stunde im Kühlschrank durchziehen lassen.

Zubereitung

Gemüsepaprika wird durch Garen süßer, sollte allerdings nicht zu lange kochen, da er sonst Geschmack und Nährstoffe verliert. Brauner, schwarzer und violetter Paprika verfärben sich beim Kochen grün.

Nährwerte

	roh	*gedünstet*
Kalorien	20	19
Ballaststoffe	3,6 g	1,5 g
Kohlenhydrate	2,9 g	3,1 g
Fett	0,3 g	0,3 g
Eiweiß	1,2 g	1,0 g
Wasser	91 %	93,3 %
		je 100 g

Rohe und gegarte rote und grüne Schoten enthalten reichlich Vitamin C und A sowie viel Kalium und etwas Vitamin B_6 und Folsäure. Der Vitamin-C-Gehalt im Gemüsepaprika ist höher als der einer Orange, wobei wiederum roter Paprika weitaus mehr Vitamin A und C enthält als grüner.

Dem Gemüsepaprika wird eine Reihe heilender Eigenschaften nachgesagt. Er gilt als gutes Magenmittel und wirkt harntreibend, anregend, verdauungsfördernd und antiseptisch. Manche Menschen können ihn allerdings nur schwer verdauen, sodass man in diesem Fall stets die Haut entfernen sollte.

Aufbewahrung

Ungewaschen und in einen perforierten Kunststoffbeutel verpackt bleibt Paprika im Gemüsefach des Kühlschranks etwa 1 Woche frisch. Er lässt sich auch gut einfrieren, ohne dass man ihn vorher blanchieren muss. Damit Geschmack und Nährstoffe erhalten bleiben, sollte man ihn im Ganzen aufbewahren. Gemüsepaprika eignet sich auch gut zum Trocknen und ist dann mindestens 1 Jahr haltbar.

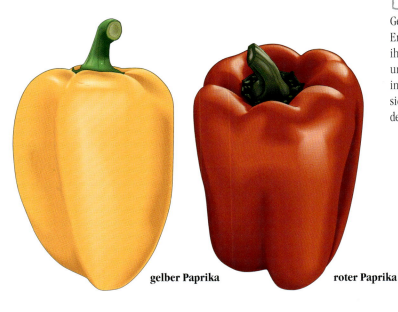

gelber Paprika   **roter Paprika**

Olive

Olea europaea, Oleaceae

grüne Oliven

Der Olivenbaum mit seiner außergewöhnlich langen Lebenszeit ist eine der ältesten Kulturpflanzen überhaupt. Man weiß zwar nicht genau, wann der erste Olivenbaum angebaut wurde, doch geht man aufgrund archäologischer Funde davon aus, dass es etwa zwischen 5000 und 3000 v. Chr. in Kreta gewesen sein muss, von wo sich der Olivenanbau dann nach Ägypten, Griechenland, Palästina und Kleinasien ausdehnte. Die Geschichte des Olivenbaums steht zugleich für die Geschichte der Landwirtschaft in den Mittelmeerländern. Der Ölbaumzweig wird bereits in der Geschichte von der Sintflut erwähnt, und Ölmühlen kannte man schon 3000 v. Chr. Als Symbol für Frieden und Weisheit spielt der Olivenbaum auch in der Mythologie der Ägypter, Griechen und Römer eine bedeutende Rolle. Ganze Völker lebten von Oliven und Olivenöl, das auch als Lampenöl und Heilmittel diente. In vielen Mittelmeerländern ist der Olivenanbau auch heute noch ein wichtiger Wirtschaftsfaktor. Italien und Spanien erzeugen etwa 50 % der Gesamtproduktion an Oliven und Olivenöl. Griechenland, die Türkei, Syrien, Marokko, Tunesien, Portugal und die USA sind die Haupterzeuger von Tafeloliven.

Der Olivenbaum erreicht gewöhnlich eine Höhe von 3 bis 7 m, kann aber auch bis zu 15 m hoch werden. Er trägt eine Vielzahl fleischiger Früchte mit holzigen Kernen, die sich je nach Klima, Art des Anbaus und Sorte in Größe, Fruchtfleisch und Farbe unterscheiden. Die Olive erreicht ihr Höchstgewicht 6 bis 8 Monate nach der Blüte. Da sie ein extrem bitteres Glykosid enthält, das den Verdauungsapparat reizt, wird sie zunächst mazeriert und dann verschiedenen weiteren Behandlungen unterworfen, ehe sie genießbar wird. Gute Tafeloliven sind mittelgroß bis groß und wiegen zwischen 4 und 8 g. Sie müssen sich leicht entsteinen lassen und ihre Schale sollte feinporig und elastisch sein, um Stößen und der Salzlake standzuhalten. Damit sie gut konserviert werden können, müssen sie mindestens 4 % Kohlenhydrate, aber möglichst wenig Öl enthalten.

Grüne Oliven werden geerntet, sobald sie ihre Normalgröße erreicht haben, aber noch hellgrün sind. Danach werden sie entweder nach der spanischen Methode fermentiert oder aber nach der amerikanischen Methode ohne Fermentierung bearbeitet. Das griechische Verfahren, bei dem die Oliven in Salzlake eingelegt werden, lässt sich nur bei reifen schwarzen Oliven anwenden. Beim spanischen Verfahren legt man die noch harten, unreifen Früchte in eine Ätzlauge, um ihnen die natürliche Bitterkeit zu nehmen. Anschließend werden sie gewaschen und in Salzlake eingelegt, wodurch sich die Oliven in das charakteristische »Olivgrün« verfärben. Danach wird die Salzlake gewechselt und die Oliven werden mit oder ohne Stein oder auch gefüllt verpackt.

Das amerikanische Verfahren unterscheidet sich von der spanischen Methode dadurch, dass die Fermentierung wegfällt und die Oliven sofort in Salzlake eingelegt werden. Dafür werden die Oliven halbreif gepflückt, das heißt, wenn ihre Farbe von Gelb nach Rot umzuschlagen beginnt. Dann werden sie in eine alkalische Lösung gelegt und der Luft ausgesetzt, wodurch sie schwarz werden. Diese schwarzen Oliven werden anschließend in Salzlake eingelegt und schließlich in Konservendosen sterilisiert. Dieses Verfahren wird vor allem in Kalifornien angewandt.

In Griechenland verarbeitet man die voll ausgereiften dunkelvioletten oder schwarzen Oliven. Da die Verwendung von Ätzlaugen in Griechenland nicht gestattet ist, werden die Oliven 6 Monate langsam in Salzlake fermentiert. Daneben kennt man auch noch andere Methoden, die teils mit, teils ohne Salzlake und Ätzlauge arbeiten. Bei einem weiteren Verfahren werden die Oliven in Salz haltbar gemacht, wodurch zwar ihre Schale runzlig wird, die Olive ansonsten aber unversehrt bleibt. Oliven, die nach dieser Methode behandelt werden, haben einen fruchtigen, leicht bitteren Geschmack.

schwarze Oliven

Olive

Einkaufstipp

Oliven werden lose, in Gläsern oder in Dosen angeboten. Bei offenen Oliven sollte man sich vergewissern, dass sie richtig gelagert und vorbehandelt wurden. Man bekommt sie meist entsteint, mit Gemüsepaprika, Zwiebeln, Mandeln oder Sardellenfilets gefüllt oder auch mit Knoblauch und Kräutern in Öl eingelegt.

Serviervorschläge

Nicht nur als Appetithäppchen, sondern auch auf viele andere Weisen lässt sich die Olive verwenden. Sie passt sehr gut zu Salaten oder zu Fleisch und Geflügel und ist fester Bestandteil in vielen Gerichten, etwa in der *Tapenade*, einer Paste aus schwarzen Oliven, Kapern und Sardellen, und natürlich auch auf der Pizza, in gefüllten Kalbsschnitzeln, im Rinderschmorbraten und als Füllung für den Entenbraten. Außerdem ist sie eine beliebte Zutat für die spanischen *Tapas* oder in provenzalischen Gerichten.

Um Oliven etwas von ihrem Salzgehalt und ihrer Schärfe zu nehmen, können sie 15 Minuten gekocht werden, büßen dabei allerdings etwas an Geschmack ein. Eine andere Möglichkeit ist, sie in Wasser oder in eine Mischung aus Essig und Wasser zu legen, die mit Knoblauch, Thymian, Oregano etc. gewürzt wird.

Tapenade

FÜR 4 BIS 6 PORTIONEN

- 2 Knoblauchzehen
- 180 g entsteinte schwarze Oliven
- 3 EL abgetropfte Kapern
- 60 g Sardellenfilet
- 125 ml Olivenöl
- 1 EL Zitronensaft
- frisch gemahlener schwarzer Pfeffer

Die Tapenade eignet sich vorzüglich als Dip zu rohem Gemüse. Man kann sie aber auch zu hart gekochten Eiern, Fisch, gegrilltem Fleisch oder als Aufstrich zu geröstetem Brot reichen.

1. Die Knoblauchzehen abziehen und zusammen mit Oliven, Kapern und Sardellenfilets in der Küchenmaschine auf hoher Stufe pürieren.
2. Das Öl nach und nach dazugießen und so lange rühren, bis die Tapenade glatt und dick wie eine Mayonnaise ist. Zum Schluss den Zitronensaft unterrühren und alles mit Pfeffer abschmecken.

Nährwerte

	grün	*schwarz*
Kalorien	133	351
Ballaststoffe	2,4 g	2,0 g
Kohlenhydrate	1,8 g	4,9 g
Fett	13,3 g	35,8 g
Eiweiß	1,4 g	2,2 g
		je 100 g

Oliven enthalten je nach Sorte und Erntezeit zwischen 12 und 30% Fett, das zu einem köstlichen, aromatischen Öl gepresst wird. Oliven enthalten in sehr geringen Mengen auch einige Vitamine und Mineralstoffe (schwarze Oliven sind eisenhaltig).

Oliven wirken abführend und appetitanregend und sind gut für die Leber. Äußerlich angewendet soll Olivenöl vor Haarausfall und Geschwüren schützen. Die Blätter des Olivenbaums sollen blutstillend wirken und zu hohen Blutdruck bzw. Blutzuckerspiegel senken.

Aufbewahrung

Luftdicht verschlossen sind Oliven etwa 1 Jahr haltbar. Nach dem Öffnen muss der Behälter im Kühlschrank aufbewahrt werden. Eingesalzene grüne und schwarze Oliven verderben schneller. Oliven, die offen verkauft werden, sollte man in einem luftdicht verschlossenen Behälter im Kühlschrank aufbewahren.

Unbehandelte Oliven enthalten eine extrem bittere Substanz, die sie roh ungenießbar macht. Damit sie für den Verzehr geeignet sind, müssen sie zunächst eingeweicht und dann verschiedenen Behandlungen unterzogen werden.

Fruchtgemüse

Gurke

Cucumis sativus, Cucurbitaceae

Schmorgurke

Die lange, zylindrisch geformte Gurke entsteht, sobald die großen gelben Blüten der Pflanze verblüht sind.

Die Salatgurke ist die Frucht einer einjährigen, krautartigen Pflanze, die ursprünglich in Südasien beheimatet war und dort wahrscheinlich schon vor 10 000 Jahren genutzt wurde. Man vermutet, dass Seefahrer sie später in den Nahen Osten, nach Zentralasien und Indien brachten. Bei Ägyptern, Griechen und Römern, die sie nicht nur als Nahrungsmittel, sondern auch wegen ihrer wohltuenden kosmetischen Wirkung schätzten, erfreute sich die Gurke großer Beliebtheit. Später gelangte sie in das übrige Europa und mit den ersten Siedlern schließlich auch nach Nordamerika. Die afrikanischen Sklaven wiederum brachten eine Unterart, die Gewürzgurke, nach Nordamerika und Westindien, wo sie bald weitläufig angebaut wurde. Vor kurzem wurde in Großbritannien eine neue, kernlose Gurkenart gezüchtet, die ohne Befruchtung ausschließlich in Treibhäusern heranreift. Haupterzeugerländer sind heute China, Japan, die Türkei, die USA und Rumänien.

Die Gurke gehört zur gleichen Familie wie Kürbis und Melone. Sie ist die Frucht einer 1 bis 3 m langen Kriechpflanze, die sich mit ihren Ranken an andere Pflanzen oder Gegenstände klammert, und wird zwischen 7 und 60 cm lang. Von den mehr als 40 Gurkensorten ist die Salatgurke am längsten, während die Schmorgurke kürzer und dicker ist. Die glänzende Schale, deren Farbe von grün bis weiß reicht, ist je nach Sorte glatt, zerfurcht, rau oder sogar stachelig. Das helle, manchmal etwas bittere Fruchtfleisch ist saftig und erfrischend. Die meisten Sorten enthalten unterschiedlich viele Samenkerne.

Die **Gewürzgurke**, auch Stachelgurke genannt, ist eine Gurkensorte *(C. anguria)*, die vor allem zum Einlegen in einen Essigsud gezüchtet wird. Sie hat eine Länge von 5 bis 10 cm und einen Durchmesser von etwa 2,5 cm. Den Namen »Stachelgurke« hat sie aufgrund ihrer stacheligen Schale.

Fruchtgemüse

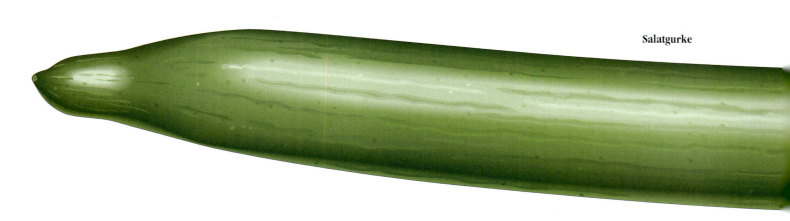

Salatgurke

Gurke

Einkaufstipp

Frische Salatgurken sind fest, intensiv grün und weisen keine Druckstellen oder gelben Flecken auf. Mittelgroße Exemplare sind sehr langen Gurken vorzuziehen, da diese meist leicht bitter sind, fade schmecken und zudem viele harte Kerne enthalten.

Vorbereitung

Während die Salatgurke in der Regel roh verwendet wird, eignet sich die Schmorgurke vor allem zum Garen und wird ähnlich zubereitet wie der Kürbis, den sie in den meisten Gerichten auch ersetzen kann. Sie enthält häufig harte Kerne, die vorher entfernt werden sollten. Vor allem bei sehr frischen, unbehandelten Gurken ist Schälen nicht erforderlich.

Die in manchen Rezepten gegebene Empfehlung, Gurken vor der Zubereitung mit Salz zu bestreuen und Wasser ziehen zu lassen, um ihnen den leicht bitteren Geschmack und überschüssige Flüssigkeit zu entziehen, hat Vor- und Nachteile. Einerseits wird das Fruchtfleisch weicher und verliert an Geschmack, andererseits ist es leichter verdaulich. Als Zutat in einem Gericht sollte man sie jedoch in jedem Fall Wasser ziehen lassen, damit die übrigen Zutaten nicht verwässert werden.

Serviervorschläge

Salatgurken werden geraspelt, in Streifen, Scheiben oder Würfel geschnitten und mit einer Vinaigrette, Joghurt oder saurer Sahne als Salat angemacht. Ein besonders kalorienarmes Salatdressing erhält man, wenn man bis zu drei Viertel des Öls durch pürierte Gurken ersetzt.

Schmorgurken lassen sich gegart sehr gut in Suppen oder Eintopfgerichten verarbeiten. Ausgezeichnet schmecken sie etwa in der kalt servierten spanischen *Gazpacho*-Suppe. Außerdem kann man sie geschmort in einer Béchamelsauce als Beilage zu Fleisch und Fisch reichen oder mit Meeresfrüchten gefüllt servieren. Darüber hinaus werden sie gratiniert, sautiert oder gedämpft. Die kleinen Gewürzgurken eignen sich vor allem zum Einlegen, etwa in Essig oder Salz.

Nährwerte

Kalorien	12
Ballaststoffe	0,5 g
Kohlenhydrate	1,8 g
Fett	0,2 g
Eiweiß	0,6 g
Wasser	96,4 %
	je 100 g

Gurken sind sehr erfrischend und liefern reichlich Kalium, Vitamin C und Folsäure.

Gurken gelten als schwer verdaulich, doch vor allem die Salatgurke sowie einige neuere Züchtungen werden von den meisten Menschen gut vertragen.

Gurken wirken harntreibend, reinigend und abführend. Außerdem sind sie ein gutes Hauttonikum und werden häufig püriert und mit anderen Zutaten vermischt zu Gesichtsmasken verarbeitet.

Aufbewahrung

Gurken vertragen keine extremen Temperaturen und bleiben im Gemüsefach des Kühlschranks 3 bis 5 Tage frisch. Zum Einfrieren sind sie nicht geeignet, da sie dadurch matschig werden.

Fruchtgemüse

Gewürzgurke

Tomate

Lycopersicon esculentum, Solanaceae

Tomate

Die ursprünglich in Mexiko und Mittelamerika beheimatete Tomate war zu Anfang eine kleine, runde Frucht, die unserer heutigen Cocktailtomate ähnelte. Über die ersten spanischen Siedler, die den Tomatenanbau von den Indianern übernahmen – das Wort »Tomate« leitet sich ab von *tomalt,* wie die Frucht in Nahuatl, der Sprache der Azteken, genannt wurde –, gelangte die Tomate nach Europa. Hier galt sie zunächst lange Zeit als giftig und wurde bis ins 18. Jahrhundert vorwiegend als Zierpflanze verwendet. Allerdings kam der Glaube, Tomaten könnten Krankheiten bewirken, nicht von ungefähr, da sowohl die unreifen Früchte als auch Blätter und Stiele ein giftiges Alkaloid enthalten. Im 16. Jahrhundert fand die Tomate Eingang in die italienische Küche, wo der *pomodoro,* der »goldene Apfel«, wie die Italiener die Tomate nannten, bald zum beliebtesten Gemüse wurde. Im 19. Jahrhundert setzte sich die Tomate schließlich auch in Nordamerika durch.

Die Tomate ist die Frucht einer strauchartigen oder kriechenden Pflanze. Sie wird in tropischen Regionen als zweijährige, in gemäßigten Zonen als einjährige Pflanze angebaut und braucht viel Sonne und Wärme. Heute wird sie vorwiegend in Russland, der Türkei, Ägypten, China, Spanien, Italien und in den Vereinigten Staaten kultiviert. Außer den etwa 1000 verschiedenen Tomatensorten gibt es mittlerweile auch gentechnisch veränderte Sorten, die länger haltbar sind, sowie eine Sorte, die ohne Erde angebaut wird. Außerdem wird neben den runden, birnenförmigen oder ovalen Tomaten inzwischen sogar eine quadratische Variante angeboten, die 1984 in den USA gezüchtet wurde, um dem Wunsch nach leichter pflück- und verpackbaren Tomaten zu entsprechen.

Die am weitesten verbreitete runde Tomate hat einen Durchmesser von 5 bis knapp 13 cm, und ihr Gewicht kann zwischen 90 g und über 1 kg variieren. Die kleine Cocktailtomate hat dagegen nur einen Durchmesser von etwa 2 cm, während die Eiertomate 5 bis 10 cm lang wird und einen Durchmesser von etwa 5 cm erreicht. Im Vergleich zu den übrigen Sorten ist sie weniger saftig und hat auch weniger Kerne als diese. Während einige wenige Sorten auch in reifem Zustand grün bleiben, färben sich die meisten Tomaten bei der Reifung rot, rosa, orange oder gelb. Ihr Geschmack ist abhängig vom Zeitpunkt der Ernte, dem Säure-, Zucker- und Wassergehalt sowie von der Beschaffenheit der Schale und des Fruchtfleischs, das nicht selten relativ stärkehaltig ist. Die meisten Tomaten, die heute angeboten werden, sind fest und haben eine relativ dicke Schale.

Fruchtgemüse

Eiertomate

Cocktailtomate

gelbe Tomate

Flaschentomate

Tomate

Einkaufstipp

Tomaten sollten unversehrt, fest und glatt sein und eine schöne Farbe haben. Außerdem sollten sie angenehm riechen und auf sanften Druck nachgeben. Nicht empfehlenswert sind weiche, gefleckte oder angeschlagene Früchte, da sie meist wässrig und relativ geschmacklos sind und schnell verderben. Frische Tomaten schmecken am besten gegen Ende des Sommers.

Vorbereitung

Vor der Zubereitung werden die Tomaten gewaschen und die Stielansätze entfernt. Danach werden sie je nach Rezept gehäutet und entkernt.

Zum Enthäuten gibt man die Tomaten in einem Sieb oder einem Metallkorb für 15 bis 30 Sekunden in kochendes Wasser und schreckt sie kurz unter kaltem Wasser ab. Danach lässt sich die Schale mit einem Messer leicht abziehen. Bei sehr reifen Tomaten genügt es meistens, die Schale mit einem Messer anzuritzen und sie von oben nach unten abzuschälen. Um Tomaten zu entkernen, halbiert man die Früchte und drückt das Fruchtfleisch etwas heraus, sodass die Kerne leicht entfernt werden können.

Serviervorschläge

Tomaten werden roh oder gekocht verzehrt und lassen sich auf unterschiedlichste Weise zubereiten: roh mit oder ohne Dressing, im Salat, als Vorspeise oder als Brotbelag, und die kleinen Cocktailtomaten werden häufig zum Garnieren verwendet. Auch gegart bieten Tomaten schier endlose Verwendungsmöglichkeiten: Man kann sie füllen, in Suppen, Saucen, Eintopfgerichte, Omelettes und Risottos geben und sogar Marmeladen und Marinaden daraus zubereiten. Als Hauptzutat finden sie außerdem im *Gazpacho*, in der *Ratatouille*, auf der Pizza und in der italienischen *Capponata* Verwendung. Tomaten harmonieren vorzüglich mit Knoblauch, Schalotten, Basilikum, Estragon, Thymian, Lorbeer, Oregano oder Kümmel und werden häufig zusammen mit Oliven, Paprikaschoten und Auberginen zubereitet. Tomatenmark und -püree dienen zur geschmacklichen Verfeinerung oder zum Garnieren vieler Speisen. Tomaten eignen sich außerdem hervorragend als Beilage zu Meeräsche, Sardinen und Thunfisch wie auch zu Rind- und Kalbfleisch, Huhn und Eiern. In der italienischen, provenzalischen, griechischen, mexikanischen und spanischen Küche spielen Tomaten eine wichtige Rolle. Sie sind die klassische Zutat in verschiedenen italienischen Saucen und Gerichten und werden auch zu Saft verarbeitet.

Grüne Tomaten sind nur in gegartem Zustand zum Verzehr geeignet; meist werden sie gebraten, frittiert oder für Marinaden verwendet. Getrocknete Tomaten sind schrumpelig und haben eine rötlich braune Farbe. Sie schmecken ausgezeichnet und eignen sich hervorragend als Vorspeise. Sie werden am besten mit Olivenöl bedeckt aufbewahrt.

Die Tomatenpflanze galt lange Zeit als giftig – nicht ganz zu Unrecht, denn sowohl die unreifen Früchte als auch Blätter und Stiele enthalten ein giftiges Alkaloid.

Stiel
Kerne
Schale
Fruchtfleisch

Beerentomaten

Tomate

Aufbewahrung

Bei Raumtemperatur bleiben Tomaten etwa 1 Woche frisch, sofern sie nicht direkter Sonnenbestrahlung ausgesetzt sind. Sehr reife Tomaten sollten im Kühlschrank aufbewahrt werden, wo sie 2 bis 3 Tage haltbar sind. Damit sie ihren Geschmack voll entfalten können, ist es ratsam, sie 30 Minuten vor dem Servieren herauszunehmen. Grüne Tomaten sollten langsam bei Raumtemperatur reifen (bei Temperaturen unter 10 °C verlangsamt sich der Reifungsprozess) und sind mehrere Wochen haltbar, sofern sie nicht direkter Sonnenbestrahlung ausgesetzt werden. Um den Reifungsprozess zu beschleunigen, kann man sie einzeln in Papier wickeln oder mit einem Küchenhandtuch bedecken.

Tomaten sind auch zum Tiefgefrieren geeignet. Da sie beim Auftauen jedoch häufig zusammenfallen und Saft verlieren, verwendet man sie meist nur noch zum Kochen. Tomaten können im Ganzen eingefroren werden, sollten dann allerdings vor dem Schälen 30 bis 60 Sekunden blanchiert und anschließend kurz unter kaltem Wasser abgeschreckt werden. Eine weitere Möglichkeit ist, sie vor dem Einfrieren 5 bis 6 Minuten mit etwas Salz und Zucker weichzukochen.

Eine weitere gute Konservierungsmethode ist das Einkochen. Dafür müssen die Tomaten jedoch ausreichend sterilisiert werden und darüber hinaus genügend Säure enthalten, damit sich keine Mikroorganismen ausbreiten können. Da der Säuregehalt je nach Sorte, Klima und Erntezeit schwankt – unreife Tomaten sind besonders säurehaltig –, sollte man nach dem Abfüllen der Tomaten in die Einmachgläser pro 500 g Tomaten 1 g Zitronensäure oder 1 Esslöffel Zitronensaftkonzentrat sowie knapp ½ Teelöffel Salz zufügen.

Zubereitung

Tomaten sollten vor dem Verzehr oder der Zubereitung stets gewaschen werden. Außerdem sollte man sie möglichst nicht in Aluminiumtöpfen garen, da ihre Säure das Metall angreift und sie einen unangenehmen und sogar gesundheitsschädlichen Metallgeschmack annehmen. Durch Zugabe von etwas Zucker oder Honig kann man gegarten Tomaten etwas von ihrer Säure nehmen. Sie sollten außerdem möglichst langsam und bei kleiner Hitze garen, da sie andernfalls relativ schwer verdaulich sind.

Nährwerte

	rote Tomate (roh)	rote Tomate (gegart)
Kalorien	17	19
Ballaststoffe	1,0 g	1,5 g
Kohlenhydrate	2,6 g	2,7 g
Fett	0,2 g	0,2 g
Eiweiß	1,0 g	1,2 g
Wasser	94,2 %	93,9 %
		je 100 g

Tomaten sind reich an Kalium und Vitamin C und enthalten Folsäure und Vitamin A. Grüne Tomaten sind sehr säurehaltig und enthalten Solanin, ein giftiges Alkaloid, das jedoch beim Kochen neutralisiert wird. Tomaten wirken harntreibend und gleichen den Mineralstoffhaushalt aus. Außerdem regen sie den Appetit an, beugen Vitaminmangel vor und entgiften den Verdauungsapparat.

Tomaten mit Mozzarella

FÜR 4 PORTIONEN

4 mittelgroße Tomaten
2 Mozzarellakugeln
2 EL frische Basilikumblätter
Salz und frisch gemahlener Pfeffer
2 EL Olivenöl

Dieser Salat ist eine klassische Vorspeise.

1. Die Tomaten waschen und gut trocknen. Die Stielansätze entfernen und die Tomaten in Scheiben schneiden. Den Mozzarella abtropfen lassen und ebenfalls in Scheiben schneiden. Die Basilikumblätter hacken.

2. Die Tomaten- und die Mozzarellascheiben abwechselnd kreisförmig auf einer Platte anrichten, sodass sie sich etwas überlappen.

3. Tomaten und Käse großzügig mit Salz und Pfeffer würzen, mit dem Öl beträufeln und das Basilikum darüber streuen.

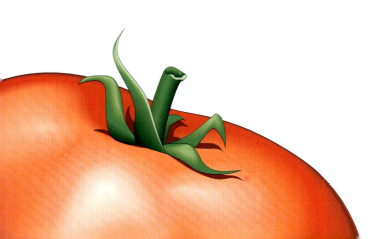

Tomatillo

Physalis philadelphica, Solanaceae

Die Tomatillo ist in Mexiko beheimatet, wo sie schon von den Azteken angebaut wurde. Außer in Südkalifornien, das einen großen mexikanischen Bevölkerungsanteil hat, ist sie in Nordamerika jedoch relativ unbekannt, ebenso in Europa. Als Nachtschattengewächs ist die Tomatillo mit der Tomate, der Aubergine, dem Gemüsepaprika und der Kartoffel verwandt.

Die Tomatillo ist die Beerenfrucht einer 90 bis 120 cm hohen Pflanze und erreicht einen Durchmesser von nur etwa 1 cm. Sie ist fester und glänzender als die Tomate und wird meistens unreif, das heißt noch grün geerntet. In reifem Zustand färbt sie sich gelblich oder violett. Die Tomatillo wird von einem dünnen, bräunlich violetten Häutchen, dem Blütenkelch, umschlossen, der violett geädert ist. Sie hat eine etwas gallertartige Beschaffenheit und schmeckt saurer als andere Physalisarten wie zum Beispiel die Chinesische Lampionpflanze (Alkekengi).

Einkaufstipp

Tomatillos sollten fest und gleichmäßig gefärbt sein. Möglicherweise noch vorhandene Blütenkelche sollten glatt sein – ein Zeichen, dass die Frucht reif ist – und keine Erdreste aufweisen.

Vorbereitung

Nach dem Entfernen des Blütenkelchs wird die Frucht gewaschen, wobei man besonders darauf achten sollte, dass das klebrige Harz, das sich am Stielansatz gesammelt hat, mit abgewaschen wird. Anschließend wird das Kerngehäuse entfernt.

Serviervorschläge

In der Regel wird die Tomatillo gegart, man kann sie aber auch roh essen, häufig »pur« oder im Salat. Da sie fester ist als die Tomate, eignet sie sich hervorragend als Zutat für Saucen wie die berühmte mexikanische *Mole verde*, die zum Verfeinern zahlreicher Gerichte wie *Tacos, Burritos, Enchiladas* sowie für verschiedene Fleischgerichte verwendet wird. Rohe, klein geschnittene Tomatillo ist außerdem eine beliebte Zutat in Suppen wie beispielsweise *Gazpacho* und in *Guacamole*. Wegen ihres ungewöhnlichen Aussehens wird die Tomatillo gelegentlich auch als Zierfrucht verwendet, indem man den Stiel nach unten dreht und den Blütenkelch herunterklappt.

Aufbewahrung

Im Gemüsefach des Kühlschranks bleibt die Tomatillo etwa 1 Woche frisch, bei Raumtemperatur hält sie sich ungefähr 2 Tage. Wie die Tomate kann sie gegart auch eingefroren werden.

Nährwerte

Kalorien	32
Ballaststoffe	2 g
Kohlenhydrate	6 g
Fett	1,2 g
Eiweiß	0,9 g
Wasser	91,7 %
je 100 g	

Tomatillo ist reich an Kalium und enthält Vitamin C, Magnesium, Nikotinsäure und Vitamin B_1. Sie soll fiebersenkend, harntreibend und reinigend wirken und lindert rheumatische Beschwerden.

Wachskürbis

Benincasa hispida, **Cucurbitaceae**

Der Wachskürbis ist die Frucht einer einjährigen Gartenpflanze, die in Malaysia beheimatet ist und der gleichen Familie angehört wie die Gurke, der Kürbis und andere Melonenarten. Er wird in den tropischen und subtropischen Gebieten Asiens angebaut und zählt in vielen Ländern, vor allem in Indien und Südostasien, zu den Hauptnahrungsmitteln. Auf westlichen Märkten ist er dagegen erst seit kurzem anzutreffen.

Der Wachskürbis wächst an einer langen Kletterpflanze. Er hat eine runde oder ovale Form und ist in der Regel 15 bis 25 cm dick und 20 bis 35 cm lang. Manche Exemplare können bis zu 15 kg schwer werden. Wenn die Frucht reift, wird die blassgrüne Schale von einem dünnen weißen Flaum überzogen, der auch nach der Ernte weiterwächst. Das feste weiße Fleisch des Wachskürbisses ist süß und schmackhaft. Im Inneren der Frucht befinden sich zahlreiche Kerne, die denen der Gurke ähneln.

Nährwerte

Kalorien	18
Ballaststoffe	0,8 g
Kohlenhydrate	2,9 g
Fett	0,2 g
Eiweiß	0,5 g
Wasser	96 %
	je 100 g

Wachskürbis enthält etwas Vitamin C.

Einkaufstipp

Die größeren Wachskürbissorten werden häufig in Stücke geschnitten angeboten; kleinere Sorten werden auch in westliche Länder exportiert. Die Früchte sollten möglichst fest sein und keine Druckstellen aufweisen.

Vorbereitung

Die Schale und den faserigen Teil mit den Kernen entfernen und das Fruchtfleisch in etwa gleich große Stücke schneiden, damit es gleichmäßig gart.

Serviervorschläge

Der Wachskürbis wird häufig in Suppen verwendet, oder man brät ihn zusammen mit anderem Gemüse kurz an. Er kann aber auch wie Kürbis zubereitet werden, für den er in den meisten Gerichten ein gleichwertiger Ersatz ist. Außerdem eignet er sich gut als Beilage zu scharf gewürzten Speisen und wird gelegentlich auch kandiert. Die jungen Blätter und die Blütenknospen sind ebenfalls essbar, ebenso die Kerne, die meist geröstet oder frittiert werden.

Aufbewahrung

Wachskürbisse halten sich an einem kühlen, trockenen Platz ohne direkte Sonnenbestrahlung mehrere Wochen. Bei 12 bis 15 °C und bei einer Luftfeuchtigkeit von 70 bis 75 % sind sie über 6 Monate haltbar. Zum Einfrieren ist der Wachskürbis nicht geeignet, da er dadurch weich wird.

Bittergurke

Momordica charantia, Cucurbitaceae

Als Frucht einer einjährigen Gemüsepflanze, die aus den tropischen Regionen Indiens stammt, ist die Bittergurke, auch Balsambirne genannt, mit dem Flaschenkürbis, der Melone und der Gurke verwandt und gedeiht auch unter ähnlichen Bedingungen. Die Bittergurke wächst in tropischen und subtropischen Gegenden und ist in Asien, wo man sie zunächst vor allem wegen ihrer Heilkraft einsetzte, schon seit Jahrhunderten bekannt. Während sich die Bittergurke in Indien, Indonesien und Südostasien großer Beliebtheit erfreut, ist sie auf westlichen Märkten erst seit relativ kurzer Zeit zu finden.

Die Bittergurke ist die Frucht einer 6 bis 10 m hohen Kletterpflanze, die sich mit ihren Ranken an anderen Pflanzen oder Gegenständen anhängt. Die etwa 7 bis 25 cm lange Frucht hat die Form einer Gurke. Die gefurchte, warzige blassgrüne Schale ist ungenießbar. Das dicke, perlmuttartige Fruchtfleisch ist relativ trocken und enthält eine Vielzahl weißlicher Kerne. Wegen seines hohen Chiningehalts schmeckt das reife gelbe oder orangefarbene Fruchtfleisch relativ bitter.

Vorbereitung

Zuerst wird die Bittergurke geschält und der Länge nach halbiert. Dann entfernt man die Kerne und das weiße Kerngehäuse und schneidet das Fruchtfleisch in möglichst gleich große Stücke, damit es gleichmäßig gart. Wenn es zuvor in kochendem Wasser einige Minuten blanchiert wird, lässt sich der bittere Geschmack etwas mildern. Man kann die Bittergurke auch entwässern, indem man das Fleisch mit Salz bestreut, 30 Minuten ziehen lässt und anschließend mit kaltem Wasser abspült. Entwässerte Bittergurken müssen nicht geschält werden.

Serviervorschläge

Wegen ihres bitteren Geschmacks sind die Verwendungsmöglichkeiten der Bittergurke relativ begrenzt, und sie kann deshalb auch nicht roh gegessen werden. In der chinesischen Küche wird sie häufig gedämpft und dann in Suppen oder zu Schweinefleisch, Zwiebeln, Ingwer und einer Sauce aus schwarzen Bohnen serviert. In Indien wird sie häufig allein oder zusammen mit Linsen oder Kartoffeln mit Kümmel und Kurkuma gewürzt und als Vorspeise gereicht. Bittergurken kann man auch einlegen.

Einkaufstipp

Bittergurken sollten fest und frei von Erdresten sein. Die dunkelgrünen Exemplare sind weniger bitter als die gelben oder orangefarbenen Gurken.

Aufbewahrung

In einem perforierten Kunststoffbeutel hält sich die Bittergurke im Kühlschrank etwa 1 Woche. Zum Einfrieren ist sie nicht geeignet.

Nährwerte

Kalorien	17
Ballaststoffe	1,4 g
Kohlenhydrate	3,7 g
Fett	0,2 g
Eiweiß	1 g
Wasser	94 %
	je 100 g

Fruchtgemüse

Kürbis

Cucurbita spp., Cucurbitaceae

Die Familie der Kürbisse umfasst beeindruckend viele Mitglieder. Der Kürbis ist verwandt mit Gurke und Melone und wie diese die Frucht einer rankenden Pflanze.

Der Kürbis mit seinen vielen verschiedenen Sorten ist die Frucht einer einjährigen Pflanze, die derselben Familie angehört wie Melone und Gurke. Die Kulturpflanze hat sich aus wilden Kürbisarten entwickelt, die ursprünglich vermutlich in Mittelamerika zwischen Mexiko und Guatemala beheimatet waren. Von hier aus gelangte sie später nach Nord- und Südamerika und mit Kolumbus auch nach Europa.

Der Kürbis ist schon seit mehr als 10 000 Jahren als Gemüsepflanze bekannt, wobei die Indianer ihn vor allem wegen der Samen kultivierten, da die frühen Sorten nur wenig Fruchtfleisch besaßen. Erst im Laufe der Jahrhunderte gelang es, bessere und fleischigere Sorten mit fruchtigerem Geschmack zu züchten. Azteken, Inkas und Mayas bauten Kürbis zusammen mit Getreide und Bohnen an.

Je nach Lagerfähigkeit werden die meisten der vielen Kürbissorten in Sommer- und Winterkürbisse unterschieden, wobei durch Züchtung immer wieder neue Sorten hinzukommen. Sommerkürbisse sind nicht sehr lange haltbar, während Winterkürbisse bei richtiger Lagerung einen großen Teil des Winters überdauern. Haupterzeugerländer für Kürbis sind heute vor allem China, Rumänien, Ägypten, Argentinien, die Türkei, Italien und Japan.

Sommerkürbisse

Sommerkürbisse werden 2 bis 7 Tage nach der Blüte geerntet, sodass Schale und Kerne noch so zart sind, dass sie mitgegessen werden können. Allerdings halten sich Sommerkürbisse nicht sehr lange. Voll ausgereift sind sie zwar ebenfalls genießbar, doch ist das Fruchtfleisch dann trockener und die Schale dicker.

Der **Zucchino** (*Cucurbita pepo*) ist wahrscheinlich der bekannteste Vertreter der Familie der Sommerkürbisse und stammt ursprünglich aus Italien. Er zählt zu den Gemüsekürbissen und wird geerntet, bevor er seine volle Reife erlangt. Im Aussehen ähnelt er einer Gurke; die dünne, glatte Schale kann gelb oder grün sein und ist bisweilen graugrün oder gelblich gesprenkelt oder aber gestreift. Das helle, wässrige Fruchtfleisch schmeckt mild und enthält unterschiedlich viele Samenkörner. Am schmackhaftesten ist der Zucchino bei einer Länge von 15 bis 20 cm; je mehr er reift, desto mehr verliert er an Geschmack. Vor allem in der französischen und italienischen Küche sind auch die Zucchiniblüten beliebt, die häufig gefüllt oder als Beignets ausgebacken werden.

Der **Gemüsekürbis** ist grün mit weißen Streifen und sieht aus wie ein großer Zucchino.

Der **Patisson** (var. *melopepo* f. *clypeiformis*) hat eine ungewöhnliche, tellerartige Form, weshalb er bei uns auch Kaiser- oder Bischofsmütze genannt wird. Die Schale ist meist blassgrün bis weiß, manchmal auch goldgelb, und weniger zart als die des Zucchino. Bei sehr reifen Exemplaren wird sie weiß und so hart wie die Schale von Winterkürbissen, sodass sie nicht mehr genießbar ist. Das feste weißliche Fruchtfleisch enthält weniger Wasser als das von Zucchini und hat einen leicht süßlichen Geschmack, der an Artischocke erinnert. Der Patisson schmeckt am besten bei einem Durchmesser von 7 bis 10 cm. Sehr kleine Exemplare legt man gelegentlich in Essig ein.

Winterkürbisse

Winterkürbisse werden geerntet, wenn sie voll ausgereift sind, und unterscheiden sich je nach Sorte in Form, Größe, Farbe und Geschmack. Ihr orangefarbenes Fruchtfleisch ist trockener, faseriger und wesentlich süßer als das der Sommerkürbisse und wird beim Garen butterweich. Wie Melonen sind Winterkürbisse innen hohl und enthalten harte, voll ausgebildete Samenkörner. Diese werden gewaschen, getrocknet und dann mit oder ohne Salz geröstet als nahrhafte Knabberei angeboten. Die dicke, harte Schale der Winterkürbisse ist nicht zum Verzehr geeignet und lässt sich meistens nur schwer öffnen. Dafür ermöglicht sie eine relativ lange Lagerzeit, die je nach Sorte bis zu 6 Monate betragen kann.

Der **Butternusskürbis** gehört zu den Moschuskürbissen *(Cucurbita moschata)*. Seine Form erinnert an eine große Birne, er schmeckt am besten bei einer Länge von 20 bis 30 cm und einem Durchmesser von 10 bis 12 cm am unteren Ende. Sein zartes, angenehm süßes orangefarbenes Fleisch enthält sehr viel Karotin. Die glatte cremefarbene Schale lässt sich relativ leicht entfernen; eine grünliche Schale zeigt an, dass der Kürbis noch nicht ganz reif ist.

Der **Hubbardkürbis** *(Cucurbita maxima)* hat eine sehr harte, raue, leicht oder stark gerippte Schale, die dunkelgrün, graublau oder orangerot sein kann. Er ist relativ groß und oval oder rund. Das dicke, trockene Fruchtfleisch ist weniger süß als das der meisten anderen Winterkürbisse und im Vergleich zu diesen meistens auch weniger intensiv orange gefärbt. Die grünen Wachskürbisse wiegen im Durchschnitt etwa 5,5 kg und sind bis zu 6 Monate haltbar.

Der **Turbankürbis** *(Cucurbita maxima)* bildet an seinem oberen Ende eine Art Turban aus. Sein dickes, trockenes orange- oder goldgelbes Fleisch ist von feiner Beschaffenheit und hat einen süßen, haselnussähnlichen Geschmack. Die Samenhöhle ist sehr klein. Seine unregelmäßig geformte harte, dünne Schale ist grün und mit verschiedenfarbigen Streifen oder Sprenkeln verziert. In reifem Zustand erreicht der Turbankürbis einen Durchmesser von 15 bis 20 cm und ein Gewicht von etwa 1,5 kg.

Der **Buttercupkürbis** gehört ebenfalls zu den Riesenkürbissen *(Cucurbita maxima)* und hat ähnlich wie der Butternusskürbis weiches orangefarbenes Fruchtfleisch. Sein dickwandiges, glattes Gehäuse ist orange oder grün und bei einigen Sorten so hart, dass es sich nur zerteilen lässt, indem das Messer mit einem stumpfen Gegenstand, etwa mit einem Holzhammer, hineingeschlagen wird. Dieser Kürbis, der in der Regel etwa 1,5 kg schwer wird, kann ungefähr 1 Monat gelagert werden.

Auch der **Eichelkürbis** *(Cucurbita maxima)* ist wegen seiner breiten Rippen schwer zu schälen. Sein zartes orangegelbes Fruchtfleisch erinnert im Geschmack an Haselnuss und Pfeffer. Am besten schmeckt der Eichelkürbis, der 30 bis 50 Tage haltbar ist, bei einer Länge von 12 cm und einem Durchmesser von 15 bis 20 cm.

Zu den weniger bekannten Winterkürbissen zählt der ovale, 50 bis 60 cm lange und etwa 15 cm dicke **Bananenkürbis** *(Cucurbita maxima)* mit elfenbein- oder pinkfarbener Schale und festem, aber feinem orangefarbenen Fruchtfleisch. Da dieser Kürbis häufig in Stücke geschnitten angeboten wird, lässt sich die Qualität des Fruchtfleischs beim Kauf gut beurteilen.

Kürbis

Dasselbe gilt für den **Moschuskürbis** *(Cucurbita moschata)*, dessen Form an den Riesenkürbis erinnert. Er ist häufig weiß, kann allerdings auch dunkelgrün, graugrün, blaugrün oder orange sein und wird manchmal bis zu 70 kg schwer.

Der **Riesenkürbis** *(Cucurbita maxima)* hat große Ähnlichkeit mit dem **Feigenblattkürbis** *(Cucurbita ficifolia)*, mit dem er selbst in Lexika häufig verwechselt wird. Während der Riesenkürbis vor allem in Nordamerika weit verbreitet ist und dort als beliebte Dekoration für Halloween dient, kennt man bei uns eher den Feigenblattkürbis. Beide sind relativ groß und lassen sich nur an ihrem Stiel unterscheiden: Der Stiel des Riesenkürbisses ist hart und holzig und hat fünf eckige Wülste, während der Stiel des Feigenblattkürbisses weich und schwammartig ist, eine zylindrische Form besitzt und zum Stielansatz hin bauchig wird. Ihr Fruchtfleisch ist etwas fleischiger und schmeckt intensiver als das der anderen Winterkürbisse und wird häufig zu Suppen, Marmelade oder Desserts verarbeitet. Sie können bis zu 55 kg schwer werden und erreichen einen Umfang von bis zu 1,50 m. Das harte, glatte Gehäuse des Riesenkürbisses ist meist orange, während das des Feigenblattkürbisses vielfach gelb oder grün ist. Ihr dunkles orangegelbes Fruchtfleisch ist relativ dick, trocken und süß und lässt sich gut mit dem anderer Kürbisse kombinieren, die sie in den meisten Gerichten auch ersetzen können.

Kürbis

Einkaufstipp

Sommerkürbisse sollten fest sein und eine glänzende Schale haben, die keine Risse oder sonstige Beschädigungen aufweist. Matte Kürbisse sind nicht mehr ganz frisch, und eine fleckige Schale deutet darauf hin, dass sie Frost abbekommen haben. Besonders große Exemplare können holzig und bitter sein, während sehr kleine Früchte häufig nicht sehr geschmacksintensiv sind.

Winterkürbisse sollten ebenfalls möglichst fest sein und schwer in der Hand liegen. Ihre Schale sollte relativ matt aussehen, und die Früchte sollten möglichst noch einen Teil des Stiels besitzen, da dieser ein vorzeitiges Austrocknen verzögert. Nicht empfehlenswert sind angeschlagene Winterkürbisse, die bräunliche Flecken oder Druckstellen aufweisen. Unreife Winterkürbisse haben eine glänzende Schale und besitzen relativ wenig Geschmack, alte Exemplare dagegen sehen sehr matt aus und haben meist faseriges Fleisch.

Nährwerte

	Sommerkürbis	*Winterkürbis*
Kalorien	19	26
Ballaststoffe	1,0 g	0,8 g
Kohlenhydrate	2,3 g	4,6 g
Fett	0,3 g	0,2 g
Eiweiß	1,9 g	1,4 g
Wasser	93 %	88,7 %
		je 100 g

Gegarter Winterkürbis enthält mehr Kohlenhydrate als Sommerkürbis und ist deshalb auch kalorienreicher. Kürbisse liefern reichlich Kalium und Vitamin A sowie etwas Vitamin C, Folsäure, Pantothensäure und Kupfer.

Aufbewahrung

Sommerkürbisse sind recht empfindlich und bleiben ungewaschen und in einen perforierten Kunststoffbeutel verpackt im Kühlschrank nur etwa 1 Woche frisch. Sommerkürbisse können in Scheiben geschnitten und 2 Minuten blanchiert 3 bis 4 Monate eingefroren werden, das Fruchtfleisch wird dadurch allerdings etwas weicher.

Winterkürbisse halten sich je nach Sorte zwischen 1 Woche und 6 Monaten, wenn sie an einem dunklen, gut durchlüfteten Platz bei einer Temperatur von 10 bis 15 °C und einer Luftfeuchtigkeit von 60 % aufbewahrt werden. Sofern vorhanden, sollte der Stiel stehen gelassen und der Kürbis von sämtlichen Erdresten befreit werden. Soll Winterkürbis im Kühlschrank aufbewahrt werden, schneidet man ihn am besten in Stücke oder gart ihn vorher. Rohe Kürbisstücke sind in Kunststofffolie verpackt 1 bis 2 Tage im Kühlschrank haltbar. Vor allem in pürierter Form eignet sich Winterkürbis auch gut zum Einfrieren. Damit er später besser weiterverarbeitet werden kann, friert man ihn am besten in kleineren Portionen ein.

Eichelkürbis

Texaskürbis

Patissonkürbis

Zucchino

Moschuskürbis

Gartenkürbis

Kürbis

Vorbereitung

Sommerkürbisse werden gewaschen, an beiden Enden abgeschnitten und dann im Ganzen, halbiert, in Würfel, Stifte oder Scheiben geschnitten oder gerieben verarbeitet. Zum Füllen wird der Kürbis der Länge nach halbiert und etwas von dem Fruchtfleisch herausgekratzt. Wegen seines hohen Wassergehalts wird das Fleisch häufig auch entwässert. Dies ist vor allem dann sinnvoll, wenn der Kürbis in einem Gericht mitgegart wird, das dadurch wässrig werden könnte. Dafür schneidet man ihn in Scheiben, legt diese in eine flache Schale, bestreut sie mit grobem Salz und lässt sie 20 bis 30 Minuten ziehen. Dann werden die Kürbisscheiben in einem Sieb unter fließendem kalten Wasser abgespült und trockengetupft.

Sehr reife Kürbisse werden meistens geschält und entkernt. Da sie weniger Wasser enthalten als jüngere Früchte, haben sie meist eine längere Garzeit. Im Vergleich zu diesen sind sie weniger geschmacksintensiv und eignen sich am besten für Suppen und Eintopfgerichte oder als Püree.

Bei Winterkürbissen wird in den meisten Fällen die harte Schale entfernt. Danach kratzt man die Kerne und die Fasern mit einem Löffel heraus (die Kerne schmecken getrocknet bzw. mit oder ohne Salz geröstet ausgezeichnet). Bei manchen Kürbissen lässt sich die Schale leichter entfernen, wenn man sie zuvor halbiert oder viertelt Gefüllter Kürbis wird mit der Schale gegart.

Serviervorschläge

Sommerkürbis wird roh oder gegart verwendet. Roh isst man ihn häufig »pur« oder serviert ihn zu einem Dip. Er schmeckt auch als Vorspeise, im Salat oder auf Sandwiches und eignet sich gut zum Einlegen. Geriebener roher Sommerkürbis wird häufig auch mit Eiern, Mehl und Gewürzen zu einem Teig verarbeitet und zu Reibekuchen ausgebacken oder in Scheiben geschnitten und mit Knoblauch, Zwiebeln und Tomaten im eigenen Saft geschmort. Man kann ihn außerdem füllen und im Ofen überbacken, gratinieren, braten oder frittieren. Er passt in Suppen, Eintopfgerichte, Quiches und Omelettes, und Zucchini gehören zu den Hauptzutaten der *Ratatouille*. Sommerkürbisse harmonieren mit vielen Gewürzen und Kräutern, vor allem mit Dill und Minze.

Winterkürbisse sind eine häufige Zutat in Eintöpfen, Couscous oder Currys. Gekocht und püriert können sie sehr gut mit Kartoffelpüree kombiniert werden und ergeben wohlschmeckende Suppen. Außerdem werden sie bei der Herstellung von Pasteten, Kuchen, Brötchen, Keksen, Puddings, Soufflés und Cremespeisen verwendet, wobei der relativ milde Geschmack der Winterkürbisse durch großzügiges Würzen verstärkt werden kann. In den meisten Gerichten ist der Winterkürbis ein guter Ersatz für die Süßkartoffel.

Die zarten Kürbisblüten sind ebenfalls essbar und verleihen Suppen, Crêpes, Omelettes, Reis, Meeresfrüchten und Geflügel nicht nur optisch, sondern auch geschmacklich eine besondere Note. Meist werden sie bei großer Hitze kurz sautiert oder gefüllt und überbacken.

Gemüsekürbis

Buttercupkürbis

Hubbardkürbis

Bananenkürbis

Kürbis

Zucchinisalat

FÜR 4 PORTIONEN

4 mittelgroße Zucchini	1 EL Schnittlauchröllchen
3 EL Mayonnaise	Salz und frisch
1 EL Dijonsenf	gemahlener Pfeffer
1 EL Joghurt	4 Spritzer Tabasco

1. Die Zucchini nach Belieben schälen oder waschen und in dünne Scheiben schneiden. Die Zucchinischeiben in eine Salatschüssel geben.

2. Die Mayonnaise und den Senf in einer Schüssel verrühren. Joghurt und Schnittlauch zufügen und mit Salz, Pfeffer und Tabasco würzen. Die Sauce über die Zucchinischeiben gießen, alles vermischen und den Salat 15 Minuten ziehen lassen.

Zubereitung

Kürbis wird am besten gedämpft oder im Ofen gebacken, man kann ihn aber auch kochen oder in der Mikrowelle garen.

• Zum Dämpfen wird der Kürbis halbiert oder in Scheiben oder Stücke geschnitten, etwas gesalzen und auf dem Dampfeinsatz in einem großen Topf über kochendem Wasser gegart. Je nach Größe der Stücke beträgt die Garzeit 15 bis 40 Minuten.

• Zum Garen im Backofen wird der gewaschene ungeschälte Kürbis halbiert oder geviertelt. Dann entfernt man die Kerne, gibt etwas Öl oder Butter in die Mitte, würzt mit Salz, Pfeffer, Muskatnuss oder anderen Gewürzen und gießt etwas Wasser, Orangen- oder Zitronensaft in die Vertiefung. Dann legt man den Kürbis in eine Auflaufform, füllt diese 2 bis 5 cm hoch mit Wasser und lässt den Kürbis bei mittlerer Hitze 30 bis 60 Minuten bzw. so lange garen, bis er weich ist.

• Im Gegensatz zum Dämpfen oder Backen ist das Kochen eine weniger gut geeignete Garmethode, da der Kürbis dabei an Geschmack verlieren und wässrig werden kann. Dafür schneidet man das Fruchtfleisch in etwa 2 cm große Würfel und kocht diese in sehr wenig Wasser 10 bis 15 Minuten oder so lange, bis sie weich sind. Kürbis kann auch im Ganzen mit der Schale gegart werden, indem man die Schale zuvor einige Male mit einer Gabel einsticht und den Kürbis mit Wasser bedeckt in etwa 1 Stunde weich kocht.

• Zum Garen in der Mikrowelle wird der Kürbis halbiert, entkernt und mit Kunststofffolie bedeckt je nach Größe 10 bis 15 Minuten auf höchster Stufe gegart. Die Folie sollte dabei an einer Ecke etwas offen bleiben, damit der Dampf entweichen kann.

1 *Den Kürbis halbieren und die Kerne mit einem Löffel herauskratzen.*

2 *Den Kürbis vierteln und die Schale mit einem scharfen Messer entfernen.*

Krummhals- oder Drehhalskürbis

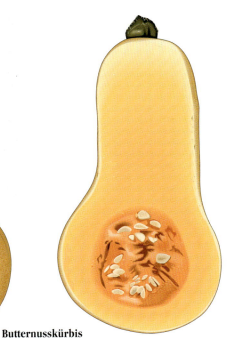

Butternusskürbis

Fruchtgemüse

Kürbiskerne

Nährwerte

	Kürbiskerne
Kalorien	522
Ballaststoffe	13,8 g
Kohlenhydrate	13,4 g
Fett	42 g
Eiweiß	33 g
Wasser	7 %
	je 100 g

Die sehr nahrhaften Winterkürbiskerne sind gute Energiespender und enthalten reichlich Magnesium, Eisen, Phosphor, Zink, Kupfer, Kalium, Nikotin- und Folsäure, viel Vitamin B_1 und B_2 sowie etwas Panthotensäure.

In Öl geröstete Kürbiskerne enthalten meist gesättigte Fettsäuren und liefern deshalb noch mehr Energie als Kürbiskerne, die ohne Fett geröstet wurden.

Kürbiskerne wirken harntreibend und werden bei Harnwegsinfektionen und Prostataleiden eingesetzt. Außerdem gelten sie als Aphrodisiakum.

Aufbewahrung

Kürbiskerne werden luftdicht verschlossen an einem trockenen, kühlen Ort aufbewahrt und können sehr gut eingefroren werden. Gehackte oder gemahlene Kerne sollten im Kühlschrank gelagert werden, damit sie nicht ranzig werden.

Vorbereitung

• Zum Rösten vorsichtig sämtliche Kerne zusammen mit den Fasern aus dem Kürbis kratzen, die Fasern entfernen und die (ungewaschenen!) Kerne mit Küchenkrepp trockentupfen.

• Die Kerne auf einem Backblech verteilen und möglichst einige Tage, zumindest aber über Nacht, bei Raumtemperatur trocknen lassen.

• Das Blech in den Backofen geben und die Kerne bei 180 °C (Umluft 160 °C, Gas Stufe 3–4) so lange rösten, bis sie goldbraun sind, dabei das Blech von Zeit zu Zeit schütteln. Die Kerne während des Röstens nach Belieben mit etwas Öl beträufeln und leicht salzen.

• Das Blech aus dem Ofen holen und die Kerne auf einem Tuch vollständig auskühlen und trocknen lassen.

Serviervorschläge

Kürbiskerne werden pur oder geröstet, gehackt oder gemahlen verwendet. Allein oder mit Walnüssen, Mandeln, Erdnüssen oder Trockenfrüchten gemischt eignen sie sich als kleine Knabberei oder dienen als knusprige Einlage für Salate, Saucen, Nudel- und Gemüsegerichte.

ungeschälte Kürbiskerne

geschälte Kürbiskerne

Spaghettikürbis

Cucurbita pepo, Cucurbitaceae

Der Spaghettikürbis ist die Frucht einer Pflanze, die vermutlich aus Nord- oder Mittelamerika stammt. Anders als bei den übrigen Kürbissen lässt sich sein Fruchtfleisch nach dem Garen in spaghettiähnliche Stränge zerteilen. Spaghettikürbisse werden 20 bis 35 cm lang und etwa 2,5 kg schwer. Ihre glatte weißliche oder gelbliche Schale ist im Vergleich zum Winterkürbis weniger hart. Das hellgelbe bis leicht grünliche Fruchtfleisch ähnelt im Geschmack den Sommerkürbissen.

Einkaufstipp

Die Schale des Spaghettikürbisses sollte möglichst hart und makellos sein und keine Druckstellen aufweisen. Grüne Flecken deuten darauf hin, dass der Kürbis noch nicht ganz reif ist.

Serviervorschläge

Der Spaghettikürbisses wird häufig wie Spaghetti mit verschiedenen Saucen serviert. Er kann aber auch wie andere Kürbisse zubereitet werden und wird vor allem in Suppen und Eintopfgerichten verwendet.

Gegarter kalter Spaghettikürbis schmeckt gut als Salat mit Mayonnaise oder einer Vinaigrette angemacht. Gerieben wird er auch häufig roh verzehrt. Da er sehr viel Wasser enthält, sollte man ihn vor der Zubereitung in der Salatschleuder trockenschleudern.

Zubereitung

Spaghettikürbis schmeckt sehr gut, wenn er im Backofen gegart wird. Dafür belässt man ihn entweder im Ganzen, wobei man die Schale mit einer Gabel mehrmals einsticht, oder man schält ihn und schneidet das Fruchtfleisch in Scheiben, oder man halbiert ihn der Länge nach, entfernt die Kerne und legt ihn mit der Schnittfläche nach oben auf das Backblech. Bei 180 °C (Umluft 160 °C, Gas Stufe 3–4) beträgt die Garzeit für einen ganzen Kürbis etwa 1 Stunde, halbiert benötigt er 30 bis 45 Minuten und in Scheiben geschnitten etwa 20 Minuten. Bei einem ganzen Kürbis empfiehlt sich die Garprobe, indem man mit einer Gabel durch die Schale in das Fruchtfleisch sticht, das bissfest sein sollte. Halbierter Kürbis ist gar, wenn das Fruchtfleisch sich mühelos in Stränge zerteilen lässt. Spaghettikürbis sollte jedoch nicht zu lange garen, da das Fruchtfleisch sonst fade wird und zerfällt. Enthält das Fleisch sehr viel Wasser, kann man es in der Salatschleuder trockenschleudern.

Spaghettikürbis kann auch in der Mikrowelle gegart werden. Dafür wird der Kürbis halbiert, entkernt und mit der Schale nach unten in die Mikrowelle gelegt. Dann deckt man ihn mit mikrowellengeeigneter Kunststofffolie ab und gart die Hälften nacheinander auf hoher Stufe 6 bis 8 Minuten oder so lange, bis sich das Fleisch mühelos zerteilen lässt. Anschließend löst man das Fruchtfleisch aus der Schale und bereitet es nach Belieben weiter zu.

Nährwerte

Kalorien	32
Ballaststoffe	1,4 g
Kohlenhydrate	6,5 g
Fett	0,3 g
Eiweiß	0,7 g
Wasser	92,3 %
je 100 g	

Spaghettikürbis enthält Kalium, Vitamin C und Pantothensäure.

Aufbewahrung

Spaghettikürbis kann an einem dunklen Ort bei 10 bis 15 °C bis zu 3 Monate gelagert werden, zuvor sollten jedoch sämtliche Erdreste entfernt werden. Außerdem sollte ein eventuell noch vorhandener Stiel nicht abgeschnitten werden, um vorzeitiges Austrocknen zu verhindern. Angeschnittener oder gegarter Kürbis wird im Kühlschrank aufbewahrt. Roher und geriebener oder gegarter Spaghettikürbis ist auch zum Einfrieren geeignet.

Fruchtgemüse

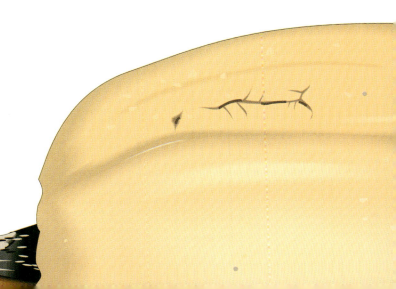

Chayote

Sechium edule, Cucurbitaceae

Die Chayote, auch Christofine genannt, ist die Kürbisfrucht einer einjährigen Pflanze, die ursprünglich in Mexiko und Mittelamerika beheimatet war und bereits von den Mayas und Azteken kultiviert wurde. Auch ihr Name entstammt dem aztekischen Nahuat.

Die Chayote gedeiht vor allem in tropischen und subtropischen Gebieten und wird heute vor allem in Costa Rica, aber auch in der Karibik angepflanzt. In der Form erinnert die 7,5 bis 20 cm lange Chayote an eine Birne. Ihre dünne, raue, gelblich weiße, blass- oder dunkelgrüne Schale hat mehrere tiefe Längsfurchen und ist essbar. Das helle, feste Fleisch enthält sehr viel Wasser und schmeckt nicht besonders intensiv. Die Frucht hat einen 2,5 bis 5 cm großen Kern, der bereits in der reifen Frucht zu keimen beginnt und gegart ebenfalls essbar ist.

Einkaufstipp

Die Chayote sollte makellos und fest, aber nicht zu hart sein. Eine sehr harte Schale ist meist ein Zeichen dafür, dass das Fruchtfleisch faserig ist.

Nährwerte

Kalorien	27
Ballaststoffe	0,7 g
Kohlenhydrate	5,7 g
Fett	0,1 g
Eiweiß	0,7 g
Wasser	93 %
	je 100 g

Rohe Chayote enthält viel Kalium sowie etwas Vitamin C, Folsäure, Vitamin B_6, Kupfer und Magnesium.

Vorbereitung

Da die Schale der Chayote auch gegart nicht weich wird, entfernt man sie entweder vor oder nach dem Kochen. Außerdem sondert die Frucht beim Schälen eine klebrige Substanz ab, sodass man sie am besten unter fließendem Wasser schält.

Serviervorschläge

Die Chayote wird roh oder gegart verzehrt. Roh verwendet man sie zum Beispiel häufig im Salat oder macht sie mit einer Vinaigrette an.

Sehr reife Früchte, die bereits zu keimen beginnen, werden meist geschält und gegart und beispielsweise für kreolische Gerichte verwendet. Gegart schmeckt sie auch sehr gut mit einer Sauce, gratiniert oder als Kompott, das mit Zucker und Limonensaft, Zimt und Muskatnuss abgeschmeckt wird. Chayote kann man außerdem in Suppen und Eintopfgerichte geben, schmoren, füllen oder für Marinaden und Chutneys verwenden. In vielen Gerichten ist sie ein guter Ersatz für Sommerkürbis.

Zubereitung

Der feine Geschmack der Chayote kommt besser zur Geltung, wenn das Fruchtfleisch nach dem Garen noch etwas Biss hat. Die Garzeit beim Kochen oder Dämpfen beträgt 10 bis 15 Minuten.

Aufbewahrung

In einen perforierten Kunststoffbeutel verpackt ist Chayote im Gemüsefach des Kühlschranks einige Wochen haltbar.

Spinat

Spinacia oleracea, Chenopodiaceae

Die einjährige Gemüsepflanze stammt vermutlich aus Persien und war weder Griechen noch Römern bekannt. Sie gelangte durch die Mauren zunächst nach Spanien und verbreitete sich später von dort aus in alle europäischen Länder. Als Katharina von Medici im Jahr 1533 ihre Heimatstadt Florenz verließ, um den König von Frankreich zu heiraten, befanden sich in ihrem Gefolge auch einige italienische Köche, die es verstanden, ihr Lieblingsgemüse auf verschiedenste Weise zuzubereiten. Seither werden Gerichte, die auf einem Spinatbett serviert werden, gewöhnlich als »Florentiner Art« bezeichnet.

Spinat gedeiht am besten in gemäßigten Klimazonen. Haupterzeugerländer sind heute die Vereinigten Staaten, die Niederlande und die skandinavischen Länder. Die Blätter werden geerntet, solange sie jung und zart sind und noch ehe die Pflanze zu blühen beginnt.

Die Spinatblätter werden geerntet, solange sie jung und zart sind und ehe die Pflanze zu blühen beginnt.

Vorbereitung

Da Spinat meistens sehr sandig ist, muss er gründlich gesäubert werden. Am besten wäscht man ihn erst unmittelbar vor der Zubereitung, damit die Blätter nicht matschig werden und die Vitamine erhalten bleiben, indem man die Blätter mehrmals kurz in reichlich kaltes Wasser taucht und das Wasser so lange wechselt, bis es klar bleibt. Anschließend werden sehr harte dicke Stiele entfernt oder zerteilt, damit Blätter und Stiele gleichmäßig garen.

Serviervorschläge

Spinat wird sowohl roh als auch gegart zubereitet. Roher Spinat schmeckt köstlich in Salaten oder als Brotbelag. Gegart kann man ihn nur mit etwas Butter und Zitronensaft oder mit einer Sauce servieren, etwa mit einer Käse-, Béchamel- oder Sahnesauce. Man kann ihn auch überbacken, gratinieren oder zusammen mit Kartoffeln pürieren. Spinat harmoniert vorzüglich mit Milch, die seine Säure ausgleicht, und passt sehr gut zu Eiern, mit denen er auch vielfach in Gerichten wie Omelettes und Quiches kombiniert wird. Außerdem ist er eine klassische Beilage zu Kalbfleisch, Geflügel oder Fisch und wird häufig für Füllungen und Soufflés verwendet.

Zubereitung

Zum Garen genügt meist das Wasser, das nach dem Waschen und Abtropfen an den Spinatblättern zurückbleibt, indem man die Blätter in einem großen Topf bei großer Hitze zugedeckt in 1 bis 3 Minuten zusammenfallen lässt. Als Zutat in Gerichten, die eine längere Kochzeit benötigen, sollte man sie erst am Ende der Garzeit zufügen, damit sie nicht matschig werden. Spinat eignet sich nicht zum Garen im Schnellkochtopf, da er dabei leicht zu weich wird, während Dämpfen ihm sehr gut bekommt. Damit er nicht oxidiert, empfiehlt sich bei der Zubereitung Kochgeschirr aus Glas oder rostfreiem Edelstahl; unbehandeltes Aluminium und Gusseisen sind dagegen nicht geeignet. Zu lange gegarter Spinat verfärbt sich rasch bräunlich.

Einkaufstipp

Frischer Spinat sollte zarte, geschmeidige dunkelgrüne Blätter haben. Welke, gelbliche, schlaffe oder gar matschige Blätter sind nicht empfehlenswert.

Nährwerte

Kalorien	15
Ballaststoffe	1,8 g
Kohlenhydrate	0,6 g
Fett	0,3 g
Eiweiß	2,5 g
Wasser	91,6 %
	je 100 g

Roher Spinat enthält reichlich Folsäure, Vitamin A, Kalium, Magnesium sowie viel Vitamin C und Eisen. Außerdem enthält er Vitamin B_2, Nikotinsäure, Vitamin B_6, Kalzium, Phosphor, Zink und Kupfer. Spinat hilft bei der Vorbeugung von Vitamin- und Eisenmangel und gleicht den Mineralstoffhaushalt aus.

Aufbewahrung

Frischer Spinat hält sich ungewaschen in einem perforierten Kunststoffbeutel im Kühlschrank 4 bis 5 Tage, gegart verdirbt er hingegen sehr schnell. Frischer Spinat lässt sich auch gut einfrieren, sollte zuvor jedoch 2 Minuten blanchiert werden. Da die Blätter durch das Einfrieren weich werden, lässt man sie vor der Zubereitung am besten nicht vollständig auftauen.

Ampfer

Rumex spp. Polygonaceae

Gartensauerampfer

Der Ampfer hat große, zarte hellgrüne Blätter. Sein herber, saurer Geschmack erinnert an Rhabarber.

Sowohl der Gartensauerampfer als auch der Garten- oder Gemüseampfer, die zur selben Pflanzengattung gehören, stammen ursprünglich aus Nordasien und Europa. Die winterfesten Pflanzen wachsen wild, werden in vielen gemäßigten Klimazonen aber auch angebaut. Sie sind verwandt mit dem Rhabarber und haben einen ähnlich herben, sauren Geschmack, wie es sich auch in ihrem Namen »Ampfer« ausdrückt, der sich vom lateinischen Wort *amarus* = bitter ableitet.

Der Sauerampfer, der sich seit der Antike großer Beliebtheit erfreut – Römer und Ägypter schätzten ihn vor allem wegen seiner verdauungsfördernden Wirkung –, genießt noch heute großes Ansehen und spielt vor allem in der traditionellen französischen und englischen Küche eine wichtige Rolle. Schon im Mittelalter entdeckten Kräuterheilkundige, dass er vor der Vitaminmangelkrankheit Skorbut schützt. Sehr früh gelangte er auch nach Nordamerika und bis nach Nordkanada.

Der **Gartensauerampfer** *(Rumex acetosa)* hat pfeilartig geformte, große, zarte hellgrüne Blätter, die je nach Sorte mehr oder weniger gezackt sind. Sie werden im Durchschnitt 15 bis 20 cm lang, können aber auch eine Länge von bis zu 90 cm erreichen. Die hübschen rötlichen Blüten sind in Dolden angeordnet.

Der **Gartenampfer** *(Rumex patientia)* ist größer als der Gartensauerampfer, hat dicke, abgerundete Blätter und grüne Blütendolden. Die Pflanze, die häufig als Unkraut angesehen wird, kann bis zu 1,50 m hoch werden; ihre Blätter sind nicht so schmackhaft wie die des Sauerampfers.

Einkaufstipp

Die Blätter sollten fest, glänzend und leuchtend grün sein. Schmale Blattstiele sind weniger holzig als breite Stiele.

Nährwerte

	Gartensauerampfer
Kalorien	21
Ballaststoffe	2,0 g
Kohlenhydrate	1,0 g
Fett	0,3 g
Eiweiß	3,1 g
Wasser	92 %
	je 100 g

Ampfer enthält sehr viel Vitamin A und C, Magnesium und Kalium, viel Eisen sowie etwas Phosphor, wobei der Vitamin- und Mineralstoffgehalt bei rohem wie gegartem Ampfer nahezu gleich ist. Wie Spinat und Rhabarber enthält Ampfer relativ viel Oxalsäure und sollte deshalb nur in Maßen genossen werden.

Er wirkt tonisierend, harntreibend, appetitanregend, verdauungsfördernd, leicht abführend und schützt vor Vitaminmangel.

Vorbereitung

Um die Vitamine zu schonen, sollte man die Blätter möglichst erst unmittelbar vor der Zubereitung waschen, indem man sie kurz in kaltem Wasser schwenkt, ohne sie jedoch längere Zeit darin liegen zu lassen. Nach Belieben kann man die Stiele vor dem Garen entfernen. Dazu werden die Blätter der Länge nach gefaltet und die Stiele, die sich leicht lösen, einfach abgezogen.

Serviervorschläge

Ampfer wird sowohl roh als auch gegart verwendet, wobei er gegart etwas milder wird. Der saure Geschmack erinnert etwas an Zitrone, und vor allem junge, zarte Blätter verleihen Blattsalaten eine frische Note. Man kann Sauerampfer wie Spinat garen, und er schmeckt köstlich in Suppen und Saucen. Sauerampfersuppe zählt in der traditionellen Küche zahlreicher mitteleuropäischer Länder und Russlands zu den Klassikern. Sauerampfersauce passt sehr gut zu Geflügel, Eiern und Quiches. Sauerampfer ist eine häufige Gemüsebeilage zu Fisch (Alse, Hecht) und Kalbfleisch, oder er wird püriert und mit pürierten Kartoffeln oder Bohnen vermengt. Der saure Geschmack lässt sich etwas mildern, indem man Salatblätter untermischt oder ihn mit einer Sahnesauce serviert.

Zubereitung

Ampfer sollte nicht in Aluminium- oder Eisentöpfen gegart werden, da er sich sonst schwarz verfärbt. Beim Schneiden der Blätter sollte man außerdem ein Messer aus rostfreiem Edelstahl verwenden.

Aufbewahrung

Ampfer verdirbt schnell und sollte deshalb möglichst rasch verbraucht werden. In einem perforierten Kunststoffbeutel hält er sich im Kühlschrank 1 bis 2 Tage. Gegart ist er auch zum Einfrieren geeignet.

Kleine Brennnessel

Brennnessel
Urtica dioica, Urticaceae

Die Brennnessel ist eine mit schneidenden Härchen besetzte Krautpflanze, die in Eurasien beheimatet ist und in fast allen gemäßigten Klimazonen am Straßenrand, an Gewässern und auf Ödland wächst. Die ausgesprochen gesunden und heilkräftigen Brennnesselblätter besitzen einen leicht pfeffrigen Geschmack und sind je nach Sorte unterschiedlich scharf. Am bekanntesten sind die Große und die Kleine Brennnessel.

Die **Große Brennnessel** *(Urtica dioica)* ist eine winterfeste Pflanze, die bis zu 1,50 m hoch werden kann und deren behaarter, gefurchter Stiel während des Wachstums allmählich verholzt. Die großen, ovalen dunkelgrünen Blätter sind ebenfalls behaart, und in den Blattspitzen befindet sich eine hautreizende Flüssigkeit.

Die einjährige **Kleine Brennnessel** *(Urtica urens)* kann bis zu 50 cm hoch werden. Ihre weichen, gezackten Blätter sind runder und noch schneidender als die der Großen Brennnessel.

Die schneidenden Härchen auf den Brennnesselblättern verursachen unangenehme Hautreizungen. Gegart oder getrocknet verlieren sie diese Wirkung jedoch.

Einkaufstipp

Brennnesselblätter werden gepflückt, solange sie jung und zart sind und bevor der Stiel verholzt. Um die Hände zu schützen, empfiehlt es sich, dabei Handschuhe zu tragen.

Serviervorschläge

Die frischen Blätter werden ähnlich wie Spinat zubereitet und verursachen gegart keine Hautreizungen mehr. Wegen ihres hohen Chlorophyllgehalts bleibt ihr sattes Grün auch nach dem Garen erhalten. Sehr beliebt sind Brennnesselsuppen, die beispielsweise mit Kartoffeln, Lauch, Brunnenkresse und Kohl oder Bohnen zubereitet werden. Häufig schmort man die Blätter auch mit Zwiebel und Knoblauch und schmeckt sie mit Muskatnuss ab. Sehr junge Blätter oder die Blätter der weniger hautreizenden Sorten werden fein gehackt auch roh als Salat verwendet.

Aufbewahrung

Brennnesseln verderben sehr schnell und bleiben ungewaschen in einem perforierten Kunststoffbeutel im Kühlschrank nur 1 bis 2 Tage frisch.

Nährwerte

Kalorien	40
Ballaststoffe	3,1 g
Kohlenhydrate	1,3 g
Fett	0,6 g
Eiweiß	7,4 g
Wasser	83 %
	je 100 g

Brennnessel enthält reichlich Vitamin A und C, Eisen, Kalzium, Kalium und Magnesium.

Die Blätter wirken adstringierend, tonisierend, verdauungsfördernd, reinigend und harntreibend. Sie regen die Milchproduktion während der Stillzeit an und helfen bei Prostatabeschwerden, Rheuma und Gicht sowie bei Galle- und Leberbeschwerden.

Für einen Brennnesseltee kocht man 2 gehäufte Teelöffel Blätter oder Wurzeln 5 Minuten in ¼ l Wasser.

Löwenzahn

Taraxacum officinale, **Compositae**

Der Löwenzahn ist eine winterfeste Pflanze, die in Europa, Nordafrika, Mittel- und Nordasien sowie in Nordamerika beheimatet ist. Weil sie nahezu überall gedeiht, wird diese Feld-, Wald- und Wiesenpflanze mit ihren gelben Blüten vielfach als Unkraut angesehen. Vor allem in Europa war sie viele Jahrhunderte lang ihrer Heilkraft und ihres Geschmacks wegen sehr geschätzt und ist in Frankreich auch heute noch beliebt, weshalb sie gelegentlich auch »Franzosensalat« genannt wird. Den Namen »Löwenzahn« verdankt sie ihren scharf gezahnten Blättern.

Während die kleinen, leicht bitter schmeckenden Blätter des wilden Löwenzahns leuchtend grün sind, hat die Kulturpflanze, die wie Chicorée und weißer Spargel im Dunklen gezogen wird, sehr helle Blätter mit einem feinen, leicht säuerlichen Geschmack. Die langen weißlichen Blattrippen enthalten wie die Blütenstängel einen milchigen Saft. Die langen, fleischigen bräunlichen Wurzeln sind innen hell.

Der Löwenzahn mit seinen gelben Blüten ist eine Feld-, Wald- und Wiesenpflanze, die nahezu überall gedeiht und meist als Unkraut angesehen wird.

Vorbereitung

Wenn man die Löwenzahnblätter vor der Zubereitung 1 bis 2 Minuten in kochendem Wasser blanchiert, verlieren sie etwas von ihrer Bitterkeit. Um die Vitamine zu schonen, sollten sie außerdem immer erst unmittelbar vor der Zubereitung gewaschen werden.

Nährwerte

Kalorien	52
Ballaststoffe	2,0 g
Kohlenhydrate	9,1 g
Fett	0,6 g
Eiweiß	2,6 g
Wasser	92,2 %
	je 100 g

Rohe Löwenzahnblätter enthalten sehr viel Vitamin A, viel Vitamin C und Kalium, etwas Eisen, Kalzium, Kupfer, Magnesium und Vitamin B_1, B_2 und B_6 sowie geringfügig Folsäure.

Die Löwenzahnblätter sind für ihre harntreibende, krampflösende und blutreinigende Wirkung bekannt. Darüber hinaus regen sie den Appetit an, beugen Vitaminmangel vor und wirken darmreinigend. Seit der Antike werden sie überdies zur Behandlung von Geschwüren und Hepatitis sowie bei Juckreiz eingesetzt.

Die Löwenzahnwurzel enthält Substanzen, die die Leber- und Gallefunktion anregen, und wird außerdem als Abführmittel verwendet.

Bei empfindlichen Menschen kann Löwenzahn Allergien in Form von Hautausschlägen verursachen.

Einkaufstipp

Frischer Löwenzahn sollte beim Einkauf möglichst noch seine Wurzeln haben, da er dann länger haltbar ist. Pflanzen mit welken, matten oder schlaffen Blättern sind nicht empfehlenswert.

Beim Selberpflücken sollte man nur Pflanzen mit sehr jungen, zarten Blättern und noch nicht ausgebildeten Blüten nehmen, da die Blätter dann weniger bitter schmecken. Außerdem sollte man darauf achten, dass sie möglichst wenig mit Umweltgiften belastet sind. Löwenzahn, der an viel befahrenen Straßen wächst, ist durch die Autoabgase sehr stark belastet.

Serviervorschläge

Löwenzahnblätter werden sowohl roh als auch gegart verwendet. Zarte, junge Blätter eignen sich roh sehr gut als Salat. Zu ihrem leicht bitteren Geschmack passen am besten sehr aromatische Öle und Essigsorten, etwa Haselnuss- oder Olivenöl und Himbeer- oder Weinessig. Sie schmecken aber auch vorzüglich, wenn man sie mit einer warmen Vinaigrette anmacht, die die Bitterkeit etwas mildert und die Blätter noch zarter macht. Der traditionelle französische Löwenzahnsalat wird mit Speck, Essig und Knoblauchcroutons zubereitet.

Löwenzahn wird häufig mit Schinken, Schmalz oder Speck geschmort, man kann ihn aber auch wie Spinat zubereiten. Die Knospen der Pflanze werden gelegentlich eingelegt und die Blüten zur Herstellung eines Weins genutzt. Die Wurzeln können wie Zichorienwurzeln zu einem Kaffeesurrogat verarbeitet werden.

Aufbewahrung

In einem mit Löchern versehenen Kunststoffbeutel ist Löwenzahn im Kühlschrank höchstens 5 Tage haltbar. Frisch ist er allerdings am schmackhaftesten, weshalb man ihn sobald wie möglich verbrauchen sollte. Löwenzahnblätter sind auch zum Einfrieren geeignet, sollten jedoch zuvor 2 Minuten blanchiert werden. Da sie nach dem Auftauen schlaff werden, verwendet man sie meistens tiefgefroren als Zutat in gegarten Gerichten.

Portulak

Portulaca oleracea, **Portulacaceae**

Portulak ist eine winterfeste Pflanze, die häufig in den wärmeren Regionen Mitteleuropas sowie in Nord- und Südamerika anzutreffen ist und vielfach auch wild wächst. Es gibt mehr als 40 verschiedene Sorten dieser dekorativen Pflanze, die schon seit über 3500 Jahren als Gemüse- und Heilpflanze verwendet wird und im Mittelalter vor allem in England sehr beliebt war.

Die verzweigten Stängel des Portulaks sind gummiartig. Er wird vor der Blüte geerntet und hat einen leicht scharfen, säuerlichen Geschmack.

Portulak wird 5 bis 10 cm hoch. Seine verzweigten, gummiartigen Stängel sind wie die dicken, zarten, fleischigen Blätter sehr wasserhaltig. Die Pflanze mit ihren tropfenförmigen, gelblich grünen Blättern wird noch vor der Blüte geerntet und hat einen leicht scharfen, säuerlichen Geschmack.

Serviervorschläge

Portulak wird roh oder gegart verwendet. Die zarten Stängel werden wie Spinat oder Karde zubereitet, schmecken jedoch sehr viel schärfer als diese. Die zarten oberen Blätter können wie Brunnenkresse verwendet werden.

Portulak wird zum Würzen und Garnieren von Suppen, Mayonnaisen, Omelettes und Eintopfgerichten verwendet. Ausgezeichnet schmeckt er zu geriebenen Möhren oder Kartoffelpüree, er passt aber auch gut zu Kopfsalat und Tomaten. Stängel und Blätter können sehr gut in Essig eingelegt werden. Im Mittleren Osten bereitet man aus Portulak einen Salat namens *Fattouch*.

Einkaufstipp

Portulak sollte feste Stängel und Blätter haben.

Nährwerte

Kalorien	26
Ballaststoffe	2,0 g
Kohlenhydrate	4,3 g
Fett	0,3 g
Eiweiß	1,5 g
Wasser	92,5 %
	je 100 g

Portulak enthält reichlich Kalium und Magnesium, viel Vitamin A, etwas Vitamin C, Kalzium und Eisen sowie Antioxidanzien. Aufgrund seines hohen Wassergehalts gilt er als guter Durstlöscher. Er wirkt harntreibend, krampflösend und reinigend.

Aufbewahrung

Portulak verdirbt sehr schnell und sollte möglichst schnell verbraucht werden. In einem perforierten Kunststoffbeutel ist er im Kühlschrank 1 Tag haltbar.

Blattgemüse

Feldsalat

Valerianella locusta und *Valerianella olitoria*, Valerianaceae

Feldsalat wird wie Kopfsalat angebaut und auch ebenso zubereitet. Die zarten Blätter haben einen feinen Geschmack.

Der Feldsalat, auch als Ackersalat oder Rapunzel bekannt, ist eine einjährige Pflanze, die vermutlich im Mittelmeerraum beheimatet ist. Der frostbeständige Feldsalat wird wie Kopfsalat angebaut und auch ebenso zubereitet. Den feinen Geschmack seiner zarten Blätter schätzte man schon zur Römerzeit, während er in Nordamerika bis heute kaum bekannt ist. Haupterzeugerländer sind Frankreich und Holland.

Der Feldsalat, von dem es verschiedene Sorten gibt, ist ein naher Verwandter des Baldrian. Seine Blätter werden 5 bis 30 cm lang und wachsen in kleinen Büscheln, die einzeln von Hand zusammen mit den zarten Wurzeln geerntet werden. Je nach Sorte sind sie breit oder schmal, rund oder spitz und kommen in verschiedenen Grünschattierungen vor. Die Blätter schmecken sehr aromatisch, wobei einige Sorten im Geschmack an die Haselnuss erinnern.

Einkaufstipp

Feldsalat wird mit den kleinen Würzelchen angeboten. Er sollte knackige Blätter haben, die leicht glänzen und eine regelmäßige grüne Farbe aufweisen. Verfärbte Blätter sind nicht mehr frisch.

Nährwerte

Kalorien	14
Ballaststoffe	1,5 g
Kohlenhydrate	0,7 g
Fett	0,4 g
Eiweiß	1,8 g
Wasser	93,4 %
	je 100 g

Feldsalat enthält reichlich Kalium, Vitamin A und Vitamin C, viel Eisen und Vitamin B_6 sowie etwas Kupfer, Zink, Folsäure, Magnesium und Phosphor. Er wirkt tonisierend, harntreibend und abführend.

Vorbereitung

Feldsalat sollte erst unmittelbar vor dem Servieren zubereitet werden, damit sein zartes Aroma erhalten bleibt. Dafür werden zuerst die Wurzeln entfernt und die Blätter anschließend gründlich gewaschen, da die Pflanzen auf sandigen Böden gedeihen. Dabei wird das Wasser so oft gewechselt, bis es klar bleibt, ohne dass die Blätter jedoch längere Zeit im Wasser liegen gelassen werden sollten, da sie sonst ihre Nährstoffe verlieren.

Serviervorschläge

Feldsalat schmeckt sowohl allein als auch in Kombination mit anderen Blattsalaten wie etwa Kopfsalat. Man sollte ihn jedoch möglichst nicht mit Dressings anmachen, die einen kräftigen Eigengeschmack besitzen und sein feines Aroma überdecken. Etwas geschmacksneutrales Öl, einige Tropfen Zitronensaft und eine Prise Salz genügen meist schon, um den Geschmack der zarten Blätter zu unterstreichen.

Feldsalat wird auch zum Garnieren von Suppen, Omelettes, Reis oder Kartoffelsalat verwendet, indem man ihn wie Schnittlauch oder Petersilie klein geschnitten unmittelbar vor dem Servieren darüber streut.

Aufbewahrung

Feldsalat verdirbt sehr schnell. In Küchenkrepp gewickelt und in einen perforierten Kunststoffbeutel verpackt bleibt er im Kühlschrank nicht länger als 2 Tage frisch. Der feine Geschmack der Blätter kommt allerdings am besten zur Geltung, wenn sie sofort verbraucht werden.

Rauke

Eruca sativa, Cruciferae

Die Rauke, die bei uns auch unter ihrem italienischen Namen **Rucola** bekannt ist, stammt aus Europa und Westasien. Ihre aromatischen Blätter und Samen wurden bereits von den Römern geschätzt. Die Rauke gehört zur Kohlfamilie und ist mit Wasserkresse, Senf und Rettich verwandt. Besonders beliebt ist sie in Südfrankreich, Italien und Ägypten, doch auch bei uns wird sie in den letzten Jahren zunehmend häufiger verwendet.

Die Pflanze erreicht eine Länge von bis zu 50 cm und hat zarte grüne Blätter, die wie Löwenzahnblätter gezackt und unregelmäßig geformt sind. Ihr scharfer Geschmack erinnert an die Brunnenkresse. Der beste Erntezeitpunkt ist vor der Blüte und solange die Blätter noch jung sind, da sie mit zunehmendem Alter faserig und sehr scharf werden.

Einkaufstipp

Die Blätter der Rauke sollten zart und leuchtend grün sein. Schlaffe, gelbliche oder fleckige Blätter sind ein Zeichen dafür, dass sie nicht mehr frisch sind.

Vorbereitung

Nach dem Entfernen der Wurzeln und holzigen Stiele müssen die Blätter gründlich gewaschen werden, da sie meist stark verschmutzt sind. Um die Vitamine zu schonen, sollten sie jedoch nicht längere Zeit im Wasser liegen gelassen werden. Außerdem sollte man sie möglichst erst unmittelbar vor der Zubereitung waschen, da sie frisch am besten schmecken.

Serviervorschläge

Raukeblätter werden roh als Salat, auf Sandwiches oder im Kartoffelsalat verwendet und verleihen auch gegart vielen Gerichten eine angenehme Würze. Sie schmecken als Einlage in einer Brühe oder zu Nudeln und werden püriert Suppen und Saucen zugefügt. Die Samen der Rauke werden zu einem sehr scharfen Senf verarbeitet, der vor allem im Mittelmeerraum und im Mittleren Osten beliebt ist.

Nährwerte

Kalorien	15
Ballaststoffe	1,6 g
Kohlenhydrate	2,1 g
Fett	0,7 g
Eiweiß	2,6 g
Wasser	92 %
	je 100 g

Rauke wirkt tonisierend, harntreibend und magenstärkend.

Aufbewahrung

Rauke verdirbt sehr leicht. In feuchtes Küchenkrepp eingewickelt und in einen perforierten Kunststoffbeutel verpackt hält sie sich im Kühlschrank 2 bis 3 Tage. Man kann sie aber auch wie Blumen in ein Glas mit Wasser stellen, wobei das Wasser täglich gewechselt werden sollte. Am besten schmeckt sie jedoch ganz frisch.

Blattgemüse

Kresse

Nasturtium officinale und *Lepidium sativum,* Cruciferae

Brunnenkresse

Kresse wächst in fließenden Gewässern. Ihre Blätter haben einen scharfen, leicht pfeffrigen Geschmack.

Die winterfeste Kresse stammt vermutlich aus dem Mittleren Osten und war schon in der Antike als Heilpflanze bekannt. Sie wird bereits in griechischen Schriften aus dem 1. Jahrhundert n. Chr. erwähnt, obwohl sie damals wegen ihrer besonderen Wachstumsbedingungen noch nicht in größerem Umfang angebaut werden konnte. Aus Europa verbreitete sie sich später um die ganze Welt. Ihr lateinischer Name *Nasturtium* leitet sich ab von »nasus tortus«, was »gerümpfte Nase« bedeutet und darauf anspielt, dass man wegen ihres scharfen, pfeffrigen Geschmacks das Gesicht verzieht. Von den verschiedenen Kressesorten gehören die **Brunnenkresse** (*Nasturtium officinale*) und die **Gartenkresse** (*Lepidium sativum*) zu den bekanntesten.

Die Kresse ist eine Wasserpflanze, deren Wurzeln sich in kalten, fließenden Gewässern entwickeln. Die dünnen Stiele können 20 bis 50 cm lang werden und tragen glänzende Endblätter mit 3 bis 11 runden oder ovalen dunkelgrünen Seitenblättchen; ihre winzigen Blüten sind weiß. Die Blätter haben einen leicht scharfen, pfeffrigen Geschmack.

Nährwerte

	Gartenkr.	Brunnenkr.
Kalorien	33	18
Ballaststoffe	3,5 g	1,5 g
Kohlenhydrate	2,5 g	2,3 g
Fett	0,7 g	0,3 g
Eiweiß	4,2 g	1,6 g
Wasser	87,2 %	93,5 %
		je 100 g

Kresse enthält reichlich Vitamin C, Vitamin A und Kalium sowie viel Kalzium, Magnesium, Vitamin B_2 und B_6 und Phosphor.

Kresse wirkt appetitanregend, darmreinigend, tonisierend und harntreibend; es gleicht den Mineralstoffhaushalt aus und beugt Eisen- und Vitaminmangel vor.

Einkaufstipp

Kresse wird meist in Schälchen angeboten. Die Blätter sollten frisch und zart sein und eine dunkelgrüne Farbe haben.

Vorbereitung

Nachdem die Wurzeln und gelben Blätter entfernt worden sind, müssen die Blätter gründlich gewaschen werden, da sie häufig reichlich Sand- und Erdreste enthalten. Dafür schwenkt man die Kresse vorsichtig in reichlich Wasser und wechselt das Wasser immer wieder, bis es sauber bleibt. Um die Vitamine zu schonen, sollte Kresse jedoch nicht längere Zeit im Wasser liegen gelassen werden. Außerdem sollte man sie erst unmittelbar vor der Zubereitung waschen, damit die Blätter schön knackig bleiben.

Gartenkresse

Serviervorschläge

Kresse wird sowohl roh als auch gegart zubereitet, wobei die zarten, saftigen Blätter durch ihren senfähnlichen Geschmack vor allem Salaten eine pikante Note geben. Sie sind außerdem eine vorzügliche Würze für Saucen und Sandwiches, sollten jedoch sparsam verwendet werden, da sie den Geschmack der übrigen Zutaten leicht überdecken. Kresse eignet sich hervorragend zum Garnieren und Verfeinern von Mayonnaisen, Dips, Kartoffelsalat, Nudelgerichten und Tofu. Man kann sie aber auch wie Spinat garen oder ein vorzügliches Püree daraus herstellen, mit dem Saucen und Suppen verfeinert werden und das auch sehr gut in Verbindung mit Kartoffelpüree schmeckt.

Aufbewahrung

Kresse ist sehr leicht verderblich und sollte deshalb möglichst rasch verbraucht werden. Im Kühlschrank hält sie sich 1 bis 2 Tage, wenn man die Wurzeln mit feuchtem Küchenkrepp umwickelt und die Kresse in einem perforierten Kunststoffbeutel aufbewahrt. Noch besser ist es, sie wie Blumen in ein Gefäß mit Wasser zu stellen, wobei das Wasser täglich gewechselt werden sollte.

Radicchio

Cichorium intybus var. *foliosum*, **Compositae**

Als Gartenpflanze, die ursprünglich im norditalienischen Venetien beheimatet war, wird der Radicchio seit dem 16. Jahrhundert in ganz Italien angebaut. Auch heute noch wird der meiste Radicchio in Italien kultiviert, gefolgt von Südfrankreich.

Die Blätter des Radicchio, der mit der Endivie verwandt ist, sind zunächst grün und verfärben sich bei Kälteeinbruch rötlich. Es gibt jedoch auch Sorten, deren Blätter grün bleiben oder sich bei Kälte nur leicht rosa oder rötlich verfärben. Radicchio kann so groß werden wie ein Kopfsalat. Die bekannteste Sorte ist etwas kleiner und hat glänzende, runde dunkelrote Blätter mit weißen Adern, die leicht bitter und säuerlich schmecken.

Einkaufstipp

 Radicchio sollte einen festen, unbeschädigten Strunk und makellose, schön gefärbte Blätter haben.

Vorbereitung

Nach dem Abschneiden des Strunks löst man die Blätter ab und entfernt eventuelle braune Stellen. Anschließend werden die Blätter gewaschen und getrocknet.

Nährwerte

Kalorien	13
Ballaststoffe	g
Kohlenhydrate	1,5 g
Fett	0,2 g
Eiweiß	1,2 g
Wasser	95 %
	je 100 g

Radicchio enthält Folsäure, Kalium, Kupfer und Vitamin C. Er wirkt appetitanregend, blutreinigend, harntreibend, magenstärkend sowie krampflösend und gleicht den Mineralstoffhaushalt aus.

Serviervorschläge

 Radicchio wird roh und gegart verzehrt. Die dekorativen Blätter können sehr gut mit rohem Gemüse, Oliven, Käse, Kartoffel-, Reis- oder Obstsalat gefüllt werden und verleihen Salaten eine pikante Note. Ihr relativ bitterer Geschmack kommt am besten zur Geltung, wenn man sie mit anderen Blattsalaten mischt. Gegarter Radicchio bringt Farbe in Suppen, Reis, Gemüse, Nudelgerichte, Omelettes und Tofu. Man kann Radicchio auch im Ganzen auf einem Spieß garen. In den meisten Rezepten kann er Chicorée und Endiviensalat ersetzen.

Aufbewahrung

Ungewaschen in einen perforierten Kunststoffbeutel verpackt hält sich Radicchio im Kühlschrank etwa 1 Woche. Am schmackhaftesten ist er, wenn er möglichst rasch verbraucht wird.

Endiviensalate

Cichorium intybus und *Cichorium endivia*, Compositae

Friséesalat

Die beiden einjährigen Pflanzen Zichorie und Endivie stammen wahrscheinlich aus dem Mittelmeerraum und wurden von Griechen und Römern zunächst als Heilpflanzen verwendet. Seit dem 14. Jahrhundert sind sie auch als Gemüsepflanzen bekannt.

Die **Wegwarte** oder **wilde Zichorie** *(Cichorium intybus)* ist als wild wachsende Pflanze in ganz Europa und Nordamerika, aber auch in den gemäßigten Klimazonen Nordafrikas anzutreffen. An ihren kurzen Stängeln wachsen gezahnte grüne Blätter, die denen des Löwenzahn ähneln und sehr bitter schmecken. Die jungen, zarten Blätter werden für Salat verwendet. Aus den Wurzeln der wilden Zichorie wird Chicorée gezogen (siehe *Chicorée*), eine schmackhafte Gemüsepflanze, die weniger bitter schmeckt als die Zichorienblätter. Die Zichorienwurzeln dienen außerdem zur Herstellung eines kaffeeähnlichen Getränks.

Die **krause Endivie** *(Cichorium endivia var. crispa)*, auch **Frisée** genannt, wird vorwiegend für Salate verwendet und kann zu einer bis zu 45 cm hohen, ausladenden Staude heranwachsen. Ihre schmalen, gezackten grünen Blätter laufen spitz zu und bilden eine Rosette. Sie haben weißliche oder rötliche Rippen und schmecken ebenfalls recht bitter. Das Herz und die inneren Blätter sind gelblich bis weißlich.

Die **glatte Endivie** *(Cichorium endivia var. latifolia)* hat breitere, glattere und weniger bittere Blätter als die Frisée. Sie sind nur an den Rändern etwas gezackt und bilden im Vergleich zur krausen Endivie eine kleinere Staude. Die inneren weißen Blätter, die einen gelben Rand haben, sind blasser und weniger bitter als die äußeren. Die glatte Endivie wird häufig von einer Krankheit befallen, durch die sich die Blattspitzen, vor allem die der Herzblätter, braun verfärben.

Die wilde Zichorie ist sehr bitter. An ihren kurzen Stängeln wachsen gezackte grüne Blätter, die den Löwenzahnblättern ähneln.

Einkaufstipp

Beim Friséesalat sollte das Herz möglichst hell sein; die äußeren Blätter sollten gekräuselt, fest, knackig und glänzend sein und eine schöne grüne Farbe haben. Glatte Endivien sollten keine braunen Blattspitzen aufweisen.

Aufbewahrung

In einen perforierten Kunststoffbeutel verpackt oder locker in ein feuchtes Tuch eingeschlagen sind Endivien im Kühlschrank bis zu 1 Woche haltbar. Außerdem sollten die Endivienblätter möglichst trocken sein, damit sie nicht vorzeitig faulen. Welke Blätter werden wieder knackig, wenn man sie kurz in Eiswasser taucht. Zum Einfrieren sind Endivien nicht geeignet.

glatte Endivie

Endiviensalate

Serviervorschläge

Krause und glatte Endivie werden zwar in der Regel roh verzehrt, sie schmecken aber auch gegart sehr gut. Roh verwendet man sie meist mit einer Vinaigrette oder Mayonnaise angemacht als Salat. Mischt man sie mit anderem Blattgemüse wie etwa Kopfsalat, erhält man einen schmackhaften, nährstoffreichen Salat. Als Gemüse werden die Blätter wie Spinat zubereitet, den sie in den meisten Rezepten auch ersetzen können. Man kann sie schmoren oder als Suppeneinlage verwenden, sollte sie jedoch immer erst am Ende der Garzeit zufügen. Die Blätter können auch sehr gut gratiniert werden, schmecken in Quiches oder in Begleitung einer Béchamelsauce. Beim Garen kann man ebenso gut weniger frische Blätter verwenden.

Endiviensalat mit Schinken

FÜR 4 PORTIONEN

- 1 Friséesalat
- 1 kleine Zwiebel
- 1 EL gehackte Petersilie
- 1 EL Schnittlauchröllchen
- 125 g geräucherter Schinken
- 1 EL Butter
- 80 ml Olivenöl
- 2 EL Rotweinessig
- 1 TL Dijonsenf
- Salz und frisch gemahlener Pfeffer

1. Die äußeren Salatblätter entfernen. Die übrigen Blätter waschen, trockenschwenken, in mundgerechte Stücke zerteilen und in eine Salatschüssel geben.

2. Die Zwiebel schälen und fein hacken und zusammen mit Petersilie und Schnittlauch zum Salat geben. Den Schinken klein schneiden und in einer Pfanne in der Butter anbraten.

3. Für die Vinaigrette Öl, Essig und Senf in einer Schüssel verrühren und mit Salz und Pfeffer würzen. Die Sauce über den Salat gießen und alles gut vermengen. Die noch warmen Schinkenstückchen ohne das Fett darüber geben und den Salat nochmals durchmischen.

Vorbereitung

Endivien werden vor der Zubereitung kurz unter fließendem Wasser gewaschen. Danach entfernt man äußere sowie welke Blätter und die harten Blattrippen und zerteilt die großen Blätter in mundgerechte Stücke.

Nährwerte

Kalorien	23	10
Ballaststoffe	0,5 g	1,2 g
Kohlenhydrate	4,7 g	0,3 g
Fett	0,3 g	0,2 g
Eiweiß	1,7 g	1,8 g
Wasser	92 %	93,3 %

je 100 g

Die wilde Zichorie liefert reichlich Folsäure, Vitamin A und Kalium sowie viel Vitamin C, Pantothensäure und Kupfer. Darüber hinaus enthält sie Magnesium, Kalzium, Vitamin B_2 und B_6 und Zink.

Krause und glatte Endivie enthalten sehr viel Folsäure und Kalium, viel Vitamin A sowie Pantothensäure, Vitamin C, Zink, Eisen, Kupfer und Kalzium.

Zichorie und Endivie wirken harntreibend, appetitanregend, magenstärkend, krampflösend und verdauungsfördernd. Außerdem gleichen sie den Mineralstoffhaushalt aus und reinigen den Darmtrakt. Kaffee aus Zichorienwurzeln soll eine leicht abführende Wirkung haben und bei Darmkrämpfen helfen.

Chicorée

Cichorium intybus, Compositae

Der Chicorée ist eine Gartenpflanze, die um 1850 entdeckt wurde, als ein belgischer Bauer beim Umgraben zufällig auf wilde Zichorienwurzeln stieß, die wie lange gelbliche Schösslinge aussahen. Später nahm der belgische Botaniker Brézier zahlreiche Verbesserungen an der Wurzel vor, und so entstand der Chicorée, den wir heute kennen. Der Chicorée, der im Flämischen *witloof* (»Weißlaub«) heißt, ist auch als »Brüsseler Endivie« bekannt. Haupterzeugerländer sind heute vor allem Frankreich, Holland, Belgien und Italien sowie in geringerem Umfang Kanada und die Vereinigten Staaten.

Der Chicoréeanbau ist relativ aufwendig: Im Frühjahr treibt die Pflanze kräftige Knospen aus, die im Herbst, wenn die Wurzeln gut ausgebildet sind, geerntet und danach mindestens 1 Monat im Freien gelagert werden, da durch die kalten Temperaturen der Stoffwechsel der Pflanzen angeregt wird. Anschließend werden die Wurzeln »eingeschlagen«, das heißt, sie werden an einem dunklen, warmen Ort eingegraben, damit sie nicht grün werden und ihr feines Aroma verlieren. Hier entwickeln sie sich zu den Chicoréesprossen, die 3 bis 4 Wochen später geerntet werden können.

Die Sprossen sind in der Regel 10 bis 20 cm lang und haben einen Durchmesser von gut 5 cm. Ihre knackigen cremeweißen Blätter mit den zartgelben Rändern schmecken leicht bitter. Seit kurzem gibt es eine neue Sorte, den roten Chicorée, der als Kreuzung aus Chicorée und Radicchio etwas milder schmeckt als der herkömmliche weiße Chicorée. Er sollte allerdings nicht gegart werden, weil er sich sonst verfärbt und seinen typischen Geschmack verliert.

Einkaufstipp

Die Sprossen sollten möglichst fest und schmal sein und makellose cremeweiße Blätter haben. Sprossen mit braun verfärbten Blatträndern oder welke Blätter sind nicht mehr frisch. Grüne Blätter sind meistens sehr bitter.

Vorbereitung

Chicorée muss nicht gewaschen werden, sondern es genügt, wenn man die äußeren Blätter mit einem feuchten Tuch abreibt. Wenn er längere Zeit im Wasser liegen gelassen wird, verstärkt sich der bittere Geschmack. Außerdem sollte man ihn erst unmittelbar vor dem Servieren zubereiten, da er sich an der Luft nach einiger Zeit dunkel verfärbt. Je nach Rezept werden die Sprossen im Ganzen verwendet oder klein geschnitten. Beim Ablösen der Blätter empfiehlt es sich, einen etwa 3 cm langen Keil aus der Mitte des Strunks herauszuschneiden, da dort die Bitterstoffe am konzentriertesten sind.

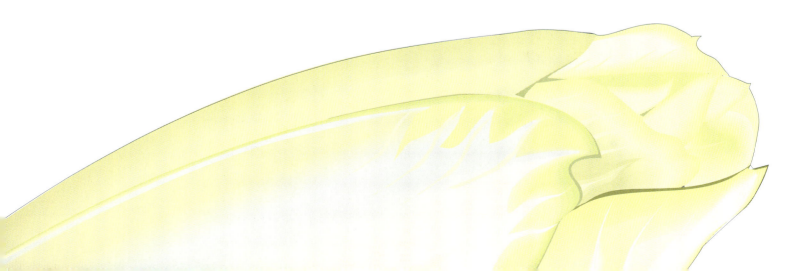

Chicorée

Chicorée im Schinkenmantel
FÜR 4 PORTIONEN

8 Chicoréesprossen
120 g Butter
Salz
Saft von ½ Zitrone
1 Prise Zucker
8 Scheiben gekochter Schinken
½ l Béchamelsauce
125 g geriebener Gruyère
Außerdem:
Butter für die Form

1. Den Chicorée abreiben, die äußeren Blätter entfernen und den keilförmigen Strunk herausschneiden.

2. 4 Esslöffel Butter in einer großen Kasserolle zerlassen. Die Sprossen nebeneinander hineinlegen und mit 1 Prise Salz und dem Zitronensaft würzen. Den Zucker darüber streuen und den Chicorée zugedeckt bei schwacher Hitze 45 Minuten garen.

3. Den Backofen auf 200 °C (Umluft 180 °C, Gas Stufe 3–4) vorheizen und eine Auflaufform mit etwas Butter einfetten. Den Chicorée herausnehmen und abtropfen lassen.

4. Die Sprossen mit je 1 Scheibe Schinken umwickeln und in die Auflaufform schichten. Die Béchamelsauce darüber gießen, den Käse darüber streuen, die restliche Butter in Flöckchen darauf setzen und den Chicorée etwa 20 Minuten im Ofen überbacken.

Nährwerte

Kalorien	16
Ballaststoffe	1,3 g
Kohlenhydrate	2,3 g
Eiweiß	1,3 g
Fett	0,2 g
Wasser	95 %
je 100 g	

Chicorée enthält reichlich Folsäure, viel Kalium sowie Vitamin C, Pantothensäure, Vitamin B_2 und Zink.

Er wirkt appetitanregend und darmreinigend, gleicht den Mineralstoffhaushalt aus und ist gut für die Leber. Darüber hinaus gilt er als harntreibend, verdauungsfördernd und krampflösend.

Serviervorschläge

Chicorée ist sowohl roh als auch gegart eine Delikatesse. Roh wird er häufig mit einer Vinaigrette oder Mayonnaise als Salat zubereitet, oder die Blätter werden mit Käse gefüllt. Zusammen mit anderem Blattgemüse ergibt er ein schmackhaftes und nahrhaftes Gericht. Man kann ihn aber auch schmoren oder dämpfen und mit einer Béchamelsauce oder nur mit etwas Butter und einigen Kräutern gewürzt servieren. Bei einer weiteren klassischen Zubereitungsart werden die Chicoréesprossen im Ganzen gedämpft, jeweils mit einer Scheibe Speck umwickelt, mit einer Sauce übergossen und anschließend im Ofen überbacken.

Zubereitung

Chicorée wird 30 bis 45 Minuten im Backofen gegart oder 35 bis 45 Minuten gedämpft.

Aufbewahrung

In einen perforierten Kunststoffbeutel verpackt oder locker in ein feuchtes Tuch eingeschlagen ist Chicorée im Kühlschrank 5 bis 7 Tage haltbar, wobei er frisch am besten schmeckt. Zum Einfrieren ist er nicht geeignet.

Sprössling

Salat

Lactuca sativa, Compositae

Kopfsalat

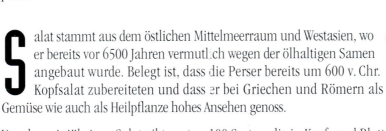

Salat stammt aus dem östlichen Mittelmeerraum und Westasien, wo er bereits vor 6500 Jahren vermutlich wegen der ölhaltigen Samen angebaut wurde. Belegt ist, dass die Perser bereits um 600 v. Chr. Kopfsalat zubereiteten und dass er bei Griechen und Römern als Gemüse wie auch als Heilpflanze hohes Ansehen genoss.

Von dem einjährigen Salat gibt es etwa 100 Sorten, die in Kopf- und Blattsalate unterschieden werden. Die knackigen, zarten Blätter sind in der Regel grün, manchmal auch rot, und unterscheiden sich je nach Sorte in Form und Geschmack. Am beliebtesten sind Kopfsalat, Eisbergsalat, Römischer Salat, Eichblattsalat, Bataviasalat, Lollo Rossa und Lollo Bionda sowie neuerdings auch Kraussalat. Weniger bekannt ist dagegen der Spargelsalat.

Kopfsalat *(var. capitata)* hat große, zarte grüne oder rötliche Blätter, die einen lockeren Kopf bilden und sich leicht vom Strunk trennen lassen, sowie gelbliche Herzblätter. Dieser Salat ist wegen seines feinen Geschmacks am beliebtesten.

Eisbergsalat *(var. capitata)* ist als Unterart des Kopfsalats sowohl in Europa als auch in Nordamerika sehr weit verbreitet. Seine äußeren knackigen Blätter sind grün, während die inneren eine gelbliche oder weißliche Farbe haben.

Römischer Salat *(var. longifolia),* auch Bindesalat genannt, hat lange dunkelgrüne Blätter, die relativ fest und knackig sind und harte, faserige Blattrippen haben. Die zarteren hellgrünen Innenblätter haben gelbliche Blattrippen.

Eichblattsalat *(var. crispa)* hat rote oder grüne eichenlaubartige Blätter, die einen leicht nussartigen Geschmack besitzen. Er wird zwischen Mai und Oktober geerntet und vor allem in Frankreich und Italien angebaut.

Bataviasalat *(var. crispa)* hat dickfleischige, gekrauste Blätter, die hellgrün mit rötlich braunem Rand oder aber rotbraun gefärbt sind. Er erinnnert im Geschmack an Eisbergsalat, ist aber etwas weniger knackig.

Lollo Rossa und **Lollo Bionda** *(var. crispa)* haben stark gekrauste, zarte dunkelrote bzw. gelbgrüne Blätter mit leicht nussartigem, bitterem Geschmack. Diese Salatsorten werden vor allem in Holland, Italien und Frankreich angebaut.

Kraussalat *(var. crispa X var. capitata)* ist eine relativ neue Salatsorte, die in Holland als Kreuzung aus Kopf- und Bataviasalat gezüchtet wurde. Er hat krause, knackige grüne Blätter und schmeckt etwas süßlich.

Spargelsalat *(var. crispa X var. capitata)* stammt aus China und ist botanisch eng mit dem wilden Lattich *(Lactuca serriola)* verwandt. Während er bei uns relativ selten angeboten wird, ist er in Asien sehr beliebt. Die 2 bis 3 cm dicken Stiele werden meist roh oder gedünstet wie Sellerie zubereitet, während die Blätter meist gegart serviert werden.

Römischer Salat

roter Eichblattsalat

Bataviasalat

Salat

Nährwerte

	Kopfsalat	**Eisbergsalat**	**Römischer Salat**
Kalorien	11	13	9
Ballaststoffe	1,4 g	1 g	1 g
Kohlenhydrate	1,0 g	1,9 g	1,4 g
Fett	0,2 g	0,3 g	0,1 g
Eiweiß	1,2 g	0,7 g	1,0 g
Wasser	94,8 %	94 %	94,9 %
			je 100 g

Salate enthalten sehr viel Wasser, dagegen nur wenig Kalorien. Die meisten Salate sind reich an Folsäure. Der sonstige Vitamin- und Mineralstoffgehalt hängt von der jeweiligen Sorte ab, wobei generell gilt, dass intensiv grüne Salate mehr Vitamine und Mineralstoffe enthalten als hellgrüne oder rötlich gefärbte Salate.

Kopfsalat wirkt wegen des enthaltenen Milchsafts appetitanregend, krampflösend und beruhigend. Er wird bei Schlaflosigkeit oder nervösen Erregungszuständen sowie als Hustenmittel empfohlen.

Einkaufstipp

Salatköpfe sollten sich fest anfühlen, und die Blätter sollten unversehrt und knackig frisch sein. Nicht empfehlenswert sind Salate mit schlaffen, glanzlosen, fleckigen, matschigen oder gelblichen Blättern.

Serviervorschläge

Salat wird meist roh, aber manchmal auch gegart zubereitet. Roh werden die Blätter meist mit einem Dressing oder einer Vinaigrette sowie anderen Zutaten wie Ei, Kapern, Zwiebeln, Kräutern und vielem mehr serviert. Geschmacklich und optisch reizvoll ist es, wenn man verschiedene Salate mischt. Salatblätter schmecken gegart auch als Zutat in Suppen und Saucen, sollten jedoch immer erst am Ende des Garprozesses zugefügt werden, da sie sehr schnell weich werden. Püriert schmecken sie gut als Suppe.

Von dem einjährigen Blattsalat gibt es etwa 100 verschiedene Sorten. Die knackigen, zarten Blätter sind meist grün, manchmal auch rot, und unterscheiden sich je nach Sorte in Form und Geschmack.

Cäsarsalat

FÜR 4 PORTIONEN

1 Römischer Salat
2 Eier
4 Sardellenfilets, in Öl eingelegt
1 Knoblauchzehe
60 g weiche Butter
3 Scheiben Toastbrot
4 EL Olivenöl
Saft von ½ Zitrone
Salz und frisch gemahlener Pfeffer
1 EL Kapern
80 g geriebener Parmesan

1. Den Backofen auf 180 °C (Umluft 160 °C, Gas Stufe 2–3) vorheizen.

2. Den Salat zerpflücken, waschen, trockenschleudern und in eine Salatschüssel geben. Die Eier in 10 Minuten hart kochen, unter kaltem Wasser abschrecken, schälen und vierteln.

3. Die Sardellenfilets abtropfen lassen und klein hacken. Den Knoblauch abziehen, fein hacken und mit der Butter vermengen.

4. Die Rinde vom Toastbrot abschneiden und die Scheiben mit der Knoblauchbutter bestreichen. Das Brot in kleine Würfel schneiden, auf einem Backblech verteilen und im Ofen in 2 Minuten knusprig goldgelb backen.

5. Öl und Zitronensaft verrühren und mit Salz und Pfeffer abschmecken. Die Marinade über den Salat gießen und alles gut durchmischen.

6. Eiviertel, Sardellenfilets und Kapern über den Salat verteilen, die Knoblauchcroutons darüber streuen und den Salat mit Parmesankäse bestreut servieren.

Eisbergsalat

Kraussalat

Spargelsalat

Lollo Rossa

Salat

Zubereitung

Damit die Blätter nicht vorzeitig ihre Frische verlieren, ist es ratsam, den Salat erst unmittelbar vor dem Servieren zuzubereiten. Wenn er nicht aus biologischem Anbau stammt, sollte man die äußeren Blätter stets entfernen, ebenso alle welken Blätter, das härtere untere Ende der Blattrippen sowie den Strunk. Anschließend werden die abgelösten Blätter vorsichtig in reichlich Wasser geschwenkt, um sie von sämtlichen Erdresten und Insekten zu befreien. Je nach Verschmutzungsgrad sollte man das Wasser dabei mehrfach wechseln, ohne dass die Blätter längere Zeit darin liegen bleiben. Nach dem Waschen werden die Blätter am besten in einer Salatschleuder trockengeschleudert, damit sich das Dressing besser verteilen kann und nicht verwässert wird.

Aufbewahrung

Salate sind sehr empfindlich und sollten deshalb so bald wie möglich verbraucht werden. Locker in ein feuchtes Tuch eingeschlagen oder in einen perforierten Kunststoffbeutel verpackt hält sich Kopfsalat im Kühlschrank 2 bis 3 Tage, Eisbergsalat 1 bis 2 Wochen und Römischer Salat 2 bis 3 Tage. Eichblattsalat bleibt nur 1 Tag frisch, Bataviasalat kann 4 bis 5 Tage aufbewahrt werden, und Lollo Rossa bzw. Bionda sollten nach 2 Tagen verbraucht werden. Kraussalat ist 3 bis 4 Tage haltbar, Spargelsalat etwa 1 Woche. Salat sollte nie in der Nähe von Früchten oder Gemüse gelagert werden, die Äthylen produzieren, etwa Birnen, Äpfel, Bananen oder Tomaten, da die Blätter durch das Äthylen braun werden können. Schlaffer Salat wird dagegen wieder knackig, wenn man ihn kurz in kaltes Wasser taucht. Zum Einfrieren ist der empfindliche Salat nicht geeignet.

Veilchen

Viola odorata, **Violaceae**

Das Duftveilchen ist eine winterfeste Zierpflanze, deren Blätter und Blüten vor allem zu Heilzwecken verwendet werden. Weniger bekannt ist, dass es auch in der Küche eingesetzt werden kann. Das Veilchen gehört zu einer großen Familie mit mehr als 500 Arten, zu der auch das Stiefmütterchen zählt. Die Blätter des etwa 15 cm hohen Veilchens haben einen zarten, feinen Geschmack und dienen vorwiegend als Husten- und Hautreinigungsmittel. Außerdem werden sie häufig als Dekoration und zum Aromatisieren für verschiedene Gerichte verwendet.

Einkaufstipp

Veilchen, die in Blumengeschäften angeboten werden, sind nicht für den Verzehr geeignet und können überdies mit schädlichen Chemikalien behandelt sein. Essbare Veilchenblätter und -blüten sind in manchen Feinkostgeschäften erhältlich.

Serviervorschläge

Veilchenblätter und -blüten kann man frisch, getrocknet oder kandiert verwenden. Sie sind eine hübsche Dekoration für Salate, Gebäck und Drinks und verleihen Süßspeisen ein besonderes Aroma. Als Garnierung für einen Salat sollte man sie erst nach dem Anmachen dazugeben, da sie sonst zu viel Öl aufsaugen. Das ätherische Öl wird zum Aromatisieren von Gebäck, Eiscreme, Süßwaren und Likören sowie zur Herstellung von Kosmetika verwendet.

Aufbewahrung

Blätter und Blüten sind sehr empfindlich und sollten möglichst bald verbraucht werden. In einen perforierten Kunststoffbeutel verpackt sind sie im Kühlschrank einige Tage haltbar.

Nährwerte

Veilchenblätter besitzen eine Reihe heilender Eigenschaften und werden vor allem als schleimlösendes Mittel bei Husten sowie zur Blutreinigung verwendet. Ein Tee aus Veilchenblättern hilft innerlich und äußerlich bei Hautunreinheiten.

Für einen Tee übergießt man 1 Teelöffel getrocknete Blätter mit ¼ l kochendem Wasser und lässt den Tee anschließend 5 Minuten ziehen.

Kapuzinerkresse

Tropaeolum maius, Tropaeolaceae

Die in Peru beheimatete Kapuzinerkresse ist eine Zierpflanze mit essbaren Blättern, Blüten und Knospen. In tropischen Gebieten wächst sie als winterfeste Pflanze, in gemäßigten Klimazonen wird sie dagegen als einjährige Pflanze kultiviert.

Es gibt Hunderte verschiedener Sorten, von denen manche sogar eine Höhe von 3 bis 4 m erreichen können. Die bei uns bekannte Kresse wird jedoch selten höher als 30 cm. Ihre runden, leicht scharf schmeckenden Blätter haben einen Durchmesser von 3 bis 5 cm, die zarten, trichterförmigen Blüten sind orangegelb bis -rot.

Einkaufstipp

Kapuzinerkresse, die in Blumengeschäften angeboten wird, ist nicht zum Verzehr geeignet. Am einfachsten ist es, die Kresse im Garten oder auf dem Balkon selbst anzubauen. Zwischen Juli und September wird sie als Importware aus Frankreich mitunter auch in Feinkostgeschäften angeboten.

Serviervorschläge

Die jungen Blätter der Kapuzinerkresse verleihen Salaten eine würzige Note. Damit sie sich nicht mit Öl voll saugen, sollte man sie jedoch erst nach dem Anmachen dazugeben. Mit den Blüten kann man Suppen, Gemüse-, Geflügel-, Eier-, Fisch- und Fleischgerichte sowie Gebäck und Drinks garnieren. Die Knospen und die zarten grünen Früchte können in Estragonessig eingelegt anstelle von Kapern verwendet werden.

Nährwerte

Kapuzinerkresseblätter enthalten viel Vitamin C sowie einige Mineralstoffe und wirken tonisierend, schleimlösend, blutreinigend, harntreibend und antibakteriell. Die Samen der Kapuzinerkresse werden als Abführmittel verwendet. Die Blätter sollten allerdings in Maßen verwendet werden, da es bei zu reichlichem Genuss zu Magen- und Darmreizungen kommen kann.

Aufbewahrung

Blätter und Blüten der Kapuzinerkresse sind sehr empfindlich, sodass sie möglichst bald verbraucht werden sollte. In einen perforierten Kunststoffbeutel verpackt sind sie im Kühlschrank einige Tage haltbar.

Blattgemüse

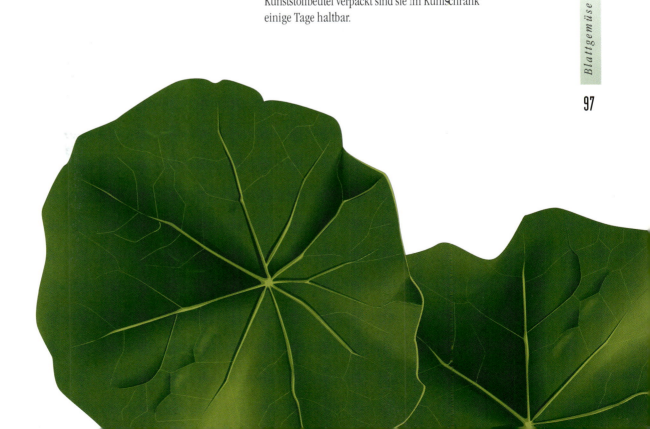

Kohl

Brassica oleracea, **Cruciferae**

Der Kohl ist in Kleinasien beheimatet und gelangte vermutlich um 600 v. Chr. von dort nach Europa. Schon Griechen und Römer, die den Kohl auch als Heilpflanze schätzten und ihn für ein wahres Allheilmittel hielten, züchteten eine Reihe von Kohlsorten, doch unterschieden sich diese von den heutigen Sorten, deren Köpfe wesentlich fester sind. Die außerordentliche Widerstandsfähigkeit des Kohls gegen Kälte begünstigte seinen Anbau auch in Mittel- und Nordeuropa, und bald zählte er vor allem in Deutschland, Polen und Russland nicht nur zu den beliebtesten Gemüsesorten, sondern wurde außerdem als Heilmittel in der Volksmedizin geschätzt. Zu den Haupterzeugerländern zählen heute Russland, China, Südkorea, Japan und Polen.

Zur Kohlfamilie, die wiederum zur großen Familie der Kreuzblütler gehört, zählen Grünkohl, Rotkohl, Weißkohl, Brokkoli, Schwarzkohl, Rosenkohl, Chinakohl, Blumenkohl, Wirsing, Meerkohl und Kohlrabi. Kohl besteht aus mehreren Lagen dicker Blätter, die meistens einen Kopf bilden. Die glatten oder krausen Blätter sind grün, weiß oder rot. Da die inneren Blätter vor direkter Sonnenbestrahlung geschützt sind, sind sie heller als die äußeren Blätter. Ein Kohlkopf wiegt in der Regel zwischen 1 und 3,5 kg und hat einen Durchmesser von 10 bis 20 cm.

Es gibt ungefähr 400 Kohlsorten, die zwar einige äußere Merkmale sowie bestimmte Heilwirkungen gemeinsam haben, sich jedoch in Form, Art und Farbe erheblich voneinander unterscheiden. Sie werden unterteilt in blühende Kohlsorten (Brokkoli, Blumenkohl), Sprossenkohl (Kohlrabi, Meerkohl, Grün-, Schwarz- und Chinakohl) sowie glatten Kohl und Krauskohl (Wirsing, Weiß- und Rotkohl).

Weißkohl

Wirsing

Winterweißkohl

Rotkohl

Einkaufstipp

Kohl sollte fest und im Verhältnis zu seiner Größe schwer sein. Außerdem sollte er glänzende, knackige, unbeschädigte Blätter haben, die intensiv gefärbt sind.

Vorbereitung

Kohlköpfe sind gelegentlich von Ungeziefer befallen. Um es zu entfernen, legt man den Kohl 15 Minuten in kaltes Salz- oder Essigwasser, entfernt die dickeren, faserigen Außenblätter und wäscht den Kohl unter fließendem Wasser, um ihn von Sand- und Erdresten zu befreien.

Kohlrouladen

FÜR 6 PORTIONEN

1 mittelgroßer Weißkohl	3 EL gehackte Petersilie
1 Knoblauchzehe	200 g gekochter Reis
1 EL Butter	2 EL Tomatenmark
2 Zwiebeln	Saft von ½ Zitrone
500 g Hackfleisch (Rind, Schwein oder gemischt)	½ TL unbehandelte Zitronenschale
Salz und frisch gemahlener Pfeffer	300 ml Rinderbrühe
	300 ml Tomatensaft
1 Msp. Oregano	Butter für die Form

1. Aus dem Kohlkopf den Strunk herausschneiden. Den Kohl waschen, in einen großen Topf mit kochendem Salzwasser geben und offen etwa 10 Minuten kochen lassen, bis die äußeren Blätter weich sind. Den Kohl herausnehmen, abtropfen und etwas abkühlen lassen.

2. Den Knoblauch und die Zwiebeln abziehen und fein hacken. Die Butter in einer Pfanne zerlassen. Zwiebel, Knoblauch und Hackfleisch bei mittlerer Hitze darin anbraten und mit Salz und Pfeffer würzen.

3. Oregano, Petersilie, Reis, Tomatenmark und Zitronensaft und -schale zufügen und alles weitere 2 Minuten unter Rühren braten. Die Pfanne vom Herd nehmen und abkühlen lassen. Den Backofen auf 180 °C (Umluft 160 °C, Gas Stufe 2–3) vorheizen.

4. Die Kohlblätter vorsichtig ablösen und 12 Blätter mit Küchenkrepp trockentupfen. Jeweils 2 Blätter etwas ineinander legen und die Füllung gleichmäßig auf die Blätter verteilen. Die Blattränder nach innen klappen, die Blätter zusammenrollen und mit Rouladennadeln oder Küchengarn fixieren.

5. Eine Auflaufform mit Butter einstreichen und die Rouladen nebeneinander hineinlegen. Die Brühe und den Tomatensaft in einer Schüssel verrühren, über die Rouladen gießen und die Form mit Alufolie abdecken.

6. Die Kohlrouladen gut 1 Stunde im Backofen garen, herausnehmen, die Rouladennadeln oder das Küchengarn entfernen und warm stellen. Den Bratfond in einen Topf umgießen, etwas einkochen lassen und mit Salzkartoffeln zu den Rouladen servieren.

Serviervorschläge

Kohl kann sowohl roh als auch gegart verwendet werden. Aus rohem, in feine Streifen geschnittenem Weißkohl wird durch Einsalzen Sauerkraut hergestellt, indem der Kohl durch das Salz zu gären beginnt und Milchsäure produziert. Die Gärung bewirkt, dass Sauerkraut nicht nur besser verdaulich ist als andere Kohlzubereitungen, sondern dass dabei auch die meisten Vitamine und Mineralstoffe erhalten bleiben. Frischer Kohl, in feine Streifen geschnitten oder geraspelt, ergibt einen köstlichen Salat.

Kohl kann man dämpfen, dünsten, schmoren und sautieren. Er schmeckt auch gefüllt sehr gut, ist eine häufige Zutat in Suppen und Eintopfgerichten oder wird zusammen mit anderem Gemüse zubereitet. Kohl passt gut zu Möhren, Zwiebeln und Kartoffeln wie auch zu Fleisch und Wurst.

Zubereitung

Wird Kohl zu lange oder in zu viel Wasser gekocht, verliert er seine Farbe und seinen Geschmack, die Nährstoffe gehen verloren, und er entwickelt einen unangenehm strengen Geruch. Zum Kochen gibt man ihn deshalb in wenig kochendes Wasser – etwa 2 cm hoch – und lässt ihn nur kurz garen (5 bis 8 Minuten bei fein geschnittenem Kohl, 10 bis 15 Minuten bei geviertelten Kohl).

Damit sich Rotkohl beim Schneiden nicht verfärbt, sollte man ein Messer aus rostfreiem Stahl verwenden. Wird er für einen Salat verwendet, beträufelt man ihn mit etwas Essig. Wird er gegart, fügt man dem Kochwasser etwas Zitronensaft zu, damit seine Farbe erhalten bleibt.

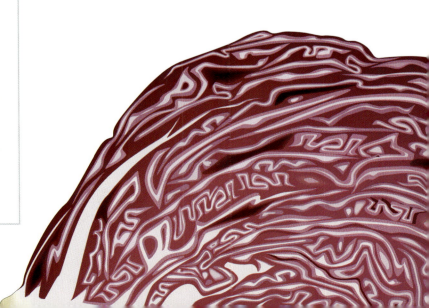

Kohl

Aufbewahrung

Im Gemüsefach oder in einem perforierten Kunststoffbeutel ist Kohl im Kühlschrank etwa 2 Wochen haltbar. Da er – vor allem angeschnitten – mit zunehmendem Alter stärker zu riechen beginnt, sollte man ihn gut verpackt und nicht in der Nähe anderer Lebensmittel aufbewahren. Kohl kann bei ausreichender Luftfeuchtigkeit (90 bis 95%) aber auch an einem kühlen Ort (1 bis 3 °C) gelagert werden.

Kohl ist gut zum Einfrieren geeignet, sollte dafür jedoch zuvor in Streifen geschnitten und 1 Minute blanchiert werden (größere Stücke benötigen 2 Minuten). Beim Auftauen verliert er allerdings etwas von seiner Knackigkeit.

Nährwerte

	roh	gegart
Kalorien	25	21
Ballaststoffe	3,0 g	1,7 g
Kohlenhydrate	4,2 g	4,8 g
Fett	0,2 g	0,2 g
Eiweiß	1,4 g	1,0 g
Wasser	90,4 %	93,6 %
		je 100 g

Roher Kohl enthält sehr viel Vitamin C und Folsäure, viel Kalium sowie etwas Vitamin B_6. Gegarter Kohl enthält ebenfalls reichlich Vitamin C und Kalium sowie etwas Folsäure.

In der Phytotherapie wird Kohl zur Behandlung von mehr als 100 Krankheiten eingesetzt. Kohlsaft gilt als wirkungsvolles Mittel gegen Magengeschwüre. Außerdem wirkt Kohl antibiotisch, appetitanregend, hilft bei Durchfall, gleicht den Mineralstoffhaushalt aus und beugt Vitaminmangel vor. Kohl enthält blähende sowie schwefelhaltige Substanzen, wobei letztere für seinen typischen Geschmack und Geruch verantwortlich sind.

Meerkohl

Crambe maritima, **Cruciferae**

Wie beim Chicorée werden die Blätter des Meerkohls abgedeckt, um ihr Wachstum zu verlangsamen und dadurch besonders fleischige Stiele zu erhalten.

Der im westlichen Europa beheimatete Meerkohl wurde in Frankreich, wo er von den Küsten der Bretagne fast vollständig verschwunden ist, unter Naturschutz gestellt. Er wird heute nur noch in Frankreich und England angebaut, ist aber auch an der Atlantikküste, an der Ostsee und am Schwarzen Meer zu finden.

Der Meerkohl, von dem es etwa 30 verschiedene Sorten gibt, ist eine 15 bis 60 cm hohe, winterfeste Pflanze. Seine blassgrünen Blätter haben breite, fleischige Rippen, die ebenfalls essbar sind. Wie beim Chicorée werden die Blätter häufig abgedeckt, um ihr Wachstum zu verlangsamen und dadurch besonders fleischige Stiele zu erhalten.

Nährwerte

Kohlenhydrate	0,8 g
Eiweiß	1,4 g
Wasser	95 %
	je 100 g

Meerkohlblätter wirken antidiuretisch.

Zubereitung

Meerkohlblätter benötigen gedämpft eine Garzeit von etwa 10 Minuten.

Serviervorschläge

Meerkohlblätter schmecken gekocht sehr gut mit einer pikanten Sauce, oder sie werden mit etwas Knoblauch angebraten. Die Stiele sind am schmackhaftesten, wenn sie eine Länge von etwa 20 cm haben. Sie können wie Spargel zubereitet und mit zerlassener Butter oder einer leichten Sauce serviert werden. Roher Meerkohl eignet sich mit einer Vinaigrette auch sehr gut als Salat.

Aufbewahrung

In einen perforierten Kunststoffbeutel verpackt bleibt Meerkohl im Kühlschrank 2 bis 3 Tage frisch. Eingefroren hält er sich bis zu 1 Jahr, sollte jedoch zuvor blanchiert werden.

Schwarzkohl

Brassica oleracea var. *viridis*, **Cruciferae**

Der Schwarzkohl, auch Blattkohl genannt, stammt vermutlich aus dem östlichen Mittelmeerraum oder aus Asien. Er ist einer der ältesten und robustesten Vertreter der großen Kohlfamilie und hält wie der Grünkohl sowohl sehr hohen als auch extrem niedrigen Temperaturen stand (bis −15 °C). Mit den afrikanischen Sklaven gelangte der Schwarzkohl auch nach Nordamerika, war dort jedoch lange Zeit fast ausschließlich in den Südstaaten bekannt.

Die glatten, dicken, geäderten Blätter haben je nach Sorte glatte oder gekräuselte Ränder; die harten, hellen Blattrippen vor allem älterer Exemplare sind ungenießbar. Der Schwarzkohl schmeckt zwar recht intensiv, ist aber dennoch milder als der Grünkohl.

Einkaufstipp

Die möglichst kleinen Blätter sollten makellos, fest und leuchtend grün sein.

Vorbereitung

Die Blätter sollten gründlich unter fließendem Wasser gewaschen werden, da sie häufig mit Sand und Erdresten verschmutzt sind. Bei nicht mehr jungen Blättern empfiehlt es sich, die harten Blattrippen herauszuschneiden.

Serviervorschläge

Roher Schwarzkohl verleiht Salaten eine pikante Note, sollte jedoch wegen seines intensiven Geschmacks nur sparsam verwendet werden. Um den Geschmack etwas zu mildern, werden die Blätter vor der Zubereitung einige Minuten in kochendem Wasser blanchiert. Schwarzkohl kann wie Spinat zubereitet werden. Er passt sehr gut zu Graupen, Naturreis, Kartoffeln oder Bohnen und verleiht Omelettes, Quiches, Suppen und Eintopfgerichten eine pikante Note. Köstlich schmeckt er auch mit einer Sauce oder als Gratin. Man kann ihn püriert sehr gut mit Kartoffelpüree, pürierten Süßkartoffeln oder pürierten Hülsenfrüchten mischen. Gedünstet ist er eine gute Beilage zu geräuchertem Schweinefleisch, oder er wird »pur« nur mit etwas zerlassener Butter und Zitronensaft serviert.

Aufbewahrung

Ungewaschen in feuchtes Küchenkrepp gewickelt oder in einen perforierten Kunststoffbeutel verpackt hält sich Schwarzkohl im Kühlschrank mehrere Tage. Am schmackhaftesten (und am wenigsten bitter) ist er jedoch, wenn er sofort verbraucht wird. Schwarzkohl ist auch zum Einfrieren geeignet, sollte jedoch vorher 2 bis 3 Minuten blanchiert werden.

Zubereitung

Schwarzkohl kann gedämpft, geschmort oder sautiert werden.

Nährwerte

	roh	*gegart*
Kalorien	31	27
Kohlenhydrate	7,1 g	6,1 g
Fett	0,2 g	0,2 g
Eiweiß	1,6 g	1,4 g
Wasser	90,5 %	92 %
		je 100 g

Roher Schwarzkohl enthält sehr viel Vitamin A, viel Vitamin C sowie etwas Kalium und Folsäure. Auch gegart enthält er reichlich Vitamin A sowie etwas Vitamin C und Kalium.

Blattgemüse

Grünkohl

Brassica oleracea var. *acephala* f. *sabellica,* **Cruciferae**

Der Grünkohl, auch Winter- oder Krauskohl genannt, ist eine Gartenpflanze, die im Mittelmeerraum beheimatet ist. Diese Kohlsorte war schon bei den Römern sehr beliebt, und im Mittelalter wurde Grünkohl auch bei uns zu einem der wichtigsten Grundnahrungsmittel.

Der Grünkohl ist einer der robustesten Vertreter der Kohlfamilie und hält Temperaturen bis −15 °C stand, während er Wärme weniger gut verträgt. Wegen seiner Anspruchslosigkeit war er lange Zeit vor allem in Schottland, Deutschland, Holland und Skandinavien ein beliebtes Wintergemüse. Heute kennt man ihn in vielen Ländern der Welt.

Der Grünkohl hat große, faserige, fein gekräuselte Blätter. Sie haben einen scharfen Geschmack und variieren in der Farbe von hell- bis dunkelgrün; manche Sorten sind auch bläulich grün. Die Blätter bilden keinen Kopf – daher auch der lateinische Sortenname *acephala,* der »ohne Kopf« bedeutet –, sondern wachsen an dünnen, weißlichen, sehr holzigen Stielen, die 30 bis 40 cm lang werden. Der Grünkohl ist eine ausgesprochen dekorative Pflanze, weshalb manche Sorten speziell als Zierpflanzen gezüchtet wurden (siehe *Zierkohl*).

Einkaufstipp

Grünkohl sollte fest sein und relativ kleine und schön gefärbte Blätter haben, die keine Flecken aufweisen.

Nährwerte

	roh	gegart
Kalorien	37	32
Ballaststoffe	4,2 g	2,0 g
Kohlenhydrate	2,5 g	5,6 g
Fett	0,9 g	0,4 g
Eiweiß	4,3 g	1,9 g
Wasser	86,0 %	91 %

je 100 g

Grünkohl enthält sehr viel Vitamin A und C, etwas Kalium, Vitamin B_6 und Kupfer sowie etwas Folsäure, Kalzium, Eisen, Vitamin B_1 und B_2, Nikotinsäure und Zink. Auch gegart enthält er sehr viel Vitamin A und C, viel Kalium sowie etwas Kupfer, Vitamin B_6, Kalzium, Eisen und Folsäure.

Vorbereitung

Die Blätter werden abgetrennt, zerteilt und gründlich unter fließendem Wasser oder in Essigwasser gewaschen, um sie von sämtlichen Erdresten und Ungeziefer zu befreien.

Serviervorschläge

Da Grünkohl relativ hart und geschmacksintensiv ist, wird er selten roh gegessen. Wenn man ihn sparsam verwendet, kann frischer Grünkohl Salaten allerdings eine pikante Note verleihen. Aufgrund seines intensiven Geschmacks eignet er sich gut für Suppen und Eintopfgerichte, sollte jedoch zuvor einige Minuten in kochendem Salzwasser blanchiert werden, da er dadurch weniger bitter schmeckt. Sehr gut schmeckt er auch gratiniert, mit einer Sauce oder püriert – entweder allein oder zusammen mit Kartoffeln.

Zubereitung

Grünkohl wird gekocht oder gedämpft (20 bis 30 Minuten), geschmort, gefüllt oder zusammen mit anderem Gemüse sautiert.

Aufbewahrung

In einen perforierten Kunststoffbeutel verpackt – die Blätter sollten dabei schön dicht anliegen – kann Grünkohl im Kühlschrank 5 bis 10 Tage aufbewahrt werden. Am schmackhaftesten und am wenigsten bitter ist er allerdings, wenn man ihn sobald wie möglich verbraucht. Grünkohl ist auch zum Einfrieren geeignet, sollte jedoch vorher 2 bis 3 Minuten blanchiert werden.

Zierkohl

Brassica oleracea var. *acephala*, Cruciferae

Der Zierkohl ist ein Blattgemüse, das ebenfalls zur großen Kohlfamilie gehört und als enger Verwandter des Grünkohls noch nicht lange auf unseren Märkten erhältlich ist.

Eigentlich ist der Zierkohl eine Zierpflanze und hat eher Ähnlichkeit mit einer Blume als mit einem Gemüse. Seine losen, gekräuselten Blätter wachsen an kurzen Stielen und sind rosaviolett, grün, cremefarben oder sogar weiß. Die knackigen Blätter sind zarter als Kohl-, aber fester als Salatblätter; ihr feiner Geschmack erinnert an Brokkoli und Blumenkohl.

Serviervorschläge

Zierkohl kann roh und gegart verwendet werden. Roh verleiht er Salaten Farbe und Biss, und auch gegart bringt er mehr Farbe in Suppen, Reis, Bohnen, Nudelgerichte, Omelettes und Tofu. Wegen seines ansprechenden Aussehens eignet er sich gut zum Garnieren von Servierplatten oder als Beilage zu Dips, Appetithäppchen, Käse und pikanten Salaten.

Zubereitung

Zierkohl kann gedämpft, geschmort oder kurz angebraten werden. Er sollte jedoch nicht zu lange gegart werden, damit Farbe, Geschmack und Nährstoffe erhalten bleiben. Um seine Farbe zu erhalten, ist es ratsam, dem Kochwasser etwas Essig oder Zitronensaft zuzufügen.

Aufbewahrung

Zierkohl schmeckt frisch am besten. Ungewaschen in feuchtes Küchenkrepp gewickelt und in einen perforierten Kunststoffbeutel verpackt hält er sich im Kühlschrank bis zu 1 Woche.

Einkaufstipp

Zierkohl sollte möglichst knackige Blätter mit leuchtenden Farben haben, die keine Flecken aufweisen.

Vorbereitung

Die Blätter werden einzeln abgetrennt und die harten Stiele entfernt. Anschließend werden die Blätter unter fließendem Wasser gewaschen, um sie von Erdresten zu befreien.

Nährwerte

Kalorien	12
Kohlenhydrate	3 g
Fett	0,4 g
Eiweiß	2,1 g
Wasser	92 %
je 100 g	

Zierkohl enthält sehr viel Vitamin A und C, Kalium, Phosphor, Kalzium und Eisen.

Rosenkohl

Brassica oleracea var. *gemmifera*, Cruciferae

Der Rosenkohl ist eine Gartenpflanze, deren Ursprung nicht genau zurückverfolgt werden kann. Er ist zwar eng verwandt mit dem wilden Kohl, der schon seit Jahrtausenden bekannt ist, doch in seiner heutigen Form wurde er vermutlich erst vor wenigen hundert Jahren in der Nähe von Brüssel gezüchtet, weshalb er auch Brüsseler Kohl genannt wird.

Die Kohlröschen sehen aus wie kleine Kohlköpfe und wachsen dicht gedrängt in den Achseln senkrecht aufragender Stängelblätter, die bis zu 90 cm hoch werden können. Jeder Stängel trägt 20 bis 40 solcher Röschen, die meist bei einem Durchmesser von etwa 2 bis 3 cm geerntet werden, wenn sie am zartesten sind.

Rosenkohl

Vorbereitung

Nach dem Entfernen der gelben oder losen Blätter brauchen die Röschen nur unter fließendem Wasser gewaschen zu werden

Nährwerte

	gegart
Kalorien	31
Ballaststoffe	4,0 g
Kohlenhydrate	2,4 g
Fett	0,5 g
Eiweiß	3,8 g
Wasser	87,9 %
	je 100 g

Rosenkohl enthält sehr viel Vitamin C, Folsäure und Kalium sowie etwas Vitamin A, Vitamin B_1 und B_6, Eisen, Magnesium, Phosphor und Nikotinsäure. Wie andere Kohlsorten soll auch Rosenkohl vor Krebserkrankungen schützen.

Einkaufstipp

Rosenkohl sollte möglichst fest und knackig sein, eine leuchtende Farbe haben und keine gelben Blätter aufweisen.

Serviervorschläge

Anders als andere Kohlsorten wird Rosenkohl ausschließlich gegart verwendet. Er ist eine beliebte Gemüsebeilage und schmeckt sehr gut »pur« oder mit zerlassener Butter oder einer Béchamelsauce. Man kann ihn aber auch gratinieren, für Suppen oder Eintöpfe verwenden, sautieren oder zusammen mit Kartoffeln pürieren. Er schmeckt kalt auch gut in einem Salat.

Zubereitung

Rosenkohl wird meist im Ganzen gegart. Um die Garzeit zu verkürzen und ein gleichmäßiges Garen zu gewährleisten, kann man den Stielansatz vor dem Kochen kreuzförmig einritzen. Die Röschen sollten in nur wenig Wasser gekocht werden und benötigen eine relativ kurze Garzeit, da sie sonst schnell zerfallen – je nach Größe sind sie in 8 bis 12 Minuten fertig. Beim Dämpfen oder Schmoren beträgt die Garzeit etwa 15 Minuten.

Aufbewahrung

Ungewaschen in einen perforierten Kunststoffbeutel verpackt ist Rosenkohl im Gemüsefach des Kühlschranks 3 bis 4 Tage haltbar. Er eignet sich aber auch zum Einfrieren, wobei kleine Röschen zuvor 3 Minuten, größere 5 Minuten blanchiert werden sollten. Tiefgefroren hält sich Rosenkohl etwa 1 Jahr.

Chinakohl

Brassica rapa, Cruciferae

Paksoi

Vom Chinakohl, der vermutlich in China und Ostasien beheimatet ist und auf Chinesisch *pe-tsai* heißt, sind allein in Asien 33 verschiedene Arten bekannt, während in den westlichen Ländern nur wenige angeboten werden. Zum Chinakohl gehören auch der Paksoi sowie der Chinesische Brokkoli. Dieses Gemüse, das in China schon seit Jahrtausenden sehr beliebt ist, wurde erst Anfang des 18. Jahrhunderts langsam auch in Europa bekannt.

Chinakohl (var. *pekinensis*), der sich als erster im Westen durchsetzen konnte, gilt in China, insbesondere im Norden des Landes, als eines der wichtigsten Lebensmittel überhaupt. Er ähnelt dem Römischen Salat und hat hellgrüne Außenblätter sowie blassgrüne Innenblätter. Ihr Wassergehalt ist höher als bei anderen Kohlsorten, weshalb er auch knackiger ist und frischer schmeckt als diese. Außerdem ist er weniger faserig und hat einen feineren und angenehmeren Geschmack als die meisten anderen Kohlsorten. Zu den bekanntesten Chinakohlsorten gehört der Michihili, der bis zu 45 cm lang und 10 cm dick werden kann und glatte Blätter und Blattrippen besitzt, sowie der dicke, kompakte Napa.

Chinakohl

Der **Paksoi** (var. *chinensis*) stammt ebenfalls aus China und ist bei weitem nicht so bekannt wie der Chinakohl. Paksoi erinnert im Aussehen an Stangensellerie und Mangold. Die weißlichen Blattrippen sind fleischig, knackig und mild. Die geäderten dunkelgrünen Blätter haben wie Chinakohl einen feineren Geschmack als die meisten anderen Kohlarten. Auch beim Paksoi gibt es zahlreiche verschiedene Sorten, von denen einige kurze, andere lange Blattrippen haben.

Der **Chinesische Brokkoli** (var. *alboglabra*) ist eine Art Brokkoli, dessen Blätter und dünne Blütenstängel essbar sind. Der Chinesische Brokkoli gilt im Allgemeinen als die Kohlsorte mit dem feinsten Geschmack.

Serviervorschläge

Chinakohl wird roh oder gegart verwendet. Roh schmeckt er besonders köstlich als Salat. Dafür werden die Blätter abgetrennt, gewaschen, grob gehackt, mit Salz bestreut und unter gelegentlichem Wenden einige Stunden ruhen gelassen, damit sie Wasser ziehen können und etwas weicher werden. In gemischten Salaten sind Chinakohlblätter mit ihren knackigen Rippen ein guter Ersatz für Stangensellerie. Gegart verleiht Chinakohl Suppen, Eintopf- und Nudelgerichten eine feine Note; klein geschnitten und zusammen mit anderem Gemüse kurz im Wok geschmort schmeckt er ebenfalls sehr gut.

Paksoi wird gleichfalls roh oder gegart verwendet und schmeckt auch eingelegt sehr gut. Wie beim Chinakohl trennt man die gewünschte Anzahl von Blättern ab, schneidet jeweils den Wurzelansatz ab, trennt dann die Rippen heraus und zerteilt diese in mundgerechte Stücke. Paksoi schmeckt köstlich, wenn man ihn zusammen mit anderem Gemüse kurz sautiert. Dabei lässt man zuerst einige Minuten die Blattrippen schmoren und gibt erst ganz zum Schluss die Blätter hinzu, da sie sehr schnell gar sind. Paksoi ist aber nicht nur eine vorzügliche Gemüsebeilage, sondern schmeckt auch sehr gut in Suppen, gratiniert und mit Reis vermischt. Blattrippen und Blätter werden häufig auch unterschiedlich zubereitet: Die Rippen kann man anstelle von Stangensellerie verwenden, die Blätter können Spinat oder Mangold ersetzen.

Chinesischer Brokkoli wird gleichfalls roh oder gegart verwendet und kann wie Brokkoli zubereitet werden, hat aber eine kürzere Garzeit als dieser. Köstlich schmeckt er auch, wenn man ihn zusammen mit anderem Gemüse sautiert.

Einkaufstipp

Alle Chinakohlsorten sollten knackige, feste Blattrippen haben, und die Blätter dürfen keine braunen Flecken aufweisen. Mitunter sind die Blätter von Chinakohl etwas schlaff, was jedoch keinen Einfluss auf den Geschmack hat, vor allem wenn der Kohl gegart werden soll.

Nährwerte

	Chinakohl	*Paksoi*
Kalorien	12	12
Ballaststoffe	2,0 g	2,0 g
Kohlenhydrate	1,2 g	1,8 g
Eiweiß	1,0 g	1,6 g
Fett	0,3 g	0,2 g
Wasser	95 %	95,5 %

je 100 g

Auch gegart enthält Chinakohl viel Vitamin C, Folsäure und Kalium sowie etwas Vitamin A. Gegarter Paksoi enthält reichlich Kalium und Vitamin A, viel Vitamin C und Folsäure sowie etwas Vitamin B_6, Kalzium und Eisen. Chinesischer Brokkoli ist reich an Vitamin A und C, Kalzium und Eisen.

Aufbewahrung

In einem perforierten Kunststoffbeutel im Gemüsefach des Kühlschranks aufbewahrt bleiben Paksoi und Chinesischer Brokkoli einige Tage, Chinakohl bis etwa 2 Wochen frisch. Knackiger und schmackhafter sind sie allerdings, wenn man sie möglichst bald verbraucht. Außerdem sollten sie immer erst unmittelbar vor der Zubereitung gewaschen werden.

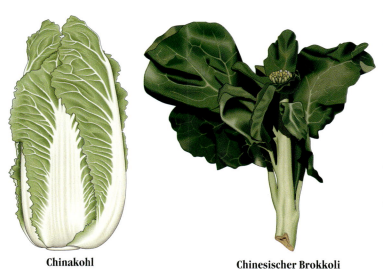

Chinakohl   **Chinesischer Brokkoli**

Spargel

Asparagus officinalis, Liliaceae

grüner Spargel

Spargel ist eine winterfeste Pflanze, die ursprünglich aus dem östlichen Mittelmeerraum stammt. Überreste wilder Spargelsorten wurden aber auch in Nord- und Südafrika gefunden, und möglicherweise wurde er sogar schon im alten Ägypten angebaut.

Spargel wurde bei uns anfangs vor allem als Heilpflanze geschätzt, geriet jedoch im Mittelalter etwas in Vergessenheit und wurde erst im 18. Jahrhundert wirklich populär. Seither sind zahlreiche neue Sorten gezüchtet worden, und heute wird er in ganz Europa und den Vereinigten Staaten wie auch in Mexiko und Taiwan angebaut.

Die aromatischen Spargelstangen sind die Triebe eines unterirdischen Wurzelstocks (Rhizom), der sich 15 bis 20 Jahre weitervermehren kann. Sie werden in der Regel von März bis Ende Juni geerntet, wenn sie eine Länge von 15 bis 20 cm erreicht haben, zart und fleischig sind und kleine, feste Köpfe haben. Sobald die Stangen reif werden, verholzen sie, und aus den Köpfen sprießen farnartige Blätter, die ebenfalls ungenießbar sind. Die mehr als 300 Spargelsorten, von denen jedoch nur 20 essbar sind, werden in drei Hauptgruppen unterteilt:

- Weißer Spargel wächst völlig im Dunkeln und wird extra mit Erde bedeckt, damit er nicht grün werden kann. Die Stangen werden geerntet (»gestochen«), sobald sie die Erdoberfläche durchstoßen. Er ist zwar zarter als grüner Spargel, dafür aber meist auch weniger intensiv im Geschmack und zudem teurer, da der Anbau mit mehr Arbeit verbunden ist.

- Grüner Spargel ist nach dem weißen Spargel die gängigste Spargelsorte. Die grünen Spargelstangen werden geerntet, wenn sie eine Länge von 20 cm erreicht haben.

- Violetter Spargel hat einen fruchtigen Geschmack und wird bei einer Länge von 5 bis 7,5 cm geerntet.

Einkaufstipp

Die Spargelstangen sollten fest und knackig sein und feste, schön gefärbte Köpfe haben, die keine braunen Flecken aufweisen. Außerdem sollten sie möglichst gleich groß sein, damit sie gleichmäßig garen. Nicht empfehlenswert sind dagegen weiche oder gelbliche Stangen, die bereits zu blühen beginnen.

Serviervorschläge

Spargel wird meistens gekocht oder gedämpft. Man kann ihn warm mit reichlich zerlassener Butter oder einer Sauce hollandaise servieren, oder kalt mit einem Dressing, Mayonnaise oder einer Senfsauce reichen. Pürierter Spargel schmeckt gut in Suppen, Soufflés oder Saucen. Im Ganzen oder in Stücke geschnitten eignet er sich außerdem gut als Beilage oder zum Garnieren von Omelettes, Geflügel, Quiches, Salaten oder Nudelgerichten; auch Gemüsepfannen verleiht er einen interessanten Geschmack.

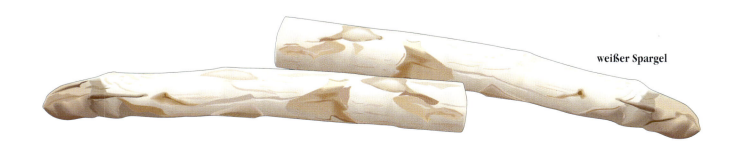

weißer Spargel

Spargel

Vorbereitung

Zuerst werden die holzigen Enden abgeschnitten, die gekocht und püriert eine delikate Suppe ergeben. Dann schält man die Spargelstangen mit einem Sparschäler von oben nach unten. Sehr zarter Spargel muss nicht geschält werden.

1 Die Enden der Spargelstangen mit einem scharfen Messer abschneiden.

2 Beim Schälen mit dem Messer vom Kopf zu den Enden entlangfahren.

3 Die Stangen zu Bündeln zusammenbinden.

4 Den gebündelten Spargel nach dem Kochen herausheben.

Nährwerte

Kalorien	18
Ballaststoffe	1,3 g
Kohlenhydrate	2,0 g
Fett	0,2 g
Eiweiß	1,9 g
Wasser	93 %
	je 100 g

Spargel enthält reichlich Folsäure sowie viel Vitamin A, Vitamin B_1, B_2 und B_6, Vitamin C, Kupfer, Kalium, Eisen, Phosphor und Zink. Ein im Spargel enthaltener schwefelhaltiger Stoff bewirkt, dass der Urin einen besonderen Geruch annimmt. Außerdem enthält Spargel Asparaginsäure, die ihm seinen typischen Geschmack verleiht und harntreibend wirkt. Darüber hinaus wirkt er abführend und krampflösend und gleicht den Mineralstoffhaushalt aus.

Zubereitung

Spargel sollte nicht zu lange gegart werden, da er sonst an Geschmack, Farbe und Nährstoffen einbüßt. Vor dem Kochen empfiehlt es sich, die Stangen zusammenzubinden, damit sie sich anschließend leichter aus dem Topf nehmen lassen. Kochen bzw. Dämpfen ist die beste Garmethode, wofür es besondere hohe, schmale Töpfe gibt, in denen der Spargel senkrecht in einem Korbeinsatz steht. Dabei werden die faserigen Enden im kochenden Wasser weich gegart, während die zarten Spitzen lediglich gedämpft werden. Die Stangen sind gar, wenn sie weich, aber noch bissfest sind. Sollen sie kalt gegessen werden, taucht man sie anschließend sofort in kaltes Wasser, um den Garvorgang zu unterbrechen. Spargel kann auch in der Mikrowelle gegart werden.

Spargel sollte nicht in Eisentöpfen gegart werden, da er Tannine enthält, die auf Eisen in der Weise reagieren, dass die Stangen sich verfärben.

Aufbewahrung

Spargel bleibt nicht lange frisch. Er kann in ein feuchtes Tuch gewickelt und in einen perforierten Kunststoffbeutel verpackt höchstens 3 Tage im Kühlschrank aufbewahrt werden. Blanchiert und danach eingefroren hält er sich bis zu 9 Monate.

Spargel ist der junge, essbare Trieb eines unterirdischen Wurzelstocks, der sich 15 bis 20 Jahre weitervermehren kann.

Spargel auf polnische Art

FÜR 4 PORTIONEN

1 kg frischer Spargel
2 hart gekochte Eier
3 EL gehackte Petersilie
125 g Butter
3 EL frische Semmelbrösel

1. Die holzigen Spargelenden abschneiden. Die Stangen mit dem Sparschäler schälen und mit Küchengarn zu 4 gleich großen Bündeln zusammenbinden.

2. Die Spargelbündel in einen großen Topf mit kochendem Salzwasser geben und etwa 10 Minuten kochen, bis sich die Stangen mit der Messerspitze leicht einstechen lassen. Die Bündel herausnehmen, gut abtropfen lassen und die Fäden entfernen.

3. Inzwischen die Eier schälen und halbieren. Die Eigelbe herauslösen und in einer Schüssel mit einer Gabel zerdrücken. Die Petersilie zufügen und untermengen.

4. Die Butter in einer kleinen Pfanne zerlassen und die Brotkrumen darin unter Rühren goldgelb rösten. Den Spargel mit der Eier-Petersilie-Mischung bestreuen, die Butterbrösel darüber verteilen und den Spargel sofort servieren.

Bambussprosse

Phyllostachys spp., Gramineae

frische Bambussprosse

Bambussprossen sind die Triebe einer winterfesten Pflanze, die in tropischen Gegenden gedeiht. Sie ist in Asien beheimatet, wo sie seit Jahrtausenden verwendet wird. Die Bambuspflanze ist vielseitig nutzbar, da nicht nur die Sprossen, sondern auch die Blätter, das Herz und der süße Saft, der aus den Stämmen gewonnen wird, essbar sind. Manche Bambussorten werden außerdem zu Papierfasern oder Dünger verarbeitet.

Die mehr als 200 verschiedenen Bambusarten, von denen manche ihre Blätter verlieren, während andere immergrün sind, haben einen dünnen, holzigen Stamm, der je nach Sorte bis zu 29 m hoch werden kann. Die kegelförmigen Sprossen, die am unteren Ende einen Durchmesser von etwa 7 cm haben und ungefähr 15 cm lang sind, werden geerntet, sobald sie die Erde durchstoßen. Damit sie ihre helle Elfenbeinfarbe behalten, lässt man sie völlig im Dunkeln heranwachsen und bedeckt sie zusätzlich mit Erde, um eine Grünfärbung zu verhindern. Die frischen Sprossen sind mit feinen, schneidenden Härchen überzogen, die vor der Zubereitung entfernt werden müssen. Da sie außerdem Giftstoffe enthalten, die erst beim Garen zerstört werden, sind sie roh nicht genießbar.

Nährwerte

	roh	Konserve
Kalorien	17	19
Ballaststoffe	*	*
Kohlenhydrate	1,0 g	3,2 g
Fett	0,3 g	0,4 g
Eiweiß	2,5 g	1,8 g
Wasser	91 %	94 %

je 100 g

geschälte Bambussprosse

Einkaufstipp

Bei uns werden Bambussprossen meistens im eigenen Saft oder in Essig eingelegt als Konserve angeboten. Frische Bambussprossen sind dagegen nur selten erhältlich.

Serviervorschläge

Bambussprossen sind vor allem in China sehr beliebt. Als Konservenware werden sie entweder »pur« verwendet oder aber in dünne Scheiben geschnitten und gekocht, gebraten oder geschmort. Sie schmecken als Beilage zu Fleisch oder Fisch und sind eine häufige Zutat in chinesischen und japanischen Gerichten, etwa in dem japanischen *Sukiyaki*. In dünne Stifte geschnitten werden sie für Vorspeisen und in Suppen oder Eintopfgerichten verwendet.

Zubereitung

Rohe Bambussprossen werden in Stifte, Würfel oder Scheiben geschnitten und in leicht gesalzenem Wasser in etwa 30 Minuten weich gekocht. Anschließend kann man sie nach Belieben weiterverarbeiten.

Aufbewahrung

Nicht verbrauchte Konservenware kann mit frischem Wasser bedeckt in einem verschlossenen Behälter im Kühlschrank aufbewahrt werden, wobei das Wasser am besten täglich, mindestens aber alle 2 Tage gewechselt werden sollte. Frische Bambussprossen sind im Kühlschrank einige Tage haltbar.

Karde

Cynara cardunculus, Compositae

Die winterfeste Karde, die manchmal auch Cardy genannt wird, ist im Mittelmeerraum zu Hause. Sie ist eng mit der Artischocke verwandt und gehört wie diese zur Familie der Disteln. Im Mittelalter wurde die Karde in großem Umfang angebaut und ist auch heute noch ein beliebtes Gemüse in Italien, Spanien, Frankreich, Argentinien und Australien, wo sie auch vorwiegend kultiviert wird. Im Geschmack erinnert die Karde, die in vielen Ländern wild wächst, an eine Mischung aus Artischocke, Stangensellerie und Haferwurzel.

Wegen ihrer langen, biegsamen Blattstiele hat die Karde eine gewisse Ähnlichkeit mit dem Stangensellerie, wobei die äußeren holzigen, harten Stiele der wild wachsenden Pflanze, die mit weichen Dornen besetzt sind, in der Regel nicht mitgegessen werden. Zuchtkarden, die vor der Ernte einige Wochen im Dunkeln wachsen, sind gewöhnlich etwas zarter. Die großen Außenblätter werden bei der Ernte abgeschnitten, sodass sich die Stiele am oberen Ende leicht bräunlich verfärben.

Die Karde ist eng mit der Artischocke verwandt und gehört wie diese zur Familie der Disteln.

Einkaufstipp

Die Blattstiele sollten cremeweiß, relativ breit und fleischig sowie fest und knackig sein.

Serviervorschläge

Karden sind roh ungenießbar. Sie werden häufig wie Stangensellerie oder Spargel zubereitet und dann mit einer Sahne- oder Käsesauce serviert. Man kann sie aber auch pürieren und mit Kartoffeln reichen oder anbräunen. Sie schmecken als Gemüsebeilage oder als Zutat in Suppen und Eintopfgerichten. Gelegentlich isst man sie auch kalt mit einer Vinaigrette oder mit Mayonnaise angemacht.

Zubereitung

Damit die Karden zarter werden und etwas von ihrer Bitterkeit verlieren, werden sie vor der Weiterverarbeitung gekocht. Dafür entfernt man die harten Fasern der äußeren Blattstiele und schneidet die Stiele in 8 bis 10 cm lange Stücke. Anschließend werden sie 10 bis 15 Minuten in Essigwasser gekocht und nach Belieben weiterverarbeitet.

Nährwerte

	gegart
Kalorien	22
Ballaststoffe	*
Kohlenhydrate	5,3 g
Fett	0,1 g
Eiweiß	0,3 g
Wasser	93,5 %
	je 100 g

Karden sind reich an Kalium und enthalten sehr viel Magnesium sowie Kalzium und Eisen. Sie sollen eine beruhigende Wirkung haben.

Aufbewahrung

Mit Küchenkrepp umwickelt und in einen perforierten Kunststoffbeutel verpackt bleiben Karden im Gemüsefach des Kühlschranks 1 bis 2 Wochen frisch. Im Winter kann man sie auch an einem kalten Ort in Sand vergraben.

Stängelgemüse

Mangold

Beta vulgaris var. *cicla*, Chenopodiaceae

Stielmangold

Der zweijährige Mangold ist mit der Roten Bete verwandt. Er wird bereits in griechischen Schriften aus dem 4. Jahrhundert n. Chr. erwähnt und genoss als Heilpflanze bei Griechen und Römern hohes Ansehen. In der Folgezeit dehnte sich der Mangoldanbau auf ganz Europa aus.

Die Mangoldblätter, die bis zu 15 cm breit werden können, erinnern an Spinatblätter und sind je nach Sorte hell- bis dunkelgrün und glatt oder gekräuselt. Sie wachsen an langen, fleischigen roten oder weißen Stielen, die zart und knackig sind und eine Länge von bis zu 60 cm erreichen können.

Einkaufstipp

Mangold sollte feste, makellose Stiele und knackige, regelmäßig gefärbte Blätter haben.

Nährwerte

	roh	*gegart*
Kalorien	14	20
Ballaststoffe	2,9 g	2,1 g
Kohlenhydrate	0,7 g	4,1 g
Fett	0,3 g	0,1 g
Eiweiß	2,1 g	1,9 g
Wasser	92,2 %	92,7 %
		je 100 g

Roher Mangold enthält sehr viel Vitamin A und C, Magnesium und Kalium, sowie viel Vitamin B_2 und B_6, Eisen, Kupfer, Folsäure und Kalzium. Gegart enthält er reichlich Kalium, Magnesium und Vitamin A, viel Vitamin C und Eisen sowie etwas Vitamin B_2 und B_6, Kupfer und Kalzium. Mangoldblätter wirken abführend und harntreibend.

Vorbereitung

Wie Spinat muss Mangold gründlich gewaschen werden, um die Blätter von Sand und Erde zu befreien. Sind die Stiele sehr faserig, schneidet man sie am unteren Ende ab und zieht die Fasern wie Fäden nach oben ab.

Serviervorschläge

Mangold kann roh und gegart verwendet werden. Die Blätter werden wie Spinatblätter zubereitet, die sie in den meisten Gerichten auch gut ersetzen können, und schmecken sowohl warm als auch kalt. Zarte, junge Blätter sind roh als Salat angemacht eine Delikatesse. Blätter und Stiele können getrennt oder zusammen gegart werden, wobei man die Stiele wie Stangensellerie zubereitet und häufig mit einer Käsesauce, einer Sauce hollandaise oder einer Vinaigrette serviert. In Gemüsepfannen eignen sie sich gut als Ersatz für Chinakohl. Man kann sie aber auch für Suppen und Ragouts verwenden.

Zubereitung

Mangoldstiele werden 1 bis 2 Minuten in Salzwasser gekocht, 20 bis 30 Minuten im Ofen geschmort oder 8 bis 15 Minuten gedämpft. Damit sie sich nicht dunkel verfärben, sollte man sie nicht in Aluminium- oder Eisentöpfen garen und außerdem der Kochflüssigkeit etwas Säure zufügen. Zum Kochen oder Dämpfen der Blätter ist eine Garzeit von 5 bis 8 Minuten erforderlich. Bei dickeren Stielen ist es ratsam, Stiele und Blätter getrennt zu garen.

Aufbewahrung

In einen perforierten Kunststoffbeutel verpackt bleibt Mangold im Kühlschrank höchstens 4 Tage frisch. Wie Spinat sind die Blätter (nicht die Stiele) gut zum Einfrieren geeignet, sollten zuvor jedoch 2 Minuten blanchiert werden.

rotstieliger Mangold

Gemüsefenchel

Foeniculum vulgare, Umbelliferae

Der Gemüsefenchel stammt ursprünglich aus dem Mittelmeerraum, wo er aufgrund der günstigen klimatischen Bedingungen als winterharte Pflanze gedeiht, während er in kühleren Regionen zweijährig kultiviert wird. Neben dem Gemüsefenchel sind auch der süße Fenchel und der Gewürzfenchel bekannt. Fenchel, dessen Name sich vom lateinischen Wort *fenum* = »Heu« ableitet, wurde bereits in der Antike vor allem von Griechen und Römern als Gemüse, Gewürzkraut und Heilpflanze sehr geschätzt. Bei den Griechen war er ein Symbol für Sieg und Erfolg. In Anlehnung an das Schlachtfeld, auf dem sie die Perser besiegten, nannten sie ihn »Marathon«. Bei den Römern, die den Fenchel vorwiegend als Gemüse aßen, zählte er zu den Hauptnahrungsmitteln. Sie glaubten, dass er die Sehkraft stärke. Vor allem in Italien und in Skandinavien, wo man ihn wie Spargel zubereitet, ist er auch heute noch sehr beliebt.

Die Fenchelwurzel besteht aus mehreren Blattschichten, die eine zwiebelförmige blassgrüne oder weißliche Knolle bilden, aus der einige kräftige, leicht gerippte hellgrüne Stängel herauswachsen. Die Stängel des süßen Fenchels können bis zu 1,80 m lang werden und tragen viele lange, dünne, gefiederte dunkelgrüne Blätter. Aus den kleinen gelben Blütendolden der Pflanze entstehen jeweils zwei längliche, gerippte hellgrüne Samen. Der milde, süßliche Geschmack des Gemüsefenchels erinnert an Anis oder Lakritze.

Aus den kleinen gelben Blütendolden der Pflanze entstehen jeweils zwei gerippte blassgrüne Samen.

Einkaufstipp

Die Knollen sollten angenehm duften und möglichst fest, rund, hell und makellos sein. Die Stängel, die manchmal auch einzeln angeboten werden, sollten unbeschädigt sein und eine kräftige grüne Farbe haben.

Serviervorschläge

Fenchel ist ein ebenso vielseitiges Gemüse wie der Stangensellerie, wobei sein an Anis erinnernder Geschmack ihn sogar noch schmackhafter macht. Nach dem Entfernen der harten äußeren Blätter wird Fenchel sowohl roh als auch gegart verwendet, wobei die Garzeit so kurz wie möglich sein sollte, damit er nicht an Geschmack einbüßt. Roh wird er häufig in dünne Scheiben oder feine Streifen geschnitten im Salat verwendet. Gegarter Fenchel schmeckt sehr gut in einer Sahnesauce; man kann ihn aber auch kurz kochen und anschließend allein oder zusammen mit anderem Gemüse schmoren oder braten. Gratiniert oder gegrillt ist er ebenfalls eine Delikatesse. Fenchel harmoniert gut mit Hülsenfrüchten und schmeckt zu Hasen-, Schweine-, Lamm- und Rindfleisch sowie zu Fisch und Meeresfrüchten. Die Fenchelsamen werden zum Verfeinern von Käse, Brot, Suppen, Saucen, Gebäck und Wein verwendet, während die Blätter traditionell als Würzmittel für Fisch- und andere Gerichte dienen. Das ätherische Öl wird vielfach bei der Herstellung von Wein und Spirituosen sowie in der Parfümindustrie eingesetzt.

Aufbewahrung

Im Kühlschrank hält sich Fenchel etwa 1 Woche, sollte jedoch möglichst bald verbraucht werden, da er mit zunehmendem Alter leicht zäh wird und an Aroma verliert. Er kann blanchiert auch eingefroren werden, büßt dabei aber sehr viel von seinem Geschmack ein. Die Blätter kann man gut trocknen.

Nährwerte

	Knolle	*Samen*
Kalorien	19	8
Ballaststoffe	2,0 g	0,1 g
Kohlenhydrate	2,8 g	1,1 g
Fett	0,2 g	0,2 g
Eiweiß	1,4 g	0,3 g
Wasser	92,4 %	8,8 %
	je 100 g	je 2 g

Roher Fenchel enthält reichlich Kalium sowie viel Vitamin C, Folsäure, Magnesium, Kalzium und Phosphor.

Fenchel wirkt harntreibend, entkrampfend und anregend. Außerdem soll er Magenschmerzen lindern und fette oder schwer verdauliche Speisen bekömmlicher machen. Darüber hinaus regt er den Appetit an, reinigt den Verdauungstrakt und beugt Blähungen vor. Die ätherischen Öle enthalten Anethol, einen Stoff, der auch im Anis zu finden ist und die Ähnlichkeit im Geschmack erklärt.

Für einen Fencheltee werden pro ¼ l Wasser ½ Esslöffel Fenchelwurzel oder 1 Teelöffel Fenchelsamen 5 Minuten gekocht. Anschließend lässt man den Tee 10 Minuten ziehen.

süßer Fenchel

Fenchelsamen

Farn

Matteuccia struthiopteris und *Osmunda cinnamomea*, **Polypodiaceae**

Die jungen Farntriebe, deren Form an die Schnecke einer Violine erinnert, werden geerntet, wenn sie noch fest zusammengerollt sind und eine Länge von 10 bis 15 cm erreicht haben. Die Erntezeit dauert nur etwa 2 Wochen und beginnt je nach Anbaugebiet zwischen Mitte April und Anfang Juli. Die Farntriebe, die sofort nach ihrem Erscheinen gepflückt werden müssen, da sie sonst nicht mehr genießbar sind, waren früher vor allem bei den Indianern Nordamerikas und den Ureinwohnern Australiens und Neuseelands ein beliebtes Gemüse, werden aber auch in Japan seit langem geschätzt.

Es gibt Tausende verschiedener Farnarten, von denen allerdings nur wenige essbar sind. Dazu zählen vor allem der Straußenfarn *(Matteuccia struthiopteris)* und der Zimtfarn *(Osmunda cinnamomea)* sowie die jungen Triebe des Adlerfarns, der in einzelnen Wedeln wächst und vor allem in Japan sehr beliebt ist. Sie enthalten einen Krebs erregenden Stoff, der durch Rösten jedoch neutralisiert wird, und schmecken im Vergleich zum Straußenfarn etwas bitterer.

Die schneckenartig eingerollten jungen Blätter des Straußen- und Zimtfarns sind essbar.

Nährwerte

Kalorien	20
Ballaststoffe	*
Kohlenhydrate	3,3 g
Fett	0,3 g
Eiweiß	2,5 g
Wasser	62 %
	je 100 g

Frische Farntriebe enthalten viel Kalium sowie Vitamin C, Nikotinsäure und Eisen.

Vorbereitung

Um die Sporenbehälter zu entfernen, werden die Blätter zwischen den Handflächen gerieben oder in eine Tüte gegeben und geschüttelt. Man wäscht die Blätter am besten erst unmittelbar vor der Zubereitung und trocknet sie anschließend gut ab.

Zubereitung

Farnblätter sollten nicht zu lange garen. Am besten schmecken sie, wenn man sie in leicht gesalzenem Wasser 5 bis 7 Minuten kocht. Dabei färbt sich das Wasser braun, was aber völlig unbedenklich ist. Außerdem werden sie häufig gedämpft oder gedünstet, wobei sie eine Garzeit von 5 bis 10 Minuten benötigen.

Einkaufstipp

Junge Farnblätter werden frisch, tiefgefroren oder als Konserve angeboten. Frische Triebe sind nur im Frühjahr erhältlich und sollten eine leuchtend grüne Farbe haben, fest zusammengerollt sein und noch ihre braunen Sporenbehälter besitzen. Die Stiele sollten kurz sein und die Köpfe einen Durchmesser von 2 bis knapp 4 cm haben. Wenn man sie selbst pflücken will, muss man die verschiedenen Farnsorten absolut sicher unterscheiden können, da einige der ungenießbaren Arten Vergiftungen verursachen. Beim Straußenfarn sollte man nur jeweils drei bis fünf Triebe pro Pflanze abpflücken. Haben sich die Blätter bereits entrollt, sind sie nicht mehr genießbar und sollten auf keinen Fall verzehrt werden.

Serviervorschläge

Bei den Farntrieben kann sowohl der Kopf als auch der kurze Stiel verwendet werden. Die Triebe des Adlerfarns müssen zuerst geröstet werden, bevor man sie weiter verarbeiten kann. Farntriebe werden warm oder kalt verzehrt und schmecken sehr gut, wenn sie nur mit etwas Butter oder einer Vinaigrette angemacht werden. Man kann sie aber auch zu einer Sauce servieren; gut geeignet sind etwa Sauce hollandaise oder eine Käse- oder Béchamelsauce. Außerdem werden sie häufig als Gemüsebeilage, im Salat, auf Omelettes oder in Nudel- und Eintopfgerichten verwendet. Sie schmecken auch gratiniert und ergeben eine vorzügliche Suppe.

Aufbewahrung

Farntriebe verderben sehr rasch und sind in Küchenkrepp gewickelt und in einen perforierten Kunststoffbeutel verpackt nur 1 bis 2 Tage im Kühlschrank haltbar. Man kann sie auch einfrieren, sollte sie dann aber vorher 1 bis 2 Minuten blanchieren. Anschließend werden sie in kaltem Wasser abgeschreckt und gut trockengetupft, bevor man sie auf einem Backblech in die Gefriertruhe gibt. Sobald sie durchgefroren sind, werden sie luftdicht verpackt und später unaufgetaut verwendet.

Kohlrabi

Brassica oleracea var. *gongylodes,* **Cruciferae**

Kohlrabi, der vermutlich aus Nordeuropa stammt, ist der verdickte Stiel einer Pflanze, die durch Kreuzung aus wildem Kohl *(Brassica oleracea)* mit der wilden weißen Rübe *(Brassica campestris* var. *rapifera)* entstanden ist und sich seit dem 16. Jahrhundert in Mittel- und Osteuropa großer Beliebtheit erfreut. In Nordamerika ist er dagegen bis heute relativ unbekannt.

Der Kohlrabi, dessen knollenartig ausgeformtes Stielende von der Größe einer Orange über dem Boden wächst, hat dünne Stiele mit großen Blättern, die ebenfalls essbar sind. Seine dünne Schale ist hellgrün, weiß oder violett; das leicht süße, knackige Fleisch erinnert im Geschmack etwas an Rettich, während Stiele und Blätter kohlähnlich schmecken.

Vorbereitung

Kohlrabi wird in der Regel vor dem Garen geschält, wobei auch die faserige, holzige Schicht unmittelbar unter der Schale entfernt werden sollte. Kohlrabi wird in Stifte, Würfel, Scheiben oder Stücke geschnitten oder auch gerieben.

Serviervorschläge

Kohlrabi wird roh oder gegart verzehrt. Roh schmeckt er sehr gut – entweder »pur« oder mit einem Dip oder einer Vinaigrette – und wird häufig in Salaten verwendet. Gegart ist er eine beliebte Gemüsebeilage, oder er wird in Suppen oder Eintopfgerichte gegeben, gratiniert, püriert oder gefüllt. Köstlich schmeckt er auch gedämpft und mit Zitronensaft beträufelt und mit zerlassener Butter übergossen. Man serviert ihn auch gerne mit einer Sauce oder saurer Sahne. Zum feinen Geschmack des Kohlrabi passen Ingwer und Knoblauch sowie eine Vielzahl frischer Käuter.

Die Blätter werden wie Spinat zubereitet; sie sind sehr schnell gar und schmecken vorzüglich mit etwas Zitronensaft beträufelt und mit etwas Butter verfeinert.

Zubereitung

Kohlrabi wird meistens gekocht oder gedämpft. Im Ganzen belassen benötigt er je nach Größe eine Garzeit von 20 bis 30 Minuten, in Stücke geschnitten 10 bis 15 Minuten. Violetter Kohlrabi verfärbt sich beim Garen.

Einkaufstipp

Die Knollen sollten glatt, makellos und nicht zu groß sein (etwa 8 cm im Durchmesser), da sie dann meist weniger holzig sind. Die Blätter sollten knackig frisch und leuchtend grün sein.

Nährwerte

Kalorien	24
Ballaststoffe	1,4 g
Kohlenhydrate	3,7 g
Fett	0,2 g
Eiweiß	1,9 g
Wasser	92 %
	je 100 g

Kohlrabi enthält reichlich Vitamin C und Kalium sowie Vitamin B_6, Folsäure, Magnesium und Kupfer. Die Blätter enthalten viel Vitamin A.

Aufbewahrung

In einen perforierten Kunststoffbeutel verpackt bleibt Kohlrabi im Kühlschrank etwa 1 Woche frisch. Die Blätter sind nur 1 bis 2 Tage haltbar und sollten getrennt aufbewahrt werden. Zum Einfrieren ist Kohlrabi nicht geeignet, da sich dadurch Struktur und Farbe des Fruchtfleischs stark verändern.

Stangensellerie

Apium graveolens var. *dulce*, **Umbelliferae**

grüner Stangensellerie

Der Stangensellerie ist eine beliebte Gemüsepflanze, deren Stängel, Blätter, Wurzeln und Samen in der Küche Verwendung finden.

Der Stangensellerie ist ein zweijähriges Gemüse, das im Mittelmeerraum beheimatet ist und wegen seiner Stängel, Blätter, Wurzeln und Samen angebaut wird. Die Blätter wurden früher zu Heilzwecken verwendet und galten lange Zeit als Aphrodisiakum. Im antiken Griechenland krönte man siegreiche Athleten statt mit einem Lorbeerkranz mit einem Kranz aus Sellerieblättern und reichte ihnen Selleriewein. Den Römern diente der Stangensellerie als Gewürz. Bei uns bereitete man im Mittelalter einen Trank daraus, der bei Gelenkschmerzen und Verdauungsbeschwerden eingenommen wurde. Die erste Kulturpflanze wurde im 16. Jahrhundert aus wildem Sellerie gezüchtet, aus dem sich der fleischige Knollensellerie und der Stangensellerie entwickelten. Letzterer wurde lange Zeit nur in gegarter Form verwendet und erst vom 18. Jahrhundert an auch roh gegessen.

Stangensellerie wird 30 bis 40 cm hoch und hat fleischige, gerippte Stiele, die sich nach unten verdicken. Am zartesten sind die inneren Stiele, das sogenannte Herz. Je nach Sorte reicht ihre Farbe von verschiedenen Grünschattierungen bis weiß, wobei man in Europa den weißen Bleichsellerie bevorzugt, während in Amerika vor allem die grünen Sorten beliebt sind. Stangensellerie wird nicht nur als Gemüse, sondern auch wegen seiner Samen angebaut; dann werden die Stangen nicht geerntet, sondern tragen im zweiten Jahr weiße Blütendolden, aus denen sich sehr aromatische Samen entwickeln, die getrocknet und gemahlen in der Küche vor allem als Bestandteil des Selleriesalzes Verwendung finden. Damit die Selleriestangen heller und im Geschmack milder werden, werden die Pflanzen während des Wachstums häufig mit Erde, Papier oder Brettern abgedeckt, um sie vor direkter Sonnenbestrahlung zu schützen. Mittlerweile sind einige neu gezüchtete Selleriesorten jedoch so hell, dass ein solches Bleichverfahren nicht mehr erforderlich ist.

Einkaufstipp

 Selleriestangen sollten glänzend, fest und knackig sein. Sind die Blätter noch vorhanden, sollten diese eine schöne grüne Farbe haben. Nicht empfehlenswert sind weiche oder beschädigte Stangen mit braunen Flecken oder gelblichen Blättern.

Vorbereitung

Stangensellerie lässt sich ganz einfach vorbereiten, indem man das Stielende abschneidet, die Stangen unter fließendem Wasser wäscht und anschließend in beliebig große Stücke zerteilt. Die harten Fasern oder Fäden an den äußeren Stangen lassen sich leicht entfernen, indem man die Stangen an einem Ende etwas einschneidet und die Fäden abzieht.

Serviervorschläge

 Stangensellerie wird sowohl roh als auch gegart verwendet. Roh ist er ein beliebter Snack, der entweder »pur« oder mit Käse, Meeresfrüchten, Geflügel oder Ei gefüllt serviert wird. Vielfach verwendet man ihn auch für Salate und Sandwiches. Gegart verleiht er Suppen, Saucen, Eintopf- und Nudelgerichten, Tofu, Quiches, Omelettes und Reis einen aromatischen Geschmack. Geschmort oder gratiniert, mit einer Béchamelsauce oder nur mit etwas zerlassener Butter übergossen ergibt er eine köstliche Gemüsebeilage.

Die Blätter eignen sich gut zum Verfeinern von Salaten, Suppen, Saucen oder Gemüsebrühen. Man kann sie frisch oder getrocknet, gehackt oder im Ganzen verwenden. Die Samen sind etwas bitter und haben einen intensiven Selleriegeschmack. Man gibt sie im Ganzen oder zerdrückt in Farcen, zu pochiertem Gemüse oder würzt Gebäck, Marinaden und Saucen damit.

Stangensellerie

Geschmorter Sellerie

FÜR 6 PORTIONEN

- 6 mittelgroße Selleriestangen
- 1 Zwiebel
- 1 Knoblauchzehe
- 2 EL Olivenöl
- 1 EL Butter
- 1 Lorbeerblatt
- Salz und frisch gemahlener Pfeffer
- ¼ l Hühnerbrühe
- ⅛ l trockener Weißwein
- gehackte krause Petersilie

1. Die äußeren Selleriestiele entfernen. Die Sellerieherzen 15 cm über dem Stielansatz abschneiden und unter kaltem Wasser waschen. Die Herzen 10 Minuten in kochendem Salzwasser garen und abtropfen lassen. Zwiebel und Knoblauch abziehen und fein hacken. Den Backofen auf 180 °C (Umluft 160 °C, Gas Stufe 2–3) vorheizen.

2. Olivenöl und Butter in einem feuerfesten Topf erhitzen und Zwiebel und Knoblauch darin bei kleiner Hitze andünsten, ohne dass sie Farbe annehmen. Den abgetropften Sellerie zufügen, rundherum einige Minuten anbräunen und mit Salz und Pfeffer abschmecken.

3. Die Hühnerbrühe und den Wein angießen, das Lorbeerblatt zufügen, alles zum Kochen bringen und zugedeckt im Backofen in etwa 45 Minuten weich garen. Den Sellerie herausnehmen, je nach Größe längs halbieren oder vierteln. Die Selleriestücke auf einer vorgewärmten Platte anrichten und warm stellen.

4. Die Brühe etwas einkochen lassen und nochmals mit Salz und Pfeffer abschmecken. Die Sauce über den Sellerie gießen, alles mit der Petersilie garnieren und sofort servieren.

Nährwerte

	rob	gegart
Kalorien	15	17
Ballaststoffe	2,5 g	0,6 g
Kohlenhydrate	2,2 g	5,9 g
Fett	1,2 g	4 g
Eiweiß	1,2 g	0,8 g
Wasser	93 %	94 %

je 100 g

Stangensellerie ist reich an Kalium und enthält außerdem Vitamin C, Folsäure und Vitamin B_6.

Dem Sellerie werden eine Reihe heilender Eigenschaften zugeschrieben: Er soll den Appetit anregen, den Verdauungstrakt reinigen, Vitaminmangel vorbeugen, den Mineralstoffhaushalt ausgleichen, rheumatische Beschwerden lindern und außerdem harntreibend, magenstärkend, antiseptisch und entkrampfend wirken. Als Kompresse aufgelegt fördert Selleriesaft die Heilung von Geschwüren und Wunden. Darüber hinaus enthält Stangensellerie einen Stoff, der den Abbau von Stresshormonen fördert und so indirekt hohen Blutdruck senkt.

Die Selleriesamen setzt man zur Behandlung von Husten und Erkältungen, bei Schlaflosigkeit sowie bei Verstopfung und Arthritis ein.

Bleichsellerie

Aufbewahrung

In ein feuchtes Tuch gewickelt oder in einen perforierten Kunststoffbeutel verpackt hält sich Stangensellerie im Kühlschrank etwa 1 Woche. Ungewaschen und mit Wurzeln in einen perforierten Beutel gewickelt kann er auch in einem kühlen (0 °C), sehr feuchten Raum gelagert werden. Eine weitere Möglichkeit ist, ihn ungeschält in einem Gefäß mit kaltem Salzwasser stehend aufzubewahren. Wegen seines hohen Wassergehalts welkt er schnell und sollte deshalb nicht lange bei Raumtemperatur gelagert werden. Welke Stangen werden wieder frisch, wenn sie mit Wasser besprüht und anschließend einige Stunden in den Kühlschrank gelegt werden. Zum Einfrieren ist roher Stangensellerie ungeeignet – es sei denn, er soll später gekocht werden –, da die Stangen dadurch weich werden.

Selleriesamen

Maniok

Manihot esculenta und *Manihot dulcis*, Euphorbiaceae

Maniok ist ein Knollengemüse, das in tropischen und subtropischen Klimazonen gedeiht. In vielen Ländern Afrikas, Asiens, Süd- und Mittelamerikas zählt er zu den Grundnahrungsmitteln.

süßer Maniok

Maniok ist die Knolle einer Strauchpflanze mit handförmig gefiederten Blättern, die 90 cm bis 3 m hoch werden kann. Sie ist im Nordwesten Brasiliens und im Südwesten Mexikos beheimatet und gedeiht in allen tropischen und subtropischen Klimazonen. In vielen Ländern Afrikas, Asiens, Mittel- und Südamerikas zählt Maniok zu den Hauptnahrungsmitteln. Er ist auch unter den Namen **Tapioka** (abgeleitet von *tipioka*, wie die brasilianischen Tupinambá-Indianer dieses Gemüse nennen) oder **Yucca** bekannt – nicht zu verwechseln mit der Yucca-Palme, einer Zierpflanze aus der Familie der Liliengewächse. Haupterzeugerländer sind heute Nigeria, Brasilien, Thailand, Zaire und Indonesien.

Die Knolle ist konisch oder zylindrisch geformt, und vor allem kleine Exemplare ähneln der Süßkartoffel. Ihre braune Schale umschließt das Fruchtfleisch, das je nach Sorte weißlich, gelblich oder rötlich ist. Die Knolle wird 6 Monate bis 1 Jahr nach der Aussaat bei einer Länge von 20 bis 40 cm und einem Durchmesser von 5 bis 10 cm geerntet. In Afrika, wo man die Knollen als Reserve für eventuelle Hungersnöte bisweilen bis zu 6 Jahren heranwachsen lässt, können sie sogar mehr als 90 cm lang und über 25 kg schwer werden, sind dann aber vielfach hart und holzig. Maniok ist sehr leicht verderblich und eignet sich deshalb nicht für lange Transportwege. Alle Manioksorten enthalten die äußerst giftige Blausäure, die jedoch durch Kochen oder Trocknen neutralisiert wird. Je nach Blausäuregehalt werden die Knollen in süße und bittere Sorten unterteilt.

Der bittere Maniok *(M. esculenta)* ist sehr blausäurehaltig und muss verschiedenen Behandlungen unterzogen werden, ehe er genießbar ist. Außerdem enthält er sehr viel Stärke, aus der die Tapiokastärke gewonnen wird. Zur Herstellung von 1 kg Tapiokastärke sind 4 kg Maniokknollen erforderlich.

Einkaufstipp

Die Knollen sollten keine klebrigen Stellen haben und dürfen keinen Schimmel aufweisen. Da die Schale nur in den seltensten Fällen makellos ist, sollte man darauf achten, dass sie möglichst unbeschädigt ist, da verdorbene Knollen einen höheren Blausäuregehalt besitzen. Nicht empfehlenswert sind Knollen mit beißendem oder saurem Geruch oder graublauen Flecken.

Perlsago

Maniok

Vorbereitung

Obwohl die süßen Sorten weniger Blausäure enthalten als die bitteren, sollte man Maniok grundsätzlich vor dem Garen wässern, da auf diese Weise das Gift bereits weitgehend entzogen wird. Dafür wird die Knolle der Länge nach halbiert oder gedrittelt, geschält, gerieben oder gewürfelt und für einige Zeit in kaltes Wasser gelegt. Anschließend spült man das Fruchtfleisch unter fließendem Wasser gründlich ab und gibt es zum Kochen in frischem Wasser in einen Topf mit dicht schließendem Deckel, damit die blausäurehaltigen Dämpfe während des Garens nicht entweichen können. Durch Kochen oder Rösten werden die Enzyme, die für die Entstehung der Blausäure verantwortlich sind, noch einmal so weit neutralisiert, dass die gegarten Knollen in keiner Weise gesundheitsschädlich sind.

Für die Herstellung von Tapiokastärke werden die Knollen zuerst gewaschen, geschält und gerieben und anschließend gewässert. Danach wird das abgetropfte Fruchtfleisch durch ein Sieb gestrichen und getrocknet. Beim Trocknen verbindet sich die gewonnene Tapiokastärke zu unterschiedlich großen weißlichen Kügelchen, den Tapiokakörnern, die vor der Zubereitung 45 bis 75 Minuten gewässert werden müssen. Die Tapiokastärke wird auch zu Flocken, Mehl oder einem Granulat, dem Perlsago, verarbeitet, der in nur 10 Minuten zubereitet werden kann, weil er bereits weitgehend vorgekocht ist.

Nährwerte

	Perlsago	*Körner*	*Knolle*
Kalorien	64	102	134
Ballaststoffe	*	*	2,9 g
Kohlenhydrate	15,6 g	26,6 g	32,1 g
Fett	*	*	0,2 g
Eiweiß	0,2 g	0,1 g	1,0 g
Wasser	*	*	63 %
	je 30 g	je 30 g	je 100 g

Wegen ihres hohen Gehalts an Kohlenhydraten ist die Maniokknolle kalorienreicher als die Kartoffel. Sie enthält sehr viel Vitamin C, Kalium, Eisen und Magnesium, viel Vitamin B_1 und B_6 sowie etwas Fol- und Nikotinsäure, Kupfer, Kalzium, Phosphor, Vitamin B_2 und Pantothensäure.

Serviervorschläge

Da Tapiokastärke keinen sehr ausgeprägten Eigengeschmack besitzt und häufig das Aroma der anderen Zutaten annimmt, eignet sie sich hervorragend zum Binden von Suppen, Saucen, Eintopfgerichten, Kompotts und Puddings. In Milch gekocht ergibt sie außerdem köstliche Desserts. Industriell wird Tapiokastärke zur Herstellung von Büttenpapier verwendet und ist auch im Briefmarkenklebstoff enthalten.

Der süße Maniok *(M. dulcis)* wird wie die Kartoffel oder die Süßkartoffel zubereitet, die er in den meisten Gerichten auch ersetzen kann. In Brasilien serviert man geröstete, mit Zwiebeln, Rosinen und Cashewkernen gewürzte Maniokfladen als Beilage zum Nationalgericht *Feijoada*, das aus schwarzen Feijoabohnen, Wurst und Zwiebeln zubereitet wird. Das Mehl, das aus dem süßen Maniok gewonnen wird, findet in Saucen, Eintopfgerichten, Brot, Kuchen und Gebäck Verwendung. Außerdem stellt man aus der süßen Maniokknolle *Cavim* her, einen in Brasilien sehr beliebten Weinbrand.

Zubereitung

Tapiokastärke ist sehr einfach zu verarbeiten, sollte jedoch beim Garen ständig umgerührt werden, da sie sonst schnell verklumpt.

Aufbewahrung

Die Maniokknolle verdirbt sehr leicht, sobald sie Feuchtigkeit oder Temperaturen über 20 °C ausgesetzt wird. In einem perforierten Kunststoffbeutel im Kühlschrank aufbewahrt ist sie einige Tage haltbar, man kann sie aber auch geschält und in Stücke geschnitten einfrieren.

Kartoffel

Solanum tuberosum, **Solanaceae**

Die Kartoffel wird nach der Blüte geerntet, wenn die Pflanze bereits zu welken beginnt. Essbar ist nur das verdickte Stielende – die Knolle.

Die Kartoffel ist das knollenartig verdickte Stielende einer Pflanze, die im Gebiet der heutigen bolivianischen und peruanischen Anden zu Hause ist. Dort wurde sie bereits vor 4000 bis 7000 Jahren vermutlich aus einer bitteren Wildpflanze gezüchtet und gehörte zu den frühesten Nahrungsmitteln der Andenbevölkerung. Im 16. Jahrhundert gelangte sie durch die Spanier nach Europa, wo sie zunächst jedoch nur in Spanien, Italien und Deutschland angebaut wurde. Vor allem in England und Deutschland versuchte man im 17. Jahrhundert, den Kartoffelanbau zu fördern, da die Kartoffel als billiges Grundnahrungsmittel eine gute Alternative zum relativ teuren Brot darstellte. Das war jedoch insofern schwierig, als die Bevölkerung der Kartoffel zunächst nichts abgewinnen konnte und in manchen Gegenden sogar der Glaube herrschte, die Kartoffel sei ein Lepra-Überträger. Im 18. Jahrhundert wurden die Bauern aufgrund eines königlichen Dekrets seitens Friedrichs des Großen regelrecht dazu gezwungen, mehr Kartoffeln anzubauen, was nach einiger Gewöhnungszeit dazu führte, dass sie ebenso selbstverständlich wurde wie das tägliche Brot. In Frankreich wiederum wurde die Kartoffel dem Volk nahe gebracht, indem die französische Regierung einen Wettbewerb veranstaltete, bei dem es darum ging, einen Ersatz für das knapp gewordene Brot zu finden. Etwa um die gleiche Zeit begann man auch in Irland mit dem Kartoffelanbau, um der ständigen Lebensmittelknappheit zu begegnen. 1845/46 fiel allerdings die gesamte Kartoffelernte einer Schädlingsplage zum Opfer, was zu einer großen Hungersnot führte, in deren Folge viele Iren in die Vereinigten Staaten auswanderten.

Die bis zu 90 cm hohe Kartoffelpflanze ist zwar mehrjährig, wird aber nur einjährig angebaut. Nach der Blüte, wenn sie bereits zu welken beginnt, werden die unregelmäßig geformten Knollen geerntet, die als rundes, ovales oder längliches Stielende unter der Erde wachsen. Ihre in verschiedenen Rot-, Braun-, Gelb-, Grün- oder Violettschattierungen gefärbte Schale ist glatt oder rau und mit »Augen« versehen, aus denen sich die Keime entwickeln. Das Fruchtfleisch ist weißgelb oder gelb.

Es gibt etwa 3000 Kartoffelsorten, die sich sowohl in Form, Farbe und Größe als auch im Geschmack und im Stärkegehalt unterscheiden. Von wirtschaftlicher Bedeutung sind etwa 100 bis 150 Sorten, die nach ihrem Reifezeitpunkt eingeteilt werden. Man unterscheidet zwischen sehr frühen Sorten (Juni/Anfang Juli), frühen Sorten (Mitte bis Ende Juli/August), mittelfrühen Sorten (August, September) sowie mittelspäten bis sehr späten Sorten (September/Oktober). Sehr frühe Kartoffeln eignen sich nicht zum Lagern, weshalb sie schnell verbraucht werden müssen. Frühe Sorten können dagegen bis in den Herbst hinein gelagert werden, und die mittelfrühen und späten Sorten halten sich über den Winter bis zum Frühling. Innerhalb einer Sorte wird zwischen vorwiegend fest kochend, fest kochend und mehlig kochend unterschieden. Sehr frühe Sorten sind beispielsweise Christa, Carola und Gloria; frühe Sorten sind etwa Sieglinde, Cinja oder Berolina; mittelfrühe Sorten sind zum Beispiel Désirée, Bintje, Grata, Clivia oder Nicola, und zu den mittelspäten bis späten Sorten zählen unter anderem Aula, Datura oder Monza. Eine besondere Sorte sind die eher seltenen französischen Trüffelkartoffeln, deren Schale und Fruchtfleisch rot gefärbt sind und die ein leicht nussiges Aroma besitzen.

Fest kochende Sorten eignen sich am besten für Kartoffelsalat, Pellkartoffeln und Bratkartoffeln; vorwiegend fest kochende Sorten werden vor allem für Salzkartoffeln und Pommes frites verwendet, können aber ebenfalls für Pellkartoffeln sowie für Bratkartoffeln verwendet werden; mehlig kochende Sorten sind ideal für Kartoffelpüree, Kartoffelpuffer, Klöße, Suppen und Eintopfgerichte geeignet.

Kartoffel

Vorbereitung

Kartoffeln, deren Schale zu mehr als 50 % grün verfärbt ist, sollte man nicht verwenden, da sie sehr viel giftiges Solanin enthalten und damit ungenießbar sind (siehe *Nährwerte*). Kartoffeln, die mit der Schale gegart werden, brauchen nur gründlich abgebürstet und gewaschen zu werden. Anschließend werden »Augen« und grüne Stellen herausgeschnitten. Frühkartoffeln haben eine so zarte Schale, dass sie vor dem Garen in der Regel nicht geschält werden.

Geschälte Kartoffeln verfärben sich bei Luftkontakt braun. Das lässt sich vermeiden, wenn man sie gleich nach dem Schälen gart oder in kaltes Wasser legt. Zum Kochen sollten sie dann in frischem Wasser aufgesetzt werden.

Kartoffelgratin
FÜR 4 PORTIONEN

1 kg Kartoffeln
1 Knoblauchzehe
Salz und
 frisch gemahlener
 weißer Pfeffer
350 g Crème fraîche
frisch geriebene
 Muskatnuss
1 EL Butter

1. Die Kartoffeln schälen, waschen, trockentupfen und mit dem Gurkenhobel in sehr dünne Scheiben schneiden.

2. Die Knoblauchzehe abziehen und eine hitzebeständige Auflaufform damit ausreiben. Die Kartoffelscheiben schuppenförmig darin verteilen und mit Salz und Pfeffer würzen.

3. Die Kartoffeln mit der Crème fraîche übergießen, mit Muskatnuss würzen, mit Butterstückchen bedecken und etwa 45 Minuten im Ofen bei 200 °C (Umluft 180 °C, Gas Stufe 3–4) überbacken, bis sich eine goldbraune Kruste bildet.

Einkaufstipp

Kartoffeln sollten fest und makellos sein und keine Keime oder grünen Stellen aufweisen. In perforierte Papiertüten verpackte Kartoffeln sind besser als solche, die in Kunststoffbeuteln angeboten werden, da auf diese Weise überschüssige Feuchtigkeit besser verdunsten kann, das heißt, die Kartoffeln werden weniger schnell faul und sind zudem vor Licht geschützt.

Kartoffeln sind wie viele andere Gemüse häufig mit chemischen Rückständen belastet. Aus diesem Grund müssen in der Schale gegarte Kartoffeln vor der Zubereitung sehr gründlich gewaschen werden. Kartoffeln aus biologischem Anbau sind dagegen nicht behandelt und schmecken meistens auch aromatischer.

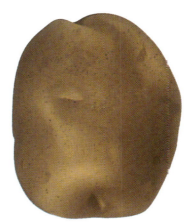
Linda

Bintje

Trüffelkartoffel

Sieglinde

Kartoffel

Serviervorschläge

Da Kartoffeln zu 20 % aus unverdaulicher Stärke bestehen, müssen sie vor dem Verzehr stets gegart werden.

Kartoffeln gehören in vielen Ländern zu den Grundnahrungsmitteln und sind nicht nur eine ideale Beilage zu fast allen Fleisch-, Geflügel- und Fischgerichten, sondern schmecken auch vorzüglich als Bratkartoffeln, Kartoffelsalat, Kartoffelpuffer, Klöße, Kroketten, Gnocchi, Pommes frites, Püree oder Rösti und finden häufig in Suppen, Eintopfgerichten, Gratins, Soufflés, Aufläufen und Omelettes Verwendung. Obwohl sie einst als »Arme-Leute-Essen« galten, sind Kartoffeln als *Gratin dauphinois* und *Herzoginkartoffeln* längst auch in der gehobenen Küche zu Hause. Aufgrund ihres relativ neutralen Geschmacks können sie sehr gut mit vielen anderen Nahrungsmitteln und fast allen Kräutern oder Gewürzen kombiniert werden. Kartoffeln sind geröstet und gewürzt in Form von Chips eine beliebte Knabberei und bilden außerdem die Grundlage bei der Herstellung von Wodka.

Kartoffelstärke wird häufig zum Backen verwendet, da dadurch der Teig besonders locker wird. Außerdem dient sie zum Andicken und Binden von Suppen, Saucen und Süßspeisen wie Puddings.

Zubereitung

Kartoffeln kann man kochen, dämpfen, pürieren, im Ofen backen, frittieren und in der Mikrowelle garen. Ob man mehlige, vorwiegend fest kochende oder fest kochende Kartoffeln verwendet, richtet sich nach dem jeweiligen Verwendungszweck:

- Fest kochende Sorten wie Sieglinde oder Nicola bleiben auch beim Schneiden fest. Sie sind relativ feucht und eignen sich deshalb vor allem zur Zubereitung von Kartoffelsalat, Pellkartoffeln und Bratkartoffeln.

- Vorwiegend fest kochende Sorten wie Désirée oder Christa bleiben ebenfalls fest, sind jedoch relativ trocken, und eignen sich deshalb sehr gut für Salzkartoffeln, Pommes frites, Pell- oder Bratkartoffeln. Alle Frühkartoffeln besitzen ähnliche Eigenschaften wie die vorwiegend fest kochenden oder fest kochenden Sorten.

- Mehlig kochende Sorten wie Bintje oder Aula sind besonders stärkehaltig und fallen beim Kochen schnell zusammen. Sie eignen sich am besten für Klöße, Suppen, Eintopfgerichte, Kartoffelpuffer oder Püree.

Kochen und Dämpfen

Beim Kochen werden die Kartoffeln mit der Schale oder geschält im geschlossenen Topf in wenig Wasser gegart, wobei die Garzeit für ganze Kartoffeln je nach Größe 20 bis 30 Minuten beträgt, während in Stücke geschnittene Kartoffeln nach 10 bis 15 Minuten gar sind. Wenn man die Kartoffeln erst dann ins Wasser gibt, wenn es kocht, und sie außerdem erst nach dem Garen salzt, bleiben die Vitamine besser erhalten.

Beim Dämpfen werden die Kartoffeln in einem Siebeinsatz über kochendem Wasserdampf gegart. Hier beträgt die Garzeit für ganze Kartoffeln je nach Größe 30 bis 45 Minuten, in Stücke geschnitten 15 bis 20 Minuten.

Pürieren

Ein besonders lockeres Kartoffelpüree erhält man, wenn man die geschälten, in Stücke geschnittenen Kartoffeln einige Minuten in kaltes Wasser legt, dieses zum Kochen bringt und die Kartoffeln erst dann salzt. Nach dem Ende der Garzeit lässt man die abgegossenen Kartoffeln kurz ausdampfen, rührt etwas Butter unter, fügt heiße Milch hinzu und püriert die Kartoffeln mit dem Kartoffelstampfer. Auf keinen Fall sollte man sie mit dem Pürierstab oder in der Küchenmaschine pürieren, da das Püree dadurch zäh und gummiartig wird.

Im Ofen backen

Kartoffeln schmecken besonders aromatisch, wenn man sie mit der Schale im Ofen bäckt. Dafür werden die gründlich gewaschenen Kartoffeln zuerst mehrmals mit einer Gabel eingestochen, damit der Dampf entweichen kann und sie nicht aufplatzen. Danach werden sie mit Salz, Pfeffer und anderen Gewürzen – etwa Kümmel, Thymian, Rosmarin, Salbei oder Oregano – bestreut, mit einem Klecks Butter versehen und anschließend nach Belieben noch in Alufolie gewickelt, die den Vorteil hat, dass die Schale nicht austrocknet und das Fruchtfleisch saftig bleibt. Bei 220 °C (Umluft 200 °C, Gas Stufe 4–5) benötigen mittelgroße Folienkartoffeln eine Garzeit von 40 bis 50 Minuten.

Garen in der Mikrowelle

Eine sehr schnelle Methode ist das Garen in der Mikrowelle, das sich besonders gut für Pellkartoffeln eignet. Dafür sollte man möglichst gleich große Kartoffeln wählen, damit sie gleichmäßig garen. Nach dem Waschen werden die Kartoffeln mehrmals mit einer Gabel eingestochen, damit der Dampf während des Garens entweichen kann, und in mikrowellengeeignetem Kochgeschirr auf hoher Stufe gegart. Die Garzeit für eine mittelgroße Kartoffel beträgt 3 bis 4 Minuten und erhöht sich entsprechend der verwendeten Menge. Anschließend sollte man die Kartoffeln vor dem Servieren etwas abkühlen lassen.

Pommes frites

- Pommes frites können zwar auch mit der Schale frittiert werden, in der Regel werden die Kartoffeln jedoch vorher geschält. Danach sollten sie gut trockengetupft werden, damit es nicht spritzt, wenn man sie in das siedende Öl gibt. Außerdem nehmen sie dadurch nicht so viel Fett auf, kleben beim Frittieren weniger schnell zusammen und werden besonders knusprig.

- Anschließend werden die Kartoffeln in dünne, möglichst gleich große Stifte geschnitten, damit sie gleichmäßig garen; sie sollten nicht dicker als etwa 1,5 cm sein, da sie sonst zu viel Fett aufsaugen.

- Zum Frittieren eignet sich frisches neutrales Pflanzenöl, das in einem Topf oder einer Fritteuse auf 170 bis 175 °C erhitzt wird. Dann gibt man die Kartoffeln nacheinander in kleinen Portionen hinein, damit das Öl nicht zu sehr abkühlt und die Oberfläche der Kartoffeln »versiegelt« wird. Andernfalls nehmen sie zu viel Öl auf und werden weich. Außerdem kann man die Wärmezufuhr kurzfristig etwas erhöhen, bis das Öl seine Ausgangstemperatur wieder erreicht hat. Sobald die Pommes frites goldbraun sind, hebt man sie vorsichtig heraus und lässt sie auf Küchenkrepp abtropfen.

Damit die Pommes frites noch knuspriger werden, kann man die Kartoffeln auch zweimal frittieren. Dafür gibt man sie zunächst ebenfalls portionsweise für 5 bis 6 Minuten in mäßig heißes Öl (150 bis 160 °C), hebt sie heraus und gibt sie abgekühlt erneut in das auf nunmehr 175 °C erhitzte Öl.

Mehrfach benutztes Frittierfett, das nicht mehr einwandfrei ist – es riecht ranzig, wird trübe und beginnt bei niedrigen Temperaturen zu rauchen –, ist gesundheitsschädlich und sollte durch neues ersetzt werden. Altes Öl sollte jedoch nie mit frischem aufgegossen werden, da dieses rasch verdirbt, wenn es mit dem alten in Berührung kommt. Außerdem ist es ratsam, das Frittieröl nach Gebrauch jedesmal zu filtern, um eventuelle Rückstände zu entfernen.

Als fettarme Alternative zum Frittieren in Öl kann man Pommes frites auch im Backofen zubereiten. Dafür werden die Kartoffelstifte zuerst in heißem Fett gewendet, wobei man 1 Esslöffel neutrales Pflanzenöl auf 250 g Kartoffeln rechnet, und anschließend etwa 8 Minuten im vorgeheizten Backofen bei 230 °C (Umluft 210 °C, Gas Stufe 5) frittiert. Dann reduziert man die Hitze auf 190 °C (Umluft 170 °C, Gas Stufe 3) und bäckt die Pommes frites so lange, bis sie goldgelb sind. Man kann sie aber auch unter gelegentlichem Wenden 15 bis 20 Minuten direkt unter dem Backofengrill rösten.

Aufbewahrung

Kartoffeln können abhängig von der Erntezeit und Sorte unterschiedlich lange gelagert werden. Nach dem Einkauf sollte man sie sofort aus der Kunststoffverpackung herausnehmen, damit sie nicht vorzeitig Schimmel bilden oder faulen, und in einer Holzkiste oder einem Korb möglichst kühl, trocken und dunkel lagern. Sehr frühe Kartoffeln, die im Juni und Juli angeboten werden, haben eine relativ kurze Lagerzeit und sollten möglichst bald verbraucht werden. Ab Ende Juli bis Oktober geerntete Kartoffeln sind dagegen sehr gut zum Einkellern über den Winter geeignet. Dafür sollte man jedoch nur saubere und trockene Kartoffeln mit unbeschädigter Schale verwenden und diese an einem kühlen, dunklen, gut durchlüfteten Ort, am besten im Keller, bei Temperaturen zwischen 5 und 8 °C aufbewahren. Außerdem ist es ratsam, sie hin und wieder zu überprüfen und möglicherweise angefaulte Kartoffeln zu entfernen, damit diese die übrigen nicht »infizieren«.

Frühkartoffeln oder sehr alte Kartoffeln kann man auch im Kühlschrank aufbewahren, sollte sie allerdings nicht in der Nähe stark riechender Lebensmittel wie Zwiebeln lagern. Gegarte und pürierte Kartoffeln sind gekühlt höchstens 1 Woche haltbar.

Salz- und Pellkartoffeln, Kartoffelsalat sowie geschälte und ungeschälte rohe Kartoffeln sind nicht zum Einfrieren geeignet. In Form von vorgebackenen Kroketten, Bratkartoffeln, Pommes frites, Röstis oder Kartoffelpuffern zubereitet sowie als rohe Kartoffelklöße kann man sie 2 bis 4 Monate tiefgefrieren und anschließend unaufgetaut zubereiten.

Kartoffel

Nährwerte

Kartoffeln enthalten reichlich hochwertiges Eiweiß und sind sehr wasserhaltig (79,4%). Sie liefern viel Kalium, Vitamin C sowie etwas Vitamin B_6, Nikotinsäure, Magnesium, Folsäure, Eisen und Pantothensäure. Allerdings nimmt der Vitamin-C-Gehalt mit zunehmender Lagerzeit immer mehr ab: Bei einer Temperatur von etwa 11 °C in dunkler Umgebung beträgt der Vitamingehalt nach 3 Monaten noch 68%, und nach 6 Monaten sind es nur noch 50%.

Werden Kartoffeln längere Zeit bei Licht gelagert, bilden sich hellgrüne oder dunkelgrüne Flecken, die große Mengen des giftigen Alkaloids Solanin enthalten, das bereits in geringen Dosen Magenkrämpfe, Kopfschmerzen und Durchfall verursachen kann und in größeren Mengen sogar das Nervensystem angreift. Da das Solanin beim Garen nicht zerstört wird, sollte man grüne Stellen stets sorgfältig entfernen, ebenso Keime und »Augen«, in denen sich gleichfalls viel Solanin konzentriert.

Die Kartoffel wird wegen ihrer heilenden Eigenschaften seit langem in der Volksmedizin sehr geschätzt. Der Saft roher Kartoffeln wirkt krampflösend, harntreibend, beruhigend und heilend. Rohe Kartoffelscheiben, rohe geriebene Kartoffeln oder Kartoffelmehl werden zur Behandlung von Entzündungen, bei einem Sonnenstich, Verbrennungen und rissiger Haut verwendet.

Désirée

Grata

	roh	*gebacken (ganz)*	*gekocht (ganz)*	*gekocht (geschält)*	*frittiert*	*Chips*
Kalorien	70	85	70	75	290	557
Ballaststoffe	2,0 g	3,1 g	1,7 g	1,1 g	*	4,2 g
Kohlenhydrate	15 g	18 g	15 g	17 g	36 g	45 g
Fett	0,1 g	0,1 g	0,1 g	0,1 g	15 g	39,4 g
Eiweiß	2,0 g	2,5 g	2,0 g	1,8 g	4,2 g	5,5 g
Vitamin C	17 mg	17 mg	14 mg	11 mg	18 mg	8 mg

je 100 g

Taro

Colocasia esculenta, Araceae

Der Taro ist die Knolle einer Pflanze, die vermutlich in Südostasien beheimatet ist und in tropischen Regionen sowie in wärmeren gemäßigten Klimazonen gedeiht. Sie wächst vorwiegend wild in den Regenwäldern Indiens und Südostasiens und wird bereits seit 4000 bis 7000 Jahren kultiviert. Später gelangte der Taro auch nach Japan und China und zählt heute in einigen asiatischen Ländern sowie in der Südsee und der Karibik zu den Hauptnahrungsmitteln.

Die bis zu 1,80 m hohe Taropflanze mit ihren großen Blättern gehört einer Zierpflanzenfamilie an und ist mit Philodendron und Dieffenbachia verwandt. Ihre jungen Triebe sind blanchiert essbar, werden auf westlichen Märkten allerdings nur selten angeboten. Die Knollen haben eine dicke, quer gerippte, raue, behaarte bräunliche Schale. Das sehr stärkehaltige, süß schmeckende Fruchtfleisch ist weiß, cremefarben oder grau violett und wird manchmal von rosafarbenen oder braunen Adern durchzogen. Von den heute bekannten 100 Sorten erinnern einige durch ihre längliche Form an die Süßkartoffel, während andere rund sind und wie Knollensellerie aussehen.

Einkaufstipp

Die Knollen sollten möglichst fest sein und keinen Schimmelbefall oder weiche Stellen aufweisen.

Vorbereitung

Da die Knollen einen klebrigen Saft absondern, der zu Hautreizungen führen kann, schält man sie am besten unter fließendem Wasser. Sofern sie nicht gleich weiterverarbeitet werden, sollte man sie in kaltes Wasser legen, damit sie sich nicht braun verfärben.

Serviervorschläge

Taro muss vor dem Verzehr gegart werden, da er neben unverdaulicher Stärke auch Kalziumoxalat enthält, eine bittere, schleimhautreizende Substanz, die nur durch Garen zerstört wird. Taro wird wie die Kartoffel zubereitet und verfärbt sich in gegartem Zustand grau oder rosa. Er sollte möglichst heiß verzehrt werden, da sich das abgekühlte Fruchtfleisch in seiner Konsistenz verändert. Taro schmeckt sehr gut als Beilage zu Fleisch-, Geflügel- und Gemüsegerichten, frittiert, zu Kroketten, als Soufflé oder zu Reibekuchen verarbeitet. In Stücke geschnitten und in Sirup gekocht ergibt er ein vorzügliches Dessert. Da er den Geschmack anderer Zutaten annimmt, wird er häufig auch zum Andicken von Suppen und Eintopfgerichten verwendet. Die jungen Blätter können wie Spinat zubereitet werden, man kann sie aber auch füllen und überbacken. Sie enthalten ebenfalls Kalziumoxalat, das beim Garen neutralisiert wird. Taromehl wird häufig zum Andicken von Saucen und Suppen verwendet.

Aufbewahrung

Taroknollen sollten an einem dunklen, kühlen, trockenen und gut durchlüfteten Ort aufbewahrt werden. Da sie schnell weich werden, ist es ratsam, sie möglichst bald zu verbrauchen. Mit einem feuchten Tuch abgerieben und in einen perforierten Kunststoffbeutel verpackt sind Taroblätter im Kühlschrank einige Tage haltbar.

Nährwerte

Kalorien	107
Ballaststoffe	3,9 g
Kohlenhydrate	24 g
Fett	0,2 g
Eiweiß	2,0 g
Wasser	69 %
	je 100 g

Taro enthält viel Kalium sowie etwas Magnesium, Phosphor und Eisen. Außerdem ist er sehr stärkehaltig.

Zubereitung

Taro wird gekocht (etwa 20 Minuten), gedämpft oder in der Mikrowelle gegart. Im Backofen gegarter Taro (25 Minuten) wird leicht trocken und sollte deshalb während des Garens immer wieder mit Butter oder einer Sauce bestrichen und möglichst heiß serviert werden.

Taro wird beim Pürieren sehr zäh. Wenn man ihn in Suppen oder Eintöpfen verwenden will, ist es ratsam, ihn erst 20 Minuten vor Ende der Garzeit zuzugeben, da er bei zu langem Garen schnell zerfällt.

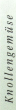

Knollengemüse

Yam-Wurzel

Dioscorea spp., **Dioscoreaceae**

Kartoffelyam-Wurzel

Die Yam-Wurzel ist länglich wie die Süßkartoffel, mit der sie auch häufig verwechselt wird. Die Kartoffelyam-Wurzel gedeiht auch in gemäßigtem Klima.

Die Yam-Wurzel ist die Knolle einer rankenden Pflanze, über deren Ursprung nichts bekannt ist. Archäologische Funde lassen allerdings vermuten, dass sie bereits vor mehr als 10 000 Jahren in Afrika und Ostasien angebaut wurde und später nach Südamerika gelangte. Die Yam-Wurzel gehört in vielen Ländern der Erde, vor allem in Südamerika und auf den Westindischen Inseln, zu den wichtigsten Grundnahrungsmitteln.

Die Yam-Wurzel wird häufig mit der Süßkartoffel verwechselt, gehört aber einer ganz anderen Familie an. Diese umfasst mehr als 600 Arten, zu denen etwa 200 Yam-Sorten zählen, die vorwiegend in den tropischen und subtropischen Gegenden Afrikas, Asiens und Amerikas gedeihen. Die Kartoffelyam-Wurzel wächst als einzige auch in gemäßigten Klimazonen.

Die Knolle ist wie die Süßkartoffel rund oder länglich. Ihr Fleisch, das weiß, gelb, elfenbeinfarben, rosa oder braunrosa sein kann, wird je nach Sorte nach dem Kochen sämig oder fest. Die dicke, grobe oder mit Flaum bedeckte Schale ist weiß, rosa oder schwarzbraun. Die Knollen können bis knapp 23 kg schwer werden und einen Durchmesser von 50 cm erreichen. Im Geschmack hat die Yam-Wurzel Ähnlichkeit mit einigen Süßkartoffelsorten, schmeckt im Vergleich zu diesen aber süßer und weniger erdig.

Knollengemüse

Einkaufstipp

Die Knollen sollten möglichst fest und makellos sein; sie dürfen keine weichen Stellen und keinen Schimmel aufweisen.

Nährwerte

Kalorien	99
Ballaststoffe	5,6 g
Kohlenhydrate	22,4 g
Fett	0,1 g
Eiweiß	2,0 g
Wasser	69 %
	je 100 g

Die Yam-Wurzel enthält sehr viel Kalium sowie viel Vitamin C, Vitamin B_1 und B_6, Folsäure, Magnesium, Phosphor und Kupfer. Sie ist stärkehaltiger als die Kartoffel. Einige wild wachsende Sorten enthalten Steroide, die in der pharmazeutischen Industrie vor allem bei der Herstellung von Verhütungsmitteln verwendet werden.

Serviervorschläge

Die Yam-Wurzeln werden wie Kartoffeln zubereitet und häufig in Suppen und Eintopfgerichten verwendet. Man kann sie auch reiben und Brot oder Kuchen daraus herstellen. Da sie gekocht oder püriert relativ wenig Geschmack besitzen, werden sie meist mit Gewürzen verfeinert, zu verschiedenen Saucen serviert oder mit anderen Zutaten kombiniert. Auf den Westindischen Inseln verwendet man sie auch zum Mildern sehr scharfer und würziger Gerichte.

Frittiert schmeckt die Knolle ebenfalls sehr gut. Gart man sie im Ofen, wird das Fleisch meist recht trocken. In den meisten Gerichten kann Yam-Wurzel die Kartoffel und die Süßkartoffel ersetzen. Die aus der Yam-Wurzel gewonnene Stärke ist auch als Guayana-Pfeilwurzel bekannt.

Zubereitung

Wie die Kartoffel enthält auch die Yam-Wurzel reichlich unverdauliche Stärke, die beim Garen in Zucker umgewandelt wird, sodass sie nur gegart verzehrt werden kann. Dazu wird sie geschält, gewaschen und in Stücke geschnitten 10 bis 20 Minuten in kochendem Salzwasser gegart. Nur sehr kleine Knollen können mit der Schale gegart werden.

Aufbewahrung

Die Yam-Wurzel wird an einem dunklen, kühlen, trockenen und gut durchlüfteten Ort gelagert, da die Knolle bei höheren Temperaturen schnell verdirbt. Sie sollte nicht im Kunststoffbeutel aufbewahrt werden, da sie sonst leicht schimmlig wird.

Yamsbohne

Pachyrhizus erosus und *Pachyrhizus tuberosus,* Leguminosae

Die Yamsbohne, auch Knollenbohne genannt, ist die essbare Knolle einer Schlingpflanze, die in Mexiko sowie in Mittel- und Südamerika beheimatet ist. Sie war schon den Azteken bekannt, die ihre Samen als Heilmittel verwendeten. Im 17. Jahrhundert brachten spanische Forschungsreisende die Yamspflanze auf die Philippinen, und von dort weitete sich der Anbau auf ganz Asien und die Pazifischen Inseln aus.

Die Pflanze entwickelt eine oder mehrere Knollen, die in zwei Sorten unterschieden werden: Die größere Yamsbohne *Pachyrhizus tuberosus* war ursprünglich am Amazonas beheimatet und gedeiht heute in den tropischen und gemäßigten Gebieten Amerikas, in den Anden und Ecuador sowie in China und der Karibik. Sie wird bei einer Länge von 20 bis 30 cm und einem Durchmesser von 2 bis 3 cm geerntet. Lässt man sie ausreifen, kann sie einen Durchmesser von bis zu 30 cm erreichen. Reif ist sie allerdings ungenießbar, da sie den Giftstoff Rotenon enthält, der vor allem als Insektenvernichtungsmittel verwendet wird. Die große Yamsbohne ist sehr saftig und wird fast ausschließlich roh gegessen.

Die zweite Sorte, *Pachyrhizus erosus*, wird 15 bis 20 cm lang. Sie stammt aus Mexiko und Mittelamerika und wird heute in großem Umfang in Südamerika angebaut, wo man sie roh oder gegart verwendet. Diese Yamsbohne, die wie eine leicht abgeflachte weiße Rübe aussieht, hat festes und saftiges weißes Fleisch, das von einer ungenießbaren braunen Schale umhüllt wird. Der feine, leicht süße Geschmack erinnert an die Wasserkastanie.

Einkaufstipp

Yamsbohnen sollten mittelgroß oder klein und möglichst fest sein und eine dünne Schale ohne Druckstellen haben. Große Knollen mit dicker Schale sind meist holzig und trocken. Um zu prüfen, wie dick die Schale ist und ob das Fruchtfleisch saftig ist, kann man die Schale mit dem Fingernagel leicht einritzen.

Vorbereitung

Yamsbohnen lassen sich am besten mit einem Messer schälen. Danach werden sie gerieben oder in Würfel, Stifte oder Scheiben geschnitten.

Serviervorschläge

 Yamsbohnen werden roh oder gegart gegessen. Roh verwendet man sie für Salate, Dips oder als kleine Zwischenmahlzeit. Ein typisch mexikanischer Snack besteht aus dünnen Yamsbohnenscheiben, die mit Zitronen- oder Limonensaft beträufelt und mit Chilipulver und Salz gewürzt werden.

Die Yamsbohne ist auch nach dem Garen noch knackig und verleiht Suppen, Gemüse, Reis, Tofu, Quiches, Fleisch, Geflügel, Meeresfrüchten und sogar Obstsalaten eine außergewöhnliche Note. Da sie sich gut mit anderen Zutaten verbindet, ohne ihren Eigengeschmack zu verlieren, ist sie eine gute Ergänzung für Eintöpfe und süßsaure Speisen. In den meisten Rezepten kann sie anstelle von Bambussprossen und Wasserkastanien verwendet werden.

Zubereitung

Yamsbohnen werden häufig wie Kartoffeln gegart. Sie schmecken aber auch gut, wenn man sie kurz frittiert.

Aufbewahrung

Yamsbohnen bleiben unverpackt im Gemüsefach des Kühlschranks etwa 3 Wochen frisch. Wenn sie wie Kartoffeln an einem kühlen, trockenen Platz gelagert werden, sind sie einige Wochen länger haltbar.

Nährwerte

Kalorien	55
Kohlenhydrate	12,8 g
Eiweiß	1,4 g
Wasser	85 %
	je 100 g

Süßkartoffel

Ipomoea batatas, Convolvulaceae

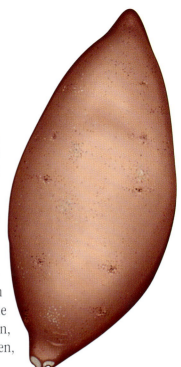

Die Süßkartoffel, bei uns auch **Batate** genannt, ist die Knolle einer Pflanze, die aus Mittelamerika stammt. Anders als ihr Name vermuten lässt, ist sie nicht mit der Kartoffel verwandt, sondern gehört vielmehr zur Familie der Winden und trägt wie diese herrliche Blüten.

Die 10 000 bis 20 000 Jahre alten Überreste von Süßkartoffeln, die in einer Höhle in Peru entdeckt wurden, sind der Beleg, dass dieses Gemüse bereits in der menschlichen Frühzeit gegessen wurde. Man nimmt an, dass sich die heutige Süßkartoffel aus einer wild wachsenden Sorte entwickelt hat, die im Gebiet zwischen Mexiko und dem nördlichen Südamerika beheimatet war. Im 16. Jahrhundert gelangte sie durch spanische Entdeckungsreisende auf die Philippinen, und von dort brachten sie die Portugiesen nach Afrika, Indien, Südasien und Indonesien. Haupterzeugerländer sind heute China, Indonesien, Vietnam, Uganda, Japan und Indien.

Die Süßkartoffel zählt in vielen Ländern Asiens und Lateinamerikas zu den Grundnahrungsmitteln und ist auch in den Südstaaten der USA sehr beliebt, wo sie bereits seit dem 16. Jahrhundert angebaut wird. Sie wird häufig mit der Yam-Wurzel verwechselt, ist aber schmackhafter und weniger stärkehaltig als diese.

Die Pflanze hat lange kriechende Ranken, die knapp 5 m lang werden; ihre Blätter können wie Spinat zubereitet werden. Die mehr als 400 verschiedenen Sorten werden in zwei Hauptgruppen unterteilt: Bei den einen ist das Fruchtfleisch fest, trocken und nach dem Garen fast mehlig, während es bei den anderen durch Kochen weich und saftig wird. Die ebenfalls essbare dünne Schale ist weiß, gelb, orange, rot oder violett, das Fruchtfleisch ist weiß, gelb oder orange gefärbt.

Einkaufstipp

Süßkartoffeln sollten fest und unversehrt sein und keinerlei weiche Flecken oder Druckstellen aufweisen. Süßkartoffeln, die gekühlt gelagert wurden, sind nicht empfehlenswert, da sich durch Kälte ihr Geschmack stark verändert.

Vorbereitung

Süßkartoffeln werden nach der Ernte häufig gefärbt und mitunter sogar mit einer Wachsschicht überzogen, sodass die Schale vor oder nach dem Garen stets entfernt werden sollte. Werden sie vor dem Garen geschält und nicht gleich weiterverarbeitet, legt man die Knollen nach dem Zerkleinern sofort in kaltes Wasser, damit sich das Fruchtfleisch durch Luftkontakt nicht dunkel verfärbt. Beim Garen sollten sie vollständig mit Wasser bedeckt sein.

Serviervorschläge

Wie die Kartoffel wird auch die Süßkartoffel stets gegart verzehrt. Durch ihren eher süßen Geschmack ist sie allerdings vielseitiger verwendbar als diese. Wie Winterkürbis, der ähnlich süß ist und den sie in den meisten Gerichten auch ersetzen kann, findet die Süßkartoffel in Kuchen, Pies, Broten, Puddings, Konfitüren und Gebäck Verwendung. Man kann sie auch zu Kroketten oder Soufflés verarbeiten, gratinieren oder mit Crème fraîche überbacken. Die Süßkartoffel ist eine der beliebtesten Zutaten in der kreolischen Küche. Sie harmoniert ausgezeichnet mit Zimt, Honig, Kokosnuss, Muskat oder Limone und eignet sich hervorragend als Beilage zu Schweinefleisch, Schinken und Geflügel. Köstlich schmeckt sie auch im Ofen gegart oder püriert. Man kann sie aber auch trocknen und Flakes oder Chips daraus herstellen. Außerdem wird sie zu Alkohol, Speisestärke und Mehl verarbeitet.

Süßkartoffel

Zubereitung

Süßkartoffeln werden wie die Kartoffel zubereitet und ebenso lange gegart, wobei die Garzeit je nach Größe 20 bis 30 Minuten beträgt. Man sollte sie möglichst erst nach dem Kochen schälen, da sich die Schale dann leichter entfernen lässt.

Ganze ungeschälte Süßkartoffeln können auch in der Mikrowelle gegart werden, indem man sie zuerst mehrmals mit einer Gabel einsticht und dann in Küchenkrepp gewickelt je nach Größe 5 bis 7 Minuten auf höchster Stufe gart. Dabei dreht man sie nach der halben Garzeit um und lässt sie vor dem Servieren 2 Minuten abkühlen.

Süßkartoffeln schmecken besonders gut, wenn man sie im Ganzen im Backofen gart. Dafür sticht man die Schale ebenfalls mehrmals ein, damit sie nicht aufplatzt, und bäckt sie je nach Größe 45 bis 60 Minuten bei mittlerer Hitze.

Gebackene Süßkartoffeln

FÜR 4 PORTIONEN

2 große frische Süßkartoffeln
2 EL Olivenöl
Salz und frisch gemahlener Pfeffer
1 TL gehackte Petersilie

1. Den Backofen auf 180 °C (Umluft 160 °C, Gas Stufe 2–3) vorheizen.

2. Die Süßkartoffeln gründlich unter fließendem Wasser waschen, gründlich trockentupfen und mit der Schale der Länge nach halbieren.

3. Die Hälften mit der Schnittfläche nach oben in eine Auflaufform schichten und mit dem Olivenöl bestreichen. Mit Salz und Pfeffer würzen, mit der Petersilie bestreuen und etwa 45 Minuten im Ofen backen.

Gebackene Süßkartoffeln schmecken sehr gut zu Geflügel.

Nährwerte

	roh	gebacken/gekocht (ohne Schale)
Kalorien	108	105
Ballaststoffe	3,1 g	2,5 g
Kohlenhydrate	24,1 g	24,3 g
Fett	0,6 g	0,3 g
Eiweiß	1,6 g	1,6 g
Wasser	69 %	73 %
	je 100 g	

Die Süßkartoffel enthält sehr viel Vitamin A, viel Kalium sowie etwas Vitamin C, Vitamin B_2 und B_6, Kupfer, Pantothen- und Folsäure. Je kräftiger die Farbe, desto höher ist der Vitamin-A-Gehalt. Obwohl die Süßkartoffel stärkehaltiger ist als die Kartoffel – je nach Sorte bis zu 18 % –, ist der Gehalt an Kohlenhydraten in etwa gleich.

Aufbewahrung

Süßkartoffeln sind empfindlicher als Kartoffeln und sollten deshalb vorsichtig behandelt werden. In einem kühlen, dunklen und gut durchlüfteten Raum halten sie sich 7 bis 10 Tage. Bei Temperaturen über 15 °C beginnen sie zu keimen oder zu gären, und bei manchen Sorten kann das Fleisch holzig werden. Während rohe Süßkartoffeln nicht im Kühlschrank aufbewahrt werden sollten, bleiben gekochte Süßkartoffeln gekühlt etwa 1 Woche frisch. Gekochte Süßkartoffeln sind auch gut zum Einfrieren geeignet.

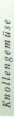

Süßkartoffeln, die an langen kriechenden Ranken wachsen, haben eine dünne essbare Schale, die weiß, gelb, orange, rot oder violett ist.

Topinambur

Helianthus tuberosus, **Compositae**

Topinambur ist die Knolle einer winterfesten Pflanze, die aus Nordamerika stammt und erstmals von Indianern im Gebiet des heutigen Neuengland kultiviert wurde. Später gelangte Topinambur nach Europa und Asien. Bei uns war das Knollengemüse einige Zeit sehr beliebt, bis es dann von der Kartoffel verdrängt wurde. Während des Zweiten Weltkriegs zählte es zu den wenigen verfügbaren Gemüsesorten und geriet deshalb in den Ruf eines Arme-Leute-Essens.

Die anspruchslose Pflanze, die eine Höhe von 1,80 bis 3,60 m erreicht, wird wegen ihrer Größe und ihrer hübschen Blüten im Süden der Vereinigten Staaten und im Mittleren Osten auch zum Einzäunen von Grundstücken genutzt. Sie ist sehr widerstandsfähig, sodass es bisweilen schwer ist, sie wieder loszuwerden. Die Knollen sind 8 bis 10 cm lang und erreichen einen Durchmesser von etwa 3 bis 5 cm. Ihre knorrigen Wurzeln erinnern an Ingwer. Das knackige, saftige gelbliche Fruchtfleisch hat einen feinen, süßen Geschmack und wird mit zunehmender Reife immer aromatischer. Besonders gut schmeckt es, wenn die Knollen vor der Ernte etwas Frost abbekommen. Die dünne beigefarbene, manchmal auch rötliche oder violette Schale ist ebenfalls essbar, wird aber meistens entfernt.

Wegen ihrer Größe und ihrer attraktiven Blüten wird die Pflanze auch zum Einzäunen von Grundstücken verwendet.

Nährwerte

Kalorien	31
Ballaststoffe	12 g
Kohlenhydrate	4,0 g
Fett	0,4 g
Eiweiß	2,4 g
Wasser	79 %
	je 100 g

Roher Topinambur enthält sehr viel Kalium, viel Eisen und Vitamin B_1 sowie etwas Nikotinsäure, Phosphor, Kupfer, Magnesium, Fol- und Pantothensäure.

Topinambur enthält überdies Inulin, einen Zucker, der wie Stärke in Fruchtzucker umgewandelt wird und bei manchen Menschen Blähungen verursacht. Topinambur wirkt tonisierend und desinfizierend und regt die Milchproduktion an.

Einkaufstipp

Die Knollen sollten klein und fest sein und eine makellose Schale haben. Nicht empfehlenswert sind grünliche Knollen oder solche, die bereits zu keimen beginnen.

Vorbereitung

Weil die Knollen schwer zu schälen sind, werden sie häufig mit der Schale gegart und danach noch heiß geschält, da die Schale abgekühlt wieder hart wird.

Da das rohe Fruchtfleisch geschält sehr schnell oxidiert, sollte man es in Zitronen- oder Essigwasser legen, damit es sich nicht braun verfärbt.

Serviervorschläge

Topinambur wird roh oder gegart verwendet und eignet sich auch gut zum Einlegen. Roh wird er mit etwas Zitronensaft beträufelt als Rohkost serviert oder gemischten Salaten zugefügt. Gegart ist er eine gute Alternative zu Kartoffeln und schmeckt auch als Püree, Gratin oder als Gemüsebeilage mit etwas Crème fraîche verfeinert. Er wird häufig in Suppen und Eintopfgerichten verwendet, zu Reibekuchen und Beignets verarbeitet und passt gut zu Geflügel und Lauch. Außerdem werden die Topinamburknollen zu Alkohol und – in getrockneter Form – zu einem sehr nahrhaften Mehl verarbeitet.

Topinambur

Aufbewahrung

Die Topinamburknollen, die leicht Druckstellen bekommen, können ungewaschen in Küchenkrepp gewickelt und in einen perforierten Kunststoffbeutel verpackt im Kühlschrank bis zu 2 Wochen aufbewahrt werden. Man kann sie auch wie Möhren in Sand vergraben, wo sie 1 bis 2 Monate frisch bleiben. Topinambur eignet sich dagegen nicht zum Einfrieren, da sich dabei das Fruchtfleisch dunkel verfärbt und weich wird.

Zubereitung

Topinambur darf nicht zu lange gegart werden, da das Fruchtfleisch sonst sehr schnell zu Brei zerkocht. Er gelingt am besten, wenn man ihn im Ofen gart, wobei die Garzeit für ganze Knollen je nach Größe 30 bis 45 Minuten beträgt. Man kann ihn aber auch geschält und klein geschnitten dämpfen (10 bis 15 Minuten) oder im Wok braten (5 bis 7 Minuten). Bei der Zubereitung sollte kein Kochgeschirr aus Aluminium oder Eisen verwendet werden, da das Fruchtfleisch sonst oxidiert und sich braun verfärbt.

Knollenziest

Stachys spp., **Labiatae**

Der Knollenziest, auch als Chinesische Artischocke, Japanische Kartoffel oder Crosne bekannt, ist die verdickte Knolle einer winterfesten Gartenpflanze, die in Japan beheimatet ist. 1882 gelangte sie nach Frankreich, wo sie früher in großem Umfang in der kleinen Stadt Crosne angebaut wurde. Obwohl Knollenziest zwischen 1890 und 1920 in einigen europäischen Ländern sehr beliebt war, wird er heute nur noch selten verwendet. In Nordamerika ist er nahezu unbekannt, während er in Asien relativ häufig ist.

Die 30 bis 40 cm hohe Pflanze hat große, ovale mattgrüne Blätter und 5 bis 8 cm lange, dünnschalige Knollen mit einem Durchmesser von 1 bis 2 cm. Ihr feiner, süßlicher Geschmack erinnert an Haferwurzel und Artischocke.

Vorbereitung

Knollenziest sollte möglichst erntefrisch verbraucht werden, da er schnell austrocknet und an Aroma verliert. Er wird nicht geschält, sondern nur unter fließendem Wasser kurz gewaschen.

Serviervorschläge

Knollenziest wird wie Kartoffel oder Topinambur gekocht, gedünstet oder frittiert. Man kann ihn auch in Essig einlegen oder pürieren. Gelegentlich wird er auch für pikante Salate verwendet, oder man gart ihn zusammen mit anderem Gemüse. Köstlich schmeckt er gegart und in Butter gebraten oder mit etwas Sahne verfeinert.

Einkaufstipp

Die Knollen sollten fest und glatt sein und gleichmäßig gefärbte Enden haben.

Nährwerte

Kalorien	80
Kohlenhydrate	17,3 g
Eiweiß	2,7 g
	je 100 g

Aufbewahrung

Knollenziest kann ungewaschen in Küchenkrepp gewickelt und in einen perforierten Kunststoffbeutel verpackt im Kühlschrank 2 bis 3 Tage aufbewahrt werden.

Blumenkohl

Brassica oleracea var. *botrytis,* **Cruciferae**

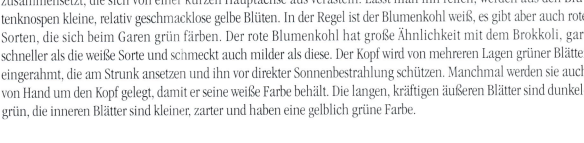

Der Blumenkohl ist eine Gartenpflanze, die in ihrer Urform wahrscheinlich in Kleinasien beheimatet ist. Von dort gelangte er später nach Italien, wo er eine Reihe von Veränderungen durchmachte. In Frankreich wurde er Mitte des 16. Jahrhunderts populär, und von dort gelangte er in der Folgezeit auch in das übrige Europa. Haupterzeugerländer sind heute China, Indien, Frankreich, Italien und die Vereinigten Staaten. Historische Zeugnisse lassen vermuten, dass dieses Gemüse seit mehr als 2500 Jahren bekannt ist und bereits im 4. Jahrhundert v. Chr. in Ägypten angebaut wurde.

Der Blumenkohl ist ein kompakter Kopf, der sich aus zahlreichen, noch nicht voll entwickelten Blütenknospen zusammensetzt, die sich von einer kurzen Hauptachse aus verästeln. Lässt man ihn reifen, werden aus den Blütenknospen kleine, relativ geschmacklose gelbe Blüten. In der Regel ist der Blumenkohl weiß, es gibt aber auch rote Sorten, die sich beim Garen grün färben. Der rote Blumenkohl hat große Ähnlichkeit mit dem Brokkoli, gart schneller als die weiße Sorte und schmeckt auch milder als diese. Der Kopf wird von mehreren Lagen grüner Blätter eingerahmt, die am Strunk ansetzen und ihn vor direkter Sonnenbestrahlung schützen. Manchmal werden sie auch von Hand um den Kopf gelegt, damit er seine weiße Farbe behält. Die langen, kräftigen äußeren Blätter sind dunkelgrün, die inneren Blätter sind kleiner, zarter und haben eine gelblich grüne Farbe.

Einkaufstipp

Der Kopf sollte möglichst fest und cremeweiß sein. Ob der Blumenkohl wirklich frisch ist, lässt sich am Zustand der äußeren Blätter erkennen, die leuchtend grün und knackig sein sollten. Nicht empfehlenswert sind Köpfe mit braunen Flecken oder solche, die bereits zu blühen beginnen.

Vorbereitung

Zuerst entfernt man die großen äußeren Blätter und den Strunk, die für eine Suppe verwendet werden können. Dann wäscht man den Kopf unter fließendem Wasser oder legt ihn 15 Minuten in Essig- oder Salzwasser, um eventuelle Insekten zu entfernen. Nach Belieben kocht man den Kopf anschließend im Ganzen oder zerteilt ihn in Röschen. Sehr große Röschen werden am besten etwas zerkleinert, da sich dadurch die Kochzeit verkürzt und die Röschen gleichmäßiger garen.

Serviervorschläge

Blumenkohl wird ähnlich zubereitet wie Brokkoli, den er in den meisten Gerichten auch ersetzen kann, und kann sowohl roh als auch gegart verwendet werden. Roh schmeckt er »pur« mit einem Dip oder in Salaten und Vorspeisen. Bissfest gegart isst man ihn warm oder kalt. Er eignet sich gut als Gemüsebeilage und wird sowohl in Suppen, Eintopf- und Nudelgerichten, Omelettes oder Quiches als auch in Mixed Pickles, Würzsaucen und Chutneys verwendet. Sehr gut schmeckt er gratiniert oder in Begleitung einer Sauce wie etwa Sauce hollandaise, Käse- oder Béchamelsauce. Gegarter Blumenkohl wird auch häufig püriert in Soufflés und Suppen verarbeitet.

Blumenkohl

Gratinierter Blumenkohl

FÜR 4 PORTIONEN

1 kg Blumenkohl
Salz
2 EL Butter
1 gehäufter EL Mehl
½ l Milch
frisch gemahlener weißer Pfeffer
1 Msp. Muskatnuss
100 g geriebener Gruyère
einige Butterflöckchen

1. Vom Blumenkohl die äußeren Blätter und den Strunk abschneiden und den Kohl in Röschen zerteilen. Die Röschen 10 Minuten in kaltes Salzwasser legen und in kochendem Salzwasser garen oder dämpfen, sodass sie noch bissfest sind, gut abtropfen lassen und in eine Auflaufform schichten. Die Form zugedeckt beiseite stellen.

2. Für die Sauce in einem Topf die Butter zerlassen und das Mehl einrühren. Unter ständigem Rühren die Milch angießen und die Sauce mit Salz, Pfeffer und Muskatnuss würzen. Die Sauce unter ständigem Rühren etwas einkochen lassen, den Topf vom Herd nehmen und die Hälfte des Käses unterrühren.

3. Die Sauce über die Röschen gießen, mit dem restlichen Käse bestreuen und die Butterflöckchen darauf setzen. Die Form in den vorgeheizten Backofen geben und den Blumenkohl bei 230 °C (Umluft 210 °C, Gas Stufe 5) einige Minuten überbacken, bis er goldbraun ist.

Zubereitung

Blumenkohl wird wie anderes weißes Gemüse behandelt (siehe *Einführung*) und kann gekocht, gedämpft, geschmort oder in der Mikrowelle gegart werden. Wenn man beim Garen ein Stück Brot in die Kochflüssigkeit gibt, wird der Kohlgeruch etwas gemindert. Bei zu langer Garzeit zerfällt Blumenkohl sehr schnell und verliert Geschmack und Nährstoffe.

Nährwerte

	roh	*gegart*
Kalorien	22	19
Ballaststoffe	2,9 g	2,4 g
Kohlenhydrate	2,3 g	2,0 g
Fett	0,3 g	0,3 g
Eiweiß	2,5 g	2,0 g
Wasser	91 %	93 %

je 100 g

Blumenkohl ist reich an Vitamin C, Folsäure und Kalium und enthält außerdem Vitamin B_6 und Nikotinsäure. Gegart enthält er ebenfalls sehr viel Vitamin C und Kalium sowie viel Folsäure und etwas Vitamin B_6 und Kupfer. Durch seinen Anteil an Zitronen- und Apfelsäure ist er im Vergleich zu allen anderen Kohlarten am bekömmlichsten und soll wie diese vor Krebserkrankungen schützen.

Aufbewahrung

Ungewaschen und in einen perforierten Kunststoffbeutel verpackt hält sich Blumenkohl im Kühlschrank etwa 10 Tage. Gegarter Blumenkohl verdirbt leicht und ist auch im Kühlschrank nur 2 bis 3 Tage haltbar, da Geruch und Geschmack mit zunehmendem Alter intensiver werden. Blumenkohl ist sehr gut zum Einfrieren geeignet, sollte zuvor aber 3 Minuten blanchiert werden. Aufgetaut schmeckt er allerdings etwas wässrig, weshalb er am besten zu Suppe verarbeitet wird.

roter Blumenkohl

Brokkoli

Brassica oleracea var. *italica*, **Cruciferae**

Brokkoli stammt wie der Blumenkohl aus Kleinasien. Später gelangte er durch Seefahrer nach Italien, wo er weiterentwickelt und erheblich verbessert wurde. Bereits die Römer schätzten ihn sehr, und auch heute noch ist er wichtiger Bestandteil der italienischen Küche. Später gelangte er über Katharina von Medici auch nach Frankreich und in das übrige Europa.

Der Name »Brokkoli« leitet sich ab vom lateinischen Wort *brachium* für »Zweig« oder »Arm« und spielt auf seine baumähnliche Form an. Brokkoli, der meist grün, manchmal aber auch weiß oder violett ist, wird geerntet, bevor sich seine gelben Blüten entfalten.

Nährwerte

	roh	*gegart*
Kalorien	28	22
Ballaststoffe	3,0 g	2,7 g
Kohlenhydrate	2,7 g	2,0 g
Fett	0,2 g	0,2 g
Eiweiß	3,5 g	2,8 g
Wasser	89 %	91 %

je 100 g

Brokkoli enthält sehr viel Vitamin C und Kalium, viel Folsäure sowie Magnesium, Pantothensäure, Eisen und Phosphor. Wie die übrigen Mitglieder der Kohlfamilie enthält auch Brokkoli Betakarotine, denen eine vorbeugende Wirkung gegen Krebserkrankungen nachgesagt wird.

Vorbereitung

Brokkoli wird unter fließendem Wasser gewaschen und anschließend 15 Minuten in Salz- oder Essigwasser gelegt, um ihn von möglichen Insekten zu befreien. Danach entfernt man die harten Blätter – sie können sehr gut zum Verfeinern von Suppen und Eintöpfen verwendet werden – und gart den Brokkoli im Ganzen. Nur sehr große Köpfe sollte man in Röschen zerteilen, da sie dann schneller und gleichmäßiger garen. Besonders faserige Stiele werden am besten geschält.

Einkaufstipp

Die Brokkoliröschen sollten unbeschädigt und fest sein und eine gleichmäßige kräftig grüne Farbe haben. Nicht empfehlenswert sind Köpfe, bei denen sich die Blüten bereits geöffnet haben, sowie gelbe oder welke Exemplare. Ein weiteres Zeichen, dass der Brokkoli nicht mehr frisch ist, sind lose und abfallende Röschen.

Serviervorschläge

Brokkoli wird kurz blanchiert oder gegart gegessen. Blanchiert wird er meist mit einem Dip serviert oder für Vorspeisen und Salate verwendet. Bissfest gegart schmeckt er kalt oder warm; kalt wird er oft mit einem Dressing serviert, warm schmeckt er vorzüglich mit einer Sauce hollandaise oder einer Béchamel- oder Käsesauce. Auch püriert, gratiniert oder nur mit etwas Butter verfeinert wird er häufig gereicht. Er eignet sich gut als Gemüsebeilage und wird auch in Suppen, Eintopf- und Nudelgerichten, Omelettes, Soufflés und Quiches verwendet.

Zubereitung

Da die Stiele eine längere Garzeit benötigen als die Röschen, ist es ratsam, sie einige Minuten vorzugaren; sehr dicke Stiele sollte man außerdem in Stücke schneiden oder der Länge nach etwas einritzen, da sie dann schneller garen. Brokkoli kann man kochen oder dämpfen (10 bis 15 Minuten), schmoren und in der Mikrowelle garen. Wenn man der Kochflüssigkeit etwas Zucker beigibt, bleibt er schön grün.

Aufbewahrung

Brokkoli bleibt im Gemüsefach des Kühlschranks bis zu 5 Tage frisch, danach wird er welk, die Röschen fallen ab und der Stiel wird hart. Blanchiert und tiefgefroren ist er bis zu 1 Jahr haltbar.

Stängelkohl

Brassica rapa var. *cymosa*, Cruciferae

Der Stängelkohl oder **Italienische Brokkoli,** in Italien *cima di rapa* genannt, ist ein naher Verwandter des Brokkoli und gehört wie dieser zur Familie der Kreuzblütler. Vor allem in den italienischen Regionen Kampanien und Apulien ist er seit vielen Jahrhunderten beliebt. Zu Anfang dieses Jahrhunderts gelangte er über italienische Einwanderer auch nach Nordamerika, wo er bis heute allerdings relativ unbekannt blieb. Bei uns erhält man ihn bei sehr gut sortierten Gemüsehändlern.

Die grünen Stiele des Stängelkohls tragen an ihren oberen Enden große gezackte Blätter. Anders als der Brokkoli hat der Stängelkohl keine grünen Blütenköpfe, sondern trägt an manchen Stielen kleine büschelige Blütenknospen, die sich zu gelben Blüten entwickeln. Vom Italienischen Brokkoli, der einen leicht bitteren, scharfen Kohlgeschmack hat, werden meistens nur die Stiele verwendet, doch auch Blätter, Knospen und Blüten der Pflanze sind essbar.

Einkaufstipp

Stängelkohl sollte dünne, feste Stiele und nur wenige Blütenknospen haben. Welke Stiele, gelbe Blätter oder bereits geöffnete Blüten zeigen an, dass er nicht mehr frisch ist.

Vorbereitung

Die Stiele werden gründlich unter fließendem Wasser abgewaschen und am unteren Ende abgeschnitten. Sie können im Ganzen belassen oder in Stücke geschnitten werden. Da sie eine längere Garzeit als die Blätter haben, kocht man sie am besten getrennt oder nacheinander.

Serviervorschläge

Stängelkohl kann roh oder gegart verwendet werden. Er wird wie Brokkoli zubereitet, den er in den meisten Gerichten auch ersetzen kann, ist jedoch schneller gar als dieser.

Gegart schmeckt er kalt oder warm; kalt wird er häufig mit Essig und Öl als Salat angemacht. Warm schmeckt er vorzüglich mit einer Béchamelsauce, mit Käse überbacken oder nur mit etwas Zitronensaft und Butter verfeinert. Stängelkohl verleiht Lebensmitteln wie Tofu, Kartoffeln oder Nudeln, die keinen ausgeprägten Eigengeschmack haben, ein kräftigeres Aroma.

Zubereitung

Die Stiele werden 3 bis 5 Minuten in wenig kochendem Salzwasser gegart; nach Belieben kann man nach 1 Minute auch Blätter und Knospen zufügen. Wenn man Stiele und Blätter zuvor 1 Minute blanchiert, schmecken sie etwas weniger bitter. Zum Dämpfen ist dieses Gemüse weniger geeignet, da es dabei meist recht bitter bleibt.

Aufbewahrung

Ungewaschen in einen Gefrierbeutel verpackt hält sich Stängelkohl im Kühlschrank 1 Woche. Am schmackhaftesten ist er allerdings, wenn er sehr frisch zubereitet wird.

Nährwerte

Kalorien	32
Ballaststoffe	1,5 g
Kohlenhydrate	5,9 g
Eiweiß	3,6 g
Wasser	89 %
	je 100 g

Blütenstandsgemüse

Artischocke

Cynara scolymus, Compositae

Die Artischocke ist die essbare Blütenknospe einer Pflanze, die sich aus der Karde entwickelt hat.

Die Artischocke ist die essbare Blütenknospe einer Pflanze, die sich aus der Karde entwickelt hat und im Mittelmeerraum beheimatet ist. Schon von den Griechen und Römern hoch geschätzt, galt sie im Mittelalter als Aphrodisiakum und besondere Rarität. Durch Katharina von Medici, die dieses Gemüse sehr liebte, gelangte die Pflanze von Italien nach Frankreich und später durch französische und spanische Eroberer auch auf den amerikanischen Kontinent. Haupterzeugerländer sind heute vor allem Italien, Spanien und Frankreich, die über 80% der weltweiten Produktion unter sich aufteilen, sowie die Vereinigten Staaten.

Die 90 bis 150 cm hohe Pflanze mit ihren gezackten Blättern entwickelt dicke Knospen, die vor der Blüte geerntet werden. Essbar sind das Herz der Knospe und die unteren Teile der Blätter, die eigentlich die Hüllblätter darstellen. Das flaumige Heu am Blütenboden, aus dem sich die Blüte entwickelt, ist dagegen ungenießbar.

Die meisten der mehr als 12 verschiedenen Artischockensorten sind rund mit zulaufender Spitze und von dunklem Grün, das ins Blaue oder Violette übergeht. Die einzige Sorte, die auch roh verzehrt werden kann, ist die kleine violette Artischocke aus der Provence, die kaum Heu enthält. Artischocken bevorzugen warme Regionen, wo sie als mehrjährige Pflanzen angebaut werden, während man sie in anderen Klimazonen vielfach nur einjährig kultiviert.

Einkaufstipp

Artischocken sollten möglichst kompakt sein, schwer in der Hand liegen und knackige, eng anliegende, leuchtend grüne Blätter haben. Ihre Größe ist je nach Sorte verschieden und gibt deshalb keinen Hinweis auf die Qualität. Artischocken, deren Blätter verfärbt sind oder braune Spitzen haben, sind nicht mehr frisch und haben meist einen strengen Geschmack. Sind nur noch vereinzelte Blätter vorhanden, ist die Artischocke überreif, das heißt, sie hat sehr viel Heu und ist meist hart. Artischockenböden werden in Wasser, Salzwasser oder Essig eingelegt als Konserve angeboten. Artischockenherzen sind tiefgefroren oder eingelegt als Konserve erhältlich.

Serviervorschläge

Mit Ausnahme der kleinen provenzalischen Sorte werden Artischocken grundsätzlich gegart und warm oder kalt serviert. Man verzehrt sie gewöhnlich in der Weise, dass man die Blätter einzeln abzieht und das Fruchtfleisch mit den Zähnen von den Blättern ablöst. Anschließend schneidet man den rosafarbenen oder violetten Strunk mit dem Heu heraus, das den Blütenboden bedeckt, und isst nur den zarten Boden. Dazu wird meist eine Sauce, etwa eine Sauce hollandaise oder eine Béchamelsauce, oder auch eine Mayonnaise serviert, in die Blätter, Herz und Boden eingetunkt werden. Artischocken schmecken auch gut gefüllt und im Backofen gegart oder einfach mit heißer Butter übergossen. Artischockenherzen werden häufig in Salaten und Vorspeisen oder zum Garnieren verwendet.

Artischocke

Vorbereitung

Die Artischocken werden zuerst unter fließendem Wasser gewaschen und in Essig- oder Zitronenwasser gelegt, um sie von letzten Schmutzresten und möglichem Ungeziefer zu befreien. Anschließend bricht man den Stiel mit der Hand ab und entfernt die unteren harten Außenblätter. Dann schneidet man den Stielansatz mit einem Messer bündig ab und reibt ihn mit Zitronensaft ein, damit er sich nicht braun verfärbt. Zum Schluss schneidet man die stacheligen Blattspitzen mit einer Schere ab.

Zubereitung

Die vorbereiteten Artischocken werden meistens in Salzwasser mit etwas Zitronensaft gekocht, wobei die Garzeit je nach Größe 35 bis 45 Minuten beträgt. Die Artischocken sind gar, wenn sich die äußeren Blätter leicht ablösen lassen. Da sie sich während des Kochens dunkel verfärben, wenn sie nicht vollständig mit Wasser bedeckt sind, kann man sie mit einem Teller beschweren, damit sie nicht an die Oberfläche steigen. Außerdem sollte man zum Kochen keine Aluminium- oder Eisentöpfe verwenden, da sich die Artischocken sonst grau verfärben. Vor dem Servieren lässt man sie am besten kurz abtropfen, indem man sie kopfunter in ein Sieb gibt.

Artischockenherzen werden ebenfalls in Salzwasser zusammen mit etwas Zitronensaft gegart, damit sie sich nicht verfärben. Je nach Größe benötigen sie eine Garzeit von 15 bis 20 Minuten und sind fertig, wenn man sie mit dem Messer leicht einstechen kann.

1 *Wird nur der Artischockenboden verwendet, den Stiel herausbrechen und harte Fasern entfernen.*

2 *Die äußeren harten Blätter abschneiden.*

3 *Zwei Drittel des oberen Teils abschneiden.*

4 *Die restlichen Blätter rund um den Boden abschneiden und den Boden zurechtschneiden.*

5 *Die Böden mit Zitrone einreiben, damit sie sich nicht verfärben, und bis zur Weiterverarbeitung in Zitronenwasser legen.*

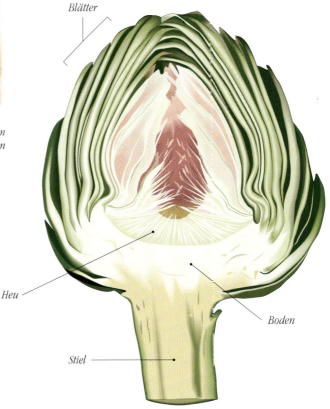

Blätter

Heu

Boden

Stiel

Blütenstandsgemüse

Artischocke

Nährwerte

Kalorien	22
Ballaststoffe	10,8 g
Kohlenhydrate	2,6 g
Fett	0,1 g
Eiweiß	2,4 g
Wasser	82 %
	je 100 g

Artischocken sind reich an Kalium und Magnesium und enthalten viel Folsäure sowie Vitamin C, Kupfer, Eisen, Phosphor, Nikotinsäure, Vitamin B_6, Zink, Pantothensäure und Kalzium. Sie gelten als appetitanregend, blutreinigend, entgiftend und harntreibend. Außerdem enthalten sie Substanzen, die die Gallesekretion anregen, und sollen gut für die Leber sein. Besonders wirksam ist ein Aufguss aus den großen gezackten Pflanzenblättern (nicht zu verwechseln mit den Blättern, die man isst).

Aufbewahrung

Ungewaschen in einen mit Löchern versehenen Kunststoffbeutel verpackt bleiben Artischocken im Kühlschrank 4 bis 5 Tage frisch. Sind die Stiele lang genug, kann man sie auch wie Blumen in ein Gefäß mit Wasser stellen und im Kühlschrank aufbewahren. Gegarte Artischocken verderben leicht und sind im Kühlschrank nicht länger als 1 Tag haltbar. Gegarte Artischockenherzen können 6 bis 8 Monate in der Gefriertruhe aufbewahrt werden.

Artischockenherzen mit Zitronensauce

FÜR 4 PORTIONEN

4 große Artischocken	75 g Butter
Zitronensaft	1 Prise Zucker
Für die Sauce:	90 ml Zitronensaft
250 g Sahne	Salz
1 EL Mehl	Muskatnuss

1. Die Stiele der Artischocken herausbrechen und die Knospen auf ein Drittel einkürzen. Die Spitzen der äußeren Blätter mit einer Schere abschneiden. Die Artischocken waschen, abtropfen lassen und die Böden mit etwas Zitronensaft einreiben.

2. Die Artischocken in kochendem Salzwasser zusammen mit einigen Spritzern Zitronensaft 35 bis 40 Minuten köcheln lassen, bis sich die äußeren Blätter leicht herausziehen lassen. Die Artischocken herausnehmen und mit den Köpfen nach unten in einem Sieb abtropfen lassen.

3. Inzwischen für die Sauce die Sahne in einen Topf geben und das Mehl einrühren. Die Mischung bei schwacher Hitze unter ständigem Rühren 3 bis 4 Minuten kochen, bis die Sauce glatt und sämig ist. Die Butter in Flöckchen, den Zucker und den Zitronensaft unterrühren und alles mit Salz und Muskatnuss abschmecken.

4. Die Artischocken auf einer vorgewärmten Platte anrichten und zusammen mit der Sauce servieren.

provenzalische Artischocke

Hülsenfrüchte

Einführung

Der Begriff »Hülsenfrüchte« bezeichnet sowohl die Pflanzen, die essbare Samen produzieren, als auch die Pflanzenfamilie und die Samen selbst. Die große Familie der Hülsenfrüchte umfasst mehr als 600 Arten und 13 000 Unterarten, zu der auch Linse *(Lens)*, Bohne *(Phaseolus)*, Dicke Bohne *(Vicia)*, Sojabohne *(Glycine)* und Erdnuss *(Arachis)* gehören. Die getrockneten Samen der Hülsen tragenden Pflanzen werden wissenschaftlich als »Leguminosen« bezeichnet.

Hülsenfrüchte sind schon seit der Antike wesentlicher Bestandteil der menschlichen Ernährung und zählen auch zu den ersten Kulturpflanzen, die vom Menschen angebaut wurden. Neuere archäologische Funde förderten mehr als 11 000 Jahre alte Bohnen und andere Hülsenfrüchte zutage und bestätigten die Vermutung, dass die ersten Hülsenfrüchte (Linsen und Kichererbsen) entgegen früheren Annahmen nicht im Mittleren Osten, sondern in Südostasien kultiviert wurden.

Während sich Hülsenfrüchte in einigen Kulturen schon sehr früh großer Beliebtheit erfreuten, genossen sie in anderen nur geringes Ansehen. Im Mittelalter zählten sie in Nordeuropa, wo der Getreideanbau aufgrund des Klimas nur geringe Erträge erbrachte, zu den Hauptnahrungsmitteln. Durch die vielen Entdeckungsreisen in neue Kontinente und die Ausweitung des Handels im 15. und 16. Jahrhundert fanden verschiedene Hülsenfrüchte auch in anderen Regionen der Welt Verbreitung. Insbesondere in Nordafrika, Lateinamerika und Asien gehören sie auch heute noch zu den Grundnahrungsmitteln und werden dort in einer Vielzahl von Gerichten phantasievoll zubereitet.

Hülsenfrüchte wachsen in der Regel an buschigen, einjährigen Pflanzen, die sowohl sehr klein als auch sehr groß sein können – einige erreichen eine Höhe von 1,80 m und mehr – und von denen einige Ranken haben, mit denen sie sich in ihrer unmittelbaren Nachbarschaft abstützen. Während Erbsen und Bohnen am besten bei niedrigen Temperaturen gedeihen und bereits zu Frühjahrsbeginn gepflanzt werden können, benötigen die meisten anderen Hülsenfrüchte ein wärmeres Klima. Die Hülsen erscheinen, wenn die je nach Art unterschiedlich gefärbten Blüten verwelkt sind. Sie sind im Durchschnitt 8 bis 20 cm lang und enthalten vier bis zwölf grüne, braune, schwarze, rote, gelbe oder weiße, meist nierenförmige Samen unterschiedlicher Größe, die frisch oder getrocknet vor dem Verzehr gegart werden müssen. Die Hülsen einiger Arten wie Helmbohne, Adzukibohne, Limabohne oder Sojabohne sind in unreifem Zustand ebenfalls genießbar.

Hülsenfrüchte werden außerdem häufig getrocknet zu Mehl gemahlen und verschiedenen Gerichten zugefügt. Sojabohnen bilden darüber hinaus die Grundlage für viele weitere Nahrungsmittel; sie werden beispielsweise zu Sojasauce, Tamari, Tempeh, Miso, Sojamilch, Sojaquark und -käse (Tofu) sowie zu texturiertem Eiweiß verarbeitet. Aus den Sojabohnen wird außerdem ein hochwertiges Speiseöl gepresst, das nicht nur in der Küche, sondern auch bei der industriellen Herstellung vor allem von Backwaren und Süßigkeiten sehr häufig verwendet wird. Aus der Sojamilch werden wiederum verschiedene Erzeugnisse hergestellt, die insbesondere für Menschen mit einer Milchunverträglichkeit eine gute Alternative darstellen und durch ihren hohen Anteil an pflanzlichem Eiweiß sehr gesund sind.

Einführung

Einkaufstipp

Mit Ausnahme der Sorten mit unebener Oberfläche (wie zum Beispiel Kichererbsen) sollten getrocknete Hülsenfrüchte makellos und glatt sein, eine schöne Farbe haben und möglichst gleich groß sein. Glanzlose, verschrumpelte Hülsenfrüchte sind wahrscheinlich alt oder wurden falsch gelagert und nehmen beim Einweichen nur bedingt Flüssigkeit auf.

Vorbereitung

Getrocknete Hülsenfrüchte sind sehr einfach zuzubereiten. Mit Ausnahme von Linsen, Erbsen, Mung- und Adzukibohnen, die vor dem Garen nicht unbedingt eingeweicht werden müssen, ist es ratsam, Hülsenfrüchte vor der weiteren Zubereitung 6 bis 8 Stunden – am besten über Nacht – in kaltem Wasser einzuweichen, sodass sie die Flüssigkeit, die sie beim Trocknen verloren haben, wieder aufnehmen können. Außerdem verkürzt sich dadurch die Garzeit, die Vitamine und Mineralstoffe bleiben zu einem großen Teil erhalten, und die Hülsenfrüchte haben eine weniger blähende Wirkung. Gart man sie im Schnellkochtopf, müssen sie vorher in den meisten Fällen nicht eingeweicht werden.

Hülsenfrüchte sollten vor dem Einweichen verlesen werden, um Steinchen oder fleckige und beschädigte Früchte zu entfernen. Danach werden sie mehrmals in einer Schüssel mit kaltem Wasser gewaschen, wodurch sich Schmutz an der Oberfläche absetzt und abgeschöpft werden kann (am besten mit einem Sieb). Dann werden die Hülsenfrüchte in einer großen Schüssel mit der dreifachen Menge Wasser bedeckt über Nacht eingeweicht.

Am folgenden Tag werden die Hülsenfrüchte dann mit dem Einweichwasser in einem großen Topf langsam zum Kochen gebracht und je nach Art in der entsprechenden Zeit weich gekocht.

Die blähende Wirkung von Hülsenfrüchten, die dadurch verursacht wird, dass der in den Hülsenfrüchten enthaltene Zucker bzw. die enthaltene Stärke und die Ballaststoffe unter Einwirkung der Darmbakterien zu gären beginnen, lässt sich durch folgende Maßnahmen verringern:

- Hülsenfrüchte immer langsam garen und darauf achten, dass sie richtig gar sind.
- Beim Garen keinen Zucker oder andere süße Zutaten hinzufügen.
- Die Hülsenfrüchte gut kauen.

Hülsenfrüchte

Einführung

Serviervorschläge

Hülsenfrüchte werden kalt oder heiß, im Ganzen oder in pürierter Form verwendet. Man kann sie auch zu Mehl zermahlen, rösten, fermentieren oder Keimlinge daraus ziehen. Viele Hülsenfrüchte werden vorgegart als Konserven angeboten.

Getrocknete Hülsenfrüchte lassen sich auf vielerlei Weise verwenden: als kleine Zwischenmahlzeit, als Zutat für Salate oder Suppen, als Hauptgericht oder sogar als Dessert. *Hummus*, eine Spezialität aus dem Mittleren Osten, wird aus pürierten Kichererbsen hergestellt, während die indischen *Dal*-Gerichte aus pürierten und gewürzten Linsen zubereitet werden. Kichererbsen sind außerdem eine wichtige Zutat in den nordafrikanischen *Couscous*-Gerichten. Viele Hülsenfrüchte werden auch zu Mehl gemahlen, das man für Crêpes, Fladenbrote, Kuchen, Quiches und Süßspeisen verwendet. In Asien stellt man darüber hinaus aus Adzuki- und Mungbohnen verschiedene süße Geleedesserts her, die sich großer Beliebtheit erfreuen. Hülsenfrüchte werden häufig auch als Gemüsebeilage oder Hauptgericht serviert, wie etwa die mexikanischen *Tacos* und *Burritos*, die libanesische Spezialität *Falafel*, der französische *Cassoulet* und das brasilianische Nationalgericht *Feijoada*. Bei uns werden Hülsenfrüchte vielfach zur Zubereitung von deftigen Eintöpfen verwendet.

Damit der Körper das in den Hülsenfrüchten enthaltene Eisen besser verwerten kann, sollte man sie mit Lebensmitteln kombinieren, die reichlich Vitamin C enthalten wie Zitrusfrüchte, Paprikaschoten oder einige Kohlsorten.

Zubereitung

Vielen Menschen ist die Zubereitung von Hülsenfrüchten wegen der langen Einweichzeit zu aufwendig. Doch mithilfe eines Schnellkochtopfs sind sie sehr schnell gar. Allerdings sind sie dann meistens nicht ganz so schmackhaft wie bei der herkömmlichen Garmethode, da sie weniger Zeit haben, den Geschmack der übrigen Zutaten anzunehmen. Die Verwendung eines Schnellkochtopfs ist vor allem dann empfehlenswert, wenn die Hülsenfrüchte allein gegart werden oder es sich um Gerichte handelt, bei denen zu Beginn des Kochvorgangs nur wenige Zutaten oder Gewürze zugefügt werden. Sollen die Hülsenfrüchte zusammen mit anderen Zutaten zubereitet werden, ist es ratsam, auf langsamere Garverfahren zurückzugreifen, die ihnen Zeit geben, das Aroma der übrigen Zutaten anzunehmen.

Das Garen im Schnellkochtopf ist darüber hinaus vor allem bei Sojabohnen, Limabohnen und Erbsen nicht ganz ungefährlich, da diese Hülsenfrüchte häufig stark schäumen; Linsen und halbe Erbsen sollten aus diesem Grund am besten nur mit der konventionellen Garmethode zubereitet werden.

Bei der Zubereitung von Hülsenfrüchten im Schnellkochtopf ist zu beachten:

- Getrocknete Hülsenfrüchte quellen beim Garen so stark auf, dass ihr Volumen sich häufig verdoppelt oder verdreifacht. Deshalb den Topf nur so weit füllen, dass Wasser und Hülsenfrüchte zusammen ⅓ des Fassungsvermögens nicht überschreiten.

- Etwas Öl in das Kochwasser geben. Dadurch wird verhindert, dass sich zuviel Schaum bildet, der das Sicherheitsventil blockieren kann. Die Hülsenfrüchte bei geöffnetem Topf aufkochen lassen und dann abschäumen. Danach die Wärmezufuhr drosseln und die Hülsenfrüchte einige Zeit köcheln lassen, den Kochtopf schließen und mit dem Garen beginnen. Sobald der gewünschte Druck erreicht ist, die Hitze entsprechend reduzieren.

- Die Hülsenfrüchte bei niedriger Temperatur garen.

- Sollte das Ventil blockieren, den Deckel unter fließendem kalten Wasser gründlich reinigen.

- Nach dem Garen den Topf und das Sicherheitsventil sorgfältig reinigen.

Einführung

- Vor allem früher wurde dem Einweich- oder Kochwasser kohlensaures Natron zugefügt, damit die Hülsenfrüchte weicher werden und schneller garen. Dadurch verändert sich jedoch der Geschmack, und außerdem kann sich ihr Vitamin-B_1-Gehalt verringern, bzw. die Aminosäuren können nicht mehr so gut aufgenommen werden. Eine gute Alternative bieten Algen, durch die die Hülsenfrüchte ebenfalls schneller weich werden und die zudem ihren Nährwert erhöhen.

- Salz und säurehaltige Zutaten wie Zitronensaft, Essig oder Tomaten sollte man erst gegen Ende der Garzeit zugeben, da sich die Garzeit sonst verlängert. Außerdem sollte man bei einigen Hülsenfrüchten nach dem Aufkochen nicht mehr umrühren, da sie sonst am Topfboden ansetzen können.

- Auch wenn die meisten Hülsenfrüchte in fast allen Rezepturen untereinander austauschbar sind, ist davon abzuraten, verschiedene Sorten zusammen zu garen, da ihr Flüssigkeitsgehalt häufig unterschiedlich ist und ein gleichmäßiges Garen verhindert. Sie brauchen ausreichend Garzeit, um jene Substanzen zu neutralisieren, die die Aufnahme ihrer Nährstoffe behindern.

- Eine Reihe von frischen oder getrockneten Kräutern und Gewürzen wie Senf, Tamari, Essig, Thymian, Lorbeer, Bohnenkraut, Dill, Salbei und Knoblauch, aber auch Fenchel, Zwiebel, Tomaten und Sellerie passen besonders gut zu Hülsenfrüchten. Insbesondere die Zugabe von Bohnenkraut fördert die Bekömmlichkeit von Hülsenfrüchten und wirkt Blähungen entgegen.

Nährwerte

Hülsenfrüchte sind ausgesprochen nahrhaft. 100 g gegarte Hülsenfrüchte enthalten 6 bis 9 g Eiweiß, 0,1 bis 0,7 g Fett, 18 bis 28 g Kohlenhydrate, 5 bis 10 g Ballaststoffe und 105 bis 140 Kalorien.

Das Eiweiß von Hülsenfrüchten unterscheidet sich von dem in Fleisch enthaltenen Eiweiß in der Weise, dass ihm bestimmte essenzielle Aminosäuren fehlen, insbesondere Methionin, Zystin und Tryptophan (siehe *Komplementäreiweiße*). Um diesen Mangel auszugleichen, sollte man Hülsenfrüchte mit anderen eiweißhaltigen Lebensmitteln wie Getreide kombinieren.

Die meisten Hülsenfrüchte enthalten reichlich Folsäure und Kalium, viel Eisen und Magnesium sowie etwas Vitamin B_1, Zink und Kupfer. Außerdem sind sie reich an Ballaststoffen. Frische Hülsenfrüchte und Keimlinge enthalten darüber hinaus etwas Vitamin C.

Aufbewahrung

In einem luftdicht verschlossenen Behälter an einem kühlen, trockenen Ort gelagert sind Hülsenfrüchte etwa 1 Jahr oder noch länger haltbar, ohne dass sie dabei an Qualität verlieren. Gegarte Hülsenfrüchte bleiben im Kühlschrank etwa 5 Tage frisch, tiefgefroren können sie bis zu 3 Monate aufbewahrt werden.

Bohne

Phaseolus spp., Leguminosae

Die Bohne ist die Frucht einer Pflanze, die ursprünglich in Mittel- und Südamerika beheimatet war. Der Name »Bohne« bezeichnet sowohl die Hülse, die man als Gemüse verzehrt, als auch die essbaren Samen, die frisch und getrocknet verwendet werden. Bohnen wurden schon vor mehr als 7000 Jahren von Indianerstämmen in Mexiko und Peru angebaut. Zu allen Zeiten und in allen Kulturen waren Bohnen ein ausgesprochen wertvolles Nahrungsmittel, das getrocknet für die kalte Winterzeit eingelagert und nach Bedarf zu Püree, Brei oder Mehl weiterverarbeitet werden konnte. Viele Bohnensorten liefern darüber hinaus auch Speiseöle und Rohmaterialien für die industrielle Weiterverwertung. Es gibt mehr als 100 Bohnensorten, die sich in Form, Farbe, Geschmack und Nährstoffgehalt unterscheiden und die nach ihrer Verwendungsart in frische Bohnen und Trockenbohnen aufgeteilt werden. Insbesondere Trockenbohnen zählen in Asien, Lateinamerika und Afrika zu den wichtigsten Grundnahrungsmitteln. Sie sind relativ billig, einfach zu lagern, liefern wertvolles pflanzliches Eiweiß sowie reichlich Kohlenhydrate in Form von Stärke und enthalten viele Ballaststoffe.

Bei der **Gartenbohne** *(Phaseolus vulgaris)*, die vor allem als **grüne Bohne** bekannt ist, unterscheidet man zwischen Stangen- oder Kletterbohnen und Buschbohnen. Zu den bekanntesten Sorten zählen die **Wachsbohne,** auch Butterbohne genannt, die **Breite Bohne**, die **Prinzessbohne**, die **Delikatessbohne**, die **Brechbohne** und die **Zuckerbohne**. Weitere bekannte Bohnensorten sind die **Spargelbohne**, die **Blaue Bohne**, die **Augenbohne**, auch Kuhbohne genannt, die **Keniabohne** sowie die **Borlottobohne**, die auch getrocknet sehr bekannt ist. Sie werden in vielen Teilen der Welt, darunter in China, der Türkei, Spanien, Italien, Frankreich, Ägypten, den Vereinigten Staaten, Rumänien und Japan angebaut. Je nach Sorte sind die Hülsen grün – manchmal mit violetten oder roten Sprenkeln –, gelb oder violett, wobei sich die violetten Sorten beim Garen grün verfärben. Die in der Regel 8 bis 20 cm langen, schmalen Hülsen – Spargelbohnen werden bis zu 90 cm lang – sind gerade oder leicht gebogen und enthalten unterschiedlich viele nierenförmige oder runde, meist nicht einmal 1 cm lange Samen, die je nach Sorte verschieden gefärbt sind und einfarbig, gesprenkelt oder gestreift sein können. Bei diesen Bohnensorten sind nicht nur die Kerne, sondern auch die Hülsen essbar.

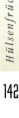

Neben den frischen Bohnen gibt es eine Reihe von Sorten, deren Hülsen entfernt werden und deren Samenkerne getrocknet verwendet werden. Haupterzeugerländer von **Trockenbohnen** sind heute Indien, Brasilien, China, die Vereinigten Staaten, Mexiko und Indonesien. Zu den wichtigsten Trockenbohnenarten gehören die Perlbohne, die Cannellinobohne, die Große und Kleine Borlottobohne, die Mottenbohne, die Wachtelbohne, die Rote Kidneybohne, die Flageoletbohne sowie die Schwarze Bohne.

Die ovale **Perlbohne** oder kleine **Weiße Bohne** ist kaum größer als eine Erbse. Sie ist cremeweiß, enthält relativ viel Stärke und wird häufig für Eintopfgerichte verwendet.

Die vor allem in Italien sehr beliebte **Cannellinobohne** ist ebenfalls weiß, etwas größer als die Perlbohne und leicht nierenförmig. Beim Garen wird sie sehr weich.

Die aus Italien stammende beigefarbene bis bräunliche **Große** und **Kleine Borlottobohne** ist nierenförmig und hat hellbraune Sprenkel, die wie Pinselstriche aussehen. Die Sprenkel verschwinden allerdings beim Garen, und die Bohne nimmt ein bläuliches Rosa an. Diese schmackhafte Bohne, die man auch frisch verwendet, wird beim Garen cremig weich und ist ein guter Ersatz für die Rote Kidneybohne. Sie schmeckt auch püriert sehr gut und ist ein wichtiger Bestandteil in der italienischen *Minestrone*.

Die kleine, ovale hellbraune **Mottenbohne** kommt aus Indien und verträgt von allen Hülsenfrüchten am meisten Trockenheit. In Indien wird sie in Verbindung mit vielen Gewürzen sehr häufig verwendet.

Bohne

Die nierenförmige **Wachtelbohne** ist je nach Sorte bräunlich oder beige mit Sprenkeln und ähnelt der Borlottobohne, ist allerdings etwas heller als diese. In Italien, wo sie *fagiolo romano* – »römische Bohne« – genannt wird, ist sie besonders beliebt. Beim Garen verliert sie ihre Sprenkel und nimmt den Geschmack anderer Zutaten an. Man kann sie auch anstelle von Borlotto- oder Roten Kidneybohnen verwenden.

Die nierenförmige **Rote Kidneybohne** zählt zu den bekanntesten Bohnensorten. Sie hat einen feinen, leicht süßlichen Geschmack und ist besonders für Gerichte mit langer Garzeit geeignet. Sie nimmt den Geschmack anderer Zutaten rasch an und eignet sich auch gut zum Einmachen. In den meisten Gerichten ist sie ein guter Ersatz für Wachtel- und Borlottobohnen. Die Rote Kidneybohne ist bei uns auch als Konserve erhältlich.

Die hellgrüne, dünne und flache **Flageoletbohne** ist weniger stärkehaltig als die meisten anderen Hülsenfrüchte. Sie erfreut sich vor allem in Frankreich, wo sie traditionell als Beilage zu gebratener Lammkeule *(Gigot d'agneau)* gereicht wird, großer Beliebtheit. Sie wird auch als Konserve angeboten.

Die **Schwarze Bohne** ist leicht nierenförmig und vollkommen schwarz. Außerhalb ihrer Heimat Nord- und Mittelamerika ist sie nur selten anzutreffen. Schwarze Bohnen sind die traditionelle Beilage zu den mexikanischen *Burritos* und *Enchiladas* und finden in Suppen und Salaten Verwendung.

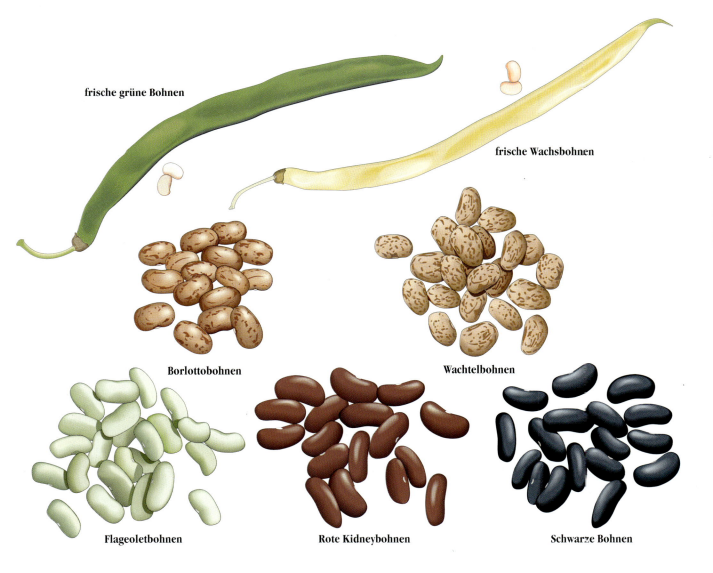

frische grüne Bohnen

frische Wachsbohnen

Borlottobohnen

Wachtelbohnen

Flageoletbohnen

Rote Kidneybohnen

Schwarze Bohnen

Bohne

Bei den beliebten grünen Stangen- oder Buschbohnen, von denen es viele verschiedene Sorten gibt, sind nicht nur die Kerne, sondern auch die Hülsen essbar.

Einkaufstipp

Frische Bohnen sollten fest und knackig sein, eine intensive Farbe haben und regelmäßig geformt sein. Die Hülsen sollten keine Druckstellen oder braune Flecken aufweisen. Dass sie frisch sind, erkennt man daran, dass sich beim Auseinanderbrechen um die Bruchstelle Tropfen bilden.

Vorbereitung

Frische Bohnen sollten erst unmittelbar vor der Zubereitung gewaschen werden. Anschließend werden die Enden abgeschnitten und, falls erforderlich, die Fäden abgezogen.

Trockenbohnen werden mehrere Stunden in kaltem Wasser eingeweicht, wodurch sich die Garzeit verkürzt und sie leichter verdaulich werden.

Aufbewahrung

Frische Bohnen sind ungewaschen in einen perforierten Kunststoffbeutel verpackt im Kühlschrank 2 bis 3 Tage haltbar und können blanchiert bis zu 1 Jahr eingefroren werden. Rohe Trockenbohnen sind in einem gut verschlossenen Behälter bei Zimmertemperatur etwa 1 Jahr haltbar und können roh bis zu 1 Jahr, gegart bis zu 3 Monate tiefgefroren werden.

Nährwerte

Rohe frische Bohnen enthalten viel Kalium und Folsäure, etwas Vitamin C, Magnesium, Vitamin B_1, Eisen, Vitamin A und Nikotinsäure sowie geringe Mengen an Kupfer, Phosphor und Kalzium. Gegarte frische Bohnen enthalten sehr viel Kalium sowie etwas Vitamin C, Magnesium, Eisen und Vitamin A. Sie wirken harntreibend, krampflösend und blutreinigend.

Die meisten Trockenbohnen enthalten sehr viel Kalium und Folsäure, viel Magnesium und Eisen sowie etwas Kupfer, Phosphor, Zink, Vitamin B_1, Nikotinsäure und Vitamin B_6.

Serviervorschläge

Frische Bohnen werden gegart und in der Regel mit und ohne Sauce als Gemüsebeilage gereicht. Außerdem schmecken sie in Salaten, Suppen und Eintopfgerichten sowie eingelegt und gratiniert. Besonders gut passen sie zu Tomaten, Knoblauch, Zwiebeln, Bohnenkraut, Thymian, Oregano, Rosmarin, Minze, Majoran, Muskatnuss und Kardamom.

Trockenbohnen werden im Ganzen oder püriert warm oder kalt gegessen. Sie werden für Suppen, Eintopfgerichte und Salate verwendet und harmonieren mit vielen Kräutern und Gewürzen. In Indien werden sie häufig scharf gewürzt als Hauptmahlzeit zu Reis oder Fladenbrot gegessen. Rote Kidneybohnen sind die Hauptzutat im berühmten *Chili con carne*.

Zubereitung

Frische Bohnen sollten nur kurz in wenig Flüssigkeit gegart werden, damit Geschmack, Farbe und Nährstoffe erhalten bleiben. Je nach Sorte und je nachdem, ob sie im Ganzen oder in Stücke geschnitten zubereitet werden, benötigen sie eine Garzeit von 5 bis 15 Minuten. Bei eingeweichten Trockenbohnen beträgt die Garzeit je nach Sorte zwischen 1½ und 2 Stunden.

Bohnen auf griechische Art

FÜR 4 PORTIONEN

2 große Zwiebeln
3 Knoblauchzehen
2 große Tomaten
500 g frische grüne Bohnen
60 ml Olivenöl
Salz und frisch gemahlener Pfeffer
1 TL Oregano
1 TL Basilikum
1 Lorbeerblatt
3 EL glatte Petersilie

Heiß oder warm als Beilage zu Fleisch oder gebratenem Fisch servieren.

1. Zwiebeln und Knoblauch abziehen und fein hacken. Die Tomaten blanchieren, enthäuten und in Stücke schneiden. Die Bohnen putzen, an den Enden abschneiden und waschen.

2. Das Öl in einem schweren Topf erhitzen. Bohnen, Zwiebeln, Tomaten und Knoblauch hineingeben und alles mit Salz und Pfeffer würzen. Oregano, Basilikum und Lorbeerblatt zufügen und die Bohnen zugedeckt bei schwacher Hitze 15 Minuten köcheln lassen.

3. Die Petersilie waschen, trockenschwenken, fein hacken und 5 Minuten vor Ende der Garzeit untermischen.

---

	grüne Bohnen (frisch)	Bohnen (getrocknet)	Borlottobohnen	Kidneybohnen (getrocknet)
Kalorien	33	238	203	266
Ballaststoffe	1,9 g	23,2 g	8,6 g	15,7 g
Kohlenhydrate	5,0 g	34,7 g	25,6 g	44,1 g
Fett	0,2 g	1,6 g	0,5 g	1,4 g
Eiweiß	2,4 g	21,1 g	8,2 g	22,1 g
Wasser	89,5 %	8,3 %	64,0 %	11,0 %

je 100 g

Limabohne

Phaseolus lunatus, Leguminosae

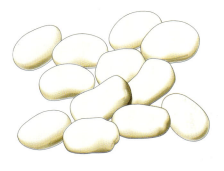

Die Limabohne, auch Mondbohne genannt, ist die Frucht einer einjährigen, krautigen Pflanze, die ursprünglich in Südamerika beheimatet ist und für gutes Wachstum ein feuchtes, warmes Klima benötigt.

Die Limabohne wächst an einer buschigen oder rankenden Pflanze, die zwischen 0,5 und knapp 4 m Höhe erreicht. Die flachen, länglichen Hülsen sind 5 bis 10 cm lang und enthalten zwei bis vier glatte, flache, nierenförmig abgerundete Samen, die je nach Sorte klein, aber auch sehr groß und mehr als 0,5 cm dick sein können. Limabohnen sind in der Regel cremefarben oder grün, können aber auch weiß, rot, violett, bräunlich oder schwärzlich sein. Manche sind einfarbig, andere gesprenkelt. Sie haben einen sehr ausgeprägten Geschmack und sind aufgrund ihres hohen Stärkegehalts ziemlich mehlig. Insbesondere die dunkleren Sorten enthalten eine blausäurehaltige Substanz namens Linamarin.

Einkaufstipp

Frische Limabohnen sollten prall, glänzend und sauber sein und eine zarte, hellgrüne oder weißlich grüne Schale haben. Schrumpelige, gelbe oder beschädigte Bohnen sind nicht empfehlenswert, da sie meist ziemlich hart sind und wenig Geschmack besitzen.

Serviervorschläge

Junge frische Limabohnen können auch roh mit oder ohne Hülse gegessen werden. Gegart verwendet man frische wie getrocknete Bohnen häufig als Gemüse oder für Salate, Suppen und Eintopfgerichte. Wegen ihres feinen Geschmacks eignen sie sich vor allem für feinere Gerichte, in denen Bohnen mit einem kräftigeren Eigengeschmack die übrigen Zutaten überdecken würden. Püriert ergeben Limabohnen einen leckeren Kartoffelersatz. Wie bei anderen Bohnen kann man auch Keimlinge aus ihnen ziehen.

Zubereitung

Limabohnen dürfen nicht zu lange gegart werden, da sie sonst schnell zu Brei zerkochen. Außerdem bildet sich beim Kochen sehr viel Schaum, was besonders beim Garen im Schnellkochtopf berücksichtigt werden muss, weil der Schaum das Sicherheitsventil blockieren kann (siehe *Einführung*).

Getrocknete große Bohnenkerne, die vorher eingeweicht wurden, benötigen im Schnellkochtopf eine Garzeit von 15 Minuten, kleine Bohnenkerne 10 Minuten. Bei der herkömmlichen Garmethode muss man 1½ Stunden rechnen, während frische Limabohnen – je nach Größe – 15 bis 25 Minuten benötigen.

Vorbereitung

Limabohnen werden vor der Zubereitung mehrere Stunden in kaltem Wasser eingeweicht, wodurch sich die Garzeit verkürzt und sie leichter verdaulich werden. Dunkle Limabohnen werden mindestens 12 Stunden, am besten über Nacht eingeweicht, wobei man das Wasser zwischendurch einmal wechseln sollte.

Nährwerte

	getrocknet	*gekocht*
Kalorien	275	115
Ballaststoffe	14,2 g	7,2 g
Kohlenhydrate	45,0 g	20,9 g
Fett	1,4 g	0,4 g
Eiweiß	20,6 g	7,8 g
Wasser	11,5 g	69,8 %
		je 100 g

Limabohnen enthalten reichlich Folsäure und Kalium, sehr viel Eisen und Magnesium sowie etwas Vitamin B_1, Nikotin- und Pantothensäure, Zink, Phosphor und Kupfer. Außerdem sind sie reich an Ballaststoffen.

Aufbewahrung

Frische Limabohnen sind leicht verderblich und halten sich nach dem Enthülsen nur kurze Zeit. Sie sollten im Kühlschrank aufbewahrt werden, da sie sonst bald an Geschmack verlieren. Getrocknete Limabohnen werden in einem gut verschlossenen Behälter bei Zimmertemperatur aufbewahrt.

Mungbohne

Phaseolus aureus oder *Vigna radiata*, Leguminosae

Die Mungbohne, auch Mungobohne oder Jerusalembohne genannt, ist die Frucht einer krautigen Pflanze und war ursprünglich in Indien beheimatet. Sie spielt in der traditionellen Küche verschiedener Länder Asiens, vor allem aber in ihrem Heimatland seit langem eine wichtige Rolle. Die Haupterzeugerländer der Mungbohne sind Indien und Pakistan. In Europa wird sie vor allem zum Keimen genutzt.

Mungbohnen, von denen es mehr als 200 Sorten gibt, wachsen an einer 30 bis 120 cm hohen Pflanze mit langen, dünnen, leicht flaumigen Hülsen, die 3 bis 10 cm lang werden und 10 bis 20 winzige Samen enthalten. Bei uns am bekanntesten sind die grünen Mungbohnen. Es gibt jedoch auch goldgelbe, braune, olivfarbene und bräunlich violette Sorten, die einfarbig oder gesprenkelt sein können.

Einkaufstipp

Mungbohnenkeimlinge werden meist frisch oder gegart in der Konserve angeboten.

Serviervorschläge

Mungbohnen werden wie andere Hülsenfrüchte verwendet, die sie in vielen Rezepten auch ersetzen oder mit denen sie kombiniert werden können. In Asien werden sie häufig als Püree serviert, oder, wie in China, zu Mehl verarbeitet, aus dem Nudeln hergestellt werden. Die Keimlinge finden in Salaten, im chinesischen *Chop Suey*, in vielen indischen *Dal*-Gerichten sowie in verschiedenen anderen asiatischen Gerichten Verwendung. Die jungen Hülsen der frischen Bohnen sind ebenfalls essbar und werden wie grüne Bohnen zubereitet.

Zubereitung

Getrocknete Mungbohnen werden im Ganzen oder zerkleinert gegart. Einweichen ist nicht unbedingt erforderlich. Bei der herkömmlichen Garmethode beträgt die Garzeit bei eingeweichten Bohnen 45 Minuten (Schnellkochtopf 5 bis 7 Minuten), bei nicht eingeweichten Bohnen 1 Stunde (Schnellkochtopf 10 Minuten).

Nährwerte

	Keimlinge	*gekochte Bohnen*
Kalorien	23	105,4
Ballaststoffe	1,2 g	2,5 g
Kohlenhydrate	1,8 g	19,2 g
Fett	0,3 g	7,0 g
Wasser	93 %	72,7 %
		je 100 g

Mungbohnen sind reich an Folsäure und liefern viel Kalium und Magnesium. Außerdem enthalten sie Vitamin B_1, Pantothensäure, Eisen, Phosphor, Zink und Kupfer sowie sehr viele Ballaststoffe. Beim Keimen verdoppelt sich der Gehalt an Vitamin B_1 täglich bis zum vierten Tag. Der Keimling enthält etwa 35% Eiweiß.

Urdbohne

Phaseolus mungo oder *Vigna mungo*, Leguminosae

Die Urdbohne ist die Frucht einer einjährigen Pflanze, die zwischen 20 und 90 cm hoch wird und in trockenem tropischem Klima gedeiht. Die geraden, sehr flaumigen Hülsen erreichen eine Länge von 3 bis 8 cm und enthalten vier bis zehn leicht nierenförmige Samen. Je nach Sorte sind die Kerne relativ groß und schwarz oder gräulich oder aber klein und dunkelgrün oder bräunlich. Sie haben einen weißen Nabel *(Hilum)* und sind innen cremeweiß. Urdbohnen werden vor allem in Indien, Burma und Pakistan sehr häufig verwendet.

Urdbohne

Serviervorschläge

Schwarze Urdbohnen haben einen relativ intensiven Eigengeschmack und sind eine der Hauptzutaten in der bekannten asiatischen schwarzen Sauce. In Indien werden die schwarzen Urdbohnen halbiert und gegart zu Reis serviert, oder man bereitet aus ihnen zusammen mit Linsen und Bohnen ein würziges Püree *(Dal)* zu. Geschälte Urdbohnen werden außerdem zu Mehl zermahlen, aus dem man Gebäck, flache Kuchen und Brot herstellt, wie etwa das indische Fladenbrot *Dhosai*. Die jungen grünen Hülsen sind ebenfalls essbar und werden häufig als Gemüse zubereitet.

Zubereitung

Urdbohnen benötigen eingeweicht eine Garzeit von etwa 1½ Stunden. Im Schnellkochtopf sind sie nach 15 Minuten gar, nicht eingeweicht nach 20 bis 25 Minuten.

Nährwerte

	gekocht
Kalorien	105
Ballaststoffe	1 g
Kohlenhydrate	18 g
Fett	0,6 g
Eiweiß	7,6 g
Wasser	72,5 %
	je 100 g

Urdbohnen enthalten sehr viel Folsäure und Magnesium, viel Kalium sowie etwas Vitamin B_1, Nikotin- und Pantothensäure, Vitamin B_2, Eisen, Kalzium, Zink, Phosphor und Kupfer.

Adzukibohne

Phaseolus angularis oder *Vigna angularis,* Leguminosae

Die Adzukibohne ist die Frucht einer einjährigen, krautigen Pflanze, die ursprünglich in Asien – sehr wahrscheinlich in Japan oder China – beheimatet war, wo sie bereits seit vielen Jahrhunderten angebaut wird und sich großer Beliebtheit erfreut. Heute rangiert die Adzukibohne im Handel an zweiter Stelle hinter der Sojabohne. In China gilt sie als Glücksbringer und ist ein beliebtes Festtagsessen.

Die Adzukibohne ist die Frucht einer buschigen Pflanze, die 25 bis 90 cm hoch wird. Die zylindrisch geformten Hülsen erreichen eine Länge von 6 bis 12 cm und enthalten vier bis zwölf rechteckige Samen mit abgerundeten Ecken. Sie sind gewöhnlich bräunlich rot, können aber auch blassgelb, grün, grau oder schwarz, einfarbig oder gesprenkelt sein und haben einen cremeweißen Nabel *(Hilum)*.

Serviervorschläge

Adzukibohnen haben einen feinen, leicht süßlichen Geschmack und werden gegart häufig zu Reis serviert. In Asien bereitet man aus ihnen häufig auch eine Paste, die wie Tomatenmark in zahlreichen pikanten oder süßen Gerichten Verwendung findet. Adzukibohnen werden außerdem zu feinem Mehl zermahlen, das zur Zubereitung von Kuchen, Suppen und Milchprodukten dient. Darüber hinaus werden die Bohnen zu einer Art Popcorn verarbeitet, zu Keimlingen gezogen oder geröstet als Kaffeesurrogat verwendet. Die jungen Hülsen der Adzukibohne sind ebenfalls essbar und werden wie grüne Bohnen zubereitet.

Zubereitung

Adzukibohnen werden 2 bis 3 Stunden in kaltem Wasser eingeweicht und anschließend 1½ bis 2 Stunden auf kleiner Flamme gegart. Im Schnellkochtopf benötigen sie eingeweicht eine Garzeit von 20 Minuten, bzw. 25 Minuten, wenn sie vorher nicht eingeweicht wurden.

Adzukibohne

Nährwerte

	gegart
Kalorien	130
Ballaststoffe	8 g
Kohlenhydrate	25 g
Fett	0,1 g
Eiweiß	7,5 g
Wasser	66 %
	je 100 g

Adzukibohnen enthalten sehr viel Kalium, viel Magnesium, Phosphor, Zink und Kupfer sowie etwas Eisen und Vitamin B_1. Darüber hinaus sind sie reich an Ballaststoffen.

Feuerbohne

Phaseolus coccineus oder *Phaseolus multiflorus*, Leguminosae

Die Feuerbohne, auch Prunkbohne oder Türkenbohne genannt, ist die Frucht einer krautigen Pflanze, die wahrscheinlich in Mittelamerika beheimatet ist und dort seit Jahrtausenden angebaut wird. In Europa wurden die Feuerbohnen erstmals im 18. Jahrhundert gezüchtet. Heute werden sie auch in kälteren Regionen kultiviert, insbesondere in England, wo man meist die frischen Bohnen isst, während man in Mittelamerika in erster Linie die getrockneten Bohnenkerne verwendet.

Es gibt zahlreiche Feuerbohnensorten, darunter eine mit leuchtend roten Blättern, die in Nordamerika sehr häufig anzutreffen ist. Eine andere, vor allem in Europa sehr beliebte Variante hat ähnliche Samen wie die Limabohne.

Die sehr schnell wachsende Pflanze kann eine Höhe von mehr als 4 m erreichen und trägt rote oder weiße Blüten. Die rosafarbenen, rauen Hülsen sind 10 bis 30 cm lang und enthalten sechs bis zehn leicht gebogene, abgeflachte, ovale Samen, die entweder weiß gefärbt sind und rote Sprenkel haben oder aber rot mit schwarzen Sprenkeln sind.

Nährwerte

	gegart
Kalorien	385
Ballaststoffe	5 g
Kohlenhydrate	70 g
Fett	2 g
Eiweiß	23 g
Wasser	12 %
	je 100 g

Serviervorschläge

Die voll ausgereiften Samen können frisch oder getrocknet verwendet werden. Die essbaren jungen Hülsen werden frisch wie grüne Bohnen zubereitet.

Zubereitung

Die getrockneten Bohnen werden zunächst einige Stunden in kaltem Wasser eingeweicht und dann 1 bis 1 ½ Stunden gegart. Bei Verwendung eines Dampfdrucktopfs verkürzt sich die Garzeit bei eingeweichten Bohnen auf 10 bis 15 Minuten, bei nicht eingeweichten Bohnen auf 15 bis 20 Minuten.

Lupine

Lupinus spp., Leguminosae

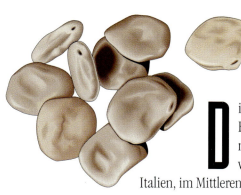

Samen der gelben Lupine

Die Lupine wird in Europa bereits seit mehr als 2000 Jahren angebaut. Einige Sorten dieser krautigen Pflanze waren ursprünglich im Mittelmeerraum beheimatet, andere in Nord- und Südamerika. Sie gedeiht vor allem in Ländern mit heißem Klima und wird vorwiegend in Italien, im Mittleren Osten, in Ostafrika und Südamerika verwendet.

Man kennt etwa 100 verschiedene Lupinenarten. Einige enthalten bitter schmeckende, giftige Alkaloide und sind deshalb in der Zubereitung sehr aufwendig. Seit 1930 sind verschiedene ungiftige Sorten dieser Pflanze gezüchtet worden, zu der auch die in der Küche am häufigsten verwendeten Samen der weißen Lupine (*Lupinus albus*) gehören, eine einjährige Pflanze, die bis zu 1,20 m hoch werden kann. Die geraden Hülsen sind 5 bis 10 cm lang und 3 bis 5 cm breit. Sie enthalten drei bis sechs matte, blassgelbe Samen mit einem Durchmesser von 0,5 bis 1,5 cm. Sie sind glatt, etwas rechteckig und flach.

Am häufigsten werden die glatten, flachen Samen der weißen Lupine verwendet, da sie keinerlei Giftstoffe enthalten und deshalb relativ einfach zuzubereiten sind.

Vorbereitung

Die meisten Lupinensamen müssen auf bestimmte Weise vorbehandelt werden, um die Alkaloide, die einen bitteren Geschmack erzeugen, zu neutralisieren:

- Die Lupinensamen 12 Stunden in kaltem Wasser (1 ½ l Wasser auf 500 g Samen) einweichen und abgießen.

- Die Lupinensamen mit kaltem Wasser bedeckt zum Kochen bringen und zugedeckt bei kleiner Hitze in etwa 2 Stunden weich kochen. Da sie außen fest bleiben, sollte man mit einer Messerspitze hineinstechen, um festzustellen, ob sie gar sind.

- Die Lupinensamen abgießen und erneut mit kaltem Wasser bedecken. 2 Esslöffel Salz hinzugeben und die Samen an einem kühlen Ort – jedoch nicht im Kühlschrank – 6 bis 7 Tage ruhen lassen, dabei zweimal täglich das Salzwasser erneuern.

- Das Wasser abgießen und die Samen nach Belieben weiter zubereiten.

Nährwerte

Kalorien	119
Ballaststoffe	0,7 g
Kohlenhydrate	9,9 g
Fett	2,9 g
Eiweiß	15,5 g
Wasser	71 %
	je 100 g

Weiße Lupinensamen sind ausgesprochen nahrhaft. Gegart enthalten sie viel Magnesium, Kalium und Zink sowie etwas Phosphor, Kupfer, Vitamin B_1, Eisen und Kalzium.

Serviervorschläge

Lupinensamen werden gegart und geschält oder ungeschält meist nur mit etwas Zitronensaft verfeinert serviert. Vor allem in Italien und im Mittleren Osten isst man sie wie Oliven häufig auch pur als Snack. Außerdem werden sie getrocknet zu Mehl verarbeitet, das für Suppen, Saucen, Nudeln, Gebäck und Brot verwendet wird. Geröstet und gemahlen ergeben sie ein Kaffeesurrogat.

Hülsenfrüchte

Linse

Lens ensculenta oder *Lens culinarus*, **Leguminosae**

Die Linse ist der Same einer einjährigen, krautigen Pflanze, die vermutlich in Zentralasien beheimatet ist. Linsen werden bereits seit der Frühzeit verwendet und gehören zu den ersten kultivierten Nahrungsmitteln. In der Bibel werden sie in der Schöpfungsgeschichte erwähnt, und bei Ausgrabungen im Mittleren Osten entdeckte man Linsensamen in Regionen, die bereits vor 8000 Jahren landwirtschaftlich genutzt wurden. Damals bereitete man Linsen zusammen mit Gerste und Weizen zu, die ebenfalls in dieser Gegend beheimatet waren und wie die Linsen durch die verschiedenen Völkerwanderungen in ganz Europa und Afrika Verbreitung fanden. Ende des 1. Jahrhunderts n. Chr. gelangten die ersten Linsen nach Indien, wo *Dal*, würzige Linsengerichte, lange Zeit eine wichtige Grundlage der Küche bildeten. Haupterzeugerländer sind heute die Türkei, Indien, Kanada, Bangladesh, China und Syrien.

grüne Linsen

Die Linse wächst an einer buschigen Pflanze, die zwischen 35 und 45 cm hoch wird und dünne, stark verästelte Zweige besitzt. Die kurzen, flachen und länglichen Linsenhülsen sind nur etwa 1 cm lang und enthalten ein oder zwei Samen. Die Linsen werden nach ihrer Größe in *macrospermae* (große Linsen) und *microspermae* (kleine Linsen) unterteilt, wobei jede Gruppe Dutzende von Sorten umfasst, die sich in Beschaffenheit und Geschmack voneinander unterscheiden. In den westlichen Ländern ist vor allem die runde, schalenlose grünliche oder bräunliche Linse bekannt, deren Form an eine beidseitig gewölbte Scheibe erinnert. Es gibt aber auch schwarze, gelbe, rote oder orangefarbene Linsen, die oval, flach oder herzförmig sein können. Linsen werden geschält, im Ganzen oder halbiert angeboten.

Vorbereitung

Linsen müssen nicht eingeweicht, dafür aber sehr gründlich gewaschen werden, da sie häufig mit kleinen Steinen verunreinigt sind.

Serviervorschläge

Linsen werden vor allem für Suppen und deftige Eintopfgerichte verwendet, sie schmecken aber auch im Salat und eignen sich püriert sehr gut für Kroketten. In Indien isst man sie vielfach mit Reis, wodurch ihr Nährwert verstärkt wird, da die jeweils enthaltenen Aminosäuren einander ergänzen. Indische Linsencurrys sind meistens scharf gewürzt und ähneln in ihrer Konsistenz unseren Eintopfgerichten.

Linsen kann man auch keimen lassen oder zu Mehl verarbeiten. Aus dem Mehl lassen sich wohlschmeckende Fladenbrote herstellen, oder man mischt es mit anderen Getreidemehlen, deren Nährwert dadurch erhöht wird.

Linse

Linsensuppe

FÜR 4 PORTIONEN

250 g braune Linsen	1 EL Tomatenmark
1 mittelgroße Zwiebel	1 Lorbeerblatt
2 Knoblauchzehen	Salz und frisch
1 Möhre	gemahlener Pfeffer
1 Stange Sellerie	2 EL Weißweinessig
2 Tomaten	2 EL gehackte Petersilie
60 ml Olivenöl	

1. Die Linsen gründlich verlesen und waschen. Zwiebel und Knoblauch schälen und die Zwiebel in dünne Ringe schneiden, den Knoblauch fein hacken. Möhre und Sellerie putzen, waschen und in Scheiben schneiden. Die Tomaten mit kochendem Wasser überbrühen, enthäuten und vierteln.

2. Das Öl in einem großen Topf erhitzen und die Zwiebel darin glasig braten. Knoblauch, Sellerie, Möhre und Tomaten zufügen und ebenfalls kurz anbraten. Das Tomatenmark zufügen.

3. Die Linsen und das Lorbeerblatt zugeben, 1½ l Wasser angießen und alles mit Salz und Pfeffer würzen. Die Suppe zugedeckt bei schwacher Hitze 1 Stunde köcheln lassen und 15 Minuten vor Ende der Garzeit den Essig unterrühren. Die Suppe mit gehackter Petersilie bestreut servieren.

Zubereitung

Linsen dürfen nicht zu lange garen, da sie sonst schnell matschig werden. Sie werden außerdem bekömmlicher, wenn man sie in kochendem Wasser aufsetzt, das mit einem Schuss Essig gewürzt ist. Braune Linsen benötigen eine Garzeit von 60 Minuten, bei orangefarbenen Linsen genügen dagegen 20 bis 30 Minuten. Im Schnellkochtopf sind braune Linsen in 15 bis 20 Minuten, orangefarbene Linsen in 5 Minuten gar.

Nährwerte

	gegart
Kalorien	116
Ballaststoffe	3,9 g
Kohlenhydrate	20 g
Fett	0,4 g
Eiweiß	9 g
Wasser	69,6 %
	je 100 g

Linsen enthalten sehr viel Folsäure und Kalium, viel Eisen und Phosphor sowie etwas Magnesium, Zink, Vitamin B_1, Kupfer, Nikotinsäure, Vitamin B_6 und Pantothensäure.

rote Linsen

Helmbohne

Vigna spp. oder *Dolichos lablab*, Leguminosae

Augenbohnen

Der zur Beschreibung von Hülsenfrüchten der Gattung *Vigna* verwendete Name »Dolichos« leitet sich ab vom griechischen Wort *dolikhos* = »lang« oder »länglich«. Die Helmbohne sollte man allerdings nicht mit der Dicken Bohne verwechseln, die der Gattung der *Vicia* angehört. Es gibt verschiedene Arten von Helmbohnen, darunter die Augen-, die Spargel- und die Lablab-Bohne.

Die **Augenbohne** (*Vigna unguiculata* oder *Vigna sinensis*) ist, vor allem in Großbritannien, auch als »Kuhbohne« bekannt. Sie war ursprünglich vermutlich in Nordafrika beheimatet, wo sie bereits seit Jahrhunderten gegessen wird, und gelangte wahrscheinlich vor 3000 Jahren nach Indien. Auch Griechen und Römern diente sie als Grundnahrungsmittel. In die Neue Welt kam sie erst sehr viel später, vermutlich durch die Spanier und afrikanische Sklaven. Den Namen »Augenbohne« verdankt sie dem dunklen Ring um ihr Hilum (die Stelle, an der der Same mit der Hülse verwachsen ist), der wie ein Auge aussieht. Das Hilum, das beim Garen verschwindet, ist in der Regel schwarz, kann je nach Sorte aber auch braun, rot oder dunkelrot sein. Man kennt mehr als 7000 verschiedene Sorten der Augenbohne. Sie können einfarbig, gesprenkelt oder marmoriert, weiß, rot, braun, schwarz, gelblich grün oder cremefarben sein. Die Bohne wächst an einer einjährigen tropischen oder subtropischen Pflanze, die bis zu 90 cm hoch werden kann. Die geraden, spiralförmigen oder gebogenen Hülsen sind 3 bis 8 cm lang und enthalten zwischen zwei und zwölf Samen, die glatt oder runzelig, nieren- oder kugelförmig oder auch leicht rechteckig sein können.

Die **Spargelbohne** (*Vigna sesquipedalis*) wächst an einer rankenden Pflanze mit hübschen lilafarbenen Blüten, die 2 bis 4 m hoch werden kann. Lange Zeit galten die tropischen Gebiete Asiens als Heimat der Spargelbohne. Inzwischen geht man aber vielfach davon aus, dass die wilden Vorläufer der Kulturpflanze aus Zentralafrika kamen. Nach neuesten Erkenntnissen hat sich diese Sorte vermutlich von Afrika aus ostwärts nach Indien und China, nach Norden zum Mittelmeer und nach Europa sowie westwärts in die Karibik und nach Nordamerika ausgebreitet. Die Spargelbohne wird in tropischen und subtropischen Gegenden angebaut und erfreut sich vor allem im Fernen Osten, in Afrika und der Karibik großer Beliebtheit, wird aber auch auf Hawaii und in Kalifornien gezüchtet. Der lateinische Name *sesquipedalis* bedeutet »eineinhalb Fuß lang« und spielt auf die außergewöhnliche Länge ihrer geraden oder gebogenen, 30 bis 90 cm langen Hülsen an. Sie enthalten 15 bis 20 längliche, nierenförmige, für gewöhnlich schwarze oder braune Samen, die im Geschmack an Spargel erinnern.

Die **Lablab-Bohne** oder **Faselbohne** (*Lablab purpureus, Lablab niger, Lablab vulgaris* oder *Dolichos lablab*) war vermutlich ursprünglich in Indien beheimatet, wo sie bereits seit Jahrhunderten gegessen wird. Sie ist aber auch in Afrika, Mittel- und Südamerika und Asien sehr beliebt. Die Lablab-Bohne wächst an einer tropischen und subtropischen Pflanze, die selbst schlimmsten Dürreperioden standhält. Die Pflanze wird gewöhnlich 2 bis 3 m hoch, kann aber auch eine Höhe von bis zu 6 m erreichen. Ihre länglichen, flachen, dicken und manchmal gebogenen Hülsen sind zwischen 5 und 20 cm lang und enthalten flache, längliche Samen, die je nach Sorte einfarbig oder gesprenkelt weiß, braun, schwarz oder rot sind. Jede Hülse birgt etwa 50 solcher Samen, die an einem langen weißen, etwas hervortretenden Hilum befestigt sind. Wegen ihrer purpurroten Blüten und schönen purpurroten Hülsen wird die Pflanze häufig auch als Zierpflanze gezogen.

Helmbohne

Nährwerte

	gegarte Augenbohnen	*gegarte Spargelbohnen*	*gegarte frische Lablab-Bohnen*
Kalorien	116	118	49
Ballaststoffe	9,6 g	2 g	1,8 g
Kohlenhydrate	20,8 g	21,1 g	9,2 g
Fett	0,5 g	0,5 g	0,2 g
Eiweiß	7,7 g	8,3 g	2,9 g
Wasser	70 %	68,8 %	86,9 %

je 100 g

Augenbohnen enthalten sehr viel Folsäure, viel Kalium, Magnesium, Eisen und Vitamin B_1 sowie etwas Phosphor, Zink, Kupfer, Nikotin- und Pantothensäure und Vitamin B_6.

Spargelbohnen enthalten sehr viel Folsäure, Magnesium und Kalium, viel Eisen, Phosphor und Vitamin B_1 sowie etwas Zink, Kupfer, Pantothensäure und Vitamin B_6.

Lablab-Bohnen enthalten sehr viel Kupfer, viel Kalium und Magnesium sowie etwas Vitamin B_2, Eisen und Phosphor.

Alle Helmbohnensorten sind außerdem reich an Ballaststoffen. Ihr Eiweiß gilt allerdings als unvollständig, weil ihm bestimmte Aminosäuren fehlen (siehe *Komplementäreiweiße*).

Zubereitung

Augenbohnen haben eine Garzeit von etwa 1 Stunde. Werden sie auch nur etwas zu lange gegart, zerfallen sie leicht zu Brei. Im Schnellkochtopf sind die Bohnen in nur 10 Minuten gar, wenn sie zuvor eingeweicht wurden. Bei nicht eingeweichten Bohnen beträgt die Garzeit 15 bis 20 Minuten.

Serviervorschläge

Die unreifen Hülsen der Augenbohne können im Ganzen gegessen werden und werden wie frische grüne Bohnen gerne als Gemüse serviert. Die Blätter und Wurzeln der Pflanze sind ebenfalls essbar.

Augenbohnen sind sehr schmackhaft und werden für Suppen, Salate, Beignets und Schmorgerichte verwendet. Man kann sie aber auch pürieren oder Keimlinge daraus ziehen. Im Süden der USA, wo diese Hülsenfrucht besonders häufig gegessen wird, serviert man sie traditionell mit Schweinefleisch.

Spargelbohnen werden wie grüne Bohnen meist frisch verzehrt. Sie sind allerdings lange nicht so saftig und süß wie diese, und ihr relativ strenger Geschmack erinnert eher an Trockenbohnen. Gut schmecken sie in asiatischen Gerichten. Die getrockneten Samen werden wie die anderer Hülsenfrüchte zubereitet.

Getrocknete Lablab-Bohnen werden wie andere Hülsenfrüchte verwendet, die sie in den meisten Gerichten auch ersetzen können. Man kann aus ihnen auch ein Mehl herstellen, das gemischt mit anderen Mehlsorten zu Brotteig verarbeitet wird, aus dem man kleine Bällchen zubereitet, oder das wie Hafergrütze gekocht wird. Aus den Samen kann man auch Keimlinge ziehen, und die Hülsen werden frisch wie grüne Bohnen gegessen. In Indien werden die Bohnen getrocknet und halbiert und dann wie Erbsen kurz gegart.

Die Spargelbohne erinnert im Geschmack an Spargel und kann frisch oder getrocknet verwendet werden.

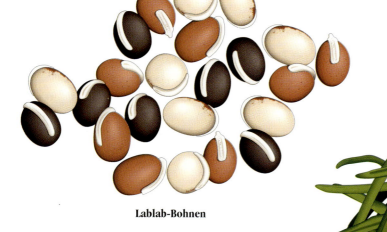

Lablab-Bohnen

Spargelbohnen

Dicke Bohne

Vicia faba, Leguminosae

Die 15 bis 30 cm langen Hülsen sind innen mit einem weißlichen Flaum ausgekleidet, der fünf bis zehn flache Samen umschließt.

Die Dicke Bohne, auch Saubohne oder Puffbohne genannt, ist die Frucht einer einjährigen Pflanze und stammt vermutlich aus Nordafrika und dem Mittelmeerraum. Alte Schriftzeugnisse belegen, dass sie in China bereits vor über 5000 Jahren als Nahrungsmittel diente. Auch die Hebräer, Ägypter, Griechen und Römer kultivierten die Pflanze, und zumindest Griechen und Römer benutzten die Dicke Bohne auch für kultische Zwecke.

Anfang des 16. Jahrhunderts fand sie auch auf dem amerikanischen Kontinent Verbreitung und wird heute in verschiedenen lateinamerikanischen Staaten angebaut. Bis ins 16. Jahrhundert, als die Spanier die grüne Bohne *(Phaseolus vulgaris)* aus Südamerika mitbrachten, war die Dicke Bohne die einzige in Europa bekannte Hülsenfrucht.

Die winterfeste Pflanze erreicht eine Höhe von 30 cm bis 1,80 m und gedeiht besonders gut in den kühleren Regionen der gemäßigten Klimazonen sowie in höher gelegenen tropischen Gebieten. Haupterzeugerländer sind heute China, Ägypten, Äthiopien, Marokko, Deutschland und Italien.

Die 15 bis 30 cm langen Hülsen laufen nach unten spitz zu und sind innen mit einem weißlichen Flaum ausgekleidet, der fünf bis zehn flache, an den Enden abgerundete, in der Regel 2 bis 5 cm lange Samen umschließt – die Bohnenkerne. Es gibt eine Reihe verschiedener Sorten, die grün, rötlich, bräunlich oder violett sein können. Die Bohnenkerne sind von einer relativ dicken Schale umschlossen.

Nährwerte

	gekocht
Ballaststoffe	5,1 g
Kohlenhydrate	19,6 g
Fett	0,4 g
Eiweiß	7,6 g
Wasser	71,5 %
	je 100 g

Dicke Bohnen enthalten sehr viel Folsäure, viel Kalium und Magnesium sowie etwas Vitamin B_1 und B_2, Eisen, Zink, Phosphor und Kupfer. Außerdem sind sie reich an Ballaststoffen. Da ihm bestimmte essenzielle Aminosäuren fehlen, gilt das Eiweiß der Dicken Bohne als unvollständig (siehe *Komplementäreiweiße*).

Aufbewahrung

Frische Dicke Bohnen mit Hülse können lose ausgebreitet im Kühlschrank höchstens 2 bis 3 Tage aufbewahrt werden.

Serviervorschläge

Dicke Bohnen haben einen recht intensiven Geschmack. Die frischen, jungen Bohnen isst man roh, ohne die dicke Schale, deren hoher Tanningehalt für den bitteren Geschmack verantwortlich ist. Frische oder getrocknete Dicke Bohnen schmecken im Ganzen oder in pürierter Form in Suppen, Eintöpfen und Schmorgerichten. Die spanische Spezialität *Fabada* ist eine Art Bohneneintopf mit Blutwurst, Schweinefleisch, Chorizo (scharf gewürzte Knoblauchwurst) und Kohl. In Italien bereitet man Dicke Bohnen *alla pancetta* mit Zwiebeln und Speck zu. Im Mittleren Osten werden sie häufig püriert, als Beignets oder in Salaten serviert. *Falafel* wird aus eingeweichten rohen Dicken Bohnen hergestellt. Dicke Bohnen harmonieren ausgezeichnet mit Petersilie, Bohnenkraut, Dill und Kerbel und schmecken auch sehr gut in einer Sahnesauce.

Kurz angebraten ergeben sie eine herrliche Zwischenmahlzeit. Gegart kann man sie im Ganzen oder püriert in Salaten und als Vorspeise verwenden. Die jungen Hülsen sind ebenfalls essbar und werden wie grüne Bohnen zubereitet.

Einkaufstipp

Beim Einkauf frischer Dicker Bohnen mit Hülse muss man gut die doppelte Menge rechnen, da 50 bis 60 % Gewichtsverlust durch das Entfernen der Hülsen entsteht. Die Bohnenhülsen sollten trocken sein und dürfen keine fauligen Stellen aufweisen.

Küchenfertig vorbereitet und vorgegart werden Dicke Bohnen auch tiefgefroren sowie als Konserve angeboten.

Dicke Bohne

Dicke-Bohnen-Salat

FÜR 4 PORTIONEN

250 g getrocknete Dicke Bohnen
Salz
2 Knoblauchzehen
Saft von 1 Zitrone
4 EL Olivenöl
frisch gemahlener Pfeffer
1 EL Korianderblätter

1. Die Dicken Bohnen über Nacht in kaltem Wasser einweichen lassen. Das Wasser am nächsten Tag abgießen und die Bohnen einige Minuten in kochendem Wasser blanchieren, unter kaltem Wasser abschrecken und schälen.

2. Die Bohnen in wenig kochendes Salzwasser geben und in etwa 1 ½ Stunden zugedeckt bei mittlerer Hitze weich kochen (sie sind gar, wenn man sie mit den Fingern zerdrücken kann). Die Bohnen abgießen, abkühlen lassen und in eine Schüssel geben.

3. Den Knoblauch abziehen, zerdrücken und zusammen mit dem Zitronensaft und dem Öl zu den Bohnen geben. Alles gut durchmischen und mit Salz und Pfeffer abschmecken. Den Salat mit gehacktem Koriander bestreut als Vorspeise zu Fladenbrot servieren.

Zubereitung

Frische oder getrocknete Dicke Bohnen können – je nachdem, ob man den bitteren Geschmack mag oder nicht – mit oder ohne Schale gegart werden. Damit man sie leichter schälen kann, werden die Bohnen einige Minuten in kochendes Wasser gegeben, anschließend abgegossen und unter kaltem Wasser abgeschreckt. Die Schale lässt sich auch leicht ablösen, wenn die Bohnen 12 bis 24 Stunden eingeweicht werden, wobei man mehrmals das Wasser wechseln sollte.

Getrocknete Bohnenkerne mit Schale benötigen nicht eingeweicht eine Garzeit von etwa 2 ½ Stunden. Wenn sie vorher 8 bis 12 Stunden eingeweicht und geschält werden, sind sie in etwa 1 ½ Stunden gar. Frische Bohnen benötigen eine Garzeit von etwa 45 Minuten. Im Schnellkochtopf benötigen nicht eingeweichte Dicke Bohnen eine Garzeit von 25 Minuten; wurden sie vorher eingeweicht, verkürzt sich die Garzeit auf 20 Minuten.

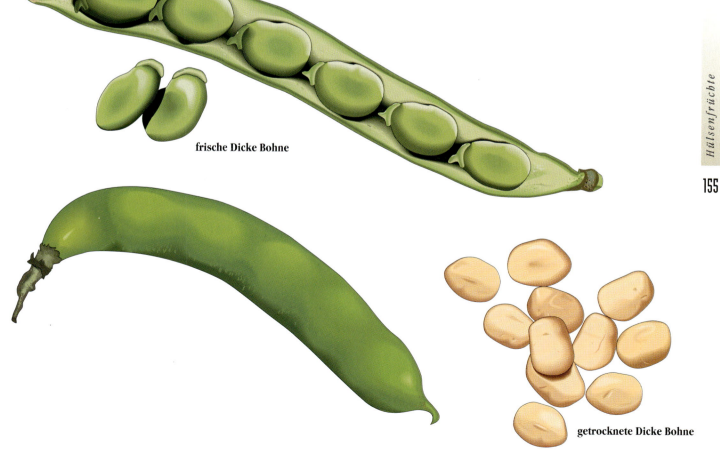

frische Dicke Bohne

getrocknete Dicke Bohne

Erbse

Pisum sativum, Leguminosae

Markerbsen

Als Same einer krautigen, einjährigen Pflanze hat sich die in Zentralasien und Europa beheimatete Erbse, die auch Pflück- oder Gartenerbse genannt wird, vermutlich aus der Felderbse entwickelt. Sie wurde bereits vor mehr als 4000 Jahren in China angebaut und erfreute sich in der Antike auch bei Griechen, Römern und Ägyptern großer Beliebtheit.

Lange Zeit zählten getrocknete und pürierte Erbsen bei vielen Völkern zu den Grundnahrungsmitteln, wobei die Chinesen vermutlich die ersten waren, die Hülsen und Samen als Gemüse zubereiteten. Erst im 16. Jahrhundert, nachdem sie durch den französischen Königshof populär geworden war, hielt die Erbse auch in den anderen europäischen Küchen Einzug und gelangte im 19. Jahrhundert schließlich auch nach Nordamerika. Die Gartenerbse war das erste Gemüse, aus dem durch Kreuzung viele neue Sorten entstanden und das bis zum Ende des 19. Jahrhunderts eine Reihe von Verbesserungen erfuhr, die vor allem auf den damals noch neuen Erkenntnissen der Mendelschen Vererbungslehre beruhten.

Erbsen wachsen an buschigen oder rankenden Pflanzen, die 30 bis 150 cm hoch werden. Sie gedeihen in gemäßigten Klimazonen und werden mit Beginn des Frühjahrs ausgesät. Die glatten, grünen Hülsen sind gerade oder leicht gebogen, dick oder flach. Sie erreichen gewöhnlich eine Länge von 5 bis 15 cm und enthalten zwei bis zehn unterschiedlich große, meist runde, bisweilen aber auch leicht quadratische Samen. Erbsen sind in der Regel grün, es gibt aber auch gräuliche, weißliche oder bräunliche Sorten. Die gelben oder grünen Trockenerbsen werden im Ganzen oder halbiert angeboten.

Von den mehr als 1000 verschiedenen Erbsensorten sind die Schalerbse, Markerbse, Zuckererbse oder Kaiserschote sowie die Knackerbse am bekanntesten. Schalerbsen werden vielfach tiefgefroren angeboten. Sie gedeihen am besten in kaltem Klima und sind mehliger als die süßeren Markerbsen, die meist zu Konserven verarbeitet werden. Schal- und Markerbsen werden von dicken, ungenießbaren Hülsen mit harten Fäden umschlossen, während die Zuckererbsen (var. *saccharatum* und *macrocarpon*) flache, essbare, süße, saftige Hülsen haben, deren Samen kaum entwickelt sind. Die Knackerbse ist eine noch relativ neue Sorte, bei der sowohl die Schoten als auch die voll entwickelten Samen essbar sind. Trockenerbsen sind voll ausgereifte Erbsen, die nach der Ernte enthülst und getrocknet werden und gelb oder grün gefärbt sind.

Die wichtigsten Erzeugerländer von Trockenerbsen sind heute Russland, Frankreich, China und Dänemark, während frische Erbsen vor allem in den Vereinigten Staaten, Großbritannien, China, Ungarn und Indien angebaut und vorwiegend zu Konserven und Tiefkühlgemüse verarbeitet werden.

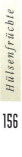

Zuckererbsen   **halbe gelbe Erbsen**   **halbe grüne Erbsen**   **getrocknete Erbsen**

Erbse

Einkaufstipp

Bei Erbsen ist der richtige Erntezeitpunkt sehr wichtig: Zu spät geerntet wandelt sich der Zucker in Stärke um, und sie werden trocken und verlieren an Süße.

Mark- und Schalerbsen sollten glänzende, leuchtend grüne, glatte Hülsen haben, die möglichst viele nicht zu große Samen enthalten.

Zuckerschoten sollten mittelgroß, fest und knackig sein und makellose, leuchtend grüne Schoten haben. Nicht empfehlenswert sind weiche, schrumpelige, gelbe oder fleckige Schoten.

Gelbe und grüne Trockenerbsen werden geschält und ungeschält im Ganzen oder halbiert angeboten.

Vorbereitung

Zum Enthülsen frischer Erbsen bricht man die Spitzen der Schoten ab, entfernt gegebenenfalls den Faden entlang der Nahtstelle, öffnet die Schote und palt die Erbsen heraus.

Trockenerbsen werden verlesen und gründlich gewaschen. Ungeschälte ganze Trockenerbsen werden vor dem Garen 6 Stunden, ungeschälte halbierte Trockenerbsen 1 Stunde eingeweicht und anschließend im Einweichwasser oder in Brühe gekocht. Bei geschälten Trockenerbsen ist Einweichen nicht erforderlich.

Erbsensuppe
FÜR 4 PORTIONEN

1 Zwiebel	100 g süße Sahne
4 Selleriestangen	1 Eigelb
200 g magerer Speck	Salz und frisch
2 EL Öl	gemahlener
400 g Tiefkühlerbsen	weißer Pfeffer
1 l Gemüsebrühe	Muskatpulver

1. Die Zwiebeln schälen und fein hacken. Den Sellerie putzen, waschen und klein schneiden. Die Speckschwarte abschneiden und den Speck fein würfeln.

2. In einem Topf das Öl erhitzen. Zwiebeln und Speckwürfel darin glasig braten. Den Sellerie zufügen und ebenfalls kurz anbraten. Die gefrorenen Erbsen und die Brühe zugeben und die Suppe 10 Minuten zugedeckt köcheln lassen.

3. Die Sahne mit dem Eigelb verquirlen und in die heiße, aber nicht mehr kochende Suppe einrühren. Die Suppe mit Salz, Pfeffer und Muskat abschmecken.

Serviervorschläge

Zuckerschoten und sehr junge, frische Gartenerbsen können auch roh verwendet werden, schmecken gegart aber etwas süßer.

Frische grüne Erbsen werden meistens in etwas Wasser gegart und ergeben mit etwas Butter verfeinert eine köstliche Beilage zu Fleisch und Geflügel. Außerdem eignen sie sich gut für Suppen und Eintopfgerichte und harmonieren sehr gut mit Möhren oder Spargelspitzen. Kalt schmecken sie ausgezeichnet in gemischten oder pikanten Salaten.

Zuckerschoten werden wie grüne Bohnen zubereitet, die sie in den meisten Gerichten auch ersetzen können, und passen wie Gartenerbsen gut zu verschiedenen Gemüsesorten, insbesondere zu Möhren und Spargel. Roh schmecken sie gut in Salaten.

Ganze Trockenerbsen werden gegart und häufig zu Suppen oder auch Eintopfgerichten verarbeitet – sie schmecken besonders gut in Kombination mit Schweinshaxe, Schinken und Kassler. Halbe Trockenerbsen werden meist püriert als Beilage oder für Suppen und Eintopfgerichte verwendet. In Indien sind gegarte und pürierte Trockenerbsen, die mit verschiedenen Gewürzen aromatisiert werden, beliebte Beilagen oder Hauptgerichte.

Zubereitung

Frische Schal- oder Markerbsen benötigen beim Kochen je nach Größe eine Garzeit von 10 bis 15 Minuten. Zuckerschoten werden wie grüne Bohnen zubereitet und sind je nach Größe in 6 bis 15 Minuten gar.

Ganze eingeweichte Trockenerbsen werden in 1 Stunde bei schwacher Hitze weich gegart. Halbierte Trockenerbsen benötigen eine Garzeit von etwa 45 Minuten. Sie sind gar, wenn sie gerade eben weich sind.

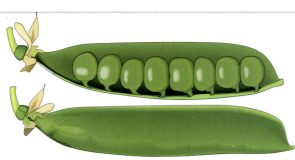

frische Schalerbsen

Erbse

Nährwerte

Gegarte grüne Erbsen enthalten viel Folsäure, Kalium, Vitamin B_1 und Magnesium sowie etwas Vitamin C, Zink, Vitamin B_6, Nikotinsäure, Eisen und Phosphor.

Gegarte Zuckerschoten enthalten sehr viel Vitamin C, viel Kalium sowie etwas Eisen, Folsäure, Magnesium, Vitamin B_1, Pantothensäure, Vitamin B_6 und Phosphor.

Trockenerbsen fehlen zwar bestimmte Aminosäuren (siehe *Komplementäreiweiße*), sie enthalten jedoch sehr viel Kalium und Folsäure, viel Vitamin B_6 sowie etwas Magnesium, Zink, Eisen, Kupfer, Phosphor und Pantothensäure.

	gegarte grüne Erbsen	Trockenerbsen	gegarte Zuckerschoten
Kalorien	66	271	45
Ballaststoffe	3,4 g	16,6 g	2,8 g
Kohlenhydrate	9,7 g	41,2 g	7,0 g
Fett	0,5 g	1,4 g	0,2 g
Eiweiß	5,6 g	23 g	3,3 g
Wasser	80,4 %	9 %	88,9 %

je 100 g

Aufbewahrung

Frische grüne Erbsen sollten nach der Ernte möglichst schnell in den Kühlschrank gegeben werden, da sich der Zucker sonst relativ schnell in Stärke umwandelt. In einem luftdicht verschlossenen Behälter sind sie 4 bis 5 Tage haltbar.

Grüne Erbsen und Zuckerschoten eignen sich auch sehr gut zum Einfrieren, sollten jedoch zuvor 1 bis 2 Minuten blanchiert werden.

Kichererbse

Cicer arietinum, Leguminosae

Kichererbsen sind die Samen einer buschigen Pflanze, die in warmen, trockenen Klimazonen gedeiht. Die kurzen, dicken Hülsen enthalten einen bis vier rundliche, unregelmäßig geformte Samen.

Die Kichererbse ist die Frucht einer einjährigen, krautigen Pflanze, die wahrscheinlich im Mittleren Osten beheimatet ist und bereits seit Jahrtausenden in vielen Ländern, vor allem in Nordafrika, im Mittleren Osten, Indien, Spanien und Südfrankreich, eine wichtige Rolle spielt. Archäologische Funde lassen vermuten, dass diese Hülsenfrucht schon vor mehr als 7000 Jahren als Nahrungsmittel diente, wahrscheinlich aber erst vor 5000 Jahren im Mittelmeerraum und vor 4000 Jahren in Indien angebaut wurde. In der Antike erfreute sich die Kichererbse bei Griechen, Römern und Ägyptern großer Beliebtheit. In der Folgezeit weitete sich der Anbau durch Spanier, Portugiesen und Inder, die sie in die subtropischen Gebiete brachten, über die ganze Welt aus. Der lateinische Name *arietinum* bedeutet »kleiner Widder« und spielt auf die unregelmäßige Form der Kichererbse an, die an einen Widderkopf erinnert. Die Haupterzeugerländer von Kichererbsen sind heute Indien und die Türkei, die 75 % der gesamten Ernte liefern, gefolgt von Pakistan, China, Mexiko und Äthiopien.

Kichererbsen sind die Samen einer 20 bis 90 cm hohen, buschigen Pflanze, die in warmen, trockenen Klimazonen gedeiht. Die kurzen, prallen Hülsen der Kichererbse sind in der Regel 2 bis 3 cm lang und enthalten einen bis vier rundliche, unregelmäßig geformte Samen mit einem Durchmesser von gut 1 cm. Diese sind je nach Sorte beige, schwärzlich, grün, gelb, rötlich oder bräunlich gefärbt und unterscheiden sich durch ihre mehr oder weniger teigige Beschaffenheit sowie durch ihren Geschmack, der bei einigen Sorten eine nussige Note hat. Kichererbsen werden zum Teil geerntet, bevor die Hülsen ausgereift sind, und frisch wie grüne Bohnen zubereitet. Voll ausgereift geerntete frische oder getrocknete Kichererbsen sind um einiges härter und werden wie andere Hülsenfrüchte verwendet.

Kichererbse

Einkaufstipp

Kichererbsen werden getrocknet oder vorgegart als Konserve angeboten.

Vorbereitung

Getrocknete Kichererbsen werden vor der Zubereitung 12 bis 16 Stunden zugedeckt in Wasser eingeweicht und anschließend im Einweichwasser gegart.

Serviervorschläge

Neben der grünen Bohne ist die Kichererbse eine der vielseitigsten Hülsenfrüchte und findet in Vorspeisen, Suppen und Hauptgerichten Verwendung. Gegart schmeckt sie kalt in gemischten Salaten oder auch püriert, wie etwa im *Hummus*, einem Kichererbsenpüree, das vor allem im Nahen und Mittleren Osten sehr beliebt ist, oder in Form frittierter *Falafel*-Bällchen, die häufig in den arabischen Ländern als Vorspeise serviert werden. Kichererbsen sind eine wichtige Zutat in zahlreichen traditionellen südländischen Gerichten wie der *Estouffade*, dem *Cocido* und dem *Puchero*. Sie werden häufig in Eintopfgerichten verwendet und gehören natürlich auch in das nordafrikanische *Couscous*.

Kichererbsen werden außerdem geröstet oder zu Mehl gemahlen, aus dem vorwiegend Fladenbrot und -kuchen sowie Frittierteige hergestellt werden. Kichererbsenmehl ist auch eine der Hauptzutaten in der indischen Küche. Geröstete gesalzene oder ungesalzene Kichererbsen sind eine leckere Knabberei. Darüber hinaus kann man Kichererbsen keimen lassen und die Keimlinge als Zutat in gemischte Salate geben.

Zubereitung

Getrocknete eingeweichte Kichererbsen benötigen eine Garzeit von 1 Stunde, im Schnellkochtopf dagegen nur 20 bis 25 Minuten.

Aufbewahrung

Getrocknete Kichererbsen können in einem luftdicht verschlossenen Behälter an einem kühlen, trockenen Platz bei Zimmertemperatur bis zu 1 Jahr aufbewahrt werden.

Nährwerte

	gegart
Kalorien	164
Ballaststoffe	3,5 g
Kohlenhydrate	27,4 g
Fett	2,6 g
Eiweiß	8,9 g
Wasser	60 %
	je 100 g

Kichererbsen enthalten sehr viel Folsäure und Kalium, viel Magnesium, Phosphor, Zink und Kupfer sowie etwas Vitamin B_1, Nikotinsäure, Vitamin B_6 und Kalzium. Außerdem sind sie reich an Ballaststoffen und Eiweiß, dem jedoch bestimmte essenzielle Aminosäuren fehlen (siehe *Komplementäreiweiße*).

Kichererbsen wirken harntreibend, magenstärkend und darmreinigend.

Hummus

FÜR 10 PORTIONEN

1 ½ Dosen Kichererbsen à 400 g Füllgewicht	Salz
1 Knoblauchzehe	2 EL Olivenöl
3 EL Tahini	Paprikapulver edelsüß
60 ml Zitronensaft	Zum Garnieren: schwarze Oliven

Tahini ist eine Paste, die aus zerstoßenen Sesamsamen hergestellt wird. Sie ist im Reformhaus und in Naturkostläden erhältlich.

1. Die Kichererbsen abgießen, abtropfen lassen und mit einer Gabel etwas zerdrücken. Den Knoblauch abziehen.

2. Die Kichererbsen im Mixer zusammen mit der Tahini-Paste, dem Knoblauch, Zitronensaft, Salz und 1 Esslöffel Olivenöl zu einem homogenen Brei pürieren.

3. Das Püree in eine Schüssel füllen, die Oberfläche mit einem Löffel glatt streichen und reichlich Paprikapulver darüber streuen. Das Püree mit dem restlichen Olivenöl beträufeln und mit einigen schwarzen Oliven garniert servieren.

Hummus wird im Nahen und Mittleren Osten häufig als Vorspeise oder als Dip zu rohem Gemüse serviert.

Erdnuss

Arachis hypogaea, Leguminosae

Erdnüsse entstehen auf ungewöhnliche Weise: Die wachsenden Blütenstängel neigen sich zum Boden, dringen in ihn ein und werden zu Erdnüssen.

Die Erdnuss ist der Same einer einjährigen Pflanze, die vermutlich in Südamerika (Brasilien oder Bolivien) oder China beheimatet ist. In Südamerika gehörte sie viele Jahrhunderte lang zu den Grundnahrungsmitteln und wurde vor der Ankunft der spanischen und portugiesischen Siedler im 16. Jahrhundert bereits auf dem ganzen Kontinent angebaut. Die Siedler brachten die Erdnusspflanze später nach Afrika und auf die Philippinen. Schließlich gelangte sie auch in die Vereinigten Staaten, wo sie seit dem Ende des 19. Jahrhunderts in großem Umfang angebaut wird. Über 90% der Welternte stammen heute aus Asien und Afrika, wobei Indien, China, Nigeria und Indonesien neben den Vereinigten Staaten zu den Haupterzeugerländern zählen.

Auch wenn man sie gemeinhin zu den Nüssen zählt, ist die Erdnuss in Wirklichkeit eine Hülsenfrucht. Sie gehört der gleichen botanischen Familie an wie Erbse und Bohne und kann wie diese verwendet werden. Die rankende oder buschige Pflanze, von der es etwa 10 verschiedene Arten und eine Reihe von Sorten gibt, gedeiht in tropischen und subtropischen Gebieten, kann aber auch in gemäßigten Klimazonen angebaut werden. Sie wird bis zu 75 cm hoch und trägt jedes Jahr 2 bis 3 Monate lang eine Vielzahl kleiner gelber Blüten. Die Knospen dieser Blüten öffnen sich bei Sonnenaufgang, werden in den frühen Morgenstunden befruchtet, verwelken sofort und sterben noch vor Mittag ab. In den folgenden Tagen werden die Blütenstängel länger, neigen sich zum Boden und dringen 3 bis 8 cm tief in ihn ein. In der Erde entfalten sich die Stielenden und reifen zu 2 bis 4 cm langen, geäderten, Samen tragenden Hülsen heran, die gewöhnlich 2 bis 3 Samen enthalten und beim Trocknen spröde werden. Die ovalen Samen werden von einem rötlich braunen Häutchen umhüllt und bestehen aus zwei dicken, fleischigen, gebrochen weißen Keimblättern und einem sichtbaren Fruchtkeim. Diese Keimblätter sind das, was gemeinhin als »Nuss« bezeichnet wird. Bei der Ernte wird die ganze Pflanze mit der Wurzel herausgenommen und dann einige Tage auf den Feldern oder in einem Trockenraum zum Trocknen ausgelegt. Anschließend werden die Hülsen zum Teil entfernt und die Nüsse entweder geröstet oder naturbelassen verkauft. Fast zwei Drittel der gesamten Erdnussernte wird zu Öl verarbeitet.

Zubereitung

Erdnüsse benötigen eine Garzeit von etwa 30 Minuten und quellen beim Garen etwas auf, bleiben aber dennoch relativ fest. Wenn sie knackig bleiben sollen, gibt man die Erdnüsse erst kurz vor dem Servieren in das entsprechende Gericht.

Einkaufstipp

Erdnüsse sind manchmal mit Aflatoxin befallen, einem Pilzgift, das vor allem von dem Schimmelpilz *Aspergillus flavus* erzeugt wird. Dieser mit bloßem Auge unsichtbare Schimmelpilz hat bei Versuchstieren Krebserkrankungen ausgelöst, während beim Menschen bislang noch keine Krebs erregende Wirkung festgestellt werden konnte. Zwar können die meisten Lebensmittel mit Aflatoxin verseucht sein, doch sind Erdnüsse besonders anfällig dafür, da sie Hitze und Feuchtigkeit ausgesetzt sind – Temperaturen zwischen 30 und 35 °C und eine durchschnittliche Luftfeuchtigkeit von 80% bilden die idealen Wachstumsbedingungen für den Pilz. Aus diesem Grund sind die Hersteller zu strengen Kontrollen verpflichtet, damit nur einwandfreie Erdnüsse in den Handel gelangen, indem die Lagerbedingungen und die Qualität sämtlicher Nüsse und Erdnussprodukte mit höchstmöglichem technischen Aufwand überwacht werden müssen. Beim Kauf sollte man aus dem gleichen Grund Erdnüsse mit beschädigter Schale oder mit verfärbten Kernen meiden und Erdnüsse mit ranzigem oder muffigem Geschmack auf jeden Fall wegwerfen.

Erdnuss

Serviervorschläge

Erdnüsse werden im Ganzen, zerstoßen, zermahlen oder als Paste verwendet. Man bekommt sie gesalzen oder ungesalzen, geschält oder ungeschält, ohne Fett oder mit Honig geröstet und mit Schokolade oder Öl überzogen. Sie sind eine beliebte Knabberei und können beim Backen Mandeln und Pistazien ersetzen.

Auch wenn sie sich in Nordamerika ganz besonderer Beliebtheit erfreut, ist die Erdnussbutter eigentlich keine amerikanische Erfindung, da in Afrika, Indien, Südamerika und Indonesien schon seit vielen Jahrhunderten eine ähnliche Paste hergestellt wird. Außerdem gehört die Erdnuss in diesen Ländern zu den am meisten verwendeten Zutaten. Sie wird zu Fleisch, Fisch und Geflügel serviert und zum Verfeinern von Suppen, Saucen, Salaten, Schmorgerichten und Desserts verwendet. In Indonesien ist sie zum Beispiel die Hauptzutat in einer würzigen Sauce, der *Satay Sauce*, oder im *Gado Gado*, einer Gemüsebeilage, die mit einer Sauce aus Erdnüssen, Kokosmilch, Paprikaschoten und Knoblauch gereicht wird. Aus den Samen der Pflanze gewinnt man ein ausgezeichnetes, vielseitig verwendbares, mildes Öl, das hohen Temperaturen standhält und mehrmals zum Frittieren verwendet werden kann (siehe *Öl*).

Shrimps mit Erdnusssauce

FÜR 4 PORTIONEN

100 g geschälte, geröstete Erdnüsse
1 kleine Zwiebel
1 Knoblauchzehe
5 EL Erdnussöl
1 TL gehacktes Koriandergrün
1 TL gemahlener Kreuzkümmel
1 TL geriebener Ingwer
80 ml Kokosmilch
1 Msp. Cayennepfeffer
1 Prise Salz
1 EL Limetten- oder Zitronensaft
500 g geschälte Shrimps

1. Die Erdnüsse im Mörser oder in der Küchenmaschine zu einer glatten Paste pürieren. Die Zwiebel und den Knoblauch schälen und fein hacken.

2. In einem Topf 2 Esslöffel Erdnussöl erhitzen und die Zwiebel darin leicht anbräunen. Knoblauch, Koriander, Kreuzkümmel, Ingwer und die Erdnusspaste zufügen und alles unter Rühren bei schwacher Hitze 1 Minute köcheln lassen.

3. Die Kokosmilch unter Rühren nach und nach zugießen und alles mit Cayennepfeffer und Salz würzen. Die Masse so lange kochen lassen, bis eine glatte, dicke Sauce entsteht.

4. Das restliche Erdnussöl in einer Bratpfanne erhitzen und die Shrimps auf beiden Seiten kurz darin anbraten, bis sie sich rosa färben.

5. Den Limetten- oder Zitronensaft in die Erdnusssauce geben, die Sauce noch einmal kurz aufkochen lassen und abschmecken. Die Shrimps mit der Sauce übergießen und zu Naturreis servieren.

Nährwerte

	roh	*geröstet*
Kalorien	564	585
Ballaststoffe	11,7 g	11,4 g
Kohlenhydrate	7,5 g	9,4 g
Fett	48,1 g	49,4 g
Eiweiß	29,8 g	30,2 g
Wasser	5,21 %	1,56 %
		je 100 g

Erdnüsse sind sehr eiweiß-, fett- und kalorienreich. Das Eiweiß von Erdnüssen ergänzt sich wie das Eiweiß aller Hülsenfrüchte optimal mit Getreideeiweiß, sodass etwa ein mit Erdnussbutter bestrichenes Vollkornbrot hochwertiges Eiweiß liefert. Das in der Erdnuss enthaltene Fett setzt sich zu etwa 85 % aus ungesättigten Fettsäuren – 57 % einfach ungesättigten und 28,5 % mehrfach ungesättigten (siehe *Fette*) – sowie 15 % gesättigten Fettsäuren zusammen. Erdnüsse, insbesondere wenn sie in Öl geröstet wurden, können schwer verdaulich sein. Rohe Erdnüsse enthalten sehr viel Vitamin B_1, Nikotinsäure, Magnesium und Kalium, viel Pantothensäure, Kupfer, Zink und Phosphor sowie etwas Eisen.

Erdnussbutter enthält neben Erdnüssen auch Salz und andere geschmacksgebende Stoffe. Eine gute Alternative ist Erdnussmus aus dem Naturkostladen oder selbstgemachte Erdnussbutter, indem man frische Erdnüsse einfach im Mixer fein püriert.

Aufbewahrung

Naturbelassene geschälte Erdnüsse verderben schneller als geröstete, sind deshalb schwieriger zu lagern und werden auch seltener angeboten. Sie sollten nach dem Kauf in einem luftdicht verschlossenen Behälter nicht länger als 3 Monate im Kühlschrank aufbewahrt werden. Ungeschälte Erdnüsse sind im Kühlschrank etwa 9 Monate haltbar.

Geröstete Erdnüsse sollten an einem kühlen, trockenen Platz gelagert werden, damit sie nicht ranzig werden. Erdnüsse können auch bis zu 6 Monate tiefgekühlt werden.

Alfalfa

Medicago sativa, Leguminosae

Aus den Samen der Luzerne werden essbare Keimlinge gezogen, während die Pflanze vor allem als Viehfutter dient.

Alfalfasamen sind die Früchte der Luzerne, einer winterfesten, krautigen Pflanze, die wahrscheinlich im Südwesten Asiens beheimatet ist und seit langer Zeit vorwiegend als Futterpflanze angebaut wird. In Griechenland und Italien wurde sie vermutlich schon im 1. Jahrhundert n. Chr. kultiviert. Später verbreitete sie sich in ganz Europa und gelangte schließlich durch die Spanier auch nach Südamerika.

Die Luzerne ist eine stark verzweigte Pflanze, die 30 bis 90 cm hoch wird. Sie gedeiht in den warmen Regionen gemäßigter Klimazonen sowie in den kühlen Gebieten subtropischer Bereiche. Die spiralförmigen Hülsen enthalten sechs bis acht ovale oder nierenförmige Samen, die bräunlich oder gelblich sind und gekeimt Alfalfasprossen genannt werden. Durch das Keimen erhöht sich ihr Nährwert, und die Samen werden bekömmlicher. Die jungen Blätter werden gelegentlich als Gemüse gegessen, oder man bereitet daraus einen Tee.

Einkaufstipp

Zum Selberkeimen sollte man nur trockene Samen kaufen, da vorgekeimte Samen nicht selten mit Chemikalien behandelt worden sind. Außerdem sollte man immer nur kleine Mengen kaufen, da aus den kleinen, leichten Samen sehr viele Keimlinge entstehen. Fertige Sprossen sollten fest sein und kleine, leuchtend grüne Blätter haben. Nasse oder farblose Keimlinge, die muffig riechen, sind nicht zu empfehlen.

Nährwerte

Kalorien	10
Ballaststoffe	0,5 g
Kohlenhydrate	0,7 g
Fett	0,2 g
Eiweiß	1,4 g
Wasser	91 %
	je 35 g

Frische Alfalfakeimlinge enthalten etwas Folsäure und Zink. Sie sind für ihre harntreibende und tonisierende Wirkung bekannt und helfen bei Magengeschwüren sowie bei Blasen- und Darmerkrankungen.

Serviervorschläge

Anders als Mungobohnenkeimlinge sind Alfalfakeimlinge so zart und aromatisch, dass man sie am besten frisch verwendet. Sie schmecken in Salaten, auf Sandwiches und als Vorspeise. Man kann sie aber auch kurz vor dem Servieren zu Suppen, Eintopfgerichten, Omelettes und Gemüse geben.

Vorbereitung

Alfalfasprossen kann man ganz einfach in einem Glas selber ziehen:

- 1 Esslöffel trockene Alfalfasamen über Nacht einweichen. Die Samen am folgenden Tag in einem Sieb gründlich unter fließendem Wasser waschen und in ein sauberes großes Glasgefäß geben.

- Das Glas mit einem Gaze- oder Baumwolltuch abdecken und das Tuch mit einem Metall- oder Gummiring befestigen. Das Gefäß umdrehen und an einen warmen, dunklen Ort stellen.

- Die Samen 3 bis 4 Tage lang zweimal täglich in einem Sieb unter lauwarmem Wasser abspülen und anschließend im Glas wieder an ihren Platz stellen. Dabei darauf achten, dass die Samen nie vollständig austrocknen.

- Sobald die Keimlinge eine Länge von 4 bis 5 cm erreicht haben, das Glas 1 Tag in die Sonne stellen, damit die Blätter grün werden. Wenn die Sprossen nicht gleich verbraucht werden, das Glas in den Kühlschrank stellen.

Aufbewahrung

Im Kühlschrank sind Alfalfasprossen etwa 1 Woche haltbar. Getrocknete Samen können in einem luftdicht verschlossenen Behälter bei Zimmertemperatur etwa 1 Jahr an einem kühlen, trockenen Platz gelagert werden.

Sojabohne

Glycine max, Leguminosae

Die Sojabohne ist die Frucht einer einjährigen Pflanze, die in Asien – höchstwahrscheinlich in der Mandschurei – beheimatet ist. Sie gedeiht am besten in warmen Klimazonen, kann aber auch in den wärmeren Gegenden gemäßigter Regionen angebaut werden.

Die Sojabohne gehört zu den ältesten Kulturpflanzen und wurde bereits vor mehr als 13 000 Jahren in Asien, vor allem in Korea, Japan – »Soja« ist ein japanisches Wort – und China angebaut. In China zählt die Sojabohne neben Reis, Gerste, Weizen und Hirse zu den wichtigsten Getreidearten. Im 17. Jahrhundert gelangte sie nach Europa und im 19. Jahrhundert auch nach Nordamerika, wo sie in größerem Umfang aber erst seit etwa 1930 kultiviert wird.

Heute sind die Vereinigten Staaten mit 50 % der Gesamternte der größte Sojabohnenproduzent, gefolgt von Brasilien, China, Argentinien, Indien und Italien. In Asien ist China nach wie vor der Haupterzeuger von Sojabohnen, während Japan mehr Sojabohnen importiert als irgendein anderes Land. In den asiatischen Ländern werden die Sojabohnen häufig frisch, getrocknet oder zu Mehl zermahlen in verschiedenen Gerichten verwendet sowie fermentiert zur Herstellung von Miso, Sojasauce, Tamari oder Tempeh verarbeitet, während sie in den Vereinigten Staaten in erster Linie zu Sojaöl gepresst werden, das wiederum zur Herstellung von Margarine dient, während man die Pressrückstände als Viehfutter nutzt.

Die Sojabohne ist die Frucht einer stark verzweigten Pflanze, die 30 cm bis 1,80 m hoch wird. Die länglichen, mit Flaum bedeckten Hülsen sind blassgelb, grau, braun oder schwarz. Sie sind in der Regel 2,5 bis 5 cm lang und enthalten einen bis vier harte Samen, die je nach Sorte unterschiedlich gefärbt sind. Die frischen Bohnen werden geerntet, solange sie jung und noch nicht ölig und mehlig sind.

Frische Sojabohnen werden mit oder ohne Hülse gegart und häufig als Gemüsebeilage serviert. Sie eignen sich hervorragend für Eintopfgerichte, da sie auch nach dem Garen fest bleiben und vielen Gerichten einen angenehmen Haselnussgeschmack verleihen.

Getrocknete Sojabohnen werden wie andere Hülsenfrüchte zubereitet. Sie sind in vielen Gerichten verwendbar, etwa in Suppen und Eintöpfen.

Getrocknete gemahlene Sojabohnen sind enthülste Bohnen, die zu feinen Körnchen zermahlen werden und deshalb sehr viel schneller garen als ganze Sojabohnen. Sie sind ebenfalls vielseitig verwendbar und verleihen Suppen, Eintopfgerichten, Saucen, Gebäck und Brot einen pikanten Geschmack.

Sojasprossen lässt man einige Tage keimen, bis sie eine Länge von etwa 10 cm erreicht haben. Sie sind nahrhafter und aromatischer als Mungobohnenkeimlinge und können wie diese kurz gegart oder roh verwendet werden. In Vietnam und China werden Frühlingsrollen häufig mit Sojasprossen gefüllt.

Sojabohne

Sojamehl, das kein Gluten enthält und deshalb beim Backen nicht aufgeht, wird aus diesem Grund meistens mit Weizenmehl gemischt. Es enthält doppelt bis dreimal so viel Eiweiß wie Weizenmehl und etwa die zehnfache Menge an Fett. Sojamehl wird vorwiegend zum Binden von Saucen gebraucht oder in Kuchen und Gebäck verarbeitet. Da es einen relativ intensiven Eigengeschmack hat, sollte es jedoch nur sparsam verwendet werden.

Aufgrund seines hohen Fettgehalts wird auch entfettetes Sojamehl angeboten, das bei Raumtemperatur gelagert werden kann, während nicht entfettetes Sojamehl im Kühlschrank aufbewahrt werden sollte, da es sehr schnell ranzig wird.

Aus gerösteten und gemahlenen Sojabohnen wird außerdem ein Kaffeesurrogat hergestellt. Es wird wie normaler Kaffee aufgebrüht und schmeckt auch ähnlich.

Vorbereitung

Sojabohnen werden vor dem Garen eingeweicht, wodurch sich die Garzeit etwas verkürzt. Außerdem bleiben auf diese Weise die Vitamine und Mineralstoffe besser erhalten, und die Bohnen blähen auch nicht so sehr.

Serviervorschläge

Sojabohnen werden frisch oder getrocknet, zerkleinert, gekeimt als Sprossen, geröstet, zu Mehl gemahlen, gepresst (siehe *Öl*) oder fermentiert (siehe *Miso, Sojasauce, Tempeh*) verwendet. Darüber hinaus werden sie zu einem Kaffeesurrogat oder zu Eiweißextrakten verarbeitet, die als Fleischersatz dienen und zur Zubereitung verschiedener anderer Produkte verwendet werden (siehe *Texturierte Eiweiße*). Aus Sojabohnen wird außerdem die Sojamilch gewonnen, die unter anderem zur Herstellung von Tofu (siehe *Sojamilch, Tofu*) benötigt wird.

Frische Sojabohnen enthalten Eiweiß spaltende Enzyme wie etwa Trypsin, das erst durch Garen oder Fermentieren neutralisiert wird. Deshalb sollten Sojabohnen immer ausreichend gegart werden, da sie auf diese Weise leichter verdaulich sind und vom Organismus besser aufgenommen werden können. In Asien werden die Bohnen meist aufbereitet in Form von Miso, Tamari, Sojamilch oder Tofu verwendet, sodass die Eiweiß spaltenden Enzyme bereits neutralisiert sind.

Sojasprossensalat

FÜR 4 PORTIONEN

500 g Sojasprossen
500 g Spinatblätter
½ Stange Sellerie
½ Zucchino
4 große Champignons
1 rote Paprikaschote
1 EL frische
  Korianderblätter
80 g Cashewkerne
80 g Rosinen

Für die Salatsauce:
1 Knoblauchzehe
1 EL frische Ingwerwurzel
80 ml neutrales
  Pflanzenöl
einige Tropfen Sesamöl
2 EL Sojasauce
Salz
frisch gemahlener
  weißer Pfeffer

1. Die Sojasprossen in einem Sieb unter fließendem kaltem Wasser waschen. Den Spinat verlesen, gründlich waschen, abtropfen lassen und in mundgerechte Stücke zerteilen.

2. Sellerie, Zucchino und Champignons putzen, waschen, trockentupfen und in dünne Scheiben schneiden. Die Paprikaschote waschen und den Stielansatz entfernen. Die Schote halbieren, die Kerne und die weißen Rippen entfernen und das Fruchtfleisch fein würfeln. Die Korianderblätter fein hacken.

3. Das Gemüse in einer großen Salatschüssel zusammen mit den Cashewkernen und den Rosinen gründlich vermischen.

4. Für die Salatsauce die Knoblauchzehe abziehen und fein hacken. Die Ingwerwurzel schälen und ebenfalls fein schneiden. Knoblauch und Ingwer mit dem Öl und der Sojasauce gründlich verrühren und mit etwas Salz und Pfeffer würzen. Die Sauce gründlich mit dem Gemüse vermischen und den Salat 10 Minuten ziehen lassen.

Sojabohne

Zubereitung

Vorgeweichte getrocknete Sojabohnen benötigen eine Garzeit von mindestens 3 Stunden, manche Sorten müssen sogar 7 bis 9 Stunden gekocht werden. Sie sind gar, wenn sie sich mit einer Gabel leicht zerdrücken lassen. Da die Bohnen beim Garen viel Flüssigkeit aufnehmen, werden sie in reichlich Wasser aufgesetzt, wobei man während des Garprozesses immer wieder überprüfen sollte, ob noch ausreichend Wasser vorhanden ist. Gemahlene Sojabohnen benötigen die vierfache Wassermenge, ihre Garzeit beträgt 30 Minuten.

Ganze Sojabohnen können auch sehr gut im Schnellkochtopf gegart werden, der jedoch höchstens zu zwei Dritteln mit Bohnen und Wasser gefüllt sein darf. Die Bohnen lässt man zuerst im geöffneten Topf aufkochen, schäumt sie ab und lässt sie anschließend bei kleiner Hitze kurz köcheln. Dann schließt man den Topf und beginnt mit dem Dampfdruckgaren, wobei die benötigte Garzeit bei vorgeweichten Sojabohnen etwa 30 Minuten beträgt.

Sojasprossen

Nährwerte

	gekochte Sojabohnen	*Sojamehl, vollfett*
Kalorien	173	361
Ballaststoffe	2,0 g	18,5 g
Kohlenhydrate	9,9 g	3,1 g
Fett	9,0 g	12,1 g
Eiweiß	16,6 g	40,8 g
Wasser	62,5 %	9,0 %
		je 100 g

Sojabohnen sind eiweiß- und kalorienreicher als alle anderen Hülsenfrüchte. So enthalten beispielsweise 250 g gegarte Sojabohnen so viel Eiweiß wie 125 g gegartes Fleisch, Geflügel oder Fisch. Außerdem ist das Sojaeiweiß durch seinen Gehalt an Aminosäuren sehr ausgewogen. Es besitzt zwar kein Methionin, dafür aber reichlich Lysin und gilt deshalb als ideale Ergänzung zu Getreide, dem dieser Stoff häufig fehlt (siehe *Komplementäreiweiße*).

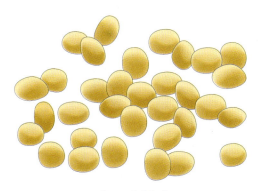

getrocknete Sojabohnen

Das in Sojabohnen enthaltene Fett ist zu 78 % ungesättigt, enthält kein Cholesterin und ist lezithinhaltig.

Untersuchungen haben gezeigt, dass die in den Sojabohnen enthaltenen Ballaststoffe zur Senkung eines erhöhten Cholesterinspiegels beitragen, während sie anscheinend kaum Einfluss auf einen normalen Cholesterinspiegel haben. Andere Untersuchungen haben ergeben, dass bestimmte Inhaltsstoffe der Sojabohne möglicherweise Krebserkrankungen vorbeugen, insbesondere Dickdarmkrebs.

Sojabohnen enthalten sehr viel Kalium, Magnesium, Eisen und Folsäure sowie viel Phosphor, Kupfer, Nikotinsäure und Vitamin B_2 und etwas Vitamin B_6, Zink, Vitamin B_1 und Kalzium. Sojabohnen sollen gut für die Leber sein, den Mineralstoffhaushalt ausgleichen und gelten außerdem als tonisierend.

Sowohl entfettetes als auch nicht entfettetes Sojamehl enthält sehr viel Kalium, Magnesium, Folsäure, Kupfer, Nikotinsäure, Eisen, Phosphor, Zink, Vitamin B_1 und Vitamin B_6 sowie viel Kalzium. Nicht entfettetes Sojamehl enthält darüber hinaus reichlich Vitamin B_2 sowie viel Pantothensäure, während entfettetes Sojamehl sehr viel Pantothensäure und viel Vitamin B_2 enthält.

Sojamehl

Sojamilch

Sojamilch wird aus zerkleinerten Sojabohnen hergestellt und wie Kuhmilch verwendet. Im Vergleich zu dieser schmeckt sie jedoch relativ streng, was sich auf ein Enzym zurückführen lässt, das beim Zerkleinern der Sojabohnen freigesetzt wird. Wie intensiv der Geschmack ist, hängt davon ab, auf welche Weise die Milch hergestellt wird. In Asien ist Sojamilch schon seit vielen hundert Jahren beliebt, während sie in den westlichen Ländern erst seit einiger Zeit vor allem als Milchersatz für Kleinkinder dient, die normale Milch nicht vertragen.

Zur Herstellung von Sojamilch werden die Sojabohnen gewaschen, eingeweicht und zerkleinert. Anschließend wird das Püree zusammen mit Wasser eine Weile gekocht, durch ein Sieb passiert und meistens auch noch pasteurisiert oder sterilisiert. In einem zweiten Herstellungsverfahren wird die Sojamilch aus nicht entfettetem Sojamehl hergestellt. Diese Milch wird meist künstlich aromatisiert und stark gesüßt sowohl in flüssiger als auch in Pulverform angeboten. Bei der Herstellung von Sojamilch fällt als Abfallprodukt Okara an (siehe *Okara*). Sojamilchquark wird als Tofu angeboten (siehe *Tofu*).

Nährwerte

Kalorien	52
Ballaststoffe	*
Kohlenhydrate	5,8 g
Fett	1,8 g
Eiweiß	3,5 g
Wasser	88,7 %
	je 100 ml

Sojamilch enthält sehr viel Vitamin B_1 und Kalium, viel Magnesium und Kupfer sowie etwas Phosphor, Vitamin B_2, Eisen, Nikotinsäure und Vitamin B_6. Das in der Sojamilch enthaltene Eiweiß ist ernährungsphysiologisch gesehen sehr wertvoll, allerdings fehlt ihm die essenzielle Aminosäure Methionin (siehe *Komplementäreiweiße*). Das Fett der Sojamilch besteht zum größten Teil aus ungesättigten Fettsäuren und ist wie Tiermilch cholesterinfrei und lezithinhaltig. Anders als Tiermilch enthält Sojamilch keinen Milchzucker, der für manche Menschen schwer verdaulich ist (siehe *Milch*).

Sojamilch wirkt alkalisierend und darmreinigend. Aufgrund ihres Eisengehalts beugt sie Eisenmangel vor und regt die Bildung von Hämoglobin an. Das in der Sojamilch enthaltene Lezithin trägt zur Senkung des Triglyzerid- und Cholesterinspiegels bei. Ausschließlicher Genuss von Sojamilch, etwa in einer streng vegetarischen Ernährung, kann zu einem Kalzium- und Vitamin-B_{12}-Mangel führen. In diesem Fall sollte man auf eine ausgewogene Ernährung mit Lebensmitteln achten, die reich an Kalzium und Vitamin B_{12} sind.

Zubereitung

Sojamilch kann man ganz einfach selbst herstellen:

- 250 g Sojabohnen unter kaltem Wasser waschen, 5 cm hoch mit Wasser bedecken und mindestens 10 Stunden oder über Nacht einweichen lassen.

- Die Bohnen erneut waschen und zusammen mit ¾ bis 1 l Wasser in der Küchenmaschine pürieren. ¼ l Wasser in einem großen Topf zum Kochen bringen.

- Das Püree in das kochende Wasser geben, aufkochen lassen und bei mittlerer Hitze je nach gewünschtem Geschmack unter ständigem Rühren 12 bis 30 Minuten köcheln lassen (je länger die Garzeit, desto milder schmeckt die Milch).

- Das Püree durch ein mit einem sauberen Geschirrtuch ausgelegtes Sieb in ein Gefäß abgießen. Das Tuch an den Ecken zusammenfassen und fest auswringen, um die gesamte Flüssigkeit herauszupressen.

- Das Tuch wieder in das Sieb legen, ¼ l heißes oder kaltes Wasser durchlaufen lassen und das Tuch erneut fest auswringen.

Serviervorschläge

Sojamilch ist sehr vielseitig verwendbar. Wie Kuhmilch wird sie zu Joghurt, Sorbets, Eiscreme oder Puddings verarbeitet, schmeckt gut gekühlt entweder »pur« oder mit weiteren Zutaten wie pürierten frischen Früchten als Drink und wird sowohl zur Herstellung von Kuchen und Gebäck als auch für pikante Gerichte wie Suppen oder Saucen verwendet. Außerdem bildet Sojamilch die Grundlage für Tofu, den Sojaquark.

Aufbewahrung

Sojamilch bleibt im Kühlschrank einige Tage frisch, ist jedoch nicht zum Einfrieren geeignet. Sojamilchpulver hat einen sehr geringen Fettgehalt und kann deshalb in einem luftdicht verschlossenen Behälter bei Zimmertemperatur aufbewahrt werden.

Tofu

Tofu ist der japanische Name für Sojamilchquark und spielt eine wichtige Rolle in der asiatischen Küche. *Doufu*, wie er auf Chinesisch heißt, stammt ursprünglich aus China, wo er erstmals vor mehr als 2000 Jahren hergestellt wurde. Im 8. Jahrhundert gelangte er nach Japan und sehr viel später von dort auch in den Westen.

Tofu hat eine gallertartig feste Beschaffenheit und wird meist in Blöcken angeboten. Da er kaum Eigengeschmack hat, kann er sehr gut mit vielen Zutaten kombiniert werden, deren Geschmack er sehr rasch annimmt. Tofu wird naturbelassen, gewürzt und geräuchert angeboten.

Einkaufstipp

Tofu wird offen mit Wasser bedeckt, vakuumverpackt, getrocknet oder tiefgefroren angeboten. Es gibt ihn naturbelassen, geräuchert oder mit Kräutern gewürzt.

Beim Einkauf von offenem Tofu sollte man darauf achten, dass er wirklich frisch ist und hygienisch einwandfrei aufbewahrt wird, das heißt in frischem Wasser und in einem sauberen Behälter.

Bei Vakuumverpackungen ist die Gefahr einer Verunreinigung ausgeschlossen, weshalb abgepackter Tofu auch länger haltbar ist. Ungeöffnet bleibt er etwa 3 Monate frisch, wobei das Verfalldatum auf der Verpackung angegeben sein muss. Das Gleiche gilt für getrockneten oder tiefgefrorenen Tofu.

Vorbereitung

Nicht nur Sojamilch (siehe *Sojamilch*), sondern auch Tofu kann man ganz einfach selbst zubereiten. Dafür benötigt man dickflüssige Sojamilch sowie ein Gerinnungsmittel, das entweder Salz oder Säure sein kann. Als Salz verwendet man in der Regel Nigarisalz, ein Meersalzextrakt, das in seiner natürlichen Form als weißliches, kristallines Pulver erhältlich ist. Andere mögliche Gerinnungsmittel sind Magnesiumchlorid (Nigariextrakt), Kalziumchlorid (Derivat eines Mineralerzes), Kalziumsulfat (Gips) und Magnesiumsulfat (Epsomer Bittersalz). Als Säure kommen Essig, Zitronen- oder Limettensaft infrage.

Das jeweilige Gerinnungsmittel beeinflusst Konsistenz und Geschmack des späteren Tofu. Verwendet man beispielsweise Nigarisalz oder -extrakt (Magnesiumchlorid), erhält man einen lockeren Tofu mit feinem Geschmack. Bereitet man ihn mit Kalziumsulfat zu, wird er weicher und geschmacksneutraler. Durch Zugabe von Epsomer Bittersalz wird er fester und bekommt einen leichten Eigengeschmack. Außerdem ist seine Konsistenz davon abhängig, wie lange er durch Pressen entwässert wird.

Zur Herstellung von Tofu erhitzt man die Sojamilch und fügt das in etwas kaltem Wasser aufgelöste Salz bzw. die aufgelöste Säure hinzu. Nach 15 bis 20 Minuten Ruhezeit beginnt die Milch auszuflocken. Dann wird die sich auf der Oberfläche sammelnde Molke mit einem Löffel abgeschöpft und der Quark in ein sauberes Tuch gewickelt und eine Zeit lang mit einem Gegenstand beschwert, um die letzte Molke herauszudrücken. Je länger dies dauert, desto fester und kompakter wird er.

naturbelassener Tofu

geräucherter Tofu

Kräutertofu

Tofu

1 250 g Sojabohnen unter fließendem kalten Wasser waschen, in eine Schüssel geben und mit Wasser bedeckt mindestens 10 Stunden einweichen.

2 Die Bohnen erneut unter kaltem Wasser abspülen und anschließend zusammen mit 600 ml Wasser in der Küchenmaschine fein pürieren.

3 In einem großen Topf 2 l Wasser zum Kochen bringen, das Püree hineingeben und unter ständigem Rühren 10 Minuten bei mittlerer Hitze kochen lassen.

4 Das Püree in ein mit einem sauberen Tuch ausgekleidetes Sieb geben. Das Sieb in eine Schüssel stellen und die Sojamilch durch gründliches Wringen auspressen.

5 Die Sojamilch zum Köcheln bringen. ⅓ des in etwas Wasser gelösten Gerinnungsmittels zugeben, umrühren, den Rest einrühren und die Milch ruhen lassen.

6 Wenn die Milch nach ca. 15 bis 20 Minuten zu gerinnen beginnt, die sich auf der Oberfläche sammelnde Flüssigkeit (Molke) mit einem Schöpflöffel abschöpfen.

7 Den Sojaquark in ein mit einem sauberen Tuch ausgelegtes Sieb umfüllen und das Tuch eng um den Quark herumwickeln.

8 Den eingewickelten Quark je nach gewünschter Festigkeit 15 bis 30 Minuten mit einem Gegenstand, etwa mit einer Konserve, beschwert ruhen lassen.

Tofu

> ### *Gebratener Tofu*
> **FÜR 4 PORTIONEN**
>
> 8 Scheiben fester Tofu
> 1 Stück frische Ingwerwurzel
> 1 Knoblauchzehe
> 2 Stiele frische Korianderblätter
> 4 EL Sojasauce
> 2 EL Sake (japanischer Reiswein)
> 1 EL Zitronensaft
> 2 EL Honig
>
> 1. Die Tofuscheiben jeweils diagonal in 2 Dreiecke schneiden. Die Ingwerwurzel schälen, den Knoblauch abziehen und die Korianderblätter waschen und trockentupfen. Alles fein hacken und mit 2 Esslöffel Sojasauce, Sake, Zitronensaft und Honig verrühren.
>
> 2. Die Tofuscheiben 1 Stunde in der Marinade ziehen lassen, herausnehmen und abtropfen lassen. Die Marinade beiseite stellen.
>
> 3. Das restliche Sojaöl in einer Pfanne erhitzen und die Tofuscheiben darin leicht anbräunen. Die Marinade in die Pfanne gießen, etwas einkochen lassen und die Tofuscheiben mit der Sauce übergießen.

Serviervorschläge

Wegen seines neutralen Eigengeschmacks kann der vielseitige Tofu für fast alle Speisen – vom Hauptgericht bis zum Nachtisch und sogar für Getränke – verwendet werden. Er schmeckt heiß oder kalt und wird gerne für Suppen, Nudelgerichte, Pizza, Hackbraten und Klößchen sowie für Kuchen, Torten und Gebäck verwendet. Tofu ergibt zerdrückt und mit Gewürzen verfeinert einen vorzüglichen Brotbelag, schmeckt im Salat und als Vorspeise. Weicher Tofu, der in der Küchenmaschine dünnflüssig püriert werden kann, ist ein guter Ersatz für saure Sahne, Joghurt, Frischkäse, Hüttenkäse, Ricotta oder andere Weichkäse. In der Pfanne gebraten kann weicher Tofu wie Rührei zubereitet werden. Fester Tofu benötigt eine Garzeit von wenigen Minuten und kann sautiert, gebraten, geschmort, gekocht oder gegrillt werden. Er schmeckt gewürzt aber auch in einer Salatsauce, einem Dip oder als Brotaufstrich.

Tofu ist auch die Hauptzutat in einem Produkt, das Ähnlichkeit mit Eiscreme hat und häufig unter dem Namen »Tofutti« angeboten wird. Tofu harmoniert mit vielen Saucen, etwa Worcestershire-, Chili- oder Sojasauce, sowie zahlreichen Kräutern und Gewürzen, beispielsweise mit Knoblauch, frischem Ingwer, Curry, Chili oder auch scharfem Senf.

Zahlreiche Fertigprodukte wie Kroketten, Burger oder Hotdogs werden ebenfalls aus Tofu zubereitet. Diese Erzeugnisse sind zwar häufig teurer als die entsprechenden Fleischprodukte, ihr Nährwert ist aber in der Regel sehr viel höher, da sie mehr wertvolles Eiweiß, sehr viel weniger Fett und Salz und meistens auch kaum andere Zusätze enthalten.

Zubereitung

Tofu ist ein unglaublich vielseitiges Lebensmittel, da er nicht nur den Geschmack anderer Zutaten annimmt, insbesondere wenn er zuvor stark entwässert wurde, sondern durch seine feste bis weiche Konsistenz in Scheiben oder Würfel geschnitten, zerkrümelt, zerdrückt oder püriert verarbeitet werden kann. Fester Tofu lässt sich leichter in Scheiben oder Würfel schneiden, während weicher Tofu eher zum Zerkrümeln und Zerdrücken geeignet ist.

Durch Einfrieren und/oder Kochen wird Tofu dicker, schwamm- und gummiartiger. Außerdem nimmt er dadurch den Geschmack anderer Zutaten noch schneller auf. In Scheiben oder Würfel geschnitten benötigt Tofu je nach Größe und gewünschter Beschaffenheit eine Garzeit von 4 bis 20 Minuten.

Nährwerte

Kalorien	83
Ballaststoffe	0,1 g
Kohlenhydrate	1,9 g
Fett	4,8 g
Eiweiß	8,8 g
Wasser	84,6 %
	je 100 g

Tofu enthält sehr viel Eisen und Magnesium, viel Kalium, Nikotinsäure, Kupfer, Kalzium, Zink und Phosphor sowie etwas Folsäure, Vitamin B_1, B_2 und B_6.

Tofu enthält 3- bis 4-mal so viel Eisen wie beispielsweise gegartes Fleisch. Damit das Eisen vom Organismus besser aufgenommen werden kann, ist es ratsam, Tofu in Verbindung mit einem Vitamin-C-haltigen Nahrungsmittel zu sich zu nehmen.

Das in Tofu enthaltene Eiweiß ist reich an Lysin (siehe *Sojabohne*) und stellt damit eine ideale Nahrungsergänzung zu Getreide dar. Das im Tofu enthaltene Fett besteht zu 78 % aus ungesättigten Fettsäuren und enthält, da es pflanzlichen Ursprungs ist, kein Cholesterin. Tofu ist außerdem arm an Kohlenhydraten und Ballaststoffen, die sich vor allem in der Molke befinden und deshalb bei der Herstellung entfernt werden.

Tofu

Aufbewahrung

Lose verkaufter Tofu sowie Tofu aus angebrochenen Vakuumverpackungen sollte mit Wasser bedeckt in einem luftdicht verschlossenen sauberen Behälter im Kühlschrank gelagert werden. Auf diese Weise bleibt er etwa 1 Woche frisch, wobei das Wasser jedoch alle zwei Tage gewechselt werden muss. Am besten schmeckt Tofu allerdings, wenn er möglichst bald verbraucht wird. Älterer Tofu wird fester und bekommt einen strengeren Geschmack.

Vakuumverpackter Tofu sowie loser Tofu ohne Wasser können in einem luftdicht verschlossenen Behälter auch eingefroren werden. Nach dem Auftauen wird Tofu gummiartig und verfärbt sich gelblich, was seinen Geschmack jedoch nicht beeinflusst. Wenn man ihn im Kühlschrank auftauen lässt, verändert sich zum einen seine Konsistenz weniger stark, zum anderen können sich weniger Bakterien ausbreiten.

Okara

Okara, das entwässerte Fruchtfleisch der Sojabohne, ist ein Nebenprodukt, das bei der Herstellung von Sojamilch anfällt. Sie ist beigefarben und von feiner, krümeliger Beschaffenheit, die an frisch geriebene Kokosnuss erinnert.

Nährwerte

Kalorien	77
Ballaststoffe	4,1 g
Kohlenhydrate	12,6 g
Fett	1,8 g
Eiweiß	3,3 g
Wasser	82 %
	je 100 g

Okara enthält viel Kalium sowie etwas Magnesium. Eisen, Kalzium und Phosphor. Sie ist reich an Ballaststoffen und hilft durch ihren hohen Zellulosegehalt bei der Vorbeugung von Verstopfung.

Serviervorschläge

Okara wird zum Anreichern verschiedener Lebensmittel verwendet. Sie macht Brote und Gebäck lockerer und verbessert ihre Haltbarkeit, indem diese nicht so schnell austrocknen. Da sie den Geschmack anderer Zutaten rasch annimmt, eignet sie sich als Zutat für eine Vielzahl von Gerichten wie Müslimischungen, Frittierteige, Crêpes, Hamburger, Kroketten und Eintöpfe. Man verwendet sie auch als Fleischersatz, zum Panieren und zum Andicken von Suppen und Saucen. Okara kann sowohl frisch als auch getrocknet verwendet werden, wobei ihr Flüssigkeitsgehalt davon abhängt, wie stark sie ausgepresst wurde. Frische Okara kann in der Sonne oder bei 120 bis 230 °C (Umluft 110 bis 210 °C, Gas Stufe 1–5) im Backofen getrocknet werden, wobei sie gelegentlich gewendet werden sollte. Anschließend kann man sie außerdem noch in der Küchenmaschine fein zermahlen.

Aufbewahrung

Frische Okara kann in einem luftdicht verschlossenen Behälter im Kühlschrank etwa 1 Woche aufbewahrt werden. Getrocknet ist sie luftdicht verschlossen und trocken bei Zimmertemperatur aufbewahrt nahezu unbegrenzt haltbar.

Tempeh

Tempeh wird traditionell aus Sojabohnen hergestellt, kann aber auch aus anderen Hülsenfrüchten wie Erdnüssen und roten oder weißen Kidneybohnen bestehen. Es ist ausgesprochen nahrhaft, von leicht gummiartiger Beschaffenheit und besitzt im Gegensatz zu Tofu einen intensiven Eigengeschmack. Man vermutet, dass Tempeh aus Indonesien stammt, wo es seit mehr als 2000 Jahren zu den Hauptnahrungsmitteln zählt.

Bei der Herstellung von Tempeh werden die Sojabohnen zunächst halbiert, geschält und häufig kurz gegart. Danach werden sie mit einem faserigen Schimmelpilz *(Rhizopus oligosporus)* fermentiert, der bei Temperaturen zwischen 30 und 35 °C gedeiht. Bei diesem Fermentierungsprozess, der in der Regel etwa 24 Stunden dauert, werden die Sojabohnen von einem weißen Schimmelbelag durchzogen, wodurch sie eine nougatartige Konsistenz bekommen und ihre Oberfläche aussieht wie die flaumige Rinde von Camembert oder Brie.

Einkaufstipp

Tempeh ist in Asien- und Naturkostläden sowie im Reformhaus erhältlich. Frischer Tempeh ist mit einer feinen, weißlichen Schicht überzogen und hat ein pilzähnliches Aroma. An den Stellen, an denen die Fermentierung stärker war, können sich schwarze oder graue Flecken bilden, die unbedenklich sind. Nicht empfehlenswert ist Tempeh, das rosafarbene, gelbe oder blaue Flecken und/oder einen Ammoniak- oder Fäulnisgeruch aufweist. Diese Merkmale zeigen, dass der Tempeh nicht richtig fermentiert wurde.

Serviervorschläge

Durch seinen strengen Geschmack und seine ungewöhnliche Beschaffenheit ist Tempeh nicht überall beliebt. In vielen Gerichten kann er als Ersatz für Tofu verwendet oder mit ihm kombiniert werden. Wie dieser ist er schmackhafter, wenn man ihn mariniert (mindestens 20 Minuten) oder mit Knoblauch und frischem Ingwer oder scharfem Senf verfeinert. Tempeh eignet sich gut für Suppen, Füllungen, Dips, Sandwiches, gemischte Salate, Eintopfgerichte, Lasagne und Pizza.

Zubereitung

Tempeh wird ausschließlich gegart verwendet. Meistens wird er goldbraun und knusprig gebraten oder frittiert, wobei die Garzeit je nach Größe 5 bis 10 Minuten beträgt.

Aufbewahrung

Tempeh wird im Kühlschrank aufbewahrt. Er ist auch zum Einfrieren geeignet, sollte jedoch zuvor blanchiert werden, damit die Enzyme neutralisiert werden.

Nährwerte

	Sojatempeh
Kalorien	199
Ballaststoffe	3,0 g
Kohlenhydrate	17 g
Fett	7,7 g
Eiweiß	18,9 g
Wasser	55 %
	je 100 g

Sojatempeh enthält sehr viel Vitamin B_{12}, Nikotinsäure, Kupfer, Kalium und Magnesium, viel Folsäure, Zink, Phosphor, Vitamin B_6 und Eisen sowie etwas Vitamin B_1, Kalzium, Vitamin A, Vitamin B_2 und Pantothensäure. Außerdem enthält Tempeh reichlich Ballaststoffe.

Tempeh gehört zu den wenigen Lebensmitteln pflanzlichen Ursprungs, die aufgrund des Fermentierungsprozesses sehr viel Vitamin B_{12} enthalten. Außerdem werden durch diesen Prozess die unterschiedlichen Nährstoffe auf verschiedene Weise umgewandelt. So wird beispielsweise das in den Sojabohnen enthaltene Eiweiß durch Hydrolyse gespalten, wodurch es leichter verdaulich ist und zugleich vom Organismus besser aufgenommen werden kann. Durch das Fermentieren erhöht sich darüber hinaus der Gehalt an Methionin, eine der im Eiweiß enthaltenen essenziellen Aminosäuren.

Texturiertes Eiweiß

Eiweiß trägt bei vielen Lebensmitteln entscheidend zur Struktur und Konsistenz bei, zum Beispiel zur Faserstruktur des Fleisches, zur porösen Struktur des Brotes oder zur Gelstruktur von Milch- und Sojaprodukten. Im Lebensmittelbereich ist pflanzliches Eiweiß jedoch aufgrund seiner Struktur nur begrenzt einsetzbar. Aus diesem Grund wurden eine Reihe von Verfahren entwickelt, um die Struktur des pflanzlichen Eiweißes zu »texturieren«, das heißt, seine physikalische Form so zu verändern, dass sie fleischähnlich (faserförmig) wird. Dafür wird zunächst mit unterschiedlichen chemischen Prozessen aus bestimmten Pflanzen das Eiweiß isoliert, dann texturiert und anschließend mit oder ohne weitere Zusätze zahlreichen Nahrungsmitteln zugefügt.

Texturiertes Eiweiß ist ein guter Ersatz für Fleisch und wird außerdem in vielen industriell hergestellten Nahrungsmitteln verarbeitet. Es wird meistens aus Sojabohnen hergestellt, da diese relativ preiswert sind und reichlich wertvolle Aminosäuren enthalten, die zudem leicht isoliert werden können. Ähnliches gilt für Weizen, Sonnenblumenkerne und Alfalfa (Luzerne), die deshalb ebenfalls häufig verwendet werden.

Einkaufstipp

Texturiertes Eiweiß wird gewürzt oder »pur« in Form von Granulat, Pulver, Würfeln oder in Stücken angeboten. Beim Kauf von texturiertem Eiweiß sollte man die Zutatenliste genau lesen, da die Anzahl der Zusätze je nach Produkt stark variiert.

Vorbereitung

Da texturiertes Eiweiß nur getrocknet erhältlich ist, wird es vor der weiteren Verarbeitung 10 bis 15 Minuten in Wasser eingeweicht, wobei man auf 200 g Granulat 150 ml Wasser rechnet.

Aufbewahrung

Getrocknetes texturiertes Eiweiß wird in einem luftdicht verschlossenen Behälter kühl und trocken bei Zimmertemperatur aufbewahrt. Eingeweicht und ebenfalls in einem luftdicht verschlossenen Behälter aufbewahrt bleibt es im Kühlschrank etwa 1 Woche frisch.

Serviervorschläge

Texturiertes Eiweiß ist generell ein geeigneter Fleischersatz für Vegetarier und ist auch in vielen Gerichten ein guter Ersatz für Fleisch. Die Zubereitung des jeweiligen Texturats ist auf der Packung angegeben.

Nicht zu verwechseln mit dem texturierten Eiweiß sind die sogenannten Eiweißisolate – aus Pflanzen gewonnenes Eiweiß, das als technisches Hilfsmittel zur Verbesserung der Konsistenz verschiedener Gerichte eingesetzt wird, beispielsweise um Flüssigkeiten zu binden.

Zubereitung

Texturiertes Eiweiß kann man ganz leicht selbst herstellen, indem man tiefgefrorenen Tofu (siehe *Tofu*) in einem Sieb auftauen lässt und ihn mehrfach gründlich ausdrückt, sodass ihm so viel Wasser wie möglich entzogen wird. Anschließend wird der entwässerte Tofu mit einer Gabel oder einem Stößel fein zerdrückt und nach Belieben mit Brühe, Tomatensaft, Tamari, Gewürzen und Kräutern abgeschmeckt. Nachdem alles gründlich vermengt ist, wird der Extrakt entweder gleich verwendet oder im Backofen bei 135 bis 150 °C (Gas Stufe 1) getrocknet und in einem luftdicht verschlossenen Behälter zum späteren Gebrauch aufbewahrt.

Nährwerte

Je nach Herstellungsverfahren und verwendeten Zutaten ist die Zusammensetzung von texturiertem Eiweiß sehr unterschiedlich. Der biologische Wert von texturiertem Eiweiß kann leicht mit dem von Fleisch konkurrieren. Es handelt sich meist um kombinierte pflanzliche Eiweißstoffe, die zusammen alle essenziellen Aminosäuren im für den Organismus notwendigen Verhältnis enthalten.

Obst, Früchte und Beeren

inhalt

Beeren	182
Steinobst	196
Kernobst	207
Zitrusfrüchte	218
Tropische Früchte	229
Melonen	263

Einführung

Botanisch gesehen versteht man unter Früchten und Beeren, die im allgemeinen Sprachgebrauch unter dem Oberbegriff »Obst« zusammengefasst werden, den Teil der Pflanze, der sich aus dem befruchteten Fruchtknoten der Blüte entwickelt und in dem die Samenanlagen zu Samenkernen heranreifen. Von den Botanikern werden bestimmte Pflanzen als Früchte bezeichnet, die viele für Gemüse halten, wie zum Beispiel Auberginen, Tomaten, Kürbisse, Oliven, Avocados und Nüsse. Bis zum 18. Jahrhundert ordnete man Gemüse als »Früchte der Erde« generell dem Obst zu.

Früchte und Beeren gehören seit uralten Zeiten zu den wichtigsten Nahrungsmitteln von Mensch und Tier und werden seit mehr als 6000 Jahren auch kultiviert. Während man früher auf das Obst angewiesen war, das je nach Saison zur Verfügung stand, ermöglichte die Entdeckung erster einfacher Trocknungsverfahren, dass die Menschen auch in der kalten Jahreszeit nicht darauf verzichten mussten. Im Verlauf von Jahrtausenden gelang es durch natürliche Kreuzungen und wiederholte Selektion widerstandsfähiger Sorten, Feldfrüchte in allen Teilen der Welt zu kultivieren, wobei die Verfahren der frühen Obstzüchter trotz der einfachen Vorgehensweisen erstaunlich erfolgreich waren. Einige grundlegende Kenntnisse über die Kultivierung von Pflanzen erlangte man jedoch erst viel später, als im 17. Jahrhundert bewiesen wurde, dass Pflanzen ein Geschlecht haben. Die gezielte Züchtung vieler Obst- und Gemüsesorten bewirkte von da an ihre internationale Verbreitung, an der vor allem die Expeditionen von Spaniern, Portugiesen, Engländern, Franzosen und Holländern wesentlichen Anteil hatten. Darüber hinaus trug auch die Einrichtung botanischer Gärten zum weltweiten Austausch von Obst und Gemüse bei.

Die Tatsache, dass uns heute zu jeder Jahreszeit so viele verschiedene Früchte zur Verfügung stehen wie nie zuvor, lässt sich auf einige Faktoren zurückführen:

- Dank verbesserter Frischhalteverfahren ist es möglich geworden, das ganze Jahr hindurch frische Früchte anzubieten.

- Der Fortschritt in der Entwicklung immer schnellerer Transportmittel ermöglicht den weltweiten Handel mit exotischen Früchten.

- Aufgrund der internationalen Handelsbeziehungen ist die kontinuierliche Versorgung mit frischem Obst auch nicht mehr von den Jahreszeiten abhängig. Wenn in Europa und Nordamerika nämlich Schnee liegt und der Obstanbau zum Erliegen kommt, herrscht in der südlichen Hemisphäre, also etwa in Südamerika und Australien, Hochsommer, und die Obstproduktion ist in vollem Gang.

Darüber hinaus hat der Obstanbau in unserem Jahrhundert kontinuierlich immer mehr zugenommen. Zu den Früchten, die heute weltweit am häufigsten produziert werden, gehören unter anderem Trauben, Orangen, Bananen, Äpfel, Wassermelonen und Kochbananen.

Einkaufstipp

Früchte und Beeren sollten unbeschädigt sein, eine frische Farbe haben und angenehm duften. Außerdem sollten sie weder zu hart noch zu weich sein und keine Druckstellen oder Anzeichen von Schimmel aufweisen. Der feinpudrige natürliche Reif oder »Duftfilm«, der sich auf der Schale bestimmter Früchte wie etwa Pflaumen und Trauben bildet, ist ein Zeichen für Frische und kein chemischer Rückstand.

Einführung

Vorbereitung

 Obst sollte vor dem Verzehr grundsätzlich gewaschen werden, um Schmutz, Ungeziefer oder eventuelle chemische Rückstände möglichst weitgehend zu entfernen.

Das Fruchtfleisch vieler Obstsorten wie beispielsweise Aprikosen, Bananen, Äpfel, Birnen, Pfirsiche und Nektarinen oxidiert an der Luft und wird braun, wenn es angeschnitten nicht sofort gegessen oder gekocht wird (je höher der Säuregehalt ist, desto länger dauert es, bis es sich verfärbt). Aus diesem Grund sollte Obst immer erst kurz vor dem Verzehr zubereitet werden, wobei man zum Schneiden am besten Küchengeräte aus rostfreiem Stahl verwendet. Je nach Verwendungszweck kann man es anschließend noch mit einer Säure wie Zitronensaft, Essig, Salatsauce oder mit Alkohol beträufeln oder aber in Sirup einlegen. Wird Obst im Kühlschrank gelagert, oxidiert es weniger schnell, und durch Kochen wird dieser Prozess gänzlich gestoppt.

Serviervorschläge

Die kulinarischen Verwendungsmöglichkeiten für Obst sind nahezu unbegrenzt. Es wird roh oder gekocht verzehrt, getrocknet, kandiert, flambiert, in Alkohol eingelegt und zu Gelee, Marmelade, Essig, alkoholischen Getränken (Liköre, Schnäpse, Wein) sowie zu Fruchtsaft, Sirup und Limonade verarbeitet.

Obst kann gleichermaßen für Nachspeisen wie für würzige Gerichte verwendet werden. Man gibt Früchte und Beeren in Saucen und Suppen, Fruchtsalate, gemischte oder pikante Salate, Kuchen, Cremes, Charlotten, Eiscremes, Sorbets, Crêpes, Obsttorten, Grützen und Puddings. Überreifes und beschädigtes Obst lässt sich gut verwerten, indem man daraus Kompott kocht.

Einige Obstsorten wie zum Beispiel Äpfel, Birnen, Bananen und Ananas eignen sich sehr gut zum Frittieren, indem man die Früchte in Stücke geschnitten in Teig taucht und in heißem Fett schwimmend goldbraun ausbäckt.

Obst passt hervorragend zu Käse, Schinken, Krustentieren, geräuchertem Fisch, Wild, Schweine- und Rindfleisch oder Geflügel. Die Frucht, die in der Küche am häufigsten verwendet wird, ist die Zitrone.

Einführung

Nährwerte

Wenn auch der Nährstoffgehalt von Früchten und Beeren je nach Sorte variiert, gibt es beim Obst als Nahrungsmittelgruppe dennoch gewisse Übereinstimmungen:

- Die meisten Früchte und Beeren enthalten viel Wasser (80 bis 95%) und sind deshalb gute Durstlöscher.

- Sie enthalten gewöhnlich zwischen 13 und 23% Kohlenhydrate und sind relativ kalorienarm: 100 g ungesüßte Früchte enthalten zwischen 30 und 100 Kalorien.

- Sie haben einen niedrigen Eiweißgehalt und sind sehr fettarm (bis zu 1%); Ausnahmen bilden Avocados und Oliven, die zwischen 16 und 70% Fett enthalten, sowie Nüsse und Samen wie etwa Mandeln, Cashewkerne oder Kokosnuss.

- Die meisten Früchte und Beeren enthalten viel Vitamin A, Vitamin B_6, Vitamin C, Kalium, Kalzium, Eisen und Magnesium. Zitrusfrüchte wie Zitronen, Orangen oder Limetten sind besonders reich an Vitamin C. Als Faustregel gilt, dass der Vitamin- und Mineralstoffgehalt einer Frucht umso höher ist, je intensiver und dunkler ihr Fruchtfleisch ist.

- Früchte sind außerdem reich an löslichen und nicht löslichen Ballaststoffen, die die Peristaltik des Darms anregen und damit die Verdauung fördern. Frisches Obst sollte möglichst mit der Schale gegessen werden, da sich die meisten Vitamine und Mineralstoffe sowie die Ballaststoffe direkt unter der Schale befinden. Für manche Menschen ist rohes Obst allerdings nur schwer verdaulich.

- Früchte und Beeren enthalten verschiedene organische Säuren, etwa Zitronen-, Wein-, Apfel- oder Oxalsäure, die alkalische Salze bilden, die die Verdauungssäfte anregen. Nicht voll ausgereifte Früchte haben einen höheren Tanningehalt als reifes Obst und schmecken deshalb häufig bitterer als reifes Obst.

Die meisten Früchte kommen vor der Ernte mit Chemikalien in Berührung, die im Dünger sowie in Herbiziden und Insektiziden enthalten sind. Manche werden nach der Ernte noch mit Wachsen oder Farbstoffen behandelt. Aus diesem Grund sollte Obst, das nicht geschält wird, vor dem Verzehr stets gründlich unter fließendem Wasser gewaschen oder zumindest abgerieben werden. Während sich einige Schadstoffe nur auf der Schale befinden (lokale Kontamination), bleiben andere als Rückstand im Inneren der Früchte zurück (systemische Kontamination). Man kann den Schadstoffgehalt von Früchten erheblich reduzieren, indem man sie (vor dem Einfrieren) blanchiert, gart oder einkocht. Fruchtsäfte enthalten dagegen nur geringfügig Pestizide, da 90% mit der Schale entfernt werden und der Rest durch Sterilisieren eliminiert wird. Obwohl laut Angabe der internationalen Krebsforschung keines der bei Obst verwendeten Pestizide ein Krebsrisiko für den Menschen darstellt, ist es nur möglich, sich vor chemischen Schadstoffen weitgehend zu schützen, indem man auf unbehandeltes Obst entsprechend den Richtlinien der biologisch-dynamischen Anbauweise zurückgreift.

Die meisten Früchte werden geerntet, bevor sie voll ausgereift sind, damit sie Transport und Lagerung besser überstehen. Danach werden sie für einige Tage oder sogar Monate in Kühlkammern mit kontrolliertem Sauerstoff- und Kohlendioxidgehalt gelagert, um so das »Atmen« der Früchte zu verringern. Außerdem wird durch die niedrigen Temperaturen die Entwicklung von Mikroorganismen und Enzymen eingeschränkt und damit der Reifungsprozess verzögert. Durch eine solche Lagerung in temperaturkontrollierter Umgebung ist es mittlerweile möglich, Saisonfrüchte auch über einen längeren Zeitraum hinweg anzubieten.

Einführung

Aufbewahrung

Die meisten Obstsorten sind leicht verderblich und »atmen« nach der Ernte weiter, wobei dieses »Atmen« im wesentlichen von der Temperatur bestimmt wird, bei der sie aufbewahrt werden. Das heißt, je höher die Temperatur ist, desto stärker »atmen« sie, wodurch ein Flüssigkeitsverlust bewirkt wird, der wiederum die Reifung beschleunigt. Allerdings sind nicht alle Früchte gleichermaßen empfindlich: Orangen bleiben zum Beispiel sehr viel länger frisch als Erdbeeren, und Obst mit Druckstellen oder verletzter Schale verdirbt schneller als unversehrte Früchte.

Unreifes Obst reift nach, wenn es vor direktem Sonnenlicht geschützt bei Zimmertemperatur aufbewahrt wird. Da viele Früchte und Beeren jedoch sehr schnell reifen, sollte man sie regelmäßig überprüfen, damit sie nicht überreif werden. Sobald sie auf Druck leicht nachgeben und angenehm duften, sind sie reif und sollten danach im Kühlschrank gelagert und sobald wie möglich verbraucht werden. Fruchtsäfte werden fest verschlossen in dunklen Glasflaschen aufbewahrt, damit möglichst wenig Nährstoffe verloren gehen.

Bei der Reifung geben Früchte große Mengen an Äthylen ab, ein Gas, das den Reifungsprozess beschleunigt. Dieser Vorgang lässt sich beschleunigen, indem man das Obst in einem Kunststoffbeutel aufbewahrt, wodurch das Äthylen eingeschlossen und damit seine Wirkung verstärkt wird. Anschließend muss es jedoch herausgenommen werden, um nicht nur Überreife, sondern auch schnelleres Faulen zu verhindern, da Plastik auch die im Obst enthaltene Feuchtigkeit einschließt.

Gemüse und Obst sollten getrennt gelagert werden, da Gemüse durch das abgegebene Äthylen der Früchte schneller verdirbt. Andererseits kann das im Obst enthaltene Äthylen Pflanzen schneller zum Blühen bringen, indem man diese zusammen mit einer äthylenhaltigen Frucht, etwa einem Apfel oder einer Banane, in einen Kunststoffbeutel gibt. Obst sollte außerdem nicht in der Nähe stark riechender Lebensmittel gelagert werden, da es schnell Fremdgerüche annimmt.

Bis auf Birnen und Süßkirschen, die nach dem Auftauen matschig werden, eignen sich fast alle Früchte zum Einfrieren. Aufgrund bestimmter im Obst enthaltener Enzyme verfärben sich eingefrorene Früchte braun; dieser Prozess lässt sich jedoch aufhalten, indem man sie vor dem Einfrieren mit Zucker bestreut oder mit einer Säure wie etwa Zitronensaft beträufelt.

Feste reife Früchte und Beeren können auch durch Einmachen konserviert werden. Damit Bakterien, Pilze und Enzyme zerstört werden, die das Obst verderben lassen, muss es aber in jedem Fall sterilisiert werden. Kühl und trocken aufbewahrt hält sich eingemachtes Obst mindestens 1 Jahr. Zum Einkochen sollte man immer nur qualitativ hochwertiges Obst verwenden.

Eine der ältesten Konservierungsmethoden von Früchten und Beeren ist das Trocknen, indem durch Feuchtigkeitsentzug die Vermehrung von Mikroorganismen erschwert wird. Während des Trocknens können die im Obst enthaltenen Enzyme jedoch zu Veränderungen von Farbe und Geschmack führen. Um diese Wirkung abzuschwächen, werden die Früchte vorher blanchiert und anschließend so lange getrocknet, bis sie nur noch geringfügig Wasser enthalten. Getrocknete Früchte haben eine geschmeidige, lederartige Struktur. Je nach Sorte und Größe der Früchte dauern moderne Trocknungsverfahren, die bei ganz bestimmten Temperaturen durchgeführt werden, zwischen 5 und 15 Stunden. Aprikosen, Datteln, Feigen und Trauben sind die häufigsten Trockenfrüchte, aber auch Äpfel, Bananen und Pflaumen sind sehr gut zum Trocknen geeignet.

Getrocknete Früchte

getrocknete Apfelringe

Getrocknete Früchte sind Früchte, deren Wassergehalt durch Trocknen zum größten Teil entzogen wurde. Dieses Konservierungsverfahren ist eine der ältesten Methoden, um Nahrungsmittel haltbar zu machen. Es wurde entdeckt, als man feststellte, dass Früchte, die längere Zeit am Baum hängen gelassen wurden, noch essbar waren. Viele Jahrhunderte lang ließ man die Früchte einfach in der Sonne trocknen, während das Dehydrieren heutzutage ein hoch technisierter Prozess ist, der bei genau kontrollierten Temperaturen durchgeführt wird.

Einkaufstipp

Trockenobst wird lose oder verpackt angeboten, wobei sich oft nur schwer feststellen lässt, ob die Früchte Konservierungsstoffe wie Schwefel enthalten, mit denen etwa getrocknete Ananas, Papayas und Aprikosen häufig behandelt werden, um ihre leuchtenden Farben zu erhalten. Sehr dunkles oder bräunliches Trockenobst ist meist ungeschwefelt.

Frische Trockenfrüchte sind am ehesten in Geschäften mit großem Warenumsatz erhältlich. Hartes Trockenobst, das meist alt ist, sowie Trockenfrüchte, die mit Zusatzstoffen behandelt wurden, sind nicht empfehlenswert.

Vorbereitung

Trockenobst wird meist in Wasser, Saft oder Alkohol eingeweicht, bis es aufquillt und weich wird. Bei kalter Flüssigkeit rechnet man 6 bis 8 Stunden Einweichzeit, bei heißer Flüssigkeit müssen die Trockenfrüchte mindestens 30 Minuten einweichen.

Serviervorschläge

Trockenobst wird »pur«, eingeweicht oder gegart verwendet und schmeckt sowohl als Snack und in Nachspeisen wie auch püriert. Trockenfrüchte sind außerdem eine beliebte Zutat im Frühstücksmüsli, in Obst- oder gemischten Salaten, Saucen, Füllungen, Reis, Kuchen, Plätzchen, Puddings und Pasteten. Da sie sehr süß sind, kann die Zuckermenge in Gerichten, in denen sie enthalten sind, meistens reduziert werden.

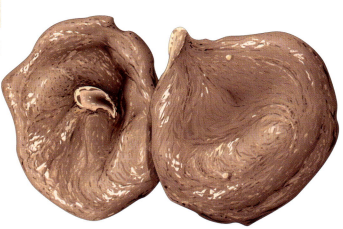

getrocknete Feigen

getrocknete Papayas

Getrocknete Früchte

getrocknete Aprikosen

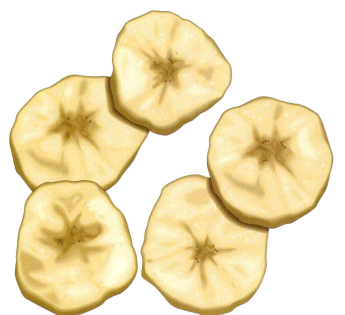

getrocknete Bananen

Nährwerte

Der Wassergehalt von Trockenobst entspricht etwa einem Drittel des Wassergehalts frischer Früchte, sodass der Nährstoffgehalt von getrockneten Früchten im Vergleich zu frischen vier- bis fünfmal höher ist und sie zu einem energiereichen Nahrungsmittel macht. Diese Energie kann sofort vom Organismus verwertet werden, da der enthaltene Zucker sehr schnell umgewandelt wird. Aufgrund ihres hohen Zuckergehalts verursachen sie Karies.

Trockenobst enthält häufig Konservierungsstoffe, damit es seine Farbe nicht verliert oder hart wird und um Pilzbefall oder Schimmelbildung vorzubeugen. Die Verwendung solcher Zusatzstoffe, wie Sorbinsäure, Kaliumsorbat, Kaliumbisulfit und Natriumbisulfit, ist allerdings umstritten, weil sie zum einen nicht unbedingt notwendig sind und zum anderen bei empfindlichen Menschen allergische Reaktionen hervorrufen können.

Aufbewahrung

Trockenobst wird in einem luftdicht verschlossenen Behälter kühl und trocken aufbewahrt. Je nach Sorte bleibt es 6 bis 12 Monate frisch. Trockenfrüchte können außerdem gut eingefroren werden.

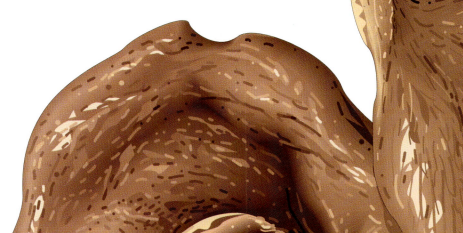

Kandierte Früchte

kandierte Kirschen

Kandierte Früchte werden hergestellt, indem das in Früchten enthaltene Wasser durch Zucker ersetzt wird. Diese Konservierungsmethode ist uralt, und historische Dokumente belegen, dass sie bereits vor 4000 Jahren in Ägypten bekannt war. Weitläufig angewendet wurde dieses Verfahren allerdings erst im 15. Jahrhundert, als Zucker erstmals in größeren Mengen zur Verfügung stand.

Zum Kandieren werden die Früchte kurz vor der Vollreife geerntet, da sie erst dann ihr volles Aroma entfalten. Danach werden sie mit Ausnahme von Erdbeeren und Aprikosen blanchiert, damit sie weich werden, und anschließend nacheinander in verschiedene, immer konzentriertere Siruplösungen gelegt, wobei der Zuckergehalt des Sirups von der jeweiligen Frucht abhängt. Um zu verhindern, dass sie kristallisieren oder karamellisieren, werden sie dabei auf eine bestimmte Temperatur erhitzt. Dieses traditionelle Verfahren, bei dem der Sirup die Frucht durchdringt, ohne ihre Struktur zu zerstören, dauert bis zu zwei Monate und wird vor allem bei leicht verderblichen oder empfindlichen Früchten angewendet. Eine zweite, wesentlich schnellere Methode, die bei widerstandsfähigeren Früchten angewendet wird, dauert im Durchschnitt eine Woche. Nach dem Kandieren werden die Früchte getrocknet und manchmal noch mit einem Zuckerguss versehen, damit sie nicht zusammenkleben und länger haltbar sind.

Sowohl im Ganzen als auch in Stücke geschnitten eignen sich fast alle Obstsorten zum Kandieren, ebenso die Blütenblätter von Pflanzen wie Veilchen oder Holunder sowie die Stiele der Angelikawurzel. Auch die klein geschnittenen Schalen von Zitrusfrüchten werden auf diese Weise konserviert, wobei Orangeat aus Orangenschalen und Zitronat aus den Schalen der Zedratzitrone hergestellt wird.

Nährwerte

	kandierte Aprikosen
Kalorien	351
Kohlenhydrate	86,5 g
Fett	0,2 g
Eiweiß	0,6 g
Wasser	12 %
	je 100 g

Serviervorschläge

Kandierte Früchte werden häufig als Dekoration für Gebäck, Süßspeisen oder Drinks verwendet. Sie gehören in den Weihnachtsstollen, ins Früchtebrot oder in den englischen Plumpudding, und in Italien serviert man sie zu Eiscreme und Sorbets. In den Balkanländern werden sie häufig als kleiner Snack für zwischendurch serviert.

Aufbewahrung

In einem luftdicht verschlossenen Behälter kühl und trocken aufbewahrt halten sich kandierte Früchte bis zu 6 Monate.

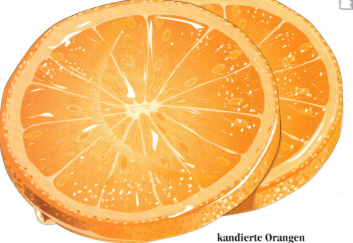
kandierte Orangen

kandierte Aprikosen

Rhabarber

Rheum rhaponticum, **Polygonaceae**

Der Rhabarber, der aus Tibet oder der Mongolei stammt, wird häufig dem Obst zugerechnet, obwohl er botanisch gesehen ein Gemüse ist und zur selben Familie wie Sauerampfer und Buchweizen gehört. Die Bezeichnung Rhabarber stammt von dem lateinischen Wort *reubarbarum* = »Wurzel der Barbaren« – ein Terminus, mit dem die Römer früher alles bezeichneten, das ihnen unbekannt und fremd war. Diese Pflanze, die in ihrer Heimat von vielen »Barbaren« gegessen wurde, fand in Europa lange Zeit nur wegen ihrer Arzneiwirkung und als Zierpflanze Verwendung; erst im 18. Jahrhundert entdeckte man, dass sie auch kulinarisch genutzt werden kann. Nach Nordamerika gelangte sie ein Jahrhundert später.

Der Rhabarber, von dem es mehr als 20 verschiedene Sorten gibt, ist eine winterharte Pflanze, die mehr als 1 m hoch werden kann. Essbar ist nur der feste, fleischige Stiel, der zwischen 2 und 7 cm dick wird und rot, rosa oder grün ist. Die großen geäderten Blätter enthalten giftige Oxalsäure und sind deshalb ungenießbar, werden jedoch als wirkungsvolles Abführmittel genutzt. Im Frühling, wenn die Stiele jung und zart sind, schmecken sie am aromatischsten.

Vorbereitung

Zuerst entfernt man die Blätter und schneidet die unteren Stielenden ab. Anschließend werden die Stiele gewaschen und in etwa 2 cm lange Stücke geschnitten. Sehr faserige Stiele werden zuvor halbiert und die Fasern entlang den Stangen von oben nach unten abgezogen.

Serviervorschläge

Gelegentlich wird Rhabarber mit etwas Zucker oder Salz bestreut roh gegessen. Meist wird er allerdings gekocht und zu Kompott und Marmelade oder in Marinaden verarbeitet. Man verwendet ihn auch für Kuchen und Kleingebäck oder als Zutat für Sorbets, Eiscremes und Punsch. Rhabarber passt hervorragend zu anderen Früchten, besonders zu Erdbeeren und Äpfeln, und schmeckt auch mit Zitrone, Zimt und Ingwer verfeinert sehr gut. Rhabarber eignet sich vorzüglich für würzige Speisen und als Beilage für Fleisch und Fisch. In manchen Rezepten ist er ein guter Ersatz für Preiselbeeren.

Zubereitung

Rhabarber wird in wenig Wasser bei mittlerer Hitze gekocht; die Garzeit beträgt etwa 20 Minuten. Er ist gar, wenn die Fasern weich werden, sollte jedoch nicht zu Püree zerkochen.

Aufbewahrung

Rhabarber verdirbt schnell und bleibt im Kühlschrank nur wenige Tage frisch. Gegart als Kompott oder roh in Stücke geschnitten kann er sehr gut eingefroren werden, wobei er vorher nicht blanchiert werden muss. Eine weitere gute Konservierungsmethode ist das Einkochen, indem man ihn entweder gekocht in sterile Gläser füllt oder abwechselnd rohe Rhabarberstücke und Zucker in die Gläser füllt, diese verschließt und in kochendem Wasser sterilisiert.

Einkaufstipp

Die Rhabarberstiele sollten fest, knackig und unbeschädigt sein.

Nährwerte

Kalorien	13
Ballaststoffe	3,2 g
Kohlenhydrate	1,4 g
Fett	0,1 g
Eiweiß	0,6 g
Wasser	92,7 %
	je 100 g

Rhabarber ist reich an Kalium und enthält außerdem Vitamin C und Kalzium. Wegen seines hohen Säuregehalts wird er oft mit reichlich Zucker zubereitet, wodurch sich die Kalorienzahl beträchtlich erhöht. Rhabarber ist bekannt für seine stärkende und blutreinigende Wirkung. Er soll außerdem den Appetit fördern, die Verdauung unterstützen und den Gallefluss anregen.

Beeren

Ribes spp., Saxifragaceae

Der Johannisbeerstrauch ist ein dichter Busch, der eine Höhe von bis zu 1 m erreichen kann; an seinen Ästen hängen die Johannisbeeren traubenartig angeordnet in langen Rispen. Es gibt fast 150 verschiedene Sorten dieser Beerenart, die in rote und schwarze Johannisbeere unterteilt wird. Sie werden heute vor allem in Deutschland, Polen und Russland angebaut. Zu den Beeren zählen auch die Stachelbeeren. Im Gegensatz zu Johannisbeeren wachsen die Stachelbeeren an dornigen Sträuchern und haben größere Früchte, die einzeln anstatt in Trauben an den Zweigen hängen.

Die **rote Johannisbeere** *(Ribes rubrum, sativum, vulgare etc.)* ist wahrscheinlich in Nordeuropa und Asien heimisch. Die Beeren sind weiß oder rot gefärbt und haben einen Durchmesser von etwa 5 mm. Früher wurde die rote Johannisbeere auch in Nordamerika weitläufig kultiviert. Nachdem jedoch im 19. Jahrhundert viele Sträucher von einer Pilzart befallen wurden, die in der Folgezeit Millionen von Kiefern zerstörte, kam der Anbau der Johannisbeeren in den betroffenen Gebieten fast vollständig zum Erliegen, sodass sie in den USA kaum frisch erhältlich sind.

Die **schwarze Johannisbeere** *(Ribes nigrum)* ähnelt etwas der Heidelbeere und ist die Frucht des schwarzen Johannisbeerstrauchs, der in Nordeuropa beheimatet ist. Während die schwarze Johannisbeere seit Mitte des 18. Jahrhunderts in allen gemäßigten Klimazonen Europas angebaut wird, kennt man sie in Nordamerika überhaupt nicht. Wie bei Weintrauben ist die dünne Haut der Beere leicht durchsichtig. Das saftige Fruchtfleisch duftet angenehm, hat einen säuerlichen Geschmack und enthält kleine Samen.

Die **Stachelbeere** *(Ribes grossularioide)* stammt vermutlich ebenfalls aus Europa. Besonders beliebt ist sie in der englischen Küche, wo sie etwa als Zutat in einer süßsauren Sauce zu Makrelen serviert wird. Je nach Sorte sind die Beeren gelblich, grün, weißlich oder rötlich gefärbt und haben eine flaumige oder glatte Haut. Das Fruchtfleisch, das zahlreiche kleine essbare Samen enthält, schmeckt säuerlich und hinterlässt einen leicht bitteren Nachgeschmack.

Einkaufstipp

Johannis- und Stachelbeeren sollten unbeschädigt sein und eine gleichmäßige Farbe haben.

Serviervorschläge

Rote Johannisbeeren schmecken sehr gut »pur« ohne weitere Zutaten oder auch im Obstsalat. Wegen ihres eher säuerlichen Geschmacks werden sie häufig auch gekocht. Sie gehören in die rote Grütze, schmecken im Pudding und ergeben einen leckeren Belag auf Kuchen, Torten und Kleingebäck. Sie passen sehr gut zu Birnen, Pflaumen, Ananas und Himbeeren und werden zur Herstellung von Kompott, Gelee, Marmelade, Sirup und Wein verwendet. In manchen Salatsaucen ist roter Johannisbeersaft ein ausgezeichneter Ersatz für Essig.

Schwarze Johannisbeeren kann man wie rote Johannisbeeren verwenden; sie werden häufig zur Herstellung von Likören, Weinen, Gelees und Marmeladen genutzt.

Stachelbeeren werden ebenfalls roh und gegart verwendet. Frisch vom Strauch gepflückt schmecken sie am besten »pur« nur mit etwas Zucker bestreut oder als Zutat im Obstsalat. Man verwendet sie roh als Belag für Obstkuchen und -torten, kocht Gelee daraus, verarbeitet sie zu Sorbets und Sirup, und sie sind eine leckere Zutat in Puddings und Chutneys. Stachelbeeren eignen sich außerdem sehr gut zum Garnieren von Fleisch- und Fischgerichten und werden als Sauce zubereitet zu Geflügel und Fisch serviert.

Nährwerte

	rote Johannisb.	schwarze Johannisb.	Stachelbeere
Kalorien	33	39	37
Ballaststoffe	3,5 g	6,8 g	3,0 g
Kohlenhydrate	4,9 g	6,1 g	7,0 g
Fett	0,2 g	0,2 g	0,2 g
Eiweiß	1,1 g	1,3 g	0,8 g
Wasser	81,3 %	81,3 %	87,3 %
			je 100 g

Rote Johannisbeeren sind reich an Vitamin C und Kalium und enthalten viel Eisen und Magnesium sowie etwas Phosphor, Kalzium und Natrium.

Schwarze Johannisbeeren enthalten sehr viel Vitamin C und Kalium, viel Eisen, Magnesium, Pantothensäure, Phosphor und Kalzium sowie geringe Mengen an Vitamin A. 250 g frische schwarze Johannisbeeren enthalten dreimal so viel Vitamin C wie eine kleine Orange.

Stachelbeeren sind reich an Vitamin C und Kalium und enthalten außerdem etwas Pantothensäure, Phosphor und Vitamin A.

Alle Beeren enthalten reichlich Zitronensäure, die für ihren säuerlichen Geschmack verantwortlich ist, sowie viel Pektin. Zur Herstellung von Gelees und Marmeladen sind nicht ganz reife Früchte am besten geeignet, da ihr Pektingehalt dann am höchsten ist. Werden sie jedoch frisch verzehrt, sollte man die aromatischeren reifen Früchte nehmen.

Johannis- und Stachelbeeren wirken appetitanregend, verdauungsfördernd, harntreibend und blutreinigend. Sie gelten als hervorragendes natürliches Abführmittel, wobei die schwarze Johannisbeere am stärksten wirkt.

Vorbereitung

Johannisbeeren werden nach dem Waschen mit einer Gabel oder einem grobzackigen Kamm von den Stielen gestreift; bei den Stachelbeeren zupft man einfach mit den Fingern die Stielansätze ab.

Stachelbeersauce
FÜR 4 PORTIONEN

250 g Stachelbeeren
2 EL Zucker
2 EL Butter
½ TL unbehandelte geriebene Zitronenschale

1. Die Stachelbeeren waschen und die Stiele abzupfen. Die Beeren in einem Topf mit ¼ l Wasser zum Kochen bringen und bei mittlerer Hitze 3 bis 5 Minuten kochen, bis sie sehr weich sind und die Schalen sich zu lösen beginnen.

2. Den Topf von der Kochstelle nehmen und die Mischung durch ein Sieb passieren, ohne die Früchte dabei sehr fest zu drücken, damit die Sauce nicht trüb wird.

3. Zucker, Butter und Zitronenschale zum Stachelbeerpüree geben und alles gut vermischen. Die Sauce heiß als Beilage zu Fisch, Ente oder Gans servieren.

Zubereitung

Die Beeren werden in wenig Wasser oder Saft bei schwacher Hitze 3 bis 5 Minuten gekocht und erst danach nach Belieben gezuckert.

Aufbewahrung

Frische Johannis- und Stachelbeeren können 2 bis 3 Tage im Kühlschrank aufbewahrt werden. Im Ganzen sind sie mit oder ohne Zucker bestreut gut zum Einfrieren geeignet. Sie schmecken aromatischer, wenn sie vor der Zubereitung nicht vollständig aufgetaut werden.

Stachelbeeren

rote Johannisbeeren

schwarze Johannisbeeren

Heidelbeere

Vaccinium spp., Ericaceae

Kulturheidelbeere

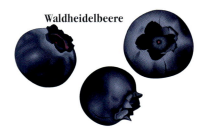
Waldheidelbeere

Die meisten Kulturheidelbeeren wachsen an knapp 30 cm hohen Sträuchern und sind etwa erbsengroß.

Kultur- und Waldheidelbeeren gehören zur Vaccinium-Familie, die fast 150 Sorten umfasst, von denen aber nicht alle essbar sind.

Die **Kulturheidelbeere** ist in Nordamerika heimisch und wird hauptsächlich in Kanada und den USA angebaut, während sie in Europa nur selten zu finden ist. Vor kurzem wurde sie auch in Australien eingeführt. Als Frucht einer wild wachsenden Pflanze gedeiht sie vor allem in Wäldern, Bergregionen und torfhaltigen Böden. Die Indianer verwendeten die Beeren als Gewürz für Pemmikan, eine Mischung aus getrocknetem Fleisch und Fett.

Die meisten der etwa 30 Kulturheidelbeersorten wachsen an knapp 30 cm hohen Sträuchern und tragen etwa erbsengroße Früchte, die in Trauben angeordnet sind. Es gibt aber auch Sorten, die eine Höhe über 2 m erreichen und deren Früchte die Größe von Murmeln haben. Die weißlichen bis rosafarbenen Blüten sind wie Glocken geformt. Die niedrig wachsenden Kulturheidelbeeren (*Vaccinium angustifolium*) sind häufig süßer und aromatischer als die hochwüchsigen Sorten (*Vaccinium corymbosum*). Die meisten Kulturheidelbeeren sind mit einer natürlichen feinen Wachsschicht überzogen, die auch »Duftfilm« genannt wird.

Die **Waldheidelbeere** (*Vaccinium myrtillus*), die in Europa und Asien beheimatet ist, ist die Frucht eines wild wachsenden Strauchs von 30 bis 60 cm Höhe, dessen grüne Blätter sich im Herbst tiefrot färben. Die winzigen weißen Blüten entwickeln sich zu kleinen, in Büscheln herabhängenden Beeren mit einem Durchmesser von knapp 1 cm. Die Waldheidelbeere sieht zwar der Kulturheidelbeere sehr ähnlich, gehört aber zu einer anderen Spezies.

Einkaufstipp

Die Beeren sollten möglichst fest und gleichmäßig blau sein und dürfen keinen Schimmel aufweisen.

Vorbereitung

Nur sehr verschmutzte Beeren sollten zügig kurz vor dem Verzehr gewaschen werden.

Nährwerte

Kalorien	37
Ballaststoffe	4,9 g
Kohlenhydrate	6,1 g
Fett	0,6 g
Eiweiß	0,7 g
Wasser	84,2 %
	je 100 g

Kultur- und Waldheidelbeeren enthalten Vitamin C, Kalium, Natrium und Ballaststoffe sowie Oxal-, Apfel- und Zitronensäure. Durch ihren Gehalt an Anthozyanid sind sie ein gutes Heilmittel bei Blasenentzündungen. Darüber hinaus wirken sie blutstillend und helfen bei Durchfall.

Serviervorschläge

Die frischen Beeren schmecken sowohl »pur« als auch im Obstsalat oder im Frühstücksmüsli und sind ein köstlicher Belag auf Obstkuchen, Crêpes und Waffeln. Sie werden häufig mit Schlagsahne oder einem Schuss Orangensaft, Wodka oder Grand Marnier serviert. Wie alle Beeren veredeln sie zahlreiche Nachspeisen, Eiscremes, Joghurts oder Sorbets, ergeben saftige Marmeladen und Gelees und werden zu Saft und alkoholischen Getränken verarbeitet. Die nordamerikanischen Indianer kochten Heidelbeeren zu einer konzentrierten Paste ein, die sie in der Sonne trocknen ließen, sodass sie auch außerhalb der Saison immer einen Vorrat hatten.

Aufbewahrung

Heidelbeeren sind ungewaschen im Kühlschrank nur wenige Tage haltbar. Dabei sollte man sie öfter kontrollieren und beschädigte Früchte entfernen, damit sich kein Schimmel ausbreiten kann.

Heidelbeeren kann man auch trocknen, einkochen oder (ohne Zucker) tiefgefrieren. Vor dem Einfrieren werden beschädigte Beeren aussortiert und die restlichen kurz gewaschen und getrocknet. Tiefgefrorene Beeren eignen sich vor allem zum Kochen.

Brombeere

Rubus spp., **Rosaceae**

Die Brombeere ist die Frucht eines dornigen Buschs, der zur selben Familie gehört wie Himbeere und Erdbeere. Er wächst in Gärten, auf Feldern und in Wäldern, klettert über Mauern und überwindet auch jedes andere Hindernis, das sich ihm in den Weg stellt. Die Brombeere gedeiht in gemäßigten Klimazonen und wird in Europa, Nordamerika und Australien angebaut. Von den mehr als 1000 Brombeersorten wachsen die meisten wild. Durch Kreuzung von Brombeeren und Himbeeren sind neue Beerensorten entstanden, wie zum Beispiel die Loganbeere und die Boysenbeere, die nach ihren Züchtern benannt wurden.

Die Brombeere mit ihren zarten weißlichen oder rosafarbenen Blütentrauben ist eine Sammelfrucht, das heißt, sie besteht aus einer Ansammlung kleiner saftiger Steinfrüchtchen, von denen jedes einen winzigen Samen enthält. Die Beeren sind je nach Sorte schwarz, dunkelrot oder sogar gelblich weiß gefärbt. Vor allem bei der schwarzen Brombeere lässt sich häufig nur schwer feststellen, wann sie geerntet werden kann, da die Früchte meist schon vor der Reife schwarz werden. Wenn sie ihre volle Reife erreicht haben, sind die Beeren sehr süß und weich. Wie Himbeeren werden sie am besten am Morgen gepflückt; im Gegensatz zu diesen bleibt jedoch der innere Fruchtboden der Brombeere in der Frucht stecken, wenn man sie vom Stiel löst.

Die Früchte der mehr als 1000 verschiedenen Brombeersorten sind schwarz, dunkelrot oder sogar gelblich weiß.

Einkaufstipp

Brombeeren sind sehr empfindlich und vertragen weder Hitze noch längere Transportwege. Meist verderben sie schnell und infizieren dann auch andere Beeren. Frische Früchte sollten fest sein und glänzen. Weiche Beeren mit matter Farbe sind häufig nicht mehr frisch. Sehr dicht verpackte Beeren sollte man ebenfalls meiden, da sie meistens schnell schimmeln. Am besten werden Brombeeren morgens frisch vom Strauch gepflückt, da sie sich dann länger halten und auch süßer schmecken.

Vorbereitung

Nur stark verschmutzte Beeren sollten vorsichtig gewaschen werden, da sie sich leicht mit Wasser voll saugen und weich werden. Am besten wäscht man sie zügig kurz vor dem Verzehr ab. Frisch gepflückte Brombeeren in ihrem Behälter leicht schütteln, um sie von möglichem Ungeziefer zu befreien.

Aufbewahrung

Brombeeren sind leicht verderbliche Früchte, die weder Sonnenlicht vertragen noch längere Zeit bei Zimmertemperatur aufbewahrt werden sollten. Nach dem Aussortieren aller beschädigten Beeren, die sehr schnell auch die anderen Früchte verderben, kann man sie ungewaschen und lose verpackt einige Tage im Kühlschrank lagern. Mit etwas Zucker bestreut halten sie sich sogar noch etwas länger.

Man kann Brombeeren mit und ohne Zucker im Ganzen oder püriert einfrieren. Um den Nährstoffverlust bei pürierten Brombeeren möglichst gering zu halten, ist es ratsam, sie vor dem Einfrieren mit etwas Zitronensaft zu beträufeln. Ganze Brombeeren werden zum Einfrieren am besten gleichmäßig auf einem Backblech verteilt, tiefgefroren und dann in luftdichte Behälter verpackt aufbewahrt. Brombeeren schmecken besser, wenn sie vor dem Verzehr vollständig aufgetaut werden.

Serviervorschläge

Brombeeren werden wie Himbeeren verwendet und schmecken frisch besonders gut zu Eiscreme und Joghurt oder mit einem Klecks Schlagsahne. Man gibt sie in den Obstsalat, auf Crêpes oder Kuchen, und sie sind eine schmackhafte Zutat im Frühstücksmüsli. Aus Brombeeren bereitet man außerdem Marmelade, Gelee, Sirup, Saft, Wein und Branntwein *(Ratafia)*.

Frisches Brombeerpüree – dafür streicht man die Brombeeren durch ein Sieb, damit die kleinen Kerne zurückbleiben – ist eine köstliche Garnitur für Kuchen, Puddings, Eiscreme, Sorbets, Quarkspeisen und Cremes. Brombeeren kann man außerdem sehr gut trocknen. Die nordamerikanischen Indianer stellten aus den zerdrückten Beeren eine Paste her, die sie in der Sonne oder über dem Feuer trocknen ließen, um auch im Winter immer einen Vorrat zu haben.

Nährwerte

Kalorien	44
Ballaststoffe	3,2 g
Kohlenhydrate	6,2 g
Fett	1,0 g
Eiweiß	1,2 g
Wasser	84,6 %
	je 100 g

Brombeeren enthalten viel Vitamin C, Betakarotin, Kalium, Magnesium und Kupfer. Sie wirken adstringierend, reinigend und abführend.

Rosine/Korinthe

Rosinen und Korinthen sind getrocknete Weintrauben. Das Verfahren, Weintrauben zu trocknen, reicht bis in uralte Zeiten zurück und sicherte den Menschen früher einen Traubenvorrat auch außerhalb der Saison; bereits im 13. Jahrhundert machte sich Damaskus durch die hervorragende Qualität seiner Rosinen einen Namen. Die wichtigsten Rosinen- und Korinthenproduzenten sind heute die Vereinigten Staaten (insbesondere Kalifornien), die Türkei, Griechenland, Australien, Südafrika, Spanien und Chile sowie einige Länder im Mittleren Osten.

Zur Herstellung von Rosinen und Korinthen werden vor allem die weichschaligen Tafeltrauben verwendet, die besonders süß und zuckerhaltig sind, während Traubensorten, die zur Weinherstellung dienen, für diesen Zweck kaum oder gar nicht geeignet sind. Nach der Ernte werden die Trauben auf großen Stellagen in der Sonne getrocknet, was je nach Temperatur 2 bis 4 Wochen dauert. Während dieser Zeit verändert sich die Farbe der Beeren von grün zu rötlich braun bis fast schwarz, und ihr Wassergehalt reduziert sich von ursprünglich etwa 75% auf weniger als 16%.

Bei den Beeren unterscheidet man zwischen den kernlosen Korinthen und den Rosinen, die noch Samenkerne enthalten. Die **Korinthen**, deren Name auf die griechische Stadt Korinth zurückgeht, wo sie bereits vor über 2000 Jahren hergestellt wurden, und die nach einer bestimmten Sorte auch Zante-Beeren genannt werden, sind klein und fast schwarz, während die größeren und weicheren **Rosinen** goldgelb bis bernsteinfarben sind. Sie werden vor dem Trocknen häufig geschwefelt, damit sie ihre Farbe behalten und länger haltbar sind.

Nährwerte

	Rosinen
Kalorien	260
Ballaststoffe	5,6 g
Kohlenhydrate	68 g
Fett	0,5 g
Eiweiß	2,3 g
Wasser	15,7 %
	je 100 g

Wie alle Trockenfrüchte sind auch Rosinen und Korinthen sehr nahrhaft und kalorienreich und liefern schnell Energie. Sie enthalten sehr viel Kalium, viel Eisen, Magnesium und Kupfer sowie etwas Kalzium, Phosphor, Zink und Vitamin C.

Einkaufstipp

Rosinen und Korinthen sollten unbeschädigt und nicht zu stark ausgetrocknet sein. In luftdichter Verpackung bleiben Aroma und Konsistenz am besten erhalten. Ungeschwefelte Rosinen sind in jedem Fall gesünder als geschwefelte Früchte.

Serviervorschläge

Rosinen und Korinthen sind ein beliebter Snack und werden als Zutat für zahlreiche süße und pikante Speisen verwendet. Sie schmecken ebenso in Müslis, Kuchen, Brot, Gebäck, Plätzchen und Puddings als auch in pikanten Salaten, Saucen, Füllungen, Frikadellen und Pasteten. Sie werden in Couscous, *Tajines* und Pilaws verarbeitet oder mit anderen Trockenfrüchten und Nüssen gemischt als Studentenfutter angeboten.

Rosinen und Korinthen werden vor der Weiterverarbeitung häufig in Wasser, Saft oder Alkohol eingeweicht.

Aufbewahrung

In einem luftdicht verschlossenen Behälter kühl und trocken aufbewahrt halten sich Rosinen und Korinthen bei Zimmertemperatur etwa 1 Jahr.

Weintraube

Vitis spp., Vitaceae

Die genaue Herkunft der Weintrauben ist ungewiss, man nimmt jedoch an, dass sie entweder aus dem Gebiet rund um das Kaspische Meer oder aus Armenien stammen. Sie sind eine der ältesten und am weitesten verbreiteten Obstsorten der Welt und wurden in Westasien vermutlich schon vor 7000 Jahren kultiviert. Malereien in ägyptischen Grabstätten belegen, dass Weintrauben dort bereits im Jahr 2375 v. Chr. angebaut wurden, und in China sollen die Ursprünge des Traubenanbaus noch weiter zurückliegen.

Die Vitis vinifera-*Trauben stehen mit 95 % der weltweiten Produktion an der Spitze aller Traubenarten.*

Aus Weintrauben werden Wein und verschiedene andere alkoholische Getränke wie etwa Armagnac, Cognac, Portwein oder Champagner hergestellt. Die Kunst des Weinkelterns ist fast so alt wie die menschliche Zivilisation und erreichte während der Antike ihren ersten Höhepunkt. Wein wurde von Römern und Griechen sehr geschätzt, die in ihm Bacchus bzw. Dionysos, den Gott des Weins, verehrten. Nach dem Untergang des Römischen Reichs wurde der Weinanbau vor allem von den Galliern fortgeführt, wobei besonders in den Klöstern die Methoden des Weinkelterns nach und nach erheblich verbessert wurden.

Weintrauben werden in drei Hauptgruppen unterteilt, zu denen jeweils zahlreiche Sorten gehören. Die in Europa beheimatete *Vitis vinifera* liefert die besten Trauben für die Weinproduktion, weshalb 95 % der weltweiten Traubenernte auf *Vitis vinifera*-Trauben zurückgehen, von denen es rund 1000 verschiedene Sorten gibt. Die *Vitis labrusca* ist in Nordamerika zu Hause. Zur dritten Gruppe gehören Kreuzungen aus *Vitis vinifera*-Sorten, die auch als französische Kreuzungen bekannt sind.

1863 wurde der französische Weinanbau – damals der weltweit bedeutendste – durch eine kleine Laus *(Phylloxera vastatrix)* erheblich bedroht. Diese Laus, die sich von den Wurzeln bestimmter Weinsorten ernährt, war aus Nordamerika nach Europa gelangt, wo sie die französischen *Vitis vinifera*-Sorten fast vollständig zerstörte. Nach Schätzungen waren bis 1865 mehr als 10 000 km² der Weinanbaugebiete im Rhônetal und in der Region um Bordeaux vernichtet, und nur durch Veredelung der *Vitis vinifera*-Sorten mit der resistenten *Vitis labrusca* gelang es schließlich, den französischen Weinanbau in letzter Minute zu retten. Dagegen blieben Chile, Zypern, das südliche Australien, Teile Ungarns, Österreichs und der Nordwesten der USA auf wundersame Weise verschont. Die weltweit wichtigsten Traubenproduzenten sind heute Italien, Frankreich und Spanien.

Die Weinreben können eine Länge von 16 m und mehr erreichen, werden jedoch meist gestutzt, um die Ernte zu erleichtern. Manche Weinstöcke werden sogar so weit zurückgeschnitten, dass sie nur noch wenige Trauben tragen, die dafür aber umso aromatischer sind. Die Pflanze entwickelt Ranken, mit denen sie sich überall festklammert, um dem Gewicht der schweren Trauben standzuhalten, sowie handförmige, fünflappige Blätter, die 10 bis 20 cm lang sind. An einem einzigen Weinstock können bis zu 50 Trauben wachsen, die bereits drei Monate nach der Blüte im Frühjahr geerntet werden. Sie sind rund oder länglich geformt und besitzen je nach Sorte mehr oder weniger Fruchtfleisch. Die Beeren wachsen in Trauben, die aus 6 bis 300 einzelnen Früchten bestehen und weiß, grünlich gelb oder rötlich bis blauschwarz und violett gefärbt sind. Das süße, saftige Fruchtfleisch wird von einer Schale umschlossen, auf der sich eine dünne, pudrige Schicht ablagert, die »Duftfilm« genannt wird. Während manche Beeren einen bis vier Samenkerne enthalten, sind andere Sorten völlig kernlos.

Weintraube

Weintrauben werden meistens nach ihrer Verwendungsart klassifiziert: Während bestimmte Sorten als Tafelfrüchte angebaut werden, sind andere für die Herstellung von Wein und Rosinen bestimmt. Die meisten Weinsorten gedeihen nur bei warmen Temperaturen, wohingegen andere in gemäßigten Klimazonen wachsen. Zu den bekanntesten weißen Rebsorten zählen neben vielen anderen Sauvignon, Chardonnay, Grauburgunder, Moscato, Riesling und Trebbiano. Zu den bekanntesten roten Rebsorten gehören unter anderem Cabernet Sauvignon, Merlot, Nebbiolo, Lambrusco, Vernatsch, Barbera oder Pinot Nero.

Einkaufstipp

Die Beeren sollten eine gleichmäßige Farbe haben, fest und unbeschädigt sein und fest an den Stielen haften. Die Schalen sollten mit einem leichten »Duftfilm« überzogen sein. Weiße Trauben schmecken süßer, wenn sie einen gelblichen Schimmer haben. Weiche Trauben mit dunklen Stellen und/oder weißlichen Stielansätzen sind nicht empfehlenswert, da sie meistens nicht mehr frisch sind.

Vorbereitung

Weintrauben werden häufig mit chemischen Substanzen wie Kupfersulfat oder Kalziumhydrat behandelt und sollten deshalb vor dem Verzehr vorsichtig, aber gründlich gewaschen werden. Rückstände von chemischen Sprühmitteln, mit denen die Beeren einige Wochen vor der Ernte behandelt werden, dürfen nicht mit dem »Duftfilm« auf der Schale verwechselt werden, der eine natürliche Schutzschicht darstellt. Bei kleinen Trauben ist es ratsam, die Beeren mit einer Schere vom Hauptstiel abzuschneiden, anstatt sie einzeln abzuzupfen, da dadurch der Stiel schneller austrocknet und die restlichen Beeren weich werden und schrumpfen.

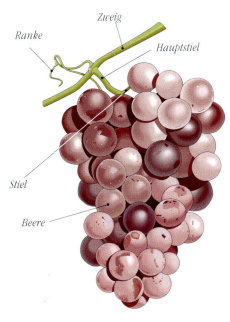

Weintraube
Zweig, *Ranke*, *Hauptstiel*, *Stiel*, *Beere*

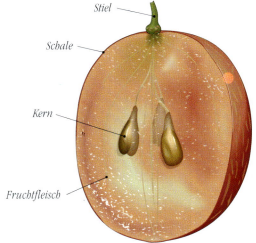

Stiel, *Schale*, *Kern*, *Fruchtfleisch*

Nährwerte

Kalorien	68
Ballaststoffe	1,5 g
Kohlenhydrate	15,2 g
Fett	0,3 g
Eiweiß	0,7 g
Wasser	81,3 %
	je 100 g

Weintrauben enthalten viel Kalium sowie etwas Vitamin B_1, B_6 und Vitamin C. Sie wirken harntreibend und abführend. Der in roten Trauben enthaltene Farbstoff Oenocyanin wirkt tonisierend. Durch ihre blutreinigenden Eigenschaften sind sie darüber hinaus gut für die Entschlackung des Organismus geeignet.

Weintraube

Serviervorschläge

Die schmackhaften Weintrauben werden frisch, gegart oder getrocknet verwendet oder zu Saft verarbeitet. Man kann sie einfach aus der Hand essen oder als Zutat in Obstsalate, Grützen, Kuchen und Puddings geben. Sie ergeben eine köstliche Konfitüre und passen auch sehr gut zu vielen pikanten Gerichten wie Füllungen, Currys, Eintöpfen und gemischten Salaten. Weintrauben harmonieren gut mit Geflügel, Wild, Kaninchen, Fisch und Meeresfrüchten und sind eine hervorragende Beilage zu Kalbsleber, Ente und Wachteln.

Frischer Traubensaft und vergorener Traubenmost sind beliebte Getränke. Aus den Kernen der Beeren wird ein Tafelöl gewonnen (siehe *Öl*), und die essbaren Blätter verwendet man hauptsächlich in Griechenland, Israel und im Iran, wo sie meist mit Reis oder Fleisch gefüllt serviert werden.

Aufbewahrung

In Küchenkrepp gewickelt und in einen perforierten Kunststoffbeutel verpackt bleiben Weintrauben im Kühlschrank einige Tage frisch. Sie sollten jedoch etwa 15 Minuten vor dem Verzehr herausgenommen werden, da sie dann aromatischer schmecken. Weintrauben eignen sich nicht zum Einfrieren, können aber sehr gut in Alkohol eingelegt werden.

Traubenkonfitüre

1 kg reife, feste Weintrauben   *½–1 kg Zucker*

1. Die Trauben von den Stielen lösen und weiche und beschädigte Früchte aussortieren. Die restlichen Trauben gründlich waschen, halbieren und eventuell vorhandene Kerne entfernen.

2. Den Zucker mit 50 ml Wasser in einen Topf geben (1 kg Zucker, wenn die Konfitüre längere Zeit aufbewahrt werden soll, ½ kg Zucker, wenn sie bald verbraucht wird) und langsam erhitzen, sodass der Zucker sich auflöst. Das Zuckerwasser 4 Minuten kochen lassen.

3. Die Weintrauben zugeben und aufkochen. Die Trauben zugedeckt 15 Minuten leicht köcheln lassen und dabei hin und wieder den Schaum abschöpfen. Die Früchte mit der Kochflüssigkeit in ein Sieb geben und die Flüssigkeit im Topf auffangen.

4. Die Flüssigkeit zu Sirup einkochen und die Beeren wieder dazugeben. Sobald die Mischung wieder zu kochen beginnt, den Topf vom Herd nehmen. Die Konfitüre in heiß ausgespülte, sterile Gläser mit Schraubverschluss füllen und die Gläser fest verschließen.

Korinth-Traube

Muskatellertraube

Kardinaltraube

Thompson-Traube

Chasselas-Traube

Erdbeere

Fragaria, Rosaceae

Die Walderdbeeren sind die Vorfahren der großfruchtigen Kulturerdbeeren.

Erdbeeren sind die Früchte einer winterharten Staudenpflanze, die in gemäßigtem Klima wächst. Während einige Erdbeersorten aus den gemäßigten Klimazonen Europas stammen, sind andere in Nord- und Südamerika heimisch.

Walderdbeeren, die Vorfahren der kultivierten großfruchtigen Erdbeeren, sind klein und saftig und besitzen einen aromatischeren Geschmack und Duft als die Kulturerdbeeren. Die ersten großen fleischigen Erdbeeren entstanden 1714 in Frankreich durch die Kreuzung zweier Walderdbeersorten und wurden in der Folgezeit in vielen europäischen Ländern angebaut. Aus ihnen entwickelten sich nach vielen weiteren Kreuzungen die heutigen großfruchtigen Erdbeeren, und mittlerweile gibt es über 600 verschiedene Erdbeersorten, die sich in Größe, Struktur, Farbe und Geschmack voneinander unterscheiden.

Die Erdbeere ist eine niedrig wachsende Staudenpflanze mit horizontalen Ausläufern, die sich bewurzeln und wieder neue Pflanzen bilden. Botanisch gesehen stammt das Fruchtfleisch der Erdbeere gar nicht von der Frucht, sondern ist nur die verdickte Blütenachse der Erdbeerpflanze, die nach der Befruchtung der Blüten entsteht. Die eigentlichen Früchte der Erdbeere sind die kleinen gelblichen Samen (Achänen), die wie Punkte auf der Oberfläche der Beere sitzen. Erntezeit und Verwendungsmöglichkeiten hängen von den jeweiligen Erdbeersorten ab, von denen manche mehrmals im Jahr Früchte tragen, wie zum Beispiel die Monatserdbeeren.

Einkaufstipp

Während sich einige Erdbeersorten besonders gut zum Einfrieren eignen, werden andere am besten frisch verzehrt und wieder andere zum Kochen verwendet.

Erdbeeren sollten fest und glänzend sein und frisch und leuchtend rot aussehen. Matt gefärbte oder weiche Früchte sind meist überreif. Erdbeeren vertragen weder Hitze noch lange Transportwege und bekommen leicht Druckstellen, die schnell zu faulen beginnen und dann auch die restlichen Früchte »anstecken«.

Vorbereitung

Erdbeeren sollten erst unmittelbar vor der Verarbeitung und noch mit den Stielansätzen gewaschen werden, da sie sonst viel Saft verlieren. Weil die Früchte schnell Wasser aufnehmen und dadurch an Aroma einbüßen, ist es ratsam, sie möglichst kurz unter fließendem kalten Wasser abzuspülen, damit sie sich nicht voll saugen.

Serviervorschläge

Die reifen, sehr süßen Früchte werden häufig im Ganzen oder halbiert und mit etwas Zucker bestreut oder mit Likör beträufelt zu Joghurt, Quark, Eiscreme oder Schlagsahne gegessen. Sehr gut schmecken sie auch zum Schokoladenfondue, im Obstsalat, zu Omelettes oder als Eiscremes und Sorbets. Reife Erdbeeren sind ein köstlicher Belag auf Torten und Gebäckstücken und veredeln Cremespeisen und Puddings. Erdbeeren sind außerdem eine schöne Dekoration für Vorspeisen und Käseplatten. Werden Erdbeeren gekocht, püriert oder zu Saft verarbeitet, gibt man etwas Zitronensaft hinzu, damit sie ihre Farbe behalten.

Erdbeere

Aufbewahrung

Da Erdbeeren sehr schnell verderben, sollten sie nicht für längere Zeit in der Sonne stehen oder bei Zimmertemperatur aufbewahrt werden. Ungewaschen und mit den Stielansätzen locker in einen Behälter gelegt halten sie sich zugedeckt im Kühlschrank 2 bis 3 Tage, wobei beschädigte Früchte vorher entfernt werden sollten. Bereits gewaschene oder leicht überreife Erdbeeren verderben nicht so schnell, wenn man sie mit etwas Zucker bestreut. Sehr frische Erdbeeren können gut eingefroren werden, doch sollte man unreife oder überreife Früchte vorher aussortieren. Die Früchte werden gesüßt oder ungesüßt im Ganzen, halbiert, geviertelt oder zerdrückt tiefgefroren, wobei der Nährwert, vor allem der Vitamin-C-Gehalt, bei ganzen Früchten am besten erhalten bleibt. Der Verlust an Vitamin C bei aufgeschnittenen Früchten lässt sich ausgleichen, indem man sie mit etwas Zitronensaft beträufelt. Wenn man sie mit etwas Zucker bestreut, bleibt außerdem ihre Farbe besser erhalten. Gefrorene Erdbeeren behalten ihre Form besser, wenn sie noch leicht gefroren verarbeitet werden.

Erdbeeren mit Zitrone

FÜR 4 PORTIONEN

500 g Erdbeeren *Saft von 1 Zitrone*
3 EL Zucker *Schlagsahne*

1. Die Erdbeeren waschen, abtropfen lassen und die Stielansätze entfernen.

2. Die Früchte in eine Servierschüssel geben, mit Zucker und Zitronensaft vermischen und bis zum Servieren etwa 1 Stunde ziehen lassen. Nach Belieben Schlagsahne dazu servieren.

Nährwerte

Kalorien	32
Ballaststoffe	1,6 g
Kohlenhydrate	5,5 g
Fett	0,4 g
Eiweiß	0,8 g
Wasser	89,9 %
	je 100 g

Erdbeeren enthalten sehr viel Vitamin C, viel Kalium und etwas Folsäure, Vitamin B_6 und Magnesium. Sie wirken tonisierend, harntreibend und blutreinigend und gleichen den Mineralstoffhaushalt aus. Erdbeeressenz ist in Kosmetikartikeln gegen Falten und Sommersprossen enthalten und gilt als gutes Hauttonikum. Aus den Erdbeerblättern bereitet man einen milden Tee, der bei Durchfall hilft (andererseits kann der Verzehr großer Mengen Erdbeeren abführend wirken). Aus den Erdbeerwurzeln bereitet man einen harntreibenden Tee. Bei manchen Menschen kann der Genuss von frischen Erdbeeren allergische Reaktionen in Form von leichten Hautausschlägen verursachen, die jedoch relativ schnell wieder verschwinden.

Walderdbeeren

Kulturerdbeeren

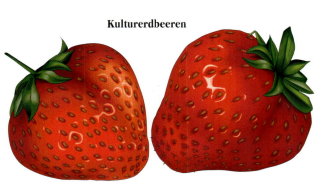

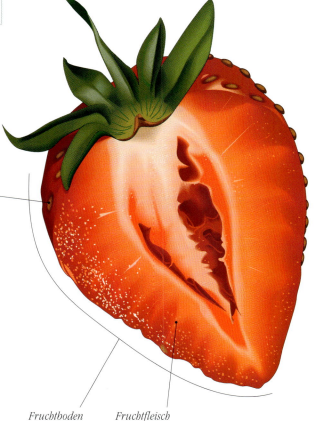

Samen (Achäne)

Fruchtboden   *Fruchtfleisch*

Himbeere

Rubus spp., **Rosaceae**

Die dornigen Zweige des Himbeerstrauchs tragen zarte weiße Blüten, aus denen sich die Himbeeren entwickeln.

Die Himbeere ist die Frucht eines Halbstrauchs, der vermutlich aus Ostasien stammt; Spuren wilder Himbeeren, die kleiner sind als unsere heutigen Zuchthimbeeren, wurden in der Nähe prähistorischer Siedlungen gefunden. Die erste in Europa kultivierte Himbeersorte war *rubus idaeus*, die rote Himbeere. Obwohl im Verlauf des 18. Jahrhunderts qualitativ immer bessere Himbeersorten gezüchtet werden konnten, wurde sie erst im 19. Jahrhundert in größerem Umfang in Europa und Nordamerika angebaut.

Die dornigen Zweige des Himbeerstrauchs tragen zarte weiße Blüten, aus denen sich die Himbeeren entwickeln. Wie die Brombeeren sind sie Sammelfrüchte, das heißt, sie bestehen aus zahlreichen kleinen Einzelfrüchten, die jeweils einen kleinen Samenkern enthalten und traubenartig auf einem zentralen Fruchtboden angeordnet sind. Löst man die Beeren von den Stielen, bleibt der Fruchtboden am Stiel zurück, und am Fruchtende entsteht eine kleine Vertiefung.

Himbeeren sind meistens rot, können aber auch schwarz, gelb, orange, bernsteinfarben oder sogar weiß sein; vor allem die schwarzen Himbeeren werden häufig mit Brombeeren verwechselt. Die süßen, aromatisch duftenden Früchte hinterlassen meist einen leicht säuerlichen Nachgeschmack und sind noch empfindlicher als Erdbeeren.

Loganbeeren und **Boysenbeeren** sind Kreuzungen aus Himbeere und Brombeere und wurden nach ihren Züchtern benannt.

Vorbereitung

Himbeeren sollten möglichst nicht gewaschen werden, da sie sich schnell mit Wasser vollsaugen und dann ihr Aroma verlieren. Nur sehr verschmutzte Beeren werden kurz vor dem Verzehr vorsichtig unter fließendem Wasser gereinigt. Behälter mit frisch gepflückten Himbeeren kann man vorsichtig schütteln, um mögliches Ungeziefer wie etwa die Himbeerblattlaus zu entfernen, die sich manchmal zwischen den Früchten versteckt.

Serviervorschläge

Himbeeren werden wie Erdbeeren verwendet und können diese in den meisten Rezepten auch ersetzen. Zur Herstellung eines feinen Fruchtmuses gibt man die Beeren in einen Mixer und passiert die Masse anschließend durch ein Sieb, damit die Kerne zurückbleiben. Himbeermus passt gut zu verschiedenen Nachspeisen wie Puddings, Eiscreme, Sorbets, Quarkspeisen und Cremes. Frische Himbeeren schmecken besonders gut zu Eiscreme, Quark und Joghurt oder einfach nur mit einem Klecks Schlagsahne verziert. Man gibt sie in Obstsalate, ins Frühstücksmüsli oder auf Torten, gedeckte Obstkuchen und Crêpes. Aus ihnen werden Sirups, Marmeladen, Gelees, Kompott, Wein und Bier hergestellt, und mit dem Saft werden Eiscreme und Sorbets aromatisiert. Himbeeressig ist eine beliebte Zutat in Salatmarinaden. Die fermentierten Früchte werden zu Likör und Schnaps verarbeitet.

Himbeere

Einkaufstipp

Himbeeren sind leicht verderblich und vertragen weder Hitze noch lange Transportwege. Frische Beeren sollten prall und glänzend aussehen. Weiche oder matte Früchte sind dagegen häufig überreif. Sehr dicht verpackte Beeren sind ebenfalls nicht zu empfehlen, da sie schnell schimmlig werden. Am besten schmecken selbst gepflückte Himbeeren, wobei nur wirklich reife Früchte gesammelt werden sollten, da die Früchte nach der Ernte nicht mehr nachreifen. Am Morgen gepflückte Himbeeren schmecken süßer und bleiben auch etwas länger frisch. Im Frühling kann man die zarten, jungen Sprossen des Himbeerstrauchs schälen und roh essen.

Nährwerte

Kalorien	33
Ballaststoffe	5,0 g
Kohlenhydrate	4,8 g
Fett	0,3 g
Eiweiß	1,3 g
Wasser	84,5 %
	je 100 g

Himbeeren sind reich an Vitamin C und enthalten Kalium und Magnesium sowie etwas Kalzium und Vitamin A. Außerdem liefern sie reichlich Ballaststoffe.

Himbeeren wirken harntreibend, tonisierend, reinigend, schweißtreibend, appetitanregend, magenstärkend und abführend und sollen bei Sodbrennen helfen. Himbeerblättertee wirkt harntreibend, abführend und adstringierend.

Aufbewahrung

Himbeeren verderben sehr schnell, vor allem wenn sie längere Zeit bei Sonnenlicht oder Zimmertemperatur stehen gelassen werden. Ungewaschen und lose in einen Behälter gegeben halten sie sich im Kühlschrank 1 bis 2 Tage, wobei vorher alle verdorbenen Beeren entfernt werden sollten. Durch Zugabe von etwas Zucker bleiben sie etwas länger frisch. Himbeeren können mit und ohne Zucker im Ganzen oder als Fruchtmus eingefroren werden. Um bei letzterem den Verlust an Vitamin C möglichst gering zu halten, kann man es vorher mit etwas Zitronensaft beträufeln. Die Beeren behalten ihre Form besser, wenn sie nur leicht angetaut verarbeitet werden.

Blütenstiel
Kern
Fruchtboden
Einzelfrucht

Preiselbeere

Vaccinium macrocarpon und *Vaccinium oxycoccos*, **Ericacae**

Preiselbeeren wachsen sowohl in Europa als auch in Nordamerika, wo sie *Cranberry* heißen; in Kanada kennt man sie häufig auch unter ihrem indianischen Namen *Atoca*. Preiselbeeren gehören zur selben Familie, zu der auch die Heidelbeere und das Heidekraut zählen. Während die Preiselbeere ebenso wie ihre kleinere Verwandte, die **Moosbeere** *(Vaccinium oxycoccos)*, in Europa wild wächst, wird sie in den USA weitläufig angebaut.

Preiselbeeren, die sehr empfindlich auf Kälte reagieren, wachsen an Zwergsträuchern, die sandig feuchten, torfhaltigen Boden benötigen. Ähnlich dem Himbeerstrauch wachsen die verholzten Zweige steil nach oben. Nach drei Jahren tragen sie die ersten Beeren, die an kleine Kirschen erinnern und einen Durchmesser von 1 bis 2 cm haben. Im Herbst werden sie geerntet, indem man die Felder flutet, wodurch die Beeren automatisch von den Zweigen gelöst werden und an der Wasseroberfläche treiben. Die leuchtend roten, saftigen Preiselbeeren haben einen säuerlichen Geschmack und enthalten zahlreiche essbare, kleine Samen.

Einkaufstipp

Preiselbeeren sollten fest und prall sein und glänzen. Nicht empfehlenswert sind verfärbte, matte Beeren mit weißlichen Punkten sowie weiche, verschrumpelte oder beschädigte Beeren.

Nährwerte

Kalorien	35
Ballaststoffe	2,9 g
Kohlenhydrate	6,2 g
Fett	0,5 g
Eiweiß	0,3 g
Wasser	89,7 %
	je 100 g

Preiselbeeren enthalten Vitamin C und Kalium. Ihr typischer säuerlicher Geschmack wird unter anderem durch die enthaltene Oxal- und Zitronensäure bewirkt. Sie wirken adstringierend, durchblutungs- und verdauungsfördernd, sorgen für eine gesunde Gesichtsfarbe und werden bei der Behandlung von Blasenentzündungen eingesetzt.

Vorbereitung

Preiselbeeren sollten immer erst unmittelbar vor der Verarbeitung gewaschen und entstielt werden, wobei man weiche, verschrumpelte oder schimmelige Beeren vorher aussortiert.

Serviervorschläge

Wegen ihres hohen Säuregehalts werden Preiselbeeren selten roh verzehrt. Eingemacht ergeben sie ein hervorragendes Mus oder Kompott, das in der Regel zu Wild gegessen wird. Sie können aber auch kurz gegart – gerade so lange, dass sie aufplatzen – und unter Quark, Joghurt, Cremespeisen und Sorbets gemischt werden. Genauso schmecken sie als Belag auf Obstkuchen oder Crêpes. In Kanada und den USA gehört Pute mit Preiselbeeren traditionell zum Erntedankfest (Thanksgiving) und zu Weihnachten.

Preiselbeeren harmonieren gut mit Zitrusfrüchten, Äpfeln und Birnen. Darüber hinaus ergeben sie einen ausgezeichneten Saft.

Zubereitung

Preiselbeeren werden in wenig Wasser und ohne Deckel gegart, damit der Dampf sofort entweichen kann und die Beeren nicht aufplatzen.

Aufbewahrung

Preiselbeeren sollten im Kühlschrank aufbewahrt werden, da sie bei Zimmertemperatur schnell verderben. Man kann sie gewaschen und ohne Zugabe von Zucker sehr gut einfrieren und muss sie vor dem Kochen auch nicht auftauen. Zum Trocknen die Preiselbeeren bei niedrigster Temperatur in den warmen Backofen geben und bei geöffneter Tür trocknen lassen. Zum Einweichen werden sie einige Stunden in Wasser, Saft oder Alkohol gelegt.

Physalis

Physalis alkekengi, Solanaceae

Über die Heimat dieser einjährigen Pflanze ist man sich nicht ganz einig: Während manche glauben, sie sei in Südamerika heimisch, vertreten andere die Meinung, sie stamme aus Europa, China oder Japan. Zusammen mit Tomate, Aubergine, Paprika und Kartoffel gehört sie zur großen Familie der Nachtschattengewächse. Ursprünglich wurde die dekorative Physalis als Zierpflanze für den Garten gezüchtet. Die Frucht ist unter vielen verschiedenen Bezeichnungen bekannt, unter anderem als **Kap-Stachelbeere** – eine eng verwandte Sorte, die seit über einem Jahrhundert in großem Umfang am Kap der Guten Hoffnung kultiviert wird – oder als **Alkekengi**. Andernorts wird sie auch **Chinesische Lampionpflanze** genannt, da ihre pergamentartige Hülle an einen chinesischen Lampenschirm erinnert. Der lateinische Name *physalis* leitet sich ab vom griechischen Wort *phusan*, das soviel wie »sich aufblähen« bedeutet und auf die Blütenform der Physalis anspielt.

Der Name »Physalis« bezieht sich auf die Blütenform und leitet sich ab vom griechischen Wort phusan, *das »sich aufblähen« bedeutet.*

Die Physalis ist eine rote, orangefarbene oder grünlich gelbe Frucht von der Größe einer Kirsche. Sie wird von einer papierdünnen sandfarbenen Membran oder Calyx umhüllt, die nicht essbar ist. Es gibt über 100 verschiedene Sorten dieser süß schmeckenden Beere, deren Fruchtfleisch nicht sehr saftig ist und einen leicht säuerlichen Nachgeschmack hinterlässt. Die Physalisbeere enthält sehr viele Samen, die ebenfalls essbar sind.

Einkaufstipp

Physalisbeeren sollten fest und gleichmäßig geformt sein und keine Anzeichen von Schimmel aufweisen. Eine trockene Membran zeigt an, dass die Frucht reif ist.

Vorbereitung

Nach dem Entfernen der Hülle werden die Beeren und der Stiel gewaschen, um die dort sitzende harzige Substanz zu entfernen.

Serviervorschläge

Physalis wird gegart und roh verwendet; letzteres entweder »pur« oder als Zutat in Obst- oder gemischten Salaten sowie in Kuchen, Sorbets und Eiscreme. Wegen ihres hohen Pektingehalts kann man sie sehr gut zu Konfitüre und Gelee verarbeiten. Der aus den Früchten gepresste Saft ist sehr wohlschmeckend.

Aufbewahrung

Physalis reift bei Zimmertemperatur nach. Reif sollte sie in ein Küchentuch gewickelt im Kühlschrank aufbewahrt werden, wo sie jedoch höchstens 2 Tage frisch bleibt. Ohne Hülle ist sie sehr gut zum Einfrieren geeignet.

Nährwerte

Kalorien	72
Ballaststoffe	*
Kohlenhydrate	13,3 g
Fett	1,1 g
Eiweiß	2,3 g
Wasser	82,5 %
je 100 g	

Physalis enthält Eisen, Nikotinsäure und Betakarotin. Sie wirkt fiebersenkend, harntreibend und antirheumatisch.

Beeren

Pflaume

Prunus spp., **Rosaceae**

Während einige Pflaumenarten nur kirschgroß sind, erreichen andere die Größe von Nektarinen.

Die Pflaume ist die Frucht eines Baums, der vermutlich aus China stammt und seit prähistorischer Zeit auf der ganzen Welt kultiviert wird. Die Römer kannten bereits über 300 verschiedene Sorten, unter anderem Haferpflaumen, die seit uralter Zeit in der Gegend um Damaskus kultiviert werden und im 12. Jahrhundert durch die Kreuzritter nach Mitteleuropa gelangten. Im 17. Jahrhundert kamen die ersten Pflaumen auch nach Nordamerika, wo heute über 2000 verschiedene Sorten kultiviert werden. Haupterzeugerländer sind Russland, China, die USA, Rumänien und das ehemalige Jugoslawien.

Der Pflaumenbaum bevorzugt ein warmes und gemäßigtes Klima und erreicht meist eine Höhe von 4 bis 6 m, wobei es aber auch kleinwüchsige Sorten gibt, die nur halb so hoch werden. Er besitzt ovale Blätter, die jedoch erst nach der Blütezeit im Frühjahr erscheinen, wenn die weißen Blüten wieder verschwunden sind. Das Fruchtfleisch ist je nach Sorte rot, orange, gelb oder grünlich gelb und sitzt entweder fest um den Stein oder lässt sich leicht lösen. Je nach Sorte duftet es mehr oder weniger, ist saftig oder trockener, schmeckt süß oder sauer, ist fester oder mehliger. Bei Kälte wird es bräunlich und verliert sein Aroma. Zu den wichtigsten Pflaumensorten zählen:

Die **Hauspflaume, Zwetschge oder Zwetsche** *(Prunus domestica)*. Sie ist mittelgroß und oval mit blauvioletten, spät reifenden Früchten. Sie hat eine dicke Schale und festes gelbes oder grünlich gelbes Fleisch. Sie wird frisch oder eingemacht angeboten, der größte Teil wird jedoch zu Trockenpflaumen verarbeitet.

Die **Japanische Pflaume** *(Prunus salicina)*. Sie ist unterschiedlich groß und leuchtend rot, violett, grünlich oder gelb gefärbt. Sie ist meistens rund, kann nach unten aber auch spitz zulaufen, was ihr ein herzförmiges Aussehen verleiht. Das saftige, süße Fruchtfleisch ist blassgrün oder goldgelb. Sie wird frisch oder als Konserve angeboten.

Die **Kirschpflaume** *(Prunus cerasifera)*. Die bis zu 3 cm großen Früchte sind braun bis gelbrot mit einem Kirschstein in der Mitte. Das weiche Fleisch ist roh ziemlich geschmacksarm, gewinnt aber beim Kochen. Deshalb sind die Früchte für Konfitüren, Kompotte und Gelees wunderbar geeignet.

Die **Schlehe** *(Prunus spinosa)*. Sie zählt ebenfalls zu den Pflaumen und ist klein und rund. Die dunkelblauen Früchte besitzen einen sehr herben Geschmack und werden häufig zu Gelee, Konfitüre, Kompott oder Saft verarbeitet.

Die **Haferpflaume** *(Prunus insititia)*. Sie ist blau und hat ebenfalls einen relativ säuerlich herben Geschmack, weshalb sie sich hervorragend zum Einkochen und für Gelees eignet.

Die **Mirabelle** *(Prunus syriaca)* ist eine kirschgroße, gelbe Pflaumenart, die roh, gekocht und getrocknet verwendet wird. Im ehemaligen Jugoslawien wird daraus der »Slibowitz« hergestellt.

Die **Reneklode** *(Prunus italica)* ist eine sehr zuckerreiche, große und festfleischige, runde grüne oder gelbe Pflaumenart, von der sich die Eierpflaumen ableiten. Sie schmeckt roh und als Kompott.

Aufbewahrung

Unreife Früchte reifen bei Zimmertemperatur nach. Reife Pflaumen bleiben im Kühlschrank einige Tage frisch und sind auch gut zum Einfrieren geeignet; vorher sollte man jedoch den Stein entfernen, da sie sonst bitter werden.

Einkaufstipp

Pflaumen sollten eine frische Farbe haben, auf Druck leicht nachgeben, angenehm duften, und die Schale sollte noch mit einem pudrigen »Reif« überzogen sein. Nicht empfehlenswert sind harte Früchte oder solche mit matter Farbe, da sie noch nicht reif sind, oder auch sehr weiche Früchte, die Druckstellen oder Flecken aufweisen.

Pflaume

Vorbereitung

Pflaumen werden zwar meist mit der Schale verwendet, etwa zum Kuchenbacken, sie können aber auch 30 Sekunden blanchiert und anschließend geschält werden. Pflaumen dürfen nicht zu lange gegart werden, da sie sonst schnell zerfallen.

Zwetschgenkuchen
FÜR 20 STÜCKE

300 g Mehl
½ Würfel Hefe (21 g)
3 EL Zucker
1 Prise Salz
200 ml lauwarme Milch
1 Ei
1 EL zerlassene Butter
2 EL Semmelbrösel
2 kg reife Zwetschgen
Außerdem:
100 g Zucker zum Bestreuen
Butter zum Einfetten

1. Das Mehl sieben, eine Mulde hineindrücken und die zerbröckelte Hefe, Zucker, Salz, Milch und das Ei hineingeben. Alles mit dem Handrührgerät so lange rühren, bis sich der Teig vom Schüsselrand löst. Den Teig zugedeckt an einem warmen Platz 1 Stunde gehen lassen.

2. Ein Backblech mit Butter einfetten. Den Teig auf dem Blech verstreichen, mit der zerlassenen Butter bestreichen und mit den Semmelbröseln bestreuen.

3. Die Zwetschgen waschen, halbieren und entsteinen. Den Teig eng damit belegen (Schnittseite nach oben), weitere 30 Minuten gehen lassen und im Backofen bei 180 °C (Umluft 160 °C, Gas Stufe 2–3) 40 Minuten backen. Den Kuchen mit Zucker bestreut serviert.

Nährwerte

Kalorien	49
Ballaststoffe	1,6 g
Kohlenhydrate	10,2 g
Fett	0,2 g
Eiweiß	0,6 g
Wasser	83,2%
je 100 g	

Pflaumen enthalten viel Kalium sowie etwas Vitamin C und Vitamin B_2. Insbesondere saure Sorten wie die Schlehe oder unreife Früchte sind für ihre abführende Wirkung bekannt. Sie wirken außerdem harntreibend, tonisierend und blutreinigend.

Serviervorschläge

Frische Pflaumen schmecken ohne weitere Zutaten sehr gut. Sie sind eine leckere Zutat im Obstsalat und ergeben einen köstlichen Kuchenbelag. Sie passen zu Pudding oder Eiscreme und werden kandiert, getrocknet und in Essig eingelegt.

Gekocht ergeben sie ein hervorragendes Mus, werden zu Konfitüre oder Gelee verarbeitet und sind eine schmackhafte Zutat in süßsauren Saucen, die gut zu Schweinefleisch, Wild und Geflügel passen. Außerdem werden sie zu Saft, Schnaps und Wein verarbeitet.

Japanische Pflaumen
Zwetschge
Mirabellen
Schlehen
Renekloden

Steinobst

Backpflaume

Prunus domestica, **Rosaceae**

Als Backpflaumen bezeichnet man getrocknete Pflaumen. Von den vielen verschiedenen Pflaumensorten eignen sich jedoch nur wenige zum Trocknen, unter anderem die Gemeine Pflaume sowie die Agen-Pflaume, die im Südwesten Frankreichs angebaut wird, da sie beide festes Fruchtfleisch mit einem hohen Zuckergehalt besitzen.

Lange Zeit ließ man Pflaumen einfach in der Sonne trocknen. Heute werden Backpflaumen dagegen hauptsächlich industriell hergestellt, indem man sie 3 bis 4 Tage in großen Öfen trocknet, wobei Temperatur, Feuchtigkeit und Luftzufuhr genau geregelt sind und die Früchte knapp 80 % ihres ursprünglichen Wassergehalts verlieren. Bei manchen Verfahren dauert das Trocknen sogar nur noch 12 bis 14 Stunden. Im Durchschnitt ergeben 2,5 kg frische Pflaumen 1 kg Backpflaumen.

Nährwerte

Kalorien	222
Ballaststoffe	5,0 g
Kohlenhydrate	47,7 g
Fett	0,6 g
Eiweiß	2,3 g
Wasser	24 %
	je 100 g

Backpflaumen enthalten sehr viel Kalium, viel Vitamin A, Vitamin B_6, Magnesium, Eisen und Kupfer sowie etwas Vitamin B_{12}, Nikotinsäure, Pantothensäure, Vitamin C, Phosphor, Zink und Kalzium. Backpflaumen wirken stark abführend, vor allem wenn sie eingeweicht am Abend verzehrt werden. Der aus Backpflaumen gewonnene Saft hat die gleiche Wirkung.

Einkaufstipp

Backpflaumen werden mit und ohne Stein angeboten, wobei Größe und Qualität sehr unterschiedlich sein können. Am besten sind schwarze, glänzende, pralle Früchte, die relativ weich, jedoch nicht klebrig oder gar schimmelig sind. Sehr trockene Früchte sind dagegen meistens alt.

Serviervorschläge

Backpflaumen werden häufig auch ohne weitere Zutaten einfach aus der Hand gegessen. Klein geschnitten oder im Ganzen belassen sind sie eine häufige Zutat in Saucen, Kuchen, Plätzchen und Puddings. Backpflaumen gehören unbedingt ins *Schlesische Himmelreich* und sind eine traditionelle Beilage zu Kaninchen, Schweinefleisch, Geflügel und Wild. In der persischen Küche und im Mittleren Osten werden Backpflaumen häufig zu Lamm gereicht.

Vorbereitung

In Wasser, Saft oder Alkohol eingeweichte Backpflaumen benötigen eine kürzere Garzeit als trockene Pflaumen. Bei sehr trockenen Früchten empfiehlt es sich, sie in jedem Fall vor der Zubereitung in kochendem Wasser einzuweichen. Gegarte Backpflaumen sollte man außerdem immer erst am Ende des Garprozesses süßen, da sie sonst während des Kochens nur wenig Wasser aufnehmen. Der Stein im Inneren der Frucht enthält etwas giftige Blausäure und darf deshalb nicht mitverzehrt werden.

Aufbewahrung

Backpflaumen werden am besten in einem luftdicht verschlossenen Behälter im Kühlschrank aufbewahrt.

Nektarine

Prunus persica var. *nectarina*, **Rosaceae**

Die Nektarine ist in China beheimatet und gehört der selben Familie an wie der Pfirsich. Man unterscheidet zwischen der *Scleronucipersica*-Sorte, deren Stein sich leicht vom Fruchtfleisch löst, und der *Aganonucipersica*-Sorte mit schwer herauslösbarem Stein. Obwohl viele glauben, die Nektarine sei eine Kreuzung von Pfirsich und Pflaume, ist sie in Wirklichkeit das Ergebnis einer relativ jungen Mutation des Pfirsichs. Neuere Funde belegen überdies, dass die Nektarine bereits vor über 2000 Jahren in China bekannt war.

Es gibt zahlreiche Nektarinensorten, deren Erntezeit sich vom Frühjahr bis zum Herbst erstreckt. Sie unterscheiden sich vom Pfirsich durch ihre glattere, farbigere Schale sowie durch ihr etwas aromatischeres, festes, saftiges, weißes oder gelbes Fruchtfleisch, das süßsäuerlich schmeckt und um den Stein herum einen leicht rötlichen Schimmer hat.

Die Nektarine unterscheidet sich vom Pfirsich durch ihre glattere und farbigere Schale sowie durch ihr etwas aromatischeres Fruchtfleisch.

Einkaufstipp

Da Nektarinen sehr leicht verderben, werden sie häufig kurz vor der Vollreife geerntet, wenn sie noch sehr fest sind. Nektarinen sollten angenehm duften, nicht zu fest sein und weder Flecken noch Risse oder Druckstellen aufweisen. Nicht empfehlenswert sind grünliche Nektarinen, die unreif gepflückt wurden. Da ihr Zuckergehalt nach der Ernte nicht mehr zunimmt, reifen sie später nur wenig nach.

Vorbereitung

Angeschnitten verfärbt sich das Fruchtfleisch meist schnell braun. Das lässt sich vermeiden, indem es sofort mit etwas Zitronensaft oder Alkohol beträufelt wird. Beim Schälen löst sich die Haut leichter vom Fruchtfleisch, wenn man die Früchte 1 Minute in kochendes Wasser gibt und anschließend sofort unter kaltem Wasser abschreckt.

Aufbewahrung

Nektarinen sind sehr druckempfindlich und sollten möglichst nicht zu eng liegen, damit sie nicht schimmelig werden. Bei Zimmertemperatur reifen die Früchte etwas nach, wobei der Reifungsprozess beschleunigt werden kann, indem man sie in einen Kunststoffbeutel verpackt lagert. Reife Nektarinen können bei Zimmertemperatur einige Tage, im Kühlschrank etwas länger aufbewahrt werden. Sie sollten jedoch kurz vor dem Servieren herausgenommen werden, damit sich ihr Aroma besser entfalten kann.

Nektarinen sind geschält und kurz blanchiert auch sehr gut zum Einfrieren geeignet, wobei vorher der Stein entfernt werden sollte, da das Fruchtfleisch sonst bitter schmeckt. Überreife Früchte können als Kompott oder püriert eingefroren werden; wenn man das Fruchtfleisch vorher mit etwas Zitronensaft beträufelt, verfärbt es sich nicht braun.

Serviervorschläge

Nektarinen sind »pur« eine köstliche Zwischenmahlzeit, man kann sie aber auch garen, trocknen, einkochen oder kandieren. Sie werden wie Pfirsiche zubereitet, die sie in vielen Gerichten auch ersetzen können. Nektarinen schmecken im Obstsalat, zu Crêpes, als Kuchenbelag, in Joghurt oder Quark, in Eiscreme und Sorbets. Sie werden zu Konfitüre und Gelee verarbeitet, mariniert, entsaftet und zur Herstellung von Likören verwendet.

Nährwerte

Kalorien	53
Ballaststoffe	2,0 g
Kohlenhydrate	12 g
Fett	0,4 g
Eiweiß	0,9 g
Wasser	80,2 %
	je 100 g

Nektarinen enthalten viel Kalium sowie etwas Vitamin A und C.

Pfirsich

Prunus persica, **Rosaceae**

Der Pfirsich ist in China beheimatet und gelangte der Legende nach durch Alexander den Großen aus Persien ins Abendland. Da er in Persien reichlich wuchs, nahm man an, dass er dort beheimatet sei und nannte ihn deshalb *Persica*. In China, wo der Pfirsich schon in frühester Zeit angebaut und wegen seines süßen Geschmacks besonders geschätzt wurde, entstanden zahlreiche Legenden rund um die delikate Frucht. Nach einem dieser Märchen soll der Pfirsich sogar Unsterblichkeit verleihen. Zu den weltweit größten Pfirsichproduzenten gehören heute Italien, die Vereinigten Staaten, China und Griechenland.

Der winterkahle Pfirsichbaum, der zur selben botanischen Familie gehört wie Aprikose, Mandel, Kirsche und Pflaume, erreicht eine Höhe von 5 bis 7 m und bevorzugt im Allgemeinen ein eher warmes Klima; bestimmte Sorten tolerieren aber auch gemäßigte Temperaturen. Im Frühjahr trägt der Baum noch vor den ersten Blättern wunderschöne rosafarbene Blüten. Die flaumige gelbliche Schale des Pfirsichs ist relativ dünn. Bei manchen Sorten bekommt sie einen leuchtend roten Schimmer, noch ehe die Frucht reif ist, doch handelt es sich hierbei eher um eine genetische Besonderheit als um ein Qualitätsmerkmal. Das relativ feste, aromatisch duftende, saftige, süße Fruchtfleisch ist gelb oder grünlich weiß, wobei Früchte mit weißem Fleisch zwar leichter verderblich, dafür aber süßer und saftiger sind als die gelbfleischigen Sorten. Im Inneren befindet sich ein holziger, etwa 3 cm langer Kern, der geringfügig Blausäure enthält. Manche Pfirsichsorten kommen bereits sehr früh auf den Markt, während andere sehr viel später reif sind.

Einkaufstipp

Reife Pfirsiche duften angenehm und geben auf Druck leicht nach. Die Schale sollte unversehrt sein und keine Druckstellen aufweisen. Die druckempfindlichen Pfirsiche werden für Transportzwecke meist unreif, also noch grün, gepflückt und reifen dann unter kontrollierten Bedingungen nach. Besonders köstlich sind Weinbergpfirsiche, die gelegentlich in Weinbaugebieten angebaut werden.

Pfirsich Melba

FÜR 4 PORTIONEN

4 saftige Pfirsiche (auch aus der Dose)
190 g Zucker
200 g frische Himbeeren (oder tiefgekühlt)
Saft von ½ Limette
1 EL Kirschwasser oder Himbeergeist
500 ml Vanilleeis
2 EL Mandelsplitter

»Pfirsich Melba« ist eine klassische Nachspeise, die 1892 von dem berühmten französischen Koch Escoffier zu Ehren der australischen Opernsängerin Nellie Melba erfunden wurde.

1. Die Pfirsiche 1 Minute in kochendem Wasser blanchieren und abschrecken. Die Früchte schälen, halbieren und entsteinen.

2. In einem Topf ½ l Wasser mit 170 g Zucker zum Kochen bringen und 1 Minute kochen. Die Pfirsiche zufügen und 8 Minuten zugedeckt bei kleiner Hitze garen. Die Früchte im Sirup abkühlen lassen, abgießen und in den Kühlschrank stellen.

3. Für die Sauce die Himbeeren in der Küchenmaschine oder mit dem Pürierstab pürieren und durch ein feines Sieb passieren. Das Püree mit Limettensaft, dem Alkohol und dem restlichen Zucker vermischen.

4. Das Eis in Dessertschüsseln verteilen. Die Pfirsichhälften darüber geben, mit dem Himbeerpuree übergießen und mit Mandelsplittern bestreut servieren.

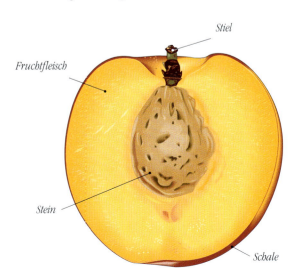

Stiel
Fruchtfleisch
Stein
Schale

Pfirsich

Vorbereitung

Pfirsiche lassen sich leicht häuten, wenn man sie vorher 1 Minute in kochendem Wasser blanchiert und anschließend sofort unter kaltem Wasser abschreckt.

Angeschnittenes Fruchtfleisch verfärbt sich durch Luftkontakt braun. Das lässt sich vermeiden, indem man es mit Zitronen-, Orangen- oder Limettensaft beträufelt oder etwas Alkohol darüber gibt.

Serviervorschläge

Frische Pfirsiche eignen sich hervorragend auch ohne weitere Zutaten als kleine Zwischenmahlzeit und sind ein leckerer Torten- und Kuchenbelag. Sie schmecken zu Crêpes, in Obstsalaten, Joghurts und Quarkspeisen oder auch püriert in Eiscreme, Sorbets und Soufflés. Aus Pfirsichen bereitet man außerdem Gelee, Konfitüre, Saft, Kompott, Liköre und Schnaps, und sie eignen sich zum Trocknen und Kandieren. Gegart ergeben sie eine schmackhafte Beilage zu würzigen Gerichten – sie passen besonders gut zu Meeresfrüchten, Geflügel und Schweinefleisch – und Süßspeisen. Außerdem sind sie sehr gut zum Aromatisieren von Marinaden geeignet.

Aufbewahrung

Pfirsiche verderben sehr schnell, sobald sie Druckstellen bekommen, und sollten deshalb nicht zu dicht gelagert werden. Unreife Pfirsiche reifen bei Zimmertemperatur nach, wobei der Reifungsprozess beschleunigt werden kann, wenn man sie zusätzlich in einen Kunststoffbeutel verpackt. Allerdings sollte man sie regelmäßig überprüfen, da sie schnell faulen. Pfirsiche können 3 bis 4 Tage bei Zimmertemperatur und etwas länger im Kühlschrank aufbewahrt werden, sollten jedoch rechtzeitig vor dem Verzehr herausgenommen werden, damit sich ihr Aroma besser entfalten kann.

Pfirsiche sind sehr gut zum Einfrieren geeignet, doch sollte zuvor der Stein entfernt werden, da das Fruchtfleisch sonst bitter schmeckt. Sehr reife Früchte werden am besten als Kompott oder püriert und mit etwas Zitronen-, Orangen- oder Limettensaft vermischt eingefroren.

Nährwerte

	frisch	*getrocknet*
Kalorien	43	244
Ballaststoffe	1,9 g	11,7 g
Kohlenhydrate	9,4 g	53,9 g
Fett	0,1 g	0,6 g
Eiweiß	0,7 g	3,1 g
Wasser	88 %	23 %
		je 100 g

Pfirsiche zählen neben Aprikosen zu den Früchten mit einem relativ hohen Betakarotin-Gehalt. Außerdem enthalten sie viel Kalium sowie etwas Vitamin C. Sie sind arm an Ballaststoffen, gut verdaulich und wirken harntreibend, magenstärkend und leicht abführend.

Getrocknete Pfirsiche haben einen höheren Nährstoffgehalt als frische Früchte und enthalten sehr viel Kalium und Eisen, viel Vitamin A, Nikotinsäure, Kupfer, Magnesium und Vitamin B_2 sowie etwas Phosphor, Vitamin C und Zink. Sie werden jedoch häufig mit Konservierungsstoffen wie Schwefeldioxid, Kaliumsorbat, Sorbatsäure oder Natriumbisulfit behandelt, um die Farben zu erhalten und die Haltbarkeit zu verlängern. Im Bioladen erhält man getrocknete Pfirsiche, die frei von Konservierungsstoffen sind.

Die flaumige gelbliche Schale des Pfirsichs ist relativ dünn. Bei manchen Sorten bekommt sie einen leuchtend roten Schimmer, noch ehe die Frucht reif ist.

Steinobst

Kirsche

Prunus spp., Rosaceae

Die Kirsche ist die Frucht eines Baums, dessen Heimat vermutlich im nordöstlichen Asien liegt. Ihre genaue Herkunft ist jedoch schwer zu bestimmen, zumal Kirschen seit uralten Zeiten in vielen Regionen der Erde kultiviert werden. Da Kirschen bei Vögeln sehr beliebt sind, nimmt man an, dass auch die Zugvögel zur weltweiten Verbreitung der Kirsche beigetragen haben.

Der Kirschbaum gehört zur selben botanischen Familie wie Aprikose, Pflaume und Pfirsich. Er kann eine Höhe von bis zu 20 m erreichen, wird aber meist stark zurückgeschnitten, um die Ernte zu erleichtern. Kirschbäume blühen sehr früh und tragen wunderschöne weiße Blüten, aus denen sich die Kirschen entwickeln. Diese sind Steinfrüchte mit glatter Haut und weichem, saftigem Fruchtfleisch. Mit ihren langen, dünnen Stielen sitzen sie paar- oder büschelweise an den Zweigen. Kirschen werden in Süß-, Sauer- und Wildkirschen (Brennkirschen) unterteilt.

Die **Süßkirsche** *(Prunus avium)* ist süß und dickfleischig. In der Regel ist sie hell- oder dunkelrot, manchmal aber auch gelb gefärbt. Von den runden, länglichen oder herzförmigen Süßkirschen mit ihrer dünnen Fruchthaut gibt es mehr als 500 verschiedene Sorten. Sehr verbreitet sind die überaus saftige **Knorpelkirsche** sowie die herzförmige **Herzkirsche** mit ihrem festen Fruchtfleisch; letztere ist meistens rot, manchmal auch gelb mit rötlichem Schimmer. Verschiedene Sorten von Süßkirschen werden zur Herstellung von Kirschwasser verwendet.

Die **Sauerkirsche** *(Prunus cerasus)* hat meist eine dunkle Färbung und wächst problemlos auch in rauerem Klima. Es gibt über 250 verschiedene Sorten, unter anderem die mittelgroße **Buntscheckige Knorpelkirsche**, deren weiches Fruchtfleisch relativ säuerlich schmeckt, und die kleinere, relativ saure **Schattenmorelle**. Sauerkirschen werden selten roh gegessen, dafür umso lieber eingekocht. Ihr zartes Aroma verleiht Kompott, Konfitüren, Kuchen, Fruchtmus und zahlreichen Likören eine besondere Note.

Die **Wildkirsche** ist klein, sehr sauer und nicht so dickfleischig wie die anderen Sorten.

Einkaufstipp

Kirschen sollten reif gepflückt werden, da sie nach der Ernte nicht mehr nachreifen. Qualitativ gute Früchte sind prall und fest; sie haben eine glänzende Fruchthaut mit intensiver Färbung, und die Stiele sind noch nicht ausgetrocknet. Unreife, harte Kirschen sind meist klein und blass. Ungeeignet sind auch überreife, weiche Früchte mit bräunlichen Stellen, Druckstellen oder verschrumpelter Haut.

Serviervorschläge

Kirschen schmecken frisch sehr gut. Man kann sie aber auch kochen, kandieren und trocknen oder in Sirup oder Alkohol einlegen. Kirschen verwendet man oft für Obstsalate, Puddings, Sorbets, Eiscreme, Quarkspeisen und Joghurt, und sie sind ein köstlicher Belag auf Torten und Kuchen. Außerdem ergeben sie eine sehr schmackhafte Konfitüre, sind ein beliebtes Kompott und passen gut als Beilage zu Wild und Geflügel. Kandierte Kirschen werden häufig zum Dekorieren von Speisen verwendet. Kirschen werden auch zu Wein oder Schnäpsen verarbeitet; berühmt sind das Schwarzwälder Kirschwasser, der italienische *Maraschino*-Likör und der französische *Ratafia* aus der Provence.

Knorpelkirschen

Buntscheckige Knorpelkirschen

Schattenmorellen

Kirsche

Clafoutis (Französischer Kirschauflauf)

FÜR 4 PORTIONEN

500 g Süßkirschen
140 g Zucker
100 g Mehl
1 Prise Salz

3 Eier
250 ml kalte Milch
½ TL Vanillemark
Butter für die Form

1. Den Backofen auf 190 °C (Umluft 170 °C, Gas Stufe 3) vorheizen.

2. Die Kirschen waschen, abtropfen lassen, von den Stielen befreien und entsteinen. Eine Auflaufform einfetten und die Kirschen darin verteilen. Die Früchte mit 50 g Zucker bestreuen.

3. Mehl, Salz und 50 g Zucker in einer Schüssel vermischen. Die Eier nacheinander unterschlagen und unter ständigem Rühren die Milch und das Vanillemark zugeben. Alles zu einem glatten Teig verarbeiten und den Teig gleichmäßig über die Kirschen verteilen.

4. Den Auflauf 45 Minuten im Ofen backen, bis der Teig aufgegangen und goldgelb ist. Nach dem Herausnehmen den Auflauf mit dem restlichen Zucker bestreuen und lauwarm oder kalt servieren.

Nährwerte

	Süßkirsche	*Sauerkirsche*
Kalorien	63	53
Ballaststoffe	1,3 g	1,1 g
Kohlenhydrate	13,3 g	9,9 g
Fett	0,3 g	0,5 g
Eiweiß	0,9 g	0,9 g
Wasser	81 %	84,3 %

je 100 g

Süß- und Sauerkirschen sind reich an Kalium, Sauerkirschen enthalten darüber hinaus Ballaststoffe und Betakarotin.

Wildkirschen wirken harntreibend, remineralisierend und leicht abführend. Sie helfen bei Rheuma und Arthritis und sind außerdem für ihre blutreinigende Wirkung bekannt. Aus den Kirschenstielen kann man einen harntreibenden Aufguss bereiten.

Kirschen sind Steinfrüchte mit glatter Haut und weichem, saftigem Fruchtfleisch. Sie sitzen an langen, dünnen Stielen.

Aufbewahrung

Da Kirschen relativ schnell verderben, sollten sie nicht bei Zimmertemperatur, sondern in einem perforierten Kunststoffbeutel im Kühlschrank aufbewahrt werden, wo sie sich einige Tage halten. Außerdem ist es ratsam, sie nicht in der Nähe stark riechender Lebensmittel zu lagern, da sie schnell Fremdgerüche annehmen und ihr Aroma verlieren. Kirschen kann man mit und ohne Stein einfrieren, wobei sie zuvor mit etwas Zucker bestreut oder mit Sirup beträufelt werden sollten. Aufgetaut eignen sie sich vor allem zum Kochen. Getrocknete Kirschen halten sich in einem luftdicht verschlossenen Behälter kühl und trocken gelagert etwa 1 Jahr.

Vorbereitung

Kirschen werden vor dem Entfernen der Stiele gewaschen, damit sie sich nicht mit Wasser vollsaugen. Zum Entsteinen kann man sie halbieren oder einen Kirschenentsteiner verwenden.

Mit dem Kirschenentsteiner ein Loch in das Fruchtfleisch drücken und den Stein entfernen.

Steinobst

Wildkirschen

Herzkirschen

Süßkirschen

Dattel

Phoenix dactylifera, **Palmaceae**

Datteln sind die Früchte der Dattelpalme, die wie alle Palmenarten in feuchtwarmem Klima gedeiht. Sie ist im Mittleren Osten zu Hause, wo sie seit der Zeit der Babylonier von großer wirtschaftlicher Bedeutung ist; als »Baum des Lebens« findet sie sogar in der Bibel Erwähnung. Die Bezeichnung »Dattel« bezieht sich auf die Form der Frucht und stammt von dem griechischen Wort *daktylos* ab, das »Finger« bedeutet. Neben den Früchten sind auch die Knospen und der Saft der Dattelpalme genießbar; die Fasern der Blätter werden zur Herstellung von Stoffen verwendet, während man die Dattelkerne als Brennmaterial oder als ölhaltiges Futter für Schafe und Kamele nutzt. Ägypten und Saudi-Arabien gehören heute zu den Hauptproduzenten dieser Frucht.

Die Dattelpalme kann eine Höhe von 30 m erreichen und trägt jedes Jahr über 1000 Früchte, die zwischen 2 und 7 cm lang und etwa 2 cm breit sind. Die Datteln wachsen in herabhängenden Fruchtständen, die mehr als 200 Früchte tragen und bis zu 20 kg schwer sein können. Das Fruchtfleisch unreifer Datteln ist grün und bekommt mit zunehmender Reife eine goldgelbe oder bräunliche Färbung; der kleine Kern im Inneren der Frucht ist eigentlich ein verfestigter Eiweißstoff. Struktur, Geschmack und Zuckergehalt der Datteln sind sehr unterschiedlich, weshalb Datteln in weiche, halbtrockene und trockene Sorten unterteilt werden. Zwar gibt es beinahe 100 verschiedene Dattelsorten, doch gelangen nur wenige in den Handel; zu den bekanntesten zählen die Muskatdattel (Deglet Nour) und die goldene Dattel (Zahidi) sowie die Hadrawi-, Medjoul-, Halawi- und die Barhidattel. Das arabische *Deglet Nour* bedeutet »Finger des Lichts«; diese Sorte zählt zu den teuersten Datteln.

Einkaufstipp

Datteln werden mit und ohne Stein angeboten. Sie sollten prall und relativ weich sein und eine schöne Farbe haben.

Vorbereitung

Getrocknete Datteln kann man einige Stunden in Wasser, Alkohol oder Saft einweichen.

Serviervorschläge

Datteln schmecken sehr gut als kleiner Snack und als Zutat in verschiedenen Gerichten. Während sie in den westlichen Ländern meist für Kuchen, Plätzchen oder Fruchtschnitten sowie im Müsli verwendet werden, kennt man in anderen Ländern noch viele andere Zubereitungsweisen: In den arabischen Ländern werden sie zum Beispiel gefüllt oder kandiert, man gibt sie zu Salaten und ins Couscous oder verwendet sie zur Schnapsherstellung. In Indien sind Datteln eine Zutat für Chutneys oder in Currygerichten. Da Datteln sehr süß sind, kann man bei der Zubereitung von Gerichten die Zuckermenge reduzieren oder ganz darauf verzichten. Aus Dattelfrüchten wird sogar Zucker hergestellt. Für die Herstellung von Dattelzucker werden einige entsteinte, in Scheiben geschnittene Datteln auf ein ungefettetes Backblech gegeben und im Ofen bei 240 °C (Umluft 220 °C, Gas Stufe 5–6) 12 bis 15 Stunden gebacken (gelegentlich die Ofentür öffnen, um den Dampf entweichen zu lassen). Dann werden die steinhart gewordenen Datteln abgekühlt im Mixer oder in der Küchenmaschine auf kleiner Stufe fein zermahlen.

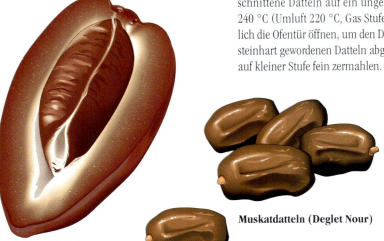

Muskatdatteln (Deglet Nour)

Hadrawidatteln

Dattel

> ### Marzipandatteln
> **FÜR 24 STÜCK**
>
> 100 g abgezogene, gemahlene Mandeln
> 50 g Puderzucker
> 1–2 EL Rosenwasser
> 24 frische Datteln
> 100 g Zartbitterkuvertüre
>
> 1. Für das Marzipan die Mandeln mit dem Puderzucker in einer kleinen Schüssel vermischen. Die Mischung nochmals mahlen und mit dem Rosenwasser gründlich zu einer homogenen Masse verrühren.
>
> 2. Die Datteln der Länge nach aufschneiden und die Kerne entfernen. Das Marzipan in 24 Portionen teilen und die Datteln mit je einer Portion füllen.
>
> 3. Die Kuvertüre grob zerkleinern und in einer Tasse im Wasserbad schmelzen. Die Datteln zur Hälfte in die Kuvertüre tauchen, auf einem Kuchengitter 1 Stunde trocknen lassen und vorsichtig ablösen.

Nährwerte

Kalorien	277
Ballaststoffe	9,0 g
Kohlenhydrate	65,2 g
Fett	0,5 g
Eiweiß	2,0 g
Wasser	22,3 %
	je 100 g

Wegen ihres hohen Zuckergehalts sind Datteln äußerst nahrhaft. Getrocknete Datteln enthalten sehr viel Kalium sowie viel Eisen, Magnesium, Kupfer, Pantothensäure, Vitamin B_6 und Nikotinsäure. Datteln sollen eine vitalisierende und remineralisierende Wirkung haben. Sie werden häufig mit Sulfiten behandelt und gelegentlich mit einem Sirup überzogen, damit sie weich bleiben, wodurch sich jedoch ihr ohnehin schon hoher Zuckergehalt noch mehr erhöht.

Die Dattelpalme kann eine Höhe von 30 m erreichen und trägt jedes Jahr mehr als 1000 Früchte.

Aufbewahrung

Getrocknete Datteln werden in einem luftdicht verschlossenen Behälter an einem dunklen Ort kühl und trocken aufbewahrt; je nach Sorte sind sie dann 6 bis 12 Monate haltbar. Frische Datteln halten sich im Kühlschrank mindestens 2 Wochen, sollten jedoch gut verpackt sein, damit sie keine Fremdgerüche annehmen. Es ist nicht ratsam, Datteln einzufrieren, da sie oft schon während des Transports eingefroren waren.

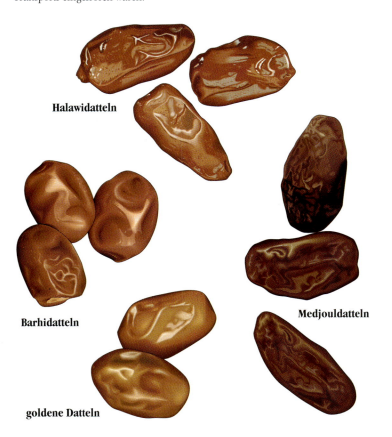

Halawidatteln

Barhidatteln

Medjouldatteln

goldene Datteln

Steinobst

Aprikose

Prunus armeniaca, Rosaceae

Die Aprikose ist in China heimisch, obwohl man anfänglich glaubte, der Aprikosenbaum stamme aus Armenien, und ihn deswegen *Prunus armeniaca* nannte. Lange Zeit stand die Aprikose in dem Ruf, verflucht zu sein und Fieberanfälle auszulösen. Der Legende nach soll Alexander der Große sie in die westliche Welt mitgebracht haben, während sie durch die Araber in die Mittelmeerregion gelangte. Ihr Name leitet sich ab von dem spanisch-arabischen Wort *al barquq*, das »frühzeitig« bedeutet und darauf anspielt, dass der Baum bereits sehr zeitig im Frühjahr Blüten trägt.

Der Aprikosenbaum kann über 9 m hoch werden und treibt wunderschöne, duftende Blüten, die direkt am Stamm und den Ästen des Baums sitzen. Es gibt über 40 verschiedene Aprikosensorten, von denen die meisten in warmen Regionen, einige wenige jedoch auch in gemäßigten Klimazonen gedeihen. Die weltweit größten Aprikosenproduzenten sind die Türkei, Italien und die ehemaligen GUS-Staaten.

Die flaumige Haut der Aprikose wird erst weich, wenn die Frucht voll ausgereift ist. Ihr zartes orangefarbenes Fruchtfleisch schmeckt süß und aromatisch. Da die Frucht häufig unreif geerntet wird, um lange Transportwege zu überstehen, kann das Fruchtfleisch mehlig werden und an Geschmack einbüßen.

Die empfindliche Aprikose wird häufig unreif geerntet, damit sie die oft langen Transportwege besser übersteht.

Nährwerte

	frisch	*getrocknet*
Kalorien	43	240
Ballaststoffe	1,5 g	8,6 g
Kohlenhydrate	8,5 g	47,9 g
Fett	0,1 g	0,5 g
Eiweiß	1,0 g	5,0 g
Wasser	86 %	17,0 %
		je 100 g

Aprikosen sind bekannt für ihren hohen Betakarotin-Gehalt, liefern reichlich Kalium und enthalten etwas Vitamin C. Sie wirken adstringierend, regen den Appetit an und unterstützen die Blutbildung.

Getrocknete Aprikosen wirken verdauungsfördernd und haben eine höhere Nährstoffkonzentration als die frischen Früchte. Sie werden häufig geschwefelt angeboten, damit sie sich nicht verfärben und länger frisch bleiben.

Einkaufstipp

Aprikosen sollten unbeschädigt und weder zu fest noch zu weich sein. Die Schale sollte keine weißen Flecken oder Druckstellen aufweisen.

Vorbereitung

Das Fruchtfleisch der Aprikose verfärbt sich schnell braun, sobald es mit Luft in Berührung kommt. Um dies zu vermeiden, kann man die aufgeschnittene Frucht mit etwas Zitronensaft oder Alkohol beträufeln.

Serviervorschläge

Frische Aprikosen schmecken aus der Hand gegessen sehr gut. Man kann sie wie Pfirsiche und Nektarinen zubereiten, für die sie in den meisten Gerichten ein guter Ersatz sind. Sie passen sehr gut in Obstsalate, Sorbets, Eiscreme, Quarkspeisen, Joghurt und zu Crêpes. Gegart ergeben sie aromatische Kompotts, Konfitüren und Chutneys sowie einen köstlichen Belag für Kuchen, Torten und Gebäck. Man kann auch ihren Saft auspressen oder sie in Alkohol einlegen, kandieren oder trocknen. Getrocknete Aprikosen können in Wasser, Saft oder Alkohol eingeweicht werden.

Aufbewahrung

Aprikosen sind sehr empfindlich, und vor allem beschädigte Früchte verderben schnell. Deshalb sollte man sie immer erst kurz vor der Zubereitung waschen und nicht zu dicht nebeneinander legen, da sie leicht Druckstellen bekommen. Aprikosen reifen bei Zimmertemperatur etwas nach. Reife Früchte kann man im Kühlschrank bis zu 1 Woche aufbewahren.

Aprikosen eignen sich gut zum Einfrieren, wobei vorher die Haut abgezogen und die Kerne entfernt werden sollten. Das Enthäuten geht leichter, wenn man die Früchte 30 Sekunden in kochendem Wasser blanchiert und sofort unter kaltem Wasser abschreckt. Sehr reife Aprikosen werden gegart oder als Mus eingefroren.

Apfel

Malus spp., Rosaceae

McIntosh

Der Apfelbaum stammt vermutlich aus dem Nahen Osten. Als gesichert gilt, daß die Syrer bereits vor 5000 Jahren Äpfel aus Kleinasien nach Ägypten gebracht haben. Archäologische Funde aus vorchristlichen Siedlungen in Süddeutschland belegen, dass der Apfelanbau schon sehr früh auch in unseren Breitengraden kultiviert wurde.

Als verbotene Frucht und Frucht der Erkenntnis ist der Apfel das christliche Symbol für die Vertreibung aus dem Paradies. Als Symbol der Liebe, der Schönheit, des Glücks und der Macht erlangte der Apfel hingegen mystische, literarische und historisch-symbolische Bedeutung.

Im 6. Jahrhundert v. Chr. unterschieden die Römer bereits zwischen 37 verschiedenen Apfelsorten. Sie waren es auch, die den Apfel überall in Europa verbreiteten und schon damals aus Äpfeln Saft und Wein kelterten. Seitdem sind unzählige Varietäten und Kreuzungen dazugekommen. Um 1620 gelangte der erste Apfelbaum auch nach Nordamerika, und heute kennen wir mehr als 7500 Sorten. Die weltweit größten Apfelproduzenten sind Russland, China, die USA, Deutschland und Frankreich.

Der Apfelbaum gedeiht am besten in gemäßigtem Klima, während ihm tropische Hitze nicht bekommt, da er zum Wachsen Kälteperioden und Ruhephasen benötigt. Einige Sorten tolerieren sogar Temperaturen bis zu − 40 °C.

Der Apfelbaum erreicht unterschiedliche Höhen, wobei seine Breite in der Regel seiner Höhe entspricht. Er entwickelt wunderschöne Blütenstände mit stark duftenden rosafarbenen oder weißen Blüten. Die zahlreichen Apfelsorten unterscheiden sich in Form, Farbe, Geschmack, Struktur, Nährwert, Erntezeitpunkt, Verwendung und Haltbarkeit. Das Fruchtfleisch variiert in Festigkeit, Säuregehalt, Saftigkeit und Süße.

Die frühen Apfelsorten, die im Spätsommer reif werden, können nicht lange gelagert werden, weshalb sie am besten bald verbraucht werden sollten. Die späteren, im Herbst geernteten Äpfel sind dagegen sehr gute Lageräpfel. Je nach Verwendungszweck werden Apfelsorten unterschieden nach Festigkeit, Säure-, Fruchtzucker- und Pektingehalt. Während einige Sorten nicht zum Kochen geeignet sind und am besten roh schmecken, ist bei anderen das genaue Gegenteil der Fall. In der Regel unterscheidet man die Eigenschaften nach folgenden Kriterien:

- zum Rohessen: fest, aromatisch, knackig, süß und sauer
- zum Kochen: trocken, leicht säuerlich
- zum Backen: fest, süß oder säuerlich
- für Gelee: gerade eben reif, saftig, säuerlich, hoher Pektingehalt
- für Apfelmus: säuerlich

Da die Nachfrage das Angebot bestimmt, sind mittlerweile manche Apfelsorten nicht mehr im Handel, die früher sehr beliebt waren. Bei uns am verbreitetsten sind heutzutage Boskop, Cortland, Cox Orange, Golden Delicious, Red Delicious, Elstar, Gala, Granny Smith, Idared, Ingrid Marie, Jonagold, McIntosh, Spartan und James Grieve. Durch Importe aus Übersee kommen immer wieder neue Sorten auf den Markt.

Schon die Römer unterschieden zwischen 37 verschiedenen Apfelsorten; heute kennen wir mehr als 7500 Varietäten.

Kernobst

Apfel

Sorte	Herkunft und Aussehen	Verwendung
BOSKOP	Große, eher unregelmäßige Früchte mit rauer, grünlich gelber Schale; erfrischend säuerlich.	Hervorragend zum Kochen und Backen geeignet.
CORTLAND	Gezüchtet aus McIntosh; groß, rund mit abgeflachten Enden, leuchtend rote Schale, gestreift, sehr helles Fruchtfleisch, das sich nicht verfärbt; bessere Qualität als Spartan; bleibt fest, wenn er im Ganzen gebacken wird.	Für alle Zwecke geeignet; gut als Zwischenmahlzeit, zum Backen und für Apfelmus.
COX ORANGE	Festes Fruchtfleisch mit hervorragendem Aroma und leicht raue, gelblich grüne Schale. Ab September bis zum Frühjahr auf dem Markt.	In erster Linie als Zwischenmahlzeit, aber auch zum Kochen und Backen geeignet.
GOLDEN DELICIOUS	Ende des 19. Jahrhunderts in den USA gezüchtet; leicht längliche Form, verjüngt sich nach unten und läuft in fünf einzelne Wülste aus; gelbe Schale, mittelfestes Fruchtfleisch, saftig, süß, feine Struktur, nur leicht säuerlich.	Gut als Zwischenmahlzeit, zum Backen und für Apfelmus.
RED DELICIOUS	Gleiche Eigenschaften wie Golden Delicious, aber das Fruchtfleisch ist knackiger; leuchtend rote, gestreifte Schale.	Gut als Zwischenmahlzeit.
ELSTAR	Kreuzung von Golden Delicious und Ingrid Marie. Rot gepunktete Schale, saftig, angenehmer Geschmack.	Sehr gut als Zwischenmahlzeit geeignet.
GALA	In Neuseeland gezüchtet, eine Kreuzung aus der Cox-Orange-Sorte Pippin sowie Red und Golden Delicious; dünne gelbe Schale mit rosafarbenen Streifen; saftig, knackig, süß, sehr aromatisch.	Hervorragend als Zwischenmahlzeit, gut zum Kochen.
GRANNY SMITH	1868 erstmals in Australien gezüchtet; mittelgroß, grüne Schale, saftig, säuerlich.	Gut als Zwischenmahlzeit und zum Backen.
IDARED	Groß, dunkelrot mit grünlich gelben Punkten; saftig, aromatisch, fest (auch beim Kochen).	Für alle Zwecke geeignet; hervorragend zum Backen und für Apfelmus.
INGRID MARIE	Der typische Weihnachtsapfel – auch Nikolausapfel genannt – ist klein, rotbackig und sehr saftig. Bis März erhältlich.	Gut für Strudel und Kuchen geeignet.
JONAGOLD	Gelber Apfel, auf der Sonnenseite meist orangerot. Würzig aromatischer Geschmack, früh reifend, gut lagerfähig.	Für alle Zwecke, jedoch am allerbesten zum Kochen und Backen geeignet.
MCINTOSH	Um 1870 in Kanada gezüchtet; mittelgroß, rund, fest, saftig, knackig; dunkelrote Schale mit grünen Streifen.	Hervorragend als Zwischenmahlzeit; gut zum Backen und für Apfelmus.
SPARTAN	Kreuzung aus McIntosh und Yellow Newton, knackiger, leuchtender und süßer als McIntosh; mittelgroß bis groß, rund, dunkelrote Schale mit kleinen weißen Punkten.	Für alle Zwecke geeignet.

Apfel

Einkaufstipp

Heutzutage sind das ganze Jahr über frische Äpfel auf dem Markt, die vorher auf unterschiedliche Weise gelagert werden: im Kühllager, im Normallager und im Kohlensäurelager. Alle Methoden dienen dazu, die »Atmung« der Äpfel und damit die Zell- bzw. Enzymaktivität herabzusetzen, damit die Früchte nicht vorzeitig altern und faulig werden.

Bei der Normallagerung wird durch Zirkulation die warme Luft im Lagerraum durch die kältere Außenluft ausgetauscht; diese Methode ist wirkungsvoll, solange die Außentemperatur niedrig ist.

Bei der Kühllagerung werden die Äpfel bei einer Temperatur knapp über dem Gefrierpunkt und bei einer Luftfeuchtigkeit von 85 bis 90% aufbewahrt. Dabei reifen die Äpfel langsam weiter, verbrauchen Sauerstoff und produzieren Kohlendioxid. Mit dieser Methode bleiben sie 3 bis 4 Monate angenehm frisch, verlieren danach jedoch ihren Glanz und werden mehlig. Einige Apfelsorten kann man auf diese Weise bis zu 6 Monate lagern.

Im Kohlensäurelager werden die Äpfel in hermetisch verschlossenen Räumen in eine Art »Winterschlaf« versetzt, indem man den Sauerstoffgehalt der Luft so weit reduziert, dass die »Atmung« der Äpfel herabgesetzt und so der Reifungsprozess verzögert wird. Dadurch bleiben sie bis zu 1 Jahr frisch und können dann angeboten werden, wenn die Apfelvorräte aus den anderen Lagern bereits verbraucht sind. Nach dem gleichen Prinzip können Äpfel in einem fest verschlossenen Kunststoffbeutel im Kühlschrank aufbewahrt werden.

Äpfel werden meist geerntet, bevor sie voll ausgereift sind, damit sie lange Transportwege besser überstehen. Außerdem werden vollreif geerntete Äpfel häufig schneller mehlig, und das Fruchtfleisch um das Kerngehäuse verfärbt sich braun. Unreife wie überreife Äpfel sind meist matt gefärbt. Um den Reifegrad zu testen, klopft man in der Nähe des Stiels mit dem Finger gegen den Apfel: Klingt es dumpf, ist der Apfel reif, während ein hohler Klang ein Zeichen für Überreife ist.

Qualitativ gute Äpfel sind fest, haben eine schöne, intensive Farbe und weisen keine Druckstellen auf. Gibt das Fruchtfleisch auf Druck nach, ist der Apfel mehlig. Vor dem Rohverzehr oder dem Kochen sollten Äpfel unter fließendem Wasser gründlich gewaschen werden, um wasserlösliche Umweltgifte auf der Schale zu entfernen.

Vorbereitung

Das Fruchtfleisch von Äpfeln oxidiert und wird braun, wenn es mit Sauerstoff in Verbindung kommt. Um dies zu verhindern, kann man angeschnittene Äpfel je nach Verwendungszweck mit Zitronensaft (Limetten- oder Orangensaft), Essig oder Alkohol beträufeln.

Cortland

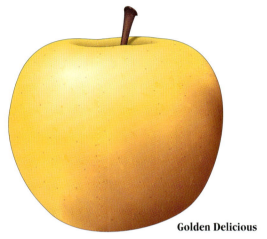
Golden Delicious

Ingrid Marie

Boskop

Apfel

Serviervorschläge

Die Verwendungsmöglichkeiten für Äpfel sind nahezu unbegrenzt. Man kann sie roh als Zwischenmahlzeit essen oder kochen, backen, füllen, trocknen und kandieren. Sie werden zu Apfelmus oder -sauce, Gelee, Konfitüre, Sirup, Chutney oder Essig verarbeitet, sind ein köstlicher Torten- und Kuchenbelag, werden in Strudeln und Obstsalaten verarbeitet und schmecken zu Crêpes und Puddings. Äpfel sind außerdem eine gute Zutat oder Beilage zu würzigen Speisen wie Fleisch, Geflügel, Fisch und Wild und aromatisieren pikante Salate, zum Beispiel Kartoffelsalat oder den berühmten Waldorfsalat. Darüber hinaus sind Äpfel das Ausgangsprodukt zur Herstellung von Calvados, Apfelwein (Cidre) und Apfelsaft.

Zubereitung

Zum Kochen eignen sich vor allem Äpfel mit festerem Fruchtfleisch, beispielsweise Idared oder Cortland. Sie werden bei schwacher Hitze in gerade so viel Flüssigkeit gekocht, dass sie nicht am Topfboden anhaften. Bratäpfel werden ungeschält mit einem Apfelausstecher in der Mitte ausgehöhlt und gefüllt, etwa mit Rosinen, Kokosmark, Nüssen oder Honig.

Aufbewahrung

Äpfel werden in einem perforierten Kunststoffbeutel oder im Gemüsefach des Kühlschranks aufbewahrt, wo sie einige Wochen frisch bleiben. Größere Mengen für eine längere Lagerung sollten dunkel, kühl (bei 0 bis 4 °C) und bei hoher Luftfeuchtigkeit (85 bis 90%) aufbewahrt werden. Damit die Äpfel nicht austrocknen, ist es ratsam, sie währenddessen mit einer dünnen Kunststofffolie abzudecken. Überreife oder beschädigte Früchte müssen regelmäßig aussortiert werden, damit sie nicht faulen und andere Äpfel in Mitleidenschaft ziehen. Noch nicht voll ausgereifte Äpfel reifen bei Zimmertemperatur nach, sollten allerdings immer wieder überprüft werden, da sie sehr viel schneller reifen als im Kühlschrank. Die Früchte sollten nicht zusammen mit Gemüse oder Kartoffeln gelagert werden, da sie sonst ebenfalls schneller reifen und Fremdgerüche annehmen können.

Apfelmus oder gegarte Äpfel sind mit und ohne Zuckerzugabe sehr gut zum Einfrieren geeignet, nicht dagegen rohe Äpfel, die aufgetaut matschig werden.

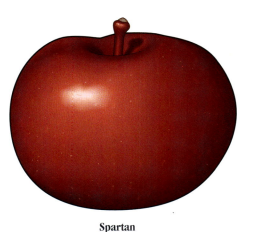

Spartan

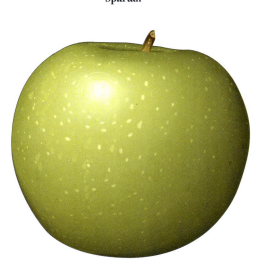

Granny Smith

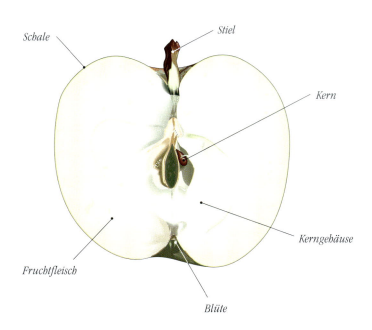

Schale · *Stiel* · *Kern* · *Kerngehäuse* · *Fruchtfleisch* · *Blüte*

Apfel

Apfelkuchen
FÜR 12 STÜCKE

600 g Mürbeteig
1 kg Äpfel (z.B. Idared)
100 g gehackte Haselnüsse
80 g Korinthen
100 g Zucker
etwas Zimtpulver
evtl. etwas Aprikosen-
konfitüre
Butter und Mehl für
die Form

1. Den Backofen auf 180 °C (Umluft 160 °C, Gas Stufe 2–3) vorheizen. Den Teig auf einer leicht bemehlten Arbeitsfläche ausrollen. Eine Springform von 24 cm Durchmesser einfetten und dünn mit Mehl ausstreuen. Boden und Rand der Form mit dem Teig auslegen.

2. Die Äpfel schälen, vom Kerngehäuse befreien und vierteln. Die Viertel in dünne Spalten schneiden und kreisförmig auf dem Teig verteilen, sodass sie sich leicht überlappen. Nüsse, Korinthen, Zucker und Zimt darüber streuen, im Ofen in etwa 50 Minuten goldbraun backen.

3. Den Kuchen nach dem Auskühlen nach Belieben noch mit etwas Aprikosenkonfitüre bestreichen.

Nährwerte

Kalorien	54
Ballaststoffe	2,0 g
Kohlenhydrate	11,4 g
Fett	0,6 g
Eiweiß	0,3 g
Wasser	84 %
	je 100 g

Äpfel liefern in Verbindung mit relativ wenig Kalorien wichtige Kohlenhydrate, Mineralstoffe und Vitamine. Sie sind also besonders im Rahmen von Schlankheitsdiäten empfehlenswert. An Kohlenhydraten enthalten Äpfel überwiegend Zellulose und Pektine, beides unverdauliche Ballaststoffe, die zum einen verdauungsfördernd, aber auch cholesterinsenkend und blutzuckerregulierend wirken. Kalium und Eisen sind die wichtigsten Mineralstoffe des Apfels. Kalium reguliert den Wasserhaushalt im Organismus, während Eisen für die Blutbildung unentbehrlich ist. Je nach Sorte und Lagerdauer enthalten Äpfel unterschiedlich viel Vitamin C. Da die meisten Nährstoffe des Apfels unter der Schale sitzen, sollten Äpfel möglichst ungeschält gegessen werden. Äpfel sind seit langem auch wegen ihrer Heilwirkung bekannt: Sie wirken harntreibend und antirheumatisch, und geriebener Apfel hilft bei Durchfall. Durch den Verzehr von rohen Äpfeln werden die Zähne gereinigt und das Zahnfleisch massiert.

1 Mit einem Apfelausstecher das Kerngehäuse ausstechen, dabei das Messer leicht drehen und herausziehen.

2 Oder den Apfel halbieren und das Kerngehäuse mit einem Spargelschäler entfernen.

3 Je nach Rezept die entkernten Äpfel im Ganzen, in Scheiben oder in Stücke geschnitten verwenden.

James Grieve

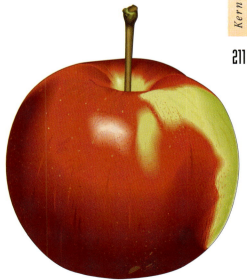

Red Delicious

Birne

Pyrus communis, Rosaceae

Die meisten der vielen verschiedenen Birnensorten sind aus Kreuzungen im 17. und 18. Jahrhundert entstanden.

Die Heimat des Birnbaums liegt in den nördlichen Regionen Zentralasiens. Die Birne, die seit etwa 3000 Jahren kultiviert wird, galt im alten Ägypten, Griechenland und Rom, aber auch in China als überaus geschätzte Frucht. Mittlerweile gibt es mehrere hundert Birnensorten, von denen die meisten das Ergebnis von Kreuzungen aus dem 17. und 18. Jahrhundert sind. Die Haupterzeugerländer sind heute China, Italien, die Vereinigten Staaten und Russland.

Die Birne gehört zur Familie der Rosengewächse und ist mit Apfel, Mandel und Aprikose verwandt. Wie der Apfelbaum gedeiht auch der Birnbaum in den meisten gemäßigten Klimazonen, reagiert jedoch empfindlicher auf Temperaturschwankungen. Die meisten Birnen sind länglich und tropfenähnlich geformt, es gibt aber auch Sorten, die fast rund sind. Ihre relativ weiche, dünne Schale ist gelb, braun, rot oder grün. Das weiße oder hellgelb gefärbte Fruchtfleisch besitzt eine feine Struktur, die bei manchen Sorten zur Mitte hin etwas grobkörniger wird. Im Kerngehäuse, das dem des Apfels ähnelt, befinden sich bis zu zehn Kerne. Je nach Sorte ist das Fruchtfleisch mehr oder weniger saftig, hart oder weich und duftet stärker oder schwächer. Einige Sorten werden im Sommer geerntet, andere im Herbst und manche sogar erst im Winter, vor allem jene, die in wärmeren Regionen angebaut werden.

Wie Bananen und Avocados werden Birnen gewöhnlich vor der Vollreife geerntet, um zu verhindern, dass das Fruchtfleisch grobkörnig wird. Anschließend lässt man sie im Kühllager weiterreifen, wodurch die im Fruchtfleisch enthaltene Stärke nach und nach in Zucker umgewandelt wird. Auf diese Weise bleibt die Frucht fest und behält eine gleichmäßig zarte Struktur.

Die **Anjou** stammt aus Frankreich. Sie ist mittelgroß mit einem sehr kurzen Hals und hat eine hellgrüne oder gelblich grüne Schale. Das Fruchtfleisch ist saftig und besitzt eine feine, cremige Konsistenz.

Die **Williams Christ** ist eine englische Sorte, die in Nordamerika auch unter dem Namen »Bartlett« bekannt ist. Während der Reifung verändert sich ihre Farbe von hellgrün zu goldgelb oder rot. Ihr zartes, weißes Fruchtfleisch schmeckt sehr aromatisch und ist gut zum Kochen geeignet.

Die **Kaiser Alexander**, auch als »Bosc-Flaschenbirne« bekannt, stammt aus Belgien und besitzt im Vergleich zu anderen Sorten eine eher dicke, raue Schale, die braun oder gelblich gefärbt ist. Diese Birne ist länglich, hat einen langen dünnen Hals, und ihr intensiv duftendes weißes Fruchtfleisch ist grobkörnig. Sie eignet sich ebenfalls gut zum Kochen.

Birne

Die **Comice** kommt aus Frankreich. Sie ist groß und rund mit einem kurzen Hals, und die zarte, grünlich gelbe Schale der reifen Frucht hat einen rosafarbenen oder rostbraunen Schimmer. Das duftende, gelblich weiße Fruchtfleisch ist außergewöhnlich saftig und süß. Die Comice gilt weltweit als eine der besten Birnensorten.

Die **Conference** verdankt ihren Namen dem Umstand, dass sie bei einem internationalen Wettbewerb 1885 in London den ersten Preis gewann. Ihr gelblich weißes Fruchtfleisch ist saftig, süß und sehr erfrischend. Sie hat starke Ähnlichkeit mit der Kaiser-Alexander-Birne.

Die **Packham** ist eine australische Sorte, die 1896 als Kreuzung aus Williams Christ und Yvedale Saint-Germain entstand. Sie ähnelt in Farbe und Geschmack der Williams-Christ-Birne, ist jedoch größer und nicht so gleichmäßig geformt wie diese. Sie hat einen kleinen Hals, und ihre Schale bekommt mit zunehmender Reifung eine leicht gelbliche Färbung. Das weiße Fruchtfleisch dieser Birnensorte ist saftig und süß.

Die **Passa Crassana** stammt aus der Normandie in Frankreich und entstand 1855 durch eine Kreuzung aus Birne und Quitte. Aufgrund ihrer besonders guten Lagereigenschaften ist sie eine hervorragende Winterbirne. Sie ist groß, rund und hat eine dicke Schale. Das weiße Fruchtfleisch ist leicht grobkörnig und schmeckt süß und aromatisch.

Die **Rocha** stammt aus Portugal, ist mittelgroß, fast rund und hat eine kurzen bräunlichen Hals. Ihre gelbliche Schale ist mit grünen Punkten gesprenkelt. Das Fruchtfleisch ist anfangs fest und knackig, wird bei zunehmender Reifung jedoch weich und cremig.

Die **Gute Luise** ist eine Birnensorte, die überwiegend in Italien angebaut und nur kurze Zeit im Herbst bei uns angeboten wird. Sie hat eine gelbe, manchmal leicht gerötete Schale und ein saftiges, aromatisches Fruchtfleisch. Sie ist sowohl für den Frischverzehr als auch zum Verarbeiten geeignet.

Anjou   **Williams Christ**

Kernobst

Birne

Einkaufstipp

Birnen sollten glatt und fest, jedoch nicht übermäßig hart sein und keine Druckstellen aufweisen. Reife Birnen haben einen angenehmen Duft, und das Fruchtfleisch rund um den Stiel gibt auf Druck leicht nach.

Aufbewahrung

Birnen verderben relativ schnell und sollten so bald wie möglich verbraucht werden. Außerdem ist es ratsam, sie nicht zu dicht zu lagern, weil sie leicht Druckstellen bekommen und dann rasch faulen. Sie sollten auch nicht luftdicht verpackt aufbewahrt werden, da das dabei entstehende Äthylen den Fäulnisprozess beschleunigt. Unreife Früchte reifen bei Zimmertemperatur nach, während reife Birnen im Kühlschrank aufbewahrt werden sollten, wo sie sich einige Tage halten. Einige Sorten bleiben auch voll ausgereift grün. Birnen sind reif, wenn die Schale auf leichten Druck nachgibt. Birnen sollten nicht zusammen mit stark riechenden Lebensmitteln wie Äpfeln, Zwiebeln, Kartoffeln oder Kohl aufbewahrt werden, da sie leicht Fremdgerüche annehmen. Gekochte Birnen können sehr gut eingefroren werden.

Birne Helene
FÜR 4 PORTIONEN

4 große reife Birnen (auch aus der Dose)
Saft von ½ Zitrone
100 g Zucker
¼ TL Vanillemark
130 g Zartbitterschokolade
2 EL Butter
2 EL süße Sahne

1. Die Birnen im Ganzen schälen und mit Zitronensaft beträufeln, damit sie sich nicht braun verfärben. Jeweils eine schmale Scheibe vom unteren Ende der Birnen abschneiden, sodass sie aufrecht stehen.

2. In einem Topf ½ l Wasser zusammen mit dem Zucker erhitzen. Sobald sich der Zucker aufgelöst hat, das Vanillemark und die Birnen zugeben. Die Früchte zugedeckt bei schwacher Hitze 15 bis 20 Minuten dünsten, bis sie leicht durchscheinend sind. Die Birnen im Sirup abkühlen lassen und abgetropft auf Dessertteller verteilen.

3. Die Schokolade in kleine Stücke brechen und zusammen mit der Butter im Wasserbad schmelzen. Die Schokolade mit der Sahne verrühren. Die Birnen mit der Schokoladensauce übergießen und sofort servieren.

Conference

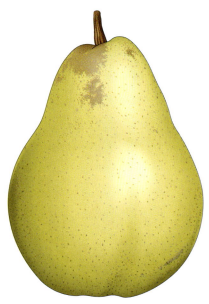

Packham

Comice

Birne

Vorbereitung

Angeschnitten verfärbt sich das Fruchtfleisch der Birne bei Luftkontakt rasch braun. Dies lässt sich verhindern, indem man es mit Zitronen-, Limetten- oder Orangensaft oder mit etwas Alkohol beträufelt.

Serviervorschläge

Für Birnen gibt es fast ebenso viele Verwendungsmöglichkeiten wie für Äpfel. Man kann sie roh verzehren oder kochen, dämpfen, trocknen, einlegen oder kandieren, und sie werden zur Herstellung von Essig, Schnäpsen, Likören und Weinbrand verwendet. Zum Kochen oder Dämpfen in Wasser oder Wein sind die noch nicht ganz reifen Früchte am besten geeignet.

Die aromatischen Birnen passen gut zu Äpfeln, Quitten und Ingwer. Sie schmecken köstlich in Obstsalaten, Sorbets, Joghurt, Quarkspeisen, Eiscreme, Soufflés, Pasteten und Charlotten. Gekocht ergeben sie ein vorzügliches Kompott und werden zu Gelee, Konfitüre, Chutneys und Marinaden verarbeitet. Sie verleihen nicht nur pikanten gemischten Salaten einen besonderen Pfiff, sondern schmecken auch hervorragend in Verbindung mit Zwiebeln und leicht bitteren Gemüsesorten wie Brunnenkresse, Radicchio, Löwenzahn und Chicorée. Sie sind eine ideale Beilage zu Käse, etwa Brie, Camembert, Cheddar- oder Ziegenkäse und Roquefort, und ergeben zusammen mit Parmaschinken eine delikate Vorspeise. Aus Birnen wird außerdem ein wohlschmeckender Saft gewonnen.

Nährwerte

	frisch	*getrocknet*
Kalorien	55	213
Ballaststoffe	3,3 g	13,5 g
Kohlenhydrate	12,4 g	46,0 g
Fett	0,3 g	1,8 g
Eiweiß	0,5 g	3,1 g
Wasser	84,3%	33%
	je 100 g	

Birnen sind säurearm und gleichzeitig sehr süß. Sie sind reich an Ballaststoffen und enthalten vor allem Kalium, das entwässernd wirkt. Birnen sollten, wenn überhaupt, nur dünn geschält werden, da unter der Schale die wertvollen Geschmacks- und Inhaltsstoffe sitzen. Der Nährstoffgehalt getrockneter Birnen ist sehr viel höher als der von frischen Früchten. Unreife Birnen sind schwer verdaulich und haben eine abführende Wirkung. Reife Birnen wirken dagegen harntreibend, remineralisierend, magenstärkend und beruhigend.

Passa Crassana

Kaiser Alexander

Rocha

Quitte

Cydonia oblonga, **Rosaceae**

Die Quitte ist die Frucht eines Baums, der wahrscheinlich im Iran heimisch ist. Er gedeiht nur in warmem Klima und erreicht in der Regel eine Höhe von 4 bis 6 m. Die Quitte war bereits bei Griechen und Römern beliebt, wobei erstere glaubten, dass die Frucht vor Unheil bewahre und sie als ein Symbol für Liebe und Fruchtbarkeit zu Hochzeitsritualen verwendeten. Die Römer nutzten das ätherische Öl der Quitte für die Herstellung von Parfüm.

Seit uralten Zeiten wird die Quitte wegen ihres hohen Pektingehalts traditionell zu Marmelade und Gelee verarbeitet. Die Bezeichnung »Marmelade« stammt von dem portugiesischen Wort *marmelada*, das »Quittenmarmelade« bedeutet (heute: *marmelo*). Die Kerne der Quitte enthalten sehr viel Pflanzenklebstoff, den man früher zur Herstellung von Haarspray verwendete.

Die Schale der Quitte wechselt während der Reifung ihre Farbe von Grün zu Gelb. Wie die Birne reift auch die Quitte am Baum nicht gut aus. Sie wird deswegen vor der Vollreife gepflückt, um dann bei Temperaturen zwischen 14 und 20 °C und bei einer Luftfeuchtigkeit von etwa 85% auszureifen. Das trockene, feste Fruchtfleisch der Quitte besitzt ein ausgeprägtes Aroma und kann einen ganzen Raum mit seinem angenehmen Duft erfüllen. Aufgrund seines hohen Tanningehalts, der ihm einen bitteren Geschmack verleiht, kann man es jedoch nicht roh essen. Die Bitterstoffe verschwinden beim Kochen. Aufgeschnitten oxidiert die rohe Quitte und wird schnell braun, was sich durch sofortiges Beträufeln mit Zitronensaft vermeiden lässt. Während des Kochens bekommt das Fruchtfleisch eine rosafarbene bis rote Färbung.

Die Quitte ist die Frucht eines kleinwüchsigen Baums, der vermutlich im Iran zu Hause ist und nur in warmer Umgebung gedeiht.

Nährwerte

Kalorien	38
Ballaststoffe	6,0 g
Kohlenhydrate	7,3 g
Fett	0,5 g
Eiweiß	0,4 g
Wasser	83,5 %
	je 100 g

Die Quitte enthält viel Kalium sowie etwas Kupfer und Vitamin C. Sie wirkt adstringierend, appetitanregend und verdauungsfördernd.

Einkaufstipp

Quitten sollten prall und fest mit unbeschädigter Schale und zum Teil gelb gefärbt sein. Frische Quitten sind oft fleckig, was dem Geschmack jedoch nicht schadet, wenn sie bald zubereitet werden. Harte und grüne Früchte sind nicht zu empfehlen, da sie noch nicht reif sind.

Serviervorschläge

Quitten werden wie Äpfel gekocht, nachdem man die Früchte geschält und das Kerngehäuse entfernt hat. Auch während des Garens behalten sie ihre Form und Konsistenz. Quitten werden zur Herstellung von Marmelade, Gelee, Kompott, Sirup und Wein verwendet und passen gut zu Äpfeln, Birnen, Erdbeeren und Himbeeren. Ein Mus, das aus Quitten bereitet wird, heißt *Cotignac* und ist in Frankreich sehr beliebt, ebenso bei den Spaniern, die es *Dulce de membrillo* nennen. Bei uns stellt man aus Quitten das eher feste *Quittenbrot* her. In Osteuropa, im Nahen Osten und in Nordafrika werden Quitten häufig zu Fleisch- und Geflügelgerichten serviert.

Aufbewahrung

Noch leicht grünlich gefärbte Quitten kann man bei Zimmertemperatur nachreifen lassen. Reife, unbeschädigte Quitten werden am besten einzeln eingewickelt im Kühlschrank aufbewahrt, wo sie sich einige Wochen halten. Quittenmus eignet sich mit und ohne Zuckerzugabe sehr gut zum Einfrieren, nicht jedoch die rohen Früchte.

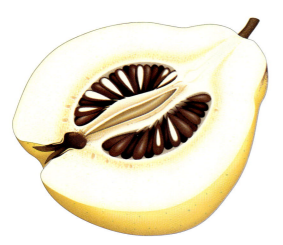

Loquat

Eriobotrya japonica, **Rosaceae**

Die Loquat, auch als Japanische Mispel bekannt, ist die Frucht eines Baums, der in China und Japan heimisch ist. Sie wurde vor allem durch die Japaner bekannt, die sie schon seit langer Zeit anbauen und durch Züchtungen erheblich verbessert haben. Die Loquat gelangte Ende des 18. Jahrhunderts nach Europa und wird heute in vielen Ländern mit mediterranem oder subtropischem Klima angebaut, unter anderem in Israel, Indien, den USA, Italien, Spanien, Chile und Brasilien.

Die Loquat gehört wie Birne, Pfirsich und Apfel zur Familie der Rosengewächse. Der immergrüne Baum erreicht im Durchschnitt eine Höhe von 7 m und wurde anfänglich als Zierpflanze angebaut. Das hochwertige Holz ist bei Geigenbauern sehr beliebt. Eine Pflanze derselben Gattung ist die **Mispel** *(Mespilus germanica)*, die vor allem in den gemäßigten Klimazonen Europas wächst. Sie trägt kleine Früchte, die jedoch nur voll ausgereift essbar sind und im Handel kaum angeboten werden.

Loquats wachsen in Trauben, die sich zeitig im Frühjahr entwickeln; die birnenförmigen Früchte sind etwa 8 cm lang und an der dicksten Stelle knapp 4 cm breit. Ihre dünne hellgelbe Haut ist manchmal fein behaart und kann ebenfalls gegessen werden. Das eher spärliche Fruchtfleisch der Loquat ist gelblich oder orangefarben und je nach Sorte fest oder weich. Es ist saftig und erfrischend und hat einen süßsauren Geschmack, der an Kirsche oder Pflaume erinnert. Unreif kann die Frucht jedoch sehr sauer schmecken. Die Loquat enthält in der Regel vier bis zehn harte, glatte Kerne. Die Früchte verderben äußerst leicht und sind deshalb für lange Transporte ungeeignet, sodass sie bei uns eher selten erhältlich sind.

Einkaufstipp

 Loquats sollten weich sein und eine glatte Haut haben. In der Regel sind Früchte mit braunen Flecken am aromatischsten.

Serviervorschläge

Ob roh oder gekocht, mit oder ohne Schale – Loquats schmecken auch ohne weitere Zutaten äußerst delikat. Gedämpft sind sie besonders aromatisch. Man gibt sie zu Fruchtsalaten und verarbeitet sie in Kuchen oder als Gelee und Marmelade. Außerdem wird aus ihnen Alkohol hergestellt, und sie werden kandiert und eingekocht. Die Kerne der Loquat werden im Ganzen oder gemahlen als Gewürz verwendet.

Nährwerte

Kalorien	40
Ballaststoffe	2,0 g
Kohlenhydrate	8,6 g
Fett	0,2 g
Eiweiß	0,5 g
Wasser	87 %
	je 100 g

Loquats enthalten viel Kalium und Vitamin A. Sie sollen harntreibend und belebend wirken.

Aufbewahrung

 Da Loquats reif gepflückt werden, sollten sie möglichst rasch verbraucht werden.

Kernobst

Pampelmuse

Citrus maxima, Rutaceae

Pomelo

Die Pampelmuse ist die Frucht eines Baums, der in Asien beheimatet ist und dort seit über 4000 Jahren angebaut wird. In vielen asiatischen Ländern, besonders in China, Thailand und Indonesien, wird die Frucht sehr geschätzt, während sie bei uns lange nicht so häufig ist wie die Grapefruit, die fälschlicherweise oft als Pampelmuse bezeichnet wird.

Gelegentlich wird die Pampelmuse auch Shaddock genannt, nach einem englischen Kapitän, der die Frucht im 17. Jahrhundert in die Karibik brachte. Auf Guadeloupe und Martinique ist sie deshalb auch als *chadèque* bekannt. Im 18. Jahrhundert kam es offenbar zu einer natürlichen Kreuzung aus Pampelmuse und Orange oder Bitterorange, aus der die Grapefruit entstand. Aus einer Kreuzung von Grapefruit und Pampelmuse entstand wiederum der birnenförmige **Pomelo**.

Die runde oder birnenförmige Pampelmuse wächst an einem bis zu 6 m hohen Baum. Sie hat einen Durchmesser von 10 bis 30 cm und kann ein Gewicht von über 6 kg erreichen. Die dicke, intensiv duftende Schale ist grün, gelb oder rosa und hat eine glatte oder raue Oberfläche. Das mehr oder weniger aromatische, manchmal kernlose Fruchtfleisch ist nicht so saftig wie das der Grapefruit und schmeckt je nach Sorte sehr süß oder sehr sauer.

Nährwerte

Kalorien	38
Ballaststoffe	1,6 g
Kohlenhydrate	7,4 g
Fett	0,1 g
Eiweiß	0,6 g
Wasser	88,4 %
	je 100 g

Pampelmuse enthält sehr viel Vitamin C sowie viel Kalium. Sie wirkt magenstärkend, verdauungsfördernd, tonisierend und appetitanregend.

Einkaufstipp

Pampelmusen sollten relativ fest sein und gemessen an ihrer Größe eher schwer erscheinen. Eine beschädigte Schale mit Narben oder harten Stellen muss nicht unbedingt die Qualität der Frucht beeinträchtigen. Nicht empfehlenswert sind weiche Früchte mit matter Schale, die bei Druck sehr leicht nachgeben, oder solche, die am Stielansatz ausgetrocknet erscheinen.

Serviervorschläge

 Im Gegensatz zur Grapefruit isst man Pampelmusen selten roh, sondern häufig gekocht oder kandiert.

Aufbewahrung

 Pampelmusen halten sich im Kühlschrank 1 Woche oder einige Tage bei Zimmertemperatur. Saft und Schale eignen sich gut zum Einfrieren.

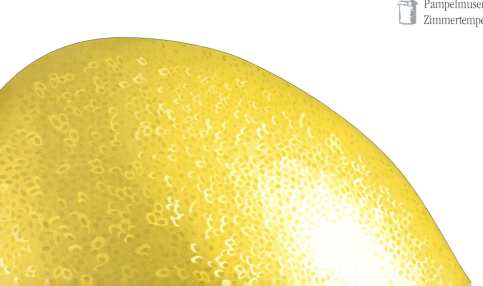

Grapefruit

Citrus paradisi, Rutaceae

gelbe Grapefruit

Die vermutlich auf Jamaika beheimatete Grapefruit entstand wahrscheinlich als natürliche Kreuzung aus Pampelmuse *(Citrus maxima)* und Orange *(Citrus sinensis)* oder Bitterorange *(Citrus aurantium)*. Die Bezeichnung »Grapefruit« wurde erstmals 1814 in Jamaika verwendet und bezieht sich vermutlich darauf, dass die Früchte so eng wie Trauben wachsen (engl. *grapefruit* = Traubenfrucht).

Der 8 bis 9 m hohe Grapefruitbaum trägt runde Früchte mit einem Durchmesser von 10 bis 15 cm, deren dünne, gelbe Schale manchmal einen rosafarbenen Schimmer aufweist. Das gelbe, rosafarbene oder rötliche Fruchtfleisch enthält meistens einige Kerne, duftet aromatisch und schmeckt mehr oder weniger säuerlich bis süß. Da Grapefruits in reifem Zustand ihr säuerliches Aroma verlieren, werden sie vor der Vollreife geerntet, wobei die Farbe der Schale – wie bei allen anderen Zitrusfrüchten auch – keinen Aufschluss über ihren Reifegrad gibt und deswegen auch kein verlässlicher Indikator für den richtigen Erntezeitpunkt ist. Mit 40% der Gesamtproduktion liegen die USA heute weltweit an erster Stelle. Etwa 60% der Grapefruits werden zu Saft und Konserven verarbeitet, der Rest gelangt frisch in den Handel.

Einkaufstipp

Grapefruits sollten fest und für ihre Größe relativ schwer sein. Ihre Schale sollte glänzen, wobei kleine Schäden oder harte Stellen auf der Schale keinen Einfluss auf die Qualität des Fruchtfleischs haben. Nicht empfehlenswert sind weiche Früchte mit matter Schale.

Serviervorschläge

Grapefruits werden meistens roh verwendet, indem man sie halbiert und das Fruchtfleisch mit einem Löffel herauslöst und »pur« oder mit etwas Zucker bestreut verzehrt. Einfacher geht es, wenn die Segmente vorher mit einem gebogenen Messer eingeschnitten und mit einem speziell dafür entwickelten gezackten Löffel herausgelöst werden. Außerdem schmecken sie köstlich in Obst- und pikanten Salaten, sind ein aromatischer Belag auf Obstkuchen und -torten und können püriert zu Eiscreme und Sorbets verarbeitet werden. In vielen Rezepten sind sie ein guter Ersatz für Orangen und Ananas und ergeben ausgepresst einen äußerst erfrischenden Saft.

Gegrillt sind Grapefruits eine köstliche Beilage zu pikanten Gerichten wie Ente, Huhn, Schweinefleisch oder Garnelen. Die Schalen kann man gut kandieren.

Aufbewahrung

Unreife Früchte reifen in beheizten Räumen etwas nach. Reife Grapefruits sind bei Zimmertemperatur 8 bis 15 Tage haltbar, bei längerer Aufbewahrung sollte man sie jedoch in den Kühlschrank legen. Saft und Schale sind sehr gut zum Einfrieren geeignet.

Nährwerte

Kalorien	45
Ballaststoffe	1,6 g
Kohlenhydrate	7,5 g
Fett	0,2 g
Eiweiß	0,6 g
Wasser	91 %
	je 100 g

Rote und rosafarbene Grapefruits enthalten mehr Vitamin A als Früchte mit hellem Fruchtfleisch, im Vergleich zur Orange ist der Nährwert der Grapefruit insgesamt jedoch etwas geringer. Sie ist reich an Vitamin C und enthält etwas Kalium und Folsäure. Sie wirkt appetitanregend, verdauungsfördernd, magenstärkend, tonisierend und harntreibend.

rosafleischige Grapefruit

Orange

Citrus sinensis und *Citrus aurantium,* Rutaceae

Die Orange *(Citrus sinensis)*, bei uns häufig auch **Apfelsine** genannt, ist die Frucht des Orangenbaums, der ursprünglich aus China stammt und dort schon vor mehr als 4000 Jahren kultiviert wurde. Durch die Araber gelangte die Orange im 15. Jahrhundert über Persien und Ägypten nach Spanien und Nordafrika. Ihr Name leitet sich ab vom arabischen Wort *narandj,* das wiederum von dem Sanskritwort *nagarunga* stammt. Über Kolumbus gelangte der Orangenbaum Ende des 15. Jahrhunderts nach Hispaniola und im 16. Jahrhundert durch die Spanier auch ins heutige Florida. Orangen, die lange Zeit als rare Exoten galten, gehören inzwischen längst zu den meistgehandelten Früchten. Zu den weltweit größten Orangenproduzenten zählen heute Brasilien, die Vereinigten Staaten, China, Spanien und Mexiko.

Der 8 bis 13 m hohe Orangenbaum trägt stark duftende, zarte weiße oder rosafarbene Blüten, die in vielen Mittelmeerländern ein Symbol für Jungfräulichkeit darstellen. Aus ihnen entwickeln sich die orangefarbenen Früchte, die je nach Sorte mehr oder weniger saftig sind und süß bis süßsäuerlich schmecken. Zu den wichtigsten Sorten zählen die Valencia-Orange, die Navelorange und die Blutorange, die alle von der Bitterorange abstammen.

Die **Valencia-Orange** ist nach der spanischen Stadt benannt, in der sie früher in großen Mengen kultiviert wurde. Heute wird sie in vielen Teilen der Erde angebaut, so auch in Südamerika, Australien und Südafrika. 1870 gelangte sie in die USA, wo sie heute nahezu 50% der gesamten Orangenproduktion ausmacht. Das kernlose Fruchtfleisch der Valencia-Orange ist äußerst saftig; sie gilt als die beste Saftorange.

Die **Navelorange** stammt aus Brasilien und wird heute in Spanien, Israel, Australien, Südamerika, Südafrika und den USA kultiviert. Ihre dicke, grobporige Schale lässt sich leicht schälen. Das meist kernlose Fleisch ist saftig und süß.

Die **Blutorange** ist eine Hybride, die erstmals um 1850 gezüchtet wurde. Ihr saftiges, sehr aromatisches Fruchtfleisch ist rot oder rotorange mit leuchtend roten Adern. Manche Sorten sind leicht oval geformt. Die in der Regel kernlosen Blutorangen werden vor allem in Spanien, Italien und Nordafrika angebaut.

Die etwas kleinere **Bitterorange** *(Citrus aurantium)* gilt als die »Urmutter« der süßen Orangen. Bei uns kennt man sie auch als **Pomeranze** oder Sevilla-Orange, da sie einst von den Mauren in großen Mengen im spanischen Sevilla angebaut wurde. Sie wächst an einem bis zu 5 m hohen, dornigen Baum mit glänzenden, ovalen immergrünen Blättern und entwickelt sich aus betörend duftenden weißen Blüten. Ihre dicke, raue Schale ist grün oder gelb, und ihr eher trockenes Fruchtfleisch schmeckt äußerst bitter.

Navelorange Valencia-Orange Blutorange Bitterorange

Orange

Einkaufstipp

Orangen sollten fest und im Verhältnis zu ihrer Größe relativ schwer sein. Die unversehrte Schale sollte keine weichen oder dunklen Stellen aufweisen.

Serviervorschläge

Orangen sind sehr vielseitig verwendbar. Sie werden ohne weitere Zutaten als Zwischenmahlzeit gegessen und sind eine beliebte Zutat in Obstsalaten, Soufflés, Obsttorten und -kuchen, Crêpes, Eiscreme, Sorbets und im Punsch. Sie verleihen auch pikanten Gerichten eine besondere Note und werden deshalb häufig in Saucen, Salatdressings, Gemüsegerichte sowie zu Reis-, Geflügel- und Meeresfrüchtesalaten gegeben. Außerdem harmonieren sie sehr gut mit Ente, Rind- und Schweinefleisch und werden frisch zum Dekorieren von Gerichten verwendet. Sie ergeben ausgepresst einen äußerst erfrischenden Saft, werden zu Marmelade, Gelee oder Sirup verarbeitet und schmecken auch kandiert oder getrocknet sehr gut.

Das aus der Schale gewonnene ätherische Orangenöl wird zum Aromatisieren von Crêpes, Kuchen, Sirup, schwarzem Tee und Süßigkeiten sowie in der Kosmetik- und Pharmaindustrie verwendet. Aus den Blüten der Bitterorange wird das betörend duftende ätherische Neroli-Öl und – als Destillatabfall – das wohlriechende Orangenblütenwasser gewonnen, die vor allem für die Herstellung von Kosmetikartikeln genutzt werden. Aus der Schale der Bitterorange wird das Bitterorangenöl hergestellt, mit dem alkoholische Getränke wie Cointreau, Curaçao und Grand Marnier aromatisiert werden und das die Grundlage für Orangeade bildet.

Aufbewahrung

Orangen können bei Zimmertemperatur etwa 1 Woche, im Kühlschrank 2 bis 3 Wochen aufbewahrt werden. Saft und Schale sind sehr gut zum Einfrieren geeignet. Kandierte oder getrocknete Orangenschalen werden in einem luftdicht verschlossenen Behälter kühl und trocken bei Zimmertemperatur gelagert.

Damit sie länger haltbar sind, werden die Orangenschalen häufig mit chemischen Mitteln behandelt. Wenn man die Schale verwenden will, sollte man deshalb möglichst nur Früchte aus kontrolliert biologischem Anbau verwenden.

Nährwerte

Kalorien	42
Ballaststoffe	1,6 g
Kohlenhydrate	8,3 g
Fett	0,2 g
Eiweiß	1,0 g
Wasser	85,9 %
	je 100 g

Orangen enthalten sehr viel Vitamin C sowie viel Kalium. Sie wirken harntreibend, tonisierend, verdauungsfördernd und leicht abführend.

Ein Aufguss aus Orangenblättern wirkt verdauungsfördernd und krampflösend.

Der Orangenbaum wird seit mehr als 4000 Jahren in China kultiviert und trägt stark duftende Blüten.

Orangensoufflé

FÜR 4 PORTIONEN

4 Orangen (z.B. Navel)	Außerdem:
4 Eier	Fett für die Förmchen
4 EL Zucker	Puderzucker zum
2 EL Orangenlikör	Bestreuen

1. Die Orangen halbieren und auspressen. Den Saft auf etwa ⅛ l sirupartig einkochen lassen.

2. Die Eier trennen. Die Eigelbe mit Zucker zu einer dicken Creme schlagen. Den Ofen auf 220 °C (Umluft 200 °C, Gas Stufe 4–5) vorheizen.

3. Das Eiweiß steif schlagen. Den eingekochten Orangensaft und den Orangenlikör unter die Eigelbmasse rühren. Den Eischnee darunter ziehen.

4. Eine Souffléform oder 4 Portionsförmchen fetten, die Souffléemasse einfüllen und dabei oben einen fingerbreiten Rand frei lassen. Das große Soufflé etwa 20 Minuten im Ofen backen, die kleinen nur etwa 10 Minuten.

5. Das Soufflé aus dem Ofen nehmen, sobald die Oberfläche schön gebräunt und das Ganze aufgegangen ist. Mit Puderzucker bestäuben und sofort servieren, damit das Soufflé nicht zusammenfällt.

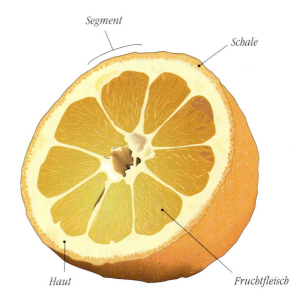

Mandarine

Citrus reticulata und *Citrus nobilis,* **Rutaceae**

Der Mandarinenstrauch stammt aus China oder Südostasien und war lange Zeit nur in Asien bekannt. Obwohl Mandarinen schon seit über 3000 Jahren in China angebaut werden, gelangten sie erst im 19. Jahrhundert nach Amerika und Europa, wo sie seitdem vor allem in Spanien angebaut werden. Inzwischen sind viele neue Kreuzungen entstanden, und heute gehören neben Spanien auch Japan und Brasilien zu den Haupterzeugerländern. Von den zahlreichen verschiedenen Mandarinensorten enthalten manche viele Kerne, während andere völlig kernlos sind.

Die **Mandarine** *(Citrus reticulata)* ähnelt einer leicht abgeflachten, kleinen Orange. Ihre Schale lässt sich leicht ablösen, und das zarte, duftende, süße Fruchtfleisch enthält weniger Säure als die meisten anderen Zitrusfrüchte. Es ist in kleine Segmente unterteilt, die sich leicht voneinander trennen lassen.

Die **Klementine** *(Citrus reticulata X Citrus aurantium)* ist eine Kreuzung aus Mandarine und Bitterorange und wurde erstmals zu Beginn unseres Jahrhunderts in Algerien gezüchtet. Die rötlich orange gefärbte Schale lässt sich leicht ablösen. Das Fruchtfleisch ist saftig, leicht säuerlich und duftet nicht so intensiv wie das der Mandarine. Während manche Sorten kernlos sind, enthalten andere bis zu 20 Kerne. Die Klementine wird vor allem auf Korsika, in Spanien, Italien, Algerien, Marokko und Israel angebaut.

Die **Satsuma** *(Citrus unshiu)* kommt aus Japan. Sie ist sehr klein, völlig kernlos und wird häufig zu Konserven verarbeitet.

Die **Tangerine** *(Citrus tangerina)* ist wie die Klementine das Ergebnis einer Kreuzung aus Mandarine und Bitterorange. Sie wurde nach der marokkanischen Hafenstadt Tanger benannt, wo lange Zeit ein Großteil aller Mandarinen verschifft wurde. Die meisten Tangerinen werden heute im Südosten der Vereinigten Staaten angebaut. Sie lassen sich wie Mandarinen leicht schälen; im Vergleich zu diesen ist ihre Schale meist dunkler gefärbt und hat einen leicht rötlichen Schimmer.

Die **Tangor** *(Citrus nobilis)* ist eine Kreuzung aus Tangerine und Orange und schmeckt süßsäuerlich. Ihre Schale lässt sich leicht ablösen.

Tangelo

Ugli

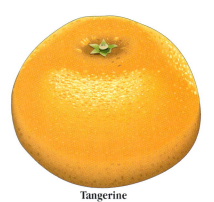
Tangerine

Mandarine

Die **Tangelo** *(Citrus paradisi X Citrus reticulata)* ist eine Kreuzung aus Grapefruit und Mandarine, etwas größer als die Orange und schmeckt säuerlich. Die Tangelo ist häufig besser unter den Namen ihrer verschiedenen Sorten bekannt, wie zum Beispiel Minneola, Seminole und Orlando, von denen einige an einem Ende einen kleinen Wulst besitzen. Das duftende, saftige Fleisch der Tangelo ist süßer als das der Grapefruit. Je nach Sorte sitzt die intensiv gefärbte Schale entweder fest am Fruchtfleisch oder lässt sich leicht ablösen. Das Fruchtfleisch enthält entweder nur wenige oder aber sehr viele Kerne.

Die **Ugli** *(Citrus paradisi X Citrus reticulata)* ist eine bemerkenswerte Varietät, die zu Beginn des Jahrhunderts in Jamaika entdeckt wurde. Hinsichtlich ihres Ursprungs halten manche sie für eine Kreuzung aus Tangerine und Grapefruit oder Pampelmuse, während andere von einer Kreuzung aus Mandarine und Bitterorange ausgehen. Die Ugli ist trotz ihres unattraktiven Äußeren, dem sie auch ihren Namen verdankt (englisch *ugly* = häßlich), eine delikate Frucht, deren dicke, schrumplige Schale sich leicht abschälen lässt. Je nach Sorte ist sie grün, gelblich rot oder orangegelb. Das saftige orange- oder rosafarbene Fruchtfleisch ist süßer als das der Grapefruit und kernlos.

Einkaufstipp

Die Früchte sollten unbeschädigt und im Verhältnis zu ihrer Größe relativ schwer sein. Die Schale darf keine schimmeligen, dunklen oder weichen Stellen aufweisen; einzige Ausnahme ist die Ugli, deren Schale mitunter dunkle Stellen hat, was sich jedoch nicht auf den Geschmack auswirkt.

Serviervorschläge

Die Mandarine und ihre Hybriden werden als erfrischende kleine Zwischenmahlzeit meist aus der Hand verzehrt. Wie Orangen sind sie aber auch eine aromatische Zutat in Obstsalaten, Saucen und süßsauren Gerichten. Sie schmecken gut als Belag auf Obsttorten, Gebäck und Kuchen, sind eine schöne Dekoration für Puddings, Eiscreme oder Nachspeisen, passen sehr gut zum Schokoladenfondue und geben Reis-, Geflügel- und Meeresfrüchtesalaten eine besondere Note. Die Schalen der verschiedenen Mandarinensorten besitzen ein delikates, exotisches Aroma und eignen sich wie Orangenschalen abgerieben gut zum Aromatisieren von Desserts und Getränken (vorher gut waschen!). Mandarinen werden außerdem zu Saft gepresst, wobei vor allem der aromatische Tangerinensaft sehr erfrischend ist.

Nährwerte

Kalorien	46
Ballaststoffe	2,0 g
Kohlenhydrate	10,2 g
Fett	0,3 g
Eiweiß	0,6 g
Wasser	86,7 %
	je 100 g

Mandarinen enthalten sehr viel Vitamin C sowie etwas Kalium, Betakarotin und Folsäure.

Aufbewahrung

Mandarinen schmecken frisch am besten. Im Kühlschrank können sie 1 bis 2 Wochen aufbewahrt werden.

Zitrusfrüchte

223

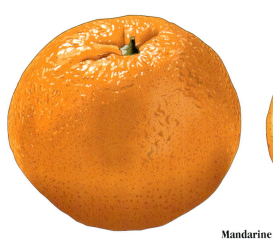

Mandarine

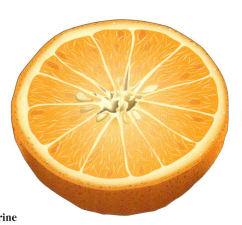

Tangor

Zitrone

Citrus limon, Rutaceae

Die Zitrone ist die Frucht des Zitrusbaums, der wahrscheinlich aus China oder Indien stammt und dort seit mindestens 2500 Jahren kultiviert wird. Die Mauren brachten die Zitrone im 11. Jahrhundert nach Spanien, während sie im restlichen Europa vor allem von den aus Palästina heimkehrenden Kreuzrittern verbreitet wurde. Allerdings nutzte man sie erst im 15. Jahrhundert auch in der Küche. Zitronensaft ersetzte von da an den bisher verwendeten sauren Saft unreifer Trauben.

Je nach Sorte unterscheiden sich die Zitronen in Größe und Säuregehalt, wie auch die Schale unterschiedlich grobporig oder dick ist und die Anzahl der Kerne im saftigen Fruchtfleisch variiert; manche Sorten sind sogar kernlos. Zitronen, die reif gepflückt werden, schmecken eher süß als säuerlich; aus diesem Grund werden sie meist grün geerntet und dann in Lagerhäusern 1 bis 4 Monate künstlich nachgereift.

Einkaufstipp

Zitronen sollten fest und gemessen an ihrer Größe relativ schwer sein. Außerdem sollten sie eine feinporige, leicht glänzende gelbe Schale haben. Zitronen mit grünlichem Schimmer sind häufig sehr sauer. Früchte mit grobporiger Oberfläche haben meist eine dicke Schale und relativ wenig Fruchtfleisch. Verschrumpelte Früchte sowie Früchte mit harten oder weichen Stellen oder mit matter oder sehr gelber Schale sind oft nicht mehr frisch.

Serviervorschläge

Zitronen sind äußerst vielfältig verwendbar. Sie sind ein unentbehrlicher Geschmacksverstärker und ein guter Ersatz für Salz. Angeschnittene Früchte und Gemüse, die mit Zitronensaft beträufelt werden, verfärben sich nicht. Mit klein geschnittener bzw. geriebener Zitronenschale aromatisiert man Suppen und Saucen, Fleisch, Gemüsegerichte, Kuchen, Torten, Gebäck, Puddings, Quarkspeisen, Eiscreme und Sorbets. Eingekocht ergeben Zitronen vorzügliche Marmeladen und Gelees. Zitronensaft ersetzt Essig in Salatsaucen und wird zum Marinieren und als Weichmacher für Fleisch, Geflügel, Fisch und Wild verwendet. Zitronenschale ist auch kandiert oder getrocknet erhältlich.

1 *Mit einem Zesteur die gewaschene Zitronenschale hauchdünn abschälen.*

2 *Oder mit einem Spargelschäler breite Streifen von der Schale abschneiden.*

3 *Die abgeschnittenen Streifen mit einem Messer in hauchfeine Streifen schneiden.*

Zitrone

Zitronensorbet

FÜR 4 PORTIONEN

4 große unbehandelte Zitronen mit dicker Schale
500 g Zucker
4 frische Minzeblätter

1. Vom oberen Ende der Zitronen jeweils einen Deckel abschneiden und beiseite legen.

2. Mit einem Grapefruitmesser das Fruchtfleisch vorsichtig herauslösen, ohne dabei die Schalen zu beschädigen. Die ausgehöhlten Zitronenschalen und -deckel ins Gefrierfach legen. Das Fruchtfleisch im Mixer pürieren.

3. ½ l Wasser in einen Topf geben und den Zucker bei schwacher Hitze darin auflösen. Das Zuckerwasser abkühlen lassen und das pürierte Fruchtfleisch unterrühren.

4. Die Mischung etwa 3 Stunden gefrieren lassen und dabei etwa alle 30 Minuten mit einem Löffel durchrühren.

5. Die gefrorenen Zitronenschalen mit dem Sorbet füllen und mit den Deckeln verschließen. Die Zitronen jeweils mit einem Minzeblatt garnieren und bis zum Servieren im Tiefkühlfach kalt stellen.

Nährwerte

Kalorien	36
Ballaststoffe	4,3 g
Kohlenhydrate	3,2 g
Fett	0,6 g
Eiweiß	0,7 g
Wasser	89 %
	je 100 g

Wie alle Zitrusfrüchte sind Zitronen besonders reich an Vitamin C und beugen dadurch Skorbut vor. Außerdem enthalten sie Kalium und Folsäure.

Zitronen enthalten überdies 6 bis 10 % Zitronensäure, sodass der Saft unverdünnt kaum genießbar ist. Das ätherische Öl der Zitrone besteht zu 95 % aus Terpenen und hat eine schleimlösende Wirkung. Die Frucht ist außerdem ein hervorragendes natürliches Antiseptikum und lindert durch Insektenstiche hervorgerufenen Juckreiz. Zitronen wirken harntreibend und tonisierend und helfen bei Rheuma und Verdauungsbeschwerden.

Aufbewahrung

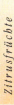 Zitronen bleiben bei Zimmertemperatur etwa 1 Woche frisch. Im Kühlschrank aufbewahrt halten sie sich einige Zeit länger. Saft und Schale der Zitrone sind sehr gut zum Einfrieren geeignet. Kandierte Zitronenschalen werden in einem luftdicht verschlossenen Behälter kühl und trocken aufbewahrt.

Je nach Sorte variieren Größe und Säuregehalt der Zitronen. Auch die Anzahl der Kerne im saftigen Fruchtfleisch ist unterschiedlich. Manche Sorten besitzen überhaupt keine Kerne.

Kumquat

Fortunella spp., **Rutaceae**

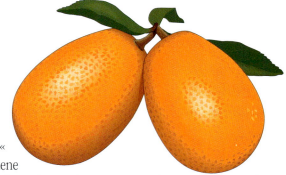

Der Baum der Kumquatfrucht stammt ursprünglich aus China. Er erreicht eine Höhe von 5 bis 6 m und wird meist als Zierpflanze gezogen. Die Bezeichnung »Kumquat« leitet sich ab vom kantonesischen Wort *kin kü*, das »goldene Orange« bedeutet. Die Frucht wird heute in vielen Regionen der Erde angebaut, unter anderem in den Mittelmeerländern, Japan, China, Indonesien, den USA, Israel, Peru und Brasilien. Aus Kreuzungen der Kumquat mit anderen Zitrusfrüchten sind weitere Sorten entstanden, etwa die Limequat (aus der Kreuzung mit der Limette), die Lemonquat (Zitrone), die Orangequat (Orange) und die Calamondin (Mandarine).

Die Kumquatfrucht erreicht eine Länge von 3 bis 5 cm und besitzt eine zarte, süß schmeckende Schale, die angenehm duftet und in der Farbe von dunkelorange bis goldgelb variiert. Das angenehm säuerlich schmeckende Fruchtfleisch ist in fünf bis sechs Segmente aufgeteilt, die relativ große Kerne enthalten.

Nährwerte

Kalorien	61
Ballaststoffe	*
Kohlenhydrate	14,6 g
Fett	0,3 g
Eiweiß	0,6 g
Wasser	83,9 %
	je 100 g

Kumquat ist reich an Vitamin C und enthält außerdem viel Kalium und etwas Kupfer. Menschen, die auf Zitrusschalen allergisch reagieren, sollten Kumquatschalen nur in Maßen verzehren.

Einkaufstipp

Kumquats sollten fest sein, eine glänzende Schale haben und keine Risse und Druckstellen aufweisen. Weiche Früchte sind nicht zu empfehlen, da sie schnell verderben. Kumquats werden gelegentlich auch mit Stiel und einigen dekorativen grünen Blättern angeboten.

Vorbereitung

Kumquats sollten vor dem Verzehr gründlich gewaschen werden. Damit die Schale weicher wird, kann man die Früchte etwa 20 Sekunden in kochendem Wasser blanchieren und danach sofort unter fließendem kalten Wasser abschrecken.

Serviervorschläge

Kumquats schmecken am besten, wenn sie vor dem Verzehr leicht zwischen den Fingern gerollt werden, da auf diese Weise die ätherischen Öle in der Schale freigesetzt werden. Die ungeschälte Frucht ist auch ohne weitere Zutaten äußerst schmackhaft. Man kann sie in Obstsalate oder pikante Salate geben oder zum Garnieren verwenden. Kumquats werden außerdem in Füllungen verarbeitet, schmecken als Belag auf Kuchen und Torten und sind aromatische Geschmacksverstärker für süßsaure Saucen. Man kann sie kandieren, marinieren, zu Konfitüre verarbeiten, in Sirup dämpfen oder in Alkohol einlegen. Sie passen gut zu Fisch und sind eine hervorragende Beilage zu Huhn, Ente und Lamm.

Aufbewahrung

Wegen ihrer dünnen Schale sind Kumquats leichter verderblich als Orangen. Bei Zimmertemperatur halten sie sich 5 bis 6 Tage, im Kühlschrank etwa 3 Wochen.

Limette

Citrus aurantifolia, Rutaceae

Die Limette ist die Frucht eines dornigen Baums, der vermutlich in dem Gebiet zwischen Indien und Malaysia heimisch ist. Sie ist eine echte Tropenpflanze und reagiert von allen Zitrusfrüchten am empfindlichsten auf Kälte. Die Limette wird in ganz Südostasien, Indien, Sri Lanka, in der Karibik, in Mexiko, Brasilien, den USA, Südafrika, Spanien und Italien kultiviert. Inzwischen ist die Limette auch auf unseren Märkten gut eingeführt und erfreut sich wachsender Beliebtheit.

Der immergrüne Limettenbaum wird 3 bis 5 m hoch und trägt das ganze Jahr hindurch Früchte; seine kleinen duftenden Blüten sind weiß mit einem leicht roten Schimmer. Die Limette hat in der Regel einen Durchmesser von 3 bis 5 cm; ihre feste Schale umschließt das duftende, saftige und sehr saure Fruchtfleisch. Schale und Fruchtfleisch sind anfangs grün, werden jedoch mit zunehmender Reifung etwas gelblicher. Während einige Limettensorten Kerne haben, sind andere völlig kernlos.

Einkaufstipp

Limetten sollten fest, prall und im Verhältnis zu ihrer Größe relativ schwer sein; die Schale sollte tief grün, glatt und leicht glänzend sein. Bräunliche Flecken auf der Schale haben keinen Einfluss auf den Geschmack. Matte, weiche oder ausgetrocknete Früchte sind nicht zu empfehlen, da sie nicht mehr frisch sind.

Serviervorschläge

Limetten werden sehr ähnlich wie Zitronen verwendet und können diese in fast allen Gerichten ersetzen. Die Limette passt sehr gut in Saucen oder Vinaigrettes und unterstützt das Aroma von Geflügel, Fisch, Gemüse und Gemüsesuppen. Kuchen, Cremes, Eiscreme, Sorbets, Joghurt, Quarkspeisen, Punsch und exotischen Cocktails verleiht sie eine erfrischende Würze.

In vielen regionalen Küchen spielt die Limette eine wichtige Rolle, so zum Beispiel in Lateinamerika, Westindien, Afrika, Indien, Südostasien und auf den Pazifikinseln. Das klassische peruanische Gericht *Seviche* bereitet man aus rohem Fisch, der in Limettensaft mariniert wird.

Aufbewahrung

Limetten sind leichter verderblich als Zitronen und bleiben bei Zimmertemperatur etwa 1 Woche frisch, im Kühlschrank etwas länger. Sind die Früchte hellem Licht ausgesetzt, werden sie meist grün und verlieren ihren typischen säuerlichen Geschmack. Saft und Schale der Limetten kann man gut einfrieren. Kandierte oder getrocknete Limettenschalen werden am besten in einem luftdicht verschlossenen Behälter kühl und trocken aufbewahrt.

Nährwerte

Kalorien	39
Ballaststoffe	*
Kohlenhydrate	1,9 g
Fett	2,4 g
Eiweiß	0,5 g
Wasser	91 %
	je 100 g

Die Limette enthält viel Vitamin C, jedoch weniger als die Zitrone, sowie Kalium und Spuren von Eisen, Folsäure und Kalzium. Die Heilwirkungen der Limette entsprechen denen der Zitrone.

Zitronatzitrone

Citrus medica, Rutaceae

Der Baum der Zitronatzitrone, auch **Zedratzitrone** genannt, wird in Asien seit uralten Zeiten angebaut. Er gehört zur großen Familie der Zitrusfrüchte und ist vermutlich in Indien beheimatet. Zahlreiche Manuskripte und archäologische Fundstellen in Ägypten belegen, dass Zitronatzitronen dort bereits um 300 v. Chr. gezüchtet wurden. Zu den Hauptproduzenten der Zitronatzitrone zählen heute vor allem Korsika, Griechenland und Italien sowie Israel, wo sie jedoch in geringeren Mengen angebaut wird.

Die 15 bis 25 cm lange Frucht wiegt zwischen 4 und 5 kg. Ihre warzig runzlige, dicke Fruchtschale ist grünlich gelb und duftet sehr stark. Das säuerliche grüne oder gelbliche Fruchtfleisch ist eher trocken und enthält zahlreiche Kerne.

Einkaufstipp

Die Fruchtschalen der Früchte werden als Zitronat oder Sukkade angeboten.

Aufbewahrung

Zitronatzitronen werden in einem luftdicht verschlossenen Behälter kühl und trocken bei Zimmertemperatur aufbewahrt.

Serviervorschläge

Zitronatzitronen sind als Zitronat eine häufige Zutat in Backwaren (Stollen, Früchtebrot, Kuchen, Plätzchen) und Süßigkeiten. Die kandierten Früchte werden gerne zum Dekorieren verwendet, passen aber auch zu pikanten Gerichten und werden zu Marmelade verarbeitet. Auf Korsika stellt man aus Zitronatzitronen einen Likör namens *Cedratine* her.

Nährwerte

Zitronatzitronen sind reich an Vitamin C. Sie wirken schweißtreibend, fiebersenkend und verdauungsfördernd. Die Kerne werden gemahlen als Entschlackungsmittel verwendet.

Bergamotte

Citrus bergamia, Rutaceae

Die Bergamotte ist die Frucht eines immergrünen Baums mit stark duftenden Blüten. Sie ähnelt einer kleinen Orange und ist vermutlich eine Kreuzung aus Limette *(Citrus aurantifolia)* und Bitterorange *(Citrus aurantium).*

Die bereits seit mehreren Jahrhunderten verwendete Frucht wird heute hauptsächlich in Süditalien angebaut, vor allem auf Sizilien und in Kalabrien. Das grünliche Fruchtfleisch besteht aus mehreren Schichten; obwohl es sehr saftig ist, kann man es wegen seines hohen Säuregehalts und des bitteren Geschmacks nicht essen. Die gelbliche Schale enthält besonders viel ätherisches Öl, das einen feinen Duft verströmt.

Serviervorschläge

Da die Bergamotte nicht für den Verzehr geeignet ist, verwendet man vorwiegend ihre Schale und das darin enthaltene ätherische Öl. Die Schale ist eine aromatische Zutat für Kuchen, Gebäck und Süßigkeiten. Das ätherische Öl verarbeitet man für Süßigkeiten sowie in der Parfüm- und Alkoholindustrie. Mit Bergamotte wird außerdem der Earl-Grey-Tee aromatisiert. In der französischen Stadt Nancy wird seit 1850 ein besonderer Gerstenzucker namens *Sucre d'orge* hergestellt, der ebenfalls mit Bergamotte aromatisiert wird.

Kochbanane

Musa paradisiaca, Musaceae

Die Kochbanane ist die Frucht einer großen krautigen Pflanze, deren Heimat Malaysia ist. Sie ist eng mit der Obstbanane verwandt und wird auch als **Gemüsebanane** bezeichnet. Diese Frucht, die in vielen Regionen zu den Grundnahrungsmitteln zählt, wird hauptsächlich in Afrika angebaut, ist aber auch in Indien, Malaysia, Westindien und Südamerika sehr verbreitet.

Die Kochbanane ist zwischen 25 und 40 cm lang, besitzt eine dickere Schale als die Obstbanane und hat festeres und nicht so süßes Fruchtfleisch. Mit zunehmender Reifung wird die Schale zuerst gelblich und dann schwarz. Auch reife Kochbananen werden nicht roh verzehrt, da sich zwar die enthaltene Stärke im Gegensatz zur Obstbanane während der Reifung in Zucker umwandelt, die Früchte roh aber dennoch einen unangenehmen Geschmack haben, der sich erst beim Kochen verändert.

Einkaufstipp

Kochbananen sollten fest und unbeschädigt sein. Eine bräunliche oder schwarze Schale hat keinen Einfluss auf die Qualität des Fruchtfleischs.

Serviervorschläge

Kochbanane wird meist wie Gemüse verwendet, wobei Geschmack und Konsistenz des Fruchtfleischs in gewisser Weise an die Süßkartoffel oder – bei der reifen Frucht – an die Obstbanane erinnern. Kochbananen eignen sich für Suppen oder Eintöpfe und passen gut zu Äpfeln, Süßkartoffeln und Kürbissen. In ostafrikanischen Ländern wie Tansania und Uganda wird aus vergorenen Kochbananen ein Bananenbier hergestellt.

Zubereitung

Kochbananen werden meist geschält und im Ganzen oder zerkleinert gegart, wobei sie auch gekocht ihre Form und Konsistenz behalten. Die Garzeit beträgt 25 Minuten. Werden sie gegrillt (auf der obersten Schiene im Backofen), benötigen sie 45 Minuten. Kochbananen werden häufig auch gebraten oder in der Schale bei 180 °C (Umluft 160 °C, Gas Stufe 2–3) 1 Stunde im Ofen gebacken. Zum anschließenden Schälen schneidet man die Frucht an beiden Enden ein und löst die Schale ab.

Nährwerte

Ballaststoffe	2,3 g
Kohlenhydrate	32 g
Fett	0,4 g
Eiweiß	1,3 g
Wasser	65 %
	je 100 g

Kochbananen enthalten sehr viel Kalium, viel Vitamin C, Vitamin B_6 und Magnesium sowie etwas Betakarotin und Folsäure. Die enthaltenen Gerbstoffe werden während des Kochens neutralisiert.

Aufbewahrung

Kochbananen sollten bei Zimmertemperatur gelagert werden. Nur sehr reife Früchte werden im Kühlschrank aufbewahrt. Reife Kochbananen sind sehr gut zum Einfrieren geeignet. Dafür werden sie vorher geschält und einzeln in Gefrierbeutel verpackt.

Tropische Früchte

Banane

Musa spp., **Musaceae**

Bananenstauden sind riesige krautartige Pflanzen, die zur selben Familie wie Lilie und Orchidee gehören. Die vermutlich in Malaysia beheimatete Banane ist wahrscheinlich fast 1 Million Jahre alt. Erste Berichte über diese Frucht stammen aus dem 5. oder 6. Jahrhundert v. Chr. aus Indien. Einer indischen Legende zufolge wurde die Banane Adam im Paradies gereicht, weshalb sie dort auch »Paradiesfrucht« heißt. Dieser Legende liegt auch die lateinische Bezeichnung *paradisiaca* für die Kochbanane zugrunde. Lange Zeit stellte der Transport dieser empfindlichen Frucht ein Problem dar, weshalb sie bis zum Beginn unseres Jahrhunderts bei uns kaum erhältlich war. Erst durch neu entwickelte Konservierungsmethoden und schnellere Transportmittel konnte sie in größeren Mengen exportiert werden. Heute werden Bananen vor dem Transport in großen Lagerhallen bei genau kontrollierter Temperatur gelagert, wobei der Reifungsprozess häufig mit Hilfe von Äthylen künstlich beschleunigt wird. Die Hauptproduzenten sind heute Indien, Brasilien, die Philippinen, Ecuador und Indonesien.

Bananen gedeihen in tropischem und subtropischem Klima. Die Bananenstaude kann eine Höhe von 3 bis 8 m erreichen und besitzt riesige Blätter, die bis zu 3 m lang werden können. Die Stielscheiden der Blätter formen einen Scheinstamm. Jede Pflanze kann nur einen einzigen Fruchtstand ausbilden. Danach trocknet sie aus und wird durch neue Schösslinge ersetzt. Aus den rotvioletten Blüten entwickeln sich die Früchte, die büschelweise in Reihen von 10 bis 25 einzelnen Früchten wachsen und »Bananenhände« genannt werden. Bananen können erst nach etwa einem Jahr gepflückt werden.

Es gibt drei unterschiedliche Bananenarten: die Obstbanane *(M. sapienta, M. nana)*, die Kochbanane *(M. paradisiaca)*, auch Gemüsebanane genannt (siehe *Kochbanane*), und die ungenießbare Banane *(M. textilis, M. ensete)*. Zur Obstbanane gehören verschiedene Sorten, von denen die meisten eine dicke, ungenießbare Schale besitzen, die häufig gelb ist, aber auch rot, rosa oder violett gefärbt sein kann. Zur Obstbanane gehören auch die Babybananen, die noch empfindlicher sind als andere Sorten und lange Zeit nur in den Anbauländern erhältlich waren. Geschmack und Struktur der Banane sind ebenfalls von der jeweiligen Sorte abhängig, wobei manche sehr stärkereich sind, während andere besonders süß schmecken. Bananen werden meist noch grün geerntet, da sie aromatischer schmecken, wenn sie nicht an der Staude ausreifen.

Babybananen

Einkaufstipp

Die Farbe der Schale gibt Aufschluss über den Reifungsgrad der Frucht. Vollreife gelbe Bananen haben eine leicht glänzende Schale mit einigen schwarzen oder braunen Flecken und dürfen keine grünen Stellen aufweisen. Rote Bananen bekommen eine dunkle Schale, wenn sie reif sind. Man sollte nur unbeschädigte Früchte kaufen, die nicht zu hart sind, da sehr harte Bananen meist noch unreif sind. Nicht empfehlenswert sind sehr grüne, aufgeplatzte oder besonders weiche Früchte.

Neben frischen Bananen werden auch Bananenmehl oder getrocknete, in dünne Scheiben geschnittene und geröstete Bananenchips angeboten, die ein besonders kalorienreicher Snack sind.

Vorbereitung

Da Bananen sich sehr schnell braun verfärben, wenn sie der Luft ausgesetzt sind, werden sie am besten erst kurz vor der Verwendung geschält oder aber mit etwas Zitronensaft beträufelt.

Banane

Serviervorschläge

Die Banane ist eine ideale Zwischenmahlzeit, kann aber auch gebacken, gedämpft, gekocht, sautiert oder gebraten werden. Man verwendet sie als Obst und als Gemüsebeilage. Grüne Bananen haben eine festere Struktur und sind nicht so süß wie reife Früchte und werden deswegen häufig wie Gemüse zubereitet. Besonders schmackhaft sind Bananen, wenn man sie mit einer Mischung aus Ingwer oder Zimt, braunem Zucker und Zitronen- oder Limettensaft beträufelt und mit Rum oder Orangenlikör flambiert. Bananen passen sehr gut zu Milchprodukten wie Joghurt, Eiscreme, Sorbets, Milchshakes und Puddings, und *Banana-Split* ist eine klassische Nachspeise. Außerdem kann man Bananen pürieren und ohne weitere Zutaten essen oder zu Kuchenteigen geben. Bananenpüree muss nicht zusätzlich gesüßt werden, vor allem wenn es nicht sofort verzehrt wird, da die enthaltene Stärke in Zucker umgewandelt wird.

Eine aus Bananen gewonnene Essenz wird zum Aromatisieren zahlreicher Speisen verwendet und ist vor allem in der asiatischen Küche sehr beliebt. Darüber hinaus wird aus Bananen Schnaps und in Afrika sogar Bier bereitet.

Flambierte Bananen

FÜR 4 PORTIONEN

4 reife Bananen	60 g Puderzucker
3 EL Butter	30 ml Rum

1. Die Bananen schälen und längs halbieren. Die Butter in einer Pfanne erhitzen. Die Bananen darin bei schwacher Hitze in jeweils 3 Minuten von beiden Seiten goldgelb backen und auf 4 Dessertteller verteilen.

2. Den Zucker in die Pfanne geben, bei schwacher Hitze unter Rühren leicht karamelisieren lassen und über die Bananen gießen. Den Rum über die Bananen träufeln, anzünden und das Dessert servieren.

Nährwerte

Kalorien	88
Ballaststoffe	1,8 g
Kohlenhydrate	20 g
Fett	0,2 g
Eiweiß	1,1 g
Wasser	74 %
je 100 g	

Während des Reifeprozesses wird die in Bananen enthaltene schwer verdauliche Stärke in leichter resorbierbare Zuckermoleküle wie Frucht-, Trauben- und Rohrzucker umgewandelt. Dies erklärt, warum grüne Bananen so schwer verdaulich und überreife Bananen so süß und nahrhaft sind.

Bananen enthalten sehr viel Vitamin B_6 und Kalium sowie etwas Vitamin C, Vitamin B_2, Folsäure und Magnesium. Aufgrund ihres Ballaststoffgehalts wirken sie verdauungsfördernd.

Aufbewahrung

Bananen vertragen weder plötzliche Temperaturschwankungen noch Temperaturen unter −2 °C. Dies gilt vor allem für relativ unreife Bananen, da durch Kälte der Reifungsprozess unterbrochen wird. Bananen sollten bei Zimmertemperatur aufbewahrt werden, wobei man den Reifungsprozess bei nicht ganz reifen Früchten beschleunigen kann, indem man sie in Zeitungspapier wickelt. Sehr reife Bananen können einige Tage im Kühlschrank gelagert werden, wodurch sich zwar die Schale dunkel verfärbt, das Fruchtfleisch jedoch nicht beeinträchtigt wird. Man sollte sie allerdings kurz vor dem Servieren aus dem Kühlschrank nehmen, damit sie ihr Aroma besser entfalten können.

Bananen können püriert etwa 2 Monate tiefgefroren werden, wobei sie vorher mit etwas Zitronensaft verrührt werden sollten, damit sich das Fruchtfleisch nicht verfärbt und sein Aroma erhalten bleibt. Aufgetaut eignet sich Bananenpüree gut als Zutat für Kuchenteig, Milchshakes oder Nachspeisen.

Aus den rotvioletten Blüten entwickeln sich die Bananen, die in großen Büscheln wachsen.

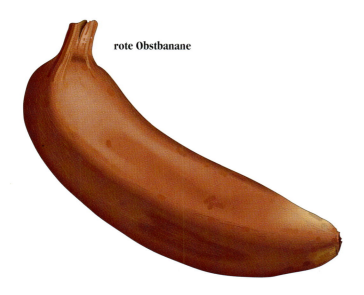

rote Obstbanane

Ananas

Ananas comosus, **Bromeliaceae**

Die Ananas ist die Frucht einer krautigen Pflanze, die in den tropischen und subtropischen Ländern Amerikas – vermutlich in Brasilien – beheimatet ist. Sie gehört zur großen Familie der Bromeliengewächse, doch im Gegensatz zu den meisten anderen Epiphytenpflanzen dieser Familie wächst die Ananaspflanze nicht auf Bäumen und trägt auch als einzige essbare Früchte. Wegen ihrer Ähnlichkeit mit einem Pinienzapfen nannten die Spanier die Ananas *piña*, während sie im Englischen *pineapple* heißt.

Die Ananas wird seit uralten Zeiten in Südamerika und auf den Westindischen Inseln kultiviert. Mit Kolumbus gelangte die Frucht 1493 von Guadeloupe nach Europa, doch alle Versuche, die Ananas in unseren Breitengraden anzupflanzen, blieben weitgehend erfolglos. Die Portugiesen und Spanier führten sie später in ihren Kolonien in Asien ein, und im frühen 19. Jahrhundert begann man auf den Azoren, in Australien, auf Hawaii und in Südafrika, die Frucht für den Handel anzubauen. Lange Zeit war der Ananashandel jedoch dadurch eingeschränkt, dass die empfindliche Frucht vor allem im ausgereiften Zustand lange Schiffstransporte nur schlecht überstand. Moderne Gefriermethoden und schnelle Transportmittel haben später wesentlich zu ihrer Verbreitung beigetragen. Heute wird die Ananas in fast allen tropischen Regionen angebaut, so zum Beispiel in Süd- und Mittelamerika, in der Karibik, in Australien, auf den Pazifikinseln und in mehreren Ländern Asiens und Afrikas, wobei Thailand und die Philippinen die Hauptproduzenten sind.

Die Ananas ist die Frucht einer winterharten Pflanze, die etwa 1 m hoch wird. Sie trägt lange, schlanke, harte Blätter mit stachligen Rändern und entwickelt 100 oder mehr rotviolette Blüten, die rosettenartig um eine zentrale Blütenachse angeordnet sind. Diese unbefruchteten Blüten entwickeln sich zu einer einzigen Frucht, der Ananas, die erst 18 bis 20 Monate nach der Pflanzung geerntet werden kann. Somit ist die Ananas eine Sammelfrucht, die aus vielen Einzelfrüchten besteht, den »Augen«, die zu einem großen Fruchtverband zusammenwachsen. Ananasfrüchte sind kernlos und haben eine dicke, schuppige Schale, die gelb, grün, grünlich braun oder rötlich braun sein kann. Das gelbliche Fleisch ist faserig, süß und saftig, insbesondere das Fleisch am Stielansatz der Frucht, das außerdem eine intensivere Färbung hat. Die Früchte wiegen in der Regel zwischen 2 und 4,5 kg. Zu den wichtigsten Ananassortengruppen zählen die Cayenne, die Queen, die Spanish und die Pernambuco.

• Cayenne ist eine Sortengruppe mit großen Früchten, die ein goldgelbes Fruchtfleisch besitzen. Das feste und faserige Fleisch ist saftig und schmeckt säuerlich bis sehr süß. Die Cayenne ist die verbreitetste Sortengruppe.

• Queen-Sorten sind eher klein. Ihr gelbes Fruchtfleisch ist fester und etwas trockener als das der Cayenne-Früchte und schmeckt im Vergleich zu diesen auch nicht so süß.

• Spanish-Sorten, zu denen die bekannte »Red Spanish« gehört, sind mittelgroß, haben eine rotviolette Schale und blass gefärbtes, intensiv duftendes Fruchtfleisch, das säuerlich schmeckt und leicht faserig ist.

• Pernambuco-Sorten sind mittelgroß und besitzen weiches weißliches oder gelbliches Fruchtfleisch, das besonders süß schmeckt.

Ein großer Teil der für den Handel angebauten Ananasfrüchte wird zu Konserven verarbeitet, wofür insbesondere Sorten mit festem Fruchtfleisch wie die Cayenne sehr gut geeignet sind. Die Abfälle der Früchte – dazu gehören die Schale, der holzige Strunk und die Enden – werden häufig für Kompott, zur Herstellung von Essig und alkoholischen Getränken sowie als Viehfutter verwendet.

Ananas

Vorbereitung

Es gibt verschiedene Methoden, eine Ananas zu schälen:

• Schopf und Stielansatz abschneiden und die Schale mit einem Messer in senkrechten Schnitten abschälen; die »Augen« mit der Messerspitze herausschneiden. Das Fruchtfleisch zuerst in Scheiben, dann in Stücke oder Würfel schneiden. Voll ausgereifte Früchte müssen nicht vom holzigen Strunk befreit werden.

• Schopf und Stielansatz abschneiden und die Ananas der Länge nach halbieren. Das Fruchtfleisch mit einem Messer von der Schale befreien – eventuell die Mitte entfernen – und in Stücke oder Würfel schneiden.

• Nur den Schopf der Ananas entfernen und mit einem Messer die Schale vom Fruchtfleisch abtrennen. Das in Stücke oder Würfel geschnittene Fruchtfleisch kann anschließend wieder in die ausgehöhlte Schale gegeben werden.

• Oder die Ananas mit einem Ananasschäler und einer Art Entkerner (für das harte Fruchtinnere) schälen. Bei dieser Methode kann allerdings relativ viel Fruchtfleisch abgeschält werden. Um den Fruchtsaft während des Schälens aufzufangen, die Ananas am besten auf einem tiefen Teller vorbereiten.

1 *Zuerst Schopf und Stielansatz von der Ananas abschneiden.*

2 *Dann die Schale senkrecht in Streifen herunterschneiden.*

3 *Die »Augen« aus dem Fruchtfleisch entfernen.*

4 *Die Ananas quer in Scheiben schneiden.*

5 *Mit einem Ausstecher das holzige Innere entfernen.*

Einkaufstipp

Die Ananas sollte im Verhältnis zu ihrer Größe relativ schwer sein und tiefgrüne Blätter haben. Außerdem sollte sie angenehm duften und auf leichten Druck etwas nachgeben. Nicht empfehlenswert sind Früchte, die Flecken, schimmlige Stellen oder eine aufgeweichte Schale haben. Wenn man mit der Handfläche leicht gegen die Ananas klopft und diese dumpf klingt, ist sie reif; klingt es hohl, ist die Frucht bereits ausgetrocknet. Ein übermäßig starker Geruch kann darauf hindeuten, dass die Frucht bereits gärt. Dunkel gewordene »Augen« und gelbliche Blätter weisen ebenfalls darauf hin, dass sie nicht mehr frisch ist. Die Qualität einer Ananas hängt weitgehend vom Erntezeitpunkt ab: Nur vollreif geerntete Früchte sind wirklich süß, da sie nach der Ernte nicht mehr nachreifen.

Nährwerte

Kalorien	55
Ballaststoffe	1,5 g
Kohlenhydrate	12 g
Fett	0,2 g
Eiweiß	0,4 g
Wasser	85 %
	je 100 g

Die Ananas enthält reichlich Vitamin C, Kalium, Magnesium und Folsäure sowie das Eiweiß spaltende Enzym Bromelin. Es wirkt nicht nur verdauungsfördernd, sondern verhindert auch, dass Gelatine fest und Milch sauer wird. Im Obstsalat werden andere Früchte dadurch weich (es sei denn, man gibt die Ananas erst kurz vor dem Servieren dazu). Durch Hitze wird Bromelin und damit seine Wirkung allerdings zerstört. Deshalb kann man Ananas aus der Dose ohne Bedenken Gelatine zusetzen und zu Obstsalaten geben, die im Voraus zubereitet werden.

Tropische Früchte

Ananas

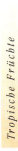

Serviervorschläge

Frische Ananas schmecken hervorragend entweder ohne weitere Zutaten oder mit einem Schuss Rum oder Kirschwasser. Man kann sie auf viele verschiedene Arten zubereiten, und sie schmeckt roh ebenso gut wie gekocht, getrocknet, kandiert oder ausgepresst. Sie ist eine leckere Zutat in Fruchtsaucen, Kuchen, Obstsalaten, Joghurt, Eiscreme, Sorbets und Punsch. Gestürzter Ananaskuchen, *Upside-Down-Cake*, ist eine klassische Nachspeise in Nordamerika.

Das Fruchtfleisch passt auch gut zu süßsauren Gerichten und wird häufig als Beilage zu Meeresfrüchten, Huhn, Ente und Schweinefleisch serviert. Gekochter Schinken mit Ananas ist ein Traditionsgericht in Kanada und den USA. Ananas passt sehr gut zu Hüttenkäse oder Reis sowie zu Weißkohl-, Geflügel- oder Garnelensalat. Getrocknete Ananas schmeckt gut, wenn man sie vor dem Verzehr in Saft oder Alkohol einweicht.

Die Ananas besteht aus vielen kleinen Einzelfrüchten, den »Augen«, die zu einem großen Fruchtverband zusammenwachsen.

Gekochter Schinken mit Ananas

FÜR 4 PORTIONEN

4 EL Butter
4 Scheiben gekochter Schinken (½ cm dick)
4 Scheiben Ananas
½ TL Speisestärke
1 EL Zitronensaft
125 ml Ananassaft
Sherry (wahlweise)

1. Den Backofen auf 100 °C (Gas Stufe 1) vorheizen.

2. Die Hälfte der Butter in einer großen Pfanne erhitzen. Die Schinkenscheiben darin bei schwacher Hitze von beiden Seiten goldbraun braten und auf einer vorgewärmten Platte im Ofen warm stellen.

3. Die restliche Butter in die Pfanne geben und die Ananasscheiben darin erhitzen, bis sie eine goldgelbe Farbe annehmen. Die Ananasscheiben auf den Schinkenscheiben anrichten.

4. Die Speisestärke mit dem Zitronensaft glatt rühren. Den Ananassaft in die Pfanne gießen und die aufgelöste Stärke einrühren. Den Saft zum Kochen bringen und bei schwacher Hitze so lange kochen, bis eine leicht sämige Sauce entsteht. Die Sauce zum Schluss nach Belieben mit etwas Sherry abschmecken.

5. Ananas und Schinken mit der Sauce übergießen und servieren.

Queen

Cayenne

Aufbewahrung

Die Ananas ist eine leicht verderbliche Frucht, die schnell Druckstellen bekommt, und sollte so bald wie möglich verzehrt werden. Lagert man sie zu lange bei Zimmertemperatur, beginnt sie zu gären, während sie bei einer Temperatur von unter 6 °C verdirbt. Bei Zimmertemperatur halten sich Ananasfrüchte 1 bis 2 Tage, werden dadurch jedoch nicht süßer, sondern verlieren nur etwas von ihrer Säure. In einem perforierten Kunststoffbeutel können sie 3 bis 5 Tage im Kühlschrank aufbewahrt werden, sollten jedoch kurz vor dem Servieren herausgenommen werden, damit sich ihr Aroma besser entfalten kann. Angeschnittene Ananas hält sich in Flüssigkeit eingelegt und in einem luftdicht verschlossenen Behälter aufbewahrt einige Tage im Kühlschrank. Geschälte und in Scheiben geschnittene Früchte können im eigenen Saft oder in Sirup eingelegt auch eingefroren werden, verlieren dabei allerdings etwas an Aroma.

Red Spanish

Jaboticaba

Myrciaria cauliflora, **Myrtaceae**

Der immergrüne Jaboticababaum ist in Brasilien beheimatet. Er wird bis zu 12 m hoch und wächst in kühleren tropischen und wärmeren subtropischen Regionen. Seine spitz zulaufenden Blätter sind 3 bis 10 cm lang. Er trägt jährlich fünf- bis sechsmal kleine weiße Blüten, die am Stamm und an den dickeren Ästen des Baums wachsen und aus denen sich die Früchte entwickeln. Diese haben einen Durchmesser von 1,5 bis 4 cm. Ihre dicke Schale ist schwarz oder violett, das durchscheinende weißliche oder rosafarbene Fruchtfleisch ist saftig und süß und enthält bis zu vier kleine Kerne. Während die Jaboticaba in Brasilien sehr beliebt ist, ist sie andernorts immer noch relativ unbekannt, obwohl sie bereits vor einiger Zeit in Südamerika und den USA sowie vor kurzem auch in Australien eingeführt wurde.

Serviervorschläge

Jaboticabas werden wie Trauben ohne weitere Zutaten gegessen. Man gibt sie zu Obstsalaten oder garniert mit ihnen Käseplatten und Vorspeisen. Sie ergeben außerdem eine aromatische Konfitüre und werden häufig zu Saft und Wein verarbeitet.

Aufbewahrung

Jaboticabas bleiben in einem perforierten Kunststoffbeutel 2 Wochen im Kühlschrank frisch.

Einkaufstipp

Jaboticabas sollten fest und unbeschädigt sein und eine glänzende Schale mit intensiver Färbung haben.

Nährwerte

Kalorien	73
Ballaststoffe	*
Kohlenhydrate	14 g
Fett	1,8 g
Eiweiß	0,5 g
Wasser	83,5 %
	je 100 g

Die Jaboticaba enthält relativ viel Vitamin C.

Karambole

Averrhoa carambola, Oxalidaceae

Die Karambole ist in Ceylon und auf den Molukken beheimatet und wird in Asien seit uralten Zeiten gezüchtet. Der Baum kann eine Höhe zwischen 6 und 10 m erreichen und trägt Büschel süß duftender rosafarbener oder violetter Blüten. Die Karambole wächst in tropischem oder subtropischem Klima und wird in vielen Ländern überall auf der Erde angebaut, wie etwa in Brasilien, Malaysia, China, Australien, Israel, in der Karibik und den USA. In den westlichen Ländern wird sie erst seit kürzerem im Handel angeboten.

Die Karambolfrucht ist 5 bis 12 cm lang, zwischen 3 und 6 cm dick und wiegt 90 bis 120 g. Sie hat eine relativ ungewöhnliche Form, die aus fünf (manchmal auch vier oder sechs) herausstehenden Längsrippen besteht. Schneidet man die Karambole quer durch, entstehen sternförmige Scheiben, weshalb sie auch als **Sternfrucht** bezeichnet wird. Die dünne, wachsartige Schale der Frucht ist durchscheinend gelblich gefärbt und wird mit zunehmender Reife goldgelb. Die essbare Schale schließt ein ebenfalls durchscheinendes, bissfestes Fruchtfleisch ein. Das saftige Fleisch ist leicht säuerlich und schmeckt bei der vollreifen Frucht sehr aromatisch. In den Längsrippen sitzen zwei bis zwölf flache Samenkerne. Je nach Sorte und Erntezeitpunkt variiert das Aroma der Karambolen. Manche Sorten schmecken süß und nur leicht säuerlich, andere haben einer eher herbsauren Geschmack.

Die **Bilimbi** ist eine verwandte Spezies; sie stammt aus Malaysia und wird hauptsächlich in Asien angeboten. Die Hauptproduzenten sind Asien, Australien, Süd- und Mittelamerika und die USA. Die Längsrippen der kleineren Bilimbifrucht sind kaum sichtbar. Das saftige Fruchtfleisch enthält sechs oder sieben flache Samenkerne und hat eine grünlich gelbe Färbung. Es ist fester und wesentlich säuerlicher als das Fruchtfleisch der Karambole. Die Bilimbi wird selten frisch verzehrt.

Einkaufstipp

Karambolen sollten fest und unbeschädigt sein, eine schöne Färbung und ein angenehm fruchtiges Aroma haben.

Nährwerte

Kalorien	24
Ballaststoffe	1,9 g
Kohlenhydrate	3,5 g
Fett	0,5 g
Eiweiß	1,2 g
Wasser	91 %
	je 100 g

Die Karambole ist reich an Vitamin C. Außerdem enthält sie Betakarotin, Kalium und verschiedene Fruchtsäuren.

Vorbereitung

Vor dem Verzehr müssen die Früchte gewaschen werden. Haben sich die Kanten der Längsrippen schwarz verfärbt, werden diese mit einem Spargelschäler entfernt. Wenn man die Frucht quer in Scheiben schneidet, wird ihre dekorative Sternform betont. Die Kerne sollten ebenfalls entfernt werden.

Serviervorschläge

Karambolfrüchte werden roh oder gegart verwendet und passen ebenso gut zu Gemüse wie zu Früchten. Mit Essig beträufelt sind sie eine würzige kleine Mahlzeit. Man kann sie als Gemüsebeilage servieren oder mit Meeresfrüchten und Gemüse frittieren. Damit sie ihr Aroma nicht verlieren, sollte man die Früchte nur ganz kurz garen. In Scheiben geschnitten ist die Karambole eine dekorative Beilage für Fisch- und Meeresfrüchtegerichte sowie zum Garnieren von Cocktails, Vorspeisen, Kuchen, Pasteten und Käseplatten. Die Bilimbi wird meist gegart verzehrt. Man verwendet sie für Marinaden und Gelees und gibt sie zu Suppen, Saucen und süßsauren Gerichten. Der ausgepresste Saft ist sehr schmackhaft, weshalb die Frucht häufig als Ersatz für Mango in indischen Chutneys verwendet wird.

Aufbewahrung

Karambolfrüchte können bei Zimmertemperatur gelagert werden, wenn sie innerhalb weniger Tage verbraucht werden oder wenn sie noch nachreifen sollen. Frische Früchte halten sich im Kühlschrank bis zu 15 Tagen.

Cherimoya

Annona cherimola, Annonaceae

Die Heimat der Cherimoya sind die Anden. Sie ist die Frucht des Flaschenbaums, der in tropischen und subtropischen Regionen gedeiht und von dem es mehr als 50 verschiedene Sorten gibt. Er besitzt dornige Äste und kann bis zu 7 m hoch werden. Seine Blüten werden oft von Hand befruchtet, damit sie mehr Früchte tragen, was sich auch in dem Namen »Cherimoya« ausdrückt, der sich von dem indianischen Quechua-Wort *chirimoya* ableitet und »kalter Samen« bedeutet. Cherimoyas werden heute in zahlreichen Ländern angebaut, darunter die USA, Chile, Mexiko, Peru, Ecuador, Spanien, Israel und Australien.

Die Cherimoya gehört zur Familie der Annonengewächse, zu der auch Sauersack und Rahmapfel zählen. Je nach Sorte ist sie kegelförmig, oval, kugelig oder herzförmig und wiegt zwischen 250 g und 4 kg. Die Schale ist bronzefarben bis grün und wird mit der Reifung zuerst gelb und schließlich fast schwarz. Bei einigen Sorten ist sie mit dicken Schuppen bedeckt. Da sie zu bitter schmeckt, ist sie für den Verzehr nicht geeignet. Das duftende, saftige weißliche Fruchtfleisch hat eine puddingähnliche Konsistenz, einen süßsäuerlichen Geschmack und eine körnige Struktur. Es enthält zahlreiche ungenießbare Samen.

Der angenehme Duft der reifen Cherimoya kann sich bei überreifen Früchten in einen unangenehmen Geruch verwandeln und den Geschmack des Fruchtfleisches beeinträchtigen. Da die Früchte sehr schnell verderben und keine langen Transporte vertragen, werden sie in der Regel vor der Vollreife geerntet. Obwohl die Frucht so empfindlich ist, wird die Cherimoya von vielen Feinschmeckern als eine der aromatischsten Obstsorten geschätzt.

Einige Cherimoyasorten sind mit dicken Schuppen bedeckt. Die sehr empfindliche, ungenießbare Schale ist bronzefarben bis grün.

Vorbereitung

Cherimoyas werden nach dem Waschen geschält und in zwei oder mehr Stücke geteilt. Das faserige Fruchtinnere braucht nur entfernt zu werden, wenn es noch hart ist. Die Samenkerne werden dagegen in jedem Fall entfernt.

Serviervorschläge

Cherimoyas werden meist frisch verwendet, da sich ihr Aroma durch Kochen stark verändert. Das gekühlte Fruchtfleisch wird am besten mit einem Löffel aus der Schale herausgelöst. Da das angeschnittene Fruchtfleisch sehr schnell oxidiert, sollte es sofort mit Orangensaft beträufelt werden, damit es sich nicht verfärbt. Die Cherimoya passt gut zu Obstsalaten, Sorbets, Eiscreme, Joghurt, Kuchen und Plätzchen. Außerdem kann man aus der Frucht Konfitüre, Gelee oder Kompott herstellen oder den Saft auspressen.

Aufbewahrung

Cherimoyas reifen bei Zimmertemperatur nach. Reife Früchte können im Kühlschrank 1 bis 2 Tage aufbewahrt werden. Überreife Früchte fangen schnell zu gären an und sollten deshalb nicht zu lange lagern.

Die Frucht ist zum Einfrieren wenig geeignet, auch nicht als Püree, da sie sich nur bei einem ganz bestimmten Reifegrad einfrieren lässt, der schwer festzustellen ist. Gelingt es, die Frucht zum richtigen Zeitpunkt einzufrieren, hält sie sich bis zu 4 Monate.

Einkaufstipp

Cherimoyas sollten unbeschädigt und nicht zu fest sein und angenehm duften. Nicht empfehlenswert sind Früchte mit Druckstellen und schwarzer Schale.

Nährwerte

Kalorien	62
Ballaststoffe	3,4 g
Kohlenhydrate	13,4 g
Fett	0,3 g
Eiweiß	1,5 g
Wasser	74 %
	je 100 g

Wegen ihres hohen Gehalts an Kohlenhydraten ist die Cherimoya besonders nahrhaft. Sie enthält Vitamin C und Nikotinsäure.

Durian

Durio zibethinus, Bombaceae

Die Durian ist die Frucht eines Baums, der im Malaiischen Archipel beheimatet ist und eine Höhe von 20 bis 40 m erreichen kann. Er ist eng mit dem Baobab (Affenbrotbaum), der Kakao- und Baumwollpflanze und der Malve verwandt. Außerhalb Asiens wird die Durianfrucht kaum angebaut, da sie sich anderen klimatischen Bedingungen nur schwer anpassen kann. Die Durian ist eine große, eigentümlich geformte Frucht, die der Jackfrucht ähnelt, aber nicht zur selben Familie gehört. Zwar verströmt die reife Durian einen fauligen Geruch, doch ist sie in den Anbauländern äußerst beliebt. Das eigenwillige Aroma ist nicht jedermanns Geschmack. Durians können bis zu 5,5 kg wiegen und sind in der Regel zwischen 20 und 30 cm breit sowie 40 cm lang. Die Schale ist von mehreren Furchen durchzogen, die bei der Vollreife aufspringen und durch die sich die Frucht leicht öffnen lässt. Das Fruchtinnere ist in fünf oder sechs einzelne Kammern aufgeteilt, die durch eine ungenießbare weiße Fruchthaut getrennt werden. Jede Kammer enthält bis zu sechs glänzende Kerne, die das Fruchtfleisch (Samenmantel) umhüllt. Das weißlich oder hellbraun gefärbte Fruchtfleisch hat eine kompakte Struktur und ist mild cremig.

Einkaufstipp

Die Früchte sollten eine unbeschädigte Schale haben, da sie andernfalls schnell verderben. Eine gelbliche Schale deutet auf eine reife Frucht hin.

Nährwerte

Kalorien	141
Ballaststoffe	4,4 g
Kohlenhydrate	28,5 g
Fett	1,8 g
Wasser	61,5 %
	je 100 g

Die Durianfrucht ist reich an Kalium und enthält viel Vitamin C. Sie soll eine aphrodisierende Wirkung haben. Man sollte sie nicht in Alkohol einweichen und auch keinen Alkohol dazu trinken, da sie in Verbindung mit Alkohol zu gären beginnt.

Vorbereitung

Zum Öffnen die Frucht einmal mit einem großen, sehr scharfen Messer der Länge nach zerteilen. Das Fruchtfleisch mit einem Löffel herauslösen und die Kerne entfernen.

Serviervorschläge

Viele Menschen, die sich an den fauligen Geruch der Durian gewöhnt haben, schätzen sie als eine sehr aromatische Frucht. Man kann sie sowohl »pur« als kleine Zwischenmahlzeit verzehren als auch zu Joghurt oder Eiscreme geben oder zu Konfitüre verarbeiten. In Asien wird die Durian gerne mit Reis gegessen oder, wie in China, als Füllung für Pasteten verwendet.

Die Kerne der Durianfrucht kann man geröstet oder gebacken wie Nüsse essen. Aus den zerdrückten Kernen wird ein Pulver gewonnen, das zur Herstellung von Süßigkeiten verwendet wird.

Aufbewahrung

Durians reifen bei Zimmertemperatur nach. Da die Schale bei Vollreife aufplatzt, sollten reife Durians sofort gegessen oder im Kühlschrank gelagert werden, da sie sonst rasch verderben. Außerdem sollten die Früchte gut verpackt und getrennt von anderen Lebensmitteln aufbewahrt werden. In Malaysia werden Durians in Salzlake konserviert, damit sie das ganze Jahr zur Verfügung stehen.

Jackfrucht

Artocarpus heterophyllus, **Moraceae**

Die Jackfrucht oder Nangka ist die Frucht eines Baums, der vermutlich in der Region zwischen Indien und Malaysia beheimatet ist. Sie wird heute in fast allen tropischen Ländern angebaut. In den meisten asiatischen Ländern gehört sie zwar zu den Grundnahrungsmitteln, doch ist sie wirtschaftlich gesehen von geringer Bedeutung, da die relativ empfindliche, große Frucht nur schwer verarbeitet und transportiert werden kann. Sie ist vor allem in Sri Lanka und Indien sehr beliebt.

Die Jackfrucht ist relativ eng mit der Brotfrucht verwandt, doch während man letztere lediglich als Gemüse verwendet, wird die Jackfrucht auch als Obst verzehrt. Der Jackfruchtbaum ist sehr dekorativ und kann eine Höhe von 10 bis 15 m erreichen. Wie alle Bäume dieser Familie sondert er eine weiße, klebrige Flüssigkeit ab. Der Baumstamm trägt zahlreiche Blüten, aus denen sich die Früchte entwickeln; sie sitzen an langen, holzigen Stielen an Ästen und Stamm. Die Jackfrucht erreicht eine Länge von 30 bis 90 cm und einen Durchmesser von 25 bis 50 cm. Sie wiegt meist zwischen 7 und 16 kg, manche Sorten können aber auch bis zu 33 kg schwer sein. Die blassgrüne oder gelbliche Fruchtschale bekommt mit der Reifung eine intensivere gelbe Färbung und ist überall mit kurzen, scharfen Dornen bedeckt.

Die vielen verschiedenen Sorten der Jackfrucht werden in zwei Hauptgruppen unterteilt: in Sorten mit weichem, saftigem Fruchtfleisch und süßem Geschmack und in Sorten mit bissfestem Fleisch, das nicht so süß und saftig ist. Das weißliche oder gelbliche Fruchtfleisch der Jackfrucht bekommt mit der Vollreife eine goldgelbe Färbung. Es enthält zahlreiche große Kerne – je nach Sorte können die Früchte zwischen 50 und 500 Kerne enthalten –, die weißlich gefärbt sind. Das Innere der 2 bis 3 cm langen und 1,5 bis 2 cm dicken Kerne ist essbar, ebenso die befruchteten Blüten, während die Schale und das Innere der Frucht ungenießbar sind und als Viehfutter verwendet werden. Wie die Banane reift auch die Jackfrucht nach der Ernte weiter. Auch wenn die Früchte unreif gepflückt werden, hat dies keinen nachhaltigen Einfluss auf ihren Geschmack.

Die Jackfrucht ist mit kurzen, scharfen Dornen bedeckt.

Einkaufstipp

Die Früchte sollten unbeschädigt sein und keine weichen Stellen aufweisen. Reife Früchte sollten einen starken Duft verströmen. Da die Früchte sehr groß sind, werden sie oft aufgeschnitten angeboten.

Vorbereitung

Vor dem Aufschneiden sollte man Hände und Messer mit Öl einreiben, damit sie durch den austretenden Fruchtsaft nicht klebrig werden. Nach dem Aufschneiden löst man die Kerne und das Fruchtfleisch heraus.

Serviervorschläge

Die unreife Jackfrucht wird wie Gemüse und die reife Frucht wie Obst verzehrt. Man kann sie ohne weitere Zutaten roh oder gekocht, gerieben oder in Stücke geschnitten verwenden und in Obstsalaten oder zu Eiscreme servieren. Gegart wird die Jackfrucht püriert, getrocknet, zu Chutneys verarbeitet oder als Beilage zu Currygerichten gereicht.

In den Anbauländern werden Jackfrüchte häufig in Salzlake oder Zuckerwasser konserviert. Die Rinde wird kandiert, zu Gelee verarbeitet oder das enthaltene Pektin verwendet. Gekocht verwendet man die Kerne wie Gemüse; geröstet werden sie wie Erdnüsse gegessen. Außerdem werden sie getrocknet und zu Mehl zermahlen, das man in Indien für *Chapattis* und *Papadums* verwendet.

Nährwerte

	Frucht	*Kerne*
Kalorien	70	383
Ballaststoffe	4,1 g	4 g
Kohlenhydrate	15,3 g	74 g
Fett	0,4 g	1 g
Eiweiß	1,1 g	19 g
Wasser	74,6 %	*
		je 100 g

Die Jackfrucht enthält viel Kalium, die getrockneten Kerne etwas B-Vitamine, Kalzium, Kalium, Magnesium, Phosphor, Eisen und Schwefel.

Aufbewahrung

Die Jackfrucht hält sich bei Zimmertemperatur 3 bis 10 Tage. Aufgeschnittene oder reife Früchte sollten im Kühlschrank aufbewahrt werden. In Sirup eingelegt, der zu gleichen Teilen aus Zucker und Wasser sowie etwas Zitronensäure besteht, sind sie auch zum Einfrieren geeignet.

Baumtomate

Cyphomandra betacea, **Solanaceae**

Die Baumtomate, auch **Tamarillo** genannt, stammt ursprünglich aus der Andenregion Südamerikas und gehört zur großen Familie der Nachtschattengewächse, zu der auch Tomate, Paprika, Kartoffel und Aubergine zählen. Sie ist die Frucht eines strauchartigen Baums, der eine Höhe von 2 bis 3 m erreicht und nach 18 Monaten zum ersten Mal Früchte trägt. Wichtigster Produzent der Baumtomate ist heute Neuseeland, gefolgt von den Ländern Mittel- und Südamerikas, der Karibik, Indien, Australien, Südostasien und einigen afrikanischen Ländern, vor allem Kenia.

Es gibt mehrere Baumtomatensorten, von denen die orangegoldene Sorte mit gelblichem Fruchtfleisch sowie die dunkelrote oder violette Baumtomate mit orangefarbenem Fleisch am bekanntesten sind. Sie sind oval geformt und bei einer Länge von 5 bis 10 cm etwa so groß wie ein Ei. Ihre glatte, glänzende Schale schmeckt bitter und ist ungenießbar. Das feste Fruchtfleisch hat einen leicht süßsäuerlichen Geschmack, der an Tomate, Stachelbeere und Physalis erinnert, wobei die goldene Sorte milder und süßer schmeckt als die dunkelrote oder violette Baumtomate. Beide Sorten enthalten zahlreiche schwarze Samenkerne, die ebenfalls essbar sind und Tomatenkernen ähneln.

Einkaufstipp

Baumtomaten sollten fest und unbeschädigt sein, eine glatte, intensiv gefärbte, makellose Schale haben und auf Druck leicht nachgeben. Unreife, harte Baumtomaten sind nicht empfehlenswert, da sie meist bitter schmecken.

Nährwerte

Kalorien	56
Ballaststoffe	1,6 g
Kohlenhydrate	10,6 g
Fett	0,8 g
Eiweiß	1,7 g
Wasser	86 %
	je 100 g

Die Baumtomate enthält viel Vitamin A und C sowie etwas Kalzium, Kalium, Phosphor, Natrium und Magnesium.

Vorbereitung

Baumtomaten werden vor der weiteren Zubereitung geschält, wobei sich die Schale leichter ablösen lässt, wenn man die Früchte vorher kurz in kochendem Wasser blanchiert und unter kaltem Wasser abschreckt. Ihr Saft hinterlässt hartnäckige Flecken auf der Kleidung.

Serviervorschläge

Sehr reife Baumtomaten können auch roh gegessen werden, indem man die Früchte halbiert und das Fruchtfleisch mit Zucker oder Salz bestreut oder mit Limetten- oder Zitronensaft beträufelt und anschließend mit einem Löffel aus der Schale löst. Püriert verleihen sie Joghurt, Eiscreme, Sorbets und Cocktails ein interessantes Aroma. Unreife Früchte werden häufig wie Gemüse zubereitet. In Verbindung mit anderem Obst sollte man Baumtomaten vorsichtig einsetzen, da sie durch ihren ausgeprägten Geschmack das Aroma anderer Früchte leicht überdecken.

Baumtomaten sind in vielen Gerichten ein guter Ersatz für Tomaten und eine ausgezeichnete Beilage zu Fleisch, Geflügel und Fisch. Sie werden außerdem zu schmackhaften Saucen, aber auch zu Gelee und Konfitüre verarbeitet. Baumtomaten, die 1 bis 2 Stunden in Öl und Essig mariniert werden, ergeben einen ungewöhnlichen, äußerst erfrischend schmeckenden Salat.

Aufbewahrung

Nicht ganz reife Baumtomaten reifen bei Zimmertemperatur noch etwas nach. Reife Früchte können in einem perforierten Kunststoffbeutel im Kühlschrank etwa 2 Wochen aufbewahrt werden. Rohe Früchte sind außerdem im Ganzen, geschält oder in Stücke geschnitten und mit etwas Zucker bestreut sehr gut zum Einfrieren geeignet. Man kann sie aber auch gekocht oder püriert einfrieren.

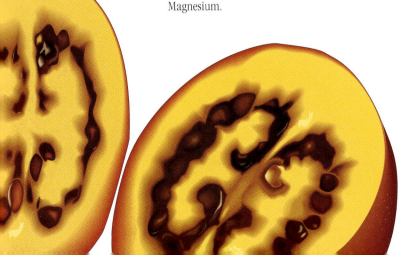

Rambutan

Nephelium lappaceum, Sapindaceae

Die Rambutan ist in Malaysia beheimatet. Ihr Name leitet sich ab von dem malaiischen Wort *rambout,* das übersetzt »Haar« bedeutet. Die Früchte wachsen büschelweise an einem kleinen, immergrünen Baum, der mit Litchi und Longane verwandt ist und in großen Mengen in Südostasien, insbesondere in Indonesien angebaut wird. Die Frucht ist an der Außenseite von weichen Stacheln bedeckt und erinnert an einen kleinen Igel, weshalb sie auch »behaarte Litchi« genannt wird.

Die Rambutan, von der es mehr als 50 verschiedene Sorten gibt, hat einen Durchmesser von etwa 5 cm und wird von einer zerbrechlichen roten oder gelblich braunen Schale umschlossen, die sich leicht öffnen lässt. Das helle Fruchtfleisch ist saftig, leicht durchscheinend und erinnert in seiner Konsistenz an die Litchi. Wie diese enthält die Rambutan im Inneren einen flachen, ungenießbaren Kern, der mandelähnlich geformt ist. Je nach Sorte schmeckt das zart duftende Fruchtfleisch mild und süßlich bis mehr oder weniger säuerlich. Im Vergleich zur Litchi duftet die Rambutan jedoch weniger intensiv.

Einkaufstipp

Rambutans sollten eine rötlich gefärbte Schale mit grünlichen Stacheln haben, die keine feuchten Stellen aufweist. Nicht empfehlenswert sind trockene Früchte mit dunkler Schale oder solche, bei denen ein säuerlich riechender Saft austritt, da sie vermutlich alt sind.

Vorbereitung

Rambutans werden ganz einfach geschält, indem man die Schale anritzt und mit den Fingern oder einem Messer vorsichtig entfernt, ohne dabei das Fruchtfleisch zu beschädigen. Eine originelle Möglichkeit ist, nur die obere Hälfte der Schale zu entfernen und die Frucht wie ein weiches Ei zu servieren.

Serviervorschläge

Rambutans werden wie Litchis verwendet, die sie in allen Rezepten sehr gut ersetzen können. Sie schmecken roh auch ohne weitere Zutaten als kleine Zwischenmahlzeit und passen sehr gut in einen Obstsalat oder zu Eiscreme. Gegart sind Rambutans eine originelle Beilage zu Gemüse und Fleisch, werden als Füllung verwendet und können sehr gut in Sirup eingelegt oder zu Konfitüre verarbeitet werden.

Aufbewahrung

Rambutans sind leicht verderblich und schmecken am besten ganz frisch. In einen perforierten Kunststoffbeutel verpackt können sie nur 2 bis 3 Tage im Kühlschrank aufbewahrt werden. In Sirup eingelegt oder zu Marmelade verarbeitet halten sie sich dagegen 3 bis 4 Monate.

Nährwerte

Kalorien	65
Ballaststoffe	1,5 g
Kohlenhydrate	15,0 g
Fett	0,1 g
Eiweiß	1,0 g
Wasser	82 %
	je 100 g

Rambutans enthalten viel Vitamin C sowie Eisen und Kalium.

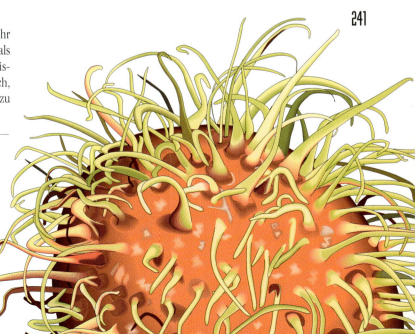

Kaki

Diospyros spp., Ebenaceae

Der Kakibaum ist vermutlich in China beheimatet und gehört zur Familie der Harthölzer, zu der auch Ebenholz zählt; er trägt jedoch als einziger Vertreter dieser Familie essbare Früchte. Die Kaki, die sozusagen als Japans »Nationalfrucht« gilt, ist ein Winterobst, das erst nach dem Blattfall im Herbst geerntet wird. Weitere wichtige Produzenten sind heute China, Korea, Israel und die USA.

Die vielen hundert verschiedenen Kakisorten werden in zwei Hauptgruppen unterteilt: die asiatische Kaki *(Diospyros kaki)*, die seit mehr als 1000 Jahren gezüchtet wird, und die amerikanische Kaki *(Diospyros virginiana)*, die im Südosten der USA wild wächst. Unter den asiatischen Kakifrüchten sind die Hachiya und die Fuyu, die in Größe und Aussehen einer Tomate ähneln, die verbreitetsten Sorten.

Die herzförmige **Hachiya**-Kaki schmeckt erst nach der Vollreife, wenn sie weich ist, da unreife Hachiyas durch ihre stark adstringierende Wirkung ungenießbar sind. Während der Reifung verfärben sich Schale und Fruchtfleisch von grün oder gelb zu leuchtend rot bis orangefarben. Die vollreifen Früchte haben zartes, süßes Fruchtfleisch, das stark duftet, leicht klebrig ist und eine beinahe flüssige Konsistenz besitzt.

Die **Fuyu**-Kaki enthält kein Tannin und kann deswegen gleichermaßen in festem wie in reifem Zustand verwendet werden. Israel ist Hauptproduzent eines Typs dieser Sorte mit der Bezeichnung **Sharon**. Das Fruchtfleisch enthält bis zu acht große braune Kerne, die ungenießbar sind.

Nährwerte

Kalorien	70
Ballaststoffe	2,5 g
Kohlenhydrate	16 g
Fett	0,3 g
Eiweiß	0,6 g
Wasser	80 %
	je 100 g

Die Kaki ist reich an Vitamin A und enthält Kalium, Vitamin C und Kupfer. Sie soll eine leicht abführende Wirkung haben.

Einkaufstipp

Da Kakis sehr intensiv gefärbt sind, ist die Farbe der Schale nicht unbedingt ein Garant für Reife. Kakis sollten unbeschädigt sein, und Früchte der Hachiya-Sorte sollten auf Druck leicht nachgeben. Die Schale darf nicht grünlich oder gelblich gefärbt sein.

Serviervorschläge

Die delikaten Kakifrüchte schmecken roh auch ohne weitere Zutaten sehr gut, indem man einfach das obere Ende der Frucht abschneidet oder sie halbiert und das Fruchtfleisch mit einem Löffel aus der Schale löst. Fuyu-Kakis können wie Äpfel verzehrt werden. Kakis schmecken außerdem zu Eiscreme, Gebäck und Cremes, sind ein vorzüglicher Belag für Kuchen, Torten und Crêpes und geben Obstsalaten, Reis, Meeresfrüchten und Geflügel eine besondere Note. Mit Kakifrüchten kann man außerdem Joghurt, Quarkspeisen, Puddings und andere Nachspeisen aromatisieren, und sie passen sehr gut zu Käse. Außerdem kann man sie trocknen, einlegen oder zu Konfitüre verarbeiten. Kakifrüchte schmecken auch püriert sehr gut; durch Zugabe von ein paar Tropfen Zitronensaft verhindert man, dass sich das Fruchtfleisch braun verfärbt.

Aufbewahrung

Kakis reifen bei Zimmertemperatur nach. Dieser Prozess lässt sich beschleunigen, wenn man sie in einen Kunststoffbeutel gibt, eventuell zusammen mit anderem Obst, das Äthylen produziert, zum Beispiel Äpfel oder Bananen. Reife Kakis werden im Kühlschrank aufbewahrt. Die Früchte sind im Ganzen oder püriert auch zum Einfrieren geeignet, wobei man 1½ Esslöffel Zitronensaft auf 250 ml Püree geben sollte, damit es sich nicht braun verfärbt.

Litchi

Litchi chinensis, Sapindaceae

Die Litchifrucht ist in Südchina beheimatet. Der majestätische, immergrüne Baum, an dem sie wächst, wird zwischen 15 und 20 m hoch und trägt 100 bis 150 kg Früchte. Litchis werden in China seit über 2000 Jahren gezüchtet. Sie gelten als eine der köstlichsten Früchte und werden heute in vielen Ländern angebaut, unter anderem in China, Indien, Thailand, Südafrika, Australien, Israel, Mexiko und den Vereinigten Staaten.

Die sehr kälteempfindlichen Litchis haben einen Durchmesser von 3 bis 5 cm und besitzen eine dünne Schale, die außen rau und an der Innenseite glatt ist. Diese Schale wird nach der Ernte hart und lässt sich leicht ablösen. Sie ist rosa oder rötlich gefärbt und wird bei älteren Früchten bräunlich. Das durchscheinende perlmuttfarbene Fruchtfleisch ist fest, erfrischend saftig und süß und duftet sehr stark. Es enthält einen glatten, leicht herauslösbaren Kern, der hart und ungenießbar ist. Der Geschmack der Litchi hängt von ihrem jeweiligen Reifegrad ab und erinnert an eine Mischung aus Erdbeere, Rose und Muskatnuss.

Litchis sollten gegessen werden, wenn sie voll ausgereift sind, da das Fruchtfleisch der unreifen Früchte gelatineartig und relativ geschmacklos ist, während überreife Früchte kaum mehr Aroma haben. Nach der Ernte reifen Litchis nicht mehr nach. Da die Früchte lange Transportwege nur schlecht überstehen, sind sie oft schon braun und haben viel von ihrem Aroma verloren, wenn sie bei uns in den Handel gelangen.

Die reife Litchi besitzt eine rosa oder rötlich gefärbte Schale. Das Fruchtfleisch enthält einen ungenießbaren bräunlichen Kern.

Einkaufstipp

Litchis werden frisch oder als Konserve in Sirup eingelegt angeboten; gelegentlich bekommt man sie auch getrocknet oder kandiert. Frische Litchis sollten eine rötliche Färbung haben und keine Risse aufweisen.

Vorbereitung

Litchis lassen sich leicht schälen, indem man die Schale einfach mit den Fingern oder einem Messer aufbricht und entfernt.

Serviervorschläge

Frische Litchis schmecken hervorragend auch ohne weitere Zutaten und geben Obstsalaten eine exotische Note. Man kann sie auch sehr gut zum Aromatisieren von Reis, Gemüse, Füllungen und Saucen verwenden. In der chinesischen Küche werden sie häufig zu Fleisch- und Fischgerichten serviert.

Zubereitung

Litchis sollten nur kurz gegart werden, damit ihr delikates Aroma erhalten bleibt. Bereitet man sie mit anderen Zutaten zu, sollte man sie erst ganz zum Schluss zugeben.

Aufbewahrung

In Küchenpapier gewickelt und in einen perforierten Kunststoffbeutel verpackt halten sich Litchis im Kühlschrank einige Wochen. Am besten schmecken sie jedoch ganz frisch. Bewahrt man sie zu lange auf, gären sie und werden säuerlich. Litchis sind mit der Schale auch sehr zum Einfrieren geeignet. Tiefgekühlt können sie bis zu 6 Monate aufbewahrt werden.

Nährwerte

Kalorien	74
Ballaststoffe	1,6 g
Kohlenhydrate	16,5 g
Fett	0,3 g
Eiweiß	0,9 g
Wasser	79,7 %
	je 100 g

Frische Litchis sind reich an Vitamin C und enthalten viel Kalium sowie etwas Kupfer und Magnesium.

Longane

Dimocarpus longan, Sapindaceae

Die in Indien beheimatete und seit Tausenden von Jahren in Asien bekannte Longane ist die Frucht eines majestätischen Baums, der bis zu 40 m hoch werden kann und botanisch mit Litchi und Rambutan verwandt ist. Sie wird heute in vielen asiatischen Ländern sowie in den Vereinigten Staaten und in Australien angebaut. Die stark saponinhaltigen Kerne der Longane werden in China zur Herstellung von Haarshampoo verwendet.

Die in Büscheln wachsenden Longanefrüchte besitzen eine glatte, dünne orangefarbene Schale, die sich mit zunehmender Reifung bräunlich verfärbt und hart wird. Das durchscheinende weiße Fruchtfleisch ist saftig und süß, jedoch nicht ganz so aromatisch wie das der Litchi. Es enthält einen ungenießbaren, großen braunen Kern mit einem augenförmigen weißen Fleck, weshalb die Frucht in China auch »Drachenauge« genannt wird.

Einkaufstipp

Die Früchte sollten makellos sein und eine leuchtende Farbe haben.

Nährwerte

Kalorien	70
Ballaststoffe	1,1 g
Kohlenhydrate	15 g
Fett	0,8 g
Eiweiß	1,0 g
Wasser	81,5 %
	je 100 g

Longane enthält viel Vitamin C und Kalium sowie etwas Magnesium und Kupfer.

Zubereitung

Longane sollte immer erst am Ende des Garprozesses zugegeben werden, da sie schnell zerkocht und an Aroma verliert.

Vorbereitung

Die ungenießbare Schale wird am Stielansatz aufgebrochen und dann abgeschält.

Serviervorschläge

Frische Longanefrüchte sind besonders schmackhaft und verleihen Obstsalaten, Reis, Gemüse, Salaten und Saucen eine exotische Note. Gedämpft passen sie sehr gut zu frittierten Gerichten. Bei uns werden die Früchte meist in Sirup eingelegt oder getrocknet angeboten. Getrocknete Longanen sehen aus wie große Rosinen.

Aufbewahrung

Frische Longanen sollten so bald wie möglich verbraucht werden. In Küchenkrepp gewickelt und in einen luftdurchlässigen Kunststoffbeutel verpackt halten sie sich im Kühlschrank 2 bis 3 Wochen, verlieren jedoch mit zunehmendem Alter an Aroma. Longanen sind mit und ohne Schale auch zum Einfrieren geeignet.

Papaya

Carica papaya, Caricaceae

Papaya

Die Papaya ist die Frucht eines Baums, der vermutlich in Mittelamerika beheimatet ist und eine Höhe von 2 bis 10 m erreicht. Er trägt jährlich 30 bis 150 Früchte, die geerntet werden, sobald die Schalen gelbe Streifen aufweisen und gewöhnlich 4 bis 5 Tage später voll ausgereift sind.

Bei den lateinamerikanischen Indios galten die Papayas bereits lange vor Ankunft der Spanier als besonders geschätzte Früchte. Durch Spanier und Portugiesen verbreiteten sie sich auf der ganzen Welt. Heute werden Papayas fast überall in tropischen und subtropischen Klimazonen angebaut, insbesondere in Brasilien, Mexiko, Thailand, Indonesien und Indien.

Papaya

Es gibt viele unterschiedliche Papayasorten, wobei von der bekannten **Carica-Papaya** mehr als 50 verschiedene, meist ungenießbare Sorten existieren. Weniger verbreitet sind dagegen die **Bergpapaya** *(Carica pubescens)* und die **Babaco** *(Carica pentagonia)*.

Die sehr schnell treibende Papayapflanze trägt das ganze Jahr hindurch Früchte. Unreife Papayas enthalten wie auch der Stamm, die Triebe und die Blätter einen geruchsneutralen weißlichen Milchsaft, aus dem das Enzym Papain gewonnen wird. Dieses Enzym, das ähnliche Eigenschaften aufweist wie das in der Ananas enthaltene Bromelin oder das aus der Kiwi gewonnene Aktinidin, wird als Fleischzartmacher sowie für medizinische Zwecke, bei der Verarbeitung von Leder, Seide und Wolle und zum Bierbrauen verwendet. Der Milchsaft grüner Papayas ist außerdem in Kaugummi enthalten.

Die in der Regel pfirsichähnlichen oder zylindrisch geformten Papayafrüchte sind zwischen 10 und 50 cm lang und wiegen von 30 bis 60 g bis über 10 kg, wobei die im Handel angebotenen Sorten meistens relativ klein sind. Ihre dünne, glatte Haut ist ungenießbar und variiert farblich zwischen orange, rötlich gelb und gelblich grün. Das saftige Fruchtfleisch ist meistens gelblich orange und von unterschiedlicher Intensität, es kann aber auch gelb oder rot sein. In seiner Konsistenz ähnelt es der Warzenmelone, ist jedoch etwas weicher als diese. Sein zartes Aroma erinnert an die Melone, wobei Süße und Duft variieren. Im Inneren enthält es zahlreiche, leicht pfeffrig schmeckende Kerne, die von einer klebrigen Substanz umgeben sind und großen Pfefferkörnern ähneln.

Sobald die in Büscheln wachsenden länglichen Papayafrüchte gelbliche Streifen aufweisen, werden sie geerntet.

Einkaufstipp

Papayas sollten gleichmäßig rötlich oder orange gefärbt sein und auf Druck leicht nachgeben. Wenige dunkle Stellen haben keinen Einfluss auf den Geschmack. Harte Papayas besitzen kaum Geschmack, da sie zu früh geerntet wurden und nicht mehr nachreifen. Von sehr weichen, beschädigten Früchten ist ebenfalls abzuraten.

Serviervorschläge

Frische reife Papayas schmecken köstlich, wenn man das Fruchtfleisch wie bei der Melone einfach mit dem Löffel herauslöst und es »pur«, mit Zucker bestreut oder mit etwas Zitronensaft, Portwein oder Rum beträufelt verzehrt. Es passt auch sehr gut zu Joghurt, Puddings, Sorbets, Eiscremes und in gemischte Obstsalate. Damit die anderen Früchte nicht weich werden, sollte man Papayas jedoch erst kurz vor dem Servieren zufügen. Papayas werden häufig auch püriert, ausgepresst oder gekocht zu Chutneys, Ketchup und Konfitüre verarbeitet, wobei sich für Letzteres insbesondere die Babaco-Papaya sehr gut eignet. In Südamerika ist sie außerdem eine häufige Zutat im Kuchen. Wegen des hohen Säuregehalts wird der Saft der Babaco nur selten ausgepresst. Wie Melonen passen auch Papayas hervorragend zu rohem Schinken und Räucherlachs und sind eine köstliche Zutat im Geflügel- oder Meeresfrüchtesalat.

Grüne Papayas werden wie Winterkürbis verwendet, den sie in manchen Gerichten auch sehr gut ersetzen. Grüne Papayas kann man außerdem füllen oder marinieren, und sie schmecken gegart in Frikassees und Suppen. Die Papayakerne werden gemahlen wie Pfeffer verwendet.

Nährwerte

Kalorien	32
Ballaststoffe	1,9 g
Kohlenhydrate	7,1 g
Fett	0,1 g
Eiweiß	0,5 g
Wasser	88 %
	je 100 g

Papayas enthalten sehr viel Vitamin C sowie viel Kalium und Vitamin A. Das Fruchtfleisch wirkt magenstärkend und harntreibend, die Kerne wirken entschlackend. In Brasilien wird aus dem Saft ein beruhigend wirkender Sirup hergestellt.

Tropische Früchte

Papaya

Babaco-Papaya

Aufbewahrung

Reife Papayas verderben relativ rasch und halten sich nur wenige Tage im Kühlschrank. Grüne Papayas sollten nicht bei Temperaturen unter 7 °C gelagert werden, da sonst der Reifungsprozess unterbrochen wird. Um das Nachreifen zu beschleunigen, werden sie bei Zimmertemperatur in einem Kunststoffbeutel verpackt aufbewahrt.

Pepino

Solanum muricatum, Solanaceae

Die Pepino ist die Frucht einer Pflanze, die in Peru beheimatet ist. In der Andenregion wird sie schon seit langer Zeit angebaut, während sie bei uns erst seit kurzem angeboten wird und daher noch relativ selten ist. Ihr spanischer Name *pepino* = Gurke ist leicht irreführend, da die Frucht mit der Gurke wenig gemein hat, sondern wie Aubergine, Paprika, Tomate und Kartoffel zu den Nachtschattengewächsen gehört.

Die Pepino wächst an einem immergrünen Halbstrauch, der eine Höhe von knapp 1 m erreicht und wunderschöne rotviolette Blüten trägt. Die 10 bis 15 cm großen, länglichen Früchte ähneln Melonen und haben eine glänzende, violett gestreifte Schale, die mit zunehmender Reife ihre Farbe von blassgrün zu goldgelb verändert. Das leicht mehlige orangefarbene oder gelbliche Fruchtfleisch enthält essbare weiche Kerne und schmeckt etwas süßer als Melonen.

Einkaufstipp

 Pepinos sollten eine möglichst feste, makellose Schale haben und zart duften.

Nährwerte

Kalorien	22
Ballaststoffe	1 g
Kohlenhydrate	5 g
Fett	0,1 g
Eiweiß	0,6 g
Wasser	93 %
	je 100 g

Pepinos sind reich an Vitamin C. Sie wirken antirheumatisch und schleimlösend.

Aufbewahrung

 Pepinos reifen bei Zimmertemperatur nach und können danach 1 bis 2 Tage im Gemüsefach des Kühlschranks aufbewahrt werden.

Vorbereitung

Rohe Pepinos werden halbiert und das Fruchtfleisch mit einem Löffel herausgelöst. Man kann sie aber auch schälen und in Scheiben schneiden.

Serviervorschläge

Reife Pepinos schmecken gut gekühlt hervorragend mit Ingwer oder mit Zitronen- oder Limettensaft, Grand Marnier oder Cointreau beträufelt und sind eine köstliche Zutat für Vorspeisen, Obstsalate und in gemischten Salaten. Die pürierten Früchte verwendet man für Eiscreme, Sorbets und Getränke und zum Einlegen in Alkohol. Die unreifen Früchte werden häufig gegart und wie Kürbis zubereitet.

Feijoa

Feijoa sellowiana, Myrtaceae

Der immergrüne Feijoastrauch ist in Südamerika heimisch und wird wegen seiner wunderschönen, leuchtend roten Blüten mitunter auch als Zierstrauch angebaut. Die Feijoa, die bei uns auch als Ananas-Guave bekannt ist, gehört zur selben Familie wie Guave, Gewürznelke und Eukalyptus. Heute wird sie vor allem in Neuseeland kultiviert.

Die Feijoafrucht ist 5 bis 8 cm lang und hat einen Durchmesser von etwa 2,5 cm. Ihre harte grüne Schale ist ungenießbar, das aromatische, gelblich weiße Fruchtfleisch schmeckt je nach Reifegrad säuerlich bis süß und besitzt wie der Pfirsich eine leicht körnige Struktur. Das Fruchtinnere ist leicht gallertartig und enthält kleine schwarze Kerne, die so weich sind, dass sie mitgegessen werden können.

Einkaufstipp

Feijoas sollten angenehm duften, eine makellose Schale haben und auf Druck leicht nachgeben. Sehr feste Früchte sind noch nicht reif und haben einen säuerlichen, manchmal sogar bitteren Geschmack.

Vorbereitung

Da das Fruchtfleisch bei Luftkontakt oxidiert und sich dunkel verfärbt, beträufelt man es nach dem Aufschneiden mit etwas Zitronensaft.

Aufbewahrung

Nicht ganz reife Feijoas reifen bei Zimmertemperatur nach und können anschließend im Kühlschrank einige Tage aufbewahrt werden. Frische oder gegarte Früchte sind auch zum Einfrieren geeignet.

Serviervorschläge

Feijoas werden geschält und frisch oder gegart verwendet. »Pur« gegessen sind sie ebenso schmackhaft wie in Obstsalaten, Joghurt und Desserts. In Begleitung anderer Lebensmittel sollten sie wegen ihres starken Dufts jedoch nur vorsichtig verwendet werden, um deren Aroma nicht zu überdecken. Feijoas werden zu Konfitüre oder Gelee verarbeitet und sind püriert eine aromatische Zutat in Eiscreme, Sorbets, Obstkuchen oder Puddings. Sie passen gut zu Äpfeln und Bananen und können diese in vielen Gerichten auch gut ersetzen.

Nährwerte

Kalorien	50
Ballaststoffe	4,3 g
Kohlenhydrate	10,6 g
Fett	0,8 g
Eiweiß	1,2 g
Wasser	87 %
	je 100 g

Feijoa enthält viel Folsäure sowie etwas Vitamin C und Kalium.

Tropische Früchte

Jujube

Ziziphus jujuba, Rhamnaceae

Die Jujube, auch als Chinesische Dattel bekannt, ist die Frucht eines Baums, der in Nordchina heimisch ist. Er gedeiht in tropischem und subtropischem Klima und wird zwischen 8 und 10 m hoch. Die Früchte werden seit uralten Zeiten wegen ihrer Heilwirkungen verwendet. In Europa werden sie selten im Handel angeboten. Jujuben werden in geringen Mengen in China, Indien und Afrika sowie in den USA und den Mittelmeerländern angebaut.

Je nach Sorte können Jujuben die Größe von Oliven oder Datteln haben und rundlich oder länglich geformt sein. Sie enthalten einen äußerst harten, langen Kern, der aus zwei Segmenten besteht. In einem davon ist ein öliger Same enthalten. Die glatte, feste und glänzende Schale verändert mit der Reifung ihre grüne Färbung und wird rotbraun. Das klebrige grünliche oder weißliche Fruchtfleisch ist nicht besonders saftig. Es hat eine leicht mehlige und gleichzeitig feste Konsistenz und schmeckt süßsäuerlich. Getrocknete Jujuben sind leicht porös und schmecken etwas süßer.

Je nach Sorte erreichen Jujuben die Größe von Oliven oder Datteln und sind rundlich oder länglich geformt.

Nährwerte

	frisch	*getrocknet*
Kalorien	70	287
Ballaststoffe	1,4 g	*
Kohlenhydrate	20 g	74 g
Fett	0,2 g	*
Eiweiß	1,2 g	*
Wasser	78 %	*
		je 100 g

Frische Jujuben enthalten sehr viel Vitamin C, viel Kalium sowie etwas Magnesium, Nikotinsäure, Kupfer und Eisen.

Getrocknete Früchte enthalten reichlich Kalium, sehr viel Magnesium sowie Vitamin C, Kupfer, Eisen, Phosphor und Kalzium. Sie gelten als schleimlösend, beruhigend und harntreibend.

Einkaufstipp

Jujuben sollten fest sein und eine unbeschädigte Schale haben. Getrocknete Jujuben sollten schwer und verschrumpelt sein. Konservierte Jujuben erhält man gelegentlich in Feinkostläden.

Serviervorschläge

Frische oder getrocknete Jujuben kann man auch ohne weitere Zutaten roh oder gegart verwenden. Sie werden außerdem wie Datteln als Zutat in Desserts, Suppen, Füllungen und Eintöpfe gegeben. Aus gekochten Jujuben bereitet man Kompott, Konfitüre oder Mus. Die Früchte kann man auch marinieren, ihren Saft auspressen oder daraus alkoholische Getränke herstellen.

Aufbewahrung

Frische Jujuben werden im Kühlschrank aufbewahrt. Getrocknete Früchte sind in einem luftdicht verschlossenen Behälter kühl, dunkel und trocken aufbewahrt nahezu unbegrenzt haltbar.

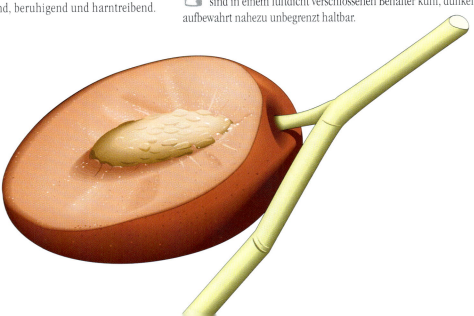

Kiwi

Actinidia chinensis, **Actinidiaceae**

Die Kiwi ist in China heimisch und wurde zunächst unter dem Namen »Chinesische Stachelbeere« in Europa eingeführt. 1906 gelangten die ersten Kiwis nach Neuseeland, das durch große Züchtungserfolge lange Zeit eine Monopolstellung bei der kommerziellen Produktion hatte. Erst 1953 wurde die Frucht nach einem flügellosen Vogel, der in Neuseeland beheimatet ist und dessen zerzauste braune Federn ihrer Schale ähneln, in »Kiwi« umbenannt.

Die Kiwi ist die Frucht einer großen, dem Weinstock ähnelnden Kletterpflanze, die in der Regel auf eine Länge von 2 bis 3 m zurückgeschnitten wird. Heutzutage werden weltweit etwa 10 verschiedene Kiwisorten angebaut. Die Kiwi ist eine eiförmige Beerenfrucht von etwa 8 cm Länge und wiegt zwischen 60 und 120 g. Das intensiv grün gefärbte Fruchtfleisch ist süß und saftig und hinterlässt einen leicht säuerlichen Nachgeschmack. Die essbaren schwarzen Samenkerne sind dekorativ um das gelbliche Fruchtinnere angeordnet. Die dünne, flaumige braune Schale ist ebenfalls essbar, wird jedoch meist abgeschält.

Einkaufstipp

Kiwis werden zwar reif, aber noch fest gepflückt. Im Gegensatz zu den meisten anderen Obstsorten werden sie süßer, wenn man sie bei Zimmertemperatur nachreifen lässt. Kiwis sollten eine makellose Schale haben, reife Früchte sollten auf Druck leicht nachgeben. Nicht empfehlenswert sind sehr weiche oder beschädigte Kiwis. Die Größe der Früchte ist kein Qualitätsmerkmal.

Serviervorschläge

Die aromatischen Kiwis kann man schälen und ohne weitere Zutaten als kleine Zwischenmahlzeit verzehren oder halbieren und das Fruchtfleisch mit einem Löffel aus der Schale lösen. In Scheiben geschnitten schmecken sie im Frühstücksmüsli, als Belag auf Kuchen, Torten und Gebäck oder in Joghurt, Eiscreme, Sorbets und Obstsalaten, doch sollte man sie immer erst zum Schluss zugeben, da sie die anderen Zutaten aufweichen. Sie sind eine farbenfrohe Dekoration für Vorspeisen, Käseplatten, Kuchen, Pasteten und Cremes und passen gut zu Fleisch, Geflügel und Fisch. Außerdem bereitet man aus Kiwis eine süßsaure Sauce, die zu Fleischgerichten serviert wird. Kiwis eignen sich darüber hinaus hervorragend als Zutat in pikanten Salaten und können sogar ausgepresst werden, wobei man jedoch darauf achten sollte, die Samenkerne nicht zu zermahlen, da sie den Saft bitter machen können.

Zubereitung

Kiwis sollten so kurz wie möglich gegart werden, damit ihre Farbe und das delikate Aroma erhalten bleiben.

Aufbewahrung

Unreife Kiwis kann man bei Zimmertemperatur nachreifen lassen, bis sie auf Druck leicht nachgeben. Um den Reifungsprozess zu unterstützen, kann man die Früchte in einen Kunststoffbeutel geben, eventuell zusammen mit einem Apfel oder einer Banane, die die Reifung noch beschleunigen. Reife Kiwis können einige Tage im Kühlschrank aufbewahrt werden; unreife Früchte sind gekühlt 2 bis 3 Wochen haltbar.

Nährwerte

Kalorien	50
Ballaststoffe	2,1 g
Kohlenhydrate	9,1 g
Fett	0,6 g
Eiweiß	0,9 g
Wasser	83 %
	je 100 g

Kiwis enthalten reichlich Vitamin C und Kalium, etwas Magnesium sowie geringe Mengen Phosphor, Eisen und Vitamin A. Sie enthalten doppelt so viel Vitamin C wie Orangen und Zitronen und beugen deshalb der Vitamin-C-Mangelkrankheit Skorbut vor. Außerdem wirken sie harntreibend und abführend.

Kiwis enthalten die Enzyme Actinidin und Bromelin, die in Verbindung mit Luft aktiv werden und als Zartmacher für verschiedene Nahrungsmittel genutzt werden. Aus diesem Grund sollte man Kiwis dem Obstsalat erst ganz zum Schluss zufügen, da sonst die anderen Früchte weich werden. Actinidin verhindert außerdem, dass Gelatine steif wird, und lässt Milch sauer werden.

Tropische Früchte

Granatapfel

Punica granatum, Punicaceae

Der Granatapfel ist die Frucht des Granatapfelbaums, dessen Heimat vermutlich Persien ist, wo er seit über 4000 Jahren angebaut wird. In Mesopotamien und Ägypten wurde die Frucht sehr geschätzt. Der Granatapfel wird in der Bibel erwähnt und ist in den Mythologien ein häufig verwendetes Fruchtbarkeitssymbol. Der Prophet Mohammed ermutigte die Gläubigen dazu, Granatäpfel zu essen, um den Körper von fleischlicher Begierde zu reinigen. Der Name dieser Frucht leitet sich vom lateinischen Wort *granatum* ab, das »Frucht der vielen Samen« bedeutet. Noch heute spielt die Frucht in der indischen Küche eine wichtige Rolle. In den westlichen Ländern war der Granatapfel bis zum 19. Jahrhundert sehr beliebt. Seitdem ist seine Popularität stark zurückgegangen, vor allem als Frischfrucht.

Der Granatapfelbaum wächst beinahe in jedem tropischen und subtropischen Klima. Obwohl sich der Baum verschiedenen klimatischen Bedingungen und Bodentypen anpassen kann, gedeiht er am besten in Regionen mit kaltem Winter und heißem Sommer. Die Hauptproduzenten von Granatäpfeln sind der Iran, Indien und die USA.

Der Granatapfelbaum kann eine Höhe von 6 bis 7 m erreichen, die kultivierten Sorten werden jedoch meist auf 2 bis 4 m zurückgeschnitten. Der Baum treibt große, schöne Blüten, aus denen die Früchte hervorgehen. Sie werden gewöhnlich 5 bis 7 Monate nach der Blüte voll ausgereift geerntet, da sie danach nicht mehr nachreifen.

Die runde, apfelsinengroße Frucht besitzt eine dicke, ledrige Schale, die ungenießbar ist. In der Regel ist die Schale leuchtend rot, obwohl manche Sorten auch eine gelbliche Färbung aufweisen. Im Inneren ist die Frucht durch dicke, ungenießbare weiße Trennhäute in sechs Kammern aufgeteilt, die zahlreiche kleine, essbare Samen enthalten. Je nach Sorte sind die Samen hellrosa, leuchtend rot oder dunkelrot gefärbt; in ihrem Inneren befindet sich jeweils ein bitter schmeckender kleiner Kern. Das Fruchtfleisch der Samen ist äußerst saftig und durch ihr säuerlich süßes Aroma angenehm erfrischend.

Einkaufstipp

Granatäpfel sollten möglichst groß und schwer sein. Die makellose Schale sollte kräftig gefärbt sein und einige bräunliche Flecken haben. Nicht empfehlenswert sind verschrumpelte Früchte oder solche mit matter oder blasser Schale.

Aufbewahrung

Granatäpfel können einige Tage bei Zimmertemperatur oder etwa 3 Wochen im Kühlschrank aufbewahrt werden. Die Früchte sind sehr gut zum Einfrieren geeignet.

Serviervorschläge

Die Samen mit dem Fruchtfleisch kann man direkt aus der Frucht essen, oder man gibt die geöffnete Frucht in eine Schale und löst die Samen mit einem Löffel heraus, wobei man die bitter schmeckenden Trennhäute entfernt. In vielen tropischen Ländern sind die Samen gleichermaßen als Zutat wie auch als Würzmittel beliebt. Sie sind eine dekorative und schmackhafte Zutat in Obstsalaten, gemischten Salaten, Suppen und Saucen und passen zu Käse, Gemüse, Geflügel, Fisch und Meeresfrüchten. In der iranischen Küche spielen Granatäpfel eine wichtige Rolle. In Europa kennt man die Frucht vor allem wegen ihres Saftes, der als *Grenadine* angeboten wird. Er wird vor allem zum Mixen von Cocktails sowie zum Aromatisieren von Eiscreme, Sorbets und Desserts verwendet.

Granatapfel

Vorbereitung

Die Schale des Granatapfels rundherum gleichmäßig längs einschneiden und die Frucht über einer Schüssel mit den Händen auseinander brechen. Anschließend die Hälften nochmals halbieren.

Den Granatapfelsaft kann man direkt aus der Frucht trinken, indem man einen Strohhalm durch ein Loch in der Schale steckt. Vorher reibt man die Frucht unter leichtem Druck zwischen den Händen, um den Saft von den Samen zu trennen. Dieser Saft ist relativ bitter, da er etwas Tannin von den Trennhäuten und der Schale enthält.

Nährwerte

Kalorien	74
Ballaststoffe	2,2 g
Kohlenhydrate	16,7 g
Fett	0,6 g
Eiweiß	0,7 g
Wasser	79 %
	je 100 g

Der Granatapfel enthält sehr viel Kalium, etwas Vitamin C und Pantothensäure sowie geringfügig Natrium und Nikotinsäure. Der typische säuerlich süße bis herbe Geschmack entsteht durch den hohen Gehalt an Säuren, insbesondere Zitronensäure.

Der Granatapfelbaum besitzt glänzendes, üppiges Laub und treibt große Blüten, aus denen sich der Granatapfel entwickelt.

1 *Die Schale des Granatapfels rundherum gleichmäßig mit dem Messer einschneiden.*

2 *Die Frucht mit den Händen in zwei Hälften brechen und diese nochmals halbieren.*

3 *Die Samen in eine Schüssel geben und nach Belieben zubereiten.*

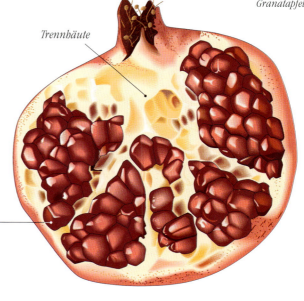

Trennhäute

Samen

Tropische Früchte

251

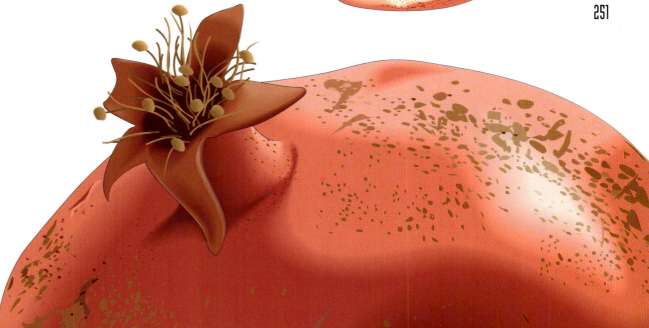

Passionsfrucht

Passiflora spp., **Passifloraceae**

Von der Form der wunderschönen Blüten heißt es, dass sie den Leidenswerkzeugen Christi ähnelt.

Die Passionsfrucht, auch Granadilla genannt, ist die Frucht einer Kletterpflanze, die in Brasilien beheimatet ist. Ihren Namen verdankt die Pflanze spanischen Missionaren, die in der Form der Blüte und Staubgefäße die Leidenswerkzeuge Christi zu erkennen glaubten. Von den etwa 400 verschiedenen Sorten der Passionsfrucht, die heute in fast allen tropischen Regionen angebaut wird, sind rund 30 essbar.

Die Passionsfrucht besitzt eine dicke, glatte, essbare Schale, die mit zunehmender Reifung dünn und schrumpelig wird. Die Schale der im Handel angebotenen Sorten ist gelb, orange oder rotviolett gefärbt. Das Fruchtfleisch hat eine gallertartige Konsistenz und variiert in der Färbung von grünlichem Rosa bis zu verschiedenen Orange- und Gelbschattierungen, kann aber auch weiß oder farblos sein. Das stark duftende, saftige Fruchtfleisch ist süßsäuerlich und schmeckt sehr erfrischend. Es enthält kleine schwarze Kerne, die ebenfalls essbar sind. Das Fruchtfleisch unreifer Passionsfrüchte schmeckt sehr sauer.

Nährwerte

Kalorien	63
Ballaststoffe	1,5 g
Kohlenhydrate	9,5 g
Fett	0,4 g
Eiweiß	2,4 g
Wasser	76 %
	je 100 g

Die Passionsfrucht enthält sehr viel Vitamin C, Kalium und Natrium sowie etwas Eisen, Magnesium, Phosphor, Nikotinsäure und Vitamin A.

Blätter und Blüten der Passionsfrucht wirken beruhigend, krampflösend und schlaffördernd; die Kerne verwendet man als Wurmmittel.

Aufbewahrung

Reife Passionsfrüchte kann man mit und ohne Schale etwa 1 Woche im Kühlschrank aufbewahren.

Das Fruchtfleisch kann püriert in einer Eiswürfelform eingefroren werden; gut verpackt hält es sich im Tiefkühlfach mehrere Monate.

Einkaufstipp

Passionsfrüchte sollten im Verhältnis zu ihrer Größe relativ schwer sein und eine verschrumpelte Schale ohne Druckstellen haben. Früchte mit glatter Schale sind unreif geerntet worden und deshalb nicht empfehlenswert.

Serviervorschläge

Die Passionsfrucht schmeckt frisch besonders gut, indem man sie einfach mit dem Löffel aus der Schale isst. Wegen ihres intensiven Dufts eignet sie sich hervorragend zum Aromatisieren zahlreicher Gerichte, sollte jedoch nur in geringen Mengen verwendet werden, um den Geschmack anderer Zutaten nicht zu überdecken. Sie passt zu Punsch und Cocktails sowie zu Obstsalaten, Puddings, Joghurt, Eiscreme und Sorbets. Die Passionsfrucht wird außerdem gekocht und zu Marmelade und Gelee verarbeitet, wobei man das Fruchtfleisch vorher durch ein Sieb streichen sollte, um die Kerne zu entfernen. Aus der Passionsfrucht werden außerdem alkoholische Getränke hergestellt.

Guave

Psidium spp., **Myrtaceae**

Die Guave ist die Frucht eines Baums, der in den tropischen Regionen Mittel- und Südamerikas beheimatet ist und wie Zimtbaum, Muskatnuss, Gewürznelke, Eukalyptus und Feijoa zur großen Familie der Myrtengewächse zählt. Der Guavenbaum wurde bereits in großem Umfang von den Inkas gezüchtet und ist in Südamerika immer noch sehr verbreitet. Guaven werden heute in zahlreichen Ländern mit tropischem und subtropischem Klima kultiviert, vor allem in Afrika, Australien, Indien, Brasilien, Taiwan und den USA.

Der Baum kann bis zu 9 m hoch werden und trägt aromatisch duftende Blüten. Die Früchte der über 150 verschiedenen Guavenarten unterscheiden sich in Form, Größe, Farbe und Geschmack. In der Regel hat die Guave jedoch einen Durchmesser von 5 bis 8 cm. Die dünne, essbare Schale ist je nach Sorte weiß, gelb, rot oder grün und hat gelegentlich schwarze oder rosafarbene Flecken. Das stark duftende Fruchtfleisch kann weiß, gelb oder lachsfarben sein und hat einen erfrischend säuerlichen Geschmack. Die kleinen, harten Kerne im Fruchtfleisch sind ebenfalls essbar.

Das Fruchtfleisch der Guave duftet stark und schmeckt erfrischend säuerlich. Es enthält viele kleine, harte Kerne, die ebenfalls essbar sind.

Einkaufstipp

Guaven sollten unbeschädigt und weder zu hart noch zu weich sein. Reife Guaven geben auf Druck leicht nach. Überreife Guaven verströmen einen relativ unangenehmen Geruch. Die unreifen Früchte sind ungenießbar, weil sie zu sauer sind.

Vorbereitung

Nach dem Halbieren der Früchte kann man nach Belieben die Kerne entfernen.

Serviervorschläge

Guaven werden roh oder gegart mit oder ohne Schale sowohl für pikante als auch für süße Gerichte verwendet. Die gekochten Früchte werden zu Konfitüre, Gelee und Chutneys verarbeitet und sind roh eine schmackhafte Zutat für Saucen, Obstsalate, Kuchen, Puddings, Tapioka, Eiscreme, Joghurt und Getränke. In Mexiko sind Guaven und Süßkartoffeln eine beliebte Kombination.

Aufbewahrung

Unreife Guaven reifen bei Zimmertemperatur nach, wobei der Reifungsprozess beschleunigt wird, wenn man die Früchte in einen Kunststoffbeutel gibt. Reife Guaven können einige Tage im Kühlschrank aufbewahrt werden.

Nährwerte

Kalorien	28
Ballaststoffe	5,6 g
Kohlenhydrate	6,0 g
Fett	0,5 g
Eiweiß	0,9 g
Wasser	86 %
	je 100 g

Guaven enthalten viel Vitamin C und Kalium, etwas Vitamin A und Nikotinsäure sowie geringfügig Phosphor und Kalzium. Sie sind bekannt für ihre adstringierende und abführende Wirkung.

Tropische Früchte

Feige

Ficus carica, Moraceae

Die Feige ist die Frucht des majestätischen Paradiesbaums, der vermutlich im Mittelmeerraum beheimatet ist. Botanisch betrachtet ist die Feige eigentlich gar keine Frucht, sondern ein fleischiger Blütenstand, der zahllose kleine, poröse Kerne (Achänen) enthält, die eigentlichen Steinfrüchtchen der Feige.

Die Geschichte der Feige reicht weit zurück; wegen ihres Nährwerts und ihrer Heilwirkungen wurde sie in der Antike von Phöniziern, Griechen und Römern sehr geschätzt und war im ganzen Mittelmeerraum verbreitet. Als Nahrungsmittel wurden Feigen frisch, getrocknet oder geröstet gegessen. Man konsumierte sie auch als Arznei und schweißtreibendes Mittel. Lange bevor man den Zucker kannte, wurden Feigen schon als Süßmittel verwendet.

Feigen werden in vielen Ländern angebaut. Zu den Hauptproduzenten zählen heute die Türkei, Griechenland, die USA, Portugal und Spanien. Feigenbäume werden bis zu 100 Jahre alt. Zwar können sie eine Höhe von 30 m erreichen, doch werden die kultivierten Bäume meist auf eine Höhe von etwa 5 m zurückgeschnitten. Stamm und Äste enthalten einen Milchsaft, der einen Gerinnungseffekt hat.

Es gibt über 150 verschiedene Feigensorten. In der Färbung können sie zwischen weiß, grün, braun, rot, violett und manchmal sogar schwarz variieren. Zu den häufigsten Sorten, die im Handel angeboten werden, gehören schwarze, grüne und violette Feigen.

Schwarze Feigen schmecken süß, haben ein eher trockenes Fruchtfleisch und sind relativ lange haltbar.

Grüne Feigen sind saftig und haben eine dünne Schale.

Violette Feigen sind am saftigsten und schmecken am süßesten, werden allerdings sehr schnell schlecht und kommen eher selten vor.

Da alle Feigensorten leicht verderben, werden sie meist getrocknet oder konserviert. Gelegentlich werden Feigen auch mit Zucker überzogen oder in Wasser eingeweicht, um Gewicht und Wassergehalt zu erhöhen. Für 1 kg getrocknete Feigen benötigt man 3 kg frische Früchte.

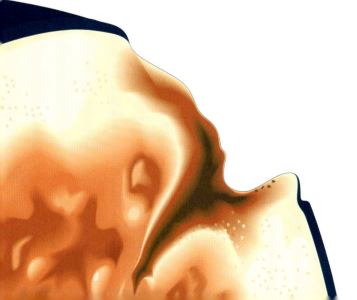

schwarze Feige

Feige

Einkaufstipp

Frische Feigen sollten weich und möglichst schwer sein und feste Stiele haben. Nicht empfehlenswert sind aufgeweichte, beschädigte, schimmelige oder säuerlich riechende Früchte, da sie wahrscheinlich überreif sind. Getrocknete Feigen sollten angenehm duften und relativ weich sein.

Vorbereitung

Frische Feigen werden vor dem Verzehr vorsichtig gewaschen. Getrocknete Feigen kann man in Wasser, Saft oder alkoholischen Getränken einweichen.

Serviervorschläge

Frische wie getrocknete Feigen werden als kleine Mahlzeit zwischendurch verzehrt. Außerdem gibt man sie zu Obstsalaten und Vorspeisen oder serviert sie zu Käse und Schinken. Man kann sie auch kochen und zu Kompott oder Konfitüre verarbeiten. Getrocknete Feigen schmecken hervorragend mit Mandeln, Nüssen oder Orangenstückchen gefüllt und sind eine beliebte Dessertfrucht. Feigen passen auch gut zu würzigen Speisen und zu Kaninchen, Geflügel und Wild. Bei den meisten Gerichten kann man sie als Alternative zu Backpflaumen verwenden. Ebenso wie Gerste und Chicorée verwendet man geröstete Feigen als Kaffeeersatz. Feigen werden auch leicht gedämpft oder in Whisky, Portwein oder halbtrockenem Sherry eingeweicht.

Feigen in Rotwein

FÜR 4 PORTIONEN

1 kg frische Feigen
Zucker nach Belieben
1 Flasche trockener Rotwein

1. Die Feigen schälen und halbieren.

2. Eine tiefe Schale mit einer Schicht Feigen auslegen, die Feigen mit Zucker bestreuen und mit etwas Wein begießen. Auf diese Weise nach und nach alle Feigen in die Schale schichten. Die letzte Schicht sollte vom aufgefüllten Wein leicht bedeckt sein. Die Schale vor dem Servieren mindestens 2 Stunden in den Kühlschrank stellen.

Nährwerte

	frisch	*getrocknet*
Kalorien	60	247
Ballaststoffe	2,0 g	12,9 g
Kohlenhydrate	12,9 g	54 g
Fett	0,4 g	1,3 g
Eiweiß	1,3 g	3,9 g
Wasser	81 %	24 %
		je 100 g

Frische Feigen enthalten reichlich Kalium und Ballaststoffe. Die Nährstoffe in getrockneten Feigen sind höher konzentriert, sodass sie besonders nahrhaft sind. Sie enthalten sehr viel Kalium, viel Magnesium, Eisen und Kupfer sowie etwas Kalzium, Natrium, Phosphor, Vitamin B_1, B_2 und B_6, Pantothensäure und Zink.

Feigen gelten als gutes harntreibendes und abführendes Mittel. Der Milchsaft, der in Ästen und Zweigen enthalten ist, soll Schwielen beseitigen.

Aufbewahrung

Frische Feigen sind sehr leicht verderblich. Im Kühlschrank kann man sie 1 bis 2 Tage, am besten nebeneinander liegend, aufbewahren. Getrocknete Feigen sollte man gut verschlossen kühl und trocken aufbewahren.

Botanisch ist die Feige eigentlich gar keine Frucht, sondern eine fleischiger Blütenstand, der zahllose kleine, poröse Kerne oder Achänen enthält.

grüne Feige

violette Feige

Tropische Früchte

Kaktusfeige

Opuntia ficus-indica, **Cactaceae**

Die Kaktusfeige, auch als Indische Feige bekannt, ist die Frucht des Opuntienkaktus. Sie gehört zur Familie der Kaktuspflanzen und ist in den tropischen Regionen Amerikas beheimatet. Die Spanier führten sie im 16. Jahrhundert in den Mittelmeerraum ein und behielten anfänglich den südamerikanischen Namen »Tuna« bei. »Christenfeige« wurde sie von den Mauren genannt, die sie schließlich nach Nordafrika brachten.

Die langen, flachen Stängelglieder des Opuntienkaktus sind mit zahlreichen Stacheln oder stachligen Härchen bedeckt. Sie tragen leuchtend gelbe Blüten, die zu schmackhaften, feigenförmigen Früchten, den Kaktusfeigen, reifen. Heutzutage wird die Kaktusfeige in allen tropischen und subtropischen sowie in mediterranen Klimazonen kultiviert, unter anderem in den Mittelmeerländern, in Südamerika, Mexiko, Afrika, Asien und den USA. Die Frucht ist zwischen 4 und 10 cm lang und besitzt eine dicke, grobe Schale, die je nach Sorte grün, gelb, orange, rosa oder rot gefärbt ist. Die Schale ist mit kleinen Warzen bedeckt, auf denen dünne, meist unsichtbare Stacheln sitzen. Das saftige, erfrischende Fruchtfleisch kann grün, orangegelb oder tiefrot gefärbt sein. Es schmeckt säuerlich süß und enthält zahlreiche knackige Samenkerne, die ebenfalls essbar sind.

Der Opuntienkaktus trägt wunderschöne Blüten, die zu schmackhaften feigenförmigen Früchten reifen.

Einkaufstipp

Bei den meisten Kaktusfeigen, die im Handel angeboten werden, sind die Stacheln bereits entfernt. Kaktusfeigen sollten eine glatte, unbeschädigte Schale haben, die auf Druck leicht nachgibt.

Nährwerte

Kalorien	38
Ballaststoffe	5,0 g
Kohlenhydrate	7,1 g
Fett	0,7 g
Eiweiß	0,8 g
Wasser	85 %
	je 100 g

Kaktusfeigen enthalten sehr viel Magnesium, viel Kalium sowie etwas Kalzium, Vitamin C und Natrium. Kaktusfeigen wirken adstringierend.

Vorbereitung

Um die stachelige Schale zu entfernen, schneidet man von beiden Enden einen flachen Deckel ab, schneidet die Schale der Länge nach bis zum Fruchtfleisch ein und zieht sie mit dem Messer ab.

Serviervorschläge

Kaktusfeigen schmecken roh sowohl ohne weitere Zutaten sehr gut als auch mit Zitronen- oder Limettensaft beträufelt. Sie werden zum Aromatisieren von Sorbets, Joghurt, Quarkspeisen und Obstsalaten verwendet und sind eine interessante Zutat in grünen Blattsalaten. Aus den pürierten Früchten kann man auch Marmelade oder Gelee herstellen. Dafür streicht man die Kaktusfeigen vorher durch ein Sieb, um die Samen zu entfernen, da diese beim Erhitzen hart werden.

Aufbewahrung

Kaktusfeigen reifen bei Zimmertemperatur noch nach. Die reifen Früchte werden im Kühlschrank aufbewahrt, sind dann jedoch nur noch wenige Tage haltbar.

Tropische Früchte

Mangostane

Garcinia mangostana, **Guttifereae**

Die Mangostane ist die Frucht eines Baums, der in Malaysia, auf den Philippinen und in Indonesien heimisch ist. Der Anbau der Mangostane, auch Mangosteen genannt, wird schon seit mehreren tausend Jahren betrieben. Der Baum trägt wunderschöne große, rosafarbene Blüten und wird oft als Zierpflanze gezogen. Um die Mitte des 19. Jahrhunderts wurde er in der Karibik eingeführt, doch lässt er sich nur schwer außerhalb seiner natürlichen Wachstumsbedingungen anpflanzen. Es dauert 10 bis 15 Jahre, ehe er Früchte trägt. Heutzutage werden über 100 verschiedene Sorten produziert.

Die runde Mangostane hat einen Durchmesser von etwa 8 cm. Ihre dicke, harte, ungenießbare Schale, die sich während der Reifung intensiv rotviolett färbt, enthält Tannin und wird zum Färben und bei der Lederverarbeitung verwendet. Unter der Schale sitzt eine rötliche Haut, die das Fruchtfleisch umschließt und ebenfalls ungenießbar ist. Das feine, perlmuttfarbene Fruchtfleisch im Inneren der Frucht ist süß und sehr saftig. Es ist in fünf bis sechs Segmente aufgeteilt, von denen einige rosafarbene, essbare Kerne enthalten.

Der Baum der Mangostane trägt wunderschöne große, rosafarbene Blüten und wird oft als Zierpflanze gezogen. Die Mangostane ist außerordentlich saftig.

Einkaufstipp

Voll ausgereifte Mangostanen schmecken am aromatischsten. Ihre Schale ist rotviolett gefärbt und gibt auf Druck leicht nach. Früchte mit besonders harter Schale sind nicht empfehlenswert, da sie überreif sind.

Vorbereitung

Am einfachsten lässt sich die Mangostane schälen, wenn man die Frucht mit einem Messer rundherum einschneidet, ohne dabei das Fruchtfleisch zu beschädigen, und die Schale durch leichtes Drehen öffnet.

Serviervorschläge

Am besten schmeckt die Mangostane roh, da sie gekocht ihr delikates Aroma verliert. Die geschälte Frucht wird in ihre Segmente zerteilt und wie eine Orange gegessen. Sie schmeckt köstlich in Verbindung mit Erdbeer- oder Himbeerpüree oder als Zutat im Obstsalat. Mit den pürierten Früchten aromatisiert man außerdem Joghurt, Eiscreme, Sorbets und Puddings. In Asien wird aus der Mangostane ein Essig hergestellt, und sie eignet sich gut zur Herstellung von Konfitüre. Aus den Kernen wird ein schmackhaftes Öl gepresst.

Aufbewahrung

Die Früchte verderben sehr schnell und sollten so bald wie möglich verbraucht werden. Bei Zimmertemperatur halten sie sich 2 bis 3 Tage, im Kühlschrank etwa 1 Woche. Sie sind nicht zum Einfrieren geeignet.

Nährwerte

Kalorien	71
Ballaststoffe	1,4 g
Kohlenhydrate	15,9 g
Fett	0,6 g
Eiweiß	0,6 g
Wasser	81 %
	je 100 g

Die Mangostane enthält etwas Kalium und Vitamin C sowie geringe Mengen an Eisen und Nikotinsäure.

Mango

Mangifera indica, **Anacardiaceae**

Die Mango ist rund, oval oder nierenförmig. Ihr weiches, duftendes Fruchtfleisch haftet fest an einem großen, flachen Kern.

Die Mango ist die Frucht eines Baums, der vermutlich in Indien beheimatet ist. Zwar werden Mangos dort schon seit 6000 Jahren angebaut, doch waren sie außerhalb Asiens lange Zeit unbekannt. Portugiesische Entdecker brachten die Mango – sie nannten sie »manga« in Anlehnung an *man-gay*, wie die Frucht in der Sprache der südindischen Tamilen heißt – im 18. Jahrhundert nach Brasilien. In der Folge verbreitete sie sich rund um die Erde. Heute gehören Thailand, Indien, Pakistan und Mexiko zu den Hauptproduzenten.

Der mit Pistazie und Cashew verwandte Mangobaum gedeiht in tropischen Klimazonen und erreicht meist eine Höhe von 15 m, kann aber auch bis zu 30 m hoch werden. Der durchschnittliche jährliche Ernteertrag liegt bei etwa 100 Früchten. Es gibt über 1000 verschiedene Mangosorten, deren runde, ovale oder nierenförmige Früchte etwa 10 cm lang sind und zwischen 250 g und 1,5 kg wiegen. Sie haben eine dünne, glatte Schale, die grünlich, gelblich oder rötlich gefärbt ist und oft einen violetten, rosafarbenen, orangegelben oder roten Schimmer hat. Das orange oder orangegelbe Fruchtfleisch haftet fest an einem großen, flachen Kern. Es ist meistens weich-cremig, manchmal auch etwas faserig, und schmeckt süß und aromatisch. Vor allem wilde Mangos haben nur wenig Fruchtfleisch und hinterlassen oft einen terpentinähnlichen Nachgeschmack.

Einkaufstipp

Reife Mangos duften süßlich und sollten auf Druck leicht nachgeben. Wenige schwarze Flecken auf der Schale zeigen an, dass die Frucht sehr reif ist. Mangos, die zu früh gepflückt wurden, sind hart, haben eine verschrumpelte Schale und faseriges Fruchtfleisch, das sehr säuerlich und unangenehm schmeckt.

Vorbereitung

Mangos sollten vor dem Verzehr geschält werden, da die Schale häufig Reizungen der Mundschleimhäute verursacht. Mangosaft hinterlässt hartnäckige Flecken auf der Kleidung.

1 *Die Mango zweimal längs durchschneiden, indem man auf beiden Seiten entlang des längs verlaufenden Kerns schneidet.*

2 *Mit der Messerspitze ein Rautenmuster ins Fruchtfleisch schneiden, ohne die Schale zu beschädigen.*

3 *Die Schale nach außen stülpen, so dass das Fruchtfleisch würfelartig heraussteht.*

4 *Die Fruchtfleischwürfel mit dem Messer vorsichtig von der Schale lösen.*

Mango

Serviervorschläge

Die delikate Mango schmeckt ohne weitere Zutaten ebenso gut wie im Obstsalat, im Frühstücksmüsli oder als Belag für Crêpes. Püriert oder in Würfel geschnitten passt sie hervorragend zu Joghurt, Quarkspeisen, Eiscreme oder Sorbets und wird außerdem zu Konfitüre, Gelee, Kompott und Saft verarbeitet. Vollreife Mangos harmonieren sehr gut mit Schinken, Ente, Geflügel, Schweinefleisch, Fisch und Hülsenfrüchten.

In Asien und Westindien werden häufig auch unreife Mangos verwendet, die roh als Vorspeise oder wie Gemüse gegart als Beilage zu Fleisch oder Fisch serviert werden und in Suppen und Saucen verarbeitet werden. In Indien sind sie eine wichtige Zutat bei der Herstellung von Chutneys und werden zum Aromatisieren von Joghurtgetränken verwendet. In Thailand trocknet man pürierte Mangos in der Sonne und verarbeitet sie zu einer beliebten, sehr nahrhaften Paste.

Huhn mit Mango
FÜR 4 PORTIONEN

1 Huhn à 1,5 kg	¼ l Hühnerbrühe
Salz und Pfeffer	1 TL abgeriebene
1 Zwiebel	unbehandelte
2 reife Mangos	Zitronenschale
2 EL Butter	1 Prise Zimtpulver
3 EL Pflanzenöl	1 Prise Korianderpulver

1. Das Huhn waschen, trockentupfen und in mehrere Stücke zerteilen. Die Hühnerteile mit Salz und Pfeffer würzen. Die Zwiebel abziehen und fein hacken. Die Mangos schälen, halbieren und vom Kern befreien. Das Fruchtfleisch in Scheiben schneiden.

2. In einer Pfanne die Butter zusammen mit 1 Esslöffel Öl erhitzen. Das Fleisch darin in etwa 10 Minuten rundherum anbräunen, herausnehmen und warm stellen.

3. Das restliche Öl in einem feuerfesten Topf erhitzen und die Zwiebeln darin glasig braten. Die Mangoscheiben zufügen und von beiden Seiten kurz dünsten. Fleisch, Brühe, Zitronenschale, Zimt und Koriander zufügen, salzen und pfeffern und alles zugedeckt bei schwacher Hitze etwa 45 Minuten garen.

Nährwerte

Kalorien	59
Ballaststoffe	1,7 g
Kohlenhydrate	12,8 g
Fett	0,5 g
Eiweiß	0,5 g
Wasser	83 %
	je 100 g

Mango enthält sehr viel Vitamin A und C, viel Kalium sowie etwas Kupfer. Unreife Früchte wirken leicht abführend. Die Fruchtschale kann allergische Reaktionen in Form von Haut- und Mundschleimhautreizungen hervorrufen.

Aufbewahrung

Unreife grüne Mangos reifen bei Zimmertemperatur innerhalb einer Woche nach, wobei man diesen Prozess beschleunigen kann, indem man die Früchte in einen Kunststoffbeutel verpackt aufbewahrt. Bei Temperaturen unter 13 °C reifen Mangos jedoch nicht mehr nach.

Reife Früchte können 1 bis 2 Wochen im Kühlschrank aufbewahrt werden. Mangos sind sehr gut zum Einfrieren geeignet, sollten jedoch vorher püriert oder in Sirup gekocht werden, den man nach Belieben noch mit etwas Zitronen- oder Limettensaft aromatisieren kann.

Tropische Früchte

Kiwano

Cucumis metuliferus, Cucurbitaceae

Die Kiwano, auch **Hornmelone** genannt, ist in Südwestafrika zu Hause und gehört wie Gurke, Zucchini und Melone zur Familie der Kürbisgewächse. 1930 gelangte sie nach Neuseeland, wo sie zunächst vorrangig als Zierpflanze angebaut wurde. In Neuseeland erhielt sie auch ihren Namen, da ihr Fruchtfleisch ein wenig an die Kiwi erinnert. Die Kiwano wird erst seit relativ kurzer Zeit auf den europäischen und nordamerikanischen Märkten angeboten.

Die etwa 10 cm lange Frucht hat einen Durchmesser von etwa 5 cm und wiegt zwischen 250 und 500 g. Die feste, ungenießbare Schale ist leuchtend gelblich oder orange gesprenkelt und mit Stacheln bedeckt, die wie kleine Hörner aussehen. Je intensiver ihre Farbe ist, desto reifer ist die Frucht. Das saftige Fruchtfleisch ist leuchtend grün und enthält zahlreiche weiche, essbare Samenkerne. Im Geschmack erinnert es an Melone und Gurke, mit einem leichten Limetten- und Bananenaroma.

Die ungenießbare Schale ist mit Stacheln bedeckt, die an kleine Hörner erinnern. Wenn sie intensiv orangefarben leuchtet, ist die Frucht reif.

Einkaufstipp

Kiwanos sollten eine unbeschädigte Schale haben, die intensiv gelb oder orange gefärbt ist und feste Stacheln aufweist. Nicht empfehlenswert sind matt gefärbte Früchte.

Nährwerte

Kalorien	24
Kohlenhydrate	3,1 g
Eiweiß	0,9 g
Wasser	90,4 %
	je 100 g

Die Kiwano ist reich an Vitamin C und enthält Eisen und Kalium.

Vorbereitung

Kiwanos werden geschält, das Fruchtfleisch wird in Scheiben geschnitten oder gewürfelt. Man kann die Frucht aber auch einfach halbieren und das Fruchtfleisch mit einem Löffel aus der Schale herauslösen.

Serviervorschläge

Kiwanos schmecken am besten in den ersten 10 Tagen nach der Ernte. Sie passen vorzüglich in Obstsalate, Sorbets, Eiscreme, Quarkspeisen oder Joghurt und eignen sich sehr gut zum Entsaften. Dafür wird das Fruchtfleisch mitsamt den Kernen in der Küchenmaschine zerkleinert und durch ein Sieb gestrichen. Der Saft schmeckt hervorragend in Salatsaucen und ist ein guter Essigersatz. Für ein besonders erfrischendes Getränk vermischt man den Kiwanosaft mit einigen Tropfen Limetten- oder Zitronensaft und etwas Zucker und aromatisiert das Getränk nach Belieben noch mit etwas Orangenlikör. Die leeren Fruchtschalen der Kiwanos werden häufig zu Dekorationszwecken verwendet.

Aufbewahrung

Die empfindlichen Kiwanos können bei Zimmertemperatur einige Wochen aufbewahrt werden. Es empfiehlt sich, sie einige Stunden vor dem Verzehr in den Kühlschrank zu legen, da sie gekühlt noch aromatischer schmecken.

Nashi

Pyrus ussuriensis und *Pyrus pyrifolia*, **Rosaceae**

Die Nashi, auch als **Sandbirne** bekannt, ist die Frucht eines Baums, der in Asien beheimatet ist. Sie gehört zur gleichen Familie wie die Birne und stellt vermutlich sogar eine Urform unserer heutigen Birne dar. Obwohl die Nashi in Asien seit vielen Jahrhunderten sehr geschätzt wird, ist sie bei uns noch weitgehend unbekannt. Zu den wichtigsten Produzenten dieser Frucht gehören heute Japan, China, Taiwan und Korea; seit einigen Jahren wird die Nashi auch in den USA, Neuseeland und Brasilien kultiviert.

Es gibt mehr als 1000 verschiedene Nashisorten, von denen die meisten rund sind und etwa die Größe eines Apfels haben. Andere Sorten sind dagegen sehr klein oder können im Gegenteil bis zu 500 g wiegen. Die dünne, glatte, essbare Schale ist gelb, grün oder goldbraun gefärbt. Das saftige Fruchtfleisch hat einen leicht süßlichen, milden Geschmack, der an Birne erinnert, besitzt aber die feste Struktur des Apfels. Bei einigen Sorten weist das Fruchtfleisch eine leicht körnige Konsistenz auf. Nashis werden erst gepflückt, wenn sie voll ausgereift sind.

Nashis sind meistens rund und etwa so groß wie Äpfel. Ihre Schale ist goldbraun, grün oder gelb.

Einkaufstipp

Nashis sollten angenehm duften und für ihre Größe relativ schwer sein. Die Schale sollte makellos sein, wobei leichte Druckstellen die Qualität des Fruchtfleischs nicht beeinträchtigen. Auch reife Nashis fühlen sich relativ fest an, sind jedoch wegen ihrer dünnen Schale sehr empfindlich.

Vorbereitung

Nashis werden meistens geschält, damit das milde Aroma voll zur Geltung kommt, und wie ein Apfel halbiert, sodass das sternförmige Kerngehäuse leicht entfernt werden kann.

Serviervorschläge

Nashis schmecken ohne weitere Zutaten am besten, da so ihr zarter Geschmack nicht überdeckt wird. Sie passen aber auch sehr gut zu Obstsalaten und gemischten Salaten und harmonieren vorzüglich mit Käse und Joghurt. Gedünstet sind sie eine aromatische Zutat in chinesischen Gerichten. Ihr Saft ergibt ein schmackhaftes und sehr erfrischendes Getränk.

Zubereitung

Nashis behalten auch gegart ihre Form und feste Struktur. Die sehr wasserhaltigen Früchte schmecken am aromatischsten, wenn sie im Ofen gedämpft oder gebacken werden.

Aufbewahrung

Einzeln in Küchenkrepp gewickelt und in einen perforierten Kunststoffbeutel verpackt sind Nashis bei Zimmertemperatur einige Tage haltbar, im Kühlschrank können sie bis zu 2 Monate aufbewahrt werden. Nashis mit brauner Schale halten sich in der Regel länger als grüne oder gelbe Früchte. Sie sind nicht zum Einfrieren geeignet.

Nährwerte

Kalorien	42
Kohlenhydrate	11 g
Fett	0,3 g
Eiweiß	0,5 g
Wasser	88 %
	je 100 g

Nashis enthalten etwas Kalium.

Sapodilla

Manilkara zapota, Sapotaceae

Der Sapodillabaum stammt aus Mittelamerika und Mexiko. Seine Frucht, die Sapodilla, auch **Breiapfel** genannt, sondert einen weißlichen Milchsaft ab, der bei der Kaugummiherstellung verwendet wird. Bereits die Azteken schätzten die Sapodilla sehr und nannten sie *tzapotl*, was im Spanischen zu *sapodilla* wurde. Später gelangte die Frucht durch die Spanier auf die Philippinen. Heute wird die Sapodilla hauptsächlich in Mittelamerika, Indien, Indonesien, Kalifornien und Australien angebaut. Da sie sehr leicht verdirbt und lange Transporte nur schlecht verträgt, ist sie außerhalb der Anbauländer relativ unbekannt.

Der stattliche, immergrüne Sapodillabaum kann bis zu 30 m hoch werden und trägt jedes Jahr zwischen 2000 und 3000 Früchte. Sein Holz verströmt einen aromatischen Geruch, wenn es verbrannt wird. Die etwa eigroße Frucht hat einen Durchmesser von 5 bis 8 cm und besitzt eine raue gräuliche oder braune Schale, die sich leicht abschälen lässt. Das saftige, stark duftende Fruchtfleisch ist durchscheinend, bräunlich gelb oder rötlich gelb gefärbt und hat eine leicht grobkörnige Konsistenz, die an Pfirsiche erinnert. Sein süßer Geschmack erinnert an Honig oder Aprikose. Es enthält im Inneren zwei bis zehn flache, längliche, bittere Samen mit weißen Kernen, aus denen man Tee bereitet. Die Sapodilla wird vollreif verzehrt, da sie durch ihren hohen Gerbstoffgehalt vorher ungenießbar ist.

Einkaufstipp

Sapodillas sollten fest sein und eine unbeschädigte Schale haben.

Vorbereitung

Sapodillas werden geschält und anschließend im Ganzen oder in Stücke geschnitten verwendet, wobei man die Samenkerne entfernt. Man kann die Frucht aber auch einfach halbieren und das Fruchtfleisch mit einem Löffel aus der Schale lösen.

Serviervorschläge

Sapodillas werden roh oder gegart verwendet. Sie schmecken auch ohne weitere Zutaten und passen sehr gut in Obstsalate. Man kann sie auch pürieren und als Fruchtsauce zubereiten oder aber den Saft auspressen. Sie ergeben eine schmackhafte Zutat in Sorbets und Eiscreme und werden zu einem hervorragenden Wein verarbeitet. Außerdem kann man sie dämpfen oder Konfitüre daraus herstellen.

Aufbewahrung

Sapodillas werden in einem perforierten Kunststoffbeutel im Kühlschrank aufbewahrt. Nicht ganz reife Früchte reifen bei Zimmertemperatur nach.

Nährwerte

Kalorien	82
Ballaststoffe	5,3 g
Kohlenhydrate	20 g
Fett	1,1 g
Eiweiß	0,4 g
Wasser	78 %
	je 100 g

Die Sapodilla enthält viel Kalium sowie etwas Vitamin C, Natrium und Eisen und ist sehr ballaststoffreich.

Wassermelone

Citrullus lanatus, Cucurbitaceae

Die Wassermelone ist in Afrika beheimatet und eng mit der Zuckermelone verwandt. Ihren Namen trägt sie aufgrund ihres hohen Wassergehalts (92 bis 95 %), der sie zu einer äußerst erfrischenden Frucht macht. Wassermelonen sind seit uralten Zeiten beliebt, vor allem in den Mittelmeerländern und in Ägypten, wo die Frucht früher als Wasserspender eine wichtige Rolle spielte, wenn die eigentlichen Wasservorräte knapp oder verdorben waren. Schon vor mehr als 5000 Jahren war es in Ägypten Brauch, durstige Reisende mit Wassermelonen zu versorgen.

Wie alle Melonenarten ist auch die Wassermelone eine einjährige Pflanze, die warmes Klima bevorzugt. Die meisten der über 50 Sorten gedeihen am besten in sehr warmer Umgebung, während einige wenige auch gemäßigte Klimazonen tolerieren. China, Russland und die Türkei gehören heute zu den weltweit wichtigsten Produzenten.

Wassermelonen sind rundlich, länglich oder kugelförmig und wiegen je nach Sorte zwischen 2 und 45 kg. Ihre zwar dicke, aber empfindliche Schale hat je nach Sorte eine hell- bis dunkelgrüne Färbung und ist meist gestreift oder gefleckt. Das Fruchtfleisch ist in der Regel rot, kann aber auch weiß, gelb oder rosa sein. Es enthält zahlreiche glatte Samenkerne, die schwarz, braun, weiß, grün, gelb und rot sein können. Nur wenige Sorten enthalten überhaupt keine Kerne. Im Vergleich zu anderen Melonen ist das Fruchtfleisch der Wassermelone aufgrund seines hohen Wassergehalts besonders knackig und erfrischend.

Wassermelonen sind rundlich, länglich oder kugelförmig; ihr Gewicht reicht je nach Sorte bis zu 45 kg.

Einkaufstipp

Wassermelonen sollten fest und im Verhältnis zu ihrer Größe schwer sein. Die Schale sollte eine leicht wächserne, aber nicht matte Oberfläche haben. Die Unterseite, auf der die Melone während der Reifung gelegen hat, sollte sehr viel heller als die Oberseite sein. Ist die Frucht gleichmäßig gefärbt, wurde sie unreif geerntet. Wenn man gegen die Wassermelone klopft, sollte es dumpf klingen – ein Zeichen, dass sie einen hohen Wassergehalt hat und reif ist. Nicht empfehlenswert sind Früchte, deren Schale Risse oder weiche Stellen aufweist. Das Fruchtfleisch sollte fest und saftig sein, eine frische rote Farbe und keine weißen Streifen haben.

Aufbewahrung

Wassermelonen werden am besten im Kühlschrank aufbewahrt, da das Fruchtfleisch bei Wärme weniger erfrischend schmeckt und außerdem schneller trocken und faserig wird. Angeschnittene Melonen werden in Plastikfolie gewickelt, damit sie nicht vorzeitig austrocknen und keine Fremdgerüche annehmen. Sie sind leicht verderblich und sollten deshalb so bald wie möglich verbraucht werden.

Nährwerte

Kalorien	37
Ballaststoffe	0,2 g
Kohlenhydrate	8,3 g
Fett	0,2 g
Eiweiß	0,6 g
Wasser	90,3 %
	je 100 g

Wassermelonen enthalten etwas Vitamin C und Kalium. Sie wirken reinigend, harntreibend und entgiftend.

Serviervorschläge

Wassermelonen werden gewöhnlich in Scheiben geschnitten oder geviertelt ohne weitere Zutaten verzehrt. Man kann das Fruchtfleisch auch würfeln oder mit einem Löffel aus der Schale lösen. Wassermelone ist eine köstliche Zutat im Obstsalat und ergibt püriert ein schmackhaftes Sorbet oder einen erfrischenden Saft. Unreife Wassermelonen werden wie Kürbisse verwendet.

Die essbaren Kerne der Wassermelone sind geröstet und gesalzen in bestimmten Regionen Asiens eine beliebte Zwischenmahlzeit, oder sie werden zermahlen und zur Herstellung von Brot verwendet.

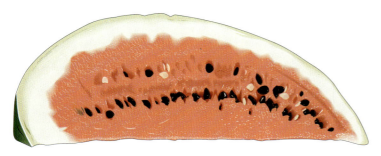

Zuckermelone

Cucumis melo, Cucurbitaceae

Charentais-Melone

Die Zuckermelone ist in Afrika oder Indien heimisch, wo sie seit uralten Zeiten kultiviert wird. Nach Europa gelangte sie vermutlich vor etwa 2000 Jahren. Heute wird sie in vielen Ländern angebaut, unter anderem in Israel und Japan, wo auch zahlreiche neue Kreuzungen entstanden. Zuckermelonen gehören zur selben Familie wie Gurke, Kürbis und Wassermelone. Wie diese wachsen sie an kriechenden Ranken, benötigen jedoch meistens ein wärmeres Klima und mehr Sonnenlicht. Wie Kürbisse werden die verschiedenen Sorten nach Sommer- und Wintermelonen unterschieden. Zu den empfindlicheren Sommermelonen gehören die zahlreichen Kantalup- und Netzmelonensorten. Zu den robusteren Wintermelonen zählen unter anderem die Honigmelone, Honey-Dew-Melone, Casaba-Melone, Ananasmelone, Ogenmelone und Galiamelone. Darüber hinaus teilt man die Zuckermelonen in drei Grundtypen ein: die glatten Melonen, die Netzmelonen und die Kantalupmelonen.

Der Name der **Kantalupmelone** *(Cucumis melo* var. *cantalupensis)* leitet sich ab von der päpstlichen Residenz Cantalupo bei Rom, wo diese Melonen erstmals um 1700 gezüchtet wurden. Ihr orangefarbenes Fruchtfleisch wird von einer rauen, mit tiefen Furchen versehenen Schale umschlossen. Eine der bekanntesten und beliebtesten Kantalupsorten ist die französische **Charentais-Melone**, deren blassgrüne Schale nur leichte Rillen aufweist.

Die Schale der runden **Netzmelone** *(Cucumis melo* var. *reticulatus)* hat meist keine Rillen und weist eine ausgeprägte Netzstruktur auf. Mittlerweile gibt es einige Kreuzungen aus Kantalup- und Netzmelone, deren lachsfarbenes oder orangegelbes Fruchtfleisch sehr schmackhaft ist. Sie sind häufig nach ihren Anbauorten wie Cavaillon, Charente und Touraine benannt.

Die runde oder leicht eiförmige **Honey-Dew-Melone** hat eine glatte Schale, deren Farbe sich mit zunehmender Reife von blassgrün zu hellgelb verändert. Das grüne Fruchtfleisch schmeckt sehr süß. Honey-Dew-Melonen wiegen in der Regel zwischen 1,5 und 3,5 kg.

Die **Casaba-Melone** ist ebenfalls rund oder eiförmig und wiegt normalerweise zwischen 2 und 3,5 kg. Sie besitzt eine runzlige gelbe oder orangefarbene Schale mit einem grünlichen Schimmer am Stielende. Das weißliche Fruchtfleisch ist cremig, duftet im Vergleich zu anderen Melonensorten aber etwas weniger stark.

Netzmelone

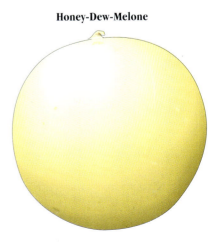

Honey-Dew-Melone

Zuckermelone

Die **Ananasmelone** ist plattrund oder oval und wiegt etwa 3 kg. Sie sieht aus wie eine gelb gemaserte Wassermelone und schmeckt sehr süß. Das feste Fruchtfleisch kann gelbrötlich oder grün bis weiß sein. Diese Sorte hat große Ähnlichkeit mit der Netzmelone.

Die **Honigmelone** ist länglich geformt und besitzt eine glatte, leuchtend gelbe Schale. Das delikat süße Fruchtfleisch hat eine weißliche Färbung und schimmert im Fruchtinneren leicht rosa. Reife Honigmelonen duften sehr aromatisch.

Die kleine **Ogenmelone** ist eine noch sehr neue Hybride, die in den 60er Jahren in einem israelischen Kibbuz gezüchtet wurde. Sie ist rund und besitzt eine gerillte, grünlich gelbe Schale, die hart und glatt ist. Das leuchtend rosafarbene oder blassgrüne Fruchtfleisch ist sehr saftig.

Die **Galiamelone** ist eine weitere Kreuzung aus Israel und trägt den Namen der Züchterfamilie. Ihre bräunliche, mit Rillen versehene Schale ist mit einem Netz überzogen, das blassgrüne Fruchtfleisch schmeckt sehr aromatisch.

Die Zuckermelone gehört zur selben Familie wie Gurke und Kürbis. Wie diese wächst sie an kriechenden Ranken, benötigt jedoch mehr Wärme und Sonne.

Einkaufstipp

Wirklich aromatische Zuckermelonen sind relativ selten zu bekommen, da die Früchte meist unreif geerntet werden, damit sie die langen Transportwege besser überstehen. Aus diesem Grund sollte man vor allem bei Kantalup- und Netzmelonen auf das Stielende der Früchte achten: Ist es besonders hart, ungleichmäßig gefärbt oder sitzt noch ein Teil des grünlichen Stiels an der Frucht, ist die Melone vermutlich noch nicht voll ausgereift. Reife Melonen haben dagegen ein weiches Stielende, was jedoch nicht immer ein sicheres Zeichen für Reife ist, sondern auch eine Folge unsachgemäßen Transports sein kann. Ob eine Melone wirklich reif ist, lässt sich am sichersten daran erkennen, dass sie am Stielende zart duftet und hohl klingt, wenn man mit dem Fingerknöchel leicht dagegen klopft. Außerdem sollten Melonen im Verhältnis zu ihrer Größe eher schwer sein und eine unbeschädigte Schale haben, die weder weiche noch feuchte Stellen aufweist. Nicht empfehlenswert sind sehr weiche Früchte oder solche, die stark riechen oder ungewöhnlich gefärbt sind. Sie sind vermutlich überreif und faulen bereits.

Vorbereitung

Zuckermelonen werden zuerst halbiert oder geviertelt und die Kerne aus dem Fruchtinneren entfernt (Melonenstücke, die nicht sofort verwendet werden, sollten nicht entkernt werden, da sie sonst schnell austrocknen). Anschließend wird das Fruchtfleisch in Scheiben oder Würfel geschnitten. Man kann es aber auch mit einem Kugelausstecher aus der Schale lösen.

Ogenmelone

Ananasmelone

Kantalupmelone

Zuckermelone

Serviervorschläge

Zuckermelonen werden häufig frisch als Vor- oder Nachspeise verwendet, indem man die Früchte halbiert und das Fruchtfleisch auslöffelt, oder das Fleisch herauslöst und die Schale mit anderen Zutaten gefüllt serviert. Sie passen gut zu rohem Schinken, luftgetrocknetem Fleisch, geräuchertem Fisch und Käse, eignen sich als Beilage zu Fleisch, Geflügel und Meeresfrüchten und geben Gemüse-, Reis- und Geflügelsalaten eine besondere Note. Melonen harmonieren außerdem vorzüglich mit Ingwer, Zitronen- und Limettensaft, Portwein oder Sherry. Sie schmecken köstlich im Frühstücksmüsli und in Obstsalaten oder püriert als Sorbets und Eiscreme. Ausgepresst ergeben sie einen köstlichen Saft und werden gekocht auch zu Konfitüre oder Chutneys verarbeitet. Melonen werden außerdem getrocknet, mariniert und zu Alkohol verarbeitet.

Nährwerte

Kalorien	54
Ballaststoffe	0,7 g
Kohlenhydrate	12,4 g
Fett	0,1 g
Eiweiß	0,9 g
Wasser	85 %
	je 100 g

Vor allem Zuckermelonen mit hellem oder nur leicht gefärbtem Fruchtfleisch enthalten sehr viel Kalium sowie viel Vitamin C und Folsäure. Für manche Menschen sind Melonen allerdings schwer verdaulich. Sie wirken tonisierend, harntreibend, abführend und appetitanregend.

Zuckermelone mit Portwein

FÜR 4 PORTIONEN

4 kleine Melonen   200 ml Portwein

1. Jeweils einen Deckel vom Stielende der Melonen abschneiden und beiseite legen. Das Fruchtfleisch vorsichtig herauslösen, ohne dabei die Schalen zu verletzen, und die Kerne entfernen.

2. Das Fruchtfleisch würfeln, in eine Schüssel geben und mit dem Portwein übergießen. Fruchtschalen, -deckel und das Fruchtfleisch für 2 Stunden in den Kühlschrank stellen.

3. Kurz vor dem Servieren die ausgehöhlten Schalen mit dem Fruchtfleisch füllen und die Deckel wieder aufsetzen.

Aufbewahrung

Trotz ihrer meist robusten Schale sind Melonen leicht verderblich. Unreife Melonen kann man bei Zimmertemperatur nachreifen lassen, bis sie angenehm duften. Dabei sollten sie jedoch nicht in der Nähe von anderem Obst und Gemüse aufbewahrt werden, da das bei der Reifung frei werdende Äthylen den Reifungsprozess anderer Früchte beschleunigt und deren Geschmack verändert. Reife Melonen werden am besten in einem perforierten Kunststoffbeutel im Kühlschrank aufbewahrt und kurz vor dem Servieren herausgenommen, damit sich ihr Aroma entfalten kann.

Melonen können auch eingefroren werden, wobei das Fruchtfleisch nach dem Auftauen allerdings relativ weich wird. Vor dem Einfrieren werden Schale und Kerne entfernt und das Fruchtfleisch in Scheiben oder Würfel geschnitten. Anschließend wird es mit Zucker bestreut, wobei man 250 g Zucker auf 1 kg Fruchtfleisch rechnet, mit Zitronensaft beträufelt und in einem luftdicht verschlossenen Behälter tiefgefroren.

Casaba-Melone

Honigmelone

Galiamelone

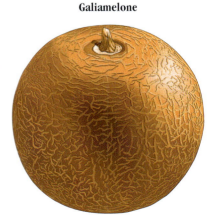

Nüsse und Samen

Einführung

Der Begriff »Nuss« wird für verschiedene Früchte mit harter äußerer Schale verwendet, die einen Kern umschließt, den man ebenfalls als Nuss bezeichnet. »Samen« werden dagegen jene Teile der Pflanze genannt, die sich im Blüteninneren befinden und aus denen die neue Pflanze entsteht. Nüsse und Samen werden von den Menschen seit vielen Jahrtausenden als Lebensmittel genutzt und waren bereits ein wesentlicher Bestandteil in der Ernährung primitiver Jäger- und Sammlerkulturen. Auch für viele Tierarten sind sie ein wichtiges Nahrungsmittel. Pistazienkerne, Walnüsse und Mandeln wurden schon zu biblischen Zeiten in Südostasien kultiviert und galten auch im alten Griechenland und Rom als hoch geschätztes Nahrungsmittel.

Die wirtschaftlich wichtigsten Nussarten – Kokosnuss, Mandel, Walnuss, Haselnuss, Cashew und Pistazie – werden heute je nach Art weltweit produziert. Nüsse und Samen sind beliebte Nahrungsmittel, da sie viele Nährstoffe enthalten und ihre Verarbeitung relativ unkompliziert ist.

Einkaufstipp

Nüsse und Samen werden in unterschiedlichsten Formen angeboten: mit und ohne Schale, ganz, halbiert, in feine Blättchen geschnitten, gestiftelt, gehackt, gemahlen, geröstet, mit und ohne innere braune Schale, gesalzen, geräuchert, gesüßt, kandiert oder mit Schokolade überzogen.

Die Schalen von Nüssen und Samen sind schützende Hüllen, die verhindern, dass die Kerne ranzig werden. Aus diesem Grund sollte man beim Einkauf darauf achten, dass sie unbeschädigt sind. Nüsse ohne Schalen sollten luftdicht verpackt sein, da sie auf diese Weise etwas länger frisch bleiben.

Serviervorschläge

Für Nüsse und Samen gibt es eine Vielzahl kulinarischer Verwendungsmöglichkeiten. Sie passen zu vielen würzigen oder süßen Gerichten und eignen sich ideal als kleine Zwischenmahlzeit oder Vorspeise. Außerdem sind sie eine gute Ergänzung oder Alternative zu Fleisch. Aus Nüssen und Samen werden verschiedene schmackhafte Öle gepresst.

Aufbewahrung

Nüsse und Samen mit Schale sind aromatischer und bleiben länger frisch als ohne Schale oder geschnittene, gehackte oder gemahlene Kerne. In einem luftdicht verschlossenen Behälter und vor Licht, Hitze und Feuchtigkeit geschützt halten sich Nüsse und Samen mit Schale je nach Sorte im Kühlschrank zwischen 2 und 9 Monate.

Nüsse und Samen ohne Schale sowie klein geschnittene, gehackte oder gemahlene Kerne sollten ebenfalls in einem luftdichten Behälter aufbewahrt werden. Kühl, trocken und vor Licht geschützt bleiben sie jedoch nur kurze Zeit frisch. Sie sind sehr gut zum Einfrieren geeignet und können etwa 1 Jahr tiefgefroren werden.

Einführung

Nährwerte

Nüsse und Samen haben einen hohen Fettgehalt und sind demzufolge sehr kalorienreich. Der Nährwert der einzelnen Sorten ist sehr unterschiedlich, im Durchschnitt enthalten 50 g Nüsse jedoch zwischen 3 und 10 g Eiweiß, zwischen 17 und 37 g Fett und zwischen 8 und 16 g Kohlenhydrate. Ausnahmen sind die Gingkosamen, von denen 50 g nur 1,1 g Fett und 37 g Kohlenhydrate enthalten und deren Kalorienzahl zwischen 175 und 355 liegt, sowie die Esskastanie, die pro 50 g 0,6 g Fett und 22 g Kohlenhydrate enthält und 98 Kalorien hat.

Das in Nüssen und Samen enthaltene Fett besteht überwiegend aus einfach und mehrfach ungesättigten Fettsäuren, wobei die Kokosnuss eine Ausnahme darstellt, da sie hauptsächlich gesättigte Fettsäuren enthält (siehe *Fette*). Als pflanzliche Produkte enthalten Nüsse und Samen kein Cholesterin, dafür aber viele wichtige Ballaststoffe; besonders hoch ist der Ballaststoffgehalt bei Paranüssen und Sonnenblumenkernen.

Da Nüsse und Samen oft gesalzen angeboten werden und außerdem sehr fetthaltig sind, sollte man sie nur in begrenzten Mengen zu sich nehmen. Nüsse und Samen sind besser verdaulich, wenn sie fein gemahlen oder gründlich gekaut werden.

Die meisten Nüsse und Samen enthalten sehr viel Magnesium, Kupfer und Kalium; sie sind außerdem reich an Vitamin B_1 und Folsäure und enthalten meistens noch etwas Eisen, Pantothensäure und Vitamin B_2.

Walnuss

Juglans spp., Juglandaceae

Der Walnussbaum, der seit vielen Jahrtausenden kultiviert wird, war ursprünglich an den Ufern des Kaspischen Meers sowie in Nordindien heimisch und gelangte über die Römer nach Europa, wo er seit dem 4. Jahrhundert angepflanzt wird. Von den Griechen wurde der Baum vor allem wegen des in den Walnüssen enthaltenen Öls geschätzt, und bei den Römern galt er sogar als heilig. Auch in anderen Ländern wurde der Walnussbaum lange Zeit besonders verehrt, da er sehr alt wird und viele Generationen überdauert.

Vor allem in ländlichen Gegenden waren die nahrhaften Nüsse früher während der Wintermonate von unschätzbarem Wert, da zu dieser Zeit nur wenige andere Nahrungsmittel zur Verfügung standen. Das Öl, das man aus den Nüssen gewann, wurde sowohl zum Essen als auch für Öllampen verwendet, und die Blätter schätzte man wegen ihrer Heilkraft; aus der Umhüllung der Schale bereitete man, wie auch heute noch, Liköre, Ratafias und aromatisierte Weine, und aus der Schale wurde Farbe für Möbelschreiner und Färber hergestellt.

Eine der bekanntesten Sorten unter den zahlreichen verschiedenen Walnussarten ist die *Juglans regia*, die aus Südosteuropa und Westasien stammt, 300 bis 400 Jahre alt wird und eine Höhe von 9 bis 24 m erreicht. Sie wird auch als »Englische Walnuss« bezeichnet, da sie früher vor allem in England angebaut wurde und von dort aus in viele andere Länder gelangte.

Die Schwarznuss (*Juglans nigra*) und die Weißnuss oder Butternuss *(Juglans cinerea)* gehören zu den verbreitetsten Walnusssorten in Nordamerika, wo sie auch heimisch sind. Die Schwarznuss ist ein mächtiger Baum, der eine Höhe von 30 bis 39 m erreicht und dessen zerfurchte Rinde sehr dunkel ist. Die sehr kräftig schmeckenden Nüsse sind von einer außerordentlich harten Schale umschlossen, die sich nur schwer aufbrechen lässt. Die bekannteste französische Sorte ist die *noix de Grenoble*, die in der Region um Grenoble gezüchtet wird, das weltweit für die herausragende Qualität seiner Walnüsse bekannt ist. Zu den führenden Walnussproduzenten gehören heute die USA und die Türkei sowie China, Rumänien, der Iran, Frankreich und die Balkanstaaten.

Die weißlich gelbe Walnuss ist ein unregelmäßig geformter, runzliger Kern, der aus zwei Hälften besteht, die zu einem Drittel miteinander verbunden sind, während der restliche Teil durch eine Membran getrennt ist. Der aromatische Kern wird von einem hell- bis dunkelgelben, dünnen Häutchen bedeckt und von einer harten, gewölbten Schale umschlossen, die rund bis oval und bei manchen Sorten sehr holzig ist. Die Schale wird wiederum von einer dickfleischigen, klebrigen grünen Außenhülle umschlossen.

Die Walnüsse werden entweder von Hand geerntet, indem man die herabgefallenen Nüsse einfach aufliest, oder maschinell vom Baum geschüttelt und aufgelesen. Anschließend werden die Nüsse von der Außenhülle befreit und entweder geschält oder aber in der Schale belassen, die getrocknet und häufig noch mit Chlor oder Schwefeldioxid gebleicht wird.

Walnuss

Einkaufstipp

Walnüsse mit Schale sollten sich relativ schwer und prall anfühlen und unbeschädigte Schalen haben. Bereits geschälte Walnusskerne sollten weder weich noch verschrumpelt aussehen und werden am besten in luftdichter Verpackung gekauft, da sie unter Einfluss von Licht, Luft, Wärme und Feuchtigkeit schnell ihr Aroma verlieren und ranzig werden. Dasselbe gilt auch für gehackte oder gemahlene Kerne.

Serviervorschläge

Walnüsse werden im Ganzen, gehackt oder gemahlen verwendet. Sie sind eine beliebte Zwischenmahlzeit und schmecken in Desserts, Kuchen, Gebäck, Plätzchen oder Eiscreme; man gibt sie zu Saucen, Sandwiches, Omelettes, Hülsenfrüchten oder asiatischen Gerichten und verwendet sie als Würze für Füllungen, Pasteten und Käse.

In Essig eingelegte unreife Walnüsse sind eine beliebte Zutat in Marmeladen und Marinaden. Das aus den Nüssen gewonnene teure Walnussöl schmeckt kräftiger als Olivenöl und wird hauptsächlich für Salate verwendet.

Die Außenhülle der Walnuss enthält eine aromatische Substanz, aus der Liköre wie etwa der bekannte *Ratafia* hergestellt werden.

Aufbewahrung

In einem fest verschlossenen Behälter und vor Hitze und Feuchtigkeit geschützt halten sich Walnüsse mit Schale 2 bis 3 Monate. Walnusskerne sollte man im Kühlschrank aufbewahren, da sie leicht verderblich sind, und nach spätestens 6 Monaten verbrauchen. Man kann sie aber auch bis zu 1 Jahr einfrieren.

Nährwerte

Kalorien	666
Ballaststoffe	6,1 g
Kohlenhydrate	12,1 g
Fett	40,9 g
Eiweiß	15 g
Wasser	5 %
	je 100 g

Das in Walnüssen enthaltene Fett besteht zu 86% aus ungesättigten Fettsäuren (siehe *Fette*).

Walnüsse sind reich an Kupfer und Magnesium, enthalten viel Kalium, Vitamin B_1 und B_6 und Folsäure sowie etwas Phosphor, Nikotinsäure, Eisen, Vitamin B_2 und Pantothensäure. Außerdem enthalten sie Ballaststoffe.

Getrocknete Walnüsse sollen leicht abführend und blutreinigend wirken. Früher glaubte man, dass Walnüsse gegen Kopfschmerzen helfen, da ihre Form dem menschlichen Gehirn ähnelt. Die Blätter des Walnussbaums enthalten eine antibiotische Substanz.

Aus England kommt die »Englische Walnuss«, die mittlerweile auch in vielen anderen Ländern der Erde angebaut wird.

ganze Walnuss

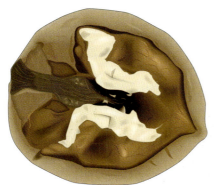

Walnusshälfte mit Schale

ganze Walnuss mit Außenhülle

Pekannuss

Carya spp., Juglandaceae

Die Pekannuss ist die Frucht des mächtigen Hickorybaums, der aus dem Mississippital in den USA stammt. Schon vor Ankunft der ersten Siedler waren die Nüsse ein wichtiges Nahrungsmittel der nordamerikanischen Indianer, und auch heute noch sind sie in den USA, vor allem im Süden, sehr beliebt. Der Hickorybaum wird auf großen Plantagen vor allem in Texas angebaut, dessen offizielles Symbol der Hickorybaum ist, sowie in New Mexico, Louisiana, Mississippi, Georgia und Florida. Von den über 300 verschiedenen Pekannusssorten gedeiht eine Sorte sogar im kühleren Klima Kanadas. Seit den 60er Jahren wird er aber zunehmend auch in Australien sowie seit den 1970er-Jahren in Israel kultiviert.

Der dekorative Hickorybaum kann sehr alt werden; nicht selten trifft man auf Bäume mit mehr als 100 Jahren, und manche können sogar ein Alter von bis zu 1000 Jahren erreichen. Der Stamm hat einen Umfang von bis zu 1,80 m, und der Baum kann bis zu 54 m hoch werden; seine durchschnittliche Höhe beträgt jedoch 24 bis 30 m. Er entwickelt ähnliche Blütenkätzchen wie die Haselnuss, mit der er auch verwandt ist, trägt jedoch erst nach 10 Jahren die ersten Früchte. In guten Jahren kann die Ernte dann bis zu 200 kg betragen. Dafür werden die Pekannüsse maschinell von den Bäumen geschüttelt und auch eingesammelt.

Die Pekannuss besteht aus einem länglichen weißlichen Samen oder Kern, der wie die Walnuss aus zwei Hälften besteht und von einem dünnen braunen Häutchen bedeckt ist. Die äußere bräunliche Schale ist hart, glatt und oval geformt. Sie lässt sich leicht aufbrechen, und auch die Kerne können leicht aus der Schale herausgelöst werden. Diese Schale wird von einer dickfleischigen grünen Außenhülle bedeckt, die in vier Teile aufbricht, sobald die Frucht ausgereift ist. Um den Marktwert der Pekannüsse zu steigern, werden sie von den Züchtern oft vorbehandelt – das heißt, die harten Schalen werden gewaschen und mit Sand abgerieben, braun oder rot gefärbt und anschließend gewachst und poliert, um ihnen ein gleichmäßigeres und dekorativeres Aussehen zu geben.

Die Pekannüsse sind je nach Sorte zwischen 2 und 4 cm lang, wobei die Größe keinen Einfluss auf die Qualität hat. Bis zu 3 Wochen nach der Ernte schmecken die Nüsse am besten, danach werden sie wegen ihres hohen Fettgehalts langsam ranzig. Pekannüsse haben einen etwas zarteren Geschmack als Walnüsse.

Pekannüsse mit Schale

Pekannüsse ohne Schale

Pekannuss

Einkaufstipp

Pekannüsse mit Schale sollten im Verhältnis zur Größe eher schwer sein, beim Schütteln nicht klappern und keine Flecken aufweisen. Außerdem sollte die Schale keine Risse oder Löcher aufweisen. Pekannüsse ohne Schale sind meist ranzig oder zumindest weniger aromatisch; luftdicht verpackt behalten sie ihr Aroma etwas besser.

Serviervorschläge

Pekannüsse werden im Ganzen, gemahlen oder gehackt verwendet und schmecken naturbelassen, gesalzen, süß oder gewürzt. Sie sind eine beliebte Zutat sowohl in pikanten als auch süßen Gerichten wie dem *Pekannuss-Pie*, einem traditionellen amerikanischen Dessert, Plätzchen, Eiscreme, Kuchen oder Süßigkeiten und werden mit Schokolade überzogen als kleiner Snack serviert. Außerdem nimmt man sie gerne für Wild- und Geflügelfüllungen.

Aus den Pekannüssen wird außerdem ein klares, mildes Öl gepresst, das die gleichen Qualitäten besitzt wie Olivenöl. Seine Herstellung ist jedoch sehr kostspielig, und es wird hauptsächlich in Salaten verwendet.

Nährwerte

	roh	*in Öl geröstet*
Kalorien	700	732
Ballaststoffe	8,4 g	7,2 g
Kohlenhydrate	4,4 g	16,2 g
Fett	72,0 g	71,2 g
Eiweiß	9,2 g	7,0 g
Wasser	3,2 %	8 %
		je 100 g

Das in den Pekannüssen enthaltene Fett besteht zu 87% aus ungesättigten Fettsäuren, die sich aus 62% einfach und 25% mehrfach ungesättigten Fettsäuren zusammensetzen (siehe *Fette*). Pekannüsse enthalten sehr viel Vitamin B_1, Zink, Kupfer und Magnesium, viel Kalium sowie etwas Phosphor, Pantothensäure, Nikotinsäure, Folsäure, Eisen und Vitamin B_6. Darüber hinaus enthalten sie reichlich Ballaststoffe.

In Öl geröstete Pekannüsse enthalten sehr viel Zink, Kupfer und Magnesium, viel Kalium, Phosphor, Pantothensäure, Vitamin B_1 und B_6, Folsäure, Nikotinsäure sowie etwas Eisen. Sie sind ebenfalls sehr ballaststoffhaltig.

Aufbewahrung

Pekannüsse mit Schale halten sich bei Zimmertemperatur etwa 3 Monate. Nüsse ohne Schale sollten in einem luftdicht verschlossenen Behälter im Kühlschrank aufbewahrt werden, wo sie bis zu 6 Monate frisch bleiben. Pekannüsse können mit und ohne Schale etwa 1 Jahr eingefroren werden.

Amerikanischer Pekannuss-Pie

FÜR 12 STÜCKE

300 g Mürbeteig
200 g Pekannusskerne
3 Eier
¼ l Maissirup
½ TL Vanillemark
100 g Butter
200 g brauner Zucker
1 Prise Salz
Außerdem:
Butter und Mehl für die Form
Mehl für die Arbeitsfläche

1. Den Backofen auf 180 °C (Umluft 160 °C, Gas Stufe 2–3) vorheizen.

2. Eine Pieform von 24 cm Durchmesser einfetten und mit etwas Mehl bestreuen. Den Teig auf einer leicht bemehlten Unterlage in Größe der Form ausrollen und in die Kuchenform legen. Mit der Gabel einige Löcher in den Teigboden stechen und den Teig 5 Minuten im Ofen vorbacken.

3. Die Form aus dem Ofen nehmen und den Teig von der Mitte aus in konzentrischen Kreisen mit den Nusshälften belegen.

4. Die Eier schaumig schlagen und Sirup und Vanillemark untermischen. Die Butter in einer zweiten Schüssel schaumig rühren und nach und nach den Zucker und das Salz zugeben. Alles so lange rühren, bis sich der Zucker vollständig gelöst hat, und zur Eiermischung geben.

5. Die Mischung vorsichtig auf dem Teigboden verteilen, sodass die Nüsse sich nicht verschieben, und den Kuchen im Backofen in 40 bis 45 Minuten fertig backen.

Cashew

Anacardium occidentale, Anacardiaceae

Sobald die reifen Cashewäpfel zu Boden gefallen sind, werden sie von Hand eingesammelt. Dann löst man die Cashewkerne heraus und legt sie zum Trocknen in die Sonne.

Cashewkerne

Brasilien ist die Heimat der Cashewnuss, die mit Pistazie und Mango verwandt ist. Heute wird der Cashewbaum vorwiegend in Indien sowie in Afrika kultiviert, wo er im 16. Jahrhundert von den Portugiesen eingeführt wurde. Wirtschaftliche Bedeutung erlangte die Cashewnuss jedoch erst zu Beginn unseres Jahrhunderts, und heute gehören Indien, Brasilien, Moçambique, Nigeria und Tansania zu den weltweit führenden Herstellern, wobei Indien mit 90 % der Gesamtproduktion an der Spitze liegt.

Der Cashewbaum, der meist eine Höhe von 10 bis 12 m erreicht, trägt in der Regel 3 bis 20 Jahre lang Früchte, manchmal sind es auch 45 Jahre. Diese Früchte sind dickfleischige Fruchtstiele und werden als »Äpfel« bezeichnet, obwohl sie eher an Birnen erinnern. In den gelben oder leuchtend roten Cashewäpfeln, die 5 bis 10 cm lang und 4 bis 5 cm breit sind, befindet sich jeweils ein einziger Cashewkern, der von einem weichen, feinen gelben Fruchtfleisch umschlossen wird. Dieses Fruchtfleisch, das sehr erfrischend ist und mehr Vitamin C enthält als Orangen, sondert einen milchigen Saft ab, der auf der Kleidung Flecken hinterlässt.

Der Cashewkern hat einen Durchmesser von 2,5 cm und wird von zwei Schalen umschlossen. Die dünne, weiche Außenschale ist zunächst olivgrün, verfärbt sich jedoch während der Reifung rötlich braun. Die innere Schale ist sehr hart und kann nur schwer aufgebrochen werden. Zwischen den beiden Schalen befindet sich ein harziges Öl, das »Cashewbalsam« genannt wird und Verätzungen und Blasen auf der Haut hervorruft, wenn man die Nüsse von Hand aus den Schalen löst. Dieses Öl wird hauptsächlich zur Herstellung von Lacken und Holzschutzmitteln gegen Termiten sowie für wasserabweisende Produkte, Tinte und Insektizide verwendet. Das harte Holz der Cashewbäume gilt als besonders wertvoll, und die Rinde enthält einen gelblichen Kautschuk, der wie Gummiarabikum verwendet wird.

Zur Gewinnung der Cashewkerne ist ein äußerst kompliziertes Verfahren erforderlich, bei dem die Nüsse zuerst aus den reifen Äpfeln gelöst und 2 Tage zum Trocknen in die Sonne gelegt werden. Als nächster Arbeitsschritt folgt die Reinigung der Schalen. Anschließend werden sie 12 Stunden in feuchter Umgebung gelagert, bis die Schalen brüchig geworden sind, und danach in einem rotierenden Zylinder geröstet, wobei der ätzende Cashewbalsam entfernt wird. Daraufhin werden sie erneut mit Wasser abgesprüht, gefriergetrocknet und maschinell von der äußeren und inneren Schale befreit. Zum Schluss werden sie nochmals in zwei Stufen geröstet, wobei sie nach der ersten Röstung mit einer Mischung aus Gummiarabikum, Salz und Wasser besprüht werden.

Einkaufstipp

Cashewkerne sind leicht verderblich und sollten möglichst in luftdicht verschlossenen Behältern gekauft werden. Nicht empfehlenswert sind verschrumpelte oder gar ranzig riechende Kerne.

Aufbewahrung

In einem fest verschlossenen Behälter können Cashewkerne im Kühlschrank bis zu 6 Monate aufbewahrt werden, während sie bei Zimmertemperatur sehr schnell verderben und ranzig werden. Man kann sie aber auch einfrieren – dann halten sie sich bis zu 1 Jahr.

Cashew

Serviervorschläge

Cashewkerne werden im Ganzen, grob oder fein gehackt, mit und ohne Öl geröstet, gesalzen und ungesalzen verwendet. Gemahlen ergeben sie eine cremige Butter, die wie Erdnussbutter verwendet wird, im Geschmack jedoch sehr viel milder ist als diese. Cashewkerne sind ein beliebter Snack für zwischendurch, entweder »pur« oder zusammen mit getrockneten Früchten, Samen und anderen Nüssen. Sie schmecken sehr gut in Salaten, Reis, Nudeln, Kuchen, Plätzchen, Puddings und asiatischen Gerichten. In der indischen Küche sind sie eine besonders häufige Zutat in Lammcurrys, Eintöpfen und Reisgerichten. Da sie sehr schnell weich werden, sollte man sie heißen Gerichten erst kurz vor dem Servieren zufügen.

Die Cashewäpfel, die bei uns nicht erhältlich sind, da sie nach der Ernte rasch verderben, haben einen süßlich bitteren Geschmack und werden roh oder gegart verwendet. Gewöhnlich verarbeitet man sie zu Saft, aus dem dann alkoholische Getränke wie etwa Wein oder Likör hergestellt werden. Außerdem werden sie eingelegt oder zu Marmelade verarbeitet. Vor allem in Brasilien und in der Karibik gelten die Cashewäpfel als Delikatesse. Sie sind auch sehr viel teurer als die Kerne, die manchmal sogar weggeworfen werden.

Nährwerte

	Cashewkerne (geröstet)
Kalorien	569
Ballaststoffe	2,9 g
Kohlenhydrate	30,5 g
Fett	42,0 g
Eiweiß	17,2 g
Wasser	4,0 %
	je 100 g

Geröstete Cashewkerne enthalten von allen Nüssen am wenigsten Fett. Es besteht zu 76 % aus ungesättigten Fettsäuren, die sich aus 60 % einfach ungesättigten Fettsäuren und 16 % mehrfach ungesättigten Fettsäuren zusammensetzen (siehe *Fette*).

Cashewkerne enthalten sehr viel Kupfer, Magnesium und Zink, viel Kalium, Phosphor, Eisen und Folsäure sowie etwas Nikotinsäure, Pantothensäure und Vitamin B_1, B_2 und B_6.

Cashewapfel

Colanuss

Cola spp., Sterculiaceae

Die Colanuss ist die Frucht eines Baumes, der vermutlich aus Westafrika stammt. Er ist mit dem Kakaobaum verwandt und wächst vorwiegend in Afrika und Südamerika. Während die afrikanischen Colabäume meist eine Höhe von 15 bis 20 m erreichen, wachsen die südamerikanischen Sorten als kleine Büsche. Von den etwa 50 verschiedenen Colabaumsorten sind *Cola nitida* und *Cola acuminata* wirtschaftlich gesehen am wichtigsten, da aus ihnen Colagetränke hergestellt werden.

Die Colabäume, die nach etwa 15 Jahren zum ersten Mal Früchte tragen, erbringen eine jährliche Ernte von 45 bis 55 kg Nüssen. Diese sitzen in Fruchtkapseln, von denen jede drei bis zehn unregelmäßig geformte, fleischige Samen enthält, die zwischen 2 und 4 cm lang sind. Frisch sind die Samen rosa, rot oder weiß; getrocknet werden sie hart, bekommen eine braune Färbung und haben einen bitteren, strengen Geschmack.

Serviervorschläge

In verschiedenen Ländern, vor allem in Afrika, werden Colanüsse von der einheimischen Bevölkerung gekaut, da sie Hunger und Durst stillen und leistungsfähiger machen, indem sie Muskeln und Nerven stimulieren.

Darüber hinaus werden aus den Colanüssen vor allem erfrischende Colagetränke hergestellt. Die berühmte Coca-Cola wurde erstmals 1886 in den USA vorgestellt und enthält unter anderem Kohlensäure und Extrakte aus der Colanuss.

Nährwerte

Colanüsse enthalten verschiedene stimulierende Stoffe, unter anderem Koffein (bis zu 2 %) und Theobromin, die sich unterschiedlich auf den Organismus auswirken. Im Vergleich zu Kaffee ist ihre anregende Wirkung jedoch schwächer und hält auch nicht so lange vor. Colanüsse gelten außerdem als harntreibend und aphrodisierend.

Kokosnuss

Cocos nucifera, **Palmaceae**

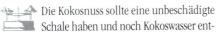

Die Kokosnuss ist die Frucht der äußerst vielseitig verwendbaren Kokospalme, die zur großen Familie der *Palmaceae* gehört und vermutlich aus Südostasien und den Melanesischen Inseln im Pazifischen Ozean stammt. Sie wächst in fast allen tropischen Ländern und wird vor allem in Indonesien, auf den Philippinen, in Indien, Sri Lanka, Thailand und Mexiko angebaut, die auch die weltweit führenden Kokosnussproduzenten sind. Das Holz der Kokospalme wird für Möbel verwendet, ihre Blätter verarbeitet man zu langen Fasern, aus denen Seile, Körbe, Bürsten, Teppiche und Stoffe gefertigt werden. Die Nussschalen nutzt man als Behälter, aus dem Kokoswasser im Inneren der Nuss werden alkoholische Getränke hergestellt und das Fruchtfleisch ist ein beliebtes Nahrungsmittel.

Die Kokospalme kann bis zu 30 m hoch werden und besitzt eine riesige Blätterkrone. Die Kokosnuss wächst an Büscheln, die jeweils etwa ein Dutzend Nüsse tragen. Sie wird von einer 5 bis 6 cm dicken faserigen Hülle (Pericarp) geschützt. Unter dieser faserigen Schicht befindet sich die eigentliche Nuss. Sie besitzt eine äußerst harte braune Schale, die aufgebrochen werden muss, um an das Fruchtfleisch zu gelangen, das an den inneren Schalenwänden haftet. Der Hohlraum im Inneren der Frucht ist mit einer süßen, erfrischenden, weißlich durchscheinenden Flüssigkeit gefüllt, dem Kokoswasser, das jedoch nicht mit der Kokosmilch verwechselt werden darf, die aus dem geriebenen Fruchtfleisch hergestellt wird. Dieses Kokoswasser ist sehr eiweißhaltig und verfestigt sich mit zunehmender Reifung der Kokosnuss zu weißem Fruchtfleisch.

Einkaufstipp

Die Kokosnuss sollte eine unbeschädigte Schale haben und noch Kokoswasser enthalten (dies lässt sich durch Schütteln der Frucht leicht feststellen). Außerdem sollte sie unbeschädigte feste »Augen« besitzen, die keinen Schimmel aufweisen.

Kokosnüsse werden frisch im Ganzen oder getrocknet und geraspelt angeboten. Kokosmilch oder gesüßte und ungesüßte Kokoscreme sind als Konserve erhältlich.

Nährwerte

	roh	Kokosraspeln (ungesüßt)	Kokosmilch	Kokoswasser
Kalorien	363	606	457	9
Ballaststoffe	8,4 g	24 g	*	*
Kohlenhydrate	41,2 g	6,4 g	6,3 g	4,8 g
Fett	36,5 g	62 g	48,2 g	0,2 g
Eiweiß	3,9 g	5,6 g	4,6 g	0,3 g
				je 100 g

Frische Kokosnuss enthält sehr viel Kalium sowie Kupfer, Eisen, Magnesium, Folsäure, Zink und Phosphor. Außerdem ist sie reich an Ballaststoffen.

Ungesüßte Kokosraspeln enthalten ebenfalls sehr viel Kalium, Kupfer und Magnesium, viel Eisen, Zink, Phosphor, Vitamin B_6 und Pantothensäure sowie Ballaststoffe.

Kokosnuss wirkt abführend und harntreibend; das Kokoswasser wird bei Verdauungsstörungen angewendet.

Aufbewahrung

Ungeöffnet kann die Kokosnuss bei Zimmertemperatur 2 bis 4 Monate aufbewahrt werden. Frisches Fruchtfleisch hält sich 1 Woche im Kühlschrank, sollte aber mit Wasser bedeckt werden, damit es nicht austrocknet. Es ist gut zum Einfrieren geeignet und hält sich tiefgefroren bis zu 9 Monate.

Getrocknete Kokosraspeln sollten in einem luftdicht verschlossenen Behälter kühl und trocken aufbewahrt werden.

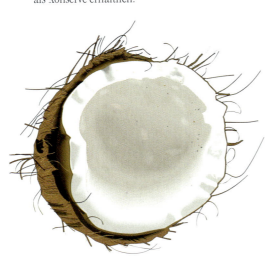

Kokosnuss

Kokosnuss

Vorbereitung

Um die Kokosnuss zu öffnen, sticht man zuerst mit einem spitzen Gegenstand Löcher in die weicheren »Augen« im oberen Teil der harten Schale und gießt das Kokoswasser in einen Behälter. Dann bricht man die Schale entzwei, indem man genau unterhalb der Augen mit einem Hammer darauf schlägt. Anschließend lässt sich das weiße Fruchtfleisch herauslösen, das je nach Reife der Kokosnuss fester oder lockerer an der Schale haftet. Unreife Kokosnüsse sind noch so weich, dass man die Schale mit einem Messer aufschneiden und das Fruchtfleisch mit einem Löffel herauslösen kann.

Eine weitere Möglichkeit, die harte Schale zu öffnen, ist, die Kokosnuss in den auf 180 °C vorgeheizten Backofen zu legen (Umluft 160 °C, Gas Stufe 2–3), nachdem zuvor das Kokoswasser abgegossen wurde. Nach etwa 30 Minuten bricht die Schale von selbst auf, und das Fruchtfleisch lässt sich leichter entfernen.

Garnelen in Kokosmilch
FÜR 4 PORTIONEN

- 500 g Riesengarnelen
- 1 Zwiebel
- 2 Knoblauchzehen
- 2 rote oder grüne Chilischoten
- 2 EL Erdnussöl
- 1 TL geriebener Ingwer
- 1 TL Kurkumapulver
- 1 TL Currypulver
- ¼ l Kokosmilch
- ½ TL Salz
- 1 Zitrone, in Scheiben geschnitten

1. Die Garnelen waschen und nach Belieben aus den Schalen lösen. Die Zwiebel abziehen und fein hacken, die Knoblauchzehen schälen und zerdrücken. Die Chilischoten waschen, halbieren, von den Kernen befreien und grob hacken.

2. Das Öl in einer großen Pfanne erhitzen und Zwiebel, Knoblauchzehen und Ingwer darin glasig braten. Chilischoten, Kurkuma- und Currypulver zufügen und alles 1 Minute braten. Die Garnelen zugeben und etwa 3 Minuten sautieren, bis sie die Farbe verändern.

3. Die Kokosmilch zugießen und alles mit Salz abschmecken. Die Garnelen unter ständigem Rühren bei schwacher Hitze 3 bis 5 Minuten köcheln lassen, bis die Flüssigkeit etwas eindickt. Die Garnelen mit der Sauce anrichten, mit den Zitronenscheiben belegen und zu Reis servieren.

Serviervorschläge

Die Kokosnuss, wozu sowohl frisches und getrocknetes Kokosfruchtfleisch als auch Kokosmilch und -creme gehören, ist eine der wichtigsten Grundzutaten in der afrikanischen, indischen, indonesischen und lateinamerikanischen Küche.

Das frische wie getrocknete Fruchtfleisch dient als Würze und zum Dekorieren und wird vorwiegend als Zutat für süße und würzige Vorspeisen, Suppen, Hauptgerichte und Desserts verwendet.

Kokosmilch wird ähnlich wie Kuhmilch auf vielfältige Weise genutzt. In der indischen Küche gibt man sie häufig zu Suppen, Currys, Saucen und Reis. Sie gehört in Marinaden, Eintöpfe, Obstkuchen, Puddings und Getränke und wird bei der Zubereitung von Fleisch, Geflügel und Meeresfrüchten verwendet.

Für die Herstellung von Kokosmilch werden 120 bis 150 g ungesüßte Kokosraspeln in ¼ l Wasser, Milch oder Kokoswasser zugedeckt bei schwacher Hitze 30 Minuten gekocht und auf ein feines Tuch abgegossen. Anschließend nimmt man das Tuch an den Ecken zusammen und presst durch Drehen des Tuches die Flüssigkeit aus den Kokosraspeln heraus. Nach einer Weile setzt sich eine Cremeschicht an der Oberfläche der Milch ab, die man entweder wieder unter die Milch rühren oder mit einem Löffel abnehmen und anderweitig verwenden kann.

Aus dem Fruchtfleisch wird außerdem ein pflanzliches Öl gepresst, das Kokosöl oder Kopraöl genannt wird (siehe *Öl*). Da Kokosöl hauptsächlich gesättigte Fettsäuren enthält (91%), wird es bei Zimmertemperatur fest. In der Nahrungsmittelindustrie wird es vor allem zum Backen, Braten und zur Herstellung von Süßigkeiten verwendet. Außerdem werden daraus Seifen, Shampoos und Reinigungsmittel hergestellt, es dient als Milchersatz und ist in Lotionen und Cremes enthalten.

Das Fruchtfleisch der Kokosnuss wird von einer äußeren grünen Faserschicht und einer sehr harten, braunen inneren Schale geschützt, die man aufbrechen muss, um an das Fruchtfleisch zu gelangen. Der Hohlraum der Nuss ist mit dem erfrischenden Kokoswasser gefüllt.

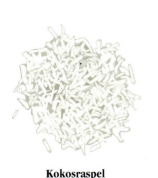

Kokosraspel

Kokosmilch

Nüsse und Samen

Macadamianuss

Macadamia integrifolia, **Proteaceae**

Die Macadamianuss ist die Frucht eines Baums, der vermutlich aus Australien stammt und seit uralten Zeiten von den Aborigines genutzt wird. Doch erst zu Beginn unseres Jahrhunderts erlangte sie auf Hawaii als Nahrungsmittel wirtschaftliche Bedeutung, wo sie gegen Ende des 19. Jahrhunderts mit großem Erfolg eingeführt worden war. Einige Jahrzehnte später begann auch Australien mit dem intensiven Anbau der Macadamiabäume, und zusammen mit Hawaii gehört es heute zu den weltweit führenden Produzenten dieser Nuss.

Es gibt etwa sechs verschiedene Macadamiasorten, die nur in sehr feuchter Umgebung wachsen und äußerst empfindlich auf Kälte und Temperaturschwankungen reagieren. Der immergrüne Macadamiabaum kann bis zu 20 m hoch werden und besitzt harte dunkelgrüne Blätter. Die kleinen Nüsse wachsen in Büscheln von 20 Stück und haben einen Durchmesser von etwa 2,5 cm. Sie fallen zu Boden, wenn sie voll ausgereift sind.

Die Macadamianuss besteht aus einem weißlichen Kern, der von einer glatten, dicken, sehr harten Schale umschlossen wird, wobei es mittlerweile auch Züchtungen mit weicheren Schalen gibt. Die bräunliche Schale ist von einer dünnen, fleischigen grünen Außenhaut umgeben, die aufplatzt, wenn die Nuss ausgereift ist, und vollständig entfernt werden muss, ehe man die Schale aufbrechen kann. Die reife Macadamianuss ist meist glatt und fest und besitzt einen hohen Fettgehalt, wobei diese Eigenschaften je nach Sorte variieren. Ihr Geschmack erinnert an die Kokosnuss und hängt vor allem vom jeweiligen Ölgehalt ab. Je weniger Öl die Nuss enthält, umso schwerer und dunkler ist sie und umso schwächer ist ihr Aroma. Nüsse mit höherem Fettgehalt sind meist dick und relativ hell und schmecken sehr aromatisch.

Zum Sortieren lässt man die Nüsse in Wasser schwimmen und trocknet sie anschließend an der Luft; dann werden sie von der Schale befreit und je nach Fettgehalt auf zwei unterschiedliche Weisen gegart: Die fettreichsten Nüsse werden ohne weitere Ölzugabe geröstet, während alle anderen in heißem Öl gebräunt werden, wodurch sie zwar schöner aussehen, ihr beachtlicher Fettgehalt aber noch erhöht wird.

Nährwerte

Kalorien	687
Ballaststoffe	15,9 g
Kohlenhydrate	*
Fett	73,0 g
Eiweiß	7,5 g
Wasser	3,0 %
	je 100 g

Macadamianüsse sind sehr fettreich, wobei 81 % des Fetts aus ungesättigten Fettsäuren (siehe *Fette*) bestehen. Sie enthalten viel Magnesium und Kalium sowie Vitamin B_1, Zink, Eisen, Kupfer, Phosphor und Nikotinsäure.

Vorbereitung

Da sich die Schalen nur schwer aufbrechen lassen, wurde ein spezieller Nussknacker für diese Nüsse entwickelt.

Einkaufstipp

Die Nüsse werden mit und ohne Schale, naturbelassen und geröstet, gesalzen oder mit einem Schokoladen-, Honig- oder Carobüberzug angeboten. Sie sind aber auch mit Schale, gehobelt, gehackt oder gemahlen erhältlich. Frische Nüsse sind dick und knusprig und haben eine relativ helle Farbe. Am längsten frisch bleiben vakuumverpackte Nüsse.

Serviervorschläge

Die Nüsse sind eine beliebte Zutat in Currys, Salaten, Eintöpfen, Gemüse, Reis, Plätzchen, Kuchen, Pralinen, Schokolade und Eiscreme und schmecken auch zu vielen anderen süßen und würzigen Gerichten. Sie sind ein guter Ersatz für Paranüsse.

Aufbewahrung

Macadamianüsse verderben zwar nicht so schnell wie andere fettreiche Nüsse, doch sollten Nüsse ohne Schale in einem fest verschlossenen Behälter im Kühlschrank aufbewahrt werden, wo sie bis zu 2 Monate haltbar sind. Nüsse mit Schale bleiben bei Zimmertemperatur etwa 1 Jahr frisch.

Paranuss

Bertholletia excelsa, Lecythidaceae

Die Paranuss ist die Frucht eines Baums, der in Brasilien und Paraguay heimisch ist und bis zu 75 m hoch werden kann, während sein Stamm einen Durchmesser von 1 bis 2 m erreicht. Er gedeiht in den Regenwäldern des Amazonas, in Guayana, Venezuela, Bolivien, Peru und Ecuador und trägt erst nach 12 bis 15 Jahren größere Mengen Früchte. Alle Versuche, diesen Baum auch in anderen Regionen anzubauen, sind bisher weitgehend fehlgeschlagen.

Der Baum entwickelt kokosnussähnliche Kapselfrüchte mit einem Durchmesser von 8 bis 20 cm und einem Gewicht von 1 bis 2 kg. In jeder Kapselfrucht sitzen dicht gedrängt 12 bis 20 längliche Paranüsse, deren fester gelblicher Kern im Geschmack der Kokosnuss ähnelt. Er ist von einer dünnen bräunlichen Haut bedeckt und wird von einer rauhen, harten, faserigen Schale umschlossen, die rötlich braun gefärbt ist und einen Durchmesser von 1 bis 2,5 cm hat. Sie hat drei unregelmäßig geformte Seiten, die an Orangenstücke erinnern. Die Nüsse in der Kapselfrucht werden von einer faserigen Substanz zusammengehalten, die mit zunehmender Reifung immer trockener wird und schließlich aufbricht. Die Kapseln fallen zu Boden, und die Fasern lösen sich von den Nüssen.

Paranüsse werden aus einem bestimmten Grund nur bei gutem Wetter geerntet: Da die Bäume zu hoch sind, um hinaufzuklettern, und auch nicht geschüttelt werden können, weil die Fruchtkapseln zu schwer sind, wäre es an windigen oder regnerischen Tagen zu gefährlich, die Nüsse aufzusammeln, da die herabfallenden Fruchtkapseln mit solcher Wucht von den Bäumen fallen, dass sie schwere Verletzungen verursachen können. Nach der Ernte werden sie in tagelanger Arbeit mit Macheten und Äxten geöffnet. Da die Paranüsse sich nur schwer von der Schale befreien lassen, werden sie häufig zuerst 24 Stunden in großen Wasserkesseln eingeweicht und anschließend 3 bis 4 Minuten gekocht. Nach dem Abgießen können die Nüsse mit Hilfe manuell bedienter Maschinen geöffnet werden, wobei dieses Verfahren sehr schwierig ist, da die unregelmäßig geformten Nüsse dabei leicht beschädigt werden.

Vorbereitung

Paranüsse lassen sich leichter aus der Schale lösen, wenn man sie vorher einige Minuten dämpft. Man kann sie aber auch einfrieren, leicht antauen lassen und dann die Schale aufbrechen. Das Aroma bleibt allerdings am besten erhalten, wenn die Nüsse vor dem Aufbrechen nicht vorbehandelt werden.

Serviervorschläge

Paranüsse werden im Ganzen, gehackt oder gemahlen verwendet. Sie sind ein beliebter Snack und schmecken in Kuchen, Gebäck, Plätzchen, Salaten, Füllungen und Eiscreme. Als Süßigkeit werden sie meist mit einem Schokoladenüberzug angeboten.

Bei den meisten Gerichten kann man Kokos- und Macadamianuss durch die Paranuss ersetzen, da sie ähnlich schmeckt und auch eine ähnliche Struktur besitzt. Aus Paranüssen wird ein hellgelbes Öl gepresst, dessen Herstellung allerdings sehr kostspielig ist. Es wird hauptsächlich für die Herstellung von Seife und anderen industriell gefertigten Produkten verwendet.

Aufbewahrung

Paranüsse ohne Schale sollten in einem fest verschlossenen Behälter im Kühlschrank aufbewahrt werden, da sie schnell verderben. Kühl und trocken aufbewahrt halten sich Paranüsse mit Schale bis zu 2 Monate.

Einkaufstipp

Nüsse ohne Schale sollten luftdicht verpackt sein, da sie auf diese Weise länger frisch bleiben.

Nährwerte

Kalorien	673
Ballaststoffe	6,7 g
Kohlenhydrate	3,6 g
Fett	67 g
Eiweiß	14 g
Wasser	5,6 %
	je 100 g

Nach der Macadamianuss besitzen Paranüsse von allen Nüssen den höchsten Gehalt an Fett, das zu 71% aus ungesättigten Fettsäuren besteht (siehe *Fette*).

Paranüsse enthalten sehr viel Magnesium, Kupfer, Vitamin B_1, Phosphor, Kalium und Zink sowie viel Nikotinsäure, Eisen, Kalzium und Vitamin B_6. Außerdem sind sie reich an Ballaststoffen.

Pinienkerne

Pinus spp., **Coniferae**

Die Pinienkerne sitzen zwischen den Schuppen der Pinienzapfen. Sie werden meistens von Hand geerntet und sind deshalb relativ teuer.

Pinienkerne sind die Samen verschiedener Kiefernarten, etwa der Schirmpinie oder der Pinienkiefer *(P. pinea)*, und sitzen zwischen den Schuppen der Pinienzapfen. Pinienkiefern wachsen vorwiegend in Südeuropa, vor allem in Italien und Südfrankreich, aber auch im Süden der USA, in Spanien, Portugal, Sibirien und Australien.

Die Samen der Pinie, die bereits in der Bibel erwähnt werden, wurden besonders von den Römern sehr geschätzt. Reste von Pinienkernen fand man in den Ruinen von Pompeji, und auch in der modernen italienischen Küche spielen sie nach wie vor eine wichtige Rolle. Darüber hinaus waren Pinienkerne lange Zeit ein wichtiges Nahrungsmittel für die Indianer, die in Mexiko und im Süden der Vereinigten Staaten lebten.

Pinienkerne sind meist sehr teuer, da die Anbaubedingungen Düngung und Ernte sehr erschweren und die Kerne oft noch von Hand geerntet werden müssen. Darüber hinaus produzieren die Bäume erst nach 25 Jahren Samen, und sogar nach 75 Jahren sind die Erträge wirtschaftlich gesehen immer noch gering.

Die länglichen hellgelben Pinienkerne, die von einer harten Schale umschlossen werden, sind im Durchschnitt knapp 1 cm lang. Sie besitzen eine weiche Struktur und ein delikates, süßliches Aroma, wobei einige Sorten leicht harzig schmecken. In einem großen Pinienzapfen können bis zu 100 Samen sitzen, von denen manche so klein sind, dass 1500 Samen nicht mehr als 500 g wiegen, während die Samen der in Chile heimischen *Araucaria araucana,* die von einer dünnen, leicht holzigen rötlichen Schale umschlossen werden, durchschnittlich 4 cm lang und 2 cm breit sind.

Nährwerte

Kalorien	674
Ballaststoffe	1,0 g
Kohlenhydrate	20,5 g
Fett	60 g
Eiweiß	13 g
Wasser	3,0 %
	je 100 g

Das in den Pinienkernen enthaltene Fett besteht zu 80 % aus ungesättigten Fettsäuren, von denen 38 % einfach gesättigte Fettsäuren und 42 % mehrfach ungesättigte Fettsäuren sind (siehe *Fette*).

Pinienkerne enthalten sehr viel Magnesium, Kalium, Phosphor, Eisen, Zink, Kupfer und Nikotinsäure, viel Folsäure, etwas Vitamin B_2 und B_6 sowie sehr viele Ballaststoffe.

Einkaufstipp

Pinienkerne werden meist ohne Schale angeboten und sollten in Geschäften mit raschem Warenumsatz gekauft werden, da sie schnell ranzig werden.

Serviervorschläge

Pinienkerne werden im Ganzen oder gemahlen verwendet. Ihr harziger Geschmack wird durch Rösten – 10 Minuten im Backofen bei 180 °C (Umluft 160 °C, Gas Stufe 2–3) oder in der Pfanne – größtenteils neutralisiert. Pinienkerne verwendet man als Zutat und zum Garnieren von Salaten, Füllungen, Saucen, Puddings, Kuchen, Pasteten und Plätzchen. Man kann sie zu Fleisch oder Fisch reichen, und natürlich gehören sie unbedingt in das italienische *Pesto*. Zu Mehl gemahlen verwendet man sie für Süßigkeiten. In vielen traditionellen Küchen spielen Pinienkerne eine wichtige Rolle, etwa in Indien, im Mittleren Osten, in Südfrankreich, Italien und im Süden der USA.

Aufbewahrung

Pinienkerne ohne Schale können in einem luftdicht verschlossenen Behälter 1 Monat im Kühlschrank aufbewahrt werden. Man kann sie mit oder ohne Schale 2 bis 3 Monate einfrieren.

Gingkosamen

Ginkgo biloba, **Ginkgoaceae**

Gingkosamen sind die Früchte eines äußerst attraktiven asiatischen Baums, der eine Höhe von bis zu 50 m erreichen kann. Der Gingkobaum ist der letzte Vertreter einer Gruppe von Spezien, die bereits seit mehreren hundert Millionen Jahren existieren, und Darwin nannte ihn ein »lebendes Fossil«, da er sich während Jahrmillionen kaum verändert hat. In Japan sowie in China, dem einzigen Land, in dem der Gingkobaum auch heute noch wild wächst, wird er als heiliger Baum verehrt und oft in Parks oder in der Nähe buddhistischer Tempel angepflanzt. Seine Langlebigkeit wird zum einen seiner außerordentlichen Widerstandskraft, zum anderen aber auch seiner langen Fortpflanzungsphase zugeschrieben, die über 1000 Jahre andauert. Als der Baum im 18. Jahrhundert nach Europa gelangte, erregte seine ungewöhnliche Erscheinung beträchtliche Neugier. Obwohl er heute auch in den Vereinigten Staaten und in Australien kultiviert wird, sind frische Gingkosamen in den westlichen Ländern bislang kaum erhältlich.

Die Gingkosamen werden von einer orangegelben Haut umschlossen, die nach der Ernte entfernt wird.

Die Schalen der Gingkosamen werden von einer orangegelben Haut umschlossen, die nach der Ernte entfernt wird, da ihr Saft bei manchen Menschen Juckreiz verursacht und sie schnell ranzig wird. Unter dieser Haut befindet sich die äußerst harte, glatte, hellgelb gefärbte ovale Schale, die einen gelblich grünen Kern von der Größe einer kleinen Pflaume oder Olive enthält. Er ist von einer dünnen braunen Haut überzogen und hat einen milden, harzigen Geschmack.

Einkaufstipp

Gingkosamen werden bei uns meist in Wasser eingelegt als Konserve angeboten.

Vorbereitung

Frische Gingkosamen können leichter geschält werden, wenn man sie vorher für einige Sekunden in kochendes Wasser legt.

Serviervorschläge

Frische Gingkosamen werden vor dem Verzehr meist geröstet und dann »pur« gegessen oder aber gegart. Sie schmecken in Suppen, zu asiatischem Gemüse, Fisch, Meeresfrüchten, Schweinefleisch und Geflügelgerichten. Die Japaner, die Gingkosamen sehr häufig verwenden, bereiten sie auch als Dessert zu.

Aufbewahrung

Frische Gingkosamen werden in einem luftdicht verschlossenen Behälter kühl und trocken aufbewahrt.

Nährwerte

Kalorien	336
Ballaststoffe	0,6 g
Kohlenhydrate	74 g
Fett	2,2 g
Eiweiß	10,4 g
Wasser	25,0 %
	je 100 g

Gingkosamen enthalten sehr viel Kalium und Nikotinsäure, viel Vitamin B_1 sowie etwas Vitamin A, Vitamin B_2 und Vitamin C, Kupfer, Phosphor, Magnesium, Pantothensäure und Eisen.

Esskastanie

Castanea spp., **Fagaceae**

Die Esskastanie ist die Frucht eines majestätischen Baums, der vermutlich im Mittelmeerraum und in Kleinasien beheimatet ist. Seit uralten Zeiten wird die nahrhafte Esskastanie sowohl dort als auch in China verwendet und war lange Zeit ein wichtiges Grundnahrungsmittel in Südfrankreich, Italien, Korsika und Nordafrika. Sie wird gewöhnlich geröstet oder zu Mehl zermahlen, das zur Herstellung von Brot, Kuchen und Plätzchen dient. Die meisten Esskastanien werden heute in China, Südkorea, Italien, Japan und Spanien angebaut.

Die Esskastanien werden von einem stacheligen Fruchtbecher umschlossen. In ihm sitzen bis zu drei Früchte, die jeweils einen karamelfarbenen Kern enthalten, der von einer dünnen beigen oder braunen Haut umhüllt ist.

Die Esskastanie, die mit der Eiche verwandt ist und bis zu 500 Jahre alt werden kann, erreicht im Durchschnitt eine Höhe von 15 m, kann aber auch bis zu 30 m hoch werden; ihr Stamm hat einen Durchmesser von 1 m und mehr. Die langen geäderten Blätter des winterkahlen Baums haben gezackte Ränder und sind dunkelgrün. Das fein gemaserte Holz der Esskastanie ist sehr begehrt und wird für Parkettböden und Möbel verwendet. Darüber hinaus enthält es verschiedene Tannine, die beim Gerben von Leder eingesetzt werden.

Bei den meisten der über 100 verschiedenen Kastanienarten, die häufig in dichten Gruppen zusammen stehen, sitzen die Früchte in Zweier- und Dreiergruppen am Stielende der Blätter. Manche Bäume tragen zwar schon nach 25 bis 30 Jahren Früchte, gewöhnlich dauert es jedoch 40 bis 60 Jahre, ehe man die ersten Kastanien ernten kann.

Die Esskastanien sind in stachelige Fruchtbecher eingeschlossen, in denen bis zu drei der kleinen dreieckigen Früchte sitzen. Jede enthält einen runzligen karamellfarbenen Kern, der von einer dünnen bräunlichen Haut umhüllt ist. Die Früchte werden von einer harten, unverdaulichen rotbraunen Schale geschützt, die auch Perikarp genannt wird. Durch Züchtung verbesserte Sorten enthalten nur noch eine einzelne Frucht im Fruchtbecher, die fleischiger und aromatischer ist als die herkömmlichen Esskastanien. Diese größeren Kastanien, die noch besser zum Kochen geeignet sind, werden **Maroni** genannt. Die ungenießbaren Früchte der Rosskastanie, die zur Gattung der *Aesculus* aus der Familie der Hippocastanaceae gehört, wurden früher zur Behandlung von Atemwegserkrankungen bei Pferden eingesetzt.

Einkaufstipp

Esskastanien sollten schwer und fest sein und eine glänzende, glatte Schale haben. Weiche, leichte Früchte mit verschrumpelten Schalen sind nicht mehr frisch.

Vorbereitung

Zum Schälen der Esskastanien ist etwas Geduld erforderlich, da nicht nur die Schale, sondern auch die bitter schmeckende braune Haut entfernt werden muss. Man kann Schale und Haut der rohen Kastanien entweder mit einem sehr scharfen kleinen Messer ablösen, oder man ritzt zuerst ein Kreuz in das abgerundete Ende der Schalen und röstet die Kastanien im Ofen bzw. kocht sie einige Minuten in Wasser, bis die Schalen aufplatzen. Etwas abgekühlt, aber noch heiß lassen sie sich leichter schälen.

Esskastanie

Castanea spp., **Fagaceae**

Die Esskastanie ist die Frucht eines majestätischen Baums, der vermutlich im Mittelmeerraum und in Kleinasien beheimatet ist. Seit uralten Zeiten wird die nahrhafte Esskastanie sowohl dort als auch in China verwendet und war lange Zeit ein wichtiges Grundnahrungsmittel in Südfrankreich, Italien, Korsika und Nordafrika. Sie wird gewöhnlich geröstet oder zu Mehl zermahlen, das zur Herstellung von Brot, Kuchen und Plätzchen dient. Die meisten Esskastanien werden heute in China, Südkorea, Italien, Japan und Spanien angebaut.

Die Esskastanien werden von einem stacheligen Fruchtbecher umschlossen. In ihm sitzen bis zu drei Früchte, die jeweils einen karamelfarbenen Kern enthalten, der von einer dünnen beigen oder braunen Haut umhüllt ist.

Die Esskastanie, die mit der Eiche verwandt ist und bis zu 500 Jahre alt werden kann, erreicht im Durchschnitt eine Höhe von 15 m, kann aber auch bis zu 30 m hoch werden; ihr Stamm hat einen Durchmesser von 1 m und mehr. Die langen geäderten Blätter des winterkahlen Baums haben gezackte Ränder und sind dunkelgrün. Das fein gemaserte Holz der Esskastanie ist sehr begehrt und wird für Parkettböden und Möbel verwendet. Darüber hinaus enthält es verschiedene Tannine, die beim Gerben von Leder eingesetzt werden.

Bei den meisten der über 100 verschiedenen Kastanienarten, die häufig in dichten Gruppen zusammen stehen, sitzen die Früchte in Zweier- und Dreiergruppen am Stielende der Blätter. Manche Bäume tragen zwar schon nach 25 bis 30 Jahren Früchte, gewöhnlich dauert es jedoch 40 bis 60 Jahre, ehe man die ersten Kastanien ernten kann.

Die Esskastanien sind in stachelige Fruchtbecher eingeschlossen, in denen bis zu drei der kleinen dreieckigen Früchte sitzen. Jede enthält einen runzligen karamellfarbenen Kern, der von einer dünnen bräunlichen Haut umhüllt ist. Die Früchte werden von einer harten, unverdaulichen rotbraunen Schale geschützt, die auch Perikarp genannt wird. Durch Züchtung verbesserte Sorten enthalten nur noch eine einzelne Frucht im Fruchtbecher, die fleischiger und aromatischer ist als die herkömmlichen Esskastanien. Diese größeren Kastanien, die noch besser zum Kochen geeignet sind, werden **Maroni** genannt. Die ungenießbaren Früchte der Rosskastanie, die zur Gattung der *Aesculus* aus der Familie der Hippocastanaceae gehört, wurden früher zur Behandlung von Atemwegserkrankungen bei Pferden eingesetzt.

Einkaufstipp

Esskastanien sollten schwer und fest sein und eine glänzende, glatte Schale haben. Weiche, leichte Früchte mit verschrumpelten Schalen sind nicht mehr frisch.

Vorbereitung

Zum Schälen der Esskastanien ist etwas Geduld erforderlich, da nicht nur die Schale, sondern auch die bitter schmeckende braune Haut entfernt werden muss. Man kann Schale und Haut der rohen Kastanien entweder mit einem sehr scharfen kleinen Messer ablösen, oder man ritzt zuerst ein Kreuz in das abgerundete Ende der Schalen und röstet die Kastanien im Ofen bzw. kocht sie einige Minuten in Wasser, bis die Schalen aufplatzen. Etwas abgekühlt, aber noch heiß lassen sie sich leichter schälen.

Esskastanie

Serviervorschläge

Ganze geschälte Esskastanien werden gekocht, gedämpft, geschmort und geröstet verwendet. Sie schmecken sehr gut in Suppen, als Füllungen und im Salat, werden in Wasser oder Sirup eingelegt, kandiert oder glasiert, in Alkohol konserviert oder zu Marmelade und Püree verarbeitet.

Pürierte Esskastanien verfeinern Eis, Pudding, Kuchenfüllungen, Cremes, Pasteten und Desserts. *Mont blanc*, ein berühmtes französisches Dessert, besteht aus Eischnee, Kastanienpüree und Chantilly-Creme.

In vielen Ländern werden Esskastanien besonders in der Weihnachtszeit und zu Neujahr als traditionelle Beilage zu Wild und Geflügel serviert. In Frankreich und Italien reicht man sie als Beilage anstelle von anderen Gemüsebeilagen oder Kartoffeln. Auf Sardinien und Korsika sind Esskastanien eine wichtige Zutat in zahlreichen Nationalgerichten.

Zu Mehl gemahlen werden Esskastanien auch zum Kuchen- oder Brotbacken verwendet und sind eine schmackhafte Zutat in Pfannkuchen- oder Waffelteig.

Aufbewahrung

Frische Kastanien in der Schale können bei Zimmertemperatur 1 Woche oder in einen perforierten Kunststoffbeutel verpackt 1 Monat im Kühlschrank aufbewahrt werden; eingefroren halten sie sich bis zu 6 Monate. Geschälte rohe oder gekochte Kastanien können einige Tage im Kühlschrank aufbewahrt werden; eingefroren bleiben sie ebenfalls etwa 6 Monate frisch. Getrocknete Esskastanien können an einem kühlen, trockenen Ort 2 Monate gelagert werden.

Nährwerte

Kalorien	192
Ballaststoffe	8,4 g
Kohlenhydrate	41,2 g
Fett	1,9 g
Eiweiß	2,9 g
Wasser	55,2 %
	je 100 g

Die in Esskastanien enthaltenen Kohlenhydrate bestehen zu 40 % aus Stärke, wobei Esskastanien doppelt so viel Stärke besitzen wie Kartoffeln. Rohe Esskastanien sind reich an Vitamin C und Kalium und enthalten Folsäure, Kupfer, Vitamin B_1 und B_6 sowie Magnesium.

Gekochte Esskastanien enthalten reichlich Kalium sowie Vitamin C, Kupfer, Magnesium, Folsäure, Vitamin B_1 und B_6 und etwas Eisen und Phosphor.

Esskastanien wirken antiseptisch, antianämisch und lindern Magenbeschwerden. Roh verzehrt können sie Blähungen verursachen. Durch gründliches Kauen werden sie jedoch leichter verdaulich.

1 Die Schale der rohen Esskastanie mit der Spitze eines scharfen Messers einschneiden.

2 Die Schale zusammen mit der dünnen braunen Haut entfernen, die den Kern umhüllt.

3 Die Esskastanien nach Belieben zubereiten.

getrocknete Esskastanien

geschälte Esskastanie

Esskastanie

Serviervorschläge

Ganze geschälte Esskastanien werden gekocht, gedämpft, geschmort und geröstet verwendet. Sie schmecken sehr gut in Suppen, als Füllungen und im Salat, werden in Wasser oder Sirup eingelegt, kandiert oder glasiert, in Alkohol konserviert oder zu Marmelade und Püree verarbeitet.

Pürierte Esskastanien verfeinern Eis, Pudding, Kuchenfüllungen, Cremes, Pasteten und Desserts. *Mont blanc*, ein berühmtes französisches Dessert, besteht aus Eischnee, Kastanienpüree und Chantilly-Creme.

In vielen Ländern werden Esskastanien besonders in der Weihnachtszeit und zu Neujahr als traditionelle Beilage zu Wild und Geflügel serviert. In Frankreich und Italien reicht man sie als Beilage anstelle von anderen Gemüsebeilagen oder Kartoffeln. Auf Sardinien und Korsika sind Esskastanien eine wichtige Zutat in zahlreichen Nationalgerichten.

Zu Mehl gemahlen werden Esskastanien auch zum Kuchen- oder Brotbacken verwendet und sind eine schmackhafte Zutat in Pfannkuchen- oder Waffelteig.

Aufbewahrung

Frische Kastanien in der Schale können bei Zimmertemperatur 1 Woche oder in einen perforierten Kunststoffbeutel verpackt 1 Monat im Kühlschrank aufbewahrt werden; eingefroren halten sie sich bis zu 6 Monate. Geschälte rohe oder gekochte Kastanien können einige Tage im Kühlschrank aufbewahrt werden; eingefroren bleiben sie ebenfalls etwa 6 Monate frisch. Getrocknete Esskastanien können an einem kühlen, trockenen Ort 2 Monate gelagert werden.

Nährwerte

Kalorien	192
Ballaststoffe	8,4 g
Kohlenhydrate	41,2 g
Fett	1,9 g
Eiweiß	2,9 g
Wasser	55,2 %
	je 100 g

Die in Esskastanien enthaltenen Kohlenhydrate bestehen zu 40% aus Stärke, wobei Esskastanien doppelt so viel Stärke besitzen wie Kartoffeln. Rohe Esskastanien sind reich an Vitamin C und Kalium und enthalten Folsäure, Kupfer, Vitamin B_1 und B_6 sowie Magnesium.

Gekochte Esskastanien enthalten reichlich Kalium sowie Vitamin C, Kupfer, Magnesium, Folsäure, Vitamin B_1 und B_6 und etwas Eisen und Phosphor.

Esskastanien wirken antiseptisch, antianämisch und lindern Magenbeschwerden. Roh verzehrt können sie Blähungen verursachen. Durch gründliches Kauen werden sie jedoch leichter verdaulich.

1 *Die Schale der rohen Esskastanie mit der Spitze eines scharfen Messers einschneiden.*

2 *Die Schale zusammen mit der dünnen braunen Haut entfernen, die den Kern umhüllt.*

3 *Die Esskastanien nach Belieben zubereiten.*

getrocknete Esskastanien

geschälte Esskastanie

Bucheckern

Fagus spp., **Fagaceae**

Bucheckern sind die Früchte der Buche. Der große, kräftige Baum wächst in den Wäldern der gemäßigten Klimazonen der nördlichen Hemisphäre. Es gibt über zehn verschiedene Buchenarten, die etwa alle 3 Jahre große Mengen Früchte produzieren. Bucheckern verwendete man früher vorwiegend als Viehfutter. In Zeiten der Lebensmittelknappheit wurden sie zu Mehl verarbeitet, aus dem Brot gebacken wurde, und dienten als Ersatz für Kaffee.

Bucheckern erinnern an kleine weißliche Esskastanien und schmecken ähnlich wie Haselnüsse, mit denen sie auch verwandt sind. Die pyramidenförmigen, fleischigen, stachligen Fruchtkapseln enthalten jeweils zwei oder drei Samen. Ausgewachsen zerplatzen die Kapseln in vier Teile, und die Bucheckern fallen heraus.

Die Bucheckern erinnern an kleine weißliche Esskastanien und schmecken ähnlich wie Haselnüsse.

Nährwerte

Kalorien	610
Ballaststoffe	4 g
Kohlenhydrate	34 g
Fett	50 g
Eiweiß	6 g
Wasser	7 %
	je 100 g

Das in den Bucheckern enthaltene Fett besteht zu 75 % aus ungesättigten Fettsäuren (siehe *Fette*).

Serviervorschläge

Bucheckern kann man zwar roh essen, aber sie schmecken milder, wenn sie wie Esskastanien geröstet werden. Da sie sehr fetthaltig sind, wird aus ihnen ein hervorragendes Öl gewonnen, das für seinen feinen Geschmack berühmt ist. Bucheckernöl kann sehr lange gelagert werden und ist wie Olivenöl sehr vielseitig zum Kochen verwendbar.

Aufbewahrung

Bucheckern werden in einem fest verschlossenen Behälter und vor Hitze und Feuchtigkeit geschützt aufbewahrt.

Haselnuss

Corylus spp., **Corylaceae**

Die Haselnuss ist die Frucht des kleinen, hübschen Haselnussbaums, der in feuchtem, gemäßigtem Klima gedeiht. Man nimmt an, dass er ursprünglich aus Kleinasien stammt und sich von dort über Griechenland nach Italien, Spanien, Frankreich und Deutschland ausgebreitet hat.

Die Haselnuss wird bereits in mehr als 5000 Jahre alten chinesischen Manuskripten erwähnt, die den Beginn der Landwirtschaft dokumentieren. Auch die Griechen und Römer kannten die Haselnuss als Nahrungsmittel, schätzten sie aber vor allem wegen ihrer Heilwirkung. Die Bezeichnung der Haselnussgattung *Corylus* stammt von dem griechischen Wort *korys*, das sich auf die helm- oder kapuzenartige Form der äußeren Hülle bezieht.

Haselnuss

Es gibt über 100 verschiedene Haselnuss-Sorten, von denen manche als »Philberts« bekannt sind, da ihre Früchte um den Festtag St. Philbert (ein fränkischer Abt aus dem 7. Jahrhundert) reif werden und etwas größer sind als andere Haselnüsse. In Frankreich werden sie dagegen *avelines* genannt, da sie mehrere Jahrhunderte lang in der Gegend um die italienische Stadt Avelino angebaut wurden.

Haselnüsse sind runde oder längliche trockene Früchte, die in Gruppen von jeweils zwei bis drei Nüssen wachsen. Jede Nuss ist ganz oder teilweise von einer blattartigen Hülle überzogen, die zuerst entfernt werden muss, ehe man die Schale aufbrechen kann. Der gelbliche Kern in der Schale, deren Härte je nach Sorte variiert, ist von einer braunen Haut bedeckt. Die Haselnüsse werden eingesammelt, wenn sie voll ausgereift zu Boden fallen; anschließend werden sie gewaschen, getrocknet und von der Schale befreit. Geröstete Haselnüsse werden mitunter noch heiß kräftig mit einem Tuch abgerieben, um die braune Haut zu entfernen.

Haselnüsse sind von einem grünen Hüllblatt umschlossen, das entfernt werden muss, ehe man die Schalen aufbrechen kann. Die Früchte werden eingesammelt, wenn sie voll ausgereift zu Boden fallen.

Einkaufstipp

Haselnüsse werden mit und ohne Schale, geschält oder ungeschält, ganz oder gemahlen, naturbelassen, geröstet oder gesalzen angeboten. Frische Haselnüsse sollten unversehrte Schalen haben. Haselnüsse ohne Schalen sollten luftdicht verpackt sein, da sie auf diese Weise länger frisch bleiben.

Vorbereitung

Zum Rösten gibt man die Haselnüsse ohne Schale auf ein Backblech und röstet sie unter gelegentlichem Wenden im Ofen bei 100 bis 140 °C (Umluft 100 °C, Gas Stufe 1) so lange, bis sie eine goldbraune Farbe annehmen. Nach dem Rösten lässt sich die braune Haut mit einem rauen Tuch leicht abreiben. Geröstete und gemahlene oder gehackte Haselnüsse haben ein kräftigeres Aroma als unbehandelte Nüsse.

Serviervorschläge

Haselnüsse werden im Ganzen, gemahlen oder gehackt verwendet. Sie schmecken sowohl ganz frisch als auch getrocknet und werden oft als kleine Zwischenmahlzeit gegessen. Sie sind eine beliebte Zutat im Frühstücksmüsli und schmecken in Salaten, Saucen, Puddings und Eiscreme. Ganze und gemahlene Haselnüsse werden häufig in Kuchen, Kleingebäck und Plätzchen verarbeitet und mit Nougat und Schokolade kombiniert. Mit fein gehackten Haselnüssen kann man auch Butter verfeinern, die zu Fisch und Krustentieren serviert wird, und sie passen besonders gut zu Geflügel und Wild. Aus Haselnüssen wird außerdem ein aromatisches Öl gepresst, das nicht erhitzt werden sollte, aber eine sehr gute Salatsauce ergibt.

Nährwerte

Kalorien	647
Ballaststoffe	7,4 g
Kohlenhydrate	11,4 g
Fett	61 g
Eiweiß	13 g
Wasser	5 %
je 100 g	

Haselnüsse enthalten sehr viel Magnesium und Kupfer und sind reich an Vitamin B_1 und B_6, Kalium und Folsäure; außerdem enthalten sie Phosphor, Zink, Eisen, Kalzium und Pantothensäure sowie Ballaststoffe. Das Haselnussfett besteht zu 88 % aus ungesättigten Fettsäuren (siehe *Fette*).

Aufbewahrung

Frische Haselnüsse sind vor allem ohne Schale leicht verderblich und sollten deshalb so schnell wie möglich verbraucht werden. Sie sind zwar nicht ganz so fettreich wie Pecan-, Para- und Macadamianüsse, doch sie können leicht bitter werden und relativ schnell austrocknen. Kühl und trocken gelagert und vor Hitze und Ungeziefer geschützt können Haselnüsse mit Schale bei Zimmertemperatur bis zu 1 Monat aufbewahrt werden. Haselnüsse ohne Schale halten sich im Kühlschrank 3 bis 4 Monate und eingefroren bis zu 1 Jahr.

Sesamsamen

Sesamum indicum, Pedaliaceae

Die essbaren Samen der Sesampflanze werden wegen ihres vorzüglichen Öls sehr geschätzt. Die Hälfte ihres Gewichts entfällt auf das enthaltene Öl.

Sesam ist eine einjährige Pflanze, die in Indonesien und Ostafrika heimisch ist und sich von dort nach Asien und Nordafrika ausgebreitet hat. Man nimmt an, dass die Sesamsamen wegen ihres Ölgehalts eines der ersten Würzmittel überhaupt waren. In Mesopotamien wurde die Pflanze bereits vor mehr als 3000 Jahren kultiviert, und in einem 4000 Jahre alten ägyptischen Grab ist ein Bäcker dargestellt, der Sesamsamen in einen Teig rührt. Zu den weltweit größten Sesamproduzenten zählen heute vor allem Indien, China und Mexiko.

Die Samen der Sesampflanze werden vor allem wegen ihres vorzüglichen Öls geschätzt, das die Hälfte ihres Gewichts ausmacht und kaum ranzig wird. Es wird nicht nur als Nahrungsmittel, sondern auch zur Herstellung von Kosmetikartikeln genutzt, und die ausgepressten Samen dienen als Viehfutter.

Die üppig wachsende, buschige Sesampflanze erreicht eine Höhe von etwa 60 cm. Aus ihren hübschen weißen oder rosafarbenen Blüten entwickeln sich die Samenkapseln, die jeweils unzählige flache Samen enthalten. Diese kleinen ovalen Samen, die je nach Sorte weißlich, gelb, rötlich oder fast schwarz sind, werden von einer dünnen essbaren Schale umschlossen und haben einen nussartigen Geschmack. Der berühmte Zauberspruch »Sesam öffne dich!« aus Tausendundeiner Nacht wird darauf zurückgeführt, dass die Samenkapseln der Sesampflanze aufplatzen, sobald die eingeschlossenen Samen reif sind. Da die Pflanze hauptsächlich in Billiglohnländern angebaut wird, werden die Sesamsamen auch heute noch meistens von Hand geerntet. Anschließend werden sie naturbelassen oder – geschält oder ungeschält – geröstet angeboten.

Einkaufstipp

Da geschälte Sesamsamen aufgrund ihres hohen Fettgehalts schnell ranzig werden, sollte man beim Einkauf auf das Mindesthaltbarkeitsdatum achten.

Aufbewahrung

Geschälte Sesamsamen sollten im Kühlschrank aufbewahrt werden, da sie schnell verderben. Ungeschälte und/oder geröstete Sesamsamen werden in einem luftdicht verschlossenen Behälter kühl und trocken bei Zimmertemperatur aufbewahrt. Sesamsamen können bis zu 6 Monate eingefroren werden.

Serviervorschläge

Sesamsamen werden roh oder geröstet verwendet und sind eine beliebte Zutat in Brötchen, Broten, Gebäck, Plätzchen und Kuchen. In Verbindung mit Honig und Mandeln bilden sie die Grundlage von *Halva*, einer beliebten Süßspeise aus dem Nahen Osten.

Sesamsamen werden mitunter auch zu Mehl zermahlen, das jedoch kein Gluten enthält, sodass Backwaren nicht aufgehen und es deshalb meist mit anderen Mehlsorten gemischt wird.

Naturbelassene oder geröstete Sesamsamen werden außerdem zu einer dicken Paste zermahlen, die wie Erdnussbutter verwendet wird. Die etwas flüssigere Variante heißt *Tahin* und ist vor allem in Asien und im Nahen Osten ein beliebtes Würzmittel für Saucen, Hauptgerichte und Desserts. Oft mischt man sie mit Zitronensaft, Salz, Pfeffer und Gewürzen und verwendet sie als Marinade für Gemüse, Salate oder Vorspeisen. Sesambutter und *Tahin* sind in Naturkostläden und Feinkostgeschäften erhältlich.

Das bernsteinfarbene bis gelbliche, eher dickflüssige Öl, das aus den Sesamsamen gewonnen wird, hat ein ausgeprägtes Aroma und eignet sich hervorragend zum Braten. In der chinesischen, japanischen, indischen und arabischen Küche dient Sesamöl als würzige Sauce und als Gewürz zum Kochen. Das libanesische *Hummus* besteht aus Kichererbsen mit Sesamöl.

Sesamsamen

Baba Ghanoush
FÜR 4 BIS 6 PORTIONEN

1 kg Auberginen
2 Knoblauchzehen
1 EL frische Korianderblätter
2 EL Sesambutter
1 EL Olivenöl
einige Tropfen Sesamöl
60 ml Zitronensaft
Salz und frisch gemahlener Pfeffer

1. Den Backofen auf 180 °C (Umluft 160 °C, Gas Stufe 2–3) vorheizen.

2. Die Auberginen waschen, trockentupfen und mehrmals mit einer Gabel einstechen. Die Auberginen auf ein Backblech legen und 30 Minuten im Ofen backen.

3. Die Auberginen abkühlen lassen, die Haut abziehen und das Fruchtfleisch in kleine Würfel schneiden. Den Knoblauch abziehen und fein hacken. Die Korianderblätter waschen, trockenschleudern, klein schneiden und etwas davon zum Garnieren beiseite legen.

4. Auberginenwürfel, Knoblauch, Koriander, Sesambutter, Oliven- und Sesamöl sowie den Zitronensaft im Mixer zu einer weichen, homogenen Masse pürieren und mit Salz und Pfeffer würzen. Das Püree mit den restlichen Korianderblättern garniert servieren.

Nährwerte

Kalorien	574
Ballaststoffe	11,2 g
Kohlenhydrate	10,2 g
Fett	50 g
Eiweiß	20,9 g
Wasser	4,7 %
	je 100 g

Sesamsamen enthalten sehr viel Magnesium, Kalium, Eisen, Kalzium, Phosphor, Zink, Kupfer, Vitamin B_1 und B_6, Nikotin- und Folsäure sowie etwas Vitamin B_2. Außerdem sind sie reich an wichtigen Ballaststoffen.

Das in den Sesamsamen enthaltene Fett besteht zu 82% aus ungesättigten Fettsäuren, von denen 38% einfach ungesättigte und 44% mehrfach ungesättigte Fettsäuren sind (siehe *Fette*).

Sesamsamen wirken abführend, verdauungsfördernd, kreislaufanregend, antiarthritisch und nervenberuhigend. Sesamöl ist ein hervorragendes Massageöl.

Die kleinen Sesamsamen lassen sich nur schwer zerkauen und sind deshalb gemahlen besser verdaulich. Die enthaltenen Nährstoffe können vom Organismus besser verwertet werden, wenn man Sesam in Form von Öl oder Butter zu sich nimmt.

Mandel

Prunus amygdalus oder *Prunus dulcis,* **Rosaceae**

Die Mandel ist der Samenkern des Mandelbaums, der vermutlich in Asien und Nordafrika heimisch ist. Sie wird seit uralter Zeit geschätzt und findet nicht nur Erwähnung in der Bibel, sondern ihre Spuren reichen bis weit in die Zeit der Assyrer und Perser zurück. Mittlerweile gibt es Belege dafür, dass der Mandelbaum im alten Griechenland systematisch angebaut wurde, was erklärt, warum die Römer die Mandel als »griechische Nuss« bezeichneten. In der Antike diente sie gleichermaßen als Nahrung wie als Heilmittel.

Der Mandelbaum, der eine Höhe von 6 bis 9 m erreicht, ähnelt dem Pfirsichbaum, zu dessen Familie er auch gehört, doch im Gegensatz zum Pfirsich trägt er keine fleischigen Früchte. Auf Kälte reagiert er sehr empfindlich und gedeiht deshalb nur in Regionen mit mediterranem Klima. Angebaut wird er in Südamerika, Kalifornien, Australien und in den südeuropäischen Ländern.

Mandel

Die Frucht des Mandelbaums enthält einen ovalen, gelblich weißen Samenkern, die Mandel. Sie wird von einer bräunlichen Haut bedeckt und ist von einer Schale umschlossen, die je nach Sorte unterschiedlich hart ist. Die Schale wird wiederum von einer festen, faserigen grünen Hülle umschlossen, die aufbricht, wenn die Mandel reif ist. Gewöhnlich enthält die Schale nur eine einzige Mandel, manchmal befindet sich jedoch auch ein doppelter Samenkern darin (»philippinische« Mandel). Mandeln werden in Bitter- oder Süßmandeln unterteilt:

Bittermandeln *(P. amygdalus* var. *amara)* enthalten verschiedene relativ giftige Substanzen, unter anderem Blausäure, die für ihren bitteren Geschmack verantwortlich sind und dem Bittermandelöl vor dem Verkauf entzogen werden. Bittermandeln und Bittermandelöl werden zum Aromatisieren von Likören wie dem *Amaretto* und in geringer Menge bei der Herstellung von Backwaren verwendet.

Süße Mandeln *(P. amygdalus* var. *dulcis)* sind die essbaren Samenkerne, die allgemein als »Mandeln« bezeichnet werden. Sie werden meist getrocknet verwendet, man kann sie aber auch frisch essen, solange ihre Schale noch grün, fest und zart ist.

Die Mandel besteht aus einem gelblich weißen Samenkern, der mit einer bräunlichen Haut bedeckt ist und von einer hellen Schale umschlossen wird.

Nährwerte

Kalorien	577
Ballaststoffe	15,2 g
Kohlenhydrate	3,7 g
Fett	54 g
Eiweiß	19 g
Wasser	5,0 %
	je 100 g

Das in den Mandeln enthaltene Fett besteht zu 86% aus ungesättigten Fettsäuren, von denen 65% einfach ungesättigte und 21% mehrfach ungesättigte Fettsäuren sind (siehe *Fette*). Süße Mandeln sind sehr nahrhaft und enthalten sehr viel Magnesium und Kalium, viel Phosphor, Vitamin B_2, Kupfer, Nikotinsäure und Zink sowie etwas Folsäure, Eisen, Kalzium und Vitamin B_1.

Mandeln regulieren den Mineralstoffhaushalt und Mandelmilch wirkt lindernd bei Magen-Darm-Entzündungen. Mandelöl wird häufig in der Kosmetik bei trockener Haut sowie bei Verbrennungen und Schürfwunden angewendet.

Einkaufstipp

Mandeln werden mit und ohne Schale, ganz oder halbiert, mit und ohne Haut, als Mandelsplitter oder -blättchen, gehackt und gemahlen, naturbelassen, geröstet, gesalzen, mit Zucker oder Schokolade überzogen, als Mandelbutter, Mandelmilch und Mandelöl angeboten.

Mandeln mit Schalen bleiben länger frisch als geschälte Mandeln, doch sollten die Schalen beim Einkauf unbeschädigt sein. Geschälte Mandeln bewahren ihr Aroma am besten, wenn sie luftdicht verpackt sind.

Vorbereitung

Mandeln können leichter von der dünnen braunen Haut befreit werden, wenn man sie 2 bis 3 Minuten in kochendem Wasser blanchiert. Sobald die Haut anschwillt, gießt man die Mandeln ab und lässt sie kurz abkühlen. Anschließend reibt man die Haut zwischen Daumen und Zeigefinger ab und lässt die Mandeln trocknen.

Mandel

Zubereitung

Ganze geschälte oder ungeschälte Mandeln sowie Mandelhälften oder -splitter schmecken sehr gut, wenn man sie vor der weiteren Zubereitung mit oder ohne Fettzugabe im Backofen bei 180 °C (Umluft 160 °C, Gas Stufe 2–3) oder unter Rühren in einer Pfanne goldbraun röstet.

Forellen mit Mandeln

FÜR 4 PORTIONEN

4 küchenfertige Forellen à 250 g
Salz und frisch gemahlener weißer Pfeffer
200 ml Milch
60 g Mehl
2 EL Öl
80 g Butter
80 g Mandelsplitter
1 Zitrone

1. Die Forellen waschen, trockentupfen und mit Salz und Pfeffer würzen. Die Fische zuerst in Milch tauchen und danach im Mehl wenden.

2. Das Öl und die Hälfte der Butter in einer großen Pfanne erhitzen und die Forellen darin bei mittlerer Hitze von beiden Seiten in jeweils 7 Minuten goldbraun braten.

3. In der Zwischenzeit die restliche Butter in einem kleinen Topf erhitzen und die Mandeln darin leicht bräunen. Die Zitrone achteln. Die Mandelbutter über die Forellen gießen und die Fische mit den Zitronenspalten garniert servieren.

Aufbewahrung

Mandeln ohne Schale sollten in einem fest verschlossenen Behälter und vor Licht und Feuchtigkeit geschützt im Kühlschrank nicht länger als 6 Monate aufbewahrt werden. Kühl und trocken gelagert bleiben Mandeln mit Schale bei Zimmertemperatur bis zu 1 Jahr frisch. Mandeln mit und ohne Schale können bis zu 1 Jahr eingefroren werden.

Serviervorschläge

Mandeln werden auf vielfältige Weise verwendet, da ihr mildes Aroma zu fast allen Gerichten passt. Sie sind Zutat in vielen süßen und würzigen Speisen, wie etwa im Frühstücksmüsli, im Obstsalat oder in Kuchen, Torten, Plätzchen, Gebäck, Eiscreme, Nougat, Schokolade, Pralinen. Mandeln sind »pur« ein beliebter Snack, oder man mischt sie mit Trockenfrüchten und Nüssen. Sie schmecken sehr gut zu Datteln und als gebrannte Mandeln. Mandeln passen besonders gut zu Fisch, Hühnchen und Gemüse. Gemahlene Mandeln werden zusammen mit Rosenwasser zu Marzipan verarbeitet, das als Zutat und zum Dekorieren von Kuchen, Plätzchen, Pralinen und Schokolade verwendet wird.

Gemahlene Mandeln verwendet man außerdem für Füllungen und gibt sie zu verschiedenen Desserts. In manchen Backrezepten kann man einen Teil des Mehls durch gemahlene Mandeln ersetzen, wodurch Kuchen und Plätzchen besonders gehaltvoll und aromatisch werden.

Zur Herstellung von Mandelmilch werden gemahlene Mandeln in Milch oder Wasser zugedeckt bei schwacher Hitze 30 Minuten gekocht. Die abgekühlte Mischung wird durch ein feines Küchentuch in einen Topf abgegossen und die restliche Flüssigkeit aus den Mandeln herausgepresst. Mit Mandelmilch verfeinert man verschiedene Gerichte, und sie ist Hauptbestandteil des *Orgeat*, ein Sirup, der mit Orangenblütenwasser aromatisiert und mit Wasser verdünnt als Erfrischungsgetränk gereicht wird.

Aus süßen Mandeln gewinnt man ein köstliches Öl, das nicht erhitzt werden sollte und deshalb meist in Salaten verwendet wird. Mandelöl wird auch für Medikamente, in der Kosmetikindustrie und als Massageöl verwendet.

Mit Bittermandeln und dem Bittermandelöl werden ebenfalls viele Speisen aromatisiert, unter anderem Kuchen, Weihnachtsstollen, Plätzchen, Pasteten, Puddings und Getränke. Bittermandelöl verleiht dem köstlichen italienischen *Amarettolikör* seinen typischen Geschmack.

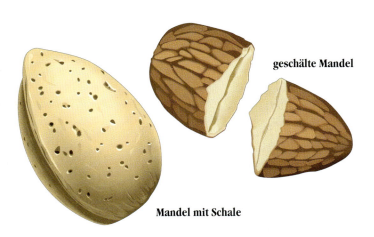

geschälte Mandel

Mandel mit Schale

Nüsse und Samen

Sonnenblumenkerne

Helianthus annuus, Compositae

Die Sonnenblume ist eine einjährige Pflanze, die ursprünglich aus Mexiko und Peru stammt und vermutlich als eine der ersten Pflanzen in Nordamerika angebaut wurde. Archäologische Funde belegen, dass die Indianer bereits vor mehr als 5000 Jahren nicht nur die ölhaltigen Samenkerne, sondern auch Stiele, Blüten und Wurzeln der Pflanze nutzten. In Europa wurde die Sonnenblume erstmals im 15. Jahrhundert von den Spaniern gezüchtet und gelangte in der Folgezeit von dort aus auch in zahlreiche andere europäische Länder.

Die Pflanze, deren lateinischer Name *Helianthus* sich aus den griechischen Worten *helios* (Sonne) und *anthos* (Blume) zusammensetzt, ist durch ihre vielseitige Verwendbarkeit von großer wirtschaftlicher Bedeutung: Das Öl, das aus ihren Samen gewonnen wird, ist reich an mehrfach ungesättigten Fettsäuren, die Blüten enthalten eine Substanz, die bei der Malariabehandlung eingesetzt wird, und die Blütenblätter werden industriell als Färbemittel genutzt. Haupterzeugerländer sind heute die Staaten der ehemaligen Sowjetunion, Argentinien, Frankreich, China, Spanien sowie die USA.

Die prächtige Pflanze wird von einer großen Blütenscheibe (Capitula) geschmückt, die auf einem langen, dicken, behaarten Stiel sitzt, der 1 bis 6 m hoch ist. Diese Blütenscheibe kann einen Durchmesser von 50 cm erreichen und besteht aus bis zu 20 000 nebeneinander angeordneten Blüten, die von einem Ring aus leuchtend gelben Blütenblättern umgeben sind. Aus den Blüten entwickeln sich je nach Sorte graugrüne oder schwarze Samen, die Sonnenblumenkerne, die von dünnen grauen oder schwarzen Schalen umschlossen werden, die häufig mit weißen Streifen verziert sind. Der Nektar, der die Schalen bedeckt, wird gerne von Bienen gesammelt. Die Sonnenblumenkerne haben einen milden Geschmack, der an eine verwandte Spezies, den Topinambur, erinnert.

Die Gattung der *Helianthus* umfasst über 100 verschiedene Sorten, von denen jedoch nur zwei zu den Sonnenblumen gezählt werden: die ölhaltige russische Sorte, deren kleine Samen zu über 40% aus Öl bestehen, und die nordamerikanische Sorte, die kein Öl enthält und deren große Samen hauptsächlich als Nahrungsmittel für den Menschen sowie als Vogelfutter dienen.

Einkaufstipp

Sonnenblumenkerne werden mit und ohne Schale, roh oder geröstet, gesalzen und ungesalzen angeboten. Rohe Kerne ohne Schale, die sich gelblich verfärbt haben, sind nicht mehr frisch und möglicherweise ranzig.

Vorbereitung

Sonnenblumenkerne von Hand zu schälen erfordert Zeit und Geduld. Man kann sie aber auch in einer Getreidemühle oder in einem elektrischen Mixer schälen. Bei der Getreidemühle verwendet man die größte Einstellung, wodurch sich die meisten Schalen öffnen lassen, ohne dass die Kerne zu sehr beschädigt werden. Danach werden die Kerne von den Schalen getrennt, indem man sie in kaltes Wasser schüttet. Dabei schwimmen die relativ leichten Schalen an die Oberfläche und lassen sich leicht abnehmen. Anschließend werden die Kerne abgegossen und getrocknet.

Wenn man einen Mixer verwendet, gibt man jeweils nur eine kleine Menge Kerne hinein und schaltet den Mixer für einige Sekunden ein. Danach können Kerne und Schalen wie oben beschrieben im Wasser getrennt werden. Bei diesem Verfahren werden allerdings mehr Samen zerquetscht.

Sonnenblumenkerne

Nährwerte

	geschält	*in Öl geröstet*
Kalorien	795	631
Ballaststoffe	8,4 g	14,6 g
Kohlenhydrate	16,4 g	6,8 g
Fett	65,3 g	57,5 g
Eiweiß	35,3 g	21,5 g
Wasser	8,8 %	3,5 %
		je 100 g

Das in den Sonnenblumenkernen enthaltene Fett besteht zu 85 % aus ungesättigten Fettsäuren, von denen 19 % einfach ungesättigte und 66 % mehrfach ungesättigte Fettsäuren sind (siehe *Fette*). Getrocknete Sonnenblumenkerne sind sehr nahrhaft und enthalten sehr viel Vitamin B_1 und B_6, Magnesium, Folsäure, Pantothensäure, Kupfer, Phosphor, Kalium, Zink, Eisen und Nikotinsäure; außerdem sind sie sehr reich an Ballaststoffen und enthalten Vitamin B_2 und Kalzium.

In Öl geröstete Sonnenblumenkerne liefern reichlich Folsäure, Phosphor, Pantothensäure, Kupfer, Zink, Magnesium, Eisen, Vitamin B_6, Nikotinsäure und Kalium sowie viel Vitamin B_1; außerdem enthalten sie Vitamin B_2 und sind reich an Ballaststoffen.

Durch ihren hohen Kaliumgehalt werden Sonnenblumenkerne bei hohem Blutdruck empfohlen, da sie harntreibend wirken und so bei der Ausscheidung von Natrium helfen. Außerdem sollen Sonnenblumenkerne das Abhusten fördern und Beschwerden bei Erkältung, Husten und Asthma lindern. Gelegentlich verwendet man sie auch bei der Behandlung von Blutarmut, Magen- und Zwölffingerdarmgeschwüren sowie bei Sehstörungen.

Serviervorschläge

Sonnenblumenkerne werden naturbelassen oder geröstet, im Ganzen oder gehackt verwendet; man kann sie auch mahlen oder keimen lassen. Als vielseitiges Nahrungsmittel passen sie zu vielen Gerichten; da sie sehr viel Eiweiß enthalten, erhöhen sie den Nährwert der Speisen, sind durch ihren hohen Fettgehalt jedoch sehr kalorienreich. Ganze Sonnenblumenkerne sind eine knusprige Zutat für Salate, Füllungen, Saucen, Gemüsegerichte, Kuchen und Joghurt. Gemahlene Sonnenblumenkerne werden mit Mehl vermischt zu Pfannkuchen, Plätzchen und Kuchen verarbeitet. Gekochte Samen werden häufig grün. Die Blütenknospen der Sonnenblumen können wie Artischocken zubereitet werden.

Zubereitung

Die im Handel angebotenen Sonnenblumenkerne werden meist in gesättigtem Öl geröstet und mit Zusatzstoffen wie Gummiarabikum oder Natriumglutamat behandelt und sind deshalb oft fettig und salzig. Frische Sonnenblumenkerne lassen sich jedoch ganz leicht selbst rösten, indem man sie bei mittlerer Hitze und ohne Öl unter ständigem Rühren in einer Pfanne röstet oder sie 10 Minuten bei 100 °C (Gas Stufe 1) in den Backofen gibt und dabei gelegentlich wendet. Die gerösteten Kerne werden anschließend nach Belieben mit etwas Öl beträufelt und leicht gesalzen.

Aufbewahrung

Sonnenblumenkerne werden in einem luftdicht verschlossenen Behälter kühl und trocken aufbewahrt. Geschälte, gemahlene oder gehackte Kerne sollte man im Kühlschrank lagern, damit sie nicht ranzig werden. Sonnenblumenkerne kann man auch einfrieren.

Aus den Blüten in der flachen Scheibe der Blume entstehen die Samenkörner. Sie werden von grauen oder schwarzen Schalen umschlossen, die häufig mit weißen Streifen verziert sind.

Pistazie

Pistacia vera, Anacardiaceae

Die Pistazie ist der Same eines winterkahlen Baums, dessen Heimat Kleinasien ist und der zweimal jährlich Früchte trägt. Er wurde im 1. Jahrhundert v. Chr. im Mittelmeerraum eingeführt.

Der Pistazienbaum ist mit dem Cashewbaum verwandt, kann eine Höhe von 5 bis 10 m erreichen und wächst am besten in großen Höhen in heißem, trockenem Klima. Er kann mehr Trockenheit vertragen als jeder andere Früchte tragende Baum und ist außerdem äußerst frostbeständig. In seiner natürlichen Umgebung kann er über 150 Jahre alt werden. In den Gebirgsregionen Russlands und Turkestans wächst der Baum wild; angebaut wird er in den meisten Staaten Zentralasiens und des Nahen Ostens sowie im Mittelmeerraum und in den USA (dort vor allem in Kalifornien). Wichtige Pistazienproduzenten sind heute die Türkei, der Iran, Palästina und Syrien.

Pistazien wachsen in Büscheln und werden von Hand oder mit Hilfe von Maschinen geerntet, die die Nüsse von den Bäumen schütteln, sodass sie vom Boden aufgesammelt werden können. Nach der Ernte weicht man die Nüsse ein, damit sie ihre fleischige rötliche oder gelbe Schale verlieren, und lässt sie in der Sonne trocknen. Der kleine grünliche Kern der Pistazie ist rund und hat einen delikaten süßen Geschmack. Er ist von einer feinen grünlichen Haut umgeben und wird von einer dünnen, relativ harten Schale umschlossen, die an ihrer längs verlaufenden Narbe aufspringt, sobald der Kern reif ist. Anfänglich ist die Schale gelblich weiß, bekommt jedoch nach dem Trocknen eine zartrosa Färbung.

Pistazien wachsen in Büscheln und werden von Hand oder mit Maschinen geerntet, die die Nüsse von den Bäumen schütteln, sodass sie vom Boden aufgesammelt werden können.

Nährwerte

Kalorien	618
Ballaststoffe	6,5 g
Kohlenhydrate	17,5 g
Fett	51,6 g
Eiweiß	20,8 g
Wasser	5,3 %
	je 100 g

Das in Pistazien enthaltene Fett besteht zu 83% aus ungesättigten Fettsäuren, von denen 68% einfach ungesättigte und 15% mehrfach ungesättigte Fettsäuren sind (siehe *Fette*). Getrocknete Pistazien enthalten sehr viel Kalium, Magnesium, Kupfer und Vitamin B_1 und sind reich an Eisen und Phosphor. Außerdem enthalten sie Folsäure, Pantothensäure, Nikotinsäure, Vitamin B_2 und B_6, Vitamin C, Kalzium und Zink sowie viele wichtige Ballaststoffe.

Geröstete Pistazien enthalten sehr viel Kalium, Magnesium und Kupfer, sind reich an Vitamin B_1 und Phosphor und enthalten außerdem Folsäure, Pantothensäure, Nikotinsäure, Vitamin B_2 und B_6, Vitamin C, Eisen und Zink. Geröstete Pistazien sind ebenfalls reich an wichtigen Ballaststoffen.

Einkaufstipp

Pistazien werden meist geröstet und gesalzen in der Schale angeboten. Pistazien ohne Schale sollte man in luftdichter Verpackung kaufen, damit sie länger frisch bleiben.

Vorbereitung

Die bräunliche Samenhaut lässt sich leicht entfernen, indem man die Pistazien 2 bis 3 Minuten in kochendem Wasser blanchiert, abgießt, etwas abkühlen lässt und dann die Haut einfach abreibt.

Serviervorschläge

Pistazien werden gesalzen und ungesalzen im Ganzen, gemahlen oder gehackt verwendet. Man gibt sie zu Salaten, Saucen, Füllungen, Pasteten und ins Frühstücksmüsli, und sie passen zu Nachspeisen wie Pudding, Kuchen, Mürbeteiggebäck und Eiscreme. Oft werden sie auch für Süßigkeiten verwendet, etwa in Nougat, Schokolade, Pralinen oder Marzipan.

In der asiatischen und der Mittelmeerküche werden Pistazien vielfach für Pasteten und in Fleisch- und Geflügelgerichten verendet. In der indischen Küche werden sie oft püriert und als würzige Speise mit Reis und Gemüse serviert.

Aufbewahrung

Pistazien mit Schale halten sich luftdicht verschlossen 3 Monate im Kühlschrank oder 1 Jahr tiefgekühlt. Pistazien ohne Schale kann man 3 Monate im Kühlschrank aufbewahren, zum Einfrieren sind sie jedoch nicht geeignet.

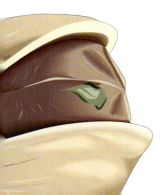

Algengemüse

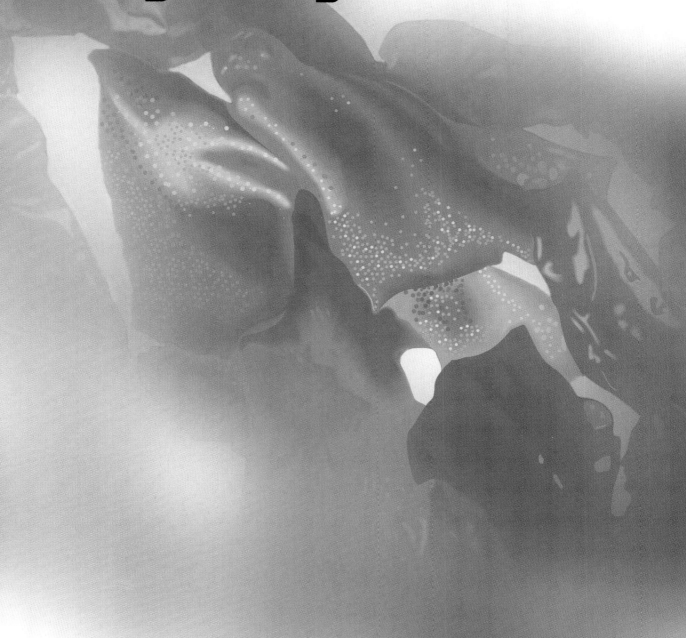

Einführung

Algen sind Pflanzen, die im Salz- oder Süßwasser an Küsten und Ufern gedeihen und seit uralten Zeiten als Nahrungsmittel verwendet werden, vor allem in den Küstengebieten von Schottland, Irland, Norwegen und Island, auf Hawaii, in Südamerika, auf den Pazifischen Inseln und in Neuseeland sowie in Asien, insbesondere in Japan, China und Korea. Archäologische Funde in Japan lassen darauf schließen, dass Algen seit mindestens 10 000 Jahren der menschlichen Ernährung dienen.

Verglichen mit anderen Nationen haben die Japaner den höchsten Pro-Kopf-Verbrauch an Algen, und Japan ist weltweit auch der größte Algenproduzent und -exporteur. Aus diesem Grund tragen die einzelnen Algensorten häufig auch japanische Namen wie Kombu, Wakame, Hijiki, Arame etc.

Algen besitzen weder Blätter noch Stiele oder Wurzeln. Der Pflanzenkörper, der aus nichtvaskulärem Gewebe besteht, wird als »Thallus« bezeichnet, ein Begriff, der vom griechischen Wort *thallos* stammt und »grüner Schössling« bedeutet. Die ein- oder mehrjährigen Pflanzen wachsen in warmem wie in kaltem Wasser, wobei Größe und Form von ihrer jeweiligen Umgebung bestimmt werden. Algenpflanzen, die in warmen Meeren gedeihen, sind Gräser oder Büsche, die kaum höher als 1 m werden, während die üppigen Algen aus den kalten Gewässern eine Länge von 1 bis 10 m erreichen können.

Wie andere Pflanzen wandeln Algen organische Stoffe mit Hilfe von Fotosynthese um, das heißt durch Pigmente wie Chlorophyll. Struktur und Geschmack der einzelnen Algen weisen große Unterschiede auf und können gummiartig, zart oder knusprig sein. Einige Algenarten können auch gezüchtet werden, indem Sporen tragende Schösslinge in temperierte Meerwasserbecken oder direkt ins Meer gelassen werden.

Es gibt fast 25 000 verschiedene Algenarten, von denen jedoch nur 40 bis 50 essbar sind. Sie werden unterteilt in Braunalgen (Pheophyceae), Grünalgen (Chlorophyceae), Rotalgen (Rhodophyceae) und Blaualgen (Cyanophyceae).

Die **Braunalgen** sind die verbreitetste und am häufigsten verwendete Algensorte. Sie gedeihen in eher seichten Gewässern. Ihre braune Färbung entsteht durch gelbe und braune Pigmente (Xantophyll), die das in den Algen enthaltene Chlorophyll überdecken. Zu den Braunalgen, die aus Japan stammen, gehören unter anderem Arame, Hijiki, Kombu und Wakame. In Nordamerika ist Kelp die verbreitetste Braunalgenart.

Zu den **Grünalgen** zählen unter anderem die *Ulva*- und *Caulerpa*-Sorten, deren Chlorophyll nicht von anderen Pigmenten überdeckt wird. Bestimmte *Ulva*-Sorten werden als »Meersalat« bezeichnet, während die *Caulerpa*-Algen wegen ihrer traubenartigen Form auch »Meerestrauben« genannt werden.

Die **Rotalgen** erhalten ihre Färbung durch ein rotes Pigment (Phycoerythrin), das das in den Algen enthaltene grüne Chlorophyll überdeckt. Zu den zahlreichen Rotalgen gehören auch die 30 Arten der *Porphyra*-, Dulse- *(Palmaria palmata)* und Carrageen-Algen *(Chondrus crispus)*. Die in Rotalgen enthaltene Galaktose, ein einfach gebauter Zucker, der in Verbindung mit anderen Monosacchariden viskose Polysaccharide bildet, wird verschiedenen Algenarten entzogen, um daraus Agar-Agar und Carrageen herzustellen. Diese natürlichen Substanzen werden in der Lebensmittelindustrie als Geliermittel, Emulgatoren und Stabilisatoren verwendet.

Blaualgen sind mikroskopisch kleine Pflanzen, die gelegentlich auch als Bakterien klassifiziert werden. Zu den Blaualgen zählt unter anderem die nährstoffreiche Spirulina-Alge, die häufig in Nährstoffpräparaten enthalten ist.

Einkaufstipp

 Frische Algen sollten eine dunkle, intensive Farbe haben und weder blass noch farblos sein. Getrocknete und frische Algen sind in Naturkostläden und in Asienläden erhältlich.

Einführung

Vorbereitung

Frische Algen müssen vor der Zubereitung gewaschen werden, da oft noch Sand und kleine Muscheln an ihnen haften. Getrocknete Algen werden vor der weiteren Verarbeitung meistens eingeweicht (5 bis 60 Minuten und länger). Das Einweichwasser kann für Brühen oder Saucen und zum Kochen von Nudeln und Getreide verwendet werden.

Serviervorschläge

Algen werden heiß oder kalt verwendet und können auf viele verschiedene Arten zubereitet werden. Man kann sie kochen, rösten, dämpfen, braten, sautieren, in Essig oder Tamari einlegen oder einen Tee daraus bereiten. Sie werden zum Würzen und Garnieren oder in Form von Pulver, Flocken, Kapseln und Tabletten als Nährstoffpräparate verwendet. Sie schmecken in Suppen, Salaten und Nudelgerichten und werden als Vorspeise, Gemüsebeilage oder sogar als Dessert serviert. Getrocknete Algen kann man als Snack auch einfach »pur« essen.

Darüber hinaus werden Algen als Lebensmittelzusatz, Dünger und Trockenfutter verwendet und dienen zur Herstellung von Fotoentwicklerlösung, Klebstoff, Papier, Gummi, Stoff, Schießpulver, Glas, Zahnpasta und Kosmetikartikeln.

Nährwerte

Der Nährstoffgehalt von Algen ist je nach Art verschieden und hängt auch davon ab, wo sie wachsen und wann sie geerntet werden. Getrocknete Spirulina-Algen besitzen einen besonders hohen Eiweißgehalt (100 g enthalten zwischen 54 und 65 g Proteine).

Im Vergleich zu Pflanzen, die auf dem Land wachsen, weisen die Algenproteine ein ausgewogeneres Aminosäurenverhältnis auf, sie sind jedoch nicht so ausgewogen wie die in tierischem Eiweiß enthaltenen Aminosäuren; bei den meisten Algenarten sind die Schwefel-Aminosäuren nur in geringen Mengen vorhanden (siehe *Komplementäreiweiße*).

Algen bestehen zu 40 bis 60 % aus Kohlenhydraten, von denen die meisten Polysaccharide sind und nur 5 bis 10 % einfach gebaute Zucker (Monosaccharide) enthalten. Inwieweit diese Polysaccharide vom menschlichen Organismus verwertet werden können, ist bisher noch wenig erforscht; sicher ist jedoch, dass sie schwer verdaulich sind und Algen deshalb auch keine Dickmacher sind. Allerdings scheinen sich im Organismus von Menschen, die häufig Algen essen, Enzyme für eine bessere Verwertung der Polysaccharide zu bilden.

Algen enthalten wenig Fett und haben wenig Kalorien. Dafür sind sie reich an Mineralstoffen – diese machen einen Gewichtsanteil von 5 bis 10 % aus –, vor allem an Kalzium und Jod. Außerdem enthalten sie viele Vitamine, etwa Vitamin A in Form von Betakarotin, bestimmte Vitamine der B-Gruppe (B_1, B_2 und Nikotinsäure) sowie Vitamin C.

Den Algen werden zahlreiche Arzneiwirkungen zugeschrieben. Zu den Beschwerden und Krankheiten, die Algen lindern oder sogar heilen sollen, zählen unter anderem Arteriosklerose, Bluthochdruck, Übergewicht, Verstopfung, Schilddrüsenüberfunktion, Tumore, bakterielle Infekte und Würmer. Therapien mit Meerwasser und Algenbädern machen sich die Arzneiwirkung der Algen ebenso zunutze wie pharmazeutische Präparate. Medikamente, die Algen enthalten, sind zum Beispiel blutgerinnungshemmende Mittel, Wurmmittel und Präparate gegen Bluthochdruck.

Aufbewahrung

Die meisten Algenarten können frisch einige Tage im Kühlschrank aufbewahrt werden. Eingeweichte Algen sollten in einem fest verschlossenen Behälter (zum Beispiel in einem Einmachglas) kühl, trocken und lichtgeschützt gelagert werden. Gekochte Algen sollten ebenfalls in den Kühlschrank gestellt werden. Mit Ausnahme von Kelp sind die meisten bekannten Algenarten auch zum Einfrieren geeignet.

Arame

Eisenia bicyclis, Pheophyceae

Mit ihren etwa 30 cm langen und knapp 4 cm breiten gezackten Wedeln ist diese Algenpflanze dicker als andere Algenarten. Arame, die in dünnen flachen Streifen angeboten wird, ähnelt Hijiki und muss wie diese vor dem Trocknen einige Stunden gekocht werden, damit ihre harten Fasern weich werden. Die frische Algenpflanze ist gelblich braun, wird beim Kochen jedoch fast schwarz. Nicht ganz ausgewachsene Algen sind besonders zart, haben aber im Vergleich zu Hijiki eine knusprigere Struktur und schmecken milder und süßer. Die meisten Aramealgen werden in der Nähe der Ise-Halbinsel in Japan geerntet, wo sie auf Felsen dicht unter der Wasseroberfläche wachsen.

Nährwerte

Kohlenhydrate	56 g
Fett	0,1 g
Eiweiß	18 g
	je 100 g

Vorbereitung

Arame sollte zweimal in kaltem Wasser gewaschen und dabei kräftig geschwenkt werden, um Sand und anderen Schmutz zu entfernen. Anschließend wird sie etwa 5 Minuten eingeweicht, wobei sich ihr Volumen verdoppelt. Wird sie gegart, beträgt die Kochzeit 5 bis 10 Minuten, zum Schmoren genügen 3 bis 6 Minuten.

Serviervorschläge

Arame passt besonders gut zu Tofu und Gemüse, und man verwendet sie in Suppen, vor allem in Miso-Suppen, und Salaten; sehr gut schmeckt sie auch eingelegt in Essig, Sojasauce und Zucker. Arame wird außerdem häufig gebraten als Gemüsebeilage gereicht.

Wakame

Undaria pinnatifida, Pheophyceae

Wakame wächst in einer Tiefe von 6 bis 12 m und ähnelt einem riesigen, stark gezackten Blatt, in dessen oberem Teil sich eine dicke, klebrige Ader befindet. Gesalzen, mit Essig verfeinert oder auf andere Art zubereitet wird Wakame in Japan besonders geschätzt. Wakame, die 60 bis 120 cm lang und 30 bis 40 cm breit ist, hat eine feine Struktur und einen zarten Geschmack.

Nährwerte

	getrocknet
Kohlenhydrate	46 g
Fett	2,7 g
Eiweiß	13 g
	je 100 g

Wakame enthält reichlich Kalzium.

Serviervorschläge

Wakame wird 3 bis 5 Minuten eingeweicht und dann meist roh gegessen, gelegentlich aber auch kurz gekocht. Wegen ihres zarten Geschmacks kann man sie auf vielfältige Weise verwenden. Die Alge passt gut zu Hülsenfrüchten, Reis, Nudeln, Gemüse, Tofu, Fleisch, Geflügel, Fisch oder Krustentieren und verfeinert Suppen, Salate und Marinaden. Kocht man Wakame zusammen mit anderen Zutaten, werden diese schneller weich, da sie wie Kombu die Kochzeit verkürzt.

Kombu

Laminaria spp., Pheophyceae

Kombu ist eine große Algenpflanze mit flachen, weichen Wedeln, die sehr breit und dick werden. Die blattartigen Wedel der beliebtesten Sorte Ma-kombu *(Laminaria japonica)* erreichen eine Höhe von 1 bis 3 m. Der Extrakt der Kombuwurzel ist ein traditionelles Heilmittel bei Bluthochdruck, aber auch die Pflanze wird seit Urzeiten in Asien und entlang der Atlantik- und Pazifikküste gegessen. In Japan gibt es Geschäfte, die nur Kombu und Kombuprodukte anbieten, wobei viele der mehr als 300 Kombuerzeugnisse wie Tees und Würzmischungen auf ganz bestimmte Weise verwendet werden.

Kombu enthält viel Glutaminsäure, eine Aminosäure, die in Verbindung mit Wasser das Aroma von Speisen verstärkt und darüber hinaus als Zartmacher die Gerichte leichter verdaulich macht. Natriumglutamat, das Natriumsalz der Glutaminsäure, wird in der asiatischen Küche häufig als Geschmacksverstärker verwendet (unser heutiges Natriumglutamat wird dagegen industriell aus fermentiertem Rohrzucker, Roter Bete, Ananas oder Tapioka hergestellt).

Vorbereitung

Kombu muss gründlich gewaschen werden, um Sand und anderen Schmutz zu entfernen. Für eine klare Brühe aus Kombu nimmt man 30 bis 60 g getrocknete Kombu je ½ l Brühe und weicht die Alge 30 Minuten in 10 bis 20% mehr Wasser ein, als für die Brühe benötigt wird. Dann gießt man das Wasser ab und erhitzt sie in frischem Wasser. Ehe das Wasser zu kochen beginnt, wird die Kombu wieder entfernt.

Serviervorschläge

Kombu schmeckt besonders gut in Gemüsegerichten, die durch Zugabe der Alge schneller garen. Außerdem wird sie häufig für eine klare Brühe verwendet, die in Japan *Dashi* heißt und die Grundlage für viele Speisen bildet. Wird Kombu jedoch länger als 10 bis 15 Minuten gekocht, entstehen anorganisches Magnesium, Schwefelsäure und Kalzium, die der Brühe einen unangenehmen Geschmack verleihen und die Kohlenhydrate aufspalten, wodurch sie dickflüssig oder klebrig wird. Die für die Brühe verwendeten Kombualgen kann man auch noch für andere Speisen verwenden, etwa indem man sie als Tee aufgießt (ein beliebtes Getränk) oder als Zutat zu marinierten, gekochten, gerösteten oder gebratenen Speisen nutzt.

Nährwerte

	getrocknet
Kohlenhydrate	56 g
Fett	1,0 g
Eiweiß	6,0 g
	je 100 g

Kombu ist reich an Kalzium, Eisen und Kalium. Wie Arame enthält sie reichlich Jod, weshalb die Chinesen sie seit Jahrhunderten zur Behandlung von Gicht einsetzen.

Algengemüse

Hijiki

Hizikia fusiforme, Pheophyceae

Diese buschartige Meeresalge wird 0,40 bis 1 m hoch und wächst auf Felsen unter der Wasseroberfläche; sie besteht aus zahlreichen zylindrischen Zweigen, die an Stämmen sitzen.

Hijiki wird zuerst getrocknet, dann einige Stunden lang gekocht oder gedämpft, wieder getrocknet und anschließend in Aramesaft eingeweicht. Dann wird sie ein letztes Mal in der Sonne getrocknet und hat danach eine schwarzbraune Färbung. In getrocknetem Zustand sind die Hijikizweige sehr dünn, schwellen aber beim Einweichen auf das Fünffache ihrer Größe an und ähneln dann schwarzen Nudeln. Hijiki hat ein kräftigeres Aroma als Arame und eine leicht knusprige Struktur.

Vorbereitung

Hijiki wird 20 bis 30 Minuten in lauwarmem Wasser eingeweicht. Anschließend kann man sie entweder roh essen, dämpfen oder in Wasser oder Öl garen.

Nährwerte

	getrocknet
Kohlenhydrate	56 g
Fett	0,1 g
Eiweiß	8 g
	je 100 g

Zubereitung

Meist wird Hijiki etwa 20 Minuten gedämpft und anschließend kurz gebraten oder gekocht. Die Japaner sautieren Hijiki und garen sie anschließend in einer Kochflüssigkeit, die sie mit Sojasauce und Zucker verfeinern.

Serviervorschläge

Hijiki passt besonders gut zu Wurzelgemüse, Getreide (Reis, Hirse etc.), Fisch und Krustentieren. Man verwendet sie häufig in Suppen, für Sandwiches, Salate und Pfannkuchen. Hijiki kann man als Gemüse oder aufgegossen als Getränk reichen.

Algengemüse

Kelp

Macrocystis pyrifera, Pheophyceae

Die schnell wachsende, riesige Kelppflanze ist die größte Algenart und kann eine Höhe von bis zu 60 m erreichen. Vor allem an der Pazifik- und Atlantikküste Nordamerikas ist Kelp weit verbreitet.

Serviervorschläge

Die riesigen Wedel der Kelppflanze sind reich an Alginsäure, die auch in anderen Braunalgenarten enthalten ist und in Verbindung mit Wasser äußerst zähflüssig wird. Alginat, das Salz der Alginsäure, wird in der Nahrungsmittelindustrie als Lebensmittelzusatz zum Andicken sowie als Stabilisator und Emulgator verarbeitet. Alginat wird außerdem für Medikamente verwendet und für die Herstellung von Papier, Stoffen, Farbe und Kosmetikartikeln.

Nährwerte

	roh
Kohlenhydrate	10 g
Fett	0,6 g
Eiweiß	1,7 g
	je 100 g

Kelp enthält besonders viel Jod.

Meersalat

Ulva lactuca und *Ulva fasciata,* Chlorophyceae

Einige Grünalgenarten werden als »Meersalat« bezeichnet, da sie Ähnlichkeit mit Salatblättern haben. Meersalat kann eine Länge von 10 cm bis 50 cm erreichen; unabhängig von der Größe sind alle Sorten sehr zart und haben einen ähnlichen Geschmack.

Vorbereitung

Meersalat wird 3 bis 4 Minuten in Wasser eingeweicht, die Kochzeit beträgt 5 Minuten. Man kann ihn aber auch roh essen. Meersalat schmeckt in Salaten und Suppen.

Nährwerte

	roh
Kalorien	223
Kohlenhydrate	37 g
Fett	0,9 g
Eiweiß	17 g
	je 100 g

Agar-Agar

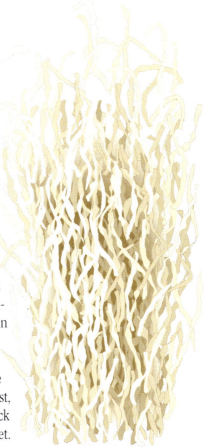

Agar-Agar ist eine durchsichtige, klebrige Substanz, die wie Gelatine verwendet wird und diese auch sehr gut ersetzen kann. Speisen, die mit Agar-Agar angedickt werden, haben eine festere Konsistenz und werden nicht so schnell weich wie mit Gelatine zubereitete Gerichte.

Agar-Agar, das nach dem malaysischen Wort »*Agar*« = Alge benannt wurde, ist auch unter seiner japanischen Bezeichnung Kanten bekannt. Es wird aus verschiedenen Rotalgenarten gewonnen, von denen die meisten zur Gattung Gelidium gehören, und besteht aus den Polysacchariden (Kohlenhydraten) Agarose (70%) und Agaropektin (30%). Bei der traditionellen Herstellung werden die getrockneten Algen zuerst gehackt und dann in Wasser gekocht, das mit verdünnter Essig- oder Schwefelsäure angereichert wurde. Dann wird die heiße Flüssigkeit gefiltert, um die Algenrückstände zu entfernen, und durch einen alkalischen Zusatz wie Natron neutralisiert. Sobald die Flüssigkeit auf weniger als 40 °C abgekühlt ist, beginnt sie zu gelieren. Damit das entstandene Gelee seinen Algengeschmack und alle Farbrückstände verliert, wird es zwei- bis dreimal gefriergetrocknet.

Nährwerte

	getrocknet
Kalorien	306
Kohlenhydrate	81 g
Fett	0,3 g
Eiweiß	6 g
	je 100 g

Agar-Agar enthält sehr viel Eisen. Da es acht- bis zehnmal stärker geliert als Gelatine, benötigt man zum Gelieren von Gerichten entsprechend weniger, sodass diese weniger kalorienreich sind. Agar-Agar hat eine leicht abführende Wirkung. In seltenen Fällen kann es allergische Reaktionen hervorrufen.

Einkaufstipp

Agar-Agar wird als Pulver oder Stange, in Streifen oder Flocken angeboten.

Vorbereitung

Agar-Agar lässt sich zwar in kaltem Wasser nicht auflösen, nimmt aber die Feuchtigkeit auf, wodurch es weich wird und aufquillt. Zum Gelieren gibt man Agar-Agar in eine Flüssigkeit (Wasser, Saft oder klare Brühe) und erhitzt diese bei schwacher Hitze langsam bis zum Siedepunkt, so dass es sich auflöst. Die benötigte Menge Agar-Agar hängt davon ab, wie stark das Gericht gelieren soll und welche Flüssigkeit verwendet wird; je dicker oder säuerlicher sie ist, desto mehr Agar-Agar ist erforderlich (als Anhaltspunkt gilt: 7 bis 15 g Agar-Agar auf ½ l Flüssigkeit). Agar-Agar in Stangenform wird vor dem Auflösen in kleine Stücke zerbrochen.

Serviervorschläge

Agar-Agar wird vor allem als Geliermittel für Fruchtgelees und Marmeladen verwendet. Vegetarier nehmen es häufig als Ersatz für Gelatine, die tierischen Ursprungs ist. In der Nahrungsmittelindustrie wird es unter anderem als Stabilisator verarbeitet und ist in vielen Lebensmitteln wie Fruchtgelees, Sahne, Milchdrinks, Eiscremes und Sorbets enthalten.

Dulse

Palmaria palmata, Rhodophyceae

Dulse wächst in den kalten, stürmischen Fluten felsiger Küstenregionen und kommt vor allem im Atlantik in großen Mengen vor. Es gehört seit Jahrtausenden zum Speiseplan der westeuropäischen Küstenbewohner.

Dulse ist 15 cm bis 30 cm groß und wächst tief genug, um auch bei Ebbe noch nicht aus dem Wasser zu ragen. Seine zarten Wedel sind tiefrot und haben einen intensiven Geschmack.

Serviervorschläge

Dulse wird wie die meisten anderen Algenarten eingeweicht und dann roh oder gegart verzehrt. In vielen Rezepten kann es andere Algen sehr gut ersetzen.

Nährwerte

	getrocknet
Kohlenhydrate	44 g
Fett	3,2 g
Eiweiß	20 g
	je 100 g

Dulse enthält sehr viel Eisen.

Carrageen

Chondrus crispus, Rhodophyceae

Die Carrageen-Alge, die ihren Namen dem irischen Küstenort Carragheen verdankt, ist zwischen 5 und 13 cm breit und wächst in großen Mengen im Nordatlantik, vor allem entlang der irischen Küste, aber auch vor Frankreich, Großbritannien, Spanien und Kanada. Carrageen, das auch als »irisches Moos« bekannt ist, da man es in Irland seit vielen Jahrhunderten verwendet, ist gelbgrün, braun oder leuchtend rot. Es wird zu einem zähflüssigen Polysaccharid verarbeitet, das den selben Namen trägt, und als besonders gutes Geliermittel vor allem in Irland zum Andicken von Mandelpudding und anderen Erzeugnissen aus Milchprodukten genutzt. In der Nahrungsmittelindustrie wird Carrageen in großen Mengen als Stabilisator und Geliermittel verwendet, vor allem in Eiscremes, Sorbets, Kondensmilch, Instantsuppen, Kuchen, Plätzchen und Bonbons. Die Vereinigten Staaten sind mittlerweile der weltweit größte Carrageenproduzent.

Serviervorschläge

Die frische Alge kann nicht roh verwendet werden, sondern wird meist Suppen und Schmorgerichten beigegeben oder auch als Gemüse zubereitet.

Nährwerte

	roh
Kohlenhydrate	12 g
Fett	0,2 g
Eiweiß	1,5 g
	je 100 g

Nori

Porphyra spp., Rhodophyceae

Verschiedene Algenarten der Gattung *Porphyra* werden unter ihrer japanischen Bezeichnung Nori zusammengefasst. Obwohl sie in fast allen Weltmeeren zu Hause sind, werden sie seit langer Zeit fast ausschließlich in Japan kultiviert, wo die Züchtung von Nori einen beachtlichen Industriezweig mit über 300 000 Beschäftigten darstellt. Die Algen, die frisch hell- oder tiefrot und in getrocknetem Zustand dunkelbraun bis schwarz sind, färben sich während des Kochens grün. Nori wird meist in Form von getrockneten papierdünnen Blättern angeboten. Asakusa-nori *(Porphyra tenera)* ist in Japan besonders beliebt.

Einkaufstipp

 Nori wird meistens in Form von getrockneten oder gerösteten gefalteten Blättern oder in Stücken angeboten. Qualitativ hochwertige Nori ist glänzend grün und leicht brüchig. Hält man sie gegen das Licht, sollte sie durchscheinend sein.

Nährwerte

	getrocknet
Kohlenhydrate	36 g
Fett	0,8 g
Eiweiß	17 g
	je 100 g

Nori enthält sehr viel Vitamin A.

Sushi
FÜR 32 STÜCK

Für den Reis:
250 g japanischer Rundkornreis
80 ml Reisessig
4 TL Zucker
2 TL Salz
Für die Sushis:
4 Blatt getrocknete Nori
1 TL japanische Meerrettichpaste (Wasabi)
1 EL geröstete Sesamsamen
120 g Räucherlachs oder Krabbenfleisch
1 kleine Salatgurke
1 Avocado
Für die Sauce:
½ TL Öl
60 ml Reisessig
60 ml Tamarisauce
Außerdem:
8 Sushi-Matten aus Bambus (Maki-su)

1. Den Reis mehrmals waschen und in einem Topf mit ½ l Wasser bei starker Hitze zum Kochen bringen. Die Hitze reduzieren und den Reis zugedeckt 15 Minuten garen. Das restliche Kochwasser abgießen.

2. In der Zwischenzeit Reisessig, Zucker und Salz in einem Topf verrühren und zum Kochen bringen. Die Sauce über den gekochten Reis geben, mit einem Holzlöffel alles gründlich vermischen und den Reis abkühlen lassen.

3. Für die Sushis die Noriblätter halbieren und die Hälften auf die Bambusmatten legen. Jedes Blatt mit etwas Meerrettichpaste bestreichen. Jeweils etwa 4 EL Reis so auf die Blätter verteilen, dass ein etwa 2 cm breiter Rand frei bleibt, und einige Sesamsamen darüber streuen.

4. Den Lachs (oder das Krabbenfleisch) in schmale Streifen schneiden. Die Gurke schälen und ebenfalls in schmale Streifen schneiden. Die Avocado halbieren und den Kern entfernen. Das Fruchtfleisch aus der Schale lösen und in dünne Scheiben schneiden. Lachs, Gurke und Avocado auf die einzelnen Reisportionen schichten.

5. Die Noriblätter nacheinander mit Hilfe der Bambusmatte zu festen Rollen aufwickeln und 5 Minuten ruhen lassen. Inzwischen für die Sauce das Öl, den Reisessig und die Tamarisauce in einem Schälchen vermischen. Die Sushirollen jeweils in 4 Stücke schneiden und zur Sauce servieren.

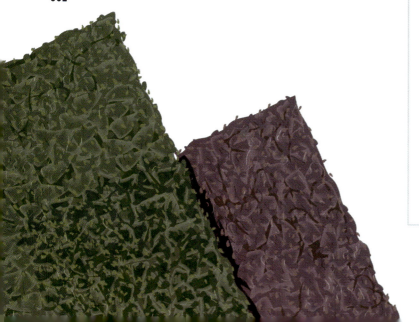

1 *Ein Noriblatt auf die Bambusmatte legen und etwas abgekühlten Reis darauf verteilen.*

2 *Lachs- und Gurkenstreifen nebeneinander auf den Reis legen.*

3 *Das Noriblatt mit Hilfe der Bambusmatte zu einer festen Rolle aufwickeln und 5 Minuten ruhen lassen.*

4 *Die Bambusmatte entfernen und die Rolle in 4 etwa gleich große Stücke schneiden.*

Serviervorschläge

Nori kann frisch, getrocknet oder eingeweicht gegessen werden. Vor der Zubereitung wird sie meist über kleiner Flamme geröstet, um sie knuspriger und aromatischer zu machen, anschließend zerbröckelt oder zu Pulver verarbeitet. Geröstete Nori schmeckt delikat nach Sardinen.

Nori wird zur Herstellung von Sushi verwendet und ist eine beliebte Zutat in Suppen, Salaten, Vorspeisen oder Brot. Gekocht passt sie zu Fisch, Tofu, Gemüse, Nudeln und Reis und dient als Würzmittel oder als Getränk.

Glaskraut

Salicornia spp., Chenopodiaceae

Glaskraut, auch **Queller** genannt, ist eine ein- oder mehrjährige Pflanze, die nur im weitesten Sinn zu den Algen gezählt werden kann. Sie wächst knapp unterhalb des Flutwasserpegels an den Stränden der salzreichen Marschen von Atlantik und Pazifik und entlang des Ärmelkanals. Die blattlosen Stiele des Glaskrauts, das eine Länge von 20 bis 60 cm erreicht, erinnern an Vogelkrallen. Es wird gewöhnlich vom Beginn des Frühjahrs bis zum Hochsommer geerntet.

Serviervorschläge

Glaskraut wird roh gegessen, etwa im Salat, oder wie Spargel gegart und mit etwas zerlassener Butter übergossen serviert. Es passt gut zu Fisch, Meeresfrüchten und Geflügel. Man kann es auch in Essig einlegen und als Vorspeise servieren. Glaskraut enthält so viel Salz, dass Gerichte, in denen es mitgegart wird, beispielsweise Eintöpfe, keine weitere Salzzugabe benötigen.

Zubereitung

Glaskraut wird ohne weitere Salzzugabe wenige Minuten lang gedämpft oder gekocht; bei zu langen Garzeiten verändert sich sein Geschmack.

Einkaufstipp

Glaskraut sollte fest und gleichmäßig gefärbt sein und keine weichen oder verdorbenen Stellen aufweisen. Mitte und unterer Teil der Pflanze sollten nicht faserig oder hart sein.

Vorbereitung

Vor der Zubereitung werden alle Wurzeln und die harten Stücke am unteren Teil der Pflanze entfernt.

Spirulina

Spirulina spp., **Cyanophyceae**

Spirulina ist eine der bekanntesten Blaualgenarten, die in Süßwasserseen in verschiedenen Teilen der Erde zu Hause ist. Sie kommt besonders häufig in Mexiko, Peru und Afrika vor und wird in Teichen auf Hawaii, in Kalifornien und Thailand gezüchtet. Für ihre blaugrüne Farbe sind vor allem die Pigmente Phycocyanin und Chlorophyll verantwortlich. Spirulina vermehrt sich äußerst schnell, da sie sich innerhalb von 24 Stunden dreimal teilt.

Man vermutet, dass diese mikroskopisch kleine Alge, die wie ein spiralförmiger Faden aussieht, schon seit über 3 Milliarden Jahren existiert. Sie wurde bereits von den Azteken gegessen und gehört seit Jahrhunderten zur Ernährung der Uferbewohner des Flusses Tschad in Zentralafrika. Zu Algenpfannkuchen geformt, die dort *Dihé* genannt werden, serviert man sie auf Hirse oder Gemüse mit einer dicken, würzigen Tomatensauce, die an die *Chilimolli*-Sauce der Azteken erinnert. Seit den 1960er-Jahren wird Spirulina wegen ihres hohen Nährstoffgehalts immer mehr geschätzt und gilt mittlerweile als wertvoller Lebensmittelextrakt.

Einkaufstipp

Spirulina wird in Pulver-, Flocken-, Tabletten- oder Kapselform angeboten. Spirulina, die in Glasbehälter verpackt oder in Plastikfolie eingeschweißt ist, bleibt länger frisch als in Plastikbehältern angebotene Ware, da diese nur wenig Schutz vor Oxidation bieten.

Serviervorschläge

Spirulina wird häufig in Saft oder Wasser aufgelöst getrunken, oder man vermischt sie mit Joghurt oder Getreide. Außerdem gibt man sie kurz vor Ende der Garzeit zu Brühen, Suppen, Saucen, Reis und Nudeln. Da manche Menschen den Geschmack und die Farbe von Spirulina nicht mögen, kann man sie auch in Form von Tabletten zu sich nehmen.

Da Spirulina ein hochkonzentriertes Nahrungsmittel ist, sollte sie langsam in die Ernährung integriert werden: Man beginnt mit täglich 1 g und steigert die Dosis wöchentlich um 1 g, bis eine tägliche Dosis von 5 bis 10 g erreicht ist.

Nährwerte

	getrocknet
Kohlenhydrate	18 g
Fett	16 g
Eiweiß	60 g
	je 100 g

Der Nährwert von Spirulina ist davon abhängig, wann und wo sie gezüchtet und welche Ernte- und Trocknungsmethode angewendet wird. Sie enthält viel Chlorophyll und verschiedene andere Nährstoffe, zum Beispiel Betakarotin und weitere Karotinoide, die in Vitamin A umgewandelt werden, sowie reichlich Eisen (1 mg/g), Magnesium und Vitamin B_1 und B_2. Inwieweit das in der Alge ebenfalls vorkommende Vitamin B_{12} ernährungswissenschaftlich von Nutzen ist, bleibt fraglich, da Studien ergeben haben, dass der Organismus nicht mehr als 5 % verwerten kann.

Darüber hinaus ist Spirulina reich an Eiweiß, das jedoch relativ wenig von der essenziellen Aminosäure Methionin enthält. Im Vergleich zu tierischen Lebensmitteln wie Eiern, Milchprodukten oder Fleisch sind die in der Alge enthaltenen Nährstoffe qualitativ zwar weniger hochwertig, jedoch hochwertiger als die Nährstoffe, die im Getreide und in Hülsenfrüchten (einschließlich Sojaprodukten) vorkommen. Außerdem enthält Spirulina Gammalinolsäure, eine Fettsäure, die sonst nur noch in der Muttermilch zu finden ist und wenig Natrium (1 bis 9 mg/g) sowie kein Jod besitzt. Spirulina gilt als tonisierend und appetithemmend.

Pilze

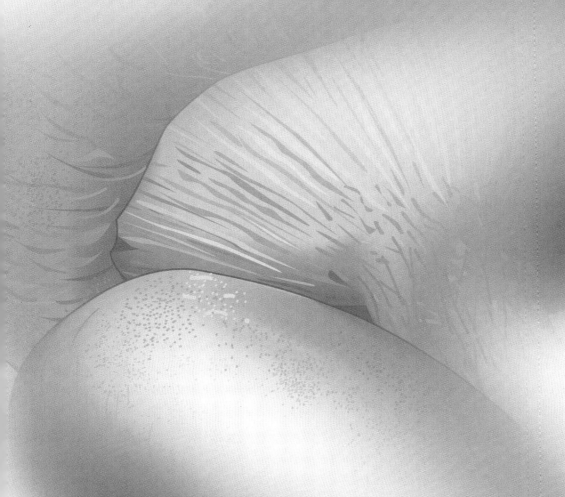

Einführung

Speisepilze bilden zusammen mit anderen Pilzformen, von denen es etwa 50 000 verschiedene Arten einschließlich Trüffeln, Schimmelpilzen und Hefepilzen gibt, eine Sonderform der Pflanzen, weil sie weder Blätter noch Blüten oder Wurzeln besitzen. Da sie kein Chlorophyll enthalten, müssen sie ihre Nährstoffe aus anderem organischen Material beziehen, weshalb sie auf so unterschiedlichen Nährböden wie Holz oder Humus gedeihen und sogar auf alten Lumpen, schmutzigem Glas und verrostetem Metall wachsen.

Seit Menschengedenken werden Pilze gegessen, wobei ihnen schon immer der Ruf ihres todbringenden Gifts vorausgeht. Nur 1 bis 2% der Pilze sind wirklich giftig, allerdings sind viele Sorten ungenießbar und rufen Beschwerden wie Durchfall, Magenschmerzen und Erbrechen hervor. Ungeübte Pilzsammler sollten deshalb auf keinen Fall Pilze essen, die sie nicht genau bestimmen können.

Die ägyptischen Pharaonen betrachteten Pilze als Speise, die den Göttern vorbehalten blieb. Bei den Römern galten die dickfleischigen Pilze als Stärkungsmittel, das die Soldaten regelmäßig zu essen bekamen. Schon immer gehörten Pilze zu den beliebtesten Werkzeugen der Giftmörder, da die Todesursache der Opfer häufig nur schwer feststellbar war. So starb 54 n. Chr. der römische Kaiser Claudius nach dem Genuss von Pilzen, die ihm seine Frau Agrippina zubereitet hatte. Das gleiche Schicksal ereilte 1534 auch Papst Clemens VII. und 1740 den Kaiser des Heiligen Römischen Reiches, Karl VI. Pilze wurden auch immer wieder mit Hexerei in Verbindung gebracht.

Verschiedene Pilzarten haben eine halluzinogene Wirkung, und manche werden für medizinische Zwecke genutzt. Obwohl fast alle Pilze essbar sind, gehören nur etwa 20 Arten zu den wirklichen Speisepilzen, da die meisten Pilze hart, holzig oder gallertartig sind und einen unangenehmen Geruch oder Geschmack haben. Manche Pilze wie Austernpilze, Shiitakepilze, Judasohren, Champignons oder Trüffeln können kultiviert werden.

Im Gegensatz zu Pflanzen, die sich durch Samen vermehren, pflanzen sich Pilze durch winzige einzellige Sporen fort, die bei ihrer Vermehrung ein feines Geflecht bilden – die Myzelien –, das auch zur Kultivierung verwendet wird. Einige Pilze, einschließlich des Champignons, werden auf fermentiertem und pasteurisiertem Dung (hauptsächlich Pferdedung) oder auf künstlichem Dung aus Heu, Stroh, Rinde, Gips, Kalium oder Maiskolben gezüchtet.

Einkaufstipp

 Pilze werden frisch, getrocknet, gefroren und als Konserve angeboten. Frische Pilze sollten fest und unbeschädigt sein. Nicht empfehlenswert sind verschrumpelte, fleckige, schmierige oder beschädigte Pilze.

Vorbereitung

Frische Pilze sollten erst kurz vor dem Verzehr zubereitet werden, da sie sich angeschnitten schnell verfärben. Es empfiehlt sich, Pilze nicht ins Wasser zu legen, da sie sich schnell vollsaugen, sondern entweder nur kurz unter fließendem Wasser abzuspülen und anschließend trockenzutupfen oder sie mit einer weichen Bürste oder einem feuchten Tuch oder Küchenpapier abzureiben.

Pilze können mit oder ohne Stiel im Ganzen, in Stücke und Scheiben geschnitten oder gehackt verwendet werden. Manche Rezepte empfehlen zwar, Pilze vor der Zubereitung zu schälen (vor allem Champignons), doch mindert dies ihren Geschmack und Nährwert und ist höchstens bei älteren oder unansehnlichen Pilzen sinnvoll. Die Stiele der meisten Pilzarten sind essbar, sodass es gewöhnlich ausreicht, die harten, trockenen Stielenden abzuschneiden. Manche Stiele sind jedoch so hart oder faserig, dass man sie besser im Ganzen entfernt.

Getrocknete Pilze werden vor der Zubereitung 20 bis 25 Minuten in lauwarmem Wasser eingeweicht.

Einführung

Serviervorschläge

Pilze werden oft als würzige Zutat zu Vorspeisen, Salaten, Dips, Suppen, Saucen, Omelettes, Eintöpfen und Pizzas verwendet. Sie passen gut zu Fleisch, Geflügel, Fisch und Krustentieren.

Manche Pilzarten wie Champignons, Steinpilze oder Judasohren kann man auch roh essen und sind »pur« oder in eine Marinade eingelegt gleichermaßen schmackhaft. Die meisten Waldpilze benötigen eine längere Garzeit als Zuchtpilze.

Zubereitung

Pilze werden meistens sautiert, gedünstet, geschmort oder gebraten. Es empfiehlt sich, beim Garen kein Aluminiumgeschirr zu verwenden, da sich die Pilze sonst dunkel verfärben. Außerdem sollten Pilze immer erst zum Schluss gesalzen werden, da sie sonst zu viel Wasser verlieren.

Gerichte mit längerer Garzeit werden besonders aromatisch, wenn man die Pilze erst in den letzten 15 Minuten mitgart oder die Pilze zuerst in Öl anbrät und kurz vor Ende der Garzeit zufügt.

Bei Gerichten, die Pilze enthalten, aber später eingefroren werden sollen, ist es ratsam, sie ohne Pilze zuzubereiten und diese erst nach dem Auftauen zuzugeben, da sich durch das Einfrieren ihre Konsistenz verändert und sie ihr Aroma verlieren.

Aufbewahrung

Frische wie gegarte Pilze sind sehr druckempfindlich und verderben sehr schnell, weshalb sie möglichst vorsichtig verarbeitet und so bald wie möglich an einen kühlen Platz gestellt werden sollten. Frische Pilze bewahrt man ungewaschen in einem perforierten Kunststoffbeutel im Kühlschrank auf, wo sie etwa 1 Woche haltbar sind. Eine luftdichte Verpackung fördert den Fäulnisprozess und das Wachstum von *Clostridium botulinum*, ein im Erdboden vorkommendes Bakterium, das sich unter feuchten und sauerstoffarmen Bedingungen stark vermehrt und schwere Vergiftungen (Botulismus) hervorrufen kann.

Frische Pilze können auch sehr gut eingefroren werden. Bei einer Gefrierzeit von unter 3 Monaten sollte man sie geputzt, aber unblanchiert einfrieren, da sie sonst hart werden. Pilze mit längerer Gefrierzeit werden dagegen nach dem Putzen mit verdünntem Zitronensaft beträufelt und anschließend etwa 2 ½ Minuten in kochendem Wasser blanchiert. Tiefgefrorene Pilze werden am besten unaufgetaut verwendet.

Eine weitere gute Konservierungsmethode ist das Trocknen, bei dem sich das Volumen der Pilze um bis zu 90 % verringert. Getrocknete Pilze können bis zu 1 Jahr aufbewahrt werden.

Nährwerte

	gemischte Pilze
Kalorien	16
Ballaststoffe	5,0 g
Kohlenhydrate	0,3 g
Fett	0,4 g
Eiweiß	13 g
Wasser	89 %
	je 100 g

Pilze enthalten reichlich Kalium und Vitamin B_2. Sie wirken abführend, und man sagt ihnen eine antibiotische Wirkung nach. Außerdem senken sie den Cholesterinspiegel und werden sogar als Aphrodisiakum verwendet.

Champignon

Agaricus bisporus, Agaricaceae

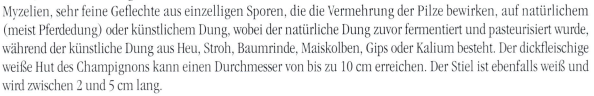

Der Champignon ist der beliebteste und am häufigsten gezüchtete Speisepilz sowohl in Europa als auch in Nord- und Südamerika, Australien und Neuseeland. Der leicht zu kultivierende Pilz, der auf Französisch *champignon de Paris* heißt, weil er fast 200 Jahre in den stillgelegten Steinbrüchen rund um die französische Hauptstadt gezüchtet wurde, wächst in einem genau kontrollierten Milieu heran. Dafür verteilt man Myzelien, sehr feine Geflechte aus einzelligen Sporen, die die Vermehrung der Pilze bewirken, auf natürlichem (meist Pferdedung) oder künstlichem Dung, wobei der natürliche Dung zuvor fermentiert und pasteurisiert wurde, während der künstliche Dung aus Heu, Stroh, Baumrinde, Maiskolben, Gips oder Kalium besteht. Der dickfleischige weiße Hut des Champignons kann einen Durchmesser von bis zu 10 cm erreichen. Der Stiel ist ebenfalls weiß und wird zwischen 2 und 5 cm lang.

Fast ebenso häufig sind die verwandten kaffeebraunen **Egerlinge**. Wegen ihrer dunkleren Farbe werden sie nicht selten als vermeintlich alte Pilze liegen gelassen, obwohl sie viel schmackhafter sind als die hellen Kulturchampignons.

In den Vereinigten Staaten ist der **Portobello-Champignon** einer der beliebtesten Kulturchampignons. Er ist größer und dunkler als die hellen Champignons, und sein aromatischer Geschmack erinnert an Wildpilze.

Einkaufstipp

Champignons werden frisch, als Konserve oder getrocknet angeboten. Frische Pilze sollten fest und möglichst dickfleischig sein. Beschädigte, verschrumpelte, schmierige oder fleckige Champignons sind dagegen nicht zu empfehlen.

Vorbereitung

Frische Champignons sollten erst kurz vor der Zubereitung entweder unter fließendem Wasser gewaschen oder aber mit einer weichen Bürste oder einem feuchten Küchenpapier gereinigt werden. Nicht empfehlenswert ist es, die Pilze im Wasser liegen zu lassen, da sie sehr schnell Wasser aufsaugen. Nach dem Waschen entfernt man die unteren Stielenden und kann sie anschließend im Ganzen, in Stücke oder Scheiben geschnitten, gehackt oder püriert verwenden. Sollen geschnittene Champignons roh serviert werden, beträufelt man sie am besten mit etwas Zitronensaft, Essig, Salatdressing oder einer anderen säuerlichen Flüssigkeit, damit die Pilze nicht so schnell braun werden.

Champignon

Champignonsalat

FÜR 4 PORTIONEN

- 250 g frische Champignons
- Saft von ½ Zitrone
- 3 Schalotten
- 3 EL gehackte Petersilie
- Salz und frisch gemahlener Pfeffer
- 60 g süße Sahne

1. Die Champignons waschen, putzen, in feine Scheiben schneiden und in eine Salatschüssel geben. Die Pilze mit dem Zitronensaft gleichmäßig beträufeln.

2. Die Schalotten schälen, fein hacken und mit der Petersilie zu den Champignons geben. Alles mit Pfeffer und Salz kräftig abschmecken und gut vermischen.

3. Die Sahne zugeben, alles nochmals mischen und nach Geschmack mit Salz und Pfeffer abschmecken. Den Salat als Vorspeise servieren.

Nährwerte

Kalorien	21
Ballaststoffe	2,0 g
Kohlenhydrate	0,6 g
Fett	0,2 g
Eiweiß	4,1 g
Wasser	93,6 %
	je 100 g

Champignons enthalten reichlich Kalium sowie viel Vitamin B_2.

Zubereitung

Da Champignons zusammenschrumpfen und austrocknen, wenn sie bei schwacher Hitze zu lange gegart werden, sollten sie nur wenige Minuten bei starker Hitze und unter ständigem Rühren leicht gebräunt und sofort von der Kochstelle genommen werden, sobald reichlich Wasser austritt. Der aromatische, nährstoffreiche Pilzfond eignet sich hervorragend zum Abschmecken von Saucen, Suppen und Schmorgerichten.

Aufbewahrung

In einer Papiertüte oder in ein feuchtes Tuch gewickelt halten sich Champignons im Kühlschrank etwa 1 Woche. Man kann sie aber auch einfrieren oder trocknen.

Serviervorschläge

Champignons werden roh oder gegart verwendet. Besonders gut schmecken sie mit Kräutern und in Öl eingelegt als Vorspeise oder in dünne Scheiben geschnitten in Salaten oder zu Dips. Sie passen sehr gut zu Zwiebeln und Reis und gehören in viele Fleischgerichte, Suppen, Saucen, Füllungen, Eintöpfe, Omelettes und Quiches. Große Pilze werden häufig auch gefüllt verwendet. Portobello-Champignons schmecken besonders gut gebraten oder als Saucengrundlage.

Samtfußrübling

Flammulina velutipes, **Collybia**

Der schmackhafte Samtfußrübling, auch Winterrübling oder Enokipilz genannt, hat einen bis zu 10 cm langen Stiel mit einem kleinen weißen Hut. Er wächst in Büscheln an Baumstämmen, abgestorbenem Holz, Baumwurzeln und mit Erde bedeckten Ästen. Er wird auf Baumstämmen oder Sägemehl gezüchtet und zwei Monate nach der Okulation geerntet. Kultivierte Samtfußrüblinge haben eine blassere Färbung als die Wildpilze.

Der Samtfußrübling wird vor allem in Asien sehr geschätzt und spielt dort in vielen Gerichten eine wichtige Rolle. Etwa 80% der Weltproduktion werden von Japan gedeckt, wo der Pilz *enokitake* heißt. Sein weißes Fleisch ist weich, aber bissfest, hat einen milden Geschmack und duftet leicht fruchtig.

Samtfußrübling

Vorbereitung

Es empfiehlt sich, vor der Zubereitung die untere Hälfte des Stiels, also 3 bis 5 cm, zu entfernen, da dieser meist sehr hart ist.

Nährwerte

Kalorien	9
Ballaststoffe	*
Kohlenhydrate	0,3 g
Eiweiß	2,0 g
Wasser	90 %
	je 100 g

Einkaufstipp

Frische Samtfußrüblinge bekommt man büschelweise in Plastikfolie abgepackt meistens nur in Asienläden. Die Pilze sollten feste, weiß glänzende Hüte haben und weder schmierig sein noch bräunliche Stiele aufweisen. Samtfußrüblinge werden auch als Konserve oder in Gläsern angeboten.

Serviervorschläge

Samtfußrüblinge schmecken roh besonders gut. Sie eignen sich gleichermaßen als Dekoration wie auch als würzige Zutat für Salate und Sandwiches. Die Pilze passen außerdem gut zu Suppen, asiatischen Gerichten, Nudeln und Gemüse. Beim Kochen bewahren sie ihren delikaten Geschmack am besten, wenn man sie erst gegen Ende der Garzeit zufügt.

Aufbewahrung

In der Originalverpackung bleiben Samtfußrüblinge im Kühlschrank etwa 1 Woche frisch.

Morchel

Morchella spp., **Discomycetes**

Diese relativ seltenen Frühlingspilze werden vor allem wegen ihres angenehmen Geschmacks geschätzt. Morcheln wachsen vor allem in gemäßigten Klimazonen und gehören zu den leicht und sicher bestimmbaren Wildpilzen. Die Kultivierung von Morcheln ist zwar möglich, doch werden sie nur selten für den Handel gezüchtet.

Morcheln besitzen einen kugeligen oder kegelförmigen Hut, der durch eine Vielzahl von gewundenen Rippen in meist rundliche Kammern unterteilt ist und dadurch ein poröses Aussehen bekommt. Der Hut hat eine Länge von 2 bis 12 cm und ist gelblich, weißlich, ockerfarben oder braun. Er sitzt auf einem relativ dicken Stiel von gleicher Farbe und Länge. Das zarte Fleisch der etwa 20 verschiedenen Morchelarten schmeckt sehr aromatisch. Am begehrtesten sind die Morchelarten mit den dunkleren Hüten.

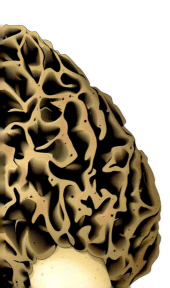

Einkaufstipp

Morcheln werden meist getrocknet oder als Konserve angeboten.

Aufbewahrung

Frische Morcheln halten sich 2 bis 3 Tage im Kühlschrank.

Zubereitung

Morcheln werden bei schwacher Hitze 5 bis 7 Minuten in Butter oder Öl gedünstet. Bei Saucen, Suppen oder Eintöpfen gibt man sie 20 Minuten vor Ende der Garzeit hinzu.

Vorbereitung

Morcheln sind schwer zu säubern, da sich in ihren gewundenen Hüten meist viel Sand, Erde und kleine Insekten ansammeln. Am besten werden die Pilze mehrmals zügig, aber vorsichtig unter fließendem Wasser abgespült und – bei sehr verschmutzten Pilzen – die Kammern der Hüte mit einer kleinen Bürste gesäubert. Man sollte die Morcheln jedoch nicht im Wasser liegen lassen, da sie sonst schnell ihr Aroma verlieren. Nach dem Waschen werden die Pilze mit Küchenpapier trockengetupft.

Getrocknete Morcheln werden 20 bis 25 Minuten in lauwarmem Wasser eingeweicht, wobei man das Wasser zwischendurch einmal erneuern sollte.

Serviervorschläge

Da rohe Morcheln zu Magenreizungen führen können, sollten sie nur gegart verzehrt werden. Morcheln werden oft mit Sahne zubereitet, die das Aroma der Pilze besonders gut unterstreicht. Als Zutat in einer Sauce passen sie hervorragend zu Fleisch, Geflügel, Wild oder Fisch wie auch zu Reis, Nudeln und Eiern. Sie schmecken aber auch in Suppen und Eintöpfen oder mit einer Füllung.

Nährwerte

Kalorien	15
Ballaststoffe	7,0 g
Kohlenhydrate	0,5 g
Fett	0,3 g
Eiweiß	2,5 g
Wasser	89 %
	je 100 g

Morcheln enthalten viel Kalium.

Austernpilz

Pleurotus spp., **Agaricaceae**

Die Hüte der verschiedenen Austernpilzarten, die alle ungiftig sind, erinnern an eine übergroße Ohrmuschel und erreichen einen Durchmesser von 15 cm und mehr. Sie wachsen an Baumstämmen und abgestorbenem Holz. Im Gegensatz zum Champignon, der in Dungbeeten kultiviert wird, züchtet man sie auf Baumstämmen oder -stümpfen wie auch auf Holzklötzen und nicht fermentiertem organischem Abfall, weshalb diese Pilze immer sehr sauber angeboten werden.

Es gibt 35 bis 40 verschiedene Austernpilzarten, von denen die meisten essbar sind und kommerziell gezüchtet werden. Die Hüte sind weißlich, hellgelb oder rötlich braun, der kurze Stiel ist weißlich. Austernpilze sind beliebte Speisepilze; besonders begehrt ist der **Austernseitling** *(Pleurotus ostreatus)* mit seinem weißen Fleisch, das sehr zart und aromatisch schmeckt.

Einkaufstipp

Die Hüte der Austernpilze sollten möglichst glatt und gleichmäßig gefärbt sein. Nicht empfehlenswert sind Pilze mit einem schmierigen Belag oder dunklen Flecken.

Vorbereitung

 Zuchtpilze müssen gewöhnlich nicht gewaschen werden

Zubereitung

Austernpilze werden 3 bis 5 Minuten geschmort oder gebraten oder 10 bis 15 Minuten mit wenig Flüssigkeit zugedeckt auf dem Herd oder bei 180 °C (Umluft 160 °C, Gas Stufe 2–3) im Backofen gegart. Da die Stiele meist etwas fester sind, sollte man sie entweder vor dem Garen zerkleinern oder etwas länger garen als die Hüte.

Serviervorschläge

Die schmackhaften Austernpilze sind eine gute Alternative zum Champignon. Sie sollten in wenig Fett und mit nicht allzu würzigen Lebensmitteln zubereitet werden, da sich ihr Aroma sonst nicht entfalten kann. Das meist feste Fleisch der jungen Pilze schmeckt am aromatischsten. Austernpilze kann man für Suppen und Saucen verwenden, und sie passen gut zu Reis, Nudeln, Eiern, Tofu, Geflügel und Meeresfrüchten.

Aufbewahrung

Da die Pilze leicht verderblich sind, sollten sie so bald wie möglich verbraucht werden. In einer Papiertüte oder in einer Schüssel mit einem Tuch bedeckt können die Pilze einige Tage im Kühlschrank aufbewahrt werden, wobei man das Tuch entfernen sollte, sobald die Hüte feucht werden, bzw. es etwas anfeuchtet, wenn sie ausgetrocknet erscheinen.

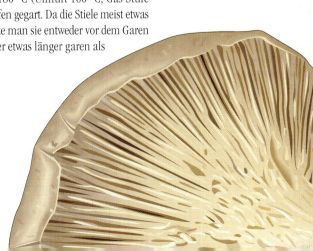

Shiitakepilz

Lentinus edodes, Polyporaceae

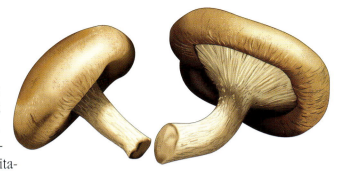

Dieser Speisepilz stammt aus Asien, wo er seit über 2000 Jahren bekannt ist. Heute züchtet man ihn in großen Mengen in China, Korea und Japan, wobei letzteres eines der Hauptexportländer ist. Nach dem Champignon ist der Shiitakepilz der beliebteste Speisepilz und wird auch in den Küchen der westlichen Länder vielfältig verwendet. In der japanischen Küche hat er eine vergleichbare Bedeutung wie bei uns der Champignon. Shiitakepilze werden auf Baumstämmen, abgestorbenem Holz und Sägemehl gezüchtet. Sie haben eine schwach gewölbte bis fast flache Form, die in der Mitte gelegentlich leicht erhaben ist. Ihre dickfleischigen bräunlichen Hüte sind meist zwischen 5 und 10 cm breit, die Stiele sind holziger als die der meisten anderen Speisepilze. Der Zeitpunkt der Ernte ist bei diesen Pilzen besonders wichtig. Werden sie zu spät geerntet, sind die Hüte oft rissig und enthalten keine Sporen mehr: Die Pilze schrumpfen zusammen und verlieren an Geschmack.

Shiitakepilze werden nicht nur in der Küche, sondern auch zu verschiedenen medizinischen Zwecken verwendet. Getrocknet wird das schmackhafte weiße Fleisch leicht säuerlich und bekommt ein stärkeres Aroma. Bei uns werden Shiitakepilze meist getrocknet angeboten.

Nährwerte

	getrocknet
Kalorien	293
Fett	1,0 g
Eiweiß	9,0 g
	je 100 g

Shiitakepilze enthalten viel Kalium. In Asien sind sie auch als Heilmittel sehr begehrt, das bei Bluthochdruck, Grippe, Tumoren, Magengeschwüren, Diabetes, Blutarmut, Übergewicht und Gallensteinen eingesetzt wird.

Vorbereitung

Shiitakepilze werden am besten nur mit einem feuchten Küchentuch oder einer weichen Bürste gereinigt. Man kann die Pilze auch kurz unter fließendem Wasser abspülen, sollte sie jedoch nicht im Wasser liegen lassen, da sie sich schnell voll saugen.

Getrocknete Shiitakepilze haben einen kräftigeren Geschmack als frische Pilze und sollten etwa 1 Stunde in warmem Wasser eingeweicht werden. Das Einweichwasser kann man später für klare Brühen, Suppen und Saucen verwenden. Die Stiele werden meist fein gehackt oder in Scheiben geschnitten separat gegart, da sie sehr fest und faserig sind.

Serviervorschläge

Bei vielen Gerichten sind Shiitakepilze eine gute Alternative zu anderen Speisepilzen. Sie haben ein angenehmes Aroma und passen sich dem Geschmack anderer Zutaten an. Besonders gut schmecken sie in Suppen, Saucen, Eintöpfen und asiatischen Gerichten oder zu Nudeln und Reis.

Zubereitung

Shiitakepilze entfalten ihr Aroma erst beim Garen. Man kann sie in der Pfanne leicht mit Öl bestrichen 5 bis 7 Minuten schmoren oder braten, in wenig Flüssigkeit im geschlossenen Topf etwa 15 Minuten kochen oder im Backofen bei 180 °C (Umluft 160 °C, Gas Stufe 2–3) in 15 bis 20 Minuten garen.

Aufbewahrung

Shiitakepilze sind weniger empfindlich als andere Pilze. Ungewaschen in einer Papiertüte im Kühlschrank aufbewahrt halten sie sich mindestens 1 Woche.

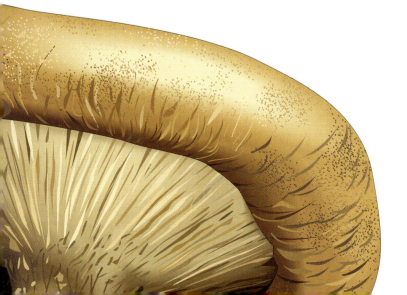

Herrenpilz

Steinpilz

Boletus spp., Polyporaceae

Steinpilze sind dickfleischige Speisepilze, die in den gemäßigten Zonen Europas, Nordamerikas und Australiens heimisch sind und vor allem in Nadelwäldern (Kiefer, Tanne, Fichte) oder Laubwäldern (Eiche, Buche, Kastanie) wachsen. Sie gehören zu den begehrtesten Pilzen, sind jedoch häufig von Maden befallen.

Steinpilze, die bis zu 25 cm hoch werden, haben große dickfleischige, feste Stiele und dickfleischige Hüte. Je nach Art sind die meist runden, gewölbten Hüte entweder glatt oder samtartig. Der Durchmesser variiert zwischen 6 und 30 cm, die Farbe reicht von gelblich, rötlich oder braun bis zu hellrosa, weißlich oder grau. Die Unterseite des Hutes ist mit einer Schicht vertikaler Röhren überzogen, die beim Bestimmen der Pilze eine Hilfe ist, da die meisten Pilze Lamellen besitzen. Junge Steinpilze sind zarter und aromatischer als ältere. Manche Steinpilzarten werden *in situ,* das heißt in natürlicher Umgebung kultiviert. Es gibt einige Dutzend verschiedener Steinpilzarten, zu denen auch der Herrenpilz, der Sommersteinpilz oder der Kiefersteinpilz zählen.

Einkaufstipp

Steinpilze werden häufig getrocknet angeboten. Bei frischen Steinpilzen sollte man junge Pilze wählen, da sie schmackhafter sind als ältere.

Vorbereitung

Im Handel angebotene Steinpilze sind bis auf den Stielgrund meist sauber und werden am besten nur mit einer weichen Bürste gereinigt. Bei älteren oder verwurmten Pilzen schneidet man den Stielgrund ab und entfernt eventuelle schmierige Röhrenschichten auf der Unterseite der Hüte. Getrocknete Steinpilze müssen etwa 20 Minuten in heißem Wasser eingeweicht werden. Das Einweichwasser kann man anschließend filtern und zum Würzen verwenden.

Serviervorschläge

Steinpilze schmecken am besten gegart. Sie werden wie andere Pilze verwendet, die sie in vielen Gerichten auch ersetzen können. Man sollte sie nicht in Verbindung mit besonders würzigen Zutaten garen, um das Aroma nicht zu überdecken. Besonders gut schmecken sie mit Schalotten, Knoblauch, Petersilie und Weißwein in Öl geschmort oder gebraten. Sie passen gut zu Suppen und Schmorgerichten und werden auch häufig in der italienischen Küche für Pastasaucen, Risottos oder gefüllte Pasta wie Ravioli verwendet.

Zubereitung

Steinpilze werden in der Pfanne 5 bis 7 Minuten geschmort oder mit wenig Flüssigkeit bedeckt 15 Minuten im Topf bzw. 15 bis 20 Minuten im Backofen bei 180 °C (Umluft 160 °C, Gas Stufe 2 – 3) gegart.

Nährwerte

Kalorien	27
Ballaststoffe	6,0 g
Kohlenhydrate	0,5 g
Fett	0,4 g
Eiweiß	5,4 g
Wasser	87,6 %
	je 100 g

Steinpilze enthalten viel Kalium und Vitamin B_2.

Aufbewahrung

Steinpilze verderben leicht und sollten so bald wie möglich verbraucht werden. Im Kühlschrank halten sie sich einige Tage, sollten jedoch nicht in einem Kunststoffbeutel, sondern in einer Papiertüte oder in einer mit einem Tuch bedeckten Schüssel aufbewahrt werden. Manche Steinpilzarten verändern ihre Farbe, sobald sie angeschnitten werden, was sich jedoch nicht auf den Geschmack auswirkt.

Trüffel

Tuber spp., Tuberales

Schwarze Périgordtrüffeln

Trüffeln sind seltene Speisepilze, die versteckt auf Baumwurzeln wachsen, wobei sie vor allem Eichenwurzeln bevorzugen. Dem Volksglauben nach kommen Trüffeln genau an Stellen aus der Erde, wo während eines Gewitters der Blitz einschlägt. Dieser Mythos hat insofern einen wahren Ursprung, als starke Regenfälle die Erde wegspülen und dabei die Pilze freilegen.

Das besondere Aroma der Trüffeln wird seit der Antike hoch geschätzt. Als relativ seltene Delikatesse sind diese Pilze immer ein Zeichen für Wohlstand gewesen; auch heutzutage ist ihr Preis exorbitant, was zum einen an der gestiegenen Nachfrage liegt, zum anderen auf den Produktionsrückgang seit Anfang des 20. Jahrhunderts zurückgeführt werden kann, der durch vermehrte Rodungen und die Verwendung von Pestiziden bedingt ist. Aus diesem Grund »impfen« Trüffelzüchter die Wurzeln junger Bäume wie Eiche, Haselnuss, Kiefer und Linde mit Trüffelmyzelien (sehr feinem Sporengeflecht), aus denen etwa fünf Jahre später erntereife Trüffeln entstehen.

Trüffeln werden auch heute noch mit Hilfe von Tieren gesucht, die darauf trainiert sind, ihren Duft zu erkennen. Lange Zeit wurden dafür Schweine eingesetzt, doch da Schweine selbst große Trüffelliebhaber sind und sich nicht damit begnügen, die Pilze nur zu »erschnüffeln«, geht man neuerdings immer mehr dazu über, Hunde für die Trüffelsuche einzusetzen. Gelegentlich kann man die Plätze, an denen die Trüffeln wachsen, auch durch das vermehrte Auftreten einer bestimmten Fliegenart ausfindig machen, die ihre Eier über den Pilzen ablegt.

Es gibt verschiedene Trüffelarten. Am begehrtesten ist die schwarze **Périgordtrüffel** *(Tuber melanosporum)*, eine kugelförmige Trüffel mit kleinen schwarzen Warzen, die in großen Mengen, aber nicht ausschließlich in der französischen Region Périgord wächst. Ihr dunkles Fleisch ist von weißlichen Adern durchzogen und hat einen sehr aromatischen Duft.

Die **weißen Trüffeln** *(Tuber magnatum)* sind ebenfalls sehr beliebt, wobei die qualitativ besten Pilze aus der Gegend um Alba in Italien stammen. Die unregelmäßig geformten Knollen sind weißlich, gelblich oder grünlich gelb und haben eine leicht angeraute Oberfläche. Als größte essbare Trüffelart können sie einen Durchmesser von über 10 cm erreichen und bis zu 500 g wiegen. Ihr Fleisch ist weiß oder ockerfarben und wird von weißen Adern durchzogen, ihr Geschmack erinnert an Knoblauch oder Käse.

Einkaufstipp

Frische Trüffeln werden zwischen Januar und März angeboten. Trüffeln sollten fest und dickfleischig sein und keine Druckstellen aufweisen. In manchen Geschäften werden auch in Wasser eingelegte Trüffeln angeboten.

Vorbereitung

Trüffeln sollten auf keinen Fall gewaschen, sondern nur vorsichtig mit einer weichen Bürste gereinigt werden. Danach werden sie in Scheiben oder dünne Streifen geschnitten, geschält oder gewürfelt.

Serviervorschläge

Trüffeln werden roh oder gegart verzehrt und in Form von Saft, Konzentrat oder Essenz verwendet. Außerdem werden sie als Zutat in Pasteten wie etwa der Leberpastete verarbeitet. Trüffeln aromatisieren Salate, Füllungen und Saucen wie auch Nudeln, Reis und Eier. Auch ohne weitere Zutat sind Trüffeln roh wie gekocht eine Delikatesse. In der traditionellen Küche gehören sie zu Wild und Geflügel. Eine dünne Scheibe Trüffel reicht bereits aus, um ein ganzes Gericht aromatisch zu würzen.

Zubereitung

Trüffeln kann man in der Pfanne 2 bis 3 Minuten braten, mit wenig Wasser zugedeckt 10 bis 15 Minuten im Topf kochen oder aber 45 bis 60 Minuten im Backofen garen.

Aufbewahrung

Frische Trüffeln kann man in einem gut verschlossenen Behälter im Kühlschrank etwa 1 Woche aufbewahren. Auch in Stücke geschnitten und in Madeira oder Öl eingelegt können die Pilze fest verschlossen im Kühlschrank etwa 1 Monat gelagert werden. Konservierte Trüffeln sollten nach dem Öffnen ebenfalls im Kühlschrank aufbewahrt werden.

Nährwerte

Kalorien	70
Ballaststoffe	16,5 g
Kohlenhydrate	7,4 g
Fett	0,5 g
Eiweiß	8,6 g
Wasser	76 %
	je 100 g

Trüffeln enthalten sehr viel Kalium und viel Eisen.

Mu-Err-Pilz

Auricularia auricula-judae, Auriculariales

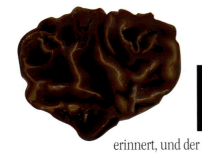

Der Mu-Err-Pilz, der auch als chinesische Morchel, Judasohr oder Ohrenlappenpilz bekannt ist, wächst auf Birken-, Holunder- und Walnussbäumen. Die traditionellen Bezeichnungen »Ohrenlappen« und »Judasohr« verdankt er seiner flachen Form, die an eine Ohrmuschel erinnert, und der Legende, dass Judas sich an einem Holunderbaum erhängte.

Der Mu-Err-Pilz hat einen sehr kurzen Stiel. Sein durchsichtig bräunliches Fleisch ist gallertartig, aber fest und relativ geschmacksneutral. Mu-Err-Pilze sind vor allem in Asien sehr beliebt.

Einkaufstipp

Frische Mu-Err-Pilze werden meist in asiatischen Lebensmittelgeschäften angeboten. Bei uns bekommt man sie vorwiegend getrocknet.

Vorbereitung

Frische Pilze werden kurz in kaltem Wasser gewaschen. Danach entfernt man die klebrigen Teile.

Getrocknete Mu-Err-Pilze werden 10 Minuten in warmem Wasser eingeweicht, abgegossen und weitere 10 Minuten in frisches Wasser gelegt, wodurch sich ihr Volumen um das Fünffache vergrößert.

Serviervorschläge

Mu-Err-Pilze werden roh, blanchiert (etwa 1 Minute) oder gegart verwendet. Durch ihre gallertartige Eigenschaft verändern sie die Konsistenz von Gerichten, insbesondere von Suppen, Gemüse- und Nudelgerichten oder Eintöpfen. Dabei saugen sie sehr viel Flüssigkeit auf und nehmen den Geschmack anderer Zutaten an.

Zubereitung

Mu-Err-Pilze werden 3 bis 5 Minuten in der Pfanne gebraten oder in wenig Wasser zugedeckt in 10 bis 15 Minuten gedämpft.

Nährwerte

Kalorien	25
Kohlenhydrate	7,0 g
Eiweiß	0,5 g
Wasser	93 %
	je 100 g

Mu-Err-Pilze enthalten sehr viel Eisen, Kalium und Magnesium sowie etwas Vitamin B_2.

Aufbewahrung

Frische Mu-Err-Pilze können ungewaschen in eine Papiertüte verpackt im Kühlschrank aufbewahrt werden und lassen sich auch sehr gut einfrieren.

Pfifferling

Cantharellus spp., **Agaricaceae**

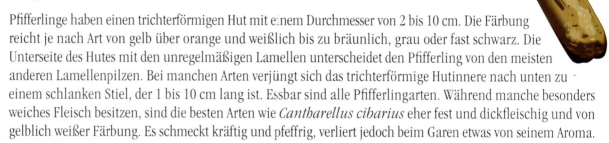

Pfifferlinge sind sehr schmackhafte Speisepilze, die in den Nadel- und Laubwäldern der gemäßigten Klimazonen gedeihen. Während sie in Europa besonders geschätzt werden, sind sie in Nordamerika und Australien weniger bekannt.

Pfifferlinge haben einen trichterförmigen Hut mit einem Durchmesser von 2 bis 10 cm. Die Färbung reicht je nach Art von gelb über orange und weißlich bis zu bräunlich, grau oder fast schwarz. Die Unterseite des Hutes mit den unregelmäßigen Lamellen unterscheidet den Pfifferling von den meisten anderen Lamellenpilzen. Bei manchen Arten verjüngt sich das trichterförmige Hutinnere nach unten zu einem schlanken Stiel, der 1 bis 10 cm lang ist. Essbar sind alle Pfifferlingarten. Während manche besonders weiches Fleisch besitzen, sind die besten Arten wie *Cantharellus cibarius* eher fest und dickfleischig und von gelblich weißer Färbung. Es schmeckt kräftig und pfeffrig, verliert jedoch beim Garen etwas von seinem Aroma.

Einkaufstipp

Pfifferlinge werden frisch, getrocknet und als Konserve angeboten. Frische Pfifferlinge sollten fest sein und dickfleischige Hüte haben, die bei Druck elastisch nachgeben. Nicht empfehlenswert sind ältere Pfifferlinge, die bereits leicht durchscheinend wirken, da sie unter Umständen giftig sein können.

Nährwerte

Kalorien	15
Ballaststoffe	4,7 g
Kohlenhydrate	0,2 g
Fett	0,5 g
Eiweiß	2,4 g
Wasser	91,5 %
	je 100 g

Pfifferlinge enthalten viel Kalium und Eisen.

Vorbereitung

Stark verschmutzte Pfifferlinge wäscht man kurz unter fließendem Wasser, lässt sie kurz abtropfen und tupft sie trocken. Bei Pilzen, die noch nicht allzu verschmutzt sind, genügt es, wenn man sie vorsichtig mit einer weichen Bürste reinigt.

Getrocknete Pfifferlinge werden vor der Zubereitung etwa 1 Stunde in warmem Wasser eingeweicht.

Serviervorschläge

Pfifferlinge sind eine klassische Zutat zu Fleisch und Omelettes und schmecken in Suppen und Saucen, zu Nudeln, Reis, Buchweizen und Hirse.

Zubereitung

Pfifferlinge kann man 3 bis 5 Minuten schmoren oder anbraten oder mit wenig Flüssigkeit zugedeckt 15 bis 20 Minuten in der Pfanne bzw. 10 bis 15 Minuten bei 180 °C (Umluft 160 °C, Gas Stufe 2–3) im Backofen garen.

Aufbewahrung

In einer Papiertüte halten sich Pfifferlinge etwa 1 Woche im Kühlschrank, eingefroren bis zu 1 Jahr. Getrocknete Pfifferlinge sollten fest verschlossen an einem kühlen, trockenen Ort aufbewahrt werden.

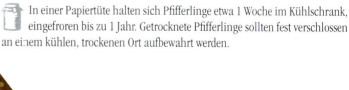

und Getreide und Getreideerzeugnisse

Einführung

Seit den Anfängen des Ackerbaus vor etwa 10 000 Jahren gehören die essbaren Samenkörner zahlreicher Pflanzen aus der Familie der Gräser zu den menschlichen Grundnahrungsmitteln. In Syrien, Palästina und im östlichen Mittelmeerraum wurden bereits vor mehr als 8000 Jahren einfache Gersten- und Weizenarten angebaut. Um 3000 v. Chr. erfanden die Ägypter komplizierte Bewässerungssysteme, die die Entwicklung des Getreideanbaus weiter vorantrieben. Getreide hat in der Geschichte der Menschheit eine wesentliche Rolle gespielt, da die Entwicklung vieler Kulturen eng mit dem Getreideanbau verbunden war, wobei jeder Kontinent seine eigene »Getreidegeschichte« hat: So war Reis schon immer das bedeutendste Getreide im Fernen Osten, während Weizen und Gerste in dem großen Gebiet zwischen Indien und Atlantik von jeher die wichtigste Rolle spielten. Roggen und Hafer wiederum dominierten das nordöstliche Europa, Mais war das typische Getreide Nord- und Südamerikas, und Hirse und Sorghum gehören zu den wichtigsten Grundnahrungsmitteln der Afrikaner.

Während der Getreidekonsum in den Industrieländern im vergangenen Jahrhundert zurückging und heute nur noch 25% des täglichen Eiweißbedarfs deckt, ist Getreide in den Entwicklungsländern nach wie vor das Hauptnahrungsmittel, das bis zu 90% der täglichen Ernährung ausmacht.

Alle Getreidesorten gehören zur Familie der Gräser, wobei Buchweizen fälschlicherweise oft als Getreide angesehen wird, in Wirklichkeit aber zu den Knöterichgewächsen zählt. Die Getreidekörner unterscheiden sich zwar in Größe und Form voneinander, sind jedoch fast alle nach dem gleichen Prinzip aufgebaut und bestehen im Wesentlichen aus drei Teilen: der äußeren Schale oder dem Pericarp (Kleie), dem Endosperm (Mehlkörper) und dem Keim (Embryo). Diese sind von einer unverdaulichen äußeren Hülle (Spelze) umgeben, weshalb die Getreidekörner vor der Weiterverarbeitung zunächst entspelzt werden müssen.

Das **Endosperm** nimmt den größten Teil des Getreidekorns ein und besteht hauptsächlich aus Stärke, einem komplexen Kohlenhydrat, das vom Organismus nur langsam resorbiert wird und darum ein lang anhaltendes Sättigungsgefühl erzeugt.

Das Endosperm wird von der **Kleie** umgeben, die aus mehreren Zelluloseschichten besteht. Sie enthält viele Vitamine und Mineralstoffe sowie Ballaststoffe.

Der **Keim** befindet sich im unteren Teil des Korns und enthält den Samen für die neue Pflanze. Obwohl der Keim nur sehr klein ist, besitzt er die höchste Konzentration an Vitaminen, Mineralstoffen und Eiweiß sowie einen hohen Fettgehalt, der ihn leicht verderblich macht.

Serviervorschläge

Getreidekörner bieten weit mehr Verwendungsmöglichkeiten als nur im allmorgendlichen Frühstücksmüsli. Sie werden gemahlen oder geschrotet, um daraus Mehl, Grieß oder Stärke herzustellen, oder sind als Flocken erhältlich. Weizen, Triticale, Gerste und Roggen sind schmackhafte Suppeneinlagen und geben Gerichten aus Hülsenfrüchten nicht nur mehr Pfiff, sondern erhöhen auch deren Nährwert.

Aus Getreidekörnern werden Kroketten oder andere Beilagen zu Haupt- oder Gemüsegerichten zubereitet, und sie können mit vielen Früchten und Gewürzen kombiniert werden. Gekeimte Getreidekörner (Sprossen) sind eine häufige Zutat in Salaten, Suppen und Eintöpfen. Gemahlene Sprossen werden unter Brotteige gemischt oder zu flachen Kuchen verarbeitet. Darüber hinaus ist Getreide eine wichtige Zutat bei der Herstellung alkoholischer Getränke wie etwa Bier, Whisky, Bourbon, *Sake* (Japan) und *Chicha* (Lateinamerika).

Einführung

Zubereitung

Getreide wird entweder auf dem Herd oder (seltener) im Ofen in Wasser, Milch oder klarer Brühe gegart. Durch das Garen verändern sich die Körner in verschiedener Hinsicht: Die Stärke beginnt zu quellen, die Schale wird weicher und der Geschmack verändert sich. Damit die Stärke aufquellen kann, benötigen die meisten Getreidearten etwa die doppelte bis dreifache Wassermenge ihres Volumens. Wird jedoch zu viel Wasser verwendet, zerkochen die Körner leicht zu Brei, während sie bei zu wenig Flüssigkeit trocken und hart bleiben. Die Konsistenz von gekochtem Getreide hängt auch davon ab, ob man die Körner in kochendes Wasser gibt, wodurch sie lockerer werden, oder ob man sie in kaltem Wasser aufsetzt. Kleinere Körner sind schneller gar und kleben leichter zusammen als große. Um zu verhindern, dass sie zu einem klebrigen Brei zerkochen, sollte man die Körner vorher kurz in wenig kaltem Wasser schwenken und erst dann ins kochende Wasser geben. Um ein Zusammenkleben zu vermeiden, kann man das Getreide vor dem Garen 4 bis 5 Minuten in der Pfanne rösten (nicht länger, sonst werden die Körner bitter), wodurch es außerdem leichter verdaulich wird und einen leicht nussartigen Geschmack bekommt. Die Kochzeit hängt von der jeweiligen Getreideart ab und davon, ob das Getreide frisch ist und ob es vorbehandelt wurde; die meisten ganzen Getreidekörner sind nach dem Garen noch relativ bissfest. Auf jeden Fall müssen sie ausreichend lange kochen, damit die Stärke leicht verdaulich wird.

Vor dem Kochen werden die Getreidekörner in kaltem Wasser gewaschen und 12 bis 24 Stunden eingeweicht, um die Kochzeit sowie die Wirkung der Phytinsäure, einer Substanz der Kleie, zu reduzieren. Danach gibt man die Körner unter ständigem Rühren in einen schweren Topf mit leicht gesalzenem kochendem Wasser, lässt sie bei starker Hitze 1 bis 2 Minuten kochen, reduziert die Hitze und gart sie zugedeckt unter gelegentlichem Rühren so lange, bis die gesamte Flüssigkeit aufgesogen ist. Sobald das Getreide sämig ist, kann es auch im Schnellkochtopf fertig gegart werden, wodurch man sich häufiges Umrühren erspart. Überschüssige Kochflüssigkeit hat einen hohen Nährstoffgehalt und kann als Getreidebrühe für die Zubereitung anderer Gerichte (z. B. für Saucen) verwendet werden.

Während des Kochens vergrößert sich das Volumen von Getreide um das Drei- bis Vierfache. Die folgende Tabelle gibt einen Überblick über die Kochzeiten für ganze Getreidekörner und Getreideerzeugnisse.

250 g	benötigte Flüssigkeit (in ml)	Kochzeit
MAISMEHL (Polenta)	1000	25–30 Minuten
BUCHWEIZEN (Kascha)	500	10–15 Minuten
WILDREIS	750	45–60 Minuten
VOLLKORNREIS	500	45–60 Minuten
GESCHÄLTE GERSTE (Graupen)	750–1000	1 Stunde
GERSTE (ganze Körner)	500	45 Minuten
HIRSE	500	30–40 Minuten
SOJAFLOCKEN	500	1 Stunde
ROGGENFLOCKEN	500	1 Stunde
WEIZENFLOCKEN	500	1 Stunde
HAFERFLOCKEN	250	5 Minuten
COUSCOUS	250	kochendes Wasser zufügen, 5 Minuten quellen lassen
BULGUR	500	25–35 Minuten zugedeckt bei schwacher Hitze
WEIZEN (ganze Körner)	500	60–90 Minuten
WEIZEN (geschrotet)	500–750	30–40 Minuten
HAFER (ganze Körner)	500–750	1 Stunde

Einführung

Nährwerte

Getreide enthält 8 bis 15% Eiweiß, das zwar alle 8 essentiellen Aminosäuren enthält, jedoch nicht in der für den Organismus notwendigen Menge. Vor allem Lysin kommt in Getreide nur in sehr geringen Mengen vor, weshalb Getreideeiweiß keine optimale Wertigkeit besitzt (siehe *Komplementäreiweiße*). Getreide hat einen relativ niedrigen Fettgehalt (1 bis 7%). Das Fett ist im Keim lokalisiert und reich an mehrfach ungesättigten Fettsäuren (siehe *Fette*). Getreide enthält reichlich Kohlenhydrate (60 bis 80%) – hauptsächlich in Form von Stärke. 100 g Getreide liefern im Durchschnitt 330 bis 390 Kalorien. An Mineralstoffen sind in Getreide vor allem Eisen, Phosphor, Magnesium und Zink enthalten, darüber hinaus ist es reich an B-Vitaminen (Niacin, Vitamin B_1 und B_2) und Folsäure. Da die meisten B-Vitamine jedoch in den äußeren Randschichten des Korns enthalten sind, kommen sie in raffinierten Produkten wie weißem Auszugsmehl und poliertem Reis kaum mehr vor, es sei denn, sie werden mit Nährstoffen angereichert. Durch das Raffinieren wird dem Getreide außerdem der größte Teil des im Keim enthaltenen Vitamin E entzogen.

Der Anteil an Phytinsäure hängt von der jeweiligen Getreideart ab. Diese Substanz hemmt die Mineralstoffaufnahme, indem sie vor allem Kalzium an sich bindet und somit die Aufnahme durch die Darmschleimhaut erschwert. Allerdings ist bisher nicht geklärt, ob bei einer ausgewogenen Ernährung, die genügend Eiweiß, Vitamine und Mineralstoffe enthält, diese geminderte Mineralstoffaufnahme ernährungswissenschaftlich gesehen wirklich bedenklich ist. Viele Getreidesorten enthalten zudem reichlich Phytase, ein Enzym, das die Wirkung der Phytinsäure senkt und ihre unerwünschten Effekte aufhebt.

Gluten, das sogenannte Klebereiweiß, ist eine weitere Substanz, die in unterschiedlicher Menge im Getreide vorkommt. Es besteht aus den Eiweißstoffen Gliadin und Glutenin und ist die Ursache dafür, dass Mehl klebrig und elastisch wird, sobald es mit einer Flüssigkeit vermischt wird (die Bezeichnung »Gluten« stammt von dem lateinischen Wort *glu* = Kleber). Gluten ist für die Backfähigkeit von Mehlen verantwortlich. Es sorgt dafür, dass der Teig während der Gasentwicklung und des Knetens ein Netzwerk ausbildet und nicht reißt. Nur Weizen, Roggen und Triticale enthalten genügend Gluten zur Brotherstellung, wobei Weizen die besten Ergebnisse bringt.

Komplementäreiweiße

Eiweiß ist aus Aminosäuren aufgebaut. Insgesamt sind 20 Aminosäuren bekannt, von denen 8 essenziell sind, das heißt, sie müssen mit der Nahrung in einer bestimmten Menge aufgenommen werden. Vor allem für Vegetarier ist es wichtig, Nahrungsmittel zu sich zu nehmen, die Eiweiß enthalten, das alle essenziellen Aminosäuren in ausreichender Menge enthält. Die Aminosäuren müssen sich gegenseitig zu optimalem Eiweiß ergänzen. Tierisches Eiweiß unterscheidet sich von pflanzlichem Eiweiß darin, dass es alle essenziellen Aminosäuren enthält, und zwar in ausreichender Menge und in einem für den menschlichen Bedarf ausgewogenen Verhältnis. Dagegen sind bestimmte Aminosäuren in pflanzlichem Eiweiß nur in geringen Mengen enthalten und können vom Körper nur zum Teil verwertet werden. Ist eine bestimmte Aminosäure in einem pflanzlichen Protein nur in geringen Mengen enthalten, wird diese Aminosäure als »limitierend« bezeichnet, denn sie mindert die Qualität des Eiweißes.

Tierisches Eiweiß wird als »vollständig« bezeichnet, während man vom »unvollständigen« pflanzlichen Eiweiß spricht. Durch eine genauere Kenntnis der Zusammensetzung der Nahrungsmittel haben Wissenschaftler erkannt, wie man den Mangel gewisser Aminosäuren in bestimmten Nahrungsmitteln durch den Verzehr anderer Nahrungsmittel ausgleichen kann, bei denen die limitierende Aminosäure ausreichend vorhanden ist. So enthalten zum Beispiel die meisten Hülsenfrüchte viel Lysin, aber nur geringe Mengen Methionin, Cystin und Tryptophan; Getreide, Nüsse und Samen enthalten wiederum viel Methionin und Tryptophan, jedoch nur wenig Lysin. Kombiniert man diese Lebensmittel in der Ernährung, wird der Mangel bestimmter Aminosäuren ausgeglichen. Dieses Beispiel verdeutlicht, dass eine ausgewogene Kombination verschiedener pflanzlicher Eiweißstoffe den Körper mit allen benötigten Aminosäuren versorgt. So ergänzen sich zum Beispiel Getreide und Hülsenfrüchte (Brot und Erdnussbutter) oder Getreide mit Nüssen und Samen sowie mit Milch und Milchprodukten zu optimalem Eiweiß. Alle Lebensmittel, die einer dieser Gruppen angehören, können so mit anderen Lebensmitteln kombiniert werden.

Einführung

Die wissenschaftliche Erkenntnis, den Mangel an Aminosäuren in bestimmten pflanzlichen Nahrungsmitteln durch andere Nahrungsmittel zu kompensieren, wird von vielen Völkern seit Jahrtausenden instinktiv praktiziert. In Mexiko zum Beispiel wurden schon immer Hülsenfrüchte mit Mais kombiniert und in der arabischen Küche Kichererbsen mit Bulgur. Ebenso essen die Inder Linsen mit Reis, und die Italiener verbinden Nudeln mit Hülsenfrüchten (wie etwa in der *Minestrone*).

Der Ausgleich verschiedener Proteine wird dann wirksam, wenn die sich ergänzenden Nahrungsmittel zu einer Mahlzeit oder innerhalb eines Tages gegessen werden. Kinder sowie schwangere oder stillende Frauen sollten die ergänzenden Nahrungsmittel allerdings bei jeder Mahlzeit zu sich nehmen, ebenso Veganer, die sich ausschließlich von pflanzlichen Produkten ernähren und sogar Milchprodukte und Eier ablehnen (im Gegensatz zu Vegetariern, die gewöhnlich nicht auf Milchprodukte und Eier verzichten) und somit für ernährungsbedingte Mangelerscheinungen anfälliger sind.

Sich ausgewogen vegetarisch zu ernähren ist nicht so schwierig, wie oft behauptet wird. Abwechslung heißt das Schlüsselwort für eine gesunde Ernährung. Besonders wichtig sind dabei die sich ergänzenden Nahrungsmittel, die eine optimale Eiweißversorgung gewährleisten. Eine fettarme und zugleich ballaststoffreiche vegetarische Ernährung kann die Anfälligkeit für Herz-Kreislauf-Erkrankungen, hohen Blutdruck und Darmkrebs senken, wobei diese Vorteile auch durch eine nicht vegetarische Ernährung erreicht werden können, sofern man die Ratschläge der Ernährungswissenschaftler beherzigt.

Aufbewahrung

Getreide am besten vor Hitze und Feuchtigkeit geschützt in einem luftdicht verschlossenen Behälter aufbewahren. Die Lagerung im Kühlschrank oder bei etwa 4 °C hat den Vorteil, dass das Getreide vor Schädlingen geschützt ist und nicht so schnell ranzig oder schimmelig wird.

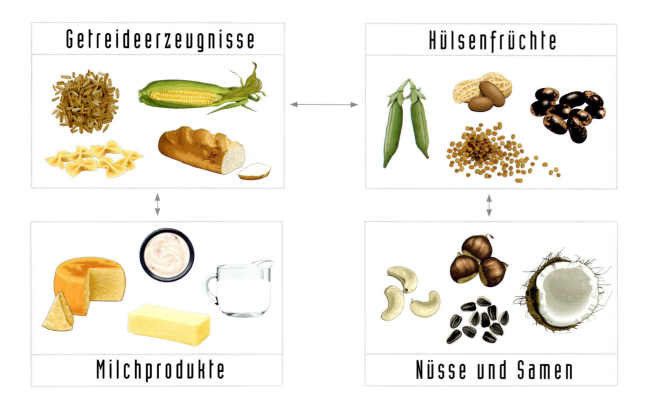

Weizen

Triticum spp., Gramineae

Die Urform aller heute bekannten Weizenarten ist wahrscheinlich der einkörnige Weizen *(Triticum monococcum)*, dessen Spuren in alten Ruinen in Mesopotamien und im Südwesten Asiens gefunden wurden. Aufgrund dieser Funde nimmt man an, dass der Weizen dem Menschen bereits vor etwa 10 000 Jahren als Nahrung diente. Auch in den Gräbern des Niltals, die um 5000 v. Chr. angelegt wurden, entdeckte man Wandmalereien mit Weizendarstellungen, und mittlerweile gilt als erwiesen, dass die alten Ägypter die ersten waren, die gesäuertes Brot herstellen konnten. Weizen hatte lange Zeit auch eine religiöse Bedeutung und war Bestandteil zahlreicher primitiver Rituale. Griechen und Römer opferten den Göttern des Weizens, und bis zum heutigen Tag wird Weizen in bestimmten Regionen Chinas als eine gesegnete Feldfrucht verehrt. 1493 brachte Kolumbus den Weizen auch nach Amerika, und im späten 19. Jahrhundert importierten russische Immigranten eine neue Weizensorte in die USA, den roten Weizen, der den bis dahin kultivierten Weizenarten deutlich überlegen war und der amerikanischen Getreideindustrie in vielerlei Hinsicht eine neue wirtschaftliche Bedeutung gab. Neben dem Reis, der in Asien das Hauptnahrungsmittel darstellt, ist Weizen heute in Europa, Afrika, Amerika und Australien bzw. für etwa ein Drittel der Weltbevölkerung das wichtigste Nahrungsmittel überhaupt.

Die äußerst anpassungsfähige Weizenpflanze wächst fast überall auf der Welt. Trotz ihrer Frostbeständigkeit benötigen die meisten Weizensorten jedoch lange Sommer, damit sich die Samenkörner entwickeln können. In den letzten Jahren sind allerdings neue Sorten gezüchtet worden, die auch in nördlichen Klimazonen mit kurzen Sommern gedeihen. Die bedeutendsten Weizenproduzenten auf dem Weltmarkt sind heute Russland, China, die USA, Indien, Frankreich und Kanada.

Abhängig von Wärme, Licht, Niederschlag und Bodenbeschaffenheit erreicht die einjährige Weizenpflanze je nach Sorte eine Höhe von 60 bis 120 cm. Die Blütenstände (Ähren) bestehen aus Gruppen von je drei bis vier Blüten, den Ährchen, die an der Hauptachse oder Spindel der Pflanze sitzen. Jedes Ährchen besitzt an seiner Unterseite zwei unfruchtbare Keimblätter (Glumes) und zwei fruchtbare Keimblätter (Glumellas). Nach der Befruchtung entwickelt sich die Blüte, die immer geschlossen bleibt, zu einem mehr oder weniger dicklichen, ovalen Samenkorn (Caryopsis) mit einer durchgehenden, längs verlaufenden Vertiefung. An der Spitze des Samenkorns befinden sich feine Härchen, während der untere Teil einen winzigen Keim (Embryo) umschließt, aus dem die neue Pflanze entsteht. Jede Weizenpflanze liefert durchschnittlich etwa 50 Weizenkörner. Es gibt zahlreiche verschiedene Weizenarten, die sich in Größe, Form und Farbe unterscheiden und deren Körner weiß, gelb, rot oder violett sein können.

Beim Weizen unterscheidet man zwischen Winter- und Sommerweizen. Winterweizen gedeiht vor allem in Regionen mit gemäßigtem Klima, er wird bei uns im Herbst ausgesät und verträgt Temperaturen bis −22 °C, während Sommerweizen in Ländern mit kälteren Wintern gedeiht und im Frühjahr ausgesät wird, wenn die Frostgefahr vorüber ist. Sowohl beim Sommer- als auch beim Winterweizen unterscheidet man noch einmal zwischen Hart- und Weichweizenarten, was sich auf die Beschaffenheit der Körner bezieht.

Der Eiweißgehalt des Weizens wird von der Härte des Korns bestimmt; folglich enthält Hartweizen mehr Eiweiß (15 %) als Weichweizen (10−12 %) und wird in Form von Mehl oder Grieß vornehmlich zur Herstellung von Nudeln verwendet, während Weichweizenmehl vor allem als Grundzutat für Brot, Kuchen und Gebäck dient.

Weizen

Die am meisten angebauten Weizensorten sind der Durum- oder Hartweizen und der Saat- oder Weichweizen (Aestivumweizen). Charakteristisch für den Hartweizen sind sein hoher Glutengehalt, seine gelbe Färbung und hohe Kochfestigkeit.

Dinkel, auch Spelzweizen *(Triticum spelta)* genannt, ist eine weitere bekannte Weizenart, die bis vor hundert Jahren in Deutschland, der Schweiz und Frankreich in großen Mengen angebaut wurde, dann etwas in Vergessenheit geriet und seit einigen Jahren eine Renaissance erlebt. Die kleinen braunen Dinkelkörner lassen sich im Gegensatz zu anderen Weizenkörnern nur schwer von der Spelze, der äußeren Hülle des Korns, befreien. Entspelzter Dinkel ist eine gute Alternative zu Reis und kann auch auf die gleiche Weise zubereitet werden. Mehlmischungen aus Dinkel und Durumweizen werden oft zum Brotbacken verwendet. Der Nährstoffgehalt von Dinkel entspricht dem von Weichweizen. Als **Grünkern** wird das unreif geerntete und gedarrte Korn des Dinkels bezeichnet. Grünkern ist olivgrün, glänzend und duftet aromatisch. Die Grünkernherstellung ist eine Spezialität in Südwestdeutschland. Mit Grünkern werden Suppen, Klößchen und Aufläufe zubereitet.

Die äußere Hülle oder Spelze des Weizenkorns ist unverdaulich und muss deshalb entfernt werden. Nach dem Entspelzen enthält das Korn neben dem Keimling das Endosperm, das etwa 83% seines Gewichts ausmacht und zu 70 bis 72% aus Stärke besteht, und die Kleie. Diese aus mehreren Schichten bestehende Schale, die das Endosperm umhüllt, macht 14,5% des Gesamtgewichts aus und besteht zu einem großen Teil aus drei unterschiedlichen Ballaststoffen, von denen die meisten nicht wasserlöslich sind, nämlich 32,7% zellulosefreie Ballaststoffe, 8% Zellulose und 3% Lignin. Daneben enthält Kleie noch Eiweiß, Vitamine – 80% der im gesamten Weizenkorn enthaltenen Nikotinsäure sowie einen hohen Anteil anderer B-Vitamine – und Mineralstoffe. In Verbindung mit Wasser vergrößert sich das Gewicht der Kleie bis um das Dreifache.

Aus dem Keimling, der sich im unteren Teil des Korns befindet, entwickelt sich die neue Pflanze. Obwohl er nur 2,5% des Gesamtgewichts ausmacht, enthält er die meisten Nährstoffe. Da er zu etwa 10% aus Fett besteht, das vor allem reich an Linolsäure ist, ist er sehr leicht verderblich (siehe *Fette und Öle*). Darüber hinaus enthält er relativ viel Lysin, eine der essenziellen Aminosäuren und damit wichtiger Eiweißbaustein.

Weizeneiweiß, vor allem die Glutaminsäure, die eine Verbindung aus Gliadin und Glutelin darstellt, bildet in Verbindung mit Wasser eine klebrige Masse, die Kleber oder auch Gluten genannt wird (die Bezeichnung »Gluten« stammt von dem lateinischen Wort *glu* = Kleber). Der Glutengehalt im Mehl bestimmt Konsistenz und Volumen des Teiges, wenn er durch Zugabe von Hefe oder Backpulver zu gären beginnt. Die dabei entstehenden Gase werden durch die Klebereigenschaften des Glutens im Teig eingeschlossen, sodass der Teig »gehen« kann. Ohne das Gluten würden die Gase einfach entweichen. Die elastischen Eigenschaften des Glutens hängen von der jeweiligen Mehlsorte ab. Durch Mischen und Kneten des Teigs wird das Gluten aktiviert; je mehr der Teig geknetet wird, desto wirksamer wird das Gluten, und es entsteht ein elastisch fester Teig. Weizengluten wird auch zur Herstellung des Geschmacksverstärkers Glutamat verwendet.

Weizen

Weizenkörner

Weizenvollkornmehl

entspelzter Weizen

Serviervorschläge

Die Weizenkörner werden im Ganzen, als Mehl, Schrot, Flocken, Grieß oder Bulgur verwendet. Darüber hinaus wird aus dem Keimling wertvolles Weizenkeimöl gewonnen. Weizenkleie und -keime sind Bestandteil vieler verschiedener Müslimischungen und dienen als Zutat für Füllungen, Pasteten, Crêpes, Kuchen, Gebäck und Brot (beim Backen ¼ der verwendeten Mehlmenge durch Weizenkeime ersetzen).

Ganze Weizenkörner können gekocht werden und schmecken auch als Zutat in Suppen und Eintöpfen. Dafür werden die Körner zuerst 12 Stunden in warmem Wasser eingeweicht und anschließend im Einweichwasser 60 bis 90 Minuten bei schwacher Hitze gegart, wobei man ¾ bis 1 l Flüssigkeit auf 250 g Hartweizen und ¾ l Flüssigkeit auf 250 g Weichweizen rechnet. Weizenkörner können nach dem Einweichen auch roh gegessen werden und passen gut zu Müslis, Salaten, Pilaws und Backwaren. Außerdem verwendet man Weizenkörner zur Herstellung von Speisestärke und Alkohol (Whisky), oder man lässt sie keimen (Weizensprossen).

Zum Garen von **Weizenschrot** werden die ganzen Weizenkörner grob zerkleinert, eingeweicht und im Einweichwasser bei kleiner Hitze 30 bis 40 Minuten gekocht, wobei man ½ l Flüssigkeit auf 250 g Weizen rechnet. Gegart wird er wie Reis als Beilage serviert. Roher Weizenschrot kann als Zutat für Brotteig verwendet und unter das Frühstücksmüsli gemischt werden.

Puffweizen wird aus dem entspelzten ganzen Weizenkorn hergestellt. Durch heißen Dampf und hohen Druck lässt man die Körner aufquellen und reduziert dann den Druck, sodass der Dampf sich ausdehnen kann und die Körner aufplatzen. Puffweizen wird meist zum Frühstück im Müsli gegessen oder für die Herstellung von Süßigkeiten verwendet.

Weizenflocken werden gekocht oder roh angeboten, wobei der Nährwert vorgekochter Weizenflocken davon abhängt, inwieweit der Weizen durch Raffinieren vorbehandelt wurde. Rohe Weizenflocken werden auf die gleiche Weise hergestellt wie Haferflocken, indem die Körner unter großen Rollen flach gepresst werden. Zum Garen werden sie einige Stunden eingeweicht und anschließend etwa 1 Stunde im Einweichwasser gekocht, wobei man ½ l Flüssigkeit auf 250 g Weizenflocken rechnet.

Weizengrieß wird aus dem Endosperm des Hart- oder Weichweizenkorns hergestellt, das vor der Ausmahlung angefeuchtet wird. Kleie und Keimlinge sind nicht im Grieß enthalten. Hartweizengrieß wird häufig für Nudelteig verwendet. Weichweizengrieß bildet dagegen die Grundlage für Breie, Puddings, Soufflés und Suppen.

Aus Weizengrieß wird auch **Couscous** hergestellt. Diese Bezeichnung steht einerseits für das Weizenprodukt und ist andererseits der Name des bekannten nordafrikanischen Gerichts, das vor allem in Algerien, Tunesien und Marokko gegessen wird. Couscous wird traditionell von Hand gefertigt, indem man Weizengrieß und -mehl vermischt und mit kaltem Salzwasser beträufelt. Danach wird es durch Pressen oder Rollen zu kleinen Körnern verarbeitet. Ohne weitere Zutaten gegart kann man Couscous wie Reis als Beilage zu Fleisch und Gemüsegerichten servieren oder in Suppen und Salaten verwenden. Instant-Couscous ist bereits vorgegart und muss nur noch kurz gekocht werden.

Traditionell wird Couscous in einem speziellen Topf mit Einsatz, der *couscoussière*, zubereitet: Dafür gibt man das Couscous-Getreide in den Einsatz und kocht darunter bei schwacher Hitze eine klare Brühe aus Fleisch, Gemüse und Gewürzen. Während des Kochens gibt man das Couscous mehrmals aus dem Einsatz auf einen Teller, zerteilt es mit einer Gabel, damit sich keine Klümpchen bilden, und beträufelt es dabei jedes Mal mit etwas kaltem Salzwasser und Olivenöl.

Weizen

Bulgur ist im Prinzip nichts anderes als ein vorgegarter Weizengrieß, der aus ganzen geschälten Weizenkörnern nach einem jahrtausendealten Verfahren hergestellt wird, das ursprünglich aus dem Nahen Osten stammt. Dabei wird das Getreide zuerst leicht gedämpft, anschließend getrocknet und dann mehr oder weniger fein zermahlen. Das Ergebnis ist ein Getreideprodukt von goldgelber Farbe, das sich schnell zubereiten lässt und einen haselnussartigen Geschmack hat.

Für kalte Gerichte oder als Zutat in einem Salat genügt es, Bulgur 1 Stunde in kochend heißem Wasser einzuweichen und anschließend abzugießen, wobei man ½ l Wasser auf 250 g Getreide rechnet. Ist der Bulgur danach noch nicht weich genug, gibt man nochmals etwas Wasser zu und wartet, bis es vom Getreide aufgesogen worden ist. Bulgur kann aber auch gekocht werden, entweder ohne weitere Zutaten oder beispielsweise in einem Pilaw oder Eintopf, wobei man ½ l Flüssigkeit auf 250 g Getreide rechnet, das bei schwacher Hitze eine Garzeit von 30 Minuten benötigt. Überschüssigen Kochsud kann man sehr gut für Suppen, Saucen oder zum Schmoren verwenden.

Bulgur wird für viele unterschiedliche Gerichte verwendet und ist eine schmackhafte Alternative zu Reis. Relativ bekannt ist etwa *Tabouleh*, ein libanesischer Salat aus Bulgur, Petersilie, Tomaten, frischer Minze, Öl und Zitronensaft. In der Türkei füllt man Weinblätter mit Bulgur. Er passt auch gut in Suppen, Salate und Füllungen oder kann zusammen mit Bohnen und Fleisch als Hauptgericht zubereitet werden.

Weizenkeimöl wird durch Kaltpressung oder durch Raffinieren gewonnen. Es besitzt einen hohen Vitamingehalt – vor allem an Vitamin E – und ist eine wertvolle, jedoch sehr teure Nahrungsmittelergänzung.

Couscous

Grieß

Bulgur

Weizenküchle

FÜR 4 PORTIONEN

300 g ganze Weizenkörner
1–2 EL getrocknetes Suppengrün
2 TL Salz
40 g gehackte Walnusskerne
150 g geriebener Käse
3 Eier
150 g Vollkorn-Semmelbrösel
1 EL gehackte Petersilie
Pfeffer
Öl zum Braten

1. Den Weizen mit ½ l Wasser, Suppengrün und Salz aufkochen, 2 Minuten kochen lassen, zudecken und 12 Stunden quellen lassen.

2. Das Getreide erneut aufkochen und in etwa 10 Minuten weich kochen. Den Weizen abtropfen lassen und mit Nüssen, Käse, Eiern, Semmelbröseln, Petersilie und Pfeffer in einer Schüssel mischen.

3. Etwas Öl in einer Pfanne erhitzen, mit einem Esslöffel Häufchen vom Getreideteig hineingeben und diese auf jeder Seite 5 Minuten in der geschlossenen Pfanne braten.

Weizen

Aufbewahrung

Weizenkörner sollten vor Insekten und anderen Schädlingen geschützt an einem kühlen, trockenen Platz aufbewahrt werden. Weizenprodukte wie Bulgur, Kleie und Grieß werden nicht so schnell ranzig, wenn sie im Kühlschrank gelagert werden. Geöffnete Weizenkeimpackungen sollten ebenfalls im Kühlschrank aufbewahrt werden, da sie sonst schnell ranzig werden. Weizenkeime sind sehr gut zum Einfrieren geeignet und werden unaufgetaut verwendet.

Nährwerte

	Kleie	*Keime (getrocknet)*	*Durumweizen*	*Grieß*	*Bulgur*
Kalorien	59	106	308	328	350
Ballaststoffe	15,0 g	5,8 g	13,3 g	7,1 g	1,7 g
Kohlenhydrate	5,9 g	10,1 g	61,0 g	69,0 g	75,7 g
Fett	1,5 g	3,0 g	2,0 g	1,0 g	1,5 g
Eiweiß	5,3 g	9,5 g	11,4 g	10,8 g	11,2 g
Wasser	11,5 %	11,7 %	12,8 %	13,1 %	10 %
	je 30 g	je 30 g	je 100 g	je 100 g	je 100 g

Weizenkleie ist reich an wichtigen Ballaststoffen und enthält sehr viel Magnesium, Kalium und Phosphor, viel Nikotinsäure, Vitamin B_6, Eisen, Zink und Kupfer sowie etwas Vitamin B_2, Folsäure und Pantothensäure.

Couscous enthält Nikotinsäure, Folsäure, Pantothensäure, Vitamin B_1 und Kalium.

Bulgur ist reich an Magnesium, Kalium, Eisen, Zink, Folsäure, Nikotinsäure, Pantothensäure und Vitamin B_6.

Weizenkeime enthalten sehr viel Vitamin B_1, Folsäure, Nikotinsäure, Magnesium und Zink, viel Vitamin B_6, Phosphor und Kalium sowie etwas Pantothensäure, Vitamin B_2, Eisen und Kupfer. Darüber hinaus sind sie reich an wichtigen Ballaststoffen.

Ganze Weizenkörner enthalten reichlich Nikotinsäure, Magnesium, Kalium, Phosphor und Zink sowie viel Vitamin B_1 und B_6, Folsäure, Eisen und Kupfer, Pantothensäure und Vitamin B_2.

Wie die meisten Getreidearten enthält auch Weizen nur geringe Mengen an bestimmten essenziellen Aminosäuren, vor allem Lysin, Trytophan und Methionin, wobei dieser Mangel jedoch durch eine abwechslungsreiche Kost ausgeglichen werden kann (siehe *Einleitung*). Durch die Kreuzung verschiedener Weizenarten konnte man zwar Hybriden mit einem höheren Gehalt an Lysin züchten, doch werden die neuen Sorten nur zögerlich angebaut, da die Erträge um 10 bis 15% geringer sind als bei gewöhnlichem Weizen.

Manche Menschen vertragen das im Weizen und anderen Getreidearten enthaltene Gluten (Klebereiweiß) nicht, was sich vor allem in Störungen des Verdauungssystems ausdrückt (Magenschmerzen, Kolik, Durchfall), aber auch die Haut (Ausschläge, Ekzeme), die Atmungsorgane (Husten, Asthma), den Kreislauf und das zentrale Nervensystem (Müdigkeit, Migräne, Nervosität) betreffen kann. Ursache für diese Unverträglichkeit ist eine erblich bedingte Krankheit, die Zöliakie oder Sprue. Es handelt sich dabei nicht um eine Allergie.

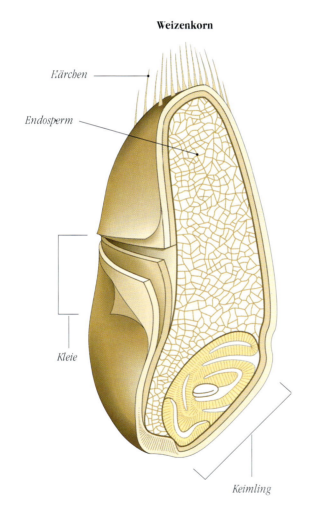

Weizenkorn
Härchen
Endosperm
Kleie
Keimling

Seitan

Seitan ist ein grobporiges Weizenprodukt, das aus dem Gluten (Klebereiweiß) des Durumweizenmehls hergestellt wird. Dafür wird das Mehl von Stärke und Kleie befreit, indem es so lange in Wasser geknetet wird, bis nur noch das Gluten übrig bleibt, das heißt, bis sich die Stärke im Wasser auflöst und sich die Kleie vom Teig trennt. Der übrig gebliebene Glutenteig wird anschließend 1 bis 2 Stunden in einer klaren Brühe aus Tamari- oder Sojasauce und Kombualgen gekocht. Die Mineralstoffe aus der Brühe werden dabei vom Glutenteig aufgenommen, wodurch dieser sehr nährstoffreich und leicht verdaulich wird. Je länger er gekocht wird, desto fester wird er.

Einkaufstipp

 Seitan wird als Fertigprodukt in Naturkostläden angeboten.

Zubereitung

Die Herstellung von Seitan nimmt relativ viel Zeit in Anspruch, sodass es sich empfiehlt, eine große Menge auf einmal zuzubereiten und portionsweise einzufrieren. Für Seitan ist unbedingt Durumvollkornweizenmehl erforderlich.

Kneten

- Eine große Schüssel mit 1 l Wasser füllen und so viel Mehl zugeben, dass ein dickflüssiger Brei entsteht.
- Den Brei mit einem Holzlöffel kräftig durchrühren und nochmals so viel Mehl zufügen, bis insgesamt 2 kg Mehl verbraucht sind.
- Den Teig zu einer Kugel formen und 10 bis 20 Minuten kneten, dabei nach Bedarf weiteres Mehl oder Wasser zugeben. Das Kneten ist wichtig, damit sich die Glutenmoleküle verbinden und die Stärke gelöst wird.
- Die Teigkugel zugedeckt in kaltem Wasser mindestens 30 Minuten und höchstens 8 Stunden ruhen lassen. Diese Ruhezeit ist zwar nicht unbedingt notwendig, verkürzt aber die Zeit, die anschließend zum Wässern benötigt wird, da sie die Trennung von Stärke und Gluten begünstigt.

Wässern

- Eine große Schüssel mit kaltem Wasser füllen und den Teig auf einem Sieb hineingeben.
- Den Teig im Wasser so lange kneten, bis er quillt, sich weißlich verfärbt und eine gummiartige Konsistenz annimmt; dabei das Wasser immer wieder wechseln, bis es klar bleibt. Der Teig kann ruhig lange und kräftig geknetet werden und dabei sogar weich werden, da er seine Elastizität hinterher schnell wieder zurückbekommt.
- Das stärke- und kleiehaltige Wasser kann zum Andicken von Suppen, Schmorgerichten und Desserts verwendet werden. Man kann es aber auch vorsichtig abgießen und die Stärke, die sich am Schüsselboden gesammelt hat, zurückbehalten, trocknen lassen und wie Speisestärke verwenden.

Kochen

- Für die Brühe 2 l Wasser, ⅛ l Tamarisauce (je nach Geschmack auch mehr), ein 7 bis 8 cm langes Stück Kombualge und 1 Prise Salz in einen großen Topf geben.
- Nach Belieben die Brühe zusätzlich mit Gemüse, Gewürzen und Kräutern, etwa Knoblauch, Zwiebel, Ingwer, Thymian oder Lorbeer, verfeinern.
- Den Glutenteig in etwa kartoffelgroße Stücke schneiden. Das ist vor allem dann wichtig, wenn eine größere Menge zubereitet wird, da die Teigmasse beim Kochen ihr Volumen vergrößert.
- Die Brühe zum Kochen bringen. Das Gluten zufügen und zugedeckt bei schwacher Hitze köcheln lassen, dabei gelegentlich umrühren und nach Bedarf noch etwas Wasser zugießen. Die Garzeit ist abhängig von der Größe der Stücke sowie vom späteren Verwendungszweck: Soll das Seitan später in einem anderen Gericht mitgekocht werden, genügen etwa 30 Minuten, wird es (in Streifen geschnitten) sofort verzehrt, empfiehlt sich eine Garzeit von 1 bis 2 Stunden.

Nährwerte

Kalorien	118
Eiweiß	18 g
	je 100 g

Frisches Seitan ist fettarm und enthält wenig Kohlenhydrate.

Als pflanzliches Produkt enthält Seitan kein Cholesterin. Da es jedoch ein reines Weizenprodukt ist, fehlen ihm bestimmte essenzielle Aminosäuren, sodass es im Vergleich zu Fleisch weniger nährstoffreich ist. Aus diesem Grund sollte es mit Hülsenfrüchten oder Milchprodukten kombiniert werden, damit eine ausreichende Versorgung mit deren lebenswichtigen Aminosäuren gewährleistet ist.

Serviervorschläge

Geschmack und Konsistenz machen Seitan zu einem vielseitigen Lebensmittel, das in vielen Gerichten eine gute Alternative zu Fleisch bietet. Es kann wie Koteletts, Braten, Hackbraten oder Hamburger zubereitet werden, ist eine gute Suppeneinlage und wird in Saucen, Füllungen, herzhaften Kuchen, Eintöpfen, Sandwiches, Lasagne oder Tacos verarbeitet. Auch frittiert schmeckt es sehr gut.

Aufbewahrung

Seitan hält sich 1 bis 2 Wochen im Kühlschrank und kann 2 bis 6 Monate tiefgefroren werden.

Buchweizen

Fagopyrum esculentum und *Fagopyrum tataricum*, Polygonaceae

Buchweizenmehl

Die buschige Pflanze hat weiße oder rosafarbene Blütentrauben, die über einen Monat lang blühen. Ihr intensiver Duft zieht viele Bienen an, die aus dem Nektar einen dunklen, aromatischen Honig herstellen.

Buchweizen wird zwar meistens als Getreide betrachtet, gehört jedoch zu den Knöterichgewächsen, zu denen auch Sauerampfer und Rhabarber zählen. Er ist in Nordeuropa und Asien beheimatet und wurde zwischen dem 10. und 13. Jahrhundert weitläufig in China angebaut. Über die Türkei und Russland gelangte er im 14. und 15. Jahrhundert nach Mitteleuropa und wurde im 17. Jahrhundert auch in Großbritannien und Nordamerika eingeführt. Heute sind Russland und Polen die wichtigsten Buchweizenproduzenten; dort gehört er zu den Hauptnahrungsmitteln und wird vorwiegend in Form von Suppe und Brei gegessen. In der Bretagne wächst ebenfalls viel Buchweizen und wird dort vor allem für die bekannten Buchweizencrêpes verwendet. Auch in Nordamerika wird Buchweizen hauptsächlich zu Pfannkuchen verarbeitet.

Wegen seiner kurzen Wachstumsperiode wird Buchweizen vor allem in gemäßigten Klimazonen angebaut. Er gedeiht auch auf kargen Böden und unter trockenen Bedingungen, allerdings sind die Erträge dann geringer. Die buschige Pflanze kann bis zu 1 m hoch werden und entwickelt stark duftende weiße oder rosafarbene Blütentrauben. Sie blühen über einen Monat lang und ziehen mit ihrem Duft viele Bienen an, die aus dem Nektar einen sehr aromatischen, dunklen Honig produzieren. Die dunklen, dreieckigen Samenkörner sind etwa so groß wie Weizenkörner. Wie diese müssen sie vor der Weiterverarbeitung entspelzt werden, wofür aufgrund ihrer Form ein spezielles Verfahren erforderlich ist: Nachdem sie gewaschen und nach Größen sortiert worden sind, werden sie zwischen Mühlsteinen zerquetscht, wobei nur die harte äußere Schale entfernt wird, das Korn selbst jedoch unbeschädigt bleibt. Die Körner werden geröstet oder naturbelassen angeboten. Gerösteter und geschroteter oder ganzer Buchweizen, der ein besonders intensives Aroma besitzt, ist vor allem in Osteuropa als *Kascha* sehr beliebt. Die Körner werden in verschiedenen Ausmahlungsgraden auch zu Mehl gemahlen.

Buchweizen

Nährwerte

	Buchweizenkörner	*Buchweizenmehl*
Kalorien	341	354
Ballaststoffe	3,7 g	3,7 g
Kohlenhydrate	71,3 g	70,7 g
Fett	1,7 g	2,7 g
Eiweiß	10,0 g	11,7 g
Wasser	12,8 %	14,1 %
		je 100 g

Buchweizen ist reich an Magnesium, Kalium, Zink, Vitamin B_1 und B_6, Phosphor, Eisen, Nikotinsäure, Kupfer und Folsäure; außerdem enthält er Vitamin B_2, Pantothensäure und Kalzium.

Gekochte geröstete Buchweizenkörner enthalten viel Magnesium sowie Kalium, Kupfer, Zink, Phosphor, Folsäure, Eisen und Pantothensäure. Außerdem besitzen sie einen hohen Anteil an der essenziellen Aminosäure Lysin, dagegen nur wenig Methionin (siehe *Einleitung*). Buchweizen enthält außerdem 1 bis 6 % Rutin, ein Wirkstoff, der zur Behandlung von Blutungen und Erfrierungen eingesetzt wird. Buchweizen ist nahrhaft und leicht verdaulich und gilt als guter Energiespender.

Zubereitung

Zum Kochen rechnet man ½ l Wasser auf 250 g Buchweizen; wenn man ihn vor dem Kochen in etwas Fett anbrät, genügt etwas weniger Wasser. Buchweizen wird ins kochende Wasser gegeben und zugedeckt gekocht, wobei die Garzeit für geschroteten Buchweizen 15 bis 30 Minuten beträgt, während ganze Körner etwa 30 Minuten benötigen. Um zu verhindern, dass die Körner breiig werden und fade schmecken, kann man ein geschlagenes Ei unter das Getreide rühren, die Mischung kurz in der Pfanne erhitzen und erst dann ins kochende Wasser geben. Das im Ei enthaltene Albumin, ein löslicher Eiweißstoff, versiegelt die Körner und verhindert, dass sie zerkochen. Buchweizen kann auch zusammen mit Reis gegart werden.

Serviervorschläge

Geschroteter oder ganzer gerösteter Buchweizen (Kascha) wird ähnlich wie Reis oder Kartoffeln verwendet. Meist wird er als Beilage serviert, oder man gibt ihn zu Suppen, Eintöpfen und Gebäck. Ungerösteter Buchweizen hat einen milderen Geschmack und passt besser zu feinen Speisen wie Fisch oder Desserts; er schmeckt aber auch gut im Frühstücksmüsli. Man kann Buchweizen ohne weitere Zutaten kochen oder mit anderen Getreidearten mischen.

Da Buchweizenmehl kein Gluten enthält, gehen Buchweizenteige beim Backen nicht auf. Buchweizen muss zum Brotbacken oder für andere gesäuerte Backwaren mit Weizenmehl vermischt werden. Buchweizenmehl verwendet man für Nudeln, Pfannkuchen, Polenta, Plätzchen und die traditionellen Buchweizenkuchen. Aus Buchweizenmehl werden auch *Blinis* hergestellt, kleine russische Pfannkuchen, die zu Kaviar serviert werden. Die japanischen *Soba*-Nudeln bestehen aus einer Buchweizen- und Weizenmehlmischung.

Aufbewahrung

Buchweizenmehl wird nicht so schnell ranzig, wenn es luftdicht verpackt im Kühlschrank gelagert wird. Kascha sollte ebenfalls luftdicht verpackt an einem kühlen und trockenen Ort aufbewahrt werden. Kühl und trocken gelagert bleiben Buchweizenkörner bis zu 1 Jahr frisch, Buchweizenmehl hält sich dagegen nur einige Monate.

gerösteter Buchweizen

Hafer

Avena sativa, Gramineae

Der Hafer, von dem es Hunderte verschiedener Sorten gibt, wächst auch in Regionen, in denen andere Getreidearten nicht gedeihen. Seine gelben Ähren ähneln denen der Hirse.

Verschiedene archäologische Funde belegen, dass unsere heutigen Hafersorten von dem wilden roten Hafer abstammen, der vermutlich in Asien beheimatet ist. Erste Überlieferungen vom Anbau dieser Getreideart reichen bis zu den Anfängen des Christentums zurück. Die alten Chinesen schätzten Hafer als einziges asiatisches Volk. Dagegen betrachteten ihn vor allem Griechen und Römer lange Zeit als Unkraut.

Haferkörner

Später zählte Hafer in Europa lange Zeit zu den wichtigsten Wirtschaftsgütern. Bis zum 19. Jahrhundert war er eines der Hauptnahrungsmittel in England, Schottland, Skandinavien und Deutschland und gelangte im frühen 17. Jahrhundert durch die ersten schottischen Siedler auch nach Nordamerika. Derzeit ist Russland der weltweit größte Haferproduzent, gefolgt von den USA, Kanada, Deutschland, Polen und Finnland.

Hafer gedeiht am besten in kühlen, feuchten Regionen, passt sich aber ohne weiteres auch anderen klimatischen Bedingungen an und kann problemlos auf Böden angebaut werden, auf denen die meisten anderen Getreidearten nicht gedeihen würden. Die Rispen der einjährigen Pflanze, die zwischen 0,5 und 1,5 m hoch wird, bestehen aus 10 bis 75 Ähren, die sich bei der Reifung gelb färben und den Hirseähren ähneln. Die je nach Sorte weißen, gelben, grauen, roten oder schwarzen Körner sind meistens von kleinen Härchen bedeckt. Die mehreren hundert Hafersorten werden in Winter- und Sommerhafer unterschieden. Die am häufigsten angebaute Kulturform in Europa und Nordamerika ist der Saathafer *(Avena sativa)*. Nach der Farbe der Spelzen unterscheidet man außerdem Weißhafer (für die Nährmittelherstellung), Gelb-, Schwarz- und Braunhafer.

Nach der Ernte werden die Haferkörner gewaschen, getrocknet und geröstet. Durch das Rösten erhalten die Körner nicht nur ihren typischen Geschmack, sondern sind auch länger haltbar und lassen sich leichter von der unverdaulichen äußeren Spelze trennen. Nach dem Rösten werden die Körner abgekühlt und sortiert, wobei die beschädigten Körner als Viehfutter zurückbehalten werden. Im Gegensatz zum Weizen wird Hafer nicht raffiniert, sondern mit Kleie und Keim zu Hafergrütze, Haferschrot, Vollkornhaferflocken, Haferflocken, Schmelzflocken, Haferkleie und Hafermehl verarbeitet.

Bei der Herstellung von **Hafergrütze** und **Haferschrot** werden die entspelzten, gerösteten Haferkörner grob oder fein zerkleinert. Für **Vollkornhaferflocken** werden die entspelzten Körner gedämpft und mit Hilfe von Rollen zu flachen Flocken verarbeitet. **Haferflocken** sind zerkleinerte Vollkornhaferflocken, die im Vergleich zu diesen jedoch weniger aromatisch schmecken. **Schmelzflocken** sind vorgekochte und getrocknete Haferkörner, die mit Rollen sehr fein gepresst werden. Dieses Fertigprodukt, das den gleichen Nährwert hat wie zarte Haferflocken, braucht vor dem Verzehr nur noch mit etwas kochendem Wasser angerührt zu werden. Die **Haferkleie**, die sich in den äußeren Schichten des Korns unter der unverdaulichen Hülle befindet, ist länger und schmaler als Weizenkleie. Sie wird als eigenständiges Produkt angeboten, kann aber auch in den verschiedenen Haferflockensorten enthalten sein. **Hafermehl** enthält kein Gluten (Klebereiweiß) und eignet sich deshalb nicht zum Backen. Zum Brotbacken oder für andere gesäuerte Backwaren muss es deshalb mit Weizenmehl vermischt werden. Backwaren aus Hafermehl sind meist etwas kompakter als Weizenmehlprodukte.

Hafer

Nährwerte

	Haferkleie (Vollkorn)	*Haferkörner*
Kalorien	352	337
Ballaststoffe	10 g	9,7 g
Kohlenhydrate	58,7 g	55,7 g
Fett	7,0 g	7,1 g
Eiweiß	13,5 g	12,6 g
Wasser	13 %	13 %
		je 100 g

Im Gegensatz zu den meisten anderen Getreidearten werden dem Haferkorn nach dem Entspelzen Keim und Kleie nicht entzogen, sodass die Haferprodukte besonders nährstoffreich sind. Der Hafer ist mit 7 % Öl im entspelzten Korn das fettreichste Getreide und wird infolge seines relativ hohen Gehalts an Eiweiß (12–15 %), Lezithin, ungesättigten Fettsäuren, Mineralstoffen und Vitaminen der B-Gruppe als eines der nährstoffreichsten Getreide angesehen.

In Haferflocken ist ein natürliches Antioxidationsmittel enthalten, wodurch sie lange haltbar werden. Weitere Inhaltsstoffe sind Phytinsäure und Lipase, ein fettspaltendes Enzym, das in Verbindung mit Stoffen wie Backpulver oder Kokosnussöl einen seifigen Geschmack entwickelt. Durch Wärmebehandlung wird diese Wirkung jedoch neutralisiert.

Ernährungswissenschaftlich betrachtet ist Hafer – insbesondere Haferkleie – vor allem wegen seines hohen Gehalts an löslichen Ballaststoffen sehr wichtig, da diese zur Senkung des Cholesterinspiegels im Blut beitragen. Durch seinen Gehalt an Auxinen – hormonähnliche pflanzliche Stoffe, die das Wachstum der Pflanze fördern – ist er vor allem für Kinder empfehlenswert. Außerdem enthält Hafer reichlich Kieselerde, die eine harntreibende Wirkung besitzt.

Serviervorschläge

Bei uns kennt man Hafer vor allem in Form von Haferflocken im Frühstücksmüsli, in England kocht man die Flocken dagegen häufig als Porridge zum Frühstück. Darüber hinaus lassen sich die verschiedenen Haferprodukte in Kuchen, Plätzchen, Crêpes und Brot verarbeiten. Zarte Haferflocken können auch zum Andicken von Suppen, Eintöpfen, Frikadellen, Pasteten und Puddings verwendet werden. Zum Garen rechnet man ½ bis ¾ l Wasser auf 250 g Hafergrütze oder Vollkornhaferflocken bei einer Garzeit von 10 bis 25 Minuten. Zarte Haferflocken benötigen dagegen nur 3 bis 5 Minuten; man rechnet etwa ¼ l Wasser auf 250 g Flocken.

Wer gerne und häufig Haferflocken isst, für den lohnt sich die Anschaffung einer Flockenquetsche. Denn frisch gequetscht besitzen die Haferflocken den besten Nährwert.

Haferflocken

Gerste

Hordeum vulgare, Gramineae

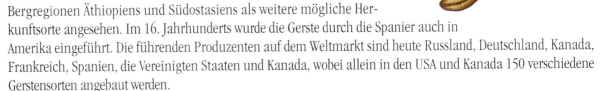

Eine der ältesten kultivierten Getreidearten ist die Gerste. Sie wird bereits in historischen Dokumenten aus der Frühzeit des Ackerbaus erwähnt und gehörte jahrtausendelang zu den wichtigsten Getreidepflanzen. Während man früher davon ausging, dass die Gerste aus den Wüsten Südwestasiens stammt, wo sie bereits vor mehr als 10 000 Jahren als Nahrungsmittel für Mensch und Tier diente, werden neueren Forschungen zufolge die Bergregionen Äthiopiens und Südostasiens als weitere mögliche Herkunftsorte angesehen. Im 16. Jahrhunderts wurde die Gerste durch die Spanier auch in Amerika eingeführt. Die führenden Produzenten auf dem Weltmarkt sind heute Russland, Deutschland, Kanada, Frankreich, Spanien, die Vereinigten Staaten und Kanada, wobei allein in den USA und Kanada 150 verschiedene Gerstensorten angebaut werden.

In vielen Ländern Asiens, Nordafrikas und des Mittleren Ostens werden Gerstenmehl und -körner zur Zubereitung verschiedener Gerichte verwendet. Bei uns dagegen gehört die Gerste nicht zu den Hauptnahrungsmitteln und wird hauptsächlich als Viehfutter, zum Brotbacken, Bierbrauen und zur Whiskyherstellung verwendet. Unter den trockeneren Wachstumsbedingungen der nördlichen Regionen gedeiht eine harte, eiweißreiche Gerste, während die weichen, stärkehaltigeren Sorten in gemäßigten Klimazonen wachsen. Zur Whiskyherstellung ist vor allem die eiweißreiche Gerste geeignet, während die weichere zum Bierbrauen verwendet wird.

Die einjährige Gerstenpflanze hat eine kurze Wachstumsperiode, da sie im Frühjahr ausgesät und noch vor dem Sommer geerntet wird. Gerste ist von allen Getreidearten am anpassungsfähigsten und toleriert sowohl Kälte und Trockenheit als auch schlechte Böden. Je nach Sorte und Wachstumsbedingungen wird die Pflanze 30 bis 120 cm hoch. Ihre Ähren setzen sich aus zwei bis drei Reihen Samenkörnern zusammen, die um eine zentrale Achse (Rachis) angeordnet sind.

Die ovalen Gerstenkörner sind meist milchig weiß, können aber auch schwarz oder violett sein. Vor der Verwertung muss die unverdauliche äußere Hülse (Spelze) entfernt werden. Der Nährstoffgehalt der Gerste hängt weitgehend davon ab, auf welche Weise die Körner weiterbehandelt werden, da sich die meisten Nährstoffe unter der äußeren Schale befinden. In unterschiedlichen Verarbeitungsstufen entstehen verschiedene Produkte wie Vollkorngerste, polierte Gerste, Perlgraupen, Gerstenflocken, Gerstenmehl und Malz.

Vollkorngerste ist Gerste, bei der nur die unverdauliche äußere Hülse entfernt wird, während die Kleie fast vollständig erhalten bleibt. Da bei dieser Verarbeitung nur wenige Nährstoffe verloren gehen, besitzen die Körner dementsprechend auch den höchsten Nährstoffgehalt.

Polierte Gerste ist Vollkorngerste, die in einem dreifachen Schleifverfahren poliert wird. Dabei verliert das Korn fast die gesamte Kleie und damit zahlreiche Nährstoffe, insbesondere Vitamine und Mineralstoffe.

Perlgraupen werden in fünf oder sechs Stufen poliert und anschließend weiter behandelt, um Körner von gleicher Größe und Form zu erzeugen. Bei diesem Verfahren wird der Keim entfernt, sodass ein Teil der Vitamine, Mineral- und Ballaststoffe sowie Fett und Proteine verloren gehen.

Gerstenflocken werden wie Haferflocken aus gepressten Körnern hergestellt und auch auf die gleiche Weise verwendet.

Gerste

Gerstenmehl wird unterschiedlich stark raffiniert; Gerstenvollkornmehl hat einen nussartigen Geschmack und ist dunkler als Weizenvollkornmehl.

Bestimmte Gerstensorten werden auch zur Herstellung von **Malz** verwendet. Dafür lässt man die Gerstenkörner keimen, um sie danach zu rösten und zu mahlen. Dieses Mehl wird anschließend vergoren, wobei die im Mehl enthaltene Stärke zunächst in verschiedene Zucker und schließlich in Alkohol umgewandelt wird. Durch den Keimungsprozess nimmt der Vitamin-B-Gehalt der Gerstenkörner zu, während der Stärkegehalt geringer wird. Malz wird hauptsächlich zur Bier- und Whiskyherstellung verwendet.

Die eiweißreiche harte Gerste wird vor allem zur Whiskyherstellung verwendet, während sich die stärkehaltige weiche Gerste besser zum Bierbrauen eignet.

Serviervorschläge

Wie die meisten anderen Getreidearten werden die verschiedenen Gerstenprodukte auf vielfältige Weise verwendet. Sie sind Zutat in Suppen und Eintöpfen, können ohne weitere Zutaten gegart oder in Form von Perlgraupen mit Reis vermischt werden. Man kann sie in Pasteten, Kroketten, Puddings und Desserts verwenden. Durch ihre leicht gummiartige Konsistenz verleihen sie auch gemischten Salaten eine eigene Note.

Gerste wird bei der Herstellung von Miso genutzt (siehe *Miso*). Das Malz aus gemahlener gerösteter Gerste dient als Kaffeeersatz und wird im Frühstücksmüsli verwendet. Mit Malzsirup werden auch Milchmixgetränke und industriell hergestellte Kuchen aromatisiert. Gerstenmehl verwendet man zum Andicken von Suppen und Saucen oder um verschiedenen Gerichten einen leicht süßlichen Geschmack zu verleihen. Außerdem wird Gerstenmehl für Plätzchen, Brot, Crêpes und Kuchen verwendet; wegen seines geringen Glutengehalts muss man es allerdings mit Weizenmehl mischen, da der Teig sonst nicht aufgeht.

Gerste gehört zu den Hauptnahrungsmitteln der Tibeter, die aus geröstetem Gerstenmehl einen dicken Brei, *Tsampa* genannt, und ein alkoholisches Getränk zubereiten, das sie *Chang* nennen.

Perlgraupensuppe

FÜR 4 BIS 6 PORTIONEN

250 g Perlgraupen
2 l klare Rinderbrühe
3 Möhren
1 große Zwiebel
2 Stangen Sellerie
Salz und frisch gemahlener Pfeffer
½ Bund Petersilie

1. Die Perlgraupen in ein feines Sieb geben und mit warmem Wasser waschen. Das Gemüse putzen oder schälen und waschen.

2. Rinderbrühe, Perlgraupen und Gemüse in einem Topf zum Kochen bringen und 30 Minuten zugedeckt bei schwacher Hitze köcheln lassen.

3. Das Gemüse herausnehmen und die Brühe mit Salz und Pfeffer abschmecken. Die Petersilie waschen, trockenschwenken und fein hacken. Die Suppe mit der gehackten Petersilie bestreut servieren.

Nährwerte

	Perlgraupen
Kalorien	338
Ballaststoffe	4,6 g
Kohlenhydrate	71 g
Fett	1,4 g
Eiweiß	10,4 g
Wasser	12,2 %
	je 100 g

Perlgraupen enthalten Nikotinsäure, Eisen, Zink, Magnesium, Kalium, Folsäure, Vitamin B_1 und B_6, Kupfer und Phosphor.

Gerste enthält außerdem viele Ballaststoffe, von denen einige auch wasserlöslich sind. Wie bei allen anderen Getreidearten sind auch bei der Gerste bestimmte Proteine nur in unzureichender Menge enthalten, darunter die Aminosäuren Tryptophan und Lysin (siehe *Einführung*).

Gerste wirkt tonisierend und regenerierend; sie soll bei Durchfall helfen und die Atmungsorgane stärken. Gerstentee gilt als wirksames Mittel zur Linderung von Husten.

Zubereitung

Vollkorngerstenkörner werden zugedeckt bei schwacher Hitze etwa 1 Stunde gegart, wobei man ¾ bis 1 l Wasser auf 250 g Gerstenkörner rechnet. Vollkorn- und polierte Gerstenkörner sollten zuvor einige Stunden in Wasser eingeweicht werden, das anschließend zum Kochen verwendet wird.

Hirse

Panicum miliaceum und *Setaria italica*, Graminae

Rispenhirse

Hirse wurde schon in frühgeschichtlicher Zeit in Asien und Nordafrika angebaut, doch ist ihre genaue Herkunft bis heute nicht ganz geklärt. Während manche annehmen, dass die Hirse aus Ost- oder Zentralasien stammt, gehen andere von Äthiopien als ursprünglichem Herkunftsland aus. Bei uns zählte Hirse im Mittelalter, als Kartoffeln und Mais noch unbekannt waren, zur alltäglichen Kost. Heutzutage wird sie dagegen in Westeuropa und Nordamerika fast ausnahmslos nur noch als Viehfutter angebaut, während sie in Osteuropa nach wie vor sehr beliebt ist. In Asien und Afrika, wo Hirse zu den wichtigsten Grundnahrungsmitteln gehört, werden 87% des weltweiten Ertrags produziert, wobei Indien mit 40% an der Spitze steht, gefolgt von China und Nigeria.

Die Hirsepflanze verträgt große Hitze und schlechte Böden, reagiert allerdings empfindlich auf niedrige Temperaturen. Im Gegensatz zu anderen Getreidearten bilden die meisten Hirsesorten keine Ähren, sondern Rispen aus. Die Hirsekörner sind klein und rundlich und je nach Sorte weiß, grau, gelb, rot oder rotbraun. Bei den meisten Sorten sind die Samenkörner nach dem Dreschen noch von der Spelze umschlossen. Nachdem diese entfernt worden ist und die Körner poliert wurden, werden sie entweder im Ganzen belassen, gemahlen oder zu Flocken verarbeitet.

Zu den bekanntesten Hirsesorten zählt die **Rispenhirse** *(Panicum miliaceum)*, die schon in frühgeschichtlicher Zeit verwendet wurde. Sie wird heute vor allem in Russland, China, Japan, Indien, Südeuropa und Nordafrika angebaut und dient als Nahrungsmittel für den Menschen und als Viehfutter.

Die **Kolben-** oder **Borstenhirse** *(Setaria italica)* stammt aus Asien und stand früher vor allem in China in hohem Ansehen. Im 19. Jahrhundert gelangte sie in die USA und entwickelte sich dort zu der bekanntesten Hirsesorte, die heute hauptsächlich als Viehfutter genutzt wird. In Russland verwendet man sie vor allem zum Bierbrauen, in England dient sie zumeist als Vogelfutter.

Perlhirse *(Panicum miliare)*, die vorwiegend in Indien angebaut wird, wächst auch auf kargen Böden und verträgt im Gegensatz zu anderen Hirsesorten große Trockenheit und Überschwemmungen.

Sorghum *(Sorghum vulgare)*, auch Milo, Mohrenhirse oder Kaffernkorn genannt, wird seit 4000 Jahren in Afrika und Asien kultiviert. Sorghum gehört nach Weizen, Reis, Mais und Gerste weltweit zu den wichtigsten Getreidearten und ist eines der Hauptnahrungsmittel in Afrika, Indien und China. In Nordamerika dienen dagegen nur 1,4% der jährlichen Sorghumernte als Nahrungsmittel für den Menschen, während der Rest als Viehfutter verwendet wird.

Von den etwa 70 Sorten dieser Getreideart sind die meisten einjährige Pflanzen. Sorghum bevorzugt tropische bis subtropische Temperaturen. Es wächst problemlos auch in solchen Regionen, die für Reis, Weizen und Mais zu trocken sind, und passt sich gleichermaßen sehr feuchten wie auch sehr trockenen Bedingungen an.

Teff oder **Tefi** *(Eragrostis tef)* ist eine weitere Getreideart, die der Hirse zugeordnet wird. Ursprünglich stammt sie wahrscheinlich aus Äthiopien, wo sie seit Jahrtausenden verwendet wird und bis 1988 auch ausschließlich dort angebaut wurde. Bei uns ist Teff erst seit kurzem erhältlich und wird mittlerweile auch in Indien, Kenia und Südafrika als Viehfutter und als Nahrungsmittel für den Menschen kultiviert.

Hirse

Serviervorschläge

Hirse, die ein kräftiges Aroma besitzt, stellt eine schmackhafte Alternative zu anderen Getreidearten dar und wird in Suppen, Omelettes, Kroketten, Fleischpasteten, Pudding oder auch im Müsli verwendet. Man kann sie im Ganzen oder in Form von Grieß zu Porridge kochen oder die Körner keimen lassen und als schmackhafte Zutat in Salaten oder anderen Gerichten verwenden. Vor allem in Afrika wird aus den gegorenen Körnern Alkohol oder Bier hergestellt.

Hirsemehl enthält kein Gluten (Klebereiweiß) und eignet sich deshalb vor allem zur Herstellung von Fladenbrot, das in weiten Teilen Afrikas und Asiens sehr beliebt ist. Hirsemehl oder -schrot kann mit Weizenmehl vermischt auch für Kuchen, Pasteten und Plätzchen verwendet werden.

Sorghummehl enthält ebenfalls kein Gluten und muss zum Backen mit Weizenmehl vermischt werden. Die ganzen Körner werden wie Reis oder Hirse zubereitet; in Form von Grieß kann man Sorghum zu einem Brei kochen oder für Kuchen verwenden. In Afrika wird aus Sorghum Bier hergestellt, und die Chinesen bereiten daraus alkoholische Getränke wie etwa das *Mao-tai*, das 53% Alkohol enthält.

Teffkörner werden entweder im Ganzen belassen verwendet oder zu leicht grobkörnigem oder feinem Mehl zermahlen. Auch dieses Mehl geht beim Backen nicht auf und wird häufig zur Herstellung schmackhafter süßer Fladenbrote verwendet, beispielsweise für *Injera*, eine äthiopische Spezialität, oder *Faffa*, das aus fein zermahlenem Teff- und Kichererbsenmehl sowie Magermilch, Zucker und Salz besteht.

Zubereitung

Ganze Hirsekörner werden bei schwacher Hitze 30 bis 40 Minuten zugedeckt gegart, wobei man ½ l Flüssigkeit (Wasser oder Brühe) auf 250 g Getreide rechnet. Die Körner sollten zuvor jedoch in kaltem Wasser eingeweicht werden, das dann zum Kochen verwendet wird. Man kann sie vor dem Kochen aber auch in einer Pfanne in etwas Öl bei mittlerer Hitze und unter ständigem Rühren goldbraun rösten, wodurch sie einen nussartigen Geschmack annehmen, und erst dann die Kochflüssigkeit zugeben.

Für Porridge werden ganze Teffkörner bei schwacher Hitze zugedeckt 15 Minuten gegart, wobei man ¾ l Wasser oder Milch pro 250 g Getreide rechnet.

Aufbewahrung

In einen gut verschlossenen Behälter verpackt und kühl, trocken und lichtgeschützt aufbewahrt sind ganze Hirsekörner einige Monate haltbar.

Nährwerte

Kalorien	354
Ballaststoffe	3,8 g
Kohlenhydrate	69 g
Fett	3,9 g
Eiweiß	10,6 g
Wasser	12,5 %
	je 100 g

Hirse enthält sehr viel Magnesium sowie viel Nikotinsäure, Vitamin B_1, B_2 und B_6, Folsäure, Kalium, Phosphor, Eisen, Zink und Kupfer. Hirse enthält mehr hochwertiges Eiweiß als Weizen, Reis oder Mais, wobei dieses jedoch nur geringe Mengen der essenziellen Aminosäuren Lysin und Tryptophan besitzt. Hirse gehört zu den wenigen alkalischen Getreidearten, ist leicht verdaulich und verursacht keine Allergien. Ihr typisches Aroma verdankt die Hirse ihrem hohen Gehalt an Kieselerde, ein Mineralstoff, der den Cholesterinspiegel und den Knochenaufbau positiv beeinflusst.

Hirse wirkt leicht abführend und soll eine heilende Wirkung bei Gallensteinen, Magengeschwüren und Dickdarmentzündungen besitzen. Außerdem enthält sie eine klebrige Substanz, die möglicherweise eine positive Wirkung auf Blase und Nieren sowie auf den gesamten Verdauungsapparat hat.

Der Nährstoffgehalt von Sorghum entspricht dem von Mais, doch enthält Sorghum im Vergleich zu diesem mehr Eiweiß und Stärke sowie weniger Fett. Weitere Inhaltsstoffe sind Nikotinsäure, Vitamin B_1, Eisen, Kalium und Phosphor.

Reis

Oryza sativa, Gramineae

Basmatireis

Reis wurde schon vor mehr als 6000 Jahren in China angebaut und entstammt dem in Südostasien heimischen wilden Reis. Durch die Araber gelangten die ersten Reispflanzen nach Griechenland – die botanische Bezeichnung *Oryza* ist das griechische Wort für Reis – und von dort um 326 v. Chr. durch Alexander den Großen nach Indien. 700 n. Chr. führten die Mauren den Reis in Spanien ein, und über die Spanier gelangte er Anfang des 17. Jahrhunderts auch nach Südamerika.

Nach Weizen ist Reis weltweit die am häufigsten angebaute Getreideart. Mindestens 50 % aller Menschen decken die Hälfte ihres täglichen Energiebedarfs mit Reis. In Asien, das 94 % des weltweiten Ertrags produziert, ist Reis das wichtigste Grundnahrungsmittel überhaupt. Die Bedeutung, die dem Reis in diesem Teil der Welt zukommt, zeigt sich auch in der Sprache. So bedeutet beispielsweise das chinesische Wort für Reis gleichzeitig »Landwirtschaft«, und in manchen Sprachen und regionalen Dialekten ist das Wort »essen« gleichbedeutend mit »Reis essen«, bzw. Reis und Nahrung werden mit dem gleichen Wort bezeichnet. China, Indien, Indonesien, Bangladesh und Thailand sind auch heute noch die weltweit wichtigsten Reisproduzenten, wobei aber auch andere Länder inzwischen an Bedeutung gewinnen.

Reis ist eine einjährige Gräserart, die ursprünglich auf dem Trockenen wuchs, sich jedoch durch wiederholte Mutationen zur Sumpfpflanze entwickelte. Sie toleriert extreme klimatische Bedingungen, gedeiht jedoch am besten in heißen und feuchten tropischen Zonen, wobei je nach Klima jährlich eine oder mehrere Ernten möglich sind. Die Pflanze erreicht eine Länge von etwa 60 cm bis knapp 2 m und bildet verzweigte Halme aus, die in 20 bis 30 cm langen Rispen auslaufen. Diese bestehen aus jeweils 50 bis 300 Blüten oder »Ährchen«, die sich nach der Befruchtung zu Reiskörnern entwickeln.

Die traditionelle Methode des Reisanbaus umfasst mehrere mühsame Arbeitsgänge, wobei vor allem die Landarbeiter in den asiatischen Ländern sehr harten Bedingungen ausgesetzt sind. Dort werden die Reiskörner auch heute noch einzeln von Hand ausgesät. Sobald die Schösslinge eine bestimmte Höhe erreicht haben, werden die Felder überflutet und die jungen Pflanzen von Hand versetzt. Nach der Blüte legt man die Felder wieder trocken, und 4 bis 6 Monate nach der Aussaat werden die Reiskörner von Hand geerntet. Mit dieser Überflutungsmethode werden 90% der gesamten Reisernte produziert, während der Rest »trocken« angebaut wird. In reicheren Ländern und vor allem in den USA ist das viele Jahrhunderte alte Verfahren der Handarbeit längst weitgehend durch hoch technisierte Methoden ersetzt worden, das heißt, die vorgekeimten Reiskörner werden größtenteils vom Flugzeug aus ausgesät, und zur Ernte werden Mähdrescher eingesetzt.

Kulturreis wird in zwei Hauptarten unterteilt: der aus Asien stammende *Sativa* oder weiße Reis, der am weitesten verbreitet ist, und der *Glaberrima* oder afrikanische Reis, der vorwiegend in Afrika angebaut wird. Der afrikanische Reis ist jünger und weniger häufig als die *Sativa*-Art, da er empfindlicher auf klimatische Veränderungen reagiert. Zu diesen beiden Reisarten gehören mehr als 8000 verschiedene Reissorten, die entsprechend der Körnerlänge in Rund-, Mittel- und Langkornreis unterteilt werden. Wildreis gehört weder zur *Sativa*- noch zur *Glaberrima*-Art, sondern zu einer ganz anderen Familie (siehe *Wildreis*).

Rundkornreis ist 4 bis 5 mm lang und wird durch seinen höheren Stärkeanteil beim Kochen meistens klebrig.

Mittelkornreis ist 5 bis 6 mm lang und etwas dicker als Langkornreis; diese Sorten bleiben beim Kochen körnig und locker, neigen jedoch dazu, beim Abkühlen zusammenzukleben.

Langkornreis ist mindestens 6 mm lang und bleibt auch gegart locker und körnig.

Reis

Das Reiskorn wird von einer harten, unverdaulichen Hülse (Spelze) umschlossen, die in speziellen Mühlen durch Schleifen entfernt wird, wobei die unterschiedlichen Schleifmethoden vom traditionellen Dreschen und Zerstoßen von Hand bis zu modernen Verfahren reichen, bei denen mechanische Bürsten eingesetzt werden. Durch das Schleifen werden Geschmack, Nährwert und Haltbarkeit des Reiskorns bestimmt, das aus mehreren Schichten mit unterschiedlichem Nährstoffgehalt besteht. So befinden sich über 80% des im Reiskorn enthaltenen Vitamins B_1, 56% Vitamin B_2, 65% Niacin (Nikotinsäure), 60% Pantothensäure sowie 85% des gesamten Fettgehalts in den äußeren Schichten, sodass der Nährstoffgehalt davon abhängt, wie viel davon beim Schleifen entfernt wird.

Im Handel werden verschiedene Reissorten angeboten, die sich nicht nur nach der Körnergröße, sondern auch nach der jeweiligen Verarbeitung voneinander unterscheiden.

Brauner Reis oder **Naturreis** ist Vollkornreis, bei dem nur die äußere unverdauliche Spelze, nicht aber die äußeren Schichten des Reiskorns entfernt wurde. Er enthält häufig grüne Körner, die zum Zeitpunkt der Ernte noch nicht voll ausgereift waren und deren Entfernung nach der Ernte zu mühsam und kostspielig wäre. Grüne Körner sind zwar auch im weißen Reis enthalten, fallen dort aber weniger auf, da weißer Reis geschliffen wird. Brauner Reis enthält noch alle Nährstoffe und hat ein intensives nussartiges Aroma.

Brauner Parboiled Reis wird wie weißer Parboiled Reis (siehe unten) vorbehandelt, wodurch sich die Garzeit von etwa 40 bis 50 Minuten auf 25 Minuten verkürzt. Darüber hinaus wird durch das Parboilverfahren die Haltbarkeit verbessert, da es jene Substanzen neutralisiert, durch die das im Keim enthaltene Öl ranzig wird. Im Gegensatz zu weißem Parboiled Reis enthält brauner Parboiled Reis jedoch noch Kleie und Keime und ist deshalb ebenfalls sehr nährstoffreich.

Weißer Reis wird geschliffen und poliert. Dadurch verliert er einen Großteil seiner Nährstoffe, das heißt, sein Gehalt an Nikotinsäure (Niacin), Vitamin B_1, Magnesium, Zink, Eisen und Ballaststoffen ist um vieles geringer als der von braunem Reis. In einigen Ländern, etwa in den USA, wird weißer Reis meist mit Eisen, Niacin und Vitamin B_1 angereichert, um die Nährstoffverluste wenigstens etwas auszugleichen. Manchmal werden die Körner noch mit Magnesiumsilikat oder einer Mischung aus Glukose und Talk (der beim Polieren der Körner abfällt) behandelt, damit sie heller und glänzender aussehen.

Weißer Parboiled Reis wird vor dem Schleifen eingeweicht und mit Dampfdruck behandelt. Durch dieses Parboilverfahren werden die im Keim und in den äußeren Schichten des Reiskorns enthaltenen wasserlöslichen Vitamine und Mineralstoffe ins Innere des Korns gepresst, sodass sie während des Schleifens nicht verloren gehen. Parboiled Reis ist leicht durchsichtig und hat eine gelbliche Färbung, wird während des Kochens jedoch weiß. Er klebt für gewöhnlich nicht zusammen und ist lockerer und von feinerem Aroma als brauner Reis. Nach diesem ist Parboiled Reis am nährstoffreichsten, enthält jedoch durch das Entfernen der Kleie nur noch geringe Mengen Ballaststoffe. Außerdem wird durch das Parboilverfahren seine Haltbarkeit verbessert, da er nicht so schnell ranzig wird.

Minutenreis ist geschliffener und polierter weißer Reis, der vorgekocht angeboten wird, sodass sich die Kochzeit auf wenige Minuten verkürzt. Gegart ist dieser Reis zwar körnig und locker, hat dafür aber kaum noch Eigengeschmack und besitzt noch weniger Nährstoffe als weißer Reis.

Arborio wird der klassische weiße Rundkornreis genannt, der vor allem in Italien angebaut wird und eine wichtige Grundzutat in vielen italienischen Gerichten ist. Er gilt als eine der besten Reissorten, da er sehr viel Flüssigkeit aufsaugen kann, ohne breiig zu werden.

Duftreis nennt man äußerst aromatische Reissorten, zu denen vor allem der köstliche **Basmatireis** zählt. Er wird in Indien angebaut und bei uns als weißer wie auch als Vollkornreis angeboten. Er besitzt eine lockere, körnige Struktur und ist wichtiger Bestandteil der indischen Küche. Auch **Jasminreis** ist eine sehr beliebte Duftreissorte.

Die meisten Reissorten werden auf überfluteten Feldern angebaut. Nach Weizen ist Reis weltweit das wichtigste Getreide.

Reis

Vorbereitung

 Weißer Reis, weißer Parboiled Reis und Minutenreis müssen vor dem Kochen nicht eingeweicht werden, dagegen sollten brauner Reis und brauner Parboiled Reis vorher etwa 1 Stunde weichen können, damit sie nach dem Kochen körnig bleiben. Auch weißer oder brauner Basmati-, Jasmin- und anderer Duftreis sollten vor dem Kochen in kaltem Wasser eingeweicht werden, da sie dadurch körniger werden und weniger zusammenkleben. Dafür gibt man den Reis in eine Schüssel mit Wasser und erneuert das Wasser, sobald es milchig wird. Dieser Vorgang wird vier- bis fünfmal wiederholt, bis das Wasser klar bleibt.

Mittel- und Rundkornreis sollte man grundsätzlich vor dem Kochen waschen, damit sie später weniger zusammenkleben. Dafür wird der Reis in einem Sieb so lange unter fließendem Wasser gespült, bis das Wasser klar bleibt.

brauner Reis

Arborioreis

weißer Reis

Zubereitung

Reis kann auf verschiedene Arten zubereitet werden. Dazu zählen Kochen, Dämpfen und Garen in Fett.

Kochen

Bei dieser Methode wird der Reis in Wasser, klarer Brühe oder Milch gekocht, wobei man 1 Teil Reis auf 2 Teile Kochflüssigkeit rechnet.

Die Garzeiten hängen von der jeweiligen Reissorte sowie vom persönlichen Geschmack ab, sodass die folgenden Angaben nur Anhaltspunkte sein können:

Brauner Reis: 40 bis 50 Minuten

Brauner Parboiled Reis: 25 Minuten

Weißer Reis: 15 Minuten

Duftreis (Basmatireis, Jasminreis): 20 Minuten

Minutenreis: 5 Minuten

• Die gängigste Methode ist, den Reis mit der entsprechenden Flüssigkeitsmenge in einem Topf zugedeckt zum Kochen zu bringen, dann die Hitze zu reduzieren und den Reis zugedeckt bei schwacher Hitze köcheln zu lassen, bis die Flüssigkeit aufgesogen ist.

• Eine andere Möglichkeit ist, die Flüssigkeit zum Kochen zu bringen und erst dann den Reis zuzugeben, um ihn bei schwacher Hitze zugedeckt kochen zu lassen, bis er die Flüssigkeit aufgenommen hat.

• Bei einer weiteren Methode wird der Reis in einen Topf gegeben, großzügig mit Wasser bedeckt und zugedeckt zum Kochen gebracht. Dann reduziert man die Hitze und lässt den Reis knapp fertig garen. Anschließend wird der Reis auf ein Sieb abgegossen und im Backofen bei 150 °C (Umluft 130 °C, Gas Stufe 1) 7 bis 15 Minuten getrocknet.

• Das Ausquellen ist ebenfalls eine beliebte Garmethode, da der Reis dadurch besonders locker und körnig wird. Dafür den Reis in einen Topf geben und gerade eben mit Wasser bedeckt bei starker Hitze zugedeckt zum Kochen bringen. Danach den Reis bei mittlerer Hitze ohne umzurühren so lange garen, bis sich kleine Risse an der Oberfläche bilden – ein Zeichen, dass die Flüssigkeit weitgehend verdampft bzw. von den Körnern aufgesogen ist. Die Hitze reduzieren und den Reis zugedeckt etwa weitere 15 Minuten garen, wobei man darauf achten muss, dass er nicht am Topfboden ansetzt. Damit der Reis nicht zusammenklebt, ist es außerdem wichtig, dass er möglichst nicht oder höchstens einmal umgerührt wird, sobald sich die Risse gebildet haben.

• Brauner Reis wird im Einweichwasser zugedeckt bei schwacher Hitze 40 bis 50 Minuten gekocht. Man kann ihn aber auch nur 35 bis 40 Minuten kochen und weitere 10 Minuten bei ausgeschaltetem Herd zugedeckt ruhen lassen.

• Der zarte, aromatische Basmatireis benötigt weniger Kochflüssigkeit (etwa 0,3 l Flüssigkeit auf 250 g vorgeweichten Reis, etwas mehr bei trockenem Reis) und sollte bei schwacher Hitze zugedeckt 20 Minuten garen. Danach den Herd ausschalten und den Reis noch 10 Minuten ruhen lassen.

Reis

- Für festen, körnigen Reis sollte die Wassermenge und die Kochzeit etwas reduziert werden. Für weicheren Reis verwendet man entsprechend etwas mehr Wasser und lässt ihn etwas länger kochen.
- Wenn der Reis nicht sofort serviert wird, sollte die Kochzeit ein wenig verkürzt und der Reis später fertig gekocht werden. Je mehr Reis gekocht wird, desto länger wird die Hitze im geschlossenen Topf gespeichert, und umso kürzer ist die weitere Garzeit.
- Wenn der Reis fast gar, aber noch zuviel Kochflüssigkeit übrig ist, lässt man ihn am besten bei großer Hitze offen fertig garen, sodass die Flüssigkeit schneller verdampfen kann. Dabei sollte man jedoch darauf achten, dass der Reis nicht am Topfboden ansetzt.
- Um zu verhindern, dass der Reis nach dem Kochen zusammenklebt, sollte er während des Garprozesses möglichst nicht umgerührt werden.

Dämpfen

Dämpfen ist zwar ein weniger übliches Garverfahren, doch werden bei dieser Methode die im Reis enthaltenen Nährstoffe am meisten geschont, und der Reis wird schön locker und körnig. Dafür gibt man den Reis in einen Topf mit Siebeinsatz und lässt ihn zugedeckt bei mittlerer bis starker Hitze über kochendem Wasser garen.

Garen in Fett

Auch bei dieser Methode, die vor allem bei der Zubereitung von Risotto, Paella, griechischem Reis, Reispilaws und Reis nach kreolischer Art angewendet wird, bleibt der Reis körnig und klebt auch nach dem Garen nicht zusammen. Dafür wird der Reis zunächst einige Minuten unter ständigem Rühren in etwas Fett oder Butter glasig angebraten. Dann gibt man die entsprechende Menge Flüssigkeit hinzu und lässt den Reis zugedeckt bei schwacher Hitze so lange köcheln, bis die Flüssigkeit aufgesogen ist.

Serviervorschläge

Reis ist äußerst vielseitig verwendbar und schmeckt sowohl als Beilage zu vielen Gemüse-, Fleisch-, Geflügel- und Fischgerichten als auch als Hauptbestandteil von Gerichten wie Risottos, Pilaws, Paellas und indischen Currys. Man gibt ihn in Suppen, Fleisch- und Gemüsefüllungen, verarbeitet ihn zu Kroketten oder pikanten Salaten, und er schmeckt als Milchreis mit Zimt und Zucker oder in Puddings, Pasteten und Kuchen.

Außerdem wird Reis zur Herstellung von Nudeln, Essig und *Miso* verwendet. Gemahlener Reis ergibt ein aromatisches, leicht grobkörniges, süßliches Mehl, das Kuchen und Mürbegebäck knuspriger macht und zum Andicken von Saucen verwendet wird. Reismehl eignet sich jedoch nicht zum Brotbacken, da es kein Gluten (Klebereiweiß) enthält.

Reis bildet auch die Grundlage bei der Herstellung verschiedener alkoholischer Getränke, die vor allem in Asien sehr beliebt sind, wie der japanische *Sake*- und *Mirin*-Wein oder der gelbliche chinesische *Chao xing*-Wein. Der leicht süßliche *Sake* enthält 14 bis 16% Alkohol und wird in kleinen Tassen heiß, warm oder kalt serviert, während der noch süßere und würzigere *Mirin* nur etwa 8% Alkohol enthält und hauptsächlich zum Kochen, etwa für Saucen, verwendet wird.

Würzreis

Jasminreis

Parboiled Reis

Reis

Reismehl

Nährwerte

Brauner Reis enthält viel Magnesium, etwas Nikotinsäure, Vitamin B_1 und B_6, Phosphor, Zink und Kupfer sowie geringfügig Pantothensäure und Kalium.

Weißer Parboiled Langkornreis enthält etwas Nikotinsäure, Magnesium, Kupfer und Pantothensäure sowie geringfügig Phosphor, Zink und Kalium.

Gegarter weißer Langkornreis enthält etwas Pantothensäure, Vitamin B_6, Magnesium und Zink sowie geringfügig Phosphor, Nikotinsäure und Kalium.

Von allen Getreidearten besitzt Reis den niedrigsten Eiweißgehalt (durch Züchtung verbesserte Sorten können bis zu 14% enthalten). Wie bei allen Getreidearten ist die essenzielle Aminosäure Lysin nur in geringen Mengen vorhanden (siehe *Einführung*). Die im Reis enthaltene Stärke besteht aus Amylose und Amylopektin; sie dehnt sich während des Kochens aus und ist leicht verdaulich.

Mit Ausnahme von braunem Reis enthält Reis nur geringe Mengen Vitamin B_1 (Thiamin), was in Ländern, in denen weißer Reis zu den Hauptnahrungsmitteln zählt, zu der Mangelkrankheit »Beriberi« führen kann, die sich in Form von Ödemen, Herzversagen, Lähmungserscheinungen, Muskelschwund und Verdauungsstörungen ausdrückt.

Gegarter Reis und insbesondere das Kochwasser sind bewährte Mittel gegen Durchfall. Außerdem soll er bei erhöhtem Blutdruck helfen und eine adstringierende Wirkung haben.

Aufbewahrung

Brauner Reis, der noch den ölhaltigen Keim enthält, sollte in einem luftdicht verschlossenen Behälter im Kühlschrank aufbewahrt werden, da er sonst schnell ranzig wird. Weißer Reis wird ebenfalls gut verschlossen, kühl und trocken bei Zimmertemperatur aufbewahrt und ist bis zu 1 Jahr haltbar.

Gegarter Reis ist leicht verderblich und bleibt im Kühlschrank nur wenige Tage frisch. Er kann jedoch ohne weiteres 6 bis 8 Monate eingefroren werden.

Reispudding
FÜR 4 PORTIONEN

300 g weißer Langkornreis	1 Eigelb
600 ml Milch	100 g Rosinen
Zucker	etwas Vanillemark
Salz	frisch geriebene Muskatnuss
1 TL Maisstärke	etwas Orangenblütenwasser
1 EL kalte Milch	

1. Den Reis unter fließendem kaltem Wasser waschen. Die Milch in einem Topf erwärmen.

2. Den Reis zusammen mit 2 Esslöffel Zucker und 1 Prise Salz zufügen und alles zugedeckt bei schwacher Hitze 25 Minuten köcheln lassen, dabei gelegentlich umrühren.

3. In einer kleinen Schüssel 1 Teelöffel Zucker mit der Maisstärke mischen. Die kalte Milch und das Eigelb zufügen und alles mit einer Gabel verquirlen.

4. Die Eiermilch in den Reis einrühren und alles unter Rühren nochmals kurz erhitzen. Den Topf vom Herd nehmen und die Rosinen sowie etwas Vanillemark unterrühren.

5. Den Reispudding in Dessertschalen verteilen und mit etwas Muskatnuss bestreuen. Zuletzt etwas Orangenblütenwasser darüber geben und den Pudding kalt oder warm servieren.

	Naturreis	*weißer parboiled Reis*	*weißer Reis*	*weißer parboiled Reis (gekocht)*
Kalorien	347	344	347	106
Ballaststoffe	2,2 g	1,4 g	1,4 g	0,3 g
Kohlenhydrate	74,1 g	78,4 g	78,4 g	24 g
Fett	2,2 g	0,5 g	0,6 g	0,2 g
Eiweiß	7,8 g	6,5 g	7,4 g	2,0 g
Wasser	13,1 %	12 %	12,9 %	73 %

je 100 g

Wildreis

Zizania aquatica, Gramineae

Wildreis ist der Same einer Wasserpflanze, die ursprünglich aus dem Gebiet der Great Lakes in Nordamerika stammt und im Sumpf- und Uferbereich von Süßwasserseen gedeiht. Wildreis wächst vorwiegend in Kanada und den Vereinigten Staaten. Er galt in der Vergangenheit bei den nordamerikanischen Indianern als äußerst geschätztes Lebensmittel, das lange Stammeskriege um die besten Territorien auslöste. Wildreis gilt heutzutage ebenfalls immer mehr als Delikatesse, sodass die Produktion in den letzten Jahren stark zugenommen hat.

Die Indianer Nordamerikas schätzten den Wildreis ganz besonders. Ihre Erntemethode bestand darin, die Halme über den Bootsrand zu biegen und die reifen Körner aus den Rispen zu schlagen.

Die Wildreispflanze ist ein einjähriges Gras, das bis zu 3 m hoch werden kann. Ihr Anbau ist allerdings sehr kostspielig, da die Pflanze sehr empfindlich auf klimatische Veränderungen sowie auf Veränderungen des Wasserstands oder Parasiten reagiert und die Ernteerträge bei ungünstigen Bedingungen dementsprechend geringer ausfallen. Darüber hinaus lässt sich Wildreis nur äußerst schwierig ernten. Bei der traditionellen Erntemethode zogen die Indianer die Halme über den Bootsrand und schlugen die reifen Körner aus den Rispen. Heutzutage werden dagegen immer mehr mechanische Erntehilfen eingesetzt, wie sie auch bei der Weizenernte üblich sind. Nach der Ernte werden die Körner gewaschen, getrocknet und von der Spelze befreit. Mit einer Länge von bis zu 1,5 cm sind sie länger als gewöhnliche Reiskörner, haben eine tief dunkelbraune Farbe und schmecken gegart leicht nussartig.

Vorbereitung

Wildreis sollte vor der Zubereitung gründlich gewaschen werden, da er häufig noch Sandpartikel enthält. Dafür gibt man ihn in ein Sieb und wäscht ihn so lange unter fließendem warmen Wasser, bis das Wasser klar bleibt. Wenn man ihn anschließend einige Stunden in Wasser einweicht, verkürzt sich die Garzeit um die Hälfte.

Serviervorschläge

Wildreis wird oft als Beilage zu Geflügel, Wild oder Meeresfrüchten serviert, da seine dunkle Farbe und das typische Aroma diese Gerichte gut ergänzen. Man kann Wildreis ohne weitere Zutaten zubereiten oder mit anderen Reissorten mischen. Er passt auch gut zu Pilzen, Gemüse, Früchten und Nüssen und ist gegart eine beliebte Zutat für Füllungen und Crêpes. Wildreis kann außerdem wie Popcorn zubereitet oder zu Mehl ausgemahlen werden.

Nährwerte

	gekocht
Kalorien	104
Kohlenhydrate	21,3 g
Fett	0,3 g
Eiweiß	14 g
Wasser	73,9 %
	je 100 g

Wildreis hat im Vergleich zu normalem Reis einen höheren Gehalt an Eiweiß, das außerdem durch seinen höheren Anteil an der essenziellen Aminosäure Lysin besonders hochwertig ist (siehe *Komplementäreiweiße*).

Wildreis ist darüber hinaus sehr nährstoffreich und enthält viel Zink sowie etwas Folsäure, Nikotinsäure, Vitamin B_2 und B_6, Magnesium, Kalium, Phosphor und Kupfer.

Wildreis

Zubereitung

Um die Garzeit zu verkürzen, kann Wildreis vor dem Kochen einige Stunden oder über Nacht eingeweicht werden. Die Einweichzeit kann außerdem verkürzt werden, indem man den Reis 5 Minuten in der vierfachen Menge Wasser kocht, von der Kochstelle nimmt, zugedeckt 1 Stunde stehen lässt und anschließend über einem Sieb abgießt. Dann bringt man die dreifache Menge Flüssigkeit (Wasser oder Brühe) zusammen mit etwas Salz zum Kochen, gibt den Reis hinein, reduziert die Hitze und lässt den Reis zugedeckt etwa 20 Minuten garen (nicht eingeweichter Reis benötigt die doppelte Garzeit). Wildreis sollte jedoch nicht zu lange garen, da er sonst an Aroma verliert und klebrig wird. Während des Kochens vergrößern sich die Reiskörner um das Vierfache.

Wildreisgratin
FÜR 4 PORTIONEN

200 g Wildreis
600 ml Hühnerbrühe
Salz und frisch gemahlener Pfeffer
1 Zwiebel
1 Stange Sellerie
200 g Champignons
3 EL Butter
120 g geriebener Emmentaler

1. Den Reis in einem Sieb unter heißem Wasser abspülen. Die Hühnerbrühe in einem Topf zum Kochen bringen. Den Reis zufügen, mit Salz und Pfeffer würzen und zugedeckt bei mäßiger Hitze 40 Minuten garen. Eventuell überschüssige Kochflüssigkeit über einem Sieb abgießen und den Reis mit einer Gabel etwas auflockern.

2. Inzwischen die Zwiebel schälen und hacken. Den Sellerie putzen, waschen und würfeln und 3 Minuten in leicht gesalzenem Wasser kochen. Die Champignons waschen, putzen und klein schneiden.

3. Die Butter in einer Pfanne zerlassen und die Zwiebelwürfel darin goldbraun braten. Die Pilze zugeben und 2 Minuten mitbraten. Den Sellerie zugeben und weitere 2 Minuten braten. Das Gemüse mit Salz und Pfeffer würzen.

4. Den Reis mit dem Gemüse mischen, in eine Auflaufform geben und mit Käse bestreuen. Das Gratin im vorgeheizten Backofen bei 190 °C (Umluft 170 °C, Gas Stufe 3) etwa 25 Minuten überbacken, bis es eine goldgelbe Kruste hat, und zu Huhn, Wachtel oder Ente servieren.

Quinoa

Chenopodium quinoa, **Chenopodiaceae**

Quinoa, das landläufig als Getreide betrachtet wird, gehört botanisch gesehen zur selben Familie wie Rote Bete, Mangold und Spinat. Die einjährige Pflanze ist in Südamerika beheimatet und wurde schon vor mehr als 5000 Jahren im Andengebiet des heutigen Bolivien, Chile und Peru kultiviert. Die Inkas betrachteten Quinoa, das früher neben Kartoffeln, Tomaten, Bohnen und Mais zu den Hauptnahrungsmitteln der Andenbewohner gehörte, als gesegnete Frucht, die sie »Mutter aller Saatpflanzen« nannten. Mit dem Einzug der spanischen Eroberer, die den Anbau unter Strafe stellten und die Felder der Indios zerstörten, verschwand Quinoa für viele Jahrhunderte von den Feldern, bis die nahrhafte Pflanze vor kurzer Zeit wiederentdeckt und 1982 erstmals in den Vereinigten Staaten angebaut wurde. Seither wird Quinoa immer beliebter, was nicht zuletzt auch auf die heutigen Anbaumethoden und wesentlich verbesserte Handelsmöglichkeiten zurückzuführen ist.

Quinoa

Quinoa, von dem es mehrere tausend Sorten gibt, ist im Vergleich zu den meisten anderen Getreidearten besonders widerstandsfähig, da die Pflanze sowohl trockene und sandige Böden als auch Kälte, Trockenheit und große Höhen toleriert. Sie erreicht eine Höhe von 1 bis 3 m und entwickelt kleine Samenkörner, die wie eine Kreuzung aus Hirse und Sesamsamen aussehen. Je nach Sorte ist ihre äußere Schale durchsichtig oder aber rosa, orange, rot, violett oder schwarz. Der Quinoasamen ist gewöhnlich gelb und besitzt einen großen Keim, aus dem die neue Pflanze entsteht. Die meisten Nährstoffe des Samens sind im Keim enthalten, der auch für die Widerstandskraft der Pflanze verantwortlich ist. Die Körner sind von einer Saponinschicht bedeckt – einem bitteren, seifigen Harz, das in Verbindung mit Wasser eine Art Schaum entwickelt –, die vor dem Verzehr abgewaschen werden muss. Bei der industriellen Verarbeitung werden die Samen in einer alkalischen Lösung gereinigt oder aber trocken abgeschliffen. Quinoa wird bei uns vor allem in Naturkostläden angeboten.

Vorbereitung

Wegen möglicher Saponinrückstände muss Quinoa vor der Zubereitung gründlich unter fließendem Wasser gewaschen werden, indem man die Samenkörner dabei zwischen den Händen reibt. Solange sie bitter schmecken oder das Wasser Schaumrückstände zeigt, ist das Saponin noch nicht vollständig entfernt, und die Körner sollten nochmals gewaschen werden.

Serviervorschläge

Quinoa ist eine gute Alternative zu den meisten Getreidearten, insbesondere zu Reis. Man kann es gegart als Brei essen oder als Beilage zu vielen verschiedenen Gerichten servieren. Außerdem ist es eine schmackhafte Zutat in Suppen, pikanten Kuchen und Kroketten. Gemahlenes Quinoa, das nur wenig Gluten (Klebereiweiß) enthält, wird in begrenzten Mengen zur Herstellung von Brot, Gebäck, Pudding, Crêpes und Nudeln verwendet. Man kann die Körner auch keimen lassen und wie Alfalfasprossen verwenden. In Südamerika dienen die Quinoasamen außerdem zur Herstellung eines beliebten alkoholischen Getränks, das *Chicha* genannt wird. Die Blätter der Quinoapflanze können wie Spinat zubereitet werden.

Zubereitung

Die Garzeit von Quinoasamen beträgt nur etwa 15 Minuten, wobei man ½ l Wasser auf 250 g Samen rechnet. Die Körner bleiben auch gegart bissfest und kleben nicht zusammen. Ihre Konsistenz erinnert etwas an Kaviar, und sie haben einen leicht haselnussartigen Geschmack.

Aufbewahrung

Quinoasamen werden in einem luftdicht verschlossenen Behälter bei Zimmertemperatur an einem kühlen, trockenen Ort aufbewahrt. Gemahlene Samen werden leicht ranzig und bleiben in einem luftdicht verschlossenen Behälter im Kühlschrank 3 bis 6 Monate haltbar.

Nährwerte

Kalorien	338
Ballaststoffe	6,6 g
Kohlenhydrate	58,5 g
Fett	5,0 g
Eiweiß	14,8 g
Wasser	12,6 %
	je 100 g

Quinoa enthält sehr viel Magnesium, Eisen und Kalium, viel Kupfer, Zink und Phosphor sowie etwas Vitamin B_1 und B_2 und Nikotinsäure.

Im Vergleich zu anderen Getreidearten besitzt Quinoa reichlich Eiweiß, das außerdem durch seinen Anteil der essenziellen Aminosäuren Lysin, Methionin und Cystin besonders hochwertig ist. Quinoa gilt als gute Ergänzung zu anderen Getreidearten, Hülsenfrüchten und Nüssen (siehe *Komplementäreiweiße*).

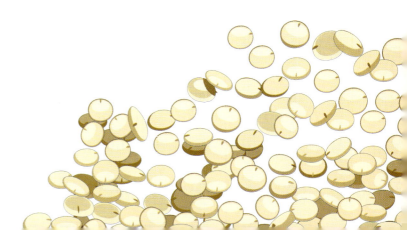

Mais

Zea mays, Gramineae

Mais wurde früher von Kanada bis Chile angebaut und gehörte Jahrtausende zu den Hauptnahrungsmitteln der präkolumbianischen Kulturen.

Mais ist die einzige Getreideart, die in Amerika heimisch ist. Man nimmt an, dass sie aus Mexiko oder Mittelamerika stammt, wo sie viele tausend Jahre lang das Hauptnahrungsmittel der präkolumbianischen Kulturen darstellte. Archäologische Funde im Süden Mexikos haben bewiesen, dass die Menschen schon vor über 7000 Jahren eine Art Grieß aus kleinen Maiskolben herstellten, und auch in der Mythologie der Mayas, Azteken und Inkas finden sich viele Verweise auf den Mais. Er spielte nicht nur eine wichtige Rolle bei religiösen Zeremonien, sondern wurde auch als eine Art Zahlungsmittel verwendet und diente als Brenn- und Baumaterial sowie zur Herstellung von Schmuck und Tabak. Zur Zeit der Entdeckung Amerikas wurde Mais auf dem ganzen Kontinent von Kanada bis Chile angebaut, und die Indianer von Mexiko bis zum südlichen Kanada ernährten sich von einer Art Maisgrieß, den sie mit Honig gesüßt und mit Pfeffer gewürzt zu Gemüse, Fleisch oder Fisch aßen. Der spanische Entdecker Cortez brachte die ersten Maispflanzen im frühen 16. Jahrhundert nach Europa, und bald darauf gelangten sie durch die Portugiesen auch nach Afrika.

Die Maiskörner sind die Samen einer widerstandsfähigen, einjährigen Pflanze, die eine Höhe von etwa 1,50 bis 3 m erreicht, herabhängende Blätter hat und männliche und weibliche Blüten trägt. Die Körner sitzen an 15 bis 25 cm langen Ähren, von denen jede unzählige lange, dünne Fasern besitzt, die am oberen Ende der Fruchthülle herausquellen und für die Befruchtung verantwortlich sind. Jede dieser Fasern ist mit einer Blüte verbunden, die sich nach der Befruchtung zu einem Fruchtknoten entwickelt – dem Maiskorn. Jede Ähre enthält zwischen 750 und 1000 Maiskörner, die in 8 bis 24 gleichmäßigen Reihen angeordnet sind und je nach Sorte gelb, weiß, orange, rot, violett, blau, schwarz oder braun sein können. Das Maiskorn besteht aus einer äußeren Fruchthülle (Pericarp), dem Endosperm, das zu etwa 90 % aus Stärke besteht, und dem besonders nährstoffreichen Keim.

Die vielen verschiedenen Maissorten werden in sechs Hauptgruppen unterteilt. Die am weitesten verbreitete Sorte ist der **Futtermais**, der vor allem als Viehfutter dient. Seine festen Körner enthalten wenig Zucker, dafür aber sehr viel Stärke und sind gelb, weißlich oder rot.

Zuckermais ist wirtschaftlich gesehen die zweitwichtigste Sorte und wird hauptsächlich als Nahrungsmittel für den Menschen angebaut. Die blassgelben oder weißen Körner sind weich, saftig und süß. Zuckermais sollte gekühlt aufbewahrt werden, da der in den Körnern enthaltene Zucker sich bei Hitze in Stärke umwandelt, sodass der angenehm süße Geschmack verloren geht.

Andere wichtige Sorten sind zum Beispiel der **Puffmais**, dessen kleine Körner für die Herstellung von Popcorn verwendet werden, sowie verschiedene nicht essbare Ziermaissorten. Innerhalb jeder Hauptgruppe gibt es große Abweichungen hinsichtlich Zucker- und Fettgehalt, Festigkeit und Geschmack. Haupterzeugerländer sind heute die Vereinigten Staaten, China, Brasilien, Russland, Mexiko und Indien.

Mais

Nährwerte

Mais enthält 46% mehrfach ungesättigte Fettsäuren, 28% einfach ungesättigte Fettsäuren und 15% gesättigte Fettsäuren (siehe *Fette*).

Der Gehalt an Kohlenhydraten hängt von der jeweiligen Sorte ab. Besonders stärkehaltige Sorten haben einen geringeren Zuckeranteil, während Zuckermaissorten ein Gen enthalten, das die Umwandlung von Zucker in Stärke verzögert. Dieser Umwandlungsprozess setzt jedoch unmittelbar nach der Ernte ein und führt innerhalb weniger Stunden zu einem Aromaverlust.

Gegarter frischer Mais enthält viel Folsäure, Kalium und Vitamin B_1 sowie Magnesium, Pantothensäure, Vitamin C, Phosphor, Nikotinsäure, Zink und Vitamin B_2. Außerdem ist er reich an wichtigen Ballaststoffen.

Maismehl mit Keim enthält sehr viel Magnesium, Vitamin B_1, Eisen und Kalium, viel Phosphor, Zink, Nikotinsäure und Vitamin B_6 sowie etwas Vitamin B_2, Folsäure, Kupfer, Pantothensäure und Vitamin A. Darüber hinaus enthält er reichlich Ballaststoffe.

Maismehl ohne Keim ist reich an Folsäure und Magnesium und enthält Vitamin B_1 und B_6, Kalium, Nikotinsäure, Zink, Eisen und Phosphor.

Maisgrieß (Polenta) mit Keim liefert sehr viel Magnesium, Kalium und Phosphor, ist reich an Vitamin B_1 und B_6, Zink und Eisen, enthält Nikotinsäure, Kupfer, Folsäure, Pantothensäure, Vitamin B_2 und A und ist ebenfalls reich an Ballaststoffen.

Maiskeime liefern reichlich Magnesium, Phosphor, Vitamin B_1, Kalium und Zink, viel Vitamin B_6 und Eisen und enthalten Vitamin B_2, Folsäure und Kupfer.

Der menschliche Organismus kann 50 bis 80% des im Mais enthaltenen Niacins (Nikotinsäure) nicht verwerten. Darum leiden Menschen, die sich überwiegend von Mais ernähren, häufig an Pellagra (»raue Haut«), einer Krankheit, die durch Niacinmangel hervorgerufen wird und sich in Form von Gedächtnis- oder Schlafstörungen auf das zentrale Nervensystem auswirkt. Außerdem kommt es zu Verdauungsbeschwerden in Form von Durchfall oder Verstopfung, Hautirritationen sowie zu Veränderungen der Magen- und Darmschleimhäute und der Mundschleimhaut. Die Indianer beugten dieser Mangelerscheinung vor, indem sie dem Maiskochwasser Kalk, Ätznatron oder Asche zugaben, die das im Mais enthaltene Niacin für den Körper verwertbar machen.

Rohem oder gegartem Mais fehlen die essenziellen Aminosäuren Lysin und Tryptophan (siehe *Komplementäreiweiße*). Aus diesem Grund ist es wichtig, Mais in Verbindung mit anderen Lebensmitteln zu sich zu nehmen.

Einkaufstipp

Ob Mais frisch ist, lässt sich daran erkennen, dass man die Körner leicht mit dem Fingernagel einritzt und eine milchige Flüssigkeit austritt. Verfärbte oder angetrocknete Körner sowie dunkle oder trockene Fruchthüllenfasern sind ein Zeichen, dass er alt ist.

Mais sollte weder direktem Sonnenlicht noch hohen Temperaturen ausgesetzt sein, da Hitze den Umwandlungsprozess von Zucker in Stärke beschleunigt. Wird er bei 30 °C gelagert, verliert er innerhalb eines einzigen Tages bis zu 50% seines Zuckergehalts, während es bei 20 °C nur 26% sind.

Maiskeime sind leicht verderblich und werden deshalb luftdicht verpackt angeboten.

Zubereitung

Zuckermais wird meistens gekocht, in Alufolie gewickelt gegrillt oder auch in der Mikrowelle gegart.

Gekochter Mais gelingt am besten, wenn man dem Kochwasser kein Salz, dafür aber etwas Zucker und Milch oder Bier sowie ein Stück von der Fruchthülle zufügt. Dann gibt man die Maiskolben ins kochende Wasser und gart sie je nach Größe 3 bis 4 Minuten (kleine Maiskolben) oder 5 bis 7 Minuten (größere Kolben). Im Schnellkochtopf beträgt die Garzeit bei ¼ l Wasser 3 bis 5 Minuten. Wird Mais allerdings zu lange gekocht, wird er hart und verliert sein Aroma. Die Maiskörner können auch roh aus den Kolben herausgelöst und anschließend etwa 20 Minuten gedämpft werden. Beim Grillen im Backofen beträgt die Garzeit ungefähr 35 Minuten bei 220 °C (Umluft 200 °C, Gas Stufe 4–5). In der Mikrowelle sollte man ihn auf höchster Stufe etwa 3 Minuten garen und vor dem Servieren noch 5 Minuten ruhen lassen.

Die Maiskörner wachsen an den 15 bis 25 cm langen Ähren einer einjährigen Pflanze. Mais ist die einzige Getreideart, die in Amerika heimisch ist.

	Maiskörner	*Maismehl*	*Popcorn*	*Maisvollkorngrieß*
Kalorien	331	329	368	339
Ballaststoffe	9,7 g	6,6 g	10,0 g	*
Kohlenhydrate	65,0 g	58,5 g	68,0 g	73,5 g
Fett	1,7 g	2,8 g	5,0 g	1,1 g
Eiweiß	9,2 g	9,0 g	12,7 g	8,8 g
Wasser	12,5 %	12,6 %	4,0 %	11,0 %

je 100 g

Mais

Maiskolben

Faser

Kolben

Fruchthülle

Korn

Maismehl

Maisgrieß (Polenta)

Serviervorschläge

Frischer Zuckermais wird ähnlich wie Gemüse auf vielfältige Weise zubereitet. Vorbehandelter Mais dient vor allem in den USA zur Herstellung von Hominy. Maismehl und Maisgrieß werden aus dem gemahlenen Endosperm der Maiskörner hergestellt, während Maiskeimöl aus den Keimen gewonnen wird.

Ganze gekochte Maiskolben werden traditionell nur gesalzen und mit etwas zerlassener Butter bestrichen serviert. Die rohen Körner gibt man oft zu Suppen, Gemüsemischungen, Eintöpfen und Saucen, während gekochte Maiskörner als Gemüsebeilage oder im Salat serviert werden.

Hominy wird aus hartkörnigen Futtermaissorten hergestellt, die zuerst als ganze Kolben getrocknet werden. Dann löst man die getrockneten Kerne heraus und weicht sie in einer Lösung aus Natron, Kalk oder Holzasche ein, wodurch die Ummantelung der Körner weich wird und aufquillt. Nach dem Schälen wird der Keim durch Reiben entfernt, und die Körner werden getrocknet. In dieser Weise vorbehandelt erinnern sie an Popcorn, haben jedoch eine weichere Konsistenz. Hominy wird gewöhnlich in Dosen sowie getrocknet oder gekocht angeboten und häufig in Suppen und Eintöpfen verwendet.

Die getrockneten Hominykörner werden auch zu Mehl gemahlen, das *Masa harina* heißt und vor allem bei der Herstellung von Tortillas verwendet wird. Aus *Hominy Grits*, einer Art Grieß aus groben weißlichen Körnern, wird ein Getreidegericht zubereitet. In den USA serviert man Hominy Grits traditionell zu Eiern mit Speck.

Maisstärke wird durch Auszug der Stärke aus dem Endosperm gewonnen. Das feine weiße Pulver wird als Geliermittel und zum Andicken verwendet, wofür es sich besser eignet als zum Beispiel Tapiokamehl. Damit sich keine Klümpchen bilden, wenn die Maisstärke heißen Gerichten zugefügt wird, sollte sie vorher in etwas kalter Flüssigkeit angerührt werden und dann mindestens 1 Minute mitkochen, damit sie ihren bitteren Geschmack verliert. Auch in der Lebensmittelindustrie wird Maisstärke vielfältig verwendet, etwa in Saucen, Desserts und Mürbegebäck, Süßigkeiten und Babynahrung. Hydrolisierte oder auf andere Weise vorbehandelte Maisstärke, die dadurch noch mehr Verwendungsmöglichkeiten besitzt, wird als »modifizierte Maisstärke« angeboten.

Maismehl wird aus unterschiedlich grob ausgemahlenen getrockneten Maiskörnern hergestellt. Um die Haltbarkeit von Maismehl zu verbessern, werden vor dem Mahlen sehr häufig die Keime entfernt. Mit Maismehl gebackene Plätzchen, Kuchen und Brot werden schön knusprig. Außerdem verwendet man Maismehl zum Andicken von Suppen und Saucen, für Maischips sowie als Teig für Tortillas und *Tamales*. Maismehl lässt sich schwer verarbeiten, und Maismehlprodukte werden leicht zu mürbe.

Maisgrieß (Polenta) ist fein ausgemahlener getrockneter Mais, bei dem ebenfalls häufig vorher der Keim entfernt wird, um seine Haltbarkeit zu verbessern. Maisgrieß wird für Polenta, Crêpes, Kuchen, Gebäck und Brot verwendet; wegen seines niedrigen Glutenanteils muss man es jedoch mit Weizenmehl mischen, damit die Backwaren aufgehen können.

Die **Maiskeime**, aus denen sich die neue Pflanze entwickelt, sind reich an Nährstoffen und haben einen hohen Fettgehalt, der etwa 46% der Kalorien des Maiskorns ausmacht. Maiskeime sind größer als Weizenkeime, haben eine knusprige Konsistenz und einen haselnussartigen Geschmack. Man kann sie zum Frühstücksmüsli mit Milch essen oder Salate, Gerichte aus Hülsenfrüchten und Eintöpfe damit verfeinern.

Aus den Keimen wird auch das relativ geschmacksneutrale **Maiskeimöl** hergestellt, das nicht raffiniert eine tiefgelbe Farbe hat, während raffiniertes Öl hellgelb ist. Es enthält 58,7% mehrfach ungesättigte Fettsäuren, 24,2% einfach ungesättigte Fettsäuren und 12,7% gesättigte Fettsäuren (siehe *Öl*) und eignet sich sehr gut für Salatmarinaden.

Cornflakes sind beliebte Frühstücksflocken, die im Jahr 1894 von den Gebrüdern Kellogg erfunden wurden. Diese stießen eher zufällig auf die Herstellungsmethode, als sie Maiskörner, die zu lange im Kochwasser gelegen hatten, mit Hilfe von Rollen einfach flach pressten. Das Resultat waren Flocken von erstaunlich gutem Geschmack, die heute weltweit sowohl »pur« als auch mit anderen Getreideflocken gemischt verwendet werden.

Neben vielen anderen Verwendungsmöglichkeiten wird Mais auch zur Herstellung von Bier, Whisky, Gin und *Chicha* genutzt, einem vergorenen Getränk, das vor allem bei den südamerikanischen Incios sehr beliebt ist.

Aufbewahrung

Frische Maiskolben verlieren schnell ihr Aroma und sollten im Kühlschrank aufbewahrt werden (geschälte Maiskolben in einem perforierten Kunststoffbeutel).

Frischer Mais ist sehr gut zum Einfrieren geeignet, wobei die Maiskolben vorher je nach Größe 7 bis 11 Minuten blanchiert werden sollten. Ausgelöste Maiskörner kann man einfrieren, doch sollten die Maiskolben ebenfalls vorher 4 Minuten blanchiert werden. Eingefroren halten sich Maiskolben bis zu 1 Jahr, eingefrorene Maiskörner sollten nach 3 Monaten verbraucht werden.

Durch die ölhaltigen Keime sind Maismehl, -grieß und -stärke leicht verderblich und sollten deshalb in einem luftdicht verschlossenen Behälter im Kühlschrank aufbewahrt werden. Tiefgekühlt halten sie sich 1 bis 2 Jahre.

Maisbrot

FÜR 10 BIS 12 SCHEIBEN

- 250 g Maisgrieß (Masa harina)
- 125 g Weizenmehl
- 1 TL Zucker
- 2 TL Backpulver
- 1 TL Salz
- 60 g weiche Butter
- 2 Eier
- ¼ l Milch

Außerdem:
Butter für die Form

1. Den Backofen auf 200 °C (Umluft 180 °C, Gas Stufe 3–4) vorheizen. Eine Kastenform von 20 cm Länge einfetten.

2. In einer Schüssel Maisgrieß, Weizenmehl, Zucker, Backpulver, Salz und Butter vermischen. Die Eier mit der Milch verquirlen und die Eiermilch mit einem Holzlöffel unter das Mehl arbeiten, bis alle Zutaten gründlich vermischt sind.

3. Den Teig in die gefettete Form geben und im Ofen etwa 25 Minuten backen. Mit einem Messer die Garprobe machen – es sollte ohne Teigreste aus dem Brot gezogen werden können – und eventuell noch kurze Zeit weiterbacken. Das Maisbrot in der Form auskühlen lassen und herausnehmen.

Maiskeimöl

getrocknete Maiskörner

Cornflakes

Puffmais (Popcorn)

Zea mays var. *everta*, Gramineae

frische Puffmaiskörner

Puffmais oder Popcorn ist eine Maissorte mit kleinen, festen Ähren, deren Körner beim Erhitzen aufplatzen. Popcorn wird seit Menschengedenken hergestellt, und etwa 5000 Jahre alte Reste wurden auch an archäologischen Ausgrabungsorten in Mexiko gefunden. Das Endosperm dieser Maiskörner, die eine feste, glänzende Hülle haben, ist im Vergleich zu anderen Sorten viel größer und stärkehaltiger. Unter Einwirkung von starker Hitze verdampft die im Endosperm des Korns enthaltene Flüssigkeit, wodurch zunehmender Druck entsteht, der die Hülle aufplatzen lässt und den Inhalt freigibt, der sich zu einer knusprigen, leichten Masse verwandelt.

Die verschiedenen Puffmaissorten werden nach Form und Farbe ihrer Körner unterschieden, die häufig weiß oder gelb, gelegentlich auch rot oder braun sind. Aufgeplatztes Popcorn ist jedoch immer weiß oder gelb und hat ein 25- bis 30-mal größeres Volumen als das Korn.

Einkaufstipp

Puffmais sollte möglichst frisch sein, da das Popcorn dann knuspriger wird.

Serviervorschläge

Popcorn wird meistens mit Butter, Salz oder Gewürzen verfeinert. Es schmeckt aber auch mit Zucker bestreut oder mit einem Karamellüberzug sehr gut.

Zubereitung

Popcorn lässt sich ganz einfach selbst herstellen. Dafür gibt man die Maiskörner in einen Topf mit Deckel, aus dem kein Dampf entweichen kann, und erwärmt sie bei mittlerer Hitze. Sofern die Maiskörner frisch sind, braucht man kein Öl zuzugegeben. Während des Erhitzens sollte man den Topf häufig schütteln, damit die Maiskörner gleichmäßig aufplatzen und nicht anbrennen (Vorsicht beim Öffnen des Deckels!). Sobald alle Körner aufgeplatzt sind, den Topf vom Herd nehmen und das Popcorn in eine Schüssel geben. Anschließend kann man es nach Belieben noch mit etwas Öl beträufeln, damit Salz oder Zucker besser haften bleiben.

Puffmais wird inzwischen auch als vorbehandeltes Produkt angeboten, das allerdings sehr viel teurer ist als die gewöhnlichen Körner und in der Mikrowelle in wenigen Minuten zu Popcorn verarbeitet wird. Man kann Popcorn aber auch in speziellen Geräten herstellen, die die Körner mit heißer Luft zum Aufplatzen bringen und keinerlei Fett benötigen.

Aufbewahrung

Puffmaiskörner werden in einem luftdicht verschlossenen Behälter aufbewahrt, damit sie nicht austrocknen. Sind die Körner nicht feucht genug, können sie nicht richtig aufplatzen.

Nährwerte

Nährwerttabelle siehe Mais.
Popcorn enthält Vitamin B_1, Magnesium, Kalium, Phosphor, Zink und Kupfer sowie wichtige Ballaststoffe.

Popcorn

Amarant

Amaranthus spp., **Amaranthaceae**

Amarant stammt vermutlich aus Mexiko und ist eine krautartige einjährige Pflanze mit langen roten Blütentrauben, die heutzutage fast nur noch zu dekorativen Zwecken genutzt wird. Vor langer Zeit gehörten die langen Blätter und winzigen Samen der Amarantpflanze in einigen Kulturen dagegen zu den Hauptnahrungsmitteln. Sie wurde von den Azteken weitläufig angebaut. Auch bei religiösen Ritualen spielte die Pflanze eine wichtige Rolle und wurde als Dank für gute Ernten den Göttern geopfert. Mit der Eroberung Mexikos durch die Spanier kam der Anbau von Amarant jedoch jahrhundertelang fast vollständig zum Erliegen, nachdem auf Anordnung von Cortez die Amarantfelder zerstört und der Anbau der Pflanze unter Strafe gestellt wurde. In den letzten Jahren hat sie eine Art Comeback erlebt, da sie zum einen sehr nährstoffreich ist und sich zum anderen unterschiedlichen Wachstumsbedingungen, insbesondere Trockenheit, sehr gut anpassen kann.

Die Amarantpflanze, die eine Höhe von 30 bis 90 cm erreicht, besitzt flammend rote Blätter und kleine rote Blüten in Form von dichten Quasten. Jeder der winzigen Samen ist in einer eigenen Kapsel eingeschlossen, die ähnlich dicht wie die Blütenquasten angeordnet sind. Eine einzige Amarantpflanze kann bis zu 500 000 Samen enthalten. Es gibt viele verschiedene Amarantsorten; als Nutzpflanzen werden jedoch nur Sorten mit weißen Samenkörnern angebaut. Wie Buchweizen und Quinoa ist Amarant kein Getreide, wird aber auf die gleiche Weise verwendet.

Serviervorschläge

Die schmackhaften Amarantblätter werden wie Spinat zubereitet und können diesen in vielen Rezepten auch ersetzen. Die leicht würzigen Amarantsamen, die ohne weitere Zutaten 30 Minuten gekocht werden können (3 Teile Wasser auf 2 Teile Samenkörner), kleben beim Kochen nicht zusammen und platzen auch nicht auf. Man kann sie außerdem wie Puffweizen zubereiten, sie keimen lassen oder zu Mehl ausmahlen. Amarantmehl enthält jedoch kein Gluten (Klebereiweiß) und geht deshalb beim Backen nicht auf, sodass es für Backwaren wie Brot und Kuchen mit Weizenmehl vermischt werden muss. Das besondere Aroma des Mehls wird dadurch nicht beeinträchtigt und der Nährwert des Weizenmehls durch den Proteingehalt des Amarants sogar noch verbessert. Darüber hinaus eignet sich Amarantmehl sehr gut für die Herstellung von Pasteten, Plätzchen, Pfannkuchen oder Waffeln.

Aufbewahrung

In einem luftdicht verschlossenen Behälter kühl und trocken aufbewahrt bleiben Amarantmehl und -samen länger frisch als Weizenmehl. Die Amarantblätter können einige Tage im Kühlschrank gelagert oder wie Spinat eingefroren werden.

Nährwerte

Kalorien	369
Ballaststoffe	*
Kohlenhydrate	56,8 g
Fett	8,8 g
Eiweiß	15,8 g
Wasser	11,1 %
	je 100 g

Amarant enthält mehr Eiweiß und ist nährstoffreicher als die meisten Getreidearten, da ihre Aminosäuren (vor allem Lysin, aber auch Methionin und Tryptophan) ausgewogener sind und sich mit den anderen Proteinen in Getreide, Hülsenfrüchten, Nüssen und Samen gut ergänzen (siehe *Komplementäreiweiße*).

Amarant enthält reichlich Magnesium, Eisen, Phosphor, Kupfer und Zink, viel Kalium und Folsäure sowie etwas Pantothensäure, Kalzium, Vitamin B_1, B_2 und B_6, Vitamin C und Nikotinsäure. Im Vergleich zu Durumweizen enthält Amarant doppelt so viel Eisen und viermal so viel Kalzium.

Roggen

Secale cereale, **Gramineae**

Aus Roggen werden auch alkoholische Getränke wie Whisky, Bier oder Wodka hergestellt.

Roggen stammt vermutlich aus Anatolien oder Kleinasien und wurde im Vergleich zu anderen Getreidearten erst relativ spät um etwa 400 v. Chr. kultiviert. Vor allem die Griechen schätzten den Roggen nicht besonders, und auch bei den Römern wurde er eher als Arme-Leute-Essen angesehen. Bei uns gehörte er dagegen lange Zeit zu den Grundnahrungsmitteln. Allerdings nahm seine Beliebtheit mit wachsendem Lebensstandard immer mehr ab, während er in einigen Ländern nach wie vor häufig verwendet wird, vor allem in Skandinavien und Osteuropa. Auf Europa entfallen auch 90 % der Gesamternte, wovon wiederum mehr als die Hälfte allein in Russland angebaut wird. Weitere wichtige Anbauländer sind Polen, Deutschland, China, Kanada, Tschechien, Dänemark, Österreich, Schweden und Spanien. Insgesamt jedoch geht der Roggenverbrauch immer mehr zurück, und in manchen Ländern wird dieses Getreide heute hauptsächlich als Viehfutter verwendet.

Roggenkörner

Zu den etwa ein Dutzend Roggenarten zählen viele verschiedene Sorten, die in Winter- oder Sommerroggen unterteilt werden und teils mehrjährige, teils einjährige Pflanzen sind. Die im unteren Teil leicht buschartig ausgebildete Roggenpflanze wird im Durchschnitt 1,50 m hoch, kann gelegentlich aber auch eine Höhe von bis zu 2,40 m erreichen. Im Gegensatz zu den meisten anderen Getreidearten toleriert sie sowohl schlechte Böden als auch niedrige Temperaturen. Das gelbbraune oder grüngraue Korn ähnelt dem Weizenkorn, ist jedoch etwas länger und schlanker als dieses, besitzt eine seitlich verlaufende, flache Rille und wird an der Spitze von kurzen Härchen bedeckt. Da die Körner nicht selten von einem Pilz befallen sind – dem Mutterkorn, das toxische Alkaloide enthält und schwere Vergiftungen verursacht –, müssen sie nach dem Entspelzen gereinigt und sortiert werden. Anschließend werden sie im Ganzen belassen, geschrotet, zu Flocken verarbeitet oder zu Mehl ausgemahlen.

Roggenmehl wird fast ausschließlich zum Brotbacken verwendet. Da das im Mehl enthaltene Gluten (Klebereiweiß) jedoch nicht so elastisch ist wie beim Weizenmehl, geht der Teig nicht so gut auf, und das Brot ist fester und kompakter als Weizenbrot, bleibt dafür aber auch länger frisch. Beim Roggenmehl ist der Anteil an Keimen und Kleie besonders hoch, da Endosperm und Kleie sich beim Roggenkorn nur schwer trennen lassen, sodass viele wichtige Nährstoffe erhalten bleiben. Nur wenig oder gar nicht raffiniertes Roggenmehl wird für den aromatischen, fast schwarzen Pumpernickel verwendet. Roggenmehl wird häufig mit Weizenmehl vermischt, um es etwas aufzuhellen. Ab und zu werden Roggen und Weizen auch gleich zusammen zu Mehl ausgemahlen, und früher war es eine weit verbreitete Praxis, beide Getreidearten im selben Feld auszusäen.

Roggen

Einkaufstipp

Da Roggenmehl meist gar nicht oder nur wenig ausgemahlen ist, etwa bei Type 1800 oder 997, und deshalb relativ schnell verdirbt, sollte man beim Einkauf darauf achten, dass das Mindesthaltbarkeitsdatum nicht überschritten ist. Frisch gemahlenes Mehl aus biologisch-dynamischem Anbau ist in Naturkostläden oder im Reformhaus, mittlerweile aber auch in vielen Supermärkten erhältlich.

Serviervorschläge

Ganze Roggenkörner sind sehr nahrhaft und können wie Reis zubereitet werden. Dafür werden die Körner über Nacht in kaltem Wasser eingeweicht, wobei man ½ bis ¾ l Wasser auf 250 g Getreide rechnet, und am folgenden Tag im Einweichwasser in etwa 40 Minuten weich gekocht. Roggenflocken werden wie Haferflocken verwendet und gegart als Porridge oder roh im Müsli gegessen.

Roggenmehl wird ungemischt vor allem zur Herstellung des dunklen Pumpernickels verwendet, der einen leicht säuerlichen Geschmack hat. Mit Weizenmehl vermischt dient Roggenmehl als Grundlage für viele verschiedene dunkle oder hellere Brotsorten.

Aus den Roggenkörnern werden außerdem alkoholische Getränke hergestellt, darunter Whisky, Bier und Wodka.

Aufbewahrung

Roggenmehl und -körner sollten in einem luftdicht verschlossenen Behälter kühl und trocken aufbewahrt werden.

Nährwerte

	Korn	*Vollkornmehl*
Kalorien	296	293
Ballaststoffe	13,2 g	13,9 g
Kohlenhydrate	60,7 g	59 g
Fett	1,7 g	1,5 g
Eiweiß	9,5 g	10,8 g
Wasser	13,7 %	14,3 %

je 100 g

Roggenvollkornmehl enthält reichlich Magnesium, Kalium, Zink, Phosphor, Eisen, Kupfer, Folsäure und Vitamin B_6, außerdem viel Vitamin B_1 und B_2, Pantothensäure und Nikotinsäure sowie etwas Kalzium.

Raffiniertes Roggenmehl ist reich an Magnesium und Vitamin B_1, enthält viel Kalium, Zink und Phosphor sowie etwas Eisen, Vitamin B_2 und B_6, Kupfer, Folsäure, Pantothensäure und Nikotinsäure.

Wie bei allen anderen Getreidearten sind auch beim Roggen bestimmte Aminosäuren einschließlich Tryptophan und Methionin nur in geringen Mengen vorhanden (siehe *Einführung*).

Der giftige Mutterkornpilz, der die Roggenkörner befällt, wird in der Medizin zur Linderung von Migräne und Kopfschmerzen, zur Blutstillung sowie in der Geburtshilfe eingesetzt. Der Genuss von Roggen wirkt sich außerdem positiv auf Bluthochdruck, Arteriosklerose und Gefäßerkrankungen aus.

Roggenmehl

Triticale

Triticum X Secale, **Gramineae**

Triticale ist eine Getreideart, die vor 100 Jahren durch Kreuzung aus Weizen und Roggen entstand, was sich auch in ihrem Namen widerspiegelt, der aus den lateinischen Bezeichnungen für Weizen = *triti*cum und Roggen = se*cale* zusammengesetzt ist. Eine erste Kreuzung gelang bereits 1875 durch einen schottischen Wissenschaftler. Die erste Frucht tragende Hybride wurde jedoch erstmals 1937 in Frankreich gezüchtet. Ziel dieser Züchtung war und ist, dass Triticale die positiven Eigenschaften seiner »Eltern« vereinen und teilweise sogar übertreffen soll: Es hat einen höheren Eiweiß- und Lysingehalt als Weizen, eine bessere Winterfestigkeit als Roggen, gedeiht auf extrem anspruchslosen Böden und passt sich sehr gut unterschiedlichen klimatischen Bedingungen an, ein Nutzen, der vor allem den nordafrikanischen Ländern, Kenia und Indien zugute kommt. Dort sind die Erträge teilweise höher als von einheimischen Getreidesorten. Mittlerweile gibt es eine Reihe verschiedener Triticalesorten mit unterschiedlichen Eigenschaften, doch wird auch in Zukunft noch einiges an Forschung erforderlich sein, um den Ertrag und die Anpassungsfähigkeit dieses Getreides weiter zu verbessern. Vor allem lässt die Backfähigkeit des Mehls verglichen mit Weizenmehl zurzeit noch zu wünschen übrig.

Serviervorschläge

Triticale wird wie anderes Getreide im Ganzen, geschrotet, als Flocken oder gemahlen angeboten. Das leicht nussartig schmeckende Mehl ist besonders nährstoffreich und trägt als Zutat in unterschiedlichsten Gerichten dazu bei, deren Nährwert zu verbessern. Sein Gluten (Klebereiweiß) ist jedoch sehr empfindlich, sodass beispielsweise Brotteig aus Triticalemehl sehr vorsichtig verarbeitet werden muss, das heißt, der Teig darf nur wenig geknetet werden und braucht auch nur einmal zu gehen. Brot aus Triticalemehl ist außerdem meistens etwas flacher als Brot, das aus anderen Mehlsorten zubereitet wird. In vielen Rezepten kann Weizenmehl durch Triticalemehl ersetzt werden, doch sollte man dann etwas weniger Flüssigkeit verwenden, da Weizenmehl feiner ist und mehr Wasser aufnimmt als Triticalemehl.

Triticale wird unter anderem für Nudeln, Tortillas, Pfannkuchen, Kuchen, Gebäck und Pasteten verwendet und dient in den Erzeugerländern zur Herstellung von Bier und Schnäpsen.

Nährwerte

Kalorien	329
Ballaststoffe	6,7 g
Kohlenhydrate	63,7 g
Fett	2,5 g
Eiweiß	13,9 g
Wasser	12,3 %
	je 100 g

Triticale hat einen etwas höheren Eiweißgehalt als Weizen und eine etwas günstigere Aminosäurenkombination (siehe *Einleitung*). Der Glutenanteil liegt zwischen dem von Roggen und Weizen.

Triticale enthält sehr viel Magnesium, Kalium, Folsäure, Pantothensäure, Vitamin B_1 und B_6, Eisen, Zink, Phosphor und Kupfer, viel Nikotinsäure sowie etwas Kalzium und Vitamin B_2. Einige Nährstoffe wie Folsäure, Pantothensäure, Vitamin B_5 und Kupfer sind in Triticalemehl in höherer Konzentration enthalten als in Weizenmehl, während andere Nährstoffe wie etwa Nikotinsäure wiederum in größerer Menge im Weizenmehl enthalten sind.

Zubereitung

Triticalekörner benötigen eine Garzeit von 45 bis 60 Minuten, wobei man 250 g Körner auf ½ bis ¾ l Wasser oder Brühe rechnet.

Brot

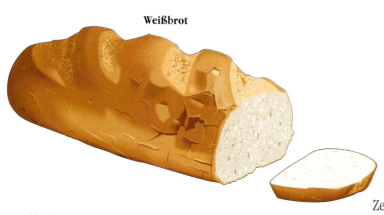

Weißbrot

Brot besteht im Wesentlichen aus Mehl, das mit Wasser, Salz und häufig noch mit Gewürzen oder Samen und Nüssen zu einem Teig verknetet wird. Diesen Teig lässt man eine Zeit lang gehen, formt ihn zu einem Laib und bäckt ihn im Ofen zu Brot. Brot ist seit jeher in den meisten Kulturen eines der wichtigsten Nahrungsmittel, und viele Ausdrücke belegen die Bedeutung, die dem Brot beigemessen wird – »sein Brot verdienen«, »Brötchengeber«, »jemanden um sein Brot bringen« oder »das Brot brechen«.

Es gibt ungesäuertes Brot, wie zum Beispiel die indischen Chapattis und das Pitabrot, das im Nahen Osten und in den Balkanländern sehr beliebt ist, oder Sauerteigbrot, das bei uns am häufigsten ist und mithilfe eines Treibmittels wie Hefe und/oder Sauerteig angesetzt wird. Der Legende nach wurde Sauerteig durch Zufall in Ägypten »erfunden«: Ein Bäcker ließ eine Mischung aus Getreide und Wasser einige Stunden stehen. Durch die in der Luft enthaltenen Bakterien begann der Getreidebrei zu gären und dehnte sich aus. In Ägypten wurden auch die ersten Hefepilze kultiviert, um gleichmäßiger geformte Backwaren zu erhalten, sowie die ersten Brotbackofen erfunden, die in getrennte Bereiche zum Anheizen und Backen unterteilt waren. Um 1300 v. Chr. gelangte die Brotbackkunst zuerst nach Palästina und in der Folgezeit auch nach Griechenland und Rom, von wo sie sich bald im ganzen römischen Imperium ausbreitete. Die Römer erfanden wahrscheinlich erste mechanische Hilfsmittel zum Teigmischen, und von den Griechen heißt es, dass sie sich etwa um 300 v. Chr., als bereits mindestens 70 verschiedene Brotsorten bekannt waren, zu echten Meistern in der Kunst des Brotbackens entwickelten und als die besten Bäcker in der antiken Welt galten. Schon damals aßen die Reichen und Vornehmen ihr Brot aus fein gesiebtem Mehl, während sich das einfache Volk mit Weizenschrotbrot zufrieden geben musste, das viel billiger und einfacher herzustellen war. Im Mittelalter, das noch einmal bemerkenswert viele neue Brotsorten hervorbrachte, wurden die alten Bäckerzünfte wiederbelebt, die mit dem römischen Imperium verschwunden waren, und neue Gesetze erlassen, die nur professionellen Müllern das Getreidemahlen gestatteten. Außerdem mussten Bäcker von da an eine Lizenz erwerben, wenn sie eine Bäckerei betreiben und Brot verkaufen wollten.

Im späten 18. Jahrhundert wurde Brotteig in den Vereinigten Staaten zum ersten Mal mit Backpulver hergestellt. Diese neue Herstellungsweise verkürzte die Zeit, die man zur Vorbereitung des Brotteigs benötigte, da im Gegensatz zum Hefeteig Teige mit Backpulver nicht gehen müssen, und verbreitete sich bis etwa 1850 um die ganze Welt. Darüber hinaus führten technische Verbesserungen der Mühlenbetriebe zu einer erheblichen Steigerung der Mahlleistung, und heute ist das Brotbacken in hoch technisierten Betrieben längst zur Massenproduktion geworden.

Heutzutage wird zum Brotbacken neben Sauerteig vor allem Back- oder Bäckerhefe *(Saccharomyces cerevisiae)* verwendet. Es handelt sich dabei um eine Kulturhefe, die durch das Verhefen von zucker- und stärkehaltigen Nährsubstraten gezüchtet wird. Ist der Wachstumsprozess abgeschlossen, wird die Hefe abgepresst und abgesaugt. Damit die Hefe sich im Teig, dem sie zugesetzt wird, vermehren – also wachsen – kann, benötigt sie Zucker als Nahrung, der bei der Gärung in Kohlendioxid und Alkohol umgewandelt wird. Durch diesen chemischen Prozess geht der Teig auf. Dieses »Gehen« wird wiederum von dem Klebereiweiß Gluten unterstützt, denn es sorgt dafür, dass der Teig elastisch ist und nicht durch das aufsteigende Gas reißt. Durch die eingeschlossenen Gasbläschen entsteht schließlich die Krume des Brotes. Im Gegensatz zu Sauerteigbrot schmeckt Hefebrot weniger säuerlich und kräftig, ist etwas schwerer verdaulich und bleibt nicht ganz so lange frisch, geht dafür aber leichter auf und hat eine gleichmäßigere Krume.

Brot

Bei uns werden in der Regel folgende Brotsorten angeboten: Weizenbrote mit mindestens 90% Weizenmehl und höchstens 10% Roggen- oder anderen Mehlen; Weizenmischbrote mit mehr als 50% und weniger als 90% Weizenmehl. Meist wird es mit Roggenmehl gemischt – Roggenmischbrot mit mehr als 50% und weniger als 90% Roggenmehl und schließlich Roggenbrot mit mindestens 90% Roggenmehl. Darüber hinaus werden zahlreiche Spezialbrote angeboten, die sich zum einen im Anteil von Roggen und Weizen unterscheiden, zum anderen aber auch noch andere Getreidearten (Mais, Hirse, Hafer) sowie Milchprodukte (Buttermilch, Molke oder Quark) enthalten können. So genannte Biobrote unterliegen keinen genauen Regelungen. Normalerweise werden sie aus Vollkornmehlen oder -schrot hergestellt, das aus kontrolliertem biologischem Anbau stammt.

Einkaufstipp

Für die Qualität von Brot gibt es klare Kriterien, die der Verbraucher selbst überprüfen kann. Allerdings sind diese Qualitätskriterien nicht von außen, sondern erst beim Aufschneiden des Brotes erkennbar. Die Poren des Brotes sollten gleichmäßig sein; es dürfen keine größeren Hohlräume vorhanden sein. Das Brot darf nicht klitschig oder mit Wasserstreifen durchzogen sein. Wenn man mit dem Finger in die Krume drückt und die Vertiefung bestehen bleibt, ist der Teig zu feucht. Bei Vollkornbrot kommt häufig das Gegenteil vor: Das Brot ist innen zu trocken und krümelig. Mehlklumpen gehören nicht in ein gutes Brot! Die Brotkruste darf nicht zu dunkel sein, und das Brot sollte insgesamt gleichmäßig gebräunt sein.

Beim Kauf von abgepacktem, in Scheiben geschnittenem Brot sollte man unbedingt auf das Mindesthaltbarkeitsdatum achten.

Zubereitung

Grundsätzlich wird zwischen Hefeteig- und Sauerteigbroten unterschieden. Brote aus Hefeteig sind meist helle Brote aus hoch ausgemahlenen, raffinierten Mehlen. Hefeteig braucht dreimal so viel Zeit zum »Gehen«, damit sich eine feinporige Krume entwickelt. Wer frische Hefe verwendet, kann zunächst einen Vorteig zubereiten und diesen mit allen anderen Teigzutaten gründlich vermischen, oder die angerührte Hefe mit allen anderen Zutaten sofort vermischen (siehe rechts). Dann erfolgt das Kneten des Teiges mit den Händen, der Küchenmaschine oder den Knethaken des Handrührgerätes: Je länger und gründlicher er geknetet wird, umso lockerer wird das Brot. Der Teig muss jetzt wieder »gehen«, bis sein Volumen verdoppelt ist. Anschließend wird der Teig zum Brot geformt und ein letztes Mal vor dem Backen zum »Gehen« ruhen gelassen.

Sauerteigbrote werden meist aus Roggen und anderen Vollkornmehlen hergestellt. Sauerteig erhält man beim Bäcker (auf Bestellung), im Reformhaus und gelegentlich in den Kühltheken von Supermärkten. Natursauerteig lässt sich auch selber herstellen: 200 g Roggenmehl mit ½ l lauwarmem Wasser und 2 bis 3 Esslöffel Buttermilch in einem großen Tongefäß verrühren und zugedeckt 24 Stunden bei mindestens 24 °C stehen lassen. 100 g Roggenmehl und ¼ l warmes Wasser untermischen, wieder 24 Stunden stehen lassen. Dann zweimal hintereinander jeweils 100 g Roggenmehl und ⅛ l warmes Wasser untermischen und zugedeckt jeweils 24 Stunden warm ruhen lassen. Jetzt ist der Sauerteig fertig und hält sich bis zu 6 Monate im Kühlschrank.

Baguette

Roggenbrot

Mehrkornbrot

Brot

1 Für den Vorteig die frische Hefe mit 1 Teelöffel Zucker in etwas lauwarmem Wasser auflösen.

2 Das Mehl mit etwas Salz vermischen. Die angerührte Hefe mit dem Öl dazugeben.

3 Alles zu einem geschmeidigen Teig verrühren und nach Bedarf noch etwas Wasser zugeben.

4 Den Teig auf einer bemehlten Fläche so lange kneten, bis er elastisch ist und nicht mehr klebt.

5 Zugedeckt an einem warmen Ort gehen lassen, bis sich sein Volumen verdoppelt hat (30 bis 90 Minuten).

6 Den Teig mit den Händen erneut kräftig bearbeiten, damit die Gasbläschen entweichen können.

7 Den Teig mit einem Messer halbieren und mit den Händen zu gleichmäßigen Kugeln formen.

8 Die Brote auf ein Backblech legen, 30 Minuten gehen lassen und im Ofen backen.

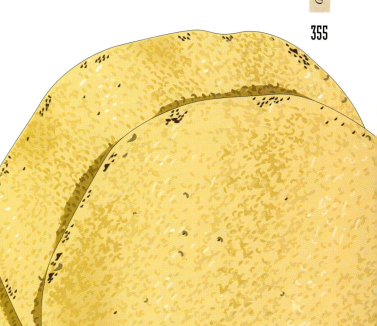

Getreide und Getreideerzeugnisse

355

Brot

Serviervorschläge

Brot zählt bei uns zu den wichtigsten Grundnahrungsmitteln. Es ist Hauptbestandteil von Frühstück und Abendbrot, dient in Form eines belegten Brotes als Zwischenmahlzeit (»Brotzeit«) und als Beilage für Vorspeisen. Es ist oft auch Bestandteil von Suppen (französische Zwiebelsuppe, Gazpacho, Knoblauchsuppe, Croutons) und Käsefondue. Aus Brot werden auch Hauptgerichte und Desserts zubereitet, wie zum Beispiel Brotpudding, »Arme Ritter« und Kirschenmichel. Hart gewordenes Brot wird zu Bröseln gemahlen und dient als Grundlage von Panaden.

Welches Brot für welchen Zweck verwendet wird, ist Geschmackssache. In der Regel ist ein frisches Hefeweißbrot (z. B. Baguette) ideal zu einer Vorspeise oder einem leichten Salat, während herzhafte Sauerteigbrote die passende Beilage zu kräftigen Suppen und pikanten Salaten bilden. Als Sandwich bieten sich frische Hefebrote an, während Roggenmischbrote die richtige Grundlage für »Stullen« sind.

Weißbrot

FÜR 2 BROTE À 600 G

1 Päckchen Trockenhefe (7 g)
2 TL Zucker
750 g Weizenmehl Type 405
1 TL Salz
2 EL neutrales Pflanzenöl
Außerdem:
Mehl für die Arbeitsfläche
Öl zum Bestreichen
Fett für das Backblech

1. Die Hefe mit 1 Teelöffel Zucker in 125 ml lauwarmem Wasser auflösen und 10 Minuten ruhen lassen, bis die Hefe leicht zu schäumen beginnt.

2. Das Mehl in eine große Schüssel sieben und mit dem restlichen Zucker und dem Salz vermischen. In die Mitte eine Mulde drücken.

3. Die aufgelöste Hefe, 375 ml Wasser und das Öl in die Mulde geben. Alles mit einem Holzlöffel zu einem geschmeidigen Teig verarbeiten und eventuell noch etwas Wasser zugeben.

4. Den Teig auf einer bemehlten Arbeitsfläche mit den Händen so lange kneten, bis er geschmeidig und elastisch ist, dann rundherum mit etwas Öl bestreichen und zugedeckt an einem warmem Ort gehen lassen, bis sich sein Volumen verdoppelt hat (etwa 30 bis 90 Minuten).

5. Ein Backblech einfetten. Den Teig erneut gründlich durchkneten, halbieren und zu zwei Kugeln formen. Die Kugeln auf das Backblech legen und zugedeckt nochmals 30 bis 50 Minuten gehen lassen. Die Brote im vorgeheizten Backofen bei 175 °C (Umluft 155 °C, Gas Stufe 2) in etwa 30 Minuten goldbraun backen.

Pitabrot

Chapatti

Tortilla

Aufbewahrung

Brot sollte in einem luftdurchlässigen, aber geschlossenen Brotkasten aufbewahrt werden, damit es weder schimmelt noch austrocknet. Ebenso hält es sich in dichten, gut geschlossenen Kunststoffbeuteln. Herumliegende Brotkrümel und Feuchtigkeit fördern die Schimmelbildung. Zum Lagern eignen sich Brotsorten, die nicht so schnell altbacken werden: Toastbrot, Roggenmischbrote, Roggenschrotbrote und vor allem Pumpernickel. Generell hält sich ungeschnittenes Brot einige Tage, wobei Sauerteigbrot länger frisch bleibt als Hefebrot. Brot hält sich tiefgekühlt und gut verpackt etwa 2 Monate.

Nährwerte

Brot und Gebäck sind wichtige Lieferanten für Kohlenhydrate und daher als Energiespender von Bedeutung. Die Stärke ist dabei mengenmäßig der größte Bestandteil (ca. 50%) aller Brote. An zweiter Stelle steht Eiweiß. Das Broteiweiß gewinnt durch die Kombination mit Milch, Quark, Käse, Eiern, Wurst oder Fleisch an Wertigkeit. Weiterhin ist Brot eine wichtige Quelle für B-Vitamine, vor allem für Vitamin B_1; dabei enthalten dunkle Vollkornbrote mehr Vitamine als helle Brote. An Mineralstoffen liefert Brot vor allem Kalzium und Phosphor und an Spurenelementen Eisen, Kupfer, Mangan und Zink. Auch diese Nährstoffe sind in Vollkornbroten in größeren Mengen vertreten als in hellen Broten.

Neben den verdaulichen Nährstoffen enthält Brot unverdauliche Ballaststoffe, die die Darmtätigkeit anregen und Darmträgheit und Verstopfung verhindern. Darüber hinaus wirken Ballaststoffe cholesterinspiegelsenkend.

Brezel   **Knäckebrot**

Brötchen

Pumpernickel

je Scheibe	Weizenbrot (45 g)	Weizenschrotbrot (45 g)	Weizenvollkornbrot (45 g)	Roggenbrot (45 g)	Roggenmischbrot (45 g)
Kalorien	107	98	92,2	103	99
Ballaststoffe	1,6 g	2,4 g	3,4 g	2,5 g	2,8 g
Kohlenhydrate	21,5 g	20,6 g	18,6 g	21,4 g	20,4 g
Fett	0,5 g	0,5 g	0,4 g	0,4 g	0,5 g
Eiweiß	3,4 g	3,0 g	3,2 g	2,8 g	2,9 g
Wasser	38,3 %	40 %	41,7 %	38 %	39 %

Weizenvollkornbrot

Mehl

Auszugsmehl Type 405

Mehl ist das feinste Mahlprodukt aus Weizen oder anderen Getreidekörnern. Es können darüber hinaus auch andere Nahrungsmittel wie Kastanien, Kichererbsen, Linsen, Kartoffeln, Erdnüsse oder Maniok zu Mehl vermahlen werden. Obwohl jedes Getreide zu Mehl ausgemahlen werden kann, bezieht sich die Bezeichnung »Mehl« im Allgemeinen ausschließlich auf Weizenmehl. Handelt es sich um Mehl anderer Getreidesorten, wird das normalerweise aus seiner Bezeichnung deutlich. So wird Mehl aus Hafer als Hafermehl, Mehl aus Roggen als Roggenmehl, aus Dinkel als Dinkelmehl, aus Buchweizen als Buchweizenmehl etc. angeboten.

Es wird angenommen, dass das erste Mehl, sicherlich ein sehr grobkörniges, vor etwa 75 000 Jahren hergestellt wurde, indem Getreidekörner zuerst geröstet und dann zwischen zwei Steinen zermahlen wurden. Irgendwann zwischen dieser frühen Periode und dem Beginn des Ackerbaus vor etwa 10 000 Jahren wurde der erste Teig aus gemahlenem Getreide hergestellt und auf heißen Steinen zu Brot gebacken. Zu dieser Zeit trennte man die Körner noch mit Hilfe von Steinen von den Ähren und mahlte sie anschließend von Hand zu Mehl, später wurden sie von Kühen zerstampft. Ein wirklicher Fortschritt in der Mehlherstellung wurde jedoch erst durch die Erfindung von Mühlstein und Wasserrad erlangt, aus der sich schließlich die Kunst des Brotbackens entwickeln konnte.

Die Römer waren bereits in der Lage, verschiedene Mehlsorten herzustellen, darunter erstmals auch ein relativ helles Mehl, das sich allerdings nur die Reicheren leisten konnten — je heller, umso teurer — und deshalb schnell zu einem Symbol für sozialen Status und Wohlstand wurde.

Die erste Windmühle wurde im 11. Jahrhundert in England gebaut, im 12. Jahrhundert folgten Belgien, Luxemburg und Holland. Wasser und Wind waren auch die Energiequellen, die sich die ersten Siedler in Nordamerika zunutze machten, um Mais zum Brotbacken zu mahlen.

In der Folgezeit wurden auf beiden Seiten des Atlantiks große Fortschritte in der Entwicklung der Mehlproduktion gemacht. Der Schotte James Watt erfand gegen Ende des 18. Jahrhunderts die Dampfmaschine, die schon bald auch in Mühlbetrieben eingesetzt wurde. Etwa zur selben Zeit gelang dem Amerikaner Oliver Evans die Entwicklung einer vollautomatischen Mühle, in der rund um die Uhr Mehl gemahlen werden konnte. Mit der industriellen Revolution entstanden die ersten riesigen automatisierten Mühlbetriebe. Im 19. Jahrhundert führte die Erfindung immer besserer Maschinen dazu, dass die Mühlsteine nach und nach durch Stahlwalzen ersetzt werden konnten, die zum einen die Mahlverfahren verbesserten und zum anderen die Trennung von Kleie und Keim ermöglichten.

Bei der modernen Mehlherstellung wird der Weizen vor der Verarbeitung zunächst in verschiedenen Verfahren gründlich gereinigt; dabei werden Verunreinigungen wie Erdklumpen, Stroh, Unkrautsamen, Steine und Metalle entfernt. Damit Getreide während der Lagerung nicht verdirbt, wird es vor der Einlagerung getrocknet. Vor der Vermahlung muss das Getreide jedoch wieder mit Wasser benetzt werden, damit die Kornschale elastischer wird und sich leichter vom Mehlkörper trennen lässt. Die Vermahlung selbst geht dann stufenweise vor sich. Jede Passage umfasst die Zerkleinerung der Getreidekörner in Walzenstühlen und die Trennung des zerkleinerten Materials mittels so genannter Plansichter. Plansichter bestehen aus vielen übereinander angeordneten Sieben. Dadurch

Mehl

lassen sich die Mahlerzeugnisse nach Feinheit trennen: Schrot, Grieß, Dunst und Mehl. Insgesamt wird durch dieses Mahlverfahren die Trennung des Mehlkörpers von den äußeren Schalenteilen – der Kleie und dem Keimling – erreicht. Da der Keimling relativ fettreich ist, wird die Haltbarkeit des Mehles durch die Abtrennung erhöht. Die Entfernung von Keimling und Kleie zieht jedoch auch große Verluste an B-Vitaminen und Mineralstoffen nach sich. Um diese Verluste an Nährstoffen auszugleichen, wird in einigen Ländern wie Kanada, Großbritannien und den USA das Mehl mit Vitaminen (Vitamin B_1, B_2, Niacin) und Mineralstoffen (Eisen) angereichert. In Deutschland ist eine solche Anreicherung nicht zulässig.

Die Eigenschaften des Mehls hängen von dem jeweiligen Getreide ab. So enthält Weichweizen zum Beispiel wenig Klebereiweiß und eignet sich deshalb besonders gut zum Kuchenbacken, während Hartweizen mit seinem höheren Klebergehalt besser zum Brotbacken oder zur Nudelherstellung geeignet ist. Diese Eigenschaften werden noch dadurch verbessert, indem das Mehl einige Wochen nach dem Ausmahlen gelagert wird, wobei dieser »Reifungsprozess« zusätzlich einen natürlichen Oxidationsprozess bewirkt, der das Mehl heller werden lässt. Um diesen Reifungsprozess zu beschleunigen und das Ergebnis besser kontrollieren zu können, werden in der modernen Mehlproduktion je nach Mehltyp häufig noch Bleichmittel, etwa Chlordioxid, und Oxidationsmittel, beispielsweise Bromkalium, eingesetzt.

Weizen- und Roggenmehle werden nach ihrem Ausmahlungsgrad unterschieden. Der Ausmahlungsgrad wird durch die Typenzahl auf der Packung angegeben. Da die Mineralstoffe hauptsächlich in der Frucht- und Samenschale lokalisiert sind, besitzt ein grob ausgemahlenes Mehl auch eine hohe Typenzahl und umgekehrt. Je höher also die Typenzahl, umso mehr Schalenteile und damit Mineralstoffe enthält das Mehl und umso dunkler ist es.

Helles Weizenmehl der Type 405 wird im Haushalt am häufigsten benutzt. Im Vergleich zu Mehlen mit einer hohen Typenzahl ist es lange lagerfähig und vielseitiger verwendbar, da es geschmacksneutral ist.

Weizenvollkornmehl hat keine Typenbezeichnung, denn es wird das volle Korn – mit Endosperm, Keimling und Kleie – zu Mehl gemahlen, wodurch es eine viel dunklere Farbe als Weizenmehl Type 405 und einen leicht nussähnlichen Geschmack hat. Weizenvollkornmehl lässt sich leicht selber mit der eigenen Getreidemühle oder aber auf Anfrage im Naturkostladen oder Reformhaus frisch mahlen. Es wird mittlerweile auch von großen Mühlen abgepackt im Supermarkt gehandelt.

Bei vielen Rezepten, vor allem bei pikantem Gebäck, kann weißes Auszugsmehl durch Weizenvollkornmehl ersetzt werden, allerdings ist dann etwas mehr Flüssigkeit erforderlich als im Rezept angegeben. Darüber hinaus sollte der zubereitete Teig etwa 30 Minuten ruhen, damit das Mehl ausquellen kann. Weißes Mehl eignet sich für zartes und leichtes Gebäck wie Plätzchen und Tortenböden.

Produkte aus Weizenvollkornmehl sind wesentlich nahrhafter als Produkte aus weißem Mehl, haben eine dunklere Farbe, einen intensiveren Geschmack und ein geringeres Volumen als mit weißem Mehl hergestellte Backwaren. Für das geringere Volumen ist der Kleieanteil im Vollkornmehl verantwortlich, da in der Kleie das Enzym Glutinase enthalten ist, das die elastische Kleberwirkung im Mehl vermindert. Damit Vollkornbackwaren möglichst locker werden, kann Vollkornmehl vor der Teigzubereitung mehrmals durchgesiebt werden, um die Kleie vom Mehl zu trennen und erst kurz vor dem Backen zum Teig zu geben.

Mehl

Einkaufstipp

Beim Mehlkauf sollte man auf die Mehltype und auch auf das Mindesthaltbarkeitsdatum achten. Überlagertes Mehl schmeckt muffig und bitter. Vollkornmehle tragen auf der Verpackung keine Typenzahl. Man erhält sie frisch gemahlen im Naturkostladen und Reformhaus. Zudem stammt dieses Mehl von Getreide aus biologisch kontrolliertem Anbau. Es wurde also auf Böden angebaut, die nicht überdüngt sind, und es ist frei von chemischen Insektenschutzmitteln.

Üblicherweise werden im Handel nur Weizen- und Roggenmehle mit Typenbezeichnungen angeboten. Gängig sind bei Weizenmehl die Typen 405, 1050 und 1700. Bei Roggen gibt es normalerweise nur niedrig ausgemahlene Mehle, zum Beispiel die Type 997, da er fast ausschließlich zum Brotbacken verwendet wird.

So kann man testen, ob Vollkornmehl noch in Ordnung ist:

Etwas Vollkornmehl mit kaltem Wasser übergießen und ein klein wenig davon kosten. Schmeckt es nicht ranzig und riecht es nicht muffig, kann das Mehl bedenkenlos zum Backen verwendet werden.

Serviervorschläge

Mehl lässt sich für die unterschiedlichsten Zubereitungen verwenden. Es ist meist Hauptbestandteil von Brot-, Brötchen-, Gebäck-, Plätzchen- und Kuchenteigen sowie unerlässlich bei der Zubereitung von Crêpes, Waffeln, Frittierteigen und vielem anderen mehr. Dank seiner bindenden Eigenschaften wird Weizenmehl zum Andicken von Suppen und Saucen verwendet, trägt jedoch genauso dazu bei, Gerichten eine schöne braune Farbe (z.B. dunkle Saucen) oder knusprige Kruste (z.B. gebratener Fisch) zu verleihen.

Helles Mehl kann durch Weizenvollkornmehl ersetzt werden. Dabei muss jedoch etwa 15% mehr Flüssigkeit ersetzt werden als im Rezept angegeben. Bei der Flüssigkeit kann es sich um Wasser, Milch oder Milchprodukte wie Joghurt oder Buttermilch handeln.

Vollkorn-Apfelkuchen

FÜR EINE FORM VON 26–28 CM DURCHMESSER

Für den Teig:
250 g Weizenvollkornmehl
1 Prise Salz
50 g brauner Zucker
125 g Butter oder Margarine
2–3 EL Joghurt

Für den Belag:
750 g säuerliche Äpfel (z.B. Boskop)
Saft von 1 Zitrone
100 g Mandeln oder Walnüsse
2 Eier
125 g Sahne
80 g Zucker

1. Mehl, Salz und braunen Zucker in einer Schüssel mischen. Die Butter in kleine Stücke schneiden und mit dem Joghurt dazugeben.

2. Den Teig mit Hilfe eines Messers oder im Mixer mischen, bis er krümelig ist. Mit den Händen rasch zu einem glatten Teig verkneten.

3. Den Teig in der Form verteilen, dabei einen etwa 3 cm hohen Rand formen. Den Teigboden einstechen und die Form etwa 1 Stunde in den Kühlschrank stellen.

4. Inzwischen die Äpfel schälen oder gründlich waschen, vierteln und von den Kerngehäusen befreien. Die Äpfel in dünne Schnitze schneiden und sofort mit dem Zitronensaft mischen. Die Nüsse fein hacken.

5. Die Eier trennen. Eigelb, Sahne und Zucker schaumig schlagen, Eiweiß steif schlagen und unterheben. Die Äpfel auf dem Teigboden verteilen, mit den Nüssen bestreuen und mit dem Sahneguss übergießen.

6. Den Kuchen im vorgeheizten Backofen auf der mittleren Schiene bei 200 °C (Umluft 180 °C, Gas Stufe 3–4) in etwa 45 Minuten goldbraun backen.

Mehl

Nährwerte

	Weizenvollkornmehl	*Auszugsmehl Type 405*
Kalorien	302	335
Ballaststoffe	11,7 g	4,0 g
Kohlenhydrate	59,7 g	71 g
Fett	2,0 g	1,0 g
Eiweiß	12,1 g	10,6 g
Wasser	12,6 %	14,1%
		je 100 g

Der Nährwert von Mehl ist von verschiedenen Faktoren abhängig, unter anderem von der Getreideart, dem Reifungsgrad und insbesondere vom Ausmahlungsgrad, der sich in der Typenzahl des Mehls ausdrückt. Der Ausmahlungsgrad bzw. die Typenzahl gibt die Menge an Mineralstoffen in mg pro 100 g Mehl an. Je höher also die Typenzahl ist, umso höher ist auch sein Gehalt an Mineralstoffen. Da Ballaststoffe überwiegend in der Getreideschale sitzen, enthalten Mehle mit höherer Typenzahl und Vollkornmehle mehr Ballaststoffe als weißes Mehl. Dasselbe gilt für den Vitamin-E-Gehalt, denn das fettlösliche Vitamin ist im Keimling lokalisiert, der beim hellen Mehl vor dem Mahlen entfernt wird.

Mehl, vor allem Vollkornmehl, in Form von Getreideprodukten ist ernährungsphysiologisch besonders wertvoll. Stärke und Ballaststoffe bilden zusammen den Kohlenhydratanteil. Während die Stärke ein verdauliches Kohlenhydrat ist, was zu einer Erhöhung des Blutzuckerspiegels führt, sind die Ballaststoffe unverdaulich und sorgen für ein länger anhaltendes Sättigungsgefühl, tragen zu einer Senkung des Cholesterinspiegels bei und wirken verdauungsregulierend. Die Deutsche Gesellschaft für Ernährung empfiehlt eine tägliche Aufnahme von etwa 30 g Ballaststoffen, die durch 2 Scheiben Vollkornbrot zu einem Drittel gedeckt werden kann.

Der Eiweißanteil von Mehl ist relativ wertvoll und ergänzt sich mit dem Eiweiß von Milch und Eiern optimal. Der Fettanteil ist relativ niedrig und deshalb von untergeordneter Bedeutung.

Im Weizenvollkornmehl sind alle Vitamine und Mineralstoffe des vollen Korns enthalten. Dabei handelt es sich überwiegend um B-Vitamine (Vitamin B_1 und B_2 sowie Folsäure). B-Vitamine sind unter anderem für ein stabiles Nervenkostüm, für schöne Haut und glänzende Haare verantwortlich. An Mineralstoffen finden sich hauptsächlich Kalium, Kalzium, Phosphor, Magnesium, Eisen und Zink. Mit 250 g Vollkornbrot kann zum Beispiel etwa die Hälfte der empfohlenen Zufuhr an Eisen gedeckt werden.

Aufbewahrung

Je heller das Mehl, also je niedriger die Typenzahl, desto länger hält es sich. Helle Mehle halten etwa 6 Monate in der Verpackung, denn der fetthaltige Keimling, der zum Ranzigwerden führt, wurde vor dem Mahlen entfernt.

Fertig gekauftes Vollkornmehl (aus der Packung) hält sich ebenfalls 6 Monate, da es einen niedrigen Feuchtigkeitsgehalt aufweist. Selbst gemahlenes Mehl kann gut verschlossen, kühl und dunkel bis zu 4 Wochen gelagert werden.

Weizenmehl Type 1050

Backmischung

Roggenmehl Type 1800

Weizenvollkornmehl

Kleiemehl

Nudeln

Nudeln bestehen vor allem aus gemahlenem Getreide und Wasser. Die Erfindung der Nudeln beanspruchen mehrere Länder für sich, unter anderem China, Japan, Frankreich und Italien. Nach historischen Berichten war es Marco Polo, der die Nudeln gegen Ende des 13. Jahrhunderts aus China nach Italien mitbrachte. Darüber hinaus weiß man, dass in China schon lange vor Marco Polos Reisen Nudeln aus Buchweizen, Reis, Weizen und Sojabohnen hergestellt wurden. Obwohl die ersten Nudeln bereits im 15. Jahrhundert in Neapel industriell hergestellt werden konnten, wurden sie erst im 19. Jahrhundert wirklich populär, nachdem ein Verfahren zur Trocknung von Teigwaren die Aufbewahrungsmöglichkeiten erheblich verbesserte.

Heute werden qualitativ hochwertige Nudeln vor allem aus Durum-Weizen hergestellt – eine Hartweizenart mit hohem Eiweiß- und Glutenanteil und relativ wenig Stärke, deren Körner zu feinem Grieß oder Mehl ausgemahlen werden. Das griffige Durum-Weizenmehl eignet sich besonders gut zur Nudelherstellung, da die Nudeln beim Kochen nicht zusammenkleben. Daneben werden aber auch Weichweizenmehl, Mischungen aus Weich- und Hartweizenmehl, Buchweizenmehl, Reismehl oder (seltener) Maismehl zur Herstellung von Nudeln verwendet. Darüber hinaus enthalten viele Nudeln zahlreiche weitere Zutaten wie Sojamehl, Mungobohnenstärke, Gemüse (Spinat, Tomaten, Rote Bete, Möhren), Gluten, Molke, Eier, Kräuter, Gewürze und Aromastoffe. Zum Färben der Nudeln werden anstelle von Naturfarben manchmal auch Speisefarben verwendet. In Asien werden Nudeln meist aus Reis-, Buchweizen- oder Weichweizenmehl hergestellt. In einigen Ländern werden Nudeln noch mit B-Vitaminen (vor allem Vitamin B_1 und B_2 sowie Nikotinsäure) und Eisen angereichert.

Heutzutage werden Nudeln in riesigen vollautomatischen Fabriken hergestellt. Dafür wird der Grieß oder das Mehl mit Wasser und möglichen weiteren Zutaten vermischt und zu einem Teig verarbeitet. Dieser Teig wird dünn ausgerollt und anschließend in Streifen geschnitten oder durch Strangpressen in verschiedene Formen gepresst und getrocknet, indem man die Nudeln so lange heißer, leicht feuchter Luft aussetzt, bis der Wassergehalt auf etwa 12 % reduziert ist.

Mittlerweile gibt es unzählige Nudelformen: Dünne Nudeln werden zum Beispiel vorwiegend als Einlagen in Suppen und klaren Brühen verwendet, während gebogene, gedrehte oder röhrenförmige Teigwaren Saucen besonders gut aufnehmen; gerffelte Nudeln passen am besten zu Fleischsauce, glatte Nudeln hingegen sind ideal für Sahne- oder Käsesaucen.

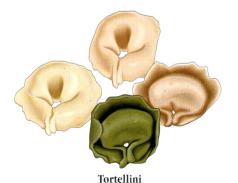

Tortellini

Gnocchi

Conchiglie

Nudeln

Einkaufstipp

 Getrocknete Nudeln sollten gleichmäßig geformt sein und eine einheitliche Farbe haben. Frische Nudeln sollten angenehm duften.

Spaghetti alla bolognese

FÜR 4 PORTIONEN

Für die Sauce:
1 Zwiebel
1 Stange Sellerie
½ grüne Paprikaschote
2 große Dosen Tomaten
1 Dose Tomatenmark (165 g)
2 Lorbeerblätter
2 Prisen getrockneter Estragon
2 Prisen getrocknetes Basilikum
2 Prisen getrockneter Thymian
2 Prisen Selleriesalz
Salz und frisch gemahlener Pfeffer
2 Knoblauchzehen, fein gehackt
3 EL Olivenöl
500 g mageres Rinderhackfleisch
evtl. 2 Prisen gemahlene rote Chilischoten

Für die Nudeln:
Salz
2 EL Olivenöl
400 g Spaghetti oder Spaghettini
50 g Butter
frisch geriebener Parmesankäse

1. Für die Sauce Zwiebel, Sellerie und Paprikaschote schälen bzw. putzen, waschen und fein hacken. Die Tomaten in einer Schüssel pürieren und das Tomatenmark unterrühren. Gewürze und Kräuter mit dem Knoblauch in einer kleinen Schüssel mischen.

2. Das Öl in einem großen Topf erhitzen und das Gemüse darin 5 Minuten bei kleiner Hitze anbraten. Das Hackfleisch zufügen und mitbraten, bis es krümelig zerfällt.

3. Tomaten und Kräuter zum Fleisch geben und alles gut durchmischen. Die Sauce unter gelegentlichem Rühren 1 ½ bis 2 Stunden bei schwacher Hitze köcheln lassen, bis sie weitgehend eingekocht ist. Die Sauce mit Salz und Pfeffer abschmecken und nach Belieben die gemahlenen Chilischoten zufügen.

4. Für die Nudeln 2 Liter Wasser in einem großen Topf zum Kochen bringen und Salz und Öl zugeben. Die Spaghetti zufügen, umrühren und in 6 bis 8 Minuten bissfest garen.

5. Die Nudeln abgießen und die Butter in Flöckchen darüber geben. Die Spaghetti mit der Sauce übergießen und servieren. Den Parmesankäse extra dazu reichen.

Serviervorschläge

Nudeln kosten nicht viel, lassen sich leicht zubereiten und sind vielseitig verwendbar. Sie schmecken kalt oder warm und eignen sich ebenso für einfache wie für aufwendige Gerichte. Nudeln serviert man als Vorspeise oder Hauptgericht, und sie werden sogar in Desserts verwendet. Sie passen zu Suppen und Salaten und sind eine leckere Beilage zu Fleisch, Geflügel und Meeresfrüchten. In Asien füllt man Frühlingsrollen und *Wantan* häufig mit Nudeln. Wegen ihres fast neutralen Geschmacks lassen sie sich mit sehr vielen Gerichten kombinieren. Meist serviert man sie jedoch zu einer Sauce – häufig auf Tomatenbasis –, die mit Hackfleisch, Meeresfrüchten, Geflügel, Schinken, Käse oder Gemüse und anderem zubereitet wird. Nudeln werden außerdem mit Hackfleisch, Käse, Spinat, Pilzen oder Kräutern gefüllt serviert.

Um den meist hohen Kaloriengehalt in Nudelgerichten zu reduzieren, gibt es verschiedene Möglichkeiten:

- Lieber Gemüse- und Kräutersaucen statt gehaltvoller Sahnesaucen kochen;
- entrahmte Milch statt Sahne verwenden;
- besser Käsesorten mit geringem Fettgehalt wie Ricotta verwenden;
- die Saucen mit weniger Fleisch zubereiten und stattdessen mehr Geflügel verwenden;
- Butter durch Olivenöl ersetzen (siehe *Öl*) und dadurch gesättigte Fettsäuren vermeiden.

Ravioli

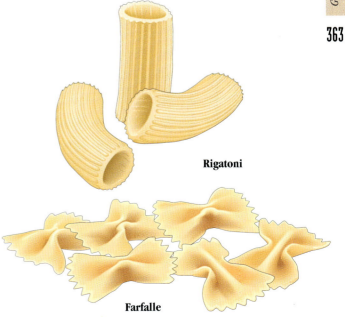

Rigatoni

Farfalle

Nudeln

1 250 g Mehl auf die Arbeitsfläche sieben und eine Mulde in die Mitte drücken; 2 Eier, 1 Esslöffel Öl und ½ Teelöffel Salz hineingeben.

2 Mit den Händen das Mehl vom Rand untermischen und alles zu einem Teig verkneten. Nach Bedarf etwas Wasser zugeben.

3 Den Teig zu einer Kugel formen und 30 bis 60 Minuten zugedeckt bei Zimmertemperatur ruhen lassen.

4 Die Arbeitsfläche mit Mehl bestreuen. Den Teig mit dem Nudelholz leicht ausrollen und in 2 gleich große Portionen teilen.

5 Die Teigportionen jeweils zu einer runden Platte ausrollen.

6 Die Teigplatten sehr dünn ausrollen.

7 Die Teigplatten mit Mehl bestreuen und von beiden Seiten zu Rollen zusammen legen.

8 Die Teigrollen mit einem Messer in etwa ½ cm dicke Streifen schneiden.

9 Die Nudelstreifen auseinander rollen und vor dem Kochen auf einem Küchentuch trocknen lassen.

Penne

Zite

Ditali

Rotini

Nudeln

Zubereitung

Nudeln werden grundsätzlich in sprudelnd kochendem Wasser gegart, da sie dadurch versiegelt und *al dente* (bissfest) kochen. Lange Nudeln wie Spaghetti gibt man auf einmal ins kochende Wasser und schiebt die außerhalb des Wassers befindlichen Teile mit leichtem Druck vorsichtig hinein, sobald die Nudeln am anderen Ende etwas weich geworden sind. Damit das Wasser nach dem Hineingeben der Nudeln ohne Unterbrechung weiterkocht, rechnet man 3 l Wasser pro 500 g frische oder getrocknete Nudeln und 1 l Wasser pro weitere 250 g Pasta. Da die Nudeln beim Garen aufquellen – qualitativ hochwertige Nudeln vergrößern ihr Volumen um das Vierfache –, sollte der Topf außerdem ausreichend groß sein. In das Kochwasser gibt man pro 500 g Nudeln jeweils 1 Esslöffel Salz sowie etwas Öl, damit die Nudeln beim Kochen nicht zusammenkleben. Manche empfehlen, dem Kochwasser darüber hinaus noch weiteres Öl zuzufügen, sobald sich beim Kochen Schaum bildet (viel Schaum bedeutet, dass die Nudeln meist von minderer Qualität sind), um ein Überkochen zu vermeiden.

Die Garzeit der einzelnen Nudelsorten ist neben dem persönlichen Geschmack abhängig von ihrer Größe und dem Wassergehalt sowie vom Härtegrad des Wassers. Um zu testen, ob die Nudeln bissfest sind, sollte man sie zum Ende der Garzeit mehrmals testen:

- Nudeln aus Hartweizengrieß benötigen eine längere Garzeit als Weichweizennudeln.

- Frische Nudeln sind schneller gar als getrocknete.

- Nudeln, die ein zweites Mal gekocht oder eingefroren werden, sollten nicht ganz bissfest garen.

- Nach Ende der Garzeit müssen die Nudeln sofort abgegossen werden, da sie sonst weiterkochen.

- Kalt abgeschreckt werden nur besonders stärkehaltige Nudeln, etwa Nudeln aus Weichweizengrieß, die leicht zusammenkleben, sowie Nudeln, die kalt verwendet werden, beispielsweise in einem Salat, oder Nudeln, bei denen der Garprozess unterbrochen werden soll, weil sie mit weiteren Zutaten nochmals gekocht werden.

Getrocknete Nudelsorten wie beispielsweise Lasagne oder Cannelloni, die für Backofengerichte verwendet werden, braucht man nicht vorzukochen. Allerdings benötigen sie während des Garens gewöhnlich sehr viel Flüssigkeit oder Sauce.

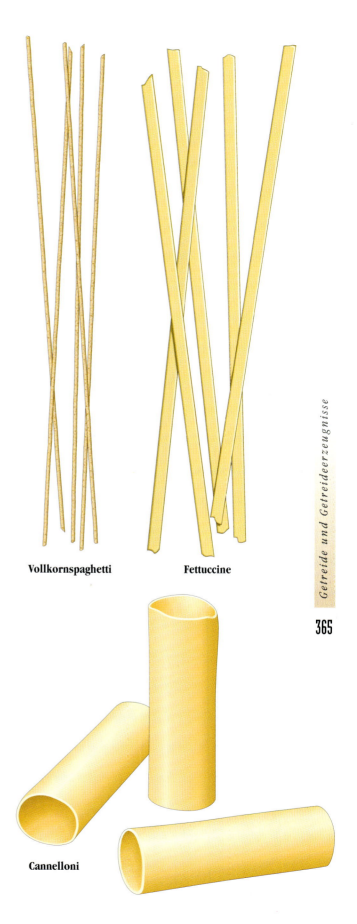

Vollkornspaghetti   **Fettuccine**

Cannelloni

Makkaroni

Fusilli

Nudeln

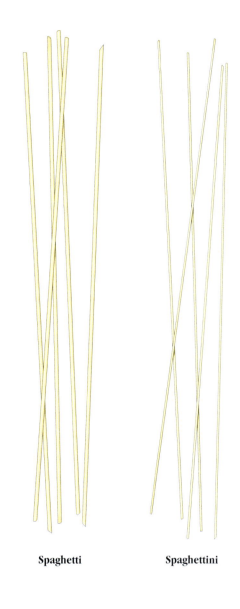

Spaghetti **Spaghettini**

Nährwerte

	Hartweizennudeln	*Vollkornnudeln*	*Eiernudeln*
Kalorien	362	343	360
Ballaststoffe	3,0 g	8,0 g	3,4 g
Kohlenhydrate	75,2 g	64,0 g	70,0 g
Fett	1,2 g	3,0 g	3,0 g
Eiweiß	12,5 g	15,0 g	13,3 g
Wasser	10,0 %	10,0 %	10,7 %

je 100 g

Nudeln sind nicht nur beliebte Energielieferanten, sondern auch gefürchtete »Kalorienbomben«. In Wirklichkeit stecken die Kalorien jedoch gar nicht so sehr in den Nudeln, sondern vielmehr in Beilagen wie Butter, Sahne und Käse. Der Nährwert der einzelnen Nudelsorten hängt von den Zutaten ab, etwa von der Mehlsorte und davon, ob Eier, Milchpulver und Gemüse bei der Herstellung verwendet wurden, sowie von der Kochzeit. So geben lange gekochte Nudeln etwas mehr von den wasserlöslichen B-Vitaminen ans Kochwasser ab als Nudeln, die bissfest (*al dente*) gegart werden.

Nudeln enthalten fast kein Fett, dafür aber viel Eiweiß und Kohlenhydrate in Form von leicht verdaulicher Stärke, die vom Organismus nur langsam aufgenommen werden, sodass das Sättigungsgefühl lange vorhält. Vollkornnudeln enthalten außerdem viel Thiamin, Nikotinsäure, Pantothensäure, Magnesium, Phosphor, Eisen, Zink und Kupfer; gekochte Eiernudeln sind reich an Magnesium, Zink, Phosphor, Nikotinsäure und Vitamin B_{12}.

Aufbewahrung

Frische Hartweizennudeln können 1 bis 2 Tage im Kühlschrank aufbewahrt und auch sehr gut eingefroren werden. Gefüllte Nudeln oder frische Eiernudeln halten sich 1 Tag im Kühlschrank und können 2 Monate im Gefrierfach gelagert werden. Gekochte Nudeln bleiben im Kühlschrank 3 bis 5 Tage frisch und sind ebenfalls zum Tiefgefrieren geeignet. Im Kühlschrank sollten Nudeln in einem gut verschlossenen Behälter aufbewahrt werden, da sie leicht Fremdgerüche annehmen. Getrocknete Nudeln sind fest verschlossen und an einem trockenen Ort aufbewahrt nahezu unbegrenzt haltbar.

Spinatlasagne

Spinat-Tagliatelle

Asiatische Nudeln

Nudeln spielen in der asiatischen Küche seit mehr als 2000 Jahren eine wichtige Rolle. Im Norden Chinas, wo hauptsächlich Weizen angebaut wird, stellt man vor allem Weizennudeln her, während in Südchina eher Reisnudeln gebräuchlich sind.

Als Symbol für ein langes Leben werden die asiatischen Nudeln meistens zu unterschiedlich langen und breiten Fäden geformt. Sie unterscheiden sich nach den verwendeten Zutaten in Weizennudeln, Reisnudeln, Mungobohnennudeln und Buchweizennudeln.

Chinesische **Weizennudeln** sind gelblich oder weiß und bestehen aus Weizenmehl, Wasser und Salz, gelegentlich werden auch Eier hinzugefügt. Eiernudeln werden frisch oder getrocknet angeboten, wobei frische Eiernudeln vor der Zubereitung mit einer Gabel zerteilt und 2 bis 4 Minuten in sprudelnd kochendem Wasser gegart werden. Getrocknete Eiernudeln werden auf *Chow mein*-Weise zubereitet, das heißt, man brät sie nach dem Kochen in der Pfanne, wodurch sie ihre typische knusprige Beschaffenheit erhalten.

In Japan werden Weizennudeln – manchmal auch Maisnudeln – nach ihrem Umfang unterschieden: Dünne Nudeln heißen *Somen*, während dicke Nudeln als *Udon* bekannt sind.

Reisnudeln bestehen aus Reismehl und Wasser und weisen von brüchig fein bis breit und fest viele verschiedene Größen auf. Sie werden häufig frittiert oder als Suppeneinlage verwendet, man sollte sie jedoch vor dem Kochen oder Braten einige Minuten in kaltem oder lauwarmem Wasser einweichen. Feine Reisnudeln schmecken besonders gut, wenn sie in Erdnussöl bei 200 °C (Umluft 180 °C, Gas Stufe 3–4) goldgelb frittiert werden. Dabei dehnen sie sich zu kleinen Nestern aus, mit dem in Asien die verschiedensten Gerichte garniert werden, beispielsweise das saftige thailändische *Mee krob*.

Mungobohnennudeln sind durchsichtig und sollten vor der Zubereitung, sofern man sie nicht als Suppeneinlage verwendet, etwa 10 Minuten in lauwarmem oder heißem Wasser eingeweicht werden, da sie während des Garens sehr viel Flüssigkeit aufnehmen.

Buchweizennudeln, die auch etwas Weizen enthalten, sind vor allem in Japan sehr beliebt, wo man sie unter dem Namen *Soba* kennt. Die gelblich braunen oder grauen Nudeln werden frisch oder getrocknet angeboten; als natürlicher Farbstoff wird ihnen gelegentlich grüner Tee *(Chasoba)* oder Rote Bete beigefügt. Buchweizennudeln werden vor der Zubereitung nicht eingeweicht, sondern nur in sprudelnd kochendem Wasser bissfest gegart. Im Sommer werden sie häufig kalt mit Sojasauce serviert. Man verwendet sie aber auch gerne als Suppeneinlage.

Wantanblätter sind feine Teigblätter aus Weizen, Wasser, Eiern und Salz, die mit Fleisch, Fisch, Meeresfrüchten oder Gemüse gefüllt werden. Diese asiatische Version der italienischen Ravioli wird frisch oder gefroren angeboten.

Asiatische Nudeln

Einkaufstipp

Frische asiatische Nudeln sollten weder zu weich noch klebrig oder brüchig sein.

Aufbewahrung

Frische Eiernudeln können 3 bis 4 Tage im Kühlschrank aufbewahrt und etwa 1 Monat tiefgefroren werden. Getrocknete Nudeln sind an einem kühlen, trockenen und dunklen Ort aufbewahrt nahezu unbegrenzt haltbar.

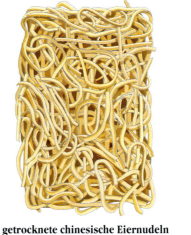

getrocknete chinesische Eiernudeln

Mungobohnennudeln

Somen

breite Reisnudeln

frische chinesische Eiernudeln

feine Reisnudeln

Wantanblätter

Soba

Udon

Kräuter und Gewürze

Einführung

Mit dem Begriff »Gewürz« werden oft unterschiedslos Kräuter wie Gewürze bezeichnet. Unter Gewürzen versteht man Aromastoffe, die meist von Pflanzen tropischer Herkunft stammen und sich vor allem durch ihren intensiven Geschmack auszeichnen. Früher legte man den Begriff »Gewürz« sehr viel weiter aus und bezog ihn auch auf scharf schmeckende oder besonders aromatische Gerichte sowie diverse exotische Zutaten. Kräuter hingegen sind Pflanzen, die in gemäßigten Klimazonen heimisch sind und in der Regel im Kräutergarten gezogen werden.

Die ersten Gewürze gelangten im Mittelalter nach Europa und waren bald äußerst begehrte Handelswaren. Zum einen verwendete man sie, um den unangenehmen Geschmack der oft schon verdorbenen Nahrungsmittel zu überdecken, da es damals außer Salz noch keine Konservierungsstoffe gab. Zum anderen schätzte man natürlich auch ihr Aroma und ihre intensiven Farben. Außerdem schrieb man manchen Gewürzen bestimmte Heilkräfte zu oder verwendete sie bei der Herstellung von Parfüms. Viele Entdeckungsreisen wurden nicht zuletzt deshalb unternommen, um die große Nachfrage nach Gewürzen zu stillen. Schließlich entzündeten sich an dem Handel mit Gewürzen nicht wenige Kriege, was zur Vernichtung ganzer Völker führte.

Gewürze werden aus Früchten (Piment, Paprika, Wacholder, Pfeffer), Samen (Kardamom, Mohn, Kreuzkümmel, Muskat), Wurzeln (Kurkuma, Ingwer, Meerrettich), Blütenknospen (Gewürznelke, Kapern) und Rinde (Zimt) gewonnen.

Kräuter werden unterteilt in Lippenblütler *(Labiatae),* zu denen Basilikum, Majoran, Melisse, Minze, Oregano, Rosmarin, Bohnenkraut, Salbei oder Thymian gehören, und Doldenblütler *(Umbelliferae)* wie Dill, Anis, Kümmel, Kerbel, Koriander, Kreuzkümmel, Fenchel oder Petersilie, die in flachen oder gerundeten Büscheln wachsen.

Die lateinischen Beinamen der Kräuter betonen meistens die besonderen Merkmale der Pflanzen. So sind die Begriffe *fragrans* und *odorata* den aromatischen Kräutern vorbehalten, während *tinctoria* der Beiname für Pflanzen ist, die zu einer färbenden Spezies gehören; *sativus* wiederum sind kultivierte Kräuter im Gegensatz zu den wild wachsenden Pflanzen.

Einkaufstipp

Gewürze werden im Ganzen (Samen, Stiel, Wurzel) oder gemahlen angeboten, wobei erstere ihr Aroma länger behalten als in gemahlenem Zustand. Aus diesem Grund ist es ratsam, Gewürze im Ganzen zu kaufen und erst unmittelbar vor Gebrauch zu mahlen.

Kräuter gibt es frisch und getrocknet. Stängel und Blätter frischer Kräuter sollten knackig grün und weder trocken noch verfärbt sein. Getrocknete Kräuter werden im Ganzen, als Blätter oder gerebelt (zerrieben) angeboten, wobei letztere sehr schnell ihr Aroma verlieren. Wenig empfehlenswert sind Kräutersalzmischungen, da sie meist wesentlich teurer sind als einzelne Kräuter.

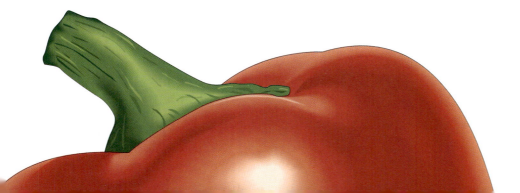

Einführung

Vorbereitung

Frische wie getrocknete Kräuter verleihen vielen Gerichten mehr Geschmack und Aroma. Frische Kräuter werden nach dem Waschen und Trockenschwenken am besten mit einer Schere oder einem scharfen Messer klein geschnitten. Getrocknete Kräuter werden kurz vor Gebrauch einfach zwischen den Fingern oder den Handflächen zerrieben. Getrocknete Kräuter oder Gewürze können auch 30 Minuten in Wasser, Milch, Öl oder Brühe eingelegt werden. In Indien werden Gewürze meist zuerst kurz in Öl oder Butter geröstet, bevor sie weiter verwendet werden, da sich dadurch ihr Aroma verstärkt und sie leichter verdaulich werden. Beim Zerdrücken – am einfachsten mit Mörser und Stößel – werden die in den Kräutern und Gewürzen enthaltenen ätherischen Öle freigesetzt, wodurch sich ebenfalls ihr Aroma intensiviert.

Serviervorschläge

Die Verwendung frischer wie getrockneter Kräuter und Gewürze ist außer durch persönlichen Geschmack und individuelle Vorlieben nahezu unbegrenzt. Wenn auch bestimmte Kräuter traditionell bestimmten Nahrungsmitteln zugeordnet werden, etwa Basilikum zu Tomaten, Minze zu Lamm oder Estragon zu Essig oder Hühnchen, schließen diese Kombinationen keineswegs andere aus.

Das Aroma frischer Kräuter ist meistens weniger intensiv als das getrockneter Kräuter. Als Anhaltspunkt gilt, dass 1 Esslöffel frische Kräuter etwa 1 Teelöffel getrocknete Kräuter oder $\frac{1}{3}$ bis $\frac{2}{3}$ Teelöffel gemahlene Kräuter entspricht. Auch die Temperatur des jeweiligen Gerichts beeinflusst die Geschmacksintensität von Kräutern, da die ätherischen Öle durch Hitze zwar freigesetzt werden, sich aber auch relativ schnell wieder verflüchtigen. Bei empfindlichen Kräutern wie Basilikum, Petersilie oder Dill sollte man lange Garzeiten und vor allem heftiges Kochen vermeiden und sie erst am Ende des Garprozesses zufügen; andererseits können robuste Kräuter wie Rosmarin, Thymian, Salbei, Lorbeerblatt und Bohnenkraut sehr gut mitgegart werden. Bei der Zubereitung von Kaltspeisen empfiehlt es sich, die Kräuter schon einige Zeit vor dem Servieren zuzugeben, damit sie ausreichend Zeit haben, ihr Aroma zu entfalten. Außerdem wird durch Kälte das Aroma abgeschwächt, sodass man die Kräutermenge bei kalten Gerichten erhöhen muss.

Gewürze werden im Gegensatz zu Kräutern möglichst frühzeitig während des Garprozesses zugegeben. Vor allem bei den häufig sehr intensiv schmeckenden Gewürzen sollte man jedoch vorsichtig dosieren, da sich leichter etwas zufügen als wegnehmen lässt!

Nährwerte

Kräuter und Gewürze enthalten viele unterschiedliche Nährstoffe. Vor allem Fenchel, Estragon, Petersilie, Zimt, Basilikum, Gewürznelken, Oregano, Paprika und Bohnenkraut sowie viele Kräuter und Gewürze in Samenform wie Anis, Kümmel, Dillsamen, Fenchelsamen, Bockshornklee, Senf, Mohn, Selleriesamen und Koriander enthalten Kalzium, Kalium und Phosphor in unterschiedlichen Mengen. Gewürze enthalten etwas mehr Fett und Kohlenhydrate als Kräuter.

Kräutern und Gewürzen wird eine Reihe von Heilwirkungen zugeschrieben, von denen einige wissenschaftlich nachgewiesen sind, während andere nicht als gesichert gelten. Viele Kräutertees und andere Anwendungen wie Aufgüsse, Salben oder Umschläge wurden im Lauf der Jahrhunderte von Generation zu Generation als Volksmedizin überliefert. Wenn auch die Mehrzahl von der Wissenschaft in ihrer medizinischen Wirkung nicht anerkannt ist, haben sich doch viele in langjähriger Praxis immer wieder bei den unterschiedlichsten Beschwerden und Krankheiten bewährt.

Einführung

Aufbewahrung

Eine gute Konservierungsmethode für frische Kräuter ist das Trocknen. Dabei sollten die Kräuter jedoch nicht direktem Sonnenlicht oder künstlichem Licht ausgesetzt werden, sondern auf einem Stück Leinwand oder einem Nylongitter ausgebreitet durch Luftzirkulation trocknen können. Nur vollkommen trockene Blätter sollten aufbewahrt werden, ansonsten kann sich leicht Schimmel bilden. Falls nötig, können die Kräuter nach dem Lufttrocknen noch etwa 15 Minuten bei 50 °C im Backofen vollständig getrocknet werden. Thymian, Oregano, Rosmarin, Lorbeerblätter und Bohnenkraut lassen sich besonders gut trocknen.

Auch im Mikrowellengerät kann man Kräuter trocknen. Dafür werden sie gewaschen, zerkleinert und locker zwischen zwei Lagen Küchenpapier gelegt. Kleine Mengen werden nacheinander auf der höchsten Stufe ins Gerät gegeben, der Trocknungsgrad muss geprüft werden! Ein Bund Schnittlauch braucht beispielsweise 2 bis 2 ½ Minuten, der zartere Dill nur etwa 1 ½ Minuten.

Getrocknete Kräuter und Gewürze werden am besten in fest verschlossenen Gefäßen dunkel und kühl gelagert. Frische Kräuter sollte man im Kühlschrank aufheben. Dafür die gewaschenen und gut abgetropften Kräuter locker in einen Gefrierbeutel füllen und ins Gemüsefach des Kühlschranks legen. So halten sich Kräuter einige Tage frisch. Kräuter mit Wurzeln lassen sich noch länger aufbewahren, wenn sie wie Schnittblumen bei Zimmertemperatur in ein Glas mit frischem Wasser gestellt werden. Man kann die Wurzeln aber auch in ein feuchtes Tuch einschlagen, die Kräuter in einen Gefrierbeutel geben und im Kühlschrank aufbewahren. Wichtig ist, dass immer ganze Kräuter frisch gehalten werden und man sie erst kurz vor der Verwendung zerkleinert.

Kräuter sollten vor der Blütezeit gepflückt werden; ideal ist der Morgen, nachdem der Tau verdampft ist und noch bevor die Sonne zu heiß brennt.

Gewaschene Kräuter kann man unblanchiert im Ganzen oder geschnitten einfrieren; nach dem Waschen müssen sie jedoch vollständig trocken sein. Schwer zu trocknende Kräuter wie Schnittlauch, Kerbel, Fenchel, Koriander und Petersilie lassen sich sehr gut einfrieren, indem sie gewaschen, klein geschnitten, in einen Eiswürfelbehälter gegeben und dann mit Wasser oder Brühe bedeckt werden. Die Würfel kann man zum Würzen von Suppen, Saucen oder Eintöpfen nach Bedarf entnehmen.

Eine alte Konservierungsmethode besteht darin, ganze oder zerkleinerte Kräuter in einem Behälter aus Glas oder Steingut mit Salz zu bedecken – abwechselnd eine Lage Kräuter, eine Lage Salz – und den Behälter dann an einem kühlen Ort zu verwahren. Wer diese Methode ausprobiert, muss bei der Verwendung dieser Kräuter darauf achten, dass die jeweiligen Speisen nur sparsam zusätzlich gesalzen werden.

Eine andere einfache Lösung ist, frische Kräuter in Essig, Öl oder Alkohol einzulegen, da diese Flüssigkeiten das Aroma der Kräuter aufnehmen und damit einen durchaus angemessenen Ersatz für zu teure oder jahreszeitlich bedingt nicht verfügbare frische Kräuter sein können.

Dill

Anethum graveolens, Umbelliferae

Dill ist eine im Mittelmeerraum und im westlichen Asien beheimatete wohlriechende Pflanze. Sie ist eng mit dem Fenchel verwandt, dem sie sehr ähnlich sieht und mit dem sie auch oft verwechselt wird. Dill ist sowohl in Nordafrika als auch in Europa sehr beliebt, insbesondere in Skandinavien, Deutschland und Russland.

Dill ist seit vielen Jahrhunderten wegen seiner Heilkraft wie auch als Würzmittel beliebt und wird bereits in alten ägyptischen Texten und in der Bibel erwähnt. Für die Römer versinnbildlichte Dill Freude und Vergnügen. Im mittelalterlichen Europa wurde Dillöl wegen seiner antiseptischen, krampflösenden und darmberuhigenden Wirkung vor allem zur Linderung von Koliken und Blähungen eingesetzt. In England galt Dill als Mittel gegen bösen Zauber.

Im Unterschied zu den Wurzeln der Fenchelpflanze treibt die Dillwurzel meist nur einen Stiel, der bis zu 60 cm hoch wird. Die kleinen flachen Dillsamen haben schmale, flügelähnliche Rippen; ihr warmer, scharfer Geruch erinnert an Fenchel, Kümmel und Minze. Die reifen Samen sind für Vögel giftig.

Serviervorschläge

Dillsamen und -blätter eignen sich hervorragend zum Würzen von Essig, Suppen, eingelegtem Gemüse, Eintöpfen, Marinaden, kalten Saucen und Salaten. Sie vertragen sich gut mit Tomaten, Sellerie, Rüben, Gurken, Kohl, Quark, süßer und saurer Sahne, Frischkäse, weißen Saucen, Salatdressings, Eiern, Meeresfrüchten und Fisch, vor allem Lachs und Hering.

Die frischen oder getrockneten Dillblättchen sollten erst kurz vor dem Servieren zugefügt werden, da sie gekocht schnell ihr Aroma verlieren.

Aufbewahrung

Frischer Dill ist empfindlich und hält sich nur etwa 2 Tage. Am besten stellt man die Stängel in ein Glas Wasser oder umwickelt sie mit einem feuchten Papiertuch und lagert sie im Kühlschrank. Frischer Dill bewahrt sein Aroma besser, wenn man ihn einfriert, anstatt ihn zu trocknen.

Getrocknete Dillsamen und -blätter sollten getrennt in luftdicht verschlossenen Behältern kühl, trocken und dunkel aufbewahrt werden.

Einkaufstipp

Frisch gepflückte Dillstiele lassen schon kurz nach der Ernte die Köpfe hängen, was jedoch keinen Einfluss auf das Aroma hat.

Nährwerte

	Samen
Ballaststoffe	0,4 g
Zink	0,1 mg
Magnesium	5,0 mg
Kalzium	32 mg
Kalium	25 mg
	je Teelöffel (2 g)

Dill ist eine bewährte Heilpflanze. Er wirkt harntreibend, verdauungsfördernd, blähungs- und krampflösend und leicht stimulierend.

Für einen Verdauungstee übergießt man 1 bis 1 ½ Esslöffel getrocknete Dillsamen mit ¼ l kochendem Wasser und lässt den Tee einige Minuten ziehen.

Dillsamen

Anis

Pimpinella anisum, Umbelliferae

Die doldenförmig angeordneten Blüten werden zu harten Samen mit würzigem, süßlichem Aroma.

Diese wohlriechende Pflanze ist in der westlichen Mittelmeerregion und in Ägypten beheimatet, wo sie auch wild wächst. Der schon in der Bibel erwähnte Anis gehört zu den ältesten Würzmitteln überhaupt. Die Römer aßen häufig mit Anis bestreute Desserts, um die Verdauung anzuregen. Im Mittelalter wurde Anis als Droge und Aphrodisiakum verwendet. Erst im 14. Jahrhundert gelangte die Pflanze auch nach Europa, wo sie zunächst ausschließlich als Brotgewürz verwendet wurde.

Anis ist vor allem in Europa, Nordafrika und der Türkei beliebt und wird insbesondere in Südfrankreich, aber auch in Italien, Spanien, Russland, Bulgarien und Mexiko angebaut.

Die hohlen, verästelten Stiele der Spezies *Pimpinella anisum* werden 50 bis 75 cm hoch. Während die oberen Blätter gefiedert sind, sind die gerundeten Grundblätter nicht geteilt. Die sich aus den doldenförmig angeordneten kleinen weißlichen Blüten entwickelnden Früchte enthalten die etwa 8 mm langen ovalen Anissamen. Die reifen Samen sind hart, flaumig, von graugrüner Farbe und verströmen einen würzigen, leicht süßlichen Duft. Sie werden oft mit den ähnlich schmeckenden Samen von Fenchel, Dill, Kümmel und Kreuzkümmel verwechselt, die alle zur Familie der Umbelliferae gehören.

Sternanis ist die Frucht von *Illicium verum*, einem immergrünen, etwa 75 cm hohen Baum aus der Magnoliaceae-Familie, der in Zentralasien sehr häufig anzutreffen ist. Sowohl im Geschmack als auch in seiner medizinischen Wirkung ist er dem Anis sehr ähnlich und wird in China seit Tausenden von Jahren verwendet. Im späten 16. Jahrhundert gelangte er über einen englischen Seemann nach Europa, wo er hauptsächlich als Köder in Mausefallen Verwendung fand (der lateinische Name *Illicium* bedeutet »Lockmittel« oder »Köder«). Die lanzettförmigen Blätter ähneln den Blättern von Lorbeer und Magnolie. Seine großen, stark duftenden Blüten sind hellgelb, die holzigen Früchte rötlich braun. Die sternförmige Frucht enthält zahlreiche grüne, ovale Samen mit Längsrippen, deren Aroma stärker und strenger ist als das der Anissamen, so dass bereits wenige Samen ausreichen, um ein ganzes Gericht nachhaltig zu würzen.

Einkaufstipp

 Da die Samen schnell an Aroma verlieren, ist es ratsam, immer nur kleine Mengen zu kaufen.

Serviervorschläge

Die Blätter der Anispflanze schmecken noch intensiver als die Pflanze und sind roh oder gekocht eine Delikatesse. Sie werden zum Würzen von Salaten, Suppen, Frischkäse, Fisch oder Gemüse verwendet und können sehr gut als Tee zubereitet werden. Die Samen von Anis und Sternanis eignen sich zum Würzen von süßen und salzigen Gerichten wie Kompott, Kuchen, Gebäck, Brot, Salaten, Suppen, Gemüse, Fisch und Geflügel. Anis kann häufig anstelle von Zimt oder Muskat verwendet oder aber mit diesen gemischt werden.

Anis wird zur Herstellung von Lakritze, Hustendrops oder Bonbons und zur Zubereitung alkoholischer Getränke wie *Pastis* (Frankreich), *Anisette* (Nordafrika), *Ouzo* (Griechenland), *Raki* (Türkei), *Arrak* (Ägypten) und *Sambuca* (Italien) genutzt. Aus den Aniswurzeln wird auch Wein hergestellt. Außerdem ist der Anissamen ein wichtiges Gewürz in der arabischen und indischen Küche. In Indien wird er manchmal in scharfen Würzmischungen wie *Garam masala* und Curry verwendet, oder man kaut ihn, um einen frischen Atem zu bekommen. In Asien wird Sternanis zum Würzen von Schweinefleisch, Hühnchen, Reis, Kaffee oder Tee genutzt.

Nährwerte

	Samen
Eisen	0,7 mg
Phosphor	9 mg
Kalzium	14 mg
Kalium	30 mg
	je Teelöffel (2 g)

Anis wirkt harntreibend, abführend, schleimlösend und stimulierend und hilft bei Blähungen, Magenbeschwerden und Krämpfen. Er wird zur Stärkung des Herzens verwendet, fördert die Verdauung und wirkt beruhigend bei Husten und Asthma. Sein ätherisches Öl enthält Anethol, der auch im Fenchel vorkommt.

Für einen Tee mit beruhigender Wirkung auf das vegetative Nervensystem nimmt man pro Tasse 1 Esslöffel zerstoßene Anissamen oder einige Anisblätter, kocht sie etwa 2 Minuten und lässt den Tee 10 Minuten ziehen.

Anissamen

Sternanissamen

Sternanis

Lorbeer

Laurus nobilis, **Lauraceae**

Die dunkelgrünen Lanzettblätter des Lorbeerbaums werden häufig zum Würzen verwendet. Im antiken Griechenland war der Lorbeer Apollo geweiht, und siegreiche Athleten und berühmte Künstler wurden mit Lorbeerkränzen gekrönt.

Obwohl sehr viele Bäume wie »Lorbeerkirsche« oder »Rosenlorbeer« und Sträucher den Namen »Lorbeer« tragen, gehören einige davon gar nicht zur Familie der Lorbeergewächse. Der echte Lorbeer ist ein immergrüner Baum, der im Mittelmeerraum heimisch ist und 3 bis 6 m hoch wird. Seine ovalen Blätter sind glatt, fest und glänzend und werden 5 bis 10 cm lang. Die kleinen grüngelben Blütendolden bringen glänzende blauschwarze Beeren hervor. Lorbeerblätter werden seit dem 1. Jahrhundert unserer Zeitrechnung zum Würzen verwendet.

Die kleinen, süß duftenden grüngelben Lorbeerdolden werden zu glänzenden blauschwarzen Früchten.

Einkaufstipp

Getrocknete Lorbeerblätter sollten hellgrün sein.

Nährwerte

Kalzium	7,0 mg
Kalium	4,0 mg
Eisen	0,3 mg
	je 5 g

Lorbeerblätter und -beeren sind für ihre vielfältigen Heilwirkungen bekannt. Sie sollen antiseptisch, abführend, schleimlösend und antirheumatisch wirken.

Das ätherische Öl, das Bitterstoffe und Tannin enthält, kann in hohen Dosen giftig wirken. Man verwendet es zur Herstellung einer Salbe, die Verstauchungen und Blutergüsse lindert.

Für einen Tee werden einige Blätter 2 bis 3 Minuten in ¼ Liter Wasser gekocht und der Tee 10 Minuten ziehen gelassen.

Serviervorschläge

Lorbeerblätter lassen sich im Ganzen oder in Stücken, frisch oder getrocknet verwenden. Für Kochzwecke werden sie normalerweise getrocknet verarbeitet, da die frischen Blätter bitter schmecken. Selbst getrocknet sind die Blätter noch sehr aromatisch und sollten deshalb sparsam verwendet werden. Je länger die Blätter mitkochen, umso mehr Aroma geben sie dem Gericht.

Mit Lorbeerblättern würzt man Saucen, Suppen, Eintöpfe, Fleisch, Geflügel, Fisch, Gemüse, Hülsenfrüchte, Pasteten und Marinaden. Das zerriebene Gewürz wird für Füllungen und Marinaden verwendet. Zusammen mit Petersilie und Thymian ist das Lorbeerblatt ein wichtiger Bestandteil des *Bouquet garni*.

Aufbewahrung

Frisch gepflückte Blätter werden im Dunklen getrocknet, damit sie ihr Aroma behalten. Getrocknet bleiben Lorbeerblätter in einem verschlossenen Gefäß und an einem dunklen Ort aufbewahrt etwa 1 Jahr frisch.

Majoran

Oregano (wilder Majoran)

Majoran/Oregano

Origanum spp., **Labiatae**

Majoran und Oregano, deren Gattungsnamen häufig verwechselt werden, sind kleine duftende Sträucher, die bis zu 60 cm groß werden können. Es gibt über 30 verschiedene Arten. Wilder Majoran *(Origanum vulgare)*, meistens Oregano genannt, ist im nördlichen Europa zu Hause, während *Origanum majorana* oder süßer Majoran seinen Ursprung in Nordafrika und Palästina hat. Seit dem Mittelalter wird Majoran auch bei uns angebaut.

Majoran kennt man seit der Antike. Lange dachte man, er verhindere das Sauerwerden der Milch, und Griechen und Römer sahen in ihm ein Symbol des Glücks (das lateinische Wort *origanum* leitet sich ab von den griechischen Worten für »Berg« und »Freude«). Liebende wurden mit Majoran bekränzt, und die Griechen pflanzten ihn auf Friedhöfe, um den Toten den ewigen Frieden zu geben. Auch im alten Ägypten kannte man ihn.

Oregano und Majoran gedeihen im Mittelmeerklima als mehrjährige Pflanzen. Da sie sehr harte Winter nicht überleben, werden sie oft auch als einjährige Pflanzen angebaut. Die verzweigten Stiele der kleinen Sträucher sind voll kleiner ovaler graugrüner Blätter. Die kleinen weißen oder rosafarbenen Blüten des Majorans (die des Oreganos sind rot) sitzen wie ovale Stacheln auf den Spitzen der Zweige; aus ihnen entstehen winzige hellbraune Samen, die wie kleine Nüsse aussehen. Duft und Geschmack von Majoran und Oregano erinnern an Minze und Basilikum.

Wilder Majoran (Origanum vulgare) *wird oft als Oregano bezeichnet.*

Einkaufstipp

 Frischer Majoran/Oregano sollte feste Stiele und kräftige Blätter haben.

Nährwerte

	Majoran	*Oregano*
Eisen	0,3 mg	0,4 mg
Phosphor	2,8 mg	1,7 mg
Magnesium	3,0 mg	2,3 mg
Kalium	13,5 mg	14 mg
Kalzium	17,5 mg	2,2 mg
		je 5 g

Majoran und Oregano wirken krampflösend, antiseptisch, bakterienhemmend, magenberuhigend und schleimlösend. Sie verschaffen Linderung bei Koliken, regen den Appetit an und fördern die Verdauung. Außerdem sollen sie bei Migräne, Reisekrankheit, Schlaflosigkeit und Bronchitis helfen.

Für einen Tee nimmt man pro Tasse 1 Esslöffel getrocknete Blätter, übergießt sie mit kochendem Wasser und lässt den Aufguss 10 Minuten ziehen.

Serviervorschläge

Oregano und Majoran werden frisch, getrocknet und gemahlen verwendet. Majoran hat ein etwas lieblicheres Aroma als Oregano, und beide Kräuter sind wesentliche Bestandteile der Mittelmeerküche, vor allem der italienischen und provenzalischen Küche.

Mit ihnen würzt man Tomatengerichte, Salatsaucen, Saucen, Füllungen, Gemüse (Zwiebeln, Spinat, Zucchini, Auberginen), Fisch, Meeresfrüchte, Hülsenfrüchte, Eier, Fleisch, Geflügel und Wurstwaren.

Legt man einen Zweig Majoran oder Oregano in eine Flasche mit Öl oder Essig, bekommen diese einen interessanten Geschmack. Oregano und Majoran gehören auch in die als *Herbes de Provence* bekannte Kräutermischung.

Estragon

Artemisia dracunculus, **Compositae**

Das duftende Estragonkraut ist in Zentralasien oder Sibirien beheimatet. Man nennt die einjährige Pflanze auch Drachen- oder Schlangenkraut, weil ihre Wurzeln zum einen an ein Knäuel kleiner Schlangen erinnern und weil sie zum anderen in dem Ruf steht, Tierbisse zu heilen. Das im Morgenland als Gewürz und Heilmittel gleichermaßen beliebte Kraut kam zur Zeit der Kreuzzüge nach Europa und wird bis heute vor allem in der französischen Küche hoch geschätzt.

Die Pflanze kann bis zu 90 cm hoch werden; ihre schmalen, speerförmigen und glattrandigen Blätter riechen sehr scharf und werden am besten vor der Blütezeit geerntet, wenn die weißlichen oder gelblichen Blüten aufblühen. Da die Samen nicht sehr fruchtbar sind, wird die Pflanze meist durch Wurzelteilung vermehrt. Der aus Russland stammende Estragon *(Artemisia dracunculoides)* ist kräftiger im Geschmack als der französische Estragon.

Nährwerte

Kalium	22,5 mg
Kalzium	8,5 mg
Magnesium	2,5 mg
Phosphor	2,3 mg
Eisen	0,3 mg
	je 5 g

Estragon wirkt stimulierend, harntreibend und antiseptisch; er hilft bei Blähungen, Würmern und Krämpfen, regelt den Monatszyklus und regt Appetit und Verdauung an. Das ätherische Öl des Estragons hat einen anisartigen Duft.

Für einen Tee übergießt man pro Tasse 1 Teelöffel Estragonblätter mit kochendem Wasser und lässt den Tee 5 bis 10 Minuten ziehen.

Einkaufstipp

Frischer Estragon hat ein wesentlich stärkeres Aroma und einen feineren Geschmack als die getrockneten Blätter.

Serviervorschläge

Estragon wird zum Würzen von Eiern, Fisch, Meeresfrüchten, Hühnchen, Truthahn, Salaten, Saucen, Füllungen, Senf, Essig und saurem Gemüse verwendet. Sein reizvolles, ein wenig an Anis erinnerndes Aroma, das manchmal etwas bitter und pfeffrig schmeckt, macht Estragon zu einem guten Würzmittel für eher langweilige Gerichte. Estragon kann sehr gut mitgekocht werden und gehört unbedingt in die Sauce béarnaise. Getrockneter Estragon überdeckt leicht das Aroma anderer Nahrungsmittel und Gewürze und sollte deshalb nur sparsam verwendet werden.

Basilikum

Ocimum basilicum, Labiatae

grünes Basilikum

Die aus Indien stammende einjährige, stark duftende Pflanze ist seit uralter Zeit bekannt und beliebt. Vor allem die Griechen schätzten sie sehr und nannten sie deshalb *basilikon,* das »königlich« bedeutet. In der Mittelmeerküche, aber auch in Thailand, Vietnam und Laos wird Basilikum sehr häufig eingesetzt.

Es gibt etwa 60 Sorten dieser stämmigen Pflanze, die zwischen 20 und 60 cm hoch werden kann. Ihre runden oder lanzettförmigen Blätter gibt es in allen Schattierungen von Grün über Rötlich bis Lila. Da die zarten Blätter ihren intensiven Geruch am besten entfalten, bevor die weißen Blüten an den Stängelspitzen aufgehen, und danach ihr Aroma verlieren, werden sie vor der Blüte geerntet. Ihr Aroma erinnert je nach Art an Zitrone, Kampfer, Jasmin, Nelke, Anis oder Thymian.

Das beste Aroma haben die Basilikumblätter kurz vor dem Aufblühen der weißen Blüten an den Stängelspitzen.

Serviervorschläge

Basilikum ist für Tomaten das Würzkraut schlechthin. Es passt aber auch gut zu Knoblauch, Zwiebeln und Oliven und belebt Nudelgerichte, Salate, Eier, Käse, Gemüse, Fisch, Meeresfrüchte, Geflügel und Schweinefleisch. Einige Sorten werden sogar für Desserts und Getränke verwendet.

Basilikum bildet die Grundlage für die *Soupe au pistou,* eine Spezialität aus der Provence, bei der Basilikum zusammen mit Knoblauch und Olivenöl zu einer Paste zerrieben und am Ende des Kochvorgangs zugefügt wird. *Pistou* ist ein vom lateinischen Wort *pestare* abgeleitetes provenzalisches Wort, das »zerstampfen« oder »zerquetschen« bedeutet. In Italien wird diese Paste durch Pinienkerne und geriebenen Pecorino zu *Pesto* ergänzt und zu Pasta und Suppen serviert.

Stängel und Blätter der Basilikumpflanze geben dem zum Kochen verwendeten Öl einen pikanten Geschmack. Während sich Basilikum nicht gut mit Essig oder anderen Kräutern verträgt, schmeckt es hervorragend in Verbindung mit Olivenöl und Zitrone. Basilikum sollte jedoch nie mitgekocht werden, da sich das Aroma sonst schnell verflüchtigt, und wird deshalb immer erst am Ende des Kochprozesses zugefügt.

Für einen Tee übergießt man pro Tasse 1 Esslöffel getrocknete Blätter mit kochendem Wasser und lässt den Tee 10 Minuten ziehen.

Nährwerte

Kalium	30 mg
Kalzium	18,5 mg
Vitamin C	0,5 mg
Eisen	0,4 mg
Phosphor	4,3 mg
Magnesium	3,7 mg
	je 5 g

Basilikum wirkt krampflösend, antiseptisch, tonisierend und magenberuhigend und soll außerdem bei Migräne, Verdauungsbeschwerden und Schlaflosigkeit helfen.

Aufbewahrung

Frisches Basilikum wird locker in feuchtes Papier gewickelt im Kühlschrank aufbewahrt und sollte möglichst erst unmittelbar vor Gebrauch gewaschen werden. Man kann die Blätter aber auch in Olivenöl einlegen oder mit dem Rührstab oder Mixer zu Püree verarbeiten. Getrocknete Basilikumblätter werden in einem verschlossenen Behälter an einem kühlen, trockenen und dunklen Platz aufbewahrt.

Basilikum eignet sich besonders gut zum Einfrieren, während es getrocknet sehr viel von seinem Aroma verliert. Die Blätter werden unblanchiert im Ganzen oder klein gehackt eingefroren. Man kann sie aber auch mit Brühe oder Wasser übergießen und in Eiswürfeln einfrieren, die dann unaufgetaut in Suppen, Saucen und Eintöpfen verwendet werden können.

lila Basilikum

Salbei

Salvia officinalis, **Labiatae**

Die lanzettförmigen, geäderten Salbeiblätter sind dick und flaumig. An den Stängelspitzen sitzen die doldenförmig angeordneten lila Blüten.

Die einjährige, im Mittelmeerraum beheimatete Salbeipflanze ist nicht nur als Gewürz, sondern auch als Heilmittel bekannt. So leitet sich auch ihr Gattungsname *Salvia* vom lateinischen Wort *salvus* für »gesund« ab. Salbei wird seit Jahrtausenden verwendet. Schon Griechen und Römer priesen seine Heilkräfte und glaubten an seine lebensverlängernde Wirkung. Ein Autor des 18. Jahrhunderts wusste zu berichten, dass die Chinesen den Salbeitee ihrem traditionellen Tee vorzogen und zwei Kästchen mit chinesischen Teeblättern gegen ein einziges Salbeiblatt eintauschten.

Es gibt verschiedene Salbeisorten, von denen die häufigste der Gartensalbei *(Salvia officinalis)* ist. Der Busch, der zwischen 30 und 90 cm hoch wird, trägt dicke, lanzettförmige graugrüne Blätter mit ausgeprägter Äderung. Auf den Spitzen der Stängel sitzen doldenförmig angeordnet die glockigen lilafarbenen Blüten. Blätter und Stängel sind von einem silbernen Flaum überzogen, den die Araber »Kamelzunge« nennen.

Gartensalbei

Einkaufstipp

Getrocknete Salbeiblätter werden sowohl im Ganzen als auch zu Pulver gemahlen angeboten.

Nährwerte

Eisen	0,2 mg
Magnesium	8,0 mg
Kalium	19,5 mg
Kalzium	30 mg
	je 5 g

Früher hielt man Salbei für ein Allheilmittel, das die Heilkräfte von 20 anderen Pflanzen ersetzt. Ein mittelalterliches Sprichwort der Medizinschule von Salerno lautet: »Wer Salbei im Garten hat, stirbt nicht.« Salbei ist für seine appetitanregende, krampflösende, antiseptische, entwässernde und reinigende Wirkung bekannt. Er hilft bei Halsschmerzen, Mund- und Lippengeschwüren, Menstruationsbeschwerden und Blähungen.

Für einen Tee nimmt man pro Tasse 1 Teelöffel getrocknete Blätter, kocht sie kurz auf und lässt den Tee 10 Minuten ziehen.

Aufbewahrung

Getrockneter Salbei lässt sich luftdicht verschlossen bis zu 1 Jahr aufheben, ohne dass er viel von seinem Aroma verliert.

Serviervorschläge

Das scharfe, ein wenig an Kampfer erinnernde Salbeiaroma würzt zahlreiche Nahrungsmittel wie Schinken und Fleisch, Geflügel, Feinkostgerichte, Marinaden, Füllungen, Gemüse, Omelettes, Suppen, Eintöpfe oder Käse. Salbei passt gut zu Milchprodukten und fettem Fisch. Manchmal würzt man mit Salbei sogar Wein, Bier, Tee oder Essig.

In der französischen Küche wird Salbei zum Aromatisieren von weißem Fleisch, Suppen und Gemüse verwendet; in der Provence würzt man damit auch gebratenes Schweinefleisch. Bei uns mag man ihn zu Schinken, Würstchen und Bier. In England dient Salbei als Würze und Farbstoff für Käse, Füllungen und Saucen. In der italienischen Küche ist Salbei eine wichtige Zutat für *Saltimbocca*, *Osso buco* und *Rollatini*. Die Chinesen würzen gegrillten Hammel und Tee damit.

Salbei hat einen sehr strengen Geschmack, sodass er nur sehr sparsam eingesetzt werden sollte, um den Geschmack anderer Zutaten nicht zu überdecken. Da er keine Hitze verträgt, gibt man ihn erst am Ende des Kochprozesses hinzu. Salbei macht fettes Essen leichter verdaulich und wird deshalb oft Schwein, Gans und Ente beigefügt.

gemahlener Salbei

Thymian

Thymus spp., Labiatae

Gartenthymian

Der aus der Mittelmeerregion stammende Thymian ist in warmen Klimazonen ein mehrjähriger Strauch, in gemäßigten Zonen eine einjährige Pflanze und wird 10 bis 30 cm hoch. Seit der Antike wird Thymian wegen seines Duftes (griechisch *thumos* = Duft) und seiner Heilkräfte geschätzt. Die Ägypter benutzten ihn zum Einbalsamieren ihrer Toten, in den Tempeln der Griechen wurde er als Weihrauch verbrannt, und die Römer weihten ihn der Venus. Im Mittelalter sprachen die Menschen ihm die Kraft zu, Mut zu verleihen. Es gibt über 60 verschiedene Thymiansorten, darunter den Gartenthymian, den Feldthymian und den Zitronenthymian.

Die langen schmalen Blätter des **Gartenthymians** *(Thymus vulgaris)* sind an der Oberseite dunkelgrün, an der Unterseite weißlich und verströmen einen starken Duft. Sie produzieren ein ätherisches Öl mit einem warmen, scharfen Geschmack. Die rosa- oder lilafarbenen Blüten wachsen doldenartig am Blätteransatz. Thymian duftet am stärksten während der Blütezeit.

Der **Feld-** oder **Hühnerthymian** *(Thymus serpyllum)* ist eine wild wachsende Kriechpflanze. Seine ovalen Blätter sind kleiner als die des Gartenthymians und haben eine dunklere Unterseite. Dieser ebenfalls sehr stark duftende Thymian hat einen würzigen, leicht bitteren Geschmack.

Zitronenthymian *(Thymus citriodorus)* ist eine besonders interessante Art, da er Geflügel, Kalbfleisch und Meeresfrüchten einen Hauch Zitronengeschmack verleiht. Beim Kochen verliert er jedoch sein Aroma.

Es gibt etwa 60 verschiedene Thymianarten, darunter den Feldthymian und den Zitronenthymian. Am stärksten duftet er während der Blüte.

Serviervorschläge

 Frischer Thymian passt besonders gut zu getrockneten Bohnen, Saucen, Eiern, Tomatenpüree, Gemüse und Füllungen sowie zu gegrilltem Fleisch und Fisch. Frischer wie getrockneter Gartenthymian verträgt lange Garzeiten und ist ideal in Suppen, Eintöpfen und Saucen. Wenn man ihn im Ganzen verwendet, muss man die Stängel vor dem Servieren entfernen.

Zusammen mit Petersilie und Lorbeerblatt ist Thymian ein Bestandteil des *Bouquet garni*. Er gibt Essig eine besondere Note, und da er antiseptisch wirkt, nimmt man ihn gerne für kalte Braten und Marinaden. Sein ätherisches Öl verwendet man für Seifen, Badezusätze und andere Kosmetikprodukte.

Einkaufstipp

Ganze frische Thymianblätter haben mehr Aroma als gemahlene Blätter.

Nährwerte

Kalzium	31,5 mg
Kalium	13,5 mg
Magnesium	3,7 mg
Phosphor	3,4 mg
Eisen	0,3 mg
	je 5 g

Thymian wirkt entwässernd, krampflösend, aphrodisierend, darmreinigend, stimulierend und schleimlösend; er regt die Schweißbildung an, hilft bei Menstruationsbeschwerden und Blähungen. Sein ätherisches Öl enthält Thymol und Carvacrol und wirkt in starkem Maße antiseptisch. Es wird in Wurmmitteln und Hustensirups eingesetzt.

Für einen Tee nimmt man pro Tasse 1 Esslöffel getrocknete Blätter, kocht diese 2 bis 3 Minuten und lässt den Tee 10 Minuten ziehen.

Zitronenthymian

Minze

Mentha spp., Labiatae

Minzeblätter haben mehr Aroma, wenn sie vor der Blüte gepflückt werden.

Minze ist eine mehrjährige Duftpflanze, die aus dem Mittelmeerraum stammt und seit dem Altertum auf vielfache Weise genutzt wird; auch in der Bibel wird sie erwähnt. Sie wurde früher nicht nur zu medizinischen und kulinarischen Zwecken verwendet, sondern diente auch zum Parfümieren von Tempeln und Häusern.

Minze gedeiht in den gemäßigten Zonen derart üppig, dass sie mancherorts schon fast zur Plage wird. Es gibt etwa 25 verschiedene Arten, von denen manche wie Apfel duften, während andere eher an Zitrone erinnern. Aufgrund ihres sehr kräftigen Aromas eignen sich Pfefferminze und Krause Minze am besten als Küchenkräuter.

Die **Pfefferminze** *(Mentha piperita)* hat grüne Stängel mit einem violetten Schimmer und lanzettförmige Blätter, deren Äderung ebenfalls violett ist. An den Stängelspitzen wachsen kleine violette Blüten. Pfefferminze hat das stärkste Aroma aller Minzarten.

Die **Krause Minze** *(Mentha spicata)*, auch Gartenminze oder Waldminze genannt, hat glänzende, stark duftende graugrüne Blätter, die fast rund und ein wenig flaumig sind. Die Blüten sind violett.

Einkaufstipp

Getrocknete Minzeblätter sind schwärzlich grün.

Aufbewahrung

Frische Minze bleibt einige Tage im Kühlschrank frisch. Getrocknete Minze hält sich im luftdicht verschlossenen Gefäß dunkel aufbewahrt bis zu 2 Jahre.

Serviervorschläge

Minze kann frisch oder getrocknet verwendet werden. Sie passt gut zu kalten und warmen Suppen, Saucen, Gemüse (Zucchini, Kohl, Gurken, Erbsen, Tomaten), Kartoffelsalat, Fleisch, Wild, Fisch und Eiscreme. Minze schmeckt ausgezeichnet in Verbindung mit Zitrone, sollte wegen ihres starken Aromas jedoch nicht mit anderen Würzmitteln gemischt werden. Salatdressings und Mayonnaise verleiht sie einen interessanten Geschmack.

In der englischsprachigen Welt wird Lamm traditionellerweise mit Minzsauce oder Minzgelee serviert. Vietnamesische Frühlingsrollen sind in frische grüne Minzblätter eingerollt, die auch eine Zutat im libanesischen *Tabbouleh* sind. In der Küche Nordafrikas, des Nahen Ostens, Indiens und Südostasiens ist Minze ein wesentlicher Bestandteil. Man verwendet sie dort in Currys, Chutneys, *Sis Kebabs*, Joghurt, Salaten, Saucen und Tee.

Mit ätherischem Minzöl werden Kaugummi, Schokolade, Liköre, Zahncremes, Arzneien und Zigaretten aromatisiert; man verwendet es auch in Kosmetika.

Nährwerte

Pfefferminze verdankt ihren unverwechselbaren Geruch und ihre Heilkräfte dem Menthol, das im Mund einen frischen Geschmack zurücklässt. Diese Komponente fehlt der Krausen Minze, die nur wegen ihres Geschmacks verwendet wird.

Pfefferminze kann bis zu 92% Menthol enthalten, dem große Heilkraft zugeschrieben wird. Es hilft bei Koliken, Gallenblasenbeschwerden und Krämpfen; außerdem wirkt es antiseptisch, anregend, schleimlösend, magenberuhigend und abführend. Viele Salben, die gegen Muskelschmerzen helfen, enthalten ebenfalls Menthol. In großen Mengen konsumiert kann Minze Schlaflosigkeit bewirken; in kleiner Dosis jedoch fördert sie den Schlaf.

Für einen Tee nimmt man pro Tasse 1 Teelöffel getrocknete Pfefferminzblätter, übergießt sie mit kochendem Wasser und lässt die Mischung 10 Minuten ziehen.

Krause Minze **Pfefferminze**

krause Petersilie

Petersilie
Petroselinum spp., Umbelliferae

Petersilie ist eine aromatische, zweijährige Pflanze, die in Südeuropa beheimatet ist und zahlreiche heilende Eigenschaften besitzt. Im antiken Griechenland symbolisierte sie Freude und Geselligkeit. Erst im Mittelalter wurde sie auch als Würzkraut entdeckt. Karl der Große befahl, sie weitläufig anzubauen. Es gibt drei Hauptsorten:

Die **krause Petersilie** hat hellgrüne Blätter und lange Stängel, die bis zu 30 cm hoch werden.

Die **glatte Petersilie** hat glatte Blätter und wird bis zu 40 cm hoch. Sie ist nicht so bitter wie die krause Petersilie und erinnert im Geschmack etwas an Sellerie.

Die **Wurzelpetersilie** wird vor allem wegen ihrer weißen Wurzeln angebaut, die an Pastinaken oder Schwarzwurzeln erinnern. Petersilienwurzeln werden etwa 15 cm lang und 5 cm dick.

Der Geschmack der glattblättrigen Petersilie erinnert an Sellerie.

Vorbereitung

 Petersilie muss gründlich gewaschen werden, da sie wie Spinat häufig Sand enthält; man sollte sie jedoch nicht im Wasser liegen lassen.

Serviervorschläge

Die Einsatzmöglichkeiten der Petersilie sind praktisch unbegrenzt. Man kann Blätter und Stängel frisch, getrocknet, gefroren oder eingelegt verwenden, wobei Geschmack und Nährwert der frischen Petersilie am größten sind. Gekochten Gerichten sollte sie erst ganz zum Schluss zugefügt werden, da sie dann fester, grüner, aromatischer und nahrhafter bleibt. Zusammen mit Thymian und Lorbeer ist Petersilie wesentlicher Bestandteil des *Bouquet garni*.

Neben den traditionellen Verwendungsmöglichkeiten in Suppen kann man sie auch für belegte Brote, Omelettes und Salate verwenden. In der libanesischen Küche ist Petersilie ein Hauptbestandteil von *Tabbouleh*, einem kalten Gericht, das außerdem Bulgur, Olivenöl, Zwiebeln, Knoblauch, Zitronensaft und Minze enthält. Petersilienwurzeln werden wie Rüben oder Karotten zubereitet und hauptsächlich für Suppen, Beilagen und Saucen verwendet.

Aufbewahrung

Petersilie wird am besten in einem perforierten Kunststoffbeutel im Kühlschrank aufbewahrt. Wenn sie erdig, sandig oder sehr feucht ist, sollte sie jedoch zuerst gewaschen werden. Obwohl Petersilie unblanchiert eingefroren werden kann, verliert sie dabei etwas von ihrer Festigkeit und sollte deshalb unaufgetaut verwendet werden. Getrocknete Petersilie wird in einem luftdicht verschlossenen Behälter kühl und dunkel aufbewahrt.

Einkaufstipp

 Petersilie sollte feste grüne Stängel und frische grüne Blätter haben.

Nährwerte

Eisen	0,7 mg
Phosphor	12,8 mg
Vitamin C	16,6 mg
Kalzium	26,4 mg
Kalium	100 mg
	je 10 g

Petersilie enthält neben den genannten Nährstoffen eine beachtliche Menge an Carotinoiden. Das Kraut sorgt für frischen Atem, wirkt harntreibend und regt den Kreislauf an; es hilft bei schuppiger Haut und Darmproblemen, fördert den Appetit und regelt die Verdauung.

glatte Petersilie

Kerbel

Anthriscus cerefolium, **Umbelliferae**

Kerbel ist eine einjährige Würzpflanze, die vermutlich in Russland beheimatet ist. Auf Griechisch heißt er *kairephyllon,* das sich aus *khairein* = erfreuen und *phyllon* = Blatt zusammensetzt, übersetzt also »das Blatt, an dem man sich erfreut«, bedeutet.

Kerbel hat eine gewisse Ähnlichkeit mit der Petersilie, die eng mit ihm verwandt ist, und wurde deshalb im Mittelalter auch »Petersilie der Reichen« genannt. Er hat jedoch ein feineres Aroma, und auch sein Grün ist etwas zarter als das der Petersilie.

Der Kerbel hat eingekerbte grüne Blätter und doldenförmig angeordnete kleine weiße Blüten, aus denen sich schmale dunkle Samen entwickeln, die jedoch nicht verwendet werden. Die zwischen 20 und 65 cm hohe Pflanze ist vor der Blüte am aromatischsten. Kerbel hat ein besonders feines Aroma, das ein wenig an Anis erinnert.

Kerbel hat eine gewisse Ähnlichkeit mit der nah verwandten Petersilie. Im Mittelalter nannte man ihn auch »Petersilie der Reichen«.

Einkaufstipp

Wenn Sie frischen Kerbel kaufen, nehmen Sie Stiele, die fest sind und keine dunklen Flecken oder gelbe, braune oder verwelkte Blätter haben.

Nährwerte

Eisen	0,1 mg
Kalzium	20 mg
Kalium	30 mg
	je 5 g

Kerbel wirkt magenstärkend, blutreinigend und entwässernd.

Für einen Tee übergießt man 1 Esslöffel getrocknete Kerbelblätter mit ¼ l kochendem Wasser und lässt den Tee 10 Minuten ziehen.

Serviervorschläge

Kerbel wird wie Petersilie verwendet, die er auch sehr gut ersetzen kann. Neben Petersilie, Estragon und Schnittlauch gehört er zu den Kräutern, die in der französischen Küche als *fines herbes* bezeichnet werden. Er wird vor allem zum Würzen von Suppen, Vinaigrettes, Saucen, rohem Gemüse, Omelettes, Eintöpfen, kalten Gerichten und Fisch verwendet.

Aufgrund seines überaus leicht flüchtigen ätherischen Öls verliert Kerbel sein Aroma sehr schnell, sobald er gekocht oder getrocknet wird. Er sollte deshalb so frisch wie möglich verwendet werden; am besten fügt man ihn klein geschnitten erst kurz vor dem Servieren hinzu. Um das feine Aroma zu erhalten, sollte Kerbel außerdem möglichst nicht mit zu viel Öl vermischt werden.

Aufbewahrung

Die frischen Stängel werden entweder direkt ins Wasser gestellt oder in feuchtes Papier gewickelt im Kühlschrank aufbewahrt. Kerbel lässt sich gut einfrieren und behält sein Aroma dadurch besser als in getrocknetem Zustand.

Rosmarin

Rosmarinus officinalis, **Labiatae**

Rosmarin ist ein kleiner mehrjähriger Strauch aus dem Mittelmeerraum, dessen überaus aromatische Blätter zum Würzen verwendet werden. Seinem lateinischen Namen *ros marinus* (»Meerestau«) entsprechend gedeiht dieses Würzkraut vor allem in Küstennähe. Es wird seit dem Altertum nicht nur wegen seines Aromas, sondern vor allem wegen seiner Heilkräfte geschätzt. In Rom und in Ägypten sah man die Pflanze sogar als Allheilmittel an. Tatsächlich ist Rosmarin ein ausgezeichnetes natürliches Konservierungsmittel und kann synthetische Antioxidanzien ersetzen.

Die Pflanze erreicht eine Höhe von 60 bis 150 cm. Ihre an feine Nadeln erinnernden Blätter sind auf der Oberseite dunkelgrün, unten weißlich. Die winzigen lavendel- bis blassblauen, manchmal auch weißen Blüten sitzen quirlförmig angeordnet zwischen den Blättern. Mit ihrem aromatischen Duft ziehen sie viele Bienen an, die aus dem Nektar einen ausgezeichneten Honig herstellen. Im Unterschied zu anderen Kräutern wird Rosmarin während und nach der Blütezeit geerntet, da die Blätter dann am würzigsten sind.

Die immergrünen Blätter des Rosmarins erinnern an zarte Nadeln. Auf der Oberseite sind sie dunkelgrün, auf der Unterseite weißlich.

Serviervorschläge

Rosmarin mit seinem durchdringenden, berauschenden Duft und seinem leicht kampferartigen Aroma sollte immer nur sparsam verwendet werden, da er andere Zutaten leicht überdeckt. In Südfrankreich und Italien, wo er sich besonderer Beliebtheit erfreut, wird er sehr großzügig in Suppen, Füllungen, Saucen und Marinaden verwendet. Mit Rosmarin würzt man auch Nudelgerichte, Eintöpfe, Fisch, Lamm, Geflügel und Wild.

Außerdem werden mit diesem Kraut Wein und Salate aromatisiert. Rosmarin gehört auch in die Kräutermischung *Herbes de Provence*. Darüber hinaus wird er bei der Herstellung von Parfüms verwendet und dient als Grundlage für Salben, Seifen und Shampoos.

Nährwerte

Eisen	0,4 mg
Vitamin C	1,4 mg
Magnesium	3,2 mg
Kalium	14 mg
Kalzium	18,5 mg
	je 5 g

Rosmarin wirkt krampflösend, schweißtreibend, antiseptisch und entwässernd; er beruhigt den Magen und regt den Kreislauf an, verschafft Linderung bei Rheuma und Blähungen, reguliert den Menstruationszyklus und unterstützt die Leberfunktion. Es wird ihm auch nachgesagt, dass er gegen Falten hilft. In hohen Dosen kann Rosmarin jedoch Magen- und Darmreizungen verursachen.

Für einen Tee kocht man pro Tasse Wasser 1 Teelöffel getrocknete Blätter 2 bis 3 Minuten und lässt sie 10 Minuten ziehen.

Wacholderbeere

Juniperus communis, Cupressaceae

Wacholderbeeren

Die Wacholderbeere ist der fruchtähnliche Zapfen des Wacholderstrauchs, der in den Nadelwäldern der nördlichen Hemisphäre zu Hause ist. Der Wacholderstrauch hat steife, stachelige immergrüne Nadeln, die grau- oder blaugrün sein können. Wacholder wächst auf den trockenen Sandböden Europas, Asiens und Nordamerikas. In ägyptischen Papyri wird er schon 2800 v. Chr. erwähnt, und seit dem Altertum schätzt man ihn wegen seiner Heilkräfte.

Der Wacholder wächst als Strauch, als kompakter stämmiger Busch oder als dichter Baum, der bis zu 12 m hoch werden kann. Die Blüten des Wacholders werden zu fleischigen grünen Beeren, die sich später blauschwarz oder violett färben und nach 1 bis 2 Jahren eine pflaumen- oder weintraubenähnliche Haut bekommen. Alle Teile des Wacholders riechen stark; die Beeren haben einen harzigen Geruch und einen durchdringenden, leicht bitteren Geschmack.

Die kleinen Beeren des Wacholderstrauchs sind anfangs grün, später blauschwarz; sie verströmen einen harzigen Geruch und haben einen leicht bitteren Geschmack.

Einkaufstipp

Es empfiehlt sich, ganze Wacholderbeeren zu kaufen, da sie aromatischer sind als zerdrückte Beeren. Sie sollten möglichst schwarz sein, nicht braun oder grünlich. Die Beeren sind manchmal ein wenig schrumpelig, was jedoch kein Anzeichen für schlechte Qualität ist.

Serviervorschläge

Besonders häufig werden Wacholderbeeren in Nordeuropa verwendet. Im Ganzen oder zerdrückt nimmt man sie zum Würzen von Wild, Geflügel, Schweinefleisch, Kaninchen, Krautsalat, Pasteten, Marinaden, Füllungen, Aufschnitt, Kohlgerichten oder Fischsud. Wacholderbeeren sind auch die Hauptzutat für Gerichte, die *à la liégoise* (mit Wacholderbeeren und Alkohol) oder *à l'ardennaise* (mit Wacholderbeeren oder Wacholderschnaps gegartes Wild) zubereitet werden.

Wacholderbeeren sind außerdem wichtiger Bestandteil im Gin. Man würzt damit auch einige Biere, Aquavits und Schnäpse.

Nährwerte

Wacholderbeeren wirken antiseptisch, entwässernd, tonisierend, reinigend und verdauungsfördernd. Sie helfen bei Rheuma und Arthritis sowie bei Gallenblasen- und Harnwegsbeschwerden. Während der Schwangerschaft oder bei Nierenbeschwerden sollte das ätherische Öl der Wacholderbeere jedoch nur nach Rücksprache mit dem Arzt angewendet werden.

Wacholderbeeren, -rinde und -nadeln eignen sich auch für einen Tee. Dafür kocht man pro Tasse 1 Teelöffel Beeren, Rinde oder Nadeln für 2 bis 3 Minuten und lässt den Tee anschließend 10 Minuten ziehen.

Gewürznelke

Syzygium aromaticum, Myrtaceae

Gewürznelken sind die getrockneten Blütenknospen eines immergrünen Baums, der auf den zum indonesischen Archipel gehörenden Molukkeninseln beheimatet ist. Sie sind bekannt sowohl wegen ihres durchdringenden, lange anhaltenden Geschmacks als auch wegen ihres unverwechselbaren Aussehens, das an Nägel erinnert, weshalb sie auch »Nägelchen« (lateinisch *clavus*) genannt werden. Die etwa 1 cm langen Gewürznelken, die einen Kopfdurchmesser von 5 mm haben, verwendet man in Asien schon seit mehr als 2000 Jahren. Zur Zeit der Han-Dynastie wurden sie von den Höflingen gekaut, um dem Herrscher mit süßem Atem gegenüberzutreten. Obwohl die Gewürznelken schon seit dem 4. Jahrhundert auch in Europa bekannt sind, konnten sie sich erst im Mittelalter wirklich durchsetzen. Damals nutzte man sie vor allem, um den Geruch der oft nur dürftig eingemachten Lebensmittel zu überdecken, weshalb sie ebenso geschätzt wurden wie der Pfeffer. Lange Zeit wurden sie fast ausschließlich in Indonesien unter holländischer Kontrolle angebaut, heute ist die ostafrikanische Insel Sansibar der Hauptlieferant.

Der Gewürznelkenbaum kann eine Höhe von 12 bis 15 m erreichen und gedeiht am besten im tropischen Meeresklima. Obwohl er mehr als 100 Jahre alt werden kann, liegt seine produktivste Phase zwischen 10 und 20 Jahren nach der Pflanzung, und erst im siebten bis achten Jahr beginnt er Früchte zu tragen. Blätter und Blüten verströmen einen betörenden Duft, der die Luft weithin erfüllt. Die Bäume kommen jedoch selten zum Blühen, da die Knospen gepflückt werden, sobald sie sich von grün zu rosa verfärben und noch ehe die Blütenblätter zu sehen sind. Nach der Ernte werden die Knospen getrocknet, wodurch sie sich braun verfärben und außerordentlich hart werden, sodass sie nur schwer gemahlen werden können.

Der Gewürznelkenbaum kommt selten zum Blühen, denn die Knospen werden schon vor dem Aufgehen geerntet.

Serviervorschläge

Ganze Gewürznelken werden häufig zusammen mit Zwiebeln zum Würzen von Eintopfgerichten oder Schmorbraten sowie für Fruchtkompott, Marinaden und in Essig eingelegte Gemüse verwendet; auch Kaffee bekommt durch sie eine interessante Note. Gemahlene Nelken verwendet man für Füllungen, Blutwurst, kalte Braten, Rindfleisch, Lamm, Eintöpfe, Fleischkäse, Schweinskopfsülze, Pickles, Marinaden, Suppen, Gemüse, Kuchen, Kekse, Lebkuchen, Pasteten, Puddings, Früchtebrot, Rumtopffrüchte, Säfte und Glühwein.

Gewürznelken werden oft zusammen mit Zimt und Muskat verwendet und gehören auch in indische Würzmischungen wie *Garam Masala* und Currys oder in das nordafrikanische *Ras-el-hanout* und das chinesische Fünf-Gewürze-Pulver. Gewürznelken vertragen sich gut mit Knoblauch, Zwiebeln und Pfeffer, sollten aber nicht mit Kräutern kombiniert werden. Aus Blütenknospen, Blättern und Stielen gewinnt man ein ätherisches Öl, dessen Hauptbestandteil Eugenol ist. Man verwendet es zur Herstellung von Vanillin (synthetische Vanille), Parfüms, Seifen, Arzneimitteln (Dentalanästhesie), Mundwasser und Kaugummi.

gemahlene Gewürznelken

Einkaufstipp

Es empfiehlt sich, die Nelken im Ganzen zu kaufen, da sie gemahlen ihr Aroma schnell verlieren und nicht lange aufbewahrt werden können. Um die Qualität von Nelken zu testen, legt man sie in Wasser. Treiben sie senkrecht, sind sie frisch. Sinken sie ab oder schwimmen sie horizontal, sind sie alt.

Nährwerte

	gemahlen
Eisen	0,2 mg
Vitamin C	2,0 mg
Magnesium	6,0 mg
Kalzium	14,0 mg
Kalium	23,0 mg
	je Teelöffel (2 g)

Nelken wirken verdauungsfördernd und tonisierend und helfen bei neuralgischen Schmerzen, Krämpfen oder Blähungen. Das ätherische Öl, das 70 bis 85 % Eugenol enthält, wird zur Linderung von Zahn- und Ohrenschmerzen eingesetzt. Seine anregenden Wirkstoffe können in großer Menge genossen jedoch zu Verdauungsbeschwerden führen.

Piment

Pimenta dioica, Myrtaceae

Pimentbeeren

Piment ist die würzige Beere des Pimentbaums, der auf den westindischen Inseln und in Mexiko beheimatet ist. Heute ist Jamaika der größte Produzent, doch auch Honduras, Guatemala und Brasilien sind wichtige Anbaugebiete. Die Azteken benutzten Piment in vorkolumbianischer Zeit zum Würzen von Schokolade; in Europa wurde das Gewürz erst im 17. Jahrhundert eingeführt. Man nennt ihn auch Nelkenpfeffer, Jamaikapfeffer, Gewürzmyrte oder Neugewürz, und sein Geschmack erinnert an eine Mischung aus Gewürznelke, Zimt und Muskat.

Der Pimentbaum ist ein tropischer immergrüner Baum, der mit dem Gewürznelkenbaum verwandt ist. Sein schlanker grüner Stamm erreicht eine Höhe von 12 m. Die winzigen weißen, doldenförmig angeordneten Blüten entwickeln sich zu runden, erbsenförmigen Beeren, die vor der Reife geerntet werden, weil sie dann am aromatischsten sind. Danach werden die grünen Beeren in der Sonne oder im Ofen getrocknet, bis sie rotbraun geworden sind.

Einkaufstipp

Piment wird im Ganzen oder gemahlen angeboten. Man kauft am besten die Beeren und mahlt oder zerdrückt sie nach Bedarf, da sie auf diese Weise ihr Aroma länger behalten. Die Pimentblätter können wie Lorbeerblätter verwendet werden.

Nährwerte

	gemahlen
Kalium	20,0 mg
Kalzium	13,0 mg
Magnesium	3,0 mg
Eisen	0,1 mg
je Teelöffel (2 g)	

Die Heilwirkungen des Piments sind ähnlich wie die der Gewürznelke; er regt den Appetit und die Verdauung an und hilft bei Blähungen und Rheuma. Sein ätherisches Öl enthält Eugenol, das zur Herstellung von Vanillin verwendet wird (siehe *Gewürznelke*).

Serviervorschläge

Piment sollte sparsam benutzt werden, damit sein starkes Aroma andere Zutaten nicht überdeckt. Er wird wie die Gewürznelke verwendet und würzt süße wie salzige Gerichte. Piment passt gut zu gebratenem Fleisch, kaltem Braten, Geflügel und Wild und wird häufig in Marinaden gegeben. Er aromatisiert Saucen, Apfelmus, Kuchen, Puddings, Reis, Zwiebeln und Kohl. Er wird auch für Liköre wie *Chartreuse* oder *Bénédictine* verwendet.

gemahlener Piment

Muskatnuss

Myristica fragrans, **Myristicaceae**

Die Muskatnuss ist der Samen des immergrünen Muskatnussbaums, der wahrscheinlich von den zu Indonesien gehörenden Molukken stammt. Obwohl Muskatnuss und Muskatblüte seit dem 6. Jahrhundert gehandelt werden, kennt man sie in Europa erst seit dem 14. Jahrhundert. Wie bei der Gewürznelke lag das Handelsmonopol für Muskat früher in den Händen der Niederländer. Das dünne, holzartige Geflecht, das die Muskatnuss überzieht, ist ihr Samenmantel, der »Muskatblüte« oder »Macis« genannt wird. Während der holländischen Kolonialzeit war der Handel mit Muskatblüte weitaus einträglicher als mit Muskatnuss.

Die Muskatnussbäume, die im tropischen Klima gedeihen, werden heute hauptsächlich in Indonesien, Indien, Sri Lanka und auf den Westindischen Inseln angebaut. Sie werden bis zu 9 m hoch, und ihre länglichen dunkelgrünen Blätter sind etwa 10 cm groß. Die an Aprikosen erinnernden Früchte sind goldgelb mit roten Sprenkeln. Wenn sie reif sind, springen sie auf und geben einen braunen Kern frei – die Muskatnuss. Sie ist 2 bis 3 cm lang und wird von einer hellroten Membran umhüllt – der Muskatblüte. Die Muskatblüte, die nach dem Trocknen dunkelorange wird, hat ein sehr viel feineres Aroma als die Muskatnuss. Während die Muskatnuss sehr würzig riecht, erinnert der Duft der Muskatblüte an Zimt und Pfeffer. Muskatblüte wird in Streifen oder als Pulver verkauft.

Wenn die Frucht reif ist, springt das Fleisch auf und enthüllt einen braunen Kern – die Muskatnuss. Sie ist von einer roten Membran, der Muskatblüte, überzogen.

Einkaufstipp

Gerieben oder gemahlen verliert die Muskatnuss sehr schnell ihr Aroma. Am besten sind deshalb ganze Nüsse, die nach Bedarf gerieben werden. Um sie vor Schädlingen zu schützen, werden sie oft mit Kalk gebleicht. Qualitativ gute Nüsse sind hart und schwer und weisen keine Insektenlöcher auf. Um zu prüfen, ob die Nuss frisch ist, ritzt man sie leicht mit einer Nadel ein. Erscheint ein öliger Film oder ein Tröpfchen, ist sie frisch.

Serviervorschläge

Muskatnuss wird zum Würzen süßer und salziger Speisen verwendet. Ihr Aroma passt gut zu Kartoffeln, Eiern und Käse, aber auch zu Kuchen, Puddings, Pasteten, Kompotts, Kohl, Spinat, Saucen, Zwiebelsuppe, Weinbergschnecken, Fleisch und Marinaden. Sie gehört in Liköre, Punsch, Glühwein und zahlreiche andere Getränke. Muskatnuss verträgt sich auch hervorragend mit Milchprodukten. Sie sollte jedoch möglichst nicht mit anderen duftenden Gewürzen kombiniert werden.

Muskatblüte verwendet man zum Würzen von Gebäck und kalten Braten sowie für Würzmischungen. Man nimmt sie auch anstelle von Muskatnuss, etwa für Omelettes, Béchamelsauce und Kartoffelbrei. Sie sollte gleich zu Beginn des Garprozesses zugefügt werden.

Nährwerte

	Muskatnuss	*Muskatblüte*
Kalorien	12	8
Fett	0,8 g	0,6 g
Kalium	8,0 mg	8,0 mg
Phosphor	5,0 mg	2,0 mg
Kalzium	4,0 mg	4,0 mg
Magnesium	4,0 mg	3,0 mg
Eisen	0,1 mg	0,2 mg
	je Teelöffel (2 g)	

Muskatnuss wirkt anregend, fördert die Verdauung und hilft bei Blähungen. Sie enthält Myristinsäure, eine narkotische Substanz mit euphorisierender Wirkung. Eine Überdosierung führt zu Kopf- und Magenschmerzen.

Muskatblüte

Muskatnuss

Kardamom

Elettaria cardamomum und *Amomun kravanh*, **Zingiberaceae**

Kardamom ist die überaus aromatische Frucht einer mehrjährigen Pflanze aus der Ingwer-Familie und stammt aus Indien. Die Soldaten Alexanders des Großen brachten die Samen, die ein wenig nach Pfeffer schmecken, bei ihrer Rückkehr aus Indien nach Europa mit, wo sie von Griechen und Römern zum Kochen verwendet wurden. Im Mittelalter sprach man ihnen die unterschiedlichsten Heilkräfte zu.

Kardamom ist in den östlichen und arabischen Ländern weitaus gebräuchlicher als im Westen, mit Ausnahme von Skandinavien, wo es ebenfalls sehr beliebt ist. Haupterzeugerländer sind heute Indien, Sri Lanka, Kambodscha und Guatemala. Zusammen mit Safran und Vanille gehört Kardamom zu den teuersten Gewürzen überhaupt. Es gibt verschiedene Sorten, von denen der Malabar-Kardamom, der Sri Lanka-Kardamom und der Kambodscha-Kardamom die wirtschaftlich wichtigsten sind.

Malabar-Kardamom *(Elettaria cardamomum, var. minuscula)* stammt von einem großen mehrjährigen Busch, der vor allem an der Küste Malabars wächst. Die sich über den Wurzelstock vermehrende Pflanze wächst wild auf den Kardamom-Hügeln im südlichen Indien. Ihre langen dunkelgrünen Blätter sind lanzenförmig, die gelblich oder bläulich blühenden Blüten befinden sich in Bodennähe. Die grünlich gelben oder braunen Früchte der Pflanze sind ovale Kapseln von etwa 1 cm Länge. Sie enthalten ungefähr ein Dutzend kleiner schwarzer, überaus aromatischer Samen, die auf dem Markt einen sehr hohen Preis erzielen.

Sri Lanka-Kardamom *(Elettaria cardamomum, var. major)* wird nicht immer als eine eigene Art angesehen, da er dem Malabar-Kardamom sehr ähnlich ist. Seine Hülsen sind jedoch größer und länger als bei diesem und die Samen von schlechterer Qualität.

Kambodscha-Kardamom *(Amomun kravanh)*, der in Kambodscha und Vietnam heimisch ist und eine Höhe von bis zu 3 m erreicht, ähnelt den anderen Arten. Seine kleinen zylindrischen Blüten stehen in dichten Dolden. Die Samen befinden sich in runden Kapseln, die in Form und Aroma dem Malabar-Kardamom sehr ähnlich sind.

Die Farbe der Kapseln richtet sich nach der jeweiligen Verarbeitung: Grüner Kardamom, der vor allem in Indien verwendet wird, ist sonnengetrocknet, während brauner Kardamom, den man im übrigen Asien und in Europa bevorzugt, im Ofen getrocknet wird. Weißer Kardamom wiederum, der besonders in den Vereinigten Staaten beliebt ist, wird gebleicht.

Nährwerte

	gemahlen
Kalium	22 mg
Kalzium	8 mg
Eisen	0,3 mg
Zink	0,2 mg
	je Teelöffel (2 g)

Kardamom fördert die Verdauung, regt den Appetit an, hilft bei Blähungen und wirkt anregend. Man kaut die Samen, um einen frischen Atem zu bekommen.

Für einen Kardamomtee nimmt man pro Tasse einige Samen, lässt sie 2 bis 3 Minuten köcheln und anschließend 10 Minuten ziehen.

brauner Kardamom

grüner Kardamom

Kardamom

Serviervorschläge

Im Westen nimmt man Kardamom vorrangig zum Würzen von Kuchen, Keksen, Fruchtkompotts, Marinaden, kalten Braten, Wein und Likör. In Asien würzt man damit Fleisch, Fisch, Reis, Omelettes und Desserts. Kardamom ist Hauptbestandteil des indischen Curry und Grundlagengewürz für *Garam masala*. Die Araber würzen ihren Kaffee damit. Die Skandinavier verwenden ihn für Glühwein, Kompott, Pasteten, einige Wurstsorten und Hackfleisch. Kardamom kann in den meisten Rezepten Ingwer und Zimt ersetzen.

Einkaufstipp

Kardamom wird als Kapsel, Samen und gemahlen angeboten. Am besten kauft man ihn als Kapsel und mahlt ihn bei Bedarf, da er auf diese Weise sein Aroma länger behält. Er wird häufig auch im Ganzen verwendet.

Kapern

Capparis spinosa, **Capparidaceae**

Der dornige, mehrjährige Kapernstrauch ist am Mittelmeer zu Hause. Die als »Kapern« bekannten Blütenknospen dieses Kriechstrauchs sind seit dem Altertum bekannt – die Römer verwendeten sie vor allem zum Würzen von Fischsaucen –, und auch im Alten Testament wurden sie bereits erwähnt.

Die Kapernsträucher, die bis zu 1 m Höhe erreichen und sich mit ihren holzigen Ranken an Wänden und Steinen festklammern, werden in den südeuropäischen Ländern sowie in Nordafrika angebaut und sehen mit ihren zauberhaften, weißrosa angehauchten Blütenblättern und den langen, von violetten Pollen gekrönten Stempeln sehr schön aus. Die kleinen ovalen, glänzenden Blätter stehen eng beieinander, die olivgrünen Blütenknospen werden vor dem Erblühen gepflückt.

Die olivgrünen Blütenknospen werden gepflückt, bevor sie sich öffnen.

Einkaufstipp

Kapern werden in Essig, Salzlake oder Wein eingelegt angeboten. Kleine Kapern sind teurer, dafür aber schmackhafter und aromatischer als große. Manchmal werden die Knospen von Kapuzinerkresse, Ginster oder Ringelblume als Kapern verkauft, weil sie billiger und größer sind als diese.

Nährwerte

Kapern enthalten ein Bitterglukosid, das als Reizmittel, Tonikum und Diuretikum eingesetzt wird. Sie wirken appetitanregend und verdauungsfördernd.

Serviervorschläge

Das säuerliche, manchmal etwas bittere Aroma der Kapern verleiht Mayonnaise, Salaten oder kalten und warmen Saucen einen pikanten Geschmack und wird für Hors d'oeuvres, Sandwiches, Pizza, Reis, Pasta, Fleisch oder Geflügel, Fisch und Meeresfrüchte verwendet. Damit ihr Aroma erhalten bleibt, sollten Kapern erst am Ende des Kochvorgangs zugegeben werden. Die Kombination aus Kapern, Oliven und Zwiebeln ist charakteristisch für die südeuropäische Küche, so auch in der *Tapenade*, ein Olivenpüree, das mit Kapern und Anchovis gewürzt ist.

Aufbewahrung

Eingelegte Kapern sind in der Originalverpackung nahezu unbegrenzt haltbar. Geöffnete Gläser sollten im Kühlschrank aufbewahrt werden.

Kümmel

Carum carvi, Umbelliferae

Kümmelblätter

Kümmel ist eine zweijährige Pflanze, die in Europa und in Westasien gedeiht. Archäologische Ausgrabungen haben ergeben, dass die Kümmelsamen schon vor 5000 Jahren verwendet wurden und damit zu den ältesten Gewürzen Europas zählen.

Die 30 bis 60 cm hohe Pflanze ist mit Fenchel und Dill verwandt, mit denen sie auch oft verwechselt wird. In den arabischen Ländern erfreut sich der Kümmel besonderer Beliebtheit, er wird aber auch in Indien, Deutschland, Dänemark und Russland sehr häufig verwendet.

Die lanzettförmigen Blätter der Kümmelpflanze sind gefiedert und ähneln denen der Karotte. Aus den in Dolden angeordneten winzigen weißen, rosa oder violetten Blüten entstehen die etwa 2,5 mm langen gerippten, gelblich braunen Samen. Sie haben einen überaus würzig-scharfen, angenehmen Geschmack, der milder ist als Kreuzkümmel, aber stärker als Dill.

Die lanzettförmigen Blätter sind gefiedert und erinnern an das Grün der Möhre.

Einkaufstipp

Es empfiehlt sich, ganze Samen zu kaufen, da sie aromatischer sind und länger frisch bleiben als gemahlener Kümmel.

Vorbereitung

Damit die Samen ihr Aroma voll entfalten können, werden sie zerstoßen und geröstet. Soll das Aroma weniger intensiv sein, werden sie vor dem Zerstoßen kurz in Fett oder Öl angebraten. Kümmel entfaltet sein Aroma am besten, wenn man ihn in Gerichten mitköcheln lässt.

Nährwerte

Kalium	28 mg
Kalzium	14 mg
Phosphor	12 mg
Eisen	0,3 mg
Zink	0,1 mg
	je Teelöffel (2 g)

Kümmel hilft bei Blähungen, Wurmbefall und Magenbeschwerden oder -krämpfen. Er regt den Kreislauf an und fördert die Verdauung vor allem von schweren Gerichten.

Für einen Tee benötigt man pro Tasse Wasser 1 Esslöffel Kümmelsamen, den man 2 Minuten kochen und 10 Minuten ziehen lässt.

Serviervorschläge

In Indien ist Kümmel wichtiger Bestandteil in zahlreichen Gerichten, etwa in Currys, Linsen und Reis. Bei uns verwendet man ihn zum Würzen von Braten, Sauerkraut, Eintöpfen, Fisch, Kartoffelsalat und Pasteten. Zudem ist er in verschiedenen Käsesorten wie Gouda, Liptauer oder Münster enthalten sowie in alkoholischen Getränken wie Schnaps, Aquavit und *Vespetro*. Gemeinsam mit Anis, Fenchel und Koriander gehört Kümmel zu den »vier scharfen Samen«, die in alten Arzneibüchern erwähnt und im arabischen Kulturkreis sehr geschätzt werden, wo man sie für Salate, *Méchouis* und Kebabs verwendet. Die Wurzeln der Pflanze, die ebenfalls essbar sind, kann man kochen und wie Karotten oder Pastinaken servieren. Die Blätter und jungen Triebe sind eine köstliche Würze für Suppen und Salate.

Kümmelsamen

Safran

Crocus sativus, Iridaceae

Safran ist ein zur Krokusfamilie gehörendes Zwiebelgewächs, das ursprünglich in Kleinasien beheimatet war und dessen Blütennarben und -blätter seit Jahrtausenden als Würz- und Färbemittel verwendet werden. In einem ägyptischen Papyrus wurde Safran schon um 1500 v. Chr. erwähnt, und auch den Griechen und Römern war er bekannt. Die Mauren brachten den Safran im 8. Jahrhundert nach Spanien, von wo er bald auch nach Frankreich gelangte. Durch die Kreuzfahrer verbreitete er sich im 11. Jahrhundert schließlich auch im restlichen Europa. Derzeit wird Safran vor allem in Griechenland, Italien, den Vereinigten Staaten und in Südamerika angebaut.

Es gibt verschiedene Safranarten, von denen der *sativus* am teuersten gehandelt wird. Die Safrankrokusse werden bis zu 15 cm groß. Ihre violetten und mit roten Adern versehenen Blüten tragen an den Blütenstempeln jeweils drei orangebraune Blütennarben, die von Hand gepflückt und anschließend getrocknet werden. Sie haben ein intensives Aroma und schmecken bitter und scharf. Da etwa 100 000 Blüten benötigt werden, um 500 g Safranfäden zu ernten, ist er das teuerste Gewürz der Welt. Aus diesem Grund wird der Safran oft mit den Blütenblättern von Arnika oder Ringelblume gemischt und dann fälschlicherweise als »rein« verkauft, oder man erhöht sein Gewicht durch die Zugabe von Wasser oder Öl.

Safran gehört zu den Krokusgewächsen. Seine Blüte bringt drei orangebraune Narben hervor, die von Hand gepflückt und anschließend getrocknet werden.

Einkaufstipp

Die Safranfäden werden sowohl im Ganzen als auch in Pulverform angeboten. Da Letzteres häufig manipuliert ist, empfiehlt es sich, nur Safranfäden zu kaufen. Qualitativ hochwertiger Safran ist orangefarben und hat ein warmes, würziges Aroma. Älterer Safran riecht häufig leicht schimmelig.

Vorbereitung

Um eine gleichmäßigere Färbung zu erzielen, sollte man Safranfäden etwa 15 Minuten in heißer Flüssigkeit einweichen – am besten in der Flüssigkeit, die für die Zubereitung des Gerichts verwendet wird –, bevor man ihn dem Gericht zufügt.

Serviervorschläge

Safran kann sparsam verwendet werden. Eine kleine, am Anfang des Kochprozesses zugegebene Prise reicht aus, um ein ganzes Gericht zu würzen und ihm eine goldene Farbe zu verleihen. Damit sein Aroma erhalten bleibt, sollte man ihn jedoch nicht anbraten. Safran gehört zu den Grundgewürzen der arabischen und indischen Küche. Man verwendet ihn zum Würzen und Färben von Suppen, Eintöpfen, Reisgerichten, Currys, Couscous, Pasteten, Likören und Käse. Unerlässlich ist er für die *Bouillabaisse,* die *Paella* und das *Risotto alla milanese.* Mit Safran würzt und färbt man außerdem Geflügel- und Fischgerichte sowie Meeresfrüchte.

Nährwerte

Kalorien	3,1
Kohlenhydrate	0,7 g
Kalium	7,2 mg
Phosphor	2,5 mg
Wasser	11,9 %
	je Teelöffel (2 g)

Safran wirkt krampflösend, verdauungsfördernd, magenstärkend und kreislaufanregend; er hilft bei Blähungen und regt den Menstruationszyklus an.

Safran enthält einen Bitterstoff namens Pikrocrocin sowie ein aromatisches ätherisches Öl. Obwohl sein gelber Farbstoff Crocin äußerst kräftig ist, eignet er sich wegen seiner Wasserlöslichkeit nicht zum Färben von Textilien.

Aufbewahrung

Safran sollte kühl, trocken und dunkel in einem luftdicht verschlossenen Behälter aufbewahrt werden.

Koriander

Coriandrum sativum, Umbelliferae

Koriander ist eine ein- oder zweijährige Würzpflanze, die im Mittelmeerraum zu Hause ist. Ihre Samen gehören zu den ältesten Gewürzen überhaupt, denn in Ägypten wurde die Pflanze schon vor über 3500 Jahren angebaut. Ab etwa 1400 v. Chr. nutzten die Griechen sie als Heilmittel, während die Römer sie zum Konservieren von Fleisch verwendeten.

Der Name »Koriander« leitet sich ab vom griechischen *koris* für »Wanze«. Auch bei uns kennt man ihn als »Wanzenkraut«, weil die zerriebenen frischen Blätter nach Wanzen riechen. Der eng mit Kümmel, Fenchel, Dill und Anis verwandte Koriander hat dünne, zarte Stängel, die eine Länge von bis zu 1 m erreichen können. Seine flachen, gelappten Blätter ähneln denen der Blattpetersilie und die Früchte erinnern ein wenig an Schrotkugeln mit winzigen Längsrippen. Jede Frucht enthält eine kugelförmige braune Masse, die aus zwei Samen besteht. Nach dem Trocknen werden die Samen gelbbraun und verströmen einen moschusartigen, zitronigen Duft.

Koriander, der auch Cilantro oder chinesische Petersilie genannt wird, ist in Lateinamerika und Asien sehr beliebt, insbesondere in China, Indien und Thailand. Die Thailänder verwenden nicht nur die Samen, sondern die ganze Pflanze.

Serviervorschläge

Frischer Koriander wird wie Petersilie und Kerbel verwendet und kann diese in Rezepten auch sehr gut ersetzen. In der asiatischen Küche würzt man damit Salate, Suppen und Saucen. In einigen Ländern des Nahen Ostens verwendet man gemahlenen Koriander als Tischgewürz.

Ganze oder gemahlene Koriandersamen verleihen vielen Gerichten eine besondere Würze, etwa Meeresfrüchten, Fisch, Reis, Braten, Omelettes, Kartoffeln, Käse, Currys, Marinaden, Chutneys, Brot, Gebäck oder Kuchen. Koriandersamen passen gut zu Petersilie, Zitrone und Ingwer und werden auch im Currypulver und in *Garam Masala*, den beiden wichtigsten indischen Gewürzmischungen, verwendet. Darüber hinaus wird Koriander im Melissengeist und in Likören wie *Chartreuse* und *Izarra* sowie in qualitativ weniger hochwertigem Kakao verarbeitet. Die aromatischen Wurzeln der Pflanze werden zerquetscht als Würzmittel anstelle von Knoblauch verwendet.

Nährwerte

	frisch	*Samen*
Kalium	22,0 mg	23,0 mg
Kalzium	4,0 mg	7,0 mg
Phosphor	1,4 mg	7,0 mg
Magnesium	1,0 mg	6,0 mg
	je 4 g	**je Teelöffel (2 g)**

Koriander ist bekannt für seine Heilkräfte. Er wirkt verdauungsfördernd und antirheumatisch und hilft bei Gelenkschmerzen, Erkältungen und Durchfall. Durch Kauen der Samen kann der unangenehme Geruch von Knoblauch neutralisiert werden.

Für einen Verdauungstee nimmt man pro Tasse 1 Teelöffel Koriandersamen, kocht diese 2 bis 3 Minuten und lässt den Tee 10 Minuten ziehen.

Aufbewahrung

Frischer Koriander mit Wurzeln kann etwa 1 Woche im Kühlschrank aufbewahrt werden, indem man die Wurzeln wie Schnittblumen ins Wasser stellt und die Blätter mit einem Plastikbeutel bedeckt. Korianderblätter ohne Wurzeln werden in ein feuchtes Tuch gewickelt und in einem perforierten Kunststoffbeutel verpackt im Kühlschrank gelagert, wo sie 2 bis 3 Tage frisch bleiben.

Frische Korianderblätter können unblanchiert auch gut eingefroren werden, verlieren jedoch aufgetaut an Festigkeit und sollten deshalb gefroren verwendet werden. Getrocknete Korianderblätter haben nur sehr wenig Aroma. Die getrockneten Samen bleiben in einem luftdicht verschlossenen Behälter kühl, dunkel und trocken aufbewahrt bis zu 1 Jahr frisch.

Koriandersamen

Koriander

Einkaufstipp

Frische Korianderblätter sollten fest, knackig und grün sein und keine gelben oder braunen Stellen aufweisen. Getrocknete Koriandersamen behalten ihr Aroma besser im Ganzen als in gemahlener Form.

Vorbereitung

Korianderblätter werden am besten erst vor Gebrauch kurz in kaltem Wasser geschwenkt, da sie sonst schnell ihr Aroma verlieren. Das Aroma von getrockneten Koriandersamen wird verstärkt, indem man sie vor der Weiterverarbeitung 10 Minuten in kaltes Wasser legt.

Kreuzkümmel

Cuminum cyminum, Umbelliferae

Kreuzkümmelsamen

Kreuzkümmel ist eine im Mittelmeerraum beheimatete Würzpflanze, die schon seit Jahrtausenden vor allem im Vorderen Orient bekannt ist und bereits in der Bibel als Zutat für Suppe und Brot erwähnt wird. Bei den Ägyptern war Kreuzkümmel nicht nur beliebter als Pfeffer, sondern sie verwendeten ihn auch zur Mumifizierung ihrer Pharaonen. Die Römer nutzten ihn zum Würzen von Saucen und gebratenem Fisch und als Konservierungsmittel für Fleisch. Im Mittelalter glaubten die Menschen, er stärke die Treue zwischen Liebenden und hindere die Hühner am Streunen.

Die zarten, verzweigten Stängel der Pflanze werden 30 bis 50 cm hoch. Ihre zahlreichen schmalen Blätter erinnern an die Blätter des Fenchels, mit dem der Kreuzkümmel auch verwandt ist. Die weißen oder rosafarbenen Blüten bringen jeweils zwei längliche, gelbbraune, längsgerippte Samen hervor, die häufig mit den verwandten Kümmelsamen verwechselt werden. Ihr strenges, durchdringendes, ein wenig bitteres Aroma wird von manchen Menschen abgelehnt, während andere wieder eine besondere Vorliebe für dieses Gewürz entwickeln.

Aus den weißen oder rosafarbenen Blüten entwickeln sich zwei gelbbraune, längsgerippte Samen mit einem intensiven Aroma.

Vorbereitung

Damit sich das Aroma voll entfalten kann, werden die Samen vor Gebrauch geröstet und zerstoßen. Soll die Würzkraft weniger intensiv sein, brät man die Samen kurz in Öl an, bevor man sie zerstößt.

Einkaufstipp

Ganze Samen besitzen ein besseres Aroma als gemahlene Samen und bleiben auch länger frisch.

Serviervorschläge

In der arabischen, indischen und mexikanischen Küche ist Kreuzkümmel ein wichtiges Würzmittel, das für Suppen, Gemüse, Käse, Eier, Reis, Hülsenfrüchte, Würstchen, Eintöpfe, Pasteten, Rindfleisch, Marinaden, Backwaren und Brot verwendet wird. Es ist wichtiger Bestandteil im Chili- und Currypulver und bereichert die nordafrikanische Gewürzmischung *Ras-el hanout*. In Nordafrika gehört Kreuzkümmel, der dort *kamoun* genannt wird, zu den wichtigsten Gewürzen für *Tajines* und *Couscous*. In Osteuropa verwendet man ihn zum Würzen von Brot, Braten und Käse. Eine flüssige Paste aus gemahlenem Kreuzkümmel, Pfeffer und Honig wird in einigen arabischen Kulturen als Aphrodisiakum genutzt.

Nährwerte

Kalium	38,0 mg
Kalzium	20,0 mg
Phosphor	10,0 mg
Magnesium	8,0 mg
Eisen	1,3 mg
	je Teelöffel (2 g)

Kreuzkümmel wirkt entwässernd, beruhigend, blähungshemmend und verdauungsfördernd.

Für einen Tee kocht man pro Tasse 1 Teelöffel Samen kurz auf und lässt den Tee 10 Minuten ziehen.

Zitronenmelisse

Melissa officinalis, **Labiatae**

Die mehrjährige Zitronenmelisse gehört zur Familie der Minze und stammt aus Südeuropa, wo sie schon vor über 2000 Jahren von den Römern angebaut wurde. Heute wird sie in Südeuropa, Deutschland und Asien kultiviert. Ihr Name leitet sich vom griechischen Wort *melissa* = Biene ab, weil die Pflanze die Bienen anzieht. So haben schon im Altertum die Imker ihre Bienenstöcke mit Zitronenmelisse eingerieben, um die Bienen vom Schwärmen abzuhalten.

Die Zitronenmelisse wird 30 bis 90 cm hoch. Ihre ovalen dunkelgrünen Blätter haben eine sehr markante Äderung, die Oberseite ist von feinen Härchen überzogen. Aus den kleinen weißlichen oder rosafarbenen Blüten werden ovale Samen. Zitronenmelisse wird vor der Blüte gepflückt, da das Zitronenaroma dann am intensivsten ist.

Die Zitronenmelisse hat ovale dunkelgrüne Blätter mit markanter Äderung und feinen Härchen. Man pflückt sie vor der Blütezeit, da dann das Zitronenaroma am stärksten ist.

Einkaufstipp

Frische Zitronenmelisse sollte feste Stängel und Blätter haben und keine dunklen Flecken aufweisen.

Serviervorschläge

Zitronenmelisse wird frisch oder getrocknet verwendet. Sie passt besonders gut zu Gerichten, die sehr durchdringend schmecken. In der indischen Küche wird sie überaus geschätzt und zum Würzen von Currys, Suppen und Saucen verwendet. Zitronenmelisse gibt man erst kurz vor dem Servieren dazu, da ihr Aroma leicht flüchtig ist. Man kann mit ihr gemischte Salate, Omelettes, Reis, Fisch oder Füllungen würzen oder sie für Zitronen- oder Orangengebäck, Fruchtsäfte, Obstsalat und Kompott verwenden. Zitronenmelisse findet sich in zahlreichen Likören wie dem *Bénédictine* und dem *Chartreuse.* Aus den getrockneten Blättern wird der Melissengeist gewonnen. In Holland verwendet man sie, um den Geschmack von eingelegtem Hering und Aal zu mildern. Die Spanier würzen Milch, Saucen und Suppen damit.

Nährwerte

Das in der Zitronenmelisse enthaltene ätherische Öl wirkt anregend; es fördert die Verdauung, regt die Schweißbildung an, hilft bei Krämpfen und Darmbeschwerden und bekämpft Bakterien. Dem Volksglauben nach wirkt die Zitronenmelisse auch lebensverlängernd.

Ein Tee aus Zitronenmelisse vertreibt Kopfschmerzen und hilft bei kleineren Magenproblemen, Nervosität und Benommenheit. Dafür nimmt man pro Tasse 1 Teelöffel getrocknete Blätter, kocht sie 1 bis 2 Minuten und lässt den Tee dann 10 Minuten ziehen.

Eine Tasse Zitronenmelissentee nach dem Essen verhindert auch Blähungen und Koliken. Den besten Erfolg erzielt man mit frischen Blättern, da sich das ätherische Öl, in dem die aktiven Bestandteile enthalten sind, beim Trocknen verflüchtigt.

Citral, ein Bestandteil des ätherischen Öls, wird zum Parfümieren von Deodorants, Salben und Insektiziden verwendet.

Zitronengras

Cymbopogon citratus, **Gramineae**

Zitronengras ist eine mehrjährige Pflanze, deren Heimat wahrscheinlich Malaysia ist. Sie verdankt ihren Namen dem feinen Zitronenaroma und wird schon seit dem Altertum wegen ihres ätherischen Öls angebaut, das man für Parfüms und Kosmetika verwendet. Es gibt über 60 Kräuter, die ein zitronenähnliches Aroma haben, darunter auch die Zitronenmelisse, die aber zu einer anderen Familie gehört. Zitronen- oder Zitronellagras, wie es

Zitronengras

auch genannt wird, gedeiht in den meisten tropischen und subtropischen Ländern. Seine hartnäckigen Wurzeln verhindern die Bodenerosion. In Westafrika und Südostasien, wo man es auch zur Behandlung von Malaria verwendet, ist es als »Fiebergras« bekannt.

Zitronengras wird bis zu 60 cm hoch. Seine knolligen Stängel sind oben gelbgrün, am Fuß – dem zartesten Teil – jedoch cremefarben. Die Pflanze wird heute in Afrika, den Vereinigten Staaten, in Südamerika, der Karibik und in Australien angebaut.

Einkaufstipp

Zitronengras wird frisch im Asienladen, getrocknet und eingelegt angeboten, häufig auch in Kräuterteemischungen. Frisches Zitronengras sollte feste Knollen haben.

Vorbereitung

Die frischen Stängel werden geschält und nur die unteren 6 cm verwendet, da diese am zartesten sind. Die äußere Ummantelung und der obere Teil der Stängel sind zu faserig, können aber zum Würzen von Brühe, Saucen, Suppen, Eintöpfen, Fisch, Geflügel und für einen Kräutertee verwendet werden.

Aufbewahrung

Zitronengrasbüschel sollten in einen perforierten Kunststoffbeutel eingewickelt im Kühlschrank aufbewahrt werden. Man kann es unblanchiert auch einfrieren, sollte jedoch untere und obere Stängel getrennt tiefgefrieren.

Serviervorschläge

Zitronengras schmeckt frisch aromatischer als getrocknet. Man sollte es sparsam verwenden, insbesondere wenn man mit dem Geschmack noch nicht vertraut ist.

Zitronengras passt gut zu Ingwer, Paprika, Kokosnuss, Knoblauch, Schalotten und grünem Pfeffer. Besonders beliebt ist es in Südostasien, wo es zum Würzen zahlreicher Gerichte verwendet wird, darunter Suppen, Gemüse, Currys, Geflügel, Krustentiere, Fisch und Marinaden.

Nährwerte

Zitronengrasöl enthält Geraniol und Citral, die für den Zitronenduft der Pflanze verantwortlich sind.

Bohnenkraut

Satureia hortensis, **Labiatae**

Sommerbohnenkraut

Bohnenkraut, ein Würzkraut aus der Mittelmeerregion, ist schon seit mehr als 2000 Jahren bekannt. Die Römer würzten damit Saucen und Essig und schätzten es als Aphrodisiakum – daher auch der lateinische Name *Satureia* = »Satyrspflanze«.

Man unterscheidet zwei Bohnenkrautarten: das einjährige »Sommerbohnenkraut« *(Satureia hortensis)* und das mehrjährige »Winterbohnenkraut« *(Satureia montana)*. Die stark duftenden grünen Blätter des Sommerbohnenkrauts, das etwa 25 cm hoch wird, sehen aus wie dicke Nadeln. Vor dem Aufblühen verströmen die in den Blattachseln sitzenden blasslila oder weißen Blüten einen frischen Duft, der an Minze und Thymian erinnert.

Die stark duftenden grünen Blätter des Bohnenkrauts sehen aus wie dicke Nadeln.

Bohnenkraut

Nährwerte

Kalzium	18,5 mg
Kalium	30 mg
Magnesium	3,7 mg
Phosphor	4,3 mg
Eisen	0,4 mg
	je 5 g

Bohnenkraut wirkt krampflösend, antiseptisch, schleimlösend, tonisierend und blähungshemmend.

Für einen Tee nimmt man pro Tasse 1 Teelöffel getrocknetes Bohnenkraut, übergießt es mit kochendem Wasser und lässt den Tee 10 Minuten ziehen.

Serviervorschläge

Bohnenkrautblätter werden frisch und getrocknet verwendet. Getrocknetes Bohnenkraut ist gerebelt oder in Pulverform erhältlich; man gibt es immer erst kurz vor dem Servieren dazu, damit sein Aroma gewahrt bleibt. Nicht zu viel davon nehmen, da es ein Gericht leicht bitter schmecken lässt; meist genügt schon eine Prise. Man verwendet Bohnenkraut zum Würzen von Ziegenkäse und Essig. Besonders gut passt es zu Hülsenfrüchten, Saucen, Salaten, Suppen, Eintöpfen, Marinaden, Fleisch und Wild, Füllungen, Pasteten, Gemüse und Salatdressings. Man kann es gut mit Kerbel und Estragon kombinieren.

Curry

Der Begriff »Curry«, der von dem tamilischen *kari* = »Sauce« abgeleitet ist, bezieht sich zum einen auf eine Gewürzmischung, zum anderen auf Fisch-, Fleisch-, Linsen- und Gemüsegerichte, die damit gewürzt werden. Curry kommt aus Indien und ist als Gewürz wie als Gericht aus der Küche des Subkontinents nicht wegzudenken. Da die in der Currymischung verwendeten Gewürze je nach Region, Kaste und Gebräuchen verschieden sind, gibt es zahllose verschiedene Currys, die aus nur 5 wie auch aus über 50 Zutaten bestehen können; meist setzen sich die Mischungen jedoch aus 15 bis 20 Gewürzen zusammen und enthalten häufig Zimt, Koriander, Kreuzkümmel, Kurkuma, Pfeffer, Kardamom, Ingwer, Muskat und Gewürznelke.

Je nach Region und persönlichem Geschmack kann in Curry aber auch Muskatblüte, Anissamen, Kümmel, Fenchel, Bockshornklee, Lorbeerblatt, Mohn, Safran, Cayennepfeffer oder Senfsamen enthalten sein. Die Köche in Sri Lanka verwenden darüber hinaus noch Kokosmilch, und in Thailand enthält Curry manchmal noch Garnelenpaste. Indische Currys haben je nach Mischung die unterschiedlichsten Farben – häufig weiß, goldbraun, rot oder grün – und sind in flüssiger, trockener und pulverisierter Form erhältlich. Die Schärfe der Currymischungen hängt von der jeweiligen Pfeffermenge ab und reicht von mild oder halbmild bis scharf und sehr scharf.

Einkaufstipp

Curry wird als Pulver oder Paste angeboten. Viele Mischungen kommen aus England, wo während der Kolonialzeit das Currypulver eingeführt wurde.

Nährwerte

Die Nährwerte von Currypulver und -paste richten sich nach der jeweiligen Zusammensetzung der Zutaten.

Serviervorschläge

Currypulver oder -paste ist äußerst vielseitig verwendbar und wird zum Würzen von Schwein-, Lamm- und Hühnergerichten, vegetarischen Speisen (mit Kichererbsen, Linsen oder Fisch), Appetithäppchen, Suppen, Gemüse, Nudeln, Reis, Saucen, Mayonnaisen und Butter eingesetzt. Bevor man Currypulver Gerichten zufügt, sollte es kurz in Öl oder Fett erhitzt werden, damit sich sein Aroma besser entfalten kann.

Aufbewahrung

Currypulver sollte in einem luftdicht verschlossenen Gefäß kühl, trocken und dunkel aufbewahrt werden. Geöffnete Currypaste wird im Kühlschrank gelagert.

Kurkuma-Rhizom

Kurkuma

Kurkuma longa, Zingiberaceae

Kurkuma, auch Gelbwurz oder Turmerik genannt, ist eine mehrjährige Pflanze, die zur gleichen Familie wie Ingwer gehört und vermutlich aus Indonesien oder Malaysia stammt, wo sie seit Jahrtausenden bekannt ist. Durch arabische Händler gelangte Kurkuma nach Europa und wird heute in China, Indien, Indonesien, auf den Philippinen, Taiwan, Haiti, Jamaika und Peru angebaut.

Der in den Kurkuma-Rhizomen (Wurzelstöcken) enthaltene Farbstoff ist nahezu identisch mit dem Glykosid, das Safran seine Farbe verleiht, weshalb man den ebenfalls gelb färbenden Kurkuma früher auch »indischen Safran« nannte und auch heute noch manchmal irreführenderweise als solchen verkauft.

Die knapp 1 m hohe, schilfähnliche Pflanze hat knotige Rhizome, die je nach Art senfgelb bis zitronengelb gefärbt sind und im Aussehen an Ingwer erinnern. Nach der Ernte werden sie meist gekocht, getrocknet, poliert und zu Pulver zermahlen. Dieses sehr durchdringende aromatische Gewürz schmeckt im Vergleich zu Safran etwas bitterer, was durch Kochen noch verstärkt wird, und färbt sich durch Hitze auch dunkler als dieser.

Die senf- bis zitronengelben Rhizome, die im Aussehen an Ingwer erinnern, werden gekocht, dehydriert, poliert und zu Pulver vermahlen.

Einkaufstipp

Die Farbe des Kurkumapulvers lässt keinen Rückschluss auf die Qualität zu, da jede Art ihre eigene Farbe hat.

Serviervorschläge

Wegen seines strengen Geschmacks sollte Kurkuma nur sehr sparsam verwendet werden, damit er andere Zutaten nicht überdeckt. Kurkuma ist in Südostasien besonders beliebt, wo man ihn zum Färben und Würzen zahlreicher Gerichte verwendet, darunter Suppen, Saucen, Salate, Erbsen, Reis, Eier, Fisch und Krustentiere.

In Indien ist er eine der wichtigsten Zutaten für die Gewürzmischungen Curry und *Garam Masala* sowie für Chutneys. Aufgrund der englischen Kolonialherrschaft in Indien würzt man auch in England häufig mit Kurkuma. Er ist auch Bestandteil der Worcestersauce und wird zum Färben von Saucen, Sirups, Likören, amerikanischen Senfmischungen und Marinaden eingesetzt.

Nährwerte

Kalium	56,0 mg
Phosphor	6,0 mg
Kalzium	4,0 mg
Magnesium	4,0 mg
Eisen	0,9 mg
	je Teelöffel (2 g)

In der chinesischen Medizin wird Kurkuma zur Behandlung von Schulterschmerzen, Menstruationsbeschwerden und Koliken verwendet und hilft bei Husten, Magenverstimmung und Bindehautentzündung.

gemahlener Kurkuma

Aufbewahrung

Kurkuma sollte in einem luftdicht verschlossenen Behälter dunkel und trocken aufbewahrt werden.

frischer Kurkuma

Borretsch

Borago officinalis, **Boraginaceae**

Borretschblätter werden als Gemüse verwendet, solange sie jung und zart sind und noch nicht mit einem haarigen Flaum bedeckt sind.

Der vermutlich aus Syrien stammende Borretsch ist eine einjährige Würz- und Heilpflanze mit blauen Blüten. Sein Name leitet sich aus dem arabischen *sabu radj* ab, was »Vater des Schweißes« bedeutet und sich auf die schweißtreibende Wirkung von Borretschtee bezieht.

In Europa wie auch in Nordamerika findet man Borretsch häufig auf verwilderten Grundstücken und entlang der Straße. Vor allem die jungen, zarten Blätter werden zum Würzen verwendet oder wie Gemüse zubereitet.

Die Pflanze hat lange Stiele, die normalerweise 30 bis 45 cm hoch werden, in entsprechenden Böden aber auch bis zu 1 m erreichen können. Die langen, breiten Blätter sind faltig, rau und von langen weißen Haaren bedeckt. Ist die Pflanze ausgereift, werden die Blätter sehr steif, und ihr Duft erinnert an Gurke, weshalb man Borretsch auch »Gurkenkraut« nennt.

Nährwerte

Kalium	4,5 mg
Kalzium	0,9 mg
Magnesium	0,5 mg
Eisen	0,3 mg
	je 10 g

Borretsch liefert reichlich Vitamin C und A, Kalium und Eisen; außerdem enthält er Magnesium, Vitamin B_2, Kalzium und Phosphor.

Da Borretschblüten sehr stark schleimlösend wirken, sind sie als Tee zubereitet ein wirksames Heilmittel bei Erkältungen und Bronchitis. Darüber hinaus wirken sie entwässernd, abführend, blutreinigend und schweißtreibend.

Serviervorschläge

Borretsch wird roh oder gekocht verwendet. Vor allem die jungen frischen Blätter schmecken sehr gut in Salaten, und man verwendet sie zum Würzen von Joghurt, Frischkäse und Vinaigrettes. Borretschblätter werden am besten frisch verarbeitet, da sie getrocknet schnell ihr Aroma verlieren.

Die Blüten werden manchmal kandiert und zur Verzierung von Backwaren benutzt. Als Tee aufgebrüht kann man sie wie Minze verwenden, oder man tunkt sie in Wein oder geeisten Tee, da sie Getränken ein frisches Aroma verleihen.

Zubereitung

Borretsch wird ähnlich wie Spinat zubereitet und kann diesen in den meisten Rezepten auch ersetzen. In Wasser gekocht verliert er jedoch viel von seinem Aroma.

Aufbewahrung

Borretsch wird in einem perforierten Kunststoffbeutel im Kühlschrank aufbewahrt und am besten erst unmittelbar vor der Zubereitung gewaschen.

Zimtstangen

Zimt

Cinnamomum spp., Lauraceae

Die getrocknete Rinde des Zimtbaums, der zur selben Familie wie Lorbeer und Avocado gehört, ist eines der ältesten Gewürze der Welt. Es kommt in den frühesten botanischen Abhandlungen der Chinesen vor, die sich auf 2800 v. Chr. datieren lassen, und wird in ägyptischen Papyri und in der Bibel erwähnt.

Bei der Zimternte werden zunächst die dreijährigen Schösslinge geerntet und der Länge nach zwei- bis dreimal aufgeschnitten. Danach entfernt man die äußere Rinde und lässt die Zimtzweige trocknen. Dabei rollt sich die Innenrinde ein und bildet etwa 7 cm lange und 1 cm dicke röhrenförmige, schuppige Stangen, die sogenannten »Quills«. Es gibt mehr als 100 verschiedene Zimtbaumarten, die sich im Aroma jedoch alle sehr ähnlich sind. Die beiden wirtschaftlich wichtigsten Sorten sind der »echte« Ceylonzimt und der chinesische Zimt.

Ceylonzimt *(Cinnamomum zeylanicum)* stammt von einem immergrünen Baum, der 9 bis 12 m hoch wird, auf Plantagen aber auf eine Höhe von 2,5 m zurückgeschnitten wird. Er wächst in tropischen Regionen und wird vor allem auf Sri Lanka, in Indien, auf den Seychellen und Madagaskar, in Brasilien und in der Karibik angebaut. Seine großen, zähen, aromatischen Blätter haben eine glänzend grüne Oberseite und eine graublaue Unterseite. Die weiche, zarte Rinde von mattem Hellbraun ist äußerst aromatisch. Je blasser die Rinde ist, umso besser die Qualität.

Chinazimt *(Cinnamomum aromaticum)*, der auch **Kassia** genannt wird und billiger ist als der Ceylonzimt, stammt von bis zu 12 m hohen Bäumen, die in Südostasien zu Hause sind und vor allem in Indonesien, aber auch in anderen asiatischen Ländern angepflanzt werden. Kassia-Zimt hat einen schärferen und weniger feinen Geschmack als Ceylonzimt, und seine Rinde ist dicker als die des ceylonesischen Baums.

Seit über 4500 Jahren werden die Zimtstangen geerntet, indem man die Zweige abschneidet und die Rinde trocknet.

Einkaufstipp

Zimt wird als Stange, Pulver oder als ätherisches Öl verkauft. Gemahlener Zimt hat ein stärkeres Aroma als Zimtstangen, bleibt aber nicht so lange frisch wie diese.

Serviervorschläge

Zimt wird zum Würzen zahlreicher süßer und salziger Gerichte verwendet, beispielsweise Kuchen, Gebäck, Glühwein, Pudding, Pfannkuchen oder Kompott wie auch Suppen, Fleisch, Tomatensaucen, Gemüse, Eintöpfe, Couscous, Nudeln und Marinaden. In der asiatischen Küche nutzt man auch die Blütenknospen, Blätter und getrockneten Beeren der Zimtbäume. Zimt wird in der pharmazeutischen Industrie als Geschmacksstoff verwendet, beispielsweise für Zahnpasta.

Aufbewahrung

Zimt wird in einem luftdicht verschlossenen Behälter kühl, dunkel und trocken bei Zimmertemperatur aufbewahrt.

Nährwerte

	gemahlen
Kalzium	28 mg
Kalium	11 mg
Eisen	0,8 mg
	je Teelöffel (2 g)

Zimt wirkt krampflösend und antiseptisch, dient als Wurmmittel und regt den Kreislauf an. Als Tee oder als Beigabe in anderen Getränken hilft er bei Verdauungsbeschwerden und Durchfall.

Für einen Tee übergießt man eine 2,5 bis 3 cm lange Zimtstange (2 g) mit ¼ l kochendem Wasser und lässt den Tee 10 Minuten ziehen.

gemahlener Zimt

Engelwurz

Angelica spp., Umbelliferae

Stängel und Wurzeln der Engelwurz werden in Alkohol mazeriert und dann zu alkoholischen Getränken weiterverarbeitet.

Die Engelwurz, auch als **Angelika** bekannt, ist eine Würzpflanze, die angeblich von den Wikingern zu uns gekommen ist. Sie gedeiht besonders üppig in den gemäßigten Klimazonen Nordeuropas und wird heute vor allem in Belgien, Holland und Deutschland angebaut. Eine ähnliche Art wächst auch im Norden des amerikanischen Kontinents.

Die zwei- oder mehrjährige Engelwurz hat eine gewisse Ähnlichkeit mit Sellerie und kann eine Höhe von knapp 2 m erreichen. Je entwickelter die Pflanze ist, um so aromatischer schmeckt sie. Im zweiten Jahr bilden sich die gerippten, hohlen violettfarbenen Stängel, an denen die großen, gezackten smaragdgrünen Blätter sitzen. Die kleinen weißlichen oder gelblichgrünen Blüten formen große Dolden mit 30 bis 40 Blütenstrahlen. Ihr warmes, moschusartiges Aroma erinnert an Wacholderbeeren.

Nährwerte

Engelwurz wirkt verdauungsfördernd, appetitanregend und krampflösend. Man verwendet sie als Arznei bei Asthma, chronischer Bronchitis, Raucherhusten, Koliken, Migräne und für Mundspülungen.

Serviervorschläge

Die kandierten Engelwurzstängel dienen zum Würzen und Dekorieren von Kuchen, Lebkuchen, Puddings und Soufflés oder auch zum Würzen von Fisch und Essig. Roh sind die gehackten Blätter eine originelle Salatzutat. Wird Engelwurz mit säurehaltigen Früchten gekocht, werden diese süßer. Das ätherische Öl der Engelwurzstängel und -wurzeln wird auch bei der Herstellung von zahlreichen alkoholischen Getränken wie *Chartreuse*, *Bénédictine*, Engelwurzlikör und Gin verwendet.

Für einen Tee nimmt man pro Tasse 1 Teelöffel Wurzel oder 1 Teelöffel Blätter und Samen, kocht diese 5 Minuten und lässt den Tee dann 10 Minuten ziehen.

Engelwurzstängel

Bockshornklee

Trigonella foenum-graecum, Papitionaceae

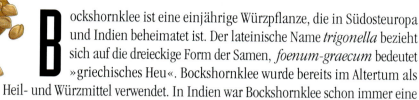
Bockshornkleesamen

Bockshornklee ist eine einjährige Würzpflanze, die in Südosteuropa und Indien beheimatet ist. Der lateinische Name *trigonella* bezieht sich auf die dreieckige Form der Samen, *foenum-graecum* bedeutet »griechisches Heu«. Bockshornklee wurde bereits im Altertum als Heil- und Würzmittel verwendet. In Indien war Bockshornklee schon immer eine wichtige Zutat für Currys, und die Ägypter verwendeten ihn als Gemüse und zum Einbalsamieren der Toten. Um zuzunehmen, stillten die Haremsdamen in der Antike ihren Hunger mit gerösteten Bockshornkleesamen, die mit Olivenöl und Puderzucker vermischt waren.

Bockshornklee, der zur selben Familie wie die Erbse und der Klee gehört, erreicht eine Höhe von 30 bis 60 cm; seine gelben, manchmal auch leicht violetten Blüten wachsen in den Blattwinkeln. Die langen, schmalen Fruchtschoten enthalten 10 bis 20 winzige, leicht zusammengedrückte braungelbe Samen, die wie die Pflanze einen starken Duft verströmen. Sie schmecken bittersüß und hinterlassen geröstet einen intensiven Nachgeschmack, der an Karamel oder Ahornsirup erinnert. Aus Bockshornkleesamen wird ein künstlicher Ahornsirup-Geschmacksstoff hergestellt.

Die langen, schmalen Schoten der Frucht enthalten winzige braungelbe Samen. Sowohl Pflanze als auch Samen verströmen einen durchdringenden Duft.

Serviervorschläge

Die Samen des Bockshornklees werden getrocknet im Ganzen, gemahlen und zerstoßen zum Würzen von Suppen, Gemüse, Käse, Chutneys und Pickles verwendet. Die frischen Sprossen des Bockshornklees schmecken sehr gut als Salat. Zur Teebereitung können Samen, Blätter und Keime verwendet werden, und in einigen afrikanischen Ländern und in Indien isst man die Blätter und jungen Schösslinge als Gemüse.

Aufbewahrung

Die getrockneten Bockshornkleesamen werden gut verschlossen kühl, dunkel und trocken aufbewahrt.

gemahlene Samen

Einkaufstipp

Bockshornklee ist in Naturkostläden erhältlich.

Nährwerte

Kalorien	12
Kohlenhydrate	2,2 g
Fett	0,2 g
Eiweiß	0,9 g
Wasser	7,5 %
	je 4 g

Die Samen des Bockshornklees enthalten bis zu 40 % Pflanzenschleim, der den Milchfluss anregt und aphrodisierend, appetitanregend, magenstärkend und tonisierend wirkt; er wird zur Behandlung von Abszessen und Magenschmerzen verwendet und ist in schmerzlindernden Umschlägen enthalten. Die Blätter des Bockshornklees wirken hustenlindernd, beruhigend, adstringierend und entwässernd.

Senf

Brassica und *Sinapis spp.*, Cruciferae

Es gibt etwa 40 Senfarten, die sich vor allem an ihren Samen unterscheiden lassen.

weißer Senf

Die im Mittelmeerraum beheimatete einjährige Senfpflanze wird seit der Antike angebaut. Die aufbereiteten Senfsamen wurden schon von den Römern verwendet, und die Byzantiner würzten damit ihre Salatsaucen. Im Mittelalter waren die Samen der Senfpflanze vor allem als Würzmittel für gepökeltes Fleisch beliebt.

Wie Kohl gehört die Senfpflanze zur Familie der Kreuzblütler. Es gibt etwa 40 Senfpflanzenarten, von denen der schwarze Senf *(Brassica nigra)*, der weiße Senf *(Sinapis alba)*, der Indische Senf *(Brassica juncea)* und der wilde Senf oder Ackersenf *(Sinapis arvensis)* am bekanntesten sind.

Schwarzer Senf wird bis zu 1 m hoch; seine gelappten Blätter sind rau und behaart. Die kleinen gelben Blüten der Pflanze bringen glatte, runde rote Samen hervor, die in der Reifezeit schwarz werden. Ihr Duft ist schwer und durchdringend. Das reichlich in den Samen enthaltene ätherische Öl wird vielfach in der Nahrungsmittelindustrie verwendet. Der scharfe Geschmack der Senfkörner beruht auf Sinigrin, einem Glukoinsolat, das aus dem Kaliumsalz der Myronsäure besteht. Es ist im schwarzen Senf und im Indischen Senf enthalten, nicht aber im weißen Senf, weshalb dieser etwas milder ist.

Weißer Senf wird zwischen 30 und 75 cm hoch. Seine Blüten sind größer als die des schwarzen Senfs. Seine großen gelben Samen lassen sich durch ihren bitteren, aber weniger stechenden Geschmack leicht von denen der anderen Senfarten unterscheiden.

Die aromatischen grünen Blätter des **Indischen Senfs,** der auch als **Senfkohl** bekannt ist, sind in heißen Klimazonen sehr beliebt und werden frisch wie Spinat verwendet.

Einkaufstipp

Frischer Senfkohl sollte feste sattgrüne Blätter haben. Die Stängel sollten weder hart noch dick sein, da sie andernfalls faserig sind.

Vorbereitung

Senf als Würzmittel wird aus den Senfsamen gewonnen, die zuerst in einer Flüssigkeit – etwa Wein, Most, Essig oder Wasser – eingeweicht und dann zu einer feinen Paste zerdrückt werden. Farbe, Geschmack und Schärfe des fertigen Würzmittels hängen von den jeweiligen Samen und den weiteren Zutaten ab, beispielsweise Knoblauch, Estragon, Paprika, Zitrone, Essig, Zucker oder schwarzer Pfeffer.

Dijon-Senf wird mit dem Saft unreifer Weintrauben, Weißwein oder Weißweinessig oder mit einer Mischung daraus angesetzt; *Bordeaux*-Senf wird mit Traubenmost hergestellt, während *Meaux*-Senf, der nur grob zerdrückte, vielfarbige Samen enthält, in Essig eingeweicht wird.

schwarzer Senf

Senf

Serviervorschläge

Senfkohl wird roh oder gekocht gegessen. Man bereitet ihn zu wie Spinat, an dessen Stelle er auch verwendet werden kann (er schmeckt allerdings etwas strenger als dieser).

Die Blätter eignen sich gut für Suppen und ergeben ein hervorragendes Püree; es schmeckt besonders gut zusammen mit Kartoffelbrei oder pürierten Hülsenfrüchten, da den Blättern so etwas von ihrem beißenden Aroma genommen wird. Die Blätter sollten jedoch nicht in Aluminium- oder Eisentöpfen gegart werden, da sie sonst schwarz werden.

Die Senfsamen werden im Ganzen, gemahlen oder als fertiges Würzmittel verwendet; sie enthalten außerdem ein überaus aromatisches Öl. Ganze Samen lassen sich »pur« oder geröstet verarbeiten. In Indien werden sie in heißem Öl angebraten, bis sie wie Popcorn aufplatzen (sie dürfen jedoch nicht zu lange garen, da sie leicht anbrennen und bitter werden). Man verwendet sie zum Würzen zahlreicher Gerichte, darunter Marinaden, Hülsenfrüchte, Saucen und Currys.

Senfpulver kann man für Salatdressings und Mayonnaise verwenden und wird auch zur Schinkenzubereitung gebraucht. Mit Wasser angerührt ergibt es eine Paste, die wie das Fertigprodukt verwendet wird.

Senf als Fertigprodukt wird ebenfalls vielfältig verwendet, etwa zum Bestreichen von Rind-, Schweine- und Geflügelfleisch sowie fetthaltigem Fisch, bevor diese gegart werden, oder als Grundlage für zahlreiche warme und kalte Saucen, Salatdressings und Mayonnaisen. Als Beilage zu gekochten und gebratenen Würstchen darf Senf ebenfalls nicht fehlen. Man unterscheidet zwischen süßem, mittelscharfem und scharfem Senf.

Nährwerte

	Senfkohl
Kalorien	26
Ballaststoffe	1,1 g
Kohlenhydrate	5,0 g
Fett	0,2 g
Eiweiß	2,7 g
Wasser	91 %
	je 100 g

Die Blätter des Senfkohls sind eine hervorragende Quelle für Vitamin C und A, Eisen und Kalium.

Senf wirkt stimulierend, desinfizierend und antiseptisch und wird als Abführ- und Brechmittel verwendet. Er fördert die Bildung von Magensäften und -schleim, regt den Appetit an und wirkt – in Maßen verwendet – verdauungsfördernd (andernfalls reizt er die Darmschleimhaut).

Senföl wirkt antibiotisch. Man verwendet Senf deshalb in Fußbädern und für Senfpflaster, die bei Lungenentzündung oder Bronchitis auf die Brust gelegt werden, um die Bronchien zu reinigen und die Lunge abzuschwellen.

Senfkohl enthält Substanzen, die zu einer Vergrößerung der Schilddrüse führen können. Aus diesem Grund sollte er bei entsprechender Disposition nur sparsam verwendet werden bzw. in Begleitung von Nahrungsmitteln mit hohem Jodgehalt wie Fisch, Meeresfrüchten und Seetang serviert werden.

Aufbewahrung

Fertiger Senf sollte im verschlossenen Behälter im Kühlschrank aufbewahrt werden, da er bei Zimmertemperatur sein Aroma verliert. Senfpulver und Samen lagern am besten in luftdicht verschlossenen Behältern an einem kühlen, trockenen und dunklen Ort.

Senfkohlblätter lassen sich ungewaschen in einem perforierten Kunststoffbeutel einige Tage im Kühlschrank aufbewahren. Man kann sie auch wie Spinat einfrieren. Senföl behält sein Aroma am besten im Kühlschrank.

Indischer Senf (Senfkohl)

Ingwer

Zingiber officinale, **Zingiberaceae**

Die Ingwerwurzeln werden wegen ihres aromatischen, durchdringend riechenden Fleisches angebaut.

Ingwer, der wegen seiner knolligen Wurzelstöcke kultiviert wird, stammt aus Südostasien. Er wird heute in den meisten tropischen Ländern angebaut, gedeiht aber auch in gemäßigteren Klimazonen. Ingwer ist schon sehr lange als Würz- und Heilmittel bekannt. Er wird in chinesischen und indischen Schriftstücken erwähnt und war auch Griechen und Römern bekannt, die ihn vor mehr als 2000 Jahren bei sich einführten. Im übrigen Europa machte er sich jedoch erst gegen Ende des 13. Jahrhunderts einen Namen, wo man ihn vor allem als Aphrodisiakum schätzte. Später ging seine Beliebtheit jedoch nach und nach zurück.

Die Ingwerpflanze, deren Stängel bis 1,5 m hoch werden, vermehrt sich durch Wurzelteilung. Die fleischigen Rhizome, die sich je nach Art in Größe und Farbe unterscheiden, sind gelb, sandfarben, weiß oder rot. Ihr Fleisch schmeckt sehr würzig und scharf. Junge Rhizome sind von einer dünnen, essbaren Haut überzogen.

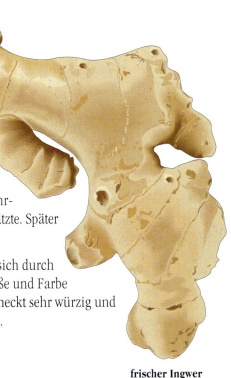

frischer Ingwer

frische Ingwerscheiben

Einkaufstipp

Ingwer wird frisch, getrocknet und als Konserve angeboten, und er ist als Pulver, kandiert, karamellisiert oder fein geschnitten in Essig eingelegt erhältlich. Frische Ingwerwurzeln sollten fest, glatt und frei von Schimmelbefall sein.

Serviervorschläge

Frischer Ingwer ist ein wichtiger Bestandteil der asiatischen Küche. Man würzt damit sowohl salzige als auch süße Gerichte wie Saucen, Fleisch, Geflügel, Fisch, Meeresfrüchte, Hülsenfrüchte, Reis, Tofu, Marinaden, Brühe, Suppen, Früchte, Kuchen und Getränke. Auch Marmelade und Bonbons werden aus Ingwer hergestellt. In Japan wird eingelegter Ingwer häufig zu *Sushi* oder *Sashimi* serviert. Ingwerpulver wird im Westen meist zum Würzen von Kuchen, Keksen, Lebkuchen und Kompott verwendet oder manchen Currygerichten zugefügt. Das ätherische Öl wird als Geschmacksstoff bei der Herstellung von Bier und Limonaden wie etwa *Ginger-ale* verwendet. Ingwer passt besonders gut zu Äpfeln und Bananen. Frischer Ingwer hat einen intensiveren Geschmack als die getrocknete oder pulverisierte Wurzel.

Ingwer

Vorbereitung

Frischer Ingwer wird geschält und dann in Scheiben oder Streifen geschnitten, geraspelt oder gewürfelt.

Zubereitung

Wie bei Knoblauch hängt auch bei Ingwer das Aroma davon ab, wann er beim Garprozess zugegeben wird. Den stärksten Geschmack entfaltet er, wenn man ihn am Ende zugibt; am Anfang zugefügt ergibt er eine feinere Würze.

Aufbewahrung

Frischer Ingwer bleibt im Kühlschrank 2 bis 3 Wochen frisch, sollte jedoch erst direkt vor Gebrauch geschält werden. Er kann unblanchiert auch eingefroren werden und wird dann unaufgetaut geschält und geschnitten. Kandierter Ingwer hält sich unbegrenzt. Offene Konserven sollte man jedoch im Kühlschrank aufbewahren. Ingwerpulver wird in einem fest verschlossenen Behälter kühl, dunkel und trocken gelagert.

Nährwerte

Kalium	45,5 mg
Magnesium	6,5 mg
Phosphor	7,0 mg
	je 5 g

Ingwer ist seit langem als Heilmittel bekannt und wirkt anregend, antiseptisch, entwässernd, aphrodisierend, fiebersenkend und appetitanregend. Außerdem soll er die Verdauung fördern, Blähungen vorbeugen und sehr wirksam sein bei Erkältungen, Husten, Reisekrankheit und Rheuma. Im Übermaß genossen kann er jedoch Verdauungsbeschwerden verursachen.

Für einen Tee kocht man pro Tasse 1 Teelöffel klein geschnittene Ingwerwurzel etwa 3 Minuten und lässt den Tee einige Minuten ziehen.

1 *Die frische Ingwerwurzel schälen.*

2 *Den Ingwer in dünne Scheiben schneiden.*

3 *Die Scheiben würfeln.*

gemahlener Ingwer

Pfeffer

Piper nigrum, **Piperaceae**

schwarze Pfefferkörner

Die Früchte der Pfefferpflanze, einem aus Indien stammenden Rankgewächs, sind seit dem Altertum bekannt und haben im Lauf der Geschichte eine wichtige Rolle gespielt. Pfefferkörner wurden den Göttern als Geschenk dargebracht und dienten als Steuerabgabe, Währung und Lösegeld. Beim Untergang Roms erhielten die einfallenden Barbaren ihren Tribut in Form von Pfefferkörnern. Durch den Pfefferhandel erwarben die Handelsstädte Europas und Arabiens großen Reichtum, und noch das ganze Mittelalter hindurch galt Pfeffer als hoch angesehenes Tauschmittel – die Besitztümer eines Mannes wurden nach seinen Pfeffervorräten bemessen. Außerdem wurde dieses Gewürz lange Zeit dazu benutzt, um mangelnde Frische von Nahrungsmitteln zu übertünchen, wie sie vor der Entwicklung moderner Konservierungsmethoden gang und gäbe war. Heute sind Indonesien und Indien die größten Pfefferproduzenten.

Es gibt mehrere 100 Pfefferarten, die nur im sehr heißen und feuchten Tropenklima gedeihen. Die glatte, holzige Rebe kann bis zu 10 m lang werden und wird von Stangen gestützt. Stamm und Ranken haben Luftwurzeln, mit denen sie sich an Bäumen festhalten können. Die handtellergroßen ovalen Blätter sind dunkelgrün. Nach 3 bis 4 Jahren reifen kleine weiße Blüten zu Rispen mit kleinen runden Beeren heran, die zuerst grün, dann rot und zuletzt dunkelbraun werden. Grüne, schwarze und weiße Pfefferkörner entstammen alle ein und derselben Pflanze und stellen nur die verschiedenen Reifungsstadien des Pfefferkorns dar. Sie enthalten Piperin, ein Alkaloid, das für den typischen scharfen Geschmack verantwortlich ist.

Grüner Pfeffer heißen die Beeren, die noch grün geerntet werden. Er hat noch kaum Schärfe, sondern ein fruchtiges Aroma. Grüne Pfefferkörner werden getrocknet oder in Salzlake oder Essig konserviert.

Schwarzer Pfeffer sind halbreif gepflückte Beeren, die sich gerade eben von grün zu rot verfärben. Durch das Trocknen werden sie schrumpelig und nehmen eine dunkle Farbe an. Schwarzer Pfeffer ist am schärfsten und aromatischsten.

Weißer Pfeffer wird aus den sehr reifen und vollkommen roten Beeren gewonnen. Sie werden zuerst einige Tage in Salzlake eingeweicht, um die dunkle äußere Schicht abzulösen, die den inneren weißen Samen überzieht, und danach getrocknet. Weißer Pfeffer ist milder im Geschmack als schwarzer Pfeffer.

Grauer Pfeffer ist eigentlich schwarzer Pfeffer, der lediglich gewaschen wird und recht mild schmeckt. Er kommt sehr selten vor und wird immer gemahlen verkauft. Grauer Pfeffer kann aber auch eine Mischung aus schwarzem und weißem Pfeffer sein.

Rosa Pfeffer (oder **roter Pfeffer**) entstammt einer anderen Art *(Schinus molle)* aus der Familie der Sumachgewächse *(Anakardiazeae)* und wächst an einem kleinen Strauch, der in Südamerika beheimatet ist. Wie Sumach kann auch rosa Pfeffer Allergien auslösen. Die getrockneten Beeren haben ein köstlich duftendes, etwas beißendes Aroma, das sich allerdings schnell verflüchtigt.

Pfeffer

Einkaufstipp

Pfefferkörner sind im Ganzen, zerstoßen, gemahlen oder in Würzmischungen als Zwiebelpfeffer, Knoblauchpfeffer, Selleriepfeffer, Zitronenpfeffer etc. erhältlich. Grüne Pfefferkörner werden getrocknet oder in Salzlake oder Essig eingelegt angeboten. Um das Aroma möglichst weitgehend zu erhalten, empfiehlt es sich, ganze Pfefferkörner zu kaufen und diese erst unmittelbar vor Gebrauch zu mahlen. Pfefferkörner sollten schwer, kompakt und makellos sein und dürfen nicht krümeln. Gemahlener Pfeffer kann Unreinheiten oder Schimmel enthalten und wird manchmal mit billigeren Zutaten gestreckt.

Serviervorschläge

Pfeffer ist eines der beliebtesten Gewürze überhaupt. Man findet ihn in fast allen pikanten Gerichten, egal ob warm oder kalt, und sogar in Desserts. Weißen Pfeffer verwendet man häufig zum Würzen heller Gerichte wie weiße Saucen, Geflügel und Fisch. Ganze Pfefferkörner nimmt man für Marinaden, Pasteten, Fleisch, Käse, Suppen, Fischsud, Bouillons und Ragouts. Durch Einfrieren verstärkt sich der Geschmack des in den Gerichten verwendeten Pfeffers.

Nährwerte

	schwarzer Pfeffer	*weißer Pfeffer*
Kalium	26,0 mg	2,0 mg
Kalzium	9,0 mg	6,0 mg
Phosphor	4,0 mg	4,0 mg
Magnesium	4,0 mg	2,0 mg
Eisen	0,6 mg	0,3 mg
		je 2 g

Pfeffer wirkt stärkend, stimulierend, blähungshemmend und antibakteriell. Er enthält Piperin, ein Alkaloid, das die Schleimbildung und Produktion der Magensäfte anregt und somit die Verdauung fördert. Im Übermaß genommen, reizt Pfeffer jedoch Magen- und Mundschleimhaut.

Aufbewahrung

Ganze Pfefferkörner lassen sich bei Zimmertemperatur unendlich lange aufbewahren. Gemahlener Pfeffer bleibt 3 Monate frisch. Grüner Pfeffer hält sich geöffnet etwa 1 Woche, ungeöffnet bleibt er etwa 1 Jahr frisch.

Zubereitung

Gemahlener Pfeffer verliert seinen Duft und sein Aroma, wenn er länger als 2 Stunden gekocht wird. Außerdem sollte er gemahlen immer erst am Ende des Garprozesses hinzugefügt werden, damit er nicht bitter schmeckt.

Grüne, schwarze und weiße Pfefferkörner stammen alle von derselben Pflanze und entsprechen ihren verschiedenen Reifestadien.

gemahlener Pfeffer

grüne Pfefferkörner **weiße Pfefferkörner** **rosa Pfefferkörner**

Gewürzpaprika

Capsicum spp., Solanaceae

Gewürzpaprika gibt es in verschiedenen Größen, Formen und Farben. Ihr Würzspektrum reicht von sehr scharf bis höllisch scharf.

Gewürzpaprika ist die Frucht einer ursprünglich in Süd- und Mittelamerika beheimateten Pflanze und gehört zur großen Familie der Nachtschattengewächse, zu denen auch Aubergine, Kartoffel, Baumtomate (Tamarillo) und Tomate zählen.

Gewürzpaprika wurde bereits vor über 7000 Jahren als eine der ersten Pflanzen in Südamerika angebaut und galt dort wegen seiner Heil- und Würzkraft als besonders geschätztes Gemüse. Ende des 15. Jahrhunderts gelangte die überaus anpassungsfähige Pflanze durch Kolumbus auch nach Europa und durch Ferdinand Magellan nach Afrika und Asien, wo sie sich sehr schnell verbreitete. Heute wird der Gewürzpaprika in allen Kontinenten angebaut, wobei er in tropischen Breiten als mehrjährige Pflanze, in gemäßigten Zonen als einjährige Pflanze gedeiht. In Mexiko und auf den Westindischen Inseln gibt es heutzutage die größte Artenvielfalt, zu der viele verschiedene Gewürzpaprikaarten *(Capsicum frutescens, C. pubescens, C. baccatum, C. annuum* etc.) zählen, die sich in Größe, Aussehen, Farbe und Geschmack stark voneinander unterscheiden. Von besonderem kulinarischem Wert sind der Paprikapfeffer *annuum* und der Cayennepfeffer *frutescens*, die beide sehr scharf bis feurig schmecken.

Die Gewürzpaprikapflanzen werden bis zu 1,5 m hoch. Ihre Fruchtschoten, die im Vergleich zum Gemüsepaprika kleiner und spitzer sind, erreichen eine Länge von 2 bis 15 cm und einen Durchmesser von 1 bis 5 cm. In warmen Ländern wie Mexiko, wo mehr als 15 verschiedene Gewürzpaprikasorten wachsen, gedeihen sie sogar noch üppiger. Während einige Sorten auch in reifem Zustand grün bleiben (Jalapeno, Serrano, Poblano), sind andere gelbbraun, violett oder rot (Ancho, Cascabel oder Kirschpaprika, Cayennepfeffer, Japone, Hontaka, Pasilla) oder gelb (Carribe, Guero). Manche sind so scharf, dass ihr beißender Geruch schon beim bloßen Aufschneiden die Augen zum Tränen bringt (Guero, Habanero, Japone).

Chilischoten

zerstoßene Chilisamen

Chilipulver

Gewürzpaprika

Cayennepfeffer ist ein äußerst scharfes Pulver, das aus getrockneten und gemahlenen Chilischoten hergestellt wird und aus einer oder mehreren Chilisorten bestehen kann. Die Schote des Cayennepfeffers *(Capsicum frutescens)*, der nach Cayenne, der Hauptstadt Französisch-Guayanas, benannt wurde, wächst an einer einjährigen Pflanze, die bis zu 1,5 m hoch wird. Die etwa 4 cm langen Früchte sind länglich und schmal und behalten ihre rote Farbe auch nach dem Trocknen. In Lateinamerika und Indien ist Cayennepfeffer ein überaus beliebtes Gewürz, das auch zur Herstellung von Tabasco, Chilisauce und Currypulver verwendet wird.

Paprika ist ein Pulver aus süßen roten Paprikaschoten *(Capsicum annuum)*, die ebenfalls getrocknet und fein gemahlen werden. Sie wachsen an Sträuchern, die ursprünglich in Südamerika heimisch waren und Ende des 16. Jahrhunderts nach Ungarn eingeführt wurden. Seitdem ist Paprika untrennbar mit der ungarischen Küche verbunden, wie auch das ungarische Wort »Paprika«, das »süßer Pfeffer« bedeutet, in viele Sprachen übernommen wurde. Farbe und Geschmack des Paprikapulvers hängen sowohl von der verwendeten Paprikasorte ab – in manchen Mischungen ist Cayennepfeffer enthalten – als auch davon, ob nur das Fruchtfleisch oder darüber hinaus auch Stiel, Herz und Samen vermahlen werden. Je mehr Samen das Paprikapulver enthält, umso schärfer ist es. Im Handel sind der milde Edelsüßpaprika, der für Gulasch verwendet wird, und der geringfügig schärfere Rosenpaprika.

Harissa ist eine Würzmischung auf der Basis von roten Chilis, die in der Küche des Nahen Ostens und Nordafrikas überaus beliebt ist; in Tunesien ist es das Nationalgewürz schlechthin. Harissa ist ein Püree aus kleinen roten Chilischoten und Cayennepfeffer, das mit Öl, Knoblauch, gemahlenem Koriander, Minzeblättern und Kümmelsamen gemischt wird und manchmal noch bis zu 20 weitere Gewürze enthält.

Chilipulver ist eine Kombination aus verschiedenen Gewürzen, wie etwa schwarzer Pfeffer, Kreuzkümmel, Oregano, Paprika, Gewürznelke und Knoblauch, und getrockneten Chilischoten, wobei die Schärfe der Schoten die Schärfe des Chilipulvers bestimmt. Dieses Gewürz ist mexikanischen Ursprungs, was sich auch in dem aztekischen Wort »Chilli« ausdrückt, das »roter Pfeffer« bedeutet.

Paprikaschote **Paprikapulver**

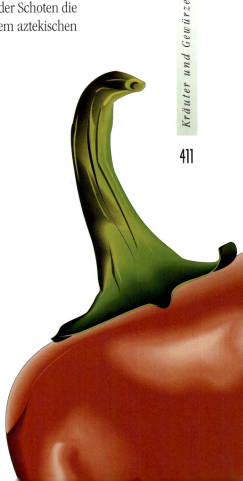

Gewürzpaprika

Jalapenoschote

Einkaufstipp

Ganze getrocknete Chilischoten sind meist schrumpelig. Frische oder getrocknete Schoten sollten eine leuchtende Farbe haben, glänzen und weder Flecken noch weiche Stellen aufweisen. Pulver sollten von gleichmäßiger Farbe sein und angenehm riechen.

Zubereitung

Da Gewürzpaprika sehr scharf sein kann, sollte man nur vorsichtig würzen, zumal die Schärfe beim Kochen noch zunimmt. Um besser dosieren zu können, kann man etwas Pulver in Öl anbraten und dann das Öl zum Kochen verwenden. Gewürzpaprika sollte nicht zu lange garen, da er sonst an Geschmack und Farbe verliert.

Vorbereitung

Beim Schneiden frischer oder getrockneter Schoten sollte man darauf achten, das Gesicht nicht mit den Händen zu berühren – vor allem nicht Augen und Lippen –, da die Schoten ein Reizmittel namens Capsaicin enthalten, das stark auf der Haut, vor allem auf der Gesichtshaut brennt. Nach dem Schneiden sollte man außerdem Hände, Messer und Brett gründlich mit Seife und heißem Wasser waschen, um alle Spuren dieser Substanz zu entfernen. Bei sehr empfindlicher Haut empfiehlt es sich, bei der Zubereitung der Schoten Gummihandschuhe zu tragen.

Wenn man den Schoten etwas von ihrer Schärfe nehmen will, sollte man auf die Verwendung der Samen und der weißlichen inneren Rippen verzichten oder die Schoten etwa eine Stunde vor dem Verzehr in kaltes Wasser legen, dem etwas Essig zugefügt wird.

Harissa

250 g getrocknete Chilischoten
15 Knoblauchzehen
5 TL Kümmel
5 TL gemahlener Kreuzkümmel
5 TL Koriander (nach Belieben)
4 TL Salz
kalt gepresstes Olivenöl

Die Sauce sollte im Kühlschrank aufbewahrt werden.

1. Die Chilischoten mit warmem Wasser bedeckt etwa 1 Stunde einweichen, abtropfen lassen und trockentupfen. Stiele und Samen entfernen und die Schoten würfeln. Den Knoblauch schälen und fein hacken.

2. Chilischoten, Knoblauch, Kümmel, Kreuzkümmel, Koriander und Salz im Mörser oder im Mixer zu einer Paste verarbeiten.

3. Unter ständigem Rühren nach und nach 80 Milliliter Olivenöl zufügen, bis die Sauce das Öl vollständig aufgesogen hat. Die Sauce in ein Schraubglas gießen, mit Olivenöl bedecken und das Glas fest verschließen.

Tabascoschote

Tabascosauce

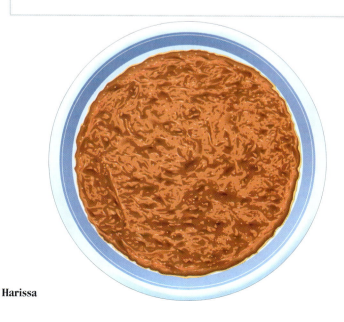

Harissa

Gewürzpaprika

Serviervorschläge

Gewürzpaprika wird vor allem als Würzmittel frisch, getrocknet, mariniert, gegart oder püriert verwendet. Gewürzpaprika in Pastenform hat den Vorteil, dass er sich mit anderen Zutaten gleichmäßig verbindet.

Unzählige Gerichte werden mit Paprika oder Chili gewürzt, die auch wichtiger Bestandteil in vielen Würzmitteln sind. In China bereitet man aus roten Chilischoten, Salz und Öl ein Püree namens *Öt,* mit dem zahlreiche Gerichte gewürzt werden. Paprikapulver wird vor allem im Currypulver und Ketchup verwendet.

Cayennepfeffer ist überaus scharf, sodass bereits eine Prise ausreicht, um ein ganzes Gericht zu würzen. Er passt zu Vorspeisen, Suppen, Saucen und Rahmsaucen sowie zu Krustentieren und Eiergerichten.

Paprika- und Chilipulver benutzt man, um beispielsweise Reis, Nudeln, Béchamelsauce und Kartoffelsalat mehr Aroma und Farbe zu verleihen. Paprikapulver wird auch für Eier, Geflügel, Meeresfrüchte, Mayonnaise, Käsedips und Frischkäse und natürlich auch im Gulasch verwendet.

Tunesisches Couscous wird grundsätzlich mit der feurigen *Harissa* serviert, die auch zur Geschmacksverstärkung vieler anderer Gerichte dient, darunter Suppen, Salate, Fisch, Eintöpfe, Reis, Saucen, Mayonnaise und Eier. Harissa kann »pur«, in einer Brühe oder mit Olivenöl und Zitronensaft kombiniert verwendet werden. Da die Sauce sehr scharf ist, sollte man allerdings vorsichtig dosieren.

Mit Tabasco würzt man Suppen, Vinaigrettes, Saucen, Dips, gemischte Salate, Bohnen, Erbsen, Eintöpfe, Fleisch, Geflügel und Meeresfrüchte. Auch hier genügen schon 1 bis 3 Tropfen, um ein ganzes Gericht zu aromatisieren.

Aufbewahrung

Ungewaschen in Papier gewickelt können frische Gewürzpaprikaschoten im Gemüsefach des Kühlschranks 1 Woche aufbewahrt werden. Sie sind auch gut zum Einfrieren geeignet, sollten jedoch zuvor etwa 3 Minuten angebraten oder blanchiert und gehäutet werden. Man kann sie auch marinieren oder trocknen. Getrocknete Schoten halten sich 6 bis 8 Monate in einem perforierten Kunststoffbeutel im Kühlschrank. Zerstoßene getrocknete Schoten sollten in einem luftdicht verschlossenen Gefäß kühl und trocken aufbewahrt werden.

Da Paprikapulver leicht an Aroma und Farbe verliert, ist es eines der wenigen Gewürze, das in einem luftdicht verschlossenen Behälter im Kühlschrank aufbewahrt wird, ebenso geöffnete Harissasauce. Tabasco ist dagegen bei Zimmertemperatur nahezu unbegrenzt haltbar.

Nährwerte

	Chilischote
Kalorien	40,0
Ballaststoffe	1,8 g
Kohlenhydrate	9,6 g
Fett	0,2 g
Eiweiß	2,0 g
Wasser	88 %
	je 100 g

Obwohl Gewürzpaprika mehr Vitamin C enthält als Orangen, ist dies in Anbetracht der geringen Mengen, in denen er verzehrt wird, ernährungsphysiologisch nicht weiter von Bedeutung. Durch Entfernen der Samen in den Schoten halbiert sich außerdem der Anteil an Ballaststoffen.

Der Anteil der einzelnen Nährstoffe im Gewürzpaprika ist je nach Art verschieden; generell gilt jedoch, dass rote Früchte mehr Vitamin A und C enthalten als grüne Schoten.

Die Schärfe der verschiedenen Paprikasorten geht auf das Alkaloid Capsaicin zurück, dessen Schärfe sich sogar noch nachweisen lässt, wenn man 1 g davon mit 10 000 l Wasser mischt. Es regt die Speichelbildung und die Magensäfte an und unterstützt damit die Verdauung. Um die Schärfe nach dem Genuss von Gewürzpaprikaschoten zu mildern, hilft es, etwas Joghurt, Brot, gekochten Reis, Zucker oder Süßigkeiten zu essen; diese Nahrungsmittel sind wirksamer als Wasser, da Capsaicin nur in Öl, nicht aber in Wasser löslich ist. Die *frutescens*-Sorten enthalten bis zu zwanzigmal mehr Capsaicin als die eher süßen Schoten.

Serrano

frische rote Chilischoten

frische grüne Chilischoten

getrocknete Chilischoten

Meerrettich

Armoracia rusticana, Cruciferae

Meerrettichwurzel

Meerrettich ist ein in Osteuropa beheimatetes Gartengemüse, das schon im Altertum genutzt wurde. Im Alten Testament wird es als eines der »bitteren Kräuter« des jüdischen Passahfestes erwähnt. Anfangs beschränkte sich seine Beliebtheit vor allem auf Deutschland und andere Länder Mitteleuropas, später verbreitete es sich auch in Skandinavien und England. In Frankreich wird Meerrettich häufig auch als »deutscher Senf« bezeichnet.

Im Mittelalter schätzte man Meerrettich vor allem wegen seiner Heilkraft und verwendete ihn erst seit Ende des 16. Jahrhunderts auch in der Küche. Durch seinen hohen Vitamin-C-Gehalt – er enthält mehr Vitamin C als Orangen – wurde er zu einem geschätzten Vorbeugemittel gegen die Vitaminmangelkrankheit Skorbut und vor allem von englischen und deutschen Seefahrern auf ihren Reisen mitgenommen.

Meerrettich, der wie Kohl, Senf, Rüben und Radieschen zur Familie der Kreuzblütler gehört, ist eine mehrjährige Pflanze und kann bis zu 1 m hoch werden. Aus seinen dicken, fleischigen, scharf riechenden Wurzeln entwickeln sich Stängel mit ungleichen, gezackten Blättern. Die an Pastinaken erinnernden Meerrettichwurzeln werden im zweiten oder dritten Jahr nach der Pflanzung im Herbst geerntet, wenn sie eine Länge von etwa 50 cm und einen Durchmesser von 2 bis 8 cm erreicht haben und ihr beißender Geschmack am stärksten ist. Ihre bräunliche Schale ist rau und faltig, das Fleisch darunter fest und cremeweiß. Es enthält ein ätherisches Öl, das dem Senföl ähnelt und für den scharfen, beißenden Geschmack verantwortlich ist.

Einkaufstipp

Meerrettichwurzeln sollten fest sein und keine weichen Stellen oder gar Schimmel aufweisen.

Nährwerte

Kalorien	9,5
Kohlenhydrate	1,8 g
Eiweiß	0,4 g
Phosphor	14 mg
Kalzium	15,8 mg
	je 15 g

Meerrettich wirkt antiseptisch, entwässernd, tonisierend, entkrampfend und schleimlösend. Er ist eine wirksame Arznei gegen Gicht, bringt Linderung bei Rheuma und unterstützt Magen und Leber. In großen Mengen verzehrt wirkt er leicht abführend.

Vorbereitung

Die Meerrettichwurzel wird gewaschen und geschält, wobei grüne Stellen unter der Schale herausgeschnitten werden sollten, da sie überaus bitter schmecken. Bei großen Meerrettichwurzeln kann das Herz hart und verholzt sein und sollte ebenfalls entfernt werden. Da geschälter Meerrettich bei Luftkontakt braun anläuft, wird er anschließend sofort mit etwas Zitronensaft oder Essig beträufelt. Außerdem sollte man bei der Verarbeitung Küchengeräte aus rostfreiem Edelstahl verwenden. Nach dem Schälen wird er meist gerieben oder geraspelt. Er sollte jedoch erst kurz vor dem Servieren zubereitet werden, damit er möglichst wenig von seinem Aroma verliert.

Serviervorschläge

Meerrettich wird nicht gekocht, sondern frisch oder eingelegt verwendet. Obwohl manchmal auch die frischen Blätter genutzt werden, etwa als Salat, ist die Pflanze vor allem wegen ihrer Wurzel beliebt, die fein gerieben oder geraspelt überwiegend in kalten Saucen und Salatdressings verarbeitet wird. Meerrettichsauce ist eine gute Beilage zu gekochtem Rindfleisch, kaltem Braten, geräuchertem Fisch und Meeresfrüchten und passt hervorragend zu Eiern, Kartoffeln, Roter Bete, Sellerie, Pastinaken, Thunfisch und Hülsenfrüchten. In manchen Rezepten kann Meerrettich sehr gut anstelle von Senf verwendet werden.

Meerrettich

Aufbewahrung

In feuchtes Küchenkrepp gewickelt und in einen perforierten Kunststoffbeutel verpackt bleiben Meerrettichwurzeln im Gemüsefach des Kühlschranks mehrere Wochen frisch. Sobald sie weich werden, sollten die weichen Stellen entfernt und der Rest sofort verbraucht werden. Meerrettichwurzeln können auch getrocknet werden. Frisch geraspelt sind sie außerdem zum Einfrieren geeignet, wobei gefrorener wie getrockneter Meerrettich etwas von seinem Aroma verliert. Meerrettichsauce kann im Kühlschrank einige Tage aufbewahrt werden. In Essig eingelegter Meerrettich hält sich bis zu 6 Monate.

geraspelter Meerrettich

Mohn

Papaver somniferum, **Papaveraceae**

Der in Kleinasien beheimatete einjährige Schlafmohn gehört zur großen Mohnfamilie, zu der auch zahlreiche Zierpflanzen zählen. Er wurde bereits im Altertum in China, Ägypten, Griechenland und Rom weitläufig angebaut. Der Gebrauch von Mohnsamen als Brotwürze geht bis ins 2. Jahrhundert n. Chr. zurück.

Die Schlafmohnpflanze erreicht eine Höhe von 70 bis 120 cm und entwickelt große weiße oder rötlich violette Blüten, aus denen Kapseln mit winzigen graublauen Samen hervorgehen. Die unreifen Samen haben eine stark narkotisierende Wirkung, ebenso die unreifen Kapseln, aus deren milchigem Saft das Opium gewonnen wird und der auch die Grundlage für die Herstellung von Morphium und codeinhaltigen Medikamenten bildet. Die reifen Samen verlieren jedoch diese Wirkung vollständig und werden in erster Linie wegen ihres vorzüglichen hellgelben Öls angebaut, aber auch als Brot- und Kuchengewürz verwendet. Schlafmohn wird heute vor allem in der Türkei, in Russland, Indien, China und im Iran kultiviert.

Wird Mohn vor der Reife gepflückt, haben die Samen eine sehr stark narkotisierende Wirkung, ebenso die unreifen Kapseln, aus denen man Opium gewinnt.

Einkaufstipp

Mohnsamen werden fertig abgepackt angeboten.

Nährwerte

Eisen	0,9 mg
Zink	0,8 mg
Magnesium	33,3 mg
Kalium	70,5 mg
Phosphor	85,4 mg
Kalzium	146 mg
	je 10 g

Serviervorschläge

Die graublauen Samen haben einen leichten Haselnussgeschmack, der durch Kochen noch verstärkt wird. Sie werden bei uns vor allem zum Würzen von Brot, Kuchen und Gebäck verwendet. Gemahlen eignen sie sich sehr gut zum Andicken von Gerichten.

Aus den Mohnsamen wird außerdem ein hervorragendes aromatisches Speiseöl gewonnen, das vor allem für Salatmarinaden verwendet wird.

Reife Mohnsamen wirken nicht narkotisierend.

Mohnsamen

Tamarinde

Tamarindus indica, Leguminosae

Tamarindenschote

Die zylindrischen rotbraunen Tamarindenschoten enthalten jeweils einen bis zwölf harte, glänzende Samen. Ihr Mark schmeckt sehr sauer.

Der in Indien beheimatete Tamarindenbaum wird bis zu 24 m hoch. Er ist mit dem Karobbaum verwandt und wächst in tropischen und subtropischen Klimazonen, vor allem in Afrika, Südostasien, in der Karibik und in einigen Ländern des Nahen Ostens. Das Wort »Tamarinde« leitet sich ab vom arabischen Begriff *tamar hindi,* der »aus Indien kommend« bedeutet, wo der Baum wegen seiner Früchte schon seit langer Zeit angebaut wird. In der asiatischen und arabischen Küche ist Tamarinde auch heute noch ein wichtiges Gewürz.

Die zylindrisch geformten rotbraunen Tamarindenschoten werden 10 bis 15 cm lang und enthalten jeweils einen bis zwölf harte, glänzende dunkelbraune Samen. Diese werden von einem sehr säurehaltigen, festen Mark umschlossen, das faserige Staubfäden enthält und bittersüß schmeckt. Tamarindenmark wird frisch, getrocknet, kandiert, eingelegt, flüssig und als Paste oder Sirup angeboten.

Einkaufstipp

Bei uns ist in Asienläden meist nur Tamarinden-Instantpaste erhältlich, die mit etwas Wasser angerührt wird, sowie kompakte Tamarindenwürfel, die ebenfalls in Wasser eingeweicht werden.

Nährwerte

Kalorien	238
Ballaststoffe	3,0 g
Kohlenhydrate	56,7 g
Fett	0,2 g
Eiweiß	2,3 g
Wasser	38,3 %
	je 100 g

Tamarinde enthält sehr viel Kalium, Magnesium, Vitamin B_1 sowie viel Eisen, etwas Phosphor, Vitamin B_2, Nikotinsäure, Kalzium und Vitamin C sowie Ballaststoffe. Sie wirkt abführend und hilft bei Leber- und Gallenbeschwerden.

Aufbewahrung

Angebrochene Tamarindenprodukte wie Instantpaste oder Würfel werden in einem luftdicht verschlossenen Behälter kühl und trocken bei Raumtemperatur aufbewahrt.

Vorbereitung

Gepresste Tamarindenwürfel werden vor der Zubereitung etwa 15 Minuten in heißem Wasser eingeweicht, damit sie weich werden, und anschließend mit den Fingern zerkrümelt und durch ein Sieb gedrückt, um die Fasern zu entfernen. Die Samen werden wie Hülsenfrüchte über Nacht eingeweicht und anschließend weich gekocht.

Serviervorschläge

Tamarindenmark wird vor allem als Würzmittel für Suppen, Saucen, Marinaden, Eintöpfe, Kuchen oder Süßigkeiten verwendet und passt sehr gut zu Fleisch-, Wild- und Fischgerichten. Sein strenger Säuregeschmack verleiht Früchten mehr Aroma und wird deshalb häufig auch als Würze für Konfitüren, Sorbets, Chutneys oder in köstlichen Erfrischungsgetränken verwendet. In den Erzeugerländern werden die Blüten und Blätter der Tamarinde als Gemüse oder im Salat gegessen. Tamarindenmark ist in manchen Rezepten ein guter Ersatz für Zitrone, wobei der Saft von 1 Zitrone 1 Teelöffel Tamarindenpaste entspricht, die in 40 ml Wasser aufgelöst wird.

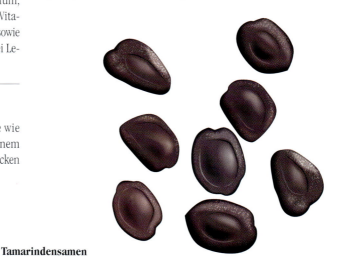

Tamarindensamen

Vanille

Vanilla planifolia, Orchidaceae

Vanilleschoten sind die Früchte einer Kletterorchidee, die in Mexiko und Zentralamerika beheimatet ist und deren Samen schon seit Jahrtausenden verwendet werden – bereits die Azteken stellten ein mit Vanille gewürztes Kakaogetränk her. Über die Spanier gelangten die ersten Vanilleschoten nach Europa, und gegen Ende des 16. Jahrhunderts wurde in Spanien die erste mit Vanille gewürzte Schokolade bekannt, wie auch die Bezeichnung »Vanille« vom spanischen Wort *vainilla* stammt, das »kleine Blattscheide« bedeutet und sich auf die Schoten bezieht. Vanille wird heute in zahlreichen tropischen Ländern angebaut, insbesondere in Madagaskar, Mexiko, Guatemala, Uganda, Brasilien, Paraguay und Indonesien sowie auf einigen Inseln im Indischen Ozean. Die begehrtesten Sorten werden in Mexiko kultiviert.

Die langen, bohnenartigen Schoten werden reif gepflückt, wenn sie sich goldgelb gefärbt haben.

Es gibt mehr als 50 verschiedene Vanillesorten, wobei die »echte« Vanille von der *Vanilla plantifolia* stammt, die mit ihren Luftwurzeln bis zu 60 m hoch in die Kronen hoher Bäume klettert. Die erste Ernte erfolgt im dritten Jahr nach der Anpflanzung, wenn sich die etwa 20 cm langen, an grüne Bohnen erinnernden Schoten goldgelb gefärbt haben. Sie enthalten ein würziges Mark und zahlreiche kleine Samen. Frisch gepflückt sind sie zunächst geruchlos und entwickeln ihr unverwechselbares Aroma erst während eines komplizierten und sehr teuren Trocknungs- und Gärungsverfahrens, weshalb Vanille im Preis gleich hinter Safran rangiert. Dabei werden die Schoten unter anderem so lange getrocknet, bis sie weich und dunkelbraun und von einem kristallinen Überzug aus Vanillin bedeckt sind. Diese Substanz, die der Vanille ihren typischen Geschmack verleiht, wird heute auch synthetisch aus Eugenol hergestellt, der Hauptkomponente des Nelkenöls. Synthetisches Vanillin ist jedoch bei weitem nicht so fein im Geschmack wie echte Vanille.

Einkaufstipp

Vanille wird als Schote, in Pulverform, flüssig oder gemischt mit Zucker als Vanillezucker angeboten. Bei flüssiger Vanille oder Vanillepulver sollte man genau auf das Etikett achten, da diese Produkte mitunter noch andere Zutaten enthalten. Echte Vanille hat ein wesentlich feineres Aroma als synthetische Vanille, ist dafür aber auch sehr viel teurer. Flüssiger Vanilleextrakt schmeckt oft fade.

Serviervorschläge

Vanille wird zum Würzen vieler verschiedener, vor allem süßer Gerichte verwendet. Sie verleiht Milch und Milchprodukten, Säften, Früchten, Kompotten, Eiscreme und Puddings ein köstliches Aroma und ist ebenso unverzichtbar beim Backen wie bei der Herstellung von Süßigkeiten und Schokolade. Außerdem wird sie gern zum Aromatisieren von Getränken wie Punsch, Wein, Sangria, heißer Schokolade und Likören verwendet. In kleinen Mengen eignet sich Vanille auch zum Würzen herzhafter Gerichte wie Fischsuppe, Austern und Geflügel. Da sie durch Erhitzen an Aroma einbüßt, sollte sie jedoch erst am Ende des Garprozesses zugefügt werden.

Vanilleschoten werden im Ganzen, klein gehackt oder gemahlen verwendet. Um das Mark herauszulösen, schneidet man die Schoten der Länge nach auf und kratzt das Mark heraus. Schoten, die in Gerichten mitgegart werden, können bis zu viermal verwendet werden, indem man sie am Ende des Garprozesses abspült, trocknet und bis zum nächsten Mal in einem geschlossenen Behälter aufbewahrt.

Nährwerte

Vanille wirkt kräftigend und tonisierend, verdauungsfördernd und antiseptisch.

Aufbewahrung

Vanilleschoten werden in einem luftdicht verschlossenen Behälter bei Zimmertemperatur kühl und trocken aufbewahrt. Für die Zubereitung von Vanillezucker gibt man eine halbe oder ganze Schote in einen verschlossenen Behälter mit Zucker, wodurch ihr Aroma auf den Zucker übergeht.

Miso

Reismiso

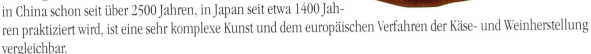

Miso ist eine salzige oder süße Paste aus fermentierten Sojabohnen, die in erster Linie zum Würzen verwendet wird. Die bei der Herstellung von Miso angewendete Methode, die in Asien entwickelt wurde und in China schon seit über 2500 Jahren, in Japan seit etwa 1400 Jahren praktiziert wird, ist eine sehr komplexe Kunst und dem europäischen Verfahren der Käse- und Weinherstellung vergleichbar.

»Miso« wird die Sojapaste nur in Japan genannt, während die Chinesen sie als *chiang* bezeichnen und die Vietnamesen sie *chao do* nennen. Da Miso aus sehr unterschiedlichen Zutaten besteht und auf verschiedene Weisen hergestellt wird, gibt es bezüglich Farbe, Geschmack und Konsistenz sehr große Unterschiede. Allein in Japan kennt man fast 50 verschiedene Misosorten, wobei die beliebteste, das Reismiso, derart gefragt ist, dass dort mit dem Wort »Miso« immer Reismiso gemeint ist.

Bei der traditionellen Misoherstellung werden die Sojabohnen mit Salz, einem Fermentiermittel *(Aspergillus oryzae)* und Reis oder Gerste kombiniert. Diese Mischung wird in mehreren Schritten langsam vergoren, was einige Monate, aber auch 3 Jahre dauern kann. Dieses Miso, das aus natürlichen Zutaten besteht – nur manchmal wird Äthylalkohol als Konservierungsstoff beigefügt – und auch nicht pasteurisiert wird, hat eine sehr weiche Konsistenz und schmeckt sehr aromatisch.

»Schnelles« Miso wird dagegen innerhalb kurzer Zeit in kontrollierter Umgebung vergoren – hier dauert der Prozess mindestens 3 Tage bis maximal 3 Wochen – und anschließend pasteurisiert, um die Mikroorganismen zu zerstören. Dadurch gehen jedoch viele Nährstoffe verloren und das Endprodukt ist ziemlich geschmacklos, farblos und fade. Außerdem wird es schneller schlecht als natürliches Miso und enthält zahlreiche Zusatzstoffe, darunter Bleichmittel, Farbstoffe und Natriumglutamat. Es hat jedoch eine feinere Struktur und schmeckt süßer als traditionell hergestelltes Miso.

Je nach Herstellungsweise unterscheiden sich die vielen verschiedenen Misosorten in Farbe, Struktur, Geschmack und Nährwert, wobei generell gilt, dass dunkle Misos lange vergoren wurden und sehr salzig schmecken, während helle Misosorten nur eine kurze Gärphase haben und wesentlich süßer schmecken. Außerdem ist mit Gerste zubereitetes Miso grundsätzlich dunkler als Reismiso, und die meisten Misosorten sind ziemlich feucht und weich. Viele werden außerdem noch mit den verschiedenen Zutaten angereichert, zum Beispiel mit Honig, Zucker, Wasser, Sake, Nüssen, Samen, Gemüse, Meeresfrüchten, Gewürzen oder Algen.

Einkaufstipp

Miso wird versiegelt in Beuteln oder lose in Plastikbehältern oder Gläsern angeboten. Beim Kauf von Miso sollte man sich anhand des Etiketts vergewissern, dass es nicht pasteurisiert wurde oder irgendwelche Zusatzstoffe enthält.

Aufbewahrung

Miso sollte in einem luftdicht verschlossenen Behälter aufbewahrt werden. Dunkles, salziges Miso kann – außer bei sehr warmer Witterung – bei Zimmertemperatur gelagert werden, während man helles Miso in den Kühlschrank stellen sollte, da es schneller verdirbt.

Auf nicht pasteurisiertem oder auf andere Weise konserviertem Miso, das nicht im Kühlschrank aufbewahrt wird, kann sich mitunter Schimmel bilden. Dieser Schimmel ist jedoch völlig harmlos und kann einfach entfernt werden, ohne dass das Miso davon beeinträchtigt wird.

Miso

Nährwerte

Die Nährwerte von Miso sind sehr unterschiedlich und hängen von den jeweiligen Zutaten und Zubereitungsarten ab. Sojamiso enthält reichlich Zink, viel Eisen, Vitamin B_2 und Folsäure sowie etwas Vitamin B_1 und B_6, Kalzium und Ballaststoffe.

Nicht pasteurisiertes Miso ist sehr nahrhaft und enthält wie Joghurt und andere fermentierte Produkte Milchsäurebakterien (0,5 bis 1%), Enzyme und Hefe sowie zahlreiche andere lebende Mikroorganismen, die sich in vielerlei Hinsicht positiv auf die Gesundheit auswirken. Außerdem werden die Nährstoffe von Miso, das im traditionellen Gärverfahren hergestellt wird, vom Organismus sehr gut aufgenommen und sind leicht verdaulich.

Miso enthält hochwertiges Eiweiß, da sich die Proteine der im Miso enthaltenen Sojabohnen und Getreidekörner hervorragend ergänzen. Darüber hinaus wird durch den Gärprozess der Anteil der essenziellen Aminosäuren Methionin (aus der Sojabohne) und Lysin (aus dem Getreide) noch verstärkt (siehe *Komplementäreiweiße*). Die im Miso enthaltenen Fette sind meistens ungesättigte Fette.

Für die Japaner ist Miso nicht nur ein vorzügliches Würzmittel, sondern dient auch der Gesundheitsvorsorge. Gemäß dem westlichen Motto: »Ein Apfel täglich erspart den Gang zum Arzt« beanspruchen sie dieses für ihren täglichen Teller Misosuppe. Ebenso werden Miso zahlreiche Heilkräfte nachgesagt: Es wirkt sich positiv auf den Verdauungstrakt aus (Misosuppe und mit Miso angereicherte Getränke sollen die durch Antibiotika geschädigte Darmflora wieder herstellen) und hilft bei der Ausscheidung von Giften. Außerdem enthält es ein Alkaloid, das den Organismus vor schädlichen Umwelteinflüssen schützen soll.

Kalorien	206
Ballaststoffe	2,5 g
Kohlenhydrate	28 g
Fett	6,1 g
Eiweiß	11,8 g
Wasser	41 %
	je 100 g

Serviervorschläge

Miso ist ein vorzügliches Würzmittel, das gleichzeitig den Nährwert vieler Gerichte erhöht. Es ist ein guter Ersatz für Salz und schmeckt in Suppen, Saucen, Brühe oder Vinaigrettes. Außerdem kann man es zum Würzen von Getreideprodukten, Nudeln, gemischten Salaten, Gemüse, Tofu, Meeresfrüchten, Fleisch, Geflügel, Eiern, Pizzas, Pfannkuchen oder Marinaden verwenden. Helles süßes Miso schmeckt am besten in Gemüsegerichten, Saucen, Pfannkuchen und Desserts.

Für die meisten Japaner ist Misosuppe Teil ihres Frühstücks, da sie sehr nahrhaft ist und zugleich anregend wirkt, jedoch nicht die negativen Nebeneffekte des Kaffees besitzt.

Zubereitung

Miso sollte in Gerichten nicht mitgekocht werden, da Hitze die im Miso enthaltenen Mikroorganismen zerstört. Die Nährwerte bleiben am besten erhalten, wenn man es erst kurz vor dem Servieren bzw. nach dem Garen zufügt, indem man es zuvor in etwas Brühe oder heißem Wasser auflöst.

Sojasauce

Sojasauce

Sojasauce ist ein aus China stammendes Würzmittel, das dort seit mehr als 2500 Jahren verwendet wird und auch in der übrigen asiatischen Küche seinen festen Platz hat. »Shoyu«, wie der japanische Name lautet, soll im Lauf des 7. Jahrhunderts von buddhistischen Mönchen nach Japan gebracht worden sein. Heute werden Shoyu- und Tamarisauce – »Tamari« ist ebenfalls ein japanisches Wort, das sich von *tamaru* ableitet und so viel wie »sich ansammeln« bedeutet – in vielen Ländern verwendet, wobei Japan nicht nur Hauptkonsument, sondern auch führendes Exportland ist.

Shoyu und **Tamari** sind die »Abfallprodukte«, die bei der Herstellung von Miso entstehen (siehe *Miso*). Die traditionelle chinesische Sojasauce, dort *chiang-yu* genannt, wird aus ganzen Sojabohnen und gemahlenem Weizen gewonnen, wobei mehr Sojabohnen als Weizenkörner verwendet werden, während das Mischungsverhältnis bei der japanischen Sojasauce ausgewogen ist. Tamari besteht aus Sojabohnen oder Sojabohnenkuchen – der Rückstand, der beim Extrahieren des Sojaöls aus den Bohnen zurückbleibt – und enthält keine Weizenkörner.

Bei der Herstellung der traditionellen chinesischen Sojasauce werden die Sojabohnen zunächst gekocht bzw. die Weizenkörner geröstet und zerstampft. Dann wird ein Fermentierungsmittel *(Aspergillus oryzae)* hinzugefügt und die Mischung 2 bis 3 Tage stehen gelassen. Zu dieser vergorenen Mischung, die *koji* genannt wird, gibt man noch Hefe und Salzlake und lässt die Mixtur in Zedernfässern 18 bis 24 Monate heranreifen. Anschließend wird sie gefiltert und pasteurisiert, und die Sojasauce ist fertig. Je länger sie reift, desto dunkler wird sie.

Die japanischen Tamari- und Sojasaucen reifen dagegen nur 4 bis 6 Monate in großen Metallbehältern, wobei die dickflüssige dunkle Tamarisauce manchmal noch Zusatzstoffe wie Natriumglutamat und Karamell enthält. Die japanischen Sojasaucen schmecken leicht süß und sind heller als chinesische Sojasauce.

Sowohl die chinesischen als auch die japanischen Sojasaucen enthalten Alkohol, der sich bei der Gärung der Körner bildet, während Tamari, das ohne Getreide hergestellt wird, wenig bis gar keinen Alkohol enthält; manchmal fügt man nach dem Reifungsprozess noch 2% Äthylalkohol hinzu, damit die Tamarisauce keinen Schimmel oder Pilze ansetzt.

Die bei uns angebotenen Sojasaucen sind meist synthetisch hergestellt und damit ein schwacher Abglanz des Originals, da sie weder den Nährwert noch den Geschmack der echten Sojasaucen besitzen. Bei der synthetischen Herstellung wird anstelle des Gärverfahrens die Hydrolyse mit kochender Salzsäure angewandt. Die so entstandene Mischung wird dann mit Natriumkarbonat (Soda) neutralisiert und zum Schluss mit Karamell und Maissirup gefärbt und aromatisiert, wobei häufig auch noch andere Zusatzstoffe zugefügt werden.

Tamarisauce

Serviervorschläge

Tamari- und Sojasauce sind vielfältig verwendbar und in manchen Gerichten ein guter Ersatz für Salz. Sie sollten allerdings erst kurz vor dem Servieren zugegeben werden, da sie durch Kochen ihr Aroma verlieren, wenn sich der Alkohol verflüchtigt. Man kann die Saucen mit ihrem einzigartigen Aroma zum Würzen und Färben von Marinaden oder Dips verwenden, und Tofu erhält durch sie erst seinen Geschmack. Außerdem werden Tamari- und Sojasauce mit zahlreichen Zutaten kombiniert, etwa Knoblauch, Zwiebeln, frischem Ingwer, Essig und Öl, und sie bilden das Grundgewürz für zahlreiche andere Saucen, darunter *Teriyakisauce* und Worcestersauce.

Nährwerte

	Sojasauce	*Tamarisauce*
Kalorien	7,5	8,8
Kohlenhydrate	1,2 g	0,9 g
Eiweiß	0,8 g	1,5 g
Wasser	71 %	66 %
		je 15 ml

Die meisten Soja- und Tamarisaucen sind sehr salzig, da sie zu 6% aus Natrium bestehen (1 Esslöffel Tamari enthält 810 mg Natrium, 1 Esslöffel Sojasauce 829 mg Natrium).

Als Antwort auf die Forderung der Verbraucher nach eher salzarmer Kost kamen in den letzten Jahren auch Sorten mit einem fast auf die Hälfte reduzierten Natriumgehalt auf den Markt.

Die in traditioneller Weise hergestellten Tamari- und Sojasaucen haben die gleichen Heilkräfte wie Miso, da sie dessen Gärprodukt sind (siehe *Miso*).

Aufbewahrung

Geöffnete echte Soja- und Tamarisaucen sollten im Kühlschrank aufbewahrt werden, während synthetisch hergestellte Saucen bei Zimmertemperatur nahezu unbegrenzt haltbar sind.

Essig

Weißweinessig

Essig ist ein flüssiges Würzmittel, das entsteht, wenn sich Alkohol mit Hilfe von Luft und Bakterien in eine Flüssigkeit mit einem Säuregehalt von 4 bis 12% umwandelt. Zu seiner Herstellung wird ein breites Spektrum an Ausgangssubstanzen genutzt, zu denen Wein, Äthylalkohol, Apfelwein, Rohrzucker, Malz, Palmwein, Datteln, Orangen, Bananen, Reis und Kokosmilch zählen. Jedes Lebensmittel, das zu Alkohol vergoren werden kann, lässt sich prinzipiell auch zur Essigherstellung verwenden, wobei die besten Essigsorten aus Wein oder Apfelwein erzeugt werden.

Die Essigherstellung ist so alt wie die Erkenntnis, dass Wein, der längere Zeit Luft ausgesetzt ist, sauer wird, was sich auch in dem französischen Wort *vinaigre* für Essig widerspiegelt, das sich aus Wein = *vin* und sauer = *aigre* zusammensetzt. Essig wird bereits in der Bibel erwähnt, und Griechen und Römer schrieben ihm zahlreiche Heilkräfte zu; so tranken etwa die römischen Soldaten zur Stärkung mit Wasser verdünnten Essig. Im 14. Jahrhundert wurde das französische Orléans, das damals ein Hauptumschlagplatz für Wein war, zu einer der ersten Städte, die in großem Umfang Essig herstellten, und auch heute noch spielt es eine bedeutende Rolle bei der Essigproduktion. In anderen Städten dagegen blieb die Essigherstellung bis zum 17. Jahrhundert ein reines Nebenprodukt der Wein- und Biererzeugung und wurde erst danach zu einem eigenständigen Produktionszweig. Obwohl Essig heuzutage meist unter Verwendung von Bakterienkulturen produziert wird, werden einige Essigsorten noch immer auf herkömmliche Weise hergestellt.

Essig entsteht durch die spontane Gärung von Alkohol, wenn er Luft und Mikroorganismen ausgesetzt wird, wodurch sich auf der Oberfläche ein samtig grauer Belag bildet. Dieser Belag sinkt nach und nach zu Boden und wird zu einer gallertartigen Masse, die man als »Essigmutter« bezeichnet. Beim traditionellen **Orléansverfahren** wird der Wein in Eichenfässer gefüllt, in denen noch »Essigmutter« vom letzten oder vorletzten Gärungsprozess enthalten ist, und einige Wochen – manchmal bis zu 6 Monate – gären gelassen. Danach wird der Essig abgegossen, gefiltert und abgefüllt. Diese Methode ist ein fortlaufender Prozess, indem der vom Boden abgegossene Essig immer wieder von oben durch neuen Wein ersetzt wird. Da der Essig nicht pasteurisiert wird, verliert er auch nichts von seinem natürlichen Aroma und seiner Farbe; außerdem kann sich nach einer gewissen Zeit eine »Essigmutter« in der Flasche bilden, die herausgefiltert zur Herstellung von neuem Essig verwendet werden kann.

Essig

Bei den modernen industriellen **Schnellessigverfahren** wird der Wein in große erhitzte Metallbottiche gegossen, die mit Dampfkesseln und Pumpen ausgerüstet sind. Dann gibt man mit Essig getränkte Buchenrollspäne – sehr grobe Hobelspäne – hinzu, und in 24 Stunden entsteht ein geschmacksneutraler Essig. Bei einer anderen Methode erhöht man die Geschwindigkeit, mit der Alkohol sich in Essigsäure verwandelt, indem der Wein ständig gerührt und dabei Sauerstoff zugeführt wird, wodurch der Essig in 3 bis 5 Tagen fertig ist. Danach wird er noch pasteurisiert und gelegentlich auch destilliert, und das Ergebnis ist ein klarer, relativ geschmackloser Essig, der jedoch keine »Essigmutter« mehr enthält.

Aceto balsamico oder **Balsamessig** ist ein berühmter italienischer Essig, der nach einer uralten Methode hergestellt wird, wobei die berühmtesten Sorten aus Modena kommen und strengen Qualitätskontrollen unterliegen. Spitzensorten des Aceto balsamico werden aus dem Most – frisch gepresster Saft, der zu gären beginnt – sehr reif geernteter weißer *Trebbiano*-Trauben hergestellt. Bei den ersten Anzeichen von Gärung wird die Flüssigkeit gefiltert und sanft erhitzt. Anschließend filtert man sie erneut, lässt sie abkühlen und füllt sie in Fässer, wo sie ein weiteres Mal gärt, verdampft und eindickt. Dieses Konzentrat wird in kleinere Holzfässer aus Eiche, Kirschbaum, Maulbeerbaum, Esche, Kastanie oder anderen Hölzern umgefüllt und 4 bis 5 Jahre reifen gelassen, wobei einige Sorten sogar 10 bis 40 Jahre reifen. Danach ist der dunkelbraune Balsamessig, dessen Geschmack vorzüglich ist, von sirupartiger Konsistenz und enthält nur noch wenig Säure.

Serviervorschläge

Essig kann auf vielfältigste Weise genutzt werden. Als Würzmittel verwendet man ihn zur Zubereitung von Vinaigrettes, Mayonnaisen und Senf, und durch die im Essig enthaltene Säure verfärben sich Früchte und Gemüse, wie etwa Äpfel, Bananen oder Auberginen, nach dem Schälen nicht braun, wenn man sie mit etwas Essig beträufelt. Essig verlangsamt auch das Tempo, in dem die Enzyme das Vitamin C angreifen, und sowohl Konservenprodukte als auch andere Nahrungsmittel halten sich in Essig eingelegt länger, weil dieser die Entwicklung von Bakterien hemmt. Essig verleiht Lebensmitteln ein bittersüßes Aroma und wird in vielen Marinaden für Fleisch, Geflügel oder Wild verwendet. Wenn man Hülsenfruchtgerichte mit Essig würzt, sollte man ihn allerdings erst unmittelbar vor dem Servieren zufügen, da die Säure die Haut der Hülsenfrüchte verhärten kann.

Einige Essigsorten sind für bestimmte Zwecke besonders gut geeignet. Weißer Essig beispielsweise, der kaum Eigengeschmack hat, ist eine ideale Zutat in hellen Marinaden und anderen Zubereitungen, die zum Konservieren von Nahrungsmitteln dienen. Apfel- und Malzessig sind dafür zu dunkel und aromatisch, eignen sich jedoch hervorragend für dunkle, würzige Marinaden und Chutneys. Apfelessig verleiht Gerichten ein leichtes Apfelaroma.

Apfel- und Weißweinessig passen ausgezeichnet sowohl zu Fisch und Krustentieren als auch zu Früchten und pikanten Saucen wie Sauce hollandaise oder Sauce béarnaise. Rotweinessig hat einen sehr intensiven Geschmack, der fade schmeckenden Gerichten mehr Pfiff gibt, und passt gut zu Kalbsleber.

Die meisten chinesischen oder japanischen Reisessigsorten schmecken mild und eignen sich zum Würzen von Rohkost, Suppen und süßsauren Gerichten.

Balsamessig ist sehr empfindlich und sollte nie gekocht, sondern immer erst kurz vor Ende des Garprozesses zugegeben werden. Er schmeckt sehr gut zu gegrilltem Fleisch, in Saucen und als Marinade im Salat (anstelle von Rotweinessig oder in Kombination aus beiden). Außerdem ist er eine hervorragende Würze für Steaks, Leberpastete, Fisch, Hummer und Muscheln. Ein vorzügliches, wenn auch ungewöhnliches Aroma erhalten halbierte Erdbeeren, die kurz vor dem Servieren mit etwas Balsamessig beträufelt werden.

Balsamessig **Rotweinessig** **Gewürzessig**

Essig

Vorbereitung

Zur Herstellung von Essig wird nicht pasteurisierter Essig mit Alkohol – etwa Weißwein, Rotwein oder Apfelwein – vermischt, wobei man 120 ml Essig auf 750 ml Alkohol rechnet, und in ein sauberes hölzernes, gläsernes oder irdenes Gefäß gegossen. Danach deckt man das Gefäß mit zwei Lagen Baumwollstoff zu, damit Luft hinein kann, und stellt es für 3 bis 4 Monate an einen warmen Platz, wo es nicht mehr bewegt wird. (Man kann den Gärungsprozess auf 1 bis 2 Monate verkürzen, indem man zu der Mischung noch etwas »Essigmutter« gibt.) Danach wird der fertige Essig gefiltert und in Flaschen abgefüllt. Wenn man die »Essigmutter« zur weiteren Essigherstellung behalten möchte, legt man sie einfach in etwas Essig und schneidet nach Bedarf ein Stück davon ab.

Man kann »langweiligen« Essig auch sehr gut aromatisieren, indem man frische Kräuter nach Wahl – sehr gut eignen sich frischer Thymian und Estragon – in ein steriles Glas gibt und mit heißem Essig übergießt. Dann lässt man die Kräuter 2 Wochen darin ziehen, wobei man hin und wieder umrühren sollte, und filtert die Mischung anschließend in eine sterile Flasche ab, die gut verkorkt im Kühlschrank gelagert wird.

Eine weitere Möglichkeit ist, die Kräuter zusammen mit dem Essig in einem Topf langsam zu erhitzen. Sobald der Essig heiß ist, nimmt man den Topf vom Herd, lässt die Mischung 30 Minuten ziehen und seiht den Essig durch ein Sieb in eine sterile Flasche ab. Dann gibt man noch einen frischen Kräuterzweig in die Flasche und bewahrt den Kräuteressig ebenfalls gut verkorkt im Kühlschrank auf.

Nährwerte

Essig besteht zu etwa 95% aus Wasser. Da er weder Eiweiß oder Fett noch Vitamine und auch kaum Kohlenhydrate enthält, hat er kaum Kalorien (2 Kalorien pro Esslöffel).

Nicht pasteurisierter Essig enthält einige Spurenelemente sowie größere Mengen an Kalium und Phosphor, während pasteurisierter Essig so gut wie keine Mineralstoffe mehr besitzt.

Vor allem nicht pasteurisiertem Essig werden viele heilende Eigenschaften zugeschrieben. So wird er beispielsweise zur Behandlung von Wunden, Insektenstichen oder Verbrennungen, aber auch bei Kopfschmerzen oder chronischer Müdigkeit verwendet. Er wirkt appetitanregend und verdauungsfördernd, löst hartnäckigen Husten und hilft bei der Vorbeugung oder Linderung von Magen-Darm-Entzündungen. Innerlich angewendet wird er mit Wasser verdünnt (2 Teelöffel Essig pro Glas) und nach Belieben mit ein wenig Honig gesüßt vor dem Essen oder nach Bedarf getrunken. Im Übermaß genossen kann er allerdings die Schleimhäute reizen.

Aufbewahrung

Essig ist in einer gut verschlossenen Flasche bei Raumtemperatur nahezu unbegrenzt haltbar. Selbstgemachter Essig sollte im Kühlschrank aufbewahrt werden und kann auch dann noch ohne weiteres verwendet werden, wenn er trübe wird und sich »Essigmutter« bildet.

1 *Kräuterzweige nach Wahl und Weißweinessig in einen Topf geben und langsam erhitzen. Den Topf vom Herd nehmen und die Kräuter 30 Minuten ziehen lassen.*

2 *Den gewürzten Essig ohne die Kräuter in eine sterile Flasche mit Korkverschluss gießen.*

3 *Einen Zweig frische Kräuter dazugeben und die Flasche gut verschließen.*

4 *Auf diese Weise lässt sich Essig mit jedem gewünschten Kräutergeschmack herstellen.*

Salz

Salz war lange Zeit ein überaus kostbares Gewürz und Konservierungsmittel, das jahrhundertelang als Luxus nur den Reichen vorbehalten blieb und deshalb auch »weißes Gold« genannt wurde. Die Römer konservierten mit Salz nicht nur wichtige Grundnahrungsmittel wie Fisch, Oliven, Käse und Fleisch, sondern verwendeten es auch als Zahlungsmittel, indem sie beispielsweise ihre Soldaten damit entlohnten – daher auch das Wort »Salär«.

Die Suche nach Salz, das sehr ungleich über die Erde verteilt ist, schuf die ersten Handelswege und war die Ursache für viele Kriege. Der Handel mit Salz gilt als wesentlicher Faktor im Hinblick auf die Entwicklung der modernen Zivilisation. Als Heilmittel war Salz Bestandteil vieler religiöser Rituale, denn man glaubte, böse Geister und Dämonen damit vertreiben zu können. Auch im alten China diente Salz einst als Währung, indem es zu Stangen gepresst und mit dem kaiserlichen Siegel versehen wurde. Im Mittelalter war die Salzsteuer (Gabelle) eine der wichtigsten Einnahmequellen des französischen Königshauses. Das Volk wurde gezwungen, jedes Jahr eine bestimmte Menge Salz aus dem Staatsmonopol zu kaufen. Einige Jahrhunderte später war diese Steuer einer der Gründe für die Französische Revolution, bis sie 1790 außer Kraft gesetzt wurde. Napoleon führte sie jedoch bald darauf wieder ein, und erst nach dem Zweiten Weltkrieg wurde sie schließlich endgültig abgeschafft. Auch heute noch gilt Salz zusammen mit Brot als ein Symbol für Freundschaft und Gastlichkeit. Seine kulturelle Bedeutung wird durch Ausdrücke wie »Salz der Erde«, »Salz in die Wunde streuen« oder »jemandem nicht das Salz in der Suppe gönnen« unterstrichen. Auch das lateinische Wort *salare* = salzen hat viele Begriffe geprägt, darunter »Salami« (italienisch *salame*).

Salz ist für die Regulation des Wasserhaushalts im Organismus unerlässlich. Es besteht aus geruchlosen, bröckeligen, wasserlöslichen Kristallen. Chemisch setzt es sich aus Natrium (40%) und Chlor (60%) zusammen, weshalb es »Natriumchlorid« heißt. Natriumchlorid ist als Steinsalz und als Meersalz erhältlich.

Steinsalz oder Halit wird aus den natürlichen Salzstöcken (Salinen) im Erdinneren gewonnen, die sich bei der Verdunstung von Meerwasser im Laufe der Erdgeschichte gebildet haben. Dafür wird Wasser in eigens dafür gebohrte Schächte gepumpt, um die Steinsalzlager aufzulösen. Danach wird das Salzwasser, die Sole, an die Oberfläche gepumpt und so lange erhitzt, bis das Wasser verdampft ist. Das weiße Endprodukt enthält außer Natrium und Chlorid so gut wie keine Mineralien mehr. Mit einer anderen Technik wird das Salz ebenfalls aus der Erde geholt und danach raffiniert. Tafelsalz ist durch einen chemischen Prozess gereinigtes Halit, das keine Feuchtigkeit mehr aufnehmen kann.

Meersalz stammt im Allgemeinen aus so genannten Salzgärten, großen Bassins, in denen das Meerwasser gestaut wird und unter Einwirkung von Sonne und Wind verdampft. Es wird aber auch aus Binnengewässern wie dem Roten Meer, dem Toten Meer und dem Großen Salzsee gewonnen, deren Wasser noch salzhaltiger ist als Meerwasser.

Meersalz ist grau, da es Spuren von Mineralien wie Kalzium, Magnesium, Kalium, Brom und andere Substanzen enthält, die ihm einen strengeren Geschmack verleihen. Meist werden sie jedoch in einem weiteren chemischen Prozess dem Salz entzogen und getrennt verkauft. 90 % aller Wasservorkommen auf der Erde sind salzhaltig, wobei 1 l Meerwasser etwa 30 g Salz enthält.

Salz

Serviervorschläge

Salz ist nicht nur ein wichtiges Würzmittel, sondern spielt auch bei der Haltbarmachung von Nahrungsmitteln eine wichtige Rolle. Da es die Entstehung von Bakterien und Schimmel verhindert, ist es ein hervorragendes Konservierungsmittel für kalten Braten, Marinaden, Käse oder Fisch. Es stabilisiert Farbe, Geschmack und Struktur der Lebensmittel, insbesondere von Gemüse, und verzögert die Entstehung von Hefezellen in Broten, Kuchen, Keksen und anderen Backwaren. Salz überdeckt einen bitteren Geschmack, verstärkt das Aroma von Speisen und regt den Appetit an. Zu viel Salz überlagert dagegen auch den Eigengeschmack von Zutaten.

Salz ist in vielen Fertiggerichten, Konserven und Lebensmitteln enthalten, beispielsweise in Brühwürfeln, geräuchertem oder gepökeltem Fleisch oder Fisch (Anchovis, Sardinen), Wurst, Schinken, Käse, Sauerkraut, Seetang, Saucen (Sojasauce, Chilisauce, Ketchup, Senf), Salzgebäck (Chips, Kräcker, Brezeln) und vielem anderem mehr. Aus diesem Grund sollte beim Kochen möglichst sparsam gesalzen und auf das Nachsalzen völlig verzichtet werden. Stattdessen kann man auf Kräuter und Gewürze zurückgreifen.

Wer seinen Salzkonsum reduzieren will, sollte dabei schrittweise vorgehen. Vor allem bei Menschen, die sich sehr salzreich ernähren, kann ein plötzlicher vollständiger Salzverzicht zu einem Natriumdefizit führen, das ein allgemeines Schwächegefühl verursachen kann.

Hähnchen in Salzkruste

FÜR 4 PORTIONEN

1 frisches Hähnchen (ca. 1200 g)
Salz und Pfeffer
1 Rosmarinzweig
1 Lorbeerblatt
1 kg Mehl
1 kg grobkörniges Salz
Außerdem:
Mehl für die Arbeitsfläche

1. Das Hähnchen innen und außen abspülen, trockentupfen, salzen und pfeffern. Den Rosmarinzweig und das Lorbeerblatt hineinlegen. Die Öffnung mit Küchengarn zunähen. Den Backofen auf 180 °C (Umluft 160 °C, Gas Stufe 2–3) vorheizen.

2. Das Mehl und das Salz in einer großen Schüssel mit ½ Liter Wasser zu einem geschmeidigen Teig verkneten. Den Teig auf einer leicht bemehlten Arbeitsfläche mit der Hand zu einem Kreis flach drücken.

3. Das Hähnchen darauf legen und mit dem Salzteig umhüllen, dabei die Ränder fest zusammendrücken. Das Hähnchen in die Fettpfanne des Ofens legen und auf der unteren Schiene im Backofen gut 1 ½ Stunden garen.

4. Das Hähnchen herausnehmen und etwa 30 Minuten ruhen lassen. Die Salzkruste mit einem scharfen Messer aufbrechen, ohne dabei das Hähnchen zu verletzen, und das Hähnchen tranchieren.

Auf dieselbe Weise kann man ganze Fische garen. Der Vorteil des Garens im Salzmantel liegt darin, dass das Gargut absolut fettfrei und gleichzeitig sehr aromaschonend gegart wird.

Einkaufstipp

Natriumchlorid wird als Steinsalz (grobkörnig), Meersalz (fein- und grobkörnig), Salinensalz (grobkörnig) und Tafel- oder Speisesalz (feinkörniges Salinensalz) angeboten. Bei uns wird in gelben Packungen mit Jod angereichertes Speisesalz angeboten. Deutschland, vor allem Süddeutschland, zählt zu den Jodmangelgebieten, weshalb vor allem dort auf jodiertes Speisesalz zurückgegriffen werden sollte. Um Tafelsalz besonders streufähig zu machen, wird es manchmal mit chemischen Trennmitteln versehen, die verhindern, dass das Salz durch die Luftfeuchtigkeit verklumpt. Diese Trennmittel müssen in der Zutatenliste aufgeführt sein. Ob Meer- oder Steinsalz verwendet wird, ist für die Gesundheit unerheblich, sondern allein Geschmackssache.

Daneben gibt es verschiedene Spezialsalze, beispielsweise Mürbesalz, das das Enzym Papaiotin enthält und als »Fleischweichmacher« verwendet wird, oder ein mit Natriumnitrat oder einer Kombination aus Natrium- und Kaliumnitrat angereichertes Salz, das zum Pökeln von Fleisch und als Konservierungsstoff verwendet wird, sowie aromatisiertes Salz wie Knoblauch-, Zwiebel- oder Selleriesalz.

Statt Salz werden auch Salz-Gewürz-Mischungen wie Gewürz- und Diätsalze angeboten. Gewürzsalze (Knoblauch-, Selleriesalz u. a.) enthalten mindestens 40 % Kochsalz sowie 15 % Kräuter und Gewürze. Diätsalze bestehen statt aus Natriumchlorid aus Kalium-, Kalzium- oder Magnesiumsalzen. Sie haben weniger Salzkraft als Natriumchlorid und einen sehr viel höheren Preis. Zudem hinterlassen sie einen bitteren Nachgeschmack und können in größeren Mengen genossen bei Menschen mit Nierenleiden zu Stoffwechselstörungen führen.

Salz

grobes Salz

Tafel- oder Speisesalz

Meersalz

Nährwerte

Natrium erfüllt im Organismus viele lebenswichtige Funktionen. In erster Linie ist es für die Aufrechterhaltung des Wasserhaushalts notwendig, unterstützt den Eiweiß- und Kohlenhydratstoffwechsel, überträgt Nervenimpulse, sorgt dafür, dass Muskelkontraktionen stattfinden können und ist an der Hormonsteuerung und Sauerstoffaufnahme der Zellen beteiligt. Es kontrolliert die Harnbildung in den Nieren, steuert das Durstempfinden und den Flüssigkeitshaushalt (Blut, Speichel, Tränen, Schweiß, Verdauungssäfte, Galle) sowie die Produktion von Magensäure. Salzhaltige Nahrung erzeugt Durst, da Salz Wasser bindet und der Körper auf das dadurch entzogene Wasser mit entsprechend höherem Flüssigkeitsbedarf reagiert.

In den Industrieländern kritisieren Ernährungsexperten immer wieder den zu hohen Salzverbrauch. Der tägliche Verbrauch sollte nicht mehr als 5 g betragen. Tatsächlich liegt der durchschnittliche Salzverbrauch in Deutschland jedoch bei etwa 18 g pro Tag. Unerwünscht ist der hohe Salzkonsum deshalb, weil zu viel Salz zu einer übermäßigen Wasserbindung im Gewebe führt, was Herz und Kreislauf belastet und bei entsprechender Veranlagung einen hohen Blutdruck und dadurch die Entstehung von Herz-Kreislauf-Erkrankungen fördert. Darüber hinaus werden Nierenschäden begünstigt. Aus diesen Gründen ist es ratsam, den Salzkonsum auf die empfohlene Menge einzuschränken. Häufig wird nicht berücksichtigt, dass zahlreiche Nahrungsmittel wie Brot, Fleischwaren und Käse sehr viel Salz enthalten. Nur bei Menschen, die sich streng vegetarisch und dabei fast vollständig salzfrei ernähren, oder bei Menschen, die unter Durchfall, Erbrechen oder starker Schweißabsonderung leiden, kann es zu einem Salzmangel kommen.

Einen großen Teil (77 %) der täglichen Kochsalzmenge nehmen wir in Form von »versteckten« Salzen über Fertig- und Halbfertigprodukte auf. Die meisten Menschen können die jeweilige Salzmenge in den Lebensmitteln nicht mehr richtig einschätzen, da sie die Fähigkeit, Salz aus den Speisen zu schmecken, verloren haben. Höchstens ein Drittel bis ein Viertel des gesamten Kochsalzverbrauchs lassen sich auf gezieltes Würzen der Speisen zurückführen.

Aufbewahrung

Salz wird in einem luftdicht verschlossenen Behälter trocken bei Zimmertemperatur aufbewahrt. Wenn man einige Reiskörner in den Salzstreuer gibt, kann das Salz nicht verklumpen, da der Reis überschüssige Luftfeuchtigkeit aufsaugt.

Fisch

inhalt

Süßwasserfische 440

Seefische 448

Plattfische 480

Einführung

Fisch war für die Küstenbewohner schon immer ein Hauptnahrungsmittel.

Für die Menschen, insbesondere für die Küstenbewohner, war Fisch schon immer ein Hauptnahrungsmittel. Obwohl Fisch früher in reichlichen Mengen vorhanden war, sind die Bestände zahlreicher Arten im Lauf des 20. Jahrhunderts alarmierend zurückgegangen. Diese dramatischen Veränderungen sind vor allem auf Überfischung, Umweltverschmutzung und die Entwicklung industrieller Fischfangtechniken zurückzuführen, wobei die Fischzucht als rasch expandierender Industriezweig die abnehmenden Fischbestände mittlerweile zumindest etwas kompensiert. Fischzucht wird seit mehr als 4000 Jahren betrieben und bestand anfangs lediglich darin, Fische in Gefangenschaft zu halten, bis es 1733 erstmals in Deutschland gelang, Forellen zu züchten. Zu den zahlreichen Arten, die heute in Gefangenschaft gezüchtet werden, gehören Aal, Lachs, Karpfen, Rotbarsch und Stör.

Es gibt mehr als 20 000 Fischarten, von denen die meisten im Meer leben, während andere in Süßwasser wie Flüssen, Seen und Bächen zu Hause sind. Die so genannten anadromen Arten wie der Lachs verlassen das Meer, um im Süßwasser zu laichen, während katadrome Arten wie der Aal das Süßwasser verlassen, um im Meer zu laichen.

Eine Besonderheit unter den Fischen stellen die Plattfische dar. Sie sehen als Jungfische genauso aus wie andere Fische, werden jedoch an einem bestimmten Punkt ihrer Entwicklung nach und nach immer flacher und runder; schließlich verschiebt sich das Auge von der Unterseite zur sichtbaren Seite, und der Fisch schwimmt von nun an nur noch auf einer Seite. Die Unterseite oder blinde Seite verliert ihre Pigmente und wird weiß, während die sichtbare Seite je nach Umgebung ihre Farbe verändern kann, wodurch der Fisch besser vor Feinden geschützt ist, wenn er sich in den Sand des Meeresbodens eingräbt. Plattfische haben zudem sehr viele Flossen, wobei die Rückenflossen je nach Art aus 60 bis 155 Flossenstrahlen und die Analflossen aus 35 bis 63 Flossenstrahlen bestehen.

Die Rückenflossen einiger Fische sind stachelig und haben somit eine Schutzfunktion, während die Analflossen als Ruder und die Seitenflossen als Stützen dienen; ihre Schwanzflosse setzen die Fische ein, um sich vorwärts zu bewegen. Nicht nur die Flossen weisen je nach Art große Unterschiede auf, sondern auch Form, Größe und Farbe sowie Konsistenz und Geschmack des Fleisches, das sich durch einige wichtige Merkmale vom Fleisch der auf dem Land lebenden Tiere unterscheidet:

- Fisch enthält mehr Muskeln als Fleisch, da er im Gegensatz zu diesem nur zu 3% aus Bindegewebe besteht, das die Muskeln zusammenhält, während es beim Fleisch 13% sind. Außerdem sind die Muskelfasern kürzer als beim Fleisch, sodass Fisch im Vergleich zu diesem eine wesentlich kürzere Garzeit benötigt und immer zart ist.

- Fischfleisch enthält in der Regel wenig Fett und ist leicht verdaulich, weshalb sich nach einer Fischmahlzeit meist kein unangenehmes Sättigungsgefühl einstellt.

- Da Fisch sehr viel weniger durchblutet ist als Fleisch sowie wenige bis keine Pigmente besitzt, bleibt er nahezu immer weiß.

- Das im Fischfleisch enthaltene Fett besteht überwiegend aus mehrfach ungesättigten Omega-3-Fettsäuren, die sonst nur noch in wenigen anderen Nahrungsmitteln vorkommen (Fleisch enthält hauptsächlich gesättigte Fettsäuren). Zahlreiche Studien haben gezeigt, dass sich diese mehrfach ungesättigten Fettsäuren positiv auf die Gesundheit auswirken, indem sie der Entstehung von Herz-Kreislauf-Erkrankungen vorbeugen. Je höher der Fettgehalt des Fischfleischs ist, desto mehr Omega-3-Fettsäuren enthält es.

- Da mehrfach ungesättigte Fettsäuren schneller oxidieren als gesättigte Fettsäuren, sind insbesondere relativ fettreiche Fischsorten sehr viel leichter verderblich als Fleisch.

- Der beim Garen austretende Fischsaft bildet eine wohlschmeckende Grundlage für Saucen.

Einführung

Einkaufstipp

 Beim Fischkauf richten sich die Kriterien danach, ob der Fisch frisch im Ganzen belassen oder in Portionen zerteilt wurde, oder ob er tiefgefroren, gesalzen oder geräuchert ist.

GANZER FRISCHER FISCH

- Die Kiemen sind feucht und hellrot.

- Die Augen sind vollständig vorhanden, glänzen und treten leicht hervor.

- Die Haut glänzt und schillert, ist fest und haftet am Fleisch.

- Das fleckenlose, elastische Fleisch gibt auf Druck leicht nach und löst sich nicht von den Gräten.

- Die glänzenden, unversehrten Schuppen sind fest mit der Haut verbunden.

- Der Bauch ist weder geschwollen noch blass, der Fisch strömt einen schwachen, angenehmen Duft aus. Ein strenger Geruch deutet darauf hin, dass der Fisch nicht mehr ganz frisch ist.

- Ein leicht brackiger Geruch ist kein Zeichen dafür, dass der Fisch nicht mehr frisch ist, sondern zeigt vielmehr, dass der Fisch aus brackigem Wasser stammt.

ZERLEGTER FRISCHER FISCH

- Das Fleisch von Filets (Stücke, die entlang des Rückenwirbels geschnitten wurden), Steaks (dicke Querscheiben) oder anderen Fischstücken ist fest, glänzend und elastisch. Es riecht angenehm und ist fest mit den Gräten verbunden. Es darf weder bräunlich oder gelblich noch trocken sein. Für den Laien ist es recht schwierig, die Frische von Fischfilets zu erkennen. Letztlich muss man sich auf die Auskunft des Fischhändlers verlassen können. Wer sich nicht ganz sicher ist, ob es sich wirklich um frische Fischfilets handelt, sollte im Zweifelsfall lieber auf Tiefkühlware zurückgreifen.

TIEFGEKÜHLTER FISCH

- Das feste, glänzende Fleisch darf keine Anzeichen von Trockenheit oder Gefrierbrand aufweisen und sollte vollständig durchgefroren sein. Die unversehrte luftdichte Verpackung darf weder Frost noch Eiskristalle aufweisen. Tiefgekühlter Fisch sollte langsam im Kühlschrank auftauen oder schonend im Mikrowellengerät nach Angabe des Herstellers aufgetaut werden.

- Aufgetauter Fisch sollte klar als solcher deklariert sein, da es oft schwer, wenn nicht unmöglich ist, zwischen frischem und aufgetautem Fisch zu unterscheiden. Diese Information ist deshalb wichtig, weil Geschmack und Konsistenz des Fischs durch das Tiefgefrieren geringfügig verändert werden. Darüber hinaus sollte aufgetauter Fisch so schnell wie möglich verbraucht und nicht wieder eingefroren werden, es sei denn, er wurde vorher gegart.

GESALZENER FISCH

- Das Fleisch sollte eine ansprechende Farbe haben und angenehm duften. Nicht empfehlenswert ist ausgetrockneter Fisch.

GERÄUCHERTER FISCH

- Das Fleisch sollte saftig sein und angenehm duften. Darüber hinaus wird Fisch im Ganzen, filetiert oder in Stücken in verschiedenen Flüssigkeiten wie Wasser, Öl, Essig, Weißwein, Tomaten oder Saucen als Konserve angeboten. Außerdem ist er tiefgefroren mit Saucen und paniert in Form von Kroketten oder Stäbchen erhältlich.

Einführung

Vorbereitung

 Auf welche Weise Fisch vorbereitet wird, hängt davon ab, ob er frisch oder tiefgefroren ist.

FRISCHER FISCH

Am besten lässt man sich vom Fischhändler den Fisch gleich schuppen, trimmen (die Flossen entfernen), ausnehmen und – je nach Verwendungszweck – filetieren. Der Kopf muss nicht entfernt werden, da Augen und Backen mitgegessen werden können und der Fisch zudem seinen Saft besser behält, wenn er mit Kopf zubereitet wird.

Riecht der Fisch muffig, wässert man ihn 1 oder 2 Stunden in einer Mischung aus Essig und Wasser (1 bis 2 Teelöffel Essig pro Tasse Wasser) und erneuert die Mischung einige Male. Oder 1 Teelöffel Essig in das Fischmaul gießen und die Kiemen schließen, damit nichts herausläuft. Eine andere Möglichkeit ist, dem Fischsud etwas Weißwein oder Essig zuzufügen.

Schuppen

Fisch lässt sich leichter vor dem Ausnehmen schuppen, wenn die Bauchwände noch rund sind. Zum Schuppen verwendet man ein Schuppmesser, eine Gabel oder die stumpfe Kante eines Messers. Den Fisch mit der einen Hand fest am Schwanz festhalten, dann das Schuppmesser in einem 45°-Winkel ansetzen und die Schuppen in Richtung Kopf abschaben. Dies kann auch unter fließendem Wasser geschehen, damit die Schuppen nicht überall verstreut werden. Soll der Fisch mit der Haut gegart werden, achtet man darauf, dass die Haut beim Schuppen nicht verletzt wird. Wenn der Fisch gehäutet werden soll, braucht man ihn vorher natürlich nicht zu schuppen. Plattfisch muss nicht gehäutet, dafür aber entschuppt werden.

Flossen entfernen

Zum Entfernen der Flossen die Flossenstrahlen durchschneiden. Das Entfernen der Flossen ist allerdings nicht unbedingt notwendig, denn die Rückenflossen tragen dazu bei, den Fisch beim Garen zusammenzuhalten.

Einführung

Ausnehmen

Es gibt verschiedene Möglichkeiten, einen Fisch auszunehmen, also seine Eingeweide zu entfernen. Am leichtesten geht dies, indem man den Bauch aufschneidet. Dafür muss der Fisch jedoch seitlich eingeschnitten werden, was seine Form beeinträchtigt und ein späteres Füllen erschwert.

Eine weitere Methode ist, den Fisch hinter den Kiemen etwa 2 cm lang einzuschneiden und die Eingeweide mit dem Zeigefinger oder einem Löffel herauszuziehen. Der Kopf kann unterhalb der Kiemen eingeschnitten und dann sanft nach hinten gedrückt werden. Große Fische wie Heilbutt, Steinbutt oder Glattbutt müssen vollständig ausgeblutet sein, ehe sie ausgenommen werden. Dazu trennt man dem Fisch am besten den Schwanz ab.

AUSNEHMEN DURCH DEN BAUCH

1 *Den Fisch von der Afteröffnung zum Kopf hin mit einer Schere aufschneiden.*

2 *Die Eingeweide an der Afteröffnung lösen und nach vorn herausziehen.*

3 *Die Kiemen an den Ansatzstellen abschneiden und herausziehen.*

4 *Die Bauchhöhle unter fließendem Wasser gründlich waschen. Die Niere herausschaben.*

Filetieren

Üblicherweise wird Fisch erst nach dem Ausnehmen filetiert, um zu verhindern, dass das Fischfleisch dadurch beeinträchtigt wird.

Vor dem Filetieren den Fisch rasch, aber gründlich unter fließendem Wasser waschen. Ist die Bauchhöhle noch nicht geöffnet, kann man diese reinigen, indem man Wasser in den Fisch hineinlaufen lässt.

FILETIEREN EINES RUNDFISCHS

1 *Den Fisch auf die Seite legen und am Rückgrat entlang vom Schwanz bis zum Kopf bis auf die Mittelgräte einschneiden.*

2 *Das Fleisch von der Mittelgräte vom Schwanz zum Kopf hin ablösen.*

3 *Das Filet vom Kopf zum Schwanz hin von der Mittelgräte ablösen. Dafür das Filet zuerst unterhalb der Kiemen abschneiden.*

4 *Das Schwanzende festhalten, oberhalb des Schwanzes einen etwa 1 cm tiefen Einschnitt machen, das Messer hineinschieben und das Filet vorsichtig von der Haut trennen. Den Fisch auf die andere Seite drehen und das zweite Filet vom Fisch auslösen.*

Einführung

FILETIEREN EINES PLATTFISCHS

1 Um den Fisch zu häuten, zuerst die Haut am Schwanz mit einem Messer einschneiden.

2 Dann die Haut am besten mit Hilfe eines Tuchs bis zum Kopf zurückziehen.

3 Den Fisch direkt auf der Mittelgräte, also in der Mitte, einschneiden.

4 Die Messerklinge zwischen Fleisch und Mittelgräte schieben und nach und nach das Filet herauslösen.

5 Nun das Filet vorsichtig von den Seitengräten lösen, indem das Messer über die ganze Länge gezogen wird.

6 Das andere Filet auf die gleiche Weise herauslösen. Den Fisch auf die andere Seite drehen und den Vorgang wiederholen.

TIEFGEFRORENER FISCH

Tiefgefrorener Fisch bedarf keiner großen Vorbereitung, da er bereits geschuppt und ausgenommen ist; darüber hinaus wird er vor dem Einfrieren meistens gehäutet und filetiert. Der Fisch muss also gegebenenfalls nur noch aufgetaut werden. Dünnen Fisch sollte man am besten gefroren zubereiten oder nur kurz antauen lassen (gerade so lange, um die Filets oder Stücke voneinander trennen zu können). Dickerer Fisch sollte teilweise oder vollständig aufgetaut werden, da er sonst nach dem Garen innen noch roh sein kann. Fisch zum Grillen oder Braten sollte vorher vollständig aufgetaut sein.

Fisch nie bei Raumtemperatur auftauen, sondern in der Originalverpackung 18 bis 24 Stunden in den Kühlschrank legen. Wenn man es eilig hat, kann man ihn auch in kaltes Wasser legen (1 bis 2 Stunden pro 500 g Fisch). Zum Auftauen jedoch niemals heißes Wasser verwenden, da der Fisch dadurch vorgegart wird.

Serviervorschläge

In Gerichten wie dem japanischen *Sushi* oder *Sashimi* und dem südamerikanischen *Ceviche* wird Fisch roh gegessen. Roher Fisch kann pur oder mit Zitronen- bzw. Limettensaft mariniert verzehrt werden. Einige Fischsorten sind zum Rohessen jedoch nicht geeignet, weil sie zu fett oder zu sehr mit Umweltgiften oder Bakterien belastet sind, die nur durch Garen unschädlich gemacht werden können.

Fisch kann auf unterschiedlichste Weise zubereitet werden: mariniert, geräuchert, gefüllt oder gekocht, in Saucen und Cremes, als Klößchen, Pastete, Terrine, Rillettes und Rouladen.

Man rechnet pro Portion: 500 g bei ganzem Fisch, 250 g bei küchenfertigem Fisch und 200 g bei Filets oder Steaks.

Einführung

Zubereitung

Normalerweise wird Fisch gegart. Er kann im Ganzen (küchenfertig), in Stücken, als Steak oder als Filet zubereitet werden. Gart man Fisch zu lange, wird er trocken und fade im Geschmack. Die Garzeit hängt zum Beispiel von Form, Größe und Fettgehalt des Fischs ab. Ein ungefährer Anhaltspunkt: Man misst die dickste Stelle des Fischs und rechnet 6 bis 8 Minuten pro 12 Millimeter bei einer Backofentemperatur von 220 °C (Umluft 200 °C, Gas Stufe 4–5). Bei noch nicht vollständig aufgetautem Fisch erhöht man die Temperatur auf 230 °C (Umluft 210 °C, Gas Stufe 5). Ist er noch gefroren, muss man 13 bis 15 Minuten Garzeit pro 12 Millimeter Fisch rechnen. Das Fleisch ist durch, wenn es leicht auseinander fällt und von einheitlicher Farbe (milchweiß, wenn das Fleisch weiß ist), aber noch feucht ist. Da Fisch auf Hitze sehr empfindlich reagiert, gart er im warmen Ofen weiter. Die Garzeit muss also verkürzt werden, wenn der Fisch nicht sofort serviert werden soll.

Um zu verhindern, dass der Fisch beim Kochen zusammenschrumpft, sollte man am besten kleine Einschnitte in die Haut oder in das dünne Nervengewebe unterhalb der Haut machen.

Plattfisch kann auf jede Art zubereitet werden. Es gilt hier jedoch die Devise: so einfach wie möglich, um seinen köstlichen Geschmack nicht zu überdecken. Je nachdem, wie der Plattfisch zubereitet wird, kann man ihn mit oder ohne Haut zubereiten; in der Pfanne gebratene Filets fallen nicht so leicht auseinander, wenn die Haut vorher nicht entfernt wird.

Fisch kann auf vielfältige Weise gegart werden. Zu den üblichen Zubereitungsmethoden gehören trockene und feuchte Hitze und Braten.

TROCKENE HITZE

Gebackener Fisch

- Den Fisch mehrmals einschneiden, damit die Hitze überall hingelangt. Die Bauchhöhle kann mit klein geschnittenen Zwiebeln gefüllt und mit Knoblauch, Thymian, Pfeffer, Ingwer oder anderen Kräutern und Gewürzen gewürzt werden.

- Den Fisch in eine Auflaufform legen und einige Butter- oder Margarineflöckchen darauf geben (oder mit Öl bestreichen). Dann den Fisch mit verschiedenen klein geschnittenen Gemüsen und Zitronenscheiben belegen oder auf ein Gemüsebett legen und schließlich etwas Weißwein oder eine Sauce angießen.

- Den Backofen auf 230 °C (Umluft 210 °C, Gas Stufe 5) vorheizen und den Fisch hineingeben. Ist er mit einer Sauce bedeckt, die Milch, Eier oder Käse enthält, muss der Fisch auf einer niedrigeren Stufe (180 °C, Umluft 160 °C, Gas Stufe 2–3) gegart werden, damit das Eiweiß nicht ausflockt oder verklumpt.

Gegrillter Fisch

Bei dieser Garmethode wird der Fisch auf einen Grill gelegt oder auf einen Spieß gesteckt und direkter Hitze ausgesetzt.

- Kleine Fische vor dem Grillen mit Mehl bestäuben, damit sie nicht austrocknen.

- Größere Fische einschneiden, damit sie schneller und gleichmäßiger garen.

- Fisch mit Öl, geschmolzener Butter oder Margarine oder auch mit einer Sauce bestreichen. Nach Belieben vor und während des Grillens würzen.

- Zarten Fisch (gehäutet oder Fischstücke und -filets) auf einen sehr heißen, leicht geölten Grillrost legen, damit er nicht daran kleben bleibt.

- Filets zuerst auf der gehäuteten Seite grillen, damit sie nicht schrumpfen.

Einführung

- Die Entfernung von der Hitzequelle sollte bei kleinen Fischen 15 bis 20 cm, bei großen Fischen 8 bis 10 cm betragen.

- Den Fisch wenden, wenn er halb durch gegart ist (es sei denn, er ist zu dünn und würde auseinander brechen).

- Beim Grillen im Backofen die Ofentür während des Garens ein wenig offen lassen.

FEUCHTE HITZE

Gedünsteter Fisch

Bei dieser Garmethode wird der Fisch in einer schwach siedenden Flüssigkeit gedünstet (Fischsud, Milch, Salzwasser etc.). Sie ist besonders für feste Filets und kleine ganze Fische geeignet.

- Immer etwas Säure (Essig, trockener Wein, Bier oder Zitronensaft) in die Kochflüssigkeit geben. Diese setzt eine chemische Reaktion in Gang, die den strengen Geruch abschwächt, den Fisch beim Kochen entwickelt. Außerdem verbessert sie den Geschmack und löst einen Gerinnungsprozess aus, der das Fleisch fest bleiben lässt. Den Fischsud kann man außerdem mit Milch, Essig oder Wein, Gemüse und Gewürzen (Knoblauch, Salz, Pfeffer, Sellerie, Zwiebeln, Karotten, Thymian, Fenchel, Lorbeerblätter, Curry) anreichern. Fleischbrühe mit Milch passt besonders gut zu geräuchertem Fisch, Steinbutt und Rochen, wie auch zu Fisch, der *au gratin* zubereitet wird. Um den Geschmack des Fischsuds zu verstärken, diesen zuerst etwa 20 Minuten kochen und dann abkühlen lassen, ehe der Fisch zugegeben wird.

- Beim Dünsten von gesalzenem Fisch kein Salz mehr in den Sud geben.

- Wird der Fisch relativ lange gedünstet, sollte weniger Salz verwendet werden, damit er nicht zu salzig wird.

- Den Fisch nur in so viel Flüssigkeit dünsten, dass er gerade davon bedeckt ist. Diesen Sud, der reichlich Nährstoffe enthält und sehr geschmacksintensiv ist, kann man anschließend sehr gut zur Zubereitung einer Sauce verwenden.

- Den Fisch in den kalten Sud legen und diesen dann zum Sieden bringen; das Fleisch wird gleichmäßig gegart, wenn die Temperatur langsam ansteigt.

- Den Fisch nicht kochen lassen, da das Fleisch sonst zerfällt und viel von seinem Geschmack verliert. Außerdem wird der Fisch auf diese Weise außen schneller gar als innen.

- Auch gehäutete Fische (Filets, Steaks) können in Fischsud gedünstet werden. Die Hitze lässt die Oberfläche des Fischs gerinnen, und es entsteht eine Schicht, die Säfte und Geschmack bewahrt und das Fleisch nicht auseinander fallen lässt.

- Soll der Fisch kalt serviert werden, diesen einige Minuten kürzer kochen und in der Kochflüssigkeit abkühlen lassen.

- Der Fisch lässt sich leichter aus dem Topf nehmen, wenn er auf einem Rost oder einem Stück Mulltuch in den Sud gelegt wird.

Gedämpfter Fisch

Bei dieser Methode wird der Fisch im Dampf einer kochenden Flüssigkeit gegart, ohne mit ihr in Berührung zu kommen. Wie beim Dünsten sollte die Kochflüssigkeit etwas Säure enthalten. Dämpfen ist eine der leichtesten und schonendsten Arten, Fisch zuzubereiten.

- Den Fisch innen mit Kräutern, Gewürzen, Ingwer, Schalotten etc. würzen. Einen Topf etwa 5 cm hoch mit Wasser füllen und dieses zum Kochen bringen.

- Den Fisch auf ein Gestell oder in einen Korb legen und diesen in den Topf hängen. Oder den Fisch auf ein Stück Mulltuch geben und dieses so in den Topf hängen, dass der Fisch nicht mit der Flüssigkeit in Berührung kommt. Den Deckel schließen und den Fisch garen.

Einführung

Fisch blau

Bei dieser Garmethode werden kleine Fische (Karpfen, Forelle, Flussbarsch, Hecht) fangfrisch in einer Flüssigkeit aus Wasser, Essig, Salz und anderen Gewürzen pochiert. Hierbei ist wichtig, dass die Fische noch mit ihrer Schleimschicht überzogen sind, das heißt, sie sollten ausgenommen, aber nicht geschuppt sein. Aufgrund einer chemischen Reaktion von Schleimschicht und Essig verfärben sich die Fische beim Kochen blau.

- Beide Seiten des Fischs mit etwa 80 ml Essig beträufeln und dünsten, dann 8 bis 10 Minuten in einer stark gesäuerten Brühe gar ziehen lassen.

In Folie gegarter Fisch

Bei dieser Methode wird der Fisch luftdicht in Alufolie oder in einen Bratschlauch verpackt und im eigenen Saft und mit den beigefügten Gemüsen und/oder Flüssigkeiten gegart.

- Für jede Fischportion ein Stück Folie zurecht legen.

- Den Fisch auf klein geschnittenem Gemüse mit den Gewürzen darauf legen, oder zuerst den Fisch auf die Folie legen und das Gemüse mit den Gewürzen darauf verteilen.

- Dann etwas Flüssigkeit – zum Beispiel Wein, Sojasauce, Fischsud, Sauce, Sahne oder Wasser – hinzufügen.

- Aus Geschmacksgründen einige Zitronenstücke darauf geben und schließlich noch Butter- oder Margarineflöckchen auf dem Fisch verteilen.

- Die Folien fest zu Päckchen verschließen und diese am besten in eine ofenfeste Form oder in die Fettpfanne des Ofens legen.

- Den Fisch im vorgeheizten Backofen bei 230 °C (Umluft 210 °C, Gas Stufe 5) garen. Die Fischpäckchen erst bei Tisch öffnen.

Geschmorter Fisch

Beim Schmoren wird der Fisch bei niedriger Temperatur in einem geschlossenen Topf mit sehr wenig Flüssigkeit gegart. Diese Methode empfiehlt sich besonders für Fisch mit festem Fleisch.

- Den Fisch in einen Topf oder einen Fischbräter auf eine Lage Gemüse und Kräuter legen. Ist der Fisch groß, sollte er vorher aufgeschnitten werden, damit die Hitze überall hinkommt. Nur so viel Flüssigkeit zugeben (konzentrierte Brühe, Weißwein oder Fischsud), dass der Fisch zur Hälfte davon bedeckt ist und nicht anbrennen kann.

- Den Deckel schließen und den Fisch bei schwacher Hitze auf dem Herd oder bei sehr niedriger Temperatur im Backofen garen.

Gebratener Fisch

Obwohl dies die beliebteste Methode der Fischzubereitung ist, hat sie vom ernährungswissenschaftlichen Standpunkt aus den geringsten Wert, da sie den Fettgehalt des Fischs erhöht.

Fisch lässt sich frittieren oder in der Pfanne braten. Wird er frittiert, kann man Fisch entweder nur panieren oder aber durch einen Ausbackteig ziehen, damit er eine knusprige Kruste erhält. Ein solcher Panademantel schützt den Fisch vor der großen Hitze und verhindert, dass zu viel Fett vom Fischfleisch aufgesaugt wird. Außerdem kann auf diese Weise der Fischsaft nicht austreten (sobald Saft austritt, sinkt die Temperatur und der Fisch wird matschig und fett). Etwas anders wird der Fisch zum Braten in der Pfanne vorbereitet. Dazu den Fisch lediglich in Mehl wenden und dann auf beiden Seiten im heißen Fett braten. Der Fettgehalt von gebratenem oder frittiertem Fisch kann etwas reduziert werden, indem er nach dem Braten zum Abtropfen auf Küchenkrepp gelegt wird.

Einführung

Frittierter Fisch

Beim Frittieren wird der Fisch in siedendes Fett getaucht.

• Zum Frittieren von kleinen Fischen oder geringen Portionen nur wenig Öl nehmen. Butter und Margarine sind zum Frittieren ungeeignet, da sie Wasser enthalten und leicht anbrennen. Deshalb müssen Fette oder Öle mit einem hohen Siedepunkt (siehe *Öl*) verwendet werden. Ein Thermometer ist hilfreich, um die Temperatur zu prüfen, damit das Fett nicht überhitzt wird. Das Fett sollte zwischen 160 und 190 °C heiß sein. Gart man bei niedrigeren Temperaturen, wird der Fisch eher matschig und fettig als kross; bei höheren Temperaturen kann sich das Fett aufspalten und der Fisch brennt an.

• Den Fisch 5 Minuten in Salzwasser legen oder in einer Mischung aus 1 Ei und 1 Teelöffel Wasser wenden. Besonders gut wird das Aroma auch, wenn der Fisch 30 Minuten lang in Zitronensaft mariniert.

• Den Fisch danach gut abtrocknen und mit Mehl und Semmelbröseln panieren oder durch einen Ausbackteig ziehen. Die Panade kann nach Belieben mit Gewürzen oder Käse angereichert werden.

• Nun den Fisch langsam in das heiße Fett eintauchen, dabei einen plötzlichen Temperaturabfall meiden.

• Wenn der Fisch fertig gegart ist, diesen aus dem Fett nehmen und auf Küchenpapier abtropfen lassen.

In der Pfanne gebratener Fisch

• Dafür nur wenig Fett erhitzen. Zum Braten in der Pfanne können auch Butter, Butterschmalz oder Margarine verwendet werden (siehe *Butter*). Das Fett sollte sehr heiß sein, aber nicht rauchen. Ist die Pfanne nicht heiß genug, kann sich beim Fisch auch nicht die Schutzschicht bilden, die das Anbrennen verhindert.

• Den Fisch in Semmelbröseln wenden oder mit Mehl bestäuben, ohne ihn vorher in Flüssigkeit zu tauchen.

• Den Fisch braten, dabei nur einmal wenden, wenn er halb durchgegart ist.

Noch besser ist es, den Fisch nicht in der Pfanne zu braten, sondern im Ofen bei 260 °C (Umluft 240 °C, Gas Stufe 6–7) auf einem mit Backpapier ausgelegten Backblech zu backen. Gebackener Fisch benötigt weniger Fett als gebratener, muss nicht nach der Hälfte der Garzeit gewendet werden und gart schneller und gleichmäßiger.

MIKROWELLE

Fisch lässt sich gut in der Mikrowelle zubereiten, da er anders als Fleisch am besten schnell und bei hohen Temperaturen gegart wird. Das Garen in der Mikrowelle verstärkt sein köstliches Aroma und verleiht ihm eine saftige, leichte Konsistenz, ohne seinen Nährwert wesentlich zu beeinträchtigen.

Die besten Ergebnisse erzielt man, wenn eine Lage Fisch auf einmal gegart wird und dabei die dicksten Stücke nach außen liegen. Ist ein ganzer Fisch zu groß für die Mikrowelle, diesen am besten zusammenbinden oder Kopf und Schwanz entfernen. Wenn nicht anders angegeben, den Fisch mit Frischhaltefolie, die für die Mikrowelle geeignet ist, abdecken. Dabei eine Ecke offen lassen, damit überschüssiger Dampf entweichen kann.

• Den Fisch auf geeignetes Mikrowellengeschirr legen. Einige Butterflöckchen auf dem Fisch verteilen oder mit etwas Öl betupfen. Dann mit klein geschnittenem Gemüse, Kräutern, Gewürzen und Zitronenscheiben bedecken oder in ein Bett aus Gewürzen legen und/oder etwas Weißwein oder Sahnesauce darüber gießen.

• Bei größeren Fischen am besten die Haut einschneiden, damit diese beim Garen nicht aufplatzt. Bei größeren Filetstücken die Haut mehrfach einritzen, damit die Filets beim Garen ihre Form behalten.

• 750 g ganzer Fisch ist auf hoher Stufe (700 Watt) in etwa 8 bis 10 Minuten fertig gegart; 500 g Filets und Steaks garen in 4 bis 5 Minuten, wobei sie nach der halben Zeit gewendet werden sollten. Den Fisch anschließend noch 2 bis 3 Minuten im Gerät ruhen lassen.

Aufbewahrung

Salzwasserfische sind weniger leicht verderblich als Süßwasserfische. Frischen Fisch sorgfältig mit einem feuchten Tuch abwischen, dann in gewachstes Papier wickeln und unverzüglich in einem fest verschlossenen Behälter an den kältesten Platz im Kühlschrank stellen. Auf diese Weise bleibt der Fisch 2 oder 3 Tage frisch.

Selbst gefangenen Fisch bewahrt man am besten in einer Kühltasche auf oder lagert ihn mit Moos bedeckt an einem kühlen Ort. Man kann ihn aber auch in ein essigfeuchtes Tuch wickeln und dann kühl stellen. Der Fisch sollte so bald wie möglich ausgenommen werden.

Fisch wird häufig durch Räuchern oder Einsalzen haltbar gemacht. Beim Räuchern wird der Fisch dem Rauch von schwach brennendem, nicht harzendem Holz oder holzähnlichen Produkten wie Torf ausgesetzt. Bei diesem Verfahren wird dem Fisch nach und nach Wasser entzogen, und er bekommt einen rauchigen Geschmack. Fisch lässt sich sowohl heiß als auch kalt räuchern.

Heiß geräucherter Fisch wird bei Temperaturen über 120 °C geräuchert. Dadurch gerinnt das Fischeiweiß, und er muss später nicht mehr gegart werden.

Kalt geräucherter Fisch wird so weit von der Hitzequelle entfernt in Rauch gehängt, dass der Rauch abkühlen kann, ehe er mit dem Fisch in Berührung kommt. Kalt geräucherter Fisch ist weniger aromatisch als heiß geräucherter. Vor dem Kalträuchern wird der Fisch zuerst gepökelt und gedörrt oder in Salzlake eingelegt.

Beim Pökeln wird der Fisch filetiert und dann so zwischen Salzlagen gelegt, dass die dabei entstehende Salzlake abfließen kann. In Salzlake eingelegter Fisch wird lediglich in konzentrierte Salzlösung getaucht. Da es mehrere Methoden gibt, Fisch zu salzen, ist die Salzmenge von Fisch zu Fisch verschieden.

Heiß geräucherter Fisch und Fisch, der vor der Kalträucherung gepökelt wurde, kann ohne weitere Zubereitung gegessen werden, kalt geräucherter eingelegter Fisch muss dagegen gegart werden. Geräucherter und gepökelter Fisch kann einige Tage im Kühlschrank aufbewahrt werden; eingefroren bleibt er 3 bis 4 Wochen frisch.

EINFRIEREN

Fisch lässt sich sehr gut einfrieren, vorausgesetzt, er ist richtig verpackt und wird bei einer konstanten Temperatur von −18 °C aufbewahrt. Magerer Fisch kann länger gelagert werden (2 bis 3 Monate) als fetthaltiger Fisch (1 bis 2 Monate), da er weniger schnell verdirbt.

Man sollte nur wirklich fangfrischen Fisch einfrieren. Meist ist der im Laden gekaufte nicht geeignet, da die Gefriergeschwindigkeit in haushaltsüblichen Tiefkühlgeräten nicht hoch genug ist (industrielle Methoden sind sehr viel schneller). Fisch sollte vor dem Einfrieren immer ausgenommen werden.

Fisch kann auf vielerlei Weise eingefroren werden: in einem Eisblock, in einer Eisschicht, in Zitronensaft eingelegt oder luftdicht verpackt.

Einfrieren im Eisblock

Den ausgenommenen Fisch in Salzwasser (1 Esslöffel Salz pro Liter Wasser) waschen. Dann den Fisch in ein Behältnis legen und dieses bis 2 cm unter dem Rand mit frischem Wasser füllen. Das Behältnis schließen und in den Gefrierschrank stellen.

Zum Einfrieren von Steaks oder Filets die Haut entfernen, die Fischstücke unter kaltem Wasser waschen und in ein Behältnis legen, wobei die einzelnen Schichten mit Alufolie oder Frischhaltefolie voneinander getrennt werden. Die Fischstücke mit Wasser bedecken und wie oben angegeben einfrieren.

Einführung

Einfrieren in einer Eisschicht

Den ausgenommenen Fisch waschen und ohne Verpackung einfrieren. Sobald er gefroren ist, in Eiswasser tauchen und zurück in den Gefrierschrank legen. Diesen Vorgang mehrmals wiederholen, bis der Fisch mit einer etwa 0,75 cm dicken Eisschicht überzogen ist. Dann gut einwickeln und in das Gefriergerät legen.

Einfrieren in Zitronensaft

Den ausgenommenen und gewaschenen Fisch in eine mit Zitronensaft gefüllte Schüssel legen, dabei zuerst eine Seite in den Saft eintauchen, danach die andere. Diesen Vorgang wiederholen, den Fisch gut verpacken und in das Gefriergerät legen.

Einfrieren in luftdichter Verpackung

Den ausgenommenen Fisch waschen und sorgfältig in Frischhaltefolie wickeln, anschließend in einen Gefrierbeutel geben und die gesamte Luft herausdrücken. Den Fisch schnell bei einer Temperatur von mindestens −18 °C einfrieren.

Nährwerte

 Fisch ist mager, halbfett oder fett. Magerer Fisch wie Scholle, Schellfisch und Kabeljau enthält weniger als 5 % Fett und liefert etwa 75 bis 125 Kalorien je 100 g. Halbfetter Fisch wie Heilbutt enthält zwischen 5 und 10 % Fett und liefert 125 bis 150 Kalorien je 100 g, fetter Fisch wie Lachs, Hering und Makrele enthält über 10 % Fett und liefert mehr als 150 Kalorien je 100 g.

Fisch enthält zwischen 15 und 20 % Eiweiß. Er ist außerdem reich an Mineralstoffen und Vitaminen. An Mineralstoffen ist vor allem Jod bei den Meeresfischen hervorzuheben. Jod reguliert die Funktion der Schilddrüsenhormone, und ein Großteil der Bevölkerung in Deutschland leidet an Jodmangel. Aus diesem Grunde wird von ernährungswissenschaftlicher Seite die Verwendung von jodiertem Speisesalz und der regelmäßige Verzehr von Meeresfisch (ein- bis zweimal pro Woche) empfohlen. Außerdem enthält Fisch Phosphor, Fluor, Kupfer, Magnesium, Eisen, Zink und Selen. Fischfleisch – vor allem fette Sorten – enthält die fettlöslichen Vitamine A und D sowie die wasserlöslichen B-Vitamine.

Fische sind sehr anfällig für Umweltverschmutzung. Da die Wasserwege in zunehmendem Maße verschmutzt werden, sind viele Fischarten von giftigen Substanzen wie DDT (Dichlordiäthylsulfid), PCB (Polychlorbiphenyle) und Quecksilber verseucht. Letztere können in hohen Dosen, das heißt bei Genuss großer Mengen kontaminierter Nahrung, zu ernsthaften Erkrankungen führen. Der Grad der Kontaminierung hängt vom Alter des Fischs und seinem Lebensraum ab. Je älter und größer der Fisch ist, umso stärker trifft ihn die Verschmutzung seiner Umgebung. In der Regel gilt, dass Süßwasserfische stärker kontaminiert sind als Salzwasserfische. Auch fettreiche Fische und Raubfische wie Barsch, Hecht, Petersfisch, Schwertfisch, Heilbutt, Hai, Muskellunge und Thunfisch sind für Umweltverschmutzung besonders anfällig und deshalb häufig stark kontaminiert. Es empfiehlt sich daher, Fisch aus verschmutzten Gewässern nur in begrenzter Menge zu konsumieren.

Kamaboko

Kamaboko ist der japanische Name für einen Fischersatz, der hauptsächlich aus Surimi, einer Fischpaste, besteht und erstmals vor 900 Jahren in Japan hergestellt wurde. Heute ist Surimi die Hauptzutat von mehr als 2000 japanischen Produkten, wozu auch imitierte Meeresfrüchte (Krabben, Garnelen, Hummer, Jakobsmuscheln etc.) sowie Fischwürstchen, -bällchen, -frikadellen und -nudeln gehören.

Surimi entsteht durch Mehrfachkonservierung von Fisch, bei der Enzyme, Blut, Fett und Proteine zerstört werden, die den Fisch verderblich machen. Dafür wird der Fisch – normalerweise heller Seelachs, manchmal aber auch Hai oder Kabeljau – gehäutet, klein geschnitten und in Edelstahltanks gewaschen. Dann wird das gereinigte Fleisch durch ein Sieb und anschließend in einen Bottich mit Salzwasser gegeben. Danach lässt man es abtropfen, kurz antrocknen und siebt es wieder durch, um das restliche rosafarbene Fleisch (etwa 5%) vom weißen Fleisch zu trennen. Dieses wird schließlich vollständig dehydriert und in einem Kessel mit Zucker, Sorbitol und Phosphaten vermischt. In diesem Stadium ist Surimi ein völlig geschmackloses, unappetitliches Konzentrat aus Fischproteinen, das über einen längeren Zeitraum eingefroren werden kann.

Kamaboko ist ein Meeresfrüchteersatz, der aus klein geschnittenem Surimi und weiteren Zutaten besteht, die Geschmack und Konsistenz verbessern sollen. Dazu gehören Wasser, Stärke, Eiweiß, Natriumglutamat und echte oder künstliche Geschmacksstoffe. Diese Zutaten werden miteinander zu einer Paste vermischt, vorgekocht und in unterschiedliche Formen gepresst, wodurch sie zu »Fischstäbchen«, »Krabbenfleisch«, »Garnelen« und anderen Produkten werden. Diese geformten Meeresfrüchte werden dann ein weiteres Mal gekocht und anschließend pasteurisiert und sterilisiert. Manchmal enthält Surimi einen kleinen Anteil an echten Meeresfrüchten, sodass es im Geschmack den imitierten Meeresfrüchten so ähnlich ist, dass es schwer fällt, sie zu unterscheiden. Da Kamaboko billiger ist als echte Meeresfrüchte, wird es insbesondere in Restaurants manchmal auch als Meeresfrüchteersatz verwendet.

Einkaufstipp

Es fällt oft schwer, Meeresfrüchteersatz von echten Meeresfrüchten zu unterscheiden, aber es gibt einige hilfreiche Anhaltspunkte:

- Die Form imitierter Meeresfrüchte ist meist zu perfekt;
- das Fleisch besteht aus langen, gleichmäßigen Fasern;
- die Oberfläche des weißen Fleisches ist mit rosaroter oder roter Farbe eingefärbt.

Serviervorschläge

 Kamaboko wird heiß oder kalt gegessen und kann als Ersatz für die meisten in den Rezepten angegebenen Meeresfrüchte verwendet werden. Da es vorgekocht ist, kann man es »pur« oder in Salaten, als Brotbelag, auf Kanapees sowie in Vorspeisen verwenden.

Aufbewahrung

 Kamaboko hält sich mehrere Tage im Kühlschrank. Man kann es auch einfrieren, sofern es nicht schon einmal eingefroren war.

Nährwerte

	gedünstet
Kalorien	52
Fett	1 g
Eiweiß	12 g
	je 100 g

Kamaboko ist reich an Eiweiß und enthält wie echte Meeresfrüchte wenig Fett und damit Kalorien, es sei denn, dem Surimi wurde Schellfisch zugefügt. Es enthält jedoch mehrere Zusatzstoffe und im Vergleich zu Meeresfrüchten bis zu drei- bis viermal so viel Natrium. Das häufig zugefügte Natriumglutamat kann bei manchen Menschen allergische Reaktionen hervorrufen.

Aal

Anguilla spp., Anguillidae

Europäischer Aal

Der Aal, dessen schlangenförmiger Körper von kleinen ovalen Schuppen überzogen ist, kann bis zu 2 m lang und über 4,5 kg schwer werden, wobei das Männchen kleiner ist als das Weibchen. Es gibt etwa 15 verschiedene Aalarten, zu denen auch der **Europäische Aal** *(Anguilla anguilla)* gehört, der an den Küsten Europas, Australiens und Neuseelands lebt und vor allem in Europa und Japan beliebt ist, sowie der in Nordamerika beheimatete **Amerikanische Aal** *(Anguilla rostrata).*

Der Aal hat einen kleinen Kopf, starke Kiefer und kleine spitze Zähne, die ihn vom Neunauge unterscheiden, mit dem er häufig verwechselt wird. Seine Farbe hängt vom Alter und der Umgebung ab, in der er lebt; Rücken-, Schwanz- und Analflossen bilden zusammen eine einzige große Flosse, die sich über den halben Körper erstreckt. Der Aal unterscheidet sich von den meisten anderen Fischen dadurch, dass er im Meer geboren wird, die meiste Zeit seines Lebens in Süßwasser verbringt und dann ins Meer zurückkehrt, um sich dort zu vermehren. Aale laichen vor allem in der Sargassosee vor der Bermudaküste und in den tropischen Regionen des Atlantiks. Dabei legen die Weibchen bis zu 10 Millionen Eier, die sich zu Larven entwickeln und von der Aufwärtsströmung in Süßgewässer getragen werden, wo sie von den Männchen befruchtet werden. Während die nordamerikanischen Aale 1 Jahr brauchen, um die Süßgewässer zu erreichen, benötigen die europäischen Aale 2 bis 3 Jahre, um zu den Flüssen und Seen vorzustoßen. Dort verbringen die weiblichen Aale 10 bis 15 Jahre, wohingegen die Männchen nach 8 bis 10 Jahren ins Meer zurückkehren. Wenn die europäischen Aale im Alter von etwa 3 Jahren die Küsten erreichen, sind sie zwischen 5 und 10 cm lang und noch fast durchsichtig. Diese aromatischen »Glasaale«, von denen etwa 1000 Stück 500 g wiegen, sind eine gefragte Delikatesse.

Nährwerte

Kalorien	281
Fett	24,5 g
Eiweiß	15 g
	pro 100 g

Roher Aal ist sehr fett und enthält reichlich Vitamin A und D. Das Fleisch ist zart und fest. Aale sind leicht zu entgräten; bei größeren Aalen kann ein Großteil des Fetts leicht entfernt werden, da es zwischen Fleisch und Haut liegt.

Aufbewahrung

Frischer Aal verdirbt überaus leicht und hält sich nur 1 bis 2 Tage im Kühlschrank.

Einkaufstipp

Aal wird frisch als Filet und in Stücke geschnitten sowie geräuchert, mariniert oder als Konserve angeboten.

Vorbereitung

Vor dem Garen sollte die dicke Haut entfernt werden, indem man den Aal in Stücke geschnitten 1 bis 2 Minuten in kochendes Wasser gibt oder kurz grillt, bis die Haut Blasen wirft, und diese danach abzieht (beim Grillen wird auch überflüssiges Fett entfernt).

Zubereitung

Aal wird häufig gegrillt, sautiert, geräuchert oder gedünstet und schmeckt in Eintopfgerichten und Suppen wie etwa der *Matelote* oder der *Bouillabaisse*. Durch das feste Fleisch dauert der Erhitzungsprozess recht lange, weshalb vor allem größere Aale nicht gebraten werden sollten, da sie leicht ansetzen, bevor sie gar sind.

Serviervorschläge

Nicht empfehlenswert sind Zubereitungsarten, die den Fettgehalt erhöhen. Wird Aal gebraten, sollte man ihn zuerst 8 bis 12 Minuten in Salzwasser unter Zugabe von 1 bis 2 Teelöffel Zitronensaft dünsten.

Forellenbarsch

Micropterus spp., **Centrachidae**

Der sehr schwer zu fangende Forellenbarsch ist in den Flüssen und Seen Nordamerikas zu Hause. *Achigan*, wie die Algonkin den Forellenbarsch nennen, heißt »der Kämpfer« und bezieht sich auf die legendäre Angriffslust des Fisches. Der Forellenbarsch kann über 60 cm lang werden; er ist buckelig mit stacheligen Rückenflossen, hat rauhe Schuppen und einen spitz zulaufenden Kopf, der ein Drittel seiner gesamten Körperlänge ausmacht. Die Merkmale der vielen Forellenbarscharten unterscheiden sich je nach Lebensraum.

Der **Kleinmaulbarsch** *(Micropterus dolomieni)* ist normalerweise 20 bis 40 cm lang und wiegt kaum mehr als 1,5 kg. Sein Maul mit den vielen kleinen Zähnen sitzt über einem vorspringenden Unterkiefer. Seine Rückenhaut kann grün, braun oder goldbraun sein, und seine gold- oder bronzefarbenen Seiten schmücken dunkle Streifen.

Der **Großmaulbarsch** *(Micropterus salmoides)*, der auch als **Gefleckter Flussbarsch** bekannt ist, hat einen etwas kräftigeren Körper als der Kleinmaulbarsch, und im Gegensatz zu diesem reicht sein Maul bis zur Mitte der Augen. Sein dunkelgrüner Rücken und seine grünlichen Seiten sind silbern gesprenkelt, und vor allem jüngere Fische haben häufig einen Längsstreifen auf beiden Seiten. Während der Kleinmaulbarsch die felsigen Gewässer kalter Flüsse und Seen bevorzugt, hält sich der Großmaulbarsch lieber in dem relativ warmen Wasser langsam fließender Flüsse oder in schlammigen Seen auf. Er ist etwas länger und schwerer als der Kleinmaulbarsch.

Vorbereitung

Die Schuppen des Forellenbarsches lassen sich nur sehr schwer entfernen. Vor dem Schuppen taucht man ihn am besten kurz in kochendes Wasser, dem man ein wenig Zitronensaft zugibt. Man kann aber auch einfach die Haut mitsamt den Schuppen abziehen.

Serviervorschläge

Forellenbarsche von mittlerer Größe lassen sich wie Forellen zubereiten, größere Fische werden wie Karpfen und Alsen gegart. Forellenbarsche werden zwar auch im Ganzen gegart, häufiger jedoch filetiert zubereitet. Da die Forellenbarsche sich oft in verschmutzten Gewässern aufhalten, können vor allem ältere und größere Fische relativ stark kontaminiert sein.

Einkaufstipp

Der Forellenbarsch ist bei Angelsportlern sehr begehrt und kommt so gut wie gar nicht in den Verkauf.

Zubereitung

Forellenbarsche können auf jede Weise zubereitet werden.

Nährwerte

Kalorien	114
Fett	4 g
Eiweiß	19 g
	je 100 g

Das weiße Fleisch des Forellenbarsches ist mager und sehr aromatisch.

Großmaulbarsch

Hecht

Esox spp., Esocidae

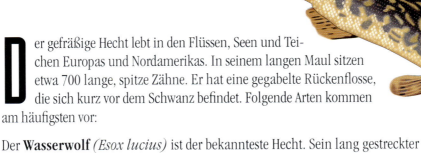

Wasserwolf

Der gefräßige Hecht lebt in den Flüssen, Seen und Teichen Europas und Nordamerikas. In seinem langen Maul sitzen etwa 700 lange, spitze Zähne. Er hat eine gegabelte Rückenflosse, die sich kurz vor dem Schwanz befindet. Folgende Arten kommen am häufigsten vor:

Der **Wasserwolf** *(Esox lucius)* ist der bekannteste Hecht. Sein lang gestreckter Körper ist unterschiedlich gefärbt und mit gelblichen Punkten gesprenkelt. Er wiegt meistens zwischen 1 und 2,5 kg und ist zwischen 35 und 70 cm lang, doch es gibt auch Exemplare mit 20 kg Gewicht und einer Länge von über 90 cm.

Der kleine **Grashecht** *(Esox americanus vermiculatus)* ist nur 15 bis 20 cm lang. Im Vergleich zu anderen Hechten hat er einen kürzeren Körper und einen längeren Kopf. Auf seinem Rücken trägt er einen rostbraunen Streifen sowie breite Querstreifen, die sich mit grünen, wellenartig geschlängelten Streifen abwechseln, denen der Fisch seinen Namen verdankt.

Der ebenfalls recht kleine **Kettenhecht** *(Esox niger)* ist 40 bis 50 cm lang und hat sehr zartes Fleisch. Seine Seiten sind grün oder braun mit gelbgrünen Flecken und einer Zeichnung, die an die Glieder einer Kette erinnert.

Die **Muskellunge** *(Esox masquinongy)* erhielt ihren Namen von den Ureinwohnern Amerikas und ist der größte Vertreter der Hechtfamilie. Obwohl sie eine Länge von bis zu 2 m und ein Gewicht von 50 kg erreichen kann, sind die meisten Fische zwischen 60 cm und 1,20 m lang und wiegen zwischen 2,5 und 18 kg. Die Farbe der Haut ist abhängig von ihrem Umfeld, hat jedoch immer eine Zeichnung aus dunklen Streifen.

Einkaufstipp

 Hecht wird frisch oder gefroren sowohl im Ganzen als auch filetiert angeboten.

Zubereitung

 Hecht kann auf jede Weise zubereitet werden.

Nährwerte

Kalorien	82
Fett	0,9 g
Eiweiß	18,4 g
	je 100 g

Das weiße Fleisch des Hechts ist mager, fest und flockig, enthält aber viele kleine Gräten. Rogen und Milch laichender Hechte sind schwach giftig.

Vorbereitung

Das mitunter etwas trockene Hechtfleisch kann manchmal ein wenig modrig riechen. Dieser Modergeruch lässt sich etwas reduzieren, indem man den Fisch vor der Zubereitung 1 bis 2 Stunden in frisches Wasser oder Essigwasser (1 Teil Essig auf 10 Teile Wasser) legt. Hechte müssen nicht geschuppt werden und können im Ganzen, als Filet oder als Steak zubereitet werden, wobei man jedoch vor dem Servieren die Haut entfernen sollte.

Hechte sollten vor dem Garen nur vorsichtig gewaschen werden, da durch die zähflüssige Ummantelung das Fleisch zarter bleibt.

Serviervorschläge

Kleine Hechte sind zarter und schmackhafter als große. Da Hechte sehr viele kleine Gräten haben, werden sie meist für Aufläufe, Suppen und als Fischklößchen oder -frikadellen verwendet.

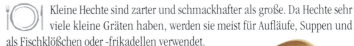

Karpfen

Cyprinus carpio, Cyprinidae

Der in den Flüssen, Seen, Teichen und Kanälen Europas und Nordamerikas lebende Karpfen bevorzugt warme, flache Gewässer. Man nimmt an, dass seine Heimat irgendwo in Asien liegt – wahrscheinlich in China –, wo er seit Jahrtausenden in Gefangenschaft gezüchtet wird. Es heißt, die Chinesen hätten schon vor über 3000 Jahren die ersten Karpfenfarmen eingerichtet. Im Mittelalter war Böhmen für die Qualität seiner Zuchtkarpfen berühmt, und dort ist der Fisch noch immer ein wesentlicher Bestandteil der Küche, insbesondere zu den Oster- und Weihnachtsfeiertagen.

Der Karpfen hat einen kräftigen, seitlich zusammengedrückten Körper, der von großen, dicken Schuppen überzogen ist. Inzwischen gibt es aber auch Züchtungen, die wenige bis gar keine Schuppen mehr haben, wie etwa der Spiegel- oder der Lederkarpfen. Er hat einen dreieckigen Kopf mit einem leicht vorgeschobenen Unterkiefer, und an seinem zahnlosen Maul trägt er zwei Paar Barteln. Zwischen Anal- und Rückenflosse befindet sich ein harter Dorn. Karpfen sind normalerweise zwischen 35 und 45 Zentimeter lang und häufig über 7,5 kg schwer; es gibt aber auch Exemplare, die bis zu 75 cm lang sind und bis zu 28 kg wiegen. Die gängigsten Karpfenarten sind braungrün, olivgrün oder blaugrün mit goldgelben Seiten und relativ blasser Bauchhaut.

Vorbereitung

Das relativ feste Fleisch des Karpfens schmeckt vor allem bei frei lebenden Fischen oft etwas modrig. Dieser Modergeruch lässt sich etwas abschwächen, indem man den geschuppten und ausgenommenen Karpfen für 1 bis 2 Stunden in Wasser legt, dem man einen Schuss Essig zufügt, und dabei das Wasser einige Male wechselt. Da der Karpfen sich nur schwer schuppen lässt, taucht man ihn am besten zuvor einige Sekunden in kochendes Wasser, wodurch die Schuppen leichter entfernt werden können. Beim Ausnehmen ist es wichtig, auch die Gallenblase zu entfernen, die unterhalb der Kehle sitzt, da der Fisch sonst bitter schmeckt.

Serviervorschläge

Karpfen wird im Ganzen, filetiert oder in Stücken zubereitet. Rogen, Wangen, Zunge und Lippen gelten als besondere Delikatesse.

Zubereitung

Karpfen wird gedämpft oder gedünstet, im Backofen gegart, gegrillt oder in der Pfanne gebraten.

Einkaufstipp

Karpfen wird manchmal auch geräuchert angeboten.

Nährwerte

Kalorien	115
Fett	4,8 g
Eiweiß	18,0 g
	je 100 g

Karpfen ist ein halbfetter Fisch und enthält roh reichlich Nikotinsäure, Phosphor und Vitamin B_{12}.

Süßwasserfische

Zander

Stizostedion spp., **Percidae**

Die zahlreichen Fischarten der *Stizostedion,* die man bei uns als Zander kennt, sind in Süßwasserseen und großen Flüssen zu Hause. Sie haben einen langen, leicht flachen Körper und ein großes Maul mit kräftigen Kiefern und zahlreichen Zähnen. Der Zander unterscheidet sich vom Hecht, mit dem er oft verwechselt wird, durch seine zwei Rückenflossen, während der Hecht nur eine besitzt. Zander gibt es sowohl in Europa, wo sie häufig auch gezüchtet werden, als auch in Nordamerika, wo vor allem der Walleye und der Sauger beheimatet sind.

Der **Europäische Zander** *(Stizostedion lucioperca),* auch **Hechtbarsch** genannt, hat einen lang gestreckten Körper, ein kräftiges Gebiss und gräuliche Haut. Er ist zwischen 60 cm und 1,30 m lang und kann bis zu 15 kg wiegen.

Der **Sauger** *(Stizostedion canadense)* hat einen kräftigen, zylindrischen Körper mit einer langen, spitzen Schnauze, wie sie für den Zander charakteristisch ist. Er ist zwischen 25 und 40 cm lang und wiegt etwa 500 g. Seine Wangen sind von harten Schuppen bedeckt, seine Rückenhaut ist braun oder grau und seine Seiten sind gelb mit dunkelbrauner Maserung. Das Fleisch des Sauger wird oft dem des Walleye vorgezogen.

Der **Walleye** *(Stizostedion vitreum)* hat im Vergleich zum Sauger einen etwas größeren Kopf und einen dickeren Körper sowie größere, dunklere Augen und vergleichsweise zarte Wangen. Er ist zwischen 30 und 50 cm lang und wiegt 1 bis 2 kg. Seine olivbraune oder gelbliche Haut ist mit kleinen gelben oder goldenen Punkten und dunklen, unregelmäßigen Schrägstreifen geschmückt.

Einkaufstipp

Zander wird sowohl frisch als auch gefroren im Ganzen, küchenfertig und als Filet angeboten.

Nährwerte

Kalorien	83
Fett	0,7 g
Eiweiß	19,2 g
	je 100 g

Zubereitung

Zander hat sehr aromatisches, mageres weißes Fleisch und wird im Ganzen oder filetiert wie Hecht, Flussbarsch oder jeder andere Fisch mit festem Fleisch zubereitet.

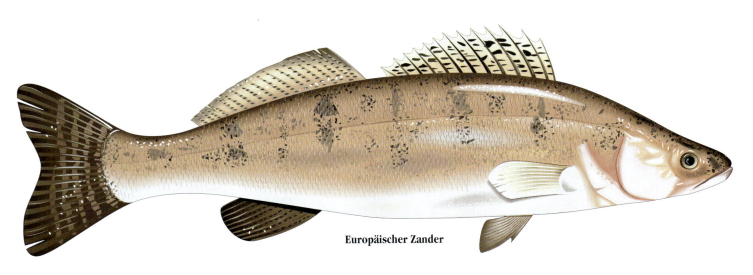

Europäischer Zander

Flussbarsch

Perca spp., **Percidae**

Als einer der wenigen Fische, die sowohl in Salz- als auch in Süßwasser leben können, ist der Flussbarsch fast auf der ganzen Welt anzutreffen. In vielen Ländern wird er in Fischfarmen gezüchtet. Die Flussbarschfamilie besteht aus 9 Gattungen und etwa 120 Arten, zu denen auch der Walleye, der Sauger und der Gelbbarsch gehören.

Der Flussbarsch hat einen länglichen, seitlich zusammengedrückten Körper. Sein spitz zulaufender Kopf macht ein Drittel seiner Körperlänge aus, und sein großes Maul ist mit zahlreichen dünnen Zähnen ausgestattet. Die beiden angrenzenden Rückenflossen sind von bräunlichem Grün, während die anderen Flossen rot oder orange sind. Seine Vorderflosse besteht aus schmalen Dornen, die zweite Rückenflosse hat einen Dorn und die Analflosse zwei Dornen. Flussbarsche werden zwischen 25 und 50 cm lang und können bis zu 4 kg erreichen, ihr Durchschnittsgewicht liegt jedoch eher bei 500 g. Die Haut ist von kleinen harten Schuppen bedeckt, die auf der Oberseite meist olivfarben, auf der Unterseite weiß sind. Die gelblichen Flanken werden von sechs bis acht vertikalen Bändern überzogen.

Vorbereitung

Am besten schuppt man den Flussbarsch gleich nach dem Fang, da die Schuppen sonst nur sehr schwer zu entfernen sind, oder man taucht den Fisch vor dem Schuppen einige Sekunden in kochendes Wasser. Eine weitere Möglichkeit ist, den Fisch zu häuten. Vorsicht vor den Dornen an den Flossen!

Serviervorschläge

Der sehr grätenreiche Flussbarsch hat mageres, festes, köstlich schmeckendes weißes Fleisch, weshalb man Rezepte vermeiden sollte, die seinen Geschmack überdecken. Besonders gut geeignet sind Karpfen- und Forellenrezepte.

Zubereitung

Flussbarsch kann im Ganzen oder filetiert zubereitet werden. Oft wird er gedünstet, gedämpft oder mit etwas Mehl bestäubt in Butter gebraten.

Einkaufstipp

Flussbarsch gelangt kaum in den Handel.

Nährwerte

Kalorien	81
Fett	0,8 g
Eiweiß	18,4 g
	je 100 g

Flussbarsch ist reich an Nikotinsäure, Vitamin B_{12}, Phosphor und Kalium.

Forelle

Salmo spp., Salmonidae

Die Forelle ist in den kalten Gewässern von Seen und Flüssen wie auch im Meer zu Hause; die im Meer lebenden Forellen kehren jedoch zum Laichen ins Süßwasser zurück. Als Mitglied der großen Salmonidae-Familie ist die Forelle mit dem Saibling und der Äsche verwandt. Zu den gemeinsamen Merkmalen dieser Fische gehören der längliche, seitlich leicht zusammengedrückte Körper, die spitzen Zähne und das zarte, aromatische Fleisch. Die Forelle war der erste Fisch, der je in Gefangenschaft gezüchtet wurde, wobei vor allem die Regenbogenforelle bei den Züchtern beliebt ist. Zu den bekanntesten Forellenarten gehören die Lachsforelle, die Regenbogenforelle, der Amerikanische Seesaibling und der Bachsaibling.

Die **Lachsforelle** *(Salmo trutta)* ist in Europa zu Hause und gelangte 1883 auch nach Nordamerika. Die nur in Süßwasser anzutreffende Lachsforelle erreicht eine Länge von etwa 40 cm, wohingegen andere Forellenarten, die sowohl im Süßwasser als auch im Meer leben, bis zu 1,5 m lang werden. Die Lachsforelle, die ein Gewicht von 1 bis 6,5 kg und mehr erreicht, hat ein großes Maul mit gut entwickelten Zähnen. Die Rückenhaut ist bräunlich, die Seiten sind silberfarben, und die Bauchhaut ist gebrochen weiß oder cremefarben. Große dunkle Punkte mit relativ hellen Ringen schmücken Seiten, Kopf und Rückenflosse, die Seiten sind außerdem häufig mit unregelmäßigen rostfarbenen Punkten gesprenkelt. Das rosafarbene Fleisch ist zart und aromatisch.

Die **Regenbogenforelle** *(Salmo gairdneri)* kommt von der Westküste Nordamerikas und wurde Ende des 19. Jahrhunderts in europäischen Gewässern ausgesetzt. Sie ähnelt der Lachsforelle und hat in etwa auch das gleiche Gewicht. Ihre Rückenhaut ist metallisch blau, und die Seiten schmückt ein waagerechter Streifen, dessen Farbspektrum von dunkelrosa über hellrot bis violett reicht. Sie ist am Rücken und an den Seiten sowie an der Rückenflosse und den Flossen schwarz gepunktet. Die Regenbogenforelle bevorzugt kaltes, klares Wasser, kann jedoch auch in warmen Gewässern leben. Die Regenbogenforelle ist die wirtschaftlich wichtigste Forellenart.

Der **Amerikanische Seesaibling** *(Salvelinus namaycush)* hat ein mächtiges Gebiss und unterscheidet sich von den anderen Forellen durch seinen gegabelten Schwanz und seinen besonders lang gestreckten Körper, der meist mit blassgelben bis gelblichen Flecken überzogen ist. Die Hautfarbe reicht von grau über hellgrün, braun oder dunkelgrün bis fast schwarz. Er ist einer der größten Süßwasserfische und misst zwischen 38 und 50 cm. Sein Durchschnittsgewicht beträgt 2 bis 3,5 kg, er kann aber auch bis zu knapp 38 kg auf die Waage bringen.

Der **Bachsaibling** *(Salvelinus fontinalis)* ist ein relativ kleiner Fisch, der meist zwischen 250 g und 1,5 kg wiegt und zwischen 25 und 50 cm lang ist. Seine Rückenhaut ist oft dunkeloliv oder schwarz und mit dunklen Linien überzogen, während die silberfarbenen Seiten mit kleinen roten Flecken gesprenkelt sind, die von bläulichen Höfen umgeben sind.

Der **Seesaibling** *(Salvelinus alpinus),* eine Unterart des Bachsaiblings, lebt überwiegend im Meer und unterscheidet sich vom gewöhnlichen Bachsaibling durch seine schöne Farbgebung, die von dunkelblau oder blaugrün bis schwarz reicht. Die Unterseite ist weiß, die Seiten sind silberblau und mit großen roten, rosafarbenen oder cremefarbenen Flecken gesprenkelt. Je nach Lebensraum wiegt er zwischen 1 und 5,5 kg oder sogar noch mehr.

Wie ihr lateinischer Name *Thymallus thymallus* nahelegt, riecht die 40 bis 50 cm lange **Äsche** ein wenig nach Thymian. Sie hat einen lang gestreckten, leicht eingedrückten Körper, einen kleinen Kopf mit einem kleinen Maul sowie eine sehr lange Rückenflosse und einen gegabelten Schwanz. Ihre Haut ist mit größeren Schuppen bedeckt als die der Forelle, und ihr schwach gerundeter Rücken kann dunkelblau, blaugrau oder violett sein. Ihr ganzer Körper ist von rauten- oder v-förmigen Flecken in unterschiedlicher Zahl überzogen.

Forelle

Einkaufstipp

Forellen und Saiblinge werden frisch im Ganzen, ausgenommen oder als Filets angeboten, manchmal sind sie auch als Steaks oder geräuchert erhältlich.

Gebackene Forelle

FÜR 4 PORTIONEN

2 Schalotten	4 küchenfertige Forellen
je 2 Stiele Estragon,	à 250 g
Dill und Petersilie	Salz und frisch gemah-
1 Zitrone	lener weißer Pfeffer
	etwas Olivenöl

1. Den Backofen auf 200 °C (Umluft 180 °C, Gas Stufe 3–4) vorheizen. Die Schalotten schälen und in dünne Scheiben schneiden. Estragon, Dill und Petersilie waschen, trockenschwenken und fein hacken. Die Zitrone schälen und in Scheiben schneiden.

2. Die Forellen ausnehmen, waschen und trockentupfen. Die Fische innen salzen und pfeffern und mit den Schalotten und den Kräutern füllen.

3. 4 quadratische Stücke Alufolie auf einer Seite mit Olivenöl bestreichen. Die Forelle auf die Folienstücke legen und die Zitronenscheiben darauf geben. Die Folie an den Ecken zusammenlegen und die Seiten fest verschließen. Die Fische in eine feuerfeste Form legen und im Ofen 15 Minuten garen.

Vorbereitung

Forellen und Saiblinge müssen nicht geschuppt werden und lassen sich leicht filetieren.

Serviervorschläge

Forelle und Saibling sollten so einfach wie möglich zubereitet werden, damit ihr delikates Aroma nicht überdeckt wird. Sie können auf die gleiche Weise wie Lachs serviert werden. Geräuchert schmecken sie besonders gut.

Nährwerte

Kalorien	102
Fett	2,7 g
Eiweiß	19,5 g
	je 100 g

Das Fleisch der verschiedenen Forellenarten ist sehr fein und wohlriechend und hat einen mittleren Fettgehalt.

Lachsforelle

Regenbogenforelle

Blaubarsch

Pomatomus saltatrix, **Pomatomidae**

Der Blaubarsch ist ein gefräßiger, angriffslustiger Fisch, der sich in riesigen Schwärmen durchs Wasser bewegt, vorzugsweise im Gefolge anderer Fischschwärme wie zum Beispiel Makrele und Hering, von denen er sich ernährt. Er lebt überwiegend in den nord- und südamerikanischen Gewässern von Atlantik und Pazifik. Der Blaubarsch ist eng mit der Pferdemakrele verwandt. Sein Fleisch ist vor allem in Nordamerika und Australien sehr gefragt.

Der Blaubarsch hat einen lang gestreckten Körper mit gegabelter Schwanzflosse, einen großen Kopf und ein großes Maul. Seine mit kleinen Schuppen überzogene Haut ist am Rücken bläulich grün und an der Unterseite silberfarben. Der Blaubarsch kann eine Länge von mehr als 1 m erreichen und bis zu 25 kg wiegen, ist jedoch meistens zwischen 40 und 60 cm lang und wiegt zwischen 5 und 8 kg. Er hat mageres, aromatisches Fleisch.

Vorbereitung

Der Blaubarsch sollte nach dem Fang sofort ausbluten, damit das Fleisch fest und aromatisch bleibt. Fische mit einer Länge von unter 15 cm brauchen nicht geschuppt zu werden.

Nährwerte

Kalorien	124
Fett	4 g
Eiweiß	20 g
	je 100 g

Serviervorschläge

Blaubarsch wird häufig gegrillt, geschmort oder gedünstet. Er kann wie Makrele zubereitet werden, die er in vielen Rezepten auch ersetzt. Nur sehr kleine Blaubarsche sollten gebraten werden, da größere Exemplare zu viel Fett aufnehmen.

Aufbewahrung

Blaubarsch sollte fangfrisch sofort im Kühlschrank aufbewahrt und so schnell wie möglich verzehrt werden, da das Fleisch sehr leicht verdirbt. Eingefroren hält er sich höchstens 3 Monate.

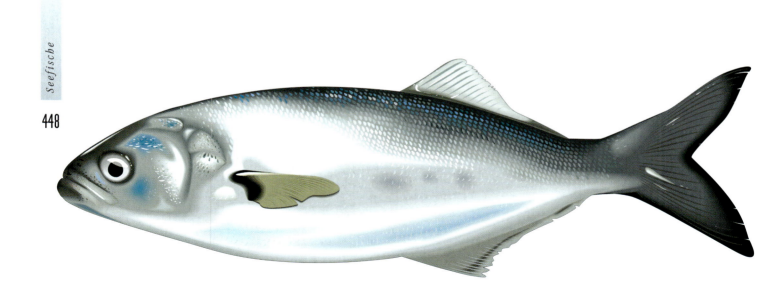

Alse

Alosa spp., Clupeidae

Die wegen ihres Rogens und ihres Fleisches geschätzte Alse, auch **Maifisch** genannt, hat ihre Heimat im Atlantik, kommt aber auch im Mittelmeer und im Pazifik vor. Den größten Teil ihres Lebens verbringt sie im Meer, laicht jedoch im Frühling im Süßwasser.

Die **Alse** *(Alosa alosa)* kann bis zu 70 cm lang werden. Ihre Rückenhaut ist dunkelblau, die Seiten sind silberweiß. Hinter den Kiemen hat sie manchmal je einen dunklen Fleck. Ihre Heimat sind die europäischen Atlantikküsten und das Mittelmeer.

Zu den wichtigsten Alsenarten gehört auch der **Amerikanische Maifisch** *(Alosa sapidissima)*, der im Atlantik zwischen Labrador und Florida zu Hause ist sowie seit Ende des 19. Jahrhunderts im Pazifik an der Westküste Nordamerikas. Er ist 40 bis 75 cm lang und wiegt zwischen 1 und 3,5 kg. Seine Rückenhaut ist dunkelblau bis dunkelgrün, seine Seiten sind silbrig, und hinter den Kiemen hat er mindestens vier dunkle Flecken.

Die **Finte** *(Alosa fallax)* ist zwischen 20 und 40 cm lang, kann aber auch bis zu 50 cm groß werden. Sie kommt hauptsächlich im Atlantik vor, lebt aber auch in der Ostsee, der Nordsee und im Mittelmeer. Ihre Rückenhaut ist blauschwarz, die Seiten und der Bauch sind silberweiß, und der Kopf ist an der Seite golden gefärbt. Von den anderen Alsen unterscheidet sie sich durch sechs oder sieben dunkle Flecken auf dem oberen Teil des Rückens.

Einkaufstipp

Alsen werden meist frisch oder eingefroren im Ganzen oder filetiert angeboten. Ihr aromatisches weißes Fleisch ist fett, zart und flockig. Manche Arten sind allerdings weniger beliebt, da ihr Fleisch sehr viele Gräten enthält (der Amerikanische Maifisch hat 360 Gräten!), die sich nur schwer entfernen lassen. Parallel zu jeder Seite der Mittelgräte verläuft etwa 1 cm tiefer eine weitere Gräte. Wenn man diese Grätenreihe mit den Fingern herausnimmt, lässt sich die Alse leichter filetieren. Weibliche Alsen sind nicht nur wegen ihres köstlichen Rogens gefragter als männliche Fische, sondern auch deshalb, weil ihre relativ großen Gräten leichter zu entfernen sind.

Serviervorschläge

Alsen werden oft mit stark säurehaltigen Zutaten wie Sauerampfer, Rhabarber und Stachelbeeren zubereitet, da diese das Fleisch leichter verdaulich und die Gräten weich machen. Alsen können auch anstelle von Hering und Makrele verwendet werden.

Aufbewahrung

Wenn man keine Erfahrung im Filetieren von Alsen hat, bereitet man ihn am besten im Ganzen zu. Bei kurzer Garzeit bleiben die kleinen Gräten mit der Hauptgräte verbunden.

Zubereitung

Alsen sollten nach dem Einkauf so rasch wie möglich zubereitet werden, da sie auch im Kühlschrank leicht verderblich sind.

Nährwerte

Kalorien	197
Fett	14 g
Eiweiß	17 g
	je 100 g

Seefische

Meeräsche

Mugil spp., **Mugilidae**

Die Meeräsche liebt die warmen Küstengewässer von Atlantik, Mittelmeer und Pazifik, die Schwärme dringen jedoch auch in Süßwasser vor. Ihre Nahrungsaufnahme ist ungewöhnlich, da die Meeräsche die fressbaren Partikel mit dem Maul aus dem Schlamm herausfiltert – eine Methode, die den modrigen Geschmack einiger Süßwassermeeräschen erklärt. Zur Familie der Meeräschen zählen 13 Gattungen und 95 Arten, die sich oft nur schwer unterscheiden lassen. Die am meisten verbreitete Art ist die Großkopf-Meeräsche *(Mugil cephalus)*.

Die **Großkopf-Meeräsche** hat einen schlanken, schuppigen Körper mit blaugrüner Rückenhaut und silberfarbenen Seiten. Sie misst zwischen 30 und 40 cm, kann aber auch 1 m lang werden. Sie hat einen kurzen, flachen Kopf mit kleinem Maul und vielen, etwas auseinander stehenden Zähnen.

Nährwerte

Kalorien	120
Fett	4,3 g
Eiweiß	20,4 g
	je 100 g

Serviervorschläge

Meeräschen werden kalt oder warm gegessen und schmecken geräuchert besonders gut. Aus getrocknetem, gepresstem und gesalzenem Meeräschenrogen, der als Delikatesse gilt, wird *Boutargue*, eines der beliebtesten provenzalischen Gerichte, hergestellt. Meeräschenrogen ist auch die Hauptzutat für das griechische *Taramasalata*, eine cremige, aromatische rosafarbene Paste.

Zubereitung

Meeräschen können auf jede Weise zubereitet werden. Kleine Fische müssen nicht geschuppt werden.

Seeteufel

Lophius spp., **Lophiidae**

Dieser merkwürdig aussehende Fisch, der auch Anglerfisch genannt wird, lebt auf dem schlammigen Boden des Atlantiks, Mittelmeers und anderer Salzwassermeere. Er versteckt sich vor seinen Feinden, indem er sich in den Meeresboden eingräbt, bis er von seiner Umgebung nicht mehr zu unterscheiden ist. Um seinen gewaltigen Appetit zu stillen, zieht der Seeteufel unzählige kleine Fische an, die er mit seiner sogenannten »Angel« heranwedelt, wie die beiden Auswüchse, die aus dem Oberkiefer hervortreten, auch genannt werden.

Der Seeteufel hat einen riesigen flachen Kopf, der breiter ist als der übrige Körper. In seinem ebenso großen Maul hat er einige große spitze Zähne, und seine schleimige, weiche, schuppenlose Haut ist voller Dornen und Auswüchse. Seine Rückenhaut ist olivgrün, die Bauchhaut gräulich. Seeteufel werden zwischen 50 und 150 cm lang und wiegen bis zu 45 kg.

Einkaufstipp

Seeteufel werden frisch, gefroren oder geräuchert angeboten. Haut und Kopf werden vorher meistens entfernt.

Serviervorschläge

Der einzige essbare Teil des Seeteufels ist sein Schwanz, der aus magerem, aromatischem weißen Fleisch besteht, das oft mit Hummerfleisch verglichen wird. Außer der kräftigen Rückengräte, die sich sehr leicht entfernen lässt, hat der Seeteufel keine Gräten. Seeteufel wird oft wie Hummer zubereitet und kann diesen in den meisten Rezepten auch ersetzen. Am besten serviert man ihn mit einer Sauce, da er etwas länger als die meisten anderen Fische gegart werden muss und deshalb leicht trocken wird. Auch kalt – mit einer Vinaigrette – schmeckt er hervorragend.

Zubereitung

Seeteufel wird geschmort (30 Minuten), gedünstet oder gegrillt (20 Minuten). Beim Grillen sollte man ihn öfter mit Fett beträufeln, damit er nicht austrocknet.

Nährwerte

Kalorien	66
Fett	0,7 g
Eiweiß	15 g
	je 100 g

Wolfsbarsch

Disentrarchus labrax, Serranidae

Wolfsbarsch

Der Wolfs- oder Seebarsch ist ein gefräßiger Raubfisch, der Jagd auf Garnelen, Mollusken und kleine Fische macht und dabei häufig die Netze der Fischer beschädigt. Der Wolfsbarsch bewohnt den Atlantik von Norwegen bis Marokko und ist auch im Mittelmeer und in den salzhaltigen Gewässern von Flüssen, Flussmündungen und -buchten heimisch.

Der lang gestreckte, seitlich eingedrückte Körper des Wolfsbarschs kann über 90 cm lang werden. Er hat eine lange dornige Rückenflosse, einen großen dreieckigen Kopf, auffallende Augen, ein kräftiges Gebiss und eine silberblaue oder grünliche Rückenfärbung.

Vorbereitung

Da die Haut des Wolfsbarschs sehr empfindlich ist, müssen die Schuppen sehr vorsichtig entfernt werden. Wird der Barsch nicht im Ganzen gegrillt oder gedünstet, sollte er nicht geschuppt werden. Außerdem bleibt das Fleisch saftiger und aromatischer, wenn der Fisch nicht gehäutet wird. Sobald er gegart ist, lassen sich die Schuppen leicht mit der Haut abziehen.

Zubereitung

Den Wolfsbarsch kann man dünsten, grillen, schmoren, braten, füllen oder flambieren. Er sollte jedoch so einfach wie möglich zubereitet werden, damit sein köstliches Aroma nicht überdeckt wird. Kalt serviert schmeckt er besonders gut.

Nährwerte

Kalorien	96
Fett	2 g
Eiweiß	18 g
	je 100 g

Das weiße Fleisch des Wolfsbarschs ist köstlich und aromatisch. Es ist sehr begehrt, weil es kaum Fett und nur wenig Gräten enthält und beim Garen sein Aroma nicht verliert.

Stör

Acipenser spp., **Acipenseridae**

Der lange, sehr schlanke Stör ist ein Wanderfisch, der ein Gewicht von bis zu 1 t und eine Länge von mehr als 4 m erreichen kann und seit mehr als 100 Millionen Jahren auf der Erde lebt. Man unterscheidet zwischen 4 Gattungen und 25 Einzelarten, zu denen auch der weiße Stör, der Scherg, der Waxdick, der Hausen und der Sterlet gehören. Einige Arten findet man nur in Süßwasser, während andere im Meer leben, aber flussaufwärts schwimmen, um dort zu laichen. Der Stör ist nicht nur der größte Süßwasserfisch, sondern hat auch die längste Lebenszeit: Er kann über 150 Jahre alt werden. Er lebt im Nordatlantik, Nordpazifik, Polarmeer, im Kaspischen und Schwarzen Meer sowie in zahlreichen Flüssen, beispielsweise im Rhein, in der Garonne, der Elbe, der Wolga und der Donau. Da der Stör vor allem wegen seines Rogens gefragt ist, der als »echter« Kaviar schon immer eine besondere Delikatesse war, wurde er viele Jahre lang intensiv befischt, sodass es zu einer drastischen Verminderung des Bestandes kam. Um diese Überfischung auszugleichen, werden inzwischen einige Arten in Fischfarmen gezüchtet.

Wie der Rochen und der Hai hat der Stör ein Knorpelskelett, während andere Fische ein Grätenskelett besitzen. Seinen zylindrisch geformten Körper überziehen fünf Reihen dorniger Knochenplatten, und seine harte, raue Haut hat keine Schuppen. Ihre Farbe richtet sich nach Art, Alter und Lebensraum. Der zahnlose Stör hat einen gegabelten Schwanz, und an seinem langen, spitzen Maul befinden sich vier Barteln.

Einkaufstipp

Stör wird gewöhnlich nicht frisch angeboten, sondern kommt tiefgefroren oder als Dosenware geräuchert, gesalzen oder mariniert auf den Markt. Sein Fleisch hat nur wenige Gräten und ist je nach Art sehr saftig, fest und aromatisch. Frisches Fleisch ist weiß mit blauen Adern, weniger frisches Fleisch dagegen rosa mit brauner oder gelber Äderung.

Nährwerte

Kalorien	90
Fett	1,9 g
Eiweiß	18 g
	je 100 g

Stör hat wenig Fett und ist reich an Nikotinsäure, Phosphor, Kalium und Vitamin B_{12}.

Vorbereitung

Da das Fleisch sehr fest ist, lässt man frisch gefangenen Stör vor der Zubereitung am besten 48 Stunden liegen oder legt ihn in eine Marinade, die das Fleisch ebenfalls zarter macht. Damit er besser gehäutet werden kann und leichter verdaulich wird, sollte man ihn vor der weiteren Zubereitung einige Minuten dünsten.

Serviervorschläge

Das sehr feste Störfleisch wird häufig mit dem Fleisch von Landtieren verglichen und kann wie dieses zubereitet werden. Auch Rezepte für Schwertfisch und Thunfisch sind gut geeignet. Köstlich schmeckt Stör geräuchert und kalt serviert. In Russland verwendet man das getrocknete Rückenmark (vesiga) als Füllung für Piroggen.

weißer Stör

Kaviar

Belugakaviar

Echter Kaviar besteht aus gesalzenem Störrogen. Essbar ist natürlich auch der Rogen einiger anderer Fischarten wie Lachs, Karpfen, Heilbutt, Weißfisch, Hering, Hecht oder Thunfisch, doch dürfen diese nicht als Kaviar verkauft werden. Vor allem Lachsrogen wird fälschlicherweise häufig als »roter Kaviar« bezeichnet. Bis zum Ende des 19. Jahrhunderts kam der Kaviar vor allem aus den Vereinigten Staaten; aufgrund von Überfischung brach die dortige Kaviarindustrie jedoch weitgehend zusammen. Heute kommt der gesamte Kaviar aus dem Schwarzen und dem Kaspischen Meer, wobei Russland und in geringerem Maße auch der Iran das Monopol besitzen.

Wie Champagner hat Kaviar einen hohen Prestigewert und teilt sich mit Safran und Trüffeln den Ruf, eines der teuersten Lebensmittel zu sein. Auch künftig wird Kaviar eine Rarität bleiben, da er einer einzigen Fischart entstammt und nur während eines sehr begrenzten Zeitraums gewonnen werden kann.

Störrogen wird den lebenden Fischweibchen entnommen, ehe diese zu laichen beginnen. Größe, Geschmack und Farbe der Eier hängen von der jeweiligen Störart ab (Beluga, Osetra, Sevruga). Sie können golden, schwarz, braun, dunkelgrün oder grau sein. Nachdem sie in kaltem Wasser gewaschen, gesiebt und nach Größe, Farbe, Konsistenz und Geschmack sortiert worden sind, salzt man sie ein und lässt sie reifen. Danach werden sie abgegossen, in Behälter gefüllt und gekühlt. Da die jeweilige Salzmenge die Qualität des Kaviars bestimmt, wird das Einsalzen besonders streng überwacht.

Einkaufstipp

Kaviar wird im Ganzen oder – bei reiferen Eiern – gepresst in Gläsern und Metallgefäßen verkauft. Kaviar in Spitzenqualität enthält weniger als 5% Salz und wird als *Malassol* (russisch: »leicht gesalzen«) angeboten, gepresster Kaviar heißt *Pajusnaja* und enthält 10% Salz.

Serviervorschläge

Kaviar sollte nie gekocht und immer kühl, aber nicht eingefroren aufbewahrt werden. Am besten stellt man den Kaviarbehälter auf Eis an die wärmste Stelle des Kühlschranks und nimmt ihn 15 Minuten vor dem Anrichten heraus. Kaviar wird meist pur oder mit 1 bis 2 Tropfen Zitronensaft zu Toast und Butter serviert. In Russland isst man dazu gerne *Blini* (kleine Buchweizenpfannkuchen) mit saurer Sahne und trinkt dazu Wodka.

Nährwerte

Kalorien	24
Fett	1,5 g
Eiweiß	2,6 g
	je 10 g

Kaviar enthält wenig Fett und ist reich an Vitamin A und B_{12} sowie Magnesium, Eisen und Natrium.

Aufbewahrung

Ungepresster Kaviar kann 1 Woche bei 0 bis 7 °C aufbewahrt werden; gepresster Kaviar hält sich ebenfalls einige Tage im Kühlschrank.

Sardine

Sardina pilchardus, Clupeidae

Die Sardine ist ein kleiner Fisch mit schlankem Körper und tritt in Schwärmen in den wärmeren Gewässern des Atlantiks, des Mittelmeers und des Pazifiks auf. Ihren Namen verdankt sie ihrem einstmals besonders reichen Vorkommen an der Küste Sardiniens, als die Sardinen dort noch in riesigen Schwärmen vorbeizogen. So berichtete ein englischer Autor Ende des 19. Jahrhunderts, dass ein einziges Boot in einer Nacht 80 000 Fische gefangen hatte. Mittlerweile hat die intensive Befischung zu einem beträchtlichen Abbau des Bestands geführt.

In der großen Familie der Clupeidae, zu der auch Hering, Sprotte und Alse gehören, gibt es sechs verschiedene Sardinenarten. Die Sardinen wurden als erster Fisch erstmals Anfang des 19. Jahrhunderts in Dosen konserviert. Heute zählen Portugal, Frankreich, Spanien und Norwegen zu den führenden Herstellern von Büchsensardinen.

Die zwischen 15 und 20 cm große Sardine ist von dünnen Schuppen überzogen. Ihr Rücken ist grün oder olivgrün, die Seiten sind goldfarben und der Bauch ist silbrig gefärbt. Sie hat einen gegabelten Schwanz und einen vorstehenden Unterkiefer.

Vorbereitung

Frische größere Sardinen müssen geschuppt, ausgenommen und gesäubert werden. Kleine, sehr frische Sardinen braucht man nur zu säubern.

Zubereitung

Konservierte Sardinen isst man meist »pur« oder mit ein wenig Zitronensaft beträufelt zum Butterbrot. Man kann sie auch marinieren oder eine Paté mit Zitronensaft, etwas Butter oder Frischkäse und Kräutern daraus zubereiten.

Nährwerte

Kalorien	118
Fett	4,5 g
Eiweiß	19,4 g
	je 100 g

Sardinen enthalten viel Phosphor, Vitamin B_6 und Nikotinsäure; die Gräten sind sehr kalziumhaltig, und das köstliche Fleisch ist relativ fett.

Einkaufstipp

Sardinen werden selten frisch angeboten, da sie sehr leicht schlecht werden. Manchmal werden sie geräuchert oder gesalzen verkauft, aber weitaus häufiger werden sie ausgenommen, ohne Kopf gegart und in Öl, Tomatensauce oder Weißwein eingelegt in Dosen konserviert. In Öl eingelegte Sardinen schmecken mit zunehmendem Alter sogar noch besser.

Serviervorschläge

Frische Sardinen lassen sich gut grillen. Man sollte jedoch Zubereitungsarten vermeiden, die den Fettgehalt erhöhen.

Aufbewahrung

Ungeöffnete Dosen sollten von Zeit zu Zeit umgedreht werden, damit alle Teile der Sardinen saftig bleiben. Geöffnete Dosen werden im Kühlschrank aufbewahrt.

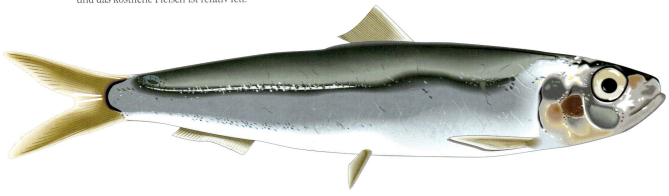

Anchovis (Sardelle)

Engraulis encrasicolus, Engraulidae

Die Anchovis ist ein kleiner Fisch mit seitlich zusammengedrücktem Kopf und Körper, hervortretenden Augen, einer tiefen Maulspalte und einem stark betonten Unterkiefer, der von einem runden Wulst umgeben ist. Ihre Rückenhaut ist hellgrün oder blaugrün, und die Seiten mancher Arten sind von einem Silberstreifen geschmückt. Anchovis sind zwischen 12 und 20 cm lang und wiegen etwa 50 g. Normalerweise halten sie sich in wärmeren Meeren auf, weshalb sie im Mittelmeer besonders häufig anzutreffen sind. Doch auch in kälteren Wassern wie etwa im Atlantik oder im Schwarzen Meer sind sie zu Hause.

Früher waren Anchovis wesentlicher Bestandteil von *Garum*, einem flüssigen Würzmittel, das den in der asiatischen Küche verwendeten Fischsaucen sehr ähnlich ist. Bei der Herstellung von Garum wurden stark gesalzene Anchovis und andere Fische wie Sprotten und Makrelen mit den Innereien größerer Fische und manchmal auch mit Garnelen, Austern und Seeigeln gemischt. Diese Mischung ließ man 2 bis 3 Monate in der Sonne stehen, bis eine dunkle Flüssigkeit entstanden war, seihte diese durch ein Sieb und füllte sie in kleine Flaschen ab.

Einkaufstipp

Da Anchovis sehr leicht verderben, werden sie kaum frisch angeboten. Meist gibt es sie in Gläsern oder Dosen in Salzlake oder Öl eingelegt. Anchovis sind auch in Form von Pasten, Cremes, Butter und als Extrakt erhältlich.

Serviervorschläge

In den Mittelmeerländern waren die Anchovis lange Zeit sehr beliebt und sind deshalb eine wichtige Zutat in zahlreichen Landesgerichten wie *Pissaladière, Tapenade, Anchoiade* und in Salaten. Anchovisextrakt wird zum Würzen von Suppen und Saucen verwendet, während Anchovisbutter hauptsächlich bei der Zubereitung von Fleisch und Fisch Verwendung findet, aber auch auf dunklem Brot gegessen wird.

Vorbereitung

Um das Salz von den Anchovis zu entfernen, wäscht man sie vorsichtig unter fließendem kaltem Wasser ab. Um den Geschmack der Anchovis zu verstärken, kann man sie 30 bis 90 Minuten in Milch, trockenen Wein oder Weinessig einlegen.

Nährwerte

	in Öl eingelegt
Kalorien	220
Fett	13,9 g
Eiweiß	24,1 g
	je 100 g

Anchovis haben einen hohen Fettgehalt.

Hering

Clupea harengus, Clupeidae

Der Hering ist nicht nur einer der bekanntesten Salzwasserfische, sondern gehört auch zu den weltweit am häufigsten gefangenen Fischen. Prähistorische Felszeichnungen, auf denen Fangmethoden dargestellt sind, bestätigen, dass er seit den Anfängen der Menschheitsgeschichte bekannt ist.

Heringe schwimmen in dichten Schwärmen nahe der Meeresoberfläche und waren einmal so zahlreich, dass sie große Teile des Atlantischen und Pazifischen Ozeans bedeckten. Obwohl die Heringsbestände durch Überfischung mittlerweile stark zurückgegangen sind, ist der Heringsfang in vielen Ländern nach wie vor das wichtigste Standbein der Fischindustrie.

Der Hering, dessen Körperform je nach Art und Umgebung leicht variiert, ist meist 15 bis 30 cm lang, kann aber auch eine Länge von mehr als 45 cm erreichen und wiegt zwischen 300 und 800 g. Der mit großen, weichen Schuppen bedeckte Körper endet in einem gegabelten Schwanz. Die Rückenhaut des Herings ist blaugrün oder blauschwarz, die Seiten sind silberfarben.

Einkaufstipp

Hering wird frisch oder eingefroren im Ganzen oder filetiert angeboten. Außerdem ist er als Konserve, mariniert, gesalzen und geräuchert erhältlich.

Vorbereitung

Frischer Hering braucht nicht geschuppt zu werden, da er seine Schuppen oft schon beim Waschen verliert. Man kann ihn entweder durch die Kiemen ausnehmen oder indem man das Rückgrat gleich unterhalb des Kopfs durchtrennt.

Zubereitung

Frischer Hering schmeckt gegrillt, gebacken oder gebraten. Da er leicht zerfällt, eignet er sich nicht zum Dämpfen oder Dünsten und sollte auch nicht zu lange gegart werden.

Serviervorschläge

Das weiße Fleisch des Herings, dessen zahlreiche Gräten sich leicht entfernen lassen, ist sehr fetthaltig und aromatisch. Der vielseitig verwendbare Fisch wird als Räucherhering, Salzhering, Bückling, Brathering, Matjeshering, grüner Hering oder Hering in Aspik zubereitet. Darüber hinaus ist er in vielen Rezepten ein guter Ersatz für die Makrele.

Räucherhering wird im Ganzen oder filetiert heiß geräuchert (kurze Zeit über direkter Hitze) oder kalt geräuchert (längere Zeit bei indirekter Hitze).

Salzhering wird im Ganzen oder ausgenommen zuerst 2 bis 6 Tage in Salz eingelegt und danach für einen längeren Zeitraum kalt geräuchert. Ganze Fische werden in Fässern oder Holzkisten gelagert einzeln angeboten, während Salzheringsfilets als Konserve, im Glas oder eingeschweißt auf den Markt kommen. Daneben gibt es marinierte Salzheringe und Salzheringsrogen, die ebenfalls als Konserve erhältlich sind.

Bücklinge werden einige Stunden in Salzlake eingelegt und danach geräuchert. Bei dieser Zubereitungsart, die vor allem bei uns und in Holland beliebt ist, werden die Heringe während des Räuchervorgangs teilweise gegart und können deshalb ohne weiteres Kochen gegessen werden. Sie halten sich etwa 4 Tage.

Brathering ist ein ausgenommener Hering, der ohne Kopf gebraten und anschließend in einem sauren Aufguss oder einer Tunke eingelegt wird. Nach dem Pasteurisieren kommt der Brathering als Fischhalbkonserve mit begrenzter Haltbarkeit in den Handel. Bratheringshappen werden aus Stücken von entweideten Heringen zubereitet.

Matjeshering ist ein mild gesalzener Hering. Durch das Einlegen von frischem, rohem Hering in eine Salzlake gart das Fischfleisch und gewinnt dabei an Aroma. Matjesfilet wird klassisch in einer Sahnemarinade mit Gewürzgurken und Zwiebeln serviert.

Grüner Hering heißt der Hering, der fangfrisch verkauft wird. Er ist am Rücken grünblau gefärbt und an den Seiten silbrig glänzend.

Hering

Eingelegte Salzheringsfilets

FÜR 4 PORTIONEN

400 g Salzheringsfilets	1 Zweig Thymian
½ l Milch	2 Lorbeerblätter
1 Zwiebel	12 schwarze
1 Karotte	Pfefferkörner
1 Zitrone	Pflanzenöl

1. Die Salzheringe in eine flache Schüssel legen. Die Milch mit etwas Wasser verdünnen und über die Heringe gießen. Die Fische 6 Stunden marinieren lassen, kurz unter kaltem Wasser abwaschen und trockentupfen.

2. Die Zwiebel schälen und in Ringe schneiden. Die Karotte und die Zitrone schälen und in dünne Scheiben schneiden.

3. Die Heringsfilets in eine Glasschüssel geben. Zwiebelringe, Karotten- und Zitronenscheiben, Thymian, Lorbeerblätter und Pfefferkörner darüber verteilen und alles mit Öl bedecken. Die Heringe 2 Tage ziehen lassen und abgetropft zu Kartoffelsalat servieren.

Nährwerte

Kalorien	233
Fett	17,8 g
Eiweiß	18,2 g
	je 100 g

Hering ist sehr fetthaltig. Er enthält reichlich Vitamine der B-Gruppe sowie viel Phosphor und Kalium.

frischer Hering

Räucherhering

Makrele

Scomber spp., Scombridae

Die sehr schöne, schlanke Makrele ist in den meisten Meeren heimisch, so auch im Pazifik, im Atlantik und im Mittelmeer. Sie gehört zur Familie der Scombridae, deren Name sich von dem griechischen Wort für Makrele = *skombros* ableitet. Einige Makrelenarten wie etwa die Europäische Makrele haben keine Schwimmblase und müssen deshalb ständig schwimmen, um nicht zu sinken. Sie bewegen sich mit hoher Geschwindigkeit durchs Wasser und ziehen manchmal kilometerweit in riesigen Schwärmen, wobei sie oft Heringsschwärme begleiten.

Die Makrele gehört zur selben Familie wie der Thunfisch und der Königsdorsch. Die am häufigsten vorkommenden Arten sind die Europäische Makrele und die Mittelmeermakrele.

Die **Europäische Makrele** *(Scomber scomburs)* ist meistens zwischen 30 und 50 cm lang und wiegt zwischen 0,5 und 1 kg, sie kann aber auch fast 60 cm erreichen und über 2 kg schwer werden. Ihr spindelförmiger Körper hat eine stahlblaue Rückenhaut, perlmuttfarbene Bauchhaut und sehr dünne Schuppen (längere am Rumpf, kürzere am Ende des Körpers), welche die Oberfläche des Fisches sehr glatt erscheinen lassen. Den Rücken schmücken 23 bis 33 dunkle Wellenbänder, vergleichbar den Streifen eines Tigers. Ihre beiden Rückenflossen stehen weiter auseinander als bei anderen Makrelenarten, und sie hat einen schmalen, gegabelten Schwanz.

Die bis zu 50 Zentimeter lange **Mittelmeermakrele** *(Scomber japonicus)* ähnelt der Europäischen Makrele, hat aber größere Augen und weniger ausgeprägte Streifen, dafür jedoch dunkle Flecken auf der Bauchhaut. Man findet sie im östlichen Atlantik, im Mittelmeer, im Schwarzen Meer und im Pazifik.

Das aromatische und ziemlich fette Fleisch der Makrele ist von gebrochenem Weiß. Wie beim Thunfisch ist es von einer relativ dunklen Außenschicht umgeben, die zwar das Aroma verstärkt, den Fisch aber schwerer verdaulich macht. Entfernt man diese Schicht und mariniert das übrige Fleisch oder reibt man es mit Marinade ab, wird es bekömmlicher.

Europäische Makrele

Makrele

Einkaufstipp

 Makrele wird frisch oder eingefroren im Ganzen oder als Filet angeboten. Als Dosenware wird sie auch in Wasser, Sauce, Weißwein oder Öl eingelegt. Wie Hering wird auch die Makrele oft gesalzen oder geräuchert und dann als Bückling oder Räucherfisch verkauft.

Frische Makrelen sollten fest und steif sein (da sie etwa 24 Stunden nach dem Fang weich werden, ist Starre ein Zeichen für Frische), einen metallischen Glanz, helle Augen und einen sehr hellen, gerundeten Bauch haben.

Vorbereitung

Um Makrelen zu filetieren, löst man die Gräten zwischen den beiden Seiten des Fisches mit einem Messer vorsichtig vom Fleisch.

Makrele mit Stachelbeeren

FÜR 4 PORTIONEN

4 küchenfertige Makrelen à 250 g	Salz
2 Knoblauchzehen	frisch gemahlener Pfeffer
1 Zwiebel	Muskatnuss
½ Bund Petersilie	etwas Öl zum Bestreichen
1 EL Butter	1 Zitrone, in Scheiben geschnitten
250 g Stachelbeeren	

1. Die Makrelen waschen und trockentupfen. Knoblauch und Zwiebel schälen und fein schneiden. Die Petersilie ebenfalls sehr fein schneiden. Alles vermischen und die Fische damit füllen.

2. Einen großen Topf, in dem die Fische nebeneinander Platz haben, einbuttern und die Makrelen Kopf an Schwanz hineinlegen.

3. Die Stachelbeeren mit einem Löffel leicht zerdrücken. 1 Glas Wasser (200 ml) über die Beeren gießen und über den Fisch verteilen. Die Makrelen mit Salz, Pfeffer und etwas Muskatnuss würzen.

4. Ein Stück Alufolie mit Öl bestreichen, den Topf mit der Folie verschließen und die Fische bei mittlerer Hitze 30 Minuten auf dem Herd oder 25 Minuten im Backofen bei 190 °C (Umluft 170 °C, Gas Stufe 3) garen. Den Fisch mit Zitronenscheiben garniert servieren.

Serviervorschläge

Makrelen sollten möglichst bald verbraucht werden, da sie rasch verderben.

Makrelen lassen sich auf verschiedenste Weise zubereiten und können warm oder kalt gegessen werden; sie schmecken aber auch geräuchert oder mariniert sehr gut. Makrelen können meist an Stelle von Dosenthunfisch, Hering oder Alse verwendet werden.

Zubereitung

 Am besten schmeckt Makrele gebacken, gegrillt, in Alufolie gegart oder in einem Sud gedünstet.

Aufbewahrung

Die Makrele verliert beim Einfrieren einen Großteil ihres Geschmacks.

Nährwerte

Kalorien	180
Fett	11,6 g
Eiweiß	18,8 g
	je 100 g

Sackbrasse

Chrysophrys aurata, Sparidae

Die Sackbrasse, ein Küstenfisch, der sich in den warmen Gewässern des Atlantiks und Mittelmeers aufhält und vor allem in Südeuropa, Australien und Neuseeland sehr reichlich vorkommt, hat einen ovalen Körper mit flachen Seiten und wirkt trotz ihrer recht gedrungenen Gestalt eher lang gestreckt. Sie ist zwischen 20 und 35 cm lang und wiegt zwischen 300 g und 3,5 kg. An den Flossen befinden sich harte Dornen, und ihre rosafarbene bis rötliche Haut ist von kleinen blauen Punkten und zahlreichen großen Schuppen überzogen. Die Sackbrasse hat einen großen Kopf mit großen Augen, eine hakenartig gebogene Stirn, ein kleines Maul und ein kräftiges Gebiss, mit dem sie Schalentiere zerkleinert.

Einkaufstipp

Sackbrassen werden meist frisch und ausgenommen oder gefroren als Filets angeboten.

Nährwerte

Kalorien	73
Fett	0,5 g
Eiweiß	16 g
	je 100 g

Das magere weiße Fleisch der Sackbrasse ist sehr aromatisch und würzig.

Vorbereitung

Am besten wird der Fisch gleich nach dem Fang geschuppt, da sich die zahlreichen großen, klebrigen Schuppen dann weniger schwer entfernen lassen. Bei Filets lässt sich das Schuppen umgehen, indem man einfach die leicht zu entfernende dicke Haut abzieht. Wenn der Fisch gehäutet und filetiert ist, lassen sich die vielen Gräten leicht mit den Fingern herausziehen.

Serviervorschläge

Die Sackbrasse kann auf jede Weise zubereitet werden, wobei die einfachsten Methoden am besten sind. Köstlich schmeckt sie in *Sashimi* und *Ceviche* oder geräuchert; auch ihr Rogen gilt als Delikatesse.

Meeraal

Conger spp., Congridae

Der Meeraal sieht aus wie eine große Schlange und besitzt ein überaus kräftiges Gebiss. Er wird oft mit Aalen aus der Familie der *Anguillidae* verwechselt, hat aber im Unterschied zu diesen ein großes Maul, große ovale Augen, einen vorspringenden Oberkiefer und glatte, schuppenlose Haut. Seine Färbung richtet sich nach seinem jeweiligen Lebensraum, ist aber immer regelmäßig.

Der Meeraal kann bis zu 3 m lang und über 50 kg schwer werden, wobei die Weibchen meistens größer sind als die Männchen. Der in Atlantik, Pazifik und Mittelmeer beheimatete Meeraal ist besonders häufig in den Küstengewässern Chiles und Europas anzutreffen. Es gibt verschiedene Arten, wobei der schwarze Meeraal, der oft in Gemeinschaft mit Hummern unter Felsen lebt, der begehrteste ist.

Einkaufstipp

Meeraal wird küchenfertig im Ganzen oder in Stücke oder Scheiben geschnitten angeboten. Das feste weiße Fleisch enthält außer am Schwanz nur wenig Gräten. Sein Geschmack hängt von der jeweiligen Art und Größe des Fischs ab; je kleiner der Fisch ist, desto milder ist sein Aroma.

Serviervorschläge

Meeraal ist Bestandteil der *Bouillabaisse* oder der *Matelote* und kann auf jede Art zubereitet werden.

Nährwerte

Kalorien	100
Fett	3 g
Eiweiß	20 g
	je 100 g

Das magere Fleisch des Meeraals ist reich an Kalium und Magnesium.

Schwertfisch

Xiphias gladius, Xiphiidae

Der Schwertfisch verdankt seinen Namen seinem ungewöhnlich langen und schmalen Oberkiefer. Er ist in den meisten Meeren zu Hause, besonders häufig jedoch im Atlantik, in der Nord- und Ostsee sowie im Mittelmeer anzutreffen. Vor allem die ausgewachsenen Fische sind für ihre Geschwindigkeit – sie können sich mit bis zu 100 km pro Stunde durch das Wasser bewegen – und die Kraft ihres muskulösen, schuppenlosen Körpers bekannt.

Der Schwertfisch hat ein großes zahnloses Maul und eine sehr lange, relativ spitze Rückenflosse. Seine Rückenhaut ist blau, blaugrau oder braun, die Bauchhaut schwarz, weiß oder silberfarben. Der Schwertfisch ist meistens zwischen 1,8 und 3 m lang und wiegt 100 bis 250 kg; es gibt aber auch Fische von 4,5 m Länge, die ein Gewicht von über 1 t erreichen können. Das gestreifte weiße Fleisch ist wegen seiner festen Konsistenz und seines würzigen Geschmacks sehr gefragt.

Einkaufstipp

Schwertfisch wird frisch meist als Steak angeboten. Es gibt ihn auch geräuchert, gefroren oder als Konserve. Schwanz und Flossen sind ebenfalls essbar.

Vorbereitung

Frischer Schwertfisch ist bekömmlicher, wenn er vor der Zubereitung 10 bis 15 Minuten gedünstet wird.

Zubereitung

Schwertfisch ist gegrillt, geschmort oder gebraten eine Delikatesse und schmeckt auch mariniert sehr gut. Steaks oder Filets benötigen gegrillt 5 bis 7 Minuten je Seite, geschmort 20 bis 30 Minuten und sautiert 4 bis 6 Minuten je Seite. Bei zu langer Garzeit trocknet Schwertfisch leicht aus.

Nährwerte

Kalorien	117
Fett	4,4 g
Eiweiß	19,4 g
	je 100 g

Schwertfisch ist reich an Vitamin B_{12}, Nikotinsäure, Kalium und Phosphor.

Knurrhahn

Trigla spp., Triglidae

Roter Knurrhahn

Dieses Mitglied aus der Familie der Triglidae heißt Knurrhahn, da seine Schwimmblase ein knurrendes Geräusch hervorbringt, wenn er aus dem Wasser geholt wird. Der Knurrhahn ist im Atlantik und Mittelmeer zu Hause, lebt aber auch im Pazifik, wo er vor allem in den Küstengewässern Australiens, Neuseelands, Japans und Südafrikas zu finden ist.

Der recht sonderbar aussehende Fisch hat große, schräg stehende Augen und einen großen knochengepanzerten Kopf. Seinen lang gestreckten, meist roten oder rosafarbenen Körper bedecken kleine harte Schuppen sowie zahlreiche stachelige Flossen, die an Vogelflügel erinnern. Der Knurrhahn benutzt seine Brustflosse, um sich auf dem Meeresboden fortzubewegen, wo er den Sand aufwirbelt und auf diese Weise Nahrung aufspürt und sich Deckung verschafft. Fischer werfen den Knurrhahn oft zurück ins Meer, weil er für einen Fisch dieser Größe sehr wenig Fleisch hergibt. Sein leicht flockiges, rosafarbenes Fleisch schmeckt jedoch köstlich. Von den vielen verschiedenen Arten sind vor allem der Graue Knurrhahn, auch Gurnard genannt, und der Rote Knurrhahn am bekanntesten.

Der **Graue Knurrhahn** *(Eutrigla gurnardus)* mit seinem festen, würzigen Fleisch kann bis zu 50 cm lang werden. Seine graue Rückenhaut hat einen leichten Rotstich und ist von unzähligen kleinen weißen Punkten übersät. Er ist vor den Küsten Islands und Norwegens wie auch im Mittelmeer zu finden.

Der **Rote Knurrhahn** *(Aspitrigla cuculus)* kann eine Länge von bis zu 30 cm erreichen und ist im Mittelmeer wie auch im Atlantik und im Pazifik zu Hause. Da er sehr wenig Fleisch hat, verwendet man ihn gerne für Suppen.

Vorbereitung

Vor der Zubereitung sollten die stacheligen Flossen entfernt werden, da man sich leicht daran verletzen kann. Der Fisch wird im Ganzen oder in Filets oder Stücke geschnitten zubereitet. Die Haut lässt sich leicht abziehen.

Nährwerte

Kalorien	100
Fett	3 g
Eiweiß	17 g
	je 100 g

Knurrhahn ist reich an Kalium und Kalzium.

Serviervorschläge

Der Knurrhahn eignet sich sehr gut für die *Bouillabaisse* oder *Matelote*. Köstlich schmeckt der Knurrhahn auch gebacken, gedünstet, gebraten oder geräuchert.

Zubereitung

Knurrhahn trocknet leicht aus, wenn man ihn bei sehr hohen Temperaturen gart. Wird er mit Haut gegrillt oder gebacken, sollte man ihn vorher mit Öl oder einer Marinade bestreichen, damit die zarte Haut besser geschützt ist.

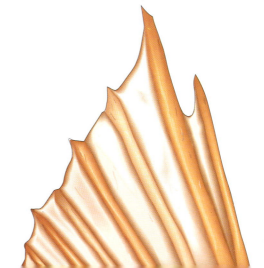

Neunauge

Petromyzon spp., Petromyzontidae

Wie der Aal, der Meeraal und die Muräne ähnelt das Neunauge einer Schlange. Es ist eines der wenigen noch lebenden Rundmaul-Wirbeltiere mit kieferlosem Saugmaul und einer von Hornzähnen bedeckten Zunge. Die meisten Neunaugen, von denen es 8 verschiedene Gattungen und etwa 30 Einzelarten gibt, sind Parasiten, da sie sich an anderen Fischen wie Lachs, Kabeljau oder Karpfen festsaugen und sich von deren Fleisch und Blut ernähren. Sie leben zwar im Meer, kehren aber ins Süßwasser zurück, um dort zu laichen. Neunaugen waren einst bei den amerikanischen Ureinwohnern der Pazifikküste sehr beliebt und gelten in manchen europäischen Ländern als Delikatesse.

Die Haut der Neunaugen hat keine Schuppen und ist weich und klebrig; ihre Farbe richtet sich nach der jeweiligen Entwicklung und ist häufig blaugrau, braungrau oder olivgrün und immer gefleckt. Neunaugen sind zwischen 15 und 100 cm lang und haben hinter dem Kopf sieben Paar lochartige Kiemenöffnungen.

Eine auf beiden Seiten des Atlantiks häufig anzutreffende Art ist das **Meeresneunauge** *(Petromyzon marinus)*, das zwischen 50 und 85 cm lang wird. Das 30 bis 45 cm lange **Flussneunauge** *(Lampetra fluviatilis)* ist an den Küsten Europas und selbst noch in den kalten Gewässern Sibiriens zu Hause, während das **Pazifische Neunauge** *(Entosphenus tridentatus)* in den Küstengewässern Amerikas anzutreffen ist.

Serviervorschläge

Das fette, grätenlose Fleisch der Neunaugen ist delikater als Aalfleisch, wird aber ebenso zubereitet. Das Meeresneunauge hat feineres Fleisch als das Flussneunauge, wobei das Fleisch der männlichen Tiere noch aromatischer ist als das der Weibchen.

Neunauge *à la bordelaise* ist ein bekanntes französisches Feinschmeckerrezept.

Zubereitung

Neunaugen werden häufig gegrillt und in Fischeintöpfen wie der *Matelote* oder in Pasteten verwendet.

Nährwerte

Kalorien	252
Fett	18 g
Eiweiß	21 g
	je 100 g

Seefische

Felsenfisch

Sebastes spp., Scorpaenidae

Großer Rotbarsch

Der Felsenfisch, ein Mitglied der Familie der Scorpaenidae, zu der etwa 60 Gattungen und 310 Arten zählen, lebt in den Tiefen der nördlichen Meere und in den flachen Wassern der südlichen Meere. An den Pazifikküsten Nordamerikas gibt es über 100 Arten, doch er ist auch im Atlantik und im Mittelmeer zu Hause.

Der Felsenfisch ist für gewöhnlich zwischen 20 und 55 cm lang und wiegt zwischen 0,5 und 2,5 kg. Einige seiner Flossen sind mit Stacheln versehen. Seine Haut ist von unregelmäßig geformten Schuppen überzogen, die meist rot, rosa oder orange gefärbt sind. Durch sein großes Maul mit dem vorspringenden Unterkiefer, einen knochigen Auswuchs am Kopf und seine stark hervortretenden Augen ist der Felsenfisch zwar nicht sehr attraktiv, sein meistens rosafarbenes, festes Fleisch ist jedoch sehr aromatisch. Zu den bekanntesten Vertretern aus der Familie der Scorpaenidae gehören der Große Rotbarsch, der Große Rote Drachenkopf und der Braune Drachenkopf.

Der **Große Rotbarsch** oder **Goldbarsch** *(Sebastes marinus)* ist normalerweise zwischen 35 und 55 cm lang, kann aber auch eine Länge von über 90 cm erreichen. Er hat einen hellroten Körper mit einem dunklen Fleck auf den Operculi, den Knochenplatten des Kiemendeckels. Der lebend gebärende Große Rotbarsch ist auf beiden Seiten des Atlantiks zu Hause.

Der **Große Rote Drachenkopf** *(Scorpaena scrofa)* kann bis zu 50 cm lang werden, misst meist jedoch nur 30 cm. Seine Rückenhaut ist für gewöhnlich orangerot oder hellrosa mit dunkler Maserung. Er ist in den tiefen Gewässern des Mittelmeers und des östlichen Atlantiks zu Hause. Seinen Namen hat er von den giftigen Stacheln seiner Rückenflossen. Er wird gerne für Fischeintöpfe wie *Bouillabaisse* oder *Matelote* verwendet.

Der **Braune Drachenkopf** *(Scorpaena porcus)*, auch **Kleine Meersau** genannt, kann bis zu 25 cm lang werden, erreicht meist aber nur 15 cm. Seine Rückenhaut ist bräunlich, die Flossen sind braun gefleckt. Er kommt in den flachen Gewässern des Mittelmeers vor.

Einkaufstipp

Felsenfisch wird frisch oder gefroren im Ganzen oder filetiert angeboten.

Vorbereitung

Bei ganzen Fischen empfiehlt es sich, die stacheligen Flossen zu entfernen.

Nährwerte

Kalorien	94
Fett	2 g
Eiweiß	19 g
	je 100 g

Serviervorschläge

Dieser Fisch schmeckt roh, gegart und geräuchert sowohl warm als auch kalt sehr gut. In Südfrankreich ist der Drachenkopf ein »Muss« für die *Bouillabaisse*.

Zubereitung

Felsenfisch kann im Ganzen oder als Filet auf jede Weise zubereitet werden. Das Fleisch fällt nicht so leicht auseinander, wenn der Fisch vor dem Dünsten in Fischsud oder vor dem Grillen nicht gehäutet wird.

Barbe

Mullus spp., **Mullidae**

Die Barbe, auch Ziegenfisch genannt, ist in den warmen, flachen Gewässern von Pazifik, Mittelmeer, Atlantik und Indischem Ozean zu Hause. Die großen Augen sitzen auf der Oberseite des ausgeprägten Kopfs, der Schwanz ist gegabelt und die Brustflosse ist mit einem Stachel versehen. Den Namen »Ziegenfisch« verdankt sie den beiden an den Bart eines Ziegenbocks erinnernden Barteln, die an dem Unterkiefer hängen und ihren Tast- und Geschmackssinn verstärken. Die mit großen Schuppen überzogene Haut kann unterschiedlich gefärbt sein, ist aber meistens rötlich oder rosa. Da sie nach dem Fangen rasch ihren Glanz verliert, ist dieser ein untrügliches Zeichen für Frische. Zu den im Mittelmeer am häufigsten vorkommenden Arten gehören die Streifenbarbe, der Rote Ziegenfisch und die Rote Meerbarbe.

Die **Streifenbarbe** *(Mullus surmuletus)* ist zwischen 20 und 25 cm lang. An ihrer Brustflosse befinden sich einige Flossenstrahlen. Unter den Augen sitzen zwei Schuppenplättchen. Ihre rötliche Haut wird von einigen gelben Streifen gemustert, und ein brauner Streifen zieht sich jeweils vom Auge bis zum Schwanz.

Der **Rote Ziegenfisch** gleicht der Streifenbarbe, doch ist der Rückenstreifen gelb. Seine Brustflosse hat jeweils einen orangefarbenen und einen gelben Streifen.

Die **Rote Meerbarbe** *(Mullus barbatus)* ist meistens zwischen 10 und 20 cm lang. Unter den Augen hat sie jeweils drei Schuppen, und ihre Haut ist goldfarben.

Serviervorschläge

Obwohl die Barben sehr grätenreich sind, macht ihr köstliches Fleisch sie zu begehrten Speisefischen. Sie sollten so einfach wie möglich zubereitet werden, damit ihr köstliches Aroma nicht überdeckt wird. Kleine Barben können im Ganzen oder ausgenommen gegart werden, wobei die wohlschmeckende Leber nicht entfernt werden sollte.

Vorbereitung

Barben sollten wegen ihrer zarten Haut sehr vorsichtig geschuppt werden.

Nährwerte

Kalorien	88
Fett	2 g
Eiweiß	20 g
	je 100 g

Das magere, feste Fleisch der Barben enthält viele kleine Gräten.

Barbe

Lachs

Oncorhynchus spp. und *Salmo salar,* Salmonidae

Der Lachs ist ein prächtiger Fisch, der seit dem Altertum sehr geschätzt wird. Fünf Lachsarten *(Oncorhynchus spp.)* leben im Pazifik und eine weitere im Atlantik *(Salmo salar)*. Darüber hinaus gibt es eine Lachsart, die sich nur im Süßwasser aufhält *(Salmo salar ouananiche)*.

Der Lachs, der einmal im Überfluss vorhanden war, ist heute aufgrund von Überfischung, Umweltverschmutzung und Dammbauten sehr viel seltener geworden. Der Atlantiklachs war sogar vom Aussterben bedroht. Aufgrund von Lachsfarmen und strenger Überwachung konnte er jedoch überleben.

Die Lachse werden im Süßwasser geboren, verbringen je nach Art 1 bis 4 Jahre im Meer und kehren dann an ihre Geburtsorte zurück, um dort zu laichen, wobei viele Lachse bis zu 1500 km zu ihren Laichgründen zurücklegen. Die Weibchen legen bis zu 13 000 Eier, während die Männchen nach der Befruchtung sterben. Der Lachs unterscheidet sich von der nahe verwandten Forelle durch seine Analflosse, die aus 12 bis 19 Flossenstrahlen besteht. Je nach Art variiert die Gestalt seines lang gestreckten, etwas zusammengedrückten Körpers. Seine Haut ist mit weichen Schuppen bedeckt und oftmals gepunktet. Die Farbe ist von der jeweiligen Art wie auch von der Jahreszeit abhängig. Zu den Pazifiklachsen gehören Riesenlachs, roter Lachs, Silberlachs, Buckellachs und Ketalachs:

Der **Riesenlachs** *(Oncorhynchus tshawytscha)* ist zwischen 85 und 90 cm lang und wiegt 15 bis 20 kg. Seine Rückenhaut ist olivgrün, Seiten und Bauch sind silbern, die unteren Kiemen sind schwarz. Rücken, Kopfdecke und Seiten sind schwarz gepunktet, das Fleisch ist hellrosa bis dunkelorange. Der Riesenlachs wird frisch, gefroren oder geräuchert angeboten, selten als Konserve. Vor allem geräuchert ist dieser Lachs sehr begehrt.

Der **rote Lachs** *(Oncorhynchus nerka)* rangiert hinsichtlich der Qualität gleich hinter dem Riesenlachs. Er wird im Durchschnitt 60 bis 65 cm lang und bringt 3 bis 5 kg auf die Waage. Seine Rückenhaut ist von bläulichem Grün, die Seiten und der Bauch sind silberfarben. Das feste, sehr aromatische Fleisch ist von stumpfem Rot und behält seine Farbe auch in konservierter Form. Der relativ dünne, schlanke Fisch eignet sich besonders gut zum Konservieren, er wird aber auch geräuchert oder gesalzen angeboten.

Der **Silberlachs** *(Oncorhynchus kisutch)* erreicht eine Länge von 45 bis 60 cm und wiegt zwischen 2,5 und 5 kg. Seine metallisch blaue Rückenhaut schmücken kleine schwarze Punkte, Seiten und Bauch sind silbern. Der Silberlachs ist nach Riesenlachs und rotem Lachs die wirtschaftlich wichtigste Art, wobei sein orangerotes Fleisch jedoch nicht ganz so gut wie das der anderen beiden Lachsarten ist und schneller zerfällt. Silberlachs wird häufig als Konserve, aber auch frisch, gefroren, geräuchert oder mariniert angeboten.

Der **Buckellachs** *(Oncorhynchus gorbuscha)* ist der kleinste unter den Pazifiklachsen. Er wächst sehr schnell heran, misst 40 bis 48 cm und wiegt zwischen 1,5 und 2,5 kg. Seine bläulich grüne Rückenhaut ist von großen schwarzen Flecken bedeckt, seine Seiten sind silberfarben. Der Buckellachs wurde aufgrund seines weichen rosaroten Fleisches, das leicht zerfällt, lange Zeit für minderwertig erachtet. Er wird meist als Konserve, aber auch frisch, geräuchert oder gefroren angeboten.

Der **Ketalachs** *(Oncorhynchus keta)* ist etwa 60 cm lang und wiegt 5,5 bis 6,5 kg. Seine Rückenhaut ist metallisch blau, Seiten und Bauch sind silbern, die Seiten zieren hellviolette Streifen. Sein Fleisch kann in Geschmack und Konsistenz mit dem der anderen Lachsarten nicht mithalten. Es ist hellrosa, schwammig weich und zerfällt in kleine Stücke, enthält jedoch weniger Fett als das der anderen Lachsarten. Es schmeckt frisch am besten, wird aber auch als Konserve, gefroren, gepökelt und geräuchert angeboten.

Lachssteak

Lachs

Der **Atlantiklachs** *(Salmo salar)* ist der einzige im Atlantik beheimatete Lachs. Im Unterschied zum Pazifiklachs stirbt er nach dem Laichen nicht, sondern kann sich im Gegenteil zwei- bis viermal fortpflanzen. Der Atlantiklachs, dessen Körperform derjenigen der anderen Lachse gleicht, ist bekannt für seinen Kampfgeist. Seine Rückenhaut ist braun, grün oder blau, Seiten und Bauch sind silbern, doch kann sich die Hautfarbe im Lauf der Zeit verändern. Der Atlantiklachs ist zwischen 80 und 85 cm lang und wiegt etwa 5 kg. Sein rosa Fleisch besitzt ein köstliches Aroma und wird frisch, gefroren oder geräuchert verkauft. Es sollte so einfach wie möglich zubereitet werden, damit der delikate Geschmack nicht überdeckt wird.

Der **Ouananiche** ist ein köstlicher kleiner Süßwasserlachs, der ursprünglich wie alle anderen Lachsarten im Salzwasser beheimatet war und heute in den Seen und Flüssen an der Ostküste Nordamerikas und in Skandinavien zu Hause ist. *Ouananiche* bedeutet in Montagnais, der Sprache des Qubec-Stammes, »kleiner Verlorener«. Dieser Fisch unterscheidet sich nicht nur wegen seines Lebensraums, sondern auch wegen einiger physischer Besonderheiten von den anderen Lachsen: Er ist kürzer als diese – zwischen 20 und 60 cm – und wiegt kaum mehr als 6,5 kg. Seine relativ langen, kräftigen Flossen und seinen großen, kräftigen Schwanz hat er aufgrund der schnell fließenden Gewässer entwickelt, in denen er lebt. Außerdem hat er verhältnismäßig große Zähne und Augen. Seine schwarze Rückenhaut sprenkeln viele genau gezeichnete Punkte. Seine Seiten sind bläulich grau, der Bauch ist silberfarben. Der Ouananiche kann wie Lachs oder Forelle zubereitet werden.

Riesenlachs

Atlantiklachs

Lachs

Räucherlachs

Einkaufstipp

Lachs wird frisch, gefroren, geräuchert, gesalzen, getrocknet und als Konserve verkauft; Lachsrogen wird oft in Gläsern angeboten. Frischer oder eingefrorener Lachs ist im Ganzen, als Steak, in Stücken oder als Filet erhältlich; geräucherter Lachs wird meist in Plastikfolie eingeschweißt oder gefroren angeboten. Räucherlachs darf keine trockenen oder braunen Stellen aufweisen, glänzen oder Flüssigkeit absondern; dunkler Räucherlachs kann sehr salzig sein.

Vorbereitung

Lachs wird vor dem Garen geschuppt und ausgenommen. Er braucht nicht gewaschen, sondern nur abgetupft zu werden.

Zubereitung

Lachs kann im Ganzen oder in Stücke bzw. Steaks geschnitten auf vielerlei Weise zubereitet werden und schmeckt warm wie kalt gleichermaßen gut.

Aufbewahrung

Aufgrund seines fettreichen Fleisches verdirbt Lachs relativ schnell. Im Kühlschrank hält er sich höchstens 2 bis 3 Tage.

Nährwerte

Der Riesenlachs enthält am meisten Fett, während roter Lachs, Atlantiklachs und Silberlachs mittelfett und roher Buckellachs und Ketalachs mager sind.

Serviervorschläge

Bei der Zubereitung von frischem Lachs, dessen Fleisch nahe des Kopfes aromatischer ist als in Schwanznähe, sollte man möglichst Rezepte wählen, die sein einzigartiges Aroma nicht überdecken. Räucherlachs wird gerne mit Kapern und fein gewiegten Zwiebeln serviert. Er gibt vielen Gerichten wie belegten Broten, Salaten, Omelettes, Nudelgerichten, Cremes und Quiches den letzten Pfiff. Das Fleisch von Dosenlachs, das gekocht und im eigenen Saft eingelegt ist, enthält meistens Gräten, die jedoch sehr gut mitgegessen werden können, da sie sehr zart sind und sofort zerfallen (außerdem enthalten sie viel Kalzium). Dosenlachs schmeckt auf belegten Broten, in Salaten, Saucen, Omelettes, Quiches, Cremes, Soufflés, Pasteten und Crêpes. Lachs ist auch als Paste erhältlich, die hauptsächlich für Sandwiches und Canapés verwendet wird. Eine Delikatesse ist der Lachsrogen, der fälschlicherweise manchmal auch als »roter Kaviar« bezeichnet wird.

Lachs in Aspik

FÜR 4 PORTIONEN

1 kg frischer Lachs	2 EL Madeira
2 l Fischsud	2 EL gehackte Petersilie
1 Päckchen Aspikpulver mit Madeiraaroma	Mayonnaise oder Remouladensauce

1. Den Lachs etwa 10 Minuten im siedenden Fischsud dünsten und in der Flüssigkeit auskühlen lassen. Den Fisch herausnehmen, trockentupfen, vorsichtig häuten und auf einer Platte in den Kühlschrank stellen.

2. Das Aspik nach Vorschrift zubereiten und den Madeira zufügen. Die Flüssigkeit abkühlen lassen. Eine dünne Schicht Aspik über den kalten Lachs gießen, etwas gehackte Petersilie darüber streuen und das Aspik fest werden lassen. Dann den Lachs mit einer weiteren Schicht Aspik überziehen und zurück in den Kühlschrank stellen.

3. Das übrige Aspik in eine große Schüssel geben, fest werden lassen, in kleine Würfel schneiden und als Dekoration um den Lachs verteilen. Den Lachs mit Mayonnaise oder Remouladensauce servieren.

	Riesenlachs	*roter Lachs*	*Silberlachs*	*Buckellachs*	*Ketalachs*	*Atlantiklachs*
Kalorien	180	168	146	116	120	142
Fett	10 g	9 g	6 g	3 g	4 g	6 g
Eiweiß	20 g	21 g	22 g	20 g	20 g	20 g
						je 100 g

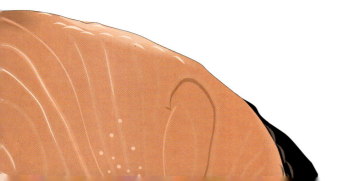

Petersfisch

Zeus faber, **Zeidae**

Der Petersfisch sieht aufgrund seines stark zusammengedrückten, ovalen Körpers sehr merkwürdig aus. Er ist in allen gemäßigten Meeren zu Hause und vor allem im Atlantik von Norwegen bis Südafrika zu finden. Daneben wird er aber auch im Pazifik vor den Küsten Japans, Australiens und Neuseelands sowie im Mittelmeer und im Indischen Ozean gefischt. Angeblich haben die Franzosen dem Petersfisch, der auch Heringskönig oder Christusfisch genannt wird, zu seinem Namen verholfen. Wegen des runden Flecks auf den Seiten tauften sie ihn nach dem heiligen Petrus, der der Legende nach diese Male mit Daumen und Zeigefinger hinterließ, als er den Fisch töten wollte und dieser laut zu stöhnen begann (was er tatsächlich tut, wenn man ihn aus dem Wasser holt).

Der Petersfisch ist meist 20 bis 50 cm lang und wiegt zwischen 850 und 1000 g, er kann aber auch eine Länge von über 60 cm erreichen. Eine Besonderheit sind seine Augen, die sehr weit oben auf dem riesigen Kopf sitzen. Seine markanten Kiefer stützen ein großes Maul. Die Seiten sehen aus wie goldgesprenkelt, sein weißes Fleisch ist fest und überaus aromatisch.

Serviervorschläge

Petersfisch sollte nach dem Ausnehmen so einfach wie möglich zubereitet werden, damit sein köstliches Aroma nicht überdeckt wird. Besonders gut eignen sich Rezepte für Seezunge und Steinbutt. Seine gallertartigen Gräten sind sehr schmackhaft.

Aufbewahrung

Petersfisch wird im Kühlschrank aufbewahrt und kann höchstens 3 Monate eingefroren werden.

Nährwerte

Kalorien	80
Fett	1 g
Eiweiß	18 g
	je 100 g

Kabeljau

Gadus spp., Gadidae

Der Kabeljau lebt in den kalten, tiefen Gewässern des Nordatlantiks *(Gadus morhua)* und des Nordpazifiks *(Gadus macrocephalus)*, wo er vor allem zur Paarungszeit in großen Schwärmen auftritt. Der weibliche Kabeljau ist sehr fruchtbar und legt jeweils etwa 5 Millionen Eier. Kabeljau wurde weltweit immer sehr intensiv befischt und gehörte im Mittelalter zu den wirtschaftlich wichtigsten Fischen. Da er geräuchert, getrocknet oder eingesalzen werden kann, war er leicht zu transportieren und zu lagern, sodass er für viele Menschen erreichbar war. Auch in den Küstengewässern der Vereinigten Staaten und Kanadas kam der Kabeljau früher in großen Mengen vor – Namen wie Cape Cod erinnern noch daran. In den besten Jahren des Kabeljaufangs wurden jährlich schätzungsweise an die 400 Millionen Atlantikkabeljaus gefischt, doch die intensive Befischung des Nordatlantiks in den letzten 20 Jahren hat die Bestände stark dezimiert.

Der Kabeljau hat einen großen Kopf und ein tief eingeschnittenes Maul, an seinem Unterkiefer hängen lange Barteln. Er wiegt zwischen 2 und 4,5 kg und ist zwischen 40 und 80 cm lang. Sein schwerer, fleischiger Körper ist von kleinen Schuppen überzogen. Die Hautfarbe kann sehr unterschiedlich sein und hängt von seiner jeweiligen Umgebung ab, eine blasse Seitenlinie zieht sich vom Kopf zum Schwanz.

Die große Familie der Gadidae umfasst an die 60 verschiedene Arten. Außer dem Kabeljau gehören dazu Schellfisch, Pollack, Blaufisch, Lengfisch, Seeteufel, Merlan, Hechtdorsch oder Seehecht, die vierbärtelige Seequappe sowie der Pazifik-Tomcod. Zu den häufigsten Arten gehören Schellfisch, Seehecht, Merlan, Blaufisch oder Seelachs und Tomcod.

Der **Schellfisch** *(Melanogrammus aeglefinus)* sieht aus wie ein kleiner Kabeljau. Er wird zwischen 35 und 60 cm lang und wiegt 1 bis 2,5 kg. Er hat einen leicht vorstehenden Oberkiefer und ein kleines Maul; an seinem Unterkiefer hängt eine kurze Bartel. Rücken und Seiten sind violettgrau; die Seiten werden von einer schwarzen Linie geschmückt, und zwischen Linie und Brustflosse befindet sich jeweils ein schwarzer Fleck. Der Schellfisch ist auf beiden Seiten des Atlantiks zu Hause. Sein weißes, mageres, aromatisches Fleisch ist milder als das des Kabeljaus.

Schellfisch

Seelachs

Kabeljau

Der **Seehecht** *(Merluccius spp.)* ist ein gefräßiger Fisch, der in allen Wassertiefen zu Hause ist – vom flachen Wasser bis in Tiefen von über 1000 m. Der Name »Seehecht« wird für verschiedene Arten angewendet, zu denen auch der Gemeine Seehecht *(Merluccius merluccius)* zählt, den man in den atlantischen Küstengewässern von Norwegen bis Portugal findet und der besonders häufig an der iberischen Küste vorkommt. Sein lang gestreckter Körper ist von schiefergrauer Farbe. Der ausgeprägte Unterkiefer trägt keine Barteln, und das Maulinnere ist schwarzgrau. Der Seehecht ist meist zwischen 30 und 70 cm lang, kann aber auch eine Länge von bis zu 1,2 m erreichen. Sein Fleisch hat einen würzigen Geschmack.

Der **Wittling** oder **Merlan** *(Merlangius merlangus)* wird durchschnittlich 30 bis 40 cm lang, kann aber auch bis zu 70 cm erreichen. Seine Rückenhaut ist gelbbraun, dunkelblau oder grün. Der Merlan bewohnt das Mittelmeer, das Schwarze Meer und die Ostsee. Sein überaus aromatisches Fleisch zerfällt jedoch sehr leicht.

Der **Blaufisch** oder **Köhler** *(Pollachius virens)* ist eher unter dem Namen **Seelachs** bekannt. Er ist 50 bis 90 cm lang, kann manchmal aber auch eine Länge von 1,5 m erreichen und wiegt zwischen 1 und 7,5 kg. Seine olivgrüne Rückenhaut wirkt manchmal fast schwarz. Der Blaufisch ist auf beiden Seiten des Atlantiks zu Hause und gilt bei uns als besonders beliebter Speisefisch. Sein festes weißes Fleisch ist mitunter recht grobfaserig.

Der **Pazifik-Tomcod** *(Microgaddus tomcod)* wird meist 20 bis 30 cm lang, kann aber auch 35 cm erreichen. Er ist im Meer wie auch in salzhaltigen Flüssen zu Hause und bewohnt die westlichen Atlantikküsten von Labrador bis Virginia. Zum Laichen kehrt er in die Flüsse zurück. Da er gerne den Sankt-Lorenz-Strom aufsucht, kennt man ihn in Kanada auch unter dem Namen »Frostfisch«. An seinen langen Brustflossen, die an Staubfäden erinnern, und seinem abgerundeten Schwanz ist er leicht zu erkennen. Die vordere Körperhälfte ist zylindrisch, die hintere seitlich zusammengedrückt. Er hat drei Rückenflossen und zwei Bauchflossen. Sein mageres weißes Fleisch wird sehr geschätzt.

Merlan

Atlantikkabeljau

Kabeljau

Vorbereitung

Getrockneter Salzkabeljau muss etwa 8 bis 12 Stunden eingeweicht werden, ehe er zubereitet werden kann. Vorher sollte der Fisch jedoch entsalzt werden, indem man ihn in ein Sieb legt (wenn er noch nicht gehäutet ist: mit der Rückenhaut nach oben, damit sich das Salz nicht zwischen Haut und Fleisch absetzt). Dann taucht man das Sieb so lange in einen großen Wasserbehälter, bis sich das Salz am Boden absetzt, oder man stellt das Sieb in die Spüle und lässt einen dünnen Wasserstrahl über den Fisch laufen, sodass das Salz ausgewaschen wird.

Serviervorschläge

Kabeljau wird frisch, tiefgefroren, als Konserve, luftgetrocknet (Stockfisch) oder gesalzen angeboten. Sein flockiges, milchig weißes Fleisch ist mager, zart und fest, wobei letzteres davon abhängt, wie frisch der Fisch ist und welche Größe er hat (je kleiner der Kabeljau, umso zarter das Fleisch). Der Rogen wird frisch, geräuchert oder gesalzen verzehrt. Zunge und Leber sind ebenfalls essbar. Der zartere Schellfisch wird normalerweise geräuchert oder gesalzen angeboten, der Pazifik-Tomcod ist häufig eingefroren erhältlich.

Zubereitung

Kabeljau wird auf vielerlei Arten zubereitet. Er sollte jedoch nicht kochen, sondern nur 8 Minuten in einem Sud ziehen. Eine andere Möglichkeit ist, ihn mit kochender Flüssigkeit zu übergießen und ihn zugedeckt 15 Minuten ziehen zu lassen. Kabeljau entfaltet seinen Geschmack am besten, wenn er zu einer Sauce serviert wird.

Kabeljauzungen werden meist zuerst gedünstet, ehe man sie weiter zubereitet (in einer Sauce, mit Mehl bestäubt etc.). Dafür setzt man sie in kaltem Wasser auf und holt sie heraus, sobald die Flüssigkeit zu kochen beginnt.

Nährwerte

	Kabeljau	Schellfisch	Seehecht	Merlan	Seelachs	Tomcod
Kalorien	82	87	76	91	92	77
Fett	0,7 g	0,7 g	0,9 g	1,3 g	1 g	0,4 g
Eiweiß	18 g	19 g	17 g	19 g	17 g	17 g
						je 100 g

Das in der Kabeljauleber enthaltene Fett ist reich an Vitamin D und ist vor allem unter seinem Namen »Lebertran« bekannt.

Kabeljau nach portugiesischer Art

FÜR 4 PORTIONEN

- 750 g Salzkabeljaufilet
- 2 Zwiebeln
- 2 Knoblauchzehen
- 250 g Tomaten
- 125 ml Olivenöl
- 2 EL Tomatenmark
- Salz und frisch gemahlener Pfeffer
- 12 schwarze Oliven
- 2 hart gekochte Eier
- 2 EL gehackte Petersilie

1. Die Filets über Nacht in einer Schüssel mit kaltem Wasser bedeckt entsalzen. Am nächsten Tag die Filets unter kaltem Wasser abspülen, um das letzte Salz zu entfernen. Einen Topf mit Wasser zum Kochen bringen, die Fischstücke hineingeben und bei kleinster Hitze offen 15 Minuten ziehen lassen.

2. Den Backofen auf 190 °C (Umluft 170 °C, Gas Stufe 3) vorheizen. Die Zwiebeln und den Knoblauch schälen. Die Zwiebel fein schneiden, den Knoblauch hacken. Die Tomaten mit kochendem Wasser überbrühen, häuten und halbieren.

3. Die Hälfte des Olivenöls in einer Bratpfanne erhitzen und die Zwiebeln darin in etwa 5 Minuten hellgelb anbraten. Tomaten, Tomatenmark, Knoblauch, Salz und Pfeffer zugeben und alles bei mittlerer Hitze einige Minuten unter Rühren garen.

4. Die Zwiebel-Tomaten-Mischung in eine feuerfeste Schüssel geben. Die Kabeljaufilets trockentupfen, in große Stücke schneiden und darauf verteilen. Das restliche Öl darüber gießen und die Schüssel auf die mittlere Schiene des Ofens stellen.

5. Den Kabeljau 30 Minuten garen, dabei nach 15 Minuten wenden und darauf achten, dass die Filets von der Sauce bedeckt sind. Den Fisch herausnehmen, mit den Oliven und den hart gekochten Eiern garnieren und mit gehackter Petersilie bestreut servieren.

Stint

Osmerus spp., Osmeridae

Der Stint, ein 15 bis 35 cm langer schlanker Fisch, bewohnt die gemäßigten oder kalten Meere und Seen. Er hat einen etwas vorspringenden Unterkiefer mit einem großen Maul, in dem viele kleine, aber gut entwickelte Zähne sitzen. Seine dünne, durchsichtige Haut, die von dünnen Schuppen überzogen ist, kann unterschiedlich gefärbt sein, hat aber immer eine silberne Seitenlinie.

Wie Forelle oder Lachs kehrt auch der Stint zum Laichen ins Süßwasser zurück, wobei einige Arten sogar nur in Süßwasser leben. Während der Laichsaison schwimmen die Stinte in so dichten Schwärmen, dass sie körbeweise gefangen werden können, zumal sie bestimmte Strände bevorzugen, die sie nachts in Scharen aufsuchen. Die Familie der Stinte besteht aus 6 Gattungen und 10 Arten.

Der **Amerikanische Stint** *(Osmerus mordax)* lebt an der Atlantikküste der Vereinigten Staaten und Kanadas von Labrador bis Virginia sowie in einigen Seen. Er wird durchschnittlich 17 bis 20 cm lang, kann aber auch 30 cm erreichen. Seine grüne Rückenhaut ist durchsichtig, die blassen Seiten werden von je einer Silberlinie geschmückt.

Der **Europäische Stint** *(Osmerus eperlanus)* ist im Atlantik sowie in der Nord- und Ostsee zu Hause und vor allem in Nordfrankreich sehr beliebt. Er kann bis zu 35 cm erreichen, ist aber meist nur etwa 20 cm lang. Seine Rückenhaut ist von blassem Olivgrün, die Seiten haben eine silberne Linie. Er ist auch als **Spierling** oder **Stinklachs** bekannt.

Der **Kapelan** *(Mallotus villosus)*, auch unter dem Namen **Lodde** bekannt, erreicht eine Länge von bis zu 25 cm. Er wird häufig mit dem Mittelmeer-Kapelan *(Trisopterus minutus capelanus)* verwechselt, der zur Familie der Gadidae gehört. Seine Rückenhaut ist oliv- oder flaschengrün, die Bauchseite ist weiß, die Seiten sind silbern.

Einkaufstipp

Stint kommt frisch, gefroren, leicht geräuchert, gesalzen oder getrocknet auf den Markt. Kapelan wird kaum angeboten, da man ihn an Kabeljau oder andere kommerziell genutzte Fische verfüttert.

Vorbereitung

Stint wird oft nur ausgenommen und gebraten; vorher legt man ihn häufig noch etwa 10 Minuten in eine Marinade aus Zitronensaft, Salz und Pfeffer oder wendet ihn kurz in Milch und Mehl.

Zubereitung

Stint wird meist gegrillt oder gebraten. Das zarte, aromatische und relativ fette weiße Fleisch riecht leicht nach Gurke.

Serviervorschläge

Alle Teile des Stints können gegessen werden, einschließlich Kopf, Gräten, Schwanz, Rogen und Milch.

Nährwerte

Kalorien	76
Fett	0,6 g
Eiweiß	17,7 g
	je 100 g

Europäischer Stint

Thunfisch

Thunnus spp., **Scombridae**

Der Thunfisch mit seinem langen, kräftigen Körper ist ein Wanderfisch und in den warmen Gewässern von Mittelmeer, Pazifik, Atlantik und Indischem Ozean zu Hause. Im Sommer schwimmt er sogar bis nach Neufundland. Der sehr fruchtbare, kräftige Thunfisch, der sich in Schwärmen direkt unter der Wasseroberfläche fortbewegt, ist ein wendiger und schneller Schwimmer. Unter den Sportfischern ist er sehr beliebt, da sich vor allem die größeren Exemplare oft stundenlang der Gefangennahme widersetzen und die Boote kilometerweit hinaus aufs Meer ziehen. Thunfisch wird seit undenklichen Zeiten mit Ruten, Harpunen oder Madragas – einer Umzäunung aus abgeteilten Netzen, die sich an der Küste entlangzieht – gefangen. Schon im Altertum waren geräucherter und eingelegter Thunfisch besonders beliebte Delikatessen.

Thunfisch wird in verschiedenen Arten zusammengefasst, deren Namen ihre besonderen Merkmale zum Ausdruck bringen. Zu den gemeinsamen Charakteristika gehören zwei Rückenflossen, von denen eine stachelig ist, eine Analflosse und eine Reihe kleinerer Flossen, die von der zweiten Rückenflosse bis zur Analflosse reichen. Zu den am häufigsten vorkommenden Arten gehören der rote Thunfisch, der weiße Thunfisch, der Bonito und der Gelbflossen-Thunfisch.

Der **rote Thunfisch** *(Thunnus thynnus)* ist die größte Thunfischart. Er ist meistens 0,9 bis 2 m lang und 110 bis 200 kg schwer, kann aber auch bis zu 4 m lang werden und bis zu 2 Tonnen wiegen. Er hat einen kegelförmigen Kopf, ein großes Maul und einen schmalen, halbmondförmigen Schwanz. Seine Rückenhaut ist dunkelblau, und die graue Unterseite wird von silbernen Punkten bedeckt. Sein rotbraunes Fleisch schmeckt streng.

Der **weiße Thunfisch** *(Thunnus alalunga)* hat säbelförmige Brustflossen, und seinen Schwanz schmückt ein dünner weißer Streifen. Er erreicht eine Länge von 55 bis 100 cm und wiegt zwischen 50 und 65 kg. Sein Rücken und die Seiten sind stahlblau, seine Unterseite ist silbern. Sein zartrosa Fleisch wie auch sein Rogen sind sehr gefragt.

Der **Bonito** *(Sarda sarda)* mit seinem lang gestreckten Körper wird selten länger als 50 cm und wiegt knapp 2,5 kg. Er trägt dunkelblaue Schrägstreifen auf den Seiten und hat eine silberfarbene Bauchseite. Der Bonito gehört zu den am häufigsten gefangenen Thunfischarten, und sein dunkelrotes Fleisch wird wie das des roten, weißen und Gelbflossen-Thunfischs meistens als Konserve verarbeitet. In Japan wird er oft getrocknet in Form von Flocken verwendet, die unbegrenzt haltbar sind.

roter Thunfisch

Thunfisch

Der schlanke **Gelbflossen-Thunfisch** *(Thunnus albacares)* wird 60 bis 150 cm lang. Seine Rückenhaut ist metallblau, die Seiten und der Bauch sind silberweiß. Die Schwanzflossen, die zweite Rückenflosse und die Analflosse sind gelb. Sein blasses, köstliches Fleisch wird normalerweise zu Konserven verarbeitet. Es ist fest, dicht und fett und variiert je nach Art in Farbe und Geschmack, der sehr streng sein kann. Das zwischen den beiden Flanken liegende Fleisch ist am köstlichsten und demzufolge das begehrteste und teuerste Stück.

Einkaufstipp

Frischer Thunfisch wird als Steak, Filet oder im Ganzen angeboten. Einige Thunfischarten kommen fast nur als Dosenware auf den Markt, häufig in Öl, Brühe oder Wasser und mit und ohne Gemüse einlegt. Thunfisch in Öl ist am wenigsten trocken, hat dafür aber einen relativ hohen Fettgehalt. Obwohl an die zehn verschiedene Thunfischarten zu Konserven verarbeitet werden, unterscheiden die Etiketten für gewöhnlich nur zwischen »weißem« und »hellem« Thunfisch, wobei roter Thunfisch und Gelbflossen-Thunfisch zum »hellen« Thunfisch gehören. Der gestreifte Bonito wird auch unter dem Namen »Skipjack« verkauft. Fester Thunfisch ist immer etwas teurer, da die billigeren weichen Thunfischstücke mehr Gräten oder Haut enthalten, wobei letztere gut für Saucen oder Salate geeignet sind.

Vorbereitung

Frisch gefangener Thunfisch sollte so rasch wie möglich ausbluten, indem man ihn 2 bis 4 cm oberhalb des Schwanzes einschneidet. Er hat eine Reihe von Gräten, die in der Seitenmitte hervorstehen und leicht entfernt werden können, indem man eine Messerklinge zwischen Gräte und Fleisch schiebt. Das begehrte helle Thunfischfleisch wird von dunklem, fetthaltigem Fleisch umschlossen, das recht streng schmeckt. Wird diese Schicht entfernt, schmeckt der Fisch milder.

Zubereitung

Frischer Thunfisch wird gedünstet, geschmort, gegrillt, gebraten und in Alufolie gebacken. Auch gedämpft oder im Sud gegart schmeckt er sehr gut. Da sein Fleisch recht streng schmeckt, sollte man ihn vorher einige Stunden in leicht gesalzenes Wasser legen und anschließend mit Zitronensaft und Kräutern marinieren. Das Fleisch wird bekömmlicher, wenn man es vor der weiteren Zubereitung etwa 10 Minuten dünstet.

weißer Thunfisch

Thunfisch

Serviervorschläge

Da das Fleisch des Thunfischs relativ fett ist, sollte man möglichst Rezepte wählen, die den Fettgehalt nicht weiter erhöhen. Thunfisch ist ein wesentlicher Bestandteil des italienischen *Vitello tonnato*, das außerdem aus kaltem Kalbfleisch, Anchovis, Kapern und Mayonnaise besteht. In Japan ist vor allem roher Thunfisch beliebt, der häufig im *Sashimi* und *Sushi* verwendet wird. Der vielseitig verwendbare Dosenthunfisch ist eine häufige Zutat in Salaten, Sandwiches, Saucen, Omelettes und Quiches und kann auch sehr gut gratiniert werden.

Baskischer Thunfisch

FÜR 4 PORTIONEN

8 Tomaten
2 grüne Paprikaschoten
2 rote Paprikaschoten
1 Zwiebel
4 Knoblauchzehen
120 g Champignons
4 Thunfischsteaks à 250 g
Salz und frisch gemahlener Pfeffer
80 ml Olivenöl
1–2 Stiele Petersilie
1 Lorbeerblatt
⅛ l trockener Weißwein

1. Die Tomaten mit kochendem Wasser überbrühen, häuten, entkernen und würfeln. Die Paprikaschoten waschen, die Kerne entfernen und das Fruchtfleisch in Streifen schneiden. Die Zwiebel und 2 Knoblauchzehen schälen und klein hacken. Die restlichen Knoblauchzehen ebenfalls schälen und zerdrücken. Die Pilze putzen, waschen und große Pilze vierteln. Den Thunfisch mit Salz und Pfeffer würzen.

2. In einem großen Topf 2 Esslöffel Öl erhitzen. Die Steaks darin von beiden Seiten jeweils 2 Minuten braten, herausnehmen und beiseite stellen. Etwas Öl im gleichen Topf erhitzen und darin die Zwiebeln, die zerdrückten Knoblauchzehen sowie die Paprikastreifen unter Rühren 3 Minuten anbraten. Die Pilze und den restlichen Knoblauch zugeben und 1 Minute anbraten. Nach Bedarf noch etwas Öl nachgießen und alles gut durchrühren.

3. Die Thunfischsteaks auf das Gemüse legen. Die Petersilie und das Lorbeerblatt zufügen, den Weißwein aufgießen und alles zugedeckt 15 Minuten bei kleiner Hitze köcheln lassen. Die Tomaten zufügen und vorsichtig mit dem Gemüse vermengen, sodass der Fisch oben bleibt. Alles bei schwacher Hitze weitere 15 Minuten zugedeckt köcheln lassen.

4. Die Steaks vorsichtig herausheben und auf einer vorgewärmten Platte anrichten. Die Petersilie und das Lorbeerblatt entfernen. Das Gemüse über dem Fisch verteilen und zusammen mit Reis servieren.

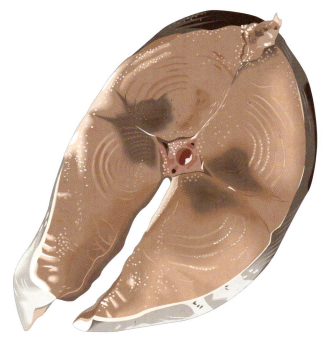

Thunfischsteak

Nährwerte

	frisch	*in Öl eingelegt*	*in Wasser eingelegt*
Kalorien	226	271	165
Fett	15,5 g	22,8 g	8,9 g
Eiweiß	21,5 g	16,4 g	21,1 g
			je 100 g

Frischer Thunfisch ist je nach Art mager bis mittelfett. Abgetropfter Dosenthunfisch in Öl ist mittelfett, während das Fleisch von in Wasser eingelegtem Thunfisch relativ mager ist.

Rochen

Raja spp., **Rajidae**

Die Brustflossen des merkwürdig aussehenden Rochens sind wie Flügel an seinen Rumpf geheftet, mit dem er sich wellenförmig durchs Wasser bewegt. Eine weitere Besonderheit ist, dass von den fast 100 verschiedenen Mitgliedern der Rochenfamilie einige in der Lage sind, elektrische Schläge auszuteilen. Der in den meisten Weltmeeren beheimatete Fisch hält sich dicht über dem Meeresboden auf, wo er sich eingräbt, um sich vor seinen Feinden zu verbergen. Dabei kann er zwischen Körper und Meeresgrund ein Vakuum herstellen, sodass er nur schwer bewegt werden kann.

Der Rochen hat im Gegensatz zu anderen Fischen ein Knorpelskelett. Sein Maul sitzt wie beim Hai unterhalb des Kopfes auf der weißen Unterseite. Seine graue oder braune Rückenhaut ist meistens gefleckt. Der flache, rautenförmige Körper ist abgerundet oder relativ eckig, der Schwanz lang und schmal. Beide sind häufig von mehr oder weniger großen stacheligen Schuppen bedeckt, wobei manche Arten wie der Stachelrochen oder der weiße Rochen besonders viele Schuppen besitzen, von denen manche sogar giftig sind. Rochen sind zwischen 30 cm und über 6 m lang; das größte Mitglied aus der Rochenfamilie ist der Mantarochen, der mehr als 1 t auf die Waage bringt.

Einkaufstipp

Kleine Fische werden im Ganzen, aber ausgenommen angeboten, während größere meist in Stücken verkauft werden. Die essbaren Teile sind die »Flügel«, die »Wangen« und die Leber. Sein grätenloses Fleisch ist rosa oder gebrochen weiß und sieht bei manchen Arten wie Muschelfleisch aus. Aus diesem Grund wird Rochen häufig in Muschelform geschnitten und als teureres Molluskenfleisch angeboten.

Vorbereitung

Damit die Körpersäfte des Rochens, die weniger salzhaltig sind als das Meerwasser, nicht durch Osmose verloren gehen, enthält das Rochenfleisch Harnstoff, der sich nach dem Fang in Ammoniak verwandelt. Dieser wird zwar durch Garen des Fisches neutralisiert, doch empfiehlt es sich, den Fisch erst 1 bis 2 Tage nach dem Fang zuzubereiten. Um den Geschmack zu verbessern, wird das Fleisch vor dem Garen gründlich gewaschen und anschließend 2 Stunden in einer Mischung aus Wasser und Zitronensaft, Essig oder Milch mariniert.

Um den Rochen besser häuten zu können, übergießt man ihn mit kochendem Wasser und lässt ihn 1 bis 2 Minuten darin liegen. Dann legt man den Fisch flach auf die Arbeitsfläche und kratzt die Haut mit einem Messer von beiden Seiten vorsichtig ab, da die »Flügel« häufig mit stacheligen Schuppen besetzt sind.

Serviervorschläge

Rochen wird wie Muschelfleisch zubereitet und muss vollständig durchgegart werden, da es sonst klebrig wird. Außerdem sollte es möglichst heiß serviert werden, weil es lauwarm gallertartig wird.

Zubereitung

Nach dem Entfernen der dicken Haut wird Rochen meistens gedünstet (etwa 15 Minuten), gebacken (15 bis 25 Minuten) oder gebraten (4 bis 6 Minuten je Seite) und mit brauner Butter übergossen serviert.

Nährwerte

Kalorien	98
Fett	1 g
Eiweiß	22 g
	je 100 g

Seefische

Hai

Selachians

Haie sind grätenlose Knorpelfische, die man in fast allen Meeren antrifft. Es gibt an die 225 verschiedene Arten, darunter fast 80 eigene Gattungen, 14 Familien und 3 bis 7 Untergruppen. Einige Arten haben Analflossen, bei anderen, wie etwa den Dornhaien, fehlen sie. Frei schwimmende Haie gebären lebend, die auf dem Meeresboden wohnenden Arten, wie etwa der Katzenhai, legen ihre Eier in Hornkapseln ab. Der Gesichtssinn der Haie ist nicht sehr ausgeprägt, dafür ist ihr Geruchssinn umso besser entwickelt. Sie spüren noch Blut auf, das eine Million Mal verdünnt wurde.

Für die meisten Menschen verbindet sich mit dem Hai aufgrund seines Rufs als »Menschenfresser« kein gutes Gefühl. Aber nicht alle Haie sind gefräßig oder auch nur groß genug, um überhaupt Angst zu erwecken. Während manche Arten bis zu 15 m lang werden, erreichen andere nur 90 bis 150 cm, und die kleinsten messen gerade einmal 60 cm. Manche Haie haben bis zu 3000 Zähne, die in 6 bis 20 getrennten Reihen angeordnet sind; viele Arten jedoch haben weniger gut entwickelte Gebisse, wie etwa der Glatthai, der lediglich kleine, stumpfe Zähne besitzt und sich von Mollusken und Schalentieren ernährt. Zu den bekanntesten Arten gehören der Hammerhai, der Dornhai, der Glatthai, der Katzenhai und der Hundshai.

Der **Hammerhai** *(Sphyrna zygaena)* erreicht eine Länge von fast 4 m. Seinen Namen verdankt er seinem einzigartig geformten Kopf, die Rückenhaut ist entweder bräunlich grau oder grünlich braun. Der Hammerhai bewohnt die Gewässer der wärmeren Meere und ist auf beiden Seiten des Atlantiks, im Pazifik und im Mittelmeer zu finden. Sein weißes Fleisch ist äußerst schmackhaft.

Der **Dornhai** *(Squalus acanthias)* wird zwischen 60 und 100 cm lang, kann aber auch über 1,2 m groß werden. Seine stumpfgraue oder bräunliche Rückenhaut ist mit weißlichen Flecken gesprenkelt. Seinen Namen verdankt er den harten Dornen, die sich jeweils vor den Rückenflossen befinden. Er ist in den meisten Kaltmeeren zu Hause. Sein rosarotes Fleisch hat ein sehr mildes Aroma.

Der **Glatthai** *(Mustelus spp.)* ist in der Regel zwischen 50 und 100 cm lang und wiegt 3,5 bis 4,5 kg; er kann aber auch 1,5 m groß werden. Die Farbe seiner Rückenhaut variiert je nach Art. Man findet den Glatthai vor allem im Mittelmeer, im Atlantik und im Pazifik. Sein weißes Fleisch riecht nach Ammoniak.

Der **Katzenhai** *(Scyliorhinus stellaris)* kann bis zu 1,5 m groß werden, misst aber meist nicht mehr als 1,2 m. Seine meist graue oder sandfarbene Rückenhaut wird von großen schwarzen Punkten bedeckt. Der Katzenhai ist vor allem im Mittelmeer und im Atlantik zu Hause. Sein weißes Fleisch schmeckt frisch am besten.

Der **Hundshai** *(Galeorhinus galeus)* erreicht normalerweise eine Länge zwischen 1,2 und 1,8 m und wiegt 5 bis 17,5 kg. Man findet ihn hauptsächlich in den milden und subtropischen Gewässern beiderseits des Atlantiks sowie im Pazifik und im Mittelmeer. Er hat eine braungraue Rückenhaut und festes weißes Fleisch.

Seefische

Hai

Einkaufstipp

Hai wird vor dem Verkauf normalerweise gehäutet, da seine sehr raue Haut schwer zu entfernen ist. Das Fleisch wird frisch oder gefroren als Filet, Steak oder in Stücken angeboten.

Vorbereitung

Haie werden am besten gleich nach dem Fang gehäutet. Um die Haut leichter entfernen zu können, friert man den Fisch rasch ein und gibt ihn dann in kochendes Wasser.

Das Fleisch des Hais enthält Harnstoff, damit die im Vergleich zum Meerwasser weniger salzhaltige Körperflüssigkeit nicht durch Osmose austritt. Bald nach dem Fang verwandelt sich dieser Harnstoff jedoch in Ammoniak, sodass frisch gefangener Hai erst 1 oder 2 Tage später gegessen werden sollte, da sich der Ammoniak dann beim Garen vollständig verflüchtigt.

Der Geschmack von Haifleisch lässt sich verbessern, indem man es zuerst unter fließendem Wasser wäscht und danach 4 Stunden in Milch oder in Zitronen- oder Essigwasser mariniert.

Serviervorschläge

Hai schmeckt besonders gut, wenn er mit einer aromatischen Sauce angerichtet wird. In Asien gibt man gesalzene und getrocknete Haifischflossen in Brühen, damit diese leicht gelieren. Haifischflossensuppe gilt vor allem in China als eine Delikatesse.

Zubereitung

Das sehr feste Haifischfleisch enthält keine Gräten und zerfällt nicht beim Kochen. Je nach Art ist es sehr würzig und saftig und kann sogar ein wenig gallertig sein (Dornhai soll das beste Aroma haben). Als Anhaltspunkt gilt, dass das Fleisch umso strenger schmeckt, je größer der Hai ist.

Hai wird gegrillt, geschmort, gebraten oder im Sud gedünstet.

Nährwerte

Kalorien	131
Fett	4 g
Eiweiß	21 g
	je 100 g

Katzenhai

Glatthai

Scholle

Pleuronectidae

Scholle

Die im Atlantik und im Pazifik reichlich vorkommende Scholle wird oft mit der Seezunge verwechselt, die jedoch nur an den europäischen Küsten zu Hause ist. (Da das Fleisch der Seezunge zarter ist als das aller anderen Fische, hat man versucht, sie auch im westlichen Atlantik heimisch werden zu lassen, bislang jedoch ohne Erfolg.) Die meisten Schollenarten werden nicht länger als 90 cm und wiegen meistens zwischen 0,5 und 2 kg.

Die **Doggerscharbe** oder **Scharbenzunge** *(Hippoglosoides platessoides)* ist auf beiden Seiten des Atlantiks zu Hause. Sie erreicht eine maximale Länge von 60 cm und hat eine nahezu perfekte Seitenlinie, ein großes Maul, einen abgerundeten Schwanz und weiß getupfte Flossen. Die von kleinen rauen Schuppen bedeckte Haut ist auf der oberen Seite, auf der sich auch die beiden Augen befinden, gräulich, rötlich oder braun.

Die **Scholle** oder der **Goldbutt** *(Pleuronectes platessa)* wird meistens kaum länger als 40 cm, einige Exemplare können jedoch eine Länge von bis zu 90 cm erreichen. Sie ist der in europäischen Küstengewässern am reichlichsten vorkommende Plattfisch. Die sichtbare Seite hat eine bräunliche Hautfärbung mit großen orangefarbenen oder roten Flecken, die Unterseite ist perlweiß.

Die braungraue **Hundszunge**, auch **Aalbutt** oder **Zungenbutt** *(Glyptocephalus cynoglossus)* genannt, ist für gewöhnlich 30 bis 45 cm lang, kann aber auch 75 cm erreichen und ist auf beiden Seiten des Atlantiks zu Hause.

Die **Kliesche** oder **Scharbe** *(Limanda limanda)*, die auch als **Limande** bekannt ist, wird meistens 20 bis 25 cm lang, kann manchmal aber auch eine Länge von bis zu 45 cm erreichen. Ihre Heimat sind die europäischen Atlantikküsten, besonders häufig trifft man sie in den französischen Küstengewässern. Ihre schwarze Rückenhaut ist oft rotbraun gefleckt, ihr Fleisch ist weniger aromatisch als das der Scholle.

Die **Rotzunge** *(Microstomus kitt)* kann über 60 cm lang werden, wobei Kopf und Maul jedoch relativ klein sind. Die sichtbare Seite ist meist braun und mit zahlreichen unregelmäßig geformten Flecken unterschiedlicher Größen und Farben übersät. Sie ist in den atlantischen Küstengewässern von Frankreich bis Island beheimatet und ist in besonders reichlichen Mengen vor der Küste Frankreichs zu finden. Ihr Fleisch ist fade und faserig.

Die **Flunder** oder der **Graubutt** *(Platichthys flesus)* erreicht meist kaum mehr als 30 cm, kann aber auch bis zu 50 cm lang werden. Die bräunliche, graubraune oder grünliche Haut ist gefleckt, die Flecken sind jedoch blasser und nicht so orange wie die der Scholle. Die den Rücken schmückende Seitenlinie macht nahe der Brustflosse eine leichte Krümmung, ihre abgewandte Seite ist meist weiß. Besonders häufig findet man sie in der Ostsee, aber auch im Mittelmeer ist sie zu Hause. Ihr Fleisch ist nicht ganz so delikat wie das der Scholle.

Scholle

Einkaufstipp

 Scholle, Kliesche und Flunder sind sehr grätenreiche Fische und werden frisch oder eingefroren meist als Filets angeboten.

Zubereitung

 Plattfische sollte man vor dem Garen schuppen, sie müssen jedoch nicht gehäutet werden. Normalerweise werden sie gegrillt oder gebraten. Es empfiehlt sich, sie möglichst einfach zuzubereiten, um ihr köstliches Aroma nicht zu überdecken.

Aufbewahrung

Frische Scholle hält sich gut verpackt im Kühlschrank 2 bis 3 Tage und kann bis zu 3 Monate eingefroren werden.

Nährwerte

Kalorien	86
Fett	1,9 g
Eiweiß	17,1 g
	je 100 g

Alle Schollenarten sind sehr fettarm.

Steinbutt

Psetta maxima, Scophthalmidae

Der Steinbutt oder Tarbutt wird normalerweise 40 bis 50 cm lang, kann aber auch eine Größe von über 90 cm erreichen und mehr als 27 kg wiegen. Man findet ihn im Mittelmeer, in der Nordsee und im Pazifik; im Atlantik kommt er nur noch in Norwegen vor.

Der ovale Körper des Steinbutts hat zur Erfindung eines Spezialgefäßes geführt *(turbotière)*, worin der Fisch im Ganzen zubereitet werden kann. Die praktisch schuppenlose Haut ist mit knochigen Knötchen und kleinen schwarzen und weißen Punkten überzogen; auf der sichtbaren Seite ist sie meist bräunlich oder gelbgrau, die Unterseite ist dunkelgrau. Der Steinbutt hat kräftige Zähne, sein weißes Fleisch ist sehr aromatisch.

Einkaufstipp

 Steinbutt wird je nach Größe frisch im Ganzen oder gehäutet als Filet angeboten. Aufgrund seines köstlichen Aromas gehört er zu den gesuchtesten und damit teuersten Salzwasserfischen.

Zubereitung

 Steinbutt wird meist gedünstet oder gegrillt.

Nährwerte

Kalorien	82
Fett	1,7 g
Eiweiß	16,7 g
	je 100 g

Das weiße Steinbuttfleisch ist ausgesprochen fettarm.

Heilbutt

Hippoglossus spp., Pleuronectidae

Der Heilbutt mit seinem großen Maul und seinem gegabelten Schwanz ist der größte Plattfisch und einer der größten Salzwasserfische überhaupt. Er ist in den kalten Gewässern der nördlichen Meere zu Hause und vor allem an den Atlantikküsten Neufundlands und Grönlands sowie im Pazifik anzutreffen.

Die weiche, mit runden Schuppen überzogene Haut des Heilbutts ist auf der abgewandten Seite weiß oder grau; die sichtbare Seite ist bräunlich und mit einer Linie durchzogen und wird mit zunehmendem Alter immer schwärzer. Er ist meist 50 bis 140 cm lang und wiegt zwischen 5 und 78 kg, kann vereinzelt aber auch eine Länge von mehr als 2,40 m und ein Gewicht von 330 kg erreichen. Durch Überfischung ist der Heilbutt heute relativ selten geworden.

Nährwerte

Kalorien	96
Fett	1,7 g
Eiweiß	20,1 g
	je 100 g

Serviervorschläge

Heilbutt wird meistens gegrillt oder in Rot- oder Weißwein gedünstet, doch sollte man darauf achten, sein köstliches Aroma nicht zu überdecken. Besonders gut schmeckt er mit Anchovisbutter. Sein mageres, zartes, festes und flockiges Fleisch hat kaum Gräten.

Seezunge

Solea spp., Soleidae

Die Seezunge bewohnt die sandigen Meeresböden des englischen Kanals, den östlichen Atlantik, das Mittelmeer, die Nordsee und den Pazifik. Die durchschnittliche Länge der Seezunge beträgt 20 bis 45 cm, doch sie wird auch bis zu 70 cm groß. Ihre sichtbare Seite ist unterschiedlich gefärbt.

Das fettarme Fleisch der Seezunge ist sehr aromatisch, wobei seine Qualität von der jeweiligen Art und ihrer Umgebung abhängt. Die begehrteste Seezunge ist die *Solea solea*, die auch Dover-Zunge genannt wird, da sie dort besonders häufig vorkommt; sie ist aber auch im Mittelmeer oder vor Norwegen zu Hause. Die meist graue oder graubraune Haut der Seezunge ist mit einem oder mehreren schwarzen Punkten gesprenkelt. Ihr gelapptes Maul erinnert an einen Papageienschnabel.

Nährwerte

Kalorien	83
Fett	1,4 g
Eiweiß	17,5 g
	je 100 g

Serviervorschläge

Seezunge gehört zu den begehrtesten Seefischen und kann auf jede Weise zubereitet werden.

Krustentiere

Einführung

Krustentiere sind im Wasser lebende, wirbellose Tiere, deren Körper von harten Schalen geschützt werden. Die meisten Krustentiere, wie beispielsweise Krabben, Garnelen, Hummer, Langusten oder Scampi, sind in Salzwasser zu Hause, während andere, etwa der Flusskrebs sowie einige Garnelen- und Krabbenarten, im Süßwasser leben. Die Schalen der Krustentiere sind unterschiedlich hart und werden in Wachstumsphasen mehrere Male durch neue ersetzt.

Zehnfußkrustentiere wie Hummer, Krabbe, Flusskrebs oder Scampi besitzen fünf Paar Gliedmaßen, wobei das erste Paar bei den meisten Arten sehr viel stärker entwickelt ist als die übrigen. Außerdem endet das rechte oder linke Vorderbein in einer großen klammerartigen Klaue, während das andere in einer mit Sägezähnen ausgerüsteten Klaue besteht, die zum Zerdrücken der Nahrung eingesetzt wird. Die Gliedmaßen von Garnele und Languste sind dagegen meist identisch und enden in Scheren, die bei der Languste hakenartig ausgebildet sind. Der Brustkorb der Krustentiere ist direkt mit dem Kopf verbunden und bildet das Kopfbruststück, aus dem die Gliedmaßen herauswachsen.

Krustentiere bewegen sich durch Gehen – meistens entlang dem Meeresboden – vorwärts. Vor allem Krabben, die auch seitwärts laufen können, kommen dabei sehr schnell voran, und manche Arten wagen sich sogar bis auf den Strand. Die Gangart der Flusskrebse, die vorwärts wie rückwärts laufen, hat das Sprichwort »Einen Schritt vor, zwei zurück« geprägt. Weibliche Krustentiere unterscheiden sich von den Männchen durch eine Art Flosse auf der Unterseite des Brustkorbs, mit der sie die Eier festhalten. Bei den Männchen ist dieser Auswuchs dünner und härter und nicht wie eine Flosse geformt. Der essbare rote Rogen der Krustentiere wird »Koralle« genannt.

Einkaufstipp

 Lebende Krustentiere sollten schwer sein und relativ bewegliche Gliedmaßen haben – vor allem Hummer und Krabben –, gut riechen und intakte Schalen haben. Gegarte Krustentiere sollten rosa oder hellrot sein und keine grünlichen oder schwärzlichen Punkte aufweisen. Ihr Fleisch sollte fest sein und appetitlich riechen. Ein zusammengelegter Schwanz deutet darauf hin, dass das Tier beim Kochen noch gelebt hat. Die Verpackung eingefrorener roher oder gekochter Krustentiere sollte nicht mit Reif bedeckt sein, und Gefrierbrand ist ein Anzeichen dafür, dass das Fleisch auszutrocknen beginnt. Sehr wichtig ist die Information, ob frische oder gekochte Krustentiere aufgetaut wurden, da sie dann nicht noch einmal eingefroren werden dürfen und nach dem Auftauen so schnell wie möglich verbraucht werden sollten.

Serviervorschläge

Krustentiere werden grundsätzlich gegart und warm oder kalt gegessen. Man kann sie auf vielerlei Arten zubereiten.

Zubereitung

Eine einfache Zubereitungsart, die wenig Vorbereitung bedarf, ist das Garen lebender Krustentiere in kochendem Wasser, wobei sich die meisten Arten durch das in der Schale enthaltene rote Pigment (Karotin) rosa verfärben. Über die richtige Garmethode gehen die Meinungen jedoch weit auseinander.

Eine Möglichkeit ist, sie kopfüber ins kochende Wasser zu geben, wodurch sie auf der Stelle getötet werden (Vorsicht vor spritzendem Wasser, wenn sich der Schwanz zusammenfaltet); während manche behaupten, dass bei dieser

Einführung

Zubereitungsart das Fleisch am aromatischsten bleibt, kritisieren andere, dass diese Methode grausam sei und das Fleisch zäh mache. Weitere Möglichkeiten sind, die Krustentiere vor dem Kochen 1 Stunde in den Gefrierschrank zu legen, wodurch sie träge werden und langsam sterben, oder sie in kaltem Salzwasser (1 bis 2 Esslöffel Salz pro Liter Wasser) oder Fischsud aufzusetzen und langsam zu erhitzen. Die Garzeit ist abhängig von der Art und Größe der Tiere, sollte jedoch genau eingehalten werden, da das Fleisch bei zu langem Garen zäh wird.

Die Japaner haben ein Verfahren zur Herstellung von Krustentierersatz entwickelt; aus diesen Produkten wird ein Garnelen, Krabben und Hummern ähnliches Fleisch hergestellt (siehe *Kamaboko*).

Nährwerte

Krustentiere enthalten wenig Fett, dafür aber reichlich Eiweiß, Vitamine – vor allem Nikotinsäure und Vitamin B_{12} – sowie Mineralstoffe, insbesondere Zink und Kupfer. Das Fleisch vieler Krustentierarten enthält relativ viel Cholesterin (50 bis 150 mg pro 100 g).

Krustentiere können bei einigen Menschen allergische Reaktionen wie Migräne hervorrufen (siehe *Einführung Weichtiere*).

Aufbewahrung

Krustentiere werden im Kühlschrank oder tiefgefroren aufbewahrt. Lebende Krustentiere wie Hummer und Krabben werden in Fischgeschäften und Restaurants in Wasserbehältern aufbewahrt.

Garnele

Pandalus spp., Crustacea

Garnelen sind kleine Krustentiere, die in süßen und salzhaltigen Gewässern fast überall zu Hause sind. Innerhalb der 9 verschiedenen Garnelenfamilien gibt es fast 160 Einzelarten, von denen jedoch einige wenig schmackhaft und manche sogar ungenießbar sind. Garnelen werden unter anderem in den Vereinigten Staaten, Japan, Thailand und Taiwan gezüchtet, wobei die Amerikaner mit einem jährlichen Verbrauch von fast 2,5 Millionen kg weltweit an erster Stelle stehen.

Alle Garnelenarten haben zwei lange Fühler und fünf Paar Beine, die bei manchen Arten gleich groß und außer dem mittleren Paar mit Scheren ausgestattet sind, während bei anderen Arten das mittlere Paar relativ groß ist. Garnelen werden 2,5 bis 30 cm lang. Die in kaltem Wasser lebenden Garnelen sind kleiner und aromatischer als jene, die in warmen Gewässern zu Hause sind, da die Tiere in kalter Umgebung langsamer wachsen. Manche Garnelenarten werden männlich geboren und entwickeln sich im Alter zwischen 18 und 30 Monaten nach und nach zu Weibchen; in sehr kalten Gewässern wie beispielsweise vor Grönland kann diese Verwandlung sogar bis zu 5 Jahren dauern.

Das feste, durchsichtige Fleisch der Garnele ist je nach Art rosa, gelb, grau, bräunlich, rötlich oder dunkelrot und wird beim Kochen opak und rosa. Zu den wirtschaftlich wichtigsten Arten, deren Fleisch besonders delikat ist, zählt die **Tiefseegarnele** *(Pandalus borealis)*, die aufgrund ihrer kräftigen Rosafärbung auch **rosa Garnele** heißt; sie wird normalerweise zwischen 7,5 und 10 cm lang.

Die **Riesengarnele** *(Penaeus monodon)* ist eine weitere wichtige Garnelenart. Sie wird hauptsächlich im Fernen Osten gefangen, wo auch ihr Hauptabsatzgebiet ist, und erreicht eine Länge von 15 bis 30 cm.

Seit 1983 gibt es in den Vereinigten Staaten ein Verfahren zur »Herstellung« von Garnelen. Dabei wird das Garnelenfleisch zerstoßen und zermahlen und dann mit hohem Druck in eine Vorrichtung gepresst, die es einige Sekunden lang erhitzt, sodass die Proteine sich ausdehnen und neu zusammensetzen. Diese Substanz wird dann wieder in Garnelenform gepresst und anschließend paniert und eingefroren. Auf diese Weise werden Zehntausende relativ preiswerter »Garnelen« in einer einzigen Stunde produziert.

Nährwerte

Kalorien	87
Cholesterin	138 mg
Fett	1,4 g
Eiweiß	18,6 g
	je 100 g

Garnelen sind reich an Vitamin B_{12} und Nikotinsäure. Da sie sehr leicht verderben, werden sie häufig mit Natriumsulfit behandelt, um sie länger haltbar zu machen.

Einkaufstipp

Da Garnelen äußerst empfindlich sind, werden sie meistens bereits an Bord der Fangschiffe eingefroren, in Eis gelegt oder gekocht. Im Handel werden sie im Ganzen oder ohne Kopf, frisch oder gefroren, gekocht oder geräuchert, geschält oder ungeschält angeboten. Manchmal sind sie auch getrocknet oder als Konserve erhältlich. Garnelen werden nach ihrer Größe klassifiziert, wobei die größten Tiere am teuersten sind.

Beim Kauf frischer Garnelen sollte man darauf achten, dass die Körper fest sind und nur leicht nach Fisch riechen. Nicht empfehlenswert sind weiche oder klebrige Garnelen, deren Fleisch sich bereits von der Schale gelöst hat, die nach Ammoniak riechen oder mit schwarzen Punkten überzogen sind, insbesondere an der Stelle, wo der Kopf abgetrennt wurde.

Tiefgefrorene Garnelen sollten nicht von Eiskristallen überzogen oder ausgetrocknet sein. Da ihr Aroma davon abhängt, wie und wann sie aufgetaut werden, sollte man keine bereits angetauten Garnelen nehmen. Am besten werden tiefgekühlte Garnelen noch leicht gefroren gegart, oder man lässt sie langsam im Kühlschrank auftauen.

Garnele

Vorbereitung

Beim Schälen wird das Garnelenfleisch in einem Stück aus der Schale geholt. Dafür nimmt man Kopf und Körper jeweils in eine Hand und zieht am Kopf, wodurch sich Kopf und Schale vom Körper lösen. Danach werden die noch verbliebenen Schalenstücke entfernt. Ist der Kopf bereits abgetrennt, schneidet man die Schale mit einem Messer oder einer Schere auf und löst das Fleisch heraus. Da aufgetaute Garnelen besonders schwer zu schälen sind, schält man sie am besten in leicht angetautem Zustand.

Rohe Garnelen verlieren durch Schälen und Kochen über 50% ihres Körpergewichts. Die Schalen eignen sich jedoch hervorragend für den Garnelensud, indem man sie mit kochendem Wasser übergießt und etwa 10 Minuten köcheln lässt. Danach seiht man die Flüssigkeit durch ein Sieb und fügt die Garnelen hinzu. Ungekochte Krusten können auch zermahlen und zu einer köstlichen Butter verarbeitet werden. Der Darm – die dunkle Vene, die sich am Rücken entlangzieht – sollte vor dem Verzehr entfernt werden.

Serviervorschläge

Garnelen sind warm oder kalt eine Delikatesse und können auf vielfältige Weise zubereitet werden. Man verwendet sie für Suppen, Cremes, Saucen, Salate oder als Füllung und serviert sie als Vorspeise, Appetithäppchen oder Hauptgericht, entweder allein oder zu Fleisch, Geflügel, Gemüse oder Nudeln.

Garnelen können auch anstelle von anderen Krustentieren verwendet werden. Sie sind ein Hauptbestandteil in der südostasiatischen Küche, wo man sie meist in Salzlake konserviert oder zu Pasten und Pulver verarbeitet, die als Würzmittel dienen.

Aufbewahrung

Frische Garnelen können im Kühlschrank 1 bis 2 Tage aufbewahrt werden. Eingefroren bleiben sie etwa 1 Monat frisch.

1 Zuerst wird die Garnelenschale mit den Händen entfernt.

2 Danach macht man mit der Messerspitze einen kleinen Einschnitt in das Fleisch.

3 Anschließend wird vorsichtig der Darm entfernt, der sich am Rücken entlangzieht.

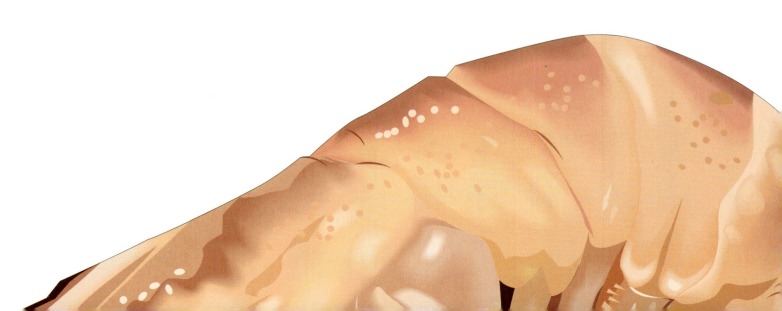

Garnele

Zubereitung

Garnelen werden ungeschält oder geschält in Wasser oder Fischsud gekocht. Dafür bringt man gesalzenes Wasser (2 Esslöffel Salz pro Liter Wasser) zum Kochen, das nach Belieben noch mit 1 Zitronenscheibe und etwas Thymian oder anderen Gewürzen aromatisiert werden kann. Dann gibt man die Garnelen hinein und lässt den Sud nochmals aufkochen, reduziert die Hitze und lässt die Garnelen kurz köcheln. Die Garzeit für kleine frische Garnelen beträgt 3 bis 5 Minuten, während größere und/oder gefrorene Garnelen etwas länger brauchen. Sie sollten allerdings nicht zu lange kochen, da sie sonst hart und trocken werden. Abschließend werden die Garnelen abgeseiht und unter kaltem Wasser abgespült, um den Garprozess sofort zu unterbrechen.

Gebratene Garnelen mit Knoblauch

FÜR 4 PORTIONEN

500 g frische Garnelen
4 Knoblauchzehen
3 EL Olivenöl
Meersalz

1. Die Garnelen waschen und trockentupfen. Den Knoblauch schälen und fein hacken.

2. Das Öl in einer großen Bratpfanne erhitzen. Die Garnelen kurz darin anbraten und einmal wenden, sodass sie auf beiden Seiten gleichmäßig rosa werden.

3. Die Pfanne vom Herd nehmen und die Garnelen mit Knoblauch und Meersalz würzen. Die Garnelen sofort zu Kräuterreis servieren.

Riesengarnele

Tiefseegarnelen

Hummer

Homarus americanus und *Homarus vulgaris*, Crustacea

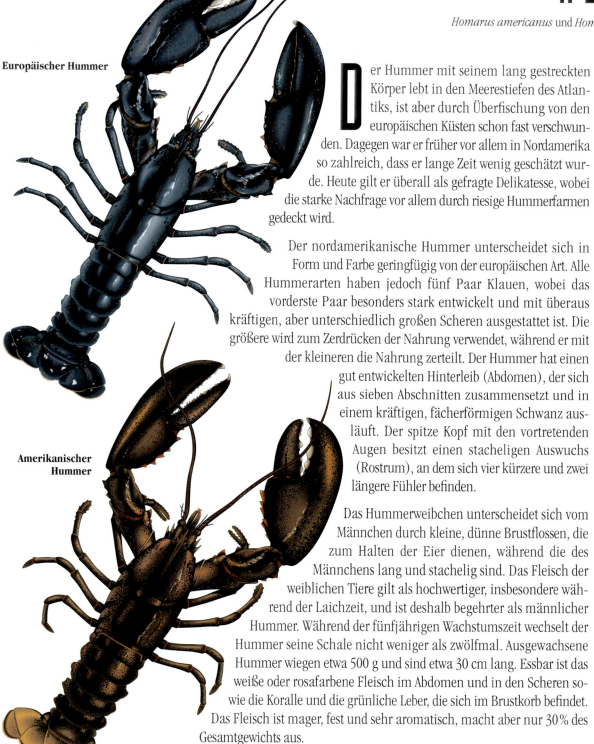

Europäischer Hummer

Amerikanischer Hummer

Der Hummer mit seinem lang gestreckten Körper lebt in den Meerestiefen des Atlantiks, ist aber durch Überfischung von den europäischen Küsten schon fast verschwunden. Dagegen war er früher vor allem in Nordamerika so zahlreich, dass er lange Zeit wenig geschätzt wurde. Heute gilt er überall als gefragte Delikatesse, wobei die starke Nachfrage vor allem durch riesige Hummerfarmen gedeckt wird.

Der nordamerikanische Hummer unterscheidet sich in Form und Farbe geringfügig von der europäischen Art. Alle Hummerarten haben jedoch fünf Paar Klauen, wobei das vorderste Paar besonders stark entwickelt und mit überaus kräftigen, aber unterschiedlich großen Scheren ausgestattet ist. Die größere wird zum Zerdrücken der Nahrung verwendet, während er mit der kleineren die Nahrung zerteilt. Der Hummer hat einen gut entwickelten Hinterleib (Abdomen), der sich aus sieben Abschnitten zusammensetzt und in einem kräftigen, fächerförmigen Schwanz ausläuft. Der spitze Kopf mit den vortretenden Augen besitzt einen stacheligen Auswuchs (Rostrum), an dem sich vier kürzere und zwei längere Fühler befinden.

Das Hummerweibchen unterscheidet sich vom Männchen durch kleine, dünne Brustflossen, die zum Halten der Eier dienen, während die des Männchens lang und stachelig sind. Das Fleisch der weiblichen Tiere gilt als hochwertiger, insbesondere während der Laichzeit, und ist deshalb begehrter als männlicher Hummer. Während der fünfjährigen Wachstumszeit wechselt der Hummer seine Schale nicht weniger als zwölfmal. Ausgewachsene Hummer wiegen etwa 500 g und sind etwa 30 cm lang. Essbar ist das weiße oder rosafarbene Fleisch im Abdomen und in den Scheren sowie die Koralle und die grünliche Leber, die sich im Brustkorb befindet. Das Fleisch ist mager, fest und sehr aromatisch, macht aber nur 30% des Gesamtgewichts aus.

Krustentiere

Hummer

Einkaufstipp

Beim Einkauf von lebendem Hummer sollte man überprüfen, ob er noch lebt, indem man ihn seitlich hochhebt (Vorsicht vor den Scheren!). Zieht der Hummer sofort den Schwanz ein, ist er noch lebendig.

Gekochter Hummer sollte glänzende schwarze Augen, festes Fleisch und einen angenehmen Geruch haben.

Hummer wird auch eingefroren und als Konserve angeboten (entweder in Stücken oder in Form einer streichbaren Paste).

Serviervorschläge

Hummer wird gegart und warm oder kalt gegessen, entweder »pur« oder sehr häufig auch mit Knoblauchbutter, Zitrone oder Mayonnaise. Zum Öffnen der Scheren ist ein in Haushaltswarengeschäften erhältliches Spezialbesteck am praktischsten, man kann aber auch einen Nussknacker, den Griff eines schweren Messers oder einen Hammer dafür verwenden.

Hummerfleisch gilt als Delikatesse in Fischsuppen und schmeckt köstlich in Aufläufen, Pasteten, Saucen oder gratiniert. Kalt wird es für Salate, Sandwiches oder Aspikgerichte verwendet. Die Schale eignet sich vorzüglich zum Würzen von Fischcremesuppen, Eintöpfen und Saucen. Außerdem wird sie zerstoßen mit weicher Butter vermischt, die durchgesiebt eine köstliche Zutat für Fischgerichte, -saucen und -cremesuppen ergibt und häufig auch als pikanter Brotaufstrich verwendet wird. Koralle und Leber gelten als delikate Zutat für Saucen.

Vorbereitung

Damit das Aroma lebender Hummer beim Garen besser erhalten bleibt, werden zuvor die Öffnungen in der Schale mit zusammengedrückten Weißbrotstückchen verschlossen. Zum Zerteilen wird der Hummer am Bauch festgehalten und die Schale mit einem Messer im Schnittpunkt von Brustkorb und Hinterleib durchstochen. Anschließend schneidet man ihn der Länge nach auf und entfernt den Darm auf der Schwanzunterseite sowie den Sandsack am Hinterkopf.

1 *Den Hummer auf ein Brett legen und die Schale mit einem Messer durchstechen.*

2 *Den Hummer umdrehen und die Schale der Länge nach aufschneiden.*

3 *Den Hummer einschließlich des Kopfs längs durchtrennen.*

4 *Koralle (schwarz) und Leber (grün) entfernen.*

5 *Den Sandsack am Hinterkopf entfernen.*

6 *Den Darm auf der Schwanzunterseite vorsichtig entfernen.*

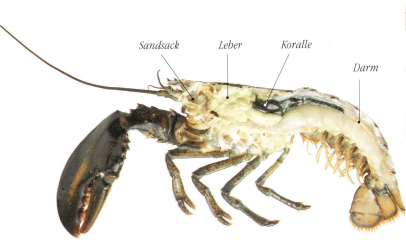

Sandsack — Leber — Koralle — Darm

Zubereitung

 Hummer wird meistens in Salzwasser oder Fischsud gegart oder gedämpft. Er schmeckt aber auch sehr gut gegrillt.

Über die richtige Zubereitung von lebendem Hummer gehen die Meinungen weit auseinander. Eine Möglichkeit ist, den Hummer mit dem Kopf voran in kochendes Wasser zu geben, wodurch er sofort getötet wird (Vorsicht vor Spritzwasser, wenn er den Schwanz einrollt!). Diese Methode ist insofern umstritten, als sie zum einen als grausam gilt und zum anderen das Fleisch zäh machen soll. Bei einem angeblich etwas sanfteren Verfahren wird der lebende Hummer vor dem Garen 1 Stunde in den Gefrierschrank gelegt, wodurch er betäubt wird, und anschließend ebenfalls in kochendes Wasser gegeben. Tiefgefrorener Hummer sollte vor dem Garen nicht aufgetaut werden, da er so sein Aroma besser behält. Beim Garen sollte der Hummer vollständig von Flüssigkeit bedeckt sein. Die Garzeit beträgt 12 Minuten pro 500 g Lebendgewicht sowie 4 Minuten für jede weiteren 500 g. Vor dem Servieren ist es üblich, mit einem Messer einen Einstich in den Kopf zu machen, sodass das Wasser aus der Schale abtropfen kann.

Zum Grillen wird der Hummer wie nebenstehend beschrieben der Länge nach aufgeschnitten und das Fleisch mit zerlassener Butter oder Weißwein bestrichen sowie mit Pfeffer oder Paprikapulver gewürzt. Anschließend werden die Hälften bei nicht zu starker Hitze je nach Größe 15 bis 20 Minuten gegrillt.

Nährwerte

Kalorien	81
Fett	1,9 g
Cholesterin	89 mg
Eiweiß	15,9 g
je 100 g	

Hummer enthält sehr viel Kalium, Zink und Nikotinsäure, wobei der Nährstoffgehalt von der Jahreszeit abhängig ist, in der der Hummer gefangen wird, sowie vom jeweiligen Körperteil. So enthält etwa der Schwanz mehr Nährstoffe als die Scheren.

Aufbewahrung

Außerhalb seiner natürlichen Umgebung überleben Hummer in einem Behälter mit Meerwasser 3 bis 5 Tage. Mit einem feuchten Tuch bedeckt bleiben sie im Kühlschrank 12 bis 18 Stunden lebendig. Gekochter Hummer kann 1 bis 2 Tage im Kühlschrank aufbewahrt werden.

Hummer ist gegart auch zum Einfrieren geeignet, hält sich jedoch auch tiefgefroren nicht länger als 1 Monat. Man kann ihn zwar auch im Ganzen einfrieren, doch praktischer ist es, wenn das Fleisch vorher ausgelöst wird. Sobald es abgekühlt ist, wird es mit Salzlake (1 Esslöffel Salz pro 200 ml Wasser) bedeckt in einem luftdicht verschlossenen Gefrierbehälter tiefgefroren.

Gegrillter Hummer

FÜR 2 PORTIONEN

*2 lebende Hummer
à 500 bis 750 g
125 g zerlassene Butter
oder
1 EL trockener Weißwein
frisch gemahlener Pfeffer
oder Paprikapulver
1 EL fein gehackte
Petersilie
Zitronenscheiben zum
Garnieren*

1. Die Hummer halbieren. Die Scheren öffnen und Sandsack und Darm entfernen. Leber (grün) und Koralle (schwarz) herausnehmen und für ein anderes Gericht verwenden.

2. Den Grill vorheizen. Die Hummer mit der Schale nach unten auf die Grillpfanne legen und mit der Butter (oder dem Weißwein) bestreichen, mit Pfeffer (oder Paprika) würzen und die Petersilie darüber streuen.

3. Die Hummerhälften 15 bis 20 Minuten grillen. Das Fleisch ist gar, wenn es nicht mehr durchsichtig ist. Die Hummer mit Zitronenscheiben garniert servieren.

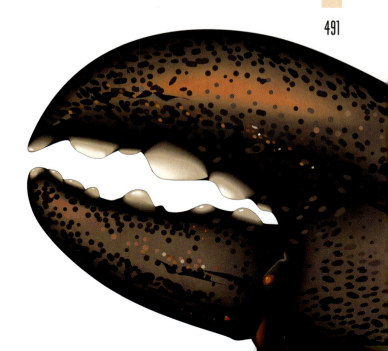

Krebs/Krabbe

Cancer spp., **Canceridae**

Krebse und Krabben sind sowohl in Salz- wie in Süßwasser anzutreffen und verstecken sich unter Felsen und im Seetang. Sie sind recht angriffslustig und geschickt, wenn sie auf Beutefang gehen. Es gibt viele verschiedene Krebs- und Krabbenarten, von denen manche rund, manche herzförmig sind. Der unterentwickelte Schwanz und der Hinterleib sind von der Schale verdeckt, die je nachdem, wann der letzte Schalenwechsel stattgefunden hat, hart oder weich ist. Krebse und Krabben besitzen fünf Paar Gliedmaßen, wobei das vordere Paar zu kräftigen Scheren ausgebildet ist. Bei den weiblichen Tieren ist die Bauchflosse sehr viel stärker entwickelt als bei den Männchen, da sie sie zum Festhalten der Eier brauchen. Das aromatische weiße Fleisch der Krebse und Krabben ist faserig und enthält wenig Fett. Man unterscheidet etwa 4000 verschiedene Krebs- und Krabbenarten, wobei die folgenden zu den bekanntesten zählen:

Die **Strandkrabbe** *(Carcinus maenus)* ist die am häufigsten anzutreffende Art und lebt vor allem an Stränden. Sie ernährt sich von anderen Krustentieren und Mollusken und bewegt sich dabei in sehr auffälliger Weise vorwärts – ein Merkmal, das sich in ihrem lateinischen Namen *maenus* (»wahnsinnig«) ausdrückt. Die Strandkrabbe, deren grüne Schale etwa 7,5 cm im Durchmesser misst, wiegt etwa 220 g und enthält nur wenig Fleisch. Sie wird deshalb kaum kommerziell genutzt, dafür aber von Anglern gern als Köder verwendet.

Der **Taschenkrebs** *(Cancer pagurus)* bewohnt die Fels- und Sandküsten von Atlantik und Nordsee und kann in Tiefen von mehr als 90 m tauchen. Die ovale, weiche rotbraune Schale erreicht in der Regel einen Durchmesser von 10 bis 20 cm, kann aber auch bis zu 40 cm groß werden. Sein aromatisches Fleisch ist sehr beliebt.

Die lila **Schwimmkrabbe** *(Portunus puber)* erreicht einen Durchmesser von 7,5 bis 15 cm. Ihre Schale und die Beine sind von samtigen Haaren überzogen. Sie hat kräftige Scheren und flache Hinterbeine, die wie Flossen aussehen. Ihre rotbraune Schale ist blau gesprenkelt. Das aromatische Fleisch der Schwimmkrabbe ist sehr gefragt.

Die **Seespinne** *(Maia squinado)* lebt auf sandigen Meeresböden in Tiefen von bis zu 50 m. Sie ist rosa, rosagelb oder rotbraun und hat einen Durchmesser von 10 bis 20 cm. Wegen ihrer abgerundeten, dreieckigen, stacheligen Schale wird sie auch **Stachelkrabbe** genannt. Ihre langen, dünnen Beine sind wie bei einer Spinne angeordnet. Ihr aromatisches Fleisch ist hervorragend, wobei das der Weibchen besonders begehrt ist.

Die meist orangebraune **Schneekrabbe** *(Chioneocetes opilio)* gehört zur Familie der Seespinnen. Ihre nahezu runde Schale, deren Farbe sich nach dem jeweiligen Schalenwechsel richtet, wird am hinteren Ende etwas breiter; die Beine sind lang und leicht flach. Wirtschaftlich interessant sind nur die Männchen, da sie weitaus größer sind als die weiblichen Tiere. Sie erreichen einen Durchmesser von mehr als 12 cm und wiegen fast 1,5 kg. Die Schneekrabbe lebt in den kälteren Gewässern und bevorzugt Tiefen von 20 bis 700 m, wodurch die Qualität ihres überaus wohlschmeckenden Fleisches noch besser wird. In Nordamerika galt die Schneekrabbe lange Zeit als Plage, da sie sich in den Fischernetzen verfing und kommerziell wenig erfolgreich war, solange sie als »Königskrabbe« verkauft wurde. Seitdem sie jedoch unter dem attraktiveren asiatischen Namen »Schneekrabbe« angeboten wird, ist sie eine äußerst gefragte Delikatesse.

Krebs/Krabbe

Die **Pazifikkrabbe** *(Cancer magister)* lebt in kalten Gewässern und gehört wie der Taschenkrebs zur Familie der Felsenkrabben. Sie wiegt zwischen 1 und 2 kg, und ihre bräunliche Schale erreicht einen Durchmesser von bis zu 23 cm. Die Pazifikkrabbe wird lebend angeboten, ihr köstliches Fleisch ist aber auch gekocht, als Konserve oder eingefroren erhältlich.

Die **Blaukrabbe** *(Callinectes sapidus)* lebt in den Küstengewässern des Atlantiks zwischen Delaware und Florida. In den Vereinigten Staaten, wo sie sehr beliebt ist, macht sie etwa ein Viertel der gesamten Krabbenernte aus. Mittlerweile ist sie auch in europäischen Gewässern zu Hause. Ihre Schale hat einen Durchmesser von 15 bis 20 cm und ihr aromatisches, süßes Fleisch ist hervorragend.

Weichschalenkrabben sind Blaukrabben, die aus ihrer Schale herausgewachsen sind und diese abgeworfen haben, ohne dass bereits eine neue Schale gewachsen ist. Sie werden 6 bis 48 Stunden nach Beginn der Schälung gefangen, die von Mitte Mai bis Mitte September dauert. Diese überaus kurze Zeit erklärt die Seltenheit der Weichschalenkrabben, die von vielen Menschen als besondere Delikatesse geschätzt werden. Die fast durchsichtigen Weichschalenkrabben werden meistens lebend verkauft, sind aber häufig in so geschwächtem Zustand, dass sie wie tot erscheinen. Gewöhnlich wäscht man sie nur in kaltem Wasser, nachdem Kiemen und Schwanz entfernt worden sind, brät sie kurz in Butter und serviert sie zu einer Remouladensauce. Auf diese Weise werden auch andere Krabbenarten zubereitet.

Einkaufstipp

Krebse und Krabben werden zwar manchmal auch lebend angeboten, weit häufiger aber ist das köstliche Fleisch dieser Krustentiere gekocht, tiefgefroren oder als Konserve erhältlich. Es gibt inzwischen sogar eine Art Krabbenersatzfleisch (siehe *Kamaboko*). Beim Kauf lebender Krabben sollte man darauf achten, dass die Gliedmaßen sich noch bewegen. Vor allem bei großen Exemplaren ist es wichtig, die Krabben am hinteren Ende festzuhalten, um nicht von den Scheren verletzt zu werden. Tiefgefrorenes Krabbenfleisch darf nicht ausgetrocknet oder von Frost überzogen sein.

Nährwerte

	Schneekrabbe
Kalorien	89
Cholesterin	60 mg
Fett	1 g
Eiweiß	18 g
	je 100 g

Krabbenfleisch ist reich an Vitamin B_{12}, Nikotinsäure, Kupfer und Zink.

Krustentiere

Krebs/Krabbe

Vorbereitung

Um Krabben kochfertig vorzubereiten, macht man einen Einschnitt zwischen Unterseite und Schale und zieht die Schale vorsichtig von oben ab, ohne sie dabei zu verletzen. Dann entfernt man Beine und Scheren und öffnet diese mit einer Hummerzange oder einem Nussknacker, um das Fleisch herauszuholen.

Serviervorschläge

Krebse und Krabben schmecken warm oder kalt sehr gut und werden auf vielerlei Weise zubereitet. Sie können in vielen Rezepten auch anstelle von Garnelen, Hummer oder anderen Krustentieren verwendet werden. Man serviert sie als Vorspeise, im Salat, auf Sandwiches, in Suppen und Omelettes, und sie schmecken auch in Saucen und Nudelgerichten sehr gut. Häufig werden sie auch in der Schale gebraten.

1 Beine und Scheren der Krabbe entfernen.

2 Die Beine und Scheren mit der Hummerzange oder einem Nussknacker aufbrechen und das Fleisch herauslösen.

3 Den eingerollten Schwanz unterhalb der Krabbe hervorholen und drehen, bis er abbricht. Den Schwanz wegwerfen.

4 Das Plastron (die Unterseite) entfernen und beiseite legen.

5 Das Fleisch aus der Schale lösen. Die Eingeweide und den Appendix entfernen, die sich hinter dem Maul des Tieres befinden.

6 Das Plastron mit einem Küchenmesser durchschneiden.

7 Das Fleisch aus den Alveolen (Höhlungen) des Plastrons lösen.

Krebs/Krabbe

Avocados mit Krabbenfleisch

FÜR 4 PORTIONEN

2 reife Avocados	60 g Mayonnaise
Saft von 1 Zitrone	1 TL Ketchup
1 Selleriestange	1 TL Cognac
1 Dose Krabbenfleisch	Paprika edelsüß

1. Die Avocados halbieren und die Kerne entfernen. Das Fruchtfleisch mit einem Teelöffel herausschaben, ohne dass die Haut dabei verletzt wird, und mit Zitronensaft beträufeln, damit es sich nicht bräunlich verfärbt. Den Sellerie putzen, waschen und in dünne Streifen schneiden.

2. Das Krabbenfleisch abtropfen lassen, zerbröckeln und sämtliche Schalenreste entfernen. Mayonnaise, Ketchup und Cognac verrühren und das Krabbenfleisch hinzufügen.

3. Das Avocadofruchtfleisch und die Selleriestreifen mit den anderen Zutaten mischen und die Avocadohälften mit der Mischung füllen. Etwas Paprikapulver darüber streuen und kalt servieren.

Zubereitung

Wie Hummer werden lebende Krebse und Krabben in kochendes Salzwasser gegeben (siehe *Hummer*). Die Garzeit beträgt 10 bis 20 Minuten bei Krabben von bis zu 15 cm Durchmesser und 20 bis 30 Minuten bei größeren Exemplaren.

Aufbewahrung

Da Krabben und Krebse bald nach dem Fang sterben, sollte man sie nicht über längere Zeit bei Zimmertemperatur aufbewahren. Wenn sie nicht sofort zubereitet werden, kann man sie in ein feuchtes Tuch gewickelt bis zu 12 Stunden im Kühlschrank aufbewahren. Gekocht können sie 1 bis 2 Tage im Kühlschrank gelagert werden. Ganze Krabben (vorzugsweise gekocht und geschält) kann man 1 Monat lang einfrieren.

Taschenkrebs

Seespinne

Pazifikkrabbe

Scampi

Nephrops norvegicus, **Nephropsidae**

Scampi sind große Krustentiere, die tief im Meer leben. Da sie kleinen Hummern ähneln, nennt man sie manchmal auch »norwegische Hummer«. Der Begriff »Scampi« ist die Pluralform von *scampo,* dem italienischen Wort für Garnele. Die meisten Scampi sind in den atlantischen Küstengewässern von Nordafrika bis Skandinavien zu Hause, es gibt jedoch auch einige im Pazifik beheimatete Arten.

Scampi haben einen dünnen Körper und lange Schwänze. Sie sind zwischen 8 und 25 cm lang und haben große vorquellende Augen und ein Paar lange Fühler. Wie bei Krabbe, Hummer und Flusskrebs sind die vorderen Gliedmaßen im Vergleich zu den anderen wesentlich länger und mit langen, dünnen Scheren ausgestattet, die nur wenig Fleisch enthalten. Die anderen Beine haben weiße Spitzen und sind relativ dünn.

Je nach Art ist die Schale weißrosa, lachsrot, ziegelrot oder graurosa und bei manchen Arten noch rötlich oder bräunlich gesprenkelt. Im Gegensatz zu anderen Krustentieren verändern Scampi ihre Farbe beim Kochen nur unwesentlich. Ihr Fleisch ist noch delikater als Hummerfleisch und wird überaus geschätzt.

Nährwerte

Kalorien	112
Cholesterin	70 mg
Kohlenhydrate	2,4 g
Fett	2 g
Eiweiß	21 g
	je 100 g

Scampi enthalten sehr viel Kalzium, Phosphor und Eisen.

Aufbewahrung

Rohe oder gegarte Scampi können 1 bis 2 Tage im Kühlschrank und etwa 1 Monat tiefgekühlt aufbewahrt werden.

Einkaufstipp

Scampi sind selten lebend erhältlich, da sie außerhalb des Wassers sehr rasch verderben. Meist werden sie frisch ohne Kopf auf zerstoßenem Eis, eingefroren oder gekocht angeboten. Frische oder gegarte Scampi sollten fest sein und nicht nach Ammoniak riechen.

Serviervorschläge

Scampi werden häufig zu Knoblauchbutter serviert und sind eine wichtige Zutat in der *Paella*. Sie werden häufig anstelle von großen Garnelen verwendet und können andere Krustentiere in vielen Rezepten sehr gut ersetzen. Es ist ratsam, sie möglichst einfach zuzubereiten, damit ihr köstliches Aroma nicht überdeckt wird.

Zubereitung

Scampi kann man wie Garnelen, Hummer oder Langusten zubereiten, sie sollten jedoch nicht zu lange gekocht werden (3 bis 5 Minuten), da sie sonst zäh werden und ihr Aroma verlieren. Gedämpft beträgt die Garzeit 6 bis 7 Minuten, gegrillt benötigen sie pro Seite jeweils 3 Minuten.

Flusskrebs

Astacus und *Cambarus spp.*, **Crustacea**

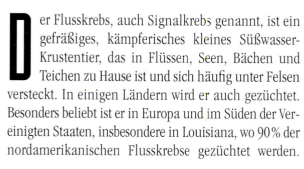

Der Flusskrebs, auch Signalkrebs genannt, ist ein gefräßiges, kämpferisches kleines Süßwasser-Krustentier, das in Flüssen, Seen, Bächen und Teichen zu Hause ist und sich häufig unter Felsen versteckt. In einigen Ländern wird er auch gezüchtet. Besonders beliebt ist er in Europa und im Süden der Vereinigten Staaten, insbesondere in Louisiana, wo 90% der nordamerikanischen Flusskrebse gezüchtet werden.

Von den mehr als 300 verschiedenen Flusskrebsarten sind nur wenige groß genug, um wirtschaftlich genutzt werden zu können. Sie sind zwischen 5 und 15 cm lang, wobei einige australische Arten aber auch eine Länge von mehr als 30 cm erreichen können. Die meisten im Handel angebotenen Flusskrebse haben eine Länge von etwa 10 cm.

Der Flusskrebs, der häufig rückwärts geht, hat ein Paar lange Fühler und fünf Paar Gliedmaßen, deren größte mit Scheren ausgestattet sind. Je nach Art ist die Schale rot, braun oder violett. Die Konsistenz des mageren, köstlichen weißrosa Fleisches hängt ebenfalls von der jeweiligen Art ab.

Einkaufstipp

Flusskrebse werden lebend, gekocht, eingefroren oder als Konserve angeboten. Gegarte Flusskrebse sollten angenehm duften und eine feste Schale und intakte Scheren haben.

Vorbereitung

Vor dem Kochen muss zuerst der Darm entfernt werden, da das Fleisch sonst leicht bitter wird (bei gefrorenem Flusskrebs ist er meist schon entfernt). Dafür zieht man entweder sanft an der kleinen Flosse unterhalb des Schwanzes oder macht einen Längsschnitt mit der Messerspitze und holt anschließend den Darm heraus. Dies sollte allerdings erst unmittelbar vor der Zubereitung geschehen, da das Fleisch sonst schnell an Aroma verliert.

Serviervorschläge

Da die Scheren nur sehr wenig Fleisch enthalten, wird beim Flusskrebs nur der Schwanzteil verzehrt. Die Schale lässt sich zerstoßen und zum Würzen von Fischsud, Fischsuppen oder Butter verwenden. Flusskrebse werden wie Hummer, Krabben und Garnelen zubereitet und können auch an deren Stelle verwendet werden. Eine beliebte Zubereitungsart ist *au gratin*, doch sie eignen sich auch für Fischsuppen oder Aufläufe.

Zubereitung

Flusskrebse werden am besten 5 bis 8 Minuten im Fischsud gekocht. Gedämpft beträgt die Garzeit 10 bis 12 Minuten, gegrillt benötigen sie 3 bis 5 Minuten pro Seite.

Nährwerte

Kalorien	65
Cholesterin	158 mg
Fett	0,5 g
Eiweiß	15 g
	je 100 g

Flusskrebse sind reich an Nikotinsäure, Vitamin B_{12}, Kalium, Phosphor und Kupfer.

Aufbewahrung

Lebende Flusskrebse können mit einem feuchten Tuch bedeckt bis zu 12 Stunden im Kühlschrank aufbewahrt werden. Gekochte Flusskrebse bleiben im Kühlschrank 1 bis 2 Tage frisch und können 1 bis 2 Monate eingefroren werden.

Languste

Palinurus spp. und *Jasus spp.*, **Palinuridae**

Die Languste ähnelt dem Hummer, ihre Schale ist jedoch von Stacheln bedeckt. In Anspielung auf ihr martialisches Aussehen nennt man sie auch Panzerkrebs oder Ritterkrebs. Sie bevorzugt die wärmeren oder tropischen Gewässer, bewohnt häufig die Felsen am Meeresboden und sucht gerne Schutz im Seetang. Man findet sie im Atlantik, im Mittelmeer und im Pazifik, besonders zahlreich ist sie jedoch an den Küsten Kaliforniens, Chiles, Australiens, Neuseelands und Südafrikas anzutreffen.

Es gibt verschiedene Langustenarten, deren Farbe von der jeweiligen Umgebung abhängt. Die im Atlantik lebenden Langusten sind meist rötlich braun, während die aus dem Pazifik stammenden Tiere häufig leicht grünlich gefärbt sind. Die im Handel erhältlichen Langusten erreichen eine Länge von 30 bis 50 cm und wiegen zwischen 0,5 und 2,5 kg.

Langusten sind mit einem Paar langer Antennen ausgestattet und haben am Ende ihrer Gliedmaßen eher Haken als große Scheren. Ihr Schwanz ist sehr viel länger als ihr Thorax. Das weiße Fleisch schmeckt nicht ganz so würzig wie das des Hummers.

Einkaufstipp

Langusten kommen selten lebend oder im Ganzen auf den Markt. Häufig wird nur der Schwanz verkauft, entweder roh oder gekocht, meist aber eingefroren.

Nährwerte

Kalorien	84
Kohlenhydrate	1,3 g
Fett	1,1 g
Eiweiß	17,2 g
	je 100 g

Langusten enthalten viel Nikotinsäure, Zink und Vitamin B_{12}.

Serviervorschläge

Langusten sollten so einfach wie möglich zubereitet werden, damit ihr köstlicher Geschmack nicht überdeckt wird. Ihr Fleisch ist zwar nicht ganz so aromatisch wie das des Hummers, kann diesen in den meisten Rezepten aber ohne weiteres ersetzen. Sie schmecken auch köstlich in pikanten Salaten.

Zubereitung

Die Garzeit für Langusten beträgt beim Dämpfen 15 Minuten, gegrillt sind sie nach 5 Minuten gar. Bei zu langer Garzeit wird das zarte Fleisch schnell zäh und gummiartig.

Aufbewahrung

Rohe oder gekochte Langusten bleiben im Kühlschrank 1 bis 2 Tage frisch und können 1 Monat eingefroren werden.

Krustentiere

Weichtiere

Einführung

Weichtiere, auch Mollusken genannt, sind wirbellose Tiere mit weichen Körpern, die meist von harten Schalen geschützt werden. Sie gehören zu einer großen Familie, die in drei Hauptgruppen unterteilt wird: Bauchfüßler (oder *Gastropoda*), Muscheln oder Bivalvia *(Lamellibranchiata)* und Kopffüßler (oder *Cephalopoda),* wobei Gastropoda und Bivalvia oft zu den Krustentieren gezählt werden.

Bauchfüßler (Strandschnecke, Wellhornschnecke, Abalone) besitzen eine einzige Schale (Univalve). Die Häuser von Strandschnecke und Wellhornschnecke bilden eine Spirale. Gastropoda sind mit einem flachen »Bauchfuß« ausgerüstet, der ihnen die Fortbewegung ermöglicht.

Muscheln oder **Bivalvia** (Auster, Venusmuschel, Kamm-Muschel, Jakobsmuschel, Miesmuschel, Quahog-Muschel, kleine Pilgermuschel, getupfte Teppichmuschel, große Sandklaffmuschel) haben eine Schale, die aus zwei Klappen besteht, welche durch ein Band miteinander verbunden sind. Ihre Kiemen ähneln Plättchen, worauf sich auch der spätlateinische Begriff *Lamellibranchiata* = »Plättchenkiemen« bezieht. Die meisten Bivalvia sind sesshaft, das heißt, sie bleiben dem Meeresboden verhaftet, wo sie sich unter Felsen oder Steinen verbergen oder sich in den Sand eingraben. Jakobsmuschel, Kamm-Muschel und kleine Pilgermuschel bewegen sich nach dem Rückstoßprinzip durchs Wasser, indem sie die Muschelschalen auf- und zuklappen.

Kopffüßler (Tintenfisch, Oktopus, Sepia, Kuttelfisch) haben keine Außenschale, sondern Innenknorpel oder – wie im Fall der Kuttelfische – Knochen. Sie sind mit 8 bis 10 »Saugarmen« oder Tentakeln ausgestattet, die sie zum Beutefang und zur Fortbewegung nutzen.

Ungenießbar sind Mollusken aus verschmutzten Gewässern oder Weichtiere wie getupfte Teppichmuschel, Venusmuschel und große Sandklaffmuschel, die giftige Mikroalgen wie etwa die *Gonyaulax tamarensis* oder *Alexandrium spp.* verzehren, welche sich wiederum im Verdauungssystem und in den Kiemen der Tiere festsetzen. Der Verzehr dieser Mollusken kann beim Menschen eine Nahrungsmittelvergiftung mit Lähmungserscheinungen auslösen. Die Symptome einer solchen Vergiftung sind Schwellungen und stechende Schmerzen in Lippen, Nacken und Gesicht, ein Kribbeln in den Fingern und Zehenspitzen, das sich in Armen und Beinen fortsetzt, sowie Kopfschmerzen, Benommenheit, allgemeine Schwäche, Muskellähmung und Atemnot. In Extremfällen kann der Verzehr von mit Giftalgen kontaminierten Weichtieren innerhalb von 72 Stunden zum Tod führen.

Einkaufstipp

Schalenlose Mollusken sollten beim Einkauf noch leben und wie alle anderen Weichtiere bis zum Garen bzw. bis zum Verzehr sehr kühl gelagert werden. Lebende Schalenmollusken lassen sich daran erkennen, dass die Schalen geschlossen sind oder sich bei Berührung schließen. Ein weiteres Zeichen dafür, dass die Molluske noch lebt, ist, dass die beiden Schalenhälften sich nicht bewegen, wenn man sie gegeneinander verschiebt. Schalenlose Weichtiere sollten bei Berührung ein dumpfes Geräusch von sich geben, das anzeigt, dass sie noch voll Wasser sind. Frischer Oktopus, Tintenfisch oder Sepia sollten fest und feucht sein und einen leichten Fischgeruch haben.

Schalenmollusken werden unter fließendem Wasser abgebürstet, wobei Jakobsmuscheln und Abalone erst nach dem Öffnen der Schalen gewaschen werden sollten. Bei sandigen Mollusken empfiehlt es sich, sie 1 bis 2 Stunden in Salzwasser (4 bis 5 Esslöffel Salz pro Liter Wasser) zu legen.

Um lebende Weichtiere zu öffnen, schiebt man ein Messer zwischen die geschlossenen Schalen und zerschneidet den Muskel, der die beiden Schalen zusammenhält, oder man trennt die Schalen von Hand, sobald diese leicht geöffnet sind. Eine weitere Möglichkeit ist, die Weichtiere einige Sekunden in einer trockenen Pfanne oder im Backofen auf der Mittelschiene zu erhitzen, sie kurz zu dämpfen oder auf hoher Stufe im Mikrowellengerät zu garen.

Einführung

Serviervorschläge

Einige Weichtierarten wie Auster, Jakobsmuschel, Venusmuschel, Quahog-Muschel oder getupfte Teppichmuschel können roh oder gegart verzehrt werden, während andere, beispielsweise Wellhornschnecke oder Strandschnecke, vor dem Verzehr grundsätzlich gegart werden müssen. Dabei ist es wichtig, die Garzeit genau einzuhalten, da zu lange gegarte Weichtiere schrumpfen und zäh werden.

Insbesondere während der heißen Sommermonate sollte man auf den Verzehr von Weichtieren verzichten, die aus kontaminierten Fanggebieten stammen, in denen sie mit krankheitserregenden Bakterien oder toxischen Algen in Berührung kommen.

Nährwerte

Weichtiere sind reich an Eiweiß und Mineralstoffen und enthalten wenig Fett und Cholesterin.

Aufbewahrung

Frische oder gegarte Weichtiere können 1 oder 2 Tage im Kühlschrank aufbewahrt werden. Schalenlose Mollusken kann man bis zu 3 Monate einfrieren.

Abalone

Haliotis spp., **Haliotidae**

Die Abalone ist eine Bauchfüßlerschnecke mit einer ohrenförmigen Schale, weshalb man sie auch unter den Namen Seeohr, Meerohr oder Ohrschnecke kennt. Über die zahlreichen kleinen Löcher entlang des Schalenrandes kann sie Wasser und Abfallstoffe ausscheiden. Der essbare Teil der Abalone ist der graubraune Muskel oder »Fuß«, mit dem sie sich am Fels festhält. Außen ist die Schale meist rötlich oder rosa, ihre perlmuttfarbene Innenseite wird gerne zu Schmuckstücken verarbeitet. Ausgereifte Ohrmuscheln erreichen 10 bis 25 cm im Durchmesser.

Die Abalone, von der es über 100 Arten gibt, kommt am häufigsten im Pazifik und im Indischen Ozean vor und wird vor allem in Kalifornien, Australien, Neuseeland, Chile, Japan und Südafrika gesammelt. Bei den Japanern erfreuen sich die Ohrmuscheln besonderer Beliebtheit, sodass sie zu den Hauptabnehmern gehören.

Ohrmuscheln werden einzeln gefischt und sind leicht zu sammeln, wenn man sie zufällig entdeckt; fühlen sie sich jedoch angegriffen, bleiben sie fest am Fels verhaftet. Diese meist von Tauchern übernommene Aufgabe (man verwendet auch manchmal Stangen) ist sehr gefährlich, da die Weichtierreviere meist auch von Haien bewohnt werden. In vielen Ländern ist die Abalonefischerei reglementiert, da diese Mollusken vom Aussterben bedroht sind.

Das normalerweise weiße Fleisch der Abalone ist fest, dicht und sehr schmackhaft. Es hat die gleiche Form wie die Jakobsmuschel, ist nur sehr viel größer. Die Abalone spannt sich an, wenn man sie fängt, und ihr Muskel bleibt auch noch zusammengezogen, wenn man die Schale entfernt hat. Obwohl das Fleisch vor dem Verkauf oft geklopft wird, muss es vor dem Kochen weich gemacht werden.

Einkaufstipp

Das seltene und teure Fleisch der Abalone wird meistens als Konserve, getrocknet oder auch eingefroren angeboten. Bei frischen Ohrmuscheln in der Schale sollte man die Füße berühren, um festzustellen, ob sie sich noch bewegen.

Serviervorschläge

Abalone kann man roh oder gekocht essen; sie schmeckt hervorragend als Appetithappen, in Salaten, Suppen und gedämpft als Hauptgericht. *Loco*, ein klassisches chilenisches Gericht, besteht aus Abalone und Mayonnaise.

Vorbereitung

Um frische Ohrmuscheln zu entschalen, schiebt man die Klinge eines Messers in den dünnsten Teil der Schale hinter den Muskel, zieht das Messer entlang der Schale, bis sich das Fleisch von der Schale löst, und entfernt den ganzen Fuß. Anschließend muss das Abalonefleisch sehr sorgfältig gereinigt werden – am besten mit einer kleinen Bürste –, um die Innereien zu entfernen und den Sand herauszulösen, der sich in den Fleischfalten eingenistet hat. Danach kann man es wahlweise im Ganzen belassen oder in Streifen schneiden.

Um Abalonefleisch weich zu machen, legt man es zwischen zwei saubere Tücher oder zwei Plastikfolien und drückt es mit einem Nudelholz, einem Holzhammer, einem Stein oder einem anderen schweren Gegenstand flach. Man kann es aber auch in eine feste Tüte legen und diese dann einige Minuten auf eine harte Unterlage schlagen.

Kochen ist eine weitere Möglichkeit, das Fleisch der Ohrmuscheln weich zu bekommen: entweder 20 Minuten im Schnellkochtopf oder zugedeckt bei leichter Hitze 4 Stunden im normalen Topf. Danach kann man das Fleisch je nach Wunsch weiter zubereiten.

Zubereitung

Ohrmuscheln können gekocht, gegrillt, sautiert, geschmort oder gebraten werden. Dünne Scheiben sind bei starker Hitze in 30 Sekunden pro Seite gar. Abalone sollte erst im letzten Moment zu gekochten Gerichten dazugegeben und erst kurz vor dem Servieren gesalzen werden.

Aufbewahrung

Frische Abalone in der Schale kann mit einem feuchten Tuch bedeckt bis zu 3 Tage im Kühlschrank aufbewahrt werden; frische ausgelöste Abalone hält sich 1 bis 2 Tage frisch. Frisch gefangene Ohrmuscheln sollte man 2 Tage lang in Salzwasser einlegen, damit der Mageninhalt austreten kann, wobei man das Wasser von Zeit zu Zeit wechselt. Ausgelöstes Abalonefleisch lässt sich 3 Monate einfrieren.

Nährwerte

Kalorien	119
Fett	4,5 g
Eiweiß	19,5 g
	je 100 g

Ohrmuscheln sind reich an Vitamin B_{12}, Nikotinsäure und Pantothensäure.

Herzmuschel

Cardium spp., **Cardiidae**

Herzmuscheln sind zweischalige Weichtiere und bewohnen die sandigen und schlammigen Meeresböden der Küstengewässer, wo sie bei Ebbe leicht gesammelt werden können. Der Begriff »Herzmuschel« bezieht sich in erster Linie auf die europäische Herzmuschel *(Cardium edule)*, die vor allem im Mittelmeer, im Atlantik und in der Ostsee zu Hause ist. Sie ist nicht so beliebt wie Auster und Miesmuschel, da ihr Fleisch im Vergleich zu diesen fester ist und ein etwas strengeres Aroma besitzt.

Je nach Art variiert die Anzahl der strahlenförmig angeordneten Rippen ihrer dicken gewölbten Schale. Diese kann von gebrochenem Weiß, grau oder rotbraun sein und ist braun, rot, lila, rosa oder gelb gestreift oder marmoriert. Die bis zu 8 cm große Herzmuschel hat ein großes externes Ligament und blasses mageres Fleisch.

Einkaufstipp

Lebende Herzmuscheln sind normalerweise fest geschlossen; leicht geöffnete Muscheln sollten sich bei Berührung schließen.

Vorbereitung

Zuerst werden die geöffneten Muscheln aussortiert und die übrigen Muscheln gründlich gewaschen und gebürstet. Sind die Schalen voll Sand, was oft der Fall ist, lässt man sie am besten 1 Stunde oder länger in gesalzenem Wasser (1 bis 2 Esslöffel Salz pro Liter Wasser) oder 12 Stunden in Meerwasser liegen. Herzmuscheln lassen sich mit Hilfe einer Austernzange öffnen, oder indem man sie einige Minuten im Schnellkochtopf gart bzw. für einige Sekunden in die Mikrowelle legt (30 Sekunden auf höchster Stufe bei jeweils 6 Herzmuscheln).

Serviervorschläge

Herzmuscheln werden roh oder gekocht sowohl heiß als auch kalt gegessen; sie lassen sich auch anstelle von Miesmuscheln oder Venusmuscheln verwenden. In Fischsuppen schmecken sie besonders gut.

Nährwerte

Kalorien	81
Fett	1 g
Eiweiß	17 g
	je 100 g

Aufbewahrung

Frische Herzmuscheln bleiben mit einem feuchten Tuch bedeckt bis zu 3 Tage im Kühlschrank frisch; Muschelfleisch im eigenen Saft und in einem fest verschlossenen Behälter lässt sich 1 bis 2 Tage im Kühlschrank aufbewahren. Herzmuscheln ohne Schalen im eigenen Saft kann man in einem Gefrierbehälter bis zu 3 Monate einfrieren.

Jakobsmuschel

Pecten spp., **Pectinidae**

Die Jakobsmuschel *(Pecten Jacobeus)* ist eine zweischalige Kamm-Muschel mit rundlichen, fast identischen Schalen, die durch ein schmales Gelenk miteinander verbunden sind. Anders als die meisten anderen Weichtiere ist die Jakobsmuschel recht mobil, indem sie sich mit Hilfe des Rückstoßprinzips durch rasches Öffnen und Schließen ihrer Schalen in Bewegung setzt. Sie lebt am Meeresgrund, wo sie sich so gut wie unsichtbar macht, indem sie sich an Felsen anklammert. Die Jakobsmuschel wächst relativ langsam, wobei ihr Wachstum von der Wassertemperatur abhängig ist. Je kälter das Wasser ist, umso länger braucht die Muschel zu ihrer Reifung, die nach 4 bis 7 Jahren abgeschlossen ist. Das Alter der Muschel lässt sich anhand der Zahl der Ringe ablesen, die sich auf der oberen Schale befinden. In Japan werden die Jakobsmuscheln heute erfolgreich gezüchtet.

Die Jakobsmuschel ist im Mittelmeer zu Hause, wobei sie besonders zahlreich in den französischen und spanischen Küstengewässern vertreten ist. Ihren Namen erhielt sie im Mittelalter, weil die Pilger, die zum Altar des heiligen Jakobus in Santiago de Compostela in Spanien unterwegs waren, die leeren Muschelschalen zum Essen, Wasserschöpfen und Betteln benutzten. Sie besteht aus zwei großen Schalen mit einem Durchmesser von 10 bis 13 cm, von denen eine gewölbt, die andere ziemlich flach ist. Sie sind von 14 bis 16 strahlenförmigen Rippen überzogen und durch den Schließmuskel verbunden. Ihre Farbe reicht von rosarot oder rötlich bis zu bräunlich oder gelblich und hängt von der jeweiligen Umgebung ab.

Zu der großen Familie der Pectinidae gehören über 300 Arten, die alle essbar sind und sich hauptsächlich durch ihre Größe und das Aussehen ihrer Schalen unterscheiden, während ihr Fleisch ziemlich ähnlich schmeckt. Zu den bekanntesten Arten gehören neben der Jakobsmuschel auch die Kleine Pilgermuschel, die Große Pilgermuschel, die Atlantische Tiefwassermuschel, die Bunte Kamm-Muschel und die Isländische Kamm-Muschel.

Die **Kleine Pilgermuschel** *(Chlamys opercularis)* wird häufig mit der Jakobsmuschel verwechselt. Ihre gebrochen weißen Schalen haben einen Durchmesser von nur 5 bis 8 cm, sind mit braunen Punkten sowie einigen ziemlich großen strahlenförmigen Rippen überzogen und werden von zwei Gelenken unterschiedlicher Größe zusammengehalten. Im Geschmack ähnelt die Kleine Pilgermuschel der Jakobsmuschel. Sie ist sowohl im Mittelmeer als auch im Atlantik von Norwegen bis Westafrika anzutreffen.

Die **Große Pilgermuschel** *(Pecten maximus)* hat rötliche bis braune Schalen, die einen Durchmesser von 12 bis 15 cm erreichen und von 12 bis 13 strahlenförmigen Rippen überzogen sind. Auch die Große Pilgermuschel wird häufig mit der Jakobsmuschel verwechselt, lebt im Gegensatz zu dieser jedoch nicht im Mittelmeer, sondern im Atlantik und ist in Norwegen wie auch in Westafrika zu finden.

Die **Atlantische Tiefwassermuschel** *(Placopecten magellanicus)* ist die größte Muschel aus der Familie der Kamm-Muscheln und erreicht 15 bis 25 cm im Durchmesser. Ihre leicht gewölbte Oberschale ist meistens rötlich braun und von zahlreichen kleinen vorstehenden Rippen überzogen. Ihre weiße oder cremefarbene Unterschale, die durch zwei gleich große Gelenke mit der Oberschale verbunden ist, ist dagegen relativ flach. In Nordamerika zählt sie zu den wirtschaftlich wichtigsten Arten und ist im westlichen Atlantik von Labrador bis Northcarolina zu Hause.

Jakobsmuschel

Die **Bunte Kamm-Muschel** *(Chlamys varius)* hat eine stärker gewölbte Schale, die einen Durchmesser von bis zu 6 cm erreicht und unterschiedlich gefärbt ist. Sie ist im Atlantik von Norwegen bis Afrika sowie im Mittelmeer zu Hause.

Die **Isländische Kamm-Muschel** *(Chlamys islandicus)* hat konvexe Schalen, die von über 50 großen unregelmäßigen Rippen überzogen sind. Die meist grauen Schalen können gelb, rot oder lila getönt sein. Eines der beiden großen, die Schalen verbindenden Gelenke ist zweimal so lang wie das andere. Zu den essbaren Teilen dieser Mollusken gehören die »Nuss«, das köstliche, aromatische Fleisch des großen weißen Muskels, der die Schalen öffnet und schließt, sowie die »Koralle«, das relativ flockige Fleisch der Geschlechtsdrüsen, die sich gegen Frühlingsende bei den weiblichen Tieren rot verfärben, während die männlichen Drüsen cremefarben werden.

Einkaufstipp

Da Jakobsmuscheln wie auch alle anderen Kamm-Muscheln äußerst schnell verderben, werden sie meist gleich nach dem Fang ausgenommen, gewaschen und dann sofort mit Eis bedeckt oder eingefroren. Beim Einkauf frischer Muscheln sollte man darauf achten, dass sich die Schalen bei Berührung schließen bzw. dass das Fleisch fest und geruchlos ist.

Sind die Muscheln nicht ausdrücklich als »frisch« oder »aufgetaut« deklariert, sollte man der Sicherheit halber fragen, ob sie eingefroren waren, da aufgetaute Muscheln nur gegart wieder eingefroren werden dürfen. Gefrorene Muscheln sollten fest, glänzend und feucht sein, und die Innenseite der Packung darf keine Eiskristalle aufweisen.

Vorbereitung

Nachdem die geschlossenen Muscheln zunächst unter kaltem Wasser gewaschen und einige Stunden in Salzwasser gelegt werden, können sie wie Austern geöffnet werden. Dafür schiebt man die Messerklinge unter die Bärte an der grauen Außenkante und entfernt die kleine schwarze Tasche und die Bärte, die in Wasser gekocht eine würzige Brühe ergeben. Anschließend durchtrennt man den kleinen festen Muskel seitlich der Nuss, löst Nuss und Koralle heraus und wäscht diese getrennt gründlich unter fließendem kalten Wasser.

Serviervorschläge

Kamm-Muscheln werden meistens gegart verwendet. Roh schmecken sie sehr gut mit einem Spritzer Zitronensaft oder auch im *Sashimi*. Außerdem kann man das Fleisch grillen, dünsten, sautieren, dämpfen, braten, marinieren und gratinieren, wobei die feuerfesten, dekorativen Schalen häufig zum Anrichten verwendet werden.

Aufbewahrung

Frische oder ausgelöst gegarte Kamm-Muscheln können in einem fest verschlossenen Behälter 1 bis 2 Tage im Kühlschrank aufbewahrt werden. Sie sind auch zum Einfrieren geeignet, wobei das Aroma besser erhalten bleibt, wenn die Muscheln vor dem Einfrieren gegart werden. Tiefgefroren können sie bis zu 3 Monate aufbewahrt werden. Zum Auftauen gibt man sie in kochend heiße Milch, oder man lässt sie langsam im Kühlschrank auftauen.

Weichtiere

Jakobsmuschel

Zubereitung

Kleine Kamm-Muscheln werden vor dem Garen ausgelöst und im Ganzen belassen, während größere Exemplare klein geschnitten werden. Bei zu langer Garzeit werden die Muscheln schnell zäh und trocken und verlieren ihr Aroma.

Nährwerte

Kalorien	63
Fett	0,1 g
Eiweiß	15,6 g
	je 100 g

Kamm-Muscheln enthalten viel Vitamin B_{12} und Kalium.

Gratinierte Jakobsmuscheln
FÜR 4 PORTIONEN

16 große Jakobsmuscheln	2 EL Butter
150 g Champignons	1 EL Zitronensaft
1 Zwiebel	Für die Sauce:
1 Stange Sellerie	3 EL Butter
1–2 Stiele Petersilie	3 gestrichene EL Mehl
⅜ l trockener Weißwein	60 g süße Sahne
Salz und frisch gemahlener Pfeffer	Außerdem: Butter zum Einfetten
1 Lorbeerblatt	4 EL Semmelbrösel

1. Die Muscheln gründlich waschen und einige Stunden in kaltes Salzwasser legen. Die Pilze putzen, waschen und klein schneiden. Die Zwiebel schälen und fein hacken. Den Sellerie putzen, waschen und klein schneiden. Die Petersilie waschen und klein schneiden. Das Muschelfleisch aus den Schalen lösen und große Muscheln klein schneiden.

2. In einem Topf ⅛ l Wasser zum Kochen bringen. Wein, Sellerie, Salz, Pfeffer, Petersilie und Lorbeerblatt sowie das Muschelfleisch zugeben und zugedeckt bei kleiner Hitze 1 Minute dünsten. Den Sud durch ein sehr feines Sieb in einen Topf gießen.

3. Die Butter in einer Pfanne zerlassen und zuerst die Zwiebeln, dann die Pilze darin leicht anbräunen. Den Zitronensaft zufügen und alles bei schwacher Hitze 2 Minuten köcheln. Die Muscheln zufügen und weitere 5 Minuten köcheln lassen.

4. Für die Sauce die Butter in einer zweiten Pfanne zerlassen und das Mehl bei schwacher Hitze einrühren. Nach und nach unter ständigem Rühren 180 ml Kochsud und die Sahne zugießen und so lange rühren, bis die Sauce sämig ist.

5. Die Muschelschalen von innen mit Butter bestreichen und das Muschelfleisch in die Schalen geben. Die Sauce darüber gießen und die Semmelbrösel darüber verteilen. Die gefüllten Muscheln unter dem Grill leicht braun werden lassen und sofort servieren.

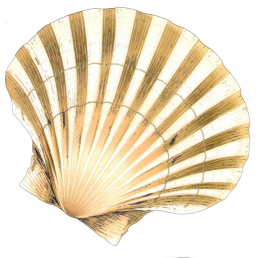

Jakobsmuschel

Venusmuschel

Venus spp., Veneridae

Japanische Teppichmuschel

Die zweischalige Venusmuschel zählt zur großen Familie der Veneridae, zu der mehr als 500 Arten gehören. Ausgrabungen haben ergeben, dass sie schon in prähistorischer Zeit der menschlichen Ernährung diente. Venusmuscheln sind in allen Weltmeeren zu Hause und leben sowohl in flachen Gewässern als auch in Meerestiefen bis zu 100 m, wo sie sich häufig in den sandigen oder schlammigen Boden eingraben. Die meisten Venusmuschelarten haben porzellanartig harte Schalen, was sich auch in dem Wort »Quahog« der Algonkinindianer ausdrückt, das so viel wie »harte Schale« bedeutet. Zu den bekanntesten Venusmuschelarten gehören bei uns die Raue und die Strahlige Venusmuschel, während in Nordamerika die Ostamerikanische Venusmuschel (Quahogmuschel) und die Japanische Teppichmuschel sehr beliebt sind.

Die **Raue Venusmuschel** *(Venus verrucosa)* gehört zu den bekanntesten Venusmuschelarten. Ihre rötlich braunen Schalen sind leicht oval geformt, mit konzentrischen Streifen und warzenartigen Höckern geschmückt und erreichen einen Durchmesser von 3 bis 8 cm. Diese Muschelart ist im Mittelmeer und im östlichen Atlantik bis nach Südafrika vertreten und wird häufig auch roh verwendet.

Die **Strahlige Venusmuschel** *(Chamelaea gallina)* ist vor allem in Italien beliebt. Ihre hellbraune Schale ist ebenfalls gerillt und mit weißen Streifen versehen. Sie erreicht nur einen Durchmesser von 3 bis 5 cm und lebt im Mittelmeer.

Die **Ostamerikanische Venusmuschel** oder **Quahogmuschel** *(Mercenaria mercenaria)* ist an der nordamerikanischen Atlantikküste von Kanada bis Mexiko zu Hause, wird mittlerweile aber auch im Ärmelkanal und an der französischen Atlantikküste gefischt. Die ovalen beigefarbenen Schalen dieser Venusmuschelart sind sehr dickwandig und mit unregelmäßigen Streifen versehen. Sie erreichen einen Durchmesser von 5 bis 12 cm.

Die **Japanische Teppichmuschel** *(Tapes philippinarum)* ist braun gefärbt und mit weißen Streifen versehen. Sie wird etwa 3 bis 5 cm groß und ist heute auch an der nordamerikanischen Pazifikküste zu finden, wo sie häufig auch roh verzehrt wird.

Einkaufstipp

Venusmuscheln werden frisch mit der Schale oder ausgenommen angeboten und sind gegart, tiefgefroren oder als Konserve erhältlich. Beim Einkauf von frischen Muscheln mit Schale sollte man sich vergewissern, dass sie noch leben: Die Schalen lebender Tiere sind fest geschlossen oder schließen sich langsam bei Berührung. Außerdem sollten die Muscheln mild und frisch riechen und dürfen keinen strengen Ammoniakgeruch aufweisen.

Venusmuschel

Nährwerte

Kalorien	74
Fett	1 g
Cholesterin	34 mg
Eiweiß	13 g
	je 100 g

Das magere Fleisch der Venusmuschel enthält sehr viel Vitamin B_{12}, Kalium und Eisen.

Zubereitung

Venusmuscheln schmecken am besten, wenn sie in einem Sud gedünstet oder gedämpft werden. Sie sind gar, wenn sich die Schalen öffnen. Bei zu langer Garzeit werden die Muscheln sehr schnell zäh. Manche Venusmuschelarten werden auch roh gegessen.

Vorbereitung

Frische Venusmuscheln sollten so bald wie möglich verbraucht werden, da sie außerhalb ihrer natürlichen Umgebung nicht lange überleben. Da sie meistens stark versandet sind, ist es ratsam, sie vor der Zubereitung 1 bis 6 Stunden in kaltem Salzwasser einzuweichen, wobei man 5 bis 6 Esslöffel Salz auf ¼ Liter Wasser rechnet. Dabei sollte man das Wasser von Zeit zu Zeit erneuern, da die Muscheln sterben, wenn sie längere Zeit im selben Wasser liegen. Anschließend müssen die Schalen gründlich unter fließendem Wasser abgebürstet werden, um Sand- oder Seetangreste zu entfernen.

Die Muschelschalen können sehr viel leichter geöffnet werden, wenn man sie zuvor eine Zeit lang in den Kühlschrank legt. Dabei entspannt sich der Schließmuskel, sodass man die Messerklinge anschließend leicht zwischen die Schalen schieben und sie öffnen kann. Die in den Muscheln enthaltene Flüssigkeit ist sehr gut zum Kochen geeignet und sollte nicht weggegossen werden. Eine zweite Möglichkeit, um die Schalen leichter zu öffnen, ist, die Muscheln einige Minuten im Backofen oder unter dem Grill zu erhitzen.

Raue Venusmuscheln

Venusmuschel

Serviervorschläge

Sehr kleine frische Venusmuscheln werden roh und gegart verwendet. Roh schmecken sie vorzüglich auch ohne weitere Zutaten oder nur mit etwas Zitronensaft beträufelt. Größere Muscheln sind zäher und werden deshalb meist gegart. Klein geschnitten sind sie eine köstliche Zutat in Saucen oder Fischsuppen. *Clam chowder*, eine sämige Suppe mit Venusmuscheln, ist vor allem an der Ostküste der Vereinigten Staaten sehr beliebt. Spaghetti *alle vongole* mit einer Sauce aus Venusmuscheln, Tomaten und Knoblauch ist ein beliebtes italienisches Gericht. Außerdem gehören sie in die spanische *Paella*.

Venusmuscheln schmecken besonders gut, wenn sie in einem Sud aus Schalotten, Tomaten, Weißwein und Thymian gedünstet werden. Sie eignen sich außerdem vorzüglich als Zutat in Dips, pikanten Salaten, Soufflés, Quiches oder Eintöpfen und sind in vielen Rezepten ein guter Ersatz für Austern, Miesmuscheln oder Jakobsmuscheln.

Aufbewahrung

Lebende Venusmuscheln können in einem Gefäß mit einem feuchten Tuch bedeckt bis zu 3 Tage im Kühlschrank aufbewahrt werden. Rohes oder gegartes Muschelfleisch bleibt im Kühlschrank 1 bis 2 Tage frisch. Muschelfleisch kann im eigenen Saft 3 Monate eingefroren werden und sollte tiefgefroren verarbeitet werden, damit sein Aroma besser erhalten bleibt.

Clam chowder (Muschelsuppe)

FÜR 4 BIS 6 PORTIONEN

- 60 g Schinkenspeck
- 2 Kartoffeln
- 2 mittelgroße Zwiebeln
- 500 g Venusmuscheln aus der Dose
- ¼ l Milch
- 1 Lorbeerblatt
- Salz und frisch gemahlener Pfeffer
- Paprikapulver edelsüß
- 250 g süße Sahne
- 4 EL trockener Sherry
- 1 EL frische gehackte Petersilie

1. Den Schinken fein würfeln. Die Kartoffeln schälen, waschen und würfeln. Die Zwiebeln schälen und fein hacken. Die Muscheln abtropfen lassen und klein schneiden, den Saft (etwa ¼ l) beiseite stellen.

2. Die Schinkenwürfel in einem Topf bei mittlerer Hitze ausbraten. Die Zwiebeln zugeben und im ausgelassenen Fett glasig dünsten.

3. Nach und nach 160 ml kochend heißes Wasser und die Milch zugießen. Die Kartoffeln und das Lorbeerblatt zufügen, mit Salz, Pfeffer und Paprika würzen und alles zum Kochen bringen. Die Hitze reduzieren und die Suppe zugedeckt etwa 10 Minuten köcheln lassen, bis die Kartoffeln weich sind.

4. Die Venusmuscheln mitsamt dem Saft dazugeben und aufkochen lassen. Den Topf vom Herd nehmen und die Sahne einrühren. Die Suppe nochmals bei geringer Hitze erwärmen, vom Herd nehmen und den Sherry zugeben. Die Suppe mit Petersilie bestreut servieren.

Miesmuschel

Muscullus spp. und *Mytilus spp.*, Mytilidae

Blaue Miesmuscheln

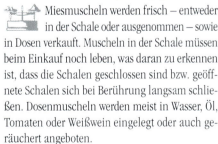

Die in den Küstengewässern aller Weltmeere beheimateten zweischaligen Miesmuscheln leben in Gruppen und bevorzugen kalte Gewässer. Sie halten sich an Sandbänken und Felsen mithilfe eines über eine Drüse am Fuß abgesonderten Sekrets fest, das an kräftige Seidenfäden erinnert und »Muschelseide« genannt wird. Da sie für Umweltgifte besonders empfänglich sind – sie filtern bis zu 100 l Wasser am Tag –, züchtet man sie meist in kontrollierter Umgebung. Zuchtmuscheln sind frei von Umweltgiften und enthalten weder Sand noch Parasiten (die Ursache der kleinen grauen Perlen, die man oft in Muschelschalen findet). Ihr Fleisch ist zarter und ergiebiger, aber blasser als das natürlich wachsender Muscheln, die nur noch selten in den Verkauf gelangen. Es gibt verschiedene Formen der Miesmuschelzucht. Die Bouchot-Methode hat ihren Namen von den hölzernen Gestellen, an denen die Muscheln sich festhalten. Angeblich wurde sie zufällig von einem irischen Seefahrer entdeckt, der Ende des 13. Jahrhunderts an der französischen Küste Schiffbruch erlitt. Um seinen Hunger zu stillen, versuchte er, Vögel zu fangen, und band zu diesem Zweck Netze an Pfähle, die er ins Wasser steckte. Nach einer Weile sah er, dass die Pfähle mit Miesmuscheln bedeckt waren.

Die Miesmuschel besitzt zwei dünne Schalen von etwa gleicher Größe, wobei der elastische Schließmuskel, der die Schalen miteinander verbindet, aus der Schale herausragt. Die Schale der bekanntesten Art, der **Blauen Miesmuschel** *(Mytilus edulis)*, ist meist glatt, manchmal aber auch von konzentrischen Rippen überzogen. Ihr Blau spielt ins Schwarze und wird oft von erodierten violetten Flecken gesprenkelt. Die Muschelschalen können konkav, konvex oder gerade sein, das glänzend polierte, schillernde Innere ist weiß oder blassgrau mit dunkleren, manchmal violetten Rändern. Die blaue Muschel erreicht einen Durchmesser von 3 bis 10 cm. Das Fleisch der weiblichen Miesmuscheln ist orangefarben, das der männlichen Tiere weißlich. Es gibt viele verschiedene Miesmuschelarten, die sich in Größe und Festigkeit des Fleisches voneinander unterscheiden.

Einkaufstipp

Miesmuscheln werden frisch – entweder in der Schale oder ausgenommen – sowie in Dosen verkauft. Muscheln in der Schale müssen beim Einkauf noch leben, was daran zu erkennen ist, dass die Schalen geschlossen sind bzw. geöffnete Schalen sich bei Berührung langsam schließen. Dosenmuscheln werden meist in Wasser, Öl, Tomaten oder Weißwein eingelegt oder auch geräuchert angeboten.

Vorbereitung

Muscheln sollten gründlich gewaschen und abgebürstet werden, da sie meist stark verschmutzt und versandet sind. Die an den Schalen hängenden Fäden müssen nicht entfernt werden und ergeben eine gute Würze für den Muschelsud. Geöffnete Muscheln, die sich bei Berührung nicht schließen, sowie beschädigte Muscheln sind ungenießbar und müssen aussortiert werden. Ungewöhnlich schwere Muscheln enthalten meist sehr viel Sand und sollten entweder ebenfalls aussortiert oder für mindestens 1 Stunde in Salzwasser eingeweicht werden, wobei man 4 bis 5 Esslöffel Salz auf 1 Liter Wasser rechnet.

Nach dem Einweichen oder Abbürsten tritt manchmal der Schließmuskel nach außen, was darauf hindeutet, dass die Muschel nicht mehr lebt. Dies lässt sich überprüfen, indem man versucht, die zwei Schalenhälften gegeneinander zu verschieben. Sind sie beweglich, ist die Muschel tot und sollte weggeworfen werden.

Miesmuschel

Serviervorschläge

Lebende Miesmuscheln werden selten roh verwendet, sondern meistens in einem Weißweinsud gegart. Man kann sie aber auch sehr gut grillen, schmoren, braten, marinieren, füllen, gratinieren oder auf Spießchen gesteckt zubereiten. Sie eignen sich sehr gut als Vorspeise und sind eine beliebte Zutat in Suppen und Saucen, Salaten oder Eintöpfen. Außerdem gehören sie unbedingt in die *Paella* und passen sehr gut zu Omelettes. Miesmuscheln aus der Dose werden häufig auch ohne weitere Zutaten warm oder kalt gegessen.

Unter den vielen Zubereitungsarten für Miesmuscheln ist die wohl berühmteste *à la marinière,* bei der die Muscheln in einem Sud aus trockenem Weißwein, Butter, Schalotten, Lorbeerblatt, Petersilie, Salz und Pfeffer gegart werden. Werden Miesmuscheln als Hauptgang serviert, rechnet man pro Person etwa 1 kg Muscheln.

Nährwerte

Kalorien	68
Fett	2,0 g
Eiweiß	10,2 g
	je 100 g

Miesmuscheln enthalten reichlich Vitamin B_1 und B_{12}, Nikotin- und Folsäure sowie viel Phosphor, Eisen und Zink.

Zuchtmuscheln sind manchmal von dem im Seetang enthaltenen Gift Mytilotoxin kontaminiert, das die häufigste Ursache für eine Muschelvergiftung ist.

Zubereitung

Werden die Miesmuscheln im Sud gedünstet, beträgt die Garzeit 3 bis 5 Minuten bzw. so lange, bis die Schalen aufgehen. Muscheln, deren Schalen beim Kochen nicht aufgehen, sind ungenießbar und müssen weggeworfen werden.

Aufbewahrung

Frische Miesmuscheln in der Schale sollten sobald wie möglich verbraucht werden. Sie können in einem Behälter mit einem feuchten Tuch bedeckt bis zu 3 Tage im Kühlschrank aufbewahrt werden. Ausgelöste Muscheln im Sud bleiben in einem fest verschlossenen Behälter im Kühlschrank 1 bis 2 Tage frisch. Rohe Muscheln ohne Schale können im eigenen Saft bis zu 3 Monate eingefroren werden.

Miesmuscheln à la marinière

FÜR 4 PORTIONEN

- 3 kg Miesmuscheln
- 2 Schalotten
- 2 EL Butter
- 1 Lorbeerblatt
- 2 EL gehackte Petersilie
- Salz und frisch gemahlener Pfeffer
- 180 ml trockener Weißwein
- 3 EL süße Sahne

1. Die Muscheln gründlich waschen und abbürsten. Sehr schwere Muscheln mindestens 1 Stunde in kaltem Salzwasser einweichen. Die Schalotten schälen und fein hacken.

2. Die Muscheln mit der Butter, den Schalotten, dem Lorbeerblatt und der Petersilie in einen großen Topf geben. Alles mit Salz und Pfeffer würzen und den Wein aufgießen. Den Deckel schließen und die Muscheln bei starker Hitze 3 bis 5 Minuten garen, dabei den Topf hin und wieder rütteln, damit sich die Muscheln in der Flüssigkeit gut verteilen.

3. Sobald sich alle Schalen geöffnet haben, die Muscheln in eine Schüssel geben und nicht geöffnete Muscheln aussortieren. Die Brühe durch ein Sieb in einen Topf abgießen, zum Kochen bringen und die Sahne einrühren. Die Sauce über die Muscheln geben und sofort servieren.

Auster

Ostrea spp. und *Crassostrea spp.*, Ostreidae

Die Auster ist eine zweischalige Molluske mit dicken, rauen, unregelmäßig geformten grauen oder braunen Schalen. Die obere Schale ist größer und flacher als die konkave Unterschale, in der sich der Austernkörper befindet. Bei den Austern unterscheidet man zwischen flachen und gewölbten Arten, wobei die flachen Austern wie die **Europäische** oder die **Portugiesische Auster** vor allem in Europa heimisch sind, während die gewölbteren Arten wie die **Pazifische Felsenauster** in den Gewässern um Japan und China sowie in der Südsee zu Hause sind. Außerdem gibt es noch die **Amerikanische Auster**, die an der gesamten Atlantikküste Nordamerikas zu finden ist und der Europäischen Auster ähnelt.

Seit langer Zeit gilt die Auster als besondere Delikatesse; großer Beliebtheit erfreute sie sich vor allem bei den Römern, Kelten und Griechen. Im antiken Griechenland dienten die Austern nicht nur als Nahrung, sondern kamen auch als eine Art Wahlzettel zum Einsatz: Die Wähler gaben ihre Stimme ab, indem sie den Namen ihres Kandidaten in die Schale ritzten.

Da sie relativ leicht zu züchten sind, lässt man Austern schon seit über 2000 Jahren in Zuchtanlagen heranreifen, wobei Römer und Gallier sie als erste in großem Stil produzierten. Heute gehören die Vereinigten Staaten, Japan, Korea und Frankreich zu den führenden Austernerzeugern, doch werden sie auch in zahlreichen anderen Ländern wie Südafrika, Australien, Neuseeland und Kanada gezüchtet.

Austern sind auch wegen ihrer wunderschönen Perlen begehrt, die anders als die Perlen anderer Weichtiere groß genug sind, um zu Schmuck verarbeitet zu werden. Diese Perlen bilden sich, wenn ein Sandkorn oder ein Stück Schale in die Auster gelangt, die dann ein perlmuttartiges Sekret abgibt, um sich vor dem Fremdkörper zu schützen. Zuchtperlen entstehen, indem man eine winzige Perle in die Schale plaziert. Die schönsten Perlen bringt die *Pinctadea* hervor, die in warmen Meeren lebt.

Austern sind entweder männlich oder weiblich, doch es kommt häufig vor, dass sie im Laufe ihres Lebens wenigstens einmal ihr Geschlecht wechseln. Anders als Miesmuscheln scheiden Austern keine Muschelseide ab, um sich beispielsweise an Felsen festzuhalten, sondern sie hängen sich aneinander oder an ihre Unterlage. Die Kolonien bildenden Austern ernähren sich von Plankton, Pflanzen und mikroskopisch kleinen Meerestieren. Wie alle Weichtiere sind auch sie in besonderem Maß der Umweltverschmutzung ausgesetzt (siehe *Einführung*).

Austern leben sowohl in tropischen als auch in gemäßigten Gewässern; die in gemäßigten Gewässern vorkommenden Austern haben eine längere Reifezeit als ihre tropischen Artgenossen und brauchen manchmal 4 bis 7 Jahre, um auf eine Länge von 8 cm zu kommen, welche die tropischen Austern meist in nur 2 Jahren erreichen. Die langsam wachsenden Austern der gemäßigten Gewässer gelten dafür als besonders aromatisch. Das üppige, glänzende Fleisch der Austern ist braun, perlgrau, beige oder auch leicht grün, wenn sich die Tiere von Seetang ernähren. Seine Konsistenz verändert sich während der Fortpflanzungszeit (von Mai bis August in der nördlichen Hemisphäre) und wird milchig weiß. Aus diesem Grund sagt man, dass Austern nur während der Monate gegessen werden sollten, die ein »r« haben, also von September bis April; dennoch sind sie während der Sommermonate nicht ungenießbar, sondern nur weniger appetitlich und leichter verderblich. Auf jeden Fall ist diese Einschränkung – vor allem bei Zuchtaustern – nicht immer zutreffend, da amerikanische Forscher ein neues gentechnisches Verfahren entwickelt haben, wodurch Austern steril werden, das heißt, ihr Fortpflanzungszyklus wird unterbunden und damit die Zeit ausgeschaltet, in der sie weniger gut schmecken.

Auster

Vorbereitung

Das Öffnen von Austern erfordert einige Geschicklichkeit. Spezielle Austernmesser haben einen festen Griff und eine dicke Klinge, die sich besonders gut zum Öffnen der Schalen eignet. In jedem Fall sollte man nur Messer mit rostfreier Stahlklinge verwenden, damit sich der Metallgeschmack nicht auf die Austern überträgt. Bevor man die Austern öffnet, werden sie unter fließendem kalten Wasser abgebürstet. Austern dürfen jedoch niemals in Wasser eingeweicht werden, da sie sterben, sobald sich die Schale öffnet und ihr Saft ausläuft.

Zum Öffnen hält man die Auster fest in der einen Hand, und zwar mit der abgerundeten Seite nach unten, damit nicht so viel Flüssigkeit verloren geht. Dann schiebt man die Klinge nahe dem Gelenk zwischen die beiden Schalen, dreht das Messer, um die Schalen zu trennen, und durchtrennt dann den Muskel, der sie zusammenhält. Zum Schluss schiebt man die Klinge unter das Austernfleisch, um sie aus der Schale zu lösen, und entfernt eventuelle Schalenstückchen vom Austernfleisch. Für den Fall, dass das Messer abrutscht, schützt man die Hand am besten mit einem Handschuh oder einem Tuch.

Austern lassen sich leichter öffnen, wenn der Schließmuskel zuvor durch Erwärmen weich gemacht wird. Dazu legt man sie entweder 30 bis 60 Sekunden in den vorgeheizten Backofen, dämpft sie einige Sekunden in Wasser oder gibt sie für 1 Minute auf hoher Stufe in die Mikrowelle.

Einkaufstipp

Frische Austern in der Schale sollten möglichst schwer sein. Lebende Austern sind normalerweise geschlossen; leicht geöffnete Schalen müssen sich bei Berührung schließen. Austern werden in der Regel nach Größe und Form, nicht aber nach ihrem Geschmack klassifiziert. Ob Austern wirklich frisch sind, lässt sich nur feststellen, indem man sie öffnet. Austern, die nicht fest und fleischig aussehen und in klarer, gut riechender Flüssigkeit liegen, sollten aussortiert werden.

Austern werden auch ohne Schale frisch oder gefroren angeboten. Ausgenommene frische Austern sollten fest, fleischig und glänzend sein, und die Flüssigkeit, in der sie aufbewahrt werden, sollte klar und nicht milchig sein.

Nährwerte

Kalorien	66
Cholesterin	260 mg
Fett	1,2 g
Eiweiß	9,0 g
	je 100 g

Austern enthalten sehr viel Vitamin A, Vitamin B_1, B_2 und B_{12}, Nikotinsäure, Eisen, Zink, Magnesium und Kupfer. Sie sind besonders nährstoffreich und wirken tonisierend und aphrodisierend.

1 Die Schale mit einer Hand festhalten und die Klinge zwischen die Schalen schieben.

2 Durch Umdrehen der Messerklinge die Schalen voneinander trennen.

3 Den Muskel durchtrennen und eventuelle Schalenstückchen im Austernfleisch entfernen.

4 Die Klinge unter das Austernfleisch schieben und dieses aus der Schale lösen.

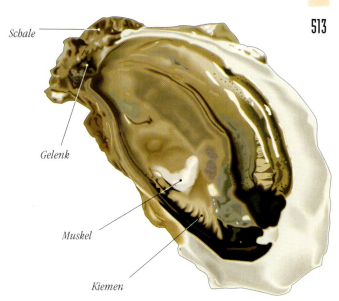

Schale — Gelenk — Muskel — Kiemen

Auster

Serviervorschläge

Frische Austern werden normalerweise roh gegessen – entweder pur oder mit ein wenig Zitronensaft oder Pfeffer verfeinert. Gegarte Austern schmecken warm oder kalt und werden häufig auch für Suppen, Pasteten, Saucen und Gratins verwendet.

Ausgelöste frische Austern kann man ebenfalls roh essen. Sie sind jedoch meist weniger aromatisch als geschlossene Austern und daher besser zum Garen geeignet. Geräucherte Austern aus der Dose werden meist pur verzehrt, können aber auch sehr gut mariniert werden.

Aufbewahrung

Sehr frische ausgelöste Austern im eigenen Saft können bis zu 10 Tage im Kühlschrank aufbewahrt werden. Tiefgekühlt halten sie sich höchstens 3 Monate.

Ungeöffnete Austern bleiben in einer Schüssel mit einem feuchten Tuch bedeckt im Kühlschrank bis zu 2 Wochen frisch. Sie dürfen niemals in einem Kunststoffbeutel oder in einem fest verschlossenen Behälter aufbewahrt werden, da sie dann nicht mehr atmen können. Außerdem sterben sie bei Temperaturen unter 1°C oder über 14°C. Geschlossene Austern sind nicht zum Einfrieren geeignet.

Zubereitung

Austern werden rasch gummiartig und zäh, sobald sie auch nur etwas zu lange garen. Zum Kochen gibt man die Austern in kochendes Wasser oder kochenden Sud, nimmt dann sofort den Topf vom Herd und lässt die Austern 4 bis 5 Minuten in der Flüssigkeit ziehen bzw. lässt sie in siedendem, aber nicht kochendem Wasser oder Sud garen. Sobald sich die Austern an den Rändern aufrollen, sind sie gar und müssen herausgenommen werden.

Austernsuppe
FÜR 4 PORTIONEN

1 Zwiebel
1 Stange Sellerie
⅜ l Milch
375 g süße Sahne
Salz und frisch gemahlener weißer Pfeffer
⅛ l trockener Weißwein
250 g Austern im eigenen Saft (aus der Dose)
2 EL eiskalte Butter
1 Prise Cayennepfeffer
2 EL Schnittlauchröllchen

1. Die Zwiebel schälen und vierteln. Den Sellerie putzen und in Streifen schneiden. Gemüse, Milch und Sahne in einen Topf geben, mit Salz und Pfeffer würzen, langsam erhitzen (nicht kochen!) und das Gemüse zugedeckt 20 Minuten ziehen lassen.

2. Das Gemüse durchseihen. Die Flüssigkeit wieder in den Topf geben und warm stellen. Den Wein in einem zweiten Topf bis zum Siedepunkt erhitzen. Die Austern mitsamt Saft zufügen und zugedeckt auf kleinster Flamme 4 Minuten ziehen, aber nicht kochen lassen.

3. Die Austern herausheben und in die Suppe geben. Die Butter in Flöckchen einrühren und die Suppe mit Cayennepfeffer abschmecken. Die Suppe mit Schnittlauchröllchen bestreut servieren.

Europäische Auster

Pazifische Felsenauster

Kalmar

Loligo spp., Loliginidae

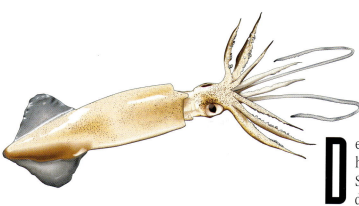

Der Kalmar gehört zu den Kopffüßlern und hat einen weichen Körper mit chitinhaltiger Schale. Viele der 350 Kalmarenarten leben in den flachen Küstengewässern oder im offenen Meer gleich unter der Wasseroberfläche, während andere Arten Wassertiefen von bis zu 200 m bevorzugen. Die torpedoförmigen Körper der Kalmare, die eine Länge von 30 bis 50 cm erreichen und bis zu 2 kg schwer werden können, sind je nach Umgebung weiß mit roten, braunen, rosa- oder lilafarbenen Tupfen. Die zehn Saugarme oder Tentakeln, die von ihrem Kopf ausgehen, erlauben ihnen, Nahrung aufzunehmen und sich sehr schnell fortzubewegen. Im Körperinneren werden sie von einem federförmigen, durchsichtigen Knorpel gestützt, der als »Kiel« bezeichnet wird. Der größte Teil der hinteren Körperhälfte besteht aus zwei dreieckigen Flossen, die den Kalmar vom nahe verwandten Tintenfisch unterscheiden und deren Länge von der jeweiligen Art abhängt. Kalmare werden aufgrund ihres überaus aromatischen Fleisches seit dem Altertum geschätzt. Die insbesondere in Europa und Japan beliebten Weichtiere spielen auch in der nordamerikanischen Fischwirtschaft eine große Rolle.

Die essbaren Teile sind die Fangarme und der taschenförmige Körper, die zusammen 80% des Tieres ausmachen. Der Kalmar ist mit einer Drüse ausgerüstet, die eine schwärzliche Flüssigkeit namens Sepia absondert, wenn er angegriffen wird. Dieser essbaren Tinte, die auch oft zum Malen verwendet wird, verdankt der Kalmar seinen Namen: Das lateinische Wort *calamarius* heißt übersetzt »Schrift«. Das weiße Fleisch ist mager, fest und ein wenig gummiartig, muss vor der Zubereitung jedoch nicht weich geklopft werden wie das Fleisch von Oktopus und Tintenfisch.

Einkaufstipp

Kalmar wird meist küchenfertig – ohne Tintensack – frisch, gefroren, in Dosen oder getrocknet angeboten. Frischer Kalmar sollte feuchtes, festes Fleisch haben, das nur einen leichten Meergeruch hat.

Vorbereitung

Vor der Zubereitung wird frischer Kalmar zuerst unter fließendem Wasser gewaschen und gehäutet, indem man den Körper mit der einen Hand festhält und mit der anderen Hand die Haut abzieht. Dann breitet man die Fangarme flach aus, trennt sie mit einem Messer gleich unter den Augen ab und entfernt die harten Kauwerkzeuge. Anschließend entfernt man den transparenten Kiel, wäscht Fangarme und Körper und entfernt mit den Händen die Flossen.

Serviervorschläge

Kalmar wird gegart und warm oder kalt gegessen. Sehr kleine frische Kalmare kann man auch roh verzehren und für japanische Gerichte wie *Sashimi* und *Sushi* verwenden. Kalmare kann man grillen, braten, kochen und dämpfen, marinieren, räuchern, in Bierteig tauchen und frittieren, füllen und für Suppen, Saucen und Salate verwenden. Sehr gut schmecken sie auch zu Nudeln, wobei in vielen Rezepten die würzige Tinte mitverwendet wird.

Aufbewahrung

Frische oder gekochte Kalmare können 1 bis 2 Tage im Kühlschrank und 3 Monate tiefgefroren aufbewahrt werden. Frisch gefangene Kalmare sollte man 1 bis 2 Tage im Kühlschrank liegen lassen, damit sie zarter werden.

Nährwerte

Kalorien	92
Fett	1 g
Eiweiß	16 g
	je 100 g

Kalmar ist reich an Vitamin B_2 und B_{12}.

Zubereitung

Zum Braten oder Grillen im Backofen bei 200 °C (Umluft 180 °C, Gas Stufe 3–4) benötigt ganzer gefüllter Kalmar 15 bis 20 Minuten. Bei kleiner Hitze im Topf geschmort beträgt die Garzeit von klein geschnittenen Kalmaren etwa 30 Minuten.

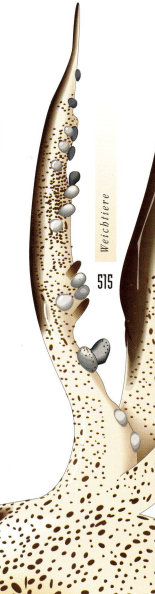

Krake

Octopus spp., Octopoda

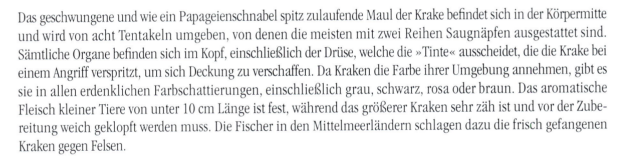

Die Krake, auch **Oktopus** genannt, ist ein schalenloser Kopffüßler, der in den meisten Weltmeeren zu Hause ist. Er ist eng mit Kalmar und Tintenfisch verwandt und kann als größtes Mitglied dieser Familie bis zu 9 m groß werden.

Der Oktopus wurde bereits in der Antike von Griechen und Römern sehr geschätzt, wobei letztere ihn für ein Aphrodisiakum hielten. Auch in der heutigen Küche der Mittelmeerländer sowie in Japan nimmt er einen hohen Stellenwert ein und wird in Japan sogar in Gefangenschaft gezüchtet. In manchen Ländern wie den Vereinigten Staaten oder Australien ist er dagegen nicht sehr gefragt und dient dort meistens nur als Köder.

Das geschwungene und wie ein Papageienschnabel spitz zulaufende Maul der Krake befindet sich in der Körpermitte und wird von acht Tentakeln umgeben, von denen die meisten mit zwei Reihen Saugnäpfen ausgestattet sind. Sämtliche Organe befinden sich im Kopf, einschließlich der Drüse, welche die »Tinte« ausscheidet, die die Krake bei einem Angriff verspritzt, um sich Deckung zu verschaffen. Da Kraken die Farbe ihrer Umgebung annehmen, gibt es sie in allen erdenklichen Farbschattierungen, einschließlich grau, schwarz, rosa oder braun. Das aromatische Fleisch kleiner Tiere von unter 10 cm Länge ist fest, während das größerer Kraken sehr zäh ist und vor der Zubereitung weich geklopft werden muss. Die Fischer in den Mittelmeerländern schlagen dazu die frisch gefangenen Kraken gegen Felsen.

Einkaufstipp

Kraken werden frisch und tiefgefroren angeboten. Frische Kraken sollten festes Fleisch haben, das nur wenig nach Fisch riecht.

Vorbereitung

Küchenfertige Kraken sind bereits ausgenommen und weich geklopft. Andernfalls werden die Fangarme abgetrennt und die Bauchhöhle umgestülpt, um die Innereien auszunehmen. Danach werden Augen und Maul entfernt und größere Kraken gehäutet. Dies geht leichter, wenn man das Fleisch weich klopft und 5 Minuten in kochendes Wasser gibt.

Nährwerte

Kalorien	73
Fett	1 g
Eiweiß	15 g
	je 100 g

Serviervorschläge

Oktopus schmeckt gegrillt oder gebraten als Hauptgericht, in Fischsuppen sowie in asiatischen Gerichten. Er passt gut zu Knoblauch, Tomaten, Zwiebeln, Zitrone, Ingwer, Olivenöl, Wein und Sojasauce.

Aufbewahrung

Frischer ausgenommener und gesäuberter oder gegarter Oktopus kann in einem luftdicht verschlossenen Behälter 1 bis 2 Tage im Kühlschrank aufbewahrt werden. Er ist frisch und gegart auch gut zum Einfrieren geeignet und hält sich tiefgefroren bis zu 3 Monate.

Zubereitung

Oktopus wird gegrillt, gedünstet, geschmort, gebraten oder gedämpft. Gedünstet benötigt Oktopus mit einem Gewicht von über 2 kg eine Garzeit von 60 bis 90 Minuten, wobei das Fleisch zarter wird, wenn es bei kleiner Hitze köchelt.

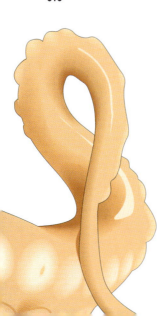

Tintenfisch

Sepia officinalis, Sepiidae

Der in Europa und Asien reichlich vorkommende Tintenfisch, auch **Sepia** genannt, ist ein Kopffüßler, dessen Körper ovaler und flacher ist als der des eng verwandten Kalmars. Er besitzt einen überaus leichten, etwa 15 cm großen Kalkschulp. Dieser an einem Ende runde, am anderen Ende spitze Knochen wird Vögeln gerne zum Schnabelwetzen gegeben. Im alten Rom wurde er gemahlen und von den Frauen zum Zähneputzen, als Gesichtspuder oder auch zum Polieren von Schmuck verwendet.

Der Tintenfisch, der sich der Farbe seiner Umgebung anpasst, ist gelb oder beige und meist schwarz gestreift. Er hat zehn Fangarme, von denen zwei besonders lang und mit fünf oder sechs Reihen Saugnäpfen ausgerüstet sind. Wie die Krake hat er kleine Augen und einen Beutel mit »Tinte«, die er im Verteidigungsfall verspritzt. Die als »Sepia« bekannte Tinte ist dunkelbraun und wird in der Küche sowie als Farbpigment in Malerfarben verwendet.

Der Tintenfisch, der zur Familie der Kuttelfische gehört, ist durchschnittlich 15 bis 25 cm lang und damit weitaus größer als der nah verwandte Zwergsepia, der eine Länge von nur 3 bis 5 cm erreicht. Er lebt in den flachen oder tiefen Gewässern der meisten Meere und bewegt sich mit Hilfe des Rückstoßprinzips fort, indem er Wasser ansaugt und dieses wieder ausstößt. In Italien, Griechenland, Spanien und Japan ist der Tintenfisch besonders gefragt.

Einkaufstipp

Frischer Tintenfisch sollte feuchtes, festes Fleisch haben, das nur wenig nach Fisch riecht. Sepia wird auch gefroren oder in Dosen angeboten.

Vorbereitung

Das weiße Fleisch des Tintenfisches ist sehr fest, und die Haut lässt sich nur schwer entfernen. Es wird wie bei der Krake vor dem Kochen weich geklopft (siehe *Krake*).

Serviervorschläge

Tintenfisch ist sehr aromatisch und kann auf die gleiche Weise wie Krake oder Kalmar zubereitet werden. Er ist ein beliebtes Hauptgericht, gehört in Fischsuppen, ist eine wichtige Zutat in der spanischen *Paella* und schmeckt auch gefüllt sehr gut. Die dunkelbraune »Tinte« wird ebenfalls zum Kochen verwendet, beispielsweise im toskanischen *Riso nero*.

Aufbewahrung

Frischer ausgenommener und gewaschener oder gekochter Tintenfisch hält sich im Kühlschrank 1 bis 2 Tage und kann bis zu 3 Monate eingefroren werden.

Zubereitung

Tintenfisch darf nicht zu lange garen, da er sonst leicht zäh wird. Man kann ihn braten (3 Minuten je Seite), schmoren (1 bis 2 Minuten je Seite) oder dämpfen (30 Minuten).

Nährwerte

Kalorien	73
Fett	1 g
Eiweiß	16 g
	je 100 g

Wellhornschnecke

Buccinum spp., **Buccinidae**

Die große fleischfressende Wellhornschnecke ist ein einschaliger Bauchfüßler, der gehäuft an den Küsten des Atlantiks, Pazifiks und der arktischen Meere anzutreffen ist. Die am häufigsten vorkommende Art ist die *Buccinum undatum*, die man wie die Krabbe entlang der Küste in Netzen fängt. Die meisten der sonst noch essbaren Arten werden in bis zu 60 m tiefen Gewässern gefischt oder nach einem Sturm entlang den Küsten aufgesammelt. Die Wellhornschnecke ist vor allem in England und Italien sehr beliebt.

Die Wellhornschnecke ähnelt der großen Strandschnecke und erreicht meist 2 bis 10 cm, manchmal aber auch 15 cm im Durchmesser. Die Farbpalette ihrer kegelförmigen Spiralenschale reicht von Grau bis zu gebrochenem Weiß; die Schale bestimmter Arten ist auf der Innenseite perlmuttfarben.

Vorbereitung

Vor der Zubereitung müssen Wellhornschnecken gründlich gewaschen werden, da sie meist stark versandet sind. Das geht am besten, wenn man sie vorher leicht schüttelt, sodass sie sich in ihr Haus zurückziehen.

Nährwerte

Kalorien	138
Fett	0,4 g
Eiweiß	24 g
	je 100 g

Serviervorschläge

Wellhornschnecken kann man wie Strandschnecken zubereiten; sie werden meist mariniert oder »pur« gegart und mit etwas Zitronensaft beträufelt gegessen. Sie schmecken aber auch gut in Salaten oder in Weißweinsaucen.

Aufbewahrung

Frische Wellhornschnecken kann man in einem Behälter und mit einem feuchten Tuch bedeckt bis zu 3 Tage im Kühlschrank aufbewahren. Schnecken ohne Haus können bis zu 3 Monate eingefroren werden.

Zubereitung

Vor dem Kochen müssen alle Schnecken mit beschädigter Schale aussortiert werden, da sie nicht mehr leben und giftig sind, das heißt, es dürfen nur lebende Wellhornschnecken mit intakter Schale verwendet werden. Nach dem Waschen werden sie 8 bis 10 Minuten in Salzwasser (1 Esslöffel Salz auf 1 l Wasser) oder in einem Fischsud gedünstet. Dafür die Schnecken in einen Topf legen, mit kaltem Wasser oder Sud bedecken und zugedeckt zum Kochen bringen. Nach der Garzeit die Schnecken abgießen, das Operculum – die feste Platte, die die Muschelöffnung verschließt – entfernen und die Schnecken mit einer Nadel aus ihrem Haus lösen.

Größere Exemplare von etwa 15 cm Länge benötigen eine längere Garzeit. Dafür die Schnecken auf die beschriebene Weise so lange dünsten, bis sie aus ihren Schalen kommen, und herausziehen. Das weiche Gewebe, das den Körper mit dem Haus verbindet, entfernen und das Fleisch weiterkochen, bis es weich ist.

Strandschnecke

Littorina spp., **Littorinidae**

Die Strandschnecke ist ein kleiner Bauchfüßler, der gehäuft sowohl im Atlantik als auch im Pazifik vorkommt und der Weinbergschnecke äußerlich ähnelt. Strandschnecken leben in Kolonien entlang der Felsküsten in Spalten und haften an Kaimauern direkt unterhalb der Wasseroberfläche.

Das kleine spiralförmige Schneckenhaus ist dick und glatt. Es ist je nach Art braun, grau oder schwarz, mit schwarzen oder rötlichen Spiralen geschmückt und wird von einer kalkigen Schutzplatte, dem Operculum, bedeckt. Strandschnecken sind ab einer Größe von 2 bis 3 cm essbar.

Serviervorschläge

Strandschnecken schmecken gegart warm oder kalt. Ihr mageres Fleisch ähnelt dem der Weinbergschnecke, die sie in vielen Rezepten auch ersetzen können. Sie schmecken »pur« nur mit ein wenig Zitrone oder Weinessig beträufelt sehr gut, werden auch häufig in Weißweinsaucen gegart und schmecken als Zutat im Salat oder als Appetithäppchen. Über Holzkohle gegrillt sind sie besonders schmackhaft, wobei man darauf achten sollte, dass sie nicht zu lange garen, da sie sonst zäh werden.

Aufbewahrung

Frische Strandschnecken kann man in einem Behälter und mit einem feuchten Tuch bedeckt bis zu 3 Tage im Kühlschrank aufbewahren. Schnecken ohne Haus können bis zu 3 Monate eingefroren werden.

Zubereitung

Vor dem Kochen müssen alle Schnecken mit beschädigter Schale aussortiert werden, da sie nicht mehr leben und giftig sind, das heißt, es dürfen nur lebende Strandschnecken mit intakter Schale verwendet werden. Nach dem Waschen werden sie in Salzwasser (1 Esslöffel Salz auf 1 l Wasser) oder in einem Fischsud gedünstet. Dafür die Schnecken in einen Topf legen, mit kaltem Wasser bedecken und zugedeckt zum Kochen bringen. Strandschnecken sollten nicht länger als 5 Minuten garen, da sie sonst zäh werden und nur noch sehr schwer aus ihren immer zerbrechlicher werdenden Schalen herausgelöst werden können. Nach der Garzeit die Schnecken abgießen, das Operculum ablösen und das Fleisch mit einer Nadel herauslösen.

Vorbereitung

Vor der Zubereitung müssen Strandschnecken gründlich gewaschen werden, da sie meist stark versandet sind. Dafür die Schnecken leicht schütteln, sodass sie sich in ihr Haus zurückziehen.

Nährwerte

Kalorien	100
Fett	2 g
Eiweiß	20 g
	je 100 g

Weichtiere

Weinbergschnecke

Helix spp., Helicidae

Die Weinbergschnecke *(Helix pomatia)* aus der Familie der Schnirkelschnecken ist ein pflanzenfressender Bauchfüßler mit spiralförmigem Haus. Sie kann ein Alter von bis zu 35 Jahren erreichen, ist zwischen 3 und 5 cm lang und besitzt ein gelbbraunes Haus, das von drei bis fünf braunen Spiralstreifen geschmückt wird. Sie lebt in lichten Wäldern und Gebüschen und ist in allen Ländern Mittel- und Südosteuropas zu Hause. Aufgrund ihres delikaten Geschmacks wurde sie schon von den Römern gezüchtet, deren Tradition bis heute in den Schneckengärten (Kochlearien) Frankreichs weiterlebt. Da die Bestände der Weinbergschnecke inzwischen jedoch ernsthaft gefährdet sind, wird mittlerweile auch die **Gestreifte Weinbergschnecke** *(Helix aspersa)* in der Küche verwendet, die vor allem aus den Schneckengärten in der Türkei importiert wird. Die Gestreifte Weinbergschnecke wird 2 bis 3 cm lang und hat ein gelblich graues Haus, das von ein bis fünf gebrochen violetten Streifen geschmückt wird.

Die Weinbergschnecke war bis zum 19. Jahrhundert besonders häufig in den Weinbergen des Burgund zu finden, ist aber mittlerweile durch Insektizide soweit dezimiert worden, dass 75 % aller heute in Frankreich verzehrten Schnecken importiert werden müssen. Neben Frankreich waren Schnecken früher insbesondere in Italien und England sehr beliebt.

Die Weinbergschnecke ist außerordenlich gefräßig und frisst auch giftige Pflanzenarten, weshalb man sie vor der Zubereitung ein bis zwei Wochen hungern lässt, da sie andernfalls zu giftig wäre und ein ernstes Gesundheitsrisiko für den Menschen darstellen würde. Im Herbst, wenn sie sich einen Vorrat für den Winter angefressen hat, zieht sie sich in ihr Gehäuse zurück und verschließt die Öffnung mit einer Kalkschicht, um sich anschließend in den Boden zu vergraben. Dies ist der beste Zeitpunkt zum Sammeln.

Das erste französische Rezept für die Zubereitung von Weinbergschnecken stammt aus dem Jahr 1390, wobei Schnecken damals vor allem den Wohlhabenden vorbehalten blieben. Das heute wohl bekannteste Rezept, Schnecken auf Burgunder Art *(escargots à la bourguignonne),* wurde 1825 erstmals serviert.

weiße Weinbergschnecke

Weinbergschnecke ohne Haus

Serviervorschläge

Schnecken werden meist in einem Schneckenpfännchen, der *escargotière,* serviert, das in 6 oder 12 Segmente unterteilt ist. Außerdem gibt es Schneckenzangen zum Halten der Gehäuse sowie zweizinkige Gabeln, um besser in das Gehäuse zu gelangen.

Schnecken werden zuerst in einem Sud gekocht und anschließend gegrillt, geschmort, in Saucen, im Sud oder in Blätterteig gehüllt zubereitet. *Escargots à la bourguignonne*, Schnecken mit Kräutern und Knoblauchbutter, ist ein klassisches französisches Rezept.

Für Schnecken gibt es eine Vielzahl von Rezepten. Sie passen gut zu Zwiebeln, Tomaten, rohem Schinken, Anchovis, Spinat, Walnüssen oder Mandeln und werden unter anderem mit Fenchel, Safran, Bohnenkraut, Anis, Orangenschale oder Petersilie gewürzt.

Weinbergschnecke

Vorbereitung

Lebende Schnecken werden zunächst in kaltem Wasser gewaschen. Dann entfernt man gegebenenfalls den harten Kalkdeckel, der die Öffnung des Schneckenhauses verschließt.

Danach werden die Schnecken 3 Stunden in eine Mischung aus Wasser, grobem Salz und Essig gelegt, um den Schleim zu entfernen. Dabei rechnet man bei 36 Schnecken ½ l Wasser, 300 g Salz und 100 ml Essig. Anschließend werden sie erneut unter kaltem Wasser gründlich gewaschen.

Als nächsten Schritt bringt man reichlich Wasser in einem großen Topf zum Kochen und lässt die Schnecken darin 10 Minuten kochen. Danach spült man die Schnecken unter kaltem Wasser ab, holt das Fleisch aus dem Gehäuse und entfernt den schwarzen Eingeweidesack. Anschließend wird das Fleisch weitere 2 bis 3 Stunden in einer kräftigen Bouillon oder in einem Sud aus Weißwein und Gewürzen weich gekocht und erst danach je nach Rezept entsprechend weiter zubereitet.

Schnecken, die bereits gereinigt und vorgegart mit Gehäuse als Konserve angeboten werden, braucht man nur abtropfen zu lassen.

Tiefgefrorene Schnecken, die gefüllt angeboten werden, lässt man am besten im Kühlschrank auftauen.

Einkaufstipp

Weinbergschnecken werden vorgegart und fertig gefüllt tiefgefroren angeboten. Bereits gekocht sind sie auch als Konserve erhältlich. In Frankreich und einigen anderen Ländern kann man auch lebende Schnecken kaufen.

Aufbewahrung

Gegarte ausgelöste Schnecken halten sich im Kühlschrank bis zu 3 Tage und können bis zu 3 Monate eingefroren werden.

Nährwerte

Kalorien	62
Fett	1,2 g
Eiweiß	12,8 g
	je 100 g

Weinbergschnecken auf Burgunder Art

FÜR 4 PORTIONEN

48 Schnecken mit Gehäuse aus der Dose
½ Bund Petersilie
4 Stängel frischer Kerbel
2 Zwiebeln
2 Knoblauchzehen
100 g weiche Butter
Salz
frisch gemahlener weißer Pfeffer
etwas Zitronensaft

1. Die Schnecken in einem Sieb abtropfen lassen und die Flüssigkeit auffangen. Die Petersilie und den Kerbel waschen, trockenschwenken und fein hacken. Die Zwiebeln und die Knoblauchzehen abziehen. Die Zwiebeln ebenfalls sehr fein hacken, den Knoblauch durchdrücken.

2. Die Butter in eine Schüssel geben. Petersilie, Kerbel, Zwiebeln, Knoblauch, Salz, Pfeffer und etwas Zitronensaft zufügen und alles mit der Gabel gründlich verrühren. Den Backofen auf 200 °C (Umluft 180 °C, Gas Stufe 3–4) vorheizen.

3. Jeweils ½ Teelöffel von dem Sud in die Schneckengehäuse geben, das Schneckenfleisch hineingeben und die Öffnungen mit der Kräuter-Knoblauch-Butter verschließen und glatt streichen.

4. Die Schneckengehäuse mit der Öffnung nach oben in 4 Schneckenpfännchen à 12 Portionen stellen und im Backofen einige Minuten überbacken, bis die Butter zu schäumen beginnt. Die Schnecken herausnehmen und zu knusprigem Baguette servieren.

Weichtiere

Grüner Seeigel

Strongylocentrotus spp., Strongylocentrotidae

Der wirbellose Seeigel, von dem es fast 500 meist ungenießbare Arten gibt, lebt in den Küstengewässern der meisten Weltmeere. Er misst 7 bis 8 cm im Durchmesser und hat eine kugelförmige Schale aus Kalkplättchen, die je nach Art auch relativ flach sein kann und mit stacheligen Schalen besetzt ist. Diese Stacheln sind meist 2 bis 3 cm lang, können aber auch eine Länge von 10 bis 15 cm erreichen. Sie sind zum Teil mit Saugnäpfen ausgestattet und beweglich, sodass sich der Seeigel im Wasser fortbewegen kann, während andere Stacheln mit Zangen versehen sind und zur Nahrungsaufnahme verwendet werden. Einige Seeigelarten besitzen auch Giftstacheln.

Die Unterseite des Seeigels ist vollständig mit Stacheln bedeckt und enthält außer dem in der Mitte liegenden Anus keine weiteren Organe. Das aus fünf Zähnen bestehende Maul befindet sich unter der Schale und ist ringsum frei von Stacheln. Der einzige essbare Teil des zweigeschlechtlichen Seeigels liegt unter dem Maul und besteht aus fünf Sexualorganen, den Eierstöcken und Testikeln, die auch »Koralle« genannt werden, sowie der sie umgebenden Flüssigkeit. Die Koralle ist wie die der Miesmuschel und der Kamm-Muschel orangefarben und schmeckt sehr stark nach Jod.

Aufbewahrung

Die Korallen verderben sehr schnell und sollten in einem luftdicht verschlossenen Behälter nicht länger als 1 bis 2 Tage im Kühlschrank aufbewahrt werden.

Nährwerte

Kalorien	126
Fett	4 g
Eiweiß	12 g
	je 100 g

Einkaufstipp

Seeigel werden frisch im Ganzen oder küchenfertig angeboten. Ganze Seeigel sollten feste Stacheln sowie fest verschlossene Maulöffnungen haben.

Vorbereitung

Beim Hantieren mit ganzen Seeigeln ist es ratsam, die Hände mit festen Handschuhen zu schützen. Zum Öffnen wird mit einer kleinen Schere ein Einschnitt in der Nähe des Mauls gemacht und der Seeigel an dem weichen, stachellosen Teil der Schale aufgeschnitten. Nach dem Entfernen der schwarzen Eingeweide löst man die Koralle mit einem Löffel heraus und gießt den Saft in eine Schale ab.

Serviervorschläge

Die Korallen werden meist roh – mit oder ohne Saft – und nur mit etwas Zitronen- oder Limettensaft beträufelt und mit ein wenig Salz gewürzt verzehrt. Sie können auch wie pochierte Eier einige Minuten in kochendem Salzwasser gegart werden. Sie gehören in die *Oursinade,* eine Fischsuppe, und werden zu Omelettes, Rühreiern und Crêpes serviert. Püriert kann man sie zum Würzen von Saucen, Mayonnaisen und Dips verwenden.

Fleisch

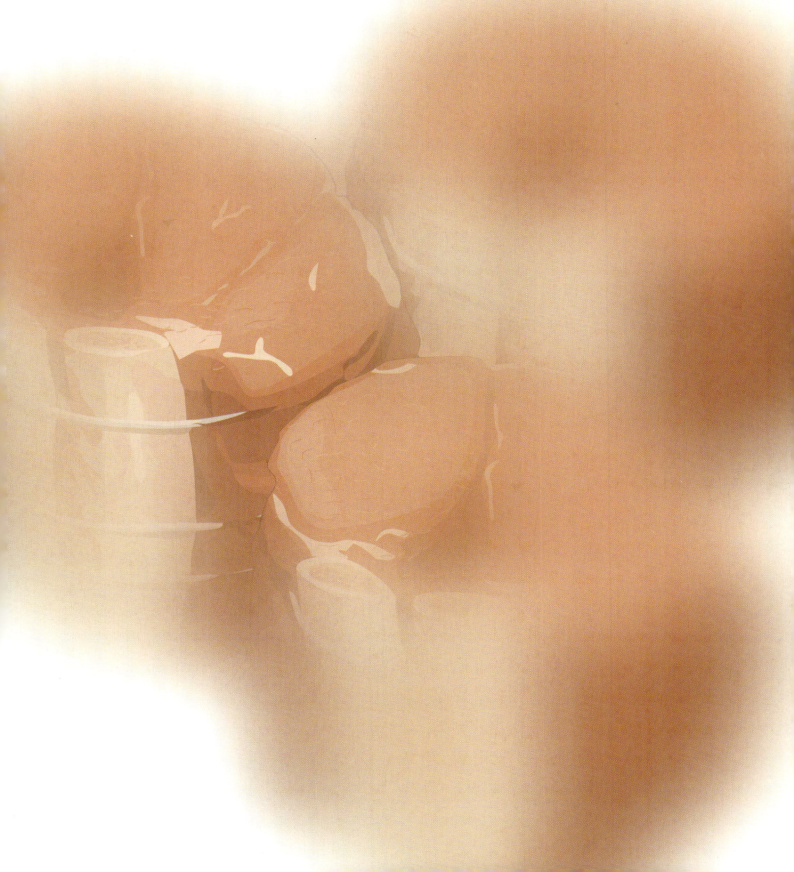

Einführung

Als »Fleisch« werden die für den menschlichen Verzehr geeigneten Teile warmblütiger Tiere bezeichnet, wobei man zwischen rotem Fleisch (Hammel, Lamm, Rind, Pferd), weißem Fleisch (Kalb, Schwein, Kaninchen, Geflügel) und dunklem Fleisch (Wild) unterscheidet. Im Althochdeutschen hieß Fleisch »maz«, woraus sich das englische Wort *meat* entwickelte. Mit »maz« wurde jedoch nicht nur das Fleisch bezeichnet, sondern es bedeutete auch ganz allgemein »Essen« in Abgrenzung zu flüssigen Nahrungsmitteln.

Fleisch dient dem Menschen seit Tausenden von Jahren als Nahrungsmittel. Abhängig von der Jahreszeit und dem Jagderfolg stand es lange Zeit nur sporadisch zur Verfügung, und da es schwerer zu erhalten und in geringeren Mengen vorhanden war als andere Lebensmittel, erhielt es einen besonderen Stellenwert. Dieser wurde noch dadurch erhöht, dass Fleisch mit der Jagd verbunden war, einer ausschließlich männlichen Beschäftigung, aus der sich ganz bestimmte Machtstrukturen ableiteten. Nach und nach wurde Fleisch zu einem Symbol für Reichtum, an dem sich der soziale Status ablesen ließ, da sich nur die Wohlhabenden regelmäßigen Fleischkonsum erlauben konnten, während die Ernährung der Ärmeren vorwiegend aus Obst, Gemüse und Getreide bestand. Diese Privilegien blieben bis ins 17. Jahrhundert hinein bestehen und führten dazu, dass Fleisch in den Haushalten der Herrscher und Adligen im Überfluss vorhanden war, wohingegen es für die restliche Bevölkerung ein unerschwinglicher Luxus blieb. Erst mit Beginn der Industrialisierung wurde es möglich, Fleisch in großem Umfang zu produzieren. Inzwischen steht es längst allen Schichten der Bevölkerung zur Verfügung, wozu auch die Entwicklung moderner Transportmittel und Kühlsysteme beitrug, sodass Fleisch heute zu einem weltweiten Handelsgut geworden ist. Dieser Fortschritt hat zu einem enormen Anstieg des Fleischverbrauchs in den Industrieländern geführt. Doch der erhöhte Fleischverzehr und die Massenproduktion sind nicht ohne unerwünschte Folgen für die Verbraucher geblieben. Einerseits ist eine deutliche Zunahme der so genannten Zivilisationskrankheiten wie Übergewicht, Arteriosklerose, Gicht, Herz-Kreislauf-Erkrankungen und Herzinfarkt zu verzeichnen, andererseits treten Seuchen wie BSE und Schweinepest in ganz Europa auf. Deshalb empfehlen Ernährungsexperten, den Verzehr von Fleisch auf zwei Portionen in der Woche zu reduzieren und die Tiere unter artgerechten Bedingungen, wie es beispielsweise auf kontrolliert biologischen Höfen der Fall ist, zu züchten und zu mästen. Zudem wird der Ruf nach schärferen Gesetzen laut, die dem Verbraucher zukünftig Fleisch guter Qualität garantieren.

Einkaufstipp

Bei Schlachttieren beträgt der Anteil an Muskelfleisch im Allgemeinen zwischen 35 und 65%. Das Muskelgewebe besteht überwiegend aus langen, zarten Fasern, die durch das Bindegewebe zusammengehalten werden. Wie zart ein Fleischstück ist, hängt von der Menge des enthaltenen Bindegewebes ab, das sich aus zwei Stoffen zusammensetzt, die unterschiedlich auf Hitze reagieren: das weiße Kollagen, das in Verbindung mit Flüssigkeit durch Erhitzen zu Gelatine wird, und das harte gelbe Elastin, das auch durch Hitzeeinwirkung nicht weich wird. Je härter und länger ein Muskel arbeitet, umso entwickelter, voluminöser und härter ist auch das Bindegewebe und desto zäher wird das Fleisch. Da nicht alle Muskeln im Körper eines Tieres gleich stark beansprucht werden, kommt es bei der Qualität des Fleisches auf den Körperteil an, von dem es stammt. Aus dem Mittelteil (Rücken), zu dem auch Filet und Lende gehören, werden die zartesten Fleischstücke geschnitten, während die mittelzarten Teile aus dem Schlegel und die zäheren Stücke aus dem Vorderteil (Flanke, Haxe, Bruststück, Schulter, Nacken und Querrippe) stammen.

Beim Fleischkauf sollte man immer vor Augen haben, wie es später zubereitet werden soll, da es sich nicht lohnt, für ein zartes Stück viel Geld auszugeben, wenn es längere Zeit gegart wird. Außerdem müssen beim Einkauf je nach Fleischstück auch Knochen, Knorpel und Fett mitberücksichtigt werden.

Einführung

Fleisch sollte zarte Fasern haben und sich fest und glatt anfühlen. Weiches Fleisch ist dagegen nicht zu empfehlen, da es wahrscheinlich nicht mehr frisch ist. Qualitativ gutes Rindfleisch ist hellrot und glänzt, während Schweinefleisch rosa, Hammel dunkelrosa und Lammfleisch blassrosa sein sollte. Beim Kalbfleisch ist die Farbe davon abhängig, womit das Kalb ernährt worden ist; wenn es vor allem mit Getreide gefüttert wurde, ist das Fleisch stärker rosa gefärbt, als wenn es mit Milch aufgezogen wurde.

Entsprechend der jeweiligen Tierart werden die Tiere nach dem Schlachten in zahlreiche Stücke zerteilt, wobei die Fleischschnitte von Land zu Land sehr unterschiedlich sein können. In den Vereinigten Staaten etwa werden Rinder völlig anders zerteilt als bei uns. Die Überwachung der Fleischqualität unterliegt staatlicher Kontrolle und wird je nach Land verschieden gehandhabt.

Serviervorschläge

 Fleisch lässt sich auf vielerlei Weise zubereiten. Je nach Fleischstück und Zubereitungsart kann dies sehr einfach oder auch sehr aufwendig sein. In den meisten Fällen wird Fleisch vor dem Verzehr gegart, gelegentlich aber auch roh zubereitet, wie etwa Tatar oder die italienische Vorspeise *Carpaccio*. Fleisch, das roh verzehrt werden soll, muss absolut frisch sein und sofort serviert werden.

Vorbereitung

Bei manchen Fleischstücken empfiehlt es sich, sie mithilfe bestimmter Methoden so vorzubereiten, dass sie zarter und aromatischer werden und beim Garen nicht austrocknen.

Marinieren

Zum Marinieren wird das Fleisch mehrere Stunden bis Tage in eine Flüssigkeit gelegt, die in der Regel gesäuert (Wein, Zitronensaft) und aromatisiert (Öl, Kräuter, Knoblauch, Gewürze) wird, um das Fleisch zarter zu machen und seinen Geschmack zu verstärken. Das Gefäß, in dem das Fleisch mariniert wird, sollte gut abgedeckt in den Kühlschrank gestellt werden. Bis auf Kalbfleisch sind alle Fleischsorten zum Marinieren geeignet.

Spicken

Beim Spicken werden dünne Fettstreifen mithilfe einer Spicknadel in das Fleisch eingeführt, sodass magere Stücke beim Garen nicht austrocknen.

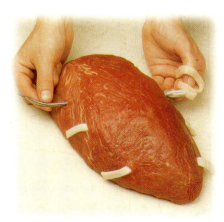

Einführung

Bardieren

Das Bardieren dient demselben Zweck wie das Spicken. Dabei wird das Fleisch vor dem Braten mit fettem Speck umwickelt. Während des Garens tropft das austretende Fett auf das Fleisch und verhindert, dass es austrocknet.

1 *Zuerst umwickelt man das Fleischstück mit Speckscheiben und fixiert diese mit stabilem Küchengarn.*

2 *Dann zieht man das Garn an einem Ende zu einer Schlinge, legt sie über das Fleisch und zieht sie fest. So umwickelt man das ganze Fleischstück.*

3 *Anschließend dreht man das Fleischstück um und zieht das Garn der Länge nach durch die Schlingen.*

4 *Zum Abschluss werden die losen Enden fest miteinander verknüpft.*

Aufbewahrung

Fleisch sollte vor dem Verzehr mindestens 48 Stunden abgehangen sein; bei Rindfleisch empfiehlt sich sogar eine noch längere Abhängzeit. Dennoch gehört es zu den leicht verderblichen Lebensmitteln und kann, wenn es zu lange bei Raumtemperatur liegen gelassen wird, sehr schnell von Krankheitserregern befallen und damit ungenießbar werden. Rohes oder gegartes Fleisch sollte deshalb nie länger als 2 Stunden bei Raumtemperatur liegen und ist auch im Kühlschrank nur begrenzt haltbar: Steaks, Koteletts, Schnitzel und gegartes oder rohes Geflügel bleiben höchstens 2 bis 3 Tage frisch, rohes und gegartes Bratenfleisch hält sich 3 bis 4 Tage, rohes Hackfleisch muss innerhalb von 1 Tag verbraucht werden. Rohes wie gegartes Fleisch sollte immer gut verpackt gelagert werden, damit es nicht austrocknet und der Fleischsaft andere Nahrungsmittel nicht verdirbt.

Neben der Kühlung und der Verarbeitung zu Konserven kann Fleisch durch viele verschiedene Verfahren konserviert werden. Dazu gehören Räuchern, Pökeln, Trocknen und Gefriertrocknen, Bestrahlen und Einfrieren, wobei die Ergebnisse weitgehend von der Qualität und dem Zustand des verwendeten Fleisches abhängen.

Räuchern

Bei den herkömmlichen Räucherverfahren wird das Fleisch Rauch ausgesetzt, der beim Verbrennen von harzigen, wohlriechenden Hölzern (Birke, Kiefer, Tanne, Buche, Kastanie, Walnuss, Eiche), Samen oder verschiedenen Aromapflanzen wie Rosmarin oder Salbei entsteht. Bei diesem Verfahren wird das Fleisch getrocknet und seine Oberfläche durch bestimmte im Rauch enthaltene Substanzen so »versiegelt«, dass sich keine Bakterien entwickeln oder ansiedeln können, was eine begrenzte konservierende Wirkung zur Folge hat. Außerdem wird durch das Räuchern das Fleisch dunkler und bekommt einen rauchigen Geschmack. Fleisch wird entweder kalt geräuchert (3 bis 4 Wochen) oder heiß geräuchert (einige Minuten bis Stunden), nachdem es zuvor gesalzen oder in Salzlake eingelegt wurde. Heute wird Fleisch auch künstlich geräuchert, indem das natürliche Verfahren durch ein Raucharomakonzentrat aus Walnuss, Eiche oder anderen Hölzern ersetzt wird. Geräuchertes Fleisch bleibt 6 bis 7 Tage im Kühlschrank frisch und ist auch sehr gut zum Einfrieren geeignet. In Deutschland hergestellte Räucherwaren dürfen nicht mehr als 1 ppb (ein Millionstel Gramm pro Kilogramm) Benzpyren enthalten, eine Krebs erregende Substanz, die beim Räuchern im Fleisch entsteht. Überhöhte Benzpyrenwerte können sich durch Heißräuchern bei schwarzgeräucherten Fleischwaren ergeben.

Einführung

Pökeln

Das Pökeln wurde vor allem früher häufig angewendet, um rohes Fleisch (meist Schweinefleisch) haltbar zu machen; gepökeltes Fleisch wird manchmal auch noch geräuchert und getrocknet.

Fleisch wird auf unterschiedliche Weise gepökelt: Beim Trockensalzen werden dünne Fleischstücke zwischen Salzlagen gelegt, beim Pökeln in Salzlake wird das Fleisch in eine Salzlösung gelegt, und beim Salzen durch Injektion wird Salzlake, die mit Zusätzen wie Nitrit oder Nitrat versetzt ist, direkt in das Fleisch gespritzt, wobei jedoch letztere Methode aufgrund der verwendeten Zusatzstoffe sehr umstritten ist.

Bei allen Pökelverfahren erfolgt die Konservierung des Fleisches also durch Salz, da dieses dem Fleisch Wasser entzieht, in dem sich Bakterien entwickeln können, und weil das im Salz enthaltene Chlorid ihr Wachstum verhindert. Da gepökeltes Fleisch sehr salzig ist, sollte es vor dem Garen gut abgewaschen und beim Zubereiten nicht mehr gesalzen werden.

Trocknen und Gefriertrocknen

Bei diesem Verfahren, das in Ländern mit heißem, trockenem Klima angewendet wird, trocknet man das Fleisch in der Sonne, wodurch ihm so viel Wasser entzogen wird, dass die Vermehrung der meisten Bakterien aufgehalten werden kann. Getrocknetes Fleisch wird häufig noch geräuchert und gesalzen.

Ein vor noch nicht allzu langer Zeit entwickeltes Verfahren ist das teure und deshalb wenig genutzte Gefriertrocknen, bei dem das Fleisch zuerst eingefroren und dann mittels Sublimation entwässert wird. Das im Fleisch enthaltene Wasser wird dabei in Gas umgewandelt, indem man es in einem Vakuum erhitzt. Gefriergetrocknetes Fleisch enthält weniger als 2 % Wasser.

Einfrieren

Durch Einfrieren wird Fleisch ebenfalls länger haltbar gemacht, weil sich durch die Kälte bestimmte enzymbedingte Prozesse verzögern und sich somit auch keine Bakterien entwickeln können, die für das schnelle Verderben von Fleisch verantwortlich sind. Fleisch sollte sehr frisch und möglichst schnell eingefroren werden, damit sich keine großen Eiskristalle bilden können, die Geschmack und Gewebe des Fleisches negativ verändern. Außerdem muss es vorher gut verpackt werden, damit es nicht austrocknet bzw. fettes Fleisch nicht vorzeitig verdirbt, wenn es mit Luft in Berührung kommt. Einzelne Fleischstücke wie Steaks, Koteletts oder Schnitzel werden am besten durch eine Lage Pergamentpapier oder Kunststofffolie voneinander getrennt in einem stabilen Gefrierbeutel tiefgefroren, damit man sie später auch einzeln entnehmen kann.

Fleisch sollte langsam, das heißt möglichst im Kühlschrank aufgetaut werden, da auf diese Weise weniger Fleischsaft austritt und dadurch sein Geschmack und Nährwert nicht so stark beeinträchtigt werden. Aufgetautes rohes Fleisch darf nur dann wieder eingefroren werden, wenn es vorher gut durchgegart wurde. Wie lange Fleisch eingefroren werden kann, hängt vom jeweiligen Fettgehalt ab. Da Fett relativ schnell verdirbt, hält sich fettes Fleisch weniger lange als mageres Fleisch.

Einführung

Nährwerte

Die Zusammensetzung des Fleisches hängt unter anderem ab von der jeweiligen Tierart und Rasse, dem Alter, dem Geschlecht und der Ernährung. Einige dieser Faktoren beeinflussen den Gehalt an Myoglobin (Muskelfarbstoff), das die Rotfärbung des Fleisches verursacht. Einige Nährstoffe sind in ihrer Quantität konstanter als andere:

- Fleisch besteht zu etwa 19% aus Eiweiß, wobei fettes Fleisch weniger Eiweiß besitzt als mageres Fleisch;

- der Fettgehalt der einzelnen Fleischstücke liegt zwischen 2 und 10%;

- 100 g rohes mageres Fleisch liefern etwa 100 kcal.

Mit Ausnahme von Innereien wie Herz, Nieren und besonders Leber enthält Fleisch keine Ballaststoffe und kaum Kohlenhydrate. Diese treten in Form von Glykogen auf, das dem Fleisch ein mildes Aroma verleiht. Nach dem Schlachten wird es in Milchsäure umgewandelt, durch die das Fleisch fest wird.

Fleisch ist eine ausgezeichnete Quelle für B-Vitamine; insbesondere Vitamin B_{12} ist reichlich bei Rind, Kalb und Lamm vertreten, Vitamin B_1 vor allem im Schweinefleisch. Außerdem enthält Fleisch viel Zink und Selen sowie Phosphor und Eisen, wobei Zink und Eisen vor allem in Rind-, Kalb- und Lammfleisch vorhanden sind. Innereien sind reich an Vitamin A und Eisen. Die meisten Vitamine und Mineralstoffe bleiben auch beim Kochen erhalten.

Im Gegensatz zu pflanzlichem Eiweiß ist das tierische Eiweiß optimal für die menschliche Ernährung, denn es enthält alle essenziellen Aminosäuren in gut aufeinander abgestimmter Menge. Zudem wird Eiweiß, das aus tierischen Produkten stammt, sehr leicht vom menschlichen Körper aufgenommen – es hat eine gute Bioverfügbarkeit.

Tierisches Fett besteht weitgehend aus gesättigten Fettsäuren und enthält zwischen 45 und 75 mg Cholesterin pro 100 g rohem Fleisch. Bei Innereien liegt der Cholesteringehalt sogar noch höher: 100 g Leber enthalten 300 mg, die gleiche Menge Herz 150 mg, und in 100 g Zunge sind 100 mg Cholesterin enthalten.

Durch nicht zu häufigen Fleischkonsum sowie durch den Verzehr von magerem Fleisch und das Entfernen von allem sichtbaren Fett lässt sich die Fett- bzw. Cholesterinaufnahme reduzieren und damit Beschwerden und Krankheiten vorbeugen, die mit einem zu hohen Fettverbrauch bzw. mit einer zu hohen Cholesterinaufnahme verbunden sind.

Einführung

Zubereitung

Abhängig von der jeweiligen Wärmezufuhr und der Dauer des Garprozesses wird Fleisch entweder zart oder zäh. Das Geheimnis einer gelungenen Fleischzubereitung liegt in der Balance zwischen dem Zartwerden, das durch die hitzebedingte Umwandlung des Kollagens in Gelatine bewirkt wird, und dem Zähwerden, das sich durch die ebenfalls durch Hitze ausgelöste Verhärtung der Muskelfasern erklärt. Fleisch, das bei zu großer Hitze zu lange gegart wird, schrumpft zusammen, wird zäh und trocken und verliert Nährwert und Geschmack.

Die am wenigsten zarten Fleischstücke sind diejenigen mit dem meisten Bindegewebe; sie werden am besten langsam und bei relativ niedrigen Temperaturen – jedoch nicht unter 140 °C – im Backofen gegart. Dadurch verwandelt sich das Kollagen des Bindegewebes in Gelatine – vor allem, wenn noch Flüssigkeit zugegeben wird –, wodurch das Fleisch zarter wird, ohne dass zu viel Eiweiß gerinnt und es zäh macht. Das Fleisch ist gar, wenn es im Kern eine bestimmte Temperatur erreicht hat (ob man Rindfleisch wie etwa Roastbeef ganz durchgart oder nicht, hängt natürlich vom persönlichen Geschmack ab). Diese Kerntemperatur lässt sich am besten mithilfe eines Fleischthermometers überprüfen, das bis zur Mitte des Fleischstücks eingeführt wird, wobei man jedoch darauf achten muss, dass es weder Fett noch Knochen berührt.

Am besten gelingt Fleisch, wenn man es in schweren Töpfen oder Pfannen zubereitet, die die Hitze gut weiterleiten. Außerdem sollte es immer erst kurz vor dem Ende des Garprozesses oder danach gesalzen werden, da Salz dem Fleisch Flüssigkeit entzieht, wodurch es trockener wird und an Aroma verliert. Einzige Ausnahme sind Eintopfgerichte, die in einer würzigen Sauce oder Brühe gegart werden.

Zarte Fleischstücke wie Roastbeef, Lende oder Steaks sollten zuerst angebräunt werden, bevor sie feuchter Hitze ausgesetzt werden – etwa beim Schmoren oder Dünsten –, damit die Säfte eingeschlossen werden. Auch sollte Fleisch mit einem Wender anstatt mit einer Gabel umgedreht werden, damit beim Garen kein Saft austreten kann.

Um den Fettgehalt bei fettem Fleisch zu reduzieren, ist es ratsam, vor dem Garen alles sichtbare Fett zu entfernen und auch bei der Zubereitung nur wenig Fett zu verwenden. Fleischsaucen lassen sich ganz einfach entfetten, indem man sie in den Kühlschrank stellt, sodass sich an der Oberfläche die Fettschicht absetzt, und das Fett anschließend einfach mit dem Löffel abnimmt. Eine andere Mögichkeit ist, das Fett von oben vorsichtig mehrere Male mit einem Papiertuch abzunehmen.

Fleischstücke wie Koteletts oder Schnitzel werden noch zarter, wenn man sie vor dem Garen weich klopft. Bratenstücke werden zarter, wenn man während des Garprozesses natürliche Enzyme oder säurehaltige Zutaten zufügt. Enzymhaltige Früchte sind vor allem Papayas, Kiwis, Feigen und Ananas, die in Scheiben oder Stücke geschnitten oder auch in Form von Saft verwendet werden können (die meisten handelsüblichen Fleischzartmacher enthalten vor allem Papaya). Als säurehaltige Zusätze eignen sich Essig, Joghurt, Apfelwein, Wein, Zitronensaft, Tomaten oder Bier.

Fleisch kann auf viele verschiedene Weisen zubereitet werden: Es wird in trockener oder feuchter Hitze oder in einer Kombination aus beidem gegart und kann im Ofen gebraten, gegrillt, in der Pfanne kurz gebraten, geschmort, gekocht und in der Mikrowelle gegart werden.

Einführung

Braten im Backofen

Diese Methode, bei der das Fleisch in trockener Hitze im Backofen gegart wird, eignet sich besonders gut für Braten und Geflügel. Um den Fettgehalt so weit wie möglich zu reduzieren, entfernt man vorher das sichtbare Fett und bestreicht das Fleisch mit etwas Öl oder Butter, damit es nicht austrocknet. Dann wird das Fleisch gewürzt und auf das Gitter der Fettpfanne im Backofen gelegt (eine gute Saucengrundlage erhält man, wenn man das Fleisch auf einige Fleischknochen oder vorbereitetes Gemüse legt). Anschließend wird zartes Fleisch zunächst bei 160 °C (Umluft 140 °C, Gas Stufe 1–2) im vorgeheizten Backofen angebraten, während sich bei weniger zarten oder eher zähen Stücken eine Anfangstemperatur von 140 °C (Umluft 130 °C, Gas Stufe 1) empfiehlt. Nach einigen Minuten wird die Temperatur höher gestellt, wobei diese sich nach dem gewünschten Ergebnis richtet: Temperaturen von über 200 °C (Umluft 180 °C, Gas Stufe 3–4) schließen die Säfte im Fleisch ein und machen es außen knusprig, lassen das Fleisch aber auch mehr zusammenschrumpfen.

Fleisch wird schneller gar, wenn es vor der Zubereitung bereits Raumtemperatur hatte, nur leicht marmoriert ist und relativ dünne Knochen besitzt. Die in den meisten Rezepten angegebenen Garzeiten können deshalb auch nur ungefähre Anhaltspunkte sein, sodass man bei Unsicherheiten am besten ein Fleischthermometer verwendet. Wenn das Fleisch durch ist, sollte man es noch 5 bis 15 Minuten im Backofen ruhen lassen oder in Alufolie wickeln (mit der glänzenden Seite zum Fleisch), sodass sich die Fleischsäfte gleichmäßig verteilen können und das Fleischstück feuchter und zarter wird.

Grillen

Bei dieser Methode, die sich vor allem für zarte Steaks und Geflügelteile eignet, wird das Fleisch unter dem Grill im Backofen oder auf dem Grillrost gegart. Dafür schneidet man bei Steaks den äußeren Fettrand etwas ein, damit sich das Fleisch beim Grillen nicht aufrollt, und würzt das Fleisch nach Belieben (es sollte jedoch erst nach dem Garen gesalzen werden). Dann legt man das Fleisch etwa 10 bis 12 cm von der Wärmequelle entfernt auf den vorgeheizten Grill und lässt es von jeder Seite einige Minuten garen; wenn das Fleisch im Backofen gegrillt wird, sollte die Tür dabei etwas offen stehen. Wenn sich auf der Oberfläche feuchte Tropfen bilden, wird das Fleisch gewendet – möglichst nur einmal und ohne dabei hineinzustechen, damit kein Fleischsaft austreten kann. Ist das Fleisch gar, sollte man es ebenfalls noch einige Minuten ruhen lassen, damit sich die Säfte gleichmäßig im Fleisch verteilen können.

Braten in der Pfanne

Bei dieser Methode wird das Fleisch mit oder ohne Fett in der Pfanne gegart. Sie eignet sich vor allem für Fleischstücke, die nur kurz gebraten werden wie beispielsweise Steaks, Koteletts, Schnitzel oder Frikadellen. Dafür schneidet man bei Steaks oder Schnitzeln die äußeren Fettränder mehrmals ein, damit sie sich beim Braten nicht wölben, und würzt das Fleisch nach Belieben (es sollte ebenfalls erst am Ende des Garprozesses gesalzen werden). Sofern keine beschichtete Pfanne verwendet wird, erhitzt man etwas Fett in der Pfanne – gut geeignet sind neutrales Pflanzenöl oder Butterschmalz – und lässt das Fleisch offen bei mittlerer Hitze von jeder Seite einige Minuten bräunen. Dabei sollte man jedoch darauf achten, dass das Fleisch weder im Saft siedet (zu wenig Hitze) noch anbrennt (zu viel Hitze). Sobald sich auf der Oberfläche feuchte Tropfen bilden, wird das Fleisch einmal gewendet.

Schmoren

Bei diesem Verfahren wird das Fleisch in einem möglichst schweren Topf in etwas Flüssigkeit bei niedriger Temperatur zugedeckt gegart. Es eignet sich besonders für zähe oder mittelzarte Braten oder kleinere Fleischstücke wie etwa Gulasch. Wenn man letztere vor dem Schmoren in Mehl wälzt und anbräunt, wird der Fleischsaft eingeschlossen, und sie bleiben saftiger. Bei größeren Bratenstücken sollte man eventuell vorhandene Fettränder vorher entfernen oder einschneiden, damit sich das Fleisch beim Garen nicht wölbt.

Einführung

Dann wird das Fleisch nach Belieben gewürzt und in einem schweren Topf oder Bräter in heißem Öl oder Butterschmalz bei starker Hitze von allen Seiten angebraten, wobei man nach Wunsch noch geputztes und klein geschnittenes Gemüse zufügen kann. Anschließend gießt man etwas Flüssigkeit an (Brühe oder Wasser und eventuell etwas Wein), schließt den Deckel und gart das Fleisch bei schwacher Hitze auf dem Herd oder im vorgeheizten Backofen bei 160 °C (Umluft 140 °C, Gas Stufe 1–2). Wichtig ist, dass das Fleisch nicht zu lange gart, da es sonst faserig wird und an Geschmack verliert.

Kochen

Diese Methode, bei der das Fleisch in einer Brühe so lange gekocht wird, bis es weich ist, eignet sich vor allem für Eintopfgerichte und eher zähes Fleisch. Damit das Fleisch saftig bleibt, wird es vorher mit Mehl bestäubt und bei schwacher Hitze von allen Seiten angebraten, da auf diese Weise die Säfte im Fleisch eingeschlossen werden. Eine weitere Möglichkeit ist, das Fleisch in die kochende Brühe zu geben, wodurch der Fleischsaft ebenfalls nicht austreten kann. Wünscht man dagegen eine sehr gehaltvolle Brühe, wird das Fleisch ohne vorheriges Anbraten in kalter Flüssigkeit aufgesetzt, sodass der Fleischsaft an die Brühe abgegeben wird. Damit diese klar bleibt, bringt man das Fleisch ohne weitere Zutaten zum Kochen und schöpft den dabei entstehenden Schaum, der sich anfangs an der Oberfläche sammelt, immer wieder ab. Erst dann fügt man Gewürze und Kräuter hinzu und lässt das Fleisch zugedeckt bei kleiner Hitze köcheln, bis es weich ist. Das klein geschnittene Gemüse sollte erst in der letzten halben Stunde hineingegeben werden, damit die Vitamine erhalten bleiben, und Fleisch und Brühe sollten auch erst am Ende des Garprozesses gesalzen werden.

Garen in der Mikrowelle

Insbesondere weniger zarte Stücke, die bei feuchter Hitze langsam gegart werden, kann man auch in der Mikrowelle zubereiten, wohingegen zartes Fleisch besser auf herkömmliche Art gelingt. Eine weitere Möglichkeit ist, das Fleisch in der Mikrowelle vorzukochen und es dann auf dem Herd oder im Backofen fertig zu garen.

Zum Garen in der Mikrowelle sollte man möglichst gleich große Fleischstücke nehmen, damit sie gleichmäßig garen. Sie werden kreisförmig auf mikrowellengeeignetem Geschirr verteilt, wobei man die dicksten Stücke an den Rand legt, anschließend abgedeckt und bei mittlerer Temperatur langsam gegart. Da große Fleischstücke eine relativ lange Garzeit benötigen, werden sie in der Mikrowelle meistens auch ohne Grill braun, während kleine Stücke so schnell gar sind, dass sie keine Farbe annehmen. Da Fleisch wie andere Nahrungsmittel auch in der Mikrowelle unterschiedlich schnell gart, ist es ratsam, die Kerntemperatur immer wieder an verschiedenen Stellen mit dem Fleischthermometer zu überprüfen. Bei der Zubereitung eines Eintopfs ist weniger Flüssigkeit erforderlich als bei herkömmlichen Garmethoden, da in der Mikrowelle nur sehr wenig davon verdampft.

Rind

Bos, Bovidae

Die ersten Rinder, *Bos primigenius,* wurden vor über 4000 Jahren in Mazedonien, auf Kreta und in Anatolien domestiziert, allerdings waren sie größer als die heute gezüchteten Tiere und sind inzwischen längst ausgestorben. Das Rind wurde in der Menschheitsgeschichte immer sehr geschätzt und wird auch heute noch in Indien und in einigen Teilen Afrikas als heiliges Tier verehrt. Es gibt einige 100 verschiedene Rinderarten und zahllose Kreuzungen, wobei jedoch nur etwa 30 Rassen für die menschliche Ernährung gezüchtet werden, da sie gutes Fleisch in großen Erträgen liefern. Als »Rindfleisch« wird das Fleisch von Jungbullen, Jungrindern, Ochsen, Färsen und Kühen bezeichnet, das unterschiedlich zart ist und sich auch geschmacklich sehr voneinander unterscheidet. Die Fleischqualität hängt überwiegend vom Alter des Tieres und seiner Aufzucht ab. Als bestes Fleisch gilt Ochsenfleisch, gefolgt von Färse, Jungbulle und Kuh. Fleisch von Tieren aus kontrolliert ökologischer Tierhaltung gilt im Rahmen der BSE-Epidemie als besonders risikoarm.

Ochsen nennt man männliche kastrierte Rinder, die nach intensiver Mast im Alter von 20 bis 30 Monaten geschlachtet werden. Ihr aromatisches Fleisch ist marmoriert, feinfaserig und zart.

Färsen sind junge weibliche Tiere, die noch nicht gekalbt haben. Sie werden ebenfalls zwischen 20 und 30 Monaten geschlachtet, und ihr Fleisch ähnelt in Beschaffenheit und Qualität dem des Ochsen.

Jungbullen sind männliche nichtkastrierte Rinder, die nach intensiver Mast im Alter von 16 bis 22 Monaten geschlachtet werden. Ihr Fleisch ist magerer als das von Färse und Ochse, dafür aber nicht so feinfaserig.

Kuh-Fleisch stammt von weiblichen Tieren, die nicht älter als 5 Jahre sind. Wegen seiner eher dunklen Farbe und seines strengeren Aromas ist es jedoch weniger beliebt als die anderen Fleischsorten.

Einkaufstipp

Bestimmte Teile des Rinds, etwa Filet oder Lende, gelten als »edel«. Sie sind besonders zart, machen nur 10 % des Schlachtkörpers aus. Um eine BSE-Übertragung auf Menschen so unwahrscheinlich wie möglich zu machen, dürfen bestimmte Teile vom Rind, so genanntes Risikomaterial, EU-weit nicht angeboten werden. Sie müssen direkt nach dem Schlachten als Sondermüll entsorgt werden. Dazu zählen: Schädel mit Hirn und Augen, das Rückenmark und die gesamte Wirbelsäule sowie die Mandeln – allerdings nur von Rindern, die älter als 12 Monate sind; der gesamte Darm von Kälbern und Rindern; Blut, Herz und Lungen von Kälbern und Rindern, die durch Bolzenschuss betäubt wurden. Muskelfleisch, selbst wenn es von infizierten Rindern stammt, wird als risikoarm betrachtet. Innereien zählen zwar nicht zum Risikomaterial, gelten aber dennoch nicht als unbedenklich.

Beim Kauf von Rindfleisch sollte man auf die EU-weit vorgeschriebene Etikettierung achten. Sie informiert über den Ort der Schlachtung und den Ort der Zerlegung. In Deutschland muss zusätzlich angegeben werden, wo das Tier geboren und gemästet wurde.

Zubereitung

Je nach Fleischstück wird Rindfleisch unterschiedlich lange gebraten. Fleisch zum Kurzbraten, etwa Steak, oder Roastbeef, das im Ofen gegart wird, kann man je nach gewünschter Garstufe kurz braten, sodass es innen noch fast roh ist *(raw)*, oder aber halb roh *(rare)*, halb durch *(medium)* und ganz durch *(well done)* zubereiten. Da die Zeitspanne zwischen den einzelnen Garstufen oft nur gering ist, kann hier ein Fleischthermometer sehr nützlich sein.

Garzeit und Temperatur bei gekochtem oder gedünstetem Rindfleisch hängen vor allem vom jeweiligen Fleischstück ab. Zähes oder weniger zartes Fleisch, das sehr viel Bindegewebe enthält, sollte bei niedriger Hitze über einen längeren Zeitraum garen, wobei sich das Kollagen des zähen Gewebes in Gelatine umwandelt. Zarte Stücke kann man dagegen bei hohen Temperaturen sehr schnell garen.

ZARTE FLEISCHSTÜCKE IM BACKOFEN BEI 160 °C		
Garungsgrad	*Minuten je 500 g*	*Kerntemperatur*
SEHR ROH	13–15	47–50 °C
HALB ROH	15–18	50–56 °C
HALB DURCH	18–20	56–62 °C
GANZ DURCH	20–25	62–70 °C

Rind

Serviervorschläge

Rindfleisch wird gegart kalt oder warm verwendet und kann gebraten, gegrillt, geschmort, gekocht und gedünstet werden. Es ist Zutat sowohl für einfache als auch für raffinierte Gerichte und schmeckt in Suppen und Eintöpfen, als Braten, Rouladen oder Ragout. *Tafelspitz*, gedünstetes mageres Rindfleisch mit einer Meerrettichsauce serviert, ist eine beliebte österreichische Spezialität, während *Gulasch* mit viel Paprika aus Ungarn stammt. *Roastbeef*, innen noch zartrosa, ist warm ein Festtagsbraten und kalt in dünne Scheiben geschnitten ein köstlicher Brotbelag. *Cassoulet* ist ein beliebter deftiger Eintopf aus Frankreich, der mit weißen Bohnen, Tomaten und Kräutern im Ofen zubereitet wird, während *Chili con carne* eine mexikanische Spezialität ist und aus Rindfleisch mit roten Kidneybohnen besteht, das sehr scharf gewürzt wird.

Roastbeef

FÜR 4 PORTIONEN

750 g gut abgehangene Rinderlende
2 Karotten
1 mittelgroße Zwiebel
etwas Dijonsenf
4 EL Butter
1 EL Herbes de Provence (Thymian, Rosmarin, Lorbeer, Basilikum, Bohnenkraut)
1 Lorbeerblatt
Salz und frisch gemahlener Pfeffer
60 ml trockener Sherry
60 ml Rinderbrühe

1. Die Rinderlende 30 Minuten vor der Zubereitung aus dem Kühlschrank nehmen. Den Ofen auf 180 °C (Umluft 160 °C, Gas Stufe 2–3) vorheizen.

2. Die Karotten putzen und in dünne Scheiben schneiden. Die Zwiebel abziehen und klein schneiden. Die Lende abspülen, gut trockentupfen und mit Senf bestreichen. Den Boden einer feuerfesten Form mit 1 Esslöffel Butter ausstreichen und das Gemüse hineingeben.

3. Das Fleisch auf das Gemüse legen und mit den Kräutern bestreuen. Das Lorbeerblatt und die restliche Butter in Flöckchen darauf verteilen und alles mit Salz und Pfeffer würzen. Das Fleisch im Ofen knapp 40 Minuten (medium) garen, den Herd ausschalten und die Lende 10 Minuten im Ofen ruhen lassen, damit sich der Saft im Fleisch gut verteilen kann.

4. Fleisch und Gemüse herausnehmen und warm stellen. Mit dem Sherry den Fond ablöschen und die Rinderbrühe zufügen. Die Sauce offen einkochen lassen. Fleisch und Gemüse zu gratinierten Kartoffeln servieren und die Sauce getrennt dazu reichen.

Nährwerte

Der Nährwert von Rindfleisch hängt von der Rasse und Aufzucht ab sowie davon, um welches Fleischstück es sich handelt, auf welche Weise es zubereitet wird und ob eventuell vorhandenes Fett entfernt wurde.

Rindfleisch enthält sehr viel Kalium, Zink, Nikotinsäure und Vitamin B_{12} sowie viel Eisen und Phosphor.

Rindfleisch ist sehr eiweißreich und enthält sehr viele gesättigte Fettsäuren und Cholesterin. Um den Fettverbrauch zu reduzieren, sollte man Folgendes beachten:

- möglichst magere Stücke wählen (Lende, Filet) und diese in einer beschichteten Pfanne mit wenig oder ohne Fett kurz braten;
- kleinere Portionen servieren;
- alles sichtbare Fett vor der Zubereitung entfernen;
- das Fleisch im Backofen auf den Grillrost legen, damit das Fett abtropfen kann;
- den Bratfond entfetten.

Die Marmorierung (die Fettstreifen im Muskelfleisch) macht das Fleisch zarter, aromatischer und saftiger, erhöht den Fettgehalt von gegartem Rindfleisch jedoch nur unwesentlich, weil es beim Garen ausbrät.

Aufbewahrung

Rindfleisch wird gut verpackt im Kühlschrank aufbewahrt. Hackfleisch und Tatar bleiben 1 Tag, Steaks 2 bis 3 Tage und Bratenfleisch sowie gegartes Fleisch 3 bis 4 Tage frisch.

Rohes Rinderhackfleisch sowie gegartes Rindfleisch können gut verpackt 2 bis 3 Monate, rohes Rindfleisch und Tatar 10 bis 12 Monate eingefroren werden.

Rind

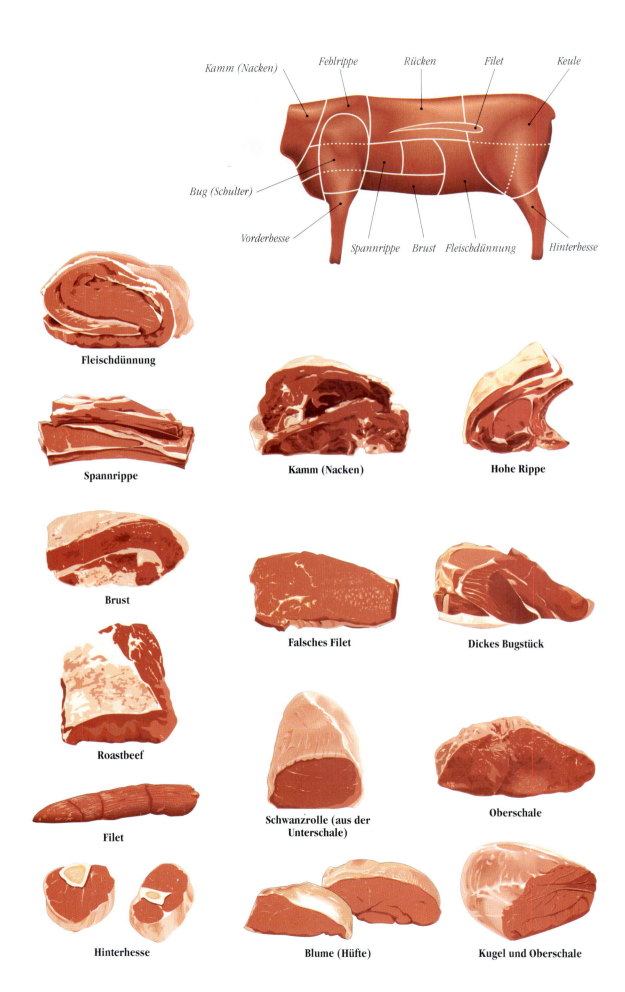

Kalb

Kalbfleisch stand schon immer in dem Ruf, etwas Besonderes zu sein, da es besonders zart und wohlschmeckend ist, und war lange Zeit ein Symbol für Wohlstand, das sich nur die Reichen leisten konnten.

Kalbfleisch stammt von Kälbern, die im Alter von etwa 4 Monaten bei einem Gewicht von bis zu 150 kg geschlachtet werden. Sie sind überwiegend männlichen Geschlechts, da die weiblichen Tiere meist zu Milchkühen aufgezogen werden. Milchkalbfleisch stammt von Tieren, die fast ausschließlich mit Milch gefüttert werden, und ist hellrosa und sehr zart. Die meisten Kälber werden jedoch nur 6 bis 8 Wochen mit Milch gefüttert und anschließend auf normales Futter umgestellt. Ihr Fleisch hat eine dunklere Rosatönung als das von Milchkälbern.

Das ausgesprochen fettarme, zarte Kalbfleisch besitzt eine feine Struktur und schmeckt weniger ausgeprägt als Rindfleisch. Die hochwertigsten Stücke werden aus dem Rücken, zu dem Filet und Koteletts gehören, und der Keule geschnitten, die aus Ober- und Unterschale (Frikandeau) sowie großer und kleiner Nuss besteht.

Das Filet ist das zarteste Fleischstück überhaupt und wird entweder im Ganzen oder aber in Stücke geschnitten als Medaillons angeboten. Die kleine Nuss ist das zarteste Stück aus der Keule und eignet sich vor allem für Kurzgebratenes wie Steaks und Schnitzel, während Bratenstücke aus der großen Nuss eher zum Schmoren geeignet sind. Das Fleisch aus der Oberschale wird ebenfalls für Schnitzel und Steaks verwendet, wohingegen die Unterschale sehr gutes Braten- und Rouladenfleisch ergibt.

Begehrte Stücke sind außerdem die Kalbsbrust, die besonders saftig und aromatisch schmeckt und meistens gefüllt entweder gebraten oder geschmort wird, sowie die Kalbsschulter (Bug), deren Fleisch ebenfalls sehr gut zum Braten und Schmoren geeignet ist. Der Kalbshals (Nacken) ist sehr saftig und etwas weniger fettarm als etwa das Fleisch aus der Keule. Die Vorder- und Hinterhaxe wird entweder im Ganzen oder in Scheiben geschnitten angeboten und schmeckt sowohl geschmort als auch gekocht. Am wenigsten zart und deshalb am preisgünstigsten sind die Brustspitze und das Bauchfleisch, auch Dünnung genannt. Sie werden meistens längere Zeit geschmort oder gekocht.

Einkaufstipp

Frisches Kalbfleisch sollte je nach Fleischstück rosa bis dunkelrosa sein. Weißes bis blassrosa Fleisch ist meistens von minderer Qualität, da es von Tieren stammt, die mit extrem eisenarmem Futter gemästet wurden. Das Fleisch dieser Kälber weist entsprechend weniger Nährstoffe auf.

Thema BSE: Kalbfleisch von Tieren aus Muttertierhaltung gilt als risikoarm im Vergleich zu Fleisch von Tieren, die mit Milchaustauscher aufgezogen wurden. Denn Milchaustauscher stehen im Verdacht, BSE-Überträger zu sein: Ihnen wurde tierisches Fett zugefügt, und sie enthalten offenbar tierisches Eiweiß, das nicht ausgefiltert wurde. Dennoch wird Kalbfleisch insgesamt als risikoarm eingestuft, da selbst bei infizierten Tieren aufgrund des jungen Alters nur mit einer geringen Anreicherung von BSE-Erregern zu rechnen ist.

Aufbewahrung

Kalbfleisch kann im Kühlschrank einige Tage aufbewahrt werden. Filet, Schnitzel, Koteletts und Steaks bleiben 2 bis 3 Tage frisch. Bratenfleisch und gegartes Fleisch können gekühlt 3 bis 4 Tage aufbewahrt werden.

Kalbfleisch ist sehr gut zum Einfrieren geeignet und kann roh 6 bis 8 Monate, gegart 3 bis 4 Monate einlagert werden.

Kalb

Serviervorschläge

Das zarte, magere Kalbfleisch ist vielseitig verwendbar und wird auf unterschiedlichste Weise zubereitet. Da es schon immer etwas teurer war als andere Fleischsorten, beispielsweise Schweinefleisch, gibt es für Kalbfleisch eine Vielzahl von Rezepten aus der gehobenen Küche. Aus Italien stammen das köstliche *Mailänder Schnitzel*, das raffinierte *Saltimbocca alla romana* oder das *Bollito misto*. Eine österreichische Spezialität ist das *Wiener Schnitzel*, während das *Cordon bleu*, ein mit Käse und gekochtem Schinken gefülltes Kalbssteak, aus Frankreich stammt. *Züricher Geschnetzeltes* oder *Kalbsfrikassee* in weißer Sauce gehören ebenso längst zu den Klassikern wie das preußische *Schnitzel Holstein*, der Kalbsnierenbraten, *Gefüllte Kalbsbrust* oder die ebenfalls gefüllten *Kalbsvögel*.

Kalbfleisch harmoniert besonders gut mit Sahne, Käse, Thymian, Estragon, Rosmarin, Salbei, Basilikum, Pilzen, Spinat, Zwiebeln, Knoblauch, Tomaten, Äpfeln, Zitrone, Weißwein, Calvados, Madeira und Cognac.

Nährwerte

	Filet (roh)
Kalorien	95
Cholesterin	70 mg
Fett	1,4 g
Eiweiß	20,6 g
	je 100 g

Kalbfleisch enthält im Allgemeinen weniger Fett und Kalorien als Rindfleisch, Schweinefleisch oder Lamm, hat jedoch im Vergleich zu diesen einen etwas höheren Cholesteringehalt.

Wegen seines niedrigen Fettgehalts und seiner leichten Verdaulichkeit wird Kalbfleisch häufig für die Diätküche und als Babynahrung empfohlen. In Deutschland verwenden die meisten Hersteller traditionell Rohstoffe von kontrolliert ökologischen Betrieben für Babynahrung. Dies ist durch einen Hinweis auf der Zutatenliste erkennbar. Fehlt ein solcher Hinweis oder handelt es sich um Produkte aus dem Ausland, sollte man vom Kauf Abstand nehmen.

Zubereitung

Kalbfleisch muss wie Schweinefleisch immer vollständig durchgegart werden. Da es sehr mager ist, trocknen im Ofen zubereitete Braten leicht aus. Deshalb muss das Fleisch während des Garens immer wieder mit Bratflüssigkeit übergossen werden. Filet, Medaillons, Steaks, Schnitzel und Koteletts sind sehr gut zum Kurzbraten in der Pfanne geeignet, wobei Schnitzel und Koteletts besonders saftig bleiben, wenn sie vorher paniert werden. Gulasch, Ragout und nicht ganz so zarte Bratenstücke gelingen am besten, wenn sie in Flüssigkeit geschmort werden.

Kalbsvögel

FÜR 4 PORTIONEN

4 sehr dünne Kalbsschnitzel à 180 g	*4 Scheiben Schweizer Emmentaler*
Salz und frisch gemahlener weißer Pfeffer	*4 Tomaten*
	1 Lorbeerblatt
	200 ml Fleischbrühe
4 Scheiben gekochter Schinken	*1 EL Tomatenmark*
	⅛ l trockener Weißwein
1 Zwiebel	*2 EL Crème fraîche*
1 Bund Petersilie	*Außerdem:*
4 EL Butter	*Mehl zum Wenden*

1. Die Schnitzel waschen und trockentupfen. Das Fleisch vorsichtig flach klopfen, mit Salz und Pfeffer würzen und mit je einer Scheibe Schinken belegen. Die Zwiebel abziehen und fein hacken. Die Petersilie waschen, trockenschwenken und ebenfalls fein schneiden.

2. In einer tiefen Pfanne 1 Esslöffel Butter zerlassen und die Zwiebel darin glasig braten. Die Petersilie zufügen und kurz mitbraten. Zwiebeln und Petersilie gleichmäßig auf die Schinkenscheiben verteilen. Je 1 Käsescheibe darüber legen, die Schnitzel wie Rouladen zusammenrollen und mit Küchengarn fixieren.

3. Die Schnitzel nacheinander leicht in Mehl wenden. Die Tomaten mit kochendem Wasser überbrühen, häuten, entkernen und vierteln.

4. Die restliche Butter in der Pfanne zerlassen und die Schnitzel darin von allen Seiten 10 Minuten anbraten. Fleischbrühe, Lorbeerblatt und Tomaten zufügen und alles zugedeckt 15 Minuten bei schwacher Hitze köcheln lassen.

5. Die Schnitzel herausnehmen, das Küchengarn entfernen und das Fleisch warm stellen. Das Lorbeerblatt entfernen und Tomatenmark und Weißwein in die Sauce einrühren. Die Sauce etwas einkochen lassen und die Crème fraîche unterrühren. Die Sauce mit Salz und Pfeffer abschmecken und mit den Kalbsvögeln zu Kartoffelpüree oder Reis servieren.

Kalb

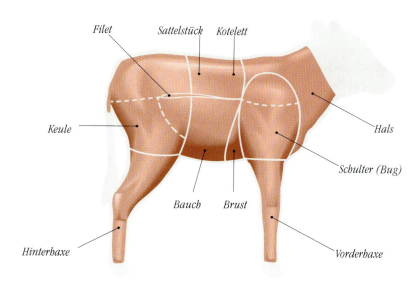

Hinterhaxe

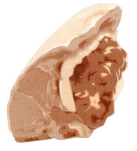
Kotelett (Nierenbraten)

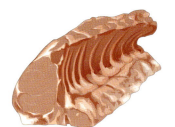
Kotelett

Hals

Oberschale

Brust

Nuss

Unterschale

Filet

Schwein

Sus, Suidae

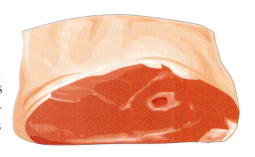

Früher wurde angenommen, das Schwein stamme direkt vom Wildschwein *(Sus scrofa)* ab. Heute weiß man jedoch, dass dieses nur ein naher Verwandter des Hausschweins ist. Schweine sind sehr fruchtbar und in der Haltung anspruchsloser als andere Nutztiere, da sie als Resteverwerter fast alles fressen.

Experimente haben gezeigt, dass BSE nicht auf Schweine übertragen wird. Kritiker schließen ein Risiko jedoch nicht völlig aus. Ihr Argument: Da Schweine sehr jung geschlachtet werden, die Inkubationszeit der Krankheit jedoch mehrere Jahre beträgt, könne schlecht beurteilt werden, ob es nicht doch BSE-Fälle bei Schweinen gibt.

Schweinefleisch, das schon seit undenklicher Zeit ein wichtiger Bestandteil unserer Ernährung ist, wird entweder als Frischfleisch oder gepökelt und/oder geräuchert als Schinken und Speck sowie zu Wurst verarbeitet angeboten. Es stammt ausschließlich von jungen Tieren, die im Alter von 6 bis 7 Monaten bei einem Gewicht von 90 bis 120 kg geschlachtet werden. Spanferkel werden im Alter von 6 Wochen bei einem Gewicht von 10 bis 15 kg geschlachtet und sind im Ganzen erhältlich. Die Beliebtheit von Schweinefleisch und die steigende Nachfrage nach magerem Fleisch hat in den letzten Jahrzehnten dazu geführt, dass Schweine gezüchtet wurden, die mehr und mageres Fleisch in relativ kurzer Zeit liefern. Mittlerweile ist vielen Verbrauchern jedoch klar geworden, dass dieser Anspruch zu Lasten der Fleischqualität geht. Inzwischen ist wieder fettdurchwachseneres Fleisch gefragt.

Das Filet und die verschiedenen Koteletts stammen aus dem Schweinerücken. Geräuchert und gepökelt werden Koteletts als Kasseler angeboten. Ausgelöstes Kotelettfleisch ergibt zarte Braten und Steaks. Die ebenfalls zarten Schnitzel sowie etwas fettreichere Braten werden aus der Ober- und Unterschale der Keule geschnitten, die auch als »Schinken« bezeichnet wird. Bratenstücke aus dem Nacken (Kamm) sind mit feinen Fettadern durchzogen und besonders saftig. Fleischstücke aus der Schulter (Bug) sind sehr fleischig und werden meist mit Fettschicht, Schwarte und mit und ohne Knochen als Braten angeboten. Bauch- und Brustfleisch sind weniger begehrt und eignen sich zum Kochen, Schmoren, Braten und Grillen. Das als »Dicke Rippe« bezeichnete Bauchfleisch wird häufig gegrillt oder als Rollbraten zubereitet. Schälrippchen (Spareribs) sind ebenfalls zum Grillen geeignet. Vorder- und Hinterhaxe (Eisbein), haben einen hohen Knochenanteil, sind mit einer dicken Fettschicht überzogen und zum Kochen und Braten geeignet. Die Hinterhaxe ist wesentlich fleischiger als die Vorderhaxe.

Schinken stammt aus der Keule (Hinterschinken), der Schulter (Vorderschinken) und dem Rücken (Lachsschinken), während Speck aus den fettreichen Kamm-, Rücken- (Rückenspeck) und Bauchstücken (fetter Speck, durchwachsener Speck, Frühstücksspeck) hergestellt wird. Das zwischen Fleisch und Haut liegende Rückenfett wird zu Schweineschmalz verarbeitet.

Aufbewahrung

Schweinefleisch ist leicht verderblich und sollte stets im Kühlschrank aufbewahrt werden. Frisches Hackfleisch ist auch gekühlt nur 1 Tag haltbar, während Schnitzel, Kotelett und Filet 2 bis 3 Tage und Bratenfleisch, Speck sowie gegartes Fleisch 3 bis 4 Tage frisch bleiben.

Eingefroren sind Filet, Schnitzel, Kotelett und Braten 8 bis 10 Monate, Schinken und Speck 1 bis 2 Monate und gegartes Fleisch sowie Hackfleisch nicht länger als 1 Monat haltbar.

Einkaufstipp

Schweinefleisch sollte eine kräftige rote Farbe haben, von feinen Fettadern durchzogen und am Anschnitt trocken sein. Blasses, weiches und wässriges Fleisch, das beim Garen zusammenschrumpft, ist dagegen von minderer Qualität. Dieses sogenannte PSE-Fleisch (Pale, Soft, Exudated) ist die Folge von überzüchteten, besonders mageren Schweinen. Schweinefleisch sollte man nach dem Einkauf sofort aus der Verpackung nehmen, in ein Gefäß legen, mit Folie abdecken und je nach Fleischstück nicht länger als 1 bis höchstens 4 Tage im Kühlschrank lagern. Es schmeckt am besten 2 bis 3 Tage nach der Schlachtung. Beim Kauf auf die Herkunft achten: Fleisch von Tieren aus kontrolliert ökologischen Betrieben weist keine Antibiotikarückstände auf und schrumpft in der Pfanne nicht zusammen.

Schwein

> ### *Schweinefilet mit Backpflaumen*
>
> FÜR 4 PORTIONEN
>
> 2 Schweinefilets à 400 g
> 8 entsteinte Backpflaumen
> Salz und frisch gemahlener Pfeffer
> 2 TL Ingwerpulver
> 4 EL Butter
> gut ¼ l Fleischbrühe
>
> 1. Den Backofen auf 180 °C (Umluft 160 °C, Gas Stufe 2–3) vorheizen.
>
> 2. Das Fleisch waschen, trockentupfen und der Länge nach jeweils eine Tasche hineinschneiden. In jedes Fleischstück 4 Backpflaumen geben und mit Küchengarn oder Rouladennadeln fixieren.
>
> 3. Die Filets mit Salz, Pfeffer und Ingwer würzen. In einer schweren Pfanne die Butter zerlassen und das Fleisch darin von allen Seiten anbraten.
>
> 4. Die Filets nebeneinander in eine feuerfeste Schüssel legen, mit ¼ l Brühe übergießen und zugedeckt 1 Stunde im Backofen garen, dabei immer wieder mit dem Bratensaft übergießen. Wenn nötig, noch etwas Brühe zugießen.
>
> 5. Das Fleisch herausnehmen, den Bratfond etwas einkochen lassen und Fleisch und Sauce zu Kartoffeln servieren.

Nährwerte

Schweinefleisch enthält wie alle Fleischsorten leicht verdauliches, hochwertiges Eiweiß, außerdem Vitamine, vor allem viel Vitamin B_1. Dieses Vitamin stärkt die Nerven und ist beim Abbau von Kohlenhydraten wichtig. An Mineralstoffen sind Eisen und Magnesium hervorzuheben – je dunkler Schweinefleisch ist, umso mehr Eisen enthält es. Der Fettgehalt ist von Fleischteil zu Fleischteil unterschiedlich. Zu den mageren Teilen zählen Nuss (1,3 % Fett), Schnitzelfleisch (1,9 % Fett) und Filet (2,0 % Fett). Aber auch die anderen Fleischteile enthalten weniger Fett, als ihnen oft nachgesagt wird. Kotelett, Kamm und Schulter weisen zwischen 5 und 10 % Fett auf, und selbst das berühmte Eisbein liefert nicht viel mehr als 12 % Fett. Bauchfleisch hingegen ist Spitzenreiter mit 29 % Fett. Eine einfache Methode, um den Fettgehalt eines Schweinefleischgerichts zu senken, besteht darin, das sichtbare Fett nach dem Garen (!) abzuschneiden.

Serviervorschläge

Schweinefleisch wird gebraten, geschmort, gekocht und gegrillt. *Schweinebraten* mit Knödeln und Rotkohl ist ein bayerischer Klassiker, während *Eisbein* mit Sauerkraut ein typisches Berliner Gericht ist und *süßsaures Schweinefleisch* ein chinesisches Nationalgericht darstellt. *Spareribs* vom Grill sind ein beliebtes Essen im Sommer, und *Szegediner Gulasch* mit Sauerkraut ist ebenfalls ein uraltes Traditionsgericht.

Schweinefleisch passt gut zu frischen oder getrockneten Früchten wie Ananas, Äpfel, Orangen, Backpflaumen, Trauben, Esskastanien, Kürbis oder Aprikosen und harmoniert ausgezeichnet mit grünem Pfeffer, Ingwer, Senf, Zwiebeln, Knoblauch, Zitronensaft und Sojasauce sowie Kräutern und Gewürzen wie Kümmel, Beifuß, Lorbeer, Rosmarin, Wacholderbeeren, Salbei, Majoran, Paprika oder Thymian.

Zubereitung

Schweinefleisch muss grundsätzlich durchgegart werden, da nur auf diese Weise mögliche Trichinen *(Trichinella spiralis)* zerstört werden. Zarte Fleischstücke wie Lende, Schnitzel oder Kotelett werden meistens kurz gebraten oder gegrillt, wobei Schnitzel und Koteletts saftiger bleiben, wenn man sie in einer Panade aus Ei und Semmelbröseln brät. Zähere Bratenstücke und Gulasch werden in Flüssigkeit geschmort oder gedünstet. Vor allem bei Schweinebraten sollte man Fettschicht und Schwarte nicht entfernen, da sie das Fleisch saftig und aromatisch machen. Schweinefleisch ohne Fettrand trocknet bei längerem Garen leicht aus und wird hart, weshalb man es während des Garens immer wieder mit Bratfond übergießen sollte. Schweinebraten gelingt am besten, wenn man die Schwarte mehrfach kreuzförmig einritzt und ihn zunächst 30 Minuten im Backofen bei 240 °C (Umluft 220 °C, Gas Stufe 5–6) anbrät. Danach wird er bei 200 °C (Umluft 180 °C, Gas Stufe 3–4) fertig gegart. Nach dem Garen sollte Schweinebraten wie andere Braten 10 Minuten ruhen, damit sich der Saft besser im Fleisch verteilen kann.

Kasseler, gepökeltes Eisbein sowie gepökelter Schweinebauch sind nur zum Kochen geeignet, da sich beim Braten oder Grillen gesundheitsschädigende Nitrosamine bilden können.

Schwein

Filet

Nuss

Kamm (Nacken)

Oberschale

Unterschale

Eisbein

Bauchfleisch

Dicke Rippe

Rückenspeck

Bug (Schulter)

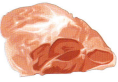

Kammspeck

Stielkotelett

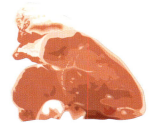

Lendenkotelett

Lamm

Ovis, Ovidae

Lammfleisch stammt von sehr jungen Schafen, Hammelfleisch hingegen von älteren Zuchtschafen und kastrierten männlichen Schafen. Angesichts von BSE und Schweinepest gilt Lamm- und Hammelfleisch allgemein als risikoarme Alternative zu Rind- und Schweinefleisch, zumal Schafe im Gegensatz zu anderen Tierarten nach wie vor artgerecht gehalten werden. Die Schafkrankheit Scrapie, über die wahrscheinlich bei Rindern BSE ausgelöst wurde, ist für Menschen ungefährlich. Bisher konnte BSE nicht bei Schafen nachgewiesen werden. Jedoch sind die Symptome von Scrapie und BSE fast identisch. Aus diesem Grund wird die Möglichkeit nicht ausgeschlossen, dass auch Schafe mit BSE infiziert sein könnten.

Schafe wurden erstmals vor 13 000 Jahren im Iran domestiziert und spielten von da an eine wichtige Rolle vor allem in ländlichen Kulturen, da sie die Menschen mit Fellen, Wolle, Leder, Fleisch und Milch versorgten, aus der wiederum Käse, Butter und Joghurt hergestellt wurden. Neben Ziege, Kitz und Rind gehörten Hammel- und Lammbraten zu den ersten Speisen, die den Göttern als Opfergabe dargebracht wurden. Auch später blieb das Lamm als religiöses Symbol erhalten: Die Juden opfern jedes Jahr das Passah-Lamm, um an ihren Auszug aus Ägypten zu erinnern, und die Christen bezeichnen Jesus als das »Lamm Gottes«.

Lammfleisch stammt von Tieren bis zu 12 Monaten. Milchlämmer werden mit 6 Monaten oder jünger geschlachtet, Mastlämmer dürfen bis 12 Monate alt sein. Hammelfleisch stammt von Tieren, die mindestens 1 Jahr alt sind. Je älter das Schaf, desto dunkler, zäher, fetter und strenger im Geschmack ist das Fleisch.

Die Keule ist der größte und fettärmste Teil des Schafs und besteht zu 25% aus Knochen. Aus dem Rücken werden das zarte Filet und die Koteletts geschnitten, während die etwas weniger zarten Fleischstücke aus Kamm, Hals und Bug (Schulter) am besten für Gulasch und Braten geeignet sind. Die zäheren, fettreichen Teile aus Brust und Bauch werden ebenfalls häufig als Gulasch oder als Kochfleisch für Eintöpfe angeboten.

Serviervorschläge

Lamm und Hammel werden meistens gegrillt, gebraten oder geschmort. Das Fleisch wird häufig mariniert zubereitet, was insbesondere bei weniger zarten Stücken empfehlenswert ist, die bei trockener Hitze gegart werden. Im Unterschied zu Fleisch von anderen Tieren enthalten Lamm- und Hammelfleisch »hartes« Fett, das sich sehr schnell verfestigt, sobald es abkühlt. Aus diesem Grund sollten Lamm und Hammel immer sehr heiß serviert werden.

Zu Ostern gehören Lammkeule oder -braten in vielen Ländern, insbesondere in der Mittelmeerregion, zum traditionellen Festessen. *Méchoui*, ein ganzes ausgenommenes Lamm, das auf einem Spieß über dem Holzfeuer gegart wird, ist ein beliebtes Gericht in Nordafrika und vielen arabischen Ländern. Lamm- und Hammelfleisch sind außerdem eine wichtige Zutat in vielen arabischen Couscous-Gerichten. *Lammcurrys* sind in Indien sehr beliebt, und *Souvlaki*, marinierte Lammstückchen am Spieß gebraten, ist eine griechische Spezialität. Auch in vielen türkischen *Kebab*-Gerichten sind Lamm und Hammel die wichtigsten Grundzutaten. In England, wo im Vergleich zu anderen europäischen Ländern die meisten Schafe gezüchtet werden, ist Lamm- und Hammelfleisch ebenfalls sehr beliebt und wird in vielen Schmorgerichten wie etwa dem *Lancashire Hot Pot* verwendet.

Zu den Gewürzen, die besonders gut mit Lamm und Hammel harmonieren, gehören Knoblauch, Oregano, Basilikum, Minze, Rosmarin und Salbei. Als Beilage passen Tomate, Zucchini und viele andere Gemüse.

Einkaufstipp

Farbe, Konsistenz und Geschmack des Fleisches hängen von der Sorte und dem Alter des Tieres ab sowie von seiner Fütterung und Haltung. Anhand der Knochen und der Farbe von Fett und Fleisch lässt sich das Alter bestimmen: Die Gelenke der Vorderbeine von Lämmern sind knorpelig, während die von ausgewachsenen Schafen verknöchert sind; darüber hinaus ist das Fett von Hammelfleisch dunkler als das vom Lamm, und sein Fleisch ist im Gegensatz zum Lamm eher rötlich als rosa. Frisches Lamm- und Hammelfleisch sollte eine frische rote Farbe haben und angenehm riechen.

Da eine BSE-Infektion von Schafen nicht hundertprozentig ausgeschlossen werden kann, sollte derjenige, der kein Risiko eingehen will, auf Lammkoteletts und Lammrücken verzichten. Darüber hinaus sollte darauf geachtet werden, dass das Fleisch von Tieren stammt, die von der Geburt bis zur Schlachtung in Deutschland aufgezogen wurden.

Lamm

Nährwerte

	Lammkeule
Kalorien	234
Cholesterin	70 mg
Fett	18 g
Eiweiß	18 g
	je 100 g

Je älter das Tier ist, desto fetter ist auch sein Fleisch. Das meiste Fett ist jedoch gut sichtbar und kann leicht entfernt werden.

Lamm- und Hammelfleisch enthalten viel Eiweiß, Zink und Vitamine der B-Gruppe, insbesondere Nikotinsäure, Vitamin B_2 und B_{12}, sowie viel Eisen, Kalium und Phosphor.

Aufbewahrung

Frisches Lammfleisch kann gut verpackt im Kühlschrank bis zu 3 Tage aufbewahrt werden, Lammhackfleisch dagegen nur 1 bis höchstens 2 Tage. Lammfleisch ist sehr gut zum Einfrieren geeignet. Tiefgefroren ist es 8 bis 10 Monate haltbar, während Lammhackfleisch nach 2 bis 3 Monaten verbraucht werden sollte.

Zubereitung

Lammkeule und -rücken werden meistens gebraten oder gegrillt und schmecken am besten, wenn sie innen noch zart rosa sind. Da sie leicht austrocknen und dann zäh werden, sollten sie bei mittlerer Hitze im Backofen bei 180 °C (Umluft 160 °C, Gas Stufe 3–4) gegart werden, wobei die Garzeit etwa 35 Minuten pro 500 g Fleisch beträgt. Lammfilets oder -koteletts werden meist kurz gebraten oder ebenfalls gegrillt und schmecken am besten, wenn sie vorher mariniert werden. Die etwas zäheren Fleischstücke wie Schulter werden im Ganzen oder als Gulasch meist geschmort oder gedünstet. Gerichte aus Lammhackfleisch, etwa Fleischklößchen oder Frikadellen, sind vor allem in den Mittelmeerländern, in der Türkei, in vielen arabischen Ländern sowie in Afghanistan, Indien oder Pakistan sehr beliebt.

Lammrücken

FÜR 4 PORTIONEN

⅛ l Rotwein
1 EL Rosmarin
1 EL Thymian
1 EL Oregano
1 Zwiebel
2 Knoblauchzehen
1 großer Lammrücken (8 Rippen)
Salz und frisch gemahlener Pfeffer
Dijonsenf
½ Bund glatte Petersilie
150 ml Fleischbrühe
2 EL kalte Butter

1. Den Wein in einen großen Topf geben, in dem das Fleisch Platz hat, und mit je einem Drittel der Kräuter vermischen. Die Zwiebel und die Knoblauchzehen abschälen, fein hacken und ebenfalls mit dem Wein vermischen. Das Lammfleisch hineingeben und zugedeckt mindestens 2 Stunden bei Raumtemperatur ruhen lassen, dabei das Fleisch immer wieder wenden.

2. Den Backofen auf 180 °C (Umluft 160 °C, Gas Stufe 2–3) vorheizen. Das Fleisch aus der Marinade nehmen und gut trockentupfen. Den Lammrücken salzen und pfeffern, dick mit Senf bestreichen und in einen Bräter legen. Die Petersilie waschen, trockenschwenken, fein hacken und mit den restlichen Kräutern auf dem Lammrücken verteilen.

3. Die Fleischbrühe darüber gießen und das Fleisch gut 40 Minuten im Ofen garen. Den Rücken herausnehmen und auf einer vorgewärmten Platte warm stellen. Den Bratfond mit der Marinade loskochen, in einen Topf umgießen und bei starker Hitze etwas einkochen lassen. Die kalte Butter in Flöckchen einschlagen.

4. Den Braten mit einem scharfen Messer in 4 Portionen aufschneiden und zusammen mit der Sauce sehr heiß zu Salzkartoffeln oder Fladenbrot und gemischtem Salat servieren.

Lamm

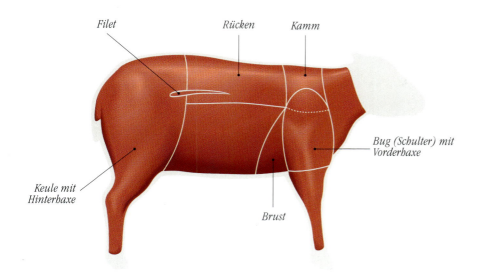

Kamm

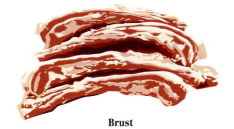

Brust

Filet

Bug (Schulter)

Lammkoteletts   **Lammrücken**

Keule

Wildbret

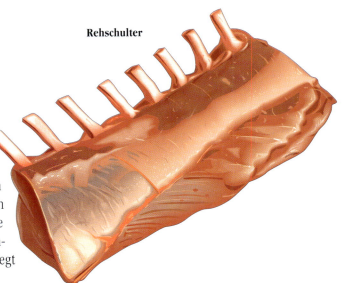
Rehschulter

Als »Wildbret« wird das Fleisch von allen wild lebenden Tieren bezeichnet, die dem Jagdrecht unterliegen. Sie werden in die beiden Kategorien Haarwild und Federwild eingeteilt. Bereits im antiken Griechenland wurden erste Abhandlungen über die Jagd verfasst, und auch Römer und Gallier waren begeisterte Wildjäger. Heute ist das Jagen im Hinblick auf Tierart und Jagdzeit strengen Regelungen, die im Bundesjagdgesetz festgelegt sind, unterworfen, um die Tierbestände zu schützen.

Nicht alles Wild, das heute unter diesem Namen angeboten wird, stammt wirklich von wild lebenden Tieren, sondern großenteils von Zuchtwild. Dessen Fleisch ist zwar zarter als das der wild lebenden Artgenossen, dafür aber meist auch nicht so aromatisch, da die Tiere anders gefüttert werden. Der Geschmack von Wildfleisch hängt sehr stark von der Ernährung der Tiere sowie Geschlecht und Alter ab. In Deutschland gilt Fleisch von Wild als BSE-frei, und somit als gute Alternative zu Rindfleisch.

Beim Haarwild unterscheidet man grob zwischen dem hirschartigen Wild (*Cervidae*), den horntragenden Wildtieren (*Bovidae*), dem Steinwild (*Capra Ibex*), dem Schwarzwild (*Sus*) und den hasenartigen Wildtieren (*Leporidae*).

Das beliebteste Wildbret in Europa ist das **Reh** *(Capreolus capreolus)*, das die kleinste und häufigste Hirschart in unseren Breitengraden darstellt. Es liefert rotbraunes, zartfaseriges und wohlschmeckendes Fleisch. Besonders geschätzt wird das Fleisch von Kitzen und einjährigen Tieren. Rot- und Damwild sind weitere Gruppen der Hirschartigen. Rotwild ist das weltweit am weitesten verbreitete Hirschwild. Es liefert kerniges, rotbraunes, fettarmes und wohlschmeckendes Fleisch; das Fleisch vom Damwild ist dagegen etwas heller, zarter und saftiger.

Das **Wildschwein** *(Sus scrofa)* zählt zum Schwarzwild. Am liebsten wird das Fleisch von jungen Wildschweinen, den Frischlingen, zubereitet. Das mag daran liegen, dass das Fleisch von älteren Tieren, die während der Paarungszeit erlegt wurden, einen penetranten, geschlechtsspezifischen Geruch ausströmt. Fleischstücke, die leicht nach Ammoniak riechen, gehören keinesfalls in die Küche!

Einkaufstipp

Nicht nur im Herbst, zur Wildzeit, bieten die Fachhändler frisches Wildbret an – vakuumverpackt und tiefgefroren ist es das ganze Jahr über erhältlich. Darüber hinaus ermöglichen Gatterhaltung und Importe eine Versorgung mit frischem Wild während des ganzen Jahres. Am zartesten ist das Fleisch von Rehkitz und Hirschkalb sowie das Fleisch von Rehen unter 2 Jahren und Hirschen unter 3 Jahren. Das Alter der Tiere lässt sich unter anderem an der Farbe des sichtbaren Fetts erkennen, das bei jungen Tieren weiß, bei älteren dunkler ist. Außerdem sollte das Fleisch dunkel und feinfaserig sein. Wild wird normalerweise küchenfertig angeboten.

Vorbereitung

Frisch erlegtes älteres Wild lässt man 4 bis 7 Tage an einem kalten (0 bis 4 °C), gut belüfteten, trockenen Ort abhängen, damit das Fleisch zart wird und sich sein Aroma entfalten kann. Dagegen müssen Jungtiere, bei denen der strenge Geschmack noch nicht so ausgeprägt ist, nicht abhängen. Wild, das im Laden angeboten wird, ist bereits abgehangen und kann sofort verwendet werden.

In alten Kochbüchern wird häufig geraten, Wild vor dem Garen mehrere Tage zu marinieren. Heute verwendet man Marinaden jedoch nur noch bei älteren Tieren, da das Marinieren von Jungtierfleisch erhebliche Geschmacksveränderungen mit sich bringt. In jedem Fall aber sollte im Ofen gegartes Fleisch zuvor gespickt oder bardiert werden, da Wild sehr mager ist, leicht austrocknet und zäh wird. Außerdem ist es ratsam, sichtbares Fett, das streng und ranzig schmeckt, vor der Zubereitung zu entfernen.

Wildbret

Serviervorschläge

Die zartesten Stücke – Filet, Schnitzel und Nuss – stammen vom Rücken und werden meist in der Pfanne kurz gebraten oder gegrillt. Schulterstücke eignen sich vor allem als Gulasch oder für Eintöpfe, während Stücke aus dem Schlegel häufig als Braten verwendet werden. Außerdem eignet sich Wild sehr gut für Pasteten oder Terrinen. Traditionell werden bei uns zu in Rotwein mit Wacholderbeeren und Lorbeer geschmortem und gebratenem Wild häufig Beilagen wie Preiselbeeren, Birnen, Maronen und Kirschen gereicht. In südlichen Ländern schmort man Wildbret in Wein mit Knoblauch und Oliven.

Nährwerte

	Rehkeule
Kalorien	97
Fett	1,3 g
Eiweiß	21,4 g
	je 100 g

Wildbret ist äußerst mager und enthält im Durchschnitt 80 % weniger Fett als Rindfleisch.

Zubereitung

Da Wildfleisch sehr mager ist, wird es bei zu langer Garzeit leicht zäh und trocken. Am besten schmeckt es, wenn es innen noch leicht rosa ist. Fleisch, das im Ofen gegart werden soll, wird zuvor in der Pfanne angebraten und dann im Ofen bei 180 bis 200 °C (Umluft 160–180 °C, Gas Stufe 3–4) fertig gegart, wobei es im Abstand von 15 Minuten mit Bratfond übergossen werden sollte. Nuss, Schnitzel, Kotelett und Filet kann man in der Pfanne braten, während weniger zarte Stücke, etwa von der Schulter, meistens geschmort werden. Fleisch mit mehr als 1,5 kg benötigt eine Garzeit von 10 bis 15 Minuten pro 500 g, während man bei kleineren Fleischstücken 15 bis 20 Minuten pro 500 g rechnet.

Aufbewahrung

Wild hält sich 1 bis 2 Tage im Kühlschrank und kann 3 bis 6 Monate eingefroren werden. Tiefgefrorenes Wild sollte im Kühlschrank aufgetaut werden, wobei man 2 bis 3 Stunden Auftauzeit pro 500 g Fleisch rechnet.

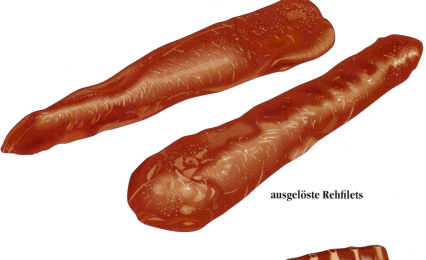

ausgelöste Rehfilets

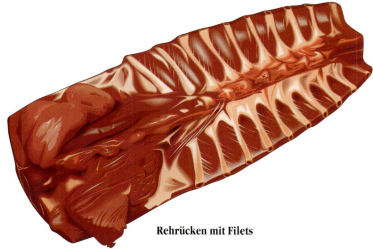

Rehrücken mit Filets

Kaninchen

Oryctolagus, Leporidae

Das Kaninchen stammt wahrscheinlich aus Südeuropa und Nordafrika und ist so fruchtbar, dass es zum Symbol für Fruchtbarkeit schlechthin wurde. Das Weibchen pflanzt sich erstmals mit 4 bis 5 Monaten fort und wirft meistens 8 bis 9 Junge, wobei jedoch auch Würfe mit bis zu 18 Jungen keine Seltenheit sind. Während der 1½-jährigen Fortpflanzungszeit können die Weibchen der Hauskaninchen bis zu 100 und die der Wildkaninchen immerhin bis zu 40 Junge zur Welt bringen.

Da sie oft in großer Zahl auftreten, richten Wildkaninchen großen Schaden auf den Feldern an, sodass sie zu einer ernsthaften Bedrohung für die Landwirtschaft werden können. In Australien, wo das Kaninchen im 19. Jahrhundert als Haustier eingeführt wurde, gibt es heute an die 300 Millionen Wildkaninchen, und da sie dort keine natürlichen Feinde haben, sind bislang alle Versuche fehlgeschlagen, ihre rasante Vermehrung zu kontrollieren.

Das Kaninchen ist mit dem **Feldhasen** verwandt, der auch zum Wild – genauer gesagt zu den Hasenartigen (Leporidae) – gezählt wird und dessen dunkleres, rotbraunes Fleisch einen wesentlich intensiveren Geschmack hat als das milde Fleisch des Hauskaninchens. Im Vergleich zu Kaninchen sind Hasen in Europa sehr viel seltener geworden. Mittlerweile wird eine große Menge an Hasenteilen von Argentinien nach Deutschland importiert. Feldhasen und Wildkaninchen sind leicht voneinander zu unterscheiden: Hasen erreichen mehr als das doppelte Gewicht von Kaninchen, nämlich 3 bis 5 kg, und haben eine deutliche rotbraune Haarfärbung.

Kaninchen sind leicht zu domestizieren, doch aufgrund der relativ hohen Haltungskosten werden sie nur in begrenzter Zahl kommerziell gezüchtet. Hauskaninchen erreichen ihr optimales Gewicht von 1,5 bis 2 kg in etwa 3 Monaten anstatt der in freier Wildbahn üblichen 4 bis 6 Monate, ihr Fleisch ist allerdings etwas fetter und weniger geschmacksintensiv als das von Wildkaninchen.

Einkaufstipp

Kaninchenfleisch wird frisch oder tiefgefroren entweder im Ganzen oder – bei größeren Tieren – zerlegt angeboten. Kaninchen werden fast immer gehäutet und ausgenommen verkauft. Bei einem frisch geschlachteten Kaninchen sollten die Beine beweglich sein, außerdem sollte es eine glänzende, leicht rosafarbene Haut sowie eine unverletzte rote Leber, deutlich erkennbare Nieren und sehr weißes Fett haben.

Vorbereitung

Frisch erlegtes Kaninchen sollte nicht abgehängt werden, da das Fleisch schnell verdirbt. Es eignet sich jedoch vorzüglich zum Marinieren, wodurch das Fleisch nicht nur weicher und weißer, sondern auch saftiger und aromatischer wird. Dafür empfiehlt sich eine säurehaltige Marinade aus Rot- oder Weißwein, Öl und Gewürzen.

Ganze Kaninchen oder Hasen können gefüllt und im Backofen gebraten oder ungefüllt geschmort werden. Häufig werden auch nur Kaninchen- bzw. Hasenteile, vor allem der Rücken, gekauft und zubereitet. Den Rücken kann man im Ganzen oder aber in zwei bis drei Portionen geteilt beispielsweise zusammen mit den Läufen schmoren. Dabei ist zu beachten, dass die Garzeit der Hinterläufe länger als die des Rückens ist. Von daher empfiehlt es sich, den Rücken erst 10 Minuten nach den Hinterläufen in den Topf zu geben.

Kaninchen

Kaninchen in Sahnesauce
FÜR 4 PORTIONEN

- 2 Zwiebeln
- 4 Schalotten
- 60 ml Sonnenblumenöl
- 250 g fette Speckscheiben
- 1 Kaninchen (in 8 Stücke zerlegt)
- ¼ l Weißwein
- ¼ l Hühnerbrühe
- Salz und frisch gemahlener Pfeffer
- 2 EL gehackte Petersilie
- 400 g süße Sahne
- 250 g frische Champignons
- 1 EL Speisestärke

1. Die Zwiebeln und die Schalotten schälen und in dünne Scheiben schneiden. 1 Esslöffel Sonnenblumenöl in einer großen Bratpfanne erhitzen. Die Speckscheiben darin anbräunen, herausnehmen und in einen großen Topf geben.

2. Die Kaninchenteile in der Pfanne im Speckfett und Öl kurz anbräunen, dabei nach Bedarf noch etwas Öl zugeben, dann das Fleisch auf die Speckscheiben in den Topf legen.

3. Zwiebeln und Schalotten in der Pfanne mit dem restlichen Öl anbraten und den Wein und die Hühnerbrühe dazugießen. Alles mit Salz und Pfeffer würzen, die gehackte Petersilie hinzufügen und die Flüssigkeit zum Kochen bringen.

4. Den Pfanneninhalt über die Kaninchenteile gießen, bis zwei Drittel des Fleisches damit bedeckt sind, gegebenenfalls noch etwas Hühnerbrühe oder eine Mischung aus Brühe und Wein zugießen.

5. Alles zum Kochen bringen und die Kaninchenteile zugedeckt 2 Stunden bei schwacher Hitze gar ziehen lassen, dabei nach und nach die Sahne dazugießen.

6. Inzwischen die Champignons putzen, waschen und größere Pilze halbieren. Die Champignons 30 Minuten vor Ende der Garzeit zum Kaninchen in den Topf geben.

7. Fleisch, Gemüse und Speckstreifen auf einer vorgewärmten Platte anrichten und warm stellen.

8. Die Speisestärke mit 2 Esslöffel kaltem Wasser verrühren und die Sauce damit binden. Die Sauce über Fleisch und Gemüse gießen und das Kaninchen mit Pellkartoffeln oder Nudeln servieren.

Serviervorschläge

Kaninchenfleisch erinnert im Geschmack an Huhn und kann wie dieses auf vielerlei Weise zubereitet werden. Die südeuropäische Küche bietet eine besonders große Palette an würzigen Kaninchenrezepten an.

Das Fleisch älterer Tiere ist relativ zäh und wird deshalb meistens in Flüssigkeit geschmort oder gedünstet. Hase wird auf die gleiche Weise wie Kaninchen zubereitet, häufig jedoch mit sauren Früchten oder mit einer süßsauren oder pikanten Sauce serviert, um seinen wesentlich intensiveren Geschmack etwas zu mildern.

Aufbewahrung

Kaninchen kann im Kühlschrank bis zu 2 Tage aufbewahrt werden. Es ist roh oder gegart auch zum Einfrieren geeignet, verliert jedoch dabei etwas von seinem Aroma.

Nährwerte

Kalorien	152
Cholesterin	70 mg
Fett	7,6 g
Eiweiß	20,8 g
	je 100 g

Kaninchen ist ähnlich wie Hähnchenfleisch fettarm und zugleich reich an Eiweiß, Vitaminen der B-Gruppe, Kalzium und Kalium; darüber hinaus enthält es viel Eisen und Phosphor und andere Mineralstoffe.

Zubereitung

Kaninchenfleisch ist sehr mager und trocknet beim Garen leicht aus. Aus diesem Grund wird es oft in Flüssigkeit gegart oder vor dem Garen mit Speck gespickt oder mit Fett bestrichen. Die Garzeit im Backofen beträgt bei 160 °C (Umluft 140 °C, Gas Stufe 1–2) 1 bis 1 ½ Stunden, wobei das Fleisch immer wieder mit dem Bratfond beträufelt werden sollte.

Hackfleisch

Rinderhackfleisch

Hackfleisch gibt es von Rind, Schwein, Kalb und Lamm. Es wird aus unterschiedlichen Teilen wie Schulter oder Brust hergestellt. Da Hackfleisch besonders salmonellengefährdet ist, darf es laut Hackfleischverordnung nur frisch durchgedreht verkauft werden und unterliegt genau festgelegten Hygienebestimmungen. Außerdem darf der Fettanteil bei Rinderhackfleisch 20% (Tatar 6%), bei Schweinehackfleisch 35% sowie bei gemischtem Hackfleisch, das zur Hälfte aus Rind und Schwein besteht, 30% nicht überschreiten. Darüber hinaus darf Hackfleisch keine Farbstoffe oder andere Zusätze enthalten. Aufgrund der Salmonellengefahr ist die Herstellung von Hackfleisch aus Wild und Geflügel nicht gestattet.

Einkaufstipp

Frisches Hackfleisch ist leuchtend rot. Die Oberfläche von nicht völlig frischem Hackfleisch ist braun verfärbt. Keine Bedenken bestehen bei Hackfleisch, das im Inneren dunkler ist als außen, da sich die im Fleisch enthaltenen Pigmente auch ohne Luftkontakt schon nach sehr kurzer Zeit dunkel verfärben. Bei verpacktem Hackfleisch müssen Herstellungs- und Verbrauchsdatum identisch sein. Bei Rind- und gemischtem Hackfleisch muss zusätzlich aus dem Etikett ersichtlich sein, wo das Rind geschlachtet und wo das Fleisch zu Hackfleisch verarbeitet wurde.

Aufbewahrung

Hackfleisch ist sehr leicht verderblich, da es durch seine im Vergleich zu Fleischstücken große Oberfläche ein idealer Nährboden für Bakterien ist. Es hält sich im Kühlschrank nur 1 Tag. Eingefroren sollte es nach spätestens 6 Monaten verbraucht werden.

Zubereitung

Hackfleisch muss immer gut durchgegart werden, das heißt, es darf innen nicht mehr rosa sein. Anders verhält es sich bei Tatar, das ganz frisch durchgedreht auch roh verzehrt wird.

Nährwerte

Der Nährwert von Hackfleisch hängt vor allem von der Art – ob Schweine- oder Rindfleisch – und von den verwendeten Teilstücken ab. Schweinehackfleisch hat den höchsten Fettanteil und liefert dementsprechend die meisten Kalorien. Vergleichsweise wenig Fett enthält dagegen Gehacktes vom Rind.

Serviervorschläge

Hackfleisch ist sehr vielseitig verwendbar und eignet sich sowohl für einfache als auch für raffinierte Gerichte, für die es zahllose Rezepte gibt. Zu den bekanntesten Hackfleischgerichten gehören etwa Frikadellen, Hamburger, Hackbraten und Klopse. Auch in der *Lasagne* oder im griechischen *Moussaka* ist Hackfleisch eine wichtige Zutat. Lammhackfleisch ist vor allem in den Balkanländern und in Indien sehr beliebt. Wer Geflügelhackfleisch verwenden will, kann Geflügelfleisch im Mixer zerkleinern oder mit einem scharfen Messer sehr fein hacken. Es muss allerdings sofort zubereitet werden, da sich leicht Salmonellen ausbreiten können.

Hamburger

FÜR 4 PORTIONEN

750 g frisches Rinderhackfleisch
Salz und frisch gemahlener Pfeffer
2 Tomaten
2 Zwiebeln
einige Kopfsalatblätter
getrockneter Oregano
8 runde Milchbrötchen
Zum Würzen:
Senf, Ketchup, verschiedene Saucen

1. Aus dem Hackfleisch 8 flache Frikadellen von der Größe eines Brötchens formen und mit Salz und Pfeffer würzen.

2. Die Tomaten waschen, trockentupfen und achteln. Die Zwiebeln abziehen und in dünne Ringe schneiden. Die Salatblätter waschen und trockenschleudern.

3. Die Frikadellen unter dem Grill oder in einer beschichteten Pfanne jeweils einige Minuten auf beiden Seiten braten, bis sie vollständig durchgegart sind, und mit Oregano würzen. Die Brötchen toasten und aufschneiden.

4. Die Frikadellen auf die unteren Brötchenhälften verteilen, mit Tomaten, Zwiebeln und Salatblättern garnieren, nach Belieben mit Ketchup, Senf oder einer Sauce würzen und die oberen Brötchenhälften darauf legen.

Im Fachhandel werden spezielle Hamburgerringe angeboten, mit deren Hilfe man gleichmäßig geformte Hamburger ausstechen kann.

Innereien

Einführung

Innereien nennt man die verwertbaren inneren Teile von Schlachttieren. Man unterscheidet zwischen den Organinnereien, zu denen Leber, Herz, Zunge, Lungen, Milz und Nieren zählen, und den übrigen Innereien wie Hirn, Euter, Knochen und Markknochen, Hoden, Bries und Kutteln. Innereien werden regional zu unterschiedlichen Spezialitäten zubereitet. Seitdem die Krankheit BSE aufgetreten ist dürfen jedoch bestimmte Innereien von Rind, Kalb, Lamm und Ziege nicht mehr in den Handel kommen. Generell wird empfohlen, auf Innereien von Rind und Kalb, Lamm und Ziege zu verzichten, um eine mögliche Infektion auszuschließen.

Einkaufstipp

Innereien sollten stets sehr frisch sein, da sie leichter verderben als anderes Fleisch. Hirn und Knochenmark vom Rind darf wegen BSE (Rinderwahnsinn) nicht im Handel angeboten werden, es zählt zum so genannten Risikomaterial. Obwohl dies nicht für Kalbshirn gilt, sollte man es vorsichtshalber nicht essen.

Serviervorschläge

Manche Innereien wie Herz und Zunge müssen lange in feuchter Hitze garen (kochen, schmoren oder dünsten), damit sie zart werden, während andere, etwa Leber oder Nieren, rasch und bei trockener Hitze gegart werden sollten.

Aufbewahrung

Innereien verderben sehr schnell und können nur 1 bis 2 Tage im Kühlschrank aufbewahrt werden. Man kann sie zwar auch 3 bis 4 Monate einfrieren, doch bei den meisten Innereien wirkt sich dies negativ auf Farbe, Struktur, Aussehen und Geschmack aus.

Nährwerte

Die meisten Innereien, vor allem Nieren und Leber, enthalten sehr viel Eisen, Vitamin A und Folsäure. Darüber hinaus enthalten sie dieselben Nährstoffe wie Fleisch. Allerdings ist der Cholesteringehalt von Hirn, Leber und Nieren sehr viel höher als bei Muskelfleisch, sodass Menschen mit einem hohen Cholesterinspiegel diese Nahrungsmittel nur eingeschränkt zu sich nehmen sollten.

Da Leber und Nieren Abfallstoffe aus dem Organismus herausfiltern, können sie Spuren von Schwermetallen, Arzneien und Pestiziden enthalten. Wegen der amtlichen Fleischbeschauerkontrollen und der geringen Mengen an Innereien, die die meisten Menschen zu sich nehmen – Ernährungswissenschaftler empfehlen, Leber und Nieren nicht öfter als alle 2 bis 3 Wochen zu verzehren –, besteht jedoch kaum ein Gesundheitsrisiko.

Hirn, Herz, Leber, Bries und Nieren enthalten sehr viel Purine, eine Vorstufe der Harnsäure. Vor allem gichtkranke Menschen sollten den Verzehr dieser Nahrungsmittel einschränken, da sie die Harnsäure nur schlecht abbauen können.

Herz

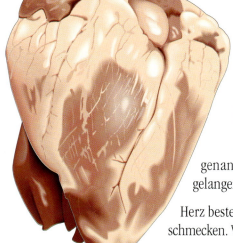

Rinderherz

Herz galt bis zum 16. Jahrhundert als besondere Delikatesse der Adligen und Bürger. Heute hat es nur noch eine sehr geringe Bedeutung. Herzen von Rindern und Kälbern, die durch Bolzenschuss betäubt wurden, zählen in Deutschland zum so genannten BSE-Risikomaterial und dürfen nicht in die Nahrungskette gelangen. Sie müssen sofort nach dem Schlachten entsorgt werden.

Herz besteht aus magerem, recht faserigem Fleisch und kann ausgezeichnet schmecken. Vor allem Geflügelherzen sind nach wie vor gefragt.

Einkaufstipp

Frisches Herz sollte dick und rötlich braun (Lamm), leuchtend rot (Schwein und Huhn) oder zartrot (Kalb) sein. Herz, das bereits eine graue Farbe hat, ist nicht mehr frisch. Da Herz beim Garen etwas an Gewicht verliert, rechnet man 135 g frisches für 100 g gegartes Herz.

Vorbereitung

Nach dem Entfernen von Fett, Blutgefäßen, Sehnen und Knorpeln wird das Herz unter fließendem Wasser gewaschen. Um es, falls nötig, etwas weicher zu machen, kann man es anschließend 1 Stunde im Kühlschrank in kaltes Essigwasser legen, wobei man 1 Teelöffel Essig auf ¼ l Wasser rechnet. Danach wird es erneut gründlich gespült und trockengetupft.

Zubereitung

Herz wird gekocht, gegrillt, gebraten, geschmort oder gedünstet, bei zu langer Garzeit trocknet es jedoch schnell aus. Schweineherz, das besonders zäh ist, schmeckt am besten geschmort oder gedünstet. Die Garzeit beim Schmoren beträgt je nach Alter des Tieres 3 bis 4 Stunden. In Scheiben oder Streifen geschnitten kann man Herz in der Pfanne 5 bis 7 Minuten braten.

Serviervorschläge

Herz schmeckt klein geschnitten im Eintopf oder als Ragout. Gefülltes Kalbsherz in Weißwein geschmort galt vor allem früher als Delikatesse. In italienischen Gerichten sind Hühnerherzen als Zutat in Pastasaucen oder Risotti beliebt. Kräftig gebraten, wird Geflügelherz auch als Salatzutat geschätzt.

Aufbewahrung

Herz kann 1 bis 2 Tage im Kühlschrank aufbewahrt werden. Tiefgefroren ist es bis zu 6 Monate haltbar.

Nährwerte

Herz ist reich an Eiweiß, Eisen, Zink, Kupfer und B-Vitaminen – besonders Nikotinsäure und Vitamin B_{12} – und enthält viel Phosphor und Kalium. Herz enthält doppelt so viel Cholesterin wie Muskelfleisch, jedoch weniger als andere Innereien wie Leber, Niere oder Hirn.

	Rinderherz	*Lammherz*	*Schweineherz*	*Kalbsherz*	*Hühnerherz*
Kalorien	124	158	89	114	124
Cholesterin	150 mg	140 mg	154 mg	140 mg	170 mg
Fett	6 g	10 g	2,1 g	5,1 g	5,3 g
Eiweiß	16,8 g	16,8 g	15,9 g	15,9 g	17,3 g

je 100 g

Leber

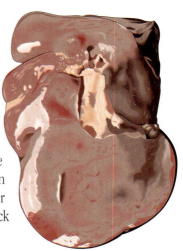

Kalbsleber

Leber stammt von Nutztieren, Geflügel und Wild, man verzehrt aber auch die Leber einiger Fische wie Dorsch, Seeteufel und Rochen. Vor allem die Leber junger Tiere ist zart und aromatisch, und Kalbsleber ist eine gefragte Delikatesse, sollte jedoch im Hinblick auf die BSE-Krankheit bei Rindern eher gemieden werden. Auch Lamm, Kaninchen und Geflügel haben eine sehr zarte Leber, während die Leber von Schaf und Schwein einen strengeren Geschmack hat und beim Garen eine teigige Konsistenz bekommt.

Einkaufstipp

Das Farbspektrum der Leber reicht je nach Tierart und Alter von Rosabraun bis Rotbraun. Frische Leber sollte glänzen und gut riechen.

Nährwerte

	Hühnerleber
Kalorien	142
Cholesterin	550 mg
Fett	4,7 g
Eiweiß	22 g
	je 100 g

Leber enthält sehr viel Eiweiß und ist reich an zahlreichen Vitaminen und Mineralien, darunter Vitamin A, Vitamin B_{12}, Folsäure, Vitamin C, Phosphor, Zink und Kupfer. Da sie außerdem sehr viel Eisen enthält, wird sie oft bei Anämie empfohlen.

Da die Leber genau wie die Niere Verunreinigungen aus dem Blut herausfiltert, ist sie häufig mit Rückständen von Schwermetallen belastet, insbesondere wenn sie von älteren Tieren stammt. Wer auf Nummer Sicher gehen will, vor allem im Hinblick auf eine mögliche BSE-Infektion, verzichtet auf die Leber von Rindern und Kälbern. Aufgrund der Schwermetallbelastung wird von Experten empfohlen, den Verzehr von Leber auf einmal in zwei Wochen einzuschränken.

Vorbereitung

Rinder- und Schweineleber können vor der Zubereitung 1 bis 2 Stunden im Kühlschrank in Milch eingeweicht werden, sodass sie etwas milder schmecken.

Serviervorschläge

Leber wird vor allem gegrillt, gebraten oder geschmort und harmoniert sehr gut mit Pilzen, Wein, Sahne, Tomaten und Zwiebeln. Darüber hinaus wird Schweineleber häufig zur Zubereitung von Pasteten und Terrinen verwendet und ist eine wichtige Zutat bei der Herstellung von Leberwurst und Leberknödeln.

Kalbsleber mit Schinkenspeck

FÜR 4 PORTIONEN

4 Scheiben Kalbsleber à 150 g
etwas Mehl
2 EL Butter
2 EL Sonnenblumenöl
Salz und frisch gemahlener Pfeffer
4 Scheiben Schinkenspeck
gut ⅛ l Hühnerbrühe
etwas Zitronensaft
1 EL gehackte Petersilie

1. Die Leber waschen, trockentupfen und leicht mit Mehl bestäuben.

2. In einer Bratpfanne 1 Esslöffel Butter und das Öl bei mittlerer Hitze erhitzen. Die Leber darin auf beiden Seiten jeweils 5 Minuten braten, sodass sie innen noch leicht rosa ist, herausnehmen, salzen, pfeffern und warm stellen.

3. Den Schinkenspeck in der Pfanne knusprig braten und zur Leber geben. Das ausgebratene Fett bis auf einen kleinen Rest abgießen. Die Hühnerbrühe zugießen und bei großer Hitze auf die Hälfte einkochen lassen.

4. Die Pfanne vom Herd nehmen, die restliche Butter einrühren und die Sauce mit etwas Zitronensaft abschmecken. Leber und Speck mit der Sauce übergießen und mit gehackter Petersilie bestreut zu Kartoffelpüree servieren.

Leber

Zubereitung

Leber wird ausschließlich gegart verzehrt, allerdings wird sie bei zu langer Garzeit schnell hart und zäh. Am besten schmeckt sie, wenn sie innen noch leicht rosafarben ist. Zarte Leber wird meistens gegrillt oder in etwas Mehl gewendet in der Pfanne gebraten. Weniger zarte Stücke schmort man am besten bei schwacher Hitze in Flüssigkeit. Außerdem sollte Leber grundsätzlich erst nach dem Garen gesalzen werden, da sie sonst ebenfalls hart wird.

Aufbewahrung

Da Leber sehr leicht verdirbt, sollte sie höchstens 1 bis 2 Tage im Kühlschrank aufbewahrt werden. Roh in Scheiben geschnitten ist sie weniger zum Einfrieren geeignet, da sie aufgetaut leicht krümelig wird. Püriert und in Fleischteigen oder als Leberknödel zubereitet kann sie bis zu 3 Monate tiefgefroren werden.

Rinderzunge

Zunge

Die rosafarbene oder graue Zunge ist ein fleischiger Muskel und wird von einer rauen, dicken Schleimhaut überzogen, die nach dem Garen leicht entfernt werden kann. Eine Rinderzunge wiegt im Durchschnitt etwa 1 kg, kann aber auch ein Gewicht von bis zu 2,5 kg erreichen. Kalbszunge, die am zartesten ist und besonders gut schmeckt, hat die kürzeste Garzeit. Schweinezunge ist relativ weich. Zunge wird meistens im Ganzen frisch, gepökelt oder gepökelt und geräuchert angeboten. Gegart und in Scheiben geschnitten ist sie auch als Aufschnitt erhältlich.

Vorbereitung

Zunge braucht nur unter kaltem Wasser abgewaschen zu werden. Einweichen ist nicht erforderlich.

Zubereitung

Zunge wird zuerst gekocht und nach dem Enthäuten wahlweise paniert und gebraten, geschmort oder eingelegt. Eine Rinderzunge von 1 kg benötigt eine Garzeit von ungefähr 3 Stunden. Kalbs-, Lamm- und Schweinezunge sind nach etwa 45 Minuten gar.

Nährwerte

	Rinderzunge	*Schweinezunge*	*Kalbszunge*
Kalorien	209	198	128
Cholesterin	108 mg	69,1 mg	140 mg
Fett	15,9 g	15,7 g	6,2 g
Eiweiß	16 g	13,7 g	17,1 g
			je 100 g

Zunge ist reich an Vitamin B_{12} und Zink. Insbesondere Rinderzunge enthält sehr viel Eisen.

Einkaufstipp

Wegen des beim Garen entstehenden Flüssigkeitsverlustes muss man für 100 g gegarte Zunge etwa 130 g rohe Zunge rechnen.

Serviervorschläge

Gekocht und in Scheiben geschnitten schmeckt Zunge sehr gut in Begleitung einer würzigen Béchamel-Sahne-Sauce. Kalt serviert schmeckt Zunge mit Senf oder mit einer Vinaigrette. In feine Streifen geschnitten ist sie außerdem eine beliebte Zutat in pikanten Salaten.

Aufbewahrung

Frische Zunge hält sich im Kühlschrank 1 bis 2 Tage, gepökelte frische Zunge 3 bis 4 Tage. Rohe Zunge kann gut verpackt bis zu 6 Monate, gegarte Zunge bis zu 3 Monate eingefroren werden.

Bries

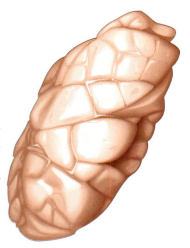

Bries nennt man die zweigeteilte weißliche Thymusdrüse von Kalb und Lamm, die am Brusteingang gleich unterhalb der Luftröhre liegt. Sie ist nur bei jungen Tieren zu finden, weil sie mit zunehmendem Alter schwindet. Vor allem Kalbsbries ist eine gefragte Delikatesse. Bries zählt zwar gesetzlich nicht zum BSE-Risikomaterial, birgt jedoch – wie alle Innereien von Rind und Kalb – ein erhöhtes Infektionsrisiko.

Einkaufstipp

Bries sollte prall sein, glänzen, angenehm riechen und cremigweiß bis leicht rosafarben sein.

Nährwerte

	Kalbsbries
Kalorien	99
Cholesterin	250 mg
Fett	3,4 g
Eiweiß	17,2 g
	je 100 g

Bries enthält sehr wenig Fett, dafür aber viel Eiweiß, Nikotinsäure, Phosphor und Zink. Außerdem ist Bries eines der wenigen tierischen Nahrungsmittel, das Vitamin C enthält.

Vorbereitung

Bries wird zuerst gewaschen und anschließend 2 bis 3 Stunden in leicht gesalzenes Wasser gelegt, wobei das Wasser hin und wieder gewechselt werden sollte. Vor dem Garen sollte es kurz in kochendem Wasser blanchiert werden, damit es etwas fester wird und sich leichter verarbeiten lässt, wobei man 2 bis 3 Minuten für Lammbries und 7 bis 10 Minuten für Kalbsbries rechnet. Nach dem Abkühlen entfernt man Haut, Venen und Knorpel, tupft das Bries trocken und bereitet es nach Belieben weiter zu.

Zubereitung

Blanchiertes Bries kann man grillen (6 bis 8 Minuten), sautieren (3 bis 5 Minuten), schmoren (30 bis 40 Minuten), dünsten (20 bis 30 Minuten) oder braten (3 bis 4 Minuten). Bei zu langer Garzeit wird es jedoch leicht trocken.

Aufbewahrung

Bries ist leicht verderblich und hält sich nur 1 bis 2 Tage im Kühlschrank. Blanchiertes rohes Bries ist auch zum Einfrieren geeignet.

Hirn

Kalbshirn

Früher wurde das Hirn von Schaf und Lamm besonders geschätzt. Heute zählt das Hirn von Schafen und Ziegen sowie von Rindern, die älter als 12 Monate sind, zum BSE-Risikomaterial und muss sofort nach dem Schlachten vernichtet werden.

Serviervorschläge

Hirn wird zuerst gekocht (15 Minuten für Kalbshirn), aufgeschnitten und anschließend sautiert (3 bis 4 Minuten) oder gebraten (2 bis 3 Minuten). Es schmeckt »pur« oder in Aufläufen, Fleischklößchen, Saucen, Füllungen und Suppen.

Vorbereitung

Hirn wird nach dem Waschen 30 Minuten in kaltes Salzwasser gelegt (2 Teelöffel Salz je 1 l Wasser), wobei das Wasser einmal erneuert werden sollte. Dann entfernt man vorsichtig die Außenhaut und blanchiert das Hirn 15 bis 18 Minuten in kochendem Salzwasser (½ Teelöffel Salz je 1 l Wasser) zusammen mit 1 bis 2 Teelöffel Essig oder Zitronensaft. Nach dem Abschrecken unter kaltem Wasser wird es trockengetupft und nach Belieben weiter zubereitet.

Hirn

Nährwerte

	Kalbshirn	*Lammhirn*
Kalorien	111	128
Cholesterin	2000 mg	2200 mg
Fett	7,6 g	9,1 g
Eiweiß	10,1 g	10,9 g
		je 100 g

Hirn enthält reichlich Vitamin B_{12} und Phosphor sowie sehr viel Cholesterin.

Aufbewahrung

Hirn verdirbt sehr leicht und kann nur 1 bis 2 Tage im Kühlschrank aufbewahrt werden. Wenn es nicht gleich verbraucht wird, sollte man es kurz in kochendem Salzwasser mit etwas Zitronensaft oder Essig blanchieren.

Einkaufstipp

Hirn sollte klar in der Farbe und prall sein, angenehm riechen und keine Flecken aufweisen. Beim Kauf von Kalbs- und Schweinehirn sollte man genau darauf achten, dass es von Tieren stammt, die nachweislich in Deutschland geboren und aufgezogen wurden. Hirn von Rindern, die älter als 12 Monate sind, sowie Hirn von Ziegen und Schafen darf nicht im Handel angeboten werden.

Niere

Kalbsniere

Während Schweine- und Schafsnieren aus einem einzigen Teil bestehen, setzen sich Kalbs- und Rindernieren aus mehreren Teilen zusammen. Besonders zart und aromatisch sind die Nieren junger Tiere wie Kälber, Färsen und Lämmer, wohingegen die Nieren von Schwein, Schaf und Rind einen strengen, bitteren Geschmack haben und recht zäh sind. Rinder- und Lammnieren sind dunkelbraun, Kalbsnieren hellbraun, und Schweinenieren haben eine rötlich braune Farbe. Wie alle Innereien von Rind und Kalb bergen auch Nieren ein erhöhtes BSE-Risiko.

Nährwerte

	Lammniere	*Rinderniere*	*Schweineniere*	*Kalbsniere*
Kalorien	93	116	96	128
Cholesterin	365 mg	350 mg	385 mg	380 mg
Fett	3,0 g	5,1 g	3,2 g	6,4 g
Eiweiß	16,5 g	16,6 g	16 g	16,7 g
				je 100 g

Nieren enthalten viel Eiweiß, Vitamin A (Rindernieren), Vitamin B_{12}, Vitamin B_2, Nikotinsäure, Folsäure (Lamm- und Rinderniere), Eisen, Phosphor und Zink. Sie sind relativ fettarm, enthalten jedoch sehr viel Cholesterin.

Einkaufstipp

Nieren sollten prall und fest sein, glänzen, eine intensive Farbe haben und nicht nach Ammoniak riechen.

Vorbereitung

Nach dem Entfernen der dünnen Haut an der Oberfläche werden die Nieren halbiert und Fett, Häutchen und Blutgefäße entfernt. Um den Ammoniakgeruch bei Rinder-, Schafs- und Schweinenieren zu entfernen, werden die Nieren vor dem Garen 1 bis 2 Stunden in Salzwasser gelegt. Anschließend werden sie nochmals gründlich gewaschen, trockengetupft und nach Belieben zubereitet.

Niere

Aufbewahrung

Nieren sollten nicht länger als 1 Tag im Kühlschrank aufbewahrt werden. Sie sind roh und gegart auch zum Einfrieren geeignet, wobei rohe Nieren gleich nach dem Auftauen zubereitet werden sollten, da sich ihre Konsistenz sonst zu sehr verändert.

Serviervorschläge

Nieren passen sehr gut zu Tomaten und Pilzen und harmonieren gut mit Senf, Zitronensaft, Sahne, Rot- und Weißwein, Madeira und Sherry.

Zubereitung

Zarte Nieren werden meist gegrillt, sautiert oder gebraten, weniger zarte Nieren sind dagegen eher zum Schmoren geeignet. Bei zu langer Garzeit werden sie gummiartig zäh und sollten deshalb gerade so lange gegart werden, bis sie innen nicht mehr rot sind.

Kutteln

Kutteln, auch als Kaldaunen oder Gekröse bezeichnet, nennt man den Magen von Wiederkäuern (Rind, Hammel und Kalb), der sich aus Pansen, Netzmagen, Blättermagen und Labmagen zusammensetzt. Am besten schmecken Kalbskutteln, die vor allem in der Schweiz und in Süddeutschland beliebt sind. Jedoch wird auch hier im Hinblick auf BSE zu Vorsicht geraten.

Einkaufstipp

Kutteln werden gewöhnlich vorgekocht angeboten. Sie sollten weiß oder cremefarben sein, wobei die Farbe vom Geschlecht des Tiers abhängt, und angenehm riechen.

Nährwerte

	Kalbskutteln
Kalorien	134
Cholesterin	95 mg
Fett	8,3 g
Eiweiß	14,8 g
	je 100 g

Kutteln enthalten viel Vitamin B_{12} und Zink.

Zubereitung

Vorgekochte Kutteln werden meist in feine Streifen geschnitten, kurz angebraten und dann in Flüssigkeit geschmort, wobei die Garzeit etwa 45 Minuten beträgt. Werden sie nicht lange genug gegart, bleiben sie zäh.

Vorbereitung

Da Kutteln bereits vorgekocht sind, müssen sie lediglich unter fließendem kalten Wasser gewaschen werden. Anschließend werden sie meistens in feine Streifen geschnitten, da die Garzeit sonst viele Stunden dauern würde.

Serviervorschläge

Kutteln werden häufig in einer Sauce aus Fleischbrühe, Gemüse (beispielsweise Tomaten), Sahne, Kräutern und Gewürzen wie Thymian oder Petersilie gegart und zu Kartoffeln serviert.

Aufbewahrung

Vorgekochte Kutteln können im Kühlschrank 1 bis 2 Tage aufbewahrt werden. Sie sind auch zum Einfrieren geeignet, sollten aber nach spätestens 3 bis 4 Monaten verbraucht werden.

Fleisch- erzeugnisse

Einführung

Fleisch- und Wurstwaren wurden früher meist aus Schweinefleisch und Innereien hergestellt, heute finden dagegen auch das Fleisch und die Organe anderer Tiere Verwendung. Ursprünglich dienten Fleisch- und Wursterzeugnisse dazu, auch die weniger gefragten Teile des Schweins zu verwerten, inbesondere Gedärme, Kopf, Gurgel und Speiseröhre. Schon in der Römerzeit wurden diese Fleischteile durch das römische *lex porcella*, das festlegte, wie Schweine gehalten und geschlachtet werden mussten und wie das Fleisch zu verwerten war, nach genauen Vorschriften zubereitet.

Seit dieser Zeit gehört das Schwein zu den wichtigsten Fleischlieferanten. Vor allem in Ländern mit langen, strengen Wintern, welche die Weidezeit sehr einschränkten, wurden die Schweine im Spätherbst geschlachtet und zu Speck, Sülze, Fleisch- und Leberpasteten, Schmalz, Schinken und Wurst verarbeitet, die als wesentlicher Bestandteil der Ernährung über den Winter halfen. Jahrhundertelang galten diese Fleisch- und Wurstwaren als eher minderwertig und wurden nur von der ländlichen Bevölkerung verwendet, doch Anfang des 19. Jahrhunderts nahm ihr Ansehen durch zunehmende Verfeinerung so weit zu, dass sie auch in der gehobenen Küche immer gefragter wurden.

Heute werden neben dem Schwein längst auch andere Nutztiere wie Rind, Kalb, Geflügel und Wild für zahlreiche Wurst- und Fleischzubereitungen verwendet. Vielfach wurde Rindfleisch aus Geschmacksgründen in Wurst verarbeitet. Seit der BSE-Krise wird jedoch wieder zunehmend Wurst ohne Rindfleisch hergestellt. Wer sicher gehen will, was in der Wurst steckt, fragt seinen Metzger oder den Hersteller (bei abgepackter Wurst).

Die Rezepturen für Wurst sind so vielfältig, wie es Länder und Regionen gibt. Das zunehmende Bewusstsein für eine gesündere Ernährung hat in den letzten Jahren dazu beigetragen, dass immer mehr Wursterzeugnisse mit niedrigerem Fettgehalt auf den Markt kommen. Konservierungsstoffe, Geschmacksverstärker und andere Zusätze unterliegen immer strengeren gesetzlichen Auflagen zum Schutze des Verbrauchers.

Serviervorschläge

Fleisch- und Wursterzeugnisse werden – ob warm oder kalt – auf verschiedenste Art zubereitet, wobei jedes Land und jede Region eigene traditionelle und moderne Rezepte besitzt.

Aufbewahrung

 Fleisch- und Wursterzeugnisse werden am besten gut verpackt im Kühlschrank aufbewahrt, damit sie nicht austrocknen oder Fremdgerüche annehmen. Damit sich ihr Aroma voll entfalten kann, sollten sie 15 Minuten vor dem Servieren aus dem Kühlschrank genommen werden.

Fleisch- und Wursterzeugnisse können gut verpackt auch tiefgefroren werden, wobei sehr fetthaltige Erzeugnisse weniger lange haltbar sind als eher magere Fleisch- und Wurstwaren.

Nährwerte

Fleisch- und Wursterzeugnisse liefern, in Maßen genossen – möglichst nicht öfter als zwei- bis dreimal in der Woche – dem menschlichen Organismus das für die Erhaltung der Gesundheit notwendige tierische Eiweiß, das jedoch immer von pflanzlichem Eiweiß ergänzt werden sollte. Da insbesondere Wurst häufig sehr fettreich ist, mittlerweile aber immer mehr fettärmere Sorten angeboten werden, ist es ratsam, sich im Hinblick auf den generell zu hohen Fettverbrauch möglichst auf fettreduzierte Sorten zu beschränken.

Schinken

Schinken wird aus Schweinefleisch hergestellt. Im römischen Kaiserreich wurde er hoch geschätzt, blieb jedoch als Rarität vor allem der kaiserlichen Tafel vorbehalten. Erst im Mittelalter, als wesentlich mehr Schweinefleisch zur Verfügung stand, fand der Schinken weite Verbreitung und wurde von da an auf vielerlei Weise hergestellt und zubereitet.

Der beste Schinken stammt aus der Keule (althochdeutsch *scinco* = »Schenkel«) und wird als Hinterschinken bezeichnet. Vorderschinken wird aus dem Fleisch der Schweineschulter hergestellt und ist nicht so zart und aromatisch wie Hinterschinken. Schinken, die aus kleineren Muskelfleischstücken zusammengefügt sind, müssen als Formschinken mit dem zusätzlichen Hinweis »aus Fleischstücken zusammengefügt« gekennzeichnet werden.

Gekochter Schinken wird gekocht und gepökelt und teilweise zusätzlich noch geräuchert, während roher Schinken gar nicht vorbehandelt oder nur geräuchert und teilweise getrocknet wird.

Gekochter Schinken wurde früher in Salzlake gepökelt, während er heute meist mit Salzlake gespritzt wird. Anschließend kommen die Fleischstücke zur besseren Farb- und Aromabildung etwa 1 bis 2 Tage in eine Lake. Danach wird der gekochte Schinken manchmal noch geräuchert, wobei eine Kerntemperatur von etwa 70 °C erreicht werden muss, damit mögliche Trichinen und andere Krankheitserreger zerstört werden. Gekochter Schinken wird auch als Konserve angeboten.

Roher geräucherter/getrockneter Schinken zählt zur Gruppe der rohen Pökelfleischerzeugnisse. Die Haltbarmachung erfolgt durch Salzen, indem das Fleisch mehrfach mit Salz eingerieben wird, und anschließendes Pökeln, Trocknen und eventuell Räuchern. Zu den berühmtesten Sorten gehören westfälischer Schinken, Schwarzwälder Schinken und Parmaschinken.

Durch moderne Einsalz- und Räuchermethoden ist es möglich geworden, einen Schinken in nur 3 bis 4 Tagen herzustellen. Während das Fleisch in der traditionellen Herstellung mehrere Wochen in Salzlake gelegt und anschließend in Räucherkammern geräuchert wird, wird es bei der industriellen Herstellung zuerst mit einer Mischung aus Wasser, Zucker (Dextrose, Saccharose, Walnusssirup etc.), Salz, Natriumphosphat und Natriumnitrit gespritzt. Dabei dient das Salz als Konservierungsstoff und Geschmacksverstärker, der Zucker verleiht dem Schinken eine etwas süße Note und sorgt dafür, dass die Fleischoberfläche karamellisiert, und das Natriumphosphat fördert die Aufnahme der Lake in das Fleisch, sodass der Schinken zarter wird. Das Natriumnitrit schließlich verursacht die rosarote Farbe, hemmt die Entwicklung von Bakterien (zum Beispiel *Clostridium botulinum*), die eine Nahrungsmittelvergiftung verursachen können, und wirkt als Geschmacksverstärker. Sein Einsatz ist jedoch umstritten, da zu viel Nitrit im Körper den Sauerstofftransport des Blutes beeinträchtigen kann, was im Extremfall zu einer Gefäßerweiterung, dann zu einem Blutdruckabfall bis hin zum Kreislaufkollaps führen kann. Außerdem können aus Nitrit und Aminen unter gewissen Umständen Krebs erregende Nitrosamine entstehen.

Im Anschluss an die Injektion wird der Schinken gekocht oder geräuchert, entweder auf natürliche Weise oder mittels Flüssigrauch, der in der Räucherkammer verdampft. Zuletzt wird er abgekühlt und kühl gelagert.

Schinken

Vorbereitung

Schinken verliert seinen salzigen Geschmack, indem man ihn über Nacht in Wasser einlegt; für kleinere oder weniger salzige Schinken genügen einige Stunden.

Nährwerte

	Schinken (ohne Fettrand)
Kalorien	145
Cholesterin	85 mg
Fett	2,9 g
Eiweiß	29,7 g
	je 100 g

Schinken ist meistens sehr salzig (zwischen 1 und 1,5 g Natrium je 100 g); roher Schinken enthält mehr Fett als gekochter Schinken.

Zubereitung

Schinken kann man braten, grillen, schmoren oder kochen. Wird Schinken im Ofen gebraten oder gegrillt, gart man ihn am besten offen bei 160 °C (Umluft 140 °C, Gas Stufe 1–2). Vorgegarter Schinken ist fertig bei einer Kerntemperatur von 55 °C, während roher Schinken erst bei einer Kerntemperatur von 67 °C herausgenommen werden sollte. Nach dem Garen ist es ratsam, den Schinken noch etwa 10 Minuten im Backofen ruhen zu lassen, damit der Fleischsaft sich besser im Schinken sammelt.

Serviervorschläge

Schinken schmeckt kalt oder warm. Er kann als Hauptgang serviert werden, wie zum Beispiel als Beilage zu Spargel, oder als geschmacksgebende Zutat für Gerichte wie Quiches, Omelettes, Fleischklößchen, Gratins, Pasteten, gemischte Salate, Kanapees, Terrinen, Aspikgerichte, Cremes und Füllungen verarbeitet werden. Die Schinkenknochen werden häufig als Würze in Suppen mitgekocht.

Aufbewahrung

Schinken hält sich im Kühlschrank etwa 1 Woche. Man kann ihn zwar 1 bis 2 Monate einfrieren, doch dadurch verliert er sein Aroma und lässt sich nicht mehr so gut in Scheiben schneiden.

ROHER SCHINKEN	Gewicht in kg	Garzeit in Stunden (160 °C)
Mit Knochen		
Ganzer Schinken	4–5	3 ½
Oberschenkel	2,5–5	3–3 ½
Ohne Knochen		
Ganzer Schinken	5–6	3 ½–4
Halber Schinken	2,5–5	2 ½–3 ½
Schulter	2–3	2 ½–3
	3–4	3–4

Westfälischer Schinken

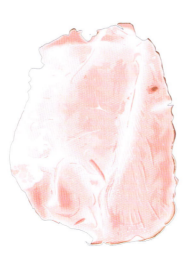

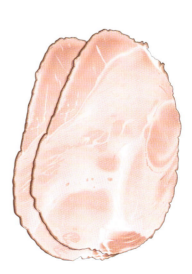

Putenschinken   **gekochter Hinterschinken**   **gekochter Vorderschinken**   **Parmaschinken**

Frühstücksspeck

Bacon oder Frühstücksspeck

Frühstücksspeck, Bacon oder durchwachsener Speck ist gepökelter und zumeist geräucherter Schweinebauch. Er wird normalerweise dünn aufgeschnitten und ist zum Rohverzehr, zum Braten oder als Zutat zu anderen Gerichten geeignet.

Serviervorschläge

Speck passt sehr gut zu Eiern und ist deshalb die ideale Beilage oder Zutat zu Spiegelei, Rührei, Omelettes oder Quiches. Außerdem wird er häufig zu Pfannkuchen serviert oder klein gewürfelt und ausgebraten zum Würzen von Salaten und Salatsaucen verwendet.

Aufbewahrung

Vakuumverpackter Speck kann im Kühlschrank bis zum Ablauf des angegebenen Haltbarkeitsdatums aufbewahrt werden. Bei angebrochener Packung bleibt Speck im Kühlschrank etwa 1 Woche frisch. Eingefroren hält er sich 1 bis 2 Monate, büßt dabei jedoch etwas von seinem Aroma ein.

Zubereitung

Speck schmeckt in der Pfanne ohne zusätzliches Fett gebraten am besten. Bei niedriger Hitze benötigt er je nach Größe etwa 10 Minuten. Dabei sollte man jedoch hin und wieder das austretende Fett abgießen, da durch Fett und Hitze bei hohen Temperaturen die Bildung von Nitrosaminen gefördert wird.

Nährwerte

Kalorien	621
Cholesterin	90 mg
Fett	65 g
Eiweiß	9,1 g
	je 100 g

Speck enthält sehr viel Natrium (etwa 0,6 g pro 100 g Speck) sowie den Zusatzstoff Natriumnitrit, dessen Anwendung umstritten ist, da daraus Krebs erregende Nitrosamine entstehen können. Wer sich salzarm ernähren muss, sollte bei stark gesalzenen Fleischwaren zurückhaltend sein. Generell gilt beim Verzehr von fetthaltigen Wurst- und Fleischwaren der Grundsatz »weniger ist mehr«. Vor allem Menschen, die zu erhöhten Cholesterin- und Blutfettwerten neigen, sollten Frühstücksspeck als willkommene würzende Zutat, jedoch nicht als den Hauptbestandteil einer Mahlzeit betrachten.

Pancetta

Kasseler

Wurst

Frankfurter Würstchen

Die ersten Würste wurden schon im Altertum von Griechen und Römern hergestellt. Heute gibt es eine nahezu unendliche Auswahl an Würsten, von denen allein in Deutschland etwa 1500 verschiedene Sorten produziert werden. Die zahlreichen Methoden der Wurstzubereitung sind von Land zu Land verschieden. Sie bestimmen Aussehen und Zusammensetzung und somit auch Geschmack und Nährwert der jeweiligen Wurst.

Wurst besteht im Wesentlichen aus Fleisch, Gewürzen, Salz und Wasser oder Milch sowie Konservierungsstoffen wie Natriumnitrit. Das für die Wurstherstellung verwendete Fleisch stammt vom Schwein, aber auch von Rind, Kalb und Geflügel. Die Rezepturen für handwerklich hergestellte Wurst sind in Deutschland in den »Leitsätzen für Fleisch und Fleischerzeugnisse« festgelegt, die jedoch keinen Gesetzescharakter haben. In den Leitsätzen ist unter anderem definiert, dass für die meisten Würste (Kochwürste, Bratwürste, viele Brühwürste wie Lyoner, Schinken-, Jagd- und Gelbwurst) reines Schweinefleisch verwendet wird. In Verruf geraten ist Wurst deshalb, weil offensichtlich von einigen Wurstbetrieben diese Leitsätze nicht eingehalten wurden. So wurden bespielsweise Separatorenfleisch – Fleischreste, die maschinell von den Knochen abgelöst werden – und Hirnbestandteile in Würsten nachgewiesen. Dieses Material wird in kleinen Betrieben des Fleischerhandwerks seit jeher nicht für die Wurstherstellung verwendet. Problematisch ist auch, dass nicht alles, was tatsächlich in der Wurst steckt, auf dem Etikett stehen muss. So ist zwar die Verwendung von Rindfleisch aufzuführen, jedoch nicht die anderer Rinderbestandteile (zum Beispiel Kollagen von Rindern). Wichtig: Wenn eine Wurst als »Geflügelwurst« bezeichnet wird, dürfen auch andere Fleischsorten enthalten sein. Wenn die Wurst jedoch »reine Geflügelwurst« genannt wird, dürfen nur Geflügelfleisch und andere Geflügelbestandteile enthalten sein. Fazit: Das, was in der Wurst steckt, erfährt man nur beim Metzger seines Vertrauens oder durch Anfragen beim Hersteller.

Brühwürste

Brühwürste zählen bei weitem zu den beliebtesten Würsten. Dazu gehören beispielsweise Wiener und Frankfurter Würstchen, Fleischwurst, Bockwurst, Regensburger, Lyoner, Bierschinken, Krakauer oder Jagdwurst. Auch die Münchner Weißwurst, Leberkäse und Mortadella sind Brühwürste.

Bei der Herstellung von Brühwurst werden mageres, sehnenhaltiges rohes Schweinefleisch und eventuell Rindfleisch sowie Fettgewebe mit Wasser und Salz oder Nitritpökelsalz, Gewürzen und Speck fein oder grob zerkleinert. Dabei tritt Fleischeiweiß aus, das in Verbindung mit Wasser eine zähe Masse ergibt. Diese wird in Hüllen abgefüllt und erhitzt, wodurch sich das Eiweiß verfestigt. Manche Würste werden außerdem während des Erhitzungsprozesses noch geräuchert. Seit der BSE-Krise verwenden viele Metzger ausschließlich Schweinefleisch für Brühwürste.

Brühwürste wie Würstchen oder Fleischwurst bestehen zu etwa 50 % aus Fleisch, zu 25 % aus Fettgewebe und zu 25 % aus Wasser. Ihr Fettgehalt beträgt 15 bis 30 % und liegt in der Regel bei 25 %. Brühwürste wie Bierschinken enthalten zusätzlich noch grobe Fleischstücke, sodass ihr Fleischanteil höher, der Fettgehalt entsprechend niedriger liegt (Bierschinken enthält beispielsweise 13 % Fett). Weiße oder weißlich graue Brühwürste wie Gelbwurst oder Weißwurst enthalten im Gegensatz zu vielen anderen Brühwürsten kein Nitritpökelsalz, das die Wurst rosa färbt und sie länger haltbar macht, sondern reines Kochsalz. Brühwürste wie Krakauer oder Bierwurst werden nicht nur als Frischwurst, sondern getrocknet und kalt geräuchert auch als Dauerwurst angeboten.

Kochwürste

Kochwürste bestehen im Wesentlichen aus vorgekochtem Fleisch, Fettgewebe, Salz und Gewürzen sowie bei manchen Sorten aus Innereien, Schwarten, Speck und Blut. Zu den bekanntesten Kochwürsten gehören die grobe und feine Leberwurst, Blutwürste (Rotwurst) und Sülzwürste wie Presssack. Im Gegensatz zu Brühwürsten bleiben Kochwürste beim Erhitzen nicht fest und werden deshalb vor allem als Brotaufstrich verwendet.

Bei der Herstellung von Leberwurst wird das vorgekochte Fleisch – meistens wird Schweinefleisch verwendet – zusammen mit dem ebenfalls gekochten Fettgewebe noch heiß zerkleinert und mit Salz, Gewürzen sowie mit klein geschnittener roher Leber und – bei grober Leberwurst – noch mit gröberen Fleischstücken vermischt. Diese Masse wird in natürliche oder künstliche Därme gefüllt und nochmals auf 75 bis 80 °C erhitzt. Leberwurst enthält zwischen 30 und 40 % Fett.

Blutwürste bestehen aus vorgekochten, zerkleinerten Fleischstücken, Innereien und Schwarten, die mit rohem Blut (10 bis 25 %), Salz und Gewürzen vermischt werden. Außerdem enthalten sie je nach Sorte noch Speck, Zungenfleisch und Fett- oder Fleischwürfel. Diese Masse wird ebenfalls in Därme oder Hüllen abgefüllt und erhitzt.

Sülzwürste bestehen aus vorgekochtem Schweinefleisch, das je nach Qualitätsstufe mager, mittelfett oder fettreich ist, und je nach Sorte Einlagen aus Schweine-, Kalb-, Rind- oder Geflügelfleisch sowie Schwarten-, Brät- oder Leberstücke enthält. Bei sehr mageren Sülzwurstsorten beträgt der Fettanteil nicht mehr als 1 %.

Rohwürste

Rohwürste bestehen aus zerkleinertem rohem Fleisch, Fettgewebe, Gewürzen, Zucker, Salz oder Nitritpökelsalz und weiteren Zutaten wie etwa Speck oder Zwiebeln. Zu den Rohwürsten zählen schnittfeste Würste wie Salami, Cervelatwurst, luftgetrocknete Mettwurst, Polnische, Katenwurst, Plockwurst oder Landjäger sowie die streichfähige Teewurst oder die Streichmettwurst.

Bei der Herstellung von Rohwurst werden die Zutaten gemischt, in luftdurchlässige Naturdärme gefüllt und anschließend an der Luft getrocknet und/oder geräuchert. Während des Trocknungsprozesses wird der Zucker in Milchsäurebakterien umgewandelt, sodass die Wurst auch ohne Kühlung lange haltbar ist. Bei manchen Sorten wird der Fermentierungsprozess außerdem durch Zugabe von Schimmelpilzen bewirkt. In Deutschland werden Rohwürste vor allem geräuchert und weniger getrocknet und sind deshalb weicher und saftiger als die eher harten, luftgetrockneten italienischen Rohwurstsorten wie etwa die Salami. Teewurst oder Streichmettwurst haben eine kürzere Trocknungszeit und bleiben deshalb weich und streichfähig. Allerdings sind sie auch weniger lange haltbar als etwa Cervelatwurst. Rohwürste haben einen durchschnittlichen Fettgehalt von 40 % und sind damit äußerst kalorienreich.

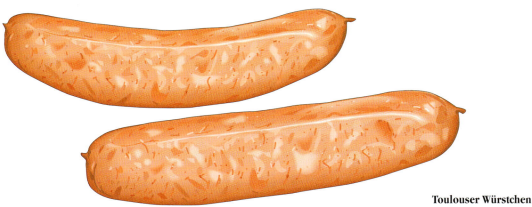

Toulouser Würstchen

Wurst

Serviervorschläge

Brühwürste werden in heißem Wasser erhitzt und zu Senf oder Ketchup serviert. Sie schmecken in Suppen und Eintöpfen oder im Wurstsalat. Koch- und Rohwürste werden meist als Aufschnitt für die kalte Platte oder als Brotbelag verwendet. Viele Würste eignen sich außerdem hervorragend zum Braten in der Pfanne und zum Grillen.

Einkaufstipp

Da Wurst unterschiedliche Zutaten in verschiedenen Anteilen enthält, ist es ratsam, die Zutatenliste bei abgepackter Wurst genau zu überprüfen bzw. den Metzger zu fragen. Wichtig: Rindfleisch muss in der Zutatenliste aufgeführt sein, jedoch zum Beispiel nicht die Verwendung von (Rinder)Kollagen, das Eiweiß, das die Wurst bindet. Brühwurst darf keine grünlichen oder grauen Schnittstellen aufweisen. Faltige Haut zeigt an, dass die Wurst zu lange oder zu trocken gelagert wurde. Rohwürste mit einem grauen Rand wurden zu kühl oder zu hell aufbewahrt. Kochwürste müssen ausreichend schnittfest sein.

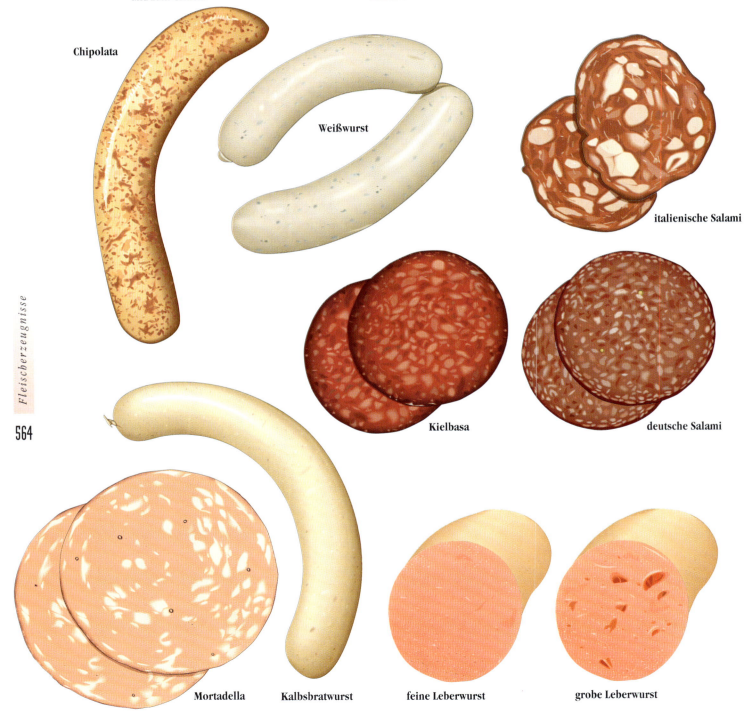

Chipolata · Weißwurst · italienische Salami · Kielbasa · deutsche Salami · Mortadella · Kalbsbratwurst · feine Leberwurst · grobe Leberwurst

Nährwerte

	Rohwurst (deutsche Salami)	*Brühwurst (Bierschinken)*	*Kochwurst (feine Leberwurst)*
Kalorien	371	169	257
Cholesterin	85 mg	85 mg	85 mg
Fett	33 g	11,4 g	21 g
Eiweiß	18,5 g	16,6 g	17 g
Natrium	2 g	0,75 g	0,4 g
Kalzium	35 mg	15 mg	9 mg
			je 100 g

Der Nährwert von Wurst variiert je nach Sorte und Zutaten sehr stark. Insbesondere Roh- und fette Kochwürste sind häufig sehr fetthaltig und damit sehr kalorienreich. Ein häufiger Zusatzstoff in Wurstwaren ist Pökelsalz (Natriumnitrit), das für die typische rosarote Farbe verantwortlich ist, als Geschmacksverstärker wirkt und die Entwicklung von Bakterien wie *Clostridium botulinum* hemmt. Durch falsche Zubereitung wie unsachgemäßes Grillen kann sich dieses Natriumnitrit in kanzerogene Nitrosamine umwandeln.

Aufbewahrung

Brühwurst wie Wiener oder Bierschinken ist gut verpackt im Kühlschrank 3 bis 4 Tage haltbar, sollte angeschnitten jedoch möglichst bald verbraucht werden. Sie kann 2 bis 3 Monate eingefroren werden. Kochwurst wird gleichfalls im Kühlschrank aufbewahrt und sollte nach spätestens 4 Tagen verbraucht werden. Leber- und Blutwurst können bis zu 1 Monat tiefgefroren werden. Sülzwurst ist nicht zum Einfrieren geeignet. Luftgetrocknete Rohwurst wie Salami kann im Ganzen bis zu 6 Monate kühl und trocken außerhalb des Kühlschranks, jedoch nicht bei Zimmertemperatur aufbewahrt werden. Angeschnitten muss sie im Kühlschrank gelagert und innerhalb von 3 bis 5 Tagen verbraucht werden. Tiefgefroren hält sie sich höchstens 2 Monate.

chinesische Würstchen

Debreciner

Merguez-Würstchen

Chorizo

Andouille

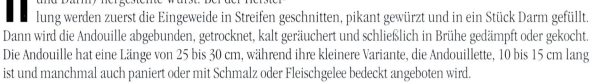
Andouillette

Andouille, eine französische Spezialität, ist eine aus Schweins- oder Kalbsgekröse (Magen, Netz und Darm) hergestellte Wurst. Bei der Herstellung werden zuerst die Eingeweide in Streifen geschnitten, pikant gewürzt und in ein Stück Darm gefüllt. Dann wird die Andouille abgebunden, getrocknet, kalt geräuchert und schließlich in Brühe gedämpft oder gekocht. Die Andouille hat eine Länge von 25 bis 30 cm, während ihre kleinere Variante, die Andouillette, 10 bis 15 cm lang ist und manchmal auch paniert oder mit Schmalz oder Fleischgelee bedeckt angeboten wird.

Nährwerte

Kalorien	303
Cholesterin	143 mg
Fett	29 g
Eiweiß	10 g
	je 100 g

Andouille enthält sehr viel Fett.

Aufbewahrung

 Andouille und Andouillette können im Kühlschrank 3 bis 4 Tage aufbewahrt werden.

Serviervorschläge

Dünn aufgeschnitten wird Andouille normalerweise kalt als Appetithäppchen gereicht, während Andouillettes gebraten oder in der Pfanne geröstet und traditionellerweise mit Senf serviert werden. Dazu passen gut Kidneybohnen, Linsen, Sauerkraut oder Rotkohl sowie Pommes frites.

Rilletten

Rilletten sind ein französischer Brotaufstrich, der aus schmalzgebackenem durchgedrehtem Fleisch hergestellt und mit einer Fettschicht aus Schmalz, Gänsefett oder anderem Fett überzogen wird. Meist werden Rilletten aus Schweine- oder Gänsefleisch zubereitet, sie können aber auch aus Kaninchen, Truthahn, Huhn, Ente, Kalb oder Fisch bestehen.

Nährwerte

	Rindfleisch, Huhn, Truthahn
Kalorien	280
Fett	19 g
Eiweiß	16 g
	je 100 g

Serviervorschläge

Rilletten werden kalt auf Kanapees, Sandwiches oder Toastbrot gegessen.

Aufbewahrung

 Originalverpackt können Rilletten einige Wochen im Kühlschrank aufbewahrt werden. Angeschnitten sollte man sie ebenfalls im Kühlschrank lagern und innerhalb weniger Tage verbrauchen.

Gänseleber

Gänseleberpastete

Diese in Frankreich *foie gras* (wörtlich: «fette Leber») genannte Pastete wird aus der Leber von extra zu diesem Zweck gemästeten Enten oder Gänsen zubereitet, das heißt, die Leber wird mit Hilfe bestimmter Techniken künstlich vergrößert (Stopfleber). Sorgfältig zubereitet und gekocht, gilt sie unter Kennern als Delikatesse. Die echte *foie gras* sollte mindestens zu 20% aus Stopfleber von Gans oder Ente bestehen. Wird die Leber oder das Fleisch anderer Tiere untergemischt, muss dies durch die Bezeichnung »pâté« oder »terrine« gekennzeichnet sein.

Das Stopfen von Gänsen und Enten ist eine seit dem Altertum bekannte Praxis. Die Ägypter beobachteten bereits, dass Wildgänse sich durch das Fressen großer Futtermengen auf ihren Wanderflug vorbereiteten und die zusätzliche Energie in Form von Fettvorräten in der Leber anlegten. Die Griechen stopften die Gänse mit einer Mischung aus zerstoßenen Körnern und Wasser, während die Römer dazu Feigen verwendeten. Gänse und Enten werden heute meist auf grausame Weise mit einer Mischung aus Körnern, Schmalz, Bohnen und Salz gestopft, bis die Stopfleber bei Gänsen zwischen 850 und 1100 g und bei Enten zwischen 350 und 500 g wiegt. Um dieses Ergebnis zu erzielen, werden verschiedene Methoden angewandt: In Frankreich wird das Füttern mittels Futterrohren immer beliebter, während bei einem anderen Verfahren eine künstliche Bulimie erzeugt wird, indem die Tiere ihrer Fähigkeit beraubt werden, Hunger oder Sättigung zu empfinden, was das Stopfen und Mästen erleichtert. Viele Menschen verurteilen mittlerweile diese Form des Mästens als Tierquälerei, die deshalb in Deutschland auch nicht erlaubt ist.

Serviervorschläge

Gänseleberpastete wird tischfertig angeboten. Man sollte sie 1 Tag vor dem Verzehr in den Kühlschrank stellen und den Behälter 1 Stunde vor dem Servieren öffnen, ihn jedoch im Kühlschrank belassen. Gänseleberpastete lässt sich am besten mit einem in heißes Wasser getauchten Messer in Scheiben schneiden. Anschließend wird sie »pur« oder auf Toastbrot gegessen.

Zubereitung

Ungekochte *foie gras* in Scheiben schneiden und nicht länger als 30 Sekunden in wenig Butter schwenken; danach den Fond in der Pfanne mit Cognac oder Madeira ablöschen.

Nährwerte

	Foie-gras-Pastete
Kalorien	462
Fett	44 g
Eiweiß	11 g
	je 100 g

Der Nährwert von *foie gras* und verwandten Produkten hängt von den verwendeten Zutaten ab, zu denen natürlich gemästete Leber von Schweinen, Kälbern oder Truthähnen gehören können, aber auch anderes Fleisch, Fett, Gewürze, Trüffeln, Alkohol, Zucker, Eiklar und verschiedene andere Zusätze. Da die meisten Zutaten sehr fett- und kalorienreich sind, sollte man Gänseleberpastete nur in Maßen zu sich nehmen.

Aufbewahrung

Gänseleberpastete verdirbt leicht und hält sich geöffnet im Kühlschrank höchstens 3 bis 4 Tage. Sie sollte nach Gebrauch immer wieder sorgfältig verpackt werden, damit sie nicht austrocknet oder Fremdgerüche annimmt.

Fleischerzeugnisse

Blutwurst

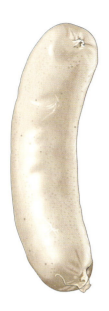

Blutwürste enthalten einen unterschiedlich hohen Anteil an Blut (10 bis 25%), das zusammen mit zerkleinerten Schwarten, Fleisch und Innereien – in der Regel vom Schwein – gekocht und gewürzt wird. Man nimmt an, dass die Blutwurst eines der ersten von Menschen zubereiteten Lebensmittel war, da sie bereits in 5000 Jahre alten Texten erwähnt wird. Es gibt zahllose Möglichkeiten der Blutwurstzubereitung, weil das Verhältnis von Blut und Wurst beliebig verändert werden kann und außerdem unterschiedlichste Zutaten wie Zwiebeln, Spinat, Rosinen, Äpfel, Pflaumen, Kastanien, Milch, Sahne, Brandy, Grieß, Weißbrot, Haferflocken, Gewürze oder Kräuter verwendet werden. Diese Mischung wird in Naturdarm gefüllt und dann gedünstet. Heute unterscheidet man zwischen Blutwurst und Wurst aus weißem Fleisch, die eine neuere Variante darstellt. Sie wurde im Mittelalter von einem Pariser Metzger erfunden, der sich den Weihnachtsbrauch, nach der Mitternachtsmesse Haferschleim mit Milch zu essen, zunutze machte, indem er dem Haferschleim noch Eier, weißes Fleisch, Schweinefett und Gewürze zufügte und die Mischung in ein Stück Naturdarm füllte. Diese Wurst, die noch immer als Pariser Wurst bezeichnet wird, ist vor allem zur Weihnachtszeit erhältlich.

Nährwerte

Kalorien	424
Cholesterin	60 mg
Fett	38,5 g
Eiweiß	13,3 g
	je 100 g

Blutwurst enthält viel Eisen und Vitamin B_{12}, aber auch sehr viel Natrium (etwa 700 mg je 100 g).

Serviervorschläge

 Blutwurst ist nicht nur ein herzhafter Brotbelag, sondern kann auch in Scheiben geschnitten etwa 10 Minuten gebraten, gedünstet oder gegrillt werden. Dazu schmecken Äpfel oder Kartoffelbrei. Weiße Blutwurst wird meist bei schwacher Hitze gebraten, gedünstet, gebacken oder in Alufolie gegart.

Aufbewahrung

Blutwurst hält sich im Kühlschrank 3 bis 4 Tage. Da sie sehr schnell verdirbt, sollte sie möglichst rasch verbraucht werden.

Geflügel

Einführung

Der Begriff »Geflügel« umfasst alle Haustiervögel, zu denen Huhn (Hähnchen, Suppenhuhn, Poularde/Kapaun), Ente, Gans, Truthahn (Puter/Pute), Taube, Perlhuhn und Wachtel zählen. Manche Geflügelarten werden nicht nur wegen ihres Fleisches, sondern auch für andere Zwecke gezüchtet: Enten und Gänse wegen ihrer Leber – aus der Gänseleber wird die *Foie gras* hergestellt – und das Huhn natürlich wegen seiner Eier. Huhn ist mit Abstand die beliebteste Geflügelart, da die Haltungskosten gering sind und sein wohlschmeckendes Fleisch sich auf vielerlei Weise zubereiten lässt; dann folgen Truthahn, Ente und Gans. Wesentlich teurer sind dagegen Taube, Perlhuhn und Wachtel, deren Fleisch als besondere kulinarische Köstlichkeit gilt.

Geflügelfleisch ist sehr vielseitig verwendbar, liefert reichlich Eiweiß und ist im Vergleich zu rotem Fleisch um einiges magerer. Aus diesen Gründen ist der Verbrauch von Geflügel in den letzten Jahren erheblich angestiegen, wozu nicht zuletzt auch die Skandale um BSE und Schweinepest beigetragen haben. Eine Infektion mit dem BSE-Erreger konnte bei Geflügel bislang noch nicht nachgewiesen werden. Allerdings ist Geflügelfleisch salmonellengefährdet wie kein anderes Fleisch, und eine Vergiftung mit dem *Salmonella*-Bakterium aufgrund unsachgemäßer Lagerung und Zubereitung von Geflügel kommt relativ häufig vor. Die Symptome einer Salmonellenvergiftung – Bauchschmerzen, Fieber, Durchfall, Erbrechen, Schüttelfrost und Kopfschmerzen – treten gewöhnlich 12 bis 24 Stunden nach dem Verzehr von befallenem Fleisch auf und dauern meistens 2 bis 3 Tage an. Vor allem für ältere Menschen und Kinder kann eine solche Erkrankung lebensbedrohlich sein. Salmonellen befinden sich häufig im Eingeweide des Geflügels und können beim Schlachten auch das Fleisch infizieren. In den meisten Fällen lässt sich eine Salmonelleninfektion jedoch ganz leicht vermeiden, indem man bei der Aufbewahrung bzw. beim Auftauen sowie bei der Vor- und Zubereitung einige Vorsichtsmaßnahmen beachtet.

Einkaufstipp

Die Fleischqualität von Geflügel hängt weitgehend vom Alter des Tieres sowie von seiner Aufzucht ab. Geflügel wird frisch oder gefroren sowie gegart als Konserve angeboten. Große Vögel wie Truthahn, Gans oder Ente sind auch in Teile zerlegt erhältlich, während kleinere Tiere wie Huhn, Hähnchen, Poularde, Suppenhuhn, Taube, Perlhuhn und Wachtel grundsätzlich im Ganzen verkauft werden. Geflügel wird außerdem ausgelöst in Form von Bruststücken, Keulen und Flügeln, bei Truthahn außerdem als Ober- und Unterkeule, Schnitzel und Filet angeboten. Auch die Innereien wie Leber und Magen sind separat erhältlich. Grundsätzlich gilt, dass ganze Vögel preiswerter sind als einzelne Teile und dass die Fleischmenge proportional umso ergiebiger ist, je größer und schwerer das Tier ist.

Frisches Geflügel sollte prall sein und eine elastische, feuchte, unverletzte Haut haben, die keine Federreste und trockene oder verfärbte Flecken aufweist. Gefrorenes Geflügel darf keine Anzeichen von Gefrierbrand aufweisen. Die Verpackung muss unbeschädigt sein und sollte nicht mit Frost überzogen sein; rosafarbenes Eis deutet darauf hin, dass das Geflügel bereits an- oder aufgetaut war und wieder eingefroren wurde.

Die Frage, für wie viele Portionen ein Vogel reicht, kann nicht generell beantwortet werden, da dies zum einen von der jeweiligen Geflügelart abhängt, zum anderen davon, ob er Hauptgericht oder Teil eines Menüs ist. Bezogen auf ein Hauptgericht lassen sich jedoch folgende Annäherungswerte festlegen: Ein Hähnchen von 1100 g reicht für 2 bis 3 Portionen, eine Poularde von 2200 g Gewicht für 3 bis 4 Portionen, eine Pute von 2500 g für 5 bis 7 Portionen, eine Gans von 4000 g reicht für 6 bis 7 Portionen und eine Ente von 1800 bis 2000 g für 4 Portionen. Bei Tauben rechnet man 1 Vogel pro Portion, während man bei Wachteln 2 Tiere pro Portion benötigt. Ein Perlhuhn mit einem Gewicht von 1000 g ergibt 2 Portionen. Eine Entenbrust von 300 g ergibt 2 Portionen. Eine Gänsekeule mit etwa 500 g reicht für etwa 1 ½ Portionen, während eine ganze Putenkeule von 1000 g gut 3 Portionen ergibt.

Einführung

Vorbereitung

Geflügel kann schlachtfrisch zubereitet werden, da das Fleisch nicht abhängen muss. Da es in den meisten Fällen küchenfertig angeboten wird, braucht es nicht mehr ausgenommen oder gerupft zu werden (mögliche restliche Federn kann man über einer Gasflamme oder Kerze abbrennen oder mit einer Pinzette entfernen), sondern wird lediglich gründlich unter kaltem Wasser innen und außen gewaschen und abgetrocknet.

Wird **frisches Geflügel** nicht sofort zubereitet, sollte man folgende Regeln beachten, um das Risiko einer Salmonelleninfektion möglichst gering zu halten:

- Vor der Lagerung im Kühlschrank die Verpackung entfernen und entsorgen.
- Die Innereien aus dem Vogel entfernen und in einem separaten Gefäß in den Kühlschrank legen.
- Das Geflügel locker in ein feuchtes Tuch einwickeln oder mit Wachspapier oder Alufolie umwickeln und maximal 2 Tage in einer Glas- oder Porzellanschüssel im Kühlschrank aufbewahren.
- Rohes wie gegartes Geflügel nicht länger als 2 Stunden bei Raumtemperatur stehen lassen.

Für **tiefgefrorenes rohes Geflügel** gelten ebenfalls einige Regeln:

- Eingefrorenes Geflügel muss vor der Zubereitung vollständig aufgetaut sein, damit es in jedem Fall gleichmäßig durchgaren kann.

- Das Auftauen im Kühlschrank ist die sicherste Methode und hat zugleich den Vorteil, dass das Geflügel weniger Saft verliert. Als Auftauzeit rechnet man 2 ½ bis 3 Stunden je kg. Dafür nimmt man das Geflügel aus der Plastikverpackung, legt es in eine Schüssel mit Siebeinsatz, damit die Tauflüssigkeit ablaufen kann, und deckt den angetauten Vogel mit einem Tuch oder mit Alufolie ab, damit er nicht austrocknen kann. Nach dem Auftauen gießt man die Tauflüssigkeit ab, wäscht das Geflügel gründlich innen und außen unter fließendem kaltem Wasser und trocknet es sorgfältig ab.

- Eine andere Methode ist, das Geflügel in kaltem Wasser auftauen zu lassen, indem man es in der Originalverpackung in eine Schüssel mit Wasser legt. Im Sommer sollte man das Wasser hin und wieder wechseln, damit es kalt bleibt. Nach dem Auftauen muss die Plastikverpackung ebenfalls sofort entfernt und weggeworfen werden und das Geflügel, sofern es nicht gleich zubereitet wird, abgedeckt in einer Schüssel in den Kühlschrank gestellt werden.

- Aufgetautes rohes Geflügel muss innerhalb von 24 bis 36 Stunden verarbeitet werden und darf nur gegart wieder eingefroren werden. Wenn man es nach dem Auftauen gleich mit etwas Zitronen- oder Limettensaft einreibt, können sich nicht so schnell Bakterien und Keime bilden. Außerdem wird das Fleisch dadurch besonders weich und saftig.

- Frisches oder aufgetautes rohes Geflügel sollte man erst kurz vor dem Garen füllen, da die Füllung ein idealer Nährboden für Bakterien ist. Außerdem darf man nicht zu viel Füllmasse hineingeben, da Geflügel sich beim Garen ausdehnt. Nach der Mahlzeit sollte man die verbliebene Füllung sofort aus dem Vogel entfernen und in einem separaten Gefäß höchstens 3 Tage lang im Kühlschrank aufbewahren (in einem Gefrierbehälter kann man sie 3 bis 4 Wochen einfrieren).

- Wichtig ist, die Hände nach dem Hantieren mit rohem Geflügel gründlich mit warmem Wasser und Seife zu säubern, sowie alle Utensilien und Arbeitsflächen, die mit dem Geflügel in Berührung kamen, mit heißem Wasser und Spülmittel zu reinigen. Insbesondere sollte man Schneidebrett und Messer mit besonderer Sorgfalt abwaschen, ehe sie für andere Lebensmittel verwendet werden, die vor dem Verzehr nicht mehr gekocht werden.

Einführung

Serviervorschläge

Geflügel ist äußerst vielseitig verwendbar, darf aber nie roh verzehrt werden, sondern muss immer vollständig durchgegart sein, das heißt, es darf innen nicht mehr rosa sein. Geflügel schmeckt gebraten, gegrillt, gedämpft, geschmort oder gekocht und kann warm oder kalt serviert werden. Das aromatische, zarte Fleisch passt zu einer Vielzahl von Gemüsen, manchen Obstsorten und zahlreichen Kräutern und Gewürzen. Es kann zu Reis, Kartoffeln und Nudeln gereicht werden, schmeckt mit und ohne Saucen und wird kalt in pikanten Salaten verwendet. Geflügel kann sehr gut auch in Wein geschmort werden und schmeckt hervorragend in Eintöpfen, Suppen, Ragouts und Gratins. Ganze Vögel lassen sich mit einer Vielzahl von Füllungen immer wieder anders zubereiten, und in vielen Ländern gehören gefüllte Ente, Gans oder Truthahn zum unverzichtbaren Bestandteil der festlichen Weihnachtstafel. Auch in vielen asiatischen Ländern wie China, Thailand, Japan oder Indien, aber auch in Nord- und Südamerika oder in Afrika ist Geflügel äußerst beliebt und wird mit den unterschiedlichsten Gewürzen und Kräutern abwechslungsreich zubereitet.

Das weiße Brustfleisch ist meist zarter als das dunklere Schenkelfleisch, dafür aber weniger saftig, insbesondere bei großen Vögeln. Da allgemein weißes Fleisch dem dunklen vorgezogen wird, gibt es von letzterem einen Überschuss, zumal viele Fastfood-Restaurants Produkte auf ihre Speisekarte gesetzt haben, die überwiegend aus weißem Geflügelfleisch hergestellt werden.

Aufbewahrung

Frisches Geflügel wie unter *Vorbereitung* beschrieben aus der Verpackung nehmen und locker mit einem feuchten Tuch, Wachspapier oder Alufolie bedeckt in einer Schüssel in den Kühlschrank legen. Auf diese Weise kann es 2 Tage aufbewahrt werden. Aufgetautes rohes Geflügel wird ebenfalls zugedeckt im Kühlschrank aufbewahrt und sollte innerhalb von 24 bis 36 Stunden verarbeitet werden.

Rohes Geflügel und rohe Geflügelteile sind in geeignete Gefrierbehälter verpackt sehr gut zum Einfrieren geeignet, wobei sich die Aufbewahrungszeit nach dem Fettgehalt der Tiere richtet. Gans und Ente können tiefgekühlt bis zu 6 Monate aufbewahrt werden. Tiefgefrorenes Huhn hält sich 6 bis 9 Monate, Puter bis zu 12 Monate. Perlhuhn, Wachtel und Taube können tiefgefroren 8 bis 10 Monate gelagert werden. Bereits tiefgefroren gekauftes Geflügel bzw. Geflügelteile oder -innereien sollten nicht über das aufgedruckte Haltbarkeitsdatum hinaus aufbewahrt werden. Insbesondere bei großen Tieren empfiehlt es sich, Keulen und Flügel vor dem Einfrieren mit stabilem Küchengarn am Rumpf festzubinden.

Gegartes Geflügel wie etwa Hühnerfrikassee kann mit oder ohne (ungebundene!) Brühe 3 bis 5 Monate tiefgefroren werden.

Nährwerte

Geflügelfleisch enthält ebenso viel Eiweiß wie das rote Fleisch von Schlachttieren. Der Fettgehalt ist abhängig von der Geflügelart (Gans und Ente sind fetthaltiger als Huhn, Truthahn, Taube, Perlhuhn und Wachtel), von dem jeweiligen Körperteil (Brustfleisch ist etwas weniger fett als Schenkelfleisch und enthält sehr viel weniger Fett als die Haut) sowie von der Aufzucht. Das Fleisch von Wildgeflügel ist generell weniger fetthaltig als das von Zuchtgeflügel.

Das Geflügelfett enthält weniger gesättigte Fettsäuren als rotes Fleisch, dafür aber eine größere Menge mehrfach ungesättigter Fette. Diese Fette sind zum Teil im Muskelfleisch eingelagert, zum Teil befinden sie sich in der Haut und unterhalb der Haut, wo sie eine gelbe Fettschicht bilden, die bis zu 2,5 % des Gesamtgewichts ausmachen kann.

Zubereitung

Geflügel darf niemals roh verzehrt werden und muss immer vollständig durchgegart sein. Außerdem sollte man es nicht unter 150 °C (Umluft 140 °C, Gas Stufe 1) garen, da die Fleischinnentemperatur von 60 °C, bei der mögliche Salmonellen zerstört werden, so schnell als möglich erreicht werden sollte. Um sicherzugehen, empfiehlt sich ein Fleischthermometer.

Braten

Sowohl gefülltes bzw. nicht gefülltes Geflügel als auch Geflügelteile wie Keulen, Brüste oder Flügel kann man sehr gut im Backofen braten. Dafür wird das vorbereitete Geflügel vorher gewürzt und mit etwas Öl oder zerlassener Butter bestrichen, damit es nicht austrocknet. Große Vögel sollte man außerdem dressieren, damit alle Teile gleichmäßig garen. Anschließend wird das Geflügel mit der Brustseite nach oben (bei Teilen die Hautseite nach oben) auf einen Bratrost oder ein Backblech gelegt und in den vorgeheizten Backofen geschoben. Während des Garens sollte man es von Zeit zu Zeit mit Bratensaft übergießen, damit es nicht austrocknet. Bei großem Geflügel empfiehlt es sich, den Vogel mit Alufolie abzudecken (mit der glänzenden Seite nach unten) und die Folie erst 30 Minuten vor Ende der Garzeit zu entfernen, damit die Haut bräunen kann. Das Geflügel muss so lange garen, bis das Fleischthermometer an der dicksten Stelle der Keule 85 °C anzeigt bzw. bis beim Anschneiden der austretende Fleischsaft klar und nicht mehr rosafarben ist. Ein weiterer Hinweis für eine ausreichende Garzeit ist, dass sich die Keulen leicht bewegen lassen. Nach dem Ende der Garzeit sollte das Geflügel noch einige Minuten im ausgeschalteten Backofen ruhen, damit sich die Säfte gleichmäßig im ganzen Fleisch verteilen können, wodurch es saftiger und zarter wird.

Kein Anzeichen für eine zu kurze Garzeit ist dagegen rötlich gefärbtes Fleisch an den Knochen. Dies rührt daher, dass beim Garen die in den Knochen enthaltenen Pigmente auf das umliegende Fleisch übergehen, was jedoch keine Auswirkung auf den Geschmack oder die Qualität des Fleisches hat. Diese Rotfärbung kommt vor allem bei jungen Tieren recht häufig vor, da ihre Knochen poröser sind als die von älteren Tieren.

Grillen

Diese Garmethode empfiehlt sich ebenfalls für ganze Vögel sowie für Geflügelteile. Allerdings trocknet das Fleisch hierbei noch leichter aus als beim Braten und sollte deshalb vorher und mehrmals während des Grillens reichlich mit Butter oder Öl bestrichen werden. Zum Grillen wird das Geflügel mit einem Abstand von mindestens 10 bis 12 cm von der Hitzequelle auf den Grill gelegt und alle paar Minuten gewendet. Vor dem Servieren sollte man das Geflügel ebenfalls noch einige Minuten ruhen lassen, damit sich der Fleischsaft gleichmäßig verteilen kann.

Garen in der Mikrowelle

Geflügel kann auch sehr gut in einer Mikrowelle mit eingebautem Grill gegart werden, da das Fleisch aus kurzen Muskelfasern besteht und deshalb gleichmäßig gart. Dafür wird es auf die gleiche Weise vorbereitet wie oben beschrieben, die Haut mehrmals mit einer Gabel eingestochen und das Geflügel auf mikrowellengeeignetem tiefem Geschirr in der Mikrowelle gegart und gebräunt. Während des Garens sollte das Geflügel mindestens einmal gewendet werden.

Kochen

Nicht geeignet zum Braten oder Grillen bzw. zur Zubereitung in der Mikrowelle ist älteres Geflügel wie etwa Suppenhuhn, dessen festes Fleisch nur durch ausreichend langes Kochen weich wird und sich deshalb vor allem für Frikassee oder Ragouts eignet. Dafür gibt man das von innen und außen gewaschene Geflügel zusammen mit Gemüse, Gewürzen und Kräutern in kochendes Wasser und lässt es zugedeckt bei kleiner Hitze köcheln. Ein Suppenhuhn mit einem Gewicht von 2 bis 3 kg benötigt eine Garzeit von etwa 90 Minuten.

Truthahn

Meleagris gallopavo, Galliformes

Truthahn gehört zu den Hühnervögeln und hat einen federlosen violettroten Kopf und Nacken mit warzigen Auswüchsen. Das männliche Tier wird Truthahn oder **Puter,** das weibliche Truthenne oder Pute genannt. Ursprünglich aus Nordamerika stammend wurde es von den Spaniern nach Europa gebracht. Hier wurde Truthahn anfangs nur an königlichen Tafeln serviert. Nach und nach fand man immer mehr Geschmack an seinem Fleisch, und der Vogel ersetzt heute mitunter häufig die Weihnachtsgans. In Frankreich waren es vor allem die Jesuiten, die sich für die Verbreitung des Tieres einsetzten. Noch heute bezeichnet man in Frankreich die Puten manchmal als »Jesuiten«. In Nordamerika ist ein großer gefüllter Puter das traditionelle Essen zum Thanksgiving Day, dem amerikanischen Erntedankfest.

Im Unterschied zu den wilden Truthähnen, die nur wenig Fleisch haben, sind die gezüchteten Rassen dank jahrelanger Kreuzungen sehr viel schwerer und wiegen bis zu 24 kg. Sie werden jedoch relativ jung geschlachtet – zwischen 12 und 16 Wochen – und bringen ausgenommen meist zwischen 3 und 10 kg auf die Waage. Truthahnfleisch ist grobfaseriger und trockener als Hühnerfleisch. Je größer der Puter ist, desto weniger aromatisch schmeckt das Fleisch. Das helle Brustfleisch und das dunkle Fleisch aus der Keule gelten als am aromatischsten.

Einkaufstipp

Truthahn wird frisch oder tiefgefroren im Ganzen oder in Stücken wie Unter- oder Oberschenkel, ganze Keule, Schnitzel oder Rollbraten sowie als Putensalami, -würstchen oder -schinken angeboten.

Frischer Truthahn sollte bis zur Zubereitung ohne Plastikverpackung in einer Schüssel mit einem Tuch bedeckt im Kühlschrank aufbewahrt werden. Tiefgefrorenen Truthahn sollte man ebenfalls ohne Plastikhülle entweder im Kühlschrank auftauen lassen, wobei man etwa 2 ½ Stunden Auftauzeit pro kg rechnet, oder ihn in kaltes Wasser legen. Bei dieser Methode benötigt er etwa 45 Minuten Auftauzeit pro kg.

Serviervorschläge

Ganzer Truthahn wird traditionell gefüllt und gebraten. In Teile zerlegt kann er noch auf vielerlei andere Arten zubereitet werden: Die Brust wird im Ganzen als Putenrollbraten geschmort oder im Ofen gebraten und zerlegt als Putenschnitzel oder Geschnetzeltes in der Pfanne gebraten. Die Keulen können ebenfalls separat zubereitet werden und werden häufig in Gemüse geschmort und mit einer Sauce serviert. Gegartes Putenfleisch schmeckt auch kalt sehr gut – beispielsweise in pikanten Salaten, Aspikgerichten und auf Sandwiches.

Zubereitung

Truthahn muss vor der Zubereitung vollständig aufgetaut sein, da er nur so gleichmäßig gart und mögliche Salmonellen abgetötet werden.

Truthahn sollte im Backofen nicht unter 150 °C gegart werden, da sonst mögliche Krankheitserreger nicht absterben. Die ideale Temperatur liegt bei 220 °C (Umluft 180 °C, Gas Stufe 4–5), wobei er immer wieder mit Bratfond übergossen werden sollte, da das magere Fleisch sonst leicht austrocknet. Die Garzeit beträgt je nach Größe und Füllung 3 bis 4 ½ Stunden. Am besten kontrolliert man die Kerntemperatur mit einem Fleischthermometer an derjenigen Stelle der Brust oder Keule, die den größten Fleischanteil aufweist; bei 72 °C (Brust) oder 77 °C (Keule) ist das Fleisch gar.

Eine Oberkeule von etwa 600 g benötigt eine Garzeit von etwa 1 Stunde, und eine Unterkeule von etwa 400 g ist nach etwa 50 Minuten gar. In der Pfanne zubereitetes Putenschnitzel wird je nach Dicke von jeder Seite etwa 5 Minuten gebraten.

Gefüllter »Thanksgiving«-Truthahn

FÜR 16 PORTIONEN

6 Zwiebeln
250 g Butter
1 kg gemischtes Hackfleisch
Salz und frisch gemahlener Pfeffer
1 Ei
220 g Semmelbrösel
5 EL Cognac
1 küchenfertiger Truthahn à 10 kg
2 Zitronen
¼ l Hühnerbrühe
5 Esslöffel saure Sahne

1. Die Zwiebeln abziehen und fein hacken. In einer großen Pfanne 100 g Butter erhitzen und die Zwiebeln darin glasig braten. Das Hackfleisch zerpflücken und zufügen. Das Fleisch unter Wenden leicht anbräunen und abkühlen lassen.

2. Das Fleisch herausnehmen und mit 1 Teelöffel Salz, etwas Pfeffer, dem Ei, den Semmelbröseln und dem Cognac gründlich vermischen. Den Backofen auf 220 °C (Umluft 200 °C, Gas Stufe 4–5) vorheizen.

3. Den Truthahn gründlich unter fließendem Wasser waschen und abtrocknen. Den Vogel von innen mit dem Saft von 1 Zitrone einreiben und innen und außen salzen und pfeffern. Die Fleischfüllung in die Bauchhöhle geben und die Öffnung mit Küchengarn oder Rouladennadeln fest verschließen.

4. Den Truthahn mit der restlichen Butter bestreichen und in einem großen Bräter auf dem Herd bei hoher Temperatur von allen Seiten kräftig anbraten.

5. Den Truthahn in Seitenlage auf der untersten Schiene in den Backofen schieben und 4 ½ Stunden braten. Nach der halben Garzeit den Truthahn wenden und während der gesamten Zeit immer wieder mit Bratfond übergießen. Sollte er zu braun werden, mit Alufolie abdecken.

6. Den Truthahn nach dem Ende der Garzeit noch 10 Minuten im Ofen ruhen lassen, damit sich der Fleischsaft gleichmäßig verteilen kann. Den Truthahn herausheben, die Rouladennadeln oder das Küchengarn entfernen und die Füllung mit einem Löffel herausnehmen.

7. Den Truthahn auf einer vorgewärmten Platte im ausgeschalteten Ofen warm stellen. Den Bratfond mit der Hühnerbrühe loskochen, in einen Topf umgießen und etwas einkochen lassen. Die saure Sahne einrühren und die Sauce mit Salz und Pfeffer würzen.

8. Die restliche Zitrone achteln. Den Truthahn in entsprechend viele Portionen tranchieren, mit den Zitronenachteln garnieren und zusammen mit der Sauce und der Füllung zu zarten Pellkartoffeln oder in der Folie gegarten Maiskolben servieren.

Nährwerte

	Brust	*Keule*
Kalorien	115	124
Cholesterin	60 mg	75 mg
Fett	1,0 g	3,6 g
Eiweiß	24,1 g	20,5 g
		je 100 g

Truthahn enthält sehr viel Eiweiß, Nikotinsäure, Vitamin B_6, Zink und Kalium sowie viel Vitamin B_{12} und Phosphor.

Truthahnfleisch ist sehr mager und damit kalorienarm. Wie Huhn wird es deshalb auch gern in der Diätküche oder als Kinderkost verwendet.

Aufbewahrung

Im Kühlschrank kann frischer Truthahn 2 bis 3 Tage aufbewahrt werden. Er ist sehr gut zum Einfrieren geeignet, wobei man Flügel und Beine vorher an den Rumpf binden sollte. Tiefgefroren ist er etwa 12 Monate haltbar.

Gans

Anser spp, Anserinae

Die ersten Gänse wurden wahrscheinlich schon während des Neolithikums domestiziert, indem man kleine Wildgänse fing und mästete. Die Germanen schätzten die Gans zum einen als Haustier aufgrund ihres köstlichen Fleisches und ihres Fettes, zum anderen brachten die Gänsefedern einen großen Nutzen. In Rom gehörte die Gans im Altertum zum begehrtesten Geflügel, und im Mittelalter rangierte sie in der Beliebtheitsskala gleich hinter Schweinefleisch. Aufgrund ihres relativ hohen Fettgehalts hat die gefüllte und gebratene Gans als weihnachtliches Traditionsgericht in den letzten Jahren durch fettärmere Geflügelsorten wie Ente und Truthahn Konkurrenz bekommen. Nach wie vor sehr beliebt ist das Gänseschmalz, das beim Braten austritt und mit Grieben, Äpfeln und Zwiebeln verfeinert wird.

Es gibt zahlreiche Gänsearten. Am bekanntesten sind heute die Emdener Gans mit besonders gutem Federertrag, die Pommersche Gans, die als beste Fleischgans gilt, die Toulouser Gans, die vor allem wegen der Gänsestopfleber gezüchtet wird, die Diepolzer und die Celler Gans sowie die Steinbacher Kampfgans. Die Gänse werden nach unterschiedlichen Methoden gemästet: In der Schnellmast erreichen die Gänse bereits nach 9 Wochen ein Gewicht von 4,5 bis 5,5 kg, am Ende der Intensivmast haben sie ein Gewicht von 5,5 bis 6,5 kg, und bei der Weidemast, die bis zu 30 Wochen dauert, bringen die Gänse sogar 7,5 bis 8,5 kg auf die Waage.

Einkaufstipp

Eine frische Gans sollte gleichmäßig blass aussehen und keine Federreste oder Hautrisse aufweisen. Die Haut sollte fettig und die Brust fleischig sein. Die Farbe des Fleisches soll rosafarben oder hellrot sein. Bei tiefgefrorenem Geflügel sollte die Verpackung unbeschädigt sein, und das Fleisch darf keinen Gefrierbrand aufweisen. Normalerweise werden küchenfertige Gänse mit Innereien angeboten, die zwischen 5 und 7 kg wiegen.

Zubereitung

Da das meiste Fett direkt unter der Haut sitzt, sollte man vor dem Braten die Haut an verschiedenen Stellen einstechen, sodass das Fett während des Bratens ablaufen kann. Am besten legt man die Gans auf den Bratrost und lässt das Fett in die Fettpfanne tropfen. Bei einer Temperatur von 180 °C (Umluft 160 °C, Gas Stufe 2–3) beträgt die Garzeit pro kg etwa 30 Minuten. Eine Gans von etwa 5 kg reicht gut für 8 Personen; für 4 Personen genügt eine kleine Gans (2 bis 3 kg), oder aber man verwendet nur Teile wie Brust oder Keulen.

Serviervorschläge

Gans wird wie anderes Geflügel zubereitet, wobei sich die meisten Rezepte für Truthahn und Ente auch für Gans eignen. Gefüllte gebratene Gans, die mit Äpfeln, Rotkohl oder Sauerkraut serviert wird, ist nach wie vor ein klassisches Weihnachtsgericht. Der Gänsebraten sollte am Tisch tranchiert werden, wobei zuerst die Keulen, dann die Flügel und zum Schluss die Brust in Scheiben abgelöst werden. Für kleinere Portionen oder bei großen Tieren können die Keulen nochmals im Gelenk durchgeschnitten werden.

Gänseschmalz eignet sich sehr gut zum Braten und ergibt mit verschiedenen Zutaten angereichert einen köstlichen Brotaufstrich.

Nährwerte

	roh mit Haut	*gebraten ohne Haut*	*gebraten mit Haut*
Kalorien	392	238	305
Cholesterin	90 mg	96 mg	91 mg
Fett	33,6 g	13 g	22 g
Eiweiß	15,9 g	29 g	25 g
			je 100 g

Die Gans hat den höchsten Fettanteil von allen Geflügelarten. Brust- und Keulenfleisch enthalten etwa 22 g Eiweiß und bis zu 7 g Fett pro 100 g. Wer auf Kalorien und Cholesterin achten muss, sollte auf die Haut verzichten, diese jedoch nicht vor dem Braten entfernen, da sie viele Aromastoffe enthält.

Huhn

Gallus gallus, Gallinaceae

Archäologische Funde haben ergeben, dass die ersten Hühner vor etwa 4000 Jahren im Industal in Südasien domestiziert wurden. In Europa wurden sie dagegen erstmals im 5. Jahrhundert v. Chr. in Griechenland gezüchtet.

Während der Fleischverzehr innerhalb der letzten Jahre nicht mehr zugenommen hat, zeichnet sich beim Geflügelverbrauch das Gegenteil ab. Vor allem Hähnchen- und Putenfleisch erfreuen sich steigender Nachfrage, weil sie vergleichsweise wenig Fett und Cholesterin und viel wertvolles Eiweiß enthalten. Darüber hinaus lassen sie sich für jeden Geschmack in vielen Varianten zubereiten. Beim Hähnchen ist der hohe Verbrauch vor allem auf die Beliebtheit von Grillhähnchen zurückzuführen. Die große Nachfrage kann produktionstechnisch nur deshalb gedeckt werden, weil Massentierhaltungen entwickelt wurden, die allerdings auf Kosten der Fleischqualität gehen. Wer auf gute Qualität Wert legt, muss dennoch nicht auf sein Hähnchen verzichten, da inzwischen vielfach Geflügel aus artgerechter Aufzucht erhältlich ist, dem regelmäßiger Auslauf gestattet ist und das artgerecht ernährt wird. Sein Fleisch ist wesentlich schmackhafter ist als das von Tieren, die in Massenproduktion gezüchtet werden. Ein gutes Beispiel für kontrollierte Qualität bieten die aus Frankreich stammenden Bressehühner. Sie dürfen ausschließlich mit natürlichem Futter gemästet werden (überwiegend getrockneter Mais) und haben genügend Auslauf.

Die meisten Hühner kommen als Brathähnchen auf den Markt. Sie werden meist im Alter von 5 bis 6 Wochen mit einem Gewicht von 750 g bis 1100 g geschlachtet. Schwere Hähnchen mit einem Gewicht von 2 bis 2,5 kg werden als Poularde bezeichnet (siehe *Poularde*). Darüber hinaus gibt es noch kleine »Stubenküken«, die als norddeutsche Spezialität gelten.

Hühner werden in unterschiedlichsten Formen im Handel angeboten. Normalerweise erhält man küchenfertige Hähnchen frisch oder tiefgefroren mit oder ohne Innereien. Wer nur bestimmte Teile vom Huhn will, kann auf Keulen, Brust oder Flügel zurückgreifen, wobei diese in der Regel allerdings teurer sind als ganze Hühner.

Beim Umgang mit Geflügel gilt in der Küche höchste Hygiene, da die Geflügelhaut eine ideale Brutstätte für Salmonellen ist. Diese Krankheitserreger können zu schweren Magen-Darm-Beschwerden führen und insbesondere für Kinder und kranke Menschen eine lebensbedrohliche Gefahr darstellen. Aus diesem Grund müssen alle Küchenutensilien (Messer, Schneidebrett) und die Hände nach dem Vor- und Zubereiten von Geflügelfleisch mit heißem Wasser und Spülmittel bzw. Seife gründlichst gereinigt werden. Außerdem muss Geflügelfleisch immer gut durchgegart sein, bevor es verzehrt wird. Dies erkennt man daran, dass beim Einstechen mit einem spitzen Messer in das Fleisch ein klarer Saft austritt. Um den Garpunkt bei Geflügel genau festzustellen, ist ein Bratthermometer ratsam. Zeigt es beim Einstechen ins Fleisch eine Temperatur von 80 bis 90 °C an, ist das Fleisch gar.

Serviervorschläge

Hühnerfleisch wird grundsätzlich gegart und kann warm oder kalt verwendet werden. Huhn schmeckt gebraten, gegrillt oder geschmort und eignet sich vorzüglich für Salate, Eintöpfe, Suppen oder als Frikassee. Das zarte Fleisch harmoniert mit vielen Gewürzen und passt vorzüglich zu zahlreichen Gemüsesorten sowie zu verschiedenen Saucen. Sehr gut schmeckt auch ein gefülltes Huhn. Durch Marinieren wird das Fleisch noch zarter und aromatischer.

Huhn

Einkaufstipp

Ganze Hühner sind meist kostengünstiger als einzelne Teile wie Brust, Keulen oder Flügel. Bei Flügeln rechnet man pro Person 350 g, bei Keulen 250 g und bei Hühnerbrüsten gut 200 g.

Frisches Huhn, insbesondere wenn es artgerecht gehalten wurde, schmeckt im Vergleich zu tiefgefrorenem Huhn wesentlich aromatischer.

Bei tiefgefrorenem Geflügel sollte die Verpackung unbeschädigt sein, und das Fleisch darf keinen Gefrierbrand aufweisen.

Nährwerte

	roh ohne Haut	*roh mit Haut*	*gebraten ohne Haut*	*gebraten mit Haut*
Kalorien	119	215	190	239
Cholesterin	70 mg	75 mg	89 mg	88 mg
Fett	2 g	19 g	7 g	17 g
Eiweiß	21 g	19 g	29 g	27 g
				je 100 g

Hühnerfleisch enthält zwar etwa genauso viel Cholesterin wie Fleisch oder anderes Geflügel, ist jedoch im Vergleich zu diesen um einiges magerer. Außerdem ist es sehr eiweißreich und enthält reichlich Nikotinsäure und Vitamin B_6 sowie viel Vitamin B_{12}, Zink, Phosphor und Kalium.

1 *Mit einem scharfen Messer das Huhn von innen entlang dem Rückgrat aufschneiden.*

2 *Das Huhn umdrehen, öffnen und entlang dem Gabelknochen aufschneiden.*

3 *Das Rückgrat abtrennen und entfernen.*

4 *Die Hälften nacheinander flach auf die Arbeitsfläche legen und die Keulen in Brusthöhe abtrennen.*

5 *Die Messerspitze jeweils an das Flügelgelenk anlegen und die Flügel abtrennen.*

6 *Ein auf diese Weise zerteiltes Huhn ergibt 2 Flügel, 2 Keulen und 2 Brusthälften.*

Huhn

Gefülltes Brathähnchen

FÜR 4 PORTIONEN

1 Hähnchen à 1500 g	evtl. getrockneter
1 kleine Zwiebel	Estragon, Thymian
1 Karotte	60 g weiche Butter
1 Stange Sellerie	1 EL Senfpulver
Salz und frisch	200 ml Hühnerbrühe
gemahlener Pfeffer	oder Weißwein

1. Den Backofen auf 190 °C (Umluft 170 °C, Gas Stufe 3) vorheizen. Die Zwiebel schälen und halbieren. Karotte und Sellerie putzen, waschen und in schmale Streifen schneiden.

2. Das Huhn waschen, trockentupfen und innen salzen und pfeffern. Das Gemüse und die Kräuter hineingeben und die Öffnung mit Küchengarn zubinden.

3. Die Butter mit dem Senfpulver verrühren und das Fleisch damit bestreichen. Das Huhn in einen Bräter geben und im Ofen 1 Stunde und 15 Minuten braten.

4. Das Huhn auf einer vorgewärmten Platte warm stellen. Den Bratfond mit etwas Hühnerbrühe oder Weißwein loskochen. Das Huhn in 4 Portionen zerteilen und mit dem Gemüse und der Sauce zu Reis oder jungen Kartoffeln servieren.

Aufbewahrung

Frisches Huhn muss nach dem Kauf sofort gekühlt werden, damit sich keine Salmonellen ausbreiten können. Es sollte vom Schlachttag an gerechnet nicht länger als 7 Tage bei 0 bis 2 °C gelagert werden.

Tiefgefrorenes Huhn hält sich bei −18 °C etwa 1 Jahr. Zum Auftauen sollte man es ohne die Plastikverpackung zugedeckt in eine Schüssel in den Kühlschrank geben. Wichtig ist, dass keine anderen Lebensmittel mit dem austretenden Saft in Berührung kommen.

Suppenhuhn

Gallus gallus, Gallinaceae

Suppenhuhn ist die Bezeichnung für ein weibliches Huhn, das wegen seiner Eier gezüchtet wird und ein Alter von 12 bis 24 Monaten erreicht. Suppenhühner wiegen in der Regel zwischen 1,5 und 2 kg und haben wesentlich zäheres Fleisch als junge Hühner, weshalb sie vor allem für die Zubereitung von Suppen und Brühen verwendet werden.

Serviervorschläge

Das feste Fleisch ist meistens relativ fett und benötigt eine verhältnismäßig lange Garzeit, um zart zu werden. Es eignet sich hervorragend zur Herstellung einer Hühnerbrühe, wobei das Fleisch als Einlage für Suppen, Frikassees oder Eintöpfe verwendet werden kann. Das Fett sollte vor dem Weiterverarbeiten von der heißen Brühe abgeschöpft oder von der kalten Brühe abgehoben werden.

Nährwerte

	gekocht ohne Haut	gekocht mit Haut
Kalorien	237	285
Cholesterin	83 mg	79 mg
Fett	12 g	19 g
Eiweiß	39 g	27 g
		je 100 g

Suppenhuhn ist sehr eiweißreich. Es enthält sehr viel Nikotinsäure sowie viel Vitamin B_6, Phosphor, Zink und Kalium.

Poularde/Kapaun

Gallus gallus, Galliformes

Poularden sind schwere Brathühner, die durch besondere Mästung ein Gewicht von 2 bis 2,5 kg erreichen. Ihr aromatisches Fleisch ist im Vergleich zu leichtgewichtigeren Hühnern besonders zart und saftig, da die Muskeln von Fettschichten durchzogen sind.

Kapaune sind männliche kastrierte Hühner, die durch ein aufwendiges Mästungsverfahren ein Gewicht von 2,5 bis 3,5 kg erreichen und deren Fleisch ebenfalls sehr zart und aromatisch ist. Die lange und recht kostspielige Mast wird heute allerdings kaum mehr angewandt.

Nährwerte

Kalorien	234
Cholesterin	75 mg
Fett	17 g
Eiweiß	19 g
	je 100 g

Serviervorschläge

Poularde und Kapaun werden wie Huhn zubereitet und mit oder ohne Füllung meistens gebraten oder gegrillt. Sie sollten möglichst zart gewürzt werden, damit ihr feines Aroma nicht überdeckt wird. Frische Poularden aus Freilandhaltung vom Biometzger, aus dem Naturkostladen oder direkt von ausgewählten Bauernhöfen schmecken besonders gut.

Perlhuhn

Numida meleagris, Numididae

Das aus Afrika stammende Perlhuhn ist ein Allesfresser mit dunklem Federkleid. Griechen und Römer nannten den Vogel nach seinem Ursprungsort numidisches oder karthagisches Huhn. Bei uns kennt man es auch unter dem Namen »Zigeunerfasan«, da es früher vor allem bei Zigeunern sehr beliebt war.

Es gibt über 20 verschiedene Perlhuhnarten, von denen einige domestiziert wurden. Die bekannteste ist *Numida meleagris,* deren silbergraues Gefieder hell gesprenkelt ist. Perlhühner lassen sich in Gefangenschaft jedoch nur sehr schwer züchten, da sie ohne weiträumigen Auslauf keine Eier legen. Das Perlhuhn ist etwa so groß wie ein kleines Huhn. Sein Fleisch ist zart und saftig und schmeckt ein wenig nach Moschus. Das Fleisch junger Perlhühner, die unter 1 kg wiegen, ist besonders delikat.

Serviervorschläge

Perlhuhn kann wie Fasan, Rebhuhn und Huhn zubereitet werden. Es wird häufig gefüllt und anschließend gebraten oder geschmort. Pro Person rechnet man ein halbes Perlhuhn.

Zubereitung

Da das magere Fleisch des Perlhuhns leicht austrocknet, sollte es vor dem Kochen mit etwas Butter bestrichen oder mit Speck umwickelt und während des Garens immer wieder mit Bratfond beträufelt werden. Im Backofen bei 190 °C (Umluft 170 °C, Gas Stufe 3) benötigt das Perlhuhn eine Garzeit von 1 bis 1 ½ Stunden. Wird es im Topf geschmort, ist es nach 30 bis 45 Minuten gar.

Nährwerte

Kalorien	167
Cholesterin	75 mg
Fett	6,4 g
Eiweiß	23,4 g
	je 100 g

Perlhuhnfleisch ist sehr mager und damit sehr kalorienarm.

Taube
Columba spp., Columbidae

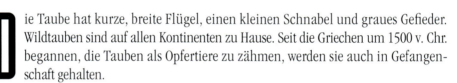

Die Taube hat kurze, breite Flügel, einen kleinen Schnabel und graues Gefieder. Wildtauben sind auf allen Kontinenten zu Hause. Seit die Griechen um 1500 v. Chr. begannen, die Tauben als Opfertiere zu zähmen, werden sie auch in Gefangenschaft gehalten.

Das dunkle Fleisch von Wildtauben ist zarter und schmeckt strenger als das von Haustauben. Haustauben sind fertig ausgenommen bei Wildhändlern, auf Wochenmärkten sowie auf manchen Bauernhöfen erhältlich. Die Taube besitzt im Gegensatz zu anderen Geflügelarten keine Gallenblase.

Serviervorschläge

 Da Tauben relativ klein sind, werden sie meistens im Ganzen zubereitet und schmecken auch gefüllt sehr gut.

Einkaufstipp

 Man rechnet pro Person 1 Taube.

Zubereitung

Taube wird wie jedes andere Geflügel zubereitet. Junge Tauben mit zartem Fleisch werden gebraten, sautiert oder gegrillt; ausgewachsene Tauben schmort oder dünstet man am besten in Flüssigkeit. Im Backofen werden Tauben zuerst bei 220 °C (Umluft 200 °C, Gas Stufe 4–5) 30 Minuten gebraten und dann bei 250 °C (Umluft 220 °C, Gas Stufe 6) weitere 15 Minuten gebräunt. Im Topf in Flüssigkeit geschmort benötigen sie eine Garzeit von etwa 40 Minuten.

Nährwerte

Kalorien	230
Cholesterin	69 mg
Fett	13,2 g
Eiweiß	27,8 g
	je 100 g

Wachtel

Coturnix spp. und *Colinus spp.*, **Perdicinae**

Die Wachtel ist ein kleiner, zu den Feldhühnern gehörender Zugvogel, der ursprünglich aus Asien oder Afrika stammt und schon vor über 10 000 Jahren in Ägypten domestiziert wurde. Da Wachteln sich sehr leicht in Gefangenschaft halten lassen, werden sie heute auf der ganzen Welt gezüchtet.

Mit mehr als 200 verschiedenen Arten ist sie das kleinste Feldhuhn. Manche Arten haben ein Federbüschel oder eine Federhaube auf dem Kopf. Die **Virginiawachtel** *(Colinus virginianus)* ist eine verwandte Art aus Nordamerika, die sehr viel größer ist als europäische Wachteln und wegen ihrer Ähnlichkeit von den ersten europäischen Siedlern irrtümlich für Wachteln gehalten wurde. Da die Wachtel Felder und Wiesen bewohnt und bei Gefahr eher davonläuft als davonfliegt, kann sie leicht eingefangen werden. Wachteln sind ziemlich dicke, kleine Vögel; Zuchttiere wiegen meist zwischen 150 und 300 g. Sie haben köstliches, sehr aromatisches Fleisch, das als Delikatesse gilt; ihre kleinen essbaren Eier, die vorwiegend beige mit braunen Tupfen sind, wiegen meist unter 10 g.

Einkaufstipp

 Man rechnet 2 bis 3 Wachteln pro Person.

Nährwerte

Kalorien	120
Cholesterin	44 mg
Fett	2,3 g
Eiweiß	22,4 g
	je 100 g

Serviervorschläge

Aus Wachteln lassen sich Pâtés oder Terrinen zubereiten. Die kleinen zarten Knochen kann man mitessen. Weintrauben, Kirschen, Pflaumen und Zitronen sind besonders gute Begleiter zu Wachtelfleisch. Wachteleier werden hart gekocht als Snack oder als Garnierung serviert. Vor allem in China und Japan gelten sie wegen ihres köstlichen Aromas und ihrer weichen, cremigen Konsistenz als Delikatesse.

Zubereitung

 Wachtelfleisch ist sehr delikat, wenn bei der Zubereitung das Austrocknen verhindert wird. Normalerweise werden Wachteln im Ganzen gebraten, (mit Weintrauben) geschmort, gedämpft oder gegrillt. Die Garzeit beträgt 20 bis 25 Minuten.

Aufbewahrung

Frische Wachteln verderben sehr leicht und sollten am kältesten Platz des Kühlschranks aufbewahrt werden, wo sie sich 2 bis 3 Tage halten.

Fasan

Phasianus colchicus, Phasianidae

Der Fasan ist ein Allesfresser mit wunderschönem Gefieder, das oft rötlich braun mit schwarzen Punkten ist. Er stammt ursprünglich aus Asien und wurde von den Römern nach Europa gebracht. Von Jägern wurde dieser Vogel immer sehr geschätzt, vor allem die Männchen, die für die Schönheit ihres leuchtenden Federkleides und der langen Schwanzfedern bekannt sind. Im Mittelalter war die Fasanenjagd dem Adel vorbehalten. Die Jagd hat seitdem die Bestände arg dezimiert, aber mittels Zucht wurden sie wieder aufgefüllt.

Die Fasanenzucht kann ziemlich problematisch sein, da der Vogel auf Stress sehr sensibel reagiert und bei nicht artgerechter Haltung eingeht. Kannibalismus ist ein verbreitetes Problem, das meist gelöst wird, indem man den Vögeln die Schnabelspitzen entfernt oder auch gelegentlich mit Augenklappen arbeitet. Die Züchter müssen die Vögel auch ständig zur Paarung anhalten, was diese sonst nur im Frühling tun. Domestizierte Fasane lassen sich in Hühnerställen oder in Vogelvolieren (große Freikäfige mit einer Bodenfläche von über 80 qm) halten. Fasane, die in Volieren aufwachsen, entwickeln prächtigeres Gefieder als die in geschlossenen Räumen gezüchteten Tiere. Man entlässt einige davon in die Wildnis, um sie zu jagen. Hausfasane sind fleischiger und schwerer als Wildfasane; ihr Fleisch ist auch fetter und schmeckt weniger intensiv nach Moschus. Sie werden im Alter von 18 bis 25 Wochen geschlachtet und wiegen dann meist zwischen 1 und 1,5 kg.

Vorbereitung

Fasan wurde früher meist abgehängt – je nach Jahreszeit 4 bis 12 Tage –, bis das Eiweiß sich zu zersetzen begann, wodurch das Fleisch weich und schmackhaft wird. Diese Praxis ist heute aber nicht mehr sehr gebräuchlich. Ist der Fasan jung und wurde er auf einer Farm gezüchtet, kann er bereits 48 Stunden nach dem Schlachten zubereitet werden.

Zubereitung

Junger Fasan wird meist gebraten. Da das Fleisch recht trocken sein kann, wird er oft mit einer saftigen Füllung ausgestopft (erst kurz vor dem Kochen, um Bakterien zu vermeiden). Man kann ihn auch mit Speckstreifen umwickeln oder mit weichem Fett bestreichen. Ältere Vögel sind weniger saftig und zart. Sehr gut schmeckt Fasan in Fett gebraten, geschmort und als Pâté oder Terrine. Die Zubereitung mit Wein oder einem anderen alkoholischen Getränk verleiht ihm ein besonderes Aroma. Beim Braten im Backofen benötigt er eine Garzeit von 1 bis 1 ½ Stunden bei 190 °C (Umluft 170 °C, Gas Stufe 3) und sollte dabei mehrmals übergossen werden.

Aufbewahrung

Fasan verdirbt sehr leicht. Er sollte deshalb an der kältesten Stelle des Kühlschranks nicht länger als 2 bis 3 Tage aufbewahrt werden.

Einkaufstipp

Man rechnet 1 Fasan für 2 Personen; gefüllt reicht er für 3 bis 4 Personen.

Nährwerte

Kalorien	213
Cholesterin	50 mg
Fett	9,3 g
Eiweiß	32 g
	je 100 g

Ente

Anas platyrhynchos, Anatidae

Die Ente ist ein Wasser- bzw. Tauchvogel, der vermutlich schon um 1000 v. Chr. in China domestiziert wurde. Enten leben als Paar und betrauern den Tod ihres Gefährten, weshalb der Vogel in China auch lange Zeit als Symbol ehelicher Treue galt. Flugenten wurden bereits frühzeitig von den Indianern domestiziert. Sie werden kulinarisch besonders geschätzt, weil sie im Verhältnis zu ihrem Fettanteil relativ viel Fleisch besitzen, das im Geschmack der Wildente ähnelt.

Enten sind in Europa sehr beliebt, spielen aber auch in der asiatischen Küche, vor allem in China, eine bedeutende Rolle. Die Stammform aller Enten ist die **Stockente,** die in zwei Grundtypen vorkommt: der Landente und der Pinguinente. Aus der Stockente wurden viele Rassen gezüchtet. Zu den wichtigsten zählen heute die Aylesbury-Ente aus England mit sehr zartem und schmackhaftem Fleisch, die kleine fette Nantes-Ente, die fleischige Rouen-Ente aus der Normandie und schließlich die Pekingente.

Es gibt an die 80 verschiedene Entenarten, von denen einige fleischiger, fetter bzw. aromatischer als andere sind und mehr Nährstoffe besitzen. Die meisten Enten werden im Alter von 7 bis 12 Wochen bei einem Gewicht von 2 bis 3,5 kg geschlachtet, da ihr Fleisch dann besonders zart ist. Vögel, die als Jungenten angeboten werden, sollten nicht älter als 2 Monate sein. Für gewöhnlich werden Enten geschlachtet, indem man ihnen den Kopf abschlägt und sie ausbluten lässt, doch einige wie die Rouen-Ente werden erstickt, damit sich das Blut im ganzen Vogel ausbreitet und das Fleisch sich rötlich färbt. Da diese Schlachtmethode zwar den Fleischgeschmack verbessert, aber auch die Entwicklung von Bakterien fördert, werden die Enten erst kurz vor der Zubereitung getötet. Die Franzosen nennen diese Art Entenfleisch »Blutente«.

Einkaufstipp

Enten enthalten sehr wenig Fleisch, da der Knochen- und Fettanteil relativ hoch ist. Pro Person rechnet man deshalb etwa 500 bis 750 g Ente. Enten sollten nicht zu fett sein und eine helle Haut haben.

Serviervorschläge

Ente ist ein klassischer Festtagsbraten und wird oft mit Früchten wie Orangen, Kirschen und Äpfeln gegart, weil deren Säure sich sehr gut mit dem fetten Fleisch verträgt. Sie wird aber auch gerne mit Kastanien serviert. Insbesondere das traditionelle französische Rezept Ente *à l'orange* hat die Ente berühmt gemacht. *Pekingente* ist ein traditionelles chinesisches Gericht, das einiger Stunden Vorbereitungszeit bedarf, da die Ente zuerst mit einer süßsauren Sauce mariniert und dann gebraten wird. Entenbrust gilt als besondere Delikatesse und wird häufig separat gegrillt, gebraten oder geräuchert.

Enteneier sind in westlichen Ländern nicht sehr gefragt, werden dagegen in Asien sehr häufig gegessen. Sie müssen mindestens 10 Minuten hart gekocht werden, da sie oft Bakterien enthalten, die erst beim Kochen absterben.

Ente

Ente à l'orange

FÜR 4 PORTIONEN

2 unbehandelte Orangen
½ TL Salz
½ TL Currypulver
1 Ente (ca. 1500 g)
3 EL Butter
250 ml Orangensaft
1 EL Honig
2 EL Cointreau (Orangenlikör)
Salz und frisch gemahlener Pfeffer
etwas gehackte Petersilie oder Brunnenkresse

1. Den Backofen auf 220 °C (Umluft 200 °C, Gas Stufe 4–5) vorheizen.

2. 1 Orange schälen und die Schale beiseite legen. Das Orangenfleisch zerteilen, in Stücke schneiden und mit Salz und Curry mischen. Die Ente waschen, trockentupfen und mit der Mischung füllen. Die Öffnung mit Küchengarn verschließen und Beine und Flügel mit Küchengarn an den Körper binden.

3. 2 Esslöffel Butter zerlassen. Die Ente in einen Bräter legen, mit der geschmolzenen Butter bestreichen und im Ofen 20 Minuten anbraten. Inzwischen Orangensaft, Honig und Cointreau vermischen und die Ente damit bestreichen. Die Hitze auf 180 °C (Umluft 160 °C, Gas Stufe 2–3) reduzieren und die Ente weitere 40 Minuten braten, dabei alle 10 Minuten mit dem Bratfond beträufeln.

4. Inzwischen die Orangenschale in kochendem Wasser kurz blanchieren, abtropfen lassen und beiseite stellen. Die zweite Orange schälen und in Scheiben schneiden.

5. Die Ente aus dem Bräter nehmen und das Küchengarn entfernen. Die Ente mit Alufolie bedecken und auf einer Servierplatte warm stellen. Den Bratfond entfetten, zum Kochen bringen und etwas einkochen lassen.

6. Den Fond mit Salz und Pfeffer würzen und die restliche Butter sowie die Orangenschale und -scheiben unterrühren.

7. Die Sauce etwas einkochen lassen und die Orangenscheiben herausnehmen. Die Sauce durch ein feines Sieb gießen. Die Ente mit Orangenscheiben, Petersilie oder Brunnenkresse garniert servieren und die Sauce getrennt dazu reichen.

Nährwerte

	mit Haut	Brust
Kalorien	403	122
Cholesterin	120 mg	100 mg
Fett	42,5 g	4,8 g
Eiweiß	11,3 g	19,5 g
		je 100 g

Der Nährwert von Entenfleisch richtet sich nach der Aufzuchtmethode und der Rasse. Das Fleisch von Wildenten enthält 30 % weniger Fett als das der domestizierten Arten. Dieser Unterschied verringert sich jedoch beim Garen, da viel Fett ausbrät. Entenfleisch enthält sehr viel Eisen und Vitamine der B-Gruppe. Vor allem wenn die Haut mitgegessen wird, ist Ente eher schwer verdaulich.

Zubereitung

Ente schmeckt gebraten besonders gut, da sie beim Braten viel Fett verliert. Dafür sollte die Haut vorher mehrmals mit einer Gabel eingestochen werden. Die Garzeit beträgt etwa 40 bis 50 Minuten pro kg bei 160 °C (Umluft 140 °C, Gas Stufe 1–2). Da das Fett während des Bratprozesses schmilzt, wird die Haut der Ente knusprig und goldbraun. Sehr große Enten, die weniger zart sind, werden häufig in Dampf gegart oder für die Zubereitung von Pâtés, Hackbraten oder deftigen Eintöpfen, zum Beispiel Bohneneintopf, verwendet.

Ei

Das Ei ist der Ursprung neuen Lebens. Es enthält den Keim eines Embryos und Nährstoffe für dessen Entwicklung. Eier werden in erster Linie von Vögeln und Reptilien gelegt (Wachtel, Ente, Truthahn, Gans, Rebhuhn, Strauß, Krokodil, Schildkröte etc.). Wenn es nicht näher spezifiziert ist, bezeichnet das Wort »Ei« immer das Hühnerei. Eier sind heutzutage ein fester Bestandteil unserer Ernährung, und niemals zuvor haben sie in so großer Menge zur Verfügung gestanden. Durch die Massentierhaltung in Geflügelfarmen und durch neue Zuchttechniken können Eier in großer Menge produziert und zu einem sehr günstigen Preis verkauft werden.

Seit undenklichen Zeiten wurde das Ei als Symbol für Fruchtbarkeit angesehen und war Objekt heidnischer und religiöser Verehrung. Einige dieser Überlieferungen haben sich bis heute erhalten; so ist etwa das Färben und Bemalen der Eierschalen ein alter Brauch, der vor allem von den Ägyptern, Chinesen, Persern und Griechen gepflegt wurde und auch heute noch praktiziert wird, vor allem in der Ukraine. Die Verbindung von Eiern mit Ostern ist auf eine Zeit zurückzuführen, in welcher die Hennen während des Winters nur sehr wenig Eier legten; die Wiederkehr des Frühlings, die mit dem Beginn der Legesaison zusammenfiel, wurde um die Osterzeit gefeiert. Dazu kam noch, dass Eier während der Fastenzeit verboten waren. Christen mussten deshalb auf Ostern warten, um wieder Eier essen zu dürfen.

Die Hauptbestandteile des Eis sind Dotter, Eiklar und Schale. Die Dotterkugel hat einen Durchmesser von etwa 3 cm. Ihr Inhalt ist von der Dottermembran eingeschlossen. Die Dottersubstanz besteht in der Hauptsache aus dem gelb gefärbten so genannten Nahrungsdotter. In ihm liegen mehrere Schichten des weißen so genannten Bildungsdotters. Außerdem enthält der Dotter ein keulenförmiges weißes Gebilde, auf dem die Keimscheibe liegt (Hahnentritt). Die Farbe des Eigelbs hängt von der Hühnernahrung ab, genauer gesagt von deren Gehalt an Karotinen bzw. pigmenthaltigen Bestandteilen; werden Weizenkörner gefüttert, wird der Dotter blassgelb, besteht die Nahrung dagegen überwiegend aus Maiskörnern, erhalten die Eidotter eine dunklere Färbung. Das Eigelb besteht zu etwa 50% aus festen Substanzen, zu 16% aus Eiweiß und zu 30% aus Fett; es gerinnt zwischen 65 und 70 °C.

Das Eiklar umgibt den Dotter und übernimmt mit seiner bakterienhemmenden Wirkung Schutzfunktionen. Man kann vier Eiklarschichten nach ihrer Festigkeit unterscheiden: eine dickflüssige Umhüllung des Dotters, eine dünnflüssige, eine mittlere dickflüssige und nochmals eine dünnflüssige. Mit zunehmendem Alter des Eis steigt der dünnflüssige Anteil. Das Eiklar besteht zu 87% aus Wasser und zu 12,5% aus dem Eiweiß Albumin. Es macht zwei Drittel des Gesamtgewichts vom Ei aus.

Die Schalenhaut besteht aus einer inneren so genannten Eimembran und einer äußeren, fest an der Schale haftenden Schalenmembran. Zwischen beiden Membranen bildet sich nach der Eiablage normalerweise am stumpfen Pol des Eis eine Luftkammer. Sie entsteht, indem der Eiinhalt durch Abkühlung schrumpft und das Ei-innere Feuchtigkeit durch die poröse Eischale abgibt.

Die Eischale schließt das Ei nach außen ab. Sie ist luftdurchlässig und enthält etwa 10 000 Poren. Diese gewährleisten beim Brutvorgang den Luftaustausch zwischen Eiinhalt und Außenwelt. Dagegen verhindern sie das Eindringen von Fäulnisbakterien und Schimmelpilzsporen. Das Eioberhäutchen, die Kutikula, schützt das Ei-innere vor Infektionen. Wird es beim Reinigen zerstört, können Keime in das Ei eindringen.

Frisch gelegte Eier werden zu einer Verpackungsanlage gebracht und dort nach ihrer inneren und äußeren Qualität sortiert. Eier mit gesprungener Schale werden aussortiert, der Rest wird vor einer starken Lichtquelle auf die Lage des Eidotters und die Größe der Luftkammer hin überprüft; nach der Untersuchung werden die Eier gereinigt, eingestuft und verpackt.

Einkaufstipp

Beim Eierkauf sollte man darauf achten, dass die Schalen unbeschädigt, sauber und eben sind. Beschädigte Eier verderben schneller, weil Bakterien ungehindert ins Ei eindringen können. Allerdings lässt sich nicht von außen erkennen, ob Eier mit Salmonellen verseucht sind. Die Farbe der Eierschale sagt übrigens nichts über die Qualität von Eiern aus, sondern ist abhängig von der Hühnerrasse. Braune Eier haben allerdings eine festere Schale als weiße, sie zerbrechen also nicht so leicht. Eier müssen immer mit dem Mindesthaltbarkeitsdatum gekennzeichnet sein. In Deutschland muss zusätzlich angegeben sein, von welchem Tag an die Eier gekühlt aufbewahrt werden müssen. Freiweillig kann noch vom Produzenten das empfohlene Verkaufsdatum und die Haltungsform der Hennen angegeben sein. Aus Gründen des Tierschutzes sollte Eiern aus Freilandhaltung der Vorzug gegeben werden.

Die Frische eines Eis lässt sich über die Größe der Luftkammer feststellen: Sie vergrößert sich mit zunehmendem Alter, da während der Lagerung Wasser verdunstet. Frische Eier haben eine Luftkammerhöhe von 4 bis 6 mm. Die Höhe der Luftkammer kann technisch durch ein Durchleuchten erkannt werden. Es gibt aber einfache Tests, die man zu Hause durchführen kann, um den Frischezustand von Eiern zu prüfen. Ein frisches, aufgeschlagenes Ei zeigt einen hoch gewölbten Dotter, der von einem dickflüssigen Eiklar umgeben ist. Die so genannte Schwimmprobe gibt ebenfalls Aufschluss über den Frischezustand: Ein frisches Ei sinkt in einem Glas Wasser zu Boden, ein 7 Tage altes Ei hebt sich mit dem stumpfen Ende hoch, und ein 2 bis 3 Wochen altes Ei steht senkrecht, mit dem stumpfen Ende nach oben, im Wasser.

Innerhalb der Länder der EU werden Eier einheitlich nach ihren Größen gehandelt. Das sind die Handelsklassen: S = kleine Eier, M = mittelgroße Eier , L = große Eier, XL = sehr große Eier.

Vorbereitung

Eier für Teige werden am besten zuerst einzeln und nacheinander in ein kleines Gefäß aufgeschlagen und dann erst zu den übrigen Zutaten in die Schüssel gegeben. Es kann immer mal vorkommen, dass ein faules Ei darunter ist, und diese Methode ist die beste Art, sich davor zu schützen.

Vor der Zubereitung von Eierspeisen, für die rohe Eier verwendet werden, wird häufig gewarnt. Denn die Infektionen mit Salmonellen nehmen ständig zu und können vor allem durch den Genuss roher Eier ausgelöst werden. Wer ganz sicher gehen will, sollte nur durchgegarte Eierspeisen verzehren. Beim Frühstücksei sollte man darauf achten, dass die Eier vor dem Kochen Zimmertemperatur haben, dann mindestens 4 Minuten kochen und nach dem Kochen noch 5 Minuten nachziehen können. Auf diese Weise erhöht sich die Innentemperatur auf 60 bis 70 °C. Ab diesen Temperaturen werden Salmonellen abgetötet.

Rührei

FÜR 4 PORTIONEN

8 Eier
50 g süße Sahne oder 50 ml Milch
2 EL Butter
Salz und frisch gemahlener Pfeffer
Kräuter nach Belieben

1. Die Eier in eine Schüssel aufschlagen und zusammen mit der Sahne oder der Milch leicht mit einer Gabel verquirlen. Die Butter in einer Pfanne zerlassen.

2. Die verquirlten Eier in der Butter bei schwacher Hitze 5 Minuten braten, dabei mit einem Holzlöffel umrühren. Das Rührei ist fertig, wenn es an den Rändern trocken und in der Mitte noch etwas weich ist.

3. Das Rührei mit Salz, Pfeffer und nach Belieben noch mit frischen Kräutern abschmecken und sofort servieren.

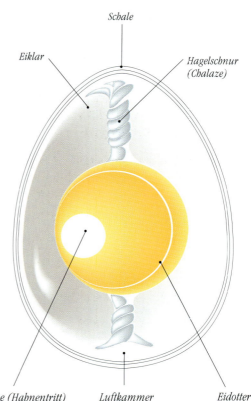

Schale — *Eiklar* — *Hagelschnur (Chalaze)* — *Keimscheibe (Hahnentritt)* — *Luftkammer* — *Eidotter*

Ei

Wachtelei

Serviervorschläge

Man isst Eier im Ganzen gegart oder verwendet sie zur Zubereitung von vielen verschiedenen Gerichten wie Eierpfannkuchen, Quiches, Kuchen, Gebäck, Cremes, Aufläufen, Soufflés, Saucen und Getränken (Eierpunsch). Sie binden (legieren) Flüssigkeiten und Teige und sorgen so bei vielen Gerichten für eine glatte, sämige Konsistenz (Saucen, Suppen, Füllungen, Kuchen, Cremefüllungen, Puddings, Pürees, Kroketten, Nudeln). Dieser küchentechnische Nutzen beruht auf der chemischen Struktur des Lezithins, das sich im Eigelb befindet und in der Lage ist, Wasser und Öl miteinander zu verbinden. Dadurch entstehen Emulsionen wie zum Beispiel Mayonnaisen.

Mit Eigelb bestrichene Brote, Brötchen, Pasteten und andere Backwaren bekommen beim Backen eine schöne goldgelbe Kruste.

Das Eiklar lässt sich zu Schnee schlagen, der Mousse, Meringen und Soufflés ihre lockere Konsistenz verleiht.

Eier, insbesondere Eigelb, sollten niemals direkt in heiße Flüssigkeit gegeben werden, da die Hitze sie gerinnen lässt. Stattdessen die Eier langsam mit ein wenig heißer Flüssigkeit unter ständigem Rühren anrühren und dann unter die restliche heiße Flüssigkeit schlagen. Eiercremes, die beispielsweise die Basis für Bayerische Creme oder Vanillesauce bilden, dürfen nicht aufkochen, sondern nur erhitzt werden, damit die Eier darin nicht gerinnen. Am besten gelingen empfindliche Eiercremes über einem heißen Wasserbad.

Zubereitung

Wegen ihres hohen Wasseranteils (75%) und Eiweißgehalts (13%) gart man Eier am besten kurz und bei geringer Hitze. Längeres Kochen bei hoher Temperatur macht die Eier gummiartig.

Weich gekochte Eier, halbfest gekochte Eier und **hart gekochte Eier** sind Eier, die in der Schale gekocht werden. Die Kochmethode ist in allen drei Fällen die gleiche, unterschiedlich ist dabei lediglich die Gardauer. Weich gekochte Eier haben ein leicht gestocktes Eiklar und noch flüssiges Eigelb, halbfest gekochte Eier dagegen ein festes Eiweiß und noch flüssiges Eigelb und hart gekochte Eier festes Eiklar und Eigelb.

Bevor Eier gegart werden, sollten sie Raumtemperatur haben und am stumpfen Ende (wo sich die Luftkammer befindet) angepiekst werden. So kann die im Ei enthaltene Luft entweichen und die Schale nicht springen. Nach Belieben kann man das Ei vorsichtig in kaltes oder in heißes Wasser legen. Etwas Salz oder Essig im Wasser verhindert, dass Eiklar aus einer zersprungenen Schale ins Wasser auslaufen kann, da Salz und Essig das Ei sofort gerinnen lassen.

Kaltwassermethode: Die Eier in einen Topf geben, vollständig mit kaltem Wasser bedecken und etwas Salz oder Essig hinzufügen. Das Wasser bis kurz vor den Siedepunkt erhitzen und die Eier je nach gewünschter Konsistenz 3 Minuten (weiche Eier), 4 Minuten (halbfest gekochte Eier) oder 7 bis 10 Minuten (harte Eier) garen. Anschließend die Eier mit einem Esslöffel sofort aus dem heißen Wasser nehmen und kurz unter kaltem Wasser abschrecken. Dadurch wird der Garprozess unterbrochen, und es bilden sich keine grauen oder grünlichen Ringe um die Eidotter. Außerdem lassen sich die Eier durch das Abschrecken leichter schälen. Hart gekochte Eier zum Schälen zuerst über eine Fläche rollen, wonach sich die Schale leichter entfernen lässt. Die geschälten Eier eventuell nochmals kalt abspülen, um kleinere Schalenreste zu entfernen.

Heißwassermethode: Einen Topf mit reichlich Wasser füllen, das Wasser kurz vor den Siedepunkt bringen und etwas Salz oder Essig dazugeben. Die Eier mit einem Esslöffel vorsichtig in das siedende Wasser geben und je nach gewünschter Konsistenz 3 bis 4 Minuten (weiche Eier), 7 bis 9 Minuten (halbfest gekochte Eier) oder 10 bis 15 Minuten (harte Eier) garen. Wie oben beschrieben die Eier abschrecken und schälen.

Es ist wichtig, dass die Eier in siedendem Wasser garen, da die Schalen bei sprudelnd kochendem Wasser leicht springen und das Eiweiß gummiartig wird. Abgekühltes Eierkochwasser ist ideal zum Blumengießen, da es sehr nährstoffreich (kalkhaltig) ist. Frisch gelegte Eier, die hart gekocht werden, lassen sich recht schwer schälen, weil das Eiklar an der Schale klebt. Deshalb ist es besser, 3 oder 4 Tage alte Eier zu verwenden. Die Garzeit von frisch gelegten Eiern ist etwas länger als von älteren Eiern.

Gänseei

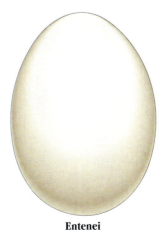
Entenei

braunes Ei

weißes Ei

Pochierte Eier werden ohne Schale in Wasser und Essig (3 Esslöffel Essig pro Liter Wasser) gegart. Wichtig ist dabei, dass das Eiweiß sehr rasch gerinnt und sich nicht in der Flüssigkeit verbreiten kann. Bei dieser Methode darf kein Salz zugefügt werden, da sich sonst Eidotter und Eiklar voneinander trennen würden. Zum Pochieren schlägt man die Eier nacheinander in ein kleines Gefäß auf und lässt sie dann in eine mit kochendem Essigwasser gefüllte tiefe Pfanne gleiten, wobei das Ei so dicht wie möglich an der Oberfläche bleiben sollte. Anschließend reduziert man die Hitze soweit, bis das Wasser nur noch siedet, und lässt die Eier in 3 bis 5 Minuten gar ziehen; dabei soll das Eiklar stocken und der Eidotter noch flüssig sein. Danach hebt man die Eier mit einem Schaumlöffel heraus und lässt sie auf einem Küchentuch abtropfen. Man kann sie sofort servieren oder abgekühlt kalt essen.

Rühreier sind leicht verschlagene Eier, die mit Milch oder Sahne verrührt, nach Belieben gewürzt oder mit anderen Zutaten vermischt und dann in Butter unter ständigem Rühren gegart werden. Milch bzw. Sahne tragen dazu bei, dass die Rühreier eine geschmeidige Konsistenz erhalten. Die Rühreimasse muss mindestens 5 Minuten bei schwacher Hitze mit einem Holzlöffel umgerührt werden, damit das Rührei schön cremig wird. Allgemein rechnet man 2 Eier pro Person. Sobald die Eier zu stocken beginnen, können sie mit Gemüse, Pilzen, Käse, Schinken, Geflügel oder Meeresfrüchten gewürzt werden. Salz und Pfeffer sollte man erst am Ende des Garprozesses hinzufügen.

Spiegeleier werden in wenig Fett bei schwacher Hitze auf einer Seite gebraten. Es gibt im Fachhandel spezielle Eierringe, mit deren Hilfe das Spiegelei eine schöne runde Form erhält. Das Spiegelei ist fertig, wenn das Eiklar vollständig fest ist und der Eidotter noch flüssig ist und glänzt. Aus gesundheitlichen Gründen (Salmonelleninfektion) wird heutzutage von Ernährungsexperten empfohlen, auf echte Spiegeleier zu verzichten und stattdessen die Eier auf beiden Seiten (wie unten beschrieben) zu braten. Spiegeleier lassen sich auch in leicht gefetteten Portionsförmchen im Ofen zubereiten.

Auf beiden Seiten gebratene Spiegeleier werden in sehr heißem Öl auf einer Seite gebraten, dann vorsichtig gewendet und auf der anderen Seite fertig gebraten. Dabei unbedingt darauf achten, dass das Eigelb nicht zerstört wird und auch nicht zu lange brät. Die Eier sind fertig, wenn das Eiklar goldbraun ist.

Eierstich ist mit Fleisch- oder Hühnerbrühe verschlagene Eiermasse, die in eine kleine gefettete feuerfeste Form gefüllt und im Wasserbad langsam (etwa 20 Minuten, je nach Größe der Form und Menge der Eier) gegart wird. Den fertigen Eierstich kann man mit dem Messer oder mit kleinen Ausstechförmchen zerkleinern und als Suppeneinlage verwenden.

Omelettes bestehen aus leicht verschlagenen Eiern, die mit Salz und Pfeffer und nach Belieben auch mit Kräutern gewürzt werden. Anschließend wird die Eiermasse in einer möglichst beschichteten Pfanne bei mittlerer Hitze in 1 bis 2 Minuten gegart. Pro Person rechnet man 2 bis 3 Eier für ein Omelette, das in einer Pfanne mit einem Durchmesser von 18 cm gebacken wird, für 2 Personen genügen normalerweise 4 bis 5 Eier, die in einer 23 cm großen Pfanne gebacken werden. Es gibt verschiedene Versionen von Omelettes, von der dicken italienischen *Fritatta* und der spanischen *Tortilla* bis hin zum klassischen französischen Omelette, das bei starker Hitze schnell gebraten und dann zusammengeklappt wird, sodass es innen etwas weich bleibt. Käse, bissfest gegartes Gemüse, Pilze, Meeresfrüchte, Fisch oder Fleisch können vor dem Zusammenklappen auf eine Hälfte des Omelettes gegeben werden. Beim flachen Omelette oder der *Frittata* wird die Füllung (meist Kartoffeln, Schinken, Zwiebeln und Paprika) vor dem Garen unter die verschlagene Eiermasse gemischt, wodurch das Omelette eine dickere Konsistenz erhält als die klassische Version.

Eischnee ist bei Raumtemperatur steif geschlagenes Eiklar. Eischnee hat seine optimale Konsistenz, wenn beim Schlagen mit dem elektrischen Handrührgerät Spitzen stehen bleiben, sobald man die Quirle herauszieht. Durch das Steifschlagen kann das Volumen von Eiklar achtfach vergrößert werden, vor allem, wenn man es in einer Kupferschlüssel schlägt (die Reaktion zwischen Kupfer und Albumin, einem Eiweiß, das im Eiklar besonders stark vertreten ist, sorgt für mehr Volumen und größere Festigkeit des Schaums).

Eischnee gelingt am besten, wenn man folgende Punkte beachtet:

- Das Eiklar sollte Raumtemperatur haben.

- Die Küchengeräte sollten fettfrei und gut gereinigt sein; Kunststoffgefäße sind weniger geeignet, da sie oft noch Fettspuren aufweisen, die einer optimalen Bildung des Eischnees entgegenwirken.

- Kupfergefäße fördern, Gefäße aus Aluminium erschweren dagegen die Schaumbildung.

- Im Eiklar sollte keine Spur von Dotter enthalten sein. Da Eigelb 35% Fett enthält, reicht ein einziger Tropfen aus, um das Volumen des Eischnees um mehr als zwei Drittel zu reduzieren. Zum Trennen der Eier sollte jedes Ei einzeln aufgeschlagen und Eiklar und Eidotter getrennt jeweils in einem Gefäß aufgefangen werden. Auf diese Weise gerät kein Eidotter in das Eiklar. Wer im Eiertrennen nicht so geübt ist, kann sich im Fachhandel einen speziellen Eiertrenner kaufen.

- Zucker sollte immer erst dann zugegeben werden, wenn das Eiklar bereits halb steif geschlagen ist; anschließend schlägt man es so lange weiter, bis Spitzen stehen bleiben und der Eischnee einen schönen Glanz bekommen hat.

- Eischnee sollte man immer mit einem Schneebesen oder Holzlöffel vorsichtig unter andere Zutaten ziehen, damit er nicht zusammenfällt.

Fasanenei

Aufbewahrung

Eier können in der Vorratskammer etwa 2 Wochen, im Kühlschrank bei 4 °C und 70 bis 80% Feuchtigkeit 4 bis 6 Wochen aufbewahrt werden. Hart gekochte Eier halten sich im Kühlschrank etwa 1 Woche.

Eier nehmen leicht Fremdgerüche an, weshalb sie im Eierfach oder in der Verpackung und nicht in der Nähe von stark riechenden Lebensmitteln lagern sollten. Eier werden am besten immer mit der Spitze nach unten in die entsprechende Eiermulde gelegt, damit auf die Luftkammer kein Druck ausgeübt wird und der Eidotter sich nicht verlagern kann.

Eier sollten nie gewaschen werden, damit die Schutzschicht auf der Schale nicht zerstört wird und keine Bakterien ins Eiinnere gelangen können. Besser ist es, Eier mit einem Tuch vorsichtig abzureiben.

Übrig gebliebenes Eiklar oder Eigelb kann in einem verschlossenen Gefäß etwa 4 Tage im Kühlschrank aufbewahrt werden, wobei das Eigelb mit etwas kaltem Wasser benetzt werden sollte, damit es nicht austrocknet (vor Gebrauch das Wasser einfach abgießen).

Leicht verschlagene Eier, Eidotter oder Eiklar in Form von Eischnee können 4 Monate lang tiefgekühlt aufbewahrt werden.

Nährwerte

Eier, insbesondere der Eidotter, sind sehr nährstoffreich; sie besitzen alle Nährstoffe, die der im Aufbau befindliche Organismus benötigt, und gehören damit zu den wertvollsten Lebensmitteln. Das in Eiern enthaltene Eiweiß hat die höchste biologische Wertigkeit, da es alle acht essenziellen Aminosäuren in optimalem Verhältnis enthält. Aus diesem Grund dient das Eiweiß des Eis als Maßstab für die Wertigkeit von tierischem und pflanzlichen Eiweiß und besitzt die Wertigkeit 100.

Fett ist im Eiklar nur in Spuren, im Eidotter dagegen in Verbindung mit Lezithin und Cholesterin reichlich vorhanden. Es setzt sich zu 32% aus gesättigten Fettsäuren, zu 38% aus einfach ungesättigten Fettsäuren und zu 14% aus mehrfach ungesättigten Fettsäuren zusammen; ein großes Ei enthält etwa 270 mg Cholesterin. Eier sind reich an Vitamin B_{12} und enthalten viel Vitamin B_2 sowie Vitamin D, Folsäure, Pantothensäure, Phosphor, Zink, Eisen und Kalium.

Das Eiklar enthält mehr als die Hälfte des im Ei enthaltenen Eiweißes und den größeren Anteil an Kalium und Vitamin B_2, während der Eidotter reichlich Vitamin A (Karotin) und Vitamin D sowie die meisten anderen Vitamine und Mineralstoffe enthält.

Eiklar kann bei manchen Menschen allergische Reaktionen auslösen, weshalb Babys im ersten Lebensjahr kein Eiklar bekommen sollten. Dagegen ist Eigelb aufgrund seines hohen Nährstoffgehalts und seiner leichten Verdaulichkeit für die Säuglingsernährung (ab dem 6. Lebensmonat) und leichte Vollkost besonders gut geeignet. Rohes Eiklar enthält das Eiweiß Avidin, welches Biotin, ein B-Vitamin, bindet und dadurch dessen Resorption durch den Organismus blockiert. Das Risiko eines Biotindefizits ist jedoch gering, da dieses Vitamin auch in vielen anderen Nahrungsmitteln enthalten ist; zudem spielt rohes Eiklar in der Ernährung normalerweise keine Rolle. Avidin wird durch Erhitzen zerstört.

Weich gekochte Eier sind leicht verdaulich, hart gekochte und gebratene Eier liegen dagegen schwerer im Magen.

	ganzes Ei
Kalorien	78
Kohlenhydrate	0,3 g
Fett	5,6 g
Eiweiß	6,4 g
	je 50 g

Milch und Milcherzeugnisse

Milch

Im gesetzlichen und allgemeinen Sprachgebrauch wird unter Milch Kuhmilch verstanden, während die Milch von anderen Tierarten in Deutschland als solche stets klassifiziert werden muss. Sofern keine nähere Spezifizierung erfolgt, ist mit dem Wort »Milch« in diesem Kapitel grundsätzlich Kuhmilch gemeint.

Die von Nutztieren gewonnene Milch zählt zu den wichtigsten Grundnahrungsmitteln, wobei weltweit am häufigsten Kuhmilch verwendet wird. Aus der Milch von Schafen, Ziegen, Eseln, Pferden, Zebus, Büffeln und Rentieren werden zwar ebenfalls Milcherzeugnisse hergestellt, doch stammen nur 8,6% der weltweit konsumierten Milch bzw. Milcherzeugnisse von Büffeln, Ziegen und Schafen. Nach internationaler Einschätzung und auf der Basis des heutigen wissenschaftlichen Kenntnisstandes (Frühjahr 2001), gelten Milch und Milchprodukte hinsichtlich des Risikos einer BSE-Übertragung als unbedenklich. Allerdings wird in diesem Bereich weiterhin intensiv geforscht.

Während Milch und Milchprodukte in Europa, Amerika und Australien zu den wichtigsten Nahrungsmitteln zählen, ist der Verbrauch in Asien und Afrika weitaus niedriger, weil die Menschen in diesen Erdteilen generell Schwierigkeiten haben, den in der Milch enthaltenen Milchzucker (Laktose) zu verdauen. Milchzuckerunverträglichkeit wird durch einen Mangel an Laktase verursacht, einem Verdauungsenzym, das den Milchzucker in Glukose (Traubenzucker) und Galaktose aufspaltet, die vom Darm aufgenommen werden können. Bei Menschen, denen dieses Enzym fehlt, können innerhalb von zwei Stunden nach dem Genuss von Milch verschiedene Beschwerden auftreten, darunter Bauchschmerzen, Durchfall, Blähungen, Schwindel und Krämpfe. Manche Menschen mit Milchzuckerunverträglichkeit können allerdings Milch in kleinen Mengen zu sich nehmen, ohne dass es zu Beschwerden kommt. Ebenso treten diese selten beim Genuss von Joghurt, Käse, Butter oder Sahne auf, da der Milchzucker im Joghurt wie im Käse durch Fermentierung aufgespalten wird und Butter und Sahne nur wenig bis gar keinen Milchzucker enthalten. Hüttenkäse, Frischkäse oder Streichkäse, die nicht fermentiert sind, enthalten dagegen gewisse Mengen an Milchzucker und können deshalb bei Unverträglichkeit die gleichen Symptome wie frische Milch hervorrufen.

Milch wird zum einen nach ihrem Fettgehalt in Vollmilch, fettarme bzw. teilentrahmte Milch und entrahmte Milch bzw. Magermilch unterschieden, zum anderen entsprechend den unterschiedlichen Behandlungsverfahren in Rohmilch bzw. Vorzugsmilch, pasteurisierte und homogenisierte Milch, ultrahocherhitzte Milch (H-Milch), Kondensmilch, Milchmischgetränke, Buttermilch und Trockenmilch unterteilt.

Vollmilch enthält mindestens 3,5% Fett, wobei der Fettgehalt auch von der Jahreszeit und der jeweiligen Fütterung der Tiere abhängig ist. Bei vollständig unbehandelter Milch steigt das Fett an die Oberfläche und bildet dort eine Rahmschicht.

Fettarme Milch ist teilentrahmte Milch. Sie enthält 1,5 bis 1,8% Fett und schmeckt etwas weniger aromatisch als Vollmilch. Sie hat praktisch denselben Nährwert wie Vollmilch, enthält aber weniger Fett und Kalorien.

Magermilch ist entrahmte Milch. Sie enthält zwar höchstens 0,3% Fett, besitzt aber sonst die gleichen Inhaltsstoffe wie Vollmilch.

Rohmilch ist frische, vollständig unbehandelte Vollmilch direkt vom Bauernhof. In vielen Ländern ist es nicht erlaubt, unbehandelte Rohmilch zu verkaufen, da sie ein idealer Nährboden für Bakterien ist und Tuberkulose und Salmonellenvergiftung hervorrufen kann. Als **Vorzugsmilch** wird bei uns Rohmilch von amtlich streng überwachten Bauernhöfen, die besonderen Hygienevorschriften unterliegen, meistens in Reformhäusern oder Naturkostläden verkauft. Sie hält sich auch gekühlt nicht länger als 1 bis 2 Tage. Da Roh- bzw. Vorzugsmilch nicht vorbehandelt sind, eignen sie sich am besten zur Herstellung von Sauermilchprodukten und Käse.

Um mögliche Krankheitserreger zu zerstören und die Milch länger haltbar zu machen, wird Rohmilch durch unterschiedliche Wärmeverfahren pasteurisiert bzw. ultrahocherhitzt und sterilisiert. Die Technik des Pasteurisierens wurde von dem berühmten französischen Chemiker Louis Pasteur im letzten Jahrhundert entwickelt und wird seither in vielen Ländern fast ausnahmslos bei frischer Milch angewendet.

Pasteurisierte Milch ist rohe Vollmilch, fettarme Milch oder Magermilch, die 15 bis 30 Sekunden lang auf 72 bis 75 °C erhitzt und anschließend rasch wieder abgekühlt wird. Auf diese Weise behandelte Milch behält weitgehend ihren Geschmack und ihre Farbe sowie einen Großteil ihrer hitzeempfindlichen Nährstoffe wie Vitamin B_2, Vitamin B_{12} und die essenzielle Aminosäure Lysin. Durch das Pasteurisieren gehen jedoch kleine Mengen – meist weniger als 10% – an wasserlöslichen Vitaminen verloren. Pasteurisierte Milch wird in Flaschen, Tetrapackverpackungen und Plastikschläuchen angeboten und ist im Kühlschrank einige Tage haltbar.

H-Milch oder **ultrahocherhitzte Milch** wird mindestens 1 Sekunde lang auf 135 °C erhitzt und danach sofort wieder abgekühlt. Dabei werden alle in der Milch vorhandenen Organismen zerstört, darunter auch mögliche Krankheitserreger sowie die für die Gerinnung verantwortlichen Bakterien. H-Milch schmeckt im Vergleich zu pasteurisierter Milch schal und wie gekocht. Außerdem gehen durch den starken Erhitzungsprozess fast alle Nährstoffe verloren. Da H-Milch außerdem nicht mehr gerinnen kann, ist sie zur Zubereitung von Sauermilchprodukten oder Käse nicht mehr geeignet.

H-Milch wird meist im Tetrapack angeboten und kann bei Raumtemperatur bis zu 3 Monate aufbewahrt werden. Geöffnet sollte die Milch im Kühlschrank aufbewahrt und innerhalb von 24 bis 36 Stunden aufgebraucht werden, da sie besonders empfänglich ist für eine Verseuchung durch den *Coli*-Bazillus, der unangenehme Beschwerden wie Durchfall verursacht. Da H-Milch nicht stockt oder andere Anzeichen von Verderbnis erkennen lässt, ist es schwer zu erkennen, wann H-Milch verdorben ist.

Sterilisierte Milch wird 10 bis 30 Minuten auf 110 bis 120 °C erhitzt und anschließend wieder abgekühlt. Auf diese Weise werden 99,9% der Bakterien abgetötet, während es bei der Pasteurisierung nur 99,4% sind. Sterilisierte Milch schmeckt wie H-Milch langweilig und schal, ist sehr viel länger haltbar als pasteurisierte Milch und enthält kaum noch Nährstoffe. Geöffnete Milchpackungen müssen ebenfalls im Kühlschrank aufbewahrt werden.

Homogenisierte Milch ist pasteurisierte, ultrahocherhitzte oder sterilisierte Milch, die noch warm mit hohem Druck durch dünne Röhrchen gepresst wird, wodurch sich die Hüllmembranen der Fettkügelchen in winzige Partikel auflösen, die dann in der Flüssigkeit verbleiben und sich nicht an der Oberfläche der Milch absetzen können. Dadurch wird ein Aufrahmen der Milch verhindert. Homogenisierte Milch schmeckt voller und ist leichter verdaulich als nicht homogenisierte Milch.

Kondensmilch ist Vollmilch, fettarme Milch oder Magermilch, die auf etwa ⅓ ihres ursprünglichen Volumens eingedampft wird. Danach wird sie homogenisiert, rasch abgekühlt und sterilisiert. Kondensmilch enthält 4 oder 7,5 oder 10 % Fett. Sie ist ein wenig dunkler als normale Milch und schmeckt leicht nach Karamell.

Da Kondensmilch sehr konzentriert ist, ist sie auch sehr kalorienreich (100 ml Kondensmich mit 4% Fettgehalt haben 111 Kalorien, bei 7,5 % Fett sind es 133 Kalorien, bei 10 % sogar 176 Kalorien). Kondensmilch gerinnt beim Kochen nicht, weshalb sie gut zur Zubereitung von Saucen und Puddings, nicht jedoch für die Herstellung von Sauermilchprodukten oder Käse verwendet werden kann. Sie wird ungezuckert und gezuckert angeboten.

Milchmischgetränke sind Fertigerzeugnisse, bei denen die meist ultrahocherhitzte Milch mit Aromastoffen wie Kakao, Vanille- oder Fruchtgeschmack sowie Zucker versetzt wird. Der Nährwert der auf diese Weise aromatisierten Milch hängt vor allem davon ab, welche Milch verwendet und wie viel Zucker zugefügt wird. Der Anteil der Zusätze darf 30% nicht übersteigen.

Milch

Buttermilch ist ein bei der Butterherstellung anfallendes Nebenprodukt. Man unterscheidet zwischen Buttermilch aus Sauerrahmbutter, bei der der Rahm vor der Verbutterung durch Zugabe von Milchsäurebakterien gesäuert wurde, und der Buttermilch aus Süßrahmbutter, die erst nachträglich gesäuert wird. Reine Buttermilch wird ohne weitere Zusätze angeboten, während gewöhnliche Buttermilch bis zu 15% Magermilch bzw. bis zu 10% Wasser enthalten darf. Darüber hinaus gibt es Buttermilchzubereitungen, die mit Früchten, Vitaminen, Butterflocken und häufig auch Zucker angereichert sind. Buttermilch ist außerordentlich fettarm – sie enthält nur etwa 0,5% Fett – und besitzt alle wichtigen Mineralstoffe und Vitamine der Milch. Sie ist dickflüssiger als Milch und wird wie diese im Kühlschrank aufbewahrt.

Trockenmilch ist dehydrierte Vollmilch, die höchstens 5% Wasser enthalten darf, bzw. dehydrierte Magermilch, die einen Wassergehalt von nur noch 4% aufweist. Bevor der Milch das Wasser entzogen wird, wird sie gewöhnlich erhitzt, bis sie zu 35% aus fettfreier Milchtrockenmasse besteht. Trockenmilch aus Vollmilch enthält mindestens 26% Fett, während Trockenmilch aus Magermilch einen Fettgehalt von nur 0,8% Fett aufweist. Ungeöffnet kann Trockenmilch bei Zimmertemperatur mindestens 6 Monate aufbewahrt werden, angebrochene Packungen müssen jedoch innerhalb von 4 Wochen verbraucht werden. Trockenmilch wird auch als Instantprodukt angeboten.

Trockenmilch wird mit lauwarmem Wasser vermischt wieder zu Milch, wobei das Mischungsverhältnis 1:2 beträgt. Aus Milchpulver hergestellte Milch kann wie jede andere Milch verwendet werden und sollte im Kühlschrank aufbewahrt werden. Außerdem kann man mit Trockenmilchpulver Saucen und Puddings andicken und verschiedene Lebensmittel mit Nährstoffen anreichern. Da 3 Esslöffel Trockenmilch etwa ¼ l frischer Milch entsprechen, ist dies eine gute Möglichkeit, nährstoffarme Nahrungsmittel mit Kalzium und Eiweiß zu ergänzen. Instanttrockenmilch eignet sich gut als Ergänzung für Müslis und Drinks, verklumpt allerdings, wenn sie mit trockenen Zutaten kombiniert wird. Magermilchpulver wird außerdem industriell oft als Zusatz in Backwaren, Suppen, Fleischfertigprodukten, Süßigkeiten und Milchprodukten verwendet.

Trockenmilch kann sogar zu Schlagsahne geschlagen werden. Um 1 l Schlagsahne zu bekommen, schlägt man 185 g Trockenmilch mit 125 ml Eiswasser und zusätzlich 1 Teelöffel Zitronensaft auf, damit der Schaum fester wird. Man sollte sie jedoch erst kurz vor dem Servieren schlagen, da die Sahne schnell wieder zusammenfällt.

Vollmilch

Kondensmilch

Milch

Süßer Reis-Apfel-Auflauf

FÜR 4 PORTIONEN

1 l Milch
¼ TL Salz
abgeriebene Schale von
    1 unbehandelten Zitrone
1 Vanilleschote
125 g Milchreis
4 Eier
60 g weiche Butter
80 g Zucker
500 g säuerliche Äpfel
    (z. B. Boskop)
100 g Apfelgelee
Außerdem:
Butter für die Form
Zimtzucker zum
    Bestreuen

1. Die Milch mit dem Salz und der Zitronenschale in einen Topf geben. Die Vanilleschote längs aufschneiden, das Mark herauskratzen und zur Milch geben. Die Milch langsam zum Kochen bringen und den Reis zufügen. Den Reis zugedeckt bei sehr schwacher Hitze in etwa 20 Minuten ausquellen lassen.

2. Den Reis vollständig abkühlen lassen. Die Eier trennen und die Eigelbe unter den Reis rühren. Die Butter mit 40 g Zucker schaumig rühren und ebenfalls unterrühren. Die Äpfel schälen, das Kerngehäuse entfernen und die Äpfel in Spalten schneiden.

3. Eine mittelgroße Auflaufform mit Butter ausstreichen und die Äpfel darin verteilen. Das Apfelgelee über die Äpfel streichen. Die Eiweiße mit dem restlichen Zucker steif schlagen und vorsichtig unter den Reisbrei heben. Den Reis in die Auflaufform geben und glatt streichen.

4. Den Reisauflauf im vorgeheizten Backofen bei 180 °C (Umluft 160 °C, Gas Stufe 2–3) 50 Minuten überbacken. Den Auflauf herausnehmen und mit Zimtzucker bestreut warm oder kalt servieren.

Zubereitung

Beim Kochen von Milch sollte man einige Regeln beachten, damit Nährstoffe und Geschmack möglichst erhalten bleiben.

Milch brennt beim Kochen leicht an und hinterlässt am Topfboden einen braunen Satz. Das lässt sich vermeiden, wenn man den Topf zuerst mit kaltem Wasser ausspült und erst dann die Milch hineingibt. Außerdem sollte Milch langsam bei niedriger Temperatur erwärmt werden, da sie sehr leicht überkocht. Wird Milch ohne Umrühren erhitzt, bildet sich an der Oberfläche eine Haut, die auch beim Abkühlen erhalten bleibt. Wird Milch zusammen mit säurehaltigen Zutaten wie Zitronensaft erhitzt, gerinnt sie sofort.

Homogenisierte Milch gerinnt schneller als nicht homogenisierte Milch und braucht auch sehr viel länger, bis sie kocht, da die Hitze die in der ganzen Milch verteilten Fettpartikel langsamer durchdringt. Gekochte homogenisierte Milch schmeckt milder und hat eine glattere Konsistenz als unbehandelte Milch.

Milch

Einkaufstipp

Frische Vollmilch, teilentrahmte Milch und Magermilch werden meistens pasteurisiert und homogenisiert angeboten. Da sie auch gekühlt nur einige Tage haltbar sind, ist es ratsam, beim Einkauf das aufgedruckte Haltbarkeitsdatum zu überprüfen. Rohmilch direkt vom Bauernhof sollte in jedem Fall 20 bis 30 Minuten auf 65 °C erhitzt werden, um mögliche Krankheitserreger abzutöten, und muss danach sofort in den Kühlschrank gestellt werden. Qualitativ hochwertige Biofrischmilch bekommt man in Naturkostläden und im Reformhaus sowie bei bestimmten Molkereien, die nach den Richtlinien der biologischen Anbauweise Milch von artgerecht gehaltenen Kühen besonders schonend behandeln.

Frischmilch in dunklen Flaschen behält ihre Vitamine länger als Milch, die in Weißglasflaschen angeboten wird.

H-Milch und sterilisierte Milch sowie ultrahocherhitzte Fertigerzeugnisse aus Milch wie Kakao werden meist ungekühlt in Flaschen oder im Tetrapack angeboten, da sie ungeöffnet auch bei Zimmertemperatur mehrere Wochen haltbar sind.

Buttermilch wird gekühlt mit aufgedrucktem Haltbarkeitsdatum angeboten und schmeckt frisch am besten.

Kondensmilch wird meist als Konserve, aber auch im Tetrapack angeboten und ist ungeöffnet lange haltbar. Geöffnete Dosen gehören jedoch in den Kühlschrank und müssen bald verbraucht werden.

Serviervorschläge

Milch gehört in vielen Ländern zu den Grundnahrungsmitteln. Sie ist ohne weitere Zutaten ein beliebtes Getränk, schmeckt aber auch mit pürierten Früchten wie Bananen oder Erdbeeren sehr gut. Außerdem wird sie mit Kakao gemischt, gehört ins Frühstücksmüsli und wird im Kaffee oder im Tee verwendet. Darüber hinaus findet man sie in unzähligen kalten und warmen Gerichten. Sie bildet die Grundlage für Schokolade und viele Desserts wie Pudding oder Flammeris, Vanille-, Karamell- oder Schokoladensaucen, wird in Eiscreme verwendet, gehört in den Pfannkuchen- oder Omeletteteig und verfeinert den Teig von Brot, Brötchen, Kuchen, Gebäck und Torten. Warm wird sie in Suppen und Saucen verwendet, etwa in der Béchamelsauce; sie gehört ins Kartoffelpüree, in den Milchreis oder in Gratins, Aufläufe und Soufflés. Außerdem ergeben Milch und Buttermilch zusammen mit anderen Zutaten eine vorzügliche Marinade für Fleisch, Wild und Innereien, indem sie zähes Fleisch zarter machen und den oftmals strengen Eigengeruch von Wild oder Innereien wie Leber oder Nieren mildern. Auch in Salz eingelegter Fisch wie Salzhering bzw. gepökeltes Fleisch, beispielsweise Kassler, schmecken durch eine Milchmarinade etwas milder.

Aufbewahrung

Milch ist sehr leicht verderblich und sollte nach dem Einkauf sofort in den Kühlschrank gestellt werden. Sehr frische Milch hält sich gekühlt bis zu 10 Tage. Außerdem wird ein Großteil der in der Milch enthaltenen Vitamine durch Licht, Luft und Wärme schnell zerstört. Bereits nach einer Stunde nimmt der Vitamin-A-Gehalt um 20 bis 30 % ab.

Milch, die einige Zeit bei Zimmerwärme gestanden hat und möglicherweise bereits angesäuert ist, sollte außerdem nie in den Originalbehälter zurückgegossen werden, da sie die gekühlte Milch verderben kann. Besser ist es, sie separat in einem geschlossenen Behälter aufzubewahren.

Geöffnete H-Milch- und Sterilmilchpackungen müssen ebenfalls im Kühlschrank aufbewahrt werden. Da man weder am Aussehen noch am Geschmack erkennen kann, ob sie bereits verdorben sind, sollten sie nach spätestens 8 Tagen nicht mehr verwendet werden.

Aus Trockenmilch zubereitete Milch ist genauso leicht verderblich wie frische Milch und sollte deshalb im Kühlschrank aufbewahrt werden. In der Originalverpackung kann sie bei Zimmertemperatur (nicht über 20 °C) etwa 6 Monate aufbewahrt werden. Angebrochene Packungen werden in einem verschlossenen dunklen Behälter kühl und trocken aufbewahrt. Andernfalls verklumpt das Pulver und verliert an Aroma.

Geöffnete Kondensmilchdosen sollten ebenfalls im Kühlschrank aufbewahrt werden.

Da Milch generell leicht Fremdgerüche annimmt, sollte man sie geöffnet nicht in der Nähe stark riechender Lebensmittel lagern.

H-Milch sowie Kondensmilch können auch eingefroren werden. Man sollte sie jedoch nicht in der Originalverpackung bzw. -dose, sondern in luftdicht verschlossenen Gefrierbehältern tiefgefrieren. Auf diese Weise bleiben sie bis zu 3 Monate frisch. Frische Milch oder Buttermilch sind dagegen nicht zum Einfrieren geeignet, da sie dabei ausflocken.

Trockenmilchpulver

Nährwerte

Der aromatische Geschmack der Milch rührt von dem in der Milch enthaltenen Fett her, das zu den am leichtesten verdaulichen Fetten zählt und vom Organismus sofort in Energie umgesetzt wird. Das in Vollmilch enthaltene Fett besteht zu 62% aus gesättigten Fettsäuren, zu 29% aus einfach ungesättigten und zu 3,8% aus mehrfach ungesättigten Fettsäuren, während das in Magermilch enthaltene Fett zu 60% aus gesättigten Fettsäuren, zu 24% aus einfach ungesättigten und zu 4% aus mehrfach ungesättigten Fettsäuren besteht. Milch enthält darüber hinaus die essenzielle Fettsäure Linolsäure.

Das in der Milch enthaltene Eiweiß – es macht etwa 3,3% der gesamten Milch aus – ist ebenfalls besonders wertvoll. Es besteht zu 82% aus dem Eiweiß Kasein, das in keinem anderen Nahrungsmittel enthalten ist und der Milch ihre charakteristische weiße Farbe verleiht. Die übrigen 18% entfallen auf die Molke – die Flüssigkeit, die übrig bleibt, wenn Fett und Kasein der Milch entzogen werden.

Außerdem sind in der Milch alle essenziellen Aminosäuren in ausreichender Menge vorhanden. Milch ist insbesondere reich an Lysin, weshalb sie eine gute Ergänzung für Nahrungsmittel bildet, die diese Säure nicht haben, wie etwa Getreideflocken, Nüsse und Körner (siehe *Komplementäreiweiße*). Außerdem ist Milch eine gute Quelle für Lezithin, das wesentlich am Zellaufbau beteiligt ist.

97% der in der Milch enthaltenen Kohlenhydrate bestehen aus Milchzucker, ein Disaccharid, das im Organismus von den Milchsäurebakterien in Traubenzucker (Glukose) und Galaktose aufgespalten wird und nur in der Milch anzutreffen ist. Milchzucker ist von allen Zuckerarten am wenigsten süß und erleichtert die Aufnahme von Kalzium bzw. verstärkt die Aufnahme von Magnesium, Phosphor und Zink im Organismus. Außerdem wirkt sich Milchzucker günstig auf die Darmflora aus.

Milch enthält reichlich Kalzium, Phosphor und Kalium, sehr viel Magnesium und Zink, dagegen nur wenig Eisen sowie geringfügige Mengen Natrium. Nur wenige Lebensmittel liefern so viel Kalzium wie Milch, wobei das Verhältnis von Kalzium und Phosphor besonders ausgewogen ist und das Kalzium deshalb vom Körper sehr gut verwertet werden kann. Milch enthält außerdem sehr viel Vitamin A und Vitamin B_{12} sowie viel Vitamin B_2.

Milch ist ein äußerst gesundes Lebensmittel, das reichlich vorhanden, billig und sehr nahrhaft ist. Milch ist eine hervorragende Quelle für Eiweiß, Fett, Kohlenhydrate, Vitamine und Mineralstoffe, wobei sie insbesondere als hervorragender Lieferant für Kalzium gilt, das für die Entwicklung gesunder Zähne und Knochen insbesondere bei Kindern und Jugendlichen notwendig ist. Außerdem hilft Kalzium bei der Vorbeugung von Osteoporose, Bluthochdruck, Dickdarmkrebs oder überhöhten Cholesterinwerten und spielt eine wichtige Rolle für die Funktion von Herz, Nerven und Muskeln.

In den USA und einigen anderen Ländern enthalten Milch und Milchprodukte Hormone, die dem Milchkuhfutter beigefügt werden, um die Milchleistung um 10 bis 20% zu steigern. Der Einsatz dieses Hormons – sein wissenschaftlicher Name ist Somatotropin oder somatotropes Hormon, kurz STH genannt – ist stark umstritten. In Kanada soll es nicht mehr zugelassen werden und in den Ländern der Europäischen Union ist der Einsatz von STH 1994 verboten.

Einige Forscher behaupten, dass STH für den Konsumenten keine Gefahr darstelle, da es vom menschlichen Verdauungssystem zerstört wird und damit unschädlich ist. Außerdem soll STH einem natürlich in der Milch vorkommenden Hormon ähneln, das die Laktation regelt, sodass es keinen nachweisbaren Unterschied gibt zwischen der Milch von Kühen, die mit diesem Hormon behandelt wurden, und Milch von nicht behandelten Kühen. Außerdem soll STH keinen Einfluss auf die Nährstoffe der Milch haben. Als Gegenargument wird behauptet, dass Kühe, die mit diesem Hormon behandelt werden, verstärkt Euterentzündungen bekommen, die einen erhöhten Einsatz von Antibiotika erfordern, welche dann wiederum in die Milch gelangen.

	Rohmilch (3,8%)	*Vollmilch (3,5%)*	*fettarme Milch (1,5%)*	*Magermilch (0,1%)*	*H-Milch (3,5%)*	*Buttermilch (0,5%)*	*Kondensmilch (4%)*
Kalorien	67	64	48	36	64	36	111
Kohlenhydrate	4,8 g	4,8 g	4,9 g	5,0 g	4,8 g	4,0 g	10,8 g
Fett	3,8 g	3,5 g	1,5 g	0,1 g	3,5 g	0,5 g	4,0 g
Eiweiß	3,3 g	3,3 g	3,4 g	3,5 g	3,3 g	3,2 g	7,5 g
Cholesterin	12 mg	13 mg	10 mg	2,0 mg	13 mg	3,0 mg	16 mg
Kalzium	120 mg	120 mg	120 mg	120 mg	120 mg	110 mg	260 mg
Vitamin A	0,03 mg	0,08 mg	0,03 mg	*	0,04 mg	0,10 mg	0,10 mg
Vitamin B_2	0,18 mg	0,17 mg	0,18 mg	0,18 mg	0,18 mg	0,16 mg	0,37 mg
Vitamin B_{12}	0,5 µg	0,4 µg	0,5 µg	0,4 µg	0,5 µg	0,2 µg	0,4 µg

je 100 ml

Ziegenmilch

Ziegenmilch, die seit uralter Zeit der menschlichen Ernährung dient, ist weißer als Kuhmilch und weist im Vergleich zu dieser einen strengeren Eigengeschmack auf. Ziegenmilch muss im Gegensatz zu Kuhmilch nicht homogenisiert werden, da ihre winzigen Fettkügelchen sich nicht an der Oberfläche absetzen, sondern in der Milch verteilt bleiben.

	vollfette Ziegenmilch
Kalorien	177
Kohlenhydrate	11,5 g
Fett	10,7 g
Cholesterin	29 mg
Eiweiß	9,2 g
Natrium	128 mg
Wasser	87 %
	je ¼ l

Einkaufstipp

Ziegenmilch muss als solche immer deutlich gekennzeichnet sein und darf zusammen mit Kuhmilch nur zu Käse und Butter verarbeitet werden. Sie ist im Reformhaus und in Naturkostläden erhältlich.

Nährwerte

Ziegenmilch enthält weniger Cholesterin als Kuhmilch und hat einen etwas höheren Fettgehalt als diese. Allerdings ist das in der Ziegenmilch enthaltene Fett leichter verdaulich, weil es mehr einfache Fettsäuren enthält, die in Form winziger Kügelchen in der ganzen Milch verteilt sind. Der Zucker- und Eiweißgehalt von Ziegenmilch ist mit dem von Kuhmilch identisch.

Ziegenmilch enthält sehr viel Kalium, Kalzium und Phosphor, viel Vitamin B_2 sowie etwas Vitamin A, Magnesium, Nikotinsäure, Pantothensäure, Vitamin B_1, Zink, Vitamin B_{12}, Vitamin B_6 und Kupfer.

Serviervorschläge

Ziegenmilch wird wie Kuhmilch verwendet, für die sie ein guter Ersatz ist. Man kann sie trinken oder anstelle von Kuhmilch zur Zubereitung von Milchgerichten verwenden. Außerdem bildet sie die Grundlage vieler aromatischer Käse sowie von Joghurt und Butter.

Buttermilch

Die weißliche, leicht säuerlich schmeckende Buttermilch ist ein Sauermilcherzeugnis, das als Nebenprodukt bei der traditionellen Butterherstellung entsteht. Lässt man die dabei entstandene Buttermilch ruhen, trennt sie sich in eine relativ leichte obere Schicht aus Molke, während sich das festere, zu feinen Klümpchen geronnene Kasein am Boden absetzt. In modernen Molkereibetrieben wird Buttermilch als eigenständiges Produkt mittels bestimmter Bakterienkulturen hergestellt, die der entrahmten oder teilentrahmten Milch zugefügt werden. Sie verwandeln einen Teil des natürlich in der Milch vorkommenden Zuckers (Laktose) in Milchsäure und sorgen auf diese Weise für den typischen säuerlichen Geschmack. Handelsübliche Sorten sind Buttermilch (0,5% Fett), geschlagene Buttermilch (unter 1% Fett) und Buttermilchzubereitung (0,1% Fett). Zusammensetzung und Nährwert von Buttermilch entsprechen etwa dem von entrahmter Frischmilch.

Buttermilch

Einkaufstipp

Buttermilch ist wie alle Sauermilchprodukte zwar länger haltbar als Milch, schmeckt jedoch am besten ganz frisch. Die beste Qualitätsstufe ist »Reine Buttermilch«, die keinerlei Zusätze enthält und manchmal noch leicht eingedickt wird. Ist das Produkt als »Buttermilch« gekennzeichnet, dürfen bis zu 10 % Wasser oder 15 % Magermilch zugesetzt werden. Wer auf Kalorien achten muss, sollte beim Kauf genau die Zutatenliste lesen, da Buttermilchprodukten manchmal auch Sahne zugesetzt wird.

Serviervorschläge

Buttermilch ist nicht nur pur ein köstliches Getränk, sondern auch Basis für unterschiedlichste Mixgetränke. Gemischt mit Fruchtsäften ist Buttermilch ein vorzüglicher Durstlöscher und ergibt mit Butter, Sahne, Speisestärke, Kräutern und Gewürzen pikante Suppen oder, mit Früchten gemischt, süße Kaltschalen und Desserts. Allerdings darf man Buttermilch ebenso wie andere Sauermilchprodukte nicht aufkochen lassen, da sie sonst ausflockt, sondern muss sie zuvor mit etwas Speisestärke oder Mehl anrühren. Aufgrund ihres Gehalts an Phospholipiden ist Buttermilch ein sehr guter natürlicher Emulgator, der – meistens in pulverisierter Form – bei der Herstellung von Brot, Backwaren und Eiscreme eingesetzt wird.

Aufbewahrung

Originalverpackt kann Buttermilch etwa 2 Wochen im Kühlschrank aufbewahrt werden. Geöffnete Buttermilch sollte möglichst innerhalb 1 Woche verbraucht werden.

Nährwerte

Kalorien	98
Kohlenhydrate	12 g
Fett	1,25 g
Cholesterin	10 mg
Eiweiß	8,8 g
Wasser	91 %
	je ¼ l

Der Nährwert von Buttermilch entspricht in etwa dem ihres Ausgangsprodukts, nämlich entrahmter oder teilentrahmter Milch. Wie diese liefert sie vor allem Kalzium und viele B-Vitamine, darüber hinaus auch Kalium und Magnesium sowie das Spurenelement Zink. Buttermilch ist eine fettarme und leicht verdauliche Alternative zu frischer Trinkmilch.

Sauerrahm

Sauerrahm oder **saure Sahne** ist im Prinzip sauer gewordene, also durch Bakterien gesäuerte süße Sahne. Während dieser Prozess bei nicht pasteurisierter Sahne bei Raumtemperatur von selbst geschieht, wird der üblicherweise im Handel angebotene Sauerrahm aus homogenisierter und pasteurisierter Sahne hergestellt, die bei 22 °C mit natürlichen Bakterienkulturen des *Streptococcus lactis* gesäuert wird, bis der Säuregehalt mindestens 0,5 % beträgt. Die durch Bakterien entstandene Milchsäure wird als »linksdrehend« bezeichnet, während die Milchsäure, die sich natürlicherweise im menschlichen Stoffwechsel bildet, »rechtsdrehend« genannt wird. Die Bezeichnungen basieren auf der chemischen Struktur der beiden Milchsäureformen. Es gibt keine Anhaltspunkte dafür, dass linksdrehende Milchsäure für uns schädlich ist. Sie wird lediglich etwas langsamer im Organismus abgebaut als rechtsdrehende Milchsäure. Saure Sahne wird in unterschiedlichen Fettstufen angeboten: Die fettärmste Stufe ist Sauerrahm mit mindestens 10 % Fettgehalt, **Schmand** ist ein Sauerrahm mit mindestens 20 % Fett, und **Crème fraîche** hat einen Fettgehalt von mindestens 32 %. Nicht zum Sauerrahm gehört Crème double, die ein Sahneerzeugnis ist (siehe *Sahne*).

Sauerrahm

Vorbereitung

Sauerrahm kann man ganz einfach selbst herstellen, indem man 1 Esslöffel frische Buttermilch mit 200 g Sahne verrührt und diese Mischung bei Zimmertemperatur mindestens 24 Stunden ungestört ruhen lässt. Auf diese Weise hergestellter Sauerrahm hält sich gut verschlossen im Kühlschrank bis zu 3 Tage.

Zubereitung

Sauerrahm, Schmand und Crème fraîche sollten beim Kochen immer erst ganz zum Schluss des Garprozesses zugefügt und nur vorsichtig erwärmt werden.

Aufbewahrung

Sauerrahm, Schmand und Crème fraîche sind wie alle Sauermilchprodukte relativ lange haltbar. Gesäuerte Milchprodukte, die nicht wärmebehandelt, also pasteurisiert wurden, halten sich gut verschlossen mindestens 2 Wochen im Kühlschrank, pasteurisierte Produkte einige Tage länger. Bei zu langer Lagerung werden milchgesäuerte Produkte jedoch schimmelig und schmecken bitter, sodass sie nicht mehr zum Verzehr geeignet sind. Beim Einfrieren verlieren gesäuerte Milchprodukte ihre Konsistenz und werden nach dem Auftauen flockig. Ihr Geschmack ändert sich jedoch dadurch nicht, weshalb sie zur geschmacklichen Abrundung von warmen Speisen noch ohne weiteres verwendet werden können.

Serviervorschläge

Sauerrahm, Schmand und Crème fraîche verleihen mit ihrem leicht säuerlichen Geschmack sowohl pikanten als auch süßen Gerichten den letzten Pfiff und sind aus der Küche vieler Länder längst nicht mehr wegzudenken. Besonders beliebt sind die mild gesäuerten Produkte in der deutschen, englischen, russischen und polnischen Küche, wo sie zur Verfeinerung von Suppen, Dips, Saucen, Salaten, Fleisch- und Gemüsegerichten verwendet werden. So gehört etwa Sauerrahm ebenso zum russischen *Borschtsch* wie zur *Smetanasauce*, die in Russland traditionsgemäß zu Wild serviert wird. In den Vereinigten Staaten sind dagegen im Ofen gebackene Kartoffeln mit Sauerrahm oder Crème fraîche sehr beliebt. Auch für Desserts oder zum Backen wird Sauerrahm gerne verwendet.

Nährwerte

	Sauerrahm	*Schmand*	*Crème fraîche*
Kalorien	117	239	378
Kohlenhydrate	4,1 g	3,2 g	2,5 g
Fett	10 g	24 g	40 g
Cholesterin	33 mg	79 mg	131 mg
Eiweiß	3,1 g	2,6 g	2,0 g
Wasser	81,8 %	69 %	54,5 %
			je 100 g

Sauerrahm, Schmand und Crème fraîche sind wie alle Sauermilchprodukte besser bekömmlich als beispielsweise süße Sahne oder Crème double, da die enthaltene Milchsäure hilft, das Milcheiweiß besser zu verdauen. Darüber hinaus verbessert Milchsäure die Aufnahme von Kalzium. Überall dort, wo ein fein säuerlicher Geschmack gewünscht ist, können Sauerrahmprodukte eingesetzt werden. Die große Produktpalette ermöglicht auch all denjenigen, die auf Kalorien achten müssen, nicht auf cremige Suppen und Saucen zu verzichten: Saure Sahne mit nur 10 % Fett ist eine optimale Alternative zur wesentlich fetthaltigeren Crème fraîche oder auch zu Schmand.

Butter

Butter wird aus dem in der Milch enthaltenen Fett, dem Rahm (Sahne), hergestellt. Dabei wird durch Zentrifugieren das Fett von der Flüssigkeit getrennt – sie ergibt die Buttermilch –, und durch kontinuierliches Schlagen werden die Fetttröpfchen zerstört, sodass sich eine einheitliche Fettphase bilden kann. Zur Herstellung von 500 g Butter wird der Rahm von 10 bis 13 l Milch benötigt.

Bei uns werden Sauerrahmbutter, mild gesäuerte Butter und Süßrahmbutter angeboten. Zur Herstellung von Sauerrahmbutter wird der Rahm pasteurisiert, abgekühlt und im Rahmreifer durch künstlichen Zusatz von Milchsäurebakterien gesäuert. Darauf wird er im Butterfass zu Butter geschlagen. Die Buttermilch wird abgelassen, und die Butter wird gewaschen, geknetet und geformt. Mild gesäuerte Butter ist im Prinzip eine schnelle Variante der Sauerrahmbutter. Dem Rahm darf dabei während der Verbutterung neben Milchsäurebakterien noch ein Milchsäurekonzentrat hinzugefügt werden. Süßrahmbutter wird auf die gleiche Weise hergestellt, besteht aber aus ungesäuertem Rahm, weshalb sie sahnig mild schmeckt. Für Butter gibt es keine Handelsklassen, jedoch Gütezeichen, die die Erzeugnisse nach einer freiwilligen amtlichen Prüfung tragen dürfen. Butter besonders guter Qualität (Aussehen, Geruch, Geschmack, Streichfähigkeit) erhält danach die Bezeichnung »Deutsche Markenbutter«, die nächste Qualitätsstufe heißt »Deutsche Molkereibutter«.

Obwohl Butter meistens aus Kuhmilch hergestellt wird, kann auch die Milch anderer Säugetiere wie Ziege, Schaf, Esel, Pferd, Büffel, Yak und Kamel zu Butter verarbeitet werden. Diese ziemlich streng schmeckenden Buttersorten werden vorwiegend in Asien, Afrika und einigen Regionen Südamerikas verwendet. In Tibet gehört gesalzene Yakbutter, die mit Tee vermischt wird, zu den Hauptnahrungsmitteln.

Im Altertum spielte Butter bei Griechen und Römern in religiösen Zeremonien und als Salbe eine wichtige Rolle, wurde jedoch nur selten zum Kochen verwendet. Bei den Römern hieß sie *butyrum*, bei den Griechen *boutoron*, was »Kuhquark« bedeutet. Erst ab dem 15. Jahrhundert wurde Butter auch in der Küche zunehmend wichtiger. Zunächst wurde sie auf den Bauernhöfen, später in Molkereien hergestellt und bis zur Erfindung des Kühlschranks mit Salzwasser bedeckt in Steintöpfen aufbewahrt.

Butterschmalz ist das reine Butterfett, also Butter, der durch Erhitzen die Molke entzogen wurde. Da es praktisch kein Wasser mehr enthält, ist es zum Kochen bei hohen Temperaturen sehr viel besser geeignet als Butter. Butterschmalz wird sehr häufig in Nordafrika, den arabischen Ländern und in Indien verwendet, wo es *ghee* genannt wird.

Vorbereitung

Butterschmalz lässt sich ganz einfach selbst herstellen, indem man Butter langsam bei schwacher Hitze zerlässt. Dabei bilden sich drei verschiedene Schichten: der Schaum auf der Oberfläche, eine dicke gelbe Flüssigkeit aus reinem Fett in der Mitte – das Butterschmalz – und die weißliche Molke am Boden.

Zuerst hebt man den Schaum mit einem Löffel von der Oberfläche ab und gießt das Butterschmalz langsam durch ein Baumwolltuch in ein Gefäß, ohne die Molke am Topfboden zu erfassen. Eine andere Möglichkeit ist, die Butter nach dem Erhitzen und Abschöpfen im Kühlschrank abkühlen zu lassen, wodurch das Butterschmalz eine Kruste bildet, die anschließend leicht von der flüssigen Molke abgenommen werden kann.

Zubereitung

Butter wird aufgrund ihres hohen Wassergehalts beim Erhitzen relativ schnell braun und verbrennt leicht. Das lässt sich vermeiden, wenn man sie in Kombination mit Öl verwendet, indem man dieses zuerst erhitzt und erst dann die Butter hinzufügt.

Aus Butter lassen sich zahlreiche Aufstriche zubereiten. Mit Kräutern, Knoblauch und verschiedenen Gewürzmischungen erhält man leckere Brotaufstriche. Kräuterbutter wird auch gerne zu kurz gebratenem Fleisch serviert.

Butter

Serviervorschläge

Butter gehört in den Küchen vieler Länder zur unverzichtbaren Grundlage beim Kochen und Backen und verleiht mit ihrem unverwechselbaren Aroma vielen Gerichten den letzten Pfiff. Sie ist unerlässlich in Fleisch-, Fisch- und Gemüsegerichten, sowie Saucen und Suppen. Als Backzutat gehört sie in Kuchen, Torten, Plätzchen, Gebäck und Cremes. Und als Aufstrich schmeckt sie auf Brot, Kanapees, Toast und Sandwiches.

Weiche Butter kann mit verschiedensten Zutaten wie Knoblauch, Schalotten, Petersilie, Meerrettich, Kaviar, Senf, Roquefort, Sardinen, Brunnenkresse, Zitronen oder Mandeln aromatisiert werden. Sie dient zum Würzen von Gemüse-, Fleisch-, Geflügel-, Fisch- und Krustentiergerichten sowie von Suppen und Saucen.

Halbfette Butter, die sehr viel mehr Wasser als Butter enthält, ist ausschließlich für die kalte Küche geeignet, weil sie zu mehr als 50% aus Wasser besteht. Diese Butterversion ist lediglich dafür geeignet, Kalorien zu sparen, ohne dabei auf Streichfett verzichten zu müssen.

Aufbewahrung

Butter sollte gut verpackt – am besten in der Originalverpackung, ersatzweise auch in Alufolie – im Kühlschrank aufbewahrt werden, da sie sehr leicht Fremdgerüche annimmt und Feuchtigkeit verliert, wodurch sich Farbe und Geschmack verändern. Außerdem sollte sie nicht über längere Zeit bei Raumtemperatur stehen gelassen werden, da sie schnell ranzig wird. Markenbutter kann etwa 3 Wochen im Kühlschrank, im Tiefkühlgerät 6 bis 8 Monate gelagert werden. Molkereibutter ist nur für eine kurzfristige Lagerung geeignet. Butterschmalz hält sich bis zu 2 Monate im Kühlschrank.

Kräuterbutter

je ½ Bund Schnittlauch, Petersilie, Dill und Zitronenmelisse
125 g weiche Butter
2 TL Zitronensaft
Salz und frisch gemahlener weißer Pfeffer

1. Die Kräuter waschen, trockenschwenken und sehr fein hacken.

2. Die Butter in einer Schüssel mit einer Gabel verrühren und die gehackten Kräuter untermischen. Die Kräuterbutter mit Zitronensaft, Salz und Pfeffer abschmecken.

Nährwerte

	Butter	Butter halbfett
Kalorien	75	39
Kohlenhydrate	in Spuren	in Spuren
Fett	8,2 g	4 g
Cholesterin	24 mg	12 mg
Eiweiß	0,07 g	0,48 g
Wasser	15 %	54 %
		je 10 g

Butter enthält 14 bis 16% Wasser und 80 bis 82% Fett, das zu 62% aus gesättigten Fettsäuren besteht. Dagegen ist der Anteil an Eiweiß und Kohlenhydraten verschwindend gering. Butter liefert aber auch die fettlöslichen Vitamine A, E und D, wobei die Sommerbutter mehr natürliches Betakarotin (Provitamin A) enthält als die Winterbutter. Die Futterzusammensetzung bestimmt Konsistenz, Farbe und Fettgehalt der Butter. Im Sommer erhalten die Kühe frisches Gras mit viel Betakarotin, während das Winterfutter aus getrocknetem Heu besteht. Der Winterbutter darf vom Gesetzgeber her Karotin als natürlicher Farbstoff zugesetzt werden.

Halbfette Butter enthält im Vergleich zur Butter etwa 50% weniger Fett und damit auch nur die Hälfte an Kalorien. Damit diese Butter streichfähig ist und eine ähnliche Konsistenz wie echte Butter aufweist, werden Emulgatoren, Stabilisatoren und Konservierungsmittel sowie Farbstoffe zugesetzt.

Butter ist ein kontrovers diskutiertes Lebensmittel. Die Befürworter verteidigen sie als natürliches Lebensmittel, während ihre Gegner den hohen Anteil an gesättigten Fettsäuren und Cholesterin kritisieren. Die lauteste Kritik kommt dabei übrigens aus dem Lager der Öl- und Margarinehersteller. Unter ernährungsphysiologischem Aspekt betrachtet geht es jedoch vielmehr darum, wie viel Butter bzw. Fett insgesamt verzehrt wird, da der Fettverbrauch in Deutschland und anderen Industriestaaten generell viel zu hoch ist.

Sahne

Sahne oder **Rahm** heißt die Fettphase der Milch, die heutzutage in so genannten Entrahmungsseparatoren abgeschieden wird. Bis zum Ende des 19. Jahrhunderts wurde Sahne gewonnen, indem man die Milch einfach 24 Stunden an einen kühlen Ort stellte, wodurch sich der Rahm an der Oberfläche absetzte und abgeschöpft werden konnte. Nach diesem Prinzip kann man auch selber Rahm aus nicht homogenisierter Vollmilch herstellen und zum Verfeinern von Gerichten oder als Kaffeesahne verwenden, zum Steifschlagen eignet sich dieser Rahm in der Regel jedoch nicht. In der Industrie wird der von der Milch abgetrennte Rahm auf standardisierte Fettgehalte eingestellt, da der Fettgehalt die Schlagfähigkeit und Stabilität der Sahne bestimmt. Während Kaffeesahne einen Fettgehalt von 10 bis 15% hat und nicht steif geschlagen werden kann, besitzt Schlagsahne einen Fettgehalt von mindestens 30%, damit sich ein stabiler Schaum bilden kann – Schlagsahne extra hat sogar einen Fettgehalt von 36%. Durch das Schlagen werden die in der Sahne enthaltenen Fetttröpfchen fein zerteilt, sodass sie die Luftbläschen umschließen und stabilisieren – das Volumen von geschlagener Sahne ist etwa doppelt so groß wie das von flüssiger Sahne. Nicht nur der Fettgehalt, sondern auch die Vorbehandlung der in der Sahne enthaltenen Fetttröpfchen bestimmen die Schlagfähigkeit von Sahne. Homogenisierte Sahne lässt sich nicht so gut steif schlagen wie nicht homogenisierte, weil die Fetttröpfchen durch die Homogenisierung zerstört worden sind und sich gleichmäßig in der Sahne verteilen. Bei Kaffeesahne ist dieser Bearbeitungsschritt erwünscht, weil sie sich dadurch besser mit dem Kaffee mischt. Neben Kaffee- und Schlagsahne wird auch die sogenannte Butterungssahne mit einem Fettgehalt zwischen 25 und 82% hergestellt, sowie **Crème double,** die einen Fettgehalt von 43% aufweist und eine löffelfeste Konsistenz hat.

Aufgrund ihres hohen Fettgehalts sind Sahne und Crème double echte Kalorienbomben. Als Alternative bieten sich zwei Möglichkeiten an: Entweder man greift auf das Angebot sahneähnlicher so genannter Light-Produkte zurück, die verschiedenste Zusatzstoffe enthalten, damit ihre Konsistenz und ihr Geschmack so sahnig wie möglich sind, oder man rührt Magerquark mit etwas Mineralwasser zu einer sahnigen Creme. Diese kalorienarme Version ist ein reines Milchprodukt mit angenehm säuerlichem Geschmack ohne jegliche Zusätze wie Stabilisatoren, Emulgatoren und verschiedene Aromastoffe. Mit echtem Sahnegeschmack allerdings können weder die fettreduzierten Light-Produkte noch die natürliche Quarkvariante konkurrieren.

Einkaufstipp

Beim Einkauf von Sahne sollte man auf das Haltbarkeitsdatum sowie auf den Fettgehalt und die Verarbeitung achten. Homogenisierte Sahne mit mindestens 30% Fett ist zwar in ihrer Konsistenz glatter als nicht homogenisierter Rahm, lässt sich aber nicht so gut steif schlagen wie dieser. Soll Sahne steif geschlagen werden und als Basis für Tortenfüllungen dienen, sollte man immer einen möglichst hohen Fettgehalt wählen. Neben frischer Schlagsahne werden auch Produkte angeboten, die in ihrer Konsistenz an geschlagene Sahne erinnern. Es handelt sich dabei meist um fettärmere Alternativen, die mithilfe von Emulgatoren und Stabilisatoren ihre sahneähnliche Konsistenz erhalten. Mit echter Schlagsahne haben diese Produkte jedoch nichts zu tun.

Crème double ist als Sahneerzeugnis mit einem Fettgehalt von 43% nicht lange haltbar, sodass man genau auf das Verfallsdatum achten sollte. Nach dem Einkauf sollte man Sahne und Crème double nicht lange bei Zimmertemperatur stehen lassen, da sie sonst schnell verderben.

Zubereitung

Sahne, die steif geschlagen werden soll, sollte man vorher gut durchkühlen lassen und am besten in einem ebenfalls gekühlten hohen Gefäß erst kurz vor der Verwendung steif schlagen. Aromatisierende Zutaten wie Zucker und Vanille sollte man beim Schlagen erst zum Schluss hinzufügen, wenn die Sahne bereits relativ fest ist, da sie sonst weniger steif wird. Bei leicht geschlagener Sahne bleiben weiche Spitzen stehen, wenn der Schneebesen herausgezogen wird, bei sehr steif geschlagener Sahne bilden sich deutliche Zacken. Man sollte jedoch darauf achten, dass sie nicht zu lange geschlagen wird, da sich sonst Butter bildet.

Sahne wird durch Zugabe von etwas Zitronensaft zu Sauerrahm. Sahne und Crème double sollten als Zutat in warmen Gerichten immer erst ganz zum Schluss zugefügt werden.

Sahne

Serviervorschläge

Sahne wird aufgrund ihres angenehm milden Geschmacks und in geschlagener Form aufgrund ihrer unvergleichlichen Konsistenz für eine Vielzahl von Gerichten verwendet. Als Schlagsahne bildet sie pur das »Tüpfelchen auf dem i« bei einer Vielzahl von Desserts, Torten und Kuchen. Mit Früchten oder Fruchtpürees gemischt und/oder mit Likören aromatisiert ist steif geschlagene Sahne eine köstliche Füllung für festliche Torten. Als »Haube« krönt sie aromatischen Kaffee oder Liköre. In flüssiger Form rundet Sahne unter anderem den Geschmack und die Konsistenz von Saucen und Suppen (Cremesuppen) ab. Auch Crème double ist hervorragend für viele kalte Gerichte sowie zum Kochen und Backen geeignet. So wird etwa der köstliche *Rahmstriezel* mit Crème double zubereitet.

Wesentlich fettärmer als Sahne oder Crème double ist Kaffeesahne, die ohne weiteres als Ersatz zum Verfeinern von kalten und warmen Gerichten verwendet werden kann.

Aufbewahrung

Frische Sahne ist im Kühlschrank ungeöffnet etwa 5 Tage haltbar. Geöffnete Packungen sollten nicht länger als 3 bis 4 Tage aufbewahrt werden. Originalverpackte ultrahocherhitzte Sahne kann mehrere Wochen (siehe Haltbarkeitsdatum) bei Zimmertemperatur aufbewahrt werden. Geöffnet ist sie jedoch genauso empfindlich wie andere Milchprodukte und muss ebenfalls im Kühlschrank gelagert werden. Geschlagene Sahne behält ihre feste Konsistenz im Kühlschrank nur wenige Stunden. Sahne kann zwar bis zu 3 Monate tiefgefroren werden, lässt sich danach aber nicht mehr steif schlagen.

Crème double wird ebenfalls im Kühlschrank aufbewahrt und ist wie frische Sahne nur einige Tage haltbar. Tiefgefroren bleibt sie wie Sahne etwa 3 Monate frisch.

Kaffeesahne ist ungeöffnet bei Zimmertemperatur mehrere Monate haltbar. Geöffnete Dosen sollten im Kühlschrank aufbewahrt werden.

Frucht-Sahne-Füllung

*500 g Früchte
(z. B. Erdbeeren, Himbeeren, Kirschen, Pfirsiche)
6 Blatt Gelatine
600 g gut gekühlte Sahne
(mindestens 30 % Fett)*

*100 g Zucker
evtl. 2 EL Alkohol
(Rum, Kirsch- oder Zwetschgenwasser)
1 Biskuittortenboden
oder -roulade
oder 4 Windbeutel*

1. Die Früchte waschen, putzen und fein zerdrücken oder pürieren. Die Gelatine in kaltem Wasser einweichen, gut ausdrücken, in 4 Esslöffel heißem Fruchtsaft oder Wasser auflösen und lauwarm abkühlen lassen.

2. Die Sahne halb steif schlagen. Den Zucker einrieseln lassen und die Sahne sehr steif schlagen, dabei die aufgelöste Gelatine unter ständigem Weiterschlagen zufügen.

3. Die Früchte untermischen und die Sahne nach Belieben mit Alkohol abschmecken. Die Biskuittorte oder -roulade bzw. die Windbeutel sofort damit füllen und im Kühlschrank vollständig erkalten lassen.

Man kann auch die Gelatine weglassen, das Gebäck mit der vollkommen steif geschlagenen Sahne füllen und sofort servieren. Statt frischer Früchte kann man auch eingemachtes Obst verwenden. Dieses lässt man gut abtropfen und nimmt den Saft zum Auflösen der Gelatine bzw. zum Aromatisieren. Bei eingemachten Früchten sollte man jedoch die Zuckermenge etwas reduzieren.

Nährwerte

	Schlagsahne	*Crème double*	*Kaffeesahne*
Kalorien	309	378	123
Fett	31,7 g	43 g	10,5 g
Cholesterin	109 mg	131 mg	34 mg
Eiweiß	2,2 g	2,0 g	3,1 g
Wasser	62 %	54,5 %	81,7 %

je 100 ml

Schlagsahne und Crème double enthalten wie alle Milchprodukte Kalzium und Phosphor, außerdem das fettlösliche Vitamin A. Das in Sahne bzw. Crème double enthaltene Fett besteht wie das der Butter zu einem hohen Anteil aus gesättigten Fettsäuren und nur wenig ungesättigten Fettsäuren. Darüber hinaus enthält es relativ viel Cholesterin. Wesentlich fettärmer als Sahne oder Crème double ist Kaffeesahne.

Joghurt/Quark

Naturjoghurt

Joghurt ist ein vergorenes Milchprodukt, das entsteht, wenn Milch mit bestimmten Säurebakterien versetzt wird. Das Wort »Joghurt« oder »Yoghurt« leitet sich ab von dem türkischen Wort *yoghurmak*, das »verdicken« bedeutet. Joghurt wird seit Menschengedenken in vielen Teilen der Welt gegessen, insbesondere in Bulgarien, wo ungewöhnlich viele Menschen sehr alt werden, sowie in Griechenland, der Türkei, der Mongolei, in Indien, im Nahen Osten und einigen Teilen Asiens. Obwohl er jahrhundertelang auf dem Balkan, in Osteuropa, der Türkei und in Asien eines der wichtigsten Grundnahrungsmittel darstellte, konnte er sich im restlichen Europa erst in den Zwanzigerjahren des 20. Jahrhunderts durchsetzen. Wirklich populär wurde Joghurt jedoch erst, als er industriell hergestellt und mit Früchten und Fruchtsäften angereichert wurde. Noch länger dauerte es, bis Joghurt in Nordamerika Verbreitung fand, und auch heute noch ist der europäische Joghurtverbrauch drei- bis fünfmal höher als in den Vereinigten Staaten.

Joghurt wird industriell aus frischer homogenisierter oder ultrahocherhitzter Vollmilch, teilentrahmter Milch oder Magermilch hergestellt, die zunächst auf etwa 85 °C erhitzt wird und nach dem Abkühlen auf 44 bis 46 °C mit *Lactobacillus bulgaricus*- und *Streptococcus thermophilus*-Bakterien versetzt wird. Diese wandeln den in der Milch natürlich vorkommenden Milchzucker (Laktose) in Milchsäure um, wodurch die Milch gerinnt und sich die Milcheiweiße verändern. Je nach gewünschtem Säuregehalt dauert dieser Reifeprozess bei einer konstanten Temperatur von 42 bis 45 °C 4 bis 8 Stunden; dann wird der Joghurt auf 4 °C abgekühlt, wodurch die Aktivität der Bakterien unterbrochen wird. Er wird entweder naturbelassen angeboten oder mit Zucker, Früchten, Nüssen und weiteren natürlichen oder künstlichen Zusätzen aromatisiert. Darüber hinaus kann Joghurt Konservierungs- und Bindemittel enthalten. Nach dem Festwerden bildet sich auf dem Joghurt eine gelblich weiße Flüssigkeit, die Molke. Industriell hergestellter Joghurt sondert meist weniger Molke ab als selbst gemachter Joghurt, wobei diese die Qualität des Joghurts nicht beeinträchtigt. Joghurt wird in fester Form und als Trinkjoghurt angeboten. Auf die gleiche Weise wird auch Joghurt aus Ziegenmilch, Schafmilch oder Sojamilch hergestellt.

Dickmilch oder Sauermilch ist gestockte Milch, die ohne Zugabe von Bakterienkulturen bei Raumtemperatur natürlich vergoren ist. Die Zimmerwärme aktiviert die Milchflora, die Milchsäure produziert, welche wiederum die Milch stocken lässt. Obwohl Dickmilch früher sehr beliebt war, ist sie heute selten geworden, da Pasteurisierung und Homogenisierung die Milchflora teilweise zerstören, die zum Stocken der Milch benötigt wird.

Kefir stammt aus dem Kaukasus und ist vor allem in Osteuropa, Russland und im Nahen Osten ein beliebtes Getränk. Er wird aus Vollmilch oder teilentrahmter Milch hergestellt, der sowohl verschiedene Bakterienarten (etwa *Lactobacillus caucasicus, L. casei, Streptococcus lactis* und *Streptococcus diacetilactis*) als auch Hefepilze (*Saccharomyces kefir* und *Candida kefir*) zugesetzt werden. Während die Bakterien ähnlich wie beim Joghurt den Milchzucker in Milchsäure umwandeln und damit den joghurtähnlichen Geschmack verursachen, wandeln die Hefepilze den Milchzucker gleichzeitig in Kohlendioxid und Alkohol um, wobei Alkoholgehalt und Konsistenz des Endprodukts von der Dauer des Gärprozesses abhängen. Der leicht moussierende Kefir hat einen pikanten, leicht bitteren Geschmack; sein Alkoholgehalt liegt bei 1 bis 2 %.

Kumys ähnelt Kefir, enthält aber 2,5 % Alkohol. Er wird aus Stuten-, Esels- oder Kuhmilch gewonnen und erinnert im Geschmack an Weißwein. In den Steppen Russlands und Asiens wird er seit vielen Jahrhunderten getrunken und ist auch heute noch in Zentralasien ein alltägliches Getränk.

Joghurt/Quark

Quark, in Österreich auch Topfen genannt, war schon im antiken Rom und Griechenland sowie bei den Ägyptern bekannt und beliebt.

Quark ist ein ungereifter Frischkäse mit weicher Konsistenz. Er wird industriell aus teilentrahmter, pasteurisierter, leicht erwärmter Milch hergestellt, der Milchsäurebakterien und etwas Lab (ein Enzym aus dem Magen junger Kälber) zugesetzt werden, die eine Gärung bewirken. Dadurch fällt das Kasein (Milcheiweiß) aus und die Molke trennt sich ab. Der durch diesen Prozess entstandene weiße Magerquark schmeckt leicht säuerlich, hat eine glatte bis leicht krümelige Konsistenz, ist sehr eiweißreich und enthält weniger Kohlenhydrate und Fett als Milch, wogegen der Vitamin- und Nährstoffgehalt etwas höher ist.

Durch Aufrahmen des Magerquarks mit Sahne entsteht Sahnequark in Fettstufen von 20 und 40%. Meist ist Quark umso cremiger, je fetthaltiger er ist. Darüber hinaus bestimmt aber auch das Herstellungsverfahren der jeweiligen Molkerei die Konsistenz des Produkts.

Quarkspeisen zählen hierzulande zu den beliebtesten und schnellsten Desserts bzw. Zwischenmahlzeiten. Mit Früchten und Süßmitteln angemacht entstehen aus dem Rohprodukt süße Cremes, die pur oder als Füllung für Kuchen, Torten, Pfannkuchen und Crêpes verwendet werden. In Form pikanter Cremes und Dips mit Kräutern, Gewürzen und Gemüse zubereitet ist er ebenfalls sehr beliebt. Die Vielseitigkeit von Quark wurde mittlerweile auch von der Industrie erkannt, sodass man heute in den Kühlregalen der Supermärkte ein kaum mehr überschaubares Angebot an Quarkspeisen findet, die jedoch häufig viele Zusätze einschließlich Bindemittel und Zucker enthalten.

Schichtkäse wird ähnlich wie Quark aus pasteurisierter Milch zubereitet, wobei diese jedoch vor der Dicklegung auf den jeweiligen Fettgehalt eingestellt wird. Schichtkäse wird nach der Säuerung in quadratische Formen geschöpft, die mit Schlitzen versehen sind, durch die die Molke ablaufen kann. Er ist etwas fester als Quark, hat manchmal eine fettreichere mittlere Schicht, die leicht gelblich ist, und wird in Fettstufen von 10, 20 und 40% angeboten.

Kefir **Fruchtjoghurt**

Joghurt/Quark

Zubereitung

Joghurt, Kefir und Quark kann man ganz einfach selbst zubereiten. Wichtig ist, dass alle benötigten Küchengeräte peinlich sauber sind. Außerdem benötigt man zur Herstellung von Joghurt und Quark ein Küchenthermometer, da hier die genauen Temperaturen sehr wichtig sind.

Joghurt

Joghurt wird aus Vollmilch, teilentrahmter Milch oder Magermilch zubereitet, wobei die in der Milch enthaltenen Fette und die Milchtrockenmasse Konsistenz und Geschmack des Joghurts bestimmen. Joghurt aus Vollmilch ist fester und aromatischer als Joghurt aus teilentrahmter Milch oder Magermilch. Durch Zugabe von etwas Milchpulver wird der Joghurt dicker und cremiger. Außerdem kann man nach Belieben etwas Gelatine oder Pektin zufügen, wodurch der Joghurt noch fester wird.

- 1 l frische Vollmilch, teilentrahmte Milch oder Magermilch nach Belieben mit 3 bis 8 Esslöffel Milchpulver (3 bis 5% Fettgehalt) verrühren, in einem Topf erhitzen und 30 Minuten konstant auf 85 °C halten. Sobald die Milch erhitzt ist, nach Belieben 1 Teelöffel Gelatinepulver oder Pektin zugeben, das zuvor in etwas Milch aufgelöst wurde.

- Die Milch in eine Schüssel umgießen und auf 44 bis 46 °C abkühlen lassen. 2 bis 5 Esslöffel selbst gemachten Joghurt (er darf höchstens 5 Tage alt sein) oder frischen gekauften Naturjoghurt mit lebenden rechtsdrehenden Kulturen ohne irgendwelche weiteren Zusätze zugeben. Sobald die Milch zu gerinnen beginnt, nicht mehr umrühren, da der Joghurt sonst zusammenfällt und wässrig wird.

- Die Schüssel mit Folie abdecken und den Joghurt bei konstant 42 bis 45 °C ungestört 4 bis 8 Stunden ruhen lassen. Bei Temperaturen über 46 °C werden die Bakterien zerstört, und der Joghurt kann nicht gerinnen. Bei Temperaturen unter 40 °C dauert der Gerinnungsprozess länger, und der Joghurt schmeckt bitterer.

- Hat der Joghurt die gewünschte Konsistenz erreicht, die Schüssel sofort in den Kühlschrank stellen, damit der Fermentierungsprozess unterbrochen wird. Früchte und andere Zutaten erst beim Servieren zufügen.

Wenn Joghurt nicht fest wird, kann dies verschiedene Ursachen haben: Die Bakterienkultur war möglicherweise zu alt, die Temperatur zu hoch oder zu niedrig, oder der Fermentierungsprozess ist noch nicht abgeschlossen. Die Zugabe von etwas zusätzlichem Milchpulver kann helfen, dass dünnflüssiger Joghurt fester wird.

Wird der Joghurt zu sauer oder trennt sich sehr viel Molke von der Masse, kann es sein, dass der Joghurt zu lange erhitzt oder zu langsam abgekühlt wurde. Man kann die Molke entweder abgießen oder unterrühren, wodurch der Joghurt jedoch ziemlich flüssig wird.

Kefir

Traditionell wird Milch mit kleinen gelben Kefirkörnern fermentiert, die sich in Verbindung mit Milch weiß verfärben. Sie sind bei uns jedoch nur schwer zu bekommen. Eher erhältlich sind gefriergetrocknete Kefirkulturen, deren Haltbarkeit nahezu unbegrenzt ist, sowie Kulturen in Pulverform. Am einfachsten ist es, frische Vollmilch, teilentrahmte Milch oder Magermilch mit etwas fertigem Kefir zu versetzen, der jedoch nicht älter als 4 Wochen sein darf. Zur Zubereitung von Kefir werden der fertige Kefir, Kefirkörnchen oder gefriergetrockneter oder pulverisierter Kefir nach Packungsangabe in 20 bis 22 °C warme Milch gerührt und zugedeckt bei Zimmertemperatur 1 bis 2 Tage gären gelassen.

Quark

Bis zum Zweiten Weltkrieg wurde Speisequark aus Milch und einem so genannten Säurewecker, meist Buttermilch, noch vielfach selbst hergestellt. Die Zubereitung von Quark ist ganz einfach:

- 2 l Vorzugsmilch (ergibt etwa 500 g Quark) in einer Schüssel mit einem Küchentuch bedeckt 2 Tage bei Zimmertemperatur (20 °C) stehen lassen.

- Die Dickmilch mit 100 ml reiner Buttermilch verrühren und in den auf 30 °C vorgeheizten Backofen stellen (das Erhitzen bewirkt, dass die Milcheiweiße in den Quark übergehen und nicht mit der Molke abfließen). Den Backofen ausschalten und die Milch etwa 30 Minuten stehen lassen, bis sich eine weiße Masse – der Quark – und eine grünliche Flüssigkeit – die Molke – gebildet haben.

- Ein Sieb in eine Schüssel stellen und mit einem Küchentuch auslegen. Die Masse (»Dickete«) vorsichtig hineingeben, die Enden des Tuchs verknoten und an einem Haken über der Schüssel 2 Stunden aufhängen, sodass die Molke abtropfen kann.

Eine andere, noch leichtere Methode zur Herstellung von Quark stammt aus Indien. Dort heißt Quark *Chenna* und bildet wie bei uns die Grundlage für viele süße und pikante Gerichte. Alles, was man dafür braucht, ist Zitronensaft und frische Vollmilch:

- 80 ml frisch gepressten Zitronensaft durch ein Sieb gießen und mit 3 Esslöffel Wasser verrühren.

- 2 ½ l Milch in einem hohen Topf unter ständigem Rühren aufkochen. Sobald die Milch zu kochen beginnt, die Hitze reduzieren und das Zitronenwasser hineinrühren (dabei nur in eine Richtung rühren). Der Quark flockt dabei aus, und die Molke setzt sich oben ab. Falls der Quark nicht ausflocken sollte, noch etwas Zitronensaft zufügen.

- Den Topf vom Herd nehmen und die Milch etwa 10 Minuten stehen lassen.

- Ein großes Haarsieb mit einem Küchentuch oder Mulltuch ausschlagen. Mit einer Schöpfkelle das geronnene Eiweiß in das Sieb geben und 10 Sekunden unter lauwarmes fließendes Wasser halten. Dann die Tuchenden zusammenfassen und durch Zusammendrehen des Tuchs vorsichtig so viel Flüssigkeit wie möglich aus der Masse drücken.

- Anschließend den Quark in dem Tuch noch 1 bis 2 Stunden abtropfen lassen. Je länger er abtropft, umso fester wird der Quark.

Joghurt/Quark

Einkaufstipp

Joghurt schmeckt am besten ganz frisch, ist aber gekühlt recht lange haltbar. Er kann auch noch über das Verfallsdatum hinaus verwendet werden, solange er keinen Schimmel aufweist oder Blasen bildet – ein Zeichen, dass er zu gären begonnen hat. Die Ansammlung von flüssiger Molke auf der Oberfläche ist kein Hinweis auf mangelnde Qualität.

Dickmilch schmeckt nur wirklich frisch sehr gut, weshalb man bei gekaufter Ware unbedingt auf das Verfallsdatum achten sollte.

Kefir bleibt länger frisch als Dickmilch und kann auch noch zum Kochen verwendet werden, wenn er sauer geworden ist.

Quark und Schichtkäse sind wie Joghurt gekühlt ebenfalls recht lange haltbar und können wie dieser häufig auch noch über das Verfallsdatum hinaus verwendet werden. Sobald sie sich jedoch geschmacklich verändern oder sich auf der Oberfläche Schimmel bildet, müssen sie weggeworfen werden. Auch auf Quark und Schichtkäse sammelt sich häufig Molke, die jedoch kein Zeichen für mangelnde Qualität ist.

Beim Einkauf von Quarkzubereitungen ist es ratsam, die Zutatenlisten genau zu überprüfen, da neben Quark häufig eine Vielzahl anderer Zusätze enthalten ist. Vor allem süße Quarkzubereitungen enthalten meist sehr viel Zucker.

Serviervorschläge

Joghurt schmeckt sowohl »pur« als auch mit etwas Zucker oder Honig gesüßt und/oder mit Früchten und Nüssen verfeinert. Er kann im Frühstücksmüsli sehr gut die Milch ersetzen und ergibt gekühlt und mit pürierten Früchten gemixt köstliche, erfrischende Drinks. Durch seine vielseitige Verwendbarkeit passt er nicht nur zu vielen süßen, sondern auch zu pikanten Gerichten: Joghurt bildet die Grundlage für warme und kalte Suppen und wird in kalten Saucen zu gegrilltem Fleisch serviert. Mit anderen Zutaten und Gewürzen vermischt ergibt er außerdem eine vorzügliche Marinade für Fleisch, Geflügel und Wild. Verquirlt ist Naturjoghurt ein sehr guter Ersatz für saure Sahne und schmeckt in Mayonnaisen und Salatsaucen. Wird er als Sauerrahmersatz in warmen Gerichten verwendet, sollte er zuvor zimmerwarm in etwas Stärkemehl angerührt werden, damit er nicht ausflockt, und erst ganz zum Schluss zugefügt werden, da er nicht mitkochen darf.

Joghurt ist aus der Küche vieler Länder nicht wegzudenken. In Indien etwa wird Joghurt zu vielen Currygerichten serviert und ist die Hauptzutat im *Raita*, einer Mischung aus aromatisiertem Joghurt und fein geschnittenen Früchten oder Gemüsen, die als kühle Erfrischung während des Essens gereicht wird. Ein bekanntes indisches Erfrischungsgetränk ist das köstliche *Rosenlassi*, das aus Naturjoghurt, Rosenwasser, Honig und Safran besteht und gut gekühlt serviert wird. In Griechenland bildet Sahnejoghurt die Grundlage für das berühmte *Tzatziki*, und in der Türkei wird er als Beilage zu vielen gekochten Gerichten gereicht.

Dickmilch schmeckt gekühlt am besten und wird meistens entweder »pur« oder mit Früchten verfeinert serviert.

Kefir und Kumys können wie Joghurt verwendet werden. Kalt mit Pfefferminzblättern oder Früchten serviert ist der leicht prickelnde Kefir eine Köstlichkeit für warme Sommertage.

Quark ist wie Schichtkäse ebenfalls äußerst vielseitig verwendbar. Er wird mit Honig oder Zucker, Sahne und Früchten angereichert zu einem äußerst vielseitigen Dessert und ist durch seine etwas festere Konsistenz ideal zum Backen und Kochen geeignet. Beim Backen verwendet man ihn im Quarkstollen und -strudel – der herzhafte *Topfenstrudel* etwa ist eine österreichische Spezialität –, in vielen Sahnetorten, Fruchtkuchen oder kleineren Gebäckstücken wie Quarktaschen oder Plundern. Er wird zu Quarkbrötchen verarbeitet, als süßer Auflauf mit Früchten zubereitet und schmeckt im Waffel- oder im Quicheteig. Pikant gewürzt wird er zu Schmarren oder Eierkuchen gebacken und zu Klößchen oder Frikadellen verarbeitet. Gut gewürzt und mit fein geschnittenen Kräutern vermischt ergibt er eine herrliche Beilage zu frischen Pellkartoffeln oder wird als Dip zum Rohkostteller serviert.

Joghurt/Quark

Nährwerte

Der Nährwert von ungesüßtem Naturjoghurt entspricht in etwa dem der Milch, aus der er hergestellt wird. Wie diese enthält Joghurt wertvolles, jedoch leichter verdauliches Eiweiß, Kalzium, Phosphor, Kalium, Vitamin A und Vitamine der B-Gruppe.

Bedingt durch die unterschiedlichen Zutaten weisen industriell hergestellte Joghurts große Unterschiede vor allem hinsichtlich des Fett- und Kohlenhydrategehalts auf. Sahnejoghurts mit 10% Fettgehalt sind kalorienreicher als Vollmilchjoghurts, deren Fettgehalt zwischen 3,3 und 3,8% liegt. Naturjoghurt enthält etwa 7% Kohlenhydrate, während Joghurt mit Frucht- und anderen Zusätzen je nach Sorte zwischen 11 und 18% Kohlenhydrate enthält. Eine große Rolle hinsichtlich des Nährstoffgehalts spielen Zusätze wie Stabilisatoren, Verdickungsmittel und natürliche oder künstliche Aroma- und Farbstoffe.

Aufgrund der in Joghurt enthaltenen Bakterienkulturen ist er leichter und besser verdaulich als Milch, da er innerhalb von 1 Stunde und damit dreimal schneller resorbiert wird als diese. Nicht geklärt ist, ob der Organismus das im Joghurt enthaltene Kalzium im Vergleich zu Milch besser aufnehmen und verwerten kann.

Eine wesentliche gesundheitliche Wirkung von Joghurt beruht auf seinem Gehalt an Milchsäurebakterien. Aus diesem Grunde sollte nicht erhitzter Joghurt erhitztem vorgezogen werden, da die Milchsäurebakterien durch Hitze zerstört werden. In den letzten Jahren haben viele Untersuchungen zur gesundheitlichen Wirkung von Milchsäurebakterien bzw. gesäuerten Milchprodukten stattgefunden. Es gibt zahlreiche Hinweise darauf, dass die Milchsäurebakterien im Joghurt cholesterinsenkend, antimikrobiell und antikanzerogen wirken.

Joghurt ist vor allem deshalb so gesund, weil er maßgeblich das Verdauungssystem unterstützt, indem er unter anderem die Darmflora schützt oder wiederherstellt, etwa wenn diese durch Antibiotika geschädigt wurde, sowie Krebserkrankungen vorbeugt. Joghurt mit lebenden *L. acidophilus*-Bakterien wirkt außerdem heilend bei Schleimhautentzündungen.

Kefir hat unter gesundheitlichem Aspekt betrachtet eine besondere Bedeutung für alle Menschen, die an einer Laktoseunverträglichkeit leiden, denn für sie ist Kefir besonders gut verträglich. Sein Vitamin-B-Gehalt ist deutlich höher als der von Milch.

Quark wird wie Schichtkäse vor allem aufgrund seines hohen Eiweißgehalts geschätzt. Sportlern wird deshalb häufig empfohlen, für den Muskelaufbau viel Quark zu essen. Das Quarkeiweiß ergänzt sich wie Milcheiweiß sehr gut mit Hühnereiweiß und Kartoffeln. Quark enthält etwas weniger Kalzium als Milch (100 g Quark enthalten etwa 90 mg, 100 g Milch enthalten 120 mg).

Als Heilmittel wird Quark eingesetzt, weil es ähnlich wie Joghurt hilft, Entzündungen abzuschwächen. Quarkwickel sind ein altes Hausmittel zur Linderung von Husten und Bronchitis.

1 Zur Joghurtherstellung die Milch in einem Topf 30 Minuten lang auf konstant 85 °C erhitzen.

2 Die Milch auf 44 bis 46 °C abkühlen lassen und die Bakterienkultur hinzufügen.

3 Die Milch in ein Gefäß schütten und zugedeckt 4 bis 8 Stunden bei 42 bis 45 °C ruhen lassen.

Joghurt/Quark

Aufbewahrung

Selbst gemachter oder fertig gekaufter Joghurt bleibt im Kühlschrank bis zu 3 Wochen frisch. Er sollte wie alle anderen Sauermilchprodukte in der Originalverpackung oder in einem luftdicht verschlossenen Behälter aufbewahrt werden, damit er keine Fremdgerüche annimmt.

Dickmilch ist sehr leicht verderblich und muss ebenfalls im Kühlschrank aufbewahrt werden, wo sie jedoch nach spätestens 3 bis 4 Tagen verbraucht werden sollte.

Kefir und Kumys schmecken am besten ganz frisch. Im Kühlschrank können sie bis zu 1 Woche gelagert werden.

Quark wird ebenfalls im Kühlschrank aufbewahrt, wo er bis zu 4 Wochen frisch bleibt.

Joghurt, Dickmilch, Kefir und Kumys sind nicht zum Einfrieren geeignet, da sie nach dem Auftauen ausflocken. Quark kann dagegen in der Originalverpackung oder in einem luftdicht verschlossenen Gefrierbehälter ohne weiteres bis zu 12 Monate tiefgefroren werden.

Tzatziki

FÜR 4 PORTIONEN

250 g Naturjoghurt (10 %)
250 g Quark (40 %)
1 mittelgroße Gurke
2 Knoblauchzehen
½ Bund Dill
1 EL Olivenöl
Salz und frisch gemahlener weißer Pfeffer

1. Joghurt und Quark in einer Schüssel gründlich verrühren. Die Gurke schälen und der Länge nach aufschneiden. Die Kerne entfernen, die Gurke grob raspeln und unter die Joghurt-Quark-Mischung rühren.

2. Den Knoblauch abziehen und durchpressen. Den Dill waschen, trockenschwenken und fein hacken. Knoblauch, Dill und Öl ebenfalls unterrühren und alles mit Salz und Pfeffer abschmecken.

3. Das Tzatziki 1 Stunde im Kühlschrank ziehen lassen und mit Fladenbrot zu gegrilltem Fisch oder Fleisch servieren.

Speiseeis

Speiseeis, meistens einfach Eis genannt, besteht in der Hauptsache aus Milch und Milchprodukten. Die Herstellung von Eis ist keineswegs eine neue Erfindung. Schon vor Tausenden von Jahren wurde in China eine Art Speiseeis aus Wassereis, Milch und Fruchtsäften hergestellt. Geeiste Getränke und Desserts wurden in Gefäße gefüllt, zuerst mit Schnee oder Eis gekühlt und anschließend tiefgefroren, indem sie mit einer Mischung aus Wasser und Salpeter übergossen wurden. Die Araber übernahmen diese Technik zur Zubereitung von *sharbets* – Sirupgetränke, die mit Schnee gekühlt wurden und aus denen sich später das Wort »Sorbet« ableitete.

Das Geheimnis der Eiszubereitung wurde im 13. Jahrhundert von Marco Polo von einer Chinareise nach Italien mitgebracht. Eis blieb anfangs den Reichen vorbehalten, doch als Ende des 19. Jahrhunderts die ersten Straßenverkäufer öffentlich Eis anboten, begann der Siegeszug der Eiscreme, der bis heute anhält.

Speiseeis

Traditionell hergestelltes **Milchspeiseeis** besteht in der Regel aus Milch, Sahne, Zucker, Eigelb und natürlichen Zusätzen wie Früchten, Kakao, Schokolade, Vanille, Krokant, Nüssen, Rosinen, Alkohol und anderem mehr. Diese Zutaten werden gemischt und unter ständigem Rühren gefroren. Sobald das Eis eine bestimmte cremige Konsistenz angenommen hat, wird es in gefriergeeignete Behälter verpackt und bei −18 °C tiefgefroren. Damit Milchspeiseeis gelingt, sind Zucker und Eigelb notwendig. Der Zucker fördert die Bildung kleiner Eiskristalle und verhindert, dass das Eis klebrig oder fest wird, während Eigelb als natürlicher lezithinhaltiger Emulgator bei der Homogenisierung eine wichtige Rolle spielt. Auf diese Weise hergestelltes Eis ist wesentlich kürzer haltbar als industrielle Produkte.

Industriell hergestelltes Milchspeiseeis wird meist aus Sahne, fettfreier Milchtrockenmasse, Milch, Zucker, Emulgatoren, Stabilisatoren sowie natürlichen und künstlichen Zusätzen und Farbstoffen hergestellt. Die Milchtrockenmasse stammt meist von konzentrierter, pulverisierter entrahmter Milch und macht 16 bis 24 % des Gesamtgewichts aus. Der Zucker besteht meistens aus Saccharose, Traubenzucker, Malzzucker oder Dextrin. Das Eigelb wird häufig durch weniger teure Emulgatoren wie Mono- und Diglyzeride, Polyoxyäthylenderivate oder Lezithin ersetzt, und Bindemittel und Stabilisatoren wie Carrageen, Guarkernmehl oder Karboxymethylzellulose sorgen dafür, dass das Eis die gewünschte Konsistenz behält, sich keine großen Eiskristalle bilden können, das Eis bei Raumtemperatur nicht zu schnell schmilzt und auch länger haltbar bleibt.

Bei der industriellen Milchspeiseeisherstellung wird die flüssige Milch kondensiert, um überschüssiges Wasser zu entfernen, mit Milchtrockenmasse, Zucker und allen weiteren Zusätzen einschließlich Früchten, Nüssen, Rosinen, Schokolade usw. vermischt und für 2 bis 20 Sekunden bei 70 bis 85 °C pasteurisiert und homogenisiert, damit das Eis glatt und fest wird. Danach wird es mit Luft »aufgebläht«, rasch auf −5 bis −6 °C abgekühlt, damit sich zahlreiche kleine Eiskristalle bilden, und zuletzt in Behälter abgefüllt und tiefgefroren.

Sorbet enthält weder Milch und Sahne noch Eigelb, sondern wird aus Fruchtsaft oder pürierten Früchten hergestellt und nach Belieben mit Zucker und Wein, Likör oder anderem Alkohol aromatisiert. Diese Masse wird in einen Behälter gefüllt und einige Stunden bei −18 °C tiefgefroren, wobei sie alle 30 Minuten einmal umgerührt werden muss. Das Ergebnis ist ein Eis mit leicht körniger Konsistenz. Im Handel angebotenes Sorbet ist meist nichts anderes als eine Mischung aus Wasser, Zucker und natürlichen oder künstlichen Aromastoffen.

Granita ist ein italienisches Sorbet, das aus leicht gezuckertem Sirup besteht, der mit Fruchtmus, Likör oder Kaffee aromatisiert wird. Es wird nur halb gefroren, damit es nicht zu fest wird, und seine Konsistenz ist wie die des Sorbets leicht granulatartig.

Eisparfait, auch **Halbgefrorenes** genannt, ist eine schaumig gerührte Masse aus Eigelb, Eischnee, Zucker und Sahne sowie weiteren Zutaten wie Schokolade oder Vanille, die einige Stunden bei −18 °C tiefgefroren wird. Eisparfait hat keine so feste Konsistenz wie Milchspeiseeis und ist wie dieses aufgrund seiner leicht verderblichen Zutaten nur begrenzt haltbar.

Speiseeis

Tofutti- oder **Tofueis** wird aus Sojamilch, Pflanzenöl, Zucker, natürlichen und künstlichen Aromastoffen, isoliertem Sojaeiweiß, Sojalezithin und Stabilisatoren hergestellt. Tofuttieis gibt es erst seit 1981 und ist insbesondere für Menschen geeignet, die keinen Milchzucker vertragen. Im Gegensatz zu Milchspeiseeis enthält Tofuttieis nur sehr wenig gesättigte Fettsäuren und auch kein Cholesterin, ist jedoch genauso kalorienreich wie dieses, da es mit mehr Fett und Zucker zubereitet wird. Außerdem enthält es doppelt so viel Eiweiß wie Milchspeiseeis.

Serviervorschläge

Milchspeiseeis, Parfaits und Sorbets schmecken »aus der Hand« sehr gut und ergeben mit und ohne weitere Zutaten köstliche Desserts. Milchspeiseeis schmeckt hervorragend mit einem Klecks Sahne oder mit einer Frucht-, Karamell- oder Schokoladensauce übergossen. Man kann es in Milchshakes oder im Eiskaffee servieren, mit anderen Eissorten mischen, wie etwa im *Fürst-Pückler-Eis*, und es schmeckt zu Kuchen, Pasteten, Pfannkuchen, Waffeln und Keksen. Außerdem harmoniert es sehr gut mit frischen Früchten oder Dosenfrüchten und wird häufig auch mit einem Schuss Likör, Rum oder anderem Alkohol serviert.

Milchspeiseeis kann ohne zu schmelzen auch im Backofen erhitzt werden, wie etwa im berühmten *Omelette surprise*, wenn das Eis zuvor vollständig mit Baisermasse überzogen wird.

Parfaits und Sorbets schmecken ebenfalls sehr gut mit geschlagener Sahne oder in Begleitung frischer Früchte und einem Schuss Alkohol.

Omelette surprise
FÜR 8 PORTIONEN

Für den Biskuit:
2 Eier
1 EL kaltes Wasser
60 g Zucker
1 TL Vanillezucker
30 g Mehl
30 g Speisestärke
1 Msp. Backpulver
Alufolie, Butter und Mehl für die Form

Außerdem:
1 l Fürst-Pückler-Eis
300 g Erdbeeren
100 g Zucker
etwas Zitronensaft
5 EL Likör
3 EL Erdbeerkonfitüre
4 Eiweiß
1 Eigelb

1. Für den Biskuit die Eier trennen. Die Eiweiße mit Wasser, Zucker und Vanillezucker steif schlagen. Die Eigelbe nach und nach unterrühren. Mehl, Speisestärke und Backpulver ebenfalls unterrühren.

2. Eine mittelgroße Kastenform mit Alufolie auslegen. Die Folie mit Butter einstreichen und mit Mehl ausstreuen. Den Teig einfüllen und im Ofen bei 180 °C (Umluft 160 °C, Gas Stufe 2–3) etwa 30 Minuten backen. Den Biskuit in der Form 30 Minuten auskühlen lassen und auf ein Kuchengitter stürzen.

3. Inzwischen die Erdbeeren waschen und die Stiele abzupfen. Die Früchte halbieren und mit 3 Esslöffel Zucker, Zitronensaft und dem Likör übergießen. Den Backofengrill auf mittlere Hitze vorheizen.

4. Den Biskuit auf ein mit Alufolie ausgekleidetes Backblech legen und mit der Konfitüre bestreichen. Für das Omelette die Eiweiße mit dem restlichen Zucker steif schlagen und das Eigelb vorsichtig unterziehen.

5. Das Eis in 2 Blöcken auf den Biskuit legen und sofort von allen Seiten mit der Baisermasse überziehen. Das Blech unter den Grill stellen und das Omelette in 4 bis 5 Minuten zart bräunen lassen.

6. Währenddessen die Erdbeeren auf Dessertteller verteilen. Das Omelette aus dem Ofen nehmen, mit einem scharfen Messer in Scheiben schneiden, je 1 Scheibe neben den Erdbeeren anrichten und sofort servieren.

Speiseeis

Einkaufstipp

Beim Einkauf von Eis sollte man darauf achten, dass die Verpackung keine Frostkristalle aufweist und dass das Eis fest gefroren ist. Außerdem sollte man auf das Verfallsdatum achten, da insbesondere Milchspeiseeis nur begrenzt haltbar ist. Eis wird in sehr unterschiedlichen Qualitätsstufen angeboten; auf der Packung müssen die Zutaten angegeben sein, ebenso, ob es Zusätze wie Stabilisatoren oder künstliche Aromastoffe enthält.

Nährwerte

Milchspeiseeis ist durch seinen Fett- und Kohlenhydratgehalt sehr kalorienreich. Es besitzt die in der Milch enthaltenen Nährstoffe wie Kalzium, Vitamin A und Vitamine der B-Gruppe, Phosphor und Pantothensäure.

	Milchspeiseeis	*Fruchteis*
Kalorien	205	139
Kohlenhydrate	21 g	50 g
Fett	12 g	1,8 g
Cholesterin	44 mg	7,3 mg
Eiweiß	3,9 g	1,5 g
Wasser	62,5 %	67,6 %
		je 100 g

Aufbewahrung

Milchspeiseeis, Parfaits, Sorbets und Tofuttieis sollten nie länger als nötig bei Zimmertemperatur stehen gelassen werden, da sie nach 10 Minuten zu schmelzen beginnen und sich bei erneutem Einfrieren leicht Eiskristalle bilden, wobei das Aroma verloren geht.

Eis sollte in der Originalverpackung oder in tiefkühlgeeigneten Behältern gut verschlossen an der kältesten Stelle des Gefrierschranks bei −18 °C aufbewahrt werden. Industriell hergestelltes Milchspeiseeis ist bei richtiger Lagerung einige Wochen haltbar, sollte jedoch nicht über das Verfallsdatum hinaus verwendet werden. Selbst gemachtes Milchspeiseeis und Parfaits sollten nach 1 Woche verbraucht werden, da sich trotz Tiefgefrierens möglicherweise vorhandene Bakterien weiter vermehren können. Da Sorbets weder Fett noch Eier enthalten, sind sie länger haltbar.

Sorbet

Milchspeiseeis

Käse

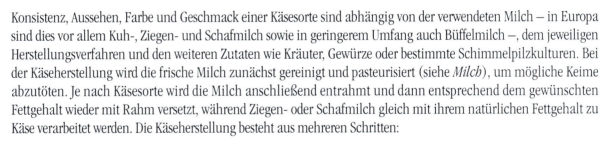

Die genauen Ursprünge der Käsegewinnung sind unbekannt, doch lassen archäologische Funde darauf schließen, dass die Käseherstellung seit etwa 10 000 Jahren bekannt ist. Bereits im antiken Rom war diese Kunst so weit entwickelt, dass sie sich bald im gesamten römischen Imperium ausbreitete. Schon damals bestand ein reger Handel mit Käse bzw. wurde Käse aus dem Gebiet der heutigen Schweiz, Frankreichs und Deutschlands nach Rom importiert. Nach dem Untergang des römischen Reichs wurden vor allem die Klöster der Benediktiner und Zisterzienser im Mittelalter zu den wichtigsten Zentren der Käseherstellung, wie auch die Namen vieler Käsesorten wie Saint-Paulin, Pont-l'Évèque oder Münster auf ihren klösterlichen Ursprung verweisen. Heute gibt es weltweit mehr als 4000 verschiedene Käsetypen, von denen allein in Deutschland über 600 produziert werden. Andere wichtige Erzeugerländer sind Frankreich, Italien, die Schweiz, Holland, Griechenland und England.

Konsistenz, Aussehen, Farbe und Geschmack einer Käsesorte sind abhängig von der verwendeten Milch – in Europa sind dies vor allem Kuh-, Ziegen- und Schafmilch sowie in geringerem Umfang auch Büffelmilch –, dem jeweiligen Herstellungsverfahren und den weiteren Zutaten wie Kräuter, Gewürze oder bestimmte Schimmelpilzkulturen. Bei der Käseherstellung wird die frische Milch zunächst gereinigt und pasteurisiert (siehe *Milch*), um mögliche Keime abzutöten. Je nach Käsesorte wird die Milch anschließend entrahmt und dann entsprechend dem gewünschten Fettgehalt wieder mit Rahm versetzt, während Ziegen- oder Schafmilch gleich mit ihrem natürlichen Fettgehalt zu Käse verarbeitet werden. Die Käseherstellung besteht aus mehreren Schritten:

Als erstes lässt man die leicht angewärmte Milch in Käsekesseln gerinnen. Dieser Schritt wird als **Dicklegung** bezeichnet. Dabei werden der Milch zunächst Milchsäurebakterien und manchmal noch Starterkulturen zugefügt, durch die die Milch leicht vorgesäuert wird. Anschließend wird sie mit Lab versetzt, einem Enzym, das aus dem Magen von jungen Kälbern gewonnen wird und ein bestimmtes Milcheiweiß (Kasein) in der Weise beeinflusst, dass es zur Ausflockung der festen Milchinhaltsstoffe kommt und eine puddingartige Masse entsteht – die Gallerte. Dieser Prozess dauert in der Regel zwischen 15 Minuten und 2 Stunden, und je länger die Gallerte stehen gelassen wird, desto fester wird sie. Das zur Dicklegung verwendete Kälberlab wird heute auch durch Pepsin von Rindern oder Schweinen oder noch häufiger durch Kulturen aus bestimmten Mikroorganismen ersetzt.

Im nächsten Arbeitsgang wird die Gallerte mithilfe von großen Schneidevorrichtungen in gleich große Würfel geschnitten, die sofort eine klare Flüssigkeit (Molke) absondern. Durch mehr oder weniger intensives Rühren tritt weitere Molke aus, und mehr oder weniger große Körner entstehen – der **Käsebruch**. Die Größe des Bruchs entscheidet darüber, ob der Käse später fest oder weich wird. Je kleiner die Körner sind, desto fester wird der Käse, da kleine Körner mehr Molke absondern.

Anschließend wird das Bruch-Molke-Gemisch auf eine genau festgelegte Temperatur erwärmt – in der Fachsprache wird dieser Arbeitsschritt »Brennen« genannt. Durch die **Erwärmung** ziehen sich die Bruchkörner zusammen, und weitere Molke wird abgesondert. Je fester der Käse werden soll, desto stärker wird die Masse erwärmt; bei Hartkäse wie Emmentaler liegt die Temperatur bei etwa 50 °C.

Nun folgt die endgültige Abtrennung der Molke vom Käsebruch, indem die Masse in durchlässige Käseformen geschüttet oder geschöpft oder – bei manchen Käsesorten – in grobmaschigen Tüchern gehoben wird. Dann erfolgt das **Pressen**, um die letzte Molke zu entfernen und so dem Käse die notwendige Dichte und Form zu geben. Dabei wird der Käse – in diesem Stadium noch eine weiße Masse mit wenig Geschmack – je noch Sorte einmal oder mehrere Male gewendet, damit sich das verbliebene Wasser im Käse gleichmäßig verteilen kann.

Käse

Anschließend wird der gepresste Käse gesalzen. Durch das **Salzen** wird nochmals Molke entzogen und die Bildung der Rinde gefördert. Je nach Käsesorte wird das Salz entweder auf die Käselaibe gestreut – dieses Verfahren nennt man Trockensalzen –, oder aber der Käse wird in eine 15- bis 20-prozentige Salzlösung getaucht. Je nach Größe und Konsistenz der Käselaibe und je nach gewünschtem Salzgehalt dauert dieser Vorgang einige Minuten oder aber Tage bis zu mehreren Wochen.

Zum Schluss erfolgt die **Reifung** der Käselaibe im Reifungskeller, was je nach Sorte Tage, Wochen oder Monate dauern kann. Dieser Reifungsprozess, der Aussehen, Konsistenz, Geruch und Geschmack des späteren Käses bestimmt, findet unter genau kontrollierten Temperatur- und Luftfeuchtigkeitsbedingungen statt; die meisten Käse reifen bei 8 bis 16 °C, und die Luftfeuchtigkeit beträgt im Durchschnitt 80 bis 95 %. Dabei wird der Käse durch biochemische Prozesse in der Weise umgewandelt, dass Enzyme zum einen die Milchfette, zum anderen die Eiweiße in Aminosäuren und Peptide aufspalten. Mikroorganismen tragen außerdem zur Bildung von Kohlensäure bei, durch die sich im jetzt noch elastischen Teig Löcher bilden wie etwa im Emmentaler Käse. Mit zunehmender Reifezeit trocknet die Oberfläche aus, und es bildet sich eine Rinde, die das Eindringen von Bakterien oder unerwünschten Schimmelpilzen verhindert und das Käseinnere vor Austrocknung bewahrt. Nach dem Reifen werden manche Käse wie Edamer noch mit einer Wachs- oder Paraffinschicht überzogen, in Portionen geschnitten und verpackt.

Nach der deutschen Käseverordnung wird Käse nach seinem Härtegrad klassifiziert und in Hartkäse, Schnittkäse, halbfesten Schnittkäse, Sauermilchkäse, Weichkäse und Frischkäse unterteilt. Dieser Härtegrad wird vom jeweiligen Wassergehalt in der fettfreien Käsemasse (Wff = water fat free) bestimmt. Außerdem muss bei jedem Käse der Fettgehalt angegeben werden, der in der Trockenmasse enthalten ist (Fett i. Tr.), sodass Käse in verschiedene Fettstufen unterteilt wird, die von der Doppelrahmstufe über Vollfett- und Halbfettstufe bis zur Magerstufe reichen.

Wassergehalt (Wff)

- Hartkäse — bis 56 %
- Schnittkäse — über 54 % bis 63 %
- halbfester Schnittkäse — über 61 % bis 69 %
- Sauermilchkäse — über 60 % bis 73 %
- Weichkäse — über 67 %
- Frischkäse — über 73 %

Fettgehaltsstufen (Fett i. Tr.)

- Doppelrahmstufe — 60 bis 85 %
- Rahmstufe — mind. 50 %
- Vollfettstufe — mind. 45 %
- Fettstufe — mind. 40 %
- Dreiviertelfettstufe — mind. 30 %
- Halbfettstufe — mind. 20 %
- Viertelfettstufe — mind. 10 %
- Magerstufe — unter 10 %

körniger Frischkäse

Doppelrahmfrischkäse

Ricotta

Käse

Hartkäse reift meistens sehr lange – zwischen 3 und 10 Monaten –, enthält kaum Wasser und hat dementsprechend den höchsten Anteil an Trockenmasse, der mindestens 60 % beträgt. Zu den bekanntesten Hartkäsesorten gehören Gruyère (Greyerzer), Emmentaler, Cheddar, Comté, Parmesan, Grana, Pecorino, Provolone, Sbrinz, Manchego oder Bergkäse. Emmentaler wird in großen Laiben hergestellt, die zwischen 40 und 150 kg wiegen können.

Schnittkäse hat einen Trockenmassegehalt von 50 bis 60 %, enthält mehr Wasser und ist etwas weicher als Hartkäse. Zu den bekanntesten Sorten gehören Edamer, Gouda, Tilsiter, Appenzeller, Trappistenkäse, Raclette- und Fontinakäse.

Halbfester Schnittkäse hat einen Trockenmassegehalt von 44 bis 55 % und ist etwas weicher als Schnittkäse, aber noch schnittfest. Zu den bekanntesten Sorten zählen Butterkäsesorten wie Deutscher Butterkäse, Bel Paese oder Bonbel, aber auch Robiola, Taleggio, Stilton oder Edelpilzkäsesorten wie Roquefort.

Weichkäse hat einen Trockenmassegehalt von 40 bis 56 % und reift innerhalb weniger Wochen. Bei Weichkäse unterscheidet man zwischen den mild aromatischen Käsesorten mit weißer Schimmelrinde – hier wird der *Penicillinum candidum*-Pilz bereits der Milch zugefügt – wie Camembert oder Brie und würzigem Käse mit einer feuchten Rotschmierrinde wie Romadur, Limburger oder Münsterkäse. Diese Käsesorten werden während der Reifung mit einer Salzlösung eingerieben, die bestimmte Bakterien enthält.

Frischkäse ist ungereifter Käse, bei dem die Milch meist nur mit Milchsäurebakterien, selten auch mit Lab fermentiert wird. Zum Frischkäse zählen körniger Frischkäse (Cottage Cheese), Mascarpone, Rahm- oder Doppelrahmfrischkäse, Schichtkäse, Quark, der auch gemischt mit Gemüse, Früchten, Kräutern und Gewürzen angeboten wird, sowie Mozzarella, der jedoch etwas anders hergestellt wird, und Ricotta, der aus Kuh- oder Schafmolke besteht und frisch oder gereift verkauft wird. Frischkäse hat eine weiche, cremige oder krümelige Konsistenz und schmeckt meist mild säuerlich.

Sauermilchkäse wird aus Sauermilchquark hergestellt. Die bekanntesten Sorten sind Mainzer und Harzer Käse, die mit Rotschmierbakterien behandelt werden, und Hand- oder Korbkäse, die mit weißen Schimmelkulturen besprüht werden.

Brie

Camembert

Mozzarella

Pont-l'Évêque

Münster

Bel Paese

Käse

Brüh- und **Knetkäse** ist Käse, bei dem die Käsebruchkörner zusammengepresst, gesäuert, wieder geschnitten, mit kochendem Wasser überbrüht und anschließend geknetet werden, bis eine elastische, formbare Masse entsteht. Diese wird entweder als Frischkäse angeboten – der berühmteste dieser Käse ist der Mozzarella, der früher aus Büffelmilch, heute meist aus Kuhmilch gewonnen und in Lake eingelegt verkauft wird – oder aber zu Strängen geformt, gepresst, gesalzen und mit oder ohne Wachsschicht an Schnüren zum Reifen aufgehängt. Zu den bekanntesten dieser Filata-Käse (italienisch *pasta filata* = gezogener Teig) gehören etwa der Provolone, der nach 2 bis 3 Monaten Reifezeit als Schnittkäse und nach 1 Jahr als harter Reibekäse angeboten wird, oder der aus dem Balkan stammende Kaschkaval, der ebenfalls mehrere Monate reift.

Schmelzkäse wird aus fertigem Käse hergestellt und ist länger haltbar als herkömmlicher Käse. Dafür wird der Käse fein zerkleinert, mit Schmelzsalz, Molkepulver, Sahne oder Butter sowie Zusätzen wie Kräutern, Gewürzen, Nüssen oder Schinken- und Wurststückchen vermischt und unter Rühren geschmolzen. Anschließend wird der noch heiße Käseteig sofort gekühlt und teilweise noch geräuchert. Er ist entweder mehr oder weniger weich bis streichfähig oder aber fest und gummiartig. Während Schmelzkäse in Nordamerika meist aus Cheddar hergestellt wird, verwendet man in Europa vor allem Emmentaler. Er eignet sich gut zum Überbacken und schmeckt meistens mild.

Emmentaler · Pecorino · Raclette · Gruyère · Parmesan · Jarlsberg · Edamer · Chester (Cheddar) · Bergkäse · Gouda

Käse

Kochkäse wird ähnlich wie Schmelzkäse zubereitet, besteht aber aus gereiftem Sauermilchquark, der mit Salz, Gewürzen, Butter oder Butterschmalz sowie Sahne, Milch oder Wasser vermischt, geschmolzen und wieder abgekühlt wird. Er enthält 10 bis 60 % Fett i. Tr., ist wie Schmelzkäse weich bis streichfähig und ebenfalls sehr lange haltbar.

Ziegenkäse besteht entweder aus roher oder pasteurisierter Ziegenmilch oder aus einer Mischung aus Ziegen- und Kuhmilch, manchmal auch Schafmilch, und enthält 45 bis 60 % Fett i. Tr. Aussehen, Geschmack und Konsistenz hängen ab von der verwendeten Milch sowie vom jeweiligen Herstellungsverfahren. Der weiße Ziegenkäse kann mild würzig bis sehr kräftig schmecken und kommt als ungereifter Frischkäse, als gereifter Weichkäse und gelegentlich auch als Schnittkäse auf den Markt. Ziegenkäse wird sowohl mit und ohne Belag als auch »pur« oder mit Salz, Kräutern und Gewürzen in großer Vielfalt angeboten. Ziegenfrischkäse wie etwa der Chavroux schmecken sehr mild und werden häufig in mit Kräutern aromatisiertem Öl eingelegt wie der österreichische Geißkäse oder der französische Crottin de Chavignol. Bekannt ist außerdem Ziegencamembert wie der Monte Caprino oder der Tomme de chèvre. Als festerer Schnittkäse mit längerer Reifezeit wird Ziegengouda aus Holland angeboten.

Schafkäse wird entweder aus reiner Schafmilch oder einer Mischung aus Schaf- und Kuhmilch, manchmal auch Ziegenmilch hergestellt und sowohl frisch als auch gereift angeboten. Der bekannteste Schafmilchkäse ist der griechische Feta, der frisch oder wenig gereift in eine Lake aus Salz und Wasser eingelegt wird und dadurch Wochen bis Monate haltbar ist. Bekannt ist auch der pikant schmeckende Pecorino – der älteste Käse Italiens – mit dunkel- oder graubrauner bzw. weißgelber Rinde, der 3 bis 8 Monate reift und als Schnitt- oder Hartkäse angeboten wird.

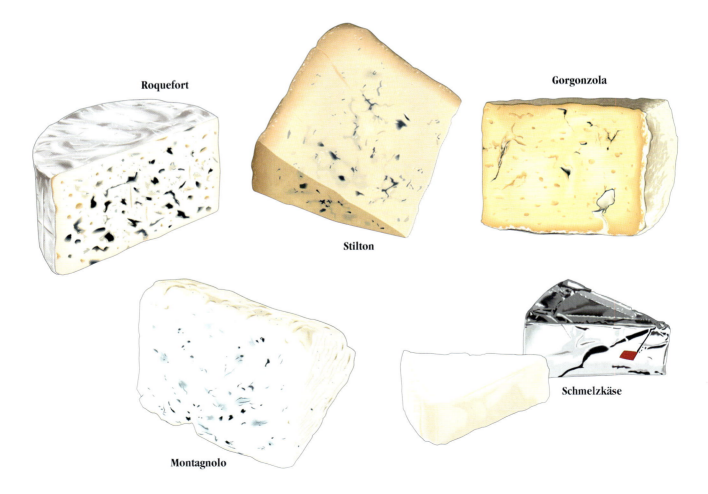

Roquefort

Stilton

Gorgonzola

Montagnolo

Schmelzkäse

Käse

Käsezubereitungen sind verschiedene frische oder gereifte Käsesorten, die in Verbindung mit anderen Zutaten wie Gewürzen und Kräutern, Nüssen, Gemüse etc. als Torten, Pasteten, Kugeln oder Cremes angeboten werden. Bei uns sehr bekannt ist beispielsweise der bayerische Obatzte, eine Käsecreme aus Camembert, Zwiebeln und Paprika.

Einkaufstipp

Käse wird sowohl lose als auch fertig abgepackt verkauft. Da Käse ein äußerst empfindliches Lebensmittel ist, das bei falscher Lagerung oder ungenügender Verpackung rasch verdirbt, empfiehlt es sich, Käse in einem Fachgeschäft mit guter Beratung zu kaufen. Bei fertig abgepacktem Käse ist es oft schwer, die Qualität zu überprüfen, man sollte in jedem Fall aber das Verfallsdatum auf der Packung beachten.

Hartkäse sollte von gleichmäßiger Farbe und Konsistenz sein und eine harte Rinde haben. Mit Sicherheit falsch gelagert wurde Käse, der ausgetrocknet, verformt, klebrig oder körnig ist oder dessen Rinde aufgesprungen ist.

Schnittkäse und halbfester Schnittkäse dürfen weder trocken oder rissig noch krümelig sein und sollten angeschnitten immer mit Folie bedeckt werden, da sie sonst schnell austrocknen. Ist der Käse unter der Rinde dunkler als in der Mitte, wurde er falsch gelagert.

Hartkäse, Schnittkäse und halbfester Schnittkäse dürfen keinerlei Schimmel aufweisen.

Bei abgepacktem Weichkäse lässt sich durch leichten Fingerdruck überprüfen, wie alt er ist: Junger Käse fühlt sich fest an, älterer Käse ist weicher und gibt nach. Weichkäse sollte glatt und gleichmäßig gefärbt sein, und die Rinde darf sich nicht ablösen. Sie sollte außerdem weich, nicht zu trocken und unbeschädigt sein. Überreifer Weichkäse hat eine klebrige Rinde, die meist dunkel gefärbt ist und/oder nach Ammoniak riecht. Falsche Lagerung zeigt sich daran, dass der Käse eine harte Rinde hat und innen trocken ist.

Vorbereitung

Käse kann sein Aroma besser entfalten, wenn man ihn mindestens 30 Minuten vor dem Servieren aus dem Kühlschrank nimmt. Weichkäse wie Camembert oder Brie sollten jedoch nicht zu lange bei Zimmertemperatur liegen gelassen werden, da sie sonst zerlaufen, während angeschnittener Schnittkäse in warmer Umgebung relativ bald austrocknet und deshalb bis zum Servieren mit Folie bedeckt sein sollte.

Hartkäse lässt sich besser reiben, wenn er vorher im Kühlschrank gelagert wurde. Für die verschiedenen Härtegrade der einzelnen Käsesorten gibt es im Haushaltswarengeschäft Spezialmesser und -geräte zu kaufen, mit denen der Käse fachgerecht aufgeschnitten werden kann.

Chavroux

Crottin de Chavignol

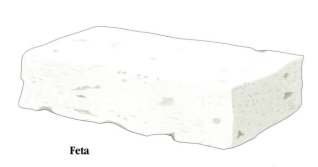

Feta

Käse

Aufbewahrung

Käse ist ein Naturprodukt, das äußerst empfindlich auf falsche Temperaturen und Luftfeuchtigkeit reagiert. Bei zu großer Wärme reift er zu schnell, bei zu großer Kälte verliert er seinen Geschmack (nur Hartkäse verträgt Temperaturen um 0 °C). Umgekehrt kann man unreifen Käse in warmer, luftiger Umgebung nachreifen lassen bzw. bei reifem Käse das Nachreifen durch kühlere Temperaturen (6 bis 8 °C) verzögern. Zu viel Licht trägt außerdem dazu bei, dass sich die Milchfette verändern und der Käse einen unangenehmen Geruch entwickelt.

Angeschnittener Hart- oder Schnittkäse sollte grundsätzlich einzeln in perforierte Kunststoff- oder Alufolie verpackt im Gemüsefach des Kühlschranks aufbewahrt werden, damit er nicht austrocknet und an Aroma verliert. Weichkäse sollte in Folie oder in ein feuchtes Tuch gewickelt ebenfalls im Kühlschrank aufbewahrt werden, wobei das Tuch täglich gewechselt werden muss. Frischkäse, Schmelzkäse oder Kochkäse gehören ebenfalls in den Kühlschrank.

- Hartkäse wie Parmesan bleibt gekühlt einige Wochen frisch. Frisch geriebener Hartkäse muss nach 1 Tag verbraucht werden. Originalverpackter geriebener Hartkäse wie Emmentaler bleibt ungeöffnet im Kühlschrank 2 bis 3 Wochen frisch.

- Schnittkäse wie Edamer oder Gouda und halbfester Schnittkäse wie Butterkäse können gekühlt etwa 10 Tage aufbewahrt werden.

- Weichkäse wie Camembert und Schimmelpilzkäse bleiben gekühlt 7 bis 10 Tage frisch.

- Frischkäse wie Doppelrahmfrischkäse ist in der Originalverpackung etwa 4 Wochen haltbar; geöffnet sollte er innerhalb von 7 Tagen verbraucht werden.

- Schmelzkäse und Kochkäse sind gekühlt einige Wochen haltbar.

- In Salzlake eingelegter Schafkäse kann einige Wochen bis Monate aufbewahrt werden.

Hat sich auf der Oberfläche von Hart- oder Schnittkäse Schimmel gebildet, schneidet man die Stelle großzügig heraus und wickelt den Käse in frische Folie. Schimmeligen Frisch- und Weichkäse sollte man dagegen grundsätzlich wegwerfen.

Da Käse bei Kälte an Aroma einbüßt, sollte er möglichst nicht eingefroren werden. Frischkäse kann man auf keinen Fall einfrieren, da sich seine Konsistenz dadurch zu stark verändert.

Serviervorschläge

Die Verwendungsmöglichkeiten von Käse sind äußerst vielfältig. Er schmeckt aufgeschnitten als Brotbelag oder überbacken auf Toast, rundet eine Mahlzeit ab und harmoniert als Häppchen vorzüglich zu Wein. Beim Kochen ist Käse unerlässlich zum Überbacken vieler Gerichte wie etwa Gemüse- und Fleischgratins oder Quiches, gehört als würzige Zutat in viele Saucen, schmeckt in Kroketten oder gefüllten Nudeln, Crêpes, Waffeln, Omelettes und Soufflés, ist unerlässlich auf der Pizza und bildet die Grundlage des berühmten Schweizer Käsefondues sowie der Raclette. Klein gewürfelt gibt man Käse in gemischte Salate oder bäckt ihn mit Brot und herzhaftem Kleingebäck. Er harmoniert ausgezeichnet mit vielen Kräutern und Gewürzen und passt sehr gut zu Früchten wie Trauben, Ananas, Kiwi oder Melone. Vor allem Frischkäse wie Ricotta oder Mascarpone eignen sich vorzüglich als süßes Dessert, beispielsweise im berühmten *Tiramisú*.

Käse spielt in vielen Ländern der Welt eine wichtige Rolle und wird in unzähligen Rezepten sowohl der einfachen als auch der gehobenen Küche verwendet. Insbesondere in Italien und Frankreich mit ihren vielen verschiedenen Käsesorten ist Käse zum Abschluss einer Mahlzeit unerlässlich, und in Griechenland ist der gemischte Bauernsalat ohne Feta undenkbar. Bei uns gehört Käse in die Allgäuer Käsespätzle; beliebt ist auch der überbackene Camembert mit Preiselbeeren.

Käsefondue

FÜR 4 PORTIONEN

2 Stangen Baguette	2 EL Kirschwasser
300 g Gruyère	frisch gemahlener weißer
300 g Schweizer	Pfeffer
Emmentaler	1 Msp. Paprikapulver
1 Knoblauchzehe	edelsüß
300 ml trockener Weißwein	1 Msp. frisch geriebene
1 EL Speisestärke	Muskatnuss

1. Die Baguettes in mundgerechte Stücke schneiden. Gruyère und Emmentaler auf einer Käsereibe fein reiben. Die Knoblauchzehe abziehen und einen emaillierten Fonduetopf damit einreiben.

2. Den Wein in den Fonduetopf gießen und bei schwacher Hitze langsam erwärmen. Sobald der Wein heiß ist, den Käse portionsweise hineingeben und unter ständigem Rühren schmelzen lassen. Die Knoblauchzehe durchpressen und zufügen.

3. Die Speisestärke mit dem Kirschwasser verrühren, in die Wein-Käse-Mischung einrühren und alles unter ständigem Rühren nochmals kurz aufkochen.

4. Den Rechaud anzünden. Das Fondue mit Pfeffer, Paprika und Muskatnuss würzen und auf den Rechaud stellen. Jeweils einen Brotwürfel auf eine Fonduegabel spießen und in das Fondue eintauchen.

Käse

Käse	Typ	Farbe	Konsistenz	Geschmack	Milchsorte	Sonstiges
KÖRNIGER FRISCHKÄSE (COTTAGE CHEESE)	Frischkäse	weiß	körnig, cremig	mild	Kuhmilch	stammt aus den USA; enthält 10 bis 20% Fett i. Tr.; wird häufig mit Früchten, Kräutern und Gewürzen angemacht
DOPPELRAHM-FRISCHKÄSE	Frischkäse	weiß	cremig weich	mild bis leicht säuerlich	Kuhmilch	enthält mindestens 60% Fett i. Tr.
RICOTTA	Frischkäse	weiß	cremig weich bis leicht krümelig oder kompakt	mild bis leicht süßlich oder salzig	Molke von Kuh-, Schaf- und Ziegenmilch	wird auch geräuchert angeboten
MOZZARELLA	Brüh- und Knetkäse	weiß	weich, elastisch	mild bis leicht salzig	Kuh- oder Büffelmilch	»der« Pizzakäse; wird meist in Lake eingelegt angeboten
CAMEMBERT	Weichkäse	gelblich mit weißer Schimmelrinde	weich	mild säuerlich bis herzhaft würzig	Kuhmilch	wurde erstmals vor mehr als 200 Jahren in der Normandie hergestellt
BRIE	Weichkäse	gelblich mit weißer Schimmelrinde	halbweich	mild oder kräftig bis scharf	Kuhmilch	stammt ursrpünglich aus der Region Brie bei Paris
BEL PAESE	halbfester Schnittkäse	gelblich mit brauner oder grauer Rinde	weich, elastisch	sehr mild, säuerlich	Kuhmilch	gehört zu den bekanntesten italienischen Käsesorten
MÜNSTER	Weichkäse	weißlich mit feuchter orangefarbener Rinde	weich	mild bis kräftig; durchdringender Geruch	Kuhmilch	wurde erstmals vor 200 Jahren im Elsass hergestellt
PONT-L'ÉVÊQUE	halbfester Schnittkäse	gelblich mit gelblicher oder orangefarbener Rinde	weich	würzig bis scharf	Kuhmilch	nach einer Stadt in der Normandie benannt
CHEDDAR (CHESTER)	Hartkäse	weißlich bis dunkelorange	fest	mild butterig bis scharf	Kuhmilch	nach der Stadt Cheddar benannt; erster industriell hergestellter Käse; viele verschiedene Sorten im englischsprachigen Raum
EDAMER	Schnittkäse	gelblich mit gelber oder roter Paraffinschicht	halbfest	mild	Kuhmilch	der nach dem Gouda berühmteste »Holländer« aus der Stadt Edam
GOUDA	Schnittkäse	gelb mit gelber Rinde	halbfest bis fest; kleine Löcher	mild pikant bis würzig	Kuhmilch	benannt nach der niederländischen Stadt Gouda nahe Rotterdam

Käse

Käse	Typ	Farbe	Konsistenz	Geschmack	Milchsorte	Sonstiges
HAVARTI	halbfester Schnittkäse	weiß bis hellgelb	weich, kleine unregelmäßige Löcher	mild bis kräftig	Kuhmilch	der »dänische Tilsiter«
MONTEREY JACK	Schnittkäse	hellgelb	fest bis hart	mild	Kuhmilch	stammt ursprünglich aus Monterey/Kalifornien; wird wie Cheddar hergestellt
JARLSBERG	Schnittkäse	gelb	fest, große Löcher	mild süßlich, nussiges Aroma	Kuhmilch	kommt aus Norwegen; einnert an Emmentaler, ist aber süßer
EMMENTALER	Hartkäse	gelb	fest, große Löcher	mild und süß bis kräftig aromatisch	Kuhmilch	der berühmteste Schweizer Käse; wird bei uns auch im Allgäu hergestellt
GRUYÈRE (GREYERZER)	Hartkäse	weißlich mit bräunlich schwarzer Rinde	hart, kleine Löcher	mild bis würzig	Kuhmilch	kommt aus der westlichen Schweiz; ideal für das Fondue
PECORINO	Hartkäse und Schnittkäse	hellgelb mit grauer, brauner und schwarzer Rinde	fest bis hart	mild bis würzig	Schafmilch, auch gemischt mit Kuh- und Ziegenmilch	der älteste Käse Italiens; gut zum Überbacken geeignet; kann Parmesan ersetzen
PARMESAN	Hartkäse	gelb mit sehr harter brauner oder schwärzlicher Rinde	trocken	sehr würzig	Kuhmilch	in Italien *parmigiano reggiano* genannt nach der Provinz, wo er erstmals vor 1500 Jahren hergestellt wurde
ROQUEFORT	halbfester Schnittkäse	cremeweiß mit blauen Adern	cremig	würzig bis pikant	Schafmilch	benannt nach der Region Roquefort in Frankreich
STILTON	halbfester Schnittkäse	cremeweiß mit blauen Adern	krümelig, halbweich	würzig bis pikant	Kuhmilch	Englands bekanntester Edelpilzkäse
GORGONZOLA	halbfester Schnittkäse	cremeweiß mit blauen Adern	krümelig, halbweich	mild bis würzig	Kuhmilch	stammt aus der Nähe von Mailand
CROTTIN DE CHAVIGNOL	Frischkäse oder Weichkäse	weiß mit und ohne Rinde, manchmal mit Schimmel überzogen	fest	mild bis würzig	Ziegenmilch	kommt aus Frankreich; wird oft in Öl eingelegt
FETA	Frischkäse	weiß ohne Rinde	weich bis krümelig	mild bis pikant, salzig	Schafmilch	Griechenlands berühmtester Käse; wird in Salzlake angeboten

Zucker, Honig, Sirup und Kakao

Zucker

Zuckerrohr

Zucker ist eine süß schmeckende, wasserlösliche natürliche Substanz, die in vielen pflanzlichen und einigen tierischen Produkten vorkommt. Mit dem Begriff »Zucker« wird jedoch üblicherweise das aus Zuckerrohr und Zuckerrüben extrahierte Produkt verbunden. Seine wissenschaftliche Bezeichnung *Saccharose* ist abgeleitet vom lateinischen Wort *saccarum*, das seine Wurzel ebenso wie unser Wort »Zucker«, das italienische »zucchero«, das französische »sucre« oder das spanische »azucar« in dem Sanskritwort *sakara* hat, das »Korn« bedeutet. In den Jahren 1997/98 wurden weltweit mehr als 1,2 Milliarden Tonnen Zucker produziert, wovon drei Fünftel auf Zuckerrohr entfielen.

Zuckerrohr *(Saccharum officinarum)* wächst in tropischen Regionen und stammt vermutlich aus Indien oder Neuguinea. Die große, ausdauernde Zuckerrohrpflanze ist ein empfindliches, relativ pflegeaufwendiges Gras, das unter anderem regelmäßig gewässert und gedüngt werden muss. Sie kann zwischen 2 und 7 m hoch werden, und der Durchmesser ihres Stängels beträgt etwa 5 cm. Je nach Klima wird Zuckerrohr 8 bis 16 Monate nach dem Erscheinen der ersten Sprösslinge geerntet, indem die Rohre bis auf Bodenhöhe abgeschnitten werden, sodass sich wieder neue Schösslinge bilden können. Obwohl die Ernte in weiten Teilen der Welt mittlerweile längst voll mechanisiert ist, wird Zuckerrohr in einigen Ländern immer noch von Hand mit der Machete geschnitten. Die Kohlenhydrate des Zuckerrohrs befinden sich in seinem Stängelmark und enthalten 12 bis 15% Saccharose. 1 t Zuckerrohr ergibt ungefähr 137 kg Zucker. Die führenden Zuckerrohrhersteller sind derzeit Brasilien, Indien, Kuba, China, Pakistan und Mexiko.

Die **Zuckerrübe** *(Beta vulgaris spp.)*, die mit der Roten Bete *(Chenopodiaceae)* verwandt ist, stammt aus Europa und gedeiht auch in nördlichen Klimazonen. Die große knollige, zweijährige Wurzel – sie wiegt etwa 1 kg und enthält zwischen 15 und 20% Zucker – wird 20 bis 30 Wochen nach der Pflanzung geerntet. Die führenden Zuckerrübenproduzenten sind heute Russland, Frankreich, Deutschland, die USA, Polen und China.

Viele Jahrhunderte lang war Honig sowohl in der westlichen Welt als auch in Asien der einzig verfügbare Süßstoff, obwohl Zuckerrohr schon vor etwa 2500 Jahren in Indien angebaut wurde und bereits in der Antike den Griechen und Römern bekannt war, die es jedoch nur für medizinische Zwecke verwendeten. Noch bis weit ins Mittelalter hinein galt Zucker bei uns wie in anderen europäischen Ländern als Medizin und exotischer Luxus, der nur den wirklich Wohlhabenden vorbehalten blieb. Vermutlich waren die Araber die ersten, die Zuckerrohr in größerem Maße anbauten und weiterverarbeiteten, wobei sie auch die von ihnen eroberten Länder einschließlich Spanien als Anbaufläche nutzten, sodass im 8. und 9. Jahrhundert die Spanier als erste Europäer mit Zucker handelten. Um etwa 900 n. Chr. wurde Venedig, dessen wirtschaftliche Stärke vor allem auf dem Gewürzhandel beruhte, zu einem Zentrum für den Zuckerhandel. Dadurch und durch die Kreuzzüge gelangte der Zucker schließlich nach und nach auch in das restliche Europa. Während des 15. Jahrhunderts kam es durch die Entdeckung Amerikas sowie der Inseln im Indischen Ozean zu einem enormen Aufschwung des Zuckerrohranbaus, wobei die Karibikinseln bald eine führende Rolle in der Zuckerherstellung übernahmen. Dafür waren zahlreiche zusätzliche Arbeitskräfte notwendig, die vor allem aus afrikanischen Sklaven rekrutiert wurden.

Erst gegen Ende des 18. Jahrhunderts wurde die Zuckerrübe als wichtiger Rohstofflieferant für die Zuckerherstellung entdeckt und in der Folge in großem Umfang in Frankreich, Österreich, Ungarn und Russland kultiviert. Der Zuckerrübenanbau wurde nicht zuletzt auch dadurch gefördert, dass aufgrund politischer Verwicklungen die Engländer eine Blockade gegen Zuckerlieferungen aus der Karibik errichteten. Dies führte auf Anordnung Napoleons umgehend zu einem vermehrten Zuckerrübenanbau in Frankreich und den französischen Kolonien. Im Jahre 1811 entstand die erste funktionstüchtige Zuckerraffinerie, und in den folgenden zwei Jahren kamen etwa 300 neue Raffinerien hinzu, wodurch der Zuckerhandel noch einmal beträchtlich zunahm.

Im Verlauf des 20. Jahrhunderts erreichte der Zuckerkonsum ein noch nie dagewesenes Ausmaß. Während der Pro-Kopf-Verbrauch viele Jahrhunderte lang bei 2 kg Zucker jährlich lag, stieg er in einigen Industrieländern nach dem Zweiten Weltkrieg auf 50 kg oder mehr. Seit den frühen 1980er-Jahren ging der Zuckerverbrauch allerdings etwas zurück. In den USA wurden 1983 zum Beispiel 47 kg Zucker pro Kopf verbraucht und in Deutschland (West) zur selben Zeit etwa 33 kg. Einer der Gründe für den immer noch (zu) hohen Zuckerverbrauch liegt darin, dass wir Zucker oft in versteckter Form zu uns nehmen – schätzungsweise 75 bis 80 % des gesamten Zuckers ist unsichtbar in Lebensmitteln enthalten, oft auch in solchen, in denen ihn niemand vermutet, wie Fertiggerichte, Fertigsaucen, Brühwürfel, Tomatenketchup oder Mayonnaise.

Zucker besteht, chemisch betrachtet, aus Kohlenstoff (C), Wasserstoff (H) und Sauerstoff (O) und gehört zur großen Gruppe der Kohlenhydrate, die neben Eiweiß und Fett zu den Hauptnährstoffen zählen und im Rahmen einer gesunden Ernährung unerlässlich sind. Kohlenhydrate sind jedoch nicht nur in süßen Produkten enthalten – Honig, Zucker, Sirup und Melasse bestehen fast ausschließlich aus Kohlenhydraten –, sondern auch in vielen anderen Nahrungsmitteln, insbesondere in Getreide und Getreideerzeugnissen, Gemüse und Obst.

Alle Kohlenhydrate bestehen aus denselben oder zumindest ähnlichen Einzelmolekülen. Sie unterscheiden sich in der Länge und Form sowie in der Kombination dieser Moleküle. Die einfachste Form der Kohlenhydrate ist der Einfachzucker. Er besteht aus einem einzigen Zuckermolekül. Zweifach- bzw. Mehrfachzucker bestehen aus zwei bzw. mehreren aneinander gereihten Zuckermolekülen, und die Ballaststoffe bestehen aus verzweigten, »komplexen« Zuckermolekülen. Außerdem gibt es noch polyhydride Zuckeralkohole wie Sorbitol, Mannitol und Xylitol. Kohlenhydrate unterscheiden sich durch die Größe ihrer Moleküle und darin, wie diese vom Körper aufgenommen werden. Sie sind deshalb wichtig für den Körper, weil sie vom Organismus in Traubenzucker (Glukose) umgewandelt werden, der Gehirn, Rückenmark, periphere Nerven und rote Blutkörperchen mit Energie versorgt.

Einfachzucker oder Monosaccharide bestehen aus einem einzelnen Zuckermolekül. Sie können direkt vom Organismus aufgenommen werden, da sie problemlos durch die Darmwand hindurch in die Blutbahn gelangen und deshalb leicht verdaulich sind. Die häufigsten Monosaccharide sind Traubenzucker (Glukose) und Fruchtzucker (Fruktose). Einfachzucker wird in Form von Kristallen isoliert. **Glukose** (Dextrose) ist das in der Natur am häufigsten vorkommende Monosaccharid. Man findet es in Nahrungsmitteln wie Obst, Getreide, Honig und Nüssen. Glukose versorgt den Körper mit Energie zur Aufrechterhaltung der Körpertemperatur und zum Erhalt grundlegender körperlicher Funktionen. Nach einer Mahlzeit wandelt die Leber Glukose in Glykogen um, speichert es und wandelt es bei sinkendem Blutzuckerspiegel wieder in Glukose um, sodass dieser konstant bei ungefähr 0,1 % liegt. **Fruktose** (Levulose) ist das zweite wichtige Monosaccharid, das in natürlicher Form in Obst (2 bis 7 %), Honig (40 %) und verschiedenen anderen Nahrungsmitteln vorkommt. Von allen Zuckern ist er der süßeste, das heißt, er ist 1,2-mal so süß wie Haushaltszucker (Saccharose) und knapp doppelt so süß wie Glukose. Raffinierte Fruktose wird in 100 % reiner Kristallform oder als Sirup angeboten, wobei letzterer einen hohen Fruktoseanteil hat, indem durch Zusatz von Enzymen ein Teil der Glukose in Fruktose umgewandelt wird. Dabei gilt grundsätzlich, dass jede Zuckerlösung, die zusammen mit Säure erhitzt wird oder der Enzyme zugesetzt werden, sich in Glukose (Dextrose) und Fruktose (Levulose) aufspaltet. Diese Zusammensetzung bezeichnet man als Invertzucker (siehe *Invertzucker*).

Zweifachzucker oder Disaccharide bestehen aus zwei Monosacchariden, die durch ein Wassermolekül miteinander verbunden sind. Sie sind wie Monosaccharide wasserlöslich. Unser Haushaltszucker (Saccharose) ist beispielsweise ein Disaccharid, das aus einem Traubenzucker- und einem Fruchtzuckermolekül besteht. Der Milchzucker (Laktose) und der Malzzucker (Maltose) sind weitere Disaccharide. Bevor ein Disaccharid vom Organismus aufgenommen werden kann, muss es in Monosaccharide gespalten werden. Zur Spaltung von Laktose ist beispielsweise das Enzym Laktase notwendig. Menschen mit einem Mangel an diesem Enzym leiden deshalb an einer Laktoseunverträglichkeit und müssen milchzuckerhaltige Produkte meiden. **Saccharose** ist ein Disaccharid, das

Zucker

aus Glukose und Fruktose besteht und in allen Pflanzen zu finden ist, die mithilfe von Photosynthese organische Verbindungen herstellen. Saccharose ist besonders reichlich in Zuckerrohr, Zuckerrübe und Ahornsirup vorhanden. Unser weißer Haushaltszucker ist kristallisierte Saccharose.

Laktose ist ein aus Glukose und Galaktose zusammengesetztes Disaccharid, das natürlicherweise nur in der Milch (4 bis 6% in Kuhmilch) und in Muttermilch (5 bis 8%) vorkommt. Die Darmflora wandelt Laktose in Milchsäure um, die das Wachstum pathogener Bakterien verhindert. Laktose wird aus Lab- oder Sauermolke oder Molkekonzentrationen mit möglichst hohem Laktosegehalt gewonnen. Das schneeweiße Pulver wird bei Verdauungsproblemen empfohlen; es wird Kindernährmitteln, Süßwaren, Backwaren, Suppen und Saucen sowie Arzneizubereitungen zugesetzt.

Maltose ist ein Disaccharid, das aus zwei Glukosemolekülen besteht und nicht natürlich vorkommt. Sie wird hergestellt, indem man Stärke mit einem im Malz vorhandenem diastatischen Enzym hydrolysiert. Maltose wird in der Lebensmittelindustrie häufig als Zusatz für Bier, Brot, Babynahrung und als Kaffeesurrogat verwendet.

Mehrfachzucker sind Polysaccharide, die aus mindestens 3 Einfachzuckermolekülen und anderen Molekülen aufgebaut sind und verzweigt miteinander verbunden sein können.

Stärke ist nicht wasserlöslich, sondern quillt im Wasser auf die 30fache Größe auf, und kann auch nicht in Kristallform isoliert werden. Durch bestimmte chemische Verfahren können ihre Eigenschaften jedoch verändert werden. Getreide, Hülsenfrüchte, Wurzeln und Knollen sind die einzigen Nahrungsmittel, die Stärke enthalten. Sie dient den Pflanzen als Energielieferant für neues Wachstum und wird im Pflanzengewebe eingelagert. Im menschlichen Organismus sorgt Stärke für eine kontinuierliche Aufrechterhaltung des Blutglukosespiegels, weil sie im Gegensatz zur Glukose, die sofort die Darmwand passieren kann, erst langsam in ihre Bestandteile (Monosaccharide) gespalten wird.

Ballaststoffe enthalten Polysaccharide wie Zellulose, Hemizellulose, Pektin und Lignin. Im Gegensatz zu den Verdauungssäften wiederkäuender Tiere fehlen den menschlichen Verdauungssäften Enzyme für die Spaltung verschiedener Polysaccharide, insbesondere Zellulose und Lignin. Der menschliche Organismus benötigt jedoch Ballaststoffe, unter anderem um die Verdauungsfunktion zu regulieren und Verstopfung vorzubeugen. Eine ballaststoffreiche Ernährung ist aber nicht nur für eine ausgewogene Ernährung wichtig, sondern spielt auch bei der Bekämpfung von Herzkrankheiten und bestimmten Krebsarten wie Darmkrebs eine große Rolle. Zellulose ist hauptsächlich in Hülsenfrüchten und Gemüse enthalten, während Hemizellulose vor allem in Getreide zu finden ist und den Verdauungsprozess beschleunigt.

Puderzucker

weißer Zucker

Pektin wiederum, das besonders reichlich in Äpfeln, Zitrusfrüchten, Kürbis und Kohl vorkommt, verlangsamt den Verdauungsprozess, reduziert so den aufgenommenen Glukoseanteil und senkt den Cholesterinspiegel im Blut. Pektin zählt zur Gruppe der quellenden Ballaststoffe, weshalb es im Haushalt zum Gelieren von Flüssigkeiten eingesetzt wird. Lignin ist ein weiterer wichtiger Ballaststoff, der in den Zellwänden bestimmter Gemüse gebildet wird; er ist nicht wasserlöslich und hat die gleichen Eigenschaften wie andere nicht wasserlösliche Ballaststoffe.

Ernte und Raffinierung

Zuckerrohr wird unreif geerntet, wobei die Blätter entweder nach der Ernte entfernt und als Mulch auf den Feldern zurückgelassen werden oder aber vor der Ernte an der Pflanze abgebrannt werden. Nach der Ernte wird das Zuckerrohr in kienholzförmige Stücke geschnitten und zur Raffinerie gebracht. Dort werden sie zerdrückt und in große Zylinder gegeben, wo ihnen der schwärzliche Saft *(Vesou)* entzogen wird, aus dem anschließend der Zucker hergestellt wird. Die übrig gebliebenen Stängelteile *(Bagasse)* – Rinde, Stängelmark und Faserstoffe – werden als Brennstoff in der Raffinerie weiterverwertet.

Der Zuckerrohrsaft wird in mehreren Arbeitsschritten zu Haushaltszucker verarbeitet, in deren Verlauf er gereinigt, raffiniert, geklärt, aufgehellt und kristallisiert wird. Eine Methode ist, den Saft unter Zusatz von Limettensaft und Kohlendioxid durch Kochen einzudicken und zu reinigen, wobei der Limettensaft zugleich auch das Fermentieren des Safts verhindert. Eine andere Methode besteht darin, den Zuckerrohrsaft mit löslichen Phosphaten oder Schwefelanhydriden zu reinigen. Anschließend wird der hell- bis dunkelgelbe Sirup zuerst mit Teerkohle entfärbt, wonach restliche Unreinheiten sowie die Melasse entfernt werden. Im letzten Arbeitsgang wird der entfärbte Sirup schließlich in reine Zuckerkristalle umgewandelt, indem entweder der Flüssigkeitsanteil des Sirups verdampft wird oder die Zuckerkristalle in einer Zentrifuge getrennt werden. Der auf diese Weise kristallisierte Sirup besteht je zur Hälfte aus Kristallen und Flüssigkeit (»Mutterflüssigkeit«), wobei letztere nach Entfernung der Kristalle als »arme Melasse« bezeichnet wird. Eine letzte dünne Flüssigkeitsschicht, die auch danach noch auf den Kristallen verbleibt, wird abschließend mit heißem Wasser pulverisiert, wobei die Kristalle leicht schmelzen und eine Flüssigkeit bilden, die als »reiche Melasse« bezeichnet wird. Nachdem dieser Kristallisationsprozess dreimal durchgeführt worden ist – die Melasse, die in der letzten Phase gewonnen wird, bezeichnet man als »schwarze Streifenmelasse« –, wird der gereinigte und entfärbte raffinierte Zucker in heißer Luft getrocknet, klassifiziert und verpackt.

Die Zuckerrüben werden nach der Ernte in Schnitze oder Scheiben *(Cosettes)* geschnitten. Danach wird der Saft durch Diffusion extrahiert, das heißt, die Schnitze werden in heißes Wasser getaucht, wodurch dieses extrem süß wird und sich schwarzblau verfärbt. Ist der gesamte Zucker aus den Rüben extrahiert worden, werden diese als Viehfutter verwendet, während der Zuckerrübensaft anschließend auf ähnliche Art wie der Zuckerrohrsaft raffiniert wird.

Durch den Raffinierungsprozess von Zuckerrohr und Zuckerrüben entstehen verschiedene Produkte wie Rohzucker (brauner Zucker), weißer Zucker, Puderzucker, Melasse und Zuckersirup.

Rohzucker ist ein Zwischenprodukt bei der Zuckerraffinierung, das bei jeder beliebigen Reinigungsstufe anfallen kann. Er besteht zu 96 bis 99% aus Saccharose, ist von einer dünnen Schicht Sirup bedeckt und kann noch Unreinheiten enthalten. Aus Zuckerrüben gewonnener Rohzucker ist gelblich, während der aus Zuckerrohr gewonnene Rohzucker bräunlich gefärbt ist. Der weitaus größte Teil des Rohzuckers wird zu weißem Haushaltszucker weiterverarbeitet. Er wird mengenmäßig seltener als weißer Zucker und unter verschiedenen Bezeichnungen angeboten, zum Beispiel als »Demerara«-Zucker. Rohzucker hat einen etwas würzigeren Geschmack als weißer Zucker, enthält aber tatsächlich nicht wesentlich mehr wertvolle Nährstoffe (Vitamine, Mineralstoffe) als dieser.

Zucker

Brauner Zucker besteht traditionell aus nur leicht raffinierten, feinen Kristallen, die immer noch mit einer dünnen Melasseschicht bedeckt sind. Er wird ausschließlich aus Zuckerrohr gewonnen, da der Geschmack von Zuckerrübenmelasse zu kräftig ist. Heutzutage wird brauner Zucker meist durch Zusatz von Melasse und bisweilen auch künstlichen Farbstoffen aus weißem Zucker hergestellt, wobei einer dieser Farbstoffe Karamell ist, der aus gebranntem Zucker besteht. Farbe und Geschmack von braunem Zucker, der zwischen 91 und 96% Saccharose enthält, hängen von dem jeweiligen Melasseanteil ab. Je dunkler der Zucker ist, desto kräftiger ist sein Geschmack. Zum Kochen und Backen kann man ihn ohne weiteres anstelle von weißem Zucker verwenden.

Weißer Zucker, auch Haushaltszucker, Kristallzucker oder Streuzucker genannt, bestimmt den größten Teil des Zuckerangebots. Er besteht aus reinen getrockneten Zuckerkristallen, die vollständig raffiniert worden sind. Weißer Zucker enthält 99,9% Saccharose, keinerlei Vitamine oder Mineralstoffe, und 100 g davon liefern 400 kcal. Beim weißen Zucker unterscheidet man verschiedene Qualitätsstufen. Die Qualitätsstufe 1 – Raffinade oder Kristallzucker – ist besonders rein, weiß und feinkörnig, die Qualitätsstufe 2, die Grundsorte, ist die preiswerteste Zuckersorte und weniger fein als die Raffinade.

Puderzucker (Staubzucker) ist fein vermahlener Kristallzucker, der besonders für Zuckerglasuren und feines Gebäck (Plätzchen und Torten) geeignet ist.

Würfelzucker wird aus angefeuchteter Raffinade hergestellt, die zu Würfeln gepresst und anschließend getrocknet wird.

Gelierzucker ist Raffinade mit Zusatz von reinem Pektin und Zitronen- oder Weinsäure. Er wird für die Herstellung von Konfitüren, Marmeladen und Gelees verwendet.

Kandiszucker wird aus reinen Zuckerlösungen durch langsames Auskristallisieren gewonnen. Braunem Kandis wird noch karamellisierter Zucker hinzugesetzt. Kandisfarin ist brauner Kandis von kleinerer Kristallgröße und minderer Reinheit.

Hagelzucker wird aus der Raffinade hergestellt und eignet sich zum Verzieren von Gebäck.

Zuckerhut ist in Form eines Hutes erstarrter und auskristallisierter Zucker. Für Feuerzangenbowle und Punsch ist der Zuckerhut unerlässlich.

Einmachzucker ist grob- oder feinkörnige Raffinade ohne weitere Zusätze (im Unterschied zu Gelierzucker), die nicht schäumt.

Vanillezucker ist eine Mischung aus echter Vanille (fein geriebenem Vanillemark) und weißem Zucker, während Vanillinzucker eine Mischung aus weißem Zucker mit künstlichem Vanillinaroma ist.

Melasse ist ein Nebenprodukt aus der Zuckergewinnung, wobei jedoch nur die Melasse aus der Zuckerrohrherstellung für Ernährungszwecke angeboten wird. Ein großer Teil der Zuckerrohrmelasse wird zur Gewinnung von braunem Rum verwendet. Die Rübenmelasse dient dagegen ausschließlich Futterzwecken. Farbe und Zuckergehalt der Melasse sind abhängig von der jeweiligen Extraktionsstufe des Zuckerrohrs: Ungeschwefelte, während des ersten Kristallisationprozesses gewonnene Melasse ist hell und sehr süß; geschwefelte Melasse, die im zweiten Arbeitsgang gewonnen wird, ist dunkler und mittelsüß; die so genannte dunkle Melasse, das Ergebnis der dritten und letzten Extraktion, ist eine sehr dunkle, nur leicht süß schmeckende Masse mit starkem Eigengeschmack, die mehr Nährstoffe als die beiden anderen Sorten besitzt. Melasse enthält durchschnittlich 35% Saccharose sowie 20% Glukose und Fruktose und wird entweder pur oder zur Herstellung von Alkohol, Hefe oder Rum verwendet.

Zucker

Flüssige Zucker, auch Zuckersirupe oder Stärkesirupe genannt, sind klare Flüssigkeiten aus stark raffinierten Zuckern. Sie werden vor allem in der Süßwarenindustrie eingesetzt, aber auch bei der Herstellung von Speiseeis, alkoholischen Getränken, Erfrischungsgetränken und Obstprodukten verwendet sowie in der Backwarenherstellung genutzt. Stärkesirupe wie **Glukose-** und **Maltosesirup** verhindern beispielsweise das Weichwerden von Hartkaramellen und dienen andererseits als Weichhaltemittel bei Weichkaramellbonbons, Fondant und Kaugummi.

Invertzuckersirupe sind die im Handel üblichen Zuckersirupe, die zu gleichen Teilen aus Glukose und Fruktose bestehen. Invertzucker entsteht durch die enzymatische Spaltung von Saccharose. Er ist natürlicher Bestandteil von Honig und wird für die Herstellung von **Kunsthonig** verwendet. Darüber hinaus kommt er natürlich in süßen Früchten vor.

Ein weiterer beliebter Zuckersirup ist der **Rübensirup**, auch Rübenkraut, Rübensaft oder Zuckerkraut genannt. Er darf nicht mit Melasse verwechselt werden, denn es handelt sich dabei nicht um ein Abfallprodukt. Zur Herstellung von Rübensirup werden die Zuckerrüben gereinigt, geschnitzelt und gekocht. Beim Kochprozess erhält das Produkt seine typische Färbung. Der entstandene Brei wird gepresst und der abfließende Saft gereinigt und eingedampft. Durchschnittlich enthält Rübensirup 62% Zucker. Sein Mineralstoffgehalt ist relativ hoch, wobei besonders der Eisengehalt hervorzuheben ist. Rübensirup ist ein beliebter Brotaufstrich und eignet sich darüber hinaus auch sehr gut zum Backen.

Kunsthonig

Rübensirup

Zucker

Serviervorschläge

Raffinierter Zucker wird auf sehr unterschiedliche Weise verwendet, indem er Konsistenz und Geschmack vieler Gerichte abrundet, insbesondere solcher, die sehr sauer oder bitter schmecken.

Bei vielen Gerichten ist Zucker eine wichtige Grundzutat, etwa bei der Herstellung von Kuchen, Gebäck, Plätzchen, Sirup, Eiscreme, Sorbets und anderem. Zucker wird auch als Würzmittel verwendet, das das Aroma von Speisen einerseits besser zur Entfaltung bringt und sie andererseits optisch attraktiver macht, wie beispielsweise in glasiertem Gemüse oder in süßsauren Gerichten.

Um den täglichen Zuckerverbrauch zu reduzieren, kann man:

- nach und nach weniger Zucker im Kaffee, Tee und in anderen Getränken nehmen;
- anstelle von Zucker Gewürze verwenden, zum Beispiel Zimt, Ingwer und Muskatnuss;
- den Zucker durch Früchte (vor allem getrocknete) oder durch natürliche Dicksäfte wie zum Beispiel Apfel- oder Birnendicksaft ersetzen, die Müsli oder Gebäck auf natürliche Weise süßen;
- die Zuckermengen beim Backen und bei der Zubereitung von Desserts etwas reduzieren;
- anhand der Zutatenliste auf »versteckten« Zucker in scheinbar nicht zuckerhaltigen Lebensmitteln achten; die meisten Zutaten, die auf die Nachsilbe »ose« enden, enthalten Zucker. Stehen sie weit oben in der Zutatenliste, kann man davon ausgehen, dass der Zuckeranteil des entsprechenden Produkts relativ hoch ist.
- Zucker (natürlich in Maßen) immer mit vollwertigen Produkten (Getreideflocken für Müsli, Obst etc.) kombinieren. Auf diese Weise werden die ansonsten »leeren« Kalorien mit Nährstoffen geschickt ergänzt.

Bei plötzlichem erheblichem oder vollständigem Verzicht auf Zucker kann es für etwa eine Woche zu Symptomen wie Gereiztheit und Müdigkeit kommen, die jedoch danach wieder verschwinden.

Nährwerte

Weißer raffinierter Haushaltszucker liefert je 100 g genau 394 kcal in Form von Kohlenhydraten. Da er weder Vitamine, Mineralstoffe noch Ballaststoffe enthält, wird er auch als »leerer Energieträger« bezeichnet. Von Kritikern wird er noch drastischer als Vitamin-B_1-Räuber bezeichnet, da dieses Vitamin vor allem zum Abbau von Kohlenhydraten im Stoffwechsel benötigt wird. Zucker »raubt« also dem Körper dieses Vitamin, ohne irgendeinen Ersatz dafür zu liefern. Problematisch ist ein hoher Zuckerkonsum auch unter dem Aspekt des Übergewichts. Ein weiteres Problem bildet die durch Zucker begünstigte Kariesentstehung. Zahnärzte empfehlen deshalb, sich nach dem Verzehr von Süßem, das am Zahnschmelz haften bleibt und ihn zerstört, die Zähne zu putzen. Eine Verbindung zwischen Zuckerkonsum und Glukoseunverträglichkeit scheint bei den gegenwärtigen durchschnittlichen Verzehrsmengen nicht gegeben zu sein. Darüber hinaus gibt es auch keinen stichhaltigen Beweis dafür, dass Zuckerverzehr die Entwicklung von Herzerkrankungen oder Hyperaktivität bei Kindern fördert. Da Zucker genau wie Salz dazu beiträgt, dem Organismus Flüssigkeit zu entziehen, ist man nach dem Verzehr von Süßem häufig durstig.

Aufbewahrung

Zucker ist in einem luftdicht verschlossenen Behälter trocken und kühl aufbewahrt bei Zimmertemperatur unbegrenzt lagerfähig. Zuckersirupe können bei zu hoher Luftfeuchtigkeit schimmelig werden und sollten daher ebenfalls in einem gut verschlossenen Gefäß an einem kühlen, trockenen Platz aufbewahrt werden.

brauner Zucker

Süßstoffe

Cyclamat

Süßstoffe sind synthetisch hergestellte Stoffe mit einer Süßkraft, die um das 10- bis 500fache höher ist als die des Zuckers und mit Ausnahme von Aspartam keinerlei Kalorien liefert. Saccharin, die älteste dieser Substanzen, wurde 1879 von dem deutschen Forscher Fahlberg entdeckt. Es diente vor allem in Notzeiten als Zuckerersatz und beherrschte 70 Jahre lang den Markt, bis es in den 50er- und 60er-Jahren des 20. Jahrhunderts zuerst von Cyclamat, danach von dem etwas später entwickelten Aspartam abgelöst wurde. Zu Beginn des 20. Jahrhunderts konzentrierte sich die Forschung nach künstlichen Süßstoffen auf relativ preisgünstige Substanzen mit zuckerähnlichen Eigenschaften, während man heute vor allem nach Süßstoffen mit wenig Kalorien sucht. Bei uns sind heute die Süßstoffe Saccharin, Cyclamat, Acesulfam-K und Aspartam rechtlich zugelassen. Alle vier Produkte werden in Form von Streusüße, als Tabletten oder in flüssiger Form unter verschiedenen Herstellernamen angeboten.

Saccharin ist eine kristalline, weiße, geruchlose, süß schmeckende Substanz, die leicht in heißem Wasser, jedoch schwer in kaltem Wasser löslich ist. Wird zu viel davon verwendet, entsteht leicht ein bitterer Nachgeschmack. Aus diesem Grund wird Saccharin meist in Kombination mit einem anderen Süßstoff angeboten. Saccharin wird vom menschlichen Organismus nicht verwertet und daher unverändert ausgeschieden. Seine Süßkraft ist sehr hoch. 1 g Saccharin entspricht in seiner Süßkraft etwa 400 bis 500 g Haushaltszucker. Von der Weltgesundheitsorganisation (WHO) wird empfohlen, täglich nicht mehr als 2,5 mg Saccharin pro Kilogramm Körpergewicht aufzunehmen. Bei einem Gewicht von 60 kg entspricht dies demnach einem täglichen Verbrauch von höchstens 150 mg.

Cyclamate wurden 1937 zufällig von einem amerikanischen Wissenschaftler entdeckt. Verwendet werden heutzutage Natrium- und Kalziumcyclamate. Ihre Süßkraft ist niedriger als die von Saccharin und abhängig vom jeweiligen Nahrungsmittel. In flüssigen Nahrungsmitteln mit Fruchtaromen erhöht sich beispielsweise ihre Süßkraft. Häufig werden Cyclamate mit Saccharin kombiniert, um eine höhere Süßkraft ohne geschmackliche Nachteile zu erreichen. Darüber hinaus ist diese Verbindung stabiler und wesentlich länger haltbar. Die Mischung von Saccharin und Cyclamat ist etwa 90-mal süßer als Haushaltszucker. Von der WHO wird empfohlen, eine tägliche Menge von 11 mg Cyclamat pro Kilogramm Körpergewicht nicht zu überschreiten.

Acesulfam-K wurde 1970 entdeckt. Seine Süßkraft ist um 130- bis 200-mal höher als Haushaltszucker, dem er geschmacklich sehr ähnelt. Er kann im Gegensatz zu Aspartam sehr gut zum Kochen und Backen verwendet werden, wobei laut WHO ein täglicher Verbrauch von 15 mg pro kg Körpergewicht nicht überschritten werden sollte. Bei einem Gewicht von 60 kg sind das 900 mg am Tag.

Aspartam wurde 1965 in den USA als Ergebnis einer Forschungsreihe über die Medikation von Geschwüren entdeckt. Aspartam enthält mit 4 Kalorien pro Gramm die gleiche Kalorienmenge wie Zucker. Da seine Süßkraft jedoch etwa 200-mal höher ist, kann man für den gleichen Grad an Süße eine wesentlich kleinere Menge dieses Süßstoffs verwenden. Darüber hinaus schädigt Aspartam nicht die Zähne und hinterlässt im Gegensatz zu Saccharin auch keinen bitteren Nachgeschmack. Da es jedoch bei Erhitzung seine Süßkraft verliert, ist es nicht zum Kochen und Backen geeignet. Menschen, die an der relativ seltenen erblichen Stoffwechselkrankheit Phenylketonorie leiden, dürfen Aspartam nicht verwenden, da es das für sie schädliche Phenylalanin enthält. Von der WHO wird empfohlen, täglich nicht mehr als 40 mg Aspartam pro Kilogramm Körpergewicht aufzunehmen. Bei einem Gewicht von 60 kg sind das höchstens 2,5 g.

Süßstoffe

Aspartam wird häufig pharmazeutischen Produkten und Vitaminpräparaten zugesetzt und findet sich in unzähligen Produkten wie Keksen, Puddings, Kuchen, Torten, Pasteten, Eiscreme, Joghurt, Salatdressings oder Bonbons. Da ihre Zahl ständig steigt, wird es immer schwieriger, Aspartam zu umgehen oder die tatsächlich verbrauchte Menge zu kontrollieren. Die heute verfügbaren Daten zeigen jedoch, dass der Konsum von Aspartam immer noch weit unter der täglich verträglichen Höchstmenge liegt.

Dennoch wirft die Verwendung von synthetischen Süßstoffen viele Fragen auf, darunter auch die, inwieweit sich der Verzehr von künstlich gesüßten Lebensmitteln auf Menschen mit Übergewicht auswirkt. Allem Anschein nach verringert der Konsum künstlich gesüßter Nahrungsmittel den Prozentsatz Übergewichtiger nur minimal. Obwohl Figurbewusste dank künstlicher Süßstoffe nicht mehr auf Süßes verzichten müssen, tragen diese Stoffe nicht dazu bei, ungesunde Essgewohnheiten zu verändern, was die wirkliche Lösung für Übergewicht wäre. Zuckerfreie gesüßte Nahrungsmittel führen im Gegenteil dazu, dass das Verlangen nach Zucker aufrechterhalten wird. Darüber hinaus ist zu bedenken, dass, gleichgültig mit welchem Süßstoff Speisen künstlich gesüßt werden, der natürliche Geschmack von Nahrungsmitteln verfälscht und das individuelle Geschmacksempfinden negativ beeinträchtigt wird.

Im Gegensatz zu den USA wurde in Deutschland bislang noch kein Süßstoffverbot ausgesprochen, da in langjährigen Untersuchungen und Kontrollen verschiedener Krebsforschungsinstitute keine negativen Auswirkungen von Süßstoffen auf unsere Gesundheit nachgewiesen werden konnten.

Zuckeraustauschstoffe und natürliche Süßungsmittel

Zuckeraustauschstoffe sind Substanzen, die Zucker ersetzen können und deshalb insbesondere für Diabetiker interessant sind. Sie werden im Vergleich zu Traubenzucker (Glukose) langsamer vom Organismus aufgenommen, wodurch der Blutzuckerspiegel nicht so stark belastet wird. Außerdem werden sie ohne das Hormon Insulin, welches bei Diabetikern nicht ausgeschüttet wird, verwertet. Zuckeraustauschstoffe können wie Haushaltszucker verwendet werden und schmecken ähnlich wie dieser. Sie liefern etwa 2 bis 4 kcal pro 100 g. Die wichtigsten Zuckeraustauschstoffe sind Fruchtzucker, Sorbit, Xylit, Mannit, Isomalt und Maltit.

Wer auf natürliches Süßen Wert legt, hat mehrere Möglichkeiten, mit in der Natur vorkommenden süßen Lebensmitteln verschiedene Gerichte wie Puddings oder andere Desserts sowie Backwaren wie Kuchen, Torten und Plätzchen zu süßen.

- Zerkleinerte frische Früchte sind eine vitamin- und mineralstoffreiche süßende Ergänzung zu Milchprodukten und Müslis.

- Trockenfrüchte (siehe *Trockenfrüchte*) können vor allem beim Backen zum Süßen verwendet werden, indem man sie im Mixer fein zerkleinert und dann dem entsprechenden Teig zufügt.

- Honig (siehe *Honig*) ist wohl das bekannteste alternative Süßmittel. Dennoch sollte sparsam damit umgegangen werden, denn er hat eine hohe Süßkraft und enthält darüber hinaus viele Einfachzucker, die genau wie weißer oder brauner Zucker die Kariesentstehung fördern.

- Apfel- und Birnendicksaft sind zwei natürliche sirupartige Konzentrate, die durch Erhitzen von eingedicktem Obstsaft hergestellt werden. Ähnlich wie Honig sollten sie sparsam eingesetzt werden, da auch sie relativ viele Einfachzucker enthalten.

- Rübensirup oder Rübenkraut (siehe *Rübensirup*) enthält mehr als 60 % Zucker, aber auch viele Vitamine und Mineralstoffe und sollte in Maßen zum Süßen verwendet werden.

Süßstoffe

- Vollrohrzucker ist ein weiteres alternatives Süßmittel, das aus eingedicktem Zuckerrohrsaft hergestellt wird. Er enthält zwar Vitamine und Mineralstoffe, aber auch viel Saccharose, weshalb er ebenfalls nur sparsam verwendet werden sollte.
- Ahornsirup (siehe *Ahornsirup*) ist ein aromatischer, aber teurer Zuckerersatz und sehr gut zum Backen geeignet.

Süsskraft im Vergleich

Zucker	Haushaltszucker (Saccharose)	100
	Fruchtzucker (Fruktose)	120
	Traubenzucker (Glukose)	70
Süßstoffe	Aspartam	ca. 20 000
	Acesulfam	ca. 20 000
	Cyclamat	ca. 1500–3000
	Saccharin	30 000–50 000
Zuckeraustauschstoffe	Mannit	40
	Isomalt	45
	Sorbit	50
	Maltit	90
	Xylit	100

Pfirsich-Haselnuss-Kuchen

FÜR 12 STÜCKE

125 g Butter
100 g Ahornsirup
1 Prise Salz
4 Eier
300 Weizenvollkornmehl
2 TL Backpulver
50 g gemahlene Haselnüsse
100 g gehackte Haselnüsse
4 Pfirsiche (auch aus der Dose)
80 g Zitronengelee
Außerdem:
Butter für die Form

1. Die Butter mit dem Ahornsirup und dem Salz in einer Schüssel mit dem Handrührgerät schaumig schlagen. Nach und nach die Eier zufügen.

2. Das Mehl mit dem Backpulver mischen und nach und nach unterrühren. Die gemahlenen sowie die Hälfte der gehackten Haselnüsse zufügen und alles zu einem geschmeidigen Teig rühren.

3. Eine Springform von 26 cm Durchmesser mit Butter einstreichen und den Teig hineinfüllen. Den Backofen auf 180 °C (Umluft 160 °C, Gas Stufe 2–3) vorheizen.

4. Die Pfirsiche mit kochendem Wasser überbrühen, abschrecken und die Haut entfernen. Die Pfirsiche halbieren und die Kerne entfernen (Pfirsiche aus der Dose in einem Sieb gut abtropfen lassen).

5. Die Pfirsichhälften mit der Schnittfläche nach unten auf dem Teig verteilen und den Kuchen im Backofen etwa 40 Minuten backen. Den Kuchen herausnehmen, etwas abkühlen lassen und mit dem Zitronengelee bestreichen. Die restlichen Haselnüsse darüber streuen.

Honig

Flüssiger Honig

Den süßen Honig, der von den Bienen aus Blütennektar hergestellt wird und ihnen als Nahrung dient, machen sich seit alters her auch die Menschen zunutze. Bienenzucht und -haltung, die Imkerei, gibt es bereits seit mehr als 2700 Jahren.

Während Zuckerrohr in Asien schon sehr früh weitläufig angebaut wurde, war Honig in der westlichen Welt jahrtausendelang das einzige bekannte Süßungsmittel. Im Lauf der Jahrhunderte erlangte er sogar mythologische Bedeutung und wurde aufgrund seiner zahlreichen medizinischen Eigenschaften zu einem Symbol für Lebenskraft. Da er außerdem ein sehr kostbares Gut war, wurde er lange Zeit nur für religiöse Zeremonien und medizinische Zwecke eingesetzt. Unter anderem diente er als Opfergabe an die Götter oder wurde bei Taufriten, als Futter für geheiligte Tiere und als Heilmittel für Kranke verwendet. Darüber hinaus verwendete man ihn als Schönheitsmittel für die Haut und zum Einbalsamieren der Toten. Auch später im Mittelalter konnten nur die wirklich Wohlhabenden sich leisten, mit Honig zu kochen, sodass Honig zum Statussymbol für eine gehobene Lebensart wurde. Auch Früchte wurden jahrhundertelang nur mit Honig eingemacht, der später jedoch immer häufiger durch Zucker ersetzt wurde.

Honig wird erzeugt, indem die Bienen den Blütennektar mit Hilfe spezieller Mundwerkzeuge sammeln und im Honigsack, einer kleinen Tasche in der Speiseröhre der Biene, verstauen, wo er mit Speichel angereichert und durchmischt wird. Dabei wird die im Nektar enthaltene Saccharose durch die Enzyme von Speichel und Magensaft in Traubenzucker und Fruchtzucker aufgespalten und in Honig umgewandelt, der anschließend von den Bienen in den Zellen der Waben gelagert wird. Dort wird sein Wassergehalt durch unzählige Flügelschläge auf 14 bis 20% gesenkt, wobei dieser Ventilationsprozess bis zu 20 Minuten dauern kann – und der Honig ist fertig. Seine Konsistenz ergibt sich aus dem jeweiligen Anteilverhältnis von Trauben- und Fruchtzucker, das wiederum von der Herkunft des Nektars abhängig ist. Für die Herstellung von 1 kg Honig sind etwa 5 kg Nektar erforderlich, wobei eine Biene 20 000 bis 100 000 Flugwege zurücklegen muss, um einen einzigen Liter Nektar zu sammeln. Ein Bienenvolk, das aus 30 000 bis 60 000 Bienen besteht, kann pro Tag etwa 1 kg Honig erzeugen.

Quantität und Qualität des Honigs werden von geografischen, jahreszeitlichen und botanischen Faktoren bestimmt. Da Bienen häufig nur eine einzige Nektarsorte sammeln, gibt es viele verschiedene Honigsorten, die jeweils einen charakteristischen Duft und Geschmack aufweisen. In der breiten Angebotspalette findet man deshalb sowohl Sortenhonig aus dem Nektar einer einzigen Pflanzenart als auch Mischhonig von unterschiedlichen Pflanzenarten, die zum Teil von den Bienen von verschiedenen Blüten gesammelt wurden, zum Teil aber auch vom Honighersteller zusammengestellt werden. Die Herkunft des Nektars bestimmt auch die Farbe des Honigs, wobei die Farbskala von Weiß über unterschiedliche Braun-, Rot- und Gelbtöne bis zu fast Schwarz reicht. Auch der Geschmack des Honigs ist so unterschiedlich wie seine Farbgebung, wobei in der Regel die intensiv gefärbten Honigsorten auch den intensivsten Geschmack haben. Zu den gebräuchlichsten Honigsorten gehören die milderen gelbweißen Sorten wie Klee- und Alfalfahonig, der kräftige rotbraune Heidehonig und der sehr milde, klarflüssige Akazienhonig.

Honig

Einkaufstipp

Honig wird vor dem Verkauf häufig pasteurisiert, um eventuell noch vorhandene Fermente zu zerstören, und ist in flüssiger und kristalliner Form erhältlich. Streichhonig mit seiner feinen Konsistenz besteht aus einer Mischung aus flüssigem und kristallinem Honig. Beim Einkauf sollte man auf dem Etikett überprüfen, ob der Honig wirklich 100% rein ist, wobei dies jedoch nicht bedeutet, dass der Honig nicht pasteurisiert wurde.

Vorbereitung

Honig kristallisiert häufig schon bei Zimmertemperatur. Bei noch kälteren Temperaturen wird dieser Prozess noch beschleunigt. Er kann jedoch schnell wieder verflüssigt werden, indem man das Gefäß 15 Minuten in heißes Wasser stellt. Allerdings sollte Honig nicht in der Mikrowelle erhitzt werden, da sich dadurch zum einen sein Gehalt an Hydroxymethylfural (HMF) erhöht und zum anderen sein Geschmack verändert.

Baklava

FÜR 6 PORTIONEN

500 g abgezogene Mandeln
60 g Zucker
1 TL Zimtpulver
500 g Blätterteig
250 g zerlassene Butter
Für den Sirup:
750 ml Zucker
250 ml Honig
1 TL Zimtpulver
½ TL Nelkenpulver
1 EL Zitronensaft
Außerdem:
Butter für die Form

1. Den Backofen auf 180 °C (Umluft 160 °C, Gas Stufe 2–3) vorheizen. Eine kleine Kastenform mit Butter einfetten.

2. Die Mandeln fein hacken und in einer Schüssel mit Zucker und Zimt vermischen. Den Blätterteig sehr dünn ausrollen und dick mit der zerlassenen Butter bestreichen.

3. Mit einem Teil des Teigs den Boden der Kuchenform auslegen. Eine Schicht Mandelmischung darauf verteilen und diese wieder mit einer Teigplatte belegen. Danach abwechselnd eine Lage Mandelmischung und eine Lage Teig aufeinander schichten, bis die Mandelmischung verbraucht ist. Die oberste Mandelschicht mit der letzten Teigplatte belegen und mit einem scharfen Messer ein Rautenmuster in den Teig ritzen.

4. Den Kuchen im Ofen in etwa 1 Stunde goldbraun backen und in der Form abkühlen lassen. Inzwischen für den Sirup in einem Topf den Zucker in ½ l Wasser auflösen und Honig, Zimt und Nelkenpulver zufügen. Den Sirup aufkochen und 10 Minuten köcheln lassen. Den Zitronensaft unterrühren. Den heißen Sirup über das abgekühlte Baklava gießen und 2 Stunden ruhen lassen. Das Gebäck völlig abgekühlt in Dreiecke schneiden.

Serviervorschläge

Honig wird zum Würzen in einer Vielzahl von süßen und pikanten Gerichten verwendet wie zum Beispiel Torten, Kuchen, Gebäck, Flans, Cremes, Joghurt, Bonbons, Nougat und Sirup oder auch Huhn, Lamm, Ente und Couscous. Außerdem dient er häufig auch zum Süßen von Tee, Kaffee und Kräutertees oder ist eine Zutat in süßsauren Saucen.

Honig ist außerdem die Hauptzutat von *Met,* einem alkoholischen Getränk, das aus fermentiertem Honig und Wasser besteht und aus dem mithilfe von Destillations- und anderen Prozessen wiederum Essig hergestellt wird. Außerdem wird Honig bei der Produktion von Arznei- und Schönheitsmitteln verwendet.

Für Kinder unter einem Jahr ist Honig nicht empfehlenswert, da er manchmal ein Toxin namens Clostridium botulinum enthält, das bei Babys zu Botulismus (Lebensmittelvergiftung) führen kann; bei Kindern über einem Jahr und bei Erwachsenen ist er unschädlich.

Honig kann leichter abgemessen werden, wenn man den Messbecher vorher etwas einfettet, sodass der Honig nicht daran festklebt.

Streichhonig

Honig

Nährwerte

	Honig
Kalorien	302
Kohlenhydrate	75 g
Eiweiß	0,4 g
Wasser	18,6 %
	je 100 g

Die im Honig enthaltenen Kohlenhydrate bestehen im Durchschnitt zu 5% aus Saccharose, zu 25 bis 35% aus Glukose, zu 35 bis 45% aus Fruktose und zu 5 bis 7% aus Maltose. 20 g Honig enthalten etwa 60 Kalorien, die gleiche Menge Zucker dagegen 142 Kalorien, wobei dieser Unterschied auf dem höheren Wassergehalt des Honigs beruht.

Honig enthält nur geringfügig Vitamine und Mineralstoffe und ist auch nicht nährstoffreicher als Zucker; wegen seiner größeren Süßkraft kann er jedoch in kleineren Mengen verwendet werden.

Zubereitung

Wenn man bei der Herstellung von Backwaren Zucker durch Honig ersetzt, sollte man dabei die stärkere Süßkraft des Honigs berücksichtigen. Anstelle von 220 g Zucker genügen 120 bis 180 g Honig, und die angegebene Flüssigkeitsmenge kann um 60 ml verringert werden. Außerdem genügt eine etwas kürzere Backzeit, und die Temperatur sollte um 15 °C niedriger sein, da Backwaren mit Honig schneller bräunen. Auch Marmelade und Gelee können mit Honig anstelle von Zucker zubereitet werden, wobei Konsistenz und Farbe gleich bleiben, während sich der Geschmack etwas verändert.

Aufbewahrung

Fest verschlossen und an einem kühlen, trockenen Ort aufbewahrt ist Honig nahezu unbegrenzt haltbar, da sein saurer pH-Wert und sein hoher Zuckergehalt das Wachstum von Mikroorganismen hemmen. Bei niedrigen Temperaturen wird Honig fest und kristallisiert, bei hohen Temperaturen verändert sich sein Geschmack und er wird unter Umständen dunkler. Honig kann auch eingefroren werden.

Ahornsirup

Mit Erstaunen beobachteten die französischen Siedler bei ihrer Ankunft in Amerika, wie die Indianer die Rinde der Ahornbäume einschnitten, um aus dem heraustropfenden Saft Sirup herzustellen.

Ahornsirup ist ein Süßmittel, das durch Eindicken des Saftes bestimmter Ahornarten wie Zuckerahorn *(Acer saccharum)*, Roter Ahorn *(Acer rubrum)* und Schwarzer Ahorn *(Acer nigrum)* hergestellt wird. Diese Ahornarten wachsen ausschließlich in Nordamerika, hauptsächlich in den Regionen Quebec, New York und Vermont. Während in Kanada jährlich etwa 80 Millionen Liter Ahornsirup produziert werden, sind es in den Vereinigten Staaten etwa 12 Millionen.

Der Saft wird zwischen Januar und April gesammelt, wenn die Tage bereits so warm sind, dass der Schnee schmilzt, die nächtliche Kälte das Austreiben der Bäume aber noch verhindert und der Saft in den Bäumen nach oben zu steigen beginnt. Dafür werden die Stämme eingeritzt, sodass der Saft austreten kann und sich in den unterhalb der Ritzen befestigten Behältern sammelt. Diese uralte Methode, mit der schon die Indianer den Ahornsaft gewannen, wurde von den ersten europäischen Siedlern übernommen und wird auch heute noch praktiziert.

Bei der anschließenden Weiterverarbeitung des Safts wendeten die Indianer zwei unterschiedliche Methoden an. Sie warfen entweder heiße Steine in den Saft, der sich durch das Verdampfen des Wassers zu dunklem Sirup verdickte, oder der Saft wurde in mehreren aufeinander folgenden Nächten gefroren und die sich an der Oberfläche bildende Eisschicht so lange entfernt, bis der verhältnismäßig klare Sirup die erwünschte Konsistenz hatte. Den auf diese Weise hergestellten Sirup verwendeten die Indianer als Nahrungsmittel wie auch als Medizin.

Ahornsirup

Diese traditionelle Herstellungsweise wurde inzwischen soweit mechanisiert, dass der Saft durch Röhren direkt in die Fabrik, das so genannte »Safthaus«, gepumpt und dort zu Sirup eingekocht wird. Ein Ahornbaum liefert pro Saison zwischen 60 und 160 l Saft, wobei die Saftmenge auch von den klimatischen Bedingungen, das heißt von warmen Tagen und frostigen Nächten abhängig ist. Für die Herstellung von 1 l Ahornsirup werden 30 bis 40 l Ahornsaft benötigt. Um den Saft zu Sirup weiterzuverarbeiten, ist außerdem sehr viel Wärmeenergie notwendig, was auch erklärt, warum echter Ahornsirup so teuer ist. Doch ein erst kürzlich entdecktes Verfahren, das als »invertierte Osmose« bezeichnet wird, ersetzt bereits verschiedentlich den traditionellen Herstellungsprozess. Da der Saft bei dieser Methode vor dem Einkochen konzentriert wird, sind nur noch 10 l Flüssigkeit erforderlich, um 1 l Sirup zu produzieren.

Da Ahornsirup bislang nur sehr kostspielig hergestellt werden konnte, sind in den Erzeugerländern gesetzliche Richtlinien eingeführt worden, die verhindern, dass billiger Sirupersatz als reiner Sirup verkauft werden darf. Die Bezeichnung »Sirup« ist demnach nur 100% reinen Produkten vorbehalten.

Während Ahornsirup zu 66,5% aus Zucker besteht, ist Ahornsaft eine klare, relativ geschmacklose Flüssigkeit, die nur 4 bis 10% Zucker enthält, der wiederum hauptsächlich aus Saccharose besteht.

Einkaufstipp

Die Qualität von reinem Ahornsirup ist abhängig von seiner Farbe und Konsistenz. Eher flüssiger Sirup neigt dazu, zu fermentieren und sauer zu werden, während relativ dicker Sirup leicht kristallisiert. Das Aroma der verschiedenen Siruparten ist sehr unterschiedlich.

Serviervorschläge

Ahornsirup ist äußerst vielseitig und vor allem in Nordamerika sehr beliebt. Dort wird der Sirup in zahlreichen Nachspeisen, Pies, Soufflés, Mousses und Kuchen verwendet, wobei er teils als Ersatz für Zucker, teils zum Aromatisieren der Gerichte dient. Er ist eine Zutat in *Ham and eggs*, man süßt Tee und Kaffee damit, und er ist ein beliebter Belag auf Pfannkuchen und Waffeln. Wie Ahornzucker kann er auch »pur« oder als Brotaufstrich gegessen werden. Außerdem werden aus dem Sirup während der »Sirupsaison« Toffees hergestellt – hauptsächlich in den »Safthäusern« –, indem der heiße Sirup direkt auf kalten Schnee gegossen wird, wo er sofort erhärtet.

Aus Ahornsaft werden ebenfalls Toffees sowie Zucker (hart und weich) oder Butter hergestellt.

Verwendet man Ahornsirup anstelle von Zucker, muss die im Rezept angegebene Flüssigkeitsmenge je 100 ml Sirup etwa um die Hälfte reduziert werden.

Nährwerte

	Ahornsirup
Kohlenhydrate	32,5 g
Wasser	34 %
	je 50 g

Im Vergleich zu Honig enthält Ahornsirup weniger Kalorien und ist reich an Mineralstoffen wie Kalzium, Eisen, Phosphor und Kalium.

Aufbewahrung

Ungeöffnet wird Ahornsirup an einem kühlen, trockenen Ort gelagert. Geöffnete Behälter sollten jedoch im Kühlschrank aufbewahrt werden. Manchmal kann sich trotz Kühlung an der Oberfläche Schimmel bilden. In diesem Fall sollte man den gesamten Sirup wegwerfen, da sich in dem Gefäß Toxine entwickeln können, von denen einige hitzeresistent sind.

Nicht ganz reiner oder zu lange gelagerter Sirup kann am Rand und am Boden des Gefäßes kristallisieren und hart werden.

Wie Ahornbutter, -zucker und -toffees kann man Ahornsirup auch einfrieren. Gefroren ist er dickflüssig und lässt sich nur schwer gießen; nach dem Auftauen wird er jedoch wieder flüssig.

Karob

Ceratonia siliqua, Leguminosae-Caesalpinioideae

Karobpulver

Karob wird aus der Frucht des immergrünen Karobbaums hergestellt, der vermutlich aus Syrien stammt und dort seit alters her kultiviert wird. Nach und nach gelangte er von dort in die Mittelmeerländer. Der Karobbaum ist ein Verwandter der Tamarinde und wird auch »Heuschreckenbaum« und »Johannisbrotbaum« genannt, da sich der Legende nach Johannes der Täufer beim Durchqueren der Wüste von seinen mit Honig vermischten Samen ernährt haben soll.

In der Nahrungsmittelindustrie wird Karob, das sich von dem arabischen Wort *kharub* = Schote ableitet, durch seine stabilisierenden, bindenden und gelierenden Eigenschaften sehr häufig als Kakao- und Kaffeeersatz oder als Zusatzstoff verwendet und dient außerdem als Tierfutter. Nachdem Karob in Europa bis in die frühen 1920er-Jahren recht bekannt war, geriet er in den folgenden Jahrzehnten fast in Vergessenheit und feierte erst in den 1980er-Jahren vor allem in Nordamerika ein Comeback, als die Industrie ihn als Ersatz für Kakao entdeckte, der nach einem Versorgungsengpass selten und teuer geworden war. Karob wird mittlerweile in vielen Ländern der Erde angebaut, darunter auch in Mexiko, in den Südstaaten der USA, auf den Westindischen Inseln, in Südafrika, Australien und im Nahen Osten.

Der dekorative Karobbaum, der bis zu 100 Jahre alt werden kann und in warmen Klimaregionen gedeiht, kann eine Größe von bis zu 12 m erreichen und besitzt große, feste Blätter von glänzendem Dunkelgrün. Aus den kleinen rötlichen Blüten, die in Büscheln angeordnet sind, entwickeln sich flache, 10 bis 18 cm lange braune Schoten. In den Schoten befinden sich drei bis zehn glänzende, harte, flache, rötlich braune Samen, die in einer Reihe angeordnet und von süßem, saftigem Fruchtfleisch umschlossen sind.

Aus den Karobschoten wird das an Kakao erinnernde, sehr süße Karobpulver hergestellt, indem die Schoten nach dem Entfernen der Bohnen getrocknet, geröstet und gemahlen werden. Aus den in den Schoten eingeschlossenen Bohnen wird dagegen das Karobgummi gewonnen. Karob ist in fester Form als Pulver und in Stücken sowie in flüssiger Form als Sirup erhältlich. Im Unterschied zu Kakao enthält Karob kein Theobromin, ein koffeinähnliches Stimulans. Farbe und Geschmack des Karobpulvers hängen von seinem jeweiligen Röstgrad ab. Je stärker er geröstet wird, desto dunkler wird seine Farbe und desto schwächer sein Geschmack.

Karob

Aufbewahrung

Karob wird am besten in einem fest verschlossenen Behälter an einem kühlen, trockenen Platz aufbewahrt, damit sich keine Klümpchen bilden können.

Serviervorschläge

Karob wird wie Kakao und Schokolade verwendet, etwa bei der Herstellung von Kuchen, Gebäck, Pralinen oder in Getränken, wobei man ihn mit Kakao oder Schokolade kombinieren oder auch allein verwenden kann. In den meisten Rezepten kann er Kakao sehr gut ersetzen, indem man 1 Teil Kakao durch 1½ bis 2 Teile Karob austauscht und die Zuckermenge des betreffenden Rezeptes halbiert, da Karobpulver wesentlich süßer ist als Kakao.

In Getränken ist Karob schwerer löslich als Kakao, weshalb häufig etwas Pulver auf der Oberfläche der Flüssigkeit schwimmt oder sich Klümpchen am Boden des Trinkgefäßes ablagern. Wenn man ihn jedoch vorher mit etwas heißem Wasser verrührt, löst er sich besser auf. Karob schmilzt bei schwacher Hitze eher als Kakao und verflüssigt sich auch schneller als dieser. Da er nicht so aromatisch schmeckt wie Kakao, wird er häufig mit anderen, aromatischeren Zutaten kombiniert; sehr gut passt er zu Zimt oder Minze.

Nährwerte

	Karobpulver
Kalorien	114
Ballaststoffe	3,7
Kohlenhydrate	26,7 g
Fett	0,2 g
Eiweiß	1,4 g
Wasser	3,6 %
	je 30 g

Karob hat einen wesentlich geringeren Eiweiß- und Fettgehalt als Kakao. Auch sein Mineral- und Vitamingehalt unterscheidet ihn vom Kakao, da er beispielsweise wesentlich weniger Phosphor, Kalium und Eisen, dafür aber doppelt soviel Kalzium wie Kakao enthält.

Karobpulver ist äußerst ballaststoffreich. Es enthält Tannine, aber kein Koffein oder Theobromin, ruft keine allergischen Reaktionen hervor und ist leicht verdaulich.

Einkaufstipp

Karobpulver ist vor allem in Reformhäusern und Naturkostgeschäften erhältlich.

Karobmuffins

FÜR 8 BIS 12 STÜCK

250 g Haferflocken
80 g Zucker
¼ l Milch
60 ml neutrales Pflanzenöl
1 Ei
1 Prise Salz
250 g Vollkornweizenmehl
3 TL Backpulver
1 TL geriebene unbehandelte Orangenschale
185 g Karobstücke
Butter zum Einfetten

1. Den Backofen auf 200 °C (Umluft 180 °C, Gas Stufe 3–4) vorheizen. Ein Muffinblech einfetten.

2. Haferflocken, Zucker, Milch, Öl, das leicht verquirlte Ei und Salz in einer großen Schüssel verrühren. Das Mehl mit dem Backpulver vermischen.

3. Das Mehl nach und nach unterheben und alles zu einem Teig verrühren. Die Orangenschale und die Karobstückchen unterrühren.

4. Den Teig mit einem Löffel auf 8 große oder 12 mittelgroße Muffin-Pfännchen verteilen. Die Muffins 15 Minuten im Ofen backen, in der Form abkühlen lassen und herausnehmen.

Karobschote

Kakao

Theobroma cacao, Sterculiaceae

Kakaobohnen

Der Name »Kakao« leitet sich ab vom Wort *cacahuaquchtl*, mit dem die Mayas den Kakaobaum bezeichneten, der als heiliger Baum ihren Göttern geweiht war und einer aztekischen Legende nach von Quetzalcoatl, dem Gott des Waldes, geschaffen worden war, um Reichtum und Stärke zu verleihen. »Schokolade« wiederum ist abgeleitet vom aztekischen Wort *tchocoatl*, das »bitteres Wasser« bedeutet und ein beliebtes schokoladehaltiges Getränk bezeichnete, das neben getrockneten Kakaobohnen, Paprikaschoten und Moschus noch Honig und Vanille enthielt und mit Annatosaft angedickt wurde, wodurch es sich blutrot verfärbte.

Die Kultivierung des Kakaobaums begann vor mehr als 3000 Jahren. Sowohl in der Geschichte der Mayas als auch in der toltekischen und aztekischen Kultur spielten die Kakaobohnen eine wichtige Rolle, da sie sowohl Nahrungs- als auch Zahlungsmittel waren – ein Sklave hatte den Gegenwert von 100 Kakaobohnen – und außerdem als Aphrodisiakum galten. Als Cortez in Mexiko an Land ging, wurde er nicht mit dem begehrten Gold, sondern mit Bergen von Kakao willkommen geheißen. Im Jahr 1527 brachte er den Kakao in sein Heimatland Spanien und veranlasste die Anpflanzung von Kakaobäumen in verschiedenen Karibikländern, auf den westafrikanischen Inseln und in Trinidad. Damit legte er den Grundstein für das spanische Kakaomonopol, das fast ein Jahrhundert andauern sollte. Um 1822 gelangte der Kakaobaum, der 1773 durch den Botaniker Carl von Linné den Gattungsnamen *Theobroma* (»Götterspeise«) erhielt, auch nach Afrika. Die weltweit größten Kakaoproduzenten sind heute die Elfenbeinküste, Ghana, Kamerun und Nigeria, Malaysia und Indonesien sowie Brasilien und Ecuador.

Die etwa 20 verschiedenen Kakaoarten werden in zwei Gruppen unterteilt: Die erste Gruppe, die größtenteils in Südamerika kultiviert wird, bringt qualitativ hochwertigen Kakao hervor, während die zweite Gruppe hauptsächlich in Afrika angebaut wird und höhere Erträge von minderer Qualität erzielt, die vor allem industriell weiterverarbeitet werden.

Kakaobäume gedeihen nur im feuchten, tropischen Klima der Äquatorzone und tragen das ganze Jahr über Blätter, Blüten und Früchte. Voll ausgewachsen erreichen sie eine Höhe von etwa 10 m und haben längliche, glänzende, ledrige Blätter, die etwa 30 cm lang und 6 bis 13 cm breit werden. Die jungen Blätter sind schwach rosa und verfärben sich mit zunehmender Reife zu einem dunklen Grün. Die kleinen Blüten, die zweimal jährlich besonders üppig blühen, wachsen in kleinen Büscheln am Stamm und an den niedrigen Ästen der Bäume. Ihre Farben reichen von rosa über gelb, weiß und leuchtend rot bis zu einem schwach rosa angehauchten Orange. Im Laufe eines Jahres werden durchschnittlich 30 bis 40 Blüten befruchtet. Die längliche Frucht, die man als Schote bezeichnet, kann eine Länge von bis zu 30 cm und eine Breite von 6 bis 13 cm erreichen. Sie hat eine glatte oder genoppte Oberfläche, die während des Reifungsprozesses zunehmend härter wird und ihre Farbe verändert, bis sie je nach Sorte schließlich gelb, scharlachrot, rot oder in unterschiedlichen Grünschattierungen gefärbt ist. Die Frucht enthält ein klebriges rosafarbenes Fruchtfleisch, das 30 bis 40 rosa oder zartlila Kerne oder Bohnen enthält, die 2 bis 3 cm breit werden. Die Bohnen bestehen aus dem membranartigen Samenmantel, dem Keim und einem Pulver, das als einziger essbarer Teil der Bohne erst behandelt werden muss, weil es sonst zu bitter wäre. Dazu gehören das Fermentieren, Sortieren, Rösten, Abkühlen, Aufbrechen und Zermahlen der Bohnen.

Durch den Fermentierungsprozess, der zwischen 3 und 9 Tage dauert, verändert sich die Zusammensetzung der Bohnen. Dafür werden sie Temperaturen von 55 °C ausgesetzt, sodass alle vorhandenen Bakterien abgetötet sowie bestimmte Enzyme aktiviert werden, die Substanzen produzieren, welche der Schokolade ihren unverwechselbaren Geschmack verleihen. Anschließend werden die Bohnen in der Sonne getrocknet, bis ihr Wassergehalt nur noch 6 bis 8 % beträgt.

Dann werden die getrockneten Bohnen verlesen, um Fremdkörper wie Steinchen und Bruchstücke zu entfernen, und klassifiziert. Darauf folgt der Röstvorgang, der sehr wichtig ist, weil dadurch ein Teil der in den Kakaobohnen enthaltenen Tannine in der Weise umgewandelt wird, dass ihr bitterer Geschmack abgemildert wird und sich das Aroma entfalten kann. Welches Röstverfahren dabei jeweils angewandt wird, richtet sich nach dem angestrebten Verwendungszweck bzw. nach der Art der Bohnen. Nach dem Rösten und Abkühlen erfolgt das Aufbrechen der Schalen, indem die Bohnen bei Temperaturen zwischen 50 und 90 °C zwischen Stahlwalzen zerrieben werden. Die dabei entstehende klebrige Masse nennt man Kakaomasse. Sie besteht zu 53 % aus einem gelblichen Fett, das als Kakaobutter bezeichnet wird. Aus der Kakaomasse wird schließlich das Kakaopulver gewonnen, indem man ihr durch Pressen die Kakaobutter entzieht. Die dabei entstehende Paste wird abgekühlt, gemahlen und gesiebt und ergibt das Kakaopulver, das noch 10 bis 25 % Fett enthält.

Bei der holländischen Methode der Kakaopulverherstellung wird den Bohnen nach dem Fermentieren, Trocknen, Rösten, Abkühlen und Aufbrechen der Schalen die Kakaobutter entzogen und die dabei entstehende Paste durch Zugabe von basischen Verbindungen wie Natriumkarbonat, Natriumhydroxid, Kalium oder Magnesium vor dem Pressen löslich gemacht. Dieser auch Solubilisation genannte Prozess wurde im Jahr 1828 von C. J. van Houten erfunden und ergibt einen dunkleren, bitteren Kakao.

Der Grundstoff für die Herstellung von Schokolade ist Kakao, eine Substanz, die aus den Bohnen des Kakaobaums extrahiert wird. Er ist in den Tropen heimisch.

Herstellung von Schokolade

Die erste Tafel Schokolade kam 1847 auf den Markt, als die englische Firma Fry and Sons Kakaobutter, Kakaomasse und Zucker vermischte und damit eine dunkle Schokolade »erfand«. Heute gilt die Schweiz als führender Schokoladenhersteller und hat sich längst einen Namen für Produkte von allerhöchster Qualität gemacht. Im Jahre 2000 lag sie mit einem Pro-Kopf-Verbrauch von 12 kg Schokolade weltweit an der Spitze, danach folgten Deutschland und Belgien mit mehr als 10 kg, Österreich mit über 9 kg und England mit gut 8 kg.

Die Herstellung von Schokolade ist eine sehr komplexe Kunst, da es schwierig ist, zwei so unterschiedlich reagierende Substanzen wie Zucker und Kakao zu einer homogenen Masse zu verbinden. Dafür wird die Kakaomasse mit Zucker und Kakaobutter vermischt, erhitzt und so lange verrührt (conchiert), bis eine geschmeidige Paste entsteht. Durch anschließendes Kühlen wird ein Kristallisierungprozess bewirkt, an dessen Ende die fertige Schokolade steht.

Die vielen im Handel erhältlichen Schokoladenprodukte werden entsprechend ihrem Kakaoanteil und den jeweiligen Zusätzen in Sorten klassifiziert, wobei jedes Land seine eigenen bindenden Vorschriften für die unterschiedlichen Schokoladensorten und ihre Zusammensetzung hat.

Schokoladenmasse ist fest gewordene Kakaomasse, die weder Zucker noch Milchpulver noch andere Zusätze enthält. Sie wird industriell vor allem zur Herstellung von Backwaren und Pralinen verwendet. Trotz ihres starken Schokoladenaromas ist sie so bitter, dass sie »pur« nicht genießbar ist.

Dunkle Schokolade, zu der sowohl Blockschokolade, Zartbitter- als auch Halbbitterschokolade gezählt werden, enthält zwischen 35 und 70 % Kakaomasse sowie Zucker. Manche Hersteller fügen auch noch verschiedene Emulgatoren hinzu.

Milchschokolade setzt sich aus unterschiedlichen Anteilen von Milchpulver, Zucker und Aromastoffen zusammen, die mit Kakaobutter vermischt werden und der Schokolade ihre Süße und ihren Schmelz verleihen. Sie eignet sich nicht so gut zum Erhitzen wie Blockschokolade, da die Milchanteile dabei leicht verbrennen.

Kakao

Weiße Schokolade enthält überhaupt keine Kakaomasse, sondern wird aus Kakaobutter hergestellt, der Kondensmilch oder Milchpulver sowie Zucker und Vanilleextrakt zugesetzt werden. Sie ist süßer und schmilzt schneller als Milchschokolade, wird jedoch selten zur Herstellung von Konfekt verwendet.

Daneben sind unzählige Arten von Schokoladenersatz im Handel, von denen einige Kakao enthalten, andere wiederum überhaupt nicht. Diese Produkte enthalten meist zahllose Zusatzstoffe, um Farbe, Konsistenz und Geschmack von echtem Kakao zu imitieren.

Einkaufstipp

Hochwertige Schokolade duftet appetitlich und ist glänzend braun oder dunkelbraun; sie sollte glatt auseinander brechen und keine weißen Flecken oder Löcher (zerplatzte Luftblasen) aufweisen. Auf der Zunge und bei Hautkontakt sollte sie gleichmäßig schmelzen. Weiche, zart schmelzende Schokolade enthält mehr Kakaobutter als harte, bissfeste Schokolade. Trübe, leicht grau oder weiß gefärbte oder kristalline Schokolade ist entweder nicht mehr frisch, oder sie wurde unsachgemäß gelagert oder enthält ein anderes Fett als Kakaobutter. Weiße Schlieren auf der Oberfläche sind ein Hinweis darauf, dass die Schokolade Temperaturschwankungen ausgesetzt war, wodurch ihr Geschmack jedoch nicht beeinträchtigt wird.

Vorbereitung

Aufgrund seines hohen Stärkeanteils kann Kakao nur schwer in Flüssigkeit aufgelöst werden. Am besten verrührt man ihn zunächst mit kalter Flüssigkeit (bei heißer Flüssigkeit können sich Klümpchen bilden) oder vermischt ihn mit Zucker, wodurch die Stärketeilchen getrennt werden. Außerdem empfiehlt es sich, das Kakaopulver vorher zu sieben.

Zum Schmelzen von Schokolade sind Blockschokolade und Kuvertüre am besten geeignet. Am einfachsten geht es, wenn man die Schokolade im Wasserbad bei kleiner Hitze langsam schmelzen lässt. Milchschokolade kann zwar auch geschmolzen werden, doch sollte man dann etwas Butter zufügen, da die Schokolade auch bei geringen Temperaturen sehr leicht anbrennt.

Serviervorschläge

Wegen ihres köstlichen Geschmacks werden Kakao und Schokolade in unzähligen Gerichten verwendet. Sie gehören in Kuchen, Torten, Puddings, Kekse, Saucen, Zuckerguss, Eiscreme, Mousses, Flans, Bonbons, Sirup, Milch und Liköre. Bei vielen klassischen Torten wie der *Schwarzwälder Kirschtorte* oder *Sachertorte* ist Schokolade eine wichtige Grundzutat.

Die im Handel erhältlichen Schokoladentafeln werden durch eine Reihe von Zutaten variiert wie Erdnüsse, Mandeln, Haselnüsse, Karamell, Kirschen, Waffeln, Nougat, Marzipan, Fruchtcreme und Alkohol. Auch Trüffeln und Pralinen werden aus Schokolade hergestellt.

In einigen Ländern, insbesondere in Spanien und Mexiko, ist Schokolade nicht nur in Süßspeisen, sondern auch in einigen pikanten Gerichten enthalten. Sie wird vor allem für Saucen verwendet, die zu Meeresfrüchten und Fisch, Huhn, Kaninchen und Truthahn gereicht werden, und ist Bestandteil des bekannten *Mole poblano*, ein Gulasch aus Truthahn, Zartbitterschokolade, Chilischoten und Sesam.

Kakao

Schokoladenfondue

FÜR 4 PORTIONEN

frische Früchte nach Wahl (Bananen, Birnen, Orangen, Grapefruits, Ananas und Äpfel)

Löffelbiskuits
250 g Kuvertüre
125 g süße Sahne
2 EL Kirschlikör oder Rum

Nach Belieben kann man noch Mandelstückchen, Nougat und Honig in die Schokoladensauce geben.

1. Die Früchte je nach Sorte waschen oder schälen, entkernen und in mundgerechte Stücke schneiden. Die Fruchtstücke auf einer Platte anrichten. Die Löffelbiskuits auf einer zweiten Platte verteilen.

2. Die Schokolade in kleine Stücke brechen und bei schwacher Hitze im Wasserbad schmelzen lassen. Die Schokoladensauce in einen Fonduetopf gießen, den Brenner anzünden und den Topf auf das Fonduegestell setzen. Die Sahne und den Kirschlikör zufügen und alles gründlich miteinander verrühren.

3. Jeweils ein Fruchtstück auf eine Gabel spießen und in das Schokoladenfondue eintauchen oder einen Löffelbiskuit in die Schokoladensauce tauchen.

Zubereitung

Während des Kochens wird die im Kakao enthaltene Stärke umgewandelt, wodurch er leichter verdaulich und aromatischer wird.

Zum Schmelzen von Schokolade wird diese in kleine Stücke zerbrochen und dann bei geringer Hitze unter ständigem Rühren im Wärmebad geschmolzen. Dabei sollte man zum einen darauf achten, dass die Schokolade nicht über 45 °C erhitzt wird, damit sich ihr Geschmack nicht verändert, zum anderen darf während des Schmelzvorgangs kein Wasser oder eine andere Flüssigkeit zugefügt werden, da die Schokolade sonst sofort klumpt.

weiße Schokolade

Kakaopulver

Kakao

Kakaopulver, schwach entölt	
Kalorien	103
Ballaststoffe	9,0 g
Kohlenhydrate	3,2 g
Fett	7,3 g
Eiweiß	5,9 g
	je 30 g

Vollmilchschokolade

Zartbitterschokolade

Nährwerte

Die Kakaobohne enthält neben Eiweiß, Fett und Kohlenhydraten unter anderem Xanthine (Koffein und Theobromin), Tannine, Ballaststoffe, Oxalsäure, geringfügig Mineralstoffe einschließlich Phosphor, Kalium und Eisen sowie kleinste Mengen Vitamin A und B. Der nach der holländischen Methode erzeugte Kakao hat einen höheren Kaliumgehalt als herkömmlich hergestellte Produkte.

Der Eiweißanteil von Kakao und Schokolade beträgt 10 bis 20 %. Schokolade enthält etwa 50 % Fett, Kakao zwischen 10 und 20 %, je nachdem, wie viel Kakaobutter entzogen wurde. Häufig wird die Kakaobutter auch extrahiert, um daraus Kosmetikprodukte herzustellen, und durch Kokosnussbutter oder Palmöl ersetzt.

Normales und fettreduziertes Kakaopulver sind reich an Ballaststoffen und enthalten sehr viel Kupfer, Kalium, Vitamin B_{12} und Eisen, viel Phosphor, Pantothensäure, Nikotinsäure und Vitamin B_1 und B_2 sowie Spuren von Kalzium und Vitamin B_6.

Kakao und Schokolade enthalten die anregenden Stoffe Theobromin und Koffein, deren Anteil je nach Sorte variiert. So sind in 30 g Kakao etwa 617 mg Theobromin und 72 mg Koffein enthalten, während 30 g Milchschokolade 51 mg Theobromin und 7,5 mg Koffein besitzen. 30 g Blockschokolade enthalten 351 mg Theobromin und 59 mg Koffein, 30 g Halbbitterschokolade dagegen nur 128 mg Theobromin und 18 mg Koffein. Schokolade weist geringere Mengen dieser Stimulanzien auf als Kaffee, und auch das im Kakao enthaltene Koffein wirkt im Vergleich zum Kaffee etwas milder.

Entgegen der landläufigen Meinung wird der Organismus vor einer körperlichen Anstrengung durch den Verzehr von Schokolade nicht mit zusätzlicher Energie versorgt, da die Muskeln nur die Energie verwenden, die in Form von Glykogen mindestens 18 Stunden im Körper gespeichert wurde. Es ist im Gegenteil sogar besser, vor körperlicher Belastung auf Süßigkeiten zu verzichten. Schokolade enthält jedoch Phenyläthylamin, eine chemische Substanz, die auf die Neurotransmitter im Gehirn wirkt und als amphetaminähnlicher Stoff Gefühle der Euphorie bewirken kann.

Aufbewahrung

Gut verpackt und vor Feuchtigkeit und Hitze geschützt ist Schokolade bei relativ konstanter Zimmertemperatur (etwa 18 °C) mehrere Monate haltbar. Man kann sie zwar auch im Kühlschrank oder in der Gefriertruhe aufbewahren, doch bildet sich dann unter Umständen ein weißlicher Fettfilm, der durch austretende Kakaobutter entsteht. Dieser beeinträchtigt den Geschmack allerdings nicht und verschwindet beim Schmelzen der Schokolade wieder.

Margarine

Margarine ist das Ergebnis eines 1869 in Frankreich von Napoleon III. ausgeschriebenen Wettbewerbs, bei dem es um einen Ersatz für Butter ging. Butter war im 19. Jahrhundert relativ knapp und kostspielig, sodass die Vorgabe war, ein verhältnismäßig preiswertes Produkt zu entwickeln, das außerdem lange lagerfähig sein sollte und keinen starken Eigengeruch aufweisen durfte. Dem Chemiker Hippolyte Mège-Mouriès gelang es schließlich, aus Oleomagarin, einem flüssigen Rindertalgbestandteil, und Magermilch einen butterähnlichen Stoff herzustellen. Der Name »Margarine« ist von Magarinsäure, einem Gemisch aus Palmitin- und Stearinsäure, das aus den Fettsäuren des Oleomagarins isoliert wurde, abgeleitet.

Die erste Margarine aus raffiniertem Rindertalg kam schließlich 1872 als billige »Kunstbutter« in den Handel. Danach begannen Wissenschaftler mit dem Versuch, aus tropischen Pflanzenölen höherwertige Margarinen herzustellen, bis sie zu Beginn des 20. Jahrhunderts mithilfe eines neu entwickelten Hydrierverfahrens eine Margarine herstellen konnten, deren Schmelzpunkt höher lag und die länger lagerfähig war. Diese Entdeckung führte zur Entwicklung vieler verschiedener Margarinesorten, doch konnte sich Margarine nur langsam auf dem Markt durchsetzen. Letztlich gelang dies nur aufgrund der Tatsache, dass sie verhältnismäßig preiswert war und zudem als gesunde, weil cholesterinfreie Alternative zu Butter vermarktet wurde. Inzwischen hat sie sich längst fest etabliert, und in den Vereinigten Staaten wird heutzutage sogar doppelt so viel Margarine wie Butter konsumiert.

Margarine wird meist aus einem oder mehreren pflanzlichen Fetten hergestellt, insbesondere aus Soja-, Mais-, Sonnenblumen-, Erdnuss-, Färberdistel-, Palm-, Baumwollsaat- und Maiskeimöl. Tierische Fette wie Rindertalg, Schmalz und Fischöl werden heutzutage nur noch in geringen Mengen und für preiswertere Sorten verwendet. Da tierische Fette und tropische Öle wie Kokos- oder Palmöl reich an gesättigten Fettsäuren sind, genügen davon schon kleine Mengen, um dem Endprodukt Margarine eine festere Konsistenz zu verleihen, sodass kein Hydrieren – das heißt eine zusätzliche Fetthärtung – mehr erforderlich ist.

Durch die Fetthärtung entstehen so genannte Trans-Fettsäuren, die für unsere Gesundheit keinen besonderen Nutzen haben. Bisher ist eher das Gegenteil bekannt, denn diese Fettsäuren tragen dazu bei, den Cholesterinspiegel genauso zu erhöhen wie gesättigte Fettsäuren in tierischen Fetten. Der gesundheitliche Vorteil pflanzlicher Fette gegenüber tierischen geht also durch die Hydrierung teilweise verloren. Wie viele Trans-Fettsäuren letztendlich in welcher Margarinesorte enthalten sind, kann nur mit aufwendigen Untersuchungen festgestellt werden. Für den Verbraucher gilt auf jeden Fall: Je härter die Margarine ist, umso höher ist höchstwahrscheinlich der Anteil an Trans-Fettsäuren.

Diese Umwandlung von ungesättigten zu gesättigten Fettsäuren durch Hydrierung hat jedoch auch erwünschte physikalische Veränderungen zur Folge. Flüssige Fette (Öle) werden dadurch fest, der Schmelzpunkt wird erhöht, unerwünschtes Ranzigwerden verhindert und die Konsistenz derjenigen Nahrungsmittel verbessert, denen Margarine zugesetzt wird.

Margarine

Einkaufstipp

Im Handel werden Haushalts- und Standardmargarine zum Kochen und Backen angeboten. Beide bestehen aus pflanzlichen und/oder tierischen Fetten und überwiegend gesättigten – also weniger empfehlenswerten – Fettsäuren. Ist tierisches Fett in der Zutatenliste ganz oben aufgeführt, ist es die Hauptzutat und umgekehrt.

Pflanzenmargarine besteht zu mindestens 97% aus pflanzlichen Fetten. Der Anteil an der mehrfach ungesättigten Linolsäure schwankt zwischen 15 und 30%. Die Qualität der Pflanzenmargarinen unterscheidet sich im Hinblick auf ihre Fetthärtung. Empfehlenswert ist besonders die Sonnenblumenmargarine, da sie trotz Fetthärtung noch viele wertvolle Fettsäuren enthält. Im Reformhaus erhält man Pflanzenmargarinen, die durch Zugabe natürlicher pflanzlicher Fette streichfähig gemacht werden und keiner Fetthärtung unterzogen wurden.

»Diätmargarine« ist mit mindestens 50% Linolsäure besonders reich an mehrfach ungesättigten Fettsäuren und deshalb sehr streichfähig. Sie ist (meistens) frei von gehärteten Fetten. Allerdings enthält sie genauso viel Fett und damit Kalorien wie andere Margarine!

Halbfettmargarine besteht zu höchstens 41% aus Fett, der Rest ist Wasser. Hinzu kommen noch Aromastoffe, Emulgatoren und Vitamine.

Serviervorschläge

Diätmargarine enthält viel Wasser und wird deshalb hauptsächlich als Brotaufstrich verwendet, während sie zum Kochen und Backen nicht geeignet ist. Pflanzenmargarine ist dagegen weitaus vielseitiger verwendbar. In den meisten Rezepten ist sie ein guter Ersatz für Butter und kann sehr gut zum Kochen verwendet werden, hat allerdings keinen so feinen Geschmack wie Butter. Wie diese ist Margarine nicht zum Frittieren geeignet. Margarine mit Trockenmilchanteilen wird beim Kochen leicht braun und verbrennt auch relativ schnell.

Aufbewahrung

Margarine wird in einem luftdicht verschlossenen Behälter im Kühlschrank aufbewahrt und ist gut verpackt auch zum Einfrieren geeignet. Sie sollte unbedingt vor Ablauf des Mindesthaltbarkeitsdatums verbraucht werden, da sie leicht zum Schimmeln und Ranzigwerden neigt.

Nährwerte

Wie Butter ist Margarine sehr fettreich und sollte deshalb in Maßen genossen werden. Die meisten Margarinen enthalten ebenso viel Fett und Kalorien wie Butter, nämlich 11 g Fett und 100 Kalorien je Esslöffel (15 g). Reine Pflanzenölmargarine enthält im Gegensatz zu Butter kein Cholesterin.

Margarine besteht zu mindestens 80% aus Fett und zu 20% aus Wasser, während Diätmargarine ungefähr 40% Fett und 55 bis 59% Wasser enthält. Darüber hinaus wird sie mit vielen verschiedenen Zutaten in unterschiedlichen Anteilen angereichert. Dazu gehören Buttermilch, Pflanzenfarbstoffe, Konservierungsstoffe, Emulgatoren, Antioxidanzien, Aromastoffe, Süßstoffe, modifizierte Stärke und Salz sowie häufig noch Vitamin A und D. Damit in Margarine gebratene Lebensmittel braun werden, wird ihr außerdem noch Zucker zugesetzt.

Das in Margarine enthaltene Salz wirkt als natürliches Konservierungsmittel und Geschmacksverstärker und wird mitunter durch verschiedene andere Substanzen wie Kaliumchlorid, Natriumbenzoat und Natriumkarbonat ersetzt bzw. mit ihnen kombiniert, um die Lagerfähigkeit zu verlängern und den pH-Wert des Produkts auszugleichen. Die Antioxidanzien BHA (Butylhydroxyanisol) und BHT (Butylhydroxytoluol) sorgen dafür, dass die Margarine frisch bleibt und ihr Aroma behält. Emulgatoren wie zum Beispiel Mono- und Diglyzeride, Natriumalginat und Lezithin werden zugesetzt, um zu verhindern, dass sich das Wasser vom Fett trennt und die Margarine beim Erhitzen allzu sehr spritzt.

Nährwerte

	Standardmargarine	*Pflanzenmargarine*	*Margarine halbfett*
Kalorien	722	722	368
Kohlenhydrate	0,4 g	0,4 g	0,4 g
Fett	80 g	80 g	40 g
Cholesterin	115 mg	7,4 mg	4,2 mg
Eiweiß	0,2 g	0,2 g	1,6 g
Wasser	19,2 %	19,1 %	58 %
			je 100 g

Fette

Butterschmalz

Als »Fett« werden in der Regel alle Produkte bezeichnet, die fest, streichfähig oder flüssig sind, sich nicht mit wässrigen Lösungen mischen und dieselbe chemische Grundstruktur aufweisen: ein Fettmolekül, das aus einem Molekül Glyzerin und drei Fettsäuren aufgebaut ist. Fett ist zwar als Dickmacher verpönt – 1 g Fett enthält 9 Kalorien und damit mehr als doppelt so viel wie Kohlenhydrate und Eiweiß –, doch ohne jegliches Fett zubereitetes Essen schmeckt nur halb so gut, da Fett der Geschmacksträger für viele fettlösliche Aromastoffe ist. Darüber hinaus ist die Aufnahme von fettlöslichen Vitaminen – dazu zählen die Vitamine A, D, E und K – nur möglich, wenn sie dem Körper zusammen mit Fett zugeführt werden.

Fette werden seit Urzeiten als Nahrungsmittel, bei der Herstellung von Seife und Schmiermitteln, als Brennstoff für Licht und Wärme sowie im kosmetischen und medizinischen Bereich verwendet. In der Lebensmittelindustrie wird Fett heute außerdem als Aromastoff, Bindemittel, Emulgator und Konservierungsmittel genutzt.

Fette können tierischen (Butter, Butterschmalz, Schweinefett oder -schmalz, Rinderfett, Talg, Gänsefett) oder pflanzlichen Ursprungs sein (Pflanzenmargarine, Kokosfett, Palmkernfett). Darüber hinaus gibt es auch Mischfette, die sowohl aus tierischen wie auch aus pflanzlichen Fetten bestehen. Nicht alle Fette sind für alle Zwecke gleich gut geeignet. Als Koch- und Backfette, die nicht über 100 °C erhitzt werden, können sämtliche Fettarten verwendet werden; zum Braten eignen sich dagegen nur Fette, die bis etwa 150 °C erhitzt werden können, und beim Frittieren sind nur solche Fette verwendbar, die Temperaturen von 175 °C und mehr vertragen.

Hinsichtlich der Ernährung haben sich im Vergleich zu früher Art und Menge des täglichen Fettbedarfs stark geändert. Heute ist eine weit weniger fettreiche Kost nötig, da harte körperliche Arbeit, die viel Energie und damit eine höhere Kalorieaufnahme erfordert, größtenteils durch sitzende Tätigkeiten abgelöst worden ist. Gemessen daran essen die meisten Menschen zu viel Fett. Langfristig kann eine fettreiche Ernährung jedoch zu Herz-Kreislauf-Erkrankungen führen, was sich vor allem in der heutigen Herzinfarktrate widerspiegelt. Ernährungswissenschaftler empfehlen deshalb, den Fettverbrauch zu reduzieren, indem man beim Kochen und Braten weniger Fett verwendet und vor allem auf so genannte versteckte Fette in Wurst und Käse achtet.

Bei körperlich aktiven Menschen sollte der tägliche Fettkonsum 35 % der gesamten Energiezufuhr nicht übersteigen. Bei Menschen, die sehr viel Zeit im Sitzen verbringen, sollte Fett nicht mehr als 30 % der gesamten Kalorienmenge ausmachen. Das entspricht einer täglichen Fettzufuhr von 55 bis 80 g. Tatsächlich liegt der durchschnittliche Fettverbrauch jedoch bei 100 bis 150 g pro Tag. Die folgenden Tipps helfen, die tägliche Fettmenge zu senken:

- Bei den Nährwertinformationen auf den Lebensmittelverpackungen vor allem auf den Fettgehalt achten.

- Fettarme Butter (Halbfettbutter) und Margarine (Halbfettmargarine) verwenden, da sie nur etwa halb so viel Fett enthalten wie reguläre Erzeugnisse. Da sie wegen ihres hohen Wasseranteils nicht zum Kochen oder Backen geeignet sind, werden sie hauptsächlich als Brotaufstrich verwendet.

- Täglich höchstens 40 g sichtbares Fett mit der Nahrung aufnehmen; das entspricht 1 Esslöffel Öl oder 2 Esslöffel Butter.

- Kleinere Fleischportionen essen und mageres Fleisch verwenden bzw. bei fetteren Fleischstücken das sichtbare Fett entfernen. Magere Stücke vom Rind sind beispielsweise Steak, Filet oder Braten aus der Hüfte. Beim Schwein sind Schnitzel und Filet relativ fettarm, beim Kalb Filet, Schnitzel und Kotelett. Weißes Fleisch von Huhn oder Puter sowie Wildgeflügel sind von Haus aus relativ fettarm.

- Zum Braten eine beschichtete Pfanne verwenden. Durch die Antihaftbeschichtung ist nur wenig Fett nötig. Fettarme Garmethoden wie das Garen im Bratschlauch oder in der Mikrowelle und das Dünsten von Gemüse in wenig Fett sind weitere Möglichkeiten, den Fettverbrauch wirkungsvoll zu senken.

- Auf frittierte und panierte Gerichte weitgehend verzichten.

- Für Salatsaucen fettärmere Mayonnaise oder auch magere Milchprodukte wie Sauerrahm und Joghurt verwenden.

- Beim Einkauf von Käse möglichst Sorten der Halbfettstufe (20 bis 30% F. i. Tr.) gegenüber vollfettem Käse (45 bis 50% F. i. Tr.) bevorzugen.

- Bei Milch, Joghurt, Frischkäse und Quark die Magerstufe wählen.

- Sehr fetthaltige Lebensmittel wie Nüsse nur in Maßen zu sich nehmen.

- Häufig Obst, Gemüse und Getreideprodukte essen – sie enthalten nur wenig Fett – und außerdem möglichst fettarm zubereiten.

- Vor allem pflanzliche Fette mit einfach und mehrfach ungesättigten Fettsäuren verwenden. Sie verbessern die Fließeigenschaften des Blutes und beugen damit Fettablagerungen in den Blutgefäßen vor, die eine Hauptursache für Herz-Kreislauf-Erkrankungen sind.

Fettaustauschstoffe

Um den allgemein zu hohen Fettkonsum zu senken, wurden Fettersatzstoffe entwickelt, die die gleiche Funktion erfüllen wie normale Fette, aber weniger Kalorien und Cholesterin enthalten. Dazu zählt ein vor einigen Jahren in Kanada und den USA zugelassener Ersatzstoff aus Eiweiß und Milcheiweiß. Dieser Fettersatz besitzt die gleichen cremig geschmeidigen Eigenschaften wie Fett, hat aber nur 1 bis 2 Kalorien pro Gramm und wird vom Organismus auf die gleiche Weise verdaut und absorbiert wie anderes Eiweiß. Bis jetzt wird dieser Ersatzstoff allerdings nur von der Lebensmittelindustrie verwendet, vor allem als Verdickungsmittel bei der Herstellung von Speiseeis. Da er hohen Temperaturen nicht standhält, eignet er sich nicht zum Braten.

Ein zweiter, in den Vereinigten Staaten entwickelter Fettersatzstoff besteht aus acht Fettsäuren, die mit einem Zuckermolekül verbunden sind. In Geschmack, Konsistenz und Aussehen ähnelt er echtem Fett und eignet sich sogar zum Braten, doch da er weder Kalorien noch Cholesterin enthält, hemmt er die Aufnahme von fettlöslichen Vitaminen. Obwohl diese Fettaustauschstoffe bei der Reduzierung des Fettverbrauchs hilfreich sein können, bewirken sie im Gegensatz zu den echten Fetten kein Sättigungsgefühl.

Aufbewahrung

Da alle Fette empfindlich auf Wärme, Licht und Sauerstoff (Luft) reagieren und leicht Fremdgerüche annehmen, sollten sie gut verpackt, dunkel und kühl aufbewahrt werden. Die Haltbarkeitsdauer ist je nach Fettart verschieden und hängt entscheidend vom Wassergehalt ab: Butter und Margarine eignen sich nur für eine relativ kurzfristige Lagerung im Kühlschrank, während gehärtete Plattenfette wie Kokosfett, die kaum Wasser enthalten, ungeöffnet an einem kühlen, dunklen Ort viele Monate ohne Qualitätsverlust aufbewahrt werden können. Schmalz bleibt im Kühlschrank etwa 3 Monate frisch.

Butter und Margarine können in der Originalverpackung und mit einer zusätzlichen Folie geschützt bis zu 6 Monate eingefroren werden, Butterschmalz bleibt tiefgefroren bis zu 12 Monate frisch, Schmalz etwa 3 Monate.

Einkaufstipp

Der Einkauf von Fetten richtet sich nach dem Verwendungszweck: Streichfähige Fette wie Butter oder Margarine eignen sich als Brotaufstrich und zum Kochen und Backen (Halbfettbutter und -margarine sind aufgrund ihres hohen Wassergehalts nur als Brotaufstrich geeignet), während sehr hartes Fett, beispielsweise Kokosfett, zum Braten und Frittieren verwendet wird.

Fette

Nährwerte

Fette liefern gut doppelt so viel Energie (9 Kalorien je Gramm) wie Kohlenhydrate und Eiweiß (jeweils 4 Kalorien je Gramm) und sind deshalb eine wichtige Energiequelle für alle Körperzellen (ausgenommen die roten Blutkörperchen und das Zentralnervensystem). Fette transportieren außerdem die fettlöslichen Vitamine A, D, E und K, die dem Organismus mit der Nahrung zugeführt werden müssen, und liefern zwei essenzielle Fettsäuren, die der Körper nicht selbst herstellen kann: Linolsäure und Linolensäure. Diese essenziellen Fettsäuren sind wichtig für den reibungslosen Ablauf des Stoffwechsels, stärken das Immunsystem und spielen eine erhebliche Rolle bei der Zellbildung. Andererseits kann ein zu großer Fettverbrauch zu einem überhöhten Blutcholesterinspiegel und Übergewicht führen, die die Ursache für Herz-Kreislauf- oder Krebserkrankungen (insbesondere Darm- und Brustkrebs) sein können. Fette verlangsamen zudem die Entleerung des Darms, was sich negativ auf den gesamten Verdauungsprozess auswirkt.

Der gesundheitliche Wert eines Fettes wird neben anderem durch die Struktur seiner Fettsäuren bestimmt. Chemisch betrachtet handelt es sich dabei um Moleküle, die aus verschieden langen Ketten von Kohlenstoffatomen bestehen, an denen je nach Bindungsfähigkeit unterschiedlich viele Wasserstoff- und Sauerstoffatome hängen. Entsprechend der Länge der Kohlenstoffketten und der Anzahl der Wasserstoffatome, die sie zusätzlich binden können, unterscheidet man zwischen gesättigten, einfach ungesättigten und mehrfach ungesättigten Fettsäuren.

Gesättigte Fettsäuren besitzen lauter einfache Bindungen zwischen den Kohlenstoffatomen, sodass sie keine zusätzlichen Wasserstoffatome aufnehmen können.

Einfach ungesättigte Fettsäuren besitzen eine Doppelbindung zwischen zwei Kohlenstoffatomen, weshalb sie jeweils ein zusätzliches Wasserstoffatom aufnehmen können und damit im Gegensatz zur unbeweglichen Struktur der gesättigten Fettsäuren flexibel sind.

Mehrfach ungesättigte Fettsäuren enthalten mehrere Doppelbindungen und sind dadurch noch flexibler als gesättigte oder einfach ungesättigte Fettsäuren. Gleichzeitig ist ihre Struktur aber auch empfindlicher, das heißt, sie oxidieren schnell und lassen das Fett, in dem sie enthalten sind, eher ranzig werden.

Hydrierung

Hydrierung ist ein Prozess, bei dem den Molekülen von ungesättigten Fettsäuren Wasserstoff zugesetzt wird, der sich an die Doppelbindung hängt und sie dadurch zu gesättigten Fettsäuren macht, die als Trans-Fettsäuren bezeichnet werden. Auf diese Weise werden pflanzliche Öle mit einem hohen Anteil an mehrfach ungesättigten Fettsäuren behandelt, um sie fest werden zu lassen. Gleichzeitig wird dadurch der Schmelzpunkt erhöht und das Ranzigwerden verzögert. Trans-Fettsäuren haben allerdings den Nachteil, dass sie die gleiche Wirkung zeigen wie gesättigte Fettsäuren, nämlich den Spiegel des LDL-Cholesterins anzuheben und den des HDL-Cholesterins zu senken (siehe unten).

Cholesterin

Cholesterin ist eine fettähnliche Substanz, die in den Blutzellen und in Nahrungsmitteln tierischen Ursprungs vorkommt. Es liefert zwar keine Energie, spielt aber eine wichtige Rolle bei der Herstellung von Gallesalzen, Adrenalin und verschiedenen Hormonen. Außerdem ist es ein Grundbaustein des Myelins, das als Schutzschicht für die Nerven dient, und bildet die Ausgangssubstanz für Vitamin D. Fast 80% des Cholesterinbedarfs kann der Organismus selbst herstellen (hauptsächlich in der Leber), während die restlichen 20% aus der Nahrung zugeführt werden.

Um seine Aufgaben erfüllen zu können, wird das Cholesterin mittels bestimmter Proteine, der Lipoproteine, durch das Blut zu den Zellen transportiert. Diese Lipoproteine werden in Low-density-Lipoproteine (LDL) und High-density-Lipoproteine (HDL) unterschieden. Das LDL-Cholesterin wird relativ langsam transportiert, wodurch es sich an den Wänden der Arterien ablagert und damit Arteriosklerose und alle damit verbundenen Folgekrankheiten fördert.

Fette

Aus diesem Grund wird LDL-Cholesterin auch »schlechtes« Cholesterin genannt. Vergleichsweise wird das HDL-Cholesterin wesentlich schneller transportiert und übernimmt dabei die Rolle des »Straßenkehrers«, indem es überschüssiges »schlechtes« Cholesterin in den Arterien aufsammelt und zur Leber transportiert, über die es ausgeschieden wird. Wegen dieses Reinigungseffekts wird das HDL-Cholesterin auch als »gutes« Cholesterin bezeichnet.

Sowohl die »guten« als auch die »schlechten« Cholesterine werden entscheidend von dem in den Lebensmitteln enthaltenen Fett, genauer gesagt von den unterschiedlichen Fettsäuren (gesättigt, einfach ungesättigt und mehrfach ungesättigt) beeinflusst. Lebensmittel enthalten immer eine Kombination aus allen drei Fettsäuretypen, wobei jedoch immer ein Typ vorherrscht:

- Gesättigte Fettsäuren erhöhen den Blutcholesterinspiegel, das heißt, sie vergrößern den Anteil an »schlechtem« LDL-Cholesterin, während das »gute« HDL-Cholesterin reduziert wird.

Zu den Lebensmitteln mit vorwiegend gesättigten Fettsäuren gehören alle Fleisch- und Milchprodukte, ebenso tierische Fette und – als große Ausnahme – die tropischen pflanzlichen Öle Palmöl und Kokosnussöl, die bereits bei Zimmertemperatur fest werden.

- Einfach und mehrfach ungesättigte Fettsäuren erhöhen den Anteil an »gutem« Cholesterin und reduzieren gleichzeitig das »schlechte« Cholesterin.

Einfach ungesättigte Fettsäuren sind vor allem in Mandeln und Avocados sowie in Oliven-, Haselnuss- und Rapsöl enthalten. Diese Öle sind oxidationsbeständiger als Öle mit mehrfach ungesättigten Fettsäuren wie zum Beispiel Mais-, Soja-, Weizenkeim-, Färberdistel-, Sonnenblumen- und Sesamöl (siehe *Öle*).

Zu den mehrfach ungesättigten Fettsäuren zählen auch die so genannten **Omega-3-Fettsäuren**, die reichlich in Fisch wie Makrele, Hering, Thunfisch und Lachs sowie in Fischöl vorkommen.

Schmalz

Kokosfett

Öle

Öl ist eine fettige, nicht wasserlösliche Substanz, die normalerweise bei Zimmertemperatur flüssig ist. Eines der ältesten Öle ist das Olivenöl, das bereits vor mehr als 6000 Jahren im Bereich des heutigen Syrien und Palästina hergestellt wurde. Im 2. Jahrhundert v. Chr. gelangten die ersten Olivenbäume und die Technik der Ölgewinnung durch phönizische und griechische Seefahrer auch in den westlichen Mittelmeerraum, wo sie bald ebenfalls weithin verbreitet waren. Olivenöl, das einst so wertvoll wie Gold war, wurde früher nicht nur als Nahrungs- und Heilmittel, sondern auch zum Massieren sowie als Brennstoff und zur Lichterzeugung verwendet.

Pflanzliches Öl wird aus Hülsenfrüchten (Sojabohne, Erdnuss), Samen (Sonnenblume, Raps, Sesam, Kürbiskern), Getreide (Mais), Früchten und Nüssen (Olive, Palme, Walnuss, Haselnuss, Weintraubenkern, süße Mandel) und Baumwollsamen gewonnen. Tierische Öle (Wal, Robbe, Heilbutt, Dorsch) sowie mineralische Öle (Kohlenwasserstoffe) dienen vor allem als Nahrungsmittelergänzung.

Zur Ölgewinnung werden heute hoch technisierte Verfahren wie automatisches Pressen und Zentrifugalsysteme eingesetzt. Dafür wird der jeweilige Rohstoff zunächst gereinigt und falls nötig entschalt (etwa bei Erdnüssen, Sonnenblumenkernen, Mandeln oder Haselnüssen). Danach wird er zu einer Masse zermahlen, aus der das Öl durch kaltes oder heißes Pressen entzogen wird. Bei der Kaltpressung bleibt ein Drittel des Öls im Trester und im Fruchtwasser zurück, während der Verlust bei der Heißpressung auf 5% begrenzt ist und durch den Einsatz chemischer Lösungsmittel sogar auf 1% gesenkt werden kann.

Die **Kaltpressung** war lange Zeit das einzige bekannte Extraktionsverfahren und wird mithilfe hydraulischer Pressen bei einer Temperatur von 32 bis 40 °C mechanisch durchgeführt. Eine Kaltpressung lohnt sich jedoch nur, wenn die Samen oder Früchte mindestens 30% Fett enthalten. Nach der Pressung wird das Öl umgefüllt, gefiltert und ohne irgendwelche weitere Zusatzbehandlungen in lichtundurchlässige Flaschen abgefüllt.

»Natives Öl extra« ist Öl aus der ersten Pressung, bei dem der Anteil an freien Fettsäuren – berechnet als Ölsäure – nicht mehr als 1 g pro 100 g Öl beträgt. »Natives Öl« ist ebenfalls Öl aus erster Pressung, es darf jedoch einen Anteil von 2 g freien Fettsäuren auf 100 g Öl enthalten. Die Qualitätsstufe »fein« ist eine Mischung aus beiden. Die Bezeichnung »100% reines Öl« bedeutet, dass das Produkt nur aus einem einzigen Öl und nicht aus einer Mischung mehrerer Sorten bestehen darf; es wird häufig in der zweiten Pressung gewonnen.

Die **Heißpressung** ist ebenfalls ein mechanischer Prozess, bei dem die Ölmasse bei Temperaturen zwischen 70 und 90 °C durch erhitzte Schraubpressen gedrückt wird. Das so gewonnene Öl wird Rohöl oder auch unraffiniertes Öl genannt. Anschließend wird dem Rückstand, dem so genannten Ölkuchen, durch den Zusatz eines Lösungsmittels das restliche Öl entzogen.

Durch Heißpressung gewonnenes Rohöl muss anschließend noch verschiedene Verfahrensschritte durchlaufen, bis es verwendet werden kann. Dazu gehören Entschleimung, Raffination oder Neutralisation, Bleichen, Hydrieren (gelegentlich), Fraktionieren (Winterisieren) und Desodorieren sowie ein Antioxidationsverfahren.

Bei der **Entschleimung** werden freie Fettsäuren, Eiweißspuren, Phospholipide und andere Substanzen entfernt, die das Öl instabil machen und bei starker Erhitzung Schaum- und Rauchbildung bewirken.

Bei der **Raffination** oder **Neutralisation** werden dem entschleimten Öl alkalische Substanzen (häufig Ätznatron) zugefügt, um die restlichen freien Fettsäuren in Seife umzuwandeln, die dann durch Schleudern entfernt wird.

Durch das **Bleichen** werden dem Rohöl Farbpigmente entzogen.

Bei der **Hydrierung** werden die ungesättigten Fettsäuren im Öl mit Wasserstoff behandelt, um ihre Oxidation zu verhindern und auf diese Weise flüssige Öle in halbfeste oder feste Fette umzuwandeln. Je höher der Grad der Hydrierung, desto härter und gesättigter wird das Öl (siehe *Fette*). Dabei werden bis zu 50% der mehrfach ungesättigten Fettsäuren im Öl zerstört und damit der Anteil an Linolsäure – eine essenzielle Fettsäure, die der Körper selbst nicht herstellen kann – reduziert.

Bei der **Fraktionierung** – dieses Verfahren wird auch **Winterisieren** genannt – wird das Öl so weit abgekühlt, dass bestimmte Bestandteile auskristallisieren. Diese verfestigten Substanzen werden herausgefiltert. Auf diese Weise bleibt das Öl später auch bei niedrigen Temperaturen klar, etwa wenn es im Kühlschrank aufbewahrt wird.

Bei der **Desodorierung** werden einige Aromastoffe des Öls neutralisiert, damit diese beim Vermischen des Öls mit anderen Lebensmitteln deren Eigengeschmack nicht überdecken. Dieser Vorgang verlängert auch die Haltbarkeit, indem er Substanzen zerstört, die das Öl ranzig werden lassen.

Beim **Antioxidationsverfahren** werden dem raffinierten Öl synthetische Antioxidanzien zugesetzt, die die Oxidation des Öls verhindern. (Oxidation ist eine chemische Reaktion, die zwischen den ungesättigten Verbindungen in Fettsäuren stattfindet, wenn diese Sauerstoff ausgesetzt werden.) Dieser Vorgang ist notwendig, weil im Verlauf des Raffinierens die im Öl enthaltenen natürlichen Antioxidanzien wie Vitamin E teilweise zerstört werden.

Kalt gepresste und somit unbehandelte Öle enthalten dagegen Substanzen, beispielsweise freie Fettsäuren und Farbpigmente, die die Oxidation fördern und die natürlichen Antioxidanzien verbrauchen, sodass sich die Fettsäuren in der Folge zersetzen. Aus diesem Grund müssen sie sorgfältiger gelagert werden als raffinierte Öle, da sie andernfalls schnell einen säuerlichen Geschmack annehmen und dann nicht mehr verwendbar sind.

Aufbewahrung

Öl wird in einem luftdicht verschlossenen Behälter an einem kühlen, dunklen Ort aufbewahrt. Das Gefäß sollte schmal und hoch, bei kalt gepresstem Öl außerdem dunkel getönt oder undurchsichtig sein.

Kalt gepresstes Öl ist ungeöffnet bis zu 1 Jahr haltbar. Geöffnete Flaschen werden am besten im Kühlschrank aufbewahrt und sollten möglichst innerhalb von 2 bis 3 Monaten verbraucht werden. Im Kühlschrank bzw. unter 7 °C aufbewahrtes Öl wird leicht trübe, und es können sich weiße Flocken bilden. Dadurch werden aber weder die Qualität noch der Geschmack des Öls beeinträchtigt, und bei Zimmertemperatur wird das Öl schnell wieder klar.

Raffiniertes Öl ist ungeöffnet etwa 2 Jahre haltbar. Geöffnet wird es gut verschlossen an einem dunklen Platz bei Zimmertemperatur aufbewahrt und ist dann noch mehrere Monate haltbar.

Einkaufstipp

Im Handel werden viele unterschiedliche kalt gepresste und raffinierte Öle angeboten, wobei die Produktinformationen größtenteils Aufschluss darüber geben, auf welche Weise das Öl vorbehandelt wurde. Bei kalt gepressten Ölen sollte man außerdem das Verfallsdatum überprüfen, da sie wesentlich kürzer haltbar sind als raffinierte Öle.

Öle

Serviervorschläge

Pflanzenöl wird zum Schmoren, Frittieren, Ausbacken, Kochen, Grillen, Dünsten, Sautieren und Braten verwendet und ist in vielen Gerichten ein guter Ersatz für Butter. In der asiatischen Küche wird häufig das wohlschmeckende Sesamöl zum Kochen und Braten verwendet. Raffiniertes Öl wird außerdem für das *Fondue bourguignonne* verwendet und bildet die Grundlage bei der Herstellung von Mayonnaise. Auch viele kalte Saucen, etwa das italienische *Pesto* oder die französische *Aioli*-Sauce, werden mit Öl zubereitet.

Darüber hinaus ist Öl wichtiger Bestandteil von Salatsaucen, wobei Vinaigrettes, die mit kalt gepresstem Öl wie Oliven- oder Walnussöl zubereitet werden, besonders aromatisch sind. Öl wird außerdem zum Marinieren von Fleisch, Geflügel, Fisch oder Wild verwendet, die dadurch besonders zart werden, und dient zur Konservierung von frischen Kräutern, Knoblauch und frischem oder getrocknetem Gemüse wie Tomaten oder Paprika. Mit frischen Kräutern aromatisiertes Öl kann man sehr gut für Marinaden und zum Kochen verwenden.

Remouladensauce

FÜR 4 PORTIONEN

2 hart gekochte Eigelb
1 EL Zitronensaft
1 EL scharfer Senf
Salz und frisch gemahlener weißer Pfeffer
⅛ l neutrales Pflanzenöl
1 Zwiebel
2 Stängel Kerbel oder Estragon
1 mittelgroße Gewürzgurke
1 EL Kapern

1. Die Eigelbe in einer Schüssel zusammen mit dem Zitronensaft, Senf, Salz und Pfeffer gründlich verrühren. Das Öl zuerst tropfenweise, dann in einem kräftigen Strahl unterrühren, bis eine glatte Mayonnaise entsteht.

2. Die Zwiebel abziehen und fein hacken. Die Kräuter waschen, trockenschwenken und fein wiegen. Die Gewürzgurke in feine Würfel schneiden. Die Kapern abtropfen lassen und ebenfalls klein schneiden.

3. Zwiebel, Kräuter, Gewürzgurke und Kapern in die Mayonnaise rühren und 10 Minuten ziehen lassen.

Remouladensauce schmeckt ausgezeichnet zu gegrilltem oder kurz gebratenem Fleisch oder zu Pellkartoffeln.

Olivenöl **Erdnussöl** **Sesamöl** **Sonnenblumenöl** **Maiskeimöl**

Öle

Öl	Gesättigte Fettsäuren g/100 g	Einfach ungesättigte Fettsäuren g/100 g	Mehrfach ungesättigte Fettsäuren g/100 g	Höchsttemperatur	Oxidation	Verwendungsart	Sonstiges
ERDNUSSÖL	16,9	46,2	32	220 °C	langsam	jede	verträgt starke Hitze
FÄRBERDISTELÖL	9,1	14	68	230 °C	sehr schnell	unraffiniert: kalt, raffiniert: jede	unraffiniert: gelb bis dunkel bernsteinfarben, milder, nussiger Geschmack; raffiniert: sehr schwaches Gelb, neutraler Geschmack
RAPSÖL	7,2	55,5	33,3	220 °C	langsam	kalt und zum Kochen	bei starker Hitze unangenehmer Geruch wegen hoher Säurekonzentration
KOKOSNUSSÖL	86,5	5,8	1,8	unraffiniert: 170 °C; raffiniert: 230 °C	sehr langsam	jede	häufige Verwendung in der Lebensmittelindustrie
MAISKEIMÖL	12,7	24	58,7	160–210 °C	langsam	jede	unraffiniert: bernsteinfarben bis dunkelgold, schmeckt nach Popcorn; raffiniert: schwach bernsteinfarben
WALNUSSÖL	9,1	22,8	63,3	200–210 °C	schnell	kalt	kräftiger Geschmack
PALMÖL	49,3	37	9,3	225 °C	langsam	kalt und zum Kochen	unraffiniert: gelb oder grün, kräftiges Aroma; bei Hitze starker Geruch
OLIVENÖL	13,5	73,7	8,4	230 °C und darüber	langsam	kalt und zum Kochen	wird häufig in der Lebensmittelindustrie verwendet
WEINTRAUBENKERNÖL	9,6	16,1	69,9		schnell	kalt	kräftiger Geschmack
SESAMÖL	14,2	39,7	41,7	230 °C und darüber	mittel	kalt	unangenehmer Geruch bei hohen Temperaturen
SOJAÖL	14,4	23,3	57,9	230 °C und darüber	mittel	kalt und zum Kochen	unraffiniert: stark ausgeprägter Geschmack, kräftige Färbung, hoher Vitamin-B-Gehalt; raffiniert: weißlich, milderer Geschmack
SONNENBLUMENÖL	11	23	58	210–220 °C	sehr schnell	unraffiniert: kalt; raffiniert: jede	unraffiniert: bernsteinfarben, kräftiger Geschmack; raffiniert: gelblich, neutraler Geschmack

Öle

Nährwerte

Pflanzliche wie tierische Öle enthalten weder Eiweiß noch Kohlenhydrate, pflanzliche Öle darüber hinaus auch kein Cholesterin. Öle enthalten jedoch die Vitamin A, D und E und sind wichtige Energielieferanten. Da sie zum größten Teil aus Fetten zusammengesetzt sind, haben sie mehr Kalorien (9 Kalorien je Gramm) als Eiweiß und Kohlenhydrate (4 Kalorien je Gramm).

Öle bestehen im Wesentlichen aus einer Kombination verschiedener Fettsäuren, deren Anteile je nach Öl verschieden sind und die in gesättigte, einfach ungesättigte und mehrfach ungesättigte Fettsäuren unterschieden werden (siehe *Fette*).

Palm- und Kokosnussöl enthalten vorwiegend gesättigte Fettsäuren und werden wie tierische Fette bei Zimmertemperatur hart. Die meisten pflanzlichen Öle (Färberdistel-, Raps-, Mais-, Leinsamen-, Walnuss-, Sesam- und Sojabohnenöl) bestehen hauptsächlich aus mehrfach ungesättigten Fettsäuren, während Olivenöl, Rapsöl, Erdnussöl und Haselnussöl größtenteils aus einfach ungesättigten Fettsäuren zusammengesetzt sind.

Neueren Forschungen zufolge sind einfach ungesättigte Fettsäuren gesünder als mehrfach ungesättigte, weshalb vor allem Olivenöl, Erdnussöl, Haselnussöl und Rapsöl verwendet werden sollten. Außerdem enthalten diese Öle Omega-3-Fettsäuren (siehe *Fette*). Weniger empfehlenswert sind Öle mit vorwiegend gesättigten Fettsäuren wie Kokosnuss- oder Palmöl.

Zubereitung

Manche kalt gepressten Öle, etwa kalt gepresstes Walnussöl, Leinsamenöl oder Sojaöl, zersetzen sich bei direkter starker Hitze und sind deshalb als Frittieröl ungeeignet. Indirekte Hitze – etwa beim Backen – vertragen sie jedoch sehr gut.

Öl sollte niemals so stark erhitzt werden, dass es zu rauchen beginnt, da dabei giftige Stoffe freigesetzt werden. Die jeweils mögliche Höchsttemperatur, bis zu der ein Öl erhitzt werden darf, hängt von den Fettsäuren ab. Öl, das vorwiegend aus mehrfach ungesättigten Fettsäuren besteht, ist bei hohen Temperaturen nicht beständig und eignet sich deshalb nicht zur mehrfachen Verwendung, da es sich bei jedem erneuten Erhitzen zunehmend mehr zersetzt.

Beim Frittieren sollte man folgende Richtlinien beachten:

- Öl, das zum Frittieren verwendet wird, muss auf über 200 °C erhitzbar sein. Um kein Risiko einzugehen, sollte es nicht auf mehr als 220 °C erhitzt werden.

- Das Öl nach jedem Gebrauch durch einen Kaffeefilter oder ein Mulltuch filtern, um verbliebene Essensreste und andere Verunreinigungen zu entfernen.

- Das Öl in einem licht- und luftundurchlässigen Gefäß an einem kühlen Ort aufbewahren.

- Keine Küchengeräte aus Kupfer, Bronze oder Messing verwenden, da das Öl sonst leicht oxidiert oder sich zersetzt. Sehr gut geeignet sind dagegen Töpfe aus rostfreiem Edelstahl.

- Öl nicht mehr verwenden, wenn es bei Erhitzung zu rauchen beginnt, dunkel ist, ranzig riecht, schäumt oder keine Blasen bildet, wenn die Zutaten zugefügt werden.

- Das gleiche Öl nicht mehr als fünf- bis siebenmal verwenden.

- Altes Öl nicht mit frischem Öl aufgießen, da dies die Qualität des alten Öls nicht verbessert.

Außerdem ist es ratsam, beim Frittieren ein Thermometer zu verwenden, da das Kochgut nur auf diese Weise bei der richtigen Temperatur zugegeben werden kann bzw. da sich die Temperatur während des Frittierens kontrollieren und entsprechend reduzieren lässt, bevor das Öl die Höchsttemperatur erreicht.

Beim Fritteren sollte man immer nur kleine Portionen in das erhitzte Öl geben, weil sonst die Temperatur des Öls zu stark absinkt, wobei das Kochgut zu viel Fett aufsaugt und an Geschmack verliert. In kleineren Portionen frittiert wird es dagegen außen knusprig goldgelb und innen schön zart. Damit das Öl nicht spritzt, lässt man das Kochgut außerdem vor dem Eintauchen in das Öl gründlich abtropfen oder trocknet es mit einem Küchentuch ab.

Koch- und Backhilfen

Pfeilwurzelmehl

Maranta arundinacea, **Marantaceae**

Pfeilwurzelmehl oder Marantastärke wird aus den Knollen der Marantapflanze, aber auch aus den Rhizomen oder Wurzeln verschiedener anderer Pflanzen wie Zamia, Kurkuma und Musa gewonnen. Pfeilwurzelmehl wird im Dialekt einiger südamerikanischer Ureinwohner *araruta* (»Wurzelmehl«) genannt, das diese früher zur Behandlung von Wunden einsetzten, die durch Giftpfeile verursacht worden waren. Außerdem pflegten die Indianer ihre Pfeile mit der aus den Wurzeln von Giftpflanzen gewonnenen Stärke zu präparieren.

Pfeilwurzelmehl wird heute in einigen südamerikanischen Ländern sowie in Indien, Mexiko und den USA hergestellt. Dafür werden die 20 bis 30 cm langen und 2 bis 3 cm breiten Wurzeln (Rhizome) der Marantapflanze – eine Knollenpflanze, die in Guayana, Westbrasilien und anderen tropischen Ländern angebaut wird – gemahlen, mit Wasser vermischt, gefiltert, getrocknet und zu einem feinen weißen Pulver verarbeitet, das der Kartoffelstärke ähnelt.

Nährwerte

Kohlenhydrate	88,1 g
Fett	0,1 g
Eiweiß	0,3 g
	je 100 g

Pfeilwurzelmehl ist leicht verdaulich und eignet sich gut für eiweißarme Diäten bei Leber- oder Nierenbeschwerden sowie bei bestimmten Allergien.

Serviervorschläge

 Pfeilwurzelmehl dient zum Andicken von Suppen, Saucen, Puddings, Cremes und Flans, ohne sie dabei einzutrüben oder ihren Geschmack zu verändern, sofern die Stärke erst kurz vor Ende der Garzeit zugefügt wird (sie sollte vorher in etwas kalter Flüssigkeit aufgelöst werden). Pfeilwurzelmehl kann anstelle von Mais- oder Kartoffelstärke verwendet werden.

Aufbewahrung

Pfeilwurzelmehl wird in einem verschlossenen Behälter bei Zimmertemperatur kühl und trocken aufbewahrt.

Backpulver

Backpulver ist eine feine weiße Substanz, die in Verbindung mit Flüssigkeit, Säuren und Wärme Kohlensäure freisetzt, wodurch der Teig aufgeht. Backpulver besteht aus einer Komponente, die während des Backprozesses Kohlendioxid abspaltet, meist Natriumhydrogenkarbonat, aus einer Säure bzw. Komponente, die Säure abspaltet, beispielsweise Weinsäure, Zitronensäure oder Weinstein, sowie anorganischen Verbindungen wie Dinatriumhydrogenphosphat. Hinzu kommt noch ein Trennmittel, das aus verschiedenen Stärken sowie Weizenmehl besteht.

Backpulver

Die »Erfindung« des Backpulvers hat eine lange Geschichte: Nachdem bereits um 1790 in den USA ein erstes grobes Backpulver hergestellt wurde, das jedoch einen bitteren Nachgeschmack hinterließ, entwickelte man um 1835 ein Weinsteinbackpulver, das aus Natriumbikarbonat und den Weinsteinrückständen aus Weinfässern bestand und erstmals 1850 in den Handel gelangte. Schließlich wurde kurz nach der Erfindung des Backnatrons Ende des 19. Jahrhunderts das Weinsteinpulver durch die sauren Salze Monokalziumphosphat, Aluminiumsulfat und Natriumsulfat ersetzt – so ergab sich das Backpulver, das wir heute kennen.

Backpulver ist ein wesentlich effektiveres Lockerungsmittel als Backnatron, da es im Vergleich zu diesem in Verbindung mit Feuchtigkeit schon bei niedrigeren Temperaturen reagiert und auch keinerlei Nachgeschmack hinterlässt.

Serviervorschläge

Backpulver ist unerlässlich bei der Herstellung von Kuchen, Gebäck oder Plätzchen und wird für Pfannkuchen, Waffeln und manche Brotteige verwendet. Man rechnet generell 1 Päckchen Backpulver (10 g) auf 500 g Mehl; beides sollte vor der Verarbeitung gemischt und gesiebt werden, damit der Teig möglichst locker wird.

Eine Besonderheit des Backpulvers ist, dass sich die jeweils erforderlichen Mengen je nach der Höhenlage, in der es verarbeitet wird, verändern: In 900 m Höhe benötigt man 10% weniger Backpulver, bei Höhenlagen von 1800 m und mehr sind es 20 bis 40% weniger.

Aufbewahrung

Backpulver wird vor Hitze und Feuchtigkeit geschützt bei Zimmertemperatur aufbewahrt. Nach Ablauf des Haltbarkeitsdatums sollte es nicht mehr verwendet werden, da es bei zu langer Lagerzeit einen Teil seiner Wirksamkeit verliert. Dies lässt sich dadurch überprüfen, indem man 1 TL Backpulver mit 4 EL kochendem Wasser übergießt: Frisches Backpulver schäumt stark, während bei nicht mehr wirksamem Backpulver nur noch wenige oder gar keine Blasen entstehen.

Backpulver

FÜR 4 PORTIONEN

- 85 g Maisstärke
- 60 g Weinstein (aus der Apotheke)
- 60 g Weinsäure (aus der Apotheke)
- 100 g Natron

1. Alle Zutaten miteinander vermischen und zwei- bis dreimal durch ein feines Sieb streichen.

2. Die Mischung in einen luftdichten Behälter füllen und an einem trockenen Ort aufbewahren.

Weinstein

Das feine weiße Weinsteinpulver ist ein Nebenprodukt der Weinherstellung. Es bildet sich an der Innenseite von Weinfässern in Form von Kristallen, die sich dort ablagern und saures Kaliumtartrat enthalten. Dieses Salz wird zunächst isoliert. Anschließend werden die Kristalle gemahlen, gereinigt, dehydriert und zu dem Pulver vermahlen, das als Weinstein bekannt ist. Seit etwa 1835 wird es mit Natron vermischt als Backpulver verwendet. Der Zusatz von Natron und Flüssigkeit bewirkt, dass Weinstein schnell reagiert und der Teig sofort aufgeht. Der einzige Nachteil ist, dass mit Weinstein und Natron vermischter Teig, der nicht sofort gebacken wird, seine lockernde Wirkung verliert. Aus diesem Grund wurden neue Backtriebmittel entwickelt, die langsamer reagierende Substanzen wie Monokalziumphosphat enthalten.

Serviervorschläge

Weinstein wird häufig als Stabilisator für Süßspeisen verwendet, die wie Bisquitrollen, Baisers und Soufflés Eischnee enthalten. Bei der Herstellung von Süßigkeiten dient er dazu, die Kristallisation des Zuckers zu unterbrechen.

Vorbereitung

Weinsteinbackpulver kann man ganz einfach selbst herstellen, indem man 2 Esslöffel Weinsteinpulver mit 2 Esslöffel Natron oder Kaliumbikarbonat mischt. (Kaliumbikarbonat ist in Apotheken erhältlich und enthält kein Natrium, was vor allem für Menschen wichtig ist, die sich salzarm ernähren müssen.)

Aufbewahrung

 Weinstein wird gut verpackt bei Zimmertemperatur kühl und trocken aufbewahrt.

Nährwerte

 Weinsteinpulver besteht zu 3,8% aus Kalium, das beim Erhitzen jedoch teilweise verloren geht.

Natron

Das Backtriebmittel Natron ist ein feines weißes Pulver, das aus einer Mischung basischer Salze besteht. Seine Erfindung vor etwa 150 Jahren revolutionierte die Küchenpraxis der damaligen Zeit, weil es erstmals die Herstellung lockerer Backwaren ermöglichte. Vor allem bewirkte es einen enormen Anstieg der Massenproduktion von Kuchen und Keksen und ermöglichte von nun an das Backen von Spezialbroten, die wenig glutenhaltige Mehle und dafür andere Zutaten wie Nüsse, Weizenkeime, Käse und Rosinen enthielten.

In einem ersten, einfachen Verfahren wurde Natron gewonnen, indem man Natriumasche mit Kohlendioxid versetzte. Mittlerweile wird es in der Weise hergestellt, dass in großen Behältern eine wässrige Lösung von Natriumchlorid und Ammoniak mit Kohlendioxid vermischt wird. Das dabei entstehende nicht lösliche Natriumbikarbonat sammelt sich auf dem Behälterboden, wird gefiltert, gewaschen, getrocknet und schließlich zu feinem Pulver vermahlen. Der einzige in Natron enthaltene Mineralstoff ist Natrium, das in einer Konzentration von 1370 mg je 5 g Natron vorhanden ist. Wird es in Wasser gelöst und erhitzt, zerfällt das Natriumbikarbonat größtenteils in Natriumkarbonat, Wasser und Kohlendioxid, das den Teig zum Aufgehen bringt, wobei die Restbestände des Natriumbikarbonats einen bitteren Nachgeschmack hinterlassen. Dem kann man entgegenwirken, indem man

Natron mit einem sauren Stoff kombiniert, der das Natriumbikarbonat in Wasser oder Kohlendioxid verwandelt. Dafür werden häufig Honig, Malz, Obst oder Obstsaft, Schokolade, Kakao, Joghurt, Sauerrahm, Buttermilch oder Essig als Säuerungsmittel zum Teig gegeben. Doch selbst dann kann Natron einen Nachgeschmack hinterlassen, da es als äußerst stabile Verbindung nur bei sehr hoher Temperatur zerfällt.

Je nach Rezept kann man 2 Teelöffel Trockenhefe durch 2 g Natron und 250 ml Melasse ersetzen oder durch 2 g Natron und 1 gehäuften Teelöffel Weinstein. Bei der Kombination von Natron mit sauren Zutaten gilt als Faustregel: 2 g Natron auf 250 ml Buttermilch, Sauermilch oder Joghurt oder auf 1 EL Zitronensaft oder Essig.

Serviervorschläge

Wegen seiner Säure neutralisierenden Wirkung wird Natron mitunter bei der Herstellung von Obstkuchen verwendet. Dafür mischt man es zuerst mit den trockenen Zutaten und siebt alles gut durch, damit es nicht klumpt. Andernfalls kann das Natron den Teig gelb färben und Geschmacksveränderungen bewirken. Außerdem sollten saure Teigzutaten grundsätzlich erst kurz vor dem Backen zugefügt werden, da sonst zu viel Kohlendioxid verloren geht, das den Teig zum Aufgehen bringt. Natron sollte aus diesem Grund auch auf keinen Fall in saurer Flüssigkeit wie Buttermilch aufgelöst werden.

Schokoladen-Cookies
FÜR ETWA 24 PLÄTZCHEN

100 g weiche Butter	1 Ei
100 g brauner Zucker	½ TL Natron
1 Prise Salz	150 g Mehl
1 Päckchen Vanillezucker	75 g Schokotröpfchen

1. Butter, Zucker, Salz, Vanillezucker und Ei schaumig rühren und das in 1 TL heißem Wasser aufgelöste Natron zugeben. Das Mehl und die Schokotröpfchen löffelweise unterrühren.

2. Den Teig teelöffelweise auf ein gefettetes Backblech geben und bei 190 °C (Umluft 170 °C, Gas Stufe 3) 10 bis 12 Minuten backen. Die Cookies sofort vom Blech nehmen und abkühlen lassen.

Zubereitung

Früher war es üblich, etwas Natron in das Kochwasser von Gemüse und Hülsenfrüchten zu geben, da so deren Farbe besser erhalten bleibt und sich die Kochzeit von Hülsenfrüchten verkürzt. Dies vermindert jedoch ihren Nährstoffgehalt. Hülsenfrüchte zerkochen zudem schneller, da Natron die Faserstoffe sehr schnell spaltet und die Hülsenfrüchte zu stark aufweicht.

Dagegen ist Natron eine gute Hilfe, um angebrannte Topfböden leichter zu reinigen. Dazu gibt man etwas Wasser in den Topf, streut Natron darüber, kocht das Wasser 1 bis 2 Minuten und lässt es abkühlen. Darüber hinaus erstickt Natron auch brennendes Öl.

Aufbewahrung

Natron wird in einem luftdicht verschlossenen Behälter bei Zimmertemperatur an einem kühlen, trockenen Platz aufbewahrt.

Hefe

Hefe besteht aus mikroskopisch kleinen einzelligen Pilzen, die sich unter bestimmten Bedingungen (Wärme, Feuchtigkeit und Zucker) schnell vermehren. Es gibt 39 Hefepilzarten, die in 350 Untergruppen aufgeteilt werden. Zum Backen wird ausschließlich die **Bäcker-** oder **Bierhefe** *(Saccharomyces cerevisiae)* verwendet, die ein Nebenprodukt der Biergärung ist. Wird Hefe mit etwas lauwarmer Flüssigkeit dem Mehl zugesetzt und bei Raumtemperatur stehen gelassen, spaltet sie die darin enthaltene Stärke zuerst in Einfachzucker, dann in Alkohol und Kohlendioxid. Wird der Hefe noch etwas Saccharose (Haushalts-

Hefe

zucker) hinzugefügt, verläuft der Spaltungsprozess noch etwas schneller. Glutenhaltige Mehle bilden Teignetzwerke, in denen das Kohlendioxid eingeschlossen wird, wodurch der Teig »geht« – das leicht flüchtige Kohlendioxid bildet kleine Luftblasen, die das Volumen des Teiges vergrößern.

Darüber hinaus dient Hefe als wertvolle Nahrungsergänzung. Bierhefe ist sehr reich an Vitaminen der B-Gruppe und hochwertigem Eiweiß. Sie kann in Form von Pasten als Würzmittel und Brotaufstrich verwendet oder aber als Hefeflocken zur Anreicherung von Müslis, Milchprodukten und anderen Speisen eingesetzt werden. Im Reformhaus werden auch Hefegetränke (Hefetrunk) angeboten, die als Kur zur Stärkung und Belebung des Stoffwechsels eingesetzt werden. Auch **Torula-Hefe** *(Torulopsis utilis)*, die etwas angenehmer schmeckt als Bierhefe, wird als Nahrungsergänzung genutzt, da sie ebenfalls sehr nährstoffreich ist. Sie eignet sich jedoch nicht als Backtriebmittel, da ihre Zellen durch Hitze zerstört werden.

Einkaufstipp

Hefe gibt es gepresst oder getrocknet, wobei gepresste Hefe 70 % Feuchtigkeit enthält und in Würfelform angeboten wird. Trockenhefe besteht aus einer oder mehreren Hefesorten und ist als Granulat oder Pulver erhältlich. Nahrungsergänzende Hefe wird in Form von Pulver, Pasten, Flocken oder Tabletten angeboten.

Nährwerte

Hefe versorgt den Organismus mit wertvollem Eiweiß, Vitaminen – insbesondere Vitamine der B-Gruppe –, Mineralstoffen und Spurenelementen wie Eisen, Kalium und Phosphor sowie Enzymen. Da Hefe stark phosphorhaltig ist, was sich auf den Kalziumspiegel auswirken kann, sollte man bei regelmäßigem Hefekonsum auf eine ausreichende Kalziumzufuhr achten.

Hefezellen, die beispielsweise im Rahmen einer gezielten Hefekur aufgenommen werden, leben im Magen-Darm-Trakt weiter und stärken somit die Darmflora. Dieser Effekt führt unter anderem zu einer gesunden Haut, weshalb Hefekuren vor allem Menschen, die an Hautproblemen leiden, empfohlen werden.

Serviervorschläge

Frische Hefe und Trockenhefe, die vor allem zur Herstellung von Brot, Kuchen und Gebäck dienen, werden bei Temperaturen zwischen 25 und 28 °C aktiv. Bei niedrigeren Temperaturen geht der Teig langsamer auf, bei Temperaturen über 45 °C wirkt Hefe dagegen nicht mehr. Insbesondere Bierhefe besitzt einen ausgeprägten Eigengeschmack, der jedoch durch das Backen neutralisiert wird.

Nahrungsergänzende Hefe, etwa die Torula-Hefe, eignet sich nicht als Backtriebmittel. Sie hat einen sehr würzigen Geschmack und kann zum Färben und Würzen von pikanten Gerichten verwendet werden. Hefeflocken erhöhen den Nährwert von Müslis und Milchprodukten.

Aufbewahrung

Frische Hefe sollte nicht länger als 1 Woche im Kühlschrank aufbewahrt werden, da sie bei zu langer Lagerung inaktiv wird und sich braun verfärbt. Trockenhefe hält sich in einem luftdicht verschlossenen Behälter im Kühlschrank oder an einem kühlen, trockenen Platz bis zu 1 Jahr, sollte aber nicht über das aufgedruckte Haltbarkeitsdatum hinaus verwendet werden. Nahrungsergänzende Hefe sollte ebenfalls in einem luftdicht verschlossenen Behälter kühl und trocken bei Zimmertemperatur nicht über das Verfallsdatum hinaus aufbewahrt werden.

Kaffee und Tee

Tee

Camellia sinensis, Theaceae

Tee, der weltweit neben Wasser das führende Getränk ist und damit sogar den Kaffee an Beliebtheit übertrifft, wird aus den getrockneten Blättern des immergrünen Teestrauchs hergestellt, der in freier Natur eine Höhe von 9 m erreichen kann. Um das Pflücken zu erleichtern, werden die kommerziell angebauten Teesträucher jedoch meistens auf eine Höhe von etwa 1,50 m zurückgestutzt.

Die Teepflanze stammt vermutlich aus einem Gebiet, das sich über Tibet und Westchina bis nach Nordindien erstreckt. Sie wurde wahrscheinlich vor mehr als 4500 Jahren erstmals in China angebaut. Wirklich populär wurde der Tee in China allerdings erst ungefähr im 16. Jahrhundert, nachdem die frischen Teeblätter früher vor allem gekaut und erstmals um 1000 n. Chr. getrocknet und als Teegetränk zubereitet wurden. Auch in Indien, wo ebenfalls seit jeher Tee getrunken wird, für den es mehrere hundert Teerezepte gibt, ranken sich viele Sagen um die Entstehung der Teepflanze. So besagt ein altes indisches Märchen, dass der berühmte Mönch Bodhidharma bei seiner Meditation immer wieder in Schlaf verfiel. Verärgert über seine Schwäche schnitt er sich die Augenlider ab und warf sie zu Boden, wo sie Wurzeln schlugen und zu einer Pflanze heranwuchsen. Bodhidharma kostete die Blätter und war plötzlich von frischer Kraft und Heiterkeit erfüllt. Neben China und Indien ist Japan ein weiteres asiatisches Land, in dem der Tee schon seit langer Zeit als Nationalgetränk gilt, und die berühmte japanische Teezeremonie ist in aller Welt ein Begriff.

Im 17. Jahrhundert gelangte der Tee durch die Holländer auch nach Europa. In England war er bald so beliebt, dass es in allen Gesellschaftsschichten üblich wurde, zweimal täglich einer Beschäftigung nachzugehen, die längst zur Tradition geworden ist: die englische Teepause. Durch holländische Einwanderer kam der Tee um 1650 auch nach Nordamerika, wo er sich ebenfalls bald großer Beliebtheit erfreute – berühmt wurde die »Bostoner Teeparty«, bei der aufgebrachte Siedler aus Protest gegen die von England erhobene Teesteuer die englischen Teeschiffe im Bostoner Hafen stürmten, die Ladung über Bord warfen und damit den amerikanischen Unabhängigkeitskrieg auslösten. Heute steht England an der Spitze des weltweiten Teeverbrauchs. Das aromatische Getränk ist außerdem nicht nur in den meisten anderen europäischen und englischsprachigen Ländern wie Australien und Neuseeland äußerst beliebt, sondern auch in den arabischen Ländern, wo es mit Zucker und Minze zubereitet wird, sowie in der Türkei und Russland. Zu den führenden Teeherstellern gehören heute Indien, China, Sri Lanka, Kenia, Indonesien, die Türkei und Russland.

Die besten Teesorten werden in relativ großen Höhenlagen in Teeplantagen kultiviert, wo die Pflanzen bei mildem Klima nur langsam wachsen und fast 100 Jahre lang immer wieder neue Blätter hervorbringen. Sie tragen einmal jährlich schwach duftende, kleine weiße Blüten, die an Kamelienblüten erinnern und auf dem Markt einen hohen Preis erzielen. Die teilweise gezackten, leuchtend grünen Teeblätter sind oval, hart, leicht behaart und mit Drüsen besetzt, die ätherisches Öl enthalten. Die jungen Blätter an den Zweigspitzen werden 20- bis 30mal im Jahr gepflückt, wobei das traditionelle Handpflücken zunehmend durch mechanisiertes Pflücken ersetzt wird. Die besten Tees werden aus den Blattknospen und den beiden obersten Blättern gewonnen, doch man verwendet auch die dritten, vierten und manchmal sogar die fünften Blätter für qualitativ nicht so hochwertige Tees. Die Blattknospe bezeichnet man als »Pekoe«, das von dem chinesischen Wort *pako* abgeleitet ist und in Anspielung auf den zarten Flaum auf der Blattunterseite »weißer Flaum« bedeutet.

Tee

Die Teepflanzen werden entsprechend den Hauptanbaugebieten China, Südostasien und Indien in verschiedene Klassen unterteilt, denen jeweils viele verschiedene Unterklassen zugeordnet werden. Je nach Aufbereitungsart werden die Blätter zu schwarzem Tee (fermentiert), Oolong-Tee (halbfermentiert) oder grünem Tee (unfermentiert) verarbeitet. Während früher der grüne Tee den Markt beherrschte, bestehen heute 89 % der weltweiten Produktion aus schwarzem Tee. Zu den wichtigsten Herstellern von schwarzem Tee gehören heute Sri Lanka, Indien und China, wobei die indischen Tees wie der fruchtige Darjeeling als besonders aromatisch gelten. Oolong-Tee kommt dagegen vor allem aus Taiwan. Mittlerweile macht sich auch Afrika als Teeproduzent immer mehr einen Namen.

Die Herstellung von **schwarzem Tee** umfasst fünf bis sechs Stufen, zu denen Welken, Rollen, Fermentieren, Trocknen, Sortieren und Zerkleinern gehören. Dafür werden die Blätter nach der Ernte zunächst kurz getrocknet, sodass sie einen Teil ihres Wassergehalts verlieren und weich und biegsam werden. Dann werden sie gerollt, wodurch die Zellwände aufbrechen und bestimmte Inhaltsstoffe freigesetzt werden, die für das anschließende Fermentieren notwendig sind. Dafür werden die Blätter in kühlen, feuchten Räumen dünn ausgebreitet und der Luft ausgesetzt. Durch Oxidieren wandelt sich das Grün der Blätter zu Kupferfarben, und die Aromastoffe werden aufgeschlossen, während das in den Blättern enthaltene Koffein (Tein) teilweise zerstört wird. Im Anschluss an das Fermentieren werden die Blätter getrocknet, entsprechend ihrer Qualität sortiert und schließlich noch zum größten Teil zerkleinert (»broken«).

Oolong-Tee wird nur zum Teil fermentiert. Seine Eigenschaften liegen zwischen denen von schwarzem und grünem Tee. Seine grünbraunen Blätter ergeben ein kräftigeres Aroma als die grünen Teeblätter, schmecken aber zarter als schwarze Teeblätter. Die besten Oolong-Tees werden während der Sommermonate produziert.

Grüner Tee ist unfermentiert. Hier werden die in den Blättern enthaltenen Enzyme, die die Färbung und Fermentierung bewirken, direkt nach dem Pflücken durch minutenlanges Erhitzen mittels Dampf unwirksam gemacht. Danach werden die Blätter gerollt und wie bei schwarzem Tee getrocknet. Grüner Tee ist anregender als schwarzer Tee, da das Tein nicht zerstört wurde, und besitzt eine adstringierende Wirkung, da die in den Blättern enthaltenen Gerbstoffe weniger stark oxidiert sind. Grüner Tee ist vor allem in China, Japan und in den islamischen Ländern sehr beliebt.

Neben schwarzem Tee, Oolong-Tee und grünem Tee gibt es eine Reihe von **aromatisierten Tees**, deren Blätter mit Gewürzen, wie etwa Zimt oder Kardamom, oder Fruchtschalen, beispielsweise Orange oder Zitrone, mit ätherischen Pflanzenölen, zum Beispiel Bergamotteöl, oder Blüten wie Jasmin, Gardenie, Rose oder Lotus gemischt werden. Der berühmte Earl-Grey-Tee ist ein schwarzer Tee, der mit Bergamotteöl aromatisiert wird.

Tee

Einkaufstipp

Tee wird lose und in Beuteln angeboten. Lose abgepackter Tee ist nicht nur billiger als Teebeutel, sondern meist auch von besserer Qualität, da die Teebeutelblätter häufig stark zerkleinert werden. Teebeutel enthalten außerdem oft minderwertigere Blätter, Teestaub und teefremde Partikel.

Tee aus biologisch dynamischem Anbau, dessen Blätter nicht mit chemischen Rückständen belastet sind, bekommt man in Naturkostläden und im Reformhaus.

Serviervorschläge

Neben seiner Verwendung als Heiß- oder Kaltgetränk (Eistee) dient Tee auch zum Aromatisieren süßer Gerichte wie Sorbets oder Pasteten. Außerdem ist er die Grundlage bei der Herstellung von heißen Punschgetränken. Trockenpflaumen und andere Trockenfrüchte schmecken in Tee eingeweicht besonders gut. Grüner Tee wird außerdem zum Aromatisieren der japanischen *Soba*-Nudeln verwendet.

Schwarzen Tee kann man darüber hinaus auch zum Färben sowie zur Haut- und Haarpflege verwenden. Außerdem wird er zum Polieren von Glas, Spiegeln und versiegelten Böden eingesetzt.

Zubereitung

Die Teezubereitung hat sich im Lauf der Zeit immer wieder verändert. Während die Teeblätter früher gekocht wurden, übergießt man Tee heute meist mit kochendem Wasser und lässt ihn kurze Zeit ziehen.

Die Zubereitung eines aromatischen Tees ist sehr einfach: Die Teekanne mit kochendem Wasser ausspülen und für einen mittelstarken Tee pro Tasse 1 Teelöffel Teeblätter sowie 1 Extralöffel für die Kanne hineingeben, wobei die Blätter entweder direkt in die Kanne oder in einen Teefilter kommen (ungeeignet sind Tee-Eier, da die Blätter darin so eng liegen, dass sich ihr Aroma nicht entfalten kann). Den Tee mit der entsprechenden Menge sprudelnd kochendem Wasser übergießen und je nach gewünschter Wirkung 3 bis 5 Minuten ziehen lassen. Anschließend den Filter entfernen oder den Tee durch ein Sieb in eine zweite, vorgewärmte Kanne umgießen.

Bei der Teezubereitung sind sowohl die Wasserqualität und -temperatur als auch die Dauer des Ziehens sehr wichtig. Hartes oder gechlortes Leitungswasser verfälschen das Teearoma ebenso wie zu lange gekochtes Wasser. Bei schlechter Wasserqualität empfiehlt es sich, das Wasser vorher zu filtern oder stilles Mineralwasser zu verwenden. Außerdem sollte das Wasser unmittelbar nach dem Aufkochen noch sprudelnd über die Blätter gegossen werden. Hinsichtlich der Dauer des Ziehens gilt, dass Tee, der anregend wirken soll, nicht länger als 3 Minuten ziehen darf, während ein beruhigender Tee mindestens 5 Minuten zieht. Lässt man ihn zu lange ziehen, schmeckt der Tee bitter; zieht er dagegen zu kurz, kann sich zwar die Teinwirkung entfalten, nicht aber sein volles Aroma.

Heißer Tee wird meistens »pur« oder mit Zucker bzw. Kandiszucker und/oder Milch getrunken. Sehr gut schmeckt er aber auch, wenn man ihn mit Zitrone, Orange, Minze, Kardamom, echter Vanille, Mandelextrakt oder etwas Gewürznelke aromatisiert. Ebenso beliebt ist heißer Tee mit etwas Rum.

Eistee wird aus schwarzem Tee hergestellt, den man 6 bis 10 Minuten ziehen lässt und mit Zucker gesüßt und mit Zitronenscheiben oder anderen Früchten garniert eisgekühlt serviert. Während des Abkühlens wird der Tee wegen der Gerbstoffe häufig trübe, was jedoch keinen Einfluss auf den Geschmack hat.

grüner Tee

schwarzer Tee

Tee

Nährwerte

Tee enthält eine Reihe von Stoffen, darunter Tein, ätherische Öle, Enzyme, Gerbstoffe (Tannine) sowie die Mineralstoffe Kalium und Magnesium und geringfügig Vitamin C und B_1, dagegen kaum Kalorien (2 bis 3 Kalorien pro Tasse).

Das im Tee enthaltene Alkaloid Tein ähnelt dem Koffein, beeinflusst aber im Gegensatz zu diesem nicht das Herz-Kreislauf-System, sondern das Gehirn und das zentrale Nervensystem. Tee enthält außerdem geringe Spuren zweier anderer Methylxanthine, nämlich Theophylin und Theobromin. Der jeweilige Teingehalt hängt von der Blattsorte und der Brühzeit ab. Teeblätter enthalten mehr Koffein (2,5 bis 4,5 %) als Kaffeebohnen (1 bis 2 %). Da jedoch weniger Blätter für eine Tasse Tee verwendet werden, ist der Koffeingehalt des Getränkes niedriger. Das Stimulans Tee regt die Verdauung an und wirkt sich auf verschiedene andere Arten auf den menschlichen Organismus aus (siehe *Kaffee*). Er ist anscheinend weniger schädlich als Kaffee, da die Effekte des Teins durch andere im Tee enthaltene Stoffe abgeschwächt werden.

Anders als beim Genuss von purem Koffein senkt der Genuss von Tee etwas den Blutdruck. Laut einer in Japan durchgeführten Forschungsreihe und epidemiologischen Studien aus dem Jahre 1980 ist grüner Tee möglicherweise ein natürlicher Schutz gegen Krebs, und der tägliche Genuss von 5 Tassen grünem Tee soll die Prävention von Schlaganfällen unterstützen. Es sind jedoch noch weitere Studien notwendig, um diese Ergebnisse zu bestätigen.

Die im Tee enthaltenen Gerbstoffe blockieren wie die Tannine im Kaffee die Aufnahme von Eisen aus Gemüse, Früchten, Getreiden, Nüssen, Eiern und Milchprodukten.

Aufbewahrung

Damit Tee sein feines Aroma nicht vorzeitig verliert, sollte er in einem luftdicht verschlossenen Metallbehälter dunkel, kühl und trocken gelagert werden. Er ist jedoch weniger empfindlich als Kaffee und kann bis zu 18 Monate (schwarzer Tee) bzw. 3 Jahre (grüner Tee) aufbewahrt werden, wobei er während der ersten 6 Monate am aromatischsten ist.

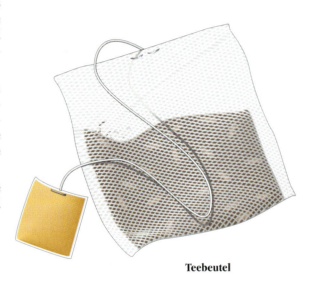

Teebeutel

Oolong-Tee

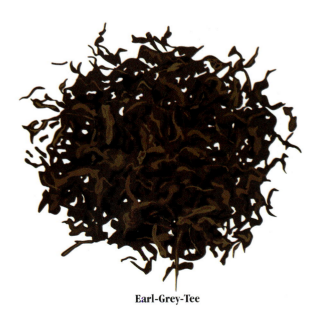

Earl-Grey-Tee

Kräutertee

Kamille

Seit Menschengedenken werden eine Vielzahl von Pflanzen zur Zubereitung von Kräutertees vor allem zu Heilzwecken genutzt. Einer der ältesten chinesischen Texte über den Gebrauch von Heilpflanzen reicht etwa 4700 Jahre zurück und beschreibt, auf welche Weise Wurzel, Stängel, Rinde, Blätter, Samen, Blüten und Früchte der einzelnen Pflanzen bei unterschiedlichen Beschwerden verwendet wurden. Inschriften auf Gräbern und Tempeln zeigen, dass auch die alten Ägypter bereits um 3000 v. Chr. Experten im Umgang mit Heilpflanzen waren.

Bis zur Entwicklung der ersten chemisch hergestellen Medikamente waren Heilpflanzen die einzigen verfügbaren Heilmittel überhaupt. Ihre Wirkweise wurde im Lauf der Jahrhunderte genau beobachtet und das angesammelte Wissen mündlich und schriftlich von einer Generation an die nächste weitergegeben. Nachdem Heilpflanzen durch die Entwicklung der modernen Medizin eine Zeit lang in den Hintergrund gedrängt wurden, sind sie heute zunehmend beliebter geworden, da sie bei richtiger Anwendung im Gegensatz zu »chemischen« Medikamenten keine unerwünschten Nebenwirkungen haben. Bei vielen Pflanzen ist die Heilwirkung nachgewiesen, während bei anderen wissenschaftliche Untersuchungen noch ausstehen. Zu den wichtigsten zählen Kamille, Baldrian, Zitronenmelisse, Lindenblüten, Holunderblüten, Pfefferminze, Hagebutte, Eisenkraut, Salbei, Rosmarin, Schachtelhalm, Thymian, Spitzwegerich, Fenchel, Kümmel, Anis, Tausendgüldenkraut, Weißdorn, Johanniskraut, Bärentraube und Schafgarbe.

Kamille wirkt entspannend und magenberuhigend. Baldrian und Zitronenmelisse lindern Nervosität, Verspannung, Herzklopfen, Migräne, Verdauungsbeschwerden und Schlafstörungen. Lindenblüten und Holunderblüten wirken schweißtreibend und erkältungsvorbeugend. Pfefferminze hilft bei Übelkeit, Brechreiz, Gallenbeschwerden und Darmentzündungen. Hagebutte stärkt die Abwehrkräfte, und Eisenkraut hilft bei Magenbeschwerden, Durchfall und Appetitlosigkeit. Salbei wird bei Halsschmerzen, Magen- und Darmbeschwerden und übermäßigem Schwitzen eingesetzt. Rosmarin wirkt belebend und stärkt den Kreislauf. Schachtelhalm, Thymian und Spitzwegerich wirken schleimlösend und sind ausgezeichnete Hustenmittel. Fenchel, Anis und Kümmel wirken beruhigend und entspannend auf den Magen, und Tausendgüldenkraut wird bei Appetitlosigkeit und Gallenbeschwerden eingesetzt. Weißdorn ist bekannt für seine herzstärkende Wirkung und hilft auch bei Nervosität, Unruhe und Schlafstörungen. Johanniskraut wirkt stimmungsaufhellend und wird bei nervösen Magenschmerzen, Rheuma sowie Gallen- und Leberbeschwerden getrunken. Bärentraube hilft ausgezeichnet bei akuten und chronischen Blasenentzündungen. Schafgarbe ist ebenfalls ein altes Hausmittel, das bei Appetitlosigkeit sowie bei Leber- und Gallenbeschwerden eingesetzt wird.

Aufbewahrung

Getrocknete Kräuter sind in einem luftdicht verschlossenen Behälter kühl, dunkel und trocken aufbewahrt bei Zimmertemperatur je nach Pflanze zwischen 6 Monaten und 2 Jahren haltbar.

Einkaufstipp

Kräuter werden einzeln oder gemischt in Apotheken, Naturkostläden und im Reformhaus angeboten. Sie sind getrocknet je nach Pflanze als Blüten, Blätter, Stängel, Wurzeln, Samen und Rinde erhältlich. Manche werden auch als Teebeutel oder in Pulverform angeboten. Da sie nur begrenzt haltbar sind, sollte man beim Einkauf von fertig abgepackten Tees auf das Verfallsdatum achten.

Beim Selbersammeln von Pflanzen und Kräutern muss man absolut sicher sein, sie richtig identifizieren zu können, da Verwechslungen mit Giftpflanzen schwerwiegende gesundheitliche Folgen mit sich bringen können.

Kräutertee

Eisenkraut

Lindenblüten

Pfefferminze

Vorbereitung

Frische Pflanzen werden getrocknet, indem man die Stängel zusammenbindet und bei Zimmertemperatur an einem trockenen, dunklen Platz 2 bis 3 Wochen kopfüber aufhängt. Eine weitere Möglichkeit ist, sie in der Sonne oder auf einem Backblech ausgebreitet im Ofen bei geringer Wärmezufuhr und geöffneter Ofentür trocknen zu lassen. Anschließend werden die jeweiligen Pflanzenteile in einem luftdicht verschlossenen Behältnis aufbewahrt.

Zubereitung

Um die Inhaltsstoffe zu extrahieren, werden die Pflanzenteile in den meisten Fällen mit kochendem Wasser übergossen und nach kurzem Ziehen durch ein Sieb abgegossen. Andere werden nur mit kaltem Wasser übergossen und ausgezogen. Je nach Pflanze wird der Tee eventuell mit Zucker oder Honig gesüßt bzw. mit Zitrone aromatisiert und heiß oder lauwarm getrunken. Fruchtige Sorten wie Hagebutte und Eisenkraut schmecken auch kalt sehr gut.

Nährwerte

Kräuter sind äußerst kalorienarm und enthalten im Gegensatz zu Tee und Kaffee kein Tein bzw. Koffein. Manche Pflanzen enthalten geringfügig bis viel Vitamin C (Hagebutte).

Kaffee und Tee

Kaffee

Coffea spp, Rubiaceae

Kaffee wird aus den Samen der Kaffeepflanze gewonnen, einem immergrünen Strauch, der in den Hochplateaus Äthiopiens und des tropischen Afrikas heimisch ist. Über den Ursprung des Getränks gibt es zahlreiche Legenden. Eine berichtet von einem Ziegenhirt, der bemerkte, wie ausgelassen seine Ziegen nach dem Genuss der Beeren und Blätter eines bestimmten Strauchs waren. Daraufhin brachte er einen Zweig dieses Strauchs zu einem Mönch, der aus den braunen Samen dieser Pflanze einen Trank zubereitete. Erstaunt über den stimulierenden Effekt des Getränks, glaubten die Mönche, ein göttlicher Geist habe ihnen die Entdeckung dieses Getränks eingegeben. Einer anderen Legende nach war einem Mönch das muntere Herumtollen seiner Ziegen nach dem Verzehr der Kirschen eines bestimmten Strauchs aufgefallen, und er kam auf die Idee, aus den Früchten einen Trank zu brauen, der ihn bei seinen nächtlichen Gebeten wach halten sollte.

Der Begriff »Kaffee« stammt wahrscheinlich von dem arabischen *kahwa*, einige Linguisten führen den Ursprung des Wortes jedoch auf Kaffa zurück, den Namen der äthiopischen Provinz, in der die Kaffeepflanze angeblich entdeckt wurde. Im Jahr 1575 begannen arabische Züchter, die Kaffeesträucher zu kultivieren, und übten viele Jahre lang ein Monopol über den Kaffeehandel aus. Um sicherzugehen, dass niemand Pflanzen aus ihrer Zucht anbauen konnte, gingen sie dabei so weit, nur gekochte Samen zu verkaufen. Die erste Bresche in dieses Monopol wurde im Jahre 1616 geschlagen, als Holländer eine Kaffeepflanze nach Europa brachten. Daraufhin fingen sie an, Kaffee in Ceylon, Java, Sumatra und Bali anzupflanzen. Die Franzosen bauten ihre ersten Kaffeesträucher im frühen 18. Jahrhundert auf Martinique an, und die Spanier führten die Pflanze im gleichen Jahrhundert auf den Philippinen und in Lateinamerika ein. So breitete sich der Kaffeeanbau und damit auch der Kaffeegenuss weltweit in Windeseile aus. Heute wird sein Stellenwert als Handelsgut nur von Öl übertroffen, und sein Preis wird in der Warenbörse und im Börsenhandel aufgelistet. Im Notfall werden die Bohnen von der Weltbank als Ersatzwährung eingesetzt, und die Erzeugerländer tauschen sie bei wohlhabenden Ländern gegen ausländische Devisen ein. Die internationale Kaffeeorganisation, die sich aus fast allen produzierenden Ländern zusammensetzt, legt die Exportquoten fest und bestimmt die Mindest- und Höchstpreise. Die führenden Kaffeeproduzenten sind – ihrer Wichtigkeit entsprechend aufgelistet – Brasilien, Kolumbien, Indonesien, Mexiko, Vietnam und Côte d'Ivoire (früher Elfenbeinküste).

Je nach Sorte wachsen die Kaffeesträucher bis zu 6 m hoch, werden jedoch in Kulturen unter 4 m gehalten, um das Pflücken zu erleichtern. Erst zwischen dem fünften und sechsten Jahr beginnen die Sträucher Früchte zu tragen. Ihre weißen Blüten bringen ovale »Kirschen« hervor, die bei zunehmender Reife rot werden. Sie sind zwischen 13 und 19 cm lang und enthalten zwei grünliche Samen, die Kaffebohnen, die von einer pergamentartigen Zellmembran bedeckt sind. Je nach Sorte liegt der Koffeingehalt der Bohnen zwischen 1 und 2 %. Bis zum heutigen Tage werden die Kaffeebohnen sorgfältig von Hand gepflückt, da sie zu unterschiedlichen Zeiten heranreifen und maschinelle Pflückverfahren noch nicht optimal entwickelt sind. Die Pflanzen tragen das ganze Jahr über Früchte. Im Durchschnitt dauert eine Ernte drei Monate. Kaffeepflanzen, die auf Buschgröße zurückgestutzt werden, können mehr als 30 Jahre reichlich Früchte tragen.

Nach dem Pflücken werden die Kaffeekirschen gereinigt und von dem Fruchtfleisch und der Pergamenthülse befreit. Die grünen Bohnen werden dann in der Sonne oder in Trocknern getrocknet, sortiert, klassifiziert und in Säcke verpackt. Die geschälten Bohnen werden erst in den Importländern geröstet.

Kaffee

Obwohl es etwa ein Dutzend unterschiedlicher Kaffeepflanzen gibt, wird der Markt von zwei Bohnensorten beherrscht: *Coffea arabica*, die älteste und bekannteste Sorte, die etwa 75% der Weltproduktion ausmacht, und *Coffea robusta*. Jede Kaffeesorte hat ihren eigenen Geschmack, ihr eigenes Aroma, einen bestimmten Koffeingehalt und andere typische Eigenschaften. Die verhältnismäßig großen *Arabica*-Bohnen werden durch eine gekräuselte Falte halbiert. Diese Bohnen, die nur 1% Koffein enthalten und wegen ihres milden, feinen Geschmacks und ihres runden Aromas besonders geschätzt sind, werden hauptsächlich in Arabien, Äthiopien, Indien, Brasilien, Mexiko und Kolumbien angebaut, aber auch in bestimmten Bergregionen Asiens und Afrikas, zum Beispiel in Kenia. Die *Robusta*-Bohnen sind kleiner und runder mit einer geraden Falte, haben einen nicht so feinen, leicht bitteren Geschmack und enthalten etwa 2% Koffein. Der Begriff »Robusta« bezieht sich darauf, dass die Pflanze gegen Krankheiten und Hitze widerstandsfähiger ist als ihre arabischen Schwestern. Die hauptsächlich in Afrika angebaute Robustasorte wird zu einem niedrigeren Preis gehandelt.

Die Kaffeebohnen werden nach der Pflanzensorte, ihrem Ursprungsort (Brasilien, Kolumbien, Java, Mocha usw.) oder nach ihrem Verladehafen benannt. Diese Bezeichnungen sind jedoch nicht geschützt, und Bohnen können auch aus anderen Teilen der Welt kommen, als ihr Name vermuten lässt.

Auf dem Weltmarkt gehandelter Kaffee ist grün, also ungeröstet, da er in diesem Zustand mehrere Jahre ohne Geschmacksverlust gelagert werden kann. Die besonderen Aromastoffe bestimmter Kaffeesorten werden durch das Reifen in den Lagerhäusern sogar noch verstärkt. Vor dem Rösten werden die Bohnen noch einmal verlesen, um letzte Unreinheiten oder unreife oder fermentierte Bohnen zu entfernen. Danach werden sie mit anderen Sorten vermischt, um das Aroma einzelner Chargen zu heben und um dem Endverbraucher einen konstanten typischen Kaffeegeschmack zu garantieren. Während des entscheidenden Herstellungsprozesses, dem **Rösten**, durch das der Kaffee sein besonderes Aroma und seinen Geschmack erhält, werden die Bohnen in zylindrischen Öfen ultrahocherhitzt. Danach werden sie abgekühlt, um den Verlust der aromatischen Substanzen zu minimieren. Für einen schönen Glanz und die Erhaltung des Aromas werden sie mit einem dünnen Überzug aus Harz, Gummiarabicum oder Zucker versehen. Das Rösten wirkt sich in verschiedener Hinsicht auf die Bohnen aus:

- Ihre Farbe ändert sich von grünlich grau zu braun, was auf der Karamellisierung des Zuckers beruht. Je länger Kaffee geröstet wird und je höher die Rösttemperatur ist, desto dunkler wird die Farbe der Bohnen. Braune Bohnen sind also kürzer geröstet als mittelschwarze oder schwarze Bohnen.

- Die Bohnen vergrößern sich um bis zu 60% und verlieren durch die Abgabe von Wasser 15 bis 20% ihres ursprünglichen Gewichts. Das charakteristische Aroma gerösteten Kaffees entsteht durch die Produktion von Kohlendioxid und Karamell. Das Rösten bewirkt auch, dass flüchtige ätherische Öle und bestimmte Fettsäuren aus dem Bohneninneren an die Oberfläche der Bohnen gelangen, wodurch ihnen Glanz, Geschmack und sortentypisches Aroma verliehen wird.

- Der Koffeingehalt der Bohnen bleibt stabil.

- Je länger die Bohnen geröstet werden, desto bitterer werden sie, gleichzeitig aber auch weniger sauer.

Instantkaffee ist lösliches Pulver, das durch die Zugabe von heißem Wasser zu einem Kaffeegetränk wird. Die für die Herstellung des Kaffeepulvers verwendeten Bohnen – meistens der *Robusta*-Sorte – sind normalerweise von minderer Qualität. Sie werden gemahlen, geröstet und mit Wasser durchtränkt, sodass eine Kaffeelösung entsteht, der anschließend das Wasser wieder entzogen wird. Das daraus entstandene Pulver enthält unterschiedliche Verbindungen, die in frisch gebrühtem Kaffee nicht vorhanden sind und den Geschmack etwas beeinträchtigen. Abschließend wird es durch Dampf- oder Wasserbehandlung zu größeren Kügelchen geformt, damit es optisch eher frisch gemahlenem Kaffee entspricht, und in einigen Fällen noch mit konzentriertem Kaffee aromatisiert.

Kaffee

Eine andere Herstellungsmethode von Instantkaffee ist das Gefriertrocknen. Dabei wird der rasch eingefrorenen Kaffeelösung in einem Vakuum das Wasser entzogen, sodass Kaffee mit einer kristallinen Struktur und einem feineren Aroma entsteht. Diese Methode ist aufwendiger und teurer als die vorherige, doch wird dabei das ganze Aroma der Kaffeelösung bewahrt.

Entkoffeinierter Kaffee ist Kaffee, dem ein großer Teil seines Koffeingehalts vor dem Rösten entweder bis auf höchstens 0,2 % (koffeinarmer Kaffee) oder 0,08 % (koffeinfreier Kaffee) entzogen wird. Es gibt die Möglichkeit, Kaffeebohnen durch Lösungsmittel, die angesichts ihrer hohen Flüchtigkeit sehr schnell verdampfen, das Koffein zu entziehen. Bei dieser chemischen Extraktion wird das Koffein durch den direkten Kontakt mit den Lösungsstoffen zerstört, das heißt, die Bohnen werden mit Wasser und Dampf behandelt, bis der Feuchtigkeitsgehalt eine bestimmte vorgegebene Grenze erreicht hat und sie weich und porös sind. Anschließend werden sie in verschiedenen Lösungsstoffen gewaschen, abgegossen und durch Dampf von den Lösungsmitteln gereinigt – um 97 % des Koffeingehalts zu entfernen, werden die Bohnen bis zu 24-mal in dieser Weise behandelt. Schließlich werden sie getrocknet, geröstet und zum Teil auch gemahlen. Das Rösten entfernt alle restlichen Spuren der Lösungsmittel. In einigen Ländern ist eine bestimmte Höchstmenge an Lösungsmittelrückständen vorgeschrieben. Das natürliche »Schweizer« Entkoffeinierungsverfahren ist aufgrund seiner Kosten weniger üblich. Bei diesem Verfahren werden die Bohnen in heißem Wasser eingeweicht, um das Koffein an die Oberfläche zu bringen. Danach werden die Bohnen getrocknet, geröstet und gemahlen.

Kaffee-Ersatz, der vor allem früher und in Nachkriegszeiten als »Muckefuck« eine wichtige Rolle spielte, ist ein koffeinfreies Getränk, das ähnlich wie Kaffee schmeckt. Es wird meist aus getrockneten, gerösteten und gemahlenen Zichorienwurzeln gewonnen, die manchmal noch mit Gerste und Roggen vermischt werden. Zichorienkaffee ist bitterer, dicker und schwärzer als echter Bohnenkaffee. Ein weiterer Kaffee-Ersatz wird aus Malz hergestellt.

Da Kaffeebohnen durch Feuchtigkeit und Sauerstoff schnell oxidieren, muss Kaffee, egal ob natürlich belassen oder entkoffeiniert, nach dem Rösten sofort verpackt werden, da er andernfalls leicht verdirbt und seine flüchtigen Aromastoffe verliert. Vakuumverpackt hält sich gemahlener Kaffee etwa 3 Monate, während Kaffee in Pressverpackungen, bei der die Luft aus der metallbeschichteten Packung entzogen wird, 3 Jahre frisch bleibt.

geröstete Bohnen

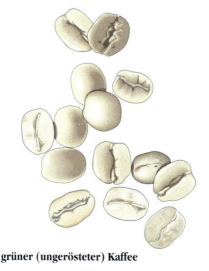
grüner (ungerösteter) Kaffee

gemahlener Kaffee

Kaffee

Einkaufstipp

Gemahlener und/oder nicht richtig aufbewahrter Kaffee verliert seinen Geschmack und sein Aroma sehr schnell. Aus diesem Grund sollte man immer nur kleine Mengen frisch gemahlenen oder vakuumverpackten Kaffee kaufen. Wichtig ist auch der Ausmahlungsgrad der Bohnen: Sind sie zu fein gemahlen, wird der Kaffee bitter, während bei zu grob gemahlenen Bohnen der Kaffee häufig eintönig schmeckt. Das beste Aroma erhält man, wenn man ganze Bohnen kauft und sie erst kurz vor der Verwendung mahlt.

Vorbereitung

Je nachdem, ob man Instantkaffee verwendet oder ob man sich eine eigene Mischung aus unterschiedlichen Bohnensorten zusammenstellt und die Bohnen selber mahlt, kann die Zubereitung von Kaffee einfach oder aufwendiger sein.

Es gibt verschiedene Methoden der Kaffeezubereitung, die jeweils einen bestimmten Mahlgrad erfordern. Je feiner die Bohnen vermahlen werden, desto stärker und aromatischer wird der Kaffee. Darüber hinaus ist fein vermahlener Kaffee preiswerter, da pro Tasse weniger Bohnen benötigt werden. Je nach gewünschter Stärke sollte man 1 bis 3 Esslöffel Kaffee auf 200 ml Wasser verwenden.

Beim **Aufgießen** gibt man den gemahlenen Kaffee in eine Kaffeekanne und überbrüht ihn mit Wasser. Nachdem der Kaffee etwa 5 Minuten gezogen hat, wird er einfach durch ein Sieb in eine zweite Kanne abgegossen.

Für **Filterkaffee** gibt man einen Papierfilter in einen Filteraufsatz und füllt die entsprechende Menge gemahlenen Kaffee hinein. Dieser wird mit kochendem Wasser übergossen, sodass der Kaffee in die darunter stehende Tasse oder Kanne tropft. Nach dem gleichen Prinzip arbeiten auch die automatischen Kaffeemaschinen.

Espresso wird mithilfe eines Espressokännchens zubereitet, bestehend aus einem Unterteil, das mit einem Sicherheitsventil ausgestattet ist, einem trichterförmigen Filter in der Mitte und dem Oberteil, das auf das Unterteil geschraubt wird. Sobald das Wasser kocht, verdampft das in das Unterteil eingefüllte Wasser und steigt dabei durch den sehr fein gemahlenen Kaffee im Filter innerhalb von 20 bis 30 Sekunden nach oben. Im Oberteil sammelt sich dann der besonders kräftige und aromatische Espresso. Mittlerweile gibt es elektrische Espressomaschinen, die nach dem gleichen Prinzip arbeiten und zusätzlich meist noch mit einer Wasserdampfdüse ausgestattet sind, um damit Milch aufzuschäumen wie beispielsweise für Cappuccino.

Eine **Kolbenkaffeemaschine** besteht aus einer Glaskanne und einer Stange zum Herunterdrücken, an deren Ende ein Sieb sitzt. Man gibt den fein gemahlenen Kaffee hinein, übergießt ihn mit kochendem Wasser, rührt einmal um und lässt den Kaffee etwa 5 Minuten ziehen. Vor dem Servieren drückt man das Sieb langsam nach unten, wobei der Kaffeesatz unter dem Sieb verbleibt. Auf diese Weise zubereiteter Kaffee schmeckt voll und aromatisch.

Türkischer Kaffee wird in besonderen Ibrisk-Kännchen zubereitet, die sich von einem breiten Boden aus zylindrisch nach oben verjüngen und einen langen Stiel haben. Dafür lässt man die benötigte Menge Wasser in dem Kännchen aufkochen, gibt den sehr fein gemahlenen Kaffee zusammen mit der gleichen Menge Zucker dazu, kocht die Mischung dreimal auf und gibt nach jedem Kochgang etwas kaltes Wasser dazu. Anschließend gibt man noch einige Tropfen kaltes Wasser hinein, damit sich der Satz am Boden sammelt, und serviert den ungefilterten, kochend heißen Kaffee in Mokkatassen. Weil dieser Kaffee immer noch den Satz enthält, trinkt man ihn am besten in kleinen Schlucken von oben ab, wobei manche ihn jedoch durchaus auch mit Satz trinken.

Kaffeekochen gilt als eine Kunst, die darin besteht, den gemahlenen Bohnen möglichst viel Koffein und aromatische Substanzen zu entziehen und gleichzeitig die ebenfalls im Kaffee enthaltenen Gerbsäuren (Tannine) nicht zur Wirkung kommen zu lassen. Für die Zubereitung eines wohlschmeckenden Kaffees gelten daher folgende Regeln:

- Die Kaffeebohnen immer erst kurz vor Gebrauch mahlen.

- Frisches kaltes Wasser verwenden, das nicht zu kalkhaltig ist und möglichst wenig Chlor, Schwefel oder Eisen enthält, da dadurch das Aroma des Kaffees beeinträchtigt wird.

- Das Wasser sollte nicht vollständig kochen (90 bis 96 °C), da es sonst seinen Sauerstoffgehalt verliert und der Kaffee fade schmeckt.

- Den Kaffee nicht zu lange ziehen lassen, da dies den Gerbsäuregehalt erhöht. Bei richtiger Wassertemperatur (85 bis 95 °C) sind 2 Minuten ausreichend, um die Höchstmenge an löslichen Stoffen (ohne die Bitterstoffe) zu extrahieren.

- Fertigen Kaffee nicht nochmals aufkochen oder erhitzen, da er sonst schal und bitter schmeckt.

- Keine Tassen oder Kannen verwenden, die den Kaffeegeschmack beeinträchtigen könnten. Porzellan- oder Keramiktassen halten länger warm als Glastassen.

- Auf nicht gründlich gereinigtem Geschirr können sich Ölreste befinden, die ranzig werden und dem Kaffee einen unangenehmen Geschmack verleihen. Spülmittelreste verschlechtern das Kaffeearoma ebenfalls.

Kaffee

Serviervorschläge

Während manche Menschen ihren Kaffee schwarz und ungesüßt trinken, mögen ihn andere mit Zucker und/oder Milch oder Sahne. Kaffee schmeckt aber auch gut, wenn man ihn mit Kardamomsamen, Alkohol, Kakaopulver und Zimt würzt.

Kaffee wird häufig auch für Kuchen, Torten oder Nachspeisen verwendet, etwa für Mokkatorte, Tiramisú, Eiscreme oder Eiskaffee, und ist auch in bestimmten Likören enthalten.

Aufbewahrung

Bereits kurze Zeit nach dem Rösten verlieren die Kaffeebohnen nach und nach an Aroma, was vor allem durch das Mahlen noch verstärkt wird. Aus diesem Grund sollte gemahlener wie ungemahlener Kaffee in einem luftdichten Behälter aus Braunglas an einem licht- und luftgeschützten Ort (am besten im Kühlschrank) aufbewahrt werden. Gemahlener Kaffee bewahrt sein Aroma bei Zimmertemperatur 7 bis 10 Tage, im Kühlschrank bis zu 1 Monat. Ganze Kaffeebohnen können mehrere Monate im Kühlschrank aufbewahrt werden.

Nährwerte

Kaffeebohnen enthalten wenig Eiweiß, Kohlenhydrate und Fett, dafür aber etwa 100 unterschiedliche Substanzen wie Koffeine, Tannine (Gerbsäure etc.), Öle und nitrogene Bestandteile. Das im Kaffee enthaltene stimulierende Koffein gehört mit dem in Tee und Kakao enthaltenen Theobromin zu ein und derselben chemischen Gruppe. Es beeinflusst auf vielfältige Weise den Organismus: Es wirkt harntreibend, stimuliert das zentrale Nervensystem und das Atemzentrum, erweitert die Blutgefäße, beschleunigt den Herzschlag, erhöht die Leistung mancher Muskeln und wirkt geistiger und körperlicher Erschöpfung entgegen. Menschen, die normalerweise große Mengen Kaffee trinken, können bei reduziertem Kaffeegenuss unter Entzugssymptomen wie Kopfschmerzen, Reizbarkeit, Muskelverspannung und Nervosität leiden.

Die empfohlene tägliche Höchstmenge hängt ab von der Kaffeesorte, der Zubereitungsart, der persönlichen Verträglichkeit — wer nur selten Kaffee trinkt, reagiert auf Koffein stärker als gewohnheitsmäßige Kaffeetrinker —, vom Genuss anderer koffeinhaltiger Substanzen, etwa Tee — eine Tasse (200 ml) starker Tee enthält 87 bis 111 mg Koffein —, Kakao, Coca-Cola — eine 330-ml-Dose enthält 26 bis 60 mg Koffein — sowie von der Einnahme bestimmter Medikamente (harntreibende Mittel, Schmerzmittel und Erkältungsmittel). Eine normal große Tasse (200 ml) Filterkaffee enthält zwischen 120 und 200 mg Koffein, die gleiche Menge maschinell gefilterter Kaffee 80 bis 160 mg, normaler Instantkaffee 67 bis 100 mg und entkoffeinierter Instantkaffee etwa 7 mg Koffein. Als allgemein empfohlener Richtwert gilt ein täglicher Verbrauch von höchstens 4 Tassen Kaffee.

Bis heute haben Studien keinen Hinweis darauf gegeben, dass ein Zusammenhang zwischen dem Genuss von Koffein und der Entstehung von hohem Blutdruck, Krebs oder Schäden bei ungeborenen oder neugeborenen Kindern besteht. Dennoch sollten Schwangere oder stillende Frauen nur geringe Mengen Kaffee zu sich nehmen, da das Koffein durch die Plazenta gefiltert wird bzw. in die Muttermilch gelangt.

Tiramisú

FÜR 6 PORTIONEN

4 Teelöffel Espressopulver
2 cl Cognac
6 Eigelb
150 g Zucker
500 g Mascarpone
400 g Löffelbiskuits
1 Esslöffel Kakao

1. Das Espressopulver mit 300 ml kochendem Wasser übergießen, 10 Minuten ziehen lassen und durch ein Sieb gießen. Den Kaffee abkühlen lassen und mit dem Cognac verrühren.

2. Die Eigelbe zusammen mit dem Zucker in einer Schüssel schaumig rühren. Nach und nach den Mascarpone unterrühren und alles so lange verrühren, bis eine glatte Masse entstanden ist.

3. Den Boden einer etwa 30 x 20 cm großen Porzellan- oder Glasschüssel mit etwa 6 cm hohem Rand mit Löffelbiskuits auslegen, sodass die poröse Seite der Kekse nach oben zeigt. Die Löffelbiskuits einzeln vorsichtig mit soviel Kaffee-Cognac-Mischung beträufeln, bis sie gerade eben vollgesogen sind.

4. Die Hälfte der Mascarponecreme gleichmäßig über die Biskuits verteilen. Erneut eine Lage Löffelbiskuits auf der Creme verteilen und die Kekse wieder jeweils mit etwas Kaffeelösung beträufeln. Die restliche Mascarponecreme über die Biskuits verteilen und die Fom mit Folie abgedeckt über Nacht in den Kühlschrank stellen.

5. Das Tiramisú kurz vor dem Servieren herausnehmen und die Folie entfernen. Den Kakao in ein kleines Sieb geben und durch vorsichtiges Klopfen auf der Creme verteilen.

Glossar

Ablöschen
Den Bratensatz von gebratenem Fleisch, Fisch, Geflügel oder Gemüse mit Brühe oder Wein aufgießen und unter Rühren loskochen.

Abschäumen
Den Schaum, der beim Aufkochen von Fleischbrühe an der Oberfläche entsteht, mit einem Schaumlöffel abschöpfen.

Abschrecken
Nudeln, Eier, Gemüse oder Obst aus dem Kochwasser in ein Sieb gießen und sofort mit kaltem Wasser übergießen, sodass der Garprozess sofort unterbrochen wird.

Al dente
Nudeln, die gerade eben weich – also bissfest – gekocht sind, sodass sie keinen mehligen Kern mehr haben, aber an der Oberfläche noch nicht matschig sind.

Anbraten
Beim Anbraten wird Fleisch in heißem Fett bei starker Hitze rundherum rasch gebräunt, sodass es eine Kruste bekommt und der Saft nicht mehr auslaufen kann. Außerdem geben die Röststoffe eine schöne Farbe und guten Geschmack. Zwiebeln brät man bei schwacher Hitze an, sonst schmecken sie bitter.

Aufkochen
Der Garpunkt, an dem die Kochflüssigkeit sprudelnd kocht.

Aufschlagen
Eine Creme mit Eiern und Zucker, eine Sauce aus Ei und Butter oder eine Mayonnaise aus Ei und Öl zubereiten. Dafür werden die Zutaten in einer Schüssel gemischt und mit dem Schneebesen oder den Quirlen des Handrührgeräts so lange Luft eingerührt, bis die Mischung locker und gleichzeitig dickflüssig oder steif ist.

Ausbacken
Gemüse, Kartoffeln, Fleisch, Geflügel, Fisch oder Gebäck frittieren, das heißt, in so viel Fett braten, dass die Lebensmittel den Boden des Topfs oder der Fritteuse nicht berühren, sondern im Fett schwimmen.

Baiser
Gebäck aus gezuckertem Eischnee, das mit Obst und Schlagsahne gefüllt oder zerbröckelt unter Schlagsahne und Cremes gemischt werden kann.

Bardieren
Geflügelteile und Scheiben von Wildfleisch mit Speck umbinden, damit das besonders magere Fleisch beim Garen saftig bleibt.

Béchamelsauce
Klassische helle Sauce, die mit Mehl gebunden wird. Sie wurde nach Louis de Béchamel benannt, der 1691 als Marquis de Nointel zum Hofe Philipps von Orléans berufen wurde, dem Bruder König Ludwigs XIV. von Frankreich.

Beignets
Obststückchen, zum Beispiel Apfelscheiben, die mit Teig umhüllt und ausgebacken werden.

Beizen
Fleisch oder Wild in eine Mischung aus Essig oder Zitronensaft, Wasser und Gewürzen und/oder Kräutern einlegen. Durch die Säure wird eher zähes Fleisch mürbe. Das bei uns bekannteste Beispiel für gebeiztes Fleisch ist der Sauerbraten. Ein anderes Wort für Beizen ist Marinieren.

Binden
Saucen oder Suppen sämig machen. Dafür wird etwas kaltes Wasser mit Speisestärke verrührt oder weiche Butter mit ein wenig Mehl vermischt, in die heiße Flüssigkeit eingerührt und aufgekocht.

Blanchieren
Gemüse in reichlich kochendes Wasser geben, kurz sprudelnd kochen, abgießen oder mit einem Schaumlöffel herausnehmen und sofort unter kaltem Wasser abschrecken. Diese Technik wird häufig bei Gemüse angewendet, das eingefroren wird, da durch das kurze Kochen die Farbstoffe und Vitamine später weitgehend erhalten bleiben. Durch Blanchieren werden außerdem harte Blätter, etwa Weißkohlblätter, weich genug, dass sie für Rouladen aufgerollt werden können.

Blaukochen
Garmethode bei Fischen mit Haut, die im Ganzen oder in großen Stücke serviert werden, etwa Aal, Forelle, Karpfen und Schleie. Dabei geht es weniger um den Geschmack als um das Aussehen, denn durch das Kochen in Essigwasser bekommt die Haut einen zarten Blauschimmer.

Blind backen
Einen Kuchenboden mit Pergamentpapier bedecken und mit Hülsenfrüchten belegt backen, damit er schön flach bleibt und später belegt werden kann.

Bouquet garni
Kräutermischung aus Frankreich. Das klassische Bouquet garni besteht aus drei Stängeln Petersilie, einem Zweig Thymian und einem frischen Lorbeerblatt und wird vor allem für Schmorgerichte, Suppen und Saucen verwendet. Weitere mögliche Zutaten: ein Stück

Glossar

frische unbehandelte Zitronenschale (für Fisch- und Geflügelbrühen), eine Zimtstange (zu Wildsaucen) oder ein Stängel Basilikum (für Schmorgerichte mit Gemüse). Getrocknetes Bouquet garni aus zerkleinerten Kräutern (für Eintöpfe mit Wintergemüse oder für Hülsenfrüchte) kann man fertig kaufen. Frische Kräuter bindet man mit Küchengarn zusammen, getrocknete gibt man in einen Teefilterbeutel, den man ebenfalls mit Küchengarn verschnürt. Nach dem Garen werden die Kräuter wieder entfernt.

Braten
Lebensmittel in heißes Fett geben und auf dem Herd oder im Backofen garen. Beim Braten gibt man gar keine oder nur so wenig Flüssigkeit zu, dass etwas Sauce entsteht.

Bratensatz
Bleibt als Rückstand beim Braten im Bräter oder in der Pfanne zurück. Der Bratensatz wird mit einigen Löffeln Flüssigkeit – Brühe, Wein oder Sahne – unter Rühren mit einem Holzlöffel vom Boden gelöst und als Saucengrundlage weiterverarbeitet.

Bräter
Hochwandiger Topf mit Deckel zum Braten oder Schmoren.

Consommé
Klare Kraftbrühe aus Rind, Geflügel, Wild oder Gemüse.

Crêpes
Dünne Eierkuchen mit einem Teig aus Weizenmehl, Sahne, Eiern und Butter. Süße Crêpes, zum Beispiel »Crêpes Suzette«, werden als Dessert serviert. Herzhafte Crêpes (Galettes) macht man in Frankreich meist mit Buchweizenmehl.

Croûtons
Geröstete (Weiß-)Brotwürfel als Suppeneinlage, Salatbeilage oder Füllung für Kartoffelklöße.

Dämpfen
Garen im heißen Wasserdampf bei etwa 100 °C. Dabei liegen die Lebensmittel auf einem Dämpfeinsatz und kommen nicht direkt mit Flüssigkeit in Berührung, sodass Vitamine und Mineralstoffe erhalten bleiben, die sich sonst beim Kochen in der Garflüssigkeit lösen. Dämpfen eignet sich besonders für Fisch, Kartoffeln und Reis.

Dressieren
Geflügel vor dem Braten so mit Küchengarn binden, dass es seine Form behält und gleichmäßig gart. Bei Brathähnchen etwa bindet man die Keulen und Flügel eng an den Körper.

Dünsten
Lebensmittel im eigenen Saft mit etwas Fett und/oder Flüssigkeit bei niedriger Temperatur garen. Dabei muss der Topf gut schließen, damit die Flüssigkeit nicht verdampft.

Einkochen
Statt eine Sauce zu binden, kann man sie bei starker Hitze unter Rühren so lange kochen lassen, bis sie dickflüssig und/oder cremig ist.

Einmachzucker
Grob- oder feinkörniger weißer Zucker, der beim Kochen nicht schäumt.

Entfetten
Fleisch- und Geflügelbrühen enthalten relativ viel Fett, das sich abgekühlt als Schicht auf der Brühe absetzt. Heiße Brühen werden entfettet, indem man einige Lagen Küchenkrepp über die Oberfläche der Brühe zieht. Einfacher ist es, die Brühe kalt werden zu lassen und das erstarrte Fett vorsichtig abzuheben.

Farce
Füllung für Fleisch, Fisch, Gemüse oder Geflügel, die aus püriertem Fleisch, Geflügel, Wild, Gemüse, Brot oder Fisch besteht und mit Eiern, Gewürzen und eventuell Sahne vermischt wird.

Filieren oder Filetieren
Fisch oder auch Zitrusfrüchte in Filets teilen.

Fines Herbes
Fines Herbes (französisch: »feine Kräuter«) ist eine klassische Gewürzmischung aus Frankreich und besteht aus Petersilie, Kerbel, Estragon und Schnittlauch zu gleichen Teilen. Fein gehackt, roh oder kurz erhitzt passt sie zu grünem Salat, Kartoffel-, Eier- oder Krabbensalat, Kräuterbutter, Quark, Frischkäse, Omelettes oder Rührei, zu Cremesuppen mit Gemüse wie Kohlrabi, zu Pilzen, Spargel und Zucchini oder zu Gemüse und Kartoffeln in Béchamelsauce. Außerdem kann man noch Basilikum und Bohnenkraut oder Salbei, Oregano, Rosmarin und Thymian zufügen – diese Mischung passt gut zu Gemüseeintöpfen mit Auberginen, Tomaten und Zucchini sowie zu Mittelmeerfischen wie Barben oder Sardinen, geschmortem Tintenfisch, Schwein und Lamm.

Flammeri
In der klassischen Küche eine stichfeste oder sturzfeste Creme aus Eiern, Milch und Gelatine oder stark quellenden Zutaten wie Grieß oder Reis. Als Endprodukt heißt der Flammeri »Pudding«.

Fleischbrühe klären
Zum Klären wird die durchgeseihte Brühe in einem mit Wasser ausge-

Glossar

spülten Topf aufgekocht. Dann wird ein Eiweiß mit einem Eßlöffel Wasser verrührt und in die heiße Brühe gerührt, bis es flockig ist. Nach dem Abkühlen der Brühe wird der Schaum mit einem Löffel abgenommen und die Brühe noch einmal durch ein Mulltuch gegossen.

Fond
Eine konzentrierte Brühe aus Fisch, Geflügel, Fleisch oder Wild. Fonds bilden die Grundlage für Saucen ohne Mehl.

Fondue
Fondue heißt auf französisch »Geschmolzenes«. Das erste Fondue wurde vermutlich in der französischen Schweiz aus geschmolzenem Käse zubereitet. Heute gibt es neben dem Käsefondue auch Fondues mit Fleisch, Fisch und Gemüse sowie süße Fondues mit Schokolade und Obst. Beim berühmten Fondue Bourguignonne werden die Zutaten in einem Rechaud in heißem Öl gegart.

Gar ziehen lassen
Die Lebensmittel werden in wenig oder viel Flüssigkeit knapp unter dem Siedepunkt gegart; diese Methode wird auch Pochieren genannt. Bei einer Temperatur von 75 bis 90 °C kräuselt sich die Oberfläche der Flüssigkeit sanft, in Fleischbrühen steigen kleine Bläschen auf. Fisch wird bei niedrigster Temperatur gegart; Klöße können bei etwas größerer Hitze ziehen, dürfen aber nicht kochen.

Gelierzucker
Weißer Zucker mit Zusatz von Pektin und Zitronen- oder Weinsäure zum Einkochen von Marmeladen und Konfitüren. Fest wird die Marmelade durch Pektin, einen Stoff, der auch in Obst enthalten ist, insbesondere in unreifen Früchten.

Glasig braten
Zwiebel, Knoblauch oder Reis bei schwacher bis schwächster Hitze in Fett braten, bis sie durchscheinend wirken.

Gratin
Im Ofen überbackenes Gericht, eventuell mit einer Schicht Reibekäse, das dabei eine braune Kruste bekommt wie das bekannte Kartoffelgratin.

Grillen
Garen durch direkte Strahlungshitze, ohne dass sich Gargut und Hitzequelle berühren wie beim Braten in der Pfanne. Grillen ist gesund, weil man dabei kein oder nur wenig Fett braucht.

Haarsieb
Besonders feinmaschiges Sieb für klare Brühe und Saucen.

Hagelzucker
Sehr grobkörniger Zucker zum Verzieren von Gebäck.

Herbes de Provence
Herbes de Provence (französisch = Kräuter der Provence) ist eine Kräutermischung mit unterschiedlicher Zusammensetzung und besteht meist aus Thymian, Basilikum, Fenchel und Bohnenkraut. Die Kräuter werden getrocknet und tiefgefroren angeboten. Für kalte Gerichte und Salate sind Tiefkühlkräuter am besten geeignet; für Marinaden und zum Schmoren oder Braten verwendet man getrocknete Kräuter.

Hirschhornsalz
Treibmittel für flaches Gebäck mit viel Zucker oder Honig, zum Beispiel Lebkuchen. Dickes Gebäck schmeckt mit Hirschhornsalz nicht.

Julienne
Sehr fein geschnittene Gemüsestreifen als Einlage in Suppen und feinen Saucen.

Jus
Konzentrierter Bratensaft, der beim Abkühlen zu Gelee wird. Jus kann man fertig kaufen oder auch selbst herstellen, indem man Fond (siehe *Fond*) sirupartig einkochen lässt.

Kalorie
Die Wärmemenge, die nötig ist, um 1 Gramm Wasser bei einem bestimmten Luftdruck um 1 °C zu erhitzen. Bei Nahrungsmitteln ist »Kalorie« (kal) der populäre Ausdruck für Kilokalorie (siehe *Kilokalorie*).

Karbonade
Kotelett von Fleisch oder Fisch. Fischkarbonaden enthalten – anders als Filets – die Mittelgräte.

Kasserolle
Flacher Topf zum Braten oder Schmoren.

Kilojoule
Maßeinheit zur Energieberechnung von Nahrungsmitteln, die offiziell seit 1977 die Kalorie ersetzt. Da sie jedoch nie populär wurde, wird die Energiemenge auch heute noch zusätzlich in Kilokalorien angegeben. 1 Kilojoule (kJ) entspricht 4,185 Kilokalorien (kcal).

Kilokalorie
Maßeinheit, die angibt, wie viel Energie ein Lebensmittel oder ein ganzes Gericht liefert. Diese Menge errechnet man aus den Grundbestandteilen der Nahrung: 1 Gramm Kohlenhydrate und 1 Gramm Eiweiß liefern je 4,1 Kilokalorien (kcal), 1 Gramm Fett enthält 9,3 kcal. Vitamine

Glossar

und Mineralstoffe sowie einige Ballaststoffe enthalten keine Kalorien.

Kochen
Garen in reichlich Flüssigkeit bei Temperaturen um 100 °C. Dabei kann man die Hitze so regulieren, dass die Lebensmittel sprudelnd kochen oder nur sanft köcheln. Gekocht werden alle Lebensmittel, die beim Garen quellen und dabei reichlich Flüssigkeit aufnehmen müssen, wie Teigwaren, Getreide, Hülsenfrüchte, Reis und Klöße.

Legieren
Siehe *Binden*.

Makronen
Kekse aus gemahlenen Mandeln, Nüssen oder Kokosflocken sowie Zucker, Eiweiß und Gewürzen. Besonders feine italienische Mandelmakronen heißen Amaretti. Makronen eignen sich gut für Süßspeisen.

Marinade, Marinieren
Siehe *Beizen*.

Medaillon
Rund oder oval geschnittene Scheibe vom Filet.

Milchsäure
Bestimmte Bakterien in Joghurt, Quark und anderen Sauermilchprodukten und in Sauerkraut. Konservieren mit Milchsäure gehört zu den ältesten Methoden, Lebensmittel haltbar zu machen. Sauermilchprodukte können auch Menschen essen, die normale Milch nicht vertragen. Milchsaures Gemüse enthält besonders viel Vitamin C und fördert die Verdauung.

Mousse
Lockere, schaumige Creme mit Eiern, Sahne und weiteren Zutaten wie Schokolade, Vanille oder Fruchtpüree. Am bekanntesten ist die französische »Mousse au chocolat«.

Oblaten
Papierdünnes Gebäck aus ungesäuertem Teig als Unterlage für Makronen und Lebkuchen. Oblaten nennt man auch hauchdünnes Waffelgebäck mit einer Füllung aus Mandeln, Zucker und Schokolade, zum Beispiel Karlsbader Oblaten.

Panade
Kruste aus Mehl, verquirltem Ei und Semmelbröseln für gebratenes Fleisch, Geflügel oder Fischfilets. Durch die Panade bleiben die Lebensmittel besonders saftig.

Parieren
Stücke von Fleisch, Wild, Geflügel und Fisch bratfertig herrichten: Sehnen, überflüssiges Fett und Haut entfernen und die Stücke so zurecht schneiden, dass sie gleichmäßig garen.

Parüren
Die Stücke, die beim Parieren (siehe oben) übrig bleiben. Man kocht damit den Fond (siehe *Fond)* für die Sauce.

Pfannenbraten, Pfannenrühren
Siehe *Sautieren*.

Pie
Pies sind typisch für die englische und nordamerikanische Küche: Ein Teig aus gehacktem Fleisch und Gewürzen, eventuell auch zerkleinertem Gemüse, Kartoffelpüree oder eingeweichtem Brot wird in eine ofenfeste Schüssel gefüllt und mit einem Deckel aus Pasteten-, Mürbe- oder Blätterteig im Ofen gebacken. Beliebt sind auch süße Pies mit Früchten, zum Beispiel mit Apfelkompott.

Pirogge
Russische Teigtaschen mit Füllung. Piroggen können sehr groß oder so klein wie Häppchen sein und werden süß oder herzhaft, etwa mit Fisch, Fleisch oder Gemüse, gefüllt.

Pochieren
Siehe *Gar ziehen lassen*.

Pottasche
Chemisches Triebmittel für flaches Gebäck, das vor dem Backen längere Zeit ruhen muss, beispielsweise Honigkuchen.

Profiteroles
Kleine Brandteigkrapfen, die immer mit Schokoladensauce übergossen und oft mit Schlagsahne oder Vanillecreme gefüllt werden.

Pudding
Wird im Wasserbad gegart und kann warm als Dessert oder kalt zum Kaffee serviert werden.

Quellen
Stärkereiche Lebensmittel wie Getreide, Reis und Hülsenfrüchte nehmen reichlich Flüssigkeit auf, wenn man sie einige Zeit in Wasser oder Brühe legt. Dabei verändert sich die Stärke so, dass die Lebensmittel beim Garen gut verdaulich werden.

Raclette
Käsesorte und Spezialität aus der Schweiz. Früher wurde ein halber Käselaib über offenem Feuer erhitzt, bis die obere Käseschicht flüssig war und sich abschaben ließ. Heute schmilzt man den Käse ähnlich wie beim Fondue oder erhitzt Scheiben in speziellen Raclette-Pfännchen. Zu Raclette isst man Pellkartoffeln und Essiggurken, eventuell auch Salat und Brot.

Glossar

Reduzieren
Siehe *Einkochen*.

Sautieren
Klein geschnittenes Gemüse, Geflügel, Fleisch oder Fisch wird unter ständigem Rühren in heißem Fett kurz gebraten. Richtig bekannt wurde diese klassische Garmethode durch den Wok (siehe dort). Sautieren wird häufig auch »Pfannenrühren« oder »Pfannenbraten« genannt.

Schabefleisch
Eine andere Bezeichnung für Tatar oder Beefsteakhack, das aus Rindfleisch mit wenig Sehnen und Muskeln hergestellt wird. Schabefleisch darf höchstens 6 % Fett enthalten.

Schmoren
Eine beliebte Garmethode für Fleisch, Geflügel und Wild in zwei Schritten: Zuerst wird das Lebensmittel in heißem Fett rundherum angebraten. Dann gießt man Flüssigkeit dazu und gart das Gericht im geschlossenen Topf auf dem Herd oder im Backofen. Schmorgerichte brauchen zwar viel Zeit, aber wenig Aufsicht. Sie schmecken aufgrund der langen Garzeit wunderbar aromatisch und werden schön zart.

Stocken lassen
Eier(-gerichte) in der Pfanne oder im Wasserbad so lange garen, bis sie fest sind.

Soufflé
Eine edle Version des Auflaufs. Soufflés bestehen aus einem lockeren Teig aus vielen Eiern, Mehl oder Speisestärke und anderen Zutaten und werden im Wasserbad gegart.

Spicken
Mageres Fleisch, Wild und Geflügel mit Streifen von Räucherspeck durchziehen. Der Speck in den Fasern gibt dem Fleisch zwar eine würzige Geschmacksnote, macht es jedoch nicht saftiger.

Sud
Eine gewürzte oder ungewürzte Brühe zum Garen von Fisch, Fleisch, Geflügel oder Gemüse.

Sushi
Japanische Häppchen mit gesäuertem Reis, rohem Fisch und Gemüse.

Tempura
Tempura sind japanische »Beignets« (siehe dort): kross frittierte Häppchen von verschiedenen Fischen und Meeresfrüchten, Gemüse und Kräuterblättern.

Terrine
Ein Teig aus Gemüse, Fisch, Geflügel, Wild oder Fleisch – oft auch eine Mischung aus verschiedenen Teigen – wird in einer Form im Wasserbad gegart, bis die Terrine schnittfest ist. Klassische Vorspeise.

Trifle
Englisches Dessert mit kandierten Früchten, Sherry und Schlagsahne.

Tontopf
Bräter aus poröser Keramik zum Garen von Fleisch, Geflügel, Wild, Fisch, Schmorgerichten und Aufläufen.

Tortilla
Spanisches Omelette mit verschiedenen Zutaten – zum Beispiel Kartoffeln, Wurst und Schinken.

Tranchieren
Fleisch, Geflügel und Fisch in Portionen aufschneiden.

Vinaigrette
Kalte Sauce aus Essig, Senf, Gewürzen und Öl – gebildet aus dem französischen Wort »vinaigre« für Essig. Vinaigrettes passen zu Salaten, Rohkost und eignen sich zum Dippen.

Wok
Halbrundes Kochgefäß aus China, das dort wie auch in anderen asiatischen Ländern seit Jahrtausenden verwendet wird. Im Wok werden Gemüse und Fleisch unter ständigem Rühren in heißem Fett kurz gebraten. Er eignet sich aber auch zum Frittieren und – mit Deckel und Bambuseinsatz – zum Schmoren und Dämpfen. Woks gibt es mit leicht abgeflachtem Boden in verschiedenen Materialien zu kaufen. Kombiniert mit einem Rechaud kann man ihn wie einen Fonduetopf auch bei Tisch nutzen. Ideal für den Wok ist ein Holzspatel mit breiter Kante, da damit die Zutaten schneller und besser gewendet werden können als mit einem Kochlöffel.

Ziehen lassen
Entweder ein Gericht knapp unter dem Siedepunkt garen – Fisch und Klöße werden so gegart (siehe *Gar ziehen lassen*) – oder Lebensmittel in einer kalten Sauce aus Essig oder Zitronensaft, Öl und Gewürzen marinieren.

Zuckercouleur
In Wasser gekochter, geschmolzener und gebräunter Zucker. Mit Zuckercouleur wird zum Beispiel Brot gefärbt, um den Eindruck von Vollkornmehl zu erwecken.

Register

A

Aal 440
Aalbutt 480
Abalone 502
Acesulfam-K 631
Adzukibohne 147
Agar-Agar 300
Ahornsirup 636
Alewife 449
Alfalfa 162
Alkekengi 195
Allis shad 449
Alse 449
Amarant 349
Aminosäuren 320
Ampfer 82
Ananas 232
Anchovis 455
Andouille 566
Angelika 402
Anis 374
Apfel 207
Apfelsine 220
Aprikose 206
Arame 296
Arborio 337
Artischocke 134
Äsche 446
Asiatische Nudeln 367
Aspartam 631
Aubergine 56
Augenbohne 152
Auster 512
Austernpilz 311
Austernseitling 311
Avocado 58

B

Babaco 245
Backpflaume 198
Backpulver 658
Ballaststoffe 626
Balsamico 422
Bambussprosse 108
Banane 230
Barbe 465
Basilikum 379
Basmatireis 337
Batate 126
Bataviasalat 94
Bauchfüßler 500
Baumtomate 240
Beeren 182
Bergamotte 228
Bete, rote 42
Bilimbi 236
Birne 212
Bittergurke 71
Bittermandel 288
Bivalvia 500
Blaubarsch 448
Blaufisch 471
Blumenkohl 130
Blutwurst 568
Bockshornklee 403
Bohne 142
Bohne, Dicke 154
Bohnenkraut 397
Bonito 474
Borretsch 400
Boskop 208
Boysenbeere 192
Breiapfel 262
Brennnessel 83
Bries 554
Brokkoli 132
Brokkoli, Chinesischer 105
Brokkoli, Italienischer 133
Brombeere 185
Brot 353
Buchecker 284
Buchweizen 328
Buchweizennudeln 367
Bulgur 325
Butter 601
Buttermilch 594, 598
Butterschmalz 601

C

Carrageen 301
Cashew 274
Cayennepfeffer 411
Champignon 308
Chayote 80
Cherimoya 237
Chicorée 92
Chilischote 411
Chinakohl 104
Chinesischer Brokkoli 105
Chinesische Lampionpflanze 195
Chinesische Wassernuss 40
Cholesterin 650
Colanuss 275
Cornflakes 347
Cortland 208
Couscous 324
Cox Orange 208
Crème double 603
Crème fraîche 599
Cuisse de poulet 39
Curry 398
Cyclamate 631

D

Daikon-Rettich 50
Dattel 204
Dicke Bohne 154
Dickmilch 605
Dill 373
Dinkel 323
Doggerscharbe 480
Drachenkopf 464
Dulse 301
Durian 238

E

Egerling 308
Ei 586
Eichblattsalat 94
Eierstich 589
Eis 610
Eisbergsalat 94
Eischnee 589
Eiweiße 320
Eiweiß, Texturiertes 172
Elstar 208
Endiviensalate 90
Endosperm 318
Engelwurz 402
Ente 584

Register

Erbse 156
Erdbeere 190
Erdnuss 160
Espresso 673
Essig 421
Esskastanie 282
Estragon 378

F

Farn 112
Fasan 583
Faselbohne 152
Feige 254
Feijoa 247
Feldhase 546
Feldsalat 86
Felsenfisch 464
Fenchel 111
Fettaustauschstoffe 649
Fette 648
Fettsäuren 650
Feuerbohne 148
Finte 449
Flunder 480
Flussbarsch 445
Flussbarsch, Gefleckter 441
Flusskrebs 497
Foie gras 567
Forelle 446
Forellenbarsch 441
Friséesalat 90
Früchte, getrocknete 178
Früchte, kandierte 180
Fruchtzucker 625
Frühlingszwiebel 31
Frühstücksspeck 561
Fruktose 625

G

Gala 208
Gans 576
Gänseleberpastete 567
Garnele 486
Gefleckter Flussbarsch 441
Gemüsebanane 229
Gemüsefenchel 111
Gemüsepaprika 60

Gerste 332
Getrocknete Früchte 178
Gewürzgurke 64
Gewürznelke 387
Gewürzpaprika 410
Gingkosamen 281
Glaskraut 303
Glukose 625
Gluten 323
Goldbarsch 464
Goldbutt 480
Golden Delicious 208
Granatapfel 250
Granita 611
Granny Smith 208
Grapefruit 219
Graubutt 480
Großmaulbarsch 441
Grüner Seeigel 522
Grünkern 323
Grünkohl 102
Guave 253
Gurke 64

H

Hackfleisch 548
Hafer 330
Haferwurzel 53
Hähnchen 577
Hai 478
Halbgefrorenes 611
Hammel 541
Harissa 411
Hase 546
Haselnuss 284
Hecht 442
Hechtbarsch 444
Hefe 661
Heidelbeere 184
Heilbutt 482
Helmbohne 152
Hering 456
Herz 551
Herzmuschel 503
Hijiki 298
Himbeere 192
Hirn 554

Hirsch 544
Hirse 334
Hominy 346
Honig 634
Honigmelone 265
Hornmelone 260
Huhn 577
Hummer 489
Hundszunge 480

I

Idared 208
Ingrid Marie 208
Ingwer 406
Invertzucker 629
Italienischer Brokkoli 133

J

Jaboticaba 235
Jackfrucht 239
Jakobsmuschel 504
Japanische Klettenwurzel 54
Japanische Teppichmuschel 507
Joghurt 605
Johannisbeere 182
Johannisbrot 638
Jonagold 208
Jujube 248

K

Kabeljau 470
Kaffee 670
Kaffee-Ersatz 672
Kakao 640
Kaki 242
Kaktusfeige 256
Kalb 535
Kalmar 515
Kamaboko 439
Kamm-Muschel 505
Kandierte Früchte 180
Kaninchen 546
Kapaun 580
Kapelan 473
Kapern 391
Kap-Stachelbeere 195
Kapuzinerkresse 97

Register

Karambole 236
Kardamom 390
Karde 109
Karob 638
Karpfen 443
Kartoffel 118
Kascha 328
Käse 614
Kastanie 282
Kaviar 453
Kefir 605
Keim 318
Kelp 299
Kerbel 384
Kichererbse 158
Kirsche 202
Kiwano 260
Kiwi 249
Kleie 318
Kleinmaulbarsch 441
Klementine 222
Klettenwurzel, Japanische 54
Kliesche 480
Knoblauch 34
Knollensellerie 47
Knollenziest 129
Knurrhahn 462
Kochbanane 229
Kohl 98
Köhler 471
Kohlrabi 113
Kohlrübe 51
Kokosnuss 276
Kombu 297
Komplementäreiweiße 320
Kondensmilch 593
Kopffüßler 500
Kopfsalat 94
Koriander 394
Korinthe 186
Krabbe 492
Krake 516
Kraussalat 94
Kräutertee 668
Krebs 492
Kresse 88
Kreuzkümmel 395

Kümmel 392
Kumquat 226
Kumys 605
Kunsthonig 629
Kürbis 72
Kürbiskerne 78
Kurkuma 399
Kutteln 556

L

Lablab-Bohne 152
Lachs 466
Laktose 626
Lamm 541
Lampionpflanze, Chinesische 195
Languste 498
Lauch 32
Leber 552
Limabohne 145
Limande 480
Limette 227
Linse 150
Litchi 243
Lodde 473
Loganbeere 192
Lollo Bionda 94
Lollo Rossa 94
Longane 244
Loquat 217
Lorbeer 376
Löwenzahn 84
Lupine 149
Luzerne 162

M

Macadamianuss 278
Maifisch 449
Mais 344
Majoran 377
Makrele 458
Maltose 626
Malz 333
Mandarine 222
Mandel 287
Mango 258
Mangold 110
Mangostane 257

Maniok 116
Margarine 646
Marone 282
McIntosh 208
Meeraal 460
Meeräsche 450
Meerkohl 100
Meerrettich 414
Meersalat 299
Meersau, Kleine 464
Mehl 358
Melasse 628
Melone 264
Merlan 471
Miesmuschel 510
Milch 592
Minze 382
Mirabelle 196
Miso 418
Mispel 217
Mohn 415
Möhre 46
Moosbeere 194
Morchel 310
Muckefuck 672
Mu-Err-Pilz 315
Mungbohne 146
Mungbohnennudeln 367
Muscheln 500
Muskatnuss 389
Muskellunge 442

N

Nashi 261
Natron 660
Nektarine 199
Nelke 387
Netzmelone 264
Neunauge 463
Niere 555
Nori 302
Nudeln 362
Nudeln, asiatische 367

O

Ohrmuschel 502
Okara 170

Register

Okra 55
Oktopus 516
Öle 652
Olive 62
Omelette 589
Orange 220
Oregano 377
Ouananiche 467

P

Paksoi 105
Pampelmuse 218
Papaya 244
Paprika (Gemüse) 60
Paprika (Gewürz) 410
Paranuss 279
Passionsfrucht 252
Pastinake 45
Patisson 72
Pazifik-Tomcod 471
Pekannuss 272
Pepino 246
Perlgraupen 332
Perlhuhn 580
Perlsago 116
Petersfisch 469
Petersilie 383
Pfeffer 408
Pfefferminze 382
Pfeilwurzelmehl 658
Pfifferling 316
Pfirsich 200
Pflaume 196
Physalis 195
Pilgermuschel 504
Piment 388
Pinienkerne 280
Pistazie 292
Polenta 346
Pomelo 218
Pomeranze 220
Pommes frites 121
Popcorn 348
Portobello-Champignon 308
Portulak 85
Poularde 580
Preiselbeere 194

Puffmais 348
Puter 574

Q

Quahogmuschel 507
Quark 605
Queller 303
Quinoa 342
Quitte 216

R

Radicchio 89
Radieschen 49
Rahm 603
Rambutan 241
Rauke 87
Red Delicious 208
Reh 544
Reis 336
Reisnudeln 367
Reneklode 196
Rettich 49
Rhabarber 181
Rilletten 566
Rind 532
Rochen 477
Roggen 350
Römischer Salat 94
Rosenkohl 103
Rosine 186
Rosmarin 385
Rotbarsch, Großer 464
Rote Bete 42
Rotzunge 480
Rübe 42
Rübensirup 629
Rübe, Weiße 44
Rucola 87
Rührei 589

S

Saccharin 631
Saccharose 626
Sackbrasse 460
Safran 393
Sahne 603
Sahne, saure 599

Saibling 446
Salat 94
Salbei 380
Salz 424
Samtfußrübling 309
Sandbirne 261
Sapodilla 262
Sardelle 455
Sardine 454
Satsuma 222
Saubohne 154
Sauerampfer 82
Sauerrahm 599
Sauerteig 354
Sauger 444
Scampi 496
Schalotte 39
Scharbe 480
Scharbenzunge 480
Schattenmorelle 202
Schellfisch 470
Schichtkäse 606
Schinken 559
Schlehe 196
Schmand 599
Schnittlauch 30
Schokolade 641
Scholle 480
Schwarzkohl 101
Schwarzwurzel 53
Schwein 538
Schwertfisch 461
Schwimmende Wassernuss 40
Seehecht 471
Seeigel, Grüner 522
Seelachs 471
Seespinne 492
Seeteufel 450
Seezunge 482
Seitan 327
Sellerie (Knolle) 47
Sellerie (Stange) 114
Senf 404
Sepia 517
Sesamsamen 286
Sharon 242
Shiitakepilz 312

Register

Shoyu 420
Sojabohne 163
Sojamehl 164
Sojamilch 166
Sojasauce 420
Sojasprossen 163
Sonnenblumenkerne 290
Sorbet 611
Sorghum 334
Spaghettikürbis 79
Spargel 106
Spargelbohne 152
Spargelsalat 94
Spartan 208
Speck 561
Speiseeis 610
Spiegelei 589
Spierling 473
Spinat 81
Spirulina 304
Stachelbeere 182
Stängelkohl 133
Stangensellerie 114
Stärke 626
Steckrübe 51
Steinbutt 481
Steinpilz 313
Sternanis 374
Sternfrucht 236
Stinklachs 473
Stint 473
Stör 452
Strandschnecke 519
Suppenhuhn 579
Surimi 439
Süßkartoffel 126
Süßstoffe 631
Süßungsmittel, natürliche 633

T

Tamari 420
Tamarillo 240
Tamarinde 416
Tangelo 223
Tangerine 222
Tangor 222
Tannia 52

Tapioka 116
Taro 123
Tatar 548
Taube 581
Tee 664
Teekräuter 668
Teff 334
Tefi 334
Tempeh 171
Teppichmuschel, Japanische 507
Texturiertes Eiweiß 172
Thunfisch 474
Thymian 381
Tiefwassermuschel, Atlantische 504
Tintenfisch 517
Tofu 167
Tomate 66
Tomatillo 69
Topinambur 128
Traube 187
Traubenzucker 625
Triticale 352
Trockenbohnen 142
Trockenfrüchte 178
Trockenmilch 594
Trüffel 314
Truthahn 574

U

Ugli 223
Urdbohne 146

V

Vanille 417
Vegetarische Ernährung 321
Veilchen 96
Venusmuschel 507

W

Wacholderbeere 386
Wachskürbis 70
Wachtel 582
Wakame 296
Walleye 444
Walnuss 270
Wantanblätter 367
Wasserkastanie 40

Wassermelone 263
Wassernuss 40
Wasserwolf 442
Wegwarte 90
Weinbergschnecke 520
Weinstein 660
Weintraube 187
Weiße Rübe 44
Weizen 322
Weizennudeln 367
Wellhornschnecke 518
Wildbret 544
Wildreis 341
Wildschwein 544
Winterrettich 48
Wittling 471
Wolfsbarsch 451
Wurst 562

Y

Yamsbohne 125
Yam-Wurzel 124
Yucca 116

Z

Zander 444
Zedratzitrone 228
Zichorie 90
Ziegenfisch, Roter 465
Ziegenmilch 598
Zierkohl 103
Zimt 401
Zitronatzitrone 228
Zitrone 224
Zitronengras 396
Zitronenmelisse 396
Zucchino 72
Zucker 624
Zuckeraustauschstoffe 632
Zuckermelone 264
Zuckerrohr 624
Zuckerrübe 624
Zunge 553
Zungenbutt 480
Zwetschge 196
Zwiebel 36

Rezeptregister

Amerikanischer Pekannuss-Pie	273
Apfelkuchen	211
Apfelkuchen (Vollkorn)	360
Artischockenherzen mit Zitronensauce	136
Austernsuppe	514
Avocados mit Krabbenfleisch	495
Baba Ghanoush	287
Backpulver	659
Baklava	635
Bananen, Flambierte	231
Baskischer Thunfisch	476
Birne Helene	214
Blumenkohl, Gratinierter	131
Bohnen auf griechische Art	144
Borschtsch	43
Cäsarsalat	95
Champignonsalat	309
Chicorée im Schinkenmantel	93
Clafoutis	203
Clam chowder	509
Dicke-Bohnen-Salat	155
Eingelegter Gemüsepaprika	61
Eingelegte Salzheringsfilets	457
Endiviensalat mit Schinken	91
Ente à l'orange	585
Erbsensuppe	157
Erdbeeren mit Zitrone	191
Feigen in Rotwein	255
Flambierte Bananen	231
Forelle, Gebackene	447
Forellen mit Mandeln	289
Französischer Kirschauflauf	203
Frucht-Sahne-Füllung	604
Garnelen in Kokosmilch	277
Garnelen mit Knoblauch, Gebratene	488
Gebackene Forelle	447
Gebackene Süßkartoffeln	127
Gebratene Garnelen mit Knoblauch	488
Gebratener Tofu	169
Gefülltes Brathähnchen	579
Gefüllter »Thanksgiving«-Truthahn	575
Gegrillter Hummer	491
Gekochter Schinken mit Ananas	234
Gemüsepaprika, Eingelegter	61
Geschmorter Sellerie	115
Gratinierter Blumenkohl	131
Gratinierte Jakobsmuscheln	506
Guacamole	59
Hähnchen in Salzkruste	425
Hamburger	548
Harissa	412
Huhn mit Mango	259
Hummer, Gegrillter	491
Hummus	159
Jakobsmuscheln, Gratinierte	506
Kabeljau nach portugiesischer Art	472
Kalbsleber mit Schinkenspeck	552
Kalbsvögel	536
Kaninchen in Sahnesauce	547
Karobmuffins	639
Kartoffelgratin	119
Käsefondue	620
Kirschauflauf, Französischer	203
Knoblauchsauce	35
Kohlrouladen	99
Kräuterbutter	602
Lachs in Aspik	468
Lammrücken	542
Linsensuppe	151
Maisbrot	347
Makrele mit Stachelbeeren	459
Marzipandatteln	205
Miesmuscheln à la marinière	511
Muschelsuppe	509
Omelette surprise	612
Orangensoufflé	221
Pekannuss-Pie, Amerikanischer	273
Perlgraupensuppe	333
Pfirsich Melba	200
Pfirsich-Haselnuss-Kuchen	633
Ratatouille Nicoise	57
Reispudding	340
Remouladensauce	654
Roastbeef	533
Rührei	587
Salzheringsfilets, Eingelegte	457
Schinken mit Ananas, Gekochter	234
Schokoladenfondue	643
Schweinefilet mit Backpflaumen	539
Sellerie, Geschmorter	115
Shrimps mit Erdnusssauce	161
Sojasprossensalat	164
Spaghetti alla bolognese	363
Spargel auf polnische Art	107
Stachelbeersauce	183
Sushi	302
Süßer Reis-Apfel-Auflauf	595
Süßkartoffeln, Gebackene	127
Tapenade	63
»Thanksgiving«-Truthahn, Gefüllter	575
Thunfisch, Baskischer	476
Tiramisú	674
Tofu, Gebratener	169
Tomaten mit Mozzarella	68
Traubenkonfitüre	189
Tzatziki	610
Vichyssoise	33
Vollkorn-Apfelkuchen	360
Wasserkastanien im Schinkenmantel	41
Weinbergschnecken auf Burgunder Art	521
Weißbrot	356
Weizenküchle	325
Wildreisgratin	342
Zitronensorbet	225
Zucchinisalat	77
Zuckermelone mit Portwein	266
Zwetschgenkuchen	137
Zwiebelquiche	37